Das allgemeine

Deutsche Handelsgesetzbuch

nebst dem

Preußischen Einführungsgesetze

vom 24. Juni 1861

und der Instruktion

vom 12. Dezember 1861.

Für den praktischen Gebrauch aus den Quellen
erläutert

von

H. Makower und S. Meyer,
Gerichts-Assessoren.

Berlin, 1862.
Verlag von J. Guttentag.

Vorbemerkung.

Das Allgemeine deutsche Handelsgesetzbuch ist auf Grund des Preußischen Entwurfs in drei, und soweit es das Seerecht angeht, in zwei Lesungen berathen und festgestellt worden. Die Schlußredaction hat in Preußen Gesetzeskraft erhalten. Der Preußische Entwurf, zu welchem die Motive veröffentlicht worden, hat hiebei die wesentlichsten Aenderungen erlitten, so daß die Motive zu jenem nicht überall zu den nunmehr mit Gesetzeskraft ausgestatteten Bestimmungen passen. Dennoch ist in jenen Motiven ein reichhaltiges Material zur Erklärung des gewordenen Gesetzes enthalten.

Bei den Berathungen in der Nürnberger und Hamburger Konferenz sind fast zu jedem Artikel des Preuß. Entwurfs Streichungs- und beziehungsweise Abänderungsanträge gestellt worden; die Begründung dieser Anträge findet sich in den veröffentlichten Konferenz-Protokollen. Man kann sagen, daß die Erhaltung jedes einzelnen Artikels aus einem besonderen Kampfe hervorgegangen ist, und daß sowohl die Nothwendigkeit einer gesetzlichen Regulirung der betreffenden Materie als die Möglichkeit einer allgemeinen Bestimmung für ganz Deutschland in jedem einzelnen Falle erwogen worden ist.

Neben diesen Erwägungen allgemeinerer Natur finden sich in den Protokollen überwiegend auch die besonderen Erörterungen der einzelnen Abänderungsanträge, und zwar die Gründe, welche für und gegen die Feststellung der einzelnen Artikel in einem bestimmten Sinne und in einer konkreten Fassung geltend gemacht worden sind.

Der Natur von Protokollen entspricht es, daß, nachdem der Inhalt der Debatten über die verschiedenen Anträge wiedergegeben ist, schließlich das Resultat der Abstimmung vermerkt ist. Bei dieser Beschaffenheit der Protokolle ist es jedoch häufig sehr schwer zu erkennen, welches die Gründe gewesen sind, aus denen die Majorität sich für einen bestimmten Antrag erklärt hat. Nicht immer ist anzunehmen, daß sie der Begründung des Antragstellers beipflichtete. Dadurch entsteht eine besondere Schwierigkeit für die kritische Aussonderung der Gründe, von welchen nach Lage der Protokolle anzunehmen ist, daß sie muthmaßlich der Absicht der Konferenz bei Annahme gewisser Bestimmungen entsprechen. Diese Untersuchung wird um so mehr erschwert, als in den verschiedenen Berathungen wiederholt zu den einzelnen Artikeln neue Anträge gestellt und Beschlüsse gefaßt worden sind.

Trotzdem ergiebt sich aus der Vergleichung und Prüfung alles dessen, was zu einer bestimmten Materie angeführt worden ist, ein reichliches Material zur Erkenntniß der von der Konferenz schließlich angenommenen Prinzipien und zum Verständnisse der gewählten Fassungen.

Dem Praktiker, welcher im einzelnen Falle Aufklärung über eine gesetzliche Bestimmung sucht, und derselben häufig schnell bedarf, ist es nicht zuzumuthen, daß er sich in diese weitschichtigen Materialien, welche über die Entstehung des Gesetzes Aufschluß geben, vertiefe. Es liegt auch die Gefahr nahe, daß er wegen der wiederholten Aenderungen, welche die einzelnen Materien erlitten haben, sich bei der Prüfung einer vereinzelten Frage verirre, und Prinzipien oder Gründe, welche zwar einmal geltend gemacht und von der Konferenz gebilligt, nachher aber in Folge anderweitiger Beschlüsse verlassen worden sind, für die richtigen annehme.

Die vorliegende Bearbeitung des Handelsgesetzbuchs soll jenen Irrthümern möglichst vorbeugen. Unter steter Bezugnahme auf die Preuß. Motive und die Konferenz-Verhandlungen, und unter möglichster Benutzung der in denselben gewählten Ausdrucksweise ist es versucht worden, zu den einzelnen Artikeln Alles das zusammen zu stellen, was sich aus diesen Quellen zur Erläuterung des Handelsgesetzbuchs in seiner gegenwärtigen

Gestalt ergiebt. Das Bestreben war vorzüglich darauf gerichtet, dasjenige auszuscheiden, was in der Schlußredaktion keinen gesetzlichen Ausdruck erlangt hat, sowie dasjenige anzuführen, was zur Aufklärung der angenommenen Prinzipien dienlich schien. Hiebei war aber gerade des Ausgeschiedenen, also von der Konferenz nicht Angenommenen mehrfach zu gedenken, sei es, daß die Ablehnung die Folge einer Annahme entgegengesetzter Grundsätze war, sei es, daß die Konferenz mit der Ablehnung nur bezweckte, keinerlei Bestimmung über den betreffenden Gegenstand in das Gesetzbuch aufzunehmen, die angeregte Frage offen zu lassen.

Ein solcher aus den Gesetzesquellen geschöpfter Kommentar schien um so mehr für den praktischen Gebrauch des Handelsgesetzbuches angemessen, als dasselbe nicht die Kodifikation aller gesetzlichen Bestimmungen innerhalb eines bestimmt umschriebenen Rechtsgebietes enthält, sondern sich mehr wie eine Novelle zu dem geltenden Civilrechte der verschiedenen deutschen Staaten verhält. Die Einfügung in dasselbe wird durch die Kenntniß der Motive, welche den Gesetzgeber bei Annahme der einzelnen Bestimmungen geleitet haben wesentlich erleichtert. Es kommt hinzu, daß das Handelsgesetzbuch nicht die systematische und konsequente Entwickelung einiger weniger Grundprinzipien enthält, sondern — und hierin besteht sein besonderer Vorzug — daß es von den bereits bestehenden rechtlichen Ueberzeugungen und Rechtsanschauungen der Handelswelt ausgeht und diese zu rechtlichen Satzungen gestaltet. Diese Entstehungsart hat aber zur Folge, daß nicht aus jeder Bestimmung *selbst*, und auch nicht aus ihrem Zusammenhange mit den übrigen immer, der innere Grund derselben erhellt. Ohne Kenntniß der ratio legis ist aber die sachgemäße Anwendung eines Gesetzes selten möglich, und am wenigsten dann zu erwarten, wenn das Gesetz, wie es im vorliegenden geschehen, von Grundsätzen ausgeht, welche ganz oder doch sehr erheblich verschieden sind von denjenigen, welche bisher gegolten haben.

Diese Rücksichten nun sind die Veranlassung zur Herausgabe des vorliegenden Kommentars gewesen, welcher sich im Wesentlichen auf Exzerpte aus den vorhandenen Gesetzesquellen beschränkt. Woher die einzelnen Erläuterungen geschöpft sind, ist jedesmal angegeben um die Aufsuchung der Quellen selbst zu erleichtern, wo sie erforderlich scheint. Wörtliche Anführungen aus denselben waren jedoch wegen der Beschaffenheit der Quellen in der Regel unmöglich. Es liegen daher fast in jedem Falle Bearbeitungen vor.

Es darf die Hoffnung ausgesprochen werden, daß durch die gegenwärtige Zusammentragung des vorhandenen Materials künftigen Kommentarien vorgearbeitet ist, welche theils die Einfügung des Handelsgesetzbuchs in das sonst geltende Civilrecht, theils die Vergleichung desselben mit den Handelsgesetzbüchern anderer Länder, und namentlich dem code de commerce, zum besonderen Vorwurfe haben.

Dem nachsichtigen Urtheile der Sachverständigen sei der gegenwärtige Kommentar anheimgestellt.

Es sei schließlich die Bemerkung gestattet, daß der Erst-Unterzeichnete wesentlich die vier ersten Bücher, und der Zweit-Unterzeichnete vorzugsweise das fünfte Buch (Vom Seehandel) bearbeitet hat.

H. Makower.
S. Meyer.

Einleitung.*)

Der von der Deutschen Nation lebhaft gehegte Wunsch, ein einheitliches Recht zu erlangen, um in demselben ein neues starkes Band der Vereinigung aller Deutschen Staaten und Volksstämme zu besitzen, sieht seiner Erfüllung zunächst auf denjenigen Rechtsgebieten entgegen, auf welchen die Interessen des Verkehrs das Bedürfniß der Rechtseinheit doppelt fühlbar machen und die Verschiedenheit des Rechtes nicht in dem Verhältniß der Familie und des Grundeigenthums eine tiefe Grundlage hat. In der Allgemeinen Wechselordnung besitzt Deutschland bereits ein Erstlingswerk der einheitlichen Gesetzgebung, welches als eine der glücklichsten Schöpfungen unserer Zeit anerkannt ist und von dem Handelsstande in Hinblick auf die früheren Zustände als eine Quelle des Segens betrachtet wird. Das Gelingen dieses Werks ist ein Vorbild für die noch ungleich bedeutendere Bestrebung gewesen, ein Allgemeines Deutsches Handelsgesetzbuch zu Stande zu bringen; die Deutschen Staatsregierungen haben hierbei einen ähnlichen Weg zur Verständigung wie bei der Wechsel-Ordnung verfolgt, und Preußen kann sich einer ähnlichen Wirksamkeit für das gemeinsame Handels-Gesetzbuch, wie für die Wechsel-Ordnung rühmen.

Bereits in den Jahren 1836 und 1846 brachte die Württembergische Regierung bei Berathungen der Zollvereins-Staaten eine möglichst gleichmäßige Gesetzgebung im Gebiete des Handels-Rechts in Anregung.

Der erste Versuch, zu einem Allgemeinen Deutschen Handels-Gesetz-

---

*) Diese Einleitung ist wörtlich den Motiven zum Preußischen Einführungs-Gesetze entnommen.

buch die Einleitung zu treffen, wurde von dem Reichs-Ministerium der Justiz in Frankfurt gemacht*); eine von demselben zur Fertigung eines Entwurfs berufene Kommission arbeitete über eine Anzahl von Materien des Handels-Rechts Gesetzes-Vorschläge aus, welche im Jahre 1849 im Druck veröffentlicht wurden.

Nach Veränderung der Verhältnisse wurde dieser Gegenstand sehr bald von der Preußischen Regierung aufgenommen, theils weil in Preußen selbst das Bedürfniß eines Handels-Rechts für die ganze Monarchie sich sehr entschieden geltend gemacht hatte, theils auch, weil in dem Umstande, daß bei der für Preußen erforderlichen Legislation die so sehr von einander verschiedenen Rechts-Systeme des Allgemeinen Landrechts, des gemeinen Rechts und des Rheinischen Rechts zu berücksichtigen sind, eine Gewähr dafür vorlag, daß das Werk auch für die übrigen Deutschen Staaten eine annehmbare Grundlage bilden würde.

Im Jahre 1850 wurden juristische Kommissarien mit der Vorbereitung eines Handelsrechts-Entwurfes besonders befaßt, und im Mai desselben Jahres die verschiedenen Gesichtspunkte und Principien in Ministerial-Konferenzen mit

---

*) Die Anregung hiezu ging von dem Unterstaatssekretair Widenmann aus. Außer ihm befanden sich in der Kommission die Appellationsgerichts-Räthe Crimm und Broicher aus Köln und der Professor Thöl aus Rostock. In einer Denkschrift, welche diese Kommission am 12. December 1848 dem Reichs-Ministerium der Justiz einreichte, wird über das Prinzip, welches einer Kodifikation des Handelsrechts zu Grunde zu legen, Folgendes gesagt: „Im Allgemeinen wird dabei der Grundsatz festzuhalten sein, daß weniger ein neues Recht zu schaffen, als dasjenige in gesetzliche Normen zu bringen ist, was in dem Bewußtsein der zum Handelsstande gehörenden Personen bereits als Recht gilt. Es wird besondere Rücksicht darauf genommen werden müssen, daß Kaufleute als Richter das Gesetz werden in Anwendung zu bringen haben. Eine Hauptaufgabe wird es sein, das Handelsrecht von denjenigen rein positiven Vorschriften des gewöhnlichen Civilrechts zu befreien, welche auf Gründen beruhen, die dem Handel fremd sind, und welche in Handelssachen nur deshalb angewendet worden sind, weil es nicht gelungen war, die Nothwendigkeit einer Ausnahme von der Regel, oder vielmehr die Nichtanwendbarkeit der Regel auf die Verhältnisse des Handels bei den Rechtsgelehrten zur Anerkennung zu bringen."

Der gedachte Entwurf enthält folgende Titel: 1) Von Kaufleuten und Handelsgeschäften. 2) Von der Form der Verträge und von den Beweismitteln in Handelssachen überhaupt, und von den Handelsbüchern insbesondere. 3) Von Handelsgesellschaften. 4) Von den Börsen und von den Mäklern. 5) Von dem Kommissionär, dem Spediteur und dem Frachtführer.

Den einzelnen Gesetzes-Vorschlägen sind die Motive beigefügt. Vergl. Entwurf eines allgemeinen Handels-Gesetzbuchs für Deutschland. Frankfurt a. M. J. D. Sauerländers Verlag. 1849.

Sachverständigen, welche aus dem Handelsstande der verschiedenen Provinzen dazu entsendet waren, in spezielle Berathung genommen. Die Sache wurde sodann nach einer inmittelst durch die Bearbeitung der Konkurs-Ordnung veranlaßten Unterbrechung, um so angelegentlicher verfolgt, als bei den General-Konferenzen des Zollvereins von der Württembergischen und mehreren anderen Staatsregierungen der Wunsch an den Tag gelegt worden war, daß die Preußische Regierung mit dem Entwurf eines Allgemeinen deutschen Handels-Rechts zum Zweck einer Vereinbarung der Deutschen Staaten vorgehen möge.

Im Anfang des Jahres 1856 waren die Vorarbeiten bis zur Zusammenstellung eines vollständigen Entwurfes gediehen, so daß, als zu dieser Zeit die Bayrische Regierung in der Bundes-Versammlung die Herbeiführung eines Allgemeinen Handelsgesetzbuchs für die Deutschen Bundesstaaten in Anregung brachte, in Aussicht gestellt werden konnte, daß nach Begutachtung des Entwurfs durch Rechtsgelehrte und sachverständige Kaufleute ein fester Haltpunkt gewonnen sei, um zu Einleitungen überzugehen, welche analog dem bei der Berathung der Wechsel-Ordnung eingeschlagenen Verfahren zu treffen seien.

Die Bundes-Versammlung beschloß am 17. April 1856 die Niedersetzung einer Kommission zur Ausarbeitung des Entwurfs eines Allgemeinen Handels-Gesetzbuchs für die Deutschen Bundesstaaten und lud die Bundes-Regierungen ein, Rechtsgelehrte oder Sachverständige dahin abzuordnen; sie wählte am 18. December desselben Jahres die Stadt Nürnberg zum Sitz der Konferenz und es wurde zugleich insbesondere vereinbart, daß, dem Vorgange der Wechselrechts-Konferenzen entsprechend, die Beschlußfassung durch einfache Simmenmehrheit stattfinden und jeder einzelne durch einen Bevollmächtigten in der Versammlung vertretene Staat eine Stimme haben solle.

Inzwischen wurde der Entwurf eines Handels-Gesetzbuchs für Preußen vollendet und in den Ministerien, sowie in besonderen Konferenzen, welche in den Monaten October bis Dezember 1856 stattfanden, einer eingehenden Berathung unterworfen. Hierbei waren sowohl eine Anzahl von Kaufleuten aus den verschiedenen Provinzen und sonstige Fachmänner des Handels- und See-Rechts, als auch Richter und Rechts-Anwalte aus verschiedenen Landestheilen der Monarchie thätig. Mit Rücksicht auf die Ergebnisse der Berathung ist sodann der Preußische Entwurf nochmals bearbeitet und festgestellt worden.*)

*) In den Vorbemerkungen (S. V) zu diesem Entwurfe wird über die Quellen desselben, abgesehen vom Allgemeinen Landrechte, Folgendes gesagt: „Bei der Auf-

Die Handelsrechts-Konferenz in Nürnberg wurde am 15. Januar 1857 eröffnet. Bei ihr waren durch Bevollmächtigte vertreten die Staats-Regierungen von Oestreich, Preußen, Bayern, Sachsen, Hannover, Württemberg, Baden, Kurhessen, Großherzogthum Hessen, der Sächsischen Herzogthümer, von Nassau, Braunschweig, Mecklenburg-Schwerin, Anhalt-Dessau, Lübeck, Frankfurt, Bremen und Hamburg.*) Außer den Bevollmächtigten

stellung des Entwurfs sind neben dem reichen wissenschaftlichen Material der neueren Zeit, die Gutachten, Erinnerungen und Anträge der Kaufmannschaften, sowie die in den Sammlungen der deutschen Gerichtspraxis niedergelegten Entscheidungen der deutschen Gerichtshöfe und die in auswärtigen Staaten eingeführten Handelsgesetzbücher beachtet und einer sorgfältigen Prüfung unterzogen worden. Unter letzteren ist zunächst das französische Handels-Gesetzbuch zu erwähnen. Dasselbe ist für die Rheinprovinz bestehendes Recht; es gilt, theils in ursprünglicher Gestalt, theils in Ueberarbeitungen in großen und verkehrsreichen Ländergebieten, und es steht seinem Hauptinhalte die Gewähr einer langen Erfahrung zur Seite, wenngleich im Einzelnen mehrfache Lücken und Mängel der Abhülfe bedürfen. In gleicher Weise ist die Benutzung des Holländischen Handels-Gesetzbuchs vom Jahre 1838 hervorzuheben, welches wegen der ausgedehnten Handels-Erfahrungen der Holländischen Nation und ihres lebhaften Verkehrs mit Deutschland von hoher Wichtigkeit ist. Endlich ist unter dem benutzten Material noch das Spanische Handels-Gesetzbuch vom Jahre 1829 sowie die erste Abtheilung des Entwurfs eines allgemeinen Handels-Gesetzbuchs für Deutschland von der durch das Reichsministerium der Justiz niedergesetzten Kommission, ingleichem der Entwurf eines Handels-Gesetzbuchs für Württemberg vom Jahre 1839 und ein für Oestreich über einzelne Materien des Handelsrechts im Jahre 1849 abgefaßter Entwurf zu erwähnen.

*) Als Bevollmächtigte erschienen namentlich:

A. von Oestreich: Dr. Ritter v. Raule, Präsident des k. k. Handelsgerichts zu Wien, und Dr. Schindler, Sektionsrath im k. k. Handels-Ministerium zu Wien.

B. von Preußen: Dr. Bischoff, Geh. Justizrath aus Berlin (später Dr. Heimsöth, Geh. Oberjustizrath und Senatspräsident am Appellationsgericht zu Köln, und Geh. Justizrath Pape aus Berlin).

C. von Bayern: Dr. Seuffert, Director des Kreis- und Stadt-, dann Handelsappellationsgerichts zu Nürnberg.

D. vom Königreich Sachsen: Georgi, Staatsminister a. D. aus Mylau, und Dr. Tauchnitz, Appellationsgerichtsrath aus Leipzig.

E. von Hannover: Dr. Thöl, Professor aus Göttingen (später Dr. Leonhardt, Oberjustizrath aus Hannover).

F. von Württemberg: Dr. v. Gerber, Universitäts-Kanzler und Professor aus Tübingen.

G. von Baden: Ammann, Ministerialrath aus Karlsruhe.

H. von Kurfürstenthum Hessen: Schuppius, Obergerichtsrath aus Kassel.

J. von Großherzogthum Hessen: Franck, Ministerialrath aus Darmstadt.

K. von Großherzogthum Sachsen, Herzogthümern Sachsen-Meiningem, Sachsen-Altenburg und Sachsen-Coburg und Gotha (später auch von Anhalt-Dessau) Dr. v. Hahn, Professor aus Jena.

L. von Nassau: Vollpracht, Präsid. des Finanzkollegiums aus Wiesbadem.

der einzelnen Staaten war eine erhebliche Zahl ausgezeichneter Männer des Kaufmannnsstandes von den verschiedenen Regierungen, insbesondere auch von der Preußischen Regierung, als Sachverständige zu der Konferenz gesendet*); durch die rege Theilnahme derselben wurde die Versammlung in lebendiger Anschauung des kaufmännischen Rechtsbewußtseins und der dem Handelsleben zusagenden Rechts-Normen erhalten. Die Konferenz beschloß, den Preußischen Entwurf zur Grundlage der Berathungen zu nehmen**), dabei auch dem von der Oestreichischen Regierung vorgelegten Entwurf volle Beachtung zuzuwenden; sie wählte den Preußischen Bevollmächtigten zum Referenten, während sie dem Bevollmächtigten von Oestreich, soweit nicht der als Ehren-Präsident gewählte Staatsminister von Bayern den Vorsitz führte, die Präsidial-Funktionen anvertraute.

Nach 98 Sitzungen wurde am 2. Juli 1857 die Berathung der ersten drei Bücher des Preußischen Entwurfs (welche im Wesentlichen den vier ersten Büchern des in Nürnberg zuletzt festgestellten Entwurfes entsprechen) in erster Lesung beendigt, und eine zweimonatliche Vertagung der Konferenz beschlossen, damit eine von dem Fassungs-Ausschuß gefertigte Redaktion der bisherigen Beschlüsse den Regierungen vorgelegt und das Material zur zweiten Lesung gesammelt werden konnte.

M. von Braunschweig: Trieps, Obergerichtsrath.

N. von Mecklenburg-Schwerin: Dr. Mann, Senator aus Rostock.

O. von Lübeck: Dr. Haltermann, Richter aus Lübeck.

P. von Frankfurt: Dr. Müller, Senator aus Frankfurt.

Q. von Bremen: Dr. Heineken, Director des Handels-Gerichts aus Bremen, und Gabain, Aeltermann, Mitglied des Handels-Gerichts und der Handels-Kammer aus Bremen.

R. von Hamburg: Dr. Halle, vormals Präsident des Handels-Gerichts aus Hamburg, und de Chapeaurouge, vormals Richter am Handels-Gericht zu Hamburg (später Dr. Trummer).

Während der Verhandlungen haben die Personen der Bevollmächtigten mehrfach gewechselt, insbesondere waren bei der Berathung des Seerechts zum Theil andere Personen thätig, als bei der Berathung der ersten vier Bücher des Handelsgesetzbuchs.

*) Für Preußen: der Kommerzienrath Warschauer aus Berlin und der Geh. Kommerzienrath Ruffer aus Breslau; und speciell für das Seerecht: der Kommerzienrath Rahm aus Stettin und der Navigations-Schuldirektor Albrecht aus Danzig.

**) Dies geschah in Folge der Erwägung, daß der Preußische Entwurf mehr Materien umfasse als der Oestreichische (z. B. auch das Seerecht und einen Abschnitt über die Assekuranzen), und daß es bei legislativen Berathungen erfahrungsmäßig weit leichter sei, aus einem größeren Materiale etwa Entbehrliches auszuscheiden, als zu einer minder umfangreichen Grundlage Alles, was für wesentlich befunden werden könnte, hinzuzufügen. Prot. S. 6.

Zu dieser zweiten Lesung trat die Konferenz am 15. September 1857 wieder zusammen; sie schloß dieselbe in ihrer 176sten Sitzung am 3. März 1858. Die Resultate wurden sowohl den Regierungen vorgelegt, als auch nebst den Protokollen über die Berathung durch den Druck veröffentlicht. Es wurde vorbehalten, nach Berathung des See-Rechts noch eine kurze dritte Lesung der vier ersten Bücher vorzunehmen.

Als Ort für die Verhandlungen über das See-Recht wurde Hamburg gewählt und die Bevollmächtigten der Regierungen von Oestreich, Preußen, Bayern, Hannover, der Sächsischen Herzogthümer, von Braunschweig, Mecklenburg-Schwerin, Oldenburg, Lübeck, Bremen und Hamburg traten dort am 26. April 1858 zusammen. Das See-Recht wurde ebenfalls auf der Grundlage des Preußischen Entwurfs und auf das Referat des Preußischen Bevollmächtigten berathen; die erste Lesung war am 25. Oktober 1859 beendigt, und nachdem das Ergebniß der Verhandlungen den Regierungen mitgetheilt und das Material zu einer nochmaligen Berathung gesammelt war, die zweite und letzte Lesung des See-Rechts in der Zeit vom 9. Januar bis zum 22. August 1860 durchgeführt und an diesem Tage in der 547sten Sitzung der Konferenz beendet.

Während der Dauer der Berathungen über das See-Recht wurde von einzelnen Regierungen, insbesondere von Württemberg und von Bayern, in dem dringenden Wunsche, das große Werk zu Stande zu bringen, eine sofortige unveränderte Annahme des aus der zweiten Lesung in Nürnberg hervorgegangenen Entwurfs der vier ersten Bücher in Anregung gebracht. Dabei war die Rücksicht auf baldige Befriedigung des lebhaft gefühlten Bedürfnisses und die Ansicht leitend, daß der Entwurf schon so, wie er damals vorlag, sich zur allgemeinen Annahme empfehle, — eine Ansicht, welche insbesondere auch der Preußische Handelsstand nach den durch seine Organe an den Handels-Minister erstatteten Gutachten theilte.

In Veranlassung jener Anregungen verständigte sich die Preußische Regierung mit der Oestreichischen und Bayrischen dahin, die sämmtlichen übrigen Regierungen einzuladen, daß sie die von ihnen gewünschten wesentlichen Abänderungen des Entwurfs zweiter Lesung unter Beschränkung der Erinnerungen auf das geringste Maß und unter Vermeidung von Wiederholungen an die Konferenz einsenden möchten, und daß die dritte Lesung der vier ersten Bücher auf die Erledigung dieser Erinnerungen beschränkt werde. Nachdem das Einverständniß der übrigen Regierungen nicht zweifelhaft war, wurde auf den Antrag des Preußischen Bevollmächtigten am 24. Oktober 1859 auch von der Konferenz in diesem Sinne beschlossen.

Die Erinnerungen der Regierungen gingen bis zum August 1860, dem Zeitpunkt der Beendigung der Berathungen über das See-Recht, ein. Allein die Zusammenstellung derselben ergab, daß, während ein Theil der Regierungen, unter andern insbesondere auch Oestreich und Preußen, in Festhaltung des mit so vielen Schwierigkeiten verbundenen Ziels, ein gemeinsames Gesetzbuch zu Stande zu bringen, und in Würdigung des für die Gesammtheit daraus erwachsenden Vortheils sich den Majoritäts-Beschlüssen der Konferenz möglichst gefügt und gar keine oder doch nur sehr wenige Erinnerungen eingebracht hatten, von anderen Regierungen aus abweichenden Gesichtspunkten in einer für die Einigung nicht zuträglichen Weise eine sehr große Zahl von Erinnerungen aufgestellt war. Das in sehr langwierigen Verhandlungen nach zweimaliger Lesung durch Majoritäts-Beschlüsse der Bevollmächtigten unter Mitwirkung der sachverständigen Kaufleute endlich gewonnene Resultat erschien durch die gegen die 394 Artikel erhobenen 500 Einwendungen wesentlich gefährdet.

Von der Absicht geleitet, den Wünschen der sämmtlichen Regierungen und den Bedürfnissen und berechtigten Erwartungen des Handelsstandes entgegenzukommen, führten die Regierungen von Oestreich, Preußen, und Bayern, auf die Anregung der Preußischen Regierung, die Sache auf den von andern Seiten verlassenen Standpunkt zurück. Es wurde von den erwähnten drei Regierungen durch übereinstimmende Noten vom 12, 18. und 23. Oktober 1860 den sämmtlichen Bundes-Regierungen vorgeschlagen, an dem vorliegenden Entwurf zweiter Lesung möglichst festzuhalten, in eingreifende Veränderungen der Prinzipien und des organischen Zusammenhangs nicht einzugehen, Ansichten und Vorschläge, welche bereits in der Konferenz durchberathen worden, nicht zu nochmaligen Debatten und Abstimmungen wieder aufzunehmen, und Bemängelungen von Fassungen ohne praktische Bedeutung oder sonstige unerhebliche Dinge nicht zum Gegenstand von Verhandlungen des Plenums der Konferenz zu machen. Zu diesem Zweck fügten die genannten drei Regierungen ihren Noten ein Verzeichniß derjenigen Erinnerungen bei, welchen gegenüber an dem in zweiter Lesung beschlossenen Entwurf festzuhalten, und welche daher von der dritten Lesung auszuscheiden wären, ferner ein Verzeichniß derjenigen Erinnerungen, welche durch einen Redaktions-Ausschuß zu erledigen wären.

Bei der dritten Lesung der vier ersten Bücher, welche hierauf am 19. November 1860 in Nürnberg eröffnet wurde, stellte der Preußische Bevollmächtigte den Antrag, es möge der Abschluß des Werks in dem Sinne der erwähnten Noten erfolgen. Nach Einsprache von anderen Seiten wurde von dem Präsidenten durch Umfrage konstatirt, daß die Majorität der in der Versammlung vertretenen Regierungen dem vorgeschlagenen Verfahren beigetreten war und daß außerdem noch eine weitere Zahl von augenblicklich in der Versammlung nicht vertretenen Regierungen zugestimmt hatte. Die dritte Lesung fand nunmehr in dem durch die Majorität angenommenen Verfahren statt und auch die Dissentirenden nahmen, unter Wahrung aller Zuständigkeiten ihrer Regierungen, an den Berathungen und Abstimmungen regen Antheil.*)

Vor dem Abschluß dieser Arbeiten wurde zugleich wegen einer Verständigung über das fünfte und sechste Buch des Preußischen Entwurfs, den kaufmännischen Konkurs und die Handels-Gerichtsbarkeit betreffend, welche bisher nicht Gegenstand einer förmlichen Berathung gewesen waren, ausführlich verhandelt.**) Schon im Verlauf der früheren Lesungen hatte es sich als unzweifelhaft herausgestellt, daß in dieser Beziehung die große Verschiedenheit des Prozeß-Rechts und der Gerichts-Organisation in den einzelnen Deutschen Staaten einer Einigung auf den Grundlagen des Preußischen Entwurfs unüberwindliche Schwierigkeiten entgegenstellten. Die Preußische Regierung hatte diesen Theil ihres Entwurfs zurückgezogen und statt dessen einen abgekürzten Entwurf ausarbeiten lassen, in welchem die rein prozessualischen Bestandtheile ausgeschieden und nur für das materielle Recht sehr wichtige Punkte, über welche insbesondere bezüglich des kaufmännischen Konkurses eine Einigung dringend wünschenswerth schien, in beschränkter Anzahl behandelt sind. Dieser Entwurf, welcher auch dem Handelsstande in Preußen mitgetheilt und von demselben beifällig begutachtet wurde, war Anfangs Juli 1860 den übrigen Regierungen zugesendet und zugleich von dem Preußischen Bevollmächtigten in der Konferenz eingebracht worden. Indessen ist auf Grund der am 15. Februar 1861 in Nürnberg hierüber eröffneten Debatten in eine specielle Berathung dieses Entwurfs ebenfalls nicht eingegangen worden. Es machte sich die Ueberzeugung geltend, daß das Bedürfniß zu einem gemeinsamen Handels-Konkursrecht und Handels-Prozeßrecht sich nur im Zusammenhang mit weit allgemeineren Aenderungen in den verschiedenen Konkurs- und Prozeß-Gesetzgebungen überhaupt befriedigen lasse, und daß, so lange nicht in einer Anzahl von Deutschen Staaten das System der Pfand-, Hypotheken- und

*) Ueber das bei der dritten Lesung eingeschlagene Verfahren vgl. Prot. S. 4493 ff. und Thöl: Zur Geschichte des Entwurfs eines allgemeinen deutschen Handelsgesetzbuchs. Göttingen. Verlag der Dietrich'schen Buchhandlung. 1861.

**) Vgl. Prot. S. 5144. 5146.

Vorzugs-Rechte, sowie die Prozeß-Gesetzgebungen einer Reform unterworfen würden, die Versuche, ein den berechtigten Erwartungen entsprechendes gemeinsames Handels-Konkursrecht und Prozeßrecht zu vereinbaren, keinen Erfolg haben könnten. Zu so weit eingreifenden Aenderungen der verschiedenen Civil-Gesetzgebungen fehlten der Handelsrechts-Konferenz sowohl die Zuständigkeit, als auch die Vorarbeiten und Vorlagen, und sie hat, wie sehr sie auch die große praktische Wichtigkeit der Sache erkannte, es der Zukunft anheimgeben müssen, dieselbe zur Erledigung zu bringen, nachdem die bis dahin glücklich gewonnenen Resultate der Einigung gesichert und zur praktischen Geltung gebracht sein würden.*)

Am 12. März 1861 wurde die Konferenz in Nürnberg in ihrer 589sten Sitzung geschlossen und der Entwurf des Handels-Gesetzbuchs der Bundes-Versammlung und den Bundes-Regierungen vorgelegt.

Die Dauer der Verhandlungen dieser Konferenz und die umfangreichen Protokolle ihrer Berathungen beweisen die Schwierigkeiten, welche bei dem Werke zu überwinden waren, und die Sorgfalt, die Umsicht und den Eifer, mit denen die Aufgabe gelöst worden ist. Bei der Betheiligung so vieler Staaten, deren innere Verhältnisse mannigfaltig verschieden sind, bei der großen Verschiedenheit der in Deutschland geltenden Rechts-Systeme, in welche die Bestimmungen des gemeinsamen Handels-Rechts sich einschieben müssen, bei der Mannigfaltigkeit der auf Handel und Gewerbe bezüglichen Einrichtungen in den einzelnen Staaten und bei der großen Verschiedenheit der Interessen, welche, je nach dem Betriebe der Handelszweige, nach der Oertlichkeit oder nach anderen Verhältnissen der einzelnen Staaten, nicht selten einander entgegenstehen und welche nur zu oft durch die leidenschaftlichen Kämpfe des Egoismus der Gesetzgebung hindernd in den Weg treten, mußte zu bewährter theoretischer und praktischer Sachkenntniß die über einen engeren Gesichtskreis sich erhebende Bereitwilligkeit hinzutreten: für die Gemeinschaftlichkeit des Rechts, für den unschätzbar großen Vortheil, welcher durch dieselbe in jedweder Beziehung erreicht wird, das Sonderrecht und

---

*) Die ferneren Anträge:

a. auch über andere Versicherungsgeschäfte als See-Assekuranzen Bestimmungen aufzunehmen, und

b. festzusetzen, welche Bestimmungen des Seerechts auch auf die Flußschifffahrt auszudehnen,

wurden von der Versammlung abgelehnt, weil es wegen der Verschiedenheit der faktischen Verhältnisse unausführbar sei, gemeinsame Bestimmungen zu treffen. Prot. S. 5125, 5126. Die Versammlung war nach den mehr als vierjährigen Verhandlungen offenbar zu ermattet, um noch neue Materien in Angriff zu nehmen.

die Sonderinteressen, sowie die vielleicht richtigere Sonderansicht bis zu einem gewissen Grade hinzugeben. Die Preußische Regierung hat, während die Befriedigung vorliegt, daß der Entwurf, welcher auf Preußen berechnet und zur erforderlichen Reform des Handels-Rechts im gesammten Preußischen Staate geeignet befunden war, in den wesentlichen Grundlagen angenommen worden ist, sich nicht minder auf jenem höheren Standpunkte bewähren zu müssen geglaubt.*)

Sie hat mit Vorlegung des Einführungs-Gesetzes den Vorgang gemacht, indem sie mit Zuversicht der Nachfolge der übrigen Bundesstaaten entgegen sehen kann.

Das Gesetz, durch welches der von der Konferenz in Nürnberg berathene Entwurf eines Allgemeinen Deutschen Handels-Gesetzbuchs für Preußen Gesetzeskraft erhalten soll, ist nach den wesentlichen Bestandtheilen eines Einführungs-Gesetzes in drei Titel gebracht, deren erster einführende

---

*) In dem ersten Kommissionsberichte des Hauses der Abgeordneten (Nr. 223 der Drucksachen) wird die Annahme des Handelsgesetzbuchs en bloc empfohlen, jedoch hinzugefügt:

„Die Rechte der Volksvertretung würden auf eine unverantwortliche Weise verkümmert werden, wenn es, ähnlich wie dies bereits bei der Zoll-Gesetzgebung innerhalb des Zollvereins der Fall ist, auch bei der das materielle und Prozeßrecht betreffenden Gesetzgebung zur Regel werden sollte, daß Gesetz-Entwürfe, weil sie für ganz Deutschland bestimmt sind, nur im Ganzen und Großen geprüft und weil die völlige Ablehnung nicht rathsam erscheint, nun ohne Abänderung im Einzelnen angenommen werden müßten.

Es giebt der vorliegende Fall dringende Veranlassung, wiederum das lebhafteste Bedauern auszusprechen, daß es noch immer nicht gelungen ist, für die vielfachen gemeinsamen Angelegenheiten der Staaten des Deutschen Bundes eine politische Organisation zu schaffen, bei der neben einer starken einheitlichen Bundes-Regierung für Fragen der Gesetzgebung eine gemeinsame Volks- und Staatenvertretung entscheidend mitzuwirken hat, um Gesetz-Entwürfe, wie namentlich den vorliegenden, auch im Einzelnen prüfen und ohne Gefahr, das Ganze dadurch zu vereiteln, abändern zu dürfen. Im Schooße der Kommission wurde das Verlangen nach einer gemeinsamen Volksvertretung bei dieser Gelegenheit vielfach und lebhaft an den Tag gelegt und es beruht auf einem einstimmigen Beschlusse derselben, daß diesem Verlangen in dem Berichte an das Haus Ausdruck gegeben wird."

An einer anderen Stelle heißt es:

„Von mehreren Seiten wurde mit Nachdruck geltend gemacht, daß zur völligen Erreichung des in dem Entwurfe beabsichtigten Zweckes eines einheitlichen Rechtes die Errichtung eines für ganz Deutschland gemeinsamen Gerichtshofes für Handelssachen nothwendig sei, indem ohne eine solche Institution die Rechtsprechung in den verschiedenen Staaten bei den unmöglich ausbleibenden Kontroversen nach divergirenden Richtungen entscheiden, und demzufolge in wichtigen Punkten ein gemeinsames Recht nicht in Geltung sein werde."

Bestimmungen im engeren Sinne enthält, während der zweite Titel die in Folge der Einführung aufgehobenen Gesetze bezeichnet und der dritte Titel Uebergangs-Bestimmungen zum Gegenstande hat, welche in Bezug auf die vor dem Eintritt der Gesetzeskraft begründeten Rechtsverhältnisse erforderlich erscheinen.

In dem erwähnten ersten Bestandtheile des Gesetzes tritt in mehrfacher Beziehung ein Unterschied desselben von sonstigen Einführungs-Gesetzen hervor.

Die große Zahl der Staaten und die Ausdehnung der Territorien, für welche das Handels-Gesetzbuch bestimmt ist, sowie die Verschiedenheit der Gesetze und der Verhältnisse, welche in diesen Staaten und Landestheilen bestehen, hat es bei Entwerfung des Handels-Gesetzbuchs in einzelnen Punkten unvermeidlich erscheinen lassen, dem Rechte der einzelnen Staaten einen gewissen Spielraum zu geben. Theils aus Gründen der inneren Zweckmäßigkeit, theils um eine sehr schwer zu erreichende Einigung dennoch möglich zu machen, sind im Gesetzbuch bei mehreren Materien einzelne Bestimmungen getroffen, welche statt unbedingt allgemeine Satzungen festzustellen, auf die Landes-Gesetze (d. h. das gegenwärtig bestehende oder künftig entstehende Recht des einzelnen Staates) hinverweisen, und diesen Landes-Gesetzen ausdrücklich gleich wie einem Bestandtheil des Handelsrechts für den einzelnen Staat die Geltung wahren; ferner sind aus denselben Gründen und Erwägungen in mehreren Materien Bestimmungen in dem Handels-Gesetzbuch getroffen, kraft welcher den Landes-Gesetzen der einzelnen Staaten in Bezug auf gewisse Punkte für Gegenwart und Zukunft der Erlaß besonderer Vorschriften oder die Wahl zwischen einer oder der anderen Vorschrift vorbehalten wird.

Diese sowohl in Bezug auf die materielle Disposition als rücksichtlich des formellen Ausdrucks hervortretende Eigenthümlichkeit des Handels-Gesetzbuchs findet in der besonderen Natur des auf ganz Deutschland berechneten, gleichwohl nur in dem einzelnen Staate besonders für diesen zu publizirenden Rechtsbuchs ihre Erklärung und hat bereits in der Allgemeinen Deutschen Wechsel-Ordnung (Art. 2.) ein Vorbild. Bei der Einführung des Handels-Gesetzbuchs ist in Betracht zu ziehen,

ob und in welcher Weise Veranlassung vorliege, die betreffenden Stellen durch gesetzliche Vorschriften in Preußen zu ergänzen oder die den Landes-Gesetzen belassenen Vorbehalte in Anwendung zu bringen.

Hierzu kommt der fernere Umstand, daß nach der Natur der Sache der Eintritt des Allgemeinen Deutschen Handels-Gesetzbuchs in das

Rechtsganze der einzelnen Staaten die in den letzteren sich vorfindenden auf das Handels-Recht bezüglichen Rechts-Normen nicht überall deckt und nicht genau innerhalb bestimmter Grenzen vollständig aufhebt oder bestehen läßt. Wenn dieser Gesichtspunkt überhaupt bei Einführung neuer Gesetze und so auch hier bis zu einem gewissen Grade der Wissenschaft und der praktisch vernünftigen Gesetzes-Anwendung überlassen werden muß, so ist dies doch bei Einführung des Handels-Gesetzbuchs weniger als bei Aenderungen, welche im Zusammenhang der Gesetzgebung des einzelnen Staates vorgenommen werden, der Fall. Es wird einer Zahl von ausdrücklichen Gesetzes-Bestimmungen bedürfen. Ein Theil derselben hat das Handels-Gesetzbuch mit Rücksicht auf die Landes-Gesetze insoweit zu ergänzen,

als besondere Einrichtungen zu treffen, oder Vorschriften zu geben sind, um Bestimmungen des Handels-Gesetzbuchs in entsprechender Weise in Ausführung zu bringen,

oder in Anschluß an das Handels-Gesetzbuch Lücken ausgefüllt werden müssen, welche durch Einführung des Handels-Gesetzbuchs nach Maßgabe der Verhältnisse des besonderen Staats eintreten,

oder Mißverständnissen vorzubeugen ist, welche bei Anwendung des Handels-Gesetzbuchs aus der Besonderheit bestehender landesgesetzlicher Vorschriften zu besorgen sind;

andere Gesetzes-Bestimmungen werden die bestehenden Gesetze modifiziren oder abändern müssen,

um sie dem System des Handels-Gesetzbuchs anzupassen, ihren Anschluß an dasselbe zu vermitteln, oder die nunmehrige Gestaltung des Rechts genau und nach festen Gränzen erkennbar zu machen.

Die sämmtlichen bezeichneten Gesichtspunkte sind innerlich durchaus verwandter Natur, bei manchen Gegenständen treffen mehrere derselben zusammen, und die aus ihnen hervorgehenden Vorschriften, mögen sie das Handels-Gesetzbuch für das Gebiet des einzelnen Staates ergänzen, oder die Gesetze des letzteren in Folge des Handels-Gesetzbuchs oder in Anschluß an dasselbe modifiziren und abändern, gehören den einführenden Bestimmungen an, und sind deshalb in dem I. Titel des Gesetz-Entwurfs zusammengefaßt.

Die verschiedenen Rechts-Systeme, welche im Preußischen Staate bestehen, haben Unter-Abtheilungen dieses Titels nöthig gemacht. Zwar ist vor Allem im Auge behalten, bei den hier neu zu treffenden Bestimmungen ein einheitliches Recht für die ganze Monarchie zu wahren, oder soweit irgend möglich herbeizuführen, wie dies der Inhalt des I. Abschnitts

Art. 2—18. darthut; verschiedene Punkte aber betreffen die Behandlung von Besonderheiten der in den einzelnen Landestheilen bestehenden Gesetzgebungen, oder es kommen Rechtsnormen oder Rechtsverhältnisse in Betracht, in welchen sich gegenwärtig eine Gleichmäßigkeit unmöglich herbeiführen läßt. Die deshalb erforderlichen besonderen Vorschriften sind theils, um Zweifel und Mißverständnisse zu verhüten, theils damit die für die betreffenden Landestheile bestimmten Rechtsnormen sich sofort zusammenfinden, nach den Territorien der großen Rechtssysteme des Allgemeinen Landrechts, des gemeinen Rechts und des Rheinischen Rechts in den Abschnitten II., III. und IV. zusammengestellt. Ueberall ist bei der Anordnung des Details, soweit möglich, die Materienfolge des Handels-Gesetzbuchs beibehalten und der Artikel des Handels-Gesetzbuchs, auf welchen die betreffende Bestimmung sich bezieht, erkennbar gemacht. Dem entsprechend bilden denn auch die Bestimmungen zum See-Recht einen besonderen und letzten Abschnitt.

Die Vorbemerkungen über das Einführungs-Gesetz im Allgemeinen mögen nicht geschlossen werden, ohne daß zur Darlegung des Standpunkts der Preußischen Regierung, sowie zur richtigen Würdigung der Bestimmungen, welche das Einführungs-Gesetz im Einzelnen enthält, noch hervorgehoben werde:

daß — entsprechend dem Verhalten Preußens in Bezug auf die Allgemeine Deutsche Wechsel-Ordnung — *in das Einführungs-Gesetz keine Bestimmung aufgenommen ist, durch welche die Aenderung einer Bestimmung des Handels-Gesetzbuchs eintreten würde.*

Es ist selbst jede deklaratorische Bestimmung über Punkte, in welchen eine Vorschrift des Handels-Gesetzbuchs materiell verschieden aufgefaßt werden oder zweifelhaft erscheinen könnte, grundsätzlich vermieden worden, um die Lösung derartiger Zweifel zunächst der gemeinsamen Deutschen Rechtswissenschaft und Rechtsprechung anheimzugeben. Durch ein anderes Verhalten würde die Gemeinschaftlichkeit des Rechts, der Hauptzweck und der hauptsächlichste Nutzen des Gesetzbuchs, wesentlich gefährdet werden.*)

*) In dem vorliegenden Werke sind die Bestimmungen des Einführungsgesetzes bei den Stellen des Handelsgesetzbuchs, auf welche sie sich beziehen, eingeschaltet worden. Um indeß den Ueberblick zu erleichtern, ist am Schlusse des Werkes das Einführungsgesetz in seiner Gesammtheit besonders abgedruckt.

II.

Abkürzungen.

Prot. = Protokolle der Kommission zur Berathung eines allgemeinen Deutschen Handelsgesetzbuchs. Herausgegeben von J. Lutz. Würzburg. Verlag der Stahel'schen Buch- und Kunsthandlung. 1858.

Pr. Entw. = Entwurf eines Handelsgesetzbuchs für die Preußischen Staaten. Erster Theil: Entwurf. Verlag der Königlichen Ober-Hofbuchdruckerei. Berlin, 1859.

Mot. = Entwurf eines Handelsgesetzbuchs für die Preußischen Staaten. Zweiter Theil: Motive. Verlag der Königlichen Ober-Hofbuchdruckerei. Berlin 1859.

Mot. z. Einf.-Ges. = Motive zum Entwurf des Einführungs-Gesetzes zum Allgemeinen Deutschen Handelsgesetzbuch.

Komm.ber. des H. d. A. = Kommissionsbericht des Hauses der Abgeordneten über den Entwurf eines allgemeinen Deutschen Handelsgesetzbuchs. (Nr. 223. 224. 225. de 1861.)

Komm.ber. des H. H. = Kommissionsbericht des Herrenhauses zu demselben Entwurfe. (Nr. 134. de 1861.)

Einf.-Ges. = Einführungs-Gesetz. Wo dieses ohne Zusatz citirt worden, ist darunter der 1. Titel, I. Abschnitt: „Bestimmungen für alle Landestheile der Monarchie" enthaltend, verstanden.

Einf.-Ges. (ALR. u. AGO.) = Einführungs-Gesetz. 1. Titel II. Abschnitt. Bestimmungen für die Landestheile, in welchen das Allgemeine Landrecht und die Allgemeine Gerichts-Ordnung Gesetzeskraft haben.

Einf.-Ges. (gem. R.) = Einführungs-Gesetz. 1. Titel III. Abschnitt. Bestimmungen für die Landestheile, in welchen das gemeine Deutsche Recht gilt.

Einf.-Ges. (Köln). = Einführungs-Gesetz. 1. Titel IV. Abschnitt. Bestimmungen für den Bezirk des Appellations-Gerichtshofs zu Köln.

Inhalt.

Allgemeine Bestimmungen . . . . Artikel 1—3

Erstes Buch. Vom Handelsstande.

Erster Titel. Von Kaufleuten . . . . „ 4—11

Zweiter Titel. Von dem Handelsregister . . . . „ 12—14

Dritter Titel. Von Handelsfirmen . . . . „ 15—27

Vierter Titel. Von den Handelsbüchern . . . . „ 28—40

Fünfter Titel. Von den Prokuristen und Handlungsbevollmächtigten . . . . „ 41—56

Sechster Titel. Von den Handlungsgehülfen . . . . . . „ 57—65

Siebenter Titel. Von den Handelsmäklern oder Sensalen . „ 66—84

Zweites Buch. Von den Handelsgesellschaften.

Erster Titel. Von der offenen Handelsgesellschaft.

Erster Abschnitt. Von der Errichtung der Gesellschaft . . . „ 85—89

Zweiter Abschnitt. Von dem Rechtsverhältniß der Gesellschafter unter einander . . . . „ 90—109

Dritter Abschnitt. Von dem Rechtsverhältniß der Gesellschaft zu dritten Personen . . . . „ 110—122

Vierter Abschnitt. Von der Auflösung der Gesellschaft und dem Austreten einzelner Gesellschafter aus derselben . . . . . „ 123—132

Fünfter Abschnitt. Von der Liquidation der Gesellschaft . . . „ 133—145

Sechster Abschnitt. Von der Verjährung der Klagen gegen die Gesellschafter . . . . „ 146—149

Zweiter Titel. Von der Kommanditgesellschaft.

Erster Abschnitt. Von der Kommanditgesellschaft im Allgemeinen „ 150—172

Zweiter Abschnitt. Von der Kommanditgesellschaft anf Aktien insbesondere . . . . „ 173—206

Dritter Titel. Von der Aktiengesellschaft.

Erster Abschnitt. Allgemeine Grundsätze . . . . „ 207—215

Zweiter Abschnitt. Rechtsverhältniße der Aktionäre . . . . „ 216—226

Dritter Abschnitt. Rechte und Pflichten des Vorstandes . . . „ 227—241

Vierter Abschnitt. Auflösung der Gesellschaft . . . . . . „ 242—248

Fünfter Abschnitt. Schlußbestimmungen. . . . . „ 249

Drittes Buch. Von der stillen Gesellschaft und von der Vereinigung zu einzelnen Handelsgeschäften für gemeinschaftliche Rechnung.

Erster Titel. Von der stillen Gesellschaft . . . . „ 250—265

Zweiter Titel. Von der Vereinigung zu einzelnen Handelsgeschäften für gemeinschaftliche Rechnung . . . . „ 266—270

Viertes Buch. Von den Handelsgeschäften.

Erster Titel. Von den Handelsgeschäften im Allgemeinen.

Erster Abschnitt. Begriff der Handelsgeschäfte . . . . . . „ 271—277

Zweiter Abschnitt. Allgemeine Bestimmungen über Handelsgeschäfte . . . Artikel 278—316
Dritter Abschnitt. Abschließung der Handelsgeschäfte . . . „ 317—323
Vierter Abschnitt. Erfüllung der Handelsgeschäfte . . . „ 324—336
Zweiter Titel. Vom Kauf . . . „ 337—359
Dritter Titel. Von dem Kommissionsgeschäft . . . „ 360—378
Vierter Titel. Von dem Speditionsgeschäft . . . „ 379—389
Fünfter Titel. Von dem Frachtgeschäft.
Erster Abschnitt. Vom Frachtgeschäft überhaupt . . . „ 390—421
Zweiter Abschnitt. Von dem Frachtgeschäft der Eisenbahnen insbesondere . . . „ 422—431

Fünftes Buch. Vom Seehandel.

Erster Titel. Allgemeine Bestimmungen . . . „ 432—449
Zweiter Titel. Von dem Rheder und von der Rhederei . . . „ 450—477
Dritter Titel. Von dem Schiffer . . . „ 478—527
Vierter Titel. Von der Schiffsmannschaft . . . „ 528—556
Fünfter Titel. Von dem Frachtgeschäft zur Beförderung von Gütern . . . „ 557—664
Sechster Titel. Von dem Frachtgeschäft zur Beförderung von Reisenden . . . „ 665—679
Siebenter Titel. Von der Bodmerei . . . „ 680—701
Achter Titel. Von der Haverei.
Erster Abschnitt. Große (gemeinschaftliche) Haverei und besondere Haverei . . . „ 702—735
Zweiter Abschnitt. Schaden durch Zusammenstoß von Schiffen „ 736—741
Neunter Titel. Von der Bergung und Hülfsleistung in Seenoth „ 742—756
Zehnter Titel. Von den Schiffsgläubigern . . . „ 757—781
Elfter Titel. Von der Versicherung gegen die Gefahren der Seeschifffahrt.
Erster Abschnitt. Allgemeine Grundsätze . . . „ 782—809
Zweiter Abschnitt. Anzeigen bei dem Abschlusse des Vertrages „ 810—815
Dritter Abschnitt. Verpflichtungen des Versicherten aus dem Versicherungsvertrage . . . „ 816—823
Vierter Abschnitt. Umfang der Gefahr . . . „ 824—857
Fünfter Abschnitt. Umfang des Schadens . . . „ 858—885
Sechster Abschnitt. Bezahlung des Schadens . . . „ 886—898
Siebenter Abschnitt. Aufhebung der Versicherung und Rückzahlung der Prämie . . . „ 899—905
Zwölfter Titel. Von der Verjährung . . . „ 906—911

Entwurf

eines

Allgem. Deutschen Handelsgesetzbuchs

nebst dem Einführungsgesetze vom 24. Juni 1861.

Wir Wilhelm, von Gottes Gnaden König von Preußen ꝛc. verordnen, unter Zustimmung des Landtags Unserer Monarchie, was folgt:

Einf.-Gesetz Art. 1. Der in der Anlage enthaltene, aus der Berathung von Kommissarien der Regierungen Deutscher Bundesstaaten hervorgegangene Entwurf eines Allgemeinen Deutschen Handelsgesetzbuchs erlangt in dem ganzen Umfange der Monarchie mit dem 1. März 1862. Gesetzeskraft.

Mit demselben Zeitpunkte sollen zugleich die nachfolgenden Einführungs-Bestimmungen in Geltung treten.

Entwurf eines Allgemeinen Deutschen Handelsgesetzbuchs.

Allgemeine Bestimmungen.

Artikel 1.

In Handelssachen [1]) kommen, insoweit [2]) dieses Gesetzbuch keine Bestimmungen enthält, die Handelsgebräuche [3]) und in deren Ermangelung das allgemeine bürgerliche Recht [4]) in Anwendung.

---

1) Diese Vorschrift soll nicht nur in Prozessen, sondern auch bei außerprozessualischen Regelungen von Handelssachen maaßgebend sein. Prot. S. 884.

2) Das Handelsgesetzbuch kömmt jedenfalls vor den Handelsgebräuchen zur Anwendung, und kann durch diese nicht abgeändert werden. Prot. S. 13. Die derogatorische Kraft ist den letzteren namentlich im Interesse des einheitlichen Rechts genommen. Prot. S. 884. Durch Art. 1. ist dem Gewohnheitsrechte, wie es sich bezüglich der Handelssachen bilden würde, und zwar auch dem nur lokalen, eine das Handelsgesetzbuch ergänzende Wirkung vor dem allgemeinen Civilrecht jedes Landes gesichert. Prot. S. 13. — Bestehende Handelsgebräuche sind, insoweit als das Gesetzbuch die betreffenden Materien anderweitig regulirt, aufgehoben, und neue Gewohnheiten können sich nur praeter, nicht contra legem bilden.

3) Der Ausdruck „Handelsgebräuche" wurde beanstandet, weil er nicht nur Gewohnheitsrechtssätze, sondern auch die faktischen Gestaltungen der Rechtsgeschäfte umfasse, ersteres aber nur gemeint sei. — Dagegen wurde bemerkt: es sei beabsichtigt die Schranken wegzuschaffen, welche dem Handelsgewohnheitsrechte bisher entgegengestanden, was nicht geschehen würde, wenn man nur das den Civilgesetzen entsprechende Gewohnheitsrecht gelten lassen wolle. Dies würde auch bei der Verschiedenheit der Civilrechte zu einer verschiedenen Geltung des Gewohnheitsrechts führen. Es müßten deshalb außer dem nach besonderen civilrechtlichen Grundsätzen entstandenen Gewohnheitsrechte auch die bloß thatsächlichen allgemeineren Uebungen als Entscheidungsnorm anerkannt werden. Es verstehe sich von selbst, daß auch diese vernunftgemäß und nachweisbar sein müßten und weder gegen Gebots- noch gegen Verbotsgesetze verstoßen dürften. Es sei der Praxis zu überlassen, im einzelnen Falle zu entscheiden, ob eine Uebung als gültiger Handelsgebrauch zu betrachten sei oder nicht. Prot. S. 12.

4) — geschriebenes und Gewohnheitsrecht. Prot. S. 13 und 885. Die subsi-

Einf.=Gesetz Art. 2. Handelssachen [5]) sind die Rechtsangelegenheiten, welche eines der folgenden Privatrechtsverhältnisse zum Gegenstande haben:

1) das Rechtsverhältniß, welches aus Handelsgeschäften (Artikel 271—273. des Handelsgesetzbuchs) zwischen den Betheiligten entsteht;
2) die Rechtsverhältnisse zwischen den Mitgliedern einer Handelsgesellschaft, zwischen dem stillen Gesellschafter und dem Inhaber des Handelsgewerbes, sowie zwischen den Theilnehmern einer Vereinigung zu einzelnen Handelsgeschäften oder einer Vereinigung zum Handelsbetriebe (Artikel 10. des Handelsgesetzbuchs), sowohl während des Bestehens, als nach Auflösung des gesellschaftlichen Verhältnisses, imgleichen das Rechtsverhältniß zwischen den Liquidatoren oder den Vorstehern einer Handelsgesellschaft und der Gesellschaft oder den Mitgliedern derselben;
3) das Rechtsverhältniß, welches das Recht zum Gebrauch einer Handelsfirma betrifft;
4) das Rechtsverhältniß, welches durch die Veräußerung eines bestehenden Handelsgeschäfts zwischen den Kontrahenten entsteht;
5) die Rechtsverhältnisse zwischen dem Prokuristen, dem Handlungsbevollmächtigten oder dem Handlungsgehülfen und dem Eigenthümer der Handelsniederlassung, sowie das Rechtsverhältniß zwischen einer dritten Person und demjenigen, welcher ihr als Prokurist oder Handlungsbevollmächtigter aus einem Handelsgeschäfte haftet (Artikel 55. des Handelsgesetzbuchs);
6) das Rechtsverhältniß, welches aus den Berufsgeschäften des Handelsmäklers zwischen diesem und den Parteien entsteht;
7) die Rechtsverhältnisse des Seerechts, insbesondere diejenigen, welche auf die Rhederei, die Rechte und Pflichten des Rheders, des Korrespondent=Rheders und der Schiffsbesatzung, auf die Bodmerei und die Haverei, auf den Schadensersatz im Falle des Zusammenstoßens von Schiffen, auf die Bergung und Hülfeleistung in Seenoth und auf die Ansprüche der Schiffsgläubiger sich beziehen.

Einf.=Gesetz II. Titel. Bestimmungen, die Aufhebung bisheriger Gesetze betreffend.

Art. 60. Mit dem 1. März 1862 treten die nachfolgenden Gesetze und Verordnungen, nebst allen dieselben ergänzenden oder erläuternden Bestimmungen außer Kraft:

---

diäre Geltung des allgemeinen bürgerlichen Rechts beruht darauf, daß das Handelsrecht kein ganz für sich bestehendes, von dem allgemeinen Rechte völlig gesondertes Rechtssystem darstellt, sondern zu dem allgemeinen Rechte in dem Verhältnisse der Ausnahme zur Regel steht. Es umfaßt eben nur die von den allgemeinen Rechtsgrundsätzen abweichenden Bestimmungen, welche durch die eigenthümliche Natur der handelsrechtlichen Beziehungen geboten sind. Mot. S. 3.

5) Der Umfang des Begriffs der Handelssachen ist um deshalb speziell angegeben, weil seine Feststellung namentlich für die Anwendbarkeit des Art. 1 des Gesetzbuchs über die Geltung der Handelsgebräuche erforderlich schien, und daran prozessualische Vorschriften, insbesondere für den Bezirk des Appellhofs zu Köln, so wie Bestimmungen über die Höhe der Zinsen und über die durch Einführung des Handelsgesetzbuchs bedingte Aufhebung bestehender Gesetze anzuschließen waren. Im Wesentlichen sind unter dem Begriff der Handelssachen alle unmittelbar durch den Handel begründeten Rechtsverhältnisse des Privatrechts verstanden. Mot. z. Einf.=Ges. S. 10.

1) die §§. 475. bis 712. und die §§. 1305. bis 2464. des achten Titels des zweiten Theils des Allgemeinen Landrechts, jedoch die §§. 1934. bis 2358. nur insoweit, als dieselben auf die Versicherung gegen die Gefahren der Seeschifffahrt sich beziehen; ferner das Schwedisch-Pommersche Seerecht;
2) die beiden ersten Bücher des Rheinischen Handelsgesetzbuchs und sämmtliche in dem Bezirke des Appellationsgerichtshofes zu Köln publizirten Französischen Gesetze und Verordnungen über die Börsen und Handelsmäkler;
3) alle bisherigen Gesetze oder gesetzlichen Vorschriften, welche über Handelssachen (Art. 2. dieses Gesetzes) besondere, von dem allgemeinen bürgerlichen Recht abweichende privatrechtliche [6]) Bestimmungen enthalten, sofern nicht dieselben einen Gegenstand betreffen, in Ansehung dessen das Handelsgesetzbuch auf die Landesgesetze hinweist, oder insofern nicht die Fortdauer ihrer Geltung in diesem Einführungsgesetze bestimmt ist. Die das Prozeßrecht [7]) betreffenden Bestimmungen bleiben in Kraft, sofern sie nicht in diesem Gesetze für abgeändert oder aufgehoben erklärt sind.

Art. 61. Ungeachtet der Vorschrift unter Ziffer 3. des vorstehenden Artikels bleiben in Kraft, soweit nicht Bestimmungen des Handelsgesetzbuchs entgegenstehen:

1) die Gesetze oder gesetzlichen Vorschriften, welche zum Gegenstande haben:
   die Versicherung, außer der Versicherung gegen die Gefahren der Seeschifffahrt;
   die Rechtsverhältnisse der Kaufleute zu ihren Gehülfen und Lehrlingen;
   das Rechtsverhältniß der Stromschiffer zu ihren Leuten;
   das Rechtsverhältniß der Wirthe zu den bei ihnen einkehrenden Personen;
   das Apotheker-Gewerbe;
2) die Gesetze oder gesetzlichen Vorschriften, welche in Abweichung von dem allgemeinen bürgerlichen Rechte kürzere Verjährungsfristen für Forderungen der Kaufleute oder einzelner Klassen von Kaufleuten bestimmen; insbesondere das Gesetz vom 31. März 1838. (Gesetz-Sammlung S. 249), die Verordnung vom 15. April 1842. (Gesetz-Sammlung S. 114), die Verordnung für die Landestheile, in welchen noch gemeines Recht gilt, vom 6. Juli 1845. (Gesetz-Sammlung S. 483), die Verordnung für die Hohenzollernschen Lande vom 12. März 1860. (Gesetz-Sammlung S. 97), und die Artikel 2271. ff. des Rheinischen Civilgesetzbuchs;
3) die nachfolgenden Gesetze:
   die Verordnung über die Ermittelung des Handelsgewichts beim Handel mit roher Seide vom 14. Oktober 1844. (Gesetz-Sammlung S. 661);
   die Verordnung vom 5. Oktober 1833., betreffend die Verpflichtung der Preußischen Seeschiffer zur Mitnahme verunglückter vaterländischer Schiffsmänner (Gesetz-Sammlung S. 122);
   das Gesetz vom 31. März 1841. zur Erhaltung der Mannszucht auf den Seeschiffen (Gesetz-Sammlung S. 64).

6) — privatrechtliche, im Gegensatz zu allgemein gewerblichen, polizeilichen, strafrechtlichen Bestimmungen u. dgl. m.

7) Hierbei ist namentlich an die speziell für Handelssachen erlassenen Vorschriften prozeßrechtlichen Inhalts gedacht, wozu auch die Vorschriften über den kaufmännischen Konkurs, einschließlich der auf das materielle Konkursrecht sich beziehenden, gehören. Mot. z. Einf.-Ges. S. 81.

Artikel 2.

An den Bestimmungen der deutschen Wechsel-Ordnung wird durch dieses Gesetzbuch nichts geändert.

Artikel 3.

Wo dieses Gesetzbuch von dem Handelsgerichte spricht, tritt in Ermangelung eines besonderen Handelsgerichtes das gewöhnliche Gericht an dessen Stelle.

Einf.-Gesetz. (Köln.) Art. 47—51.

Art. 47. [8]) An Stelle der Artikel 631—634. des Rheinischen Handelsgesetzbuchs treten folgende Bestimmungen:

Die Handelsgerichte sind zuständig:

1) für alle Rechtsstreitigkeiten über Verbindlichkeiten eines Kaufmanns aus seinen Handelsgeschäften;
2) für alle Rechtsstreitigkeiten über Verbindlichkeiten eines Nichtkaufmanns aus einem Handelsgeschäfte, wenn das Geschäft auf Seiten dieses Nichtkaufmanns ein Handelsgeschäft ist;
3) für alle Rechtsstreitigkeiten über die im Artikel 2. Ziffer 2. bis 7. aufgeführten Handelssachen ohne Unterschied der Personen;
4) für alle Rechtsstreitigkeiten über Wechselverbindlichkeiten.

Die Artikel 636. und 637. sind aufgehoben.

Art. 48. [9]) In Handelssachen kann der Beweis durch Zeugen in allen Fällen ohne Rücksicht auf die Art und den Betrag des Gegenstandes des Prozesses zugelassen werden.

Die Artikel 1326. 1328. und 1341. des Civilgesetzbuchs finden in Handelssachen keine Anwendung.

Die Vorschriften, welche über die Beweiskraft öffentlicher Urkunden und über den Beweis ihrer Unechtheit oder der Unrichtigkeit ihres Inhalts bestehen, werden durch diesen Artikel nicht berührt.

Art. 49. [10]) Das Handelsgericht kann in allen Fällen, insbesondere in Sachen, in welchen es sich um die Auseinandersetzung von Gesellschaftern, oder

---

8) Der Artikel 47. enthält für den Bezirk des Appellhofs zu Köln Bestimmungen über eine anderweitige deutlichere Regulirung der Handelsgerichtsbarkeit unter gleichzeitiger Entscheidung von Kontroversen. Mot. z. Einf.-Ges. S. 59. Er läßt sich dahin zusammenfassen: daß die Rechtsstreitigkeiten über alle Handelssachen zur Kompetenz der Handelsgerichte gehören, mit alleiniger Ausnahme der Rechtsstreitigkeiten über Verbindlichkeiten eines Kaufmanns oder Nichtkaufmanns aus Handelsgeschäften, welche für diesen Kaufmann oder Nichtkaufmann keine Handelsgeschäfte sind. Komm.ber. d. H. d. A. zum Einf.-Ges. S. 20.

9) Dieser Artikel hält die aus den Artikeln 49. und 109. des Rheinischen Handelsgesetzbuchs hergeleitete Regel, daß in Handelssachen der Beweis durch Zeugen unbeschränkt zulässig sei, ausdrücklich aufrecht, was nothwendig war, da die gedachten Bestimmungen des Rheinischen Rechts durch das vorliegende Handelsgesetzbuch aufgehoben werden. (Vgl. Einf.-Ges. Art. 60. Nr. 2.) Mot. z. Einf.-Ges. S. 60.

10) Diese Bestimmung ist namentlich durch die Aufhebung des Artikel 51. des Rheinischen Handelsgesetzbuchs (Zwang-Schiedsgerichte bei allen Streitigkeiten zwischen Gesellschaftern) nothwendig geworden. Mot. z. Einf.-Ges. S. 60.

um die Prüfung von Rechnungen, Schriftstücken oder Handelsbüchern handelt, Sachverständige zur Erstattung eines Gutachtens ernennen, oder anordnen, daß zunächst Behufs Aufklärung und Feststellung der Streitpunkte und zum Versuch einer gütlichen Beilegung des Streits vor einem Kommissar des Gerichts verhandelt werden soll.

Art. 50.[11]) An die Stelle der Artikel 1—4. des Gesetzes vom 15. Germinal VI. Jahres (4. April 1798) und der Artikel 1., 2., 3. und 6. der Kabinets-Ordre vom 17. April 1833 (Gesetz-Sammlung S. 34) treten folgende Bestimmungen:

§. 1.

Auf Vollstreckung durch Personal-Arrest ist zu erkennen:

1) wenn die Verurtheilung wegen der Verbindlichkeit eines Kaufmanns aus einem Geschäfte erfolgt, welches auf Seiten dieses Kaufmanns ein Handelsgeschäft ist;
2) wenn die Verurtheilung wegen der Verbindlichkeit eines Kaufmanns in einer der im Artikel 2. Ziffer 2—7. aufgeführten Handelssachen erfolgt;
3) wenn die Verurtheilung wegen einer Verbindlichkeit eines Nichtkaufmanns aus einem Geschäfte erfolgt, welches auf Seiten dieses Nichtkaufmanns ein Handelsgeschäft ist;
4) wenn die Verurtheilung wegen einer Wechselverbindlichkeit erfolgt.

§. 2.

Von dem Personal-Arreste sind in den Fällen unter 1., 2. und 3. des vorstehenden Paragraphen ausgenommen:

1) Frauen, insofern sie nicht Handelsfrauen sind;
2) Minderjährige ohne Unterschied des Geschlechts und die ihnen gleichgeachteten Personen, sofern sie nicht nach den Bestimmungen dieses Gesetzes als volljährig zu erachten sind;
3) Wittwen und Erben, welche als solche wegen der Verbindlichkeit des Schuldners, dessen Rechtsnachfolger sie sind, verurtheilt werden.

In Bezug auf die Ausnahmen vom Personal-Arrest, welche bei der Verurtheilung wegen Wechselverbindlichkeiten eintreten, kommt der Artikel 2. der Allgemeinen Deutschen Wechsel-Ordnung zur Anwendung.

Die Vorschrift des Artikels 800. Nr. 5. der Civil-Prozeß-Ordnung ist in den im §. 1. bezeichneten Fällen nicht anwendbar.

Art. 51. Auf Personal-Arrest ist nur dann von den Handelsgerichten zu erkennen, wenn darauf angetragen ist.

Die Vollstreckung durch Personal-Arrest kann nur erfolgen, wenn derselben durch Erkenntniß ausdrücklich Statt gegeben ist.

Einf.-Gesetz. Schlußbestimmungen. Artikel 73 und 74.

Art. 73. Die Errichtung und Organisation von Handelsgerichten in allen Landestheilen der Monarchie wird einem besonderen Gesetze vorbehalten.

Bis zum Erlaß desselben treten in den Landestheilen, in welchen nicht bereits besondere Handelsgerichte bestehen, die Kreisgerichte oder Stadtgerichte an die Stelle der Handelsgerichte. Die Kommerz- und Admiralitätskollegien zu Königsberg und Danzig, sowie die für Handelssachen bestehenden Gerichts-Abtheilungen zu Stettin, Memel und Elbing bleiben vorläufig in ihren bisherigen Einrichtun-

---

11) Zweck dieses Artikels ist es, in Bezug auf den darin gedachten Gegenstand Gleichmäßigkeit für den ganzen Bezirk des Appellhofs zu Köln herbeizuführen und die Gesetzgebung dem Systeme des Allgemeinen Deutschen Handelsgesetzbuchs anzupassen. Mot. z. Einf.-Ges. S. 61.

gen und mit ihrer bisherigen Zuständigkeit bestehen. Denselben wird zugleich die Führung des Handelsregisters für ihre Sprengel übertragen, ingleichen die Führung des Schiffsregisters in dem Umfange, in welchem ihnen nach den bisherigen Vorschriften die Ausfertigung der Beilbriefe zustand.

Der Justizminister bestimmt für die einzelnen Gerichte, zu welchen Zweiggerichte gehören, ob und inwiefern das Handelsregister von den letzteren oder von dem Hauptgerichte zu führen sei.

Art. 74. Soweit in Folge der Einführung des Handelsgesetzbuchs Bestimmungen in Ansehung der gerichtlichen Gebühren und Kosten zur Ergänzung der bestehenden Gesetze erforderlich sind, werden dieselben durch Königliche Verordnung getroffen.

Vor Ablauf von drei Jahren wird diese dem Landtage zur verfassungsmäßigen Genehmigung vorgelegt.

Erstes Buch.

Vom Handelsstande.

Erster Titel.

Von Kaufleuten.

Artikel 4.[12])

Als Kaufmann im Sinne dieses Gesetzbuchs[13]) ist anzusehen[14]), wer[15]) gewerbemäßig Handelsgeschäfte betreibt[16]).

---

12) Dieser Artikel hat bei der Berathung des Gesetzes die größten Schwierigkeiten gemacht. Bei der ersten Lesung wurde, entsprechend dem Artikel 2 des Pr. Entw., versucht, im Einzelnen festzustellen, wer als Kaufmann anzusehen sei und folgende Fassung gewählt:

„Als ein Kaufmann ist anzusehen:

1) wer gewerbmäßig bewegliche Sachen kauft oder in anderer Weise anschafft und dieselben in Natur weiter veräußert;
2) wer gewerbmäßig in einem über den Betrieb des Handwerks hinausgehenden Umfange die Bearbeitung und Verarbeitung von beweglichen Sachen unternimmt, oder Sachen, welche er angeschafft hat, verarbeitet und weiter veräußert;
3) wer gewerbmäßig Bankier- oder Geldwechselgeschäfte betreibt;
4) wer gewerbmäßig Rhederei betreibt oder Versicherungen gegen Prämien unternimmt;
5) wer gewerbmäßig kaufmännische Kommissionsgeschäfte, Speditionsgeschäfte oder Frachtgeschäfte betreibt; die gewöhnlichen Fuhrleute sind hierunter nicht begriffen;
6) wer gewerbmäßig Buchhändlergeschäfte betreibt.

Die Landesgesetze können bestimmen, daß noch andere als die vorgenannten Gewerbtreibenden zu den Kaufleuten zu rechnen, oder einzelne Klassen dieser Gewerbtreibenden als Kaufleute nicht anzusehen sind; die etwaigen gewerbpolizeilichen Erfordernisse, welche die Landesgesetze zur Begründung dieser Eigenschaft als Kaufmann aufstellen, werden durch die Bestimmungen dieses Gesetzbuchs nicht berührt.“

Bei der zweiten Lesung (Prot. S. 1255) wurde jedoch von einer Aufzählung der einzelnen Klassen von Kaufleuten abgesehen, und die allgemeine Fassung, wie

Einf.-Gesetz. Art. 18. Unter der Bezeichnung „Fabrikbesitzer, Schiffsrheder und Handelsleute" in den §§. 259. bis 262. des Strafgesetzbuchs[17]) sind fortan diejenigen Personen zu verstehen, welche nach der Bestimmung des Artikels 4. des Handelsgesetzbuchs als Kaufleute anzusehen sind.

Einf.-Ges. (ALR. u. AGO.) Art. 31. Unter der Bezeichnung „Handelsleute, Schiffsrheder und Fabrikbesitzer" in den §§. 80. 113. 114. 116. 308. 310.319. 432. der Konkurs-Ordnung vom 8. Mai 1855. sind fortan diejenigen Personen zu verstehen, welche nach der Bestimmung des Artikels 4. des Handelsgesetzbuchs als Kaufleute anzusehen sind; der Artikel XIV. des Gesetzes vom 8. Mai 1855., betref-

---

sie in das Gesetzbuch übergegangen ist, angenommen. Hiernach ruht der Schwerpunkt in der Frage, welche Geschäfte als Handelsgeschäfte anzusehen sind. Hierüber s. die Artikel 271—273. und die Noten zu denselben. —

Ein Antrag, die Anwendbarkeit des Handelsgesetzbuchs auf einen Gewerbtreibenden lediglich davon abhängig zu machen, daß derselbe in dem Handelsregister eingetragen worden (sog. „protokollirte Kaufleute"), und den Landesgesetzen zu überlassen, wer in das Handelsregister einzutragen sei, wurde abgelehnt, weil die Einsicht des Handelsregisters doch nur in den seltensten Fällen erfolgen würde, eine solche Bestimmung für den überseeischen Handel geradezu unmöglich sei, und keine zuverlässige Kontrolle darüber geführt werden könne, ob nicht ein Handeltreibender jener Vorschrift, sich eintragen zu lassen, zuwider handle. Prot. S. 528 und 1258.

Den Landesgesetzen ist weder eine Beschränkung noch eine Erweiterung des im Handelsgesetzbuche aufgestellten Begriffs eines Kaufmannes anheimgegeben (s. jedoch Art. 10.). — Jeder Kaufmann hat als solcher alle kaufmännischen Rechte, auch da, wo kaufmännische Korporationen bestehen, so daß diese Rechte von dem Beitritte zur Korporation nicht mehr abhängig sind. Komm.ber. des H. H. S. 5.

13) Die Worte „im Sinne dieses Gesetzbuchs" deuten an, daß die Bestimmung dieses Artikels sich nur auf die im Handelsgesetzbuch geregelten (civilrechtlichen) Fragen, nicht aber auf andere Verhältnisse beziehen soll, z. B. nicht auf die Steuerverhältnisse, oder auf die Frage, ob Jemand, der im Sinne des Handelsgesetzbuchs als Kaufmann zu betrachten wäre, deshalb auch schon Börsenberechtigung oder die hie und da den Mitgliedern der Kaufmannschaft zustehenden Rechte habe. Prot. S. 1255.

14) — d. h. wie ein Kaufmann zu beurtheilen. Es wurde bemerklich gemacht, daß man z. B. von einem Frachtführer nach dem Sprachgebrauche nicht füglich sagen könne, er *sei* Kaufmann, daß aber Nichts im Wege stehe, zu bestimmen, daß er als solcher *anzusehen* sei. Prot. S. 1255.

15) — sowohl physische als juristische Personen, also auch der Staat in Betreff der des Gewinnes halber betriebenen Handelsgeschäfte, Prot. S. 1260, so z. B. in Betreff der öffentlichen Banken. Vgl. Art. 5. Abs. 2. — Ueber die Fragen, unter welchen Voraussetzungen Minderjährige Handel treiben dürfen, welche Wirkung die Entlassung aus der väterlichen Gewalt hiebei hat 2c., ist im Gesetzbuche Nichts bestimmt worden, weil sich ergab, daß die Partikular-Gesetzgebungen zu weit auseinandergingen, als daß eine Vereinigung möglich gewesen wäre. Prot. S. 20.

16) — auch wenn die Verpflichtungen, welche dem Kaufmanne in gewerbepolizeilicher oder gewerbesteuerlicher Beziehung obliegen, nicht erfüllt sind (Art. 11.), oder ein im öffentlichen Rechte (z. B. für Beamte) bestehendes Verbot, Handel zu treiben, entgegen steht. (Art. 176.) Komm.ber. d. H. d. A. S. 6.

17) Die §§. 259—262 des Strafgesetzbuchs enthalten Strafbestimmungen für den Bankerutt.

fend die Einführung der Konkurs-Ordnung (Gesetz-Sammlung S. 317), bleibt dahin in Geltung, daß die darin bezeichneten Gutsbesitzer in Bezug auf die Anwendung der Vorschriften der Konkurs-Ordnung nicht zu den Kaufleuten zu rechnen sind.

Einf.-Ges. (Köln) Art. 52.[18]) In dem Artikel XII. des Einführungs-Gesetzes zum Strafgesetzbuch treten an die Stelle der §§. 2. und 3. die folgenden Bestimmungen:

§. 2. Kaufleute im Sinne des Handels-Gesetzbuchs, welche ihre Zahlungen einstellen, können mit Gefängniß bis zu zwei Jahren bestraft werden:

1) wenn sie nach Dotal-Recht oder mit vertragsmäßiger Gütertrennung verheirathet, die Vorschriften des Artikels 41. dieses Gesetzes nicht befolgt haben;
2) wenn sie nicht innerhalb der drei Tage nach Einstellung der Zahlungen die durch Artikel 440. des Rheinischen Handels-Gesetzbuchs vorgeschriebene Erklärung abgegeben haben, oder wenn ihre Erklärung nicht die Namen aller solidarisch haftenden Gesellschafter enthält;
3) wenn sie sich ohne rechtmäßige Verhinderung in den festgesetzten Fällen und Fristen nicht bei den Agenten und Syndiken persönlich eingefunden oder, nachdem sie ein freies Geleit erhalten, nicht vor Gericht gestellt haben.

Die in den Artikeln 69. und 586. bis 599. des Rheinischen Handels-Gesetzbuchs enthaltenen Straf-Bestimmungen sind aufgehoben.

§. 3. Ein Gläubiger, welcher nach erlangter Kenntniß von der Zahlungseinstellung zu seiner Begünstigung und zum Nachtheil der übrigen Gläubiger einen besonderen Vertrag mit dem Gemeinschuldner oder dessen Erben eingeht, oder welcher sich von demselben oder anderen Personen besondere Vortheile dafür gewähren oder versprechen läßt, daß er bei der Berathung und Beschlußnahme der Gläubiger in einem gewissen Sinne stimme, wird mit Gefängniß bis zu Einem Jahre bestraft.

Auch kann gegen denselben zugleich auf zeitige Untersagung der Ausübung der bürgerlichen Ehrenrechte erkannt werden.

Artikel 5.

Die in Betreff der Kaufleute gegebenen Bestimmungen gelten in gleicher Weise in Betreff der Handelsgesellschaften, insbesondere auch der Aktien-Gesellschaften, bei welchen der Gegenstand des Unternehmens in Handelsgeschäften besteht.

Dieselben gelten auch in Betreff der öffentlichen Banken in den Gränzen ihres Handelsbetriebs, unbeschadet der für sie bestehenden Verordnungen.

Einf.-Gesetz. Art. 3. In Bezug auf die Börsen[19]) und die kaufmännischen Korporationen wird Folgendes bestimmt:

§. 1.

Die Errichtung einer Börse kann nur mit Genehmigung des Handelsministers erfolgen.

---

18) Dieser Artikel bringt, ähnlich dem Art. 18. des Einf.-Ges., die für den Bezirk des Appellhofs zu Köln geltenden Strafbestimmungen mit dem Handelsgesetzbuch in Uebereinstimmung.

19) Das Handelsgesetzbuch enthält keine Bestimmungen über die Börsen, nimmt aber an mehreren Stellen (Art. 311. 343. 354. 376.) auf den Börsenpreis Bezug, und legt den zur Feststellung eines solchen Preises dienenden örtlichen Einrichtungen eine Bedeutung bei, welche es nicht gestattet, diese Einrichtung

§. 2.

Neue Börsenordnungen bedürfen der Genehmigung des Handelsministers.

Diese Genehmigung ist auch zur Abänderung und Ergänzung bestehender Börsenordnungen erforderlich und genügend.

Die Vorschriften der bestehenden Börsenordnungen, welche privatrechtlichen Inhalts sind, treten außer Kraft. Privatrechtliche Vorschriften können auch in die revidirten und in die neuen Börsenordnungen nicht aufgenommen werden.

§. 3.

In den Börsenordnungen ist insbesondere auch zu bestimmen, wie die laufenden Preise und Kurse festzustellen, wie diese Feststellungen zu veröffentlichen und wie Zeugnisse darüber zu ertheilen sind.

§. 4.

Die privatrechtlichen Vorschriften der Statuten der zu Berlin, Stettin, Magdeburg, Tilsit, Königsberg, Danzig, Memel und Elbing bestehenden kaufmännischen Korporationen treten außer Kraft. Dies gilt namentlich von den Vorschriften dieser Statuten, durch welche die kaufmännischen Rechte von dem Beitritt zu der kaufmännischen Korporation des Ortes abhängig gemacht sind[20].

Artikel 6.[21]

Eine Frau, welche gewerbemäßig Handelsgeschäfte betreibt[22] (Handelsfrau), hat in dem Handelsbetriebe[23] alle Rechte und Pflichten[24] eines Kaufmanns.

Dieselbe kann sich in Betreff ihrer Handelsgeschäfte auf die in den einzelnen Staaten[25] geltenden Rechtswohlthaten der Frauen nicht berufen.[26]

---

lediglich der Willkür der Betheiligten zu überlassen. Dieser Erwägung verdanken die §§. 1—3. des Art. 3. ihre Entstehung. Mot. z. Einf.-Ges. S. 10.

20) Diese Aufhebung ist eine nothwendige Folge des dem Handelsgesetzbuche (Art. 4.) zu Grunde liegenden Begriffs eines Kaufmanns.

21) Der Artikel 6 beabsichtigt, die Ausnahme zu statuiren, kraft deren eine Frau ein selbstständiges Handelsgewerbe auf eigene Rechnung betreiben kann (während in der Regel sich ein solcher Geschäftsbetrieb in den Händen der Männer befindet), und dabei zu bestimmen, daß unter den Personen, welche die Eigenschaft eines Kaufmanns haben, das Geschlecht gar keinen Unterschied macht. Prot. S. 15.

22) Hierhin gehört nicht die Betheiligung einer Frau bei einer Gesellschaft als stille Gesellschafterin, da auch ein Mann durch bloße Einlage eines Kapitals nicht Kaufmann wird. Prot. S. 888.

23) — d. h. in dem ganzen Handelsbetriebe, nicht blos in Rücksicht auf den Geschäftskreis ihres bestimmten Handelsgewerbes. Prot. S. 888. Dies ist z. B. wichtig in den Fällen des Art. 272. Abs. 2.

24) — in Betreff aller Rechtsverhältnisse z. B. auch der Geschäftsfähigkeit, so daß die Handelsfrau in Betreff der Bürgschaft, der Geschlechtsvormundschaft ꝛc. in Nichts von dem Kaufmann sich unterscheidet. Auch die anderweitig als im Handelsgesetzbuche enthaltenen Bestimmungen über Kaufleute finden auf die Handelsfrau Anwendung, weil sonst die Einheit des Handelsrechts Gefahr laufen würde. Prot. S. 16.

25) Deren giebt es in mehreren Staaten nicht, z. B. nicht in Oesterreich. Prot. S. 887.

26) Dies ist ein alter Satz des Handelsrechts, welcher sich schon im §. 488 Th. II. Tit. 8. ALR. ausgesprochen findet. Mot. S. 8.

Es macht hierbei keinen Unterschied, ob sie das Handelsgewerbe allein oder in Gemeinschaft mit Anderen, ob sie dasselbe in eigener Person oder durch einen Prokuristen[27]) betreibt.

Artikel 7.

Eine Ehefrau[28]) kann ohne Einwilligung[29]) ihres Ehemannes nicht Handelsfrau sein.

Es gilt[30]) als Einwilligung des Mannes, wenn die Frau mit Wissen und ohne Einspruch[31]) desselben Handel treibt.

---

27) — oder durch einen Handlungsbevollmächtigten, was als selbstverständlich angesehen wurde, da es ein Minus ist. Prot. S. 887.

28) Nach erfolgter Scheidung von Tisch und Bett ist ein solcher Konsens nicht weiter nöthig, denn in diesem Falle verpflichtet die Frau trotz fortbestehender Gütergemeinschaft den Mann nicht durch die nach der Separation vorgenommenen Rechtsgeschäfte; mit der gerichtlich ausgesprochenen Trennung von Tisch und Bett hört das mundium und damit zugleich die gegenseitige Verpflichtung von Mann und Frau auf. Prot. S. 17.

29) Die Einwilligung des Mannes wird entsprechend dem §. 195 Th. II. Tit. 1. ALR. erfordert, weil die Ehefrau durch ihren Handelsbetrieb nicht nur ihr Vermögen und ihre Person, sondern unter Umständen selbst ihren Ehemann verpflichtet. (cfr. Art. 8 Abs. 2) Mot. S. 9. — Von mehreren Seiten wurde die Frage, ob der Richter den Konsens suppliren könne, wenn der Ehemann ihn aus unstichhaltigen Gründen verweigere, bejaht. Prot. S. 17. Auch wurde für zweifellos angesehen, daß der Ehemann den Konsens zurückziehen könne. ibid. Dagegen wurde er nicht für befugt erachtet, die Eintragung der Zurückziehung seines Konsenses in das Handelsregister zu verlangen. Prot. S. 889. Eine Bestimmung über die Voraussetzungen, unter welchen die Zurückziehung des ehemännlichen Konsenses gegen dritte Personen wirken solle, ist nicht aufgenommen worden, weil kein Bedürfniß vorhanden sei, durch das Gesetz eine bestimmte Form dieser Willenserklärung vorzuschreiben. Die Zurückziehung muß jedenfalls Dritten erkennbar gemacht sein (z. B. durch Schließung des Ladens, Veröffentlichung durch die Zeitungen, veranlaßte Streichung der Firma im Handelsregister). Leidet der Ehemann den thatsächlichen Fortbetrieb des Geschäfts, so kann von Dritten hierin eine Wiederertheilung des Konsenses gefunden werden. ibid. — Die Entscheidung der Frage, welche Wirkung eine bedingte Konsensertheilung habe, ist offen gelassen. Prot. S. 20.

30) Daß schon früher die stillschweigende Einwilligung als genügend angesehen wurde, geht aus §. 620 Th. II. Tit. 1. ALR. hervor. — Die Bestimmung des §. 494 Th. II Tit. 8. l. c., daß durch die Verheirathung einer Handelsfrau in ihren Rechten und Verbindlichkeiten bezüglich des Betriebes der Handlung Nichts geändert werde, bedurfte keiner besonderen Erwähnung, da jedenfalls eine stillschweigende Genehmigung des Ehemannes darin liegt, wenn er den Fortbetrieb der Handlung nicht untersagt. Mot. S. 9.

31) Der Absatz 1 dieses Artikels betrifft lediglich das Verhältniß zwischen der Handelsfrau und ihrem Ehemanne, der Absatz 2 das Verhältniß zwischen jener und dem Publikum. — Nun wurde zwar eingewendet, daß man dem Publikum nicht zumuthen könne, sich darum zu bekümmern, ob die äußerlich als Handelsfrau auftretende Ehefrau den Konsens des Ehemannes habe, ob er von ihrem Geschäftsbetriebe wisse, ob er irgendwo Einspruch erhoben habe oder nicht, daß also dem Publikum gegenüber genügen müsse, wenn sie thatsächlich öffentlich ein Geschäft betreibe; es wurde jedoch erwidert, daß dies den Rechten des Ehe-

Die Ehefrau eines Kaufmanns, welche ihrem Ehemanne nur Beihülfe in dem Handelsgewerbe leistet, ist keine Handelsfrau. [32])

Artikel 8.

Eine Ehefrau, welche Handelsfrau ist, kann sich durch Handelsgeschäfte gültig verpflichten, ohne daß es zu den einzelnen Geschäften einer besonderen Einwilligung ihres Ehemannes bedarf.

Sie haftet für die Handelsschulden mit ihrem ganzen Vermögen, ohne Rücksicht auf die Verwaltungsrechte und den Nießbrauch oder die sonstigen, an diesem Vermögen durch die Ehe begründeten Rechte [33]) **des Ehemannes. Es haftet** [34]) **auch das gemeinschaftliche Vermögen, soweit** [35]) **Gütergemein-**

---

mannes, zumal eines abwesenden, der den thatsächlichen Geschäftsbetrieb nicht hindern könne, allzusehr präjudiziren würde. Prot. S. 890.

32) Dieser Satz entspricht dem §. 496 Th. II. Tit. 8. ALR. — Das Kriterium der Handelsfrau ist der Betrieb eines Handelsgewerbes auf eigene Rechnung. Prot. S. 17.

33) Diese Worte beziehen sich auf die Totalgüter der Ehefrau, in Betreff deren ihr nur eine Forderung auf Rückgabe nach Auflösung der Ehe zusteht, während das Eigenthum bei dem Manne ist. Prot. S. 891.

34) Der Ehemann wird in Folge des Art. 8 nicht persönlich verpflichtet, und es ist eine Klage gegen ihn nicht statthaft, vielmehr haftet nur das gemeinschaftliche Vermögen als Exekutionsobjekt. Prot. S. 19.

35) Die Veröffentlichung der ehelichen Güterrechte war in dem Pr. Entwurfe (Art. 12—18) beabsichtigt; danach sollte jeder Vertrag unter Verlobten oder Ehegatten, deren einer zu den Kaufleuten gehört, sowie jedes Urtheil, welches die Güter-Absonderung oder Trennung verordnet, in das Handelsregister auszugsweise eingetragen werden, wenn dadurch das gesetzlich bestehende oder vertraglich festgesetzte Güterrecht abgeändert wird. Dasselbe sollte im Falle des späteren Ergreifens eines Handelsgewerbes oder einer Verlegung des Wohnsitzes erfolgen, und der Ehegatte, welcher die Bewirkung der Eintragung unterläßt, im Falle der Zahlungseinstellung mit den Strafen des einfachen Bankerutts belegt werden (Strafsystem). Prot. S. 26. — Mehrere Mitglieder wollten dagegen von einer Strafbestimmung Umgang nehmen, aber die civilrechtlichen Folgen der Unterlassung solcher Einträge feststellen (unbedingte Nichtigkeit solcher Verträge oder wenigstens relative, d. h. Ungültigkeit solcher nicht eingetragenen Verträge gegenüber denjenigen Gläubigern, welche bei Eingehung des Geschäfts sie nicht gekannt haben). Die Konferenz entschied sich bei der ersten Lesung für das System der relativen Nichtigkeiten. Prot. 26—31, 65—71. Bei der zweiten Lesung beschloß die Versammlung jedoch die gänzliche Streichung des Titels von der Veröffentlichung der ehelichen Güterrechte. Bestimmend hierfür war vorzüglich die Gefährlichkeit eines Eingreifens in das allzuverschiedene partikuläre Güterrecht der Ehegatten, die unangemessene Feststellung verschiedener Rechte der Gläubiger gegenüber der Ehefrau je nach dem Zeitpunkt der Entstehung der Forderung, wodurch im Konkurse eine neue bevorzugte Klasse von Gläubigern geschaffen würde, die offen gelassene Kontroverse über die Wirkung eines Domizilwechsels, die üble Lage der Ehefrau, welche auf die Veröffentlichung der ehelichen Güterrechte alsdann dringen müsse, endlich die Ueberzeugung, daß die einschlagenden Fragen nur im Zusammenhange mit einem konkreten Systeme des ehelichen Güterrechts richtig und erschöpfend entschieden werden können. Prot. S. 904—910, 912—916. — Die Eintragung der ehelichen Güterrechte in das Handelsregister ist hiernach nicht allgemein angeordnet worden, und es verbleibt in Betreff der anderweitigen Ver-

schaft besteht;[36]) ob zugleich der Ehemann mit seinem persönlichen Vermögen[37]) haftet, ist nach den Landesgesetzen zu beurtheilen.

Einf.-Gesetz (ALR. und AGO.). Art. 19.[38]) Durch den Artikel 8. des Handelsgesetzbuchs werden die Bestimmungen der bisherigen Gesetze nicht berührt, nach welchen der Ehemann, auch wenn keine Gütergemeinschaft besteht, unter gewissen Voraussetzungen für die Handelsschulden seiner Ehefrau haftet; insbesondere bleibt der §. 337. Theil II. Titel 1. des Allgemeinen Landrechts in Kraft.

Art. 20.[39]) An die Stelle der Vorschrift im §. 423. Theil II. Titel 1. des Allgemeinen Landrechts:

öffentlichung dieser Thatsache bei den bestehenden Gesetzen (Th. II. Tit. 1. §§. 422 ff. ALR. Ges. vom 20. März 1837. Rheinisches Handelsgesetzbuch Art. 67.) Komm. ber. d. H. d. A. S. 9.

36) — allgemeine oder die der Errungenschaft, wenn auch nach positivem Recht nur Dritten gegenüber und nicht unter den Eheleuten selbst. Prot. S. 18, 20.

37) Es wurde zwar als legislatorisch richtig angesehen, daß der Mann im Falle des Bestehens einer wenn auch nur theilweisen Gütergemeinschaft durch die Handelsgeschäfte der Frau in der Weise persönlich verpflichtet werde, daß er wegen derselben belangt werden könne und mit seinem ganzen, wenn auch außer der Gütergemeinschaft stehenden Vermögen zu haften habe, weil er an dem Gewinne Theil nehme, also auch den Verlust mittragen und für die Schulden haften müsse, weil er ferner faktisch in demselben Verhältnisse wie ein Gesellschafter stehe, und sonst thatsächlich unter der scheinbaren Firma der Frau ohne persönliche Verhaftung Handel treiben könne. Man nahm jedoch an, daß wenngleich Mißbrauch möglich sei, es doch zu weit gehe, wenn der Mann wegen der bloßen Konsensertheilung persönlich und solidarisch haften solle. In einzelnen Ländern, wo dies bereits Rechtens sei (Art. 5 Rheinisches Handelsgesetzbuch), solle es jedoch dabei verbleiben. Pr. S. 892. Hieraus ist der letzte Satz des Art. 8 entstanden.

38) Der Artikel 19 bezweckt, einer mißverständlichen Anwendung des Artikels 8 des Handelsgesetzbuchs vorzubeugen. Man könnte nämlich aus der Fassung des letzteren möglicherweise den Schluß ziehen, daß das Handelsgesetzbuch, indem es über die Haftung des Mannes für die Handelsschulden der Frau bestimmt, dabei aber den Fall des Nichtbestehens der Gütergemeinschaft übergeht, für diesen Fall eine Haftung des Mannes nicht anerkennen und die hierüber bisher in Geltung gewesenen gesetzlichen Bestimmungen außer Kraft setzen wolle. Eine solche Annahme würde namentlich in Betreff der §§. 335 und 337 Th. II. Tit. 1. ALR. wirksam werden, nach welchen, ganz abgesehen von dem Bestehen der Gütergemeinschaft, für die Schulden der Frau, die für sich ein eigenes Gewerbe treibt, welches seiner Beschaffenheit nach Kredit und Verlag erfordert, auch der Mann verhaftet ist, wenn die Frau die Einkünfte eines solchen Gewerbes sich nicht ausdrücklich vorbehalten hat. Der Artikel 8 des Handelsgesetzbuchs beabsichtigt aber gar nicht, in diese Verhältnisse einzugreifen und die Haftung des Ehemannes zu regeln, oder dieselbe gar zu mindern, er will nur allgemein für Deutschland die Haftung des gütergemeinschaftlichen Vermögens feststellen. Es erscheint rathsam, einen etwaigen Zweifel hierüber zu verhindern. Mot. z. Einf.-Ges. S. 36.

39) Dieser Zusatzartikel enthält eine Vervollkommnung und Verbesserung der landrechtlichen Vorschriften, da nicht überall Börsen- und Kaufmanns-Aeltesten vorhanden sind, und durch die Eintragung in die Handelsregister die Veröffentlichung dauernder wird. Mot. z. Einf.-Ges. S. 37.

„Bei Kaufleuten in Handelsstädten muß außerdem die Bekanntmachung auf der Börse oder durch die Kaufmannsältesten geschehen",

tritt die Bestimmung:

„Bei denjenigen Personen, welche nach Artikel 4. des Handelsgesetzbuchs als Kaufleute anzusehen sind, jedoch mit Ausschluß der im Artikel 10. des Handelsgesetzbuchs bezeichneten, muß außerdem die Ausschließung oder Aufhebung der Gemeinschaft der Güter oder des Erwerbes in das Handelsregister eingetragen und nach Maaßgabe des Artikels 13. des Handelsgesetzbuchs veröffentlicht werden."

Einf.-Gesetz (Köln). Art. 37—43.[40])

Art. 37. Ein Minderjähriger, ohne Unterschied des Geschlechts, kann nur dann Kaufmann sein und auf Grund des Artikels 487. des Civilgesetzbuchs in Ansehung der in seinem Handelsbetrieb eingegangenen Verbindlichkeiten für volljährig erachtet werden, wenn er 18 Jahre alt ,emanzipirt und ausdrücklich ermächtigt ist, das Handelsgewerbe zu betreiben.

Die Ermächtigung wird von dem Vater, wenn dieser gestorben, interdizirt oder abwesend ist, von der Mutter, in Ermangelung beider durch einen von dem Landgericht bestätigten Beschluß des Familienraths ertheilt.

Sind diese Erfordernisse vorhanden, so kann der Minderjährige auch seine Immobilien in Bezug auf den Handelsbetrieb mit Schulden beschweren, zur Hypothek stellen und veräußern, das letztere jedoch nur unter Beobachtung der Formen der Artikel 457. ff. des Civilgesetzbuchs.

Art. 38. Ein emanzipirter Minderjähriger, welcher nicht Kaufmann ist, kann einzelne Handelsgeschäfte selbstständig und mit derselben Wirkung wie ein Volljähriger schließen, wenn er 18 Jahre alt und zu den einzelnen Geschäften in der durch den vorhergehenden Artikel bezeichneten Weise ausdrücklich ermächtigt ist.

Art. 39. Eine Ehefrau, welche Handelsfrau ist, kann ohne Autorisation ihres Ehemannes ihre Immobilien in Bezug auf den Handelsbetrieb mit Schulden beschweren, zur Hypothek stellen und veräußern.

Wenn jedoch für die Ehe Dotalrecht gilt, so kann die Verpfändung oder Veräußerung der Immobilien, welche Dotalgut sind, nur in den durch das Civilgesetzbuch bezeichneten Fällen und unter Beobachtung der dort vorgeschriebenen Formen erfolgen.

In Betreff der Haftung des Ehemannes für die Verpflichtungen der Ehefrau aus ihrem Handelsgewerbe behält es bei der Bestimmung des Artikels 220. des Civilgesetzbuchs sein Bewenden.

Art. 40. Jeder Ehevertrag zwischen Ehegatten, von welchen einer zu den Kaufleuten gehört, muß binnen einem Monat nach dem Abschlusse des Vertrages im Auszuge den in dem Artikel 872. der Civilprozeß-Ordnung bezeichneten Sekretariaten und Kammern übersendet werden, damit die Veröffentlichung mittelst Eintragung in den Tabellen nach Maaßgabe jenes Artikels erfolge.

In dem Auszuge muß angegeben sein: ob für die Ehegatten Gütergemeinschaft besteht, ob Trennung der Güter oder ob Dotalrecht vereinbart ist.

Der Notar, welcher den Ehevertrag aufgenommen hat, ist verpflichtet, die in diesem Artikel vorgeschriebene Uebersendung zu bewirken; unterläßt er dies, so hat er eine Geldbuße von fünfundzwanzig Thalern verwirkt; er ist den Gläubigern verantwortlich und wird mit Amtsentsetzung bestraft, falls bewiesen wird, daß die Unterlassung in Folge einer Kollusion stattgefunden hat.

---

40) Die Artikel 37—43 halten aus den im Uebrigen aufgehobenen beiden ersten Büchern des Rheinischen Handelsgesetzbuchs (s. Art. 60 Nr. 2 des Einf.-Ges.) einige Bestimmungen aufrecht, welche mit dem Familien-, dem Vormundschafts- und dem ehelichen Güterrechte in engstem Zusammenhange stehen.

Art. 41. Jeder Ehegatte, für dessen Ehe Gütertrennung oder Dotalrecht vereinbart ist, muß, wenn er nach Schließung der Ehe das Gewerbe eines Kaufmanns ergreift, binnen einem Monat, von dem Tage an gerechnet, an welchem er den Geschäftsbetrieb begonnen hat, die in dem vorhergehenden Artikel erwähnte Uebersendung bewirken; unterläßt er dies, so kann er, im Fall er seine Zahlungen einstellt, mit Gefängniß bis zu zwei Jahren bestraft werden.

Art. 42. Der Auszug, welcher gemäß Artikel 40. und 41. dem Sekretariat des Handelsgerichts übersendet wird, muß außer den in dem Artikel 872. der Civilprozeß-Ordnung vorgeschriebenen Veröffentlichungen durch den Sekretär des Handelsgerichts ohne Verzug in einem der öffentlichen Blätter bekannt gemacht werden, welche nach Vorschrift des Artikels 13. des Handelsgesetzbuchs zur Veröffentlichung der in dem Handelsregister erfolgenden Eintragungen bestimmt sind.

Art. 43. Bei jeder Klage auf Gütertrennung und dem darauf folgenden Verfahren kommen die Artikel 1441. bis 1452. des Civilgesetzbuchs und die Artikel 865. bis 874. der Civilprozeß-Ordnung zur Anwendung.

Bei jedem Urtheil, welches zwischen Ehegatten, von denen einer zu den Kaufleuten gehört, die Trennung von Tisch und Bett oder die Ehescheidung ausspricht, müssen die in dem Artikel 872. der Civilprozeß-Ordnung vorgeschriebenen Förmlichkeiten beobachtet werden, widrigenfalls die Gläubiger zu jeder Zeit befugt sind, gegen das Urtheil, soweit es ihr Interesse betrifft, Einspruch zu erheben und jede in Folge desselben geschehene Auseinandersetzung anzufechten.

Artikel 9.

Eine Handelsfrau kann in Handelssachen selbstständig vor Gericht auftreten; es macht keinen Unterschied, ob sie unverheirathet oder verheirathet ist.

Artikel 10.

Die Bestimmungen, welche dieses Gesetzbuch über die Firmen, die Handelsbücher und die Prokura enthält,[41]) finden auf Höker, Trödler, Hausirer und dergleichen Handelsleute von geringem Gewerbebetriebe, ferner auf Wirthe, gewöhnliche[42]) Fuhrleute, gewöhnliche[43]) Schiffer, und Personen, deren Gewerbe nicht über den Umfang des Handwerksbetriebes hinausgeht, keine Anwendung. Den Landesgesetzen bleibt vorbehalten, im Falle es erforderlich erscheint, diese Klassen genauer festzustellen.

Vereinigungen zum Betriebe eines Handelsgewerbes, auf welches die bezeichneten Bestimmungen keine Anwendung finden, gelten nicht als Handelsgesellschaften.

Den Landesgesetzen bleibt vorbehalten, zu verordnen, daß die bezeichneten Bestimmungen auch noch für andere Klassen von Kaufleuten ihres Staatsgebiets keine Anwendung finden sollen. Ebenso können sie aber auch verordnen, daß diese Bestimmungen auf einzelne der genannten Klassen, oder daß sie auf alle Kaufleute ihres Staatsgebiets Anwendung finden sollen.

---

41) Alle übrigen Bestimmungen des Handelsgesetzbuchs, namentlich die des vierten Buches (Vertragsrecht), finden auch auf diese Personen Anwendung.

42) — d. h. solche, die einen geringfügigen Geschäftsbetrieb haben.

43) Auch bei den Schiffern entscheidet die Größe des Geschäftsbetriebs, nicht aber der Umstand, ob sie Schiffseigner oder blos Schiffsführer sind. Prot. S. 1276.

Artikel 11.

Durch die Landesgesetze, welche in gewerbepolizeilicher oder gewerbesteuerlicher Beziehung Erfordernisse zur Begründung der Eigenschaft eines Kaufmanns oder besonderer Klassen von Kaufleuten aufstellen, wird die Anwendung der Bestimmungen dieses Gesetzbuchs nicht ausgeschlossen; ebenso werden jene Gesetze durch dieses Gesetzbuch nicht berührt.

Zweiter Titel.

Von dem Handelsregister.[44])

Artikel 12.

Bei jedem Handelsgerichte[45]) ist ein Handelsregister zu führen, in welches die in diesem Gesetzbuche angeordneten Eintragungen aufzunehmen sind.

Das Handelsregister ist öffentlich. Die Einsicht desselben[46]) ist während der gewöhnlichen Dienststunden[47]) einem Jeden gestattet. Auch kann von den Eintragungen gegen Erlegung der Kosten eine Abschrift gefordert werden, die auf Verlangen zu beglaubigen ist.

---

44) Das Bedürfniß, gewissen Rechtshandlungen der Handeltreibenden eine besondere Offenkundigkeit mit Wirkung gegen Dritte zu verleihen, hat zu der Einrichtung der Handelsregister geführt; diese Register bilden ein Organ, welches, auf ähnliche Art wie das Hypothekenbuch über den Rechtszustand der Grundstücke, über die Verhältnisse des Handelsstandes eines Bezirks, so weit sie von allgemeinem Interesse sind, genauen Aufschluß giebt. Diese Institution hat vor dem im ALR. angenommenen Systeme der Veröffentlichung an der Börse oder durch die Zeitungen den Vorzug der dauernden Fixirung. — Da mit der Eintragung bestimmte Wirkungen gegen Dritte verbunden sind, so ist der Kreis der eintragungsfähigen Thatsachen beschränkt. Mot. S. 10.

Solche Eintragungen sind angeordnet in den Artikeln 19. 21. 25. 45. 86. 87. 129. 135. 151. 152. 155. 156. 171. 176. 198. 201. 210. 212. 214. 228. 233. 243. 244 und Art. 20 des Einf.-Ges. — Die Folgen, wenn die Eintragung unterbleibt, wo sie vorgeschrieben ist, sind verschieden. Theils hat die Unterlassung Ordnungsstrafen seitens des Handelsgerichts zur Folge (Art. 26. 45. 89. 154. 179. 212. 228), ist aber ohne alle civilrechtlichen Folgen für das Rechtsverhältniß selbst, theils hat sie (ohne oder neben Ordnungsstrafen) civilrechtliche Nachtheile, insbesondere in Betreff der Beweislast, für die Betheiligten zur Folge (z. B. Art. 25. 46. 87), theils endlich wird die civilrechtliche Gültigkeit des Rechtsgeschäfts wenigstens Dritten gegenüber dadurch bedingt (z. B. Art. 163. 178). — Die Eintragung hat Dritten gegenüber nur Wirkung, wenn sie veröffentlicht ist. Erfolgt die vorgeschriebene Eintragung und Bekanntmachung, so muß in den Fällen, in welchen durch dieselbe ein bestehendes und gehörig veröffentlichtes Rechtsverhältniß abgeändert oder aufgehoben werden soll, der Dritte die Aenderung oder das Erlöschen gegen sich gelten lassen, sofern nicht die Umstände die Annahme begründen, daß er diese Thatsachen weder gekannt habe, noch

Artikel 13.

Die Eintragungen in das Handelsregister sind von dem Handelsgerichte, sofern nicht in diesem Gesetzbuche in einzelnen Fällen ausdrücklich ein Anderes[48]) bestimmt ist, nach ihrem ganzen Inhalte durch eine oder mehrere Anzeigen in öffentlichen Blättern ohne Verzug bekannt zu machen.[49])

---

habe kennen müssen. Dieser Rechtssatz ist zwar mit Absicht nirgends in dieser Allgemeinheit ausgesprochen, jedoch angewendet in dem Absatz 3 Art. 25, Absatz 2 Art. 46, Absatz 2 Art. 87. Art. 115. 129. 135. 155. 171 und anderen. Das Prinzip wurde bei Diskussion des Art. 25, namentlich mit Rücksicht auf den Widerruf der Prokuren in zweiter Lesung festgestellt. Es kam zur Erwägung, daß einerseits der Ertheiler einer Prokura zu schützen sei, wenn er Alles gethan habe, um den Widerruf bekannt zu machen, andererseits aber auch das Publikum, wenn es trotzdem dieselbe nicht erfahren habe. Um diese Interessen zu vermitteln, nahm man als Regel an, daß die geschehene Eintragung und Veröffentlichung der Aenderung oder des Erlöschens eines früher eingetragenen Rechtsverhältnisses Dritten gegenüber wirke, diesen aber der Beweis offen gelassen werde, daß sie bei Abschluß des betreffenden Geschäfts jene veröffentlichte Thatsache weder gekannt haben, noch haben kennen müssen. Beides muß durch Anführung von Umständen nachgewiesen werden. Wann aber anzunehmen, daß der Dritte die Veröffentlichung nicht habe kennen müssen, ist dem richterlichen Ermessen für den einzelnen Fall überlassen worden. Diese Annahme wird z. B. zulässig sein: wegen Kürze der Zeit zwischen der Bekanntmachung der Eintragung und dem Abschlusse des Vertrages mit dem ehemaligen Prokuraführer, wegen der Entfernung des Ortes der Veröffentlichung von dem Orte des Vertragsschlusses 2c. Prot. S. 809. 927 ff. Komm.ber. d. H. d. A. S. 11—16.

Verhältnisse, welche sich zur Eintragung eignen, sind übrigens auch dann gegen Dritte wirksam, wenn sie ihnen zur Zeit des Vertrags-Abschlusses auf anderem Wege als durch Veröffentlichung oder Einsicht des Handelsregisters z. B. durch Cirkulare bekannt geworden sind (exc. doli). Es bleibt daher rathsam, sich als Vorsichtsmaßregel auch künftig der Cirkulare zu bedienen.

45) Nur den Gerichten, nicht den Verwaltungsbehörden, Korporationen 2c. ist die Führung des Handelsregisters überlassen, weil dasselbe öffentliche Urkunden über Privatrechtsverhältnisse enthält, und weil oft Entscheidungen über Zulässigkeit von beantragten Einträgen geboten sind, welche Rechtskenntnisse erfordern. Prot. S. 22. Es steht dem aber nichts im Wege, daß die Registerführung einer anderen Behörde übertragen werde, wenn diese Behörde sich als eine Abtheilung oder delegirte Behörde des Handelsgerichts darstellt, insbesondere, wenn über Streitfragen, die sich wegen Führung der Register ergeben, die Handelsgerichte zu entscheiden haben, wenn ferner diese für die Offenlegung zu sorgen haben und für die Ueberwachung der Register verantwortlich sind. Prot. S. 894.

46) — so wie der Unterlagen und Belege für die Eintragungen. Dies ist ausdrücklich anerkannt worden. Prot. S. 918.

47) Dies ist das Minimum. In dringenden Fällen ist die Einsicht auch außer den Dienststunden zu gestatten. Prot. S. 22.

48) — entweder die gänzliche Unterlassung der Publikation oder die extraktweise Veröffentlichung. Prot. S. 61.

49) Die Landesgesetze können auch verordnen, daß die Veröffentlichung der Einträge neben der in Art. 13. angeordneten Art der Publikation immer auch durch Börsenanschlag erfolgen müsse. Prot. S. 895.

Artikel 14.

Jedes Handelsgericht hat für seinen Bezirk alljährlich im Monat Dezember die öffentlichen Blätter[50]) zu bestimmen, in welchen im Laufe des nächstfolgenden Jahres die im Artikel 13. vorgeschriebenen Bekanntmachungen erfolgen sollen. Der Beschluß ist in einem oder mehreren öffentlichen Blättern bekannt zu machen.

Wenn eines der bestimmten Blätter im Laufe des Jahres zu erscheinen aufhört, so hat das Gericht ein anderes Blatt an dessen Stelle zu bestimmen und öffentlich bekannt zu machen.

In wie fern die Gerichte bei der Wahl der zu bestimmenden Blätter an Weisungen höherer Behörden gebunden sind, ist nach den Landesgesetzen zu beurtheilen.

Einf.=Gesetz. Art. 4. Jede zur Eintragung in das Handelsregister bestimmte Anmeldung muß auch in denjenigen Fällen, für welche das Handelsgesetzbuch dies nicht besonders vorschreibt,[51]) entweder persönlich vor dem Handelsgericht erklärt, oder in beglaubigter Form bei dem Handelsgericht eingereicht werden.

Die Anmeldung gilt als vor dem Handelsgericht erklärt, wenn sie von einem dazu bestellten Richter des Handelsgerichts, im Bezirke des Appellationsgerichtshofes zu Cöln von dem Sekretär des Handelsgerichts, aufgenommen ist. Unter der beglaubigten Form ist die gerichtliche oder notarielle Form zu verstehen. Geschieht die Anmeldung durch einen Bevollmächtigten, so hat dieser eine gerichtliche oder notarielle Vollmacht beizubringen.

Dieselben Formvorschriften gelten in Bezug auf die Zeichnung oder Einreichung der Zeichnung einer Firma oder Unterschrift, welche nach Vorschrift des Handelsgesetzbuchs bei dem Handelsgericht bewirkt werden soll.

Die näheren geschäftlichen Anordnungen über die Führung des Handelsregisters bleiben einer von dem Justiz=Minister den Gerichten zu ertheilenden Instruktion vorbehalten.

Art. 5. Die Vorschriften des Handelsgesetzbuchs, gemäß welchen die Handelsgerichte von Amtswegen die Betheiligten zur Befolgung der gesetzlichen Anordnungen über die Anmeldung zur Eintragung in das Handelsregister und über die Zeichnung oder Einreichung der Zeichnung der Firmen oder Unterschriften durch Ordnungsstrafen[52]) anhalten sollen, sind nach folgenden Bestimmungen in Ausführung zu bringen:

---

50) In allen diesen namhaft gemachten Blättern muß dann jede solche Bekanntmachung eingerückt werden, damit Jedermann, der auch nur eines dieser Blätter liest, sicher sein kann, alle von diesem Handelsgericht ausgehenden Bekanntmachungen gelesen zu haben. Prot. S. 897.

51) — z. B. Art. 21. 129. 171. 201. 210. 2c. Der obige Grundsatz findet sich jedoch in einzelnen Anwendungen öfter im Gesetzbuche selbst anerkannt, z. B. Art. 19. 45. 88. 2c.

52) Die leitende Grundidee für jene Vorschriften besteht in einer dem Handelsgerichte zugewiesenen Art von Disziplinargewalt über die Personen des Handelsstandes, um den vom Gesetzbuche bezweckten regelmäßigen Zustand herbeizuführen. Zunächst ist ein einfaches Mandatsverfahren vorgeschrieben, wodurch die meisten einfachen Fälle, zumal der bloßen Versäumniß, ihre Erledigung finden werden. Es ist jedoch für die erheblicheren Fälle die Möglichkeit eines ordnungsmäßigen öffentlichen mündlichen Verfahrens und der Einlegung eines Rechtsmittels gewährt. Ein besonderer Vertreter der Anklage ist nicht zugelassen. Mot. z. Einf.=Ges. S. 15.

§. 1.

Wenn das Handelsgericht in glaubhafter Weise davon Kenntniß erhält, daß die gesetzliche Anordnung nicht befolgt worden ist, so hat es eine Verfügung an den Betheiligten zu erlassen, durch welche derselbe unter Androhung einer angemessenen Ordnungsstrafe aufgefordert wird, innerhalb einer bestimmten Frist entweder die gesetzliche Anordnung zu befolgen oder die Unterlassung mittelst Einspruchs gegen die Verfügung zu rechtfertigen.

Der Lauf der in der Verfügung bestimmten Frist beginnt mit dem Tage, welcher auf den Tag der Zustellung der Verfügung folgt.

Der Einspruch geschieht durch schriftliche Eingabe an das Handelsgericht, oder zu Protokoll bei demselben.

§. 2.

Wird binnen der durch die Verfügung bestimmten Frist weder die gesetzliche Anordnung befolgt, noch Einspruch gegen die Verfügung erhoben, so hat das Handelsgericht die angedrohte Strafe gegen den Betheiligten festzusetzen, und gleichzeitig die Verfügung unter Androhung einer anderweiten Ordnungsstrafe zu wiederholen.

§. 3.

Wird gegen die Verfügung binnen der bestimmten Frist Einspruch erhoben, so hat das Handelsgericht, sofern nicht aus dem Einspruch die Rechtfertigung des Betheiligten sich ergiebt, einen Termin zu bestimmen, in welchem mündlich und in öffentlicher Sitzung der Betheiligte über die Verwirkung der Ordnungsstrafe zu hören, im geeigneten Falle Beweis aufzunehmen und zu entscheiden ist.

Der Betheiligte ist zu diesem Termine vorzuladen; er kann in demselben persönlich oder durch einen Bevollmächtigten die Gründe und Beweise seiner Rechtfertigung vorbringen. Wer als Bevollmächtigter zuzulassen sei, ist nach den Vorschriften zu beurtheilen, welche bei dem Gericht für das Prozeßverfahren in Civilsachen maßgebend sind.

§. 4.

Erscheint der Betheiligte nicht in dem Termine, oder ergiebt sich bei der Verhandlung, daß die gesetzliche Anordnung von dem Betheiligten hätte befolgt werden müssen, so wird die Ordnungsstrafe gegen denselben festgesetzt und zugleich mit der Entscheidung, wenn nicht etwa inzwischen die Verhältnisse sich geändert haben, eine neue Verfügung nach Maaßgabe des §. 1. erlassen.

§. 5.

Der Verurtheilte kann gegen die Entscheidung nur Beschwerde an das Appellationsgericht erheben. Dieselbe muß binnen zehn Tagen durch schriftliche Eingabe oder zu Protokoll bei dem Handelsgericht angemeldet werden. Die Vollstreckung der Entscheidung wird durch Einlegung der Beschwerde gehemmt. Das Handelsgericht hat ohne Verzug die Beschwerde nebst den bisherigen Verhandlungen dem Appellationsgericht einzureichen. Bei diesem ist nach den Bestimmungen des §. 3. zu verfahren.

§. 6.

Für die neuen Verfügungen, welche gemäß §. 2. oder §. 4. erlassen werden, und für das auf dieselben folgende Verfahren gilt dasselbe, was in den vorstehenden Paragraphen vorgeschrieben ist.

Der Lauf der Frist, welche in einer gemäß §. 4. erlassenen neuen Verfügung bestimmt ist, beginnt mit dem Tage, der auf denjenigen folgt, an welchem die Frist zur Erhebung der Beschwerde abgelaufen ist.

Die Verfügungen und die Festsetzungen von Ordnungsstrafen werden wiederholt, bis die gesetzliche Anordnung befolgt, oder ihre Voraussetzung weggefallen ist.

§. 7.

Die Ordnungsstrafe, welche angedroht und festgestellt werden kann, besteht in Geldbuße von fünf bis zweihundert Thalern. Eine Umwandlung der Geldbuße in Gefängnißstrafe findet nicht Statt. Bei der Feststellung der Ordnungsstrafe ist der Betheiligte zugleich in die Kosten des Verfahrens zu verurtheilen.

§. 8.

Die Gerichte sind befugt, zu jeder Zeit, das Verfahren mag bereits eingeleitet sein oder nicht, durch die Beamten der gerichtlichen Polizei oder der Verwaltungs-Polizei Ermittelungen über den Sachverhalt einzuziehen, auch in Fällen, in welchen dies erforderlich erscheint, durch einen Kommissar des Gerichts oder durch Requisition anderer Gerichte die eidliche Vernehmung von Zeugen zu bewirken. Sie können auch die Verhandlung in der Sitzung zu einer anderen Sitzung vertagen, sowie von Amtswegen Zeugen zur Sitzung vorladen lassen. Gegen Zwischen-Verfügungen findet ein Rechtsmittel nicht statt.

§. 9.

Im Bezirke des Appellations-Gerichtshofes zu Cöln sind bei diesem Verfahren die Eingaben an das Handelsgericht bei dem Sekretariat desselben einzureichen und die Protokolle über den Einspruch und die Beschwerde von dem Sekretär des Handelsgerichts aufzunehmen. Die Verfügungen und Entscheidungen werden durch einen von dem Präsidenten des Handelsgerichts beauftragten Gerichtsvollzieher zugestellt. Die Anweisung der Gebühren der Beamten und der Entschädigung von Zeugen, sowie die Einziehung der Geldbußen und Kosten wird in gleicher Art, wie bei den Landgerichten in den vor sie gehörigen Strafsachen, bewirkt.

Art. 6. In Bezug auf die Ausführung der Vorschrift des Handelsgesetzbuchs, gemäß welcher das Handelsgericht gegen diejenigen einschreiten soll, welche sich einer ihnen nicht zustehenden Firma bedienen (Art. 26. des Handelsgesetzbuchs), kommen die Bestimmungen des vorhergehenden Artikels mit folgenden Maßgaben zur Anwendung:

1) Die Verfügung (Artikel 5. §. 1.), durch welche das Handelsgericht einschreitet, sowie die neue Verfügung, welche gemäß Artikel 5. §. 4. oder 6. ergeht, ist ohne Bestimmung einer Frist dahin zu erlassen, daß der Betheiligte unter Androhung einer Ordnungsstrafe aufgefordert wird, sich dieser Firma nicht ferner zu bedienen.
2) Das Handelsgericht hat nach Erlaß der Verfügung gemäß Artikel 5. §§. 3. ff. weiter zu verfahren, wenn es in glaubhafter Weise davon Kenntniß erhält, daß der Verfügung nach Zustellung derselben zuwidergehandelt worden ist.

Art. 7. Den Beamten der Staatsanwaltschaft und der Polizei liegt ob, darauf zu achten, daß den Vorschriften des Handelsgesetzbuchs, zu deren Befolgung die Handelsgerichte durch Ordnungsstrafen anzuhalten haben, von den dazu verpflichteten Personen genügt wird; dieselben haben die Unterlassungen und Zuwiderhandlungen, welche zu ihrer Kenntniß gelangen, bei den zuständigen Handelsgerichten zur Anzeige zu bringen.

Art. 13.[53]) Wird über eine Handelsgesellschaft, sei diese eine offene Gesellschaft, eine Kommanditgesellschaft, eine Kommanditgesellschaft auf Aktien oder eine Aktiengesellschaft, der Konkurs eröffnet, so ist dies von Amtswegen in das Handelsregister einzutragen.

---

53) Diese Vorschrift ergänzt die Art. 129. 171. 201. 243., in welchen dieselbe nur um deshalb nicht aufgenommen ist, weil der übrige Inhalt jener Artikel auf den Fall der Konkurseröffnung nicht paßt. Zweck obiger Bestimmung ist es, das Handelsregister mit dem wirklichen Rechtszustande in Uebereinstimmung zu halten und

Die Bekanntmachung der Eintragung durch eine Anzeige in öffentlichen Blättern unterbleibt.

Wenn das Handelsregister nicht bei dem Konkursgericht geführt wird, so ist die Konkurs-Eröffnung von Seiten des Konkursgerichts dem Handelsgericht, bei welchem das Register geführt wird, zur Bewirkung der Eintragung unverzüglich anzuzeigen.

Einf.-Ges. Uebergangs-Bestimmungen Artikel 62—68 und 72.

Art. 62.[54]) Die Vorschriften des Handelsgesetzbuchs, gemäß welchen die Handelsfirmen und die Handelsgesellschaften, sowie die Vorsteher der Aktiengesellschaften, zur Eintragung in das Handelsregister angemeldet und die Firmen und Unterschriften vor dem Handelsgericht gezeichnet oder die Zeichnungen in beglaubigter Form eingereicht werden sollen, müssen von den Kaufleuten, welche bereits vor dem 1. März 1862. ihren Geschäftsbetrieb begonnen haben, sowie in Betreff der Handelsgesellschaften, welche bereits vor diesem Zeitpunkte errichtet sind, ebenfalls befolgt werden.

Die vorstehende Bestimmung gilt auch für die Kaufleute und Handelsgesellschaften, deren Firmen bereits nach den bisherigen Einrichtungen bei Behörden oder Korporationen angemeldet oder in amtliche Register eingetragen sind, sowie von den Handelsgesellschaften, deren Errichtung in solcher Weise veröffentlicht ist, insbesondere von den Handelsgesellschaften, welche in das nach Vorschrift des Rheinischen Handelsgesetzbuchs geführte Register eingeschrieben sind.

Art. 63.[55]) Ist bei einer am 1. März 1862. bereits bestehenden Handelsgesellschaft nach ihrer Errichtung eine Aenderung eingetreten, welche nach den Vorschriften des Handelsgesetzbuchs zur Eintragung in das Handelsregister anzumelden ist, so muß die Anmeldung zur Eintragung der Gesellschaft nach Maaßabe der eingetretenen Aenderung geschehen.

Art. 64. Die in den Artikeln 62. und 63. vorgeschriebenen Anmeldungen und Zeichnungen sind binnen einer Frist von drei Monaten, vom 1. März 1862. an gerechnet, zu bewirken. Nach Verlauf dieser Frist haben die Handelsgerichte die Betheiligten in dem durch den Artikel 5. vorgeschriebenen Verfahren zur Befolgung der obigen Anordnungen von Amtswegen durch Ordnungsstrafen anzuhalten.

Art. 65.[56]) Auch die in dem Handelsgesetzbuch über die Firmen gegebenen Vorschriften, auf welche der Artikel 62. sich nicht bezieht, haben für die Kaufleute, welche bereits vor dem 1. März 1862. ihren Geschäftsbetrieb begonnen haben, sowie für die Handelsgesellschaften, welche bereits vor dem 1. März 1862. errichtet sind, ebenfalls Geltung.

Täuschungen des Publikums durch das Handelsregister zu verhüten. Von der Bekanntmachung der Eintragungen ist mit Rücksicht auf die anderweit erfolgende öffentliche Bekanntmachung der Konkurseröffnung abgesehen. Mot. z. Einf.-Ges. S. 33.

54) Die Pflicht der bereits bestehenden Firmen, sich in das Handelsregister eintragen zu lassen, ist um deshalb ausgesprochen worden, weil sonst noch auf lange Jahre hinaus der Zweck der Handelsregister nicht erreicht werden würde. Mot. z. Einf.-Ges. S. 83.

55) Es kömmt bei den angeordneten nachträglichen Eintragungen eben nur darauf an, das betreffende Rechtsverhältniß so zu veröffentlichen, wie es zur Zeit besteht. Mot. z. Einf.-Ges. S. 83.

56) Da die bisherigen Gesetze nur unvollständige Vorschriften für das Firmenwesen enthielten, so ist es zwar nothwendig gewesen, auch hier für eine bal-

Jedoch kommen die Vorschriften der Artikel 16. 17. 18. 20 und 21. Abs. 2. des Handelsgesetzbuchs in Bezug auf eine Firma, deren ein Kaufmann oder eine Handelsgesellschaft bereits vor dem 1. März 1862. sich bedient hat, nicht zur Anwendung, sofern dieselbe innerhalb der im Artikel 64. bezeichneten Frist zur Eintragung in das Handelsregister angemeldet wird.

Wenn in Folge der letzteren Bestimmung für mehrere Personen oder Handelsgesellschaften dieselbe Firma in das Handelsregister eingetragen wird, so bleibt jeder von ihnen das Recht vorbehalten, gegen die anderen, sofern diese ihr gegenüber bei Eintritt der Geltung des Handelsgesetzbuchs nicht befugt waren, diese Firma anzunehmen oder zu führen, auf Unterlassung der Führung derselben zu klagen.

Art. 66.[57]) Eine bereits vor dem 1. März 1862. gültig errichtete Aktiengesellschaft oder Kommanditgesellschaft auf Aktien wird in das Handelsregister eingetragen, sollten auch die Erfordernisse nicht erfüllt sein, welche das Handelsgesetzbuch für die Errichtung einer solchen Gesellschaft vorschreibt, und denen nach den Vorschriften desselben genügt sein muß, bevor die Eintragung der Gesellschaft geschehen kann.

Bei der Eintragung einer Aktiengesellschaft, welche unter der Herrschaft des Gesetzes über die Aktiengesellschaften vom 9. November 1843. (Gesetz-Sammlung S. 341.) errichtet ist, unterbleibt die Eintragung des Gesellschaftsvertrages und der etwaigen Abänderungsbeschlüsse, sowie der Genehmigungsurkunden; es genügt die Eintragung eines Auszugs, welcher die im zweiten Absatz des Artikels 210. des Handelsgesetzbuchs unter Ziffer 1. bis 6. vorgeschriebenen Angaben und außerdem die Hinweisung auf das Amtsblatt oder die Gesetz-Sammlung enthält, worin der Gesellschaftsvertrag, seine etwaigen Abänderungen und die Genehmigungsurkunden abgedruckt sind.

Art. 67. Sind die zur Geschäftsführung befugten Mitglieder einer am 1. März 1862. bereits bestehenden offenen Gesellschaft, Kommanditgesellschaft oder Kommanditgesellschaft auf Aktien durch den Gesellschaftsvertrag oder durch einen vor dem 1. März 1862. errichteten Vertrag in der Befugniß, die Gesellschaft zu vertreten, beschränkt, so bestimmt sich die Wirkung dieser Beschränkung im Verhältniß zu dritten Personen noch innerhalb eines Zeitraums von drei Monaten, von dem 1. März 1862. an gerechnet, nach den bisherigen Gesetzen.

Die Beschränkung kann innerhalb dieses Zeitraums zur Eintragung in das Handelsregister angemeldet werden; geschieht dies, so bestimmt sich die Wirkung der Beschränkung im Verhältniß zu dritten Personen für die Zeit nach Ablauf jener drei Monate nach den Grundsätzen, welche der Artikel 115. des Handelsgesetzbuchs über die Wirkung der Ausschließung eines Gesellschafters von der Befugniß, die Gesellschaft zu vertreten, enthält.

Wenn die Anmeldung nicht innerhalb des dreimonatlichen Zeitraums geschieht, so hat die Beschränkung für die Zeit nach Ablauf dieser Frist dritten Personen gegenüber keine rechtliche Wirkung, und kann später nicht mehr angemeldet werden.

---

dige Ordnung nach Maaßgabe des Handelsgesetzbuches bedacht zu sein, es ist jedoch gleichzeitig billige Rücksicht auf bestehende Rechte und Zustände genommen worden. Mot. z. Einf.-Ges. S. 84.

57) Die Frage, ob die bestehenden Kommandit-Aktien-Gesellschaften nach Einführung des Handelsgesetzbuches gleich den neuen das Recht haben würden, auf ihren Namen Grundstücke zu erwerben, und die Grundstücke auf ihre Firma im Hypothekenbuche eintragen zu lassen, wurde von dem Vertreter des Justiz-Ministeriums bejaht. Komm.ber. d. H. d. Abg. z. Einf.-Ges. S. 36.

Ist der Vorstand einer am 1. März 1862. bereits bestehenden Aktiengesellschaft in der Befugniß, die Gesellschaft zu vertreten, beschränkt, so kommt während des Zeitraums von fünf Jahren, vom 1. März 1862. an gerechnet, die im zweiten Absatze des Artikels 231. des Handelsgesetzbuchs enthaltene Bestimmung nicht zur Anwendung; für die spätere Zeit hat die Beschränkung dritten Personen gegenüber keine rechtliche Wirkung.

Art. 68. Wenn in Bezug auf eine Firma, deren ein Kaufmann bereits am 1. März 1862. sich bedient hat, oder bei einer zu dieser Zeit bereits bestehenden Handelsgesellschaft nach dem 1. März 1862. eine Thatsache sich ereignet, welche gemäß den Vorschriften des Handelsgesetzbuchs zur Eintragung in das Handelsregister anzumelden ist, so muß nicht allein diese Anmeldung gleichwie bei den erst nach dem 1. März 1862. entstandenen Firmen uud Handelsgesellschaften geschehen, sondern es bestimmen sich auch die rechtlichen Folgen der Thatsache und die rechtlichen Folgen der geschehenen oder nicht geschehenen Eintragung im Verhältniß zu Dritten nur nach den Vorschriften des Handelsgesetzbuchs; insbesondere sind die früheren Vorschriften über die rechtlichen Folgen der Veröffentlichung der Thatsache nicht anwendbar.

Art. 72. Zur Ausführung der in diesem Titel enthaltenen Vorschriften hat der Justizminister die Gerichte mit einer näheren Instruktion zu versehen.

Dritter Titel.

Von Handelsfirmen.[58])

Artikel 15.

Die Firma eines Kaufmanns ist der Name, unter welchem er im Handel seine Geschäfte betreibt und die Unterschrift abgiebt.[59])

Artikel 16.

Ein Kaufmann, welcher sein Geschäft ohne Gesellschafter oder nur mit einem stillen Gesellschafter[60]) betreibt, darf nur seinen Familiennamen (bürgerlichen Namen)[61]) mit oder ohne Vornamen als Firma führen.

Er darf der Firma keinen Zusatz beifügen, welcher ein Gesellschaftsverhältniß andeutet.[62]) Dagegen sind andere Zusätze gestattet, welche zur näheren Bezeichnung der Person oder des Geschäftes dienen.

---

58) Die bisherige Gesetzgebung in Preußen regulirte diese Materie nur höchst unvollständig. Das ALR. enthält in den §§. 504. ff. 620. ff. und 777. Th. II. Tit. 8. nur einige magere Bestimmungen über das Firmenwesen, und das Rheinische Handelsgesetzbuch spricht nur von den Firmen der Gesellschafter. Die Bestimmungen des Handelsgesetzbuchs über die Handelsfirmen sind wesentlich aus dem allgemeinen Handelsgebrauche geschöpft. Mot. S. 15.

59) Anders ausgedrückt: Die Firma ist der Handelsname des Kaufmanns. Prot. S. 34. Durch diese Bestimmung ist den Anschauungen der Handelswelt gemäß das Prinzip anerkannt, daß alle Kaufleute und nicht nur die Handelsgesellschaften oder gewisse Klassen von Gewerbtreibenden eine Firma haben. Mot. S. 15.

60) Vgl. Art. 251.

Artikel 17.

Die Firma einer offenen Handelsgesellschaft[63]) muß, wenn in dieselbe nicht die Namen sämmtlicher Gesellschafter aufgenommen sind, den Namen wenigstens[64]) eines der Gesellschafter mit einem das Vorhandensein einer Gesellschaft andeutenden Zusatze enthalten.

Die Firma einer Kommanditgesellschaft[65]) muß den Namen wenigstens eines persönlich haftenden Gesellschafters mit einem das Vorhandensein einer Gesellschaft andeutenden Zusatze enthalten.

Die Namen anderer Personen, als der persönlich haftenden Gesellschafter dürfen in die Firma einer Handelsgesellschaft nicht aufgenommen werden;[66]) auch darf sich keine offene Handelsgesellschaft oder Kommanditgesellschaft als Aktiengesellschaft bezeichnen, selbst wenn das Kapital der Kommanditisten in Aktien zerlegt ist.

Artikel 18.

Die Firma einer Aktiengesellschaft muß in der Regel von dem Gegenstande ihrer Unternehmung entlehnt sein.[67])

Der Name von Gesellschaftern oder anderen Personen darf in die Firma nicht aufgenommen werden.

---

61) Der Zusatz „bürgerlichen Namen" ist mit Rücksicht auf Wittwen rc. gemacht. Prot. S. 35.

62) — also nicht den häufig vorkommenden Zusatz: „et Compagnie". Prot. S. 34. Die Firma soll möglichste Wahrheit sein. (Ausnahmen Art. 22. und 24.) Prot. S. 911. Deshalb ist die freie Wahl der Firmen ausgeschlossen.

63) Vgl. Art. 85.

64) Der Zusatz: „et Compagnie" muß auch dann gebraucht werden, wenn nicht alle Gesellschafter genannt sind; also auch dann, wenn die Namen zweier Theilhaber einer Gesellschaft, die aus mehr als zwei Personen besteht, in der Firma vorkommen.

65) Vgl. Art. 150.

66) Vgl. Art. 168.

67) Die Regel, daß namenlose Firmen (s. g. Sachfirmen) ausgeschlossen sind, erleidet hier eine durch die Natur der Sache gerechtfertigte Ausnahme; denn bei Aktiengesellschaften haften die einzelnen Gesellschafter nicht persönlich, sondern nur mit der Einlage. Träger der Firma sind daher nicht die einzelnen Gesellschafts-Mitglieder, sondern die Aktienunternehmung selbst. Mot. S. 17.

Es wurde jedoch das Bedenken angeregt, ob es angemessen sei, bestimmt vorzuschreiben, daß die Firma der Aktiengesellschaft von dem Gegenstande ihrer Unternehmung hergenommen werden müsse, da viele derselben ohne erhebliche Mißstände mit anderen Namen, selbst Personennamen, bezeichnet würden (z. B. der östreichische Lloyd) und diese Vorschrift bei gleichartigen Unternehmungen nicht einmal zweckmäßig sei. Von anderer Seite wurde empfohlen, die Aufnahme der Bezeichnung als Aktiengesellschaft in die Firma selbst vorzuschreiben; es könnten dann auch unbedenklich selbst Personennamen beigefügt werden. Hiergegen wandte man aber ein, daß gerade durch letzteres Verfahren die Verwechslung einer Aktiengesellschaft mit einer stillen Gesellschaft auf Aktien eintreten könne. Man sprach sich deshalb dahin aus, es müsse zur Vermeidung von Täuschungen durch den Namen der Aktiengesellschaft deutlich ihr Wesen bezeichnet werden, welches darin bestehe, daß keine Person mit ihrem Vermögen, sondern nur das Aktienkapital hafte, und dies könne nur durch die Vorschrift des Gesetzes erreicht werden. Prot. S. 37. — Ein

Artikel 19.

Jeder Kaufmann ist verpflichtet,[68]) seine Firma bei dem Handelsgerichte, in dessen Bezirk seine Handelsniederlassung sich befindet,[69]) behufs der Eintragung in das Handelsregister anzumelden; er hat dieselbe nebst seiner persönlichen Unterschrift vor dem Handelsgerichte zu zeichnen oder die Zeichnung derselben in beglaubigter Form einzureichen.

Einf.-Ges. (gem. R.) Art. 34. In den Landestheilen, in welchen das gemeine Deutsche Recht gilt, mit Einschluß der Hohenzollernschen Lande, kommen die Vorschriften der Artikel 19. 22. 25. 33. des gegenwärtigen Gesetzes ebenfalls zur Anwendung.

Artikel 20.

Jede neue Firma muß sich von allen an demselben Orte oder in derselben Gemeinde[70]) bereits bestehenden und in das Handelsregister eingetragenen[71]) Firmen deutlich unterscheiden.

Hat ein Kaufmann mit einem in das Handelsregister bereits eingetragenen Kaufmann gleiche Vor- und Familiennamen, und will auch er sich derselben als seiner Firma bedienen, so muß er dieser einen Zusatz beifügen, durch welchen sich dieselbe von der bereits eingetragenen Firma deutlich unterscheidet.

Antrag auf einen Zusatz in dem Sinne: daß es den Staatsregierungen vorbehalten bleiben solle, auch andere Namen zu genehmigen, — ist von der Kommission zwar abgelehnt, jedoch der Zusatz: „in der Regel" beliebt worden. ibidem.

68) Diese Verpflichtung ist ein taugliches Mittel zur Beförderung der Sicherheit und des Kredits. Die Vortheile zeigen sich z. B., wenn die Aechtheit von Unterschriften oder die Ermächtigung der handelnden Personen zum Geschäftsabschlusse in Frage steht, sodann gegenüber solchen Kaufleuten, welche es mit der Beobachtung strengerer Formen nicht allzugenau nehmen, bei denen bald der Vater, bald ein im Geschäfte verwendeter Sohn 2c. unterzeichnet, ohne daß man sicher ist, daß Letzterer auch hinreichende Vollmacht dazu hat (was sich namentlich bei dem auf dem Lande stets mehr und mehr auftauchenden Handel mit Landesprodukten häufig zeigt), endlich gegenüber von Händlern, deren kaufmännische Natur zweifelhaft ist, bei denen also die Möglichkeit, eine genaue Auskunft über ihre Verhältnisse sich zu verschaffen, höchst wünschenswerth erscheint. Prot. S. 33.

69) — nicht in seinem sonstigen Domizile.

70) Darunter versteht man hier den politischen Verband mehrerer Orte, die unter einer Verwaltung stehen. Man hat hierbei vorzüglich an die Vorstädte größerer Städte gedacht. Prot. S. 920. Den Schutz der Firma über den Wohnort des Eigenthümers der Firma hinaus auszudehnen, lag keine Veranlassung vor, da in der Verschiedenheit des Ortes schon an sich ein genügendes Unterscheidungsmerkmal gegeben ist, um die Verwechslung zweier gleichlautenden Firmen auszuschließen. Mot. S. 17.

71) Erst die Eintragung in das Handelsregister gewährt also das ausschließliche Recht zur Führung einer bestimmten Firma. — Daß der berechtigte Inhaber einer Firma ein ausschließliches Recht auf deren Führung hat, ist schon in den §§. 621. ff. Th. II. Tit. 8. ALR. verordnet. Mot. S. 16.

Artikel 21.

Die Firma muß auch für die an einem anderen Orte oder in einer anderen Gemeinde errichtete Zweigniederlassung[72]) bei dem für die letztere zuständigen Handelsgerichte angemeldet werden.[73])

Besteht an dem Orte oder in der Gemeinde, wo die Zweigniederlassung errichtet wird, bereits eine gleiche Firma, so muß der Firma ein Zusatz beigefügt werden, durch welchen sie sich von jener bereits vorhandenen Firma deutlich unterscheidet.

Die Eintragung bei dem Handelsgerichte der Zweigniederlassung findet nicht statt, bevor nachgewiesen ist, daß die Eintragung bei dem Handelsgerichte der Hauptniederlassung geschehen ist.[74])

Artikel 22.[75])

Wer ein bestehendes Handelsgeschäft durch Vertrag oder Erbgang erwirbt, kann dasselbe unter der bisherigen Firma mit oder ohne einen das Nachfolgeverhältniß andeutenden Zusatz fortführen, wenn der bisherige Geschäftsinhaber oder dessen Erben oder die etwaigen Miterben in die Fortführung der Firma ausdrücklich willigen.[76])

Artikel 23.

Die Veräußerung einer Firma als solcher, abgesondert von dem Handelsgeschäft, für welches sie bisher geführt wurde, ist nicht zulässig.[77])

---

72) Es wurde von vielen Seiten anerkannt, daß ein Kaufmann für mehrere Handelsetablissements, die er besitzt, auch verschiedene Firmen führen könne. Prot. S. 920.

73) Unterbleibt dies, so hat dies Ordnungsstrafen zur Folge, ist aber von keinem Einflusse auf die Rechtsbeständigkeit derjenigen Handelsgesellschaften, bei denen die Eintragung in das Handelsregister Bedingung für ihre Entstehung ist. (Art. 163. 178. 211.) Bei diesen Gesellschaften entscheidet für ihre Entstehung die Eintragung in das Handelsregister desjenigen Handelsgerichts, in dessen Bezirk die Gesellschaft ihren Sitz (ihre Hauptniederlassung) hat. (S. auch Art. 198.)

74) Der Absatz 3. des Art. 21. ist bestimmt, den Unzuträglichkeiten vorzubeugen, welche dadurch entstehen würden, daß die Eintragung einer Gesellschaft, deren Entstehung davon abhängt, daß ihre Eintragung bei demjenigen Gerichte erfolgt ist, in dessen Bezirke sie ihren Sitz hat, dort unterlassen und bei dem Gerichte einer Zweigniederlassung erfolgt ist. Prot. S. 4661.

75) S. Einf.-Ges. (gem. R.) Art. 34. — Der Art. 22. enhält eine Ausnahme von der Regel, daß die Firma so genau als möglich den Träger bezeichnen müsse; es wurde jedoch angenommen, daß diese Ausnahme dem bisherigen Handelsgebrauch entspreche, zur Konservirung renommirter Firmen nothwendig, und wegen der vorgeschriebenen Eintragung und Veröffentlichung des eingetretenen Wechsels in den Personen (Art. 25.) für das Publikum gefahrlos sei. Mot. S. 18.

76) Die Wittwe eines Kaufmanns, oder der Wittwer einer Handelsfrau, wenn sie einander nicht beerben, haben kein Widerspruchsrecht. Prot. S. 39. (Man hielt den Vermögenswerth der Firma für das Entscheidende.) — Das nach Partikularrecht der Wittwe zustehende Recht auf Fortführung des Geschäfts ihres Ehemannes ist dadurch nicht berührt.

77) — weil hierin die nicht zu gestattende Uebertragung eines bloßen Namens liegt (Mot. S. 19), und weil das Geschäft bei förmlicher Liquidation zu bestehen

Artikel 24.

Wenn in ein bestehendes Handelsgeschäft Jemand als Gesellschafter eintritt, oder wenn ein Gesellschafter zu einer Handelsgesellschaft neu hinzutritt[78]) oder aus einer solchen austritt,[79]) so kann, ungeachtet dieser Veränderung, die ursprüngliche Firma fortgeführt werden.

Jedoch ist beim Austreten eines Gesellschafters dessen ausdrückliche Einwilligung in die Fortführung der Firma erforderlich, wenn sein Name in der Firma enthalten ist.[80])

Artikel 25.[81])

Wenn die Firma geändert wird oder erlischt, oder wenn die Inhaber

---

aufhört. — Zu diesem Artikel wurde bemerkt: Es gebe zweierlei Arten der Uebertragung einer Handlung, entweder mit Aktivis und Passivis oder ohne solche. Das Gesetz verbiete die letztere mit Recht. Daraus folge von selbst, daß jede zulässige Uebertragung einer Handlung an einen Andern eine Uebertragung mit Aktivis und Passivis sein müsse; in einem solchen Falle hafte der Eintretende nach entschiedener kaufmännischer Ansicht für alle Schulden der übernommenen Firma. Gemeinrechtlich sei es aber sehr zweifelhaft, ob eine solche Erklärung den Gläubigern des Uebertragenden ein Klagerecht gegen den Uebernehmenden gebe, und um diesen Zweifel zu beseitigen, würde es sich empfehlen, Bestimmungen hierüber in das Gesetz aufzunehmen. Prot. S. 42. — Als jedoch Vorschläge in dieser Richtung gemacht waren, wurden sie sämmtlich abgelehnt. Man hielt es einerseits für ungerechtfertigt, dem dritten Gläubiger eine actio utilis aus dem zwischen dem Verkäufer und Uebernehmer des Geschäfts geschlossenen Vertrage einzuräumen, und andererseits für unangemessen, in allen Fällen ein constitutum debiti alieni Seitens des Geschäftsübernehmers anzunehmen, oder der erfolgten Bekanntmachung der Uebernahme der Passiva eine bindende Kraft ohne Acceptation der interessirten Gläubiger beizulegen. Man meinte ferner, daß die Anzeige eines Kaufmanns, er habe ein Geschäft mit Aktivis und Passivis übernommen, oft nichts weiter heiße, als daß bei ihm die Schulden des früheren Geschäftsinhabers so lange bezahlt werden würden, als dieser die Mittel dazu biete. Schließlich wurde erwogen, daß bei der Verschiedenheit der thatsächlichen Verhältnisse, um deren rechtliche Beurtheilung es sich hier handle, insbesondere bei Berücksichtigung der Rechtsverhältnisse der Minderjährigen und der Erben eines Kaufmanns, und bei der Mannigfaltigkeit der von den Kontrahenten bei der Geschäftsübertragung gehegten Absichten es unmöglich erscheine, die erforderlichen rechtlichen Bestimmungen in wenigen Sätzen zusammen zu fassen, ohne dabei dem Leben und dem Rechtsgefühl der Betheiligten Gewalt anzuthun. Prot. S. 1431 ff.

78) Vergl. Art. 113.

79) Dies kann zu Täuschungen des Publikums führen, wenn derjenige Sozius austritt, dem vorzügliches Vertrauen geschenkt wird, und wenn trotzdem die frühere Firma bleibt. Es ist dies jedoch im Interesse der Erhaltung bestehender, rühmlich bekannt gewordener Firmen zugelassen. Prot. S. 40.

80) Streng genommen ist jede Firma Gemeingut der Sozien und kann ohne den Konsens des Austretenden nicht fortgeführt werden. Man nahm jedoch um Härten zu vermeiden an, daß der Austretende nur dann ein wirkliches Interesse an dem Schicksale der Firma habe, wenn sein Name darin genannt sei. Prot. S. 41. — Durch Gesellschaftsverträge kann diese Bestimmung geändert werden ibid.; das heißt nichts Anderes, als daß der Konsens schon im Voraus bei Eingehung der Sozietät ertheilt werden kann.

der Firma sich ändern, so ist dies nach den Bestimmungen des Artikels 19. bei dem Handelsgerichte anzumelden.

Ist die Aenderung oder das Erlöschen nicht in das Handelsregister eingetragen und öffentlich bekannt gemacht, so kann derjenige, bei welchem jene Thatsachen eingetreten sind, dieselben einem Dritten nur insofern[82]) entgegensetzen, als er beweist, daß sie dem letzteren bekannt waren.[83])

Ist die Eintragung und Bekanntmachung geschehen, so muß ein Dritter die Aenderung oder das Erlöschen gegen sich gelten lassen, sofern nicht die Umstände die Annahme begründen, daß er diese Thatsachen weder gekannt habe, noch habe kennen müssen.

Artikel 26.

Das Handelsgericht hat die Betheiligten zur Befolgung der Vorschriften der Artikel 19. 21. und 25. von Amtswegen durch Ordnungsstrafen anzuhalten.[84])

In gleicher Weise hat es gegen diejenigen einzuschreiten, welche sich einer nach den Vorschriften dieses Titels ihnen nicht zustehenden[85]) Firma bedienen.[86])

---

81) Dieser Artikel findet auch in den Landestheilen, in welchen das gemeine Recht gilt, mit Einschluß der Hohenzollernschen Lande, Anwendung. (Einf.-Ges. Art. 34.)

82) Es wurde davon ausgegangen, daß, wenn Jemand eintragen und veröffentlichen lasse, er werde unter dieser oder jener Firma Geschäfte machen, so habe Jeder das Recht, so lange anzunehmen, daß die unter dieser Firma gemachten Geschäfte den Eintragenden verpflichten, und daß er dem Eintragenden kreditire wenn er der Firma Kredit gebe, bis etwas Anderes veröffentlicht worden sei; auch könne Derjenige keinen besondern Schutz für sich verlangen, welcher dem Gesetze zuwider die Anmeldung der geschehenen Aenderung oder Löschung unterlasse. Prot. S. 926. Die Aenderung könne daher zu seinen Gunsten nur dann in Betracht kommen, wenn etwa der Dritte auf anderem Wege Kenntniß von der Aenderung erlangt habe. Prot. S. 928.

83) Es genügt aber (abweichend von dem folgenden Satze) der Nachweis nicht, daß dem Dritten jene Thatsachen hätten bekannt sein müssen; bei der Berathung wurde es für angemessener gehalten, Demjenigen, welcher gegen das Gesetz durch Unterlassung der Anmeldung verstoße, nicht das Recht einzuräumen, dem Dritten zu sagen, dieser hätte eine andere Pflicht üben und größere Sorgfalt verwenden sollen, dann würde er Kenntniß von der streitigen Thatsache erhalten haben. Prot. S. 930.

84) Man ging in der Konferenz anscheinend davon aus, daß im Falle des 1. Absatzes dieses Artikels eine Mahnung der Strafe vorhergehen müsse (obschon das Wort „nöthigenfalls“ vor „durch Ordnungsstrafen“ elidirt worden ist), nicht aber im Falle des 2. Absatzes. Prot. S. 923. Vgl. Einf.-Ges. Art. 5. u. 6.

85) — einer ihnen gar nicht zustehenden, oder einer anderen, als der ins Handelsregister eingetragenen Firma. Prot. S. 923.

86) Der Pr.-Entwurf wollte die Kriminalstrafe wegen Führung falschen Namens anwenden. Dies ist abgelehnt worden, weil in vielen Gesetzgebungen hiefür Strafbestimmungen fehlen. — Die Höhe der Ordnungsstrafen ist der Bestimmung der Landesgesetze überlassen. Prot. S. 43. — Es war beantragt, statt „Ordnungsstrafen“ „Geldstrafen“ zu sagen, da man diese offenbar allein im Auge habe. Die Versammlung war jedoch der Meinung, daß der Ausdruck „Ordnungsstrafen“ vorzuziehen sei, weil er deutlich hervorhebe, daß

Artikel 27.

Wer durch den unbefugten Gebrauch einer Firma[87]) in seinen Rechten verletzt ist, kann den Unberechtigten auf Unterlassung der weiteren Führung der Firma und auf Schadensersatz belangen.

Ueber das Vorhandensein und die Höhe des Schadens entscheidet das Handelsgericht[88]) nach seinem freien Ermessen.[89])

Das Handelsgericht kann die Veröffentlichung des Erkenntnisses auf Kosten des Verurtheilten verordnen.[90])

Vierter Titel.

Von den Handelsbüchern.

Artikel 28.

Jeder Kaufmann ist verpflichtet, Bücher [1]) zu führen, aus welchen [2]) seine Handelsgeschäfte und die Lage seines Vermögens vollständig zu ersehen sind.

Er ist verpflichtet, die empfangenen Handelsbriefe aufzubewahren und

---

es sich nicht um strafrechtliche Einschreitungen, sondern nur um ein Compelle zur Beobachtung des Gesetzes handle, während Geldstrafen nicht selten Kriminalstrafen seien. Prot. S. 919. Es können daher lediglich Geldstrafen, und diese nur als Ordnungsstrafen verhängt werden.

87) Mit Rücksicht auf Artikel 15 liegt nur dann ein Gebrauch der Firma vor, wenn unter ihrer Anwendung ein Handelsgeschäft geschlossen, eine Unterschrift abgegeben ist und dergleichen. Den Fall, wenn es sich lediglich um Anwendung fremder Fabrikzeichen, oder um fälschliche Bezeichnung von Waaren mit der Firma eines Anderen handelt, hat der Art. 24., wie überhaupt der Titel über die Firmen, nicht entscheiden wollen. Prot. S. 925.

88) Die gewöhnlichen Rechtsmittel bleiben zulässig. Prot. S. 43.

89) Hierdurch soll ausgedrückt werden, „daß der Richter bei Beurtheilung der Fragen, welche Thatsachen er bewiesen haben wolle, und wodurch dieselben bewiesen werden müßten, um einen Schaden überhaupt und insbesondere einen Schaden von einem gewissen Betrage als gegeben anzusehen, an keine bestimmte Beweisregeln gebunden sei.“ Prot. S. 924. — Die Feststellung des Schadens ist dem Ermessen des Richters überlassen, damit nicht der Beschädigte durch Liquidationen und durch Beweisauflagen, denen zu genügen häufig unmöglich ist, um sein Recht komme. Prot. S. 43.

90) — weil es im Interesse des Verletzten liegen kann, das Publikum davon in Kenntniß zu setzen, daß der Verurtheilte seine Firma sich unbefugter Weise angemaaßt habe. Mot. S. 19.

1) Die Zahl und Gattung der zu führenden Bücher ist wegen der Mannigfaltigkeit der kaufmännischen Geschäfte mit Absicht nicht vorgeschrieben. Mot. S. 20 und Prot. S. 44. Ein Antrag, die Führung von Geheimbüchern zu untersagen, ist abgelehnt worden. Prot. S. 56.

2) Der Prot.-Entwurf hatte gesagt: „aus welchen zu jeder Zeit seine Handelsgeschäfte und die Lage seines Vermögens vollständig zu ersehen sind.“ Dies

eine Abschrift [3]) (Kopie oder Abdruck [4]) der abgesandten Handelsbriefe [5]) zurückzubehalten und nach der Zeitfolge in ein Kopierbuch [6]) einzutragen.

Artikel 29.

Jeder Kaufmann hat bei dem Beginne seines Gewerbes seine Grundstücke, seine Forderungen und Schulden, den Betrag seines baaren Geldes und seine anderen Vermögensstücke genau zu verzeichnen, dabei den Werth der Vermögensstücke anzugeben und einen das Verhältniß des Vermögens und der Schulden darstellenden Abschluß zu machen; er hat demnächst in jedem Jahre ein solches Inventar und eine solche Bilanz seines Vermögens anzufertigen.

Hat der Kaufmann ein Waarenlager, dessen Inventur nach der Beschaffenheit des Geschäfts nicht füglich in jedem Jahre geschehen kann, so genügt es, wenn das Inventar des Waarenlagers alle zwei Jahre [7]) aufgenommen wird.

Für Handelsgesellschaften kommen dieselben Bestimmungen in Bezug auf das Gesellschaftsvermögen zur Anwendung.

Artikel 30.

Das Inventar und die Bilanz sind von dem Kaufmann zu unterzeichnen. Sind mehrere persönlich haftende Gesellschafter vorhanden so haben sie alle [8]) zu unterzeichnen.

Das Inventar und die Bilanz können in ein dazu bestimmtes Buch eingeschrieben oder jedesmal besonders aufgestellt werden. Im letzteren Falle sind dieselben zu sammeln und in zusammenhängender Reihenfolge geordnet aufzubewahren.

Artikel 31. [9])

Bei der Aufnahme des Inventars und der Bilanz sind sämmtliche Vermögensstücke und Forderungen nach dem Werthe anzusetzen, welcher ihnen zur Zeit der Aufnahme beizulegen ist.

Zweifelhafte Forderungen sind nach ihrem wahrscheinlichen Werthe [10]) anzusetzen, uneinbringliche [11]) Forderungen aber abzuschreiben.

---

ist abgelehnt worden, weil es keine Art der Buchführung gebe, welche dazu führe, daß man aus den Büchern (ohne Zurhandnahme anderer Behelfe, wie Inventur und Schätzung des Waarenlagers) zu jeder Zeit den Stand des Vermögens eines Kaufmanns ersehen könnte. Prot. S. 44.

3) Der Prot.-Entwurf hatte eine „wörtliche" Abschrift verlangt; der Ausdruck „wörtlich" ist gestrichen worden, um anzudeuten, daß auch eine Abschrift der Briefe nach ihrem wesentlichen Inhalte genüge, (was der Praxis in vielen Geschäften entspricht). Prot. S. 45.

4) — oder Abklatsch.

5) — nicht nothwendig „aller", wie der Prot.-Entwurf verlangte. Das Fehlen eines oder mehrerer Briefe zerstört nicht nothwendig die Beweiskraft des Kopierbuchs.

6) — in ein ordentliches Buch; einzelne lose Blätter können als solches nicht gelten und genießen nicht die Beweiskraft der Handelsbücher. In wie weit sie sonst von Erheblichkeit sind, hängt von den Grundsätzen des Civilprozesses ab.

7) Dies ist mit Rücksicht auf solche Geschäfte zugelassen, bei denen die jährliche Inventur zu große Zeit- und Geldopfer erfordern würde. Die Bilanz aber

Artikel 32.

Bei der Führung der Handelsbücher und bei den übrigen erforderlichen Aufzeichnungen muß sich der Kaufmann einer lebenden[12]) Sprache und der Schriftzeichen[13]) einer solchen bedienen.

Die Bücher müssen gebunden und jedes von ihnen muß Blatt für Blatt mit fortlaufenden Zahlen versehen sein.[14])

An Stellen, welche der Regel nach zu beschreiben sind,[15]) dürfen keine leeren Zwischenräume gelassen werden. Der ursprüngliche Inhalt einer Eintragung darf nicht durch Durchstreichen oder auf andere Weise unleserlich gemacht, es darf nichts radirt,[16]) noch dürfen solche Veränderungen vorgenommen werden, bei deren Beschaffenheit es ungewiß ist, ob sie bei der ursprünglichen Eintragung oder erst später gemacht worden sind.

Einf.-Ges. (gem. R.) Art. 35. Für die Hohenzollernschen Lande gelten auch die Artikel 28. bis 32. des gegenwärtigen Gesetzes; der Artikel XVIII. des Gesetzes vom 31. Mai 1860., betreffend die Einführung der Konkurs-Ordnung vom 8. Mai 1855. (Gesetz-Samml. für 1860. S. 214), bleibt nach Maaßgabe des Artikels 31. des gegenwärtigen Gesetzes in Kraft.

---

muß in allen Fällen, unter Zugrundelegung der vorjährigen Inventur mit den erkennbaren Aenderungen, jährlich gemacht werden. Prot. S. 46.

8) Da die Anlegung von Inventur- und Bilanzbüchern nicht als unerläßlich vorgeschrieben ist (Absatz 2), so können Inventare und Bilanzen auch an die auswärtigen Theilhaber des Geschäfts zur Unterschrift gesandt werden. Prot. S. 46. Die Vorschrift, daß alle persönlich haftenden Gesellschafter das Inventar und die Bilanz unterzeichnen sollen, gewährt den Vortheil, daß dadurch in vielen Fällen künftigen Streitigkeiten vorgebeugt wird. Mot. S. 21.

9) Dieser Artikel (den §§. 644 ff. Th. II. Tit. 8 A. L. R. nachgebildet), enthält, wie mit Recht monirt ist, eine bloße Instruktion, die weder überall paßt, noch in allen Punkten dem Handelsgebrauche entspricht. Man fand in ihm jedoch „einen sehr schätzbaren Wegweiser." Prot. S. 47.

10) Hierbei sind die an manchen Orten bestehenden Handelsgebräuche über Berechnung zweifelhafter Forderungen (z. B. der übliche Abzug von 10 Prozent) zu beachten.

11) — sollte heißen: uneinziehbare oder uneintreibbare Forderungen. Einbringlich, d. h. einen Vortheil hervorbringend, sind Forderungen niemals.

12) Die hebräische Sprache gehört zu den todten Sprachen und darf deshalb, wie dies bereits durch das A. L. R. Th. II. Tit. 8. §. 590. und §. 6. des Gesetzes über die Verhältnisse der Juden vom 23. Juli 1847 vorgesehen ist, bei der Buchführung nicht angewendet werden. Mot. S. 22 und Prot. S. 48.

13) Man hat wohl hierbei vorzüglich an die Kursivschrift der Juden gedacht.

14) Den einzelnen Staaten bleibt unbenommen, die amtliche Beglaubigung der Handelsbücher (Paraphirung) beizubehalten, oder einzuführen. Prot. S. 48.

15) Die Worte: „An Stellen, welche der Regel nach zu beschreiben sind," sind mit Rücksicht darauf gewählt worden, daß es bei Anwendung der Briefkopiermaschine unvermeidlich ist, jede zweite Seite im Briefkopierbuche freizulassen. Mot. S. 22.

16) Der Einfluß einer Rasur auf die Beweiskraft eines Handlungsbuchs ist im einzelnen Falle vom Richter zu prüfen; es wird namentlich darauf ankommen, von welcher Bedeutung sie ist, und ob sie sich an einer wesentlichen oder unwesentlichen Stelle befindet. Prot. S. 48.

Artikel 33.[17])

Die Kaufleute[18]) sind verpflichtet,[19]) ihre Handelsbücher[20]) während zehn Jahre, von dem Tage der in dieselben geschehenen letzten Eintragung an gerechnet, aufzubewahren.

Dasselbe gilt in Ansehung der empfangenen Handelsbriefe, sowie in Ansehung der Inventare und Bilanzen.[21])

Artikel 34.[22])

Ordnungsmäßig geführte Handelsbücher liefern bei Streitigkeiten über Handelssachen[23]) unter Kaufleuten in der Regel einen unvollständigen Beweis, welcher durch den Eid[24]) oder durch andere[25]) Beweismittel ergänzt[26]) werden kann.

Jedoch hat der Richter nach seinem durch die Erwägung aller Umstände geleiteten Ermessen zu entscheiden, ob dem Inhalte der Bücher ein größeres[27]) oder geringeres Maaß der Beweiskraft beizulegen, ob in dem Falle, wo die Handelsbücher der streitenden Theile nicht übereinstimmen, von diesem Beweismittel ganz abzusehen, oder ob den Büchern des einen Theils eine überwiegende Glaubwürdigkeit beizumessen sei.

Ob und inwiefern die Handelsbücher gegen die Nichtkaufleute[28]) Beweiskraft haben, ist nach den Landesgesetzen zu beurtheilen.

---

17) Dieser Artikel findet auch auf diejenigen Landestheile Anwendung, in welchen das gemeine Recht gilt, einschließlich der Hohenzollernschen Lande. (S. Einf.-Ges. Art. 34.)

18) Eine analoge Bestimmung für Aktiengesellschaften enthält der Art. 246.

19) — auch wenn die Handlung selbst etwa aufgelöst wird (Art. 145). Prot. S. 49.

20) Der Zusatz: „nebst deren Belegen“, d. h. den wesentlichen, sollte in den Text aufgenommen werden — Prot. S. 49 — ist aber gestrichen worden, weil derselbe zu einer großen Belästigung der Kaufleute führen würde, weil ferner durch die Unterscheidung von erheblichen und unerheblichen Belegen eine große Unsicherheit entstehen würde, und weil endlich bei der Frage nach der Beweiskraft der Handelsbücher, um welche Frage es sich hier vorzugsweise handle, die Belege nicht in Betracht kämen. Prot. S. 936.

21) Ein Kaufmann, der dieser Vorschrift zuwider vor Ablauf der 10 Jahre seine Bücher oder Briefe vernichtet, wird so angesehen werden können, als ob er überhaupt keine Bücher geführt hätte. — Auch nach Ablauf der 10 Jahre wird an der Beweiskraft der Handelsbücher nichts geändert. Ein Beweismittel ist entweder überhaupt nicht, oder für alle Zeiten glaubwürdig. Die §§. 594. ff. Th. II. Tit. 8. A. L. R., welche die Dauer der Beweiskraft einschränken, sind deshalb nicht übernommen worden. Mot. S. 23.

22) Die Art. 34—36. enthalten die Lehre von der Beweiskraft der Handelsbücher, wozu auch die Kopierbücher zu rechnen. Prot. S. 49 und 938. — Der Pr.-Entw. hatte die ganze Frage von der Beweiskraft der Handelsbücher dem freien richterlichen Ermessen anheimgegeben und nur bestimmt, daß gegen Nichtkaufleute die Bücher allein nicht vollen Beweis machen. Es wurde hierfür geltend gemacht, daß dieses Prinzip sich bereits in anderen Ländern, z. B. in Baden, praktisch bewährt habe, daß es für Handelsgerichte mit technischen Mitgliedern eine Nothwendigkeit sei, daß es an der bisherigen deutschen Praxis wenig ändere, und daß die Aufstellung einer nur einigermaßen erschöpfenden Beweistheorie unmöglich sei. — Andere meinten: daß zwar die Prüfung der Ordnungsmäßigkeit der Buchführung und der Glaubwürdigkeit des Eintragenden dem rich-

Einf.-Ges. Art. 8.[29]) Die Handelsbücher der Kaufleute sind bei Streitigkeiten gegen Nichtkaufleute für sich allein zur Erbringung des Beweises nicht hinreichend, sondern nur zur Unterstützung anderer Beweise geeignet.

Jedoch hat der Richter nach seinem, durch die Erwägung aller Umstände des

---

terlichen Ermessen frei bleiben solle, daß aber dem Richter ein Leitfaden an die Hand zu geben sei, wieviel durch die Bücher bewiesen werde und was noch dazu gehöre, um vollen Beweis darzustellen; sonst würde auf nicht aktenmäßige Umstände Rücksicht genommen werden, was zumal dort nicht anginge, wo der Richter im Uebrigen an die Verhandlungsmaxime gebunden sei; äußerste Vorsicht sei geboten, da es sich um eine Ausnahme von der Regel handle, nach welcher Urkunden zu Gunsten des Schreibers nicht beweisen. — Ueber die Frage, ob eine Beweistheorie aufgestellt werden solle, waren die Stimmen gleich getheilt. Der Vorsitzende entschied für Feststellung eines bestimmten Maaßes der Beweiskraft der Handelsbücher „in der Erwägung, daß es sich um eine Ausnahme von den allgemeinen Beweisregeln handle, die möglichst zu restringuiren sei, daß der (Pr.) Entwurf nur da kein Bedenken errege, wo die genauesten und strengsten Vorschriften über Buchführung gegeben wären, während man in der stattgehabten Beschlußfassung Vieles in dieser Beziehung einem freien Ermessen überlassen habe, ferner daß den Richter eine Beweistheorie vor dem Vorwurfe der Willkür schütze, daß es endlich für den Kaufmann wünschenswerth sei, im Voraus zu wissen, unter welchen Formen er auf Beweisfähigkeit seiner Bücher rechnen dürfe." Prot. S. 49—54.

23) — nicht nur zu Gunsten Desjenigen, über dessen Geschäftsbetrieb sie geführt werden, sondern möglicherweise in Folge der Editionspflicht auch gegen ihn — Prot. S. 938 —, aber doch nur „über Handelssachen", nicht über die etwaigen anderen Eintragungen. Nur in Betreff jener wurde ein Bedürfniß zur Abweichung von den allgemeinen Regeln des Civilrechts anerkannt. In Nichthandelssachen muß der Kaufmann wie jeder Andere sich einen von seinen eigenen Aufzeichnungen unabhängigen Beweis seiner Ansprüche sichern. Mot. S. 24.

24) Der Eid bezieht sich entweder auf die Wahrheit der gebuchten Thatsache, oder auf die Treue der Buchführung. In letzterer Beziehung ist er bei der ersten Lesung für unerheblich geachtet worden, da er auf eine Schlußfolgerung hinauslaufe. Prot. S. 55. Bei der zweiten Lesung ist beschlossen worden, über die Natur dieses Eides im Gesetze Nichts zu sagen, und es den partikulären Gesetzen zu überlassen, ob der Erfüllungseid im streng prozessualischen Sinne über die einzelne gebuchte Thatsache oder über die Richtigkeit der Buchführung erfordert werden soll. Prot. S. 940.

25) Die Handelsbücher sind also auch ohne eidliche Bestärkung der einzelnen Buchung immerhin ein Beweismittel. Prot. S. 58.

26) Hier handelt es sich nur um den Erfüllungseid, nicht um den Reinigungseid; um dies anzudeuten, ist das Wort „ergänzt" in den Text aufgenommen. Der Ausdruck „Erfüllungseid" ist jedoch nicht gewählt worden, weil nach manchen Prozeßgesetzgebungen derselbe an bestimmte Voraussetzungen gebunden ist, z. B. nur de veritate und nicht de credulitate geschworen werden darf, oder für den kaufmännischen Bestärkungseid günstigere Bestimmungen bestehen. Prot. S. 939.

27) So wird der Richter z. B. bei vollkommen ordnungsmäßigen Büchern zweifellos rechtlicher Kaufleute den vollen Beweis als erbracht ansehen können. Prot. S. 54 und 937. Um den Büchern volle Beweiskraft beizumessen, müssen aber immer Umstände vorhanden sein, welche außerhalb der Beschaffenheit der Bücher selbst liegen.

28) Bei der ersten Lesung ist zwar erwogen worden, daß es ungerechtfertigt

Falles geleiteten Ermessen zu entscheiden, ob den ordnungsmäßig geführten Handelsbüchern in Handelssachen in dem Maaße Beweiskraft beizulegen sei, daß der einen oder der anderen Partei der Eid auferlegt werde.

Artikel 35.

Handelsbücher, bei deren Führung Unregelmäßigkeiten vorgefallen sind, können als Beweismittel nur insoweit berücksichtigt werden, als dieses nach der Art und Bedeutung der Unregelmäßigkeiten, sowie nach der Lage der Sache geeignet erscheint.[30])

Einf.-Ges. (ALR. u. AGO.) Art. 22.[31]) Die bisherigen gesetzlichen Bestimmungen, welche Regeln darüber enthalten, wie der Beweis durch Handelsbücher geliefert wird, insbesondere die §§. 165. bis 168. Th. I. Tit. 10. der Allgemeinen Gerichts-Ordnung, treten außer Kraft.

Artikel 36.

Die Eintragungen in die Handelsbücher können, unbeschadet ihrer Beweiskraft, durch Handlungsgehülfen bewirkt werden.

---

erscheine, den Einträgen eines und desselben Buches bald Glauben beizumessen, bald zu versagen, je nachdem es gegen Kaufleute oder Nichtkaufleute in Betracht komme. Es wurde jedoch entgegnet, daß wenn der Produkt ein Kaufmann sei, dieser eine gegenbeweisfähige Kontrolle in seinen Büchern habe. Prot. S. 58. Bei der zweiten Lesung ist beschlossen worden, die Entscheidung der Frage über die Beweiskraft der Handelsbücher gegen Nichtkaufleute den Landesgesetzen zu überlassen. Prot. S. 942.

29) Diese Bestimmung hebt die Ungleichheiten der in Preußen bestehenden verschiedenen Civilrechte auf, und hält an dem Grundsatze fest, daß die Handelsbücher eines Kaufmanns gegen einen Nichtkaufmann geringeren Beweis liefern, als gegen einen Kaufmann, weil nicht auch der erstere Handelsbücher und darin eine Gegenkontrolle besitzt. Daher die Vorschrift, daß in solchem Falle die Handelsbücher niemals vollen Beweis, und in der Regel sogar nicht einmal einen unvollständigen Beweis machen, vielmehr nur zur Unterstützung anderer Beweise dienen sollen. Mot. z. Einf.-Ges. S. 18. — Insbesondere sind die §§. 562 bis 613 Th. II. Tit. 8. A. L. R. ausdrücklich aufgehoben. (Vergl. Art. 60. des Einf.-Ges.)

30) Mit anderen Worten: das richterliche Ermessen entscheidet über die Beweiskraft.

31) Die in diesem Zusatzartikel aufgehobenen Bestimmungen harmoniren zum Theil nicht mit Art. 38. des Handelsgesetzbuchs, welcher die Prüfung der Buchführung hauptsächlich in die Hand des Richters legt, aber selbstverständlich die Zuziehung von Sachverständigen nicht ausschließt; jene aufgehobenen Bestimmungen enthalten ferner Vorschriften über die eidliche Bestärkung der Handelsbücher, welche Art der Beweisergänzung mit den Art. 34. und 35. nicht in Einklang steht, und sowohl für bedenklich, als für überflüssig erachtet werden muß; ersteres, weil der Eid über die richtige Buchführung oder über eine einzelne Buchung immer auf eine Schlußfolgerung hinausläuft, und aus der richtigen Buchung, welche auf falschen Unterlagen beruhen kann, nicht nothwendig auf die Richtigkeit der gebuchten Thatsache geschlossen werden kann; letzteres, weil durch den zulässigen Erfüllungseid über die streitige Thatsache jener Eid entbehrlich ist. Aus diesen Gründen ist die eidliche Bestärkung der Handelsbücher ganz aufgehoben worden. Mot. z. Einf.-Ges. S. 39.

Artikel 37.

Im Laufe eines Rechtsstreits kann der Richter auf Antrag einer Partei die Vorlegung der Handelsbücher der Gegenpartei verordnen. Geschieht die Vorlegung nicht, so wird zum Nachtheil des Weigernden der behauptete Inhalt der Bücher für erwiesen angenommen.

Artikel 38.

Wenn in einem Rechtsstreite Handelsbücher vorgelegt werden, so ist von dem Inhalte derselben, soweit er den Streitpunkt betrifft, unter Zuziehung der Parteien Einsicht zu nehmen und im geeigneten Falle ein Auszug zu fertigen. Der übrige Inhalt der Bücher ist dem Richter[32]) insoweit offen zu legen, als dies zur Prüfung ihrer ordnungsmäßigen Führung nothwendig ist.

Artikel 39.

Befinden sich die Handelsbücher, welche vorzulegen sind, an einem Orte, welcher nicht zum Bezirke des Prozeßrichters gehört, so muß der letztere das Gericht des Ortes, wo sich die Handelsbücher befinden, ersuchen, die Vorlegung der Bücher vor sich bewirken zu lassen, dabei nach den Bestimmungen des vorhergehenden Artikels zu verfahren und einen beglaubigten Auszug mit dem über die Verhandlungen aufgenommenen Protokolle zu übersenden.[33])

Artikel 40.

Die Mittheilung der Handelsbücher zur vollständigen Kenntnißnahme von ihrem ganzen Inhalte kann in Erbschafts- oder Gütergemeinschafts-Angelegenheiten, sowie in Gesellschaftstheilungssachen und im Konkurse, soweit es die Bücher des Gemeinschuldners betrifft, gerichtlich verordnet werden.

---

32) — dem Richter, nicht der Gegenpartei, damit kein Kaufmann ohne Noth gezwungen werde, seine ganzen Bücher, welche über seinen gesammten Geschäftsverkehr und Vermögensstand Auskunft geben, dem Prozeßgegner offen zu legen. Prot. S. 945.

33) Dies ist verordnet, um der Gefahr des Verderbes oder Verlustes vorzubeugen, Stockungen im Geschäftsbetriebe zu vermeiden, und nicht den ganzen Inhalt der Bücher Dritten preiszugeben, wenn es nur auf Einsicht einzelner Stellen ankommt. Bei der ersten Lesung wurde der Zusatz angenommen, daß aus besonders dringenden Gründen der Prozeßrichter verfügen könne, daß die Vorlegung der Handelsbücher bei ihm selbst erfolge. (Prot. S. 57). In zweiter Lesung wurde dieser Zusatz gestrichen, weil man annahm, daß sein Inhalt gefährlich sei und viele Streitigkeiten darüber veranlassen werde, ob dringende Gründe vorhanden seien, weshalb es angemessener erscheine, Fälle der Art, wo ein Zeuge absolut ohne Einsicht der Bücher nicht abgehört und doch an das Gericht des Kaufmanns nicht gebracht werden könne ꝛc., gleich anderen Fällen anzusehen, in denen ein Beweismittel durch Zufall verloren gegangen. Prot. S. 948.

Fünfter Titel.

Von den Prokuristen und Handlungsbevollmächtigten.

Artikel 41.

Wer von dem Eigenthümer einer Handelsniederlassung (Prinzipal) beauftragt ist,[34]) in dessen Namen und für dessen Rechnung das Handelsgeschäft zu betreiben und per procura die Firma zu zeichnen, ist Prokurist.[35])

Die Bestellung des Prokuristen kann durch Ertheilung einer ausdrücklich als Prokura bezeichneten Vollmacht, oder durch ausdrückliche Bezeichnung des Bevollmächtigten als Prokuristen, oder durch die Ermächtigung, per procura die Firma des Prinzipals[36]) zu zeichnen, geschehen.[37])

Die Prokura kann mehreren Personen gemeinschaftlich ertheilt werden (Kollektivprokura).[38])

---

34) — schriftlich oder auch nur mündlich. — Das A. L. R. (§. 500. Th. II. Tit. 8.) erforderte für die Ertheilung der Prokura Schriftlichkeit und gehörige Bekanntmachung, hob diese Bestimmungen aber im Effekte durch vielfache Ausnahmen auf (z. B. §. 507. ibid.) Es schien rathsamer und zur Beförderung von Treu und Glauben im Verkehre angemessener, das Erforderniß der Schriftlichkeit für die Gültigkeit der Prokura gänzlich fallen zu lassen. Mot. S. 27.

35) Er braucht nicht nothwendig zugleich Handlungsvorsteher oder Disponent zu sein; er kann z. B. ein Verwandter sein, welcher die Vollmacht erhält, in Abwesenheit des Prinzipals das, was die Handlungsgehülfen vorlegen, zu zeichnen. Prot. S. 74. Verschieden vom Prokuristen ist der Institor (Handlungs-Verwalter, Administrator), welcher zur beständigen Führung der Firma bestimmt ist. Ein solcher leitet und verwaltet das Geschäft für Rechnung eines Dritten, aber mit der Stellung und den Rechten eines Prinzipals, zeichnet die Firma ohne Zusatz und hat Vollmacht für alle das Handlungsgewerbe betreffenden Rechtsgeschäfte (einschließlich der Bestellung von Prokuristen, sowie der Anstellung und Entlassung von Handlungsbediensteten). Ein solcher Institor kömmt (namentlich in Oesterreich) dann vor, wenn der Prinzipal geisteskrank ist, oder wenn minderjährige Erben ein Geschäft fortsetzen und in ähnlichen Fällen. Prot. S. 72, 75. Auf solche Handlungs-Verwalter finden die nachfolgenden Bestimmungen über die Prokuristen keine Anwendung; über ihre Befugnisse ist in das Handelsgesetzbuch Nichts aufgenommen worden, weil sie keine abgegrenzte handelsrechtliche Persönlichkeit haben; ihre ganze Stellung wird daher nach den allgemeinen civilrechtlichen Bestimmungen jedes Landes zu beurtheilen sein. Prot. S. 94.

36) Nur Kaufleute (Art. 4—6.) können Prokura ertheilen, nicht aber die anderen im Art. 10. gedachten Personen. Derjenige jedoch, welcher ohne die erforderliche Qualifikation eine Prokura ertheilt und dadurch den Gegentheil in Irrthum versetzt, wird dies sein eigenes Faktum nicht anfechten dürfen, und die Wirkung der Prokura vertreten müssen. Prot. S. 1278.

37) Andere Arten der Ertheilung einer Prokura sind ausgeschlossen. Prot. S. 4631.

38) Vergl. Art. 136.

Einf.-Ges. (Uebergangsbestimmungen) Art. 69.[39]) Wer vor dem 1. März 1862. eine Prokura erhalten hat, und nach diesem Zeitpunkte nicht von Neuem von dem Prinzipal zum Prokuristen bestellt wird (Artikel 41. Absatz 2. des Handelsgesetzbuchs), ist nicht mehr befugt, per procura die Firma zu zeichnen oder sich sonst als Prokuristen auszugeben; er gilt vielmehr nur als Handlungsbevollmächtigter im Sinne des Artikels 47. des Handelsgesetzbuchs, jedoch als ermächtigt zur Vornahme aller Geschäfte und Rechtshandlungen, wozu er auf Grund der Prokura nach den bisherigen Gesetzen befugt war.

Wird eine vor dem 1. März 1862. ertheilte Prokura binnen drei Monaten, vom 1. März 1862. an gerechnet, aufgehoben, so sind die bisherigen Gesetze auch für die Nothwendigkeit und die Form der Veröffentlichung der Aufhebung, sowie für die rechtlichen Folgen der geschehenen oder nicht geschehenen Veröffentlichung im Verhältniß zu Dritten, maaßgebend. Erfolgt dagegen die Aufhebung erst nach Ablauf der dreimonatlichen Frist, so gelten die Grundsätze über die Aufhebung einer erst unter der Herrschaft des Handelsgesetzbuchs ertheilten Handlungsvollmacht.

Artikel 42.

Die Prokura[40]) ermächtigt zu allen Arten von gerichtlichen und außergerichtlichen Geschäften und Rechtshandlungen, welche der Betrieb eines[41]) Handelsgewerbes mit sich bringt; sie ersetzt jede nach den Landesgesetzen erforderliche Spezialvollmacht;[42]) sie berechtigt zur Anstellung und Entlassung von Handlungsgehülfen und Bevollmächtigten.

Zur Veräußerung und Belastung von Grundstücken[43]) ist der Prokurist nur ermächtigt, wenn ihm diese Befugniß besonders ertheilt ist.

Artikel 43.

Eine Beschränkung des Umfanges der Prokura (Art. 42.) hat dritten[44]) Personen gegenüber keine rechtliche Wirkung.[45])

Dies gilt insbesondere von der Beschränkung, daß die Prokura nur

---

39) Dieser Artikel hat darin seinen Grund, daß die Prokura des Handelsgesetzbuchs in Bezug auf den Umfang der Befugnisse des Prokuristen ausgedehnter ist, als die Prokura des bisherigen Rechts, und namentlich die Eigenthümlichkeit hat, daß sie Dritten gegenüber nicht beschränkt werden kann. Wer also früher eine Prokura erhalten hat, ist nach Eintritt der Gesetzeskraft des Handelsgesetzbuchs nur noch als Handlungsbevollmächtigter im Sinne des letzteren anzusehen. Mot. z. Einf.-Ges. S. 89.

40) Unter Stralzirungs-Prokura versteht man die bei Auflösung einer Handelsgesellschaft zur Auseinandersetzung des Vermögens ertheilte Vollmacht.

41) — nicht gerade des Geschäfts, welches der Prinzipal betreibt. Prot. S. 91.

42) Der Prokurist ist also namentlich auch befugt, Vergleiche und Kompromisse zu schließen, Verzichte zu leisten, Wechselverbindlichkeiten und Versicherungsverträge einzugehen rc. Mot. S. 27.

43) Man nahm an, daß Verfügungen über Immobilien nicht zu den Handelsgeschäften, sondern zu den Geschäften der Vormünder, der Vermögensverwalter rc. gezählt zu werden pflegten. Prot. S. 77. — Dem entsprechend verordnet Art. 275.: Verträge über unbewegliche Sachen sind keine Handelsgeschäfte.

44) Beschränkungen mit alleiniger Wirkung auf das Verhältniß des Prokurainhabers zum Prinzipal sind damit nicht abgeschnitten. Prot. S. 86.

45) Hierfür ist Folgendes geltend gemacht worden: Die Vollmacht des Prokuristen müsse anders aufgefaßt werden, als alle andern Vollmachten; Bedingungen, Restriktionen, Zeitbestimmungen könnten hierbei nicht geduldet werden, so

für gewisse Geschäfte oder gewisse Arten von Geschäften gelte, oder daß sie nur unter gewissen Umständen oder für eine gewisse Zeit[46]) oder an einzelnen Orten ausgeübt werden solle.

Artikel 44.

Der Prokurist hat in der Weise zu zeichnen, daß er der Firma einen die Prokura andeutenden Zusatz[47]) und seinen Namen beifügt.

Bei einer Kollektivprokura hat jeder Prokurist der mit diesem Zusatze versehenen Firmazeichnung seinen Namen beizufügen.

Artikel 45.

Die Ertheilung der Prokura[48]) ist vom Prinzipal persönlich oder in beglaubigter Form beim Handelsgerichte[49]) zur Eintragung in das Handelsregister anzumelden.

Der Prokurist hat die Firma nebst seiner Namensunterschrift persönlich vor dem Handelsgerichte zu zeichnen (Artikel 44.) oder die Zeichnung in beglaubigter Form einzureichen.

Das Erlöschen der Prokura ist von dem Prinzipal in gleicher Weise zur Eintragung in das Handelsregister anzumelden.

Die Betheiligten sind zur Befolgung dieser Vorschriften von Amtswegen durch Ordnungsstrafen anzuhalten.

---

wenig als bei den Befugnissen eines firmirenden Gesellschafters. Eine solche Vollmacht mache den Inhaber zum alter ego des Prinzipals für dessen Geschäft, gleich dem firmirenden Gesellschafter. Was bei dem Einen unstatthaft sei, müsse es auch bei dem Anderen sein. Bei Beiden werde die Zulassung von Restriktionen, die trotz erfolgter Eintragung in die Register dem Publikum, namentlich in der Ferne, nicht immer bekannt sein könnten, zu Täuschungen führen. Wo man in Prokuragesetzen, wie z. B. in Hamburg, Restriktionen zugelassen habe, sei deren Nachtheiligkeit hervorgetreten. Der Charakter des Prokuristen bestehe hiernach in der illimitirten Vollmacht, Verbindlichkeiten für den Prinzipal zu übernehmen und die Firma zu zeichnen. Beschränkungen dürfe es nicht geben, sondern nur beschränkte Vollmachten, die wesentlich von Prokuren verschieden seien und deren Inhaber auch nicht p. proc. die Firma, sondern nur „mand. nomine“ oder „in Vollmacht“ zeichnen dürften. Prot. S. 74. 75. — Vergl. die analogen Bestimmungen in den Art. 116. und 138. — Es leidet jedoch keinen Zweifel, daß es einem Prinzipal, welcher mehrere Geschäfte unter verschiedenen Firmen betreibt, gestattet ist, auch mit rechtlicher Wirkung gegen Dritte für jedes dieser Geschäfte einen besonderen Prokuristen zu bestellen, und daß in diesem Falle jede der Prokuren nur insofern unbeschränkt ist, als sie das Geschäft betrifft, für welches der Prokurist zu firmiren befugt ist, daß sie auf das Geschäft unter der anderen Firma sich aber nicht erstreckt. (Vergl. Note 73. zu Art. 116.) Prot. S. 952.

46) — z. B. für die Lebenszeit des Prinzipals cfr. Art. 54. Abs. 2.

47) Dies ist eine Ordnungsvorschrift über die Art, wie der Prokurist zeichnen soll; wird in anderer Art gezeichnet, so folgt daraus noch nicht, daß auch unter allen Umständen die Handlung des Prokuristen nicht rechtsverbindlich sei. Prot. S. 593.

48) Die Eintragung aller anderen Vollmachten, welche nicht Prokuren sind, ist nicht zugelassen, weil der dritte Kontrahent von solchen Bevollmächtigten immer die Vorzeigung der Vollmacht verlangen, und für ein etwaiges lokales Bedürfniß

Artikel 46.

Wenn das Erlöschen der Prokura nicht in das Handelsregister eingetragen und öffentlich bekannt gemacht ist, so kann der Prinzipal dasselbe einem Dritten nur dann entgegensetzen, wenn er beweist, daß es letzterem beim Abschlusse des Geschäfts bekannt war.

Ist die Eintragung und Bekanntmachung geschehen, so muß ein Dritter das Erlöschen der Prokura gegen sich gelten lassen, sofern nicht durch die Umstände die Annahme begründet wird, daß er das Erlöschen beim Abschlusse des Geschäfts weder gekannt habe, noch habe kennen müssen.[50])

Artikel 47.

Wenn ein Prinzipal Jemanden ohne Ertheilung der Prokura, sei es zum Betriebe seines ganzen Handelsgewerbes oder zu einer bestimmten Art von Geschäften oder zu einzelnen Geschäften, in seinem Handelsgewerbe bestellt (Handlungsbevollmächtigter), so erstreckt sich die Vollmacht auf alle Geschäfte und Rechtshandlungen, welche der Betrieb eines derartigen Handelsgewerbes oder die Ausführung derartiger Geschäfte gewöhnlich mit sich bringt.[51])

Jedoch ist der Handlungsbevollmächtigte zum Eingehen von Wechselverbindlichkeiten, zur Aufnahme von Darlehen und zur Prozeßführung nur ermächtigt, wenn ihm eine solche Befugniß besonders ertheilt ist.

Im Uebrigen bedarf er zu den Geschäften, auf welche sich seine Vollmacht erstreckt, der in den Landesgesetzen vorgeschriebenen Spezialvollmacht nicht.

Einf.-Ges. (ALR. u. AGO.) Art. 21.[52]) Die vormundschaftlichen Gerichte können in den Fällen des §. 624. Th. II. Tit. 18. des Allgemeinen Landrechts die Handlung entweder durch einen Prokuristen (Artikel 41. des Handelsgesetzbuchs), oder durch einen Handlungsbevollmächtigten mit einer allgemeinen Vollmacht (Artikel 47. des Handelsgesetzbuchs) fortsetzen lassen und in den Fällen der §§. 774. und 775. Th. II. Tit. 18. des Allgemeinen Landrechts den Ehemann entweder als Prokuristen oder nur als Handlungsbevollmächtigten einsetzen.

Wird für den Pflegebefohlenen ein Prokurist bestellt, oder wird der Ehemann als Prokurist bestellt, so kommen die Artikel 41. bis 46. des Handelsgesetzbuchs zur Anwendung.

---

der Publikation solcher Vollmachten durch Anschlag an der Börse ꝛc. gesorgt werden könne. Prot. S. 88.

49) — des Bezirks, in welchem die Handelsniederlassung ihren Sitz hat, ohne Rücksicht auf das Domizil des Prinzipals; denn die Wirksamkeit des Prokuristen ist gewissermaßen eine örtliche, vornehmlich in dem Bezirke, zu welchem das von ihm verwaltete Etablissement gehört, in die Erscheinung tretende. Es muß deshalb dem Publikum gerade dort Gelegenheit gegeben werden, von Veröffentlichungen, welche das Prokuristen-Verhältniß betreffen, Kenntniß zu nehmen. Mot. S. 29.

50) Vergl. Note 44. zu Art. 12.

51) Es war beantragt, Bestimmungen über die Agenten in das Handelsgesetzbuch aufzunehmen. Von mehreren Seiten wurde die Ansicht geltend gemacht, daß die Agenten nur Spezialbevollmächtigte außerhalb eines Dienstverhältnisses seien, und daß die Wirksamkeit ihrer Handlungen gegenüber dem Auftraggeber nur nach Inhalt der ihnen für jeden einzelnen Fall ertheilten Auf-

Artikel 48.

Der Handlungsbevollmächtigte hat sich bei der Zeichnung jedes eine Prokura andeutenden Zusatzes zu enthalten; er hat mit einem das Vollmachtsverhältniß ausdrückenden Zusatze[53]) zu zeichnen.

Artikel 49.

Die Bestimmungen der beiden vorhergehenden Artikel finden auch Anwendung auf Handlungsbevollmächtigte, welche ihr Prinzipal als Handlungsreisende zu Geschäften an auswärtigen Orten verwendet.[54]) Dieselben gelten insbesondere für ermächtigt, den Kaufpreis aus den von ihnen abgeschlossenen Verkäufen einzuziehen oder dafür Zahlungsfristen zu bewilligen.

Artikel 50.

Wer in einem Laden oder in einem offenen Magazin oder Waarenlager[55]) angestellt ist,[56]) gilt für ermächtigt, daselbst Verkäufe[57]) und Empfangnahmen vorzunehmen, welche in einem derartigen Laden, Magazin oder Waarenlager gewöhnlich geschehen.[58])

---

träge bemessen werden könne (Prot. S. 88), daß ihnen in der Regel auch gestattet sein müsse, neben den Geschäften eines einzelnen Auftraggebers für sich und für Dritte Geschäfte zu machen. — Gegen die Aufnahme von hierauf bezüglichen Bestimmungen machte man jedoch geltend, daß der Ausdruck „Agent" keinen fixirten Begriff ausdrücke; je nach der Verschiedenheit der Vollmacht sei er bald Mandatar, bald Mäkler, bald Reisender; die civilrechtlichen Vorschriften vom Mandat seien ausreichend, und es sei die weitere Entwickelung des noch neuen Institutes der Agenten abzuwarten, bevor die Stellung derselben gesetzlich besonders geregelt würde. — Bei der ersten Lesung wurde beschlossen, eine Bestimmung in dem Sinne aufzunehmen, daß Handlungsbevollmächtigte, welche zur Zeit der Auftragsertheilung in keinem Dienstverhältnisse zum Auftraggeber stehen (Handelsagenten), denselben nur nach der für die einzelnen Fälle gegebenen (jeweiligen) Vollmacht verpflichten, und nicht nach den Bestimmungen dieses Titels, sondern nach den allgemeinen bürgerlichen Gesetzen zu beurtheilen sind. Prot. S. 108. In zweiter Lesung wurde jedoch die Streichung der von der Redaktions-Kommission vorgeschlagenen Fassung beschlossen, weil manche Bestimmungen dieses Titels auch auf solche Personen Anwendung finden, welche nicht in einem Dienstverhältnisse zu dem Prinzipal stehen, und insbesondere selbstständige Handelsagenten in den geeigneten Fällen nach Handelsrecht beurtheilt werden müßten. Prot. S. 963.

52) Der Art. 21. bezweckt, den vormundschaftlichen Gerichten die Befugniß zu verleihen, an Stelle des im Landrecht §. 624. ff. und §. 774. ff. Th. II. Tit. 8. gedachten Disponenten mit beschränkten Rechten, je nach den Umständen des Falles einen Prokuristen oder Handlungsbevollmächtigten im Sinne dieses Gesetzbuches bestellen zu können. Mot. z. Einf.-Ges. S. 38.

53) — „in Vollmacht" oder „mand noe."

54) — jedoch nicht auf selbstständige Mandatare, Agenten, sogenannte Provisionsreisende oder auf solche, die das Geschäft betreiben, für verschiedene Häuser zu reisen, noch auf diejenigen Bevollmächtigten, welche zur Vornahme eines einzelnen Geschäfts ausgesandt worden. Prot. S. 4517.

55) Es wurde angeregt, ob nicht wegen Gleichheit des Grundes die Worte „oder in einem Komtoir" einzuschalten seien. Die kaufmännischen Abgeordneten sprachen jedoch gegen eine unbedingte Gleichstellung beider Fälle ihre Bedenken aus. Da übrigens anerkannt wurde, daß sich dieser Artikel nur auf offene De-

Artikel 51.

Wer die Waare und eine unquittirte[59]) Rechnung überbringt, gilt deshalb noch nicht für ermächtigt, die Zahlung zu empfangen.

Artikel 52.

Durch das Rechtsgeschäft,[60]) welches ein Prokurist oder ein Handlungsbevollmächtigter gemäß der Prokura oder der Vollmacht im Namen des Prinzipals schließt, wird der letztere dem Dritten gegenüber berechtigt und verpflichtet.[61])

Es ist gleichgültig, ob das Geschäft ausdrücklich im Namen des Prinzipals geschlossen worden ist, oder ob die Umstände[62]) ergeben, daß es nach dem Willen der Kontrahenten[63]) für den Prinzipal geschlossen werden sollte.

Zwischen dem Prokuristen oder Bevollmächtigten und dem Dritten erzeugt das Geschäft weder Rechte noch Verbindlichkeiten.[64])

---

tailgeschäfte und solche Komtoirs erstrecke, welche sich durch Aushängeschilder und dergleichen als offene Verkaufslokalitäten ankündigten und daß demnach durch die Bestimmungen dieses Artikels der Frage, was hinsichtlich der in Komtoirs vorkommenden Geschäfte Rechtens sei, in keiner Weise präjudizirt werde, vielmehr diese Frage hier ganz unberührt bleibe, so wurde ein Antrag auf Aenderung des Artikels in obiger Richtung nicht gestellt. Prot. S. 97.

56) — ganz gleich, ob er sonst Handlungsgehülfe ist, oder nicht. Prot. S. 97.

57) — also unter Umständen auch auf Kredit. Prot. S. 99.

58) Vergl. §§. 546—548. Th. II. Tit. 8. A. L. R.

59) Vergl. den Art. 296., in welchem eine ganz allgemeine Bestimmung für den Fall getroffen ist, wenn eine Quittung überbracht wird. Der Art. 51. weicht vom bisherigen Rechte (§. 550. Th. II. Tit. 8. ALR.) ab.

60) In Betreff der absichtlichen oder fahrlässigen Beschädigungen, welche ein Prokurist außer dem Falle eines Vertrages in Ausführung eines von dem Prinzipale aufgetragenen Geschäfts verursacht, vergl. Mot. S. 29 Prot. S. 85, und in Betreff der Gehülfen Prot. S. 100. Diese Fragen sind offen gelassen. Prot. S. 4518. Doch war man darüber einig, daß der Prinzipal in Betreff der nur bei Gelegenheit der Ausführung eines aufgetragenen Geschäfts verübten Beschädigungen des Prokuristen nicht haften solle. Mot. S. 29 Prot. S. 85.

61) — auch in Betreff des Schadensersatzes aus solchen Verträgen. Prot. S. 84. Die obige Fassung ist absichtlich gewählt, um die im Civilrecht bestehenden Streitfragen, ob das Geschäft in allen Beziehungen nach der Person des Prinzipals zu beurtheilen (ob also z. B. ein dolus, oder eine mala fides, eine Wissenschaft des Prokuraträgers von den Fehlern der erkauften Waare dem Prinzipal, wenn dieser sich nicht in gleicher Lage befindet, schadet oder unschädlich ist, offen zu lassen. Prot. S. 78.

62) — z. B. wenn die Eigenschaft des Prokurainhabers dem Kontrahenten bekannt gewesen, wenn die Umstände ergeben, das Geschäft sei für das Handelsgewerbe des Prinzipals geschlossen 2c.

63) Die bloße Absicht des Prokuraträgers, für seinen Geschäftsherrn abzuschließen, genügt nicht; auch der andere Kontrahent muß dies wollen.

64) Dieser Grundsatz beseitigt die entgegenstehenden Vorschriften der §§. 541 bis 545. Th. II. Tit. 8. A. L. R.

Artikel 53.

Der Prokurist oder der Handlungsbevollmächtigte kann ohne Einwilligung des Prinzipals seine Prokura oder Handlungsvollmacht auf einen Anderen nicht übertragen.[65])

Artikel 54.

Die Prokura oder Handlungsvollmacht ist zu jeder Zeit widerruflich, unbeschadet der Rechte aus dem bestehenden Dienstverhältnisse.[66])

Der Tod des Prinzipals hat das Erlöschen der Prokura oder Handlungsvollmacht nicht zur Folge.[67])

Artikel 55.

Wer ein Handelsgeschäft als Prokurist oder als Handlungsbevollmächtigter schließt, ohne Prokura oder Handlungsvollmacht erhalten zu haben, ingleichen ein Handlungsbevollmächtigter, welcher bei Abschluß eines Geschäfts seine Vollmacht überschreitet, ist dem Dritten persönlich nach Handelsrecht[68]) verhaftet;[69]) der Dritte kann nach seiner Wahl ihn auf Schadensersatz oder Erfüllung[70]) belangen.

Diese Haftungspflicht tritt nicht ein, wenn der Dritte, ungeachtet er

---

65) Die Ertheilung der Prokura oder Handlungsvollmacht ist Sache eines ganz besonderen Vertrauens; sie kann deshalb nicht in ihrem ganzen Umfange ohne Einwilligung des Prinzipals übertragen werden; wohl aber kann der Prokurist für einzelne Geschäfte Bevollmächtigte bestellen (Art. 42.) Mot. S. 31. Die Fassung entspricht den §§. 520. 521. Th. II. Tit. 8. A. L. R. Dieser Artikel regelt nicht allein das Verhältniß des Prokuristen ꝛc. zum Prinzipal, sondern erklärt die Zuwiderhandlungen des Prokuristen oder Bevollmächtigten gegen diese Vorschrift auch Dritten gegenüber für wirkungslos. Prot. S. 959.

66) Die freie Widerruflichkeit der Prokura ist in ihrem Mandatscharakter begründet, jedoch wird durch den Widerruf nur das Auftragsverhältniß und nicht auch das etwa bestehende Dienstverhältniß berührt. Mot. S. 31.

67) Dies ist eine für das Handelsrecht längst bestehende Ausnahme (§ 131. Th. I. Tit. 13. und §. 540. Th. II. Tit. 8. A. L. R.) von den Bestimmungen des Civilrechts, nach welchem Vollmachten mit dem Tode der Mandanten erlöschen. Mot. S. 31. Prot. S. 87.

68) — weil es in der Absicht beider Theile lag, ein nach Handelsrecht zu beurtheilendes Geschäft zwischen dem Prinzipal und dem dritten Kontrahenten zu Stande zu bringen. Es würde zu offenbaren Ungerechtigkeiten führen, wenn jene Auftragsüberschreitung nicht blos die Person des Verpflichteten, sondern die ganze Natur des Geschäfts derart ändern sollte, daß nunmehr ein ganz anderes Recht Anwendung finden müßte, als auf welches bei Eingehung des Geschäfts Rücksicht genommen wurde. Insbesondere würde diese Ungerechtigkeit in den Fällen hervortreten, in welchen das Civilrecht zur Gültigkeit des Geschäfts gewisse Formen erfordert, welche von den Parteien nicht beobachtet wurden, weil sie nach Handelsrecht unnöthig sind (z. B. schriftliche Vertragsform). Mot. S. 30.

Es wurde erwähnt: der Art. 55. sei undeutlich, weil er nicht ersehen lasse, ob der Prinzipal das Recht haben solle, in den Vertrag des Prokurainhabers mit dem Dritten einzutreten, oder nur das Recht, von dem Prokurainhaber den gezogenen Gewinn zu verlangen. Hierauf wurde bemerkt, daß es nicht beabsichtigt sei, dem Prinzipal lediglich eine Klage gegen den Faktor (Prokuristen) auf Herden Mangel der Prokura oder der Vollmacht oder die Ueberschreitung der letzteren kannte, sich mit ihm eingelassen hat.[71])

Artikel 56.

Ein Prokurist oder ein zum Betriebe eines ganzen Handelsgewerbes bestellter Handlungsbevollmächtigter[72]) darf ohne Einwilligung des Prinzipals weder für eigene Rechnung, noch für Rechnung eines Dritten Handelsgeschäfte[73]) machen.

Eine Einwilligung des Prinzipals ist schon dann auzunehmen, wenn ihm bei Ertheilung der Prokura oder der Vollmacht bekannt war, daß der Prokurist oder Handlungsbevollmächtigte für eigene oder fremde Rechnung Handelsgeschäfte betreibe, und er die Aufgebung dieses Betriebes nicht bedungen hat.

Uebertritt der Prokurist oder Handlungsbevollmächtigte diese Vorschrift,

---

auszahlung des gezogenen Gewinns, der von ihm oft nicht beigetrieben werden könnte, zu geben, daß aber die Fragen, ob der Prinzipal eine actio utilis gegen den Dritten haben, oder zuvor den Prokuristen auf Cession der Klage belangen solle, ferner binnen welcher Zeit ein solcher Anspruch geltend zu machen sei, als offene der Partikulargesetzgebung und der Wissenschaft zu überlassen seien. Prot. S. 87.

69) Die Fragen, inwieweit der Mandant dann, wenn der Mandatar die Vollmacht überschritten hat, theilweise das Geschäft gegen den Willen des Mandatars genehmigen, und wann der Dritte seine Rechte theilweise gegen den Mandanten und theilweise gegen den Mandatar geltend machen kann, unterliegen der Beurtheilung nach allgemeinen Grundsätzen. Nach diesen — so wurde angeführt — kömmt es darauf an, ob wirklich nur Ein Geschäft vorliegt, oder ob in dem Geschäfte eigentlich mehrere Geschäfte enthalten sind. Im ersteren Falle ist eine Theilung unzulässig, im zweiten zulässig. Kauft der Mandatar, welcher nur 6 Stück kaufen sollte, 12 Stück, so ist eine Theilung zulässig, sofern nicht die Waare nur Dutzendweise verkäuflich gewesen. Hat der Mandatar ein Preislimitum überschritten, so ist eine Theilung ohne Konsens des Mandatars unstatthaft. Prot. S. 4663.

70) Es wird fingirt, als sei mit dem Bevollmächtigten selbst ein wirklicher Vertrag geschlossen worden, und dies begründet die Erfüllungsklage. Die Fiktion ist angenommen, um den Kontrahenten von den oft mißlichen Liquidationen und Beweisführungen zur Begründung der Schadensersatzklage zu befreien. Prot. S. 92.

71) Diese Bestimmung — so wurde bemerkt — sei mit Rücksicht auf Preußen erforderlich, weil der darin gedachte Fall der einzige sei, welchen das Preußische Landrecht (Th. I. Tit. 13. §. 150. ff.) hervorhebe, so daß aus der unbedingt lautenden Vorschrift des ersten Absatzes in diesem Artikel die Aufhebung dieser Stelle des Landrechts gefolgert werden könnte. Prot. S. 975.

72) — oder ein Handlungsgehülfe (s. Art. 59.), jedoch nicht der zu einer bestimmten Art von Geschäften oder zu einzelnen Geschäften Bevollmächtigte, z. B. ein Agent. Prot. S. 93.

73) — dieselben mögen den ihm vom Prinzipal anvertrauten Handelsgeschäften gleichartig sein oder nicht; auch in letzterem Falle würden sie zu einer Vernachlässigung der Interessen des Prinzipals führen, während seine Pflicht erheischt, daß er seine ganze Sorgfalt dem Handelsbetriebe des Prinzipals zuwende. In dieser Beziehung ist ein Prokurist mehr beschränkt, als ein Gesellschafter (Art. 96); diese Beschränkung rechtfertigt sich jedoch durch seine abhängigere Stellung vom

so kann der Prinzipal Ersatz des verursachten Schadens fordern.[74]) Auch muß sich der Prokurist oder Handlungsbevollmächtigte auf Verlangen des Prinzipals gefallen lassen, daß die für seine Rechnung gemachten Geschäfte als für Rechnung des Prinzipals geschlossen angesehen werden.[75])

Sechster Titel.

Von den Handlungsgehülfen.

Artikel 57.

Die Natur der Dienste und die Ansprüche der Handlungsgehülfen[76]) (Handlungsdiener, Handlungslehrlinge) auf Gehalt[77]) und Unterhalt werden, in Ermangelung einer Uebereinkunft, durch den Ortsgebrauch oder durch das Ermessen des Gerichts, nöthigenfalls nach Einholung eines Gutachtens von Sachverständigen, bestimmt.

Artikel 58.

Ein Handlungsgehülfe ist nicht ermächtigt, Rechtsgeschäfte im Namen und für Rechnung des Prinzipals vorzunehmen.

Wird er jedoch von dem Prinzipal zu Rechtsgeschäften in dessen Handelsgewerbe beauftragt, so finden die Bestimmungen über Handlungsbevollmächtigte Anwendung.

Prinzipale. Mot. S. 30. Das Verbot, für eigene Rechnung Handelsgeschäfte nebenbei zu betreiben, ist übrigens schon im §. 523. Th. II. Tit. 8. A. L. R. ausgesprochen.

74) — und darf für den Fall eines bestehenden Dienstverhältnisses die sofortige Aufhebung desselben verlangen. (Art. 64. Nr. 2.) Mot. S. 31. — Dem Dritten gegenüber sind trotz der Uebertretung dieser Vorschrift die Geschäfte des Prokuristen oder des zum Betriebe eines ganzen Handelsgewerbes bestellten Handlungsbevollmächtigten gültig. Prot. S. 1425.

75) Die Frage, ob der Prinzipal einer Cession der Rechte bedarf, oder nicht, ist offen gelassen. Vergl. Prot. S. 190.

76) Zu diesen sind unter Anderen zu rechnen: die Buchhalter, Kassirer, Handlungsdiener, Kommis, Handlungsreisenden, Volontairs, Ladenmädchen, Lehrlinge und dergleichen mehr, mit anderen Worten, diejenigen Personen, welche, ohne im Allgemeinen mit Abschließung von Rechtsgeschäften beauftragt zu sein, im Komtoir und im Handelsgewölbe kaufmännische Dienste leisten. Prot. S. 95. Auch auf Prokuristen, wenn diese in einem dauernden geschäftlichen Dienstverhältnisse zu dem Prinzipale stehen, also Handlungsgehülfen sind, werden die Vorschriften dieses Titels Anwendung finden.

77) Das Entgelt (das Gehalt) kann in Lohn, selbst in einem Antheile am Gewinn (s. g. Commis intéressé), oder auch beim Lehrling statt aller anderen Vergütung in der technischen Unterweisung im Handelsgewerbe des Prinzipals bestehen. Mot. S. 33.

Artikel 59.

Ein Handlungsgehülfe darf ohne Einwilligung des Prinzipals weder für eigene Rechnung noch für Rechnung eines Dritten Handelsgeschäfte machen.

In dieser Beziehung kommen die für den Prokuristen und Handlungsbevollmächtigten geltenden Bestimmungen (Artikel 56.) zur Anwendung.

Artikel 60.

Ein Handlungsgehülfe, welcher durch unverschuldetes Unglück an Leistung seines Dienstes zeitweise verhindert wird, geht dadurch seiner Ansprüche auf Gehalt und Unterhalt[78]) nicht verlustig. Jedoch hat er auf diese Vergünstigung nur auf die Dauer von sechs Wochen Anspruch.

Artikel 61.

Das Dienstverhältniß zwischen dem Prinzipal und dem Handlungsdiener kann von jedem Theile mit Ablauf eines jeden Kalendervierteljahres nach vorgängiger sechswöchentlicher Kündigung aufgehoben werden. Ist durch Vertrag eine kürzere oder längere Zeitdauer oder eine kürzere oder längere Kündigungsfrist bedungen, so hat es hierbei sein Bewenden.

In Betreff der Handlungslehrlinge ist die Dauer der Lehrzeit nach dem Lehrvertrage und in Ermangelung vertragsmäßiger Bestimmungen nach den örtlichen Verordnungen oder dem Ortsgebrauche zu beurtheilen.

Artikel 62.

Die Aufhebung des Dienstverhältnisses vor der bestimmten Zeit (Artikel 61.) kann aus wichtigen Gründen von jedem Theile verlangt werden.[79])

Die Beurtheilung der Wichtigkeit der Gründe bleibt dem Ermessen des Richters überlassen.

Artikel 63.

Gegen den Prinzipal kann insbesondere die Aufhebung des Dienstverhältnisses ausgesprochen werden, wenn derselbe den Gehalt oder den gebührenden Unterhalt nicht gewährt, oder wenn er sich thätlicher Mißhandlungen oder schwerer Ehrverletzungen gegen den Handlungsgehülfen schuldig macht.

Artikel 64.

Gegen den Handlungsgehülfen kann insbesondere[80]) die Aufhebung des Dienstverhältnisses ausgesprochen werden:

1) wenn derselbe im Dienste untreu ist oder das Vertrauen mißbraucht;

---

78) Darunter werden alle vertragsmäßigen Leistungen des Prinzipals verstanden. Prot. S. 101.

79) Was die rechtliche Folge ist, wenn ein Prinzipal oder Gehülfe den Dienstvertrag ohne genügende Gründe vorzeitig auflöst, darüber ist im Gesetze Nichts bestimmt. Vergl. Prot. S. 102. 108.

80) Es wurde anerkannt, daß in den unter 1 bis 6. aufgezählten Fällen der Richter nicht willkürlich ermessen könne, ob er dem Antrage auf Auflösung eines Dienstvertrages Raum geben wolle, sondern daß er in diesen Fällen den Anträgen des Prinzipals entgegen kommen müsse. Prot. S. 102. Die Fassung des Gesetzes läßt diese Absicht jedoch nicht bestimmt erkennen. Der Ton ist auf das Wort: „insbesondere", und nicht auf das Wort: „kann" zu legen.

2) wenn derselbe ohne Einwilligung des Prinzipals für eigene Rechnung oder für Rechnung eines Dritten Handelsgeschäfte macht;
3) wenn derselbe seine Dienste zu leisten verweigert oder ohne einen rechtmäßigen Hinderungsgrund während einer den Umständen nach erheblichen Zeit unterläßt;
4) wenn derselbe durch anhaltende Krankheit oder Kränklichkeit oder durch eine längere Freiheitsstrafe oder Abwesenheit an Verrichtung seiner Dienste verhindert wird;
5) wenn derselbe sich thätlicher Mißhandlungen oder erheblicher Ehrverletzungen gegen den Prinzipal schuldig macht;
6) wenn derselbe sich einem unsittlichen Lebenswandel ergiebt.

Artikel 65.

Hinsichtlich der Personen, welche bei dem Betriebe des Handelsgewerbes Gesindedienste verrichten, hat es bei den für das Gesindedienstverhältniß geltenden Bestimmungen sein Bewenden.

Siebenter Titel.

Von den Handelsmäklern oder Sensalen.

Artikel 66.

Die Handelsmäkler (Sensale) sind amtlich[81]) bestellte Vermittler für Handelsgeschäfte.

Sie leisten vor Antritt ihres Amtes den Eid, daß sie die ihnen obliegenden Pflichten getreu erfüllen wollen.

Artikel 67.

Die Handelsmäkler vermitteln für Auftraggeber Käufe und Verkäufe über Waaren, Schiffe,[82]) Wechsel, inländische und ausländische Staatspapiere, Aktien und andere Handelspapiere, ingleichen Verträge über Versicherungen, Bodmerei, Befrachtung[83]) und Miethe von Schiffen, sowie über Land- und Wassertransporte und andere den Handel betreffende Gegenstände.[84])

Durch die übertragene Geschäftsvermittelung ist ein Handelsmäkler

81) Indem das Gesetz die Handelsmäkler als die amtlich bestellten Vermittler für Handelsgeschäfte aufstellt, verwehrt es den Parteien nicht, ihre Handelsgeschäfte mit Umgehung der Handelsmäkler entweder in Person oder durch Bevollmächtigte oder beliebige Zwischenhändler abzuschließen. Alle so zu Stande gekommenen Geschäfte sind durchaus gültig, nur entbehren die Kontrahenten der Vortheile, welche ihnen, wie z. B. in Ansehung des Beweises, aus der amtlichen Mitwirkung eines Handelsmäklers erwachsen würden. Mot. S. 37.

82) — auch Schiffsparten.

83) — auch über nur theilweise, nicht nothwendig volle Beladung.

84) — z. B. Darlehne. Prot. S. 114.

noch nicht als bevollmächtigt anzusehen, eine Zahlung oder eine andere im Vertrage bedungene Leistung in Empfang zu nehmen.

Artikel 68.

Die Anstellung der Handelsmäkler geschieht entweder im Allgemeinen für alle Arten von Mäklergeschäften oder nur für einzelne Arten derselben.

Artikel 69.

Die Handelsmäkler haben insbesondere folgende Pflichten:[85])

1) sie dürfen für eigene Rechnung keine Handelsgeschäfte machen, weder unmittelbar noch mittelbar, auch nicht als Kommissionaire,[86]) sie dürfen für die Erfüllung der Geschäfte, welche sie vermitteln, sich nicht verbindlich machen oder Bürgschaft leisten,[87]) alles dies unbeschadet der Gültigkeit der Geschäfte;[88])
2) sie dürfen zu keinem Kaufmann in dem Verhältnisse eines Prokuristen, Handlungsbevollmächtigten oder Handlungsgehülfen stehen;[89])
3) sie dürfen sich nicht mit anderen Handelsmäklern zu einem gemeinschaftlichen Betriebe der Mäklergeschäfte oder eines Theiles derselben vereinigen; zur gemeinschaftlichen Vermittelung einzelner Geschäfte sind sie unter Zustimmung der Auftraggeber befugt;[90])

---

85) — deren Verletzung nach Art. 9. §. 5. des Einf.-Ges. geahndet wird. — Es wurde für zweifellos erachtet, daß aus dem unter Nr. 1. dieses Artikels ausdrücklich erklärten Vorbehalte der Gültigkeit der von einem Makler ungeachtet des dort enthaltenen Verbots vorgenommenen Geschäfte, nicht argumento e contrario die Ungültigkeit der gegen die Vorschriften der Nr. 2. 3. 4. und 6. geschlossenen Geschäfte gefolgert werden könne; denn diese Ziffern enthielten nur dienstpolizeiliche Vorschriften über die Amtsführung des Mäklers als solchen, deren Verletzung nur dienstpolizeiliche Bestrafung zur Folge habe, die Gültigkeit des wirklich geschlossenen Geschäfts aber nicht beeinträchtige. Prot. S. 4637.

86) Hierin liegt das Verbot, an dem Nutzen aus einem vermittelten Geschäfte Theil zu nehmen. Prot. S. 123.

87) Gegen diese Vorschrift wurde bemerkt: Die Gestattung der Uebernahme von Bürgschaften empfehle sich durch ihre Zweckmäßigkeit, da sie das Zustandekommen von Geschäften wesentlich erleichtere; auch sei dies Verfahren an manchen Handelsplätzen unentbehrlich; verbiete man den Betrieb eines eigenen Geschäfts und die Uebernahme von Bürgschaften für die vermittelten Geschäfte gänzlich, so gefährde man die Existenz der Mäkler, und verhindere die Wahl von neuen tüchtigen Mäklern. Hierauf wurde jedoch erwidert: Der Mäkler müsse unparteiisch zwischen den Kontrahenten stehen; dies sei unmöglich, wenn er zu Gunsten des einen Kontrahenten gegenüber dem anderen persönliche Verpflichtungen übernommen habe. In solchem Falle sei es unstatthaft, seinen Büchern und Zeugnissen zu vertrauen. Selbst die unparteiische Feststellung der Kurse ließe sich dann nicht mit Sicherheit erwarten. Die Bedenken für die Existenz der Mäkler seien nicht begründet; die Konkurrenz werde hier, wie in allen ähnlichen Verhältnissen, die Nachtheile ausgleichen. Das Institut der Mäkler müsse rein erhalten werden. Mot. S. 38. Prot. S. 118. Vergl. auch die §§. 1322, 1324. Th. II. Tit. 8. A. L. R.

88) Es kann also selbst der Handelsmäkler aus solchen verbotswidrigen Geschäften klagen.

89) Vergl. §. 1325. Th. II. Tit. 8. A. L. R.

90) Vergl. §. 1395. l. c.

4) sie müssen die Mäklerverrichtungen[91]) persönlich betreiben und dürfen sich zur Abschließung der Geschäfte eines Gehülfen nicht bedienen;

5) sie sind zur Verschwiegenheit über die Aufträge, Verhandlungen und Abschlüsse verpflichtet, soweit nicht das Gegentheil durch die Parteien bewilligt oder durch die Natur des Geschäfts geboten ist;

6) sie dürfen zu keinem Geschäfte die Einwilligung der Parteien oder deren Bevollmächtigten anders annehmen, als durch ausdrückliche und persönliche Erklärung;[92]) es ist den Mäklern weder erlaubt, von Abwesenden Aufträge zu übernehmen, noch sich zur Vermittelung eines Unterhändlers zu bedienen.

Artikel 70.

Handelsmäklern, welche Schiffsmäkelei betreiben, kann gestattet werden, den Schiffern im Einziehen und Vorschießen der Frachten und Unkosten als Abrechner oder in anderer ortsüblicher Weise Hülfsdienste zu leisten.

Artikel 71.

Der Handelsmäkler muß außer seinem Handbuche[93]) ein Tagebuch[94]) führen, in welches letztere alle[95]) abgeschlossenen[96]) Geschäfte täglich[97]) einzutragen sind. Das Eingetragene hat er täglich zu unterzeichnen.

Das Tagebuch muß vor dem Gebrauche Blatt für Blatt mit fortlau-

---

91) — d. h. alle diejenigen Handlungen, welche eine direkte Beziehung auf die Vermittelung des abzuschließenden Geschäftes haben. Die Vertretung durch Gehülfen bei diesen Handlungen ist ausgeschlossen, weil ein öffentliches Amt nicht übertragbar ist, der Mäkler seine Bücher nicht würde vertreten können, und sich anderenfalls Mäklergesellschaften bilden würden. Prot. S. 120. Zu den mechanischen Verrichtungen dagegen und anderen Komtoirgeschäften, zur Zustellung von Schlußnoten u. dgl. können sich die Mäkler selbstverständlich anderer Personen bedienen. Mot. S. 39. Die Frage, ob sich ein Handelsmäkler zur Vermittelung eines aufgetragenen Geschäfts einen anderen Handelsmäkler substituiren dürfe, ist zu verneinen (Nr. 6. dieses Art.). Für den Fall der Behinderung eines Handelsmäklers hat die Behörde, welcher die Anstellung der Mäkler zusteht, zu bestimmen, inwiefern für denselben eine Vertretung zulässig ist. ibid.

92) Die Mäkler haben deshalb die Pflicht, sich über die Identität ihnen unbekannter Personen zu vergewissern. Prot. S. 123. — Schriftliche Beauftragung ist ausgeschlossen; jedoch können die Aufträge zu einleitenden Verrichtungen unbedenklich schriftlich angenommen werden. Prot. S. 123.

93) Ueber die Beschaffenheit desselben und die Art der Eintragungen in dasselbe ist absichtlich Nichts gesagt, weil im Gedränge der Börse der Mäkler sich manchmal nicht mehr als kurze Bleistiftnotizen, oft nur mit den Anfangsbuchstaben der Namen in Chiffern, machen könne. Die Führung eines solchen Handbuchs ist aber im Interesse der Ordnung und zur Unterstützung des Gedächtnisses für unerläßlich gehalten worden. Prot. S. 127.

94) Die Führung dieser beiden Bücher und die Paraphirung des Journals ist schon im §. 1359. Th. II. Tit. 8. A. L. R. vorgeschrieben.

95) — sc. von ihm abgeschlossenen Geschäfte.

96) Wird ein abgeschlossener Vertrag durch Uebereinkunft der Parteien wieder aufgehoben oder von ihnen aus was immer für einem Grunde als erloschen anerkannt, so hat der Mäkler, da er nur Unterhändler und nicht Urkundsperson

senden Zahlen bezeichnet und der vorgesetzten Behörde zur Beglaubigung der Zahl der Blätter vorgelegt werden.[98])

Artikel 72.

Die Eintragungen in das Tagebuch müssen die Namen der Kontrahenten, die Zeit[99]) des Abschlusses, die Bezeichnung des Gegenstandes und die Bedingungen des Geschäfts, insbesondere bei Verkäufen von Waaren die Gattung und Menge derselben, sowie den Preis und die Zeit der Lieferung enthalten.[100])

Die Eintragungen müssen in Deutscher Sprache, oder, sofern die Geschäftssprache des Ortes eine andere ist, in dieser geschehen; sie müssen nach Ordnung des Datums und ohne leere Zwischenräume erfolgen.

Die Bestimmungen über die Einrichtung der Handelsbücher (Art. 32.) finden auch auf das Tagebuch des Mäklers Anwendung.

Artikel 73.

Der Handelsmäkler muß ohne Verzug nach Abschluß des Geschäfts jeder Partei eine von ihm unterzeichnete Schlußnote, welche die in dem vorhergehenden Artikel als Gegenstand der Eintragung bezeichneten Thatsachen[101]) enthält, zustellen.

Bei Geschäften, welche nicht sofort erfüllt werden sollen,[102]) ist die

---

ist und bei der Auflösung des Vertrages nicht mitgewirkt hat, keine Verpflichtung zur Eintragung jener Uebereinkunft. Prot. S. 151.

97) Da beschäftigte Mäkler nicht alle Einträge in ihr Tagebuch mit eigener Hand bewirken können, und dies Buch doch die Kraft einer öffentlichen Urkunde hat, so ist wenigstens auf die tägliche Unterzeichnung der Einträge durch den Mäkler bestanden worden. Prot. S. 125. Es braucht aber nicht jeder einzelne Posten unterzeichnet zu werden.

98) Die Paraphirung ist beschlossen worden, weil der Mäkler gewissermaßen im Verhältnisse eines Notars steht, und weil durch jene Maßregel eine größere Sicherheit erzeugt wird. Prot. S. 126.

99) In der Regel genügt die Einzeichnung von Tag, Monat und Jahr; genauere Einträge, z. B. Angabe der Stunde, sind nur da erforderlich, wo sie von den Kontrahenten verlangt oder durch die Umstände geboten werden. Prot. S. 126.

100) Der Antrag, anzuordnen, daß alle Zahlen mit Worten, nicht mit Ziffern eingetragen werden sollten, ist abgelehnt worden. Prot. S. 126.

101) — sie mögen in das Tagebuch bereits eingetragen sein, oder nicht. Prot. S. 130.

102) Darunter werden alle Geschäfte verstanden, bei denen eine gewisse Zeit der Lieferung vertragsmäßig festgesetzt ist, nicht aber diejenigen, bei denen eine spätere Lieferungszeit nicht ausgemacht ist, die aber doch nicht sofort erfüllt zu werden pflegen, weil der Natur der Sache nach (z. B. bei großen Waarenvorräthen) oder nach Ortsgebrauch in allen Fällen eine kurze Zeit für die Lieferung bewilligt wird. Prot. S. 130. — Bei Geschäften, welche sofort erfüllt werden sollen, würde das Erforderniß einer Unterschrift der Schlußnoten eine unnöthige Belästigung der Parteien und des Handelsmäklers sein, da es in den meisten Fällen dieser Art auf einen Beweis des abgeschlossenen Geschäfts nicht mehr ankommen wird. Für solche Fälle genügt daher die einfache Mittheilung der vom Mäkler unterschriebenen Schlußnote. Mot. S. 41.

Schlußnote den Parteien zu ihrer Unterschrift[103]) zuzustellen und jeder Partei das von der anderen unterschriebene Exemplar zu übersenden.

Verweigert eine Partei die Annahme oder Unterschrift der Schlußnote, so muß der Handelsmäkler davon der anderen Partei ohne Verzug Anzeige[104]) machen.

Artikel 74.

Der Handelsmäkler ist verpflichtet, den Parteien[105]) zu jeder Zeit auf Verlangen beglaubigte Auszüge aus dem Tagebuche zu geben, die Alles

---

103) Für die Eingangs der vorigen Note gedachten Geschäfte ist trotz erhobenen Widerspruchs die Unterschrift der Schlußnoten gefordert worden, weil dies nicht nur an mehreren Orten, z. B. Wien, Berlin, Breslau, Stettin, Königsberg, Memel, auch Hamburg hergebracht sei, sondern auch die Kontrahenten bald von etwaigen Differenzen in Kenntniß setze, die Klage auf Erfüllung liquide stelle und den Mäkler sichere. Prot. S. 129.

Die Ertheilung der Unterschrift enthält einen Verzicht auf die Anfechtung der Schlußnoten. Wo ein Beklagter die Einrede vorbringt, daß der Inhalt einer Schlußnote falsch ist, da wird diese Einrede durch die Berufung auf die erfolgte Unterschrift entkräftet, und in einem solchen Falle kann das Begehren einer eidlichen Diffession der Unterschrift nicht für unstatthaft gehalten werden. Prot. S. 141.

Unter besonderen Umständen (z. B. wenn die Schlußnote beim ersten Anblicke derselben von einem sehr rechtlichen Kaufmanne als unrichtig bezeichnet wird) kann in der Weigerung der Annahme und Unterzeichnung der Schlußnote mehr als eine bloße Verweigerung der Verstärkung ihrer Beweiskraft, mehr als ein bloßer Gegenbeweis gefunden werden (vergl. Art. 77. Abs. 2.); es liegt dann eine Protestation, ein Beweisgrund vor, welcher bei Beurtheilung der Richtigkeit allerdings nach Gestalt der Sache von Einfluß werden kann. Prot. S. 141.

Auf die Frage, ob die nach Vorschrift des Art. 73. erfolgende Unterschrift der Partei auf einer Schlußnote des amtlich bestellten Handelsmäklers eine Stempelpflichtigkeit herbeiführe, erwiderten die Kommissarien der K. Staatsregierung, daß die Schlußnoten der vereideten Handelsmäkler durch die Unterschriften der Parteien nicht in weiterem Umfange steuerpflichtig werden, als sie es auf Grund der Position des Tarifs zum Stemgelgesetz vom 7. März 1822 (unter dem Worte: Schlußzettel der Mäkler und Mäkler-Atteste) schon seien. Komm.ber. d. H. d. A. z. Einf.-Ges. S. 14.

104) Die Gültigkeit eines wirklich zu Stande gekommenen Geschäfts ist von der Unterschrift der Schlußnoten Seitens der Parteien durchaus unabhängig; die Unterschrift ist — wie die vorige Note ergiebt — nur aus Zweckmäßigkeitsrücksichten und nicht als Essentiale gefordert. Prot. S. 129. Selbst die Eintragung in das Tagebuch und die Aushändigung der Schlußnoten ist für die Gültigkeit des Geschäfts irrelevant. cfr. Art. 76. Es ist deshalb der einseitige Rücktritt von einem einmal abgeschlossenen Vertrage aus dem Grunde, weil das Geschäft noch nicht in das Mäklerbuch eingetragen, oder die Noten noch nicht unterschrieben worden, oder die Aushändigung derselben unterblieben ist, unzulässig. Prot. S. 133.

105) Daß derartige Auszüge an Dritte nur mit Bewilligung der Parteien verabfolgt werden dürfen, ergiebt sich schon aus Art. 69. Nr. 5; es bedurfte daher keiner ausdrücklichen Vorschrift, wie sie der §. 1365. Th. II. Tit. 8. A. L. R. enthält. Mot. S. 41.

enthalten müssen, was von dem Mäkler in Ansehung des die Parteien angehenden Geschäfts eingetragen ist.[106])

Artikel 75.

Wenn ein Handelsmäkler stirbt oder aus dem Amte scheidet[107]), so ist sein Tagebuch bei der Behörde niederzulegen[108]).

Artikel 76.

Der Abschluß eines durch Handelsmäkler vermittelten Vertrages ist von der Eintragung desselben in das Tagebuch oder von der Aushändigung der Schlußnoten unabhängig.

Diese Thatsachen dienen nur zum Beweise des abgeschlossenen Vertrages[109]).

Artikel 77.

Das ordnungsmäßig geführte Tagebuch, sowie die Schlußnoten[110]) eines Handelsmäklers liefern in der Regel den Beweis[111]) für den Abschluß des Geschäfts und dessen Inhalt[112]).

Jedoch hat der Richter nach seinem durch die Erwägung aller Um-

---

106) Hiezu wurde bemerkt, daß selbstverständlich diejenigen Geschäfte eine Ausnahme begründeten, bei denen der Mäkler vertragsmäßig über einzelne Verhältnisse, Namen u. dgl. Schweigen zu beobachten habe. Prot. S. 132.

107) Auch bei einer zeitweiligen Entfernung des Mäklers aus seinem Amte (Suspension) steht der Behörde das Recht zu, die Ablieferung der Bücher zu verlangen. Prot. S. 132. — Darüber, ob die Mäkler Amtssiegel haben sollen, ist in das Gesetzbuch Nichts aufgenommen worden. ibid. — Die Behörde ist befugt, den Betheiligten auf Verlangen beglaubigte Auszüge aus den bei ihr hinterlegten Büchern zu ertheilen. ibid. und Mot. S. 41.

108) Vergl. die §§. 1369. 1375. Th. II. Tit. 8. A. L. R.

109) Der Vermittler des Geschäfts ist als der amtliche Träger des Willens beider Theile zu betrachten, und der Vertrag muß daher in dem Momente für vollständig abgeschlossen gelten, in welchem dem Mäkler die übereinstimmenden Willenserklärungen abgegeben worden sind. Der Schlußzettel wie die Eintragung in das Tagebuch des Mäklers beweisen nur diese Uebereinstimmung; sie sind aber keine formelle Erfordernisse des Vertrages. Mot. S. 41. Das Gesetzbuch hat über die Frage, wann der durch Mäkler vermittelte Vertrag perfekt wird, keine ausdrückliche Vorschrift aufgenommen, weshalb diese Frage nach allgemeinen Rechtsgrundsätzen (vergl. Art. 318. ff.) zu entscheiden sein wird. Nur dies besagt der Art. 76., daß die Perfektion eines durch Mäkler vermittelten Geschäfts nicht anders beurtheilt werden solle, als wenn es durch eine andere Person vermittelt worden wäre. Prot. S. 133 u. 969.

110) Ueber die Beweiskraft anderweitiger durch Mäkler ausgefertigter Bestätigungen (Attestate) ist hier Nichts bestimmt.

111) Bei der Berathung ist geltend gemacht worden: Es rechtfertige sich, den Büchern der Mäkler und den von ihnen errichteten Urkunden Beweiskraft beizulegen, weil die Mäkler vereidigt, und ihre Bücher mit den nöthigen Garantieen (Paraphirung) versehen seien. Auch sei es im Interesse des Handelsverkehrs nothwendig, diesen Urkunden Beweiskraft beizumessen, damit durch dieselben auf dem kürzesten Wege ein Beweis hergestellt werden könne; die Möglichkeit einer schnellen Beweisführung beuge gefährlichen Verwickelungen vor, da die zu beweisenden Geschäfte oft mit Rücksicht auf mehrere andere geschlossen seien. Werde somit an

stände geleiteten Ermessen zu entscheiden, ob dem Inhalte des Tagebuchs und der Schlußnoten ein geringeres Gewicht[113]) beizulegen, ob die eidliche Bestärkung[114]) durch den Mäkler oder andere Beweise zu fordern, ob insbesondere die Weigerung einer Partei, die Schlußnote anzunehmen oder zu unterzeichnen, für Beurtheilung der Sache von Erheblichkeit sei.

Artikel 78.

Das Tagebuch eines Handelsmäklers, bei dessen Führung Unregelmäßigkeiten vorgefallen sind, kann als Beweismittel nur insoweit berücksichtigt werden, als dieses nach der Art und Bedeutung der Unregelmäßigkeiten, sowie nach Lage der Sache als geeignet erscheint.

Artikel 79.

Im Laufe eines Rechtsstreits kann der Richter, selbst ohne Antrag einer Partei, die Vorlegung des Tagebuchs verordnen, um dasselbe einzusehen und mit der Schlußnote, den Auszügen und anderen Beweismitteln zu vergleichen.

Die Vorschrift des Artikels 39. findet auch in Bezug auf die Vorlegung des Tagebuchs Anwendung.

Artikel 80.

Der Handelsmäkler muß, sofern nicht die Parteien ihm dieses erlassen haben oder der Ortsgebrauch mit Rücksicht auf die Gattung der Waare davon entbindet[115]), von jeder durch seine Vermittelung nach Probe ver-

---

und für sich dem Tagebuche des Mäklers und seinen Schlußnoten Beweisfähigkeit zugestanden, so müsse doch die Beantwortung der Frage, wie viel Beweis dieselben in jedem einzelnen Falle über die relevanten Thatsachen machen können, dem richterlichen Ermessen anheimgegeben werden. — Die Gründe, welche für die Handlungsbücher die Aufstellung einer Beweistheorie gerechtfertigt hätten, fänden auf die Bücher und Urkunden der Mäkler nicht gleiche Anwendung. Jene machten nur Beweis, weil sie eine zusammenhängende Aufzeichnung über einen zusammenhängenden Geschäftsbetrieb enthielten und weil man daraus den Schluß ziehe, daß auch im Einzelnen Ordnung bestehe; dagegen enthielten die Mäklerbücher amtliche Aufzeichnungen über einzelne Geschäfte; ferner seien die Handlungsbücher Urkunden, die zu Gunsten des Schreibers Beweis machen sollten, während die Mäklerbücher von unbetheiligten Personen abgefaßt seien. Prot. S. 134, 137. Ein Antrag, die Beweiskraft jenen Urkunden für sich allein ganz abzusprechen, wenn der Abschluß des Geschäftes selbst (nicht etwa nur dessen Einzelheiten) geläugnet werde, weil in solchen Fällen der Mäkler wegen seiner Kurtage interessirte und den Parteien möglicherweise regreßpflichtig sei, wurde abgelehnt. Prot. S. 139. Selbstverständlich bleibt gegen die Vermerke in dem Tagebuche, sowie in den Schlußnoten des Mäklers der Gegenbeweis zulässig.

112) — so wie für die Modalitäten; doch wurde nicht verkannt, daß gerade über einzelne Umstände eines Vertrages sich ein Mäkler im Gedränge der Börse am leichtesten irren könne. Prot. S. 137.

113) — z. B. weil die Schlußnoten nicht wörtlich übereinstimmen.

114) Nach §. 1366. Th. II. Tit. 8. ALR. war die eidliche Bestärkung des eingetragenen Vermerks durch den Mäkler immer erforderlich, um vollen Beweis herzustellen.

115) Es wurde nämlich erwogen, daß manche Proben bezahlt werden müßten,

kauften Waare die Probe[116]), nachdem er dieselbe Behufs der Wiedererkennung gezeichnet hat, so lange aufbewahren, bis die Waare ohne Einwendung gegen ihre Beschaffenheit angenommen, oder das Geschäft in anderer Weise erledigt ist.

Artikel 81.

Jedes Verschulden des Handelsmäklers berechtigt die dadurch beschädigte Partei, Schadloshaltung von ihm zu fordern[117]).

Artikel 82.

Der Handelsmäkler hat die Mäklergebühr (Sensarie) zu fordern, sobald das Geschäft geschlossen und, wenn es ein bedingtes[118]) war, unbedingt geworden und von ihm seiner Verpflichtung wegen Zustellung der Schlußnoten Genüge geschehen ist[119]), unbeschadet anderweiter Bestimmung durch örtliche Verordnungen[120]) oder durch Ortsgebrauch[121]).

Ist das Geschäft nicht zum Abschlusse gekommen, oder nicht zu einem

---

andere so umfangreich seien, daß zu ihrer Aufbewahrung ganze Magazine erforderlich wären. Prot. S. 142.

116) — nicht nothwendig die ganze Probe, weil dieselbe oft an den Käufer behufs theilweiser Erfüllung des Vertrages abgegeben werden muß. Es wurde als genügend angesehen, wenn in der Regel, sofern die Probe überhaupt theilbar, nicht mehr aufbewahrt werde, als zur Wiedererkennung nothwendig ist; doch schien es bedenklich, ausdrücklich im Gesetze die Mäkler auf die Befugniß zur Theilung der Probe hinzuweisen. Prot. S. 973. Das ältere Recht (§§. 1356 ff. Th. II. Tit. 8. ALR.) verpflichtete die Mäkler, nur auf Verlangen der Interessenten die Probe aufzubewahren.

117) Dieser Artikel soll ausdrücken, daß der Mäkler, wenngleich er nicht immer Mandatar beider Parteien ist, und also aus dem Mandate auch nicht in allen Fällen Verpflichtungen gegen dieselben hat, dennoch in seiner Eigenschaft als amtlich verpflichteter Vermittler gegen beide Parteien die Verpflichtung zur Treue hat. Er hat daher namentlich die Pflicht, über die thatsächlichen Verhältnisse im Allgemeinen auf Befragen wahre Angaben zu machen, auch wenn er zu dem Fragesteller nicht in dem Verhältnisse des Beauftragten steht. Prot. S. 152.

Die Bestimmung des Art. 81. im Pr. Entw.:

> Der Handelsmäkler, welcher nach Abschluß eines Vertrages über die Veräußerung eines Wechsels oder eines anderen Handelspapiers dasselbe dem Erwerber übergiebt, haftet für die Aechtheit der darauf befindlichen Unterschrift des Veräußerers.

ist in das Gesetz nicht übernommen, weil die Mäkler eigentlich mit der Ausführung des Geschäfts Nichts zu thun haben und sich nicht immer von der Aechtheit der Unterschriften überzeugen können, eine solche Verpflichtung auch dem deutschen Gewohnheitsrechte nicht entsprechen würde, und ihre Haftbarkeit stehen bleibt, wenn und so weit sie sich ein Verschulden beigehen lassen. Prot. S. 973.

118) — sei die Bedingung suspensiv oder resolutiv gewesen. Prot. S. 149.

119) Anders beim Kommissionair, welcher die Provision nur dann fordern kann, wenn das Geschäft zur Ausführung gekommen ist. Art. 271.

120) — unter diesem Ausdrucke werden auch die für ein ganzes Land gegebenen Verordnungen verstanden. Prot. S. 974.

121) An mehreren Orten, z. B. Hamburg, wird die Mäklergebühr dann nicht als verdient angesehen, wenn der durch Vermittelung des Mäklers geschlossene Vertrag wegen Unempfangbarkeit der Waare rückgängig wird, oder wenn bei Lie-

unbedingten geworden, so kann für die Unterhandlungen keine Mäklergebühr gefordert werden.[122]).

Der Betrag der Mäklergebühr wird durch örtliche Verordnungen geregelt; in Ermangelung derselben entscheidet der Ortsgebrauch.

Artikel 83.

Ist unter den Parteien nichts darüber vereinbart, wer die Mäklergebühr bezahlen soll, so ist dieselbe in Ermangelung örtlicher Verordnungen oder eines Ortsgebrauchs von jeder Partei zur Hälfte zu entrichten[123]).

Artikel 84.

Ueber die Anstellung der Handelsmäkler und über die Bestrafung der von ihnen im Berufe begangenen Pflichtverletzungen das Erforderliche zu bestimmen, bleibt den Landesgesetzen überlassen.

Den Landesgesetzen bleibt vorbehalten, die Vorschriften dieses Titels nach Maaßgabe der örtlichen Bedürfnisse[124]) zu ergänzen; es kann insbesondere den Handelsmäklern das ausschließliche Recht zur Vermittelung von Handelsgeschäften beigelegt werden.

Auch kann in den Landesgesetzen oder in örtlichen Verordnungen der in diesem Titel den Handelsmäklern zugewiesene Kreis von Amtsverrichtungen und Befugnissen (Artikel 67. 70.) oder der Umfang ihrer Pflichten (Artikel 69.) erweitert[125]) oder eingeschränkt werden.

---

ferungsverträgen die Lieferung nicht erfolgt. Diese Uebung — so meinte man — sei ganz entsprechend, weil nicht bei allen Geschäften die Thätigkeit des Mäklers schon mit dem Augenblicke des Vertragsabschlusses endige, dieselbe vielmehr oft noch beim Empfange der Waaren in Anspruch genommen werde; sie bestimme auch die Mäkler, dafür zu sorgen, daß keine unempfangbare Waare geliefert werde; diese Uebung sei so fest begründet, daß kein einigermaßen ehrenhafter Mäkler den Versuch mache, in Fällen der gedachten Art Kurtage zu verlangen. Prot. S. 149. Die in Folge einer Konvention der Parteien erfolgte Auflösung des Vertrages wird dagegen wohl überall als ohne Einfluß auf das Forderungsrecht des Mäklers angesehen. Ibid.

122) — denn der Mäkler erhält seine Gebühr für die bewirkte Vermittelung eines Geschäfts, nicht aber für das bloße Zuführen von Kontrahenten. Mot. S. 44. Auch dann kann die Gebühr nicht gefordert werden, wenn der Auftraggeber den Abschluß des Geschäftes verhindert oder die Vermittelung, nachdem es bereits eingeleitet worden, einem Anderen überträgt. Man nahm an, daß der Kommittent die Herrschaft über das Geschäft bis zum Abschluß behalten müsse, ohne zur Zahlung der Kurtage verpflichtet zu sein. Prot. S. 974.

123) Vergl. §. 1382. Th. II. Tit. 8. ALR. — Der Pr. Entw. setzte hinzu: wenn jede Partei sich eines besonderen Handelsmäklers bedient hat, so entrichtet jede an ihren Mäkler die Hälfte des Mäklerlohns. Die Aufnahme einer solchen Bestimmung in das Gesetzbuch ist jedoch als zu kasuistisch abgelehnt. Prot. S. 151.

124) — z. B. zu bestimmen, daß die Mäkler unter Umständen eine Entschädigung auch dann verlangen können, wenn sie die Parteien mit einander bekannt gemacht haben, der Vertrag jedoch nicht durch sie zu Stande gekommen ist. Prot. S. 150.

125) Es kann ihnen z. B. die Befugniß verliehen werden, öffentliche Auktionen von Waaren oder Handelspapieren abzuhalten.

Einf.=Ges. Art. 9. In Betreff der Handelsmäkler wird Folgendes bestimmt:

§. 1.

Die Handelsmäkler werden an den Orten, für welche kaufmännische Korporationen oder Handelskammern bestehen, von diesen ernannt;[126]) die Ernennung bedarf der Bestätigung der Regierung.

Die Anstellung von Handelsmäklern an anderen Orten geschieht durch die Regierung.

Die Bestimmung des §. 310. der Konkurs=Ordnung vom 8. Mai 1855: daß Personen, über deren Vermögen der Konkurs eröffnet worden ist, als Handelsmäkler nicht zugelassen werden können, so lange sie die Wiedereinsetzung in den vorigen Stand nicht erlangt haben, gilt auch für den Bezirk des Appellationsgerichtshofes zu Köln in Betreff der Personen, welche fallirt haben, so lange sie nicht rehabilitirt sind.

Zur Bestellung einer Dienstkaution sind die Handelsmäkler nicht verpflichtet.

§. 2.

Den Handelsmäklern steht ein ausschließliches Recht zur Vermittelung von Handelsgeschäften nicht zu. Die Gesetze oder Verordnungen, durch welche ihnen ein solches Recht beigelegt ist, werden aufgehoben.[127])

§. 3.

Die Handelsmäkler, welche zur Vermittelung von Kaufgeschäften über Waaren, Schiffe oder Handelspapiere bestellt sind, haben zugleich die Befugniß, öffentliche Versteigerungen derselben Gegenstände abzuhalten.

§. 4.

Die Beeidigung der Handelsmäkler erfolgt bei dem Handelsgericht.

Die für das Tagebuch des Handelsmäklers in dem Artikel 71. des Handelsgesetzbuchs vorgeschriebene Beglaubigung geschieht durch den Vorsitzenden des Handelsgerichts.

Die Behörde, bei welcher nach der Vorschrift des Artikel 75. des Handelsgesetzbuchs das Tagebuch eines verstorbenen oder aus dem Amte geschiedenen Handelsmäklers niedergelegt wird, ist das Handelsgericht.

§. 5.

Handelsmäkler, welche eine der nach dem Artikel 69. des Handelsgesetzbuchs ihnen obliegenden Pflichten verletzen, werden mit Geldbuße von fünfundzwanzig bis zu fünfhundert Thalern bestraft; im Rückfalle kann außerdem auch auf Entsetzung erkannt werden. Durch diese Bestimmung wird die Anwendung einer

---

126) Diese Anstellung setzt voraus, daß von dem betheiligten Handelsstande die Genehmigung zur Anstellung von Mäklern auf Grund des §. 53. der Gewerbeordnung vom 17. Januar 1845 bei dem Handelsmiuister extrahirt ist. Mot. z. Einf.=Ges. S. 19.

127) Die Aufhebung des Exklusivrechts der Mäkler zur Vermittelung von Handelsgeschäften ist einerseits veranlaßt worden durch die praktisch hervorgetretene Schwierigkeit, die vereideten Mäkler gegen die Eingriffe der sogenannten Pfusch=Mäkler wirksam zu schützen, und andererseits durch die Erfahrung, daß grade den Letzteren nicht selten das Vertrauen des Handelsstandes vorzugsweise sich zuwendet. Sämmtliche Preußische Handelsvorstände (bis auf die Handelskammer zu Köln) haben sich für diese Aufhebung erklärt. Gewisse Vorrechte (bezüglich der Beweiskraft der Bücher, Feststellung der Börsenkurse, Abhaltung öffentlicher Versteigerungen u. s. w.) sind den Mäk ern verblieben. Mot. z. Einf.=Ges. S. 21.

härteren Strafe nicht ausgeschlossen, wenn dieselbe nach sonstigen Gesetzen durch die Handlung begründet ist.[128])

Die Verordnungen, nach welchen kaufmännische Korporationen befugt sind, die Handelsmäkler wegen Pflichtverletzungen anderer Art im Wege der Disziplin zu bestrafen, bleiben in Kraft.

Einf.-Ges. (Uebergangs-Bestimmung.) Art. 70.[129]) In Bezug auf die Dienstkautionen der Handelsmäkler, welche am 1. März 1862. sich im Amte befinden, tritt mit diesem Tage ein gleiches Verhältniß ein, als wenn die Handelsmäkler in diesem Zeitpunkte aus dem Amte geschieden wären.

Im Bezirk des Appellationsgerichtshofes zu Cöln wird beim Verfahren wegen Rückgabe der Kaution die in den Artikeln 5. und 6. des Gesetzes vom 25. Nivose XIII. (15. Januar 1805.) vorgeschriebene Erklärung von dem Handelsmäkler dahin gemacht: daß er als ein vor dem 1. März 1862. angestellter Handelsmäkler die Rückgabe seiner Dienstkaution verlange.

---

128) Die fortdauernde Anwendbarkeit der Strafvorschriften des Tit. 10. der Allgem. Gewerbe-Ordnung vom 17. Januar 1845 und des Konzessions-Entziehungsverfahrens nach den §§. 71. ff. desselben Gesetzes auf die Handelsmäkler wird dadurch nicht berührt. Mot. z. Einf.-Ges. S. 22. — Die Strafbestimmungen der §§. 1328. ff. Th. II. Tit. 8. ALR. sind ausdrücklich aufgehoben. S. Art. 60. des Einf.-Ges.

029) Da nach Art. 9. §. 1. des Einf.-Ges. die neu anzustellenden Handelsmäkler keine Kaution mehr zu bestellen haben, so mußte auch die Zurückgabe der von Handelsmäklern bereits bestellten Kautionen angeordnet werden. Mot. z. Einf.-Ges. S. 90.

Zweites Buch.

Von den Handelsgesellschaften.[1])

Erster Titel.

Von der offenen Handelsgesellschaft.[2])

Erster Abschnitt.

Von der Errichtung der Gesellschaft.

Artikel 85.

Eine offene Handelsgesellschaft ist vorhanden [3]), wenn zwei oder meh-

---

1) Der Pr. Entw. hatte den Bestimmungen über die einzelnen Arten der Handelsgesellschaften einen Titel: „Von den Handelsgesellschaften im Allgemeinen" vorausgeschickt, und — außer den Vereinigungen zu einzelnen Handelsgeschäften für gemeinschaftliche Rechnung — nur drei Arten von Handelsgesellschaften anerkannt, nämlich:

die offene Handelsgesellschaft,
die stille (Kommandit-) Handelsgesellschaft, und
die Aktiengesellschaft.

In der ersten Lesung verblieb es lediglich bei dieser Anordnung. Bei der zweiten Lesung wurden aber neben den Bestimmungen über die Kommanditgesellschaft auch solche über die Deutsche stille Gesellschaft in das Handelsgesetzbuch aufgenommen. Das Charakteristische der Handelsgesellschaften wurde in der allen Gesellschaftern gemeinschaftlichen Firma und dem gemeinschaftlichen Handlungsfonds gefunden (Prot. S. 1145). Da diese Kriterien sich aber nur bei der offenen Handelsgesellschaft, der Kommanditgesellschaft und der Aktiengesellschaft, dagegen nicht bei der stillen Gesellschaft und der Vereinigung zu einzelnen Handelsgeschäften für gemeinsame Rechnung vorfinden, so wurden jene wegen dieser Gemeinsamkeit zusammen in einem Buche, dem zweiten, und diese in einem besonderen Buche, dem dritten, abgehandelt. Prot. S. 1166. —

Unter den allgemeinen Bestimmungen des Pr. Entw. für alle Handelsgesellschaften befand sich der Art. 87., welcher wie folgt lautete: Jede Handelsgesellschaft als solche hat selbstständig ihre Rechte und Pflichten und ihr besonderes Vermögen; sie kann vor Gericht klagen und verklagt werden; sie kann auf ihren Namen Grundstücke und Forderungen erwerben.

Zur Rechtfertigung dieses Artikels bemerkten die Motive (S. 47) wesentlich

rere Personen ein Handelsgewerbe unter gemeinschaftlicher Firma [4]) betrei-

---

Folgendes: Die Handelsgesellschaft könne, ohne dem Verkehre und den Anschauungen der Handelswelt Zwang anzuthun, nicht lediglich nach den römisch-rechtlichen Grundsätzen von der Sozietät beurtheilt werden; so könne z. B. nicht angenommen werden, daß jedes einzelne der Gesellschaft gehörige Vermögensstück im gemeinschaftlichen Eigenthum der einzelnen Theilnehmer stände, und jede Gesellschaftsschuld oder Forderung von Rechtswegen unter den Gesellschaftern getheilt wäre. Im Handelsleben nehme man vielmehr an, daß jede Handelsgesellschaft als solche ein besonderes, von dem Einzelvermögen der Gesellschafter rechtlich unterschiedenes Handelsvermögen besitze, in Beziehung auf welches sie selbstständige Rechte und Pflichten habe.

In Frankreich habe man aus diesem Grunde die Handelsgesellschaft als juristische Person angesehen und die gleiche Anschauung sei in das Gesetz vom 9. November 1843 über die Aktiengesellschaften übergegangen.

Es könne indeß davon Abstand genommen werden, die Handelsgesellschaften unter einen hergebrachten civilrechtlichen Begriff unterzuordnen, und man könne sich begnügen, wenn der Rechtssatz gewahrt werde, daß die Handelsgesellschaft selbstständig ihre Rechte und Pflichten und ihr besonderes, von dem Privatvermögen der Gesellschafter völlig getrenntes Vermögen hat. Alle hieraus sich ergebenden Folgen anzugeben, sei nicht Sache der Gesetzgebung; es genüge die hauptsächlichsten auszudrücken, namentlich:

1. Die Gesellschaft kann als solche klagen und verklagt werden; sie kann Grundstücke und Forderungen auf ihren Namen (unter ihrer Firma) erwerben.
2. Das Vermögen der Gesellschaft haftet den Gläubigern derselben vorzugsweise. Die Privatgläubiger der einzelnen Gesellschafter können sich nur an das halten, was diesen bei der schließlichen Auseinandersetzung und nach Befriedigung aller Gesellschaftsgläubiger zufällt.
3. Ein Gesellschafter, der in eine bestehende Handelsgesellschaft eintritt, muß Dritten gegenüber alle von der Gesellschaft vor seinem Eintritt eingegangenen Verbindlichkeiten gleich jedem anderen anerkennen.
4. Die Handelsgesellschaft hat einen selbstständigen, von dem Forum ihrer Mitglieder unabhängigen Gerichtsstand. —

Bei der Berathung der Konferenz knüpfte sich die Debatte an den oben gedachten Art. 87. des Entwurfs. Es machten sich drei Ansichten geltend:

Die Einen wollten ihn gestrichen sehen, weil er die Kontroverse über das Wesen der Handelsgesellschaften in dem Sinne entscheide, daß sie als juristische Personen zu betrachten seien, was ungerechtfertigt sei.

Die Anderen hielten gerade dies für das Richtige und wollten deshalb den Artikel 87. beibehalten.

Eine dritte Meinung fand in dem Artikel nur die in den Motiven angegebene Absicht, einzelne Rechtssätze festzustellen, ohne über das Wesen der Handelsgesellschaften zu entscheiden.

Für die Streichung des Artikels wurde geltend gemacht, daß die Fiktion einer juristischen Person in einer offenen Handelsgesellschaft der Natur der Sache widerspreche, da man gewiß nie von der Individualität der Personen, aus denen sie zusammengesetzt sei, absehe. Die im Leben geforderte Einheit der Handelsgesellschaft ließe sich recht gut mit der Fortdauer der Rechte und Persönlichkeiten der einzelnen Gesellschafter und den Grundsätzen von der societas vereinigen. Die Annahme einer juristischen Persönlichkeit führe zu Folgerungen, die man gewiß nicht annehmen wolle, daß z. B. die einzelnen Gesellschafter in der Verfügung über ihr

ben und bei keinem der Gesellschafter die Betheiligung auf Vermögenseinlagen beschränkt ist.

Vermögen so beschränkt würden, wie die Mitglieder einer Gemeinde in Betreff des Gemeindevermögens, oder daß für die Obliegenheiten der Gesellschaft die von ihr alsdann wesentlich verschiedenen einzelnen Gesellschafter nicht verpflichtet würden. Prot. S. 155. 160.

Gegen die Streichung des gedachten Artikels wurde bemerkt, daß die Annahme der juristischen Persönlichkeit der Handelsgesellschaften im Interesse des Verkehrs nothwendig sei und daß wenn man, was doch zweifellos geschehen müsse, auch nur einzelne Rechtssätze, welche dem Wesen der juristischen Person entlehnt seien, den Handelsgesellschaften beilege, die Praxis trotz der Streichung annehmen werde, das Gesetz habe die Gesellschaften als moralische Personen aufgefaßt. Prot. S. 157 ff.

Bei der Abstimmung wurde jedoch die Streichung der Worte: „Jede Handelsgesellschaft als solche hat selbstständig ihre Rechte und ihre Pflichten und ihr besonderes Vermögen" beschlossen. Prot. S. 161. 276.

Man einigte sich ferner dahin, daß die allgemeinen Bestimmungen, mit welchen der Pr. Entw. die Lehre von den Handelsgesellschaften begonnen hatte, fortfallen sollten, und daß ihr Inhalt, so weit er angenommen werde, unter die Vorschriften über die einzelnen Arten von Handelsgesellschaften aufzunehmen sei. Prot. S. 274.

Schon bei der ersten Lesung wurden hierauf die Rechtssätze, welche gegenwärtig in den Art. 111. und 113. ausgesprochen sind, angenommen. Der Rechtssatz hingegen, welcher in den Art. 119—122. 126. 132. die Selbstständigkeit des Vermögens der Handelsgesellschaften im Verhältniß zu Dritten zur Anerkennung bringt, ist erst in der dritten Lesung hinzugekommen. (Vergl. die Noten zu allen diesen Artikeln.)

Ob nach Aufnahme aller dieser Rechtssätze anzunehmen ist, daß das Handelsgesetzbuch die juristische Persönlichkeit der Handelsgesellschaften anerkennt oder nicht, ist eine der Jurisprudenz zur Lösung überlassene Frage, obschon die Mehrheit der Mitglieder der Konferenz sie zu verneinen geneigt war. Mot. z. Einf.-Ges. S. 41 und Komm.ber. d. H. d. A. S. 21. —

Es wurde der Zweifel angeregt, ob die Bergwerks-Gesellschaften (Gewerkschaften) als Handelsgesellschaften anzusehen seien. Die Regierungs-Kommissarien entgegneten, daß sowohl nach Inhalt der Bestimmungen des Handelsgesetzbuchs, als auch nach Ausweis der Nürnberger Protokolle die Bergwerks-Gesellschaften an und für sich und als solche unzweifelhaft nicht zu den Handelsgesellschaften gehörten. Eine Handelsgesellschaft sei (Art. 5. 85. 150. 207. u. 250.) eine Gesellschaft, deren Gegenstand in Handelsgeschäften bestehe, welche ein Handelsgewerbe treibe; der Bergbau könne aber, wie die Art. 271. bis 275. ergäben, nicht als Handelsgewerbe angesehen werden. Komm.ber. d. H. d. A. z. Einf.-Ges. S. 32.

2) Société en nom collectif. Kollektivgesellschaft, Gesellschaft unter einer gemeinschaftlichen Firma.

3) Dieser Artikel enthält nicht eine Definition darüber, was eine offene Handelsgesellschaft ist, sondern eine Angabe, worin sie sich von der Kommandit- und von der Aktiengesellschaft unterscheidet. Das unterscheidende Merkmal liegt darin, daß bei der offenen Handelsgesellschaft die Betheiligung keines der Gesellschafter auf Vermögenseinlagen beschränkt ist, während bei der Kommandit-Gesellschaft einzelne (Art. 150.) und bei der Aktiengesellschaft (Art. 207.) alle Mitglieder nur mit der Einlage haften. Vergl. Prot. S. 162.

Zur Gültigkeit des Gesellschaftsvertrages bedarf es der schriftlichen Abfassung oder anderer Förmlichkeiten nicht [5]).

Artikel 86.

Die Errichtung einer offenen Handelsgesellschaft ist von den Gesellschaftern bei dem Handelsgerichte, in dessen Bezirk die Gesellschaft ihren Sitz hat, und bei jedem Handelsgerichte, in dessen Bezirk sie eine Zweigniederlassung hat, Behufs der Eintragung in das Handelsregister anzumelden.

Die Anmeldung muß enthalten [6]):

1) den Namen, Vornamen, Stand und Wohnort jedes Gesellschafters;

---

4) Ueber die nothwendige Beschaffenheit der Firma s. Art. 17, Abs. 1.

5) Der Pr. Entwurf hatte nach Vorbild des §. 170. Theil I. Tit. 17. A.L.R. verordnet, der Gesellschaftsvertrag müsse durch schriftliche Urkunde geschlossen und im Auszuge binnen 8 Tagen dem Handelsgericht mitgetheilt werden, widrigenfalls derselbe unter den Kontrahenten keine rechtliche Wirkung habe, die Nichtigkeit des Vertrages aber dritten Personen gegenüber nicht entgegengesetzt werden könne; Abänderungen müßten gleichfalls schriftlich erfolgen und in gewissen erheblichen Fällen dem Handelsgericht mitgetheilt werden. — Gegen die Nothwendigkeit der schriftlichen Form wurde angeführt: die schriftliche Abfassung aller Gesellschaftsverträge sei durchaus nicht üblich, auch sei es nicht durchführbar, auf derselben zu bestehen. Die Sicherheit für das Publikum sei erreichbar durch Anzeigen und Eintragungen in das Handelsregister; hierfür reichten die Cirkulare als Grundlage aus. Der Zwang zur Errichtung schriftlicher Verträge enthalte eine Beschränkung des Kaufmannsstandes; gerade die schriftlichen Verträge machten die Verhältnisse oft sehr verwickelt. Die Androhung der Nichtigkeit für solche Verbindungen, die oft Jahre lang ohne schriftlichen Vertrag bestanden hätten, führe zu den größten Verwickelungen. — Für die Nothwendigkeit der schriftlichen Form wurde bemerkt, jene Vorschrift bestehe in so großen Staaten wie Oesterreich, Preußen, Frankreich, Holland, und entspreche dem Wesen des Kaufmannsstandes, welcher Klarheit in den Verhältnissen liebe. Die schriftliche Festsetzung nöthige die Kontrahenten zu einer Vereinigung über viele Punkte, an welche sie sonst nicht dächten und erleichtere die Auseinandersetzung bei der Auflösung, sowie die Trennung der Sozietätsgläubiger von den Privatgläubigern; entstehe durch die mangelhafte Schrift in Folge der Nichtigkeit des Gesellschaftsvertrages Verwirrung, so hätten die Kontrahenten sich die Folgen selbst zuzuschreiben.

Die Konferenz lehnte jedoch zuvörderst ab, daß der Mangel der Schriftlichkeit des Gesellschaftsvertrages die Nichtigkeit desselben zur Folge haben solle, und verneinte sodann auch, daß auf schriftliche Abfassung überhaupt zu bestehen sei. S. 166—171. Der Vorschlag: den einzelnen Staaten zu überlassen, ob sie für Gesellschaftsverträge Schriftlichkeit erfordern wollten, wurde aus dem Grund abgelehnt, weil, nachdem die Versammlung prinzipiell formlose Verträge zugelassen habe, man diese Frage den Landesgesetzen nicht mehr überlassen könne, welche an die Unterlassung der schriftlichen Vertragserrichtung ganz verschiedene Folgen knüpften; sonst werde eine allgemeine Unsicherheit des Rechts hieraus entstehen. Pr. S. 181.

6) Es wurde beschlossen, daß die Gesellschafter nicht schuldig sein sollten, in die dem Handelsgericht vorzulegende Erklärung auch den Gegenstand des Gesellschaftsbetriebes aufzunehmen, weil bei der Freiheit des Verkehrs eine solche

2) die Firma der Gesellschaft und den Ort, wo sie ihren Sitz hat;
3) den Zeitpunkt, mit welchem die Gesellschaft begonnen hat [7]);
4) im Falle vereinbart ist, daß nur einer oder einige der Gesellschafter die Gesellschaft vertreten [8]) sollen, die Angabe, welcher oder welche dazu bestimmt sind [9]), ingleichen, ob das Recht nur in Gemeinschaft ausgeübt werden soll [10]).

Artikel 87.

Wenn die Firma einer bestehenden Gesellschaft geändert oder der Sitz der Gesellschaft an einen anderen Ort verlegt wird, oder wenn neue Gesellschafter in dieselbe eintreten, oder wenn einem Gesellschafter die Befug-

---

Anzeige unthunlich, und selbst bei Prokuristen eine solche Beschränkung nicht für zulässig befunden worden sei. P. S. 171.

7) — nicht beginnen soll. Man war der Meinung, daß eben so wenig bei Eintragungen von Sozietäten in die Handelsregister, als bei Prokura-Ertheilungen eine Beschränkung ihrer Wirksamkeit gegen Dritte der Zeit nach zugelassen werden dürfe. Es könne und solle zwar nicht verhindert werden, daß Mehrere einen Gesellschaftsvertrag unter sich abschlössen mit der Bestimmung, daß derselbe erst von einer gewissen Zeit an in Wirksamkeit trete, aber in einem solchen Falle dürfe die Eintragung des Vertrages in das Handelsregister nicht eher vorgenommen werden, als bis der Gesellschaftsbetrieb wirklich angefangen habe. Prot. S. 174.

8) — oder was dasselbe ist, die Firma zeichnen sollen. Regel ist, daß jeder offene Gesellschafter berechtigt ist, die Firma zu führen. Ist nichts Entgegenstehendes verabredet, so bedarf es eben keiner desfalsigen Eintragung in das Handelsregister.

9) Die Angabe, welcher oder welche Gesellschafter die Gesellschaft vertreten dürfen, steht der ausdrücklichen Ausschließung der übrigen Gesellschafter von dieser Befugniß gleich (Art. 99.); die ausdrückliche und namentliche Ausschließung der einzelnen Gesellschafter, deren Veröffentlichung leicht etwas Verletzendes hat, ist hierdurch unnöthig gemacht. Mot. S. 53.

10) Eine Beschränkung in der Befugniß des einzelnen Gesellschafters, die Gesellschaft zu vertreten, oder die Firma zu zeichnen, ist nicht zugelassen. Es wurde mehrseitig hervorgehoben, daß jeder Gesellschafter gegen Dritte als der Prokuraführer, als der Alter ego der übrigen Gesellschafter erscheine. Wenn nun bei dem Prokuristen jede Beschränkung in seiner Vollmacht als unstatthaft bezeichnet worden, so müsse ein Gleiches in noch höherem Grade bei dem firmirenden Gesellschafter der Fall sein, der sogar noch ein Betheiligter der Gesellschaft sei. Es könne deshalb zwar der Ausschluß eines Gesellschafters von dem Rechte zu firmiren, sowie die Bestimmung zugelassen werden, daß mehrere Gesellschafter nur gemeinschaftlich zur Zeichnung der Firma berechtigt sein sollten, denn der letzterwähnte Fall sei ähnlich einer bereits als statthaft erklärten Kollektivprokura, er führe keine Beschränkung der Prokura selbst ein, sondern bestelle nur als Träger einer einzigen Prokura mehrere Personen; aber es sei ganz unzulässig, Beschränkungen der Prokura der Sache nach zu statuiren. — Obschon nun von einer Seite darauf hingewiesen war, daß doch bei Prokuristen und Gesellschaftern die Verhältnisse nicht durchweg gleich seien, indem der Prokurist mit Rücksicht auf seine persönlichen Eigenschaften, ein Gesellschafter oft nur seines Kapitals wegen ausgewählt werde, wurde dennoch, ohne daß es einer besonderen Abstimmung bedurfte, beschlossen, daß zwar der Ausschluß eines Gesellschafters von der Befugniß zu firmiren, zuzulassen, daß aber jede Beschränkung der Befugniß zu firmiren ihrem

niß, die Gesellschaft zu vertreten (Artikel 86. Ziff. 4.), nachträglich ertheilt, oder wenn eine solche Befugniß aufgehoben wird, so sind diese Thatsachen bei dem Handelsgerichte Behufs der Eintragung in das Handelsregister anzumelden.

Bei der Aenderung der Firma, bei der Verlegung des Sitzes der Gesellschaft und bei der Aufhebung der Vertretungsbefugniß richtet sich die Wirkung gegen Dritte in den Fällen der geschehenen oder der nicht geschehenen Eintragung und Bekanntmachung nach den Bestimmungen des Artikels 25.

Artikel 88.

Die Anmeldungen (Artikel 86. 87.) müssen von allen Gesellschaftern persönlich vor dem Handelsgerichte unterzeichnet oder in beglaubigter Form eingereicht werden. Sie sind ihrem ganzen Inhalte nach in das Handelsregister einzutragen.

Die Gesellschafter, welche die Gesellschaft vertreten sollen, haben die Firma nebst ihrer Namensunterschrift persönlich vor dem Handelsgerichte zu zeichnen oder die Zeichnung derselben in beglaubigter Form einzureichen.

Artikel 89.

Das Handelsgericht hat die Betheiligten zur Befolgung der vorstehenden Anordnungen (Artikel 86—88.) von Amtswegen durch Ordnungsstrafen anzuhalten.

Zweiter Abschnitt.

Von dem Rechtsverhältniß der Gesellschafter unter einander.

Artikel 90.

Das Rechtsverhältniß der Gesellschafter unter einander richtet sich zunächst nach dem Gesellschaftsvertrage.

Soweit über die in den nachfolgenden Artikeln dieses Abschnitts berührten Punkte keine Vereinbarung getroffen ist, kommen die Bestimmungen dieser Artikel zur Anwendung.

Artikel 91.

Wenn Geld oder andere verbrauchbare oder vertretbare Sachen, oder wenn unverbrauchbare oder unvertretbare Sachen nach einer Schätzung, die nicht blos zum Zweck der Gewinnvertheilung geschieht, in die Gesellschaft eingebracht werden, so werden diese Gegenstände Eigenthum der Gesellschaft[11]).

Im Zweifel wird angenommen, daß die in das Inventar[12]) der Ge-

---

Inhalte nach zu untersagen sei, und daß, wo gleichwohl solche Beschränkungen vertragsmäßig statuirt würden, diese gegen Dritte unwirksam sein sollen. (Art. 116.) Prot. 174.

11) Der Ausdruck Eigenthum der „Gesellschaft" bedeutet hier wie in den folgenden Artikeln nichts Anderes, als Eigenthum der Gesammtheit der Gesellschafter und will nur sagen, daß die eingebrachten Vermögensstücke dem Eigen-

sellschaft mit der Unterschrift sämmtlicher Gesellschafter eingetragenen, bis dahin einem Gesellschafter gehörigen, beweglichen oder unbeweglichen Sachen Eigenthum der Gesellschaft geworden sind.

Artikel 92.

Ein Gesellschafter ist nicht verpflichtet, die Einlage über den vertragsmäßigen Betrag zu erhöhen, oder die durch Verlust verminderte Einlage zu ergänzen [13]).

Artikel 93.

Für die Auslagen, welche ein Gesellschafter in Gesellschaftsangelegenheiten macht, für die Verbindlichkeiten, welche er wegen derselben übernimmt, und für die Verluste, welche er unmittelbar durch seine Geschäftsführung oder aus Gefahren, welche von derselben unzertrennlich sind, [14]) erleidet, ist ihm die Gesellschaft verhaftet.

Von den vorgeschossenen Geldern kann er Zinsen fordern, vom Tage des geleisteten Vorschusses an gerechnet.

Für die Bemühungen bei dem Betriebe der Gesellschaftsgeschäfte steht dem Gesellschafter ein Anspruch auf Vergütung nicht zu [15]).

---

thum und nicht blos der Benutzung nach auf die Gesellschafter übergehen, so daß sie bei Auflösung der Gesellschaft nicht mehr in natura, sondern nur ihrem Werthe nach zurückverlangt werden können (Art. 131. 143.). Prot. S. 176. Die vorbehaltlose Einbringung, selbst von Immobilien, in den Gesellschaftsfonds hat einen Titel zum Eigenthumserwerbe, ähnlich dem Kaufvertrage zur Folge, und nicht etwa blos ein Recht auf den Gebrauch. Neben dieser Bestimmung bleiben alle Formvorschriften der Landesgesetze über Eigenthumsübertragung ꝛc. fortbestehen. ibidem. Uebrigens ist die Frage, ob ein Gegenstand in das Eigenthum der Gesellschaft übergegangen, oder ihr nur zum Gebrauche überlassen worden ist, in jedem einzelnen Falle nach den Umständen zu beurtheilen. Mot. S. 53. Vergl. die §§. 199—202., Th. I. Tit. 17. ALR.

12) Es ist nicht nothwendig, daß das Inventar der Gesellschaft in die Handelsbücher eingetragen sei (cfr. Art. 30.) Prot. S. 176.

13) — und zwar auch dann nicht, wenn der Gesellschaftszweck mit den vereinbarten Beiträgen nicht erreicht werden kann. Prot. S. 178. Hierdurch ist die Vorschrift des §. 191. Th. I. Tit. 17. ALR. aufgehoben, wonach das Mitglied, welches in dem eben gedachten Falle den erhöhten Beitrag verweigert, zum Austritte aus der Gesellschaft angehalten werden kann. Mot. S. 54.

14) Diese Vorschrift reicht weiter als die Bestimmung des §. 227. Th. I. Tit. 17. ALR., welche unter Verweisung auf §. 81., Tit. 13. ibid. den Gesellschaftern einen Anspruch auf Ersatz des bei der Ausrichtung der Gesellschafts-Geschäfte erlittenen Schadens nur unter der Bedingung ertheilt, daß sie die bestimmten Vorschriften ihrer Mitgesellschafter nicht befolgen konnten, ohne sich der Gefahr einer solchen Beschädigung auszusetzen. Jene Bestimmung ist für Handelsgesellschaften, bei welchen solche bestimmte Vorschriften nicht ertheilt zu werden pflegen, offenbar nicht passend. Mot. S. 54.

15) Dieser Absatz reproduzirt den §. 228. Th. I. Tit. 17. ALR. und hebt die im §. 229. ibid. verordnete Ausnahme auf, welche für solche Arbeiten, die zum gewöhnlichen Betriebe der Sozietätsgeschäfte nicht gehören und eine besondere Kunst oder Wissenschaft erfordern, dem Gesellschafter eine Entschädigung zubilligt. Mot. S. 54.

Artikel 94.

Jeder Gesellschafter ist verpflichtet, in den Angelegenheiten der Gesellschaft den Fleiß und die Sorgfalt anzuwenden, welche er in seinen eigenen Angelegenheiten[16]) anzuwenden pflegt.

Er haftet der Gesellschaft für den Schaden, welcher ihr durch sein Verschulden[17]) entstanden ist. Er kann gegen diesen Schaden nicht die Vortheile aufrechnen, welche er der Gesellschaft in anderen[18]) Fällen durch seinen Fleiß verschafft hat[19]).

Artikel 95.[20])

Ein Gesellschafter, welcher seine Geldeinlage nicht zur rechten Zeit einzahlt, oder eingenommene Gesellschaftsgelder nicht zur rechten Zeit an

---

16) — diligentia quam suis (rebus adhibere solet). Dieser Maaßstab ist gegen den Pr. Entw. angenommen, welcher die Prästation des Fleißes und der Sorgfalt eines ordentlichen Kaufmanns verlangte. Es wurde erwogen, daß die Gesellschaftsverträge häufig gerade deshalb, namentlich von älteren Leuten mit jüngeren Männern eingegangen würden, weil jene nicht mehr im Stande seien, überall den Pflichten eines ordentlichen Kaufmanns nachzukommen, und daß ferner die Innigkeit des Verbandes es mit sich bringe, daß die Gesellschafter nicht jedes bei den meist lebenslänglichen Geschäftsverbindungen unterlaufende Versehen sich gegenseitig anrechneten. Prot. S. 180.

17) Hier ist überall nur von der Thätigkeit des Gesellschafters innerhalb des Geschäftskreises die Rede, nicht aber von solchen Geschäften, in welchen ein Gesellschafter eigenmächtig gehandelt hat. Prot. S. 179.

18) — wohl aber diejenigen Vortheile, welche er bei einem und demselben Geschäfte der Gesellschaft durch seinen Fleiß verschafft hat. — Einige waren der Ansicht, daß auch in diesem Falle die Kompensation auszuschließen sei, weil, wenn der Gesellschafter auch den ausgezeichnetsten Fleiß anwende, er doch immer nur seine Schuldigkeit thue und folglich nicht berechtigt sei, dadurch erworbene Vortheile in Abzug zu bringen, wenn er andererseits durch Nachlässigkeit oder Absichtlichkeit der Gesellschaft geschadet habe. Die Mehrheit jedoch ging davon aus, daß jedes Geschäft als ein Ganzes zu betrachten sei; das Gesammtresultat entscheide, und dies ergebe sich erst nach Ausgleichung von Einbuße und Vortheil, worin von selbst die Rechtfertigung der Kompensation liege; die entgegengesetzte Ansicht führe zu Unbilligkeiten, welche am wenigsten mit den Verhältnissen inniger Gemeinschaftlichkeit (Fraternität) vereinbarlich seien, in welchen sich die Gesellschafter zu einander befänden. Prot. S. 180.

19) — denn wenn er mit Erfolg zu Gunsten der Gesellschaft thätig gewesen ist, so hat er dadurch eben nicht mehr gethan, als wozu er rechtlich verbunden war. (§. 215. Thl. I. Tit. 17. ALR.) Mot. S. 55.

20) Die Fassung dieses ganzen Artikels wurde beanstandet. Die Absicht desselben, — so wurde angeführt, — bestehe ohne Zweifel darin, zu sagen, daß der Gesellschafter, welcher mit der Erfüllung seiner Verbindlichkeiten im Verzuge sei, für das Interesse hafte, und daß das Interesse bei Geldleistungen, abgesehen von dem Nachweise größerer Schäden, wenigstens in Zinsen bestehe. Er spreche aber nicht das Prinzip aus, sondern entscheide nur einzelne Fälle, so daß man nicht wisse, was in anderen Fällen z. B. dann Rechtens sein solle, wenn ein Gesellschafter es pflichtwidrig unterlasse, Gelder einzukassiren. — Von anderer Seite war man hingegen der Meinung, der Art. 95. wolle nicht einen allgemeinen Satz hinstellen, sondern nur die wichtigsten Fälle entscheiden; eine analoge

die Gesellschaftskasse abliefert, oder unbefugt[21]) Gelder aus der Gesellschaftskasse für sich entnimmt, ist von Rechtswegen[22]) zur Entrichtung von Zinsen seit dem Tage verpflichtet, an welchem die Zahlung oder die Ablieferung hätte geschehen sollen oder die Herausnahme des Geldes erfolgt ist.

Die Verpflichtung zum Ersatze des etwa entstandenen größeren Schadens und die übrigen rechtlichen Folgen der Handlung werden hierdurch nicht ausgeschlossen.[23])

Artikel 96.

Ein Gesellschafter darf[24]) ohne Genehmigung der anderen[25]) Gesellschafter weder in dem Handelszweige der Gesellschaft für eigene Rechnung oder für Rechnung eines Dritten Geschäfte machen, noch an einer anderen gleichartigen[26]) Handelsgesellschaft als offener Gesellschafter Theil nehmen.

Eine Genehmigung der Theilnahme an einer anderen gleichartigen

---

Anwendung auf andere Fälle sei nicht beabsichtigt. Dies wurde wiederum von dritter Seite in Abrede gestellt. — Es blieb indeß auf erfolgte Abstimmung bei der obigen Fassung. Prot. S. 182.

21) — auch wenn er befugter Weise Geld aus der Gesellschaftskasse auf seinen Antheil für sich entnimmt, muß er es verzinsen. Art. 106. 108.

22) — d. h. der Verzug des Gesellschafters und in Folge hiervon seine Zinspflicht wird auch ohne Mahnung durch die Thatsache der Geldentnehmung selbst begründet. Prot. S. 181.

23) Dieser Art. entspricht den §§. 203. 204. 224. Th. I. Tit. 17. ALR.

24) Grund dieser Bestimmung ist, daß ein Sozius dem anderen nicht Konkurrenz machen solle, nicht aber die Befürchtung, daß der Sozius durch die anderweitigen Geschäfte sein Vermögen verringern könne, was auf die Gesellschaft zuwirken könnte. Die letztere Rücksicht hätte — wenn sie als entscheidend angenommen worden wäre, — dahin führen müssen, dem Gesellschafter den Ankauf von Aktien, ja jede Disposition über sein Privatvermögen zu verbieten, was als zu weit gehend angesehen wurde. Prot. S. 988.— Das Verbot trifft alle Gesellschafter ohne Unterschied, ob sie an der Geschäftsführung Theil haben, oder nicht, ob sie Kapital einlegen, oder nur ihre Industrie beisteuern, weil sie alle durch Kenntniß der Bücher und der Verbindungen der Gesellschaft derselben eine gefährliche Konkurrenz machen würden. Mot. S. 55.

25) — auch wenn nur Einer widerspricht, alle Uebrigen aber konsentiren. Dies wurde für zweifellos erachtet, denn der Einspruch eines solchen Einzelnen stütze sich auf den streng gebietenden Rechtssatz dieses Artikels, auf ein gesetzliches Verbot, und um ein solches in Wirksamkeit treten zu lassen, müsse eine einfache Anrufung dieses Verbots genügen. Hieran knüpfe das Gesetz nun verschiedene Wirkungen, von denen einige (z. B. das Recht, Schadensersatz und nach Art. 125. Auflösung der Gesellschaft zu verlangen), auch schon der Einzelne als solcher für sich in Anspruch nehmen könne. Prot. S. 187.

26) Dem Gesellschafter ist ohne Genehmigung seiner Sozien der anderweitige selbstständige Geschäftsbetrieb, oder die offene Theilnahme an einem anderen Geschäftsbetriebe nur dann verboten, wenn der letztere dem Handelszweige der Gesellschaft gleichartig ist, sonst nicht. — Es wurde zwar erwogen, daß es mißlich sei, festzustellen, wann ein gleichartiges Geschäft vorliege, daß thatsächlich in der Regel der Gesellschafter auch keine Separatgeschäfte betreibe, und daß die Zeit des Gesellschafters von Rechtswegen den Zwecken der Gesellschaft zu widmen sei, weshalb es sich rechtfertigen würde, grundsätzlich das Verbot der Separatgeschäfte

Handelsgesellschaft ist schon dann anzunehmen, wenn den übrigen Gesellschaftern bei Eingehung der Gesellschaft bekannt war, daß der Gesellschafter an jener Handelsgesellschaft als offener Gesellschafter Theil nehme, und gleichwohl das Aufgeben der Theilnahme nicht ausdrücklich bedungen worden ist.[27])

Artikel 97.

Ein Gesellschafter, welcher den bevorstehenden Bestimmungen zuwiderhandelt, muß sich auf Verlangen der Gesellschaft[28]) gefallen lassen, daß die für seine Rechnung gemachten Geschäfte als für Rechnung der Gesellschaft[29]) geschlossen angesehen werden;[30]) auch kann die Gesellschaft statt dessen den Ersatz des entstandenen Schadens fordern; alles dieses unbeschadet des Rechts, die Auflösung des Gesellschaftsvertrags in den geeigneten Fällen herbeizuführen.

Das Recht der Gesellschaft, in ein von dem Gesellschafter für eigene Rechnung gemachtes Geschäft einzutreten oder Schadensersatz zu fordern, erlischt nach drei Monaten, von dem Zeitpunkte an gerechnet, in welchem die Gesellschaft von dem Abschlusse des Geschäfts Kenntniß erhalten hat.

Artikel 98.

Ein Gesellschafter kann ohne die Einwilligung der übrigen Gesellschafter keinen Dritten in die Gesellschaft aufnehmen.[31])

Wenn ein Gesellschafter einseitig einen Dritten an seinem Antheile

---

auszusprechen und nur vertragliche Abänderungen zuzulassen. Es wurde jedoch erwidert, daß die Freiheit des Einzelnen durch ein solches ganz allgemeines Verbot zu sehr beschränkt würde, weshalb es sich empfehle, dasselbe grundsätzlich nur für gleichartige Geschäftsbetriebe auszusprechen. Pr. S. 184. — Die Theilnahme als stiller Gesellschafter oder als Aktionär an einer gleichartigen Handelsgesellschaft ist nicht verboten (Prot. S. 988), weil die Betheiligung in dieser Eigenschaft wesentlich Nichts Anderes ist, als die Anlegung eines Kapitals in ein Geldunternehmen, und weil die Kontrolle eines solchen Verbots kaum möglich sein würde. Mot. S. 56.

27) Diese Bestimmung entspricht dem §. 637. Thl. II. Tit. 8. ALR.

28) Dies setzt einen Gesellschaftsbeschluß voraus, für dessen Fassung dieselben Vorschriften als in dem Falle gelten, wenn es sich um die Frage handelt, ob überhaupt ein Geschäft für die Gesellschaft unternommen werden soll, oder nicht. Prot. S. 157. Die Konferenz gab eine ausdrückliche Erklärung in dem Sinne zu Protokoll, daß bei Gesellschaftsbeschlüssen über die Anwendung des Art. 97 (Art. 101. des Pr. Entw.) der zuwiderhandelnde Sozius kein Stimmrecht habe. Prot. S. 188.

29) Die Frage, ob die Gesellschaft einer Cession der Rechte des verbotswidrig handelnden Gesellschafters bedürfe oder nicht, ist hier, wie bei den Prokuristen (Art. 56.) offen gelassen. Prot. S. 190.

30) — und daß der aus solchen Geschäften gezogene Gewinn zur Gesellschaftskasse gezogen wird. Pr. S. 186. Hierdurch geschieht es freilich, daß der zuwiderhandelnde Sozius und diejenigen einzelnen Gesellschafter, welche ihre Zustimmung zu einem solchen Geschäfte im voraus gegeben haben, am Gewinne partizipiren. ibid.

31) Dies folgt aus der Natur des Gesellschaftsvertrages, und entspricht dem

betheiligt[32]) oder seinen Antheil an denselben abtritt,[33]) so erlangt dieser gegen die Gesellschaft unmittelbar keine Rechte;[34]) er ist insbesondere zur Einsicht der Handelsbücher und Papiere der Gesellschaft nicht berechtigt.

Artikel 99.

Wenn die Geschäftsführung in dem Gesellschaftsvertrage einem oder mehreren der Gesellschafter übertragen ist, so schließen diese die übrigen Gesellschafter von der Geschäftsführung aus; sie sind berechtigt, ungeachtet des Widerspruchs der übrigen Gesellschafter,[35]) alle Handlungen vorzunehmen, welche der gewöhnliche Betrieb[36]) des Handelsgewerbes der Gesellschaft mit sich bringt.

Artikel 100.

Wenn die Geschäftsführung mehreren Gesellschaftern mit der ausdrücklichen Beschränkung übertragen ist, daß einer nicht ohne den andern handeln könne, so darf keiner allein Geschäfte vornehmen, es sei denn, daß Gefahr im Verzuge ist.

Ist hingegen mehreren Gesellschaftern die Geschäftsführung ohne diese ausdrückliche Beschränkung übertragen, so darf jeder derselben allein alle zur Geschäftsführung gehörenden Handlungen vornehmen. Jedoch muß, wenn einer unter ihnen gegen die Vornahme einer Handlung Widerspruch erhebt, dieselbe unterbleiben.[37])

Artikel 101.

Die im Gesellschaftsvertrage[38]) einem oder mehreren Gesellschaftern geschehene Uebertragung der Geschäftsführung kann, so lange die Gesellschaft dauert,[39]) nicht ohne rechtmäßige Ursache widerrufen werden.

Die Beurtheilung, ob eine rechtmäßige Ursache vorliege, bleibt dem Ermessen des Richters überlassen.

Der Widerruf kann insbesondere in den im Artikel 125. Ziffer 2. bis 5. bezeichneten Fällen für begründet erklärt werden.

---

§. 216. Thl. I. Tit. 17. ALR. Dagegen bleibt es nach dem Abs. 2. zulässig, einem Dritten Rechte auf den aus dem Gesellschaftsbetriebe zu erzielenden Gewinn zu ertheilen. Prot. S. 192.

32) — d. h. ihn als Gesellschafter zu seinem Antheile annimmt.

33) — freiwillig oder in Folge eines richterlichen Urtheils (s. jedoch Art. 126).

34) Diese Satzung entspricht im Wesentlichen den §. 218. Thl. I. Tit. 17. und §. 638. Th. II. Tit. 8. ALR., hebt aber das daselbst dem Dritten zugestandene Recht, die Mittheilung des jährlichen Abschlusses zu fordern, auf.

35) — denn dies eben ist das kontraktliche Recht der geschäftsführenden Sozien.

36) Bei Geschäften, welche darüber hinaus gehen, ist Stimmeinhelligkeit erforderlich. cfr. Art. 103. Abs. 2.

37) Es gilt dann der gemeinrechtliche Grundsatz: Melior est conditio prohibentis. vergl. Note zu Art. 103.

38) Dagegen ist eine nach Abschluß des Gesellschaftsvertrages gegen die Bestimmung desselben geschehene Geschäftsübertragung widerruflich. Prot. S. 192.

39) Mit den Worten „so lange die Gesellschaft dauert," soll angedeutet werden, daß der zur Vertretung der Gesellschaft ermächtigte offene Gesellschafter

Artikel 102.

Wenn im Gesellschaftsvertrage die Geschäftsführung nicht einem oder mehreren Gesellschaftern übertragen ist, so sind alle Gesellschafter zum Betriebe der Geschäfte der Gesellschaft gleichmäßig berechtigt[40]) und verpflichtet.[41])

Erhebt ein Gesellschafter gegen die Vornahme einer Handlung[42]) Widerspruch, so muß dieselbe unterbleiben.

Artikel 103.

Ein Beschluß der sämmtlichen Gesellschafter muß vor der Vornahme von Geschäften eingeholt werden, welche über den gewöhnlichen Betrieb des Handelsgewerbes der Gesellschaft hinausgehen, oder welche dem Zweck derselben fremd sind.

Dies ist auch dann erforderlich, wenn die Geschäftsführung einem oder mehreren Gesellschaftern übertragen ist.

Zur Fassung des Beschlusses ist Stimmeneinhelligkeit[43]) erforderlich. Ist diese nicht zu erlangen, so muß die Handlung, in Ansehung deren Beschluß gefaßt werden soll, unterbleiben.

---

damit noch kein unwiderrufliches Recht hat, auch die Liquidation zu besorgen. Prot. S. 989. vergl. Art. 133.

40) — ohne daß sie eine ausdrückliche Rechtspflicht haben, sich in jedem einzelnen Falle der Zustimmung der übrigen Gesellschafter zu vergewissern, was in den Fällen des folgenden Artikels geschehen muß. Prot. S. 202.

41) Dies ist die Vermuthung der praepositio institoria aller offenen Gesellschafter.

42) — welche innerhalb des gewöhnlichen, dem Zwecke und den Verhältnissen der Gesellschaft entsprechenden Geschäftskreises fällt. Von denen, die außerhalb dieses Kreises liegen, spricht der folgende Artikel. — Es war vorgeschlagen, a. statt Vornahme einer Handlung zu sagen: Abschluß eines Rechtsgeschäfts, weil der Widerspruch doch wohl bei solchen Handlungen nicht gelten könne, zu denen die Gesellschaft verpflichtet sei, wie z. B. bei Zahlungen. — Dieser Vorschlag wurde jedoch als zu eng abgelehnt, weil er viele hieher gehörige Handlungen nicht treffen würde, z. B. nicht die Instruktionsertheilung an einen Schiffskapitain in Betreff einer vorzunehmenden Reise. Es war ferner vorgeschlagen: b. den Zusatz zu machen: „sofern der Widerspruch durch den Richter nicht für ungerechtfertigt erklärt wird," damit nicht jeder Gesellschafter willkührlich durch seinen Widerspruch die ganze Thätigkeit der Gesellschaft lähmen könne. — Man war jedoch der Ansicht, daß bei Handlungen, für welche die Gesellschaft eine Rechtspflicht habe, das gewöhnliche Prozeßverfahren ausreiche, daß dagegen bei anderen Handlungen der Richter außer Stande sein werde, darüber zu entscheiden, ob die Vornahme derselben für die Gesellschaft vortheilhaft sei, oder nicht, und daß in solchen Fällen, in welchen ein Gesellschafter sein Widerspruchsrecht zu Chikanen mißbrauche, für die übrigen Gesellschafter nur ein Antrag auf Auflösung der Gesellschaft in Gemäßheit des Art. 125. übrig bleibe, indem in diesem Falle die Auflösung der Natur des Gesellschaftsverhältnisses angemessen sei. Prot. S. 991.

43) Der Pr. Entw. hatte für Handelsgesellschaften, entsprechend dem §. 209. Thl. I. Tit. 17. ALR. ganz allgemein das Prinzip der Majoritätsbeschlüsse aufgestellt. Das Prinzip der Stimmeneinhelligkeit wurde jedoch angenommen. Es

Artikel 104.

Zur Bestellung eines Prokuristen[44]) ist, sofern nicht Gefahr im Verzuge ist, die Einwilligung aller geschäftsführenden Gesellschafter, und wenn keine solche ernannt sind, die Einwilligung aller Gesellschafter erforderlich.[45])

Der Widerruf der Prokura kann von jedem[46]) der zur Ertheilung derselben befugten Gesellschafter geschehen.

Artikel 105.

Jeder Gesellschafter, auch wenn er nicht in dem Geschäftsbetriebe der Gesellschaft thätig ist, kann sich persönlich von dem Gange der Gesellschaftsangelegenheiten unterrichten; er kann jederzeit in das Geschäftslokal kommen, die Handelsbücher und Papiere der Gesellschaft einsehen und auf ihrer Grundlage eine Bilanz zu seiner Uebersicht anfertigen.[47])

Ist im Gesellschaftsvertrage ein Anderes bestimmt, so verliert diese

---

wurde erwogen, daß es sich hier nur um das Verhältniß der Sozien unter einander und nicht Dritten gegenüber handle, und daß diejenigen Fälle hier nur in Betracht kämen, in welchen keine besondere geschäftsführende Sozien bestellt seien. Seien alle Gesellschafter zum Handeln berechtigt, so sei es unnatürlich, daß die widersprechende Minderheit sich müsse Handlungen gefallen lassen, aus denen sie solidarisch verhaftet würde; wiederholte Mehrheitsbeschlüsse würden die Auflösung einer Gesellschaft zur Folge haben; es sei unbillig, dem Widerspruche eines Mitgliedes bei nur zwei Gesellschaftern Wirkung beizulegen, dieselbe aber bei Dreien zu versagen. Prot. S. 197—200.

44) Andere Handlungsbevollmächtigte kann jeder geschäftsführende Sozius anstellen, da er die Rechte eines Prokuristen hat und diesem (Art. 42.) die Befugniß zur Anstellung von Handlungsgehülfen und Bevollmächtigten zusteht. Prot. S. 204.

45) Dieser Artikel bezieht sich — wie seine Stellung im zweiten Abschnitte: „von dem Rechtsverhältniß der Gesellschafter unter einander" ergiebt — nur auf dieses. Von dem Verhältniß zu Dritten handelt der Art. 118. cfr. Note zu dem letzteren.

46) Die Prokura beruht auf so vielen vereinigten Mandaten, als Gesellschafter vorhanden sind. Mit dem Wegfalle eines dieser Mandate erlischt die Prokura. Da jeder Gesellschafter aus den Handlungen des Prokuristen zum Vollen verpflichtet wird, so muß ihm auch freistehen, die Prokura zu widerrufen, wenn der Prokurist sein Vertrauen verloren hat. — Anders stellt sich die Sache, wenn ein Gesellschafter auf die Betheiligung bei der Geschäftsführung verzichtet hat. Dann kann er nicht unmittelbar, sondern nur durch Einwirkung auf den geschäftsführenden Sozius die Prokura widerrufen. Prot. S. 195—205.

47) — denn die Ausschließung vom Betriebe der Geschäfte hebt die sonstigen gesellschaftlichen Rechte und Pflichten des ausgeschlossenen Mitgliedes nicht auf. Mot. S. 60. — Die Frage, ob jeder geschäftsführende Gesellschafter auf Verlangen der anderen Gesellschafter über die von ihm gelegten Geschäfte Rechnung legen müsse, und ob im Falle vorgekommener Unregelmäßigkeiten trotz eines vorhergegangenen Verzichts auf die Rechnungslegung dennoch dieselbe für alle bereits erledigten Rechnungsjahre so wie für die Zukunft begehrt werden dürfe, ist besonders erwogen worden. Es wurde für die Verneinung geltend gemacht, daß es unmöglich sei, bei einer ordentlichen Buchführung und bei ordentlicher Aufstellung der bereits vorgeschriebenen Bilanz eine Rechnung zu legen, die mehr als Buchführung und Bilanz enthalte; die Führung der Bücher und die Aufstellung der Bilanz bildeten

Bestimmung ihre Wirkung, wenn eine Unredlichkeit in der Geschäftsführung nachgewiesen wird.[48])

Artikel 106.

Jedem Gesellschafter werden am Schlusse eines jeden Geschäftsjahres von seiner Einlage, oder wenn sich dieselbe beim Schlusse des vorigen Jahres durch Hinzurechnung seines Antheils am Gewinne vermehrt[49]) oder durch Abrechnung seines Antheils am Verluste vermindert hat, von seinem Antheile am Gesellschaftsvermögen Zinsen[50]) zu vier vom Hundert[51]) gut-

---

gerade die zweckentsprechendste Rechnungslegung; diese hätte übrigens auch die Gesellschaft, und nicht der einzelne Gesellschafter zu leisten; wenn nun gleichwohl etwas über die Pflicht der Rechnungslegung in das Gesetz aufgenommen würde, so werde dies zu Mißverständnissen führen. — Dagegen wurde eingewendet: daß Buchführung und Bilanz nicht ausreichend seien, wenn sie schlecht beschaffen wären. Der Begriff der Rechnungslegung sei ein technisch-juristischer, und es könne nicht im Voraus behauptet werden, daß im speziellen Falle die kaufmännische Buchführung den Erfordernissen derselben entspreche; hierüber habe das richterliche Ermessen zu entscheiden. — Die Mehrheit der Versammlung hielt dafür, daß kein Grund vorhanden sei, eine besondere Bestimmung über die obigen Fragen in das Gesetz aufzunehmen, weil es selbstverständlich sei, daß jeder Gesellschafter über die einzelnen Geschäfte, die er vorgenommen habe, auf Verlangen Aufklärung und Rechenschaft geben müsse, und daß ein vorgängiger Verzicht entkräftet werde, sobald dem geschäftsführenden Gesellschafter Unredlichkeiten nachgewiesen werden könnten, daß endlich durch Aufstellung einer Bilanz und durch die Buchführung die gemeinrechtlich feststehende Pflicht der Rechnungslegung der Gesellschafter allerdings nicht unbedingt erledigt werde, vielmehr es Sache des richterlichen Ermessens sei zu entscheiden, ob in einem besonderen Falle die Bilanz und die Buchführung die Stelle der Rechnungslegung vertreten könnten. Prot. S. 196. Die Pflicht zur Rechnungslegung ist vorausgesetzt im Art. 125. Nr. 2.

48) Vergl. §. 223. Th. I. Tit. 17. ALR.

49) Der stehengelassene Gewinnantheil hat also ganz die Natur einer Mehrung der Einlage. cfr. Art. 107. Abs. 2. Prot. S. 1026.

50) Diese Zinsen sind nicht als eine Dividende vom Gewinne anzusehen, denn nach Absatz 3. ist vor ihrer Deckung kein Gewinn vorhanden, vielmehr sind diese Zinsen denen eines geliehenen Kapitals ähnlich anzusehen und zu behandeln. Gewinn und Verlust — so wurde ausgeführt — hänge zusammen mit der Thätigkeit der Gesellschafter, und für diese habe keiner etwas voraus; die Antheile an Gewinn und Verlust seien deshalb gleich. Wenn aber ein Gesellschafter Einlagen mache, so seien diese ebenso, als wenn sie von einem Dritten geliehen wären, dem Gesellschafter zu verzinsen. Dies gehe schon daraus hervor, daß auch dann Zinsen berechnet würden, wenn kein Gewinn, sondern Verlust aus dem Geschäftsbetriebe der Gesellschaft sich ergeben habe, und daß jeder Kaufmann die Zinsen aus den Einlagen auf das Zinskonto zu den Zinsen aus den entliehenen Kapitalien setze. Prot. S. 210. Die Absätze 2. und 3. des Art. 106. enthalten nur Konsequenzen des Grundgedankens, daß der Gesellschafter, welcher Einlagen macht, auch so hoch gleichsam als Gläubiger der Gesellschaft anzusehen ist.

51) Dieser Zinsfuß von 4 Prozent ist statt des sonst im Handelsverkehr üblichen von 6 Prozent angenommen worden, weil viele Handelsgeschäfte zur Befriedigung der Betheiligten betrieben würden, ohne daß sich ein höherer, als 7 bis 8 prozentiger Gewinn ergebe. Wenn in solchen Fällen schon 6 Prozent für die Kapitaleinlage einzelner Gesellschafter verwendet werden müßten, so würde bei Wei-

geschrieben[52]) und von den während des Geschäftsjahres auf den Antheil entnommenen Geldern Zinsen in demselben Maaßstabe zur Last geschrieben.

Die dem Gesellschafter hiernach zukommenden Zinsen vermehren[53]) seinen Antheil am Gesellschaftsvermögen.

Vor Deckung dieser Zinsen ist kein Gewinn vorhanden, und der Verlust der Gesellschaft wird durch dieselben vermehrt oder gebildet.[54])

Artikel 107.

Am Schlusse eines jeden Geschäftsjahres wird, auf Grund des Inventars und der Bilanz, der Gewinn oder der Verlust dieses Jahres ermittelt und für jeden Gesellschafter sein Antheil daran berechnet.[55])

Der Gewinn jedes Gesellschafters wird seinem Antheile am Gesellschaftsvermögen zugeschrieben, der Verlust von demselben abgeschrieben.

Artikel 108.

Ein Gesellschafter darf ohne Einwilligung der übrigen Gesellschafter seine Einlage oder seinen Antheil am Gesellschaftsvermögen nicht vermindern.

Er darf jedoch, auch ohne diese Einwilligung, auf seinen Antheil am Gesellschaftsvermögen die Zinsen desselben für das letztverflossene Jahr, und soweit es nicht zum offenbaren Nachtheil der Gesellschaft gereicht, Gelder bis zu einem Betrage entnehmen, welcher seinen Antheil am Gewinne des letztverflossenen Jahres nicht übersteigt.[56])

---

tem zu wenig für die Vertheilung an die anderen Gesellschafter übrig bleiben, welche keine, oder nur geringe Kapitalien eingelegt haben. Prot. S. 998.

52) — auch wenn in dem betreffenden Geschäftsjahre mit Verlust gehandelt worden. (s. Absatz 3.) Prot. S. 4633.

53) Es wurde bemerklich gemacht, daß durch die Hinzurechnung nicht ausgezahlter Gewinnantheile zu den Antheilen der Gesellschafter nach und nach deren gegenseitiges Verhältniß zur Bedrückung der minder vermögenden Gesellschafter gänzlich verändert werde. Prot. S. 996. — Der Entwurf zweiter Lesung enthielt hier den Zusatz „und bilden eine Schuld der Gesellschaft." Die Streichung dieser Worte wurde jedoch beschlossen, weil sie dahin mißverstanden werden könnten, als ob der Gesellschafter wegen der Zinsen einem dritten Gläubiger der Gesellschaft gleichstehe, während es sich nur darum handle, auszusprechen, daß diese Zinsen im Verhältniß der Gesellschafter zu einander den Gewinn der Gesellschaft vermindern, oder den Verlust der Gesellschaft vermehren, was mit Rücksicht auf Artikel 109 Bedeutung habe. Prot. S. 4520.

54) Auch hier wurde bemerkt, daß der Gesellschafter mit der geringeren Einlage weit stärker zur Tragung des Verlustes herangezogen werde, als wenn man den zur Vertheilung von Zinsen vorhandenen Bestand zum Gewinne rechne, indem er aus seinem Vermögen den ihn treffenden Antheil an dem Zinsenverluste dem Vermögenderen ersetzen müßte. Prot. S. 996.

55) Durch diese Anordnung der *jährlichen* Berechnung ist die mögliche irrige Annahme ausgeschlossen, daß, wenn in einem Jahre die Einlagen der Gesellschafter vermindert worden, nicht eher ein Gewinn als vorhanden angesehen und zur Vertheilung zu bringen sei, als bis das Stammkapital zu seiner ursprünglichen Höhe ersetzt worden ist.

56) Diese Bestimmung hat zur Folge, daß im *ersten* Sozietätsjahre ein

Artikel 109.

Der Gewinn oder Verlust wird, in Ermangelung einer anderen Vereinbarung, unter die Gesellschafter nach Köpfen vertheilt.57)

Dritter Abschnitt.

Von dem Rechtsverhältniß der Gesellschaft zu dritten Personen.

Artikel 110.

Die rechtliche Wirksamkeit einer offenen Handelsgesellschaft tritt im Verhältniß zu dritten Personen mit dem Zeitpunkte ein, in welchem die Errichtung der Gesellschaft in das Handelsregister eingetragen ist, oder die Gesellschaft auch nur ihre Geschäfte begonnen hat.

Die Beschränkung, daß die Gesellschaft erst mit einem späteren Zeitpunkte, als dem der Eintragung, ihren Anfang nehmen soll, hat gegen dritte Personen keine rechtliche Wirkung.

Artikel 111.

Die Handelsgesellschaft kann unter ihrer Firma Rechte erwerben und Verbindlichkeiten eingehen, Eigenthum und andere dingliche Rechte an Grundstücken erwerben,58) vor Gericht klagen und verklagt werden.59)

Gesellschafter ohne Genehmigung der übrigen Gesellschafter überhaupt Nichts aus der Gesellschaftskasse entnehmen kann, weil der Maaßstab der Berechnung fehlt.

57) — und nicht pro rata der Einlagen; es verbleibt jedoch bei der Bestimmung des Art. 106., daß jedem Gesellschafter von seiner Einlage vorweg vier Prozent Zinsen gut gerechnet werden. — In Betreff des Verlustes war zuvörderst beschlossen worden, derselbe solle, insoweit er den Betrag des aktiven Gesellschaftsvermögens nicht übersteigt, von den Gesellschaftern nach Verhältniß ihrer Antheile am Gesellschaftsvermögen, insoweit er diesen Betrag übersteigt, von den Gesellschaftern nach Kopftheilen getragen werden. Dies ist jedoch dahin geändert worden, daß in Ermangelung einer anderen Verabredung auch der Verlust nach Köpfen vertheilt werden solle. Prot. S. 999. 1026. Bestimmend scheint hierfür gewesen zu sein, daß es gerecht erschien, für Gewinn und Verlust eine gleiche Art der Vertheilung vorzuschreiben.

58) Dieser Satz ist aus Zweckmäßigkeitsgründen aufgenommen, obschon bemerklich gemacht war, daß der Verkehr mit Grundstücken außerhalb der gewöhnlichen Geschäftssphäre liege und nach partikularrechtlichen Bestimmungen es nothwendig sei, im Hypothekenbuche die jeweiligen Firmainhaber und die späteren Personaländerungen den Eintragungen auf den Namen der Firma beizufügen. Es wurde jedoch erwogen, daß durch diesen Satz nichts in Betreff der Grundsätze über den Eigenthumserwerb von Immobilien geändert, sondern nur die Möglichkeit gegeben werden solle, durch Eintragung einer aus dem Handelsregister zu ergänzenden Bezeichnung (Firma) in der kürzesten Form eine Reihe von betheiligten Personen zu treffen, um öftere Umschreibungen zu ersparen. Eigenthümer der auf den Namen der Firma eingetragenen Grundstücke seien immer die einzelnen Gesellschafter, und wer diese seien, ergebe das Handelsregister. Trete einer derselben aus, so höre er auf, Miteigenthümer zu sein; trete ein Neuer hinzu, so werde er alsbald Miteigenthümer der auf den Namen der Firma stehenden

Ihr ordentlicher Gerichtsstand ist bei dem Gericht, in dessen Bezirk sie ihren Sitz hat. [60])

Einf.-Ges. (ALR. u. AGO.) Art. 23. **Grundstücke, Gerechtigkeiten, dingliche Rechte und Hypothekenforderungen, welche zu dem Vermögen einer Handelsgesellschaft gehören, sei diese eine offene Gesellschaft, eine Kommanditgesell-**

Grundstücke, ohne daß es in beiden Fällen einer Bemerkung in dem Grundbuche bedürfe. Löse sich die Gesellschaft auf, so seien die zur Zeit der Auflösung vorhandenen Gesellschafter die Eigenthümer. Prot. S. 278.

59) Auch für diesen Satz wurde geltend gemacht, daß es einem allgemein gefühlten Bedürfnisse entspreche, Klagen für und gegen eine Gesellschaft unter ihrer Firma zuzulassen, bei deren Verhandlung alle Erlasse nach Maaßgabe des Art. 117. nur einem Gesellschafter zugestellt zu werden brauchten und gleichwohl gegen alle wirksam seien; es werde fortan, sofern nicht besondere, sofort geltend zu machende Gründe dies nöthig machten, weder der Benennung aller bei der Gesellschaft betheiligten Personen noch des Nachweises bedürfen, daß alle diese Personen wirklich Theilhaber der Gesellschaft seien, noch endlich einer Prozeßvollmacht von allen diesen einzelnen Personen. — Gegen diesen Satz wurde bemerkt: Nachdem der Handelsgesellschaft der Charakter einer juristischen Person abgesprochen worden, werde der Geschäftsverkehr unter der Firma einfach im Sinne des Art. 15. (Handelsname) aufzufassen sein, und die Firma für die Gesellschaften dasselbe bedeuten, wie für den einzelnen Kaufmann. Durch Kontrahiren unter der Firma würden die zur Zeit des Abschlusses vorhandenen Gesellschafter verpflichtet, später austretende würden nicht frei, später eintretende hafteten nur vermöge Art. 113. In Betreff der Prozeßführung werde der vorgeschlagene Satz an dem materiellen Rechte, also z. B. an den Folgen des Satzes judicio contrahitur, Nichts ändern. Der Prozeß gehe zwischen den bestimmten Personen, welche zur Zeit der Litiscontestation daran Theil genommen oder später prozeßordnungsmäßig sich betheiligt hätten, fort. Trete also einer der beklagten Gesellschafter aus der Gesellschaft aus, so bleibe er doch Prozeßpartei, bis er mit Zustimmung des Gegners liberirt sei. Das Prozessiren unter der Firma habe also nur eine formelle Bedeutung. Bedenklich sei die Gestattung desselben, weil aus den Prozeßakten die Personen bestimmt erhellen müßten, für und gegen welche der Prozeß geführt werde; sonst könne leicht nachher ein zweiter Prozeß darüber entstehen, für wen und gegen wen der erste Prozeß geführt worden sei. Ein Bedürfniß zur Annahme der vorgeschlagenen Bestimmung liege nicht vor. Die Legitimationen seien aktiv und passiv vermöge der Art. 99. 102. 117., und da alle Firmen in das Handelsregister eingetragen werden sollten, leicht zu erbringen. — Hiergegen wendete man aber ein, es stehe gar nichts im Wege, die Prozeßführung unter der Firma in so weit zuzugestehen, als es sich um die Ansprüche gegen den Gesellschaftsfonds handle; dies führe ja nicht dazu, daß sich ein vermögender Sozius durch den Austritt aus der Sozietät den Ansprüchen aus der angestellten Klage überhaupt entziehen könne, denn dessen materielle Haftung für die gegen die Gesellschaft bestehenden Forderungen bleibe nach wie vor bestehen. Prot. S. 277. — Ueber die Frage, ob gegen jeden einzelnen Gesellschafter die Klage aus Verbindlichkeiten der Gesellschaft ohne Weiteres in seinem persönlichen Gerichtsstande solle zulässig sein, oder ob eine vorausgegangene oder gleichzeitige Feststellung des Anspruchs gegen die Gesellschaft verlangt werden solle, wurde in der Konferenz vielfach debattirt, jedoch nur der negative Beschluß gefaßt, daß der Art. 117. des Pr. Entwurfs, welcher das Letztere wollte, auszufallen habe. Prot. S. 216—230.

60) — d. h. ihre Hauptniederlassung, welche gerade zum Zwecke der Feststellung des allgemeinen Gerichtsstandes jede Gesellschaft in ihrer Anmeldung an-

schaft, eine Kommanditgesellschaft auf Aktien, oder eine Aktiengesellschaft, werden auf den Namen der Gesellschaft in das Hypothekenbuch eingetragen.[61])

Hierbei gelten nachstehende Bestimmungen:

§. 1.[62])

Die Eintragung erfolgt ohne Benennung der einzelnen Gesellschafter; sie darf erst geschehen, wenn die Eintragung der Gesellschaft in das Handelsregister nachgewiesen ist. Bei der Eintragung ist die Firma der Gesellschaft und der Ort,

---

zugeben verpflichtet ist (vergl. Art. 86. Nr. 2. Art. 151. Nr. 3. Art. 176. Nr. 3. Art. 210. Nr. 2.). Durch die obige Bestimmung sollte aber die prozessualische Vorschrift nicht ausgeschlossen werden, daß an den Orten der Zweigniederlassung besondere Gerichtsstände für die Klagen aus Ansprüchen an diese Zweig-Etablissements beständen. Prot. S. 284 u. 4660. Wegen der Dauer des Gerichtsstandes vergl. Art. 144. Abs. 2.

61) Nach bisherigem Rechte (§§. 13. 22. 81. ff. Th. II. Tit. 6. ALR.) konnten weder Grundstücke noch Forderungen auf den Namen einer Handelsgesellschaft eingetragen werden. Nach Einführung des Handelsgesetzbuchs, welches den Grundsatz zur vollen Geltung bringt, daß das Gesellschaftsvermögen im Verhältniß der Gesellschaft zu Dritten ein für sich bestehendes besonderes Ganze bildet, welches lediglich den gesellschaftlichen Zwecken gewidmet ist, und daß die Gesellschaft Grundstücke und Forderungen auf ihren Namen erwerben kann, konnten jene früheren Vorschriften nicht mehr aufrecht erhalten werden. Es mußte also ein dem preuß., auf dem Legalitäts-Prinzipe beruhenden Hypothekenverfahren entsprechender Weg gefunden werden, um die Eintragung des Eigenthums und der Forderung einer Gesellschaft in das Hypothekenbuch möglich zu machen. Zu diesem Zwecke ist das Hypothekenbuch mit dem Handelsregister in Verbindung gesetzt, was um so mehr anging, als die Eintragung in das Handelsregister für Aktiengesellschaften und Kommanditgesellschaften auf Aktien Bedingung ihrer Existenz, und für andere Gesellschaften bei Ordnungsstrafen vorgeschrieben ist, so daß es sich rechtfertigte, jede Eintragung in das Hypothekenbuch für eine Gesellschaft davon abhängig zu machen, daß sie in das Handelsregister eingetragen sei. Da das letztere, nach Absicht des Handelsgesetzbuchs, ein Organ ist, aus welchem jeder Dritte zuverlässige Auskunft erlangen kann, welche Personen im Namen der Handelsgesellschaft und für dieselbe mit rechtlicher Wirkung zu verfügen berufen sind, so konnte dies auch in Betreff des Hypothekenbuchs angenommen werden. Um nun die Führung desselben zu vereinfachen, ist davon ausgegangen worden, daß die in dem Handelsregister enthaltenen Eintragungen gleichwie in dem Hypothekenbuch enthalten angesehen werden. Dies hat zur Folge, daß jede Eintragung in das Hypothekenbuch auf den Namen der Gesellschaft sich nur auf die Bezeichnung der letzteren zu beschränken, und weder die einzelnen Gesellschafter noch die sonstigen darauf bezüglichen Rechtsverhältnisse zu erwähnen hat. Die Unvollständigkeit der Eintragung wird durch das Handelsregister in der Art ersetzt, daß wenn es sich später um Verfügungen handelt, welche in das Hypothekenbuch einzutragen sind, die Berechtigung desjenigen, der die Verfügung getroffen hat, im Namen der Gesellschaft in der geschehenen Art mit rechtlicher Wirkung gegen Dritte zu verfügen, aus dem Handelsregister nachzuweisen ist. Mot. z. Einf.-Ges. S. 42.

62) Die Frage, ob es zur Wahrung des Prinzips der Legalität schon genüge, nur den Nachweis der Eintragung der Gesellschaft in das Handelsregister zu fordern, obschon bei der Eintragung der offenen Gesellschaft und der einfachen Kommanditgesellschaft in das Handels-Register der, möglicherweise nur mündlich geschlossene, Gesellschaftsvertrag nicht vorgelegt wird (Art. 85. 86. 150. 151. des

wo sie ihren Sitz hat, anzugeben. Tritt in Bezug auf die Firma oder den Sitz der Gesellschaft eine Aenderung ein, so ist diese im Hypothekenbuche zu vermerken.

§. 2.

Soll eine Verfügung, welche im Namen der Gesellschaft über einen der im Eingange dieses Artikels bezeichneten Gegenstände erfolgt ist, in das Hypothekenbuch eingetragen werden, so genügt zur Feststellung der Befugniß desjenigen, welcher im Namen der Gesellschaft verfügt hat, der Nachweis aus dem Handelsregister, daß derselbe zu der Gesellschaft in einem Verhältniß gestanden hat, wodurch er nach den Bestimmungen des Handelsgesetzbuchs befugt war, in der geschehenen Art im Namen der Gesellschaft mit rechtlicher Wirkung gegen Dritte zu verfügen.

§. 3.

Die Nachweisungen aus dem Handelsregister werden durch Atteste des Handelsgerichts geliefert, welches das Handelsregister führt.

Artikel 112.

Die Gesellschafter haften für alle Verbindlichkeiten [63]) der Gesellschaft solidarisch [64]) und mit ihrem ganzen Vermögen.

Eine entgegenstehende Verabredung hat gegen Dritte keine rechtliche Wirkung.

Artikel 113.

Wer in eine bestehende Handelsgesellschaft eintritt, haftet gleich den anderen Gesellschaftern für alle von der Gesellschaft vor seinem Eintritte eingegangenen Verbindlichkeiten [65]), es mag die Firma [66]) eine Aenderung erleiden oder nicht. [67])

Ein entgegenstehender Vertrag ist gegen Dritte ohne rechtliche Wirkung.

Handels-Gesetzbuchs), hat unbedenklich bejaht werden müssen, da die Eintragung in das Handelsregister nur auf Grund einer Anmeldung geschehen kann, welche vor allen Gesellschaftern persönlich vor dem Handels-Gericht unterzeichnet oder in beglaubigter Form eingereicht ist, ein Weiteres nach dem Gesetze aber nicht erforlich ist, um die Gesellschaft, gleichviel was die Parteien vereinbart haben mögen, im Verhältniß zu dritten Personen zur vollen rechtlichen Existenz zu bringen. (Art. 88. 152. des Handels-Gesetzbuchs.)

Der §. 1. bestimmt übrigens, wie von selbst spricht, nichts darüber, wie der Nachweis geführt werden müsse, daß für die Gesellschaft erworben und diese Eigenthümerin geworden sei. In dieser Beziehung bleibt es bei den allgemeinen Grundsätzen, nach welchen der Hypothekenrichter nur auf Grund öffentlicher Urkunden eintragen darf. So würde z. B., wenn ein auf den Namen eines Gesellschafters eingetragenes Grundstück auf den Namen der Gesellschaft umgeschrieben werden soll, durch eine öffentliche Urkunde der Nachweis zu liefern sein, daß der Gesellschafter dasselbe der Gesellschaft zum Eigenthume überlassen habe. (Art. 91. des Handels-Gesetzbuchs.) Mot. z. Einf.-Ges. S. 43.

63) — auch für den Schaden, welcher von einem zur Geschäftsführung berechtigten Gesellschafter in Ausführung der Geschäfte der Gesellschaft einem Dritten zugefügt worden ist. Prot. S. 214.

64) Die Wirkung dieser Art der Haftbarkeit ist im Art. 281. bestimmt.

65) Gegen diese Bestimmung wurde eingewendet, daß sie dem Wesen des Rechts zuwider sei, indem es sich nicht rechtfertige, Jemanden für Forderungen haftbar zu erklären, die er nicht mitkontrahirt habe, und die aus einer Zeit

Artikel 114.

Jeder zur Vertretung der Gesellschaft befugte Gesellschafter ist ermächtigt, alle Arten von Geschäften und Rechtshandlungen im Namen der Gesellschaft vorzunehmen, insbesondere auch die der Gesellschaft gehörenden Grundstücke zu veräußern und zu belasten.[68])

Die Gesellschaft wird durch die Rechtsgeschäfte, welche ein zur Vertretung der Gesellschaft befugter Gesellschafter in ihrem Namen schließt, berechtigt und verpflichtet; es ist gleichgültig, ob das Geschäft ausdrücklich im Namen der Gesellschaft geschlossen worden ist, oder ob die Umstände ergeben, daß es nach dem Willen der Kontrahenten für die Gesellschaft geschlossen werden sollte.[69])

Artikel 115.

Die Gesellschaft wird durch Rechtsgeschäfte eines Gesellschafters nicht verpflichtet, wenn[70]) derselbe von der Befugniß, die Gesellschaft zu vertreten, ausgeschlossen (Artikel 86. Ziff. 4.), oder seine Befugniß, die Gesellschaft zu vertreten, aufgehoben ist (Artikel 87.), sofern hinsichtlich dieser Ausschließung oder Aufhebung die Voraussetzungen vorhanden sind, unter welchen nach Artikel 46. hinsichtlich des Erlöschens der Prokura die Wirkung gegen Dritte eintritt.

---

herrührten, in welcher er noch gar nicht bei den Geschäften der Kontrahenten betheiligt gewesen sei; auch sei kein Grund gegeben, ohne Weiteres einem Gläubiger mehr Schuldner zu geben, als er bei Kontrahirung der Schuld gehabt habe, und ihn so in eine bessere Lage zu versetzen. — Es wurde jedoch erwidert: der Name einer Handlung sei doch mehr die Nebensache, die Hauptsache sei das Geschäft, und wenn dieses dasselbe bleibe, habe die fragliche Haftung des neu eintretenden Gesellschafters Platz zu greifen. Der Eintretende solle prüfen, ob er ohne Schaden das Geschäft mit seiner ganzen Unterlage übernehmen könne, oder auf Liquidation desselben zu bestehen habe, und wenn er dies nicht thue, so möge er sich immerhin die Folgen hiervon selbst beimessen. Prot. S. 281.

66) — z. B. durch Hinzufügung der Worte „et Comp.", aber das Geschäft muß dasselbe bleiben, sonst ist diese Bestimmung unanwendbar.

67) — vergl. Art. 24. — Daß der neu hinzutretende Gesellschafter sich im Verhältnisse zu seinen Mitgesellschaftern von der Theilnahme an den früheren Geschäftsschulden vertragsmäßig entbinden lassen kann, versteht sich von selbst. Mot. S. 48.

68) — namentlich auch Wechsel zu zeichnen. Pr. S. 4666. — Die Vollmacht ist also Dritten gegenüber nicht auf die Sphäre des gesellschaftlichen Betriebes beschränkt (Prot. S. 214.), sondern erstreckt sich auf alle Geschäfte, sie mögen zum Betriebe des Handelsgewerbes gehören, oder nicht. Diese Ausdehnung der Vollmacht ist im Interesse des Verkehrs für nothwendig gehalten worden, weil ein Dritter nicht prüfen könne, ob ein Geschäft durch den Handelsbetrieb veranlaßt sei oder nicht. Dadurch ist aber nicht ausgeschlossen, daß die Gesellschafter, wenn sie auch dem Dritten gegenüber die exceptio doli begründen können, die betrügerischen Handlungen des Sozius nicht anzuerkennen brauchen. Pr. S. 4665.

69) Der Gebrauch der Gesellschaftsfirma ist hierbei nicht wesentlich, wie er denn auch bei mündlich geschlossenen Geschäften von selbst fortfällt. Mot. S. 63.

70) Dies sind die einzigen Fälle, in denen die Gesellschaft durch Rechts-

Artikel 116.[71])

Eine Beschränkung des Umfanges der Befugniß eines Gesellschafters, die Gesellschaft zu vertreten,[72]) hat dritten Personen gegenüber keine rechtliche Wirkung; insbesondere ist die Beschränkung nicht zulässig, daß die Vertretung sich nur auf gewisse Geschäfte[73]) oder Arten von Geschäften erstrecken, oder daß sie nur unter gewissen Umständen oder für eine gewisse Zeit oder an einzelnen Orten stattfinden solle.

Artikel 117.

Die Gesellschaft wird vor Gericht von jedem Gesellschafter gültig vertreten, welcher von der Befugniß, die Gesellschaft zu vertreten, nicht ausgeschlossen ist.[74])

Zur Behändigung von Vorladungen und anderen Zustellungen an die Gesellschaft genügt es, wenn dieselbe an einen der zur Vertretung befugten Gesellschafter geschieht.

Artikel 118.

Die Ertheilung, sowie die Aufhebung einer Prokura geschieht mit rechtlicher Wirkung gegen Dritte durch einen[75]) der zur Vertretung der Gesellschaft befugten Gesellschafter.

---

geschäfte eines Gesellschafters nicht verpflichtet wird. In allen übrigen Fällen wird sie es Dritten gegenüber, wenn diesen nicht etwa der Einwand des dolus (z. B. die Kenntniß, daß der Gesellschafter dem berechtigten Widerspruche der Uebrigen zuwider oder betrügerisch gehandelt habe) entgegensteht. Mot. S. 63. Prot. S. 213. 1005. 4665.

71) — s. Einf.-Ges. Uebergangs-Bestimmungen Art. 67.

72) — ganz gleich, ob bei Handelsgeschäften, oder anderweitigen Geschäften, zu welchen letzteren z. B. der An- und Verkauf von Immobilien gehört. (Art. 275.) Prot. S. 4694. Der Umfang der Befugnisse eines Gesellschafters ist im Art. 114. angegeben.

73) Hat eine Handelsgesellschaft mehrere Etablissements mit besonderer Firma, so kann die Befugniß eines geschäftsführenden Sozius allerdings in der Weise beschränkt werden, daß er nur diese oder jene Firma zeichnen dürfe. Prot. S. 4528.

74) — wie bei allen übrigen Rechtsgeschäften. Dies Recht entspricht der im Art. 42. dem Prokuristen beigelegten Befugniß, den Prinzipal in rechtlichen Angelegenheiten zu vertreten. Darüber aber, ob und inwiefern der eine Gesellschafter Eide in die Seele der anderen Gesellschafter oder für dieselben ableisten könne, sollte in diesem Artikel nichts bestimmt werden. Vergl. Prot. S. 215.

Als selbstverständlich wurde angesehen, daß die geschäftsführenden Gesellschafter, wenn sie die Gesellschaft nur gemeinschaftlich vertreten dürfen (Art. 100.), auch die Vertretung vor Gericht nur gemeinschaftlich ausüben könnten, da die Prozeßführung zu den Rechtsgeschäften gehöre. Prot. S. 1005.

75) Das Recht der Bestellung von Prokuristen mit Rücksicht auf das Verhältniß der Gesellschafter unter einander ist im Art. 104. geregelt. Es könne aber nicht — so wurde angeführt — beabsichtigt sein, für das Verhältniß der Gesellschaft nach außen dieselbe Bestimmung maaßgebend sein zu lassen und zu verlangen, daß der Dritte vor der Eingehung von Geschäften mit dem durch einen Geschäftsführer bestellten Prokuristen, oder der Richter vor Eintragung eines solchen Prokuristen in die Handelsregister sich vergewissere, ob der bestellende Sozius durch einstimmigen Beschluß aller geschäftsführenden Ge-

Artikel 119.

Die Privatgläubiger eines Gesellschafters sind nicht befugt, die zum Gesellschaftsvermögen[76]) gehörigen Sachen, Forderungen oder Rechte oder einen Antheil[77]) an denselben zum Behuf ihrer Befriedigung oder Sicherstellung in Anspruch zu nehmen. Gegenstand der Exekution, des Arrestes oder der Beschlagnahme kann für sie nur dasjenige sein, was der Gesellschafter selbst an Zinsen und an Gewinnantheilen zu fordern berechtigt ist, und was ihm bei der Auseinandersetzung zukommt.

---

sellschafter oder durch Gefahr im Verzuge zur Aufstellung des Prokuristen berechtigt gewesen sei. Im Verhältnisse der Gesellschaft nach außen müsse die von jedem einzelnen geschäftsführenden Gesellschafter erfolgte Bestellung eines Prokuristen rechtliche Wirkung haben. Dies entspreche der Auffassung des Handelsstandes wie den Bedürfnissen des Verkehrs, und ergebe sich eigentlich schon aus dem Art. 114., denn die Bestellung eines Prokuristen sei auch ein Rechtsgeschäft. Prot. S. 1000.

76) Zur Begründung dieser Bestimmung wurde angeführt: das Gesellschaftsvermögen, der Handlungsfonds, sei etwas faktisch nnd rechtlich von dem Privatvermögen der einzelnen Gesellschafter Getrenntes. Mit ihm würden Geschäfte gemacht; auf ihm beruhe der Kredit. Die ganze Geschäftsführung werde gelähmt, wenn man den Handlungsfonds jedem Privatgläubiger unmittelbar zugänglich mache. Die Letzteren könnten nur die ihrem Schuldner zustehende actio communi dividundo geltend machen und sich an dasjenige halten, was diesem bei der Auseinandersetzung zukomme. (Prot. S. 1135.) Der einzelne Gesellschafter stelle seine Einlage zur Disposition der Gesellschaft, deshalb unterliege der gemeinsame Fonds nur den Verfügungen der zur Vertretung der Gesellschaft bestellten Gesellschafter im Namen der Gesellschaft. Dem widerstreite es, wenn der einzelne Gesellschafter über seine Einlage beliebig disponiren könne oder wenn sie den Angriffen seiner Privatgläubiger ausgesetzt sei. Lasse man dies zu, so werde jeder Handelsgesellschaft die Lebensfähigkeit genommen und ihr eine geordnete Geschäftsführung unmöglich gemacht; sie könne nur wissen, wie sie stehe, wenn sie die Privatschulden der einzelnen Sozien nicht zu berücksichtigen habe. Auch die Gläubiger der Gesellschaft wären hierdurch gefährdet, denn die Aktiva der Gesellschaft könnten durch die Privatdispositionen einzelner Gesellschafter ihnen entzogen sein. Endlich werde die solidarische Haftung der Gesellschafter für die Gesellschaftsschulden zu einer übermäßigen Härte, wenn man ihnen nicht die Gewißheit lasse, daß wenigstens zunächst der Gesellschaftsfonds für die Gesellschaftsschulden parat sei. Prot. S. 1138. Bemerkt wurde endlich: Die Art. 119—121 seien nur Folgesätze aus den hervorgehenden Bestimmungen, denn aus denselben ergebe sich, daß über die Bestandtheile des Vermögens einer Handelsgesellschaft während der Dauer der Gesellschaft nur Namens der Gesellschaft verfügt werden könne. — Dies wurde jedoch von anderer Seite in Abrede gestellt. Prot. S. 1138. 1142. Gegen die Aufnahme dieser Artikel wurde angeführt: sie böten dem Einzelkaufmanne ein Mittel, eine Schuld, für welche er mit seinem ganzen Vermögen zu haften gehabt habe, ohne daß sie irgend einer anderen Schuld hätte nachstehen müssen, durch Annahme eines Sozius in eine Privatschuld umzuwandeln, für deren Deckung, zumal bei Insolventen, alsdann wenig Aussicht vorhanden sei. Prot. S. 4521.

77) Der Antheile ist hier gedacht, um die Ansicht auszuschließen, daß den Gesellschaftern an den einzelnen Bestandtheilen des Handlungsfonds (Sachen und Forderungen) ideelle Quoten zustehen.

Artikel 120.

Die Bestimmung des vorigen Artikels gilt auch in Betreff der Privatgläubiger, zu deren Gunsten eine Hypothek oder ein Pfandrecht an dem Vermögen eines Gesellschafters kraft des Gesetzes oder aus einem anderen Rechtsgrunde besteht. Ihre Hypothek oder ihr Pfandrecht erstreckt sich nicht auf die zum Gesellschaftsvermögen gehörigen Sachen, Forderungen und Rechte, oder auf einen Antheil an denselben, sondern nur auf dasjenige, was in dem letzten Satze des vorigen Artikels bezeichnet ist.

Jedoch werden die Rechte, welche an den von einem Gesellschafter in das Vermögen der Gesellschaft eingebrachten Gegenständen bereits zur Zeit des Einbringens bestanden, durch die vorstehenden Bestimmungen nicht berührt.

Artikel 121.

Eine Kompensation zwischen Forderungen der Gesellschaft und Privatforderungen des Gesellschaftsschuldners gegen einen einzelnen Gesellschafter findet während der Dauer der Gesellschaft weder ganz noch theilweise statt;[78]) nach Auflösung der Gesellschaft ist sie zulässig, wenn und insoweit die Gesellschaftsforderung dem Gesellschafter bei der Auseinandersetzung überwiesen ist.

Artikel 122.

Im Falle des Konkurses der Gesellschaft werden die Gläubiger derselben aus dem Gesellschaftsvermögen abgesondert befriedigt, und können aus dem Privatvermögen der Gesellschafter nur wegen des Ausfalls ihre Befriedigung suchen;[79]) den Landesgesetzen bleibt vorbehalten, zu bestimmen, ob und wie weit den Privatgläubigern der Gesellschafter ein Absonderungsrecht in Bezug auf das Privatvermögen derselben zusteht.

Einf.-Ges. (gem. R.) Art. 36.[80]) Für die Landestheile des gemeinen Rechts, mit Ausschluß der Hohenzollernschen Lande wird in Betreff des Konkurses von Handelsgesellschaften Folgendes bestimmt:

Ueber das Vermögen einer unter einer gemeinschaftlichen Firma bestehenden

---

78) Hiefür wurde geltend gemacht, man könne auf das Recht zu kompensiren verzichten; das Gesetz fingire im oben gedachten Falle einen solchen Verzicht und könne dies thun, denn wenn ein Gesellschafter mit einem Dritten unter der Firma der Gesellschaft kontrahire, so liege hierin die Erklärung, daß er nur die Gesellschaftskasse berechtigen wolle, und der Dritte sei dadurch hinreichend von vorn herein darauf aufmerksam gemacht, daß er die Rechtsverhältnisse der Privatkassen der Gesellschafter nicht einmischen dürfe; die obige Bestimmung sei auch in Oesterreich und Preußen geltendes Recht. Prot. S. 1136. Vergl. §. 98. der Konkurs-Ordnung vom 8. Mai 1855.

79) Diese Vorschrift entspricht den §§. 35. 288. der Konkurs-Ordnung vom 8. Mai 1855.

80) Es wurde für nothwendig erachtet, für die Landestheile, in welchen der gemeinrechtliche Konkursprozeß noch gilt, die Zulässigkeit eines besonderen Gesellschaftskonkurses ausdrücklich anzuerkennen, die Voraussetzung für die Eröffnung des Gesellschaftskonkurses (Insuffizienz und Zahlungseinstellung) festzustellen, und einige nähere Vorschriften, welche theils der Konkurs-Ordnung vom

Handelsgesellschaft, sei diese eine offene Gesellschaft, eine Kommanditgesellschaft oder eine Kommanditgesellschaft auf Aktien, ist der Konkurs zu eröffnen, wenn in Bezug auf die Gesellschaft Verhältnisse vorliegen, unter welchen über das Vermögen eines Kaufmanns der Konkurs zu eröffnen ist, und wenn zugleich die Gesellschaft ihre Zahlungen eingestellt hat.

Wird der Konkurs über das Vermögen der Gesellschaft eröffnet, so ist zugleich über das Privatvermögen eines jeden persönlich haftenden Gesellschafters der Konkurs zu eröffnen.

An dem Konkurse über das Gesellschaftsvermögen sind nur die Gläubiger der Gesellschaft Theil zu nehmen berechtigt. Dieselben können wegen des Ausfalls in diesem Konkurse gleichzeitig in den Konkursen über das Privatvermögen der persönlich haftenden Gesellschafter als Gläubiger auftreten.

Der Konkurs über das Vermögen eines Gesellschafters zieht den Konkurs über das Vermögen der Gesellschaft nicht nach sich.

Vierter Abschnitt.

Von der Auflösung der Gesellschaft und dem Austreten einzelner Gesellschafter aus derselben.

Artikel 123.

Die Gesellschaft wird aufgelöst:[81])

1) durch die Eröffnung des Konkurses über die Gesellschaft;
2) durch den Tod eines[82]) der Gesellschafter, wenn nicht der Vertrag bestimmt, daß die Gesellschaft mit den Erben des Verstorbenen fortbestehen soll;
3) durch Eröffnung des Konkurses über das Vermögen eines der Gesellschafter oder durch die eingetretene rechtliche Unfähigkeit eines der Gesellschafter zur selbstständigen Vermögensverwaltung;[83])

---

8. Mai 1855 entsprechen, theils aus den Grundsätzen des Handelsgesetzbuchs sich ergeben, zu ertheilen. Mot. z. Einf.-Ges. S. 55.

81) Es ist nicht ausgeschlossen, andere an sich zulässige Arten der Aufhebung der Gesellschaft durch Vertrag festzusetzen; namentlich kann die Auflösung der Gesellschaft auch von dem Eintritte einer Bedingung abhängig gemacht werden. Mot. S. 66. — Ueber die Folgen der Auflösung siehe namentlich Art. 144. Mit der Auflösung der Gesellschaft erlischt ihre produktive Seite und die gegenseitige Prokura der Gesellschafter; alle sonstigen Bestimmungen über die Gesellschaft bleiben bis zur Auseinandersetzung bestehen. Prot. S. 4543.

82) Die offene Handelsgesellschaft wird immer mit Berücksichtigung der Individualität der einzelnen Theilnehmer eingegangen. Es folgt daraus, daß mit dem Fortfalle auch nur eines derselben die bisherige Gesellschaft rücksichtlich aller Gesellschafter aufgehoben wird, denn durch das Ausscheiden auch nur eines Mitgliedes ist die Gesellschaft zu einer wesentlich anderen geworden. Hiernach kann die Auflösung der Gesellschaft grundsätzlich nur eine totale, rücksichtlich aller Mitglieder eintretende sein; eine partielle, nur auf einzelne Gesellschafter sich beschränkende Auflösung entspricht dem Wesen der offenen Handelsgesellschaft nicht, und darf deshalb nur ausnahmsweise unter besonderen Umständen (Art. 127. 128.) als zulässig erkannt werden. Mot. S. 64.

83) Es gehören namentlich hieher: Die gerichtliche Entmündigung (Interdiktion); die Prodigalitäts-Erklärung und die Verbüßung einer Zuchthausstrafe (§. 11. des Strafgesetzbuchs). Andere Freiheitsstrafen, sowie physische Unfähigkeit,

4) durch gegenseitige Uebereinkunft;
5) durch Ablauf der Zeit, auf deren Dauer die Gesellschaft eingegangen ist,[84]) sofern nicht die Gesellschafter dieselbe stillschweigend fortsetzen; in diesem Falle gilt sie von da an als auf unbestimmte Dauer eingegangen;[85])
6) durch die von Seiten eines Gesellschafters geschehene Aufkündigung, wenn die Gesellschaft auf unbestimmte Dauer eingegangen ist.

Eine auf Lebenszeit[86]) eingegangene Gesellschaft ist als eine Gesellschaft von unbestimmter Dauer zu betrachten.[87])

Einf.-Ges. Art. 17. Wo das Handelsgesetzbuch von dem Konkurse spricht, ist darunter auch das Falliment des Rheinischen Handelsgesetzbuchs zu verstehen.

Einf.-Ges. Art. 33. (ALR. u. AGR.) Wenn in Folge der Artikel 123. 170. oder 200. des Handelsgesetzbuchs eine offene Gesellschaft oder eine Kommanditgesellschaft durch die Eröffnung des Konkurses über das Vermögen eines Gesellschafters oder eine Kommanditgesellschaft auf Aktien durch die Eröffnung des Konkurses über das Vermögen eines persönlich haftenden Gesellschafters aufgelöst ist, so hat bei der in Gemäßheit der Artikel 133. 172. und 205. des Handelsgesetzbuchs stattfindenden Liquidation der Verwalter der Konkursmasse deren Rechte wahrzunehmen.

Diese Bestimmung tritt an die Stelle des §. 291. der Konkurs-Ordnung vom 8. Mai 1855.[88])

---

fallen dagegen nicht unter diese Kategorie, sondern unter Art. 125. Nr. 5. — Die gesetzlichen Vertreter des Unfähigen können nicht an dessen Stelle an der Gesellschaft Theil nehmen; die Gesellschaft würde dadurch eine wesentlich andere werden. Mot. S. 66. Prot. 232.

84) Es wurde bemerkt: daß dieser Satz sowohl den Fall der Verabredung eines eigentlichen dies, als auch den Fall einer Verabredung, wonach die Gesellschaft bis zum Eintritt eines anderweitigen Ereignisses dauern solle, in sich begreife. Prot. S. 1007.

85) — folglich findet auf sie der Art. 124. Anwendung. Es kann mit der in jenem Artikel gedachten Frist sofort gekündigt werden.

86) — eines, mehrerer oder aller Gesellschafter.

87) Der letzte Absatz ist aus der Erwägung hervorgegangen, daß solche Gesellschaftsverträge auf Lebenszeit wohl kaum anders als von jungen unerfahrenen Leuten geschlossen werden würden, und es wünschenswerth sei, ihnen die Gelegenheit zu geben, eine Unbesonnenheit wieder gut zu machen, für welche sie sonst während des ganzen Lebens büßen müßten; es widerspreche auch der sittlichen Freiheit des Menschen, sich für eine Vereinigung blos zum Zwecke des Erwerbes auf Lebenszeit zu binden. — Dagegen wurde freilich bemerkt, daß hiernach ein auf Lebensdauer geschlossener Gesellschaftsvertrag gegen die Absicht der Kontrahenten weniger bindend sei, als einer, der auf eine bestimmte Zeit z. B. auf zwei Jahre geschlossen worden; während bei dem letzteren der Sozius wenigstens zwei Jahre lang gebunden sei, stehe bei Verträgen auf Lebensdauer das Recht der Kündigung alsbald nach dem Vertragsschlusse zu. Prot. S. 233.

88) Der §. 291. l. c. beruhte auf der Voraussetzung, daß die Gesellschaft nur in Ansehung des in Konkurs verfallenen Gesellschafters in Folge der Konkurseröffnung von Rechtswegen aufhört, dagegen in Ansehung der übrigen Gesellschafter bestehen bleibt. Das Handelsgesetzbuch stellt das abweichende Prinzip auf, daß durch die Eröffnung des Konkurses über das Vermögen eines Gesellschafters die offene Gesellschaft und die Kommanditgesellschaft ganz aufgelöst wird.

Artikel 124.

Die Aufkündigung einer Gesellschaft von unbestimmter Dauer Seitens eines Gesellschafters muß, wenn nicht ein Anderes vereinbart ist, mindestens sechs Monate vor Ablauf des Geschäftsjahres der Gesellschaft erfolgen.[89])

Artikel 125.

Ein Gesellschafter kann die Auflösung der Gesellschaft vor Ablauf der für ihre Dauer bestimmten Zeit oder bei Gesellschaften von unbestimmter Dauer ohne vorgängige Aufkündigung verlangen, sofern hierzu wichtige Gründe vorhanden sind.

Die Beurtheilung, ob solche Gründe anzunehmen sind, bleibt im Falle des Widerspruchs dem Ermessen des Richters überlassen.

Die Auflösung kann insbesondere ausgesprochen werden:

1) wenn durch äußere Umstände die Erreichung des gesellschaftlichen Zwecks unmöglich wird;[90])
2) wenn ein Gesellschafter bei der Geschäftsführung oder bei der Rechnungslegung unredlich verfährt;
3) wenn ein Gesellschafter die Erfüllung der ihm obliegenden wesentlichen Verpflichtungen unterläßt;[91])
4) wenn ein Gesellschafter die Firma oder das Vermögen der Gesellschaft für seine Privatzwecke mißbraucht;
5) wenn ein Gesellschafter durch anhaltende Krankheit oder aus anderen Ursachen zu den ihm obliegenden Geschäften der Gesellschaft unfähig wird.

Nur bei der Kommanditgesellschaft auf Aktien wird hiervon eine Ausnahme für den Fall gemacht, wenn ein Kommanditist in Konkurs verfällt. Der §. 291. cit. verlor damit seine Grundlage und seinen Gegenstand, da es sich nicht mehr um die Abfindung eines einzelnen Gesellschafters, sondern um die Liquidation und Vertheilung des ganzen Gesellschaftsvermögens handelt. Aus dieser Erwägung ist der Zusatz-Artikel 33. entstanden. Mot. z. Einf.-Ges. S. 51.

89) Es wurde anerkannt, daß die nach erfolgter Kündigung eintretende Auflösung der Gesellschaft am Schlusse des Geschäftsjahres, und nicht zu jeder beliebigen Zeit nach Ablauf von 6 Monaten vom Augenblicke der Kündigung an, stattfindet. Prot. S. 1008. Die Feststellung der bestimmten Frist von 6 Monaten ist der allgemeinen Angabe des Grundsatzes: daß die Kündigung in gutem Glauben und nicht zur Unzeit (non intempestive) erfolgen müsse, vorgezogen worden. Mot. S. 67. Vergl. §. 668. Th. II. Tit. 8. ALR.

90) Man hat diesem Falle nicht die Wirkung einer Auflösung der Gesellschaft ipso facto (Art. 123.) beigelegt, weil es bei der Natur der Handelsgesellschaften nicht an Meinungsverschiedenheiten darüber fehlen werde, ob der Gesellschaftszweck noch erreichbar sei oder nicht. Prot. S. 235.

91) Der §. 273. Thl. I. Tit. 17. ALR. fordert beharrliche Weigerung der Erfüllung der gesellschaftlichen Verpflichtungen. Weil der Begriff der Beharrlichkeit jedoch ein schwankender ist, schien es angemessener, auch in dieser Beziehung das richterliche Arbitrium walten zu lassen. Mot. S. 68. Es wurde zwar erinnert, daß die Bestimmung zu weit gehe, denn nach ihr werde auch eine fahrlässige, eine auch nur einmalige Nichterfüllung einer zwar dem Begriffe nach wesentlichen, dem Gegenstande nach aber vielleicht unerheblichen Verpflichtung Seitens eines außerdem ganz tüchtigen Gesellschafters die anderen zur

Artikel 126.

Hat ein Privatgläubiger eines Gesellschafters nach fruchtlos vollstreckter Exekution [92]) in dessen Privatvermögen die Exekution in das dem Gesellschafter bei dereinstiger Auflösung der Gesellschaft zukommende Guthaben erwirkt, so ist er berechtigt, es mag die Gesellschaft auf bestimmte oder auf unbestimmte Dauer eingegangen sein, Behufs seiner Befriedigung nach vorher von ihm geschehener Aufkündigung die Auflösung der Gesellschaft zu verlangen. [93])

Die Aufkündigung muß mindestens sechs Monate vor Ablauf des Geschäftsjahres der Gesellschaft geschehen.

Artikel 127.

Wenn die Gesellschafter vor der Auflösung der Gesellschaft übereingekommen sind, daß, ungeachtet des Ausscheidens eines oder mehrerer Gesellschafter, die Gesellschaft unter den übrigen [94]) fortgesetzt werden soll, so endigt die Gesellschaft nur in Beziehung auf den Ausscheidenden; im Uebrigen besteht sie mit allen ihren bisherigen Rechten und Verbindlichkeiten fort.

Auflösung der Gesellschaft berechtigen. Man war jedoch der Meinung, daß, wenn unter Umständen auch eine fahrlässige oder einmalige Pflichtversäumniß einen gerechten Grund zur Auflösung des Gesellschaftsvertrages abgeben könne, dennoch das richterliche Ermessen hinreichenden Schutz gegen eine chikanöse Anwendung dieser Bestimmung biete. Der Richter würde immer zu erwägen haben, ob ein wichtiger Grund vorliege oder nicht. Prot. S. 236.

92) Die vorhergegangene fruchtlose Exekutionsvollstreckung in das Privatvermögen des betreffenden Gesellschafters ist im Art. 126. verlangt, um chikanösen Versuchen, die Gesellschaft aufzulösen, möglichst zu begegnen. Prot. S. 4526. vergl. auch Art. 132.

93) Gegen diesen Artikel wurde eingewendet, daß er den Gläubigern eines Gesellschafters größere Rechte verleihe, als diesem selbst zuständen, indem er nicht nur jedem Privatgläubiger das Recht, wegen einer Forderung von wenigen Thalern die Gesellschaft zu sprengen, sondern auch jedem einzelnen Sozius die Möglichkeit gebe, durch Kontrahiren und Nichtbezahlen einer kleinen Schuld dasselbe zu thun, und damit indirekt einen Ersatz für das versagte Kündigungsrecht gewähre. — Für denselben wurde jedoch bemerkt: Durch die bloße Verweisung der Privatgläubiger auf den jährlich zur Vertheilung kommenden Gewinnantheil würden ihre Rechte wesentlich beeinträchtigt, weil oft Jahre lang kein Gewinn gemacht werde, und sie doch die Möglichkeit haben müßten, das gesammte Handlungsvermögen ihres Schuldners in Anspruch zu nehmen. Prot. S. 4526. Wenngleich die übrigen Gesellschafter auch ein Recht auf Fortsetzung der Gesellschaft hätten, so müsse dieses Recht doch den Interessen der Privatgläubiger eines Gesellschafters nachstehen, damit verhindert werde, daß Jemand sein Vermögen durch dauerndes Einwerfen in ein gesellschaftliches Verhältniß seinen Gläubigern unerreichbar mache. Prot. S. 4653.

94) Wenn nur ein Gläubiger übrig bleibt, so kann nicht mehr von einem Fortbestehen der Gesellschaft gesprochen werden; in diesem Falle findet die obige Bestimmung daher nicht Anwendung, welche zu Gunsten der Assoziationen, um deren Fortbestand zu ermöglichen, getroffen ist. Prot. S. 249 und 1009.

Artikel 128.

Wenn die Auflösung der Gesellschaft aus Gründen gefordert werden darf, welche in der Person eines Gesellschafters liegen (Artikel 125.), so kann [95]) anstatt derselben auf Ausschließung dieses Gesellschafters erkannt werden, sofern die sämmtlichen übrigen Gesellschafter hierauf antragen. [96])

Artikel 129.

Die Auflösung der Gesellschaft muß, wenn sie nicht in Folge der Eröffnung des Konkurses über die Gesellschaft geschieht, in das Handelsregister eingetragen werden. [97])

Diese Eintragung muß selbst dann geschehen, wenn die Gesellschaft durch Ablauf der Zeit, für welche sie eingegangen war, beendigt wird.

Gleich der Auflösung der Gesellschaft muß auch das Ausscheiden oder die Ausschließung eines Gesellschafters aus der Gesellschaft in das Handelsregister eingetragen werden.

Das Handelsgericht hat die Betheiligten zur Anmeldung dieser Thatsachen von Amtswegen durch Ordnungsstrafen anzuhalten.

Dritten Personen kann die Auflösung der Gesellschaft oder das Ausscheiden oder die Ausschließung eines Gesellschafters aus derselben nur insofern entgegengesetzt werden, als hinsichtlich einer solchen Thatsache die Voraussetzungen vorhanden sind, unter welchen nach Artikel 25. hinsichtlich des Erlöschens der Firma oder der Aenderung ihrer Inhaber die Wirkung gegen Dritte eintritt.

---

95) Dies ist dem richterlichen Ermessen überlassen. Prot. S. 238. Wird nur auf Ausschließung eines Sozius erkannt, so besteht die Gesellschaft in Gemäßheit des Art. 127. fort.

96) Zu diesem Artikel wurde der Antrag gestellt, den Gesellschafter, gegen welchen von allen andern Gesellschaftern die Klage auf Ausschließung angestellt worden, vom Tage ihrer Behändigung an für unfähig zu erklären, im Namen der Gesellschaft Geschäfte abzuschließen, doch sollte diese Unfähigkeit Dritten gegenüber nur dann entgegengesetzt werden können, wenn diese davon Kenntniß hatten oder die Thatsache der Klageeinreichung in das Handelsregister eingetragen war. Zur Begründung dieses Antrages wurde geltend gemacht, der Grundsatz: pendente lite nihil innovandum führe dazu, daß der Gesellschafter, gegen welchen auf Ausschluß aus der Gesellschaft geklagt werde, bis nach rechtskräftig ausgetragener Sache befugt bleibe, für die Gesellschaft zu handeln, was große Beschädigungen der Gesellschaft zur Folge haben könne. Dies werde durch die vorgeschlagene Bestimmung vermieden, und eine Konformität mit Art. 130. herbeigeführt, wonach die Auseinandersetzung der Gesellschaft mit dem ausgeschiedenen Gesellschafter auf Grund der Vermögenslage erfolge, in welcher sich die Gesellschaft zur Zeit der Behändigung der Klage auf Ausschließung befindet. — Dieser Antrag ist jedoch abgelehnt worden, weil selbst die frivolste Klage hiernach der Geschäftsführung eines Sozius ein Ende machen könnte, was nicht zu gestatten sei; ließe man aber eine vorgängige causae cognitio zu, so würde durch dieselbe viel Zeit verloren gehen und dadurch der Zweck des Antrages vereitelt werden; übrigens werde jede Gesetzgebung wohl die Möglichkeit gewähren, durch provisorische Maaßregeln die Gesellschaft zu schützen. Prot. S. 243.

97) Es frägt sich, ob dies auf einseitigen Antrag eines Gesellschafters ge-

Artikel 130.

Wenn ein Gesellschafter ausscheidet oder ausgeschlossen wird, so erfolgt die Auseinandersetzung der Gesellschaft mit demselben[98]) auf Grund der Vermögenslage, in welcher sich die Gesellschaft zur Zeit des Ausscheidens oder zur Zeit der Behändigung der Klage auf Ausschließung befindet[99]).

An den späteren Geschäften, Rechten und Verbindlichkeiten nimmt der Ausgeschiedene oder Ausgeschlossene nur insofern Antheil, als dieselben eine unmittelbare[100]) Folge dessen sind, was vor jenem Zeitpunkte bereits geschehen war[101]).

Der Ausgeschiedene oder Ausgeschlossene muß sich die Beendigung

---

schehen kann. Dies hatte der Pr. Entwurf im Art. 125. bejaht, um den gefährdeten Gesellschaftern ein wirksames Mittel dagegen zu geben, daß ein ausscheidender Gesellschafter mit den auch sie verbindenden Geschäften rechtswidrig fortfahre, und hatte nur für den Erklärenden eine Pflicht zum Schadensersatz ausgesprochen, wenn die Erklärung zu Unrecht geschehen war. Es ist jedoch die Streichung dieses Artikels beschlossen worden, weil die Bestimmung desselben zu den nachtheiligsten Chikanen für die Gesellschaft mißbraucht werden könne, jeder Gesellschafter aber sich auf seine Gefahr hin der öffentlichen Bekanntmachungen zu seinem Schutze bedienen könne. Prot. S. 240.

98) Es war der Zusatz beantragt: sowie dessen Erben oder sonstigen Rechtsnachfolgern. Dieser Zusatz wurde jedoch abgelehnt, weil es sich von selbst verstehe, daß die Auseinandersetzung mit den Universalsuccessoren, den Erben, nach gleichen Grundsätzen erfolgen müsse, und daß hier nicht der Ort sei, Bestimmungen zu treffen, wie es im Falle anderer Arten der Succession, z. B. mit den Rechten des Konkurskurators zu halten sei, wenn der eine Sozius wegen der gegen ihn erkannten Konkurseröffnung ausscheide. Prot. S. 246.

99) Aehnlich lautet der §. 276. Th. I. Tit. 17. ALR. Der Tag der Klagebehändigung und nicht der Moment der Rechtskraft des Ausschließungsurtheils mußte für die Auseinandersetzung als maaßgebend erklärt werden, weil es sonst in der Macht des auszustoßenden Mitgliedes liegen würde, während des Prozesses die Gesellschaft zu benachtheiligen, durch die Eingehung neuer Geschäfte sich noch auf längere Zeit behufs deren Abwickelung die Einmischung in das gesellschaftliche Verhältniß zu sichern, sowie durch Verzögerung des Prozesses und frivole Einlegung von Rechtsmitteln für sich einen günstigeren Zeitpunkt für die Auseinandersetzung zu erlangen. Mot. S. 69.

100) Der Sinn dieser Bestimmung ist der, daß neue Geschäfte, welche nur durch frühere veranlaßt worden, nicht als eine Folge der früheren zu betrachten sind, daß es jedoch statthaft ist, solche neue Geschäfte abzuschließen, welche mit der Abwickelung der Handlung in unmittelbarer Beziehung stehen. Prot. S. 246.

101) — oder die Geschäfte von einem geschäftsführenden Gesellschafter vor der erlangten Kunde von dem Ausscheiden für Rechnung der Gesellschaft abgeschlossen worden. Die Versammlung war der Ansicht, daß sich diese Bestimmung, welche zum Schutze der Interessen eines geschäftsführenden Gesellschafters erforderlich, und den gemeinrechtlichen Bestimmungen über den Einfluß des Todes des Mandanten auf ein später vom Mandatar in gutem Glauben abgeschlossenes Geschäft entsprechend sei, von selbst ergebe. Prot. S. 247. Vergl. die §§. 294. ff. Th. I. Tit. 17. und 669. Th. II. Tit. 8. ALR.

der laufenden Geschäfte in der Weise gefallen lassen, wie sie nach dem Ermessen der verbleibenden Gesellschafter am vortheilhaftesten ist.

Jedoch ist er, wenn eine frühere vollständige Auseinandersetzung nicht möglich ist[102]), berechtigt, am Schlusse eines jeden Geschäftsjahres Rechnungsablage über die inzwischen erledigten Geschäfte, sowie die Auszahlung der ihm hiernach gebührenden Beträge zu fordern[103]), auch kann er am Schlusse eines jeden Geschäftsjahres den Nachweis über den Stand der noch laufenden Geschäfte fordern.

Artikel 131.

Ein ausgeschiedener oder ausgeschlossener Gesellschafter muß sich die Auslieferung seines Antheils am Gesellschaftsvermögen in einer den Werth desselben darstellenden Geldsumme gefallen lassen; er hat kein Recht auf einen verhältnißmäßigen Antheil an den einzelnen Forderungen, Waaren oder anderen Vermögensstücken der Gesellschaft[104]).

Artikel 132.

Macht ein Privatgläubiger eines Gesellschafters von dem nach Artikel 126. ihm zustehenden Rechte Gebrauch, so können die übrigen Gesellschafter auf Grund eines einstimmigen Beschlusses statt der Auflösung der Gesellschaft die Auseinandersetzung und die Auslieferung des Antheils des Schuldners nach den Bestimmungen der vorhergehenden Artikel vornehmen; der letztere ist dann als aus der Gesellschaft ausgeschieden zu betrachten.

Fünfter Abschnitt.

Von der Liquidation der Gesellschaft.[105])

Artikel 133.

Nach Auflösung der Gesellschaft außer dem Fall des Konkurses derselben erfolgt die Liquidation, sofern diese nicht durch einstimmigen Beschluß

---

102) Ist diese möglich, so kann sofort geklagt werden. Hierin liegt der Schutz gegen eine chikanöse Verzögerung der Auseinandersetzung. Prot. S. 244.

103) Der Pr. Entw. hatte eine Frist von einem Jahre angeordnet, nach deren Ablauf unter allen Umständen der Ausgeschiedene den Nachweis der Beendigung der laufenden Geschäfte, die Auszahlung der hiernach auf ihn fallenden Beträge, und seine Entlastung von den Gesellschaftsschulden sollte fordern können. Man entschied sich gegen jede Fristbestimmung, weil diese bald zu lang bald zu kurz (namentlich in Geschäften nach außereuropäischen Plätzen) sein werde, und weil eine richterliche Fristbestimmung theils unangemessen sei, theils wegen der Dauer des Prozesses erfolglos sein werde. Prot. S. 245.

104) Zur Begründung dieser Bestimmung wurde angeführt: Nach gemeinem Recht habe das Ausscheiden eines Gesellschafters die Folge, daß über das Gesellschaftsvermögen eine förmliche Auseinandersetzung gemacht werden müsse. Es sei aber ein unverkennbares Bedürfniß, auch das Gegentheil möglich zu machen, daß die Gesellschaft unter Feststellung der bestehenden Aktiva und Passiva und ihres ganzen gewerblichen Verkehrs fortgesetzt werde. Um dies zu ermöglichen, sei der Satz nothwendig, daß der ausgeschiedene Sozius seinen Antheil am Geschäftsvermögen nicht in Natur, durch Zuweisung der betreffenden Antheile an den ein-

der Gesellschafter oder durch den Gesellschaftsvertrag[106]) einzelnen Gesellschaftern oder anderen Personen übertragen ist, durch die sämmtlichen[107]) bisherigen Gesellschafter oder deren Vertreter[108]) als Liquidatoren. Ist einer der Gesellschafter gestorben, so haben dessen Rechtsnachfolger einen gemeinschaftlichen Vertreter zu bestellen.

Auf den Antrag eines Gesellschafters kann aus wichtigen Gründen die Ernennung von Liquidatoren durch den Richter erfolgen. Der Richter kann in einem solchen Falle Personen zu Liquidatoren ernennen oder als solche beiordnen, welche nicht zu den Gesellschaftern gehören.[109])

Artikel 134.

Die Abberufung von Liquidatoren[110]) geschieht durch einstimmigen[111])

---

zelnen Aktivis verlangen könne, sondern sich gefallen lassen müsse, daß dieser Theil geschätzt und ihm in Gelde vergütet werde. Prot. S. 248. — Der Art. 131. enthält übrigens nur eine Konsequenz aus dem Art. 91., und steht in Uebereinstimmung mit dem Art. 143.

105) Nach Auflösung der Gesellschaft muß die Feststellung und Versilberung des Gesellschaftsvermögens, sowie die Auseinandersetzung der Gesellschafter untereinander erfolgen. Dies ist der Zweck des Liquidationsverfahrens. Die AGO. Th. I. Tit. 46. §§. 35—40. Tit. 51. §§. 162—168. enthält nur Vorschriften über gerichtliche Auseinandersetzungen von Gesellschaftern. Die Weitläuftigkeiten und Kosten solcher gerichtlichen Theilungsprozeduren entsprechen aber weder dem Interesse der Gesellschafter, noch den Interessen der Gesellschaftsgläubiger. Der Handelsgebrauch hat daher die zweckmäßige Weise der außergerichtlichen Liquidirung des Gesellschaftsvermögens herausgebildet. Mit dem Momente der Auflösung der Gesellschaft hört dieselbe streng genommen auf zu bestehen. Es gewährt indessen für die Liquidation selbst die erheblichsten Vortheile und entspricht auch der Ansicht des Handelsstandes, die Fortdauer der Gesellschaft, soweit es die Liquidation betrifft, bis zur thatsächlichen Auseinandersetzung zu fingiren. Die Gesellschaft bedient sich namentlich in Folge dessen während der Liquidation noch ihrer bisherigen Gesellschaftsfirma (Art. 139) und behält ihren alten Gerichtsstand. (Art. 144.) Mot. S. 70.

106) Ist ein Liquidator im Gesellschaftsvertrage selbst bestellt worden, so bildet diese Bestimmung einen Theil des Gesellschaftsvertrages und kann deshalb nur durch den übereinstimmenden Willen aller Gesellschafter, oder nach Analogie des Art. 101. aus rechtmäßigen Ursachen durch Richterspruch aufgehoben werden. Mot. S. 71.

107) — weil mit der Auflösung der Gesellschaft die Vollmacht der geschäftsführenden Gesellschafter als erloschen anzusehen ist, und deshalb zwischen den ehemals geschäftsführenden und den von der Geschäftsführung ausgeschlossenen Gesellschaftern gar kein Unterschied mehr besteht. Prot. S. 1029 und 1049. Damit ist die Sache lediglich auf den Boden des Civilrechts gestellt, wonach alle Gesellschafter als Miteigenthümer in Gesammtheit zu handeln und sich auseinander zu setzen haben. Prot. S. 1051.

108) Die Worte „oder deren Vertreter" beziehen sich auf den Fall, wenn Einer der Gesellschafter in Konkurs verfallen, oder sonst zur selbstständigen Vermögensverwaltung unfähig geworden ist, was nach Art. 123. gleichfalls die Auflösung der Gesellschaft zur Folge hat. Prot. S. 250.

109) Zwischen den durch das Gesetz zur Liquidation berufenen bisherigen Gesellschaftern und den durch Uebereinkunft, oder durch den Richter ernannten Liquidatoren waltet Dritten gegenüber kein Unterschied ob. Prot. S. 1050.

110) Ein Antrag, zu bestimmen, daß der wegen einer unter den Gesell-

Beschluß aller Gesellschafter; sie kann auch auf den Antrag eines Gesellschafters aus wichtigen Gründen durch den Richter erfolgen.

Artikel 135.

Die Liquidatoren sind[112]) von den Gesellschaftern beim Handelsgerichte zur Eintragung in das Handelsregister anzumelden; sie haben ihre Unterschrift persönlich vor dem Handelsgerichte zu zeichnen oder die Zeichnung in beglaubigter Form einzureichen.

Das Austreten eines Liquidators oder das Erlöschen der Vollmacht eines solchen ist gleichfalls zur Eintragung in das Handelsregister anzumelden.

Die Gesellschafter sind zur Befolgung dieser Vorschriften von Amtswegen durch Ordnungsstrafen anzuhalten.

Dritten Personen kann die Ernennung von Liquidatoren, sowie das Austreten eines Liquidators oder das Erlöschen der Vollmacht eines solchen nur insofern entgegengesetzt werden, als hinsichtlich dieser Thatsachen die Voraussetzungen vorhanden sind, unter welchen nach Artikel 25. und 46. hinsichtlich einer Aenderung der Inhaber einer Firma oder des Erlöschens einer Prokura die Wirkung gegen Dritte eintritt.

Artikel 136.

Sind mehrere Liquidatoren vorhanden, so können sie die zur Liquidation gehörenden Handlungen mit rechtlicher Wirkung nur in Gemeinschaft[113]) vornehmen, sofern nicht ausdrücklich bestimmt ist, daß sie einzeln handeln können.

Artikel 137.

Die Liquidatoren haben die laufenden Geschäfte zu beendigen, die Verpflichtungen der aufgelösten Gesellschaft zu erfüllen, die Forderungen derselben einzuziehen und das Vermögen der Gesellschaft zu versilbern; sie haben die Gesellschaft gerichtlich und außergerichtlich zu vertreten; sie kön-

---

schaftsmitgliedern bestehenden Meinungsverschiedenheit vom Richter bestellte Liquidator durch einstimmigen Beschluß der Gesellschaftsmitglieder abberufen werden könne, wurde mit 9 gegen 7 Stimmen abgelehnt, jedoch dabei kund gegeben, daß mit dieser Abstimmung nicht das Gegentheil ausgesprochen, sondern die angeregte Frage eine offene sein solle, da die bei deren Beantwortung im Auge zu behaltenden Fälle zu verschieden seien, als daß sie alle mit einem Satze, wie der beantragte, richtig entschieden werden könnten. Prot. S. 251.

111) Ein Liquidator, welcher selbst Gesellschafter ist, kann nicht durch Beschluß der Gesellschafter ohne seine eigene Zustimmung abberufen werden. Prot. S. 4530.

112) — auch dann, wenn den früheren geschäftsführenden Gesellschaftern die Liquidation übertragen ist. Prot. S. 1013.

113) Dies entspricht den kaufmännischen Anschauungen und ist der Natur der Verhältnisse angemessen, denn mit der Auflösung der Gesellschaft hört die Präsumtion auf, daß nach der Absicht der bisherigen Gesellschafter jeder einzelne den anderen solle verpflichten dürfen. Prot. S. 1051. Der Art. 136. bezieht sich auf das Verhältniß der Liquidatoren zu Dritten und entspricht dem Art. 133. (vergl. Note 107. zu demselben). Prot. S. 1052.

nen für dieselbe Vergleiche schließen und Kompromisse eingehen. Zur Beendigung schwebender Geschäfte können die Liquidatoren auch neue Geschäfte eingehen.[114])

Die Veräußerung von unbeweglichen Sachen[115]) kann durch die Liquidatoren ohne Zustimmung der sämmtlichen Gesellschafter nicht anders, als durch öffentliche Versteigerung bewirkt werden.

Artikel 138.

Eine Beschränkung des Umfanges der Geschäftsbefugnisse der Liquidatoren[116]) (Artikel 137.) hat gegen dritte Personen keine rechtliche Wirkung.[117])

Artikel 139.

Die Liquidatoren haben ihre Unterschrift in der Weise abzugeben, daß sie der bisherigen, nun als Liquidationsfirma[118]) zu bezeichnenden Firma ihren Namen beifügen.

Artikel 140.

Die Liquidatoren haben, selbst wenn sie vom Richter bestellt sind, den Gesellschaftern gegenüber bei der Geschäftsführung den von diesen einstimmig getroffenen Anordnungen Folge zu geben.[119])

Artikel 141.

Die während der Liquidation entbehrlichen Gelder werden vorläufig unter die Gesellschafter vertheilt.

Zur Deckung von Schulden der Gesellschaft, welche erst später fällig werden, sowie zur Deckung der Ansprüche, welche den einzelnen Gesellschaftern bei der Auseinandersetzung zustehen, sind die erforderlichen Gelder zurückzubehalten.[120])

---

114) Die Frage, ob sich die Bestimmung rücksichtlich der Eingehung neuer Geschäfte nur auf das Verhältniß der Liquidatoren zu den Gesellschaftern beziehen solle, oder auch auf das Verhältniß zu Dritten, wurde in letzterem Sinne entschieden. Prot. S. 4532. Dadurch ist den Dritten allerdings die Erkundigungspflicht auferlegt, ob die neuen Geschäfte zur Beendigung schwebender Geschäfte geschlossen sind. Mot. S. 71.

115) — welchen in der hier vorliegenden Beziehung Schiffe und Schiffsantheile nicht gleichzustellen. Prot. S. 252.

116) — sie mögen von den Gesellschaftern, oder von dem Richter ernannt sein. Prot. S. 251.

117) Dies entspricht der Bestimmung des Art. 43. über die Prokuren.

118) — oder Stralzirungsfirma.

119) Für diese Bestimmung welche das Verhältniß des Liquidators zu Dritten gar nicht berührt, ist geltend gemacht worden: die Bestellung eines Liquidators durch den Richter erfolge nur aus Mangel an Einstimmigkeit der an sich ganz dispositionsfähigen Interessenten. Wo nun diese Einstimmigkeit herrsche, da bestehe kein Grund, dem übereinstimmenden Willen der Betheiligten einen überwiegenden Einfluß zu verweigern, zumal es sich um deren Vermögen handle. Prot. S. 252.

120) Die Liquidatoren können jedoch nicht zur Deckung von Schulden Zuschüsse von den Gesellschaftern verlangen; dies würde dem Art. 92. widersprechen.

Artikel 142.

Die Liquidatoren haben die schließliche Auseinandersetzung unter den Gesellschaftern herbeizuführen.[121]

Streitigkeiten, welche über die Auseinandersetzung entstehen, fallen der richterlichen Entscheidung anheim.[122]

Artikel 143.

Wenn ein Gesellschafter Sachen in die Gesellschaft eingebracht hat, welche Eigenthum derselben geworden sind,[123] so fallen dieselben bei der Auseinandersetzung nicht an ihn zurück, sondern er erhält den Werth aus dem Gesellschaftsvermögen erstattet, für welchen sie gemäß Uebereinkunft übernommen wurden.

Fehlt es an dieser Werthbestimmung, so geschieht die Erstattung nach dem Werthe, welchen die Sachen zur Zeit der Einbringung hatten.

Artikel 144.

Ungeachtet der Auflösung der Gesellschaft kommen bis zur Beendigung der Liquidation in Bezug auf das Rechtsverhältniß der bisherigen Gesellschafter unter einander, sowie der Gesellschaft zu dritten Personen die Vorschriften des zweiten und dritten Abschnitts zur Anwendung, soweit sich aus den Bestimmungen des gegenwärtigen Abschnitts und aus dem Wesen der Liquidation[124] nicht ein Anderes ergiebt.

Der Gerichtsstand, welchen die Gesellschaft zur Zeit der Auflösung hatte,[125] bleibt bis zur Beendigung der Liquidation für die aufgelöste Gesellschaft bestehen.

Zustellungen an die Gesellschaft geschehen mit rechtlicher Wirkung an einen der Liquidatoren.

Artikel 145.

Nach Beendigung der Liquidation werden die Bücher und Schriften der aufgelösten Gesellschaft einem der gewesenen Gesellschafter oder einem Dritten in Verwahrung gegeben.[126] Der Gesellschafter oder der Dritte

---

Fehlen die Mittel, und leisten die Gesellschafter nicht freiwillig Zuschüsse, um ungünstige Versilberung der Aktiva zu verhindern, so bleibt den Liquidatoren, falls sie nicht durch Depotgeschäfte &c. sich augenblickliche Hülfe schaffen können, Nichts übrig, als den Verkauf der Aktiva vorzunehmen. Prot. S. 254.

121) Ein Recht der Liquidatoren, den Gesellschaftern wider ihren Willen ausstehende Forderungen bei der Auseinandersetzung zuzutheilen, wurde nicht anerkannt. Prot. S. 1015. Ueber die Haftungspflicht der übrigen Sozien für die Güte der von einem Gesellschafter freiwillig übernommenen Ausstände vergl. Prot. S. 256 und 1015.

122) Durch diese Bestimmung soll der Verwechslung der Liquidatoren mit Schiedsrichtern vorgebeugt werden. Mot. S. 72.

123) Vergl. die Art. 91. und 131.

124) So ist z. B. die Anwendbarkeit der Art. 96. 97. auf eine liquidirende Sozietät ausgeschlossen. Prot. S. 4543 und 4640.

125) Vergl. Art. 111. Abs. 2.

126) Diese Bestimmung dient zur Ausführung des Art. 33.

wird in Ermangelung einer gütlichen Uebereinkunft durch das Handelsgericht bestimmt.

Die Gesellschafter und deren Rechtsnachfolger behalten das Recht auf Einsicht und Benutzung der Bücher und Papiere.

Sechster Abschnitt.

Von der Verjährung der Klagen gegen die Gesellschafter.[127])

Artikel 146.

Die Klagen[128]) gegen einen[129]) Gesellschafter aus Ansprüchen gegen

---

127) In der Konferenz ist die Streichung dieses ganzen Abschnittes aus folgenden Gründen beantragt worden: Der Gläubiger, dem für eine Forderung nur ein Schuldner hafte, habe die ordentliche Verjährungsfrist für sich; es sei nun nicht abzusehen, warum der Gläubiger, der für eine Forderung mehrere Schuldner habe, in einer schlechteren Lage sich befinden und seine Forderungen schon nach fünf Jahren verjährt sehen solle. In der neueren Zeit seien in vielen Staaten Gesetze über Abkürzung der Verjährungsfristen erlassen worden; aber alle hätten sie nur die Verjährung der Klagen der Gewerbsleute gegen das Publikum zum Gegenstande, und nicht die Verjährung der Klagen des Publikums gegen Gewerbsleute. Auch gingen die Gesetze von dem Gesichtspunkte aus, daß die Abkürzung der Verjährung nur aus Gründen bestimmt sei, welche in der besonderen Natur des Gegenstandes der Klage liegen, während hier ohne solche Unterscheidung ganz allgemein jene Abkürzung gegenüber gewissen Personen eingeführt werden solle. Die Gewerbs- und Kaufleute müßten durch ihre Buchführung ihre Schulden kennen, und hätten nach allen Gesetzgebungen Mittel, sich von denselben zu befreien. Die Absicht, den ausgeschiedenen Sozius zu liberiren, werde nicht überall erreichbar sein, weil nicht zugleich für die actio pro socio eine kürzere Verjährungsfrist gesetzt worden sei. Es könne vorkommen, daß die Verjährung gegen den einen Gesellschafter unterbrochen worden sei, gegen einen anderen nicht. Dann werde der Gläubiger eben gegen denjenigen Gesellschafter klagen, von welchem er die Einrede der Verjährnng nicht zu fürchten habe; dieser aber werde mit der actio per socio theilweisen Ersatz der bezahlten Schuld von dem anderen Gesellschafter verlangen können, obschon zu dessen Gunsten schon lange die Verjährung der Klage des Gläubigers vollendet gewesen sei. In allen diesen Fällen sei die schließliche Wirkung nicht die Verjährung der Forderung überhaupt, sondern nur das Aufhören der solidarischen Haftbarkeit. Mehr sei jedenfalls nicht gerechtfertigt, als nach Ablauf einer gewissen Zeit die Gesellschafter von ihrer Solidarverpflichtung für liberirt zu erklären.

Die Beibehaltung dieses Abschnittes wurde jedoch mit Rücksicht darauf beschlossen, daß die Verkürzung der in Deutschland geltenden Verjährungsfristen im Allgemeinen wünschenswerth, und bei der Verschiedenheit der gesetzlichen Bestimmungen über die Verjährungsfristen die Feststellung einer gemeinsamen Frist im Interesse des Verkehrs nothwendig sei, daß ferner für den ehemaligen Gesellschafter einmal eine Zeit kommen müsse, nach deren Ablauf er sich von allen bekannten und unbekannten Schulden aus dem Geschäftsbetriebe der Gesellschaft vollständig frei wissen könnte. Trotz der Buchführung könnten, zumal wenn ein Sozius unredlich gehandelt habe, Schulden entstanden sein, die aus den Büchern nicht ersichtlich wären. Ein Kredit über fünf Jahre (nach der Fälligkeit) hinaus, sei nicht üblich und es sei ganz angemessen, ihn durch das Gesetz abzuschneiden.

die Gesellschaft verjähren[130]) in fünf[131]) Jahren nach Auflösung der Gesellschaft oder nach seinem Ausscheiden oder seiner Ausschließung aus derselben, sofern nicht nach Beschaffenheit der Forderung eine kürzere Verjährungsfrist gesetzlich[132]) eintritt.

Die Verjährung beginnt mit dem Tage, an welchem die Auflösung der Gesellschaft oder das Ausscheiden oder die Ausschließung des Gesellschafters aus derselben in das Handelsregister eingetragen ist.[133])

Fälle, in denen die Verjährung gegen den einen der Gesellschafter unterbrochen würde, gegen den andern nicht, würden zu den seltensten Ausnahmen gehören. Prot. S. 262.

128) — auch die Wechselklagen, wenn wegen besonderer Verhältnisse die Verjährung der Klagen aus dem Wechsel erst nach fünf Jahren eintreten würde. Dies ist trotz Art. 2. dieses Gesetzbuchs für unbedenklich gehalten worden, weil die Wechselordnung über die Klagen gegen Gesellschafter gar nichts enthalte. Prot. S. 4508. Es gehören jedoch hierher nur die Klagen Dritter gegen die Gesellschaft, nicht der Gesellschafter unter einander (actio pro socio), s. vor. Note.

129) Der Satz ist dahin zu verstehen, daß die fünfjährige Verjährung zu Gunsten aller Gesellschafter eintritt, wenn die Gesellschaft aufgelöst wird, daß aber im Falle des Ausscheidens oder der Ausschließung eines Gesellschafters nur zu Gunsten dieses, nicht aber der übrigen Gesellschafter die gedachte Verjährung stattfindet. Prot. S. 1017.

130) Es kömmt nicht darauf an, ob der betreffende Gesellschafter Kenntniß von dem Bestehen der Schuld hat (oder haben konnte) oder nicht. Er kann sich selbst im ersteren Falle auf die Extinktivverjährung berufen, für welche auch im übrigen Civilrecht auf Seiten des Schuldners nicht bona fides erfordert wird. Ein Antrag, das Gegentheil im Gesetze zu bestimmen, ist von der Konferenz abgelehnt worden. Prot. S. 1019.

131) Die fünfjährige Frist ist dem französischen Rechte (Rheinisches Handelsgesetzbuch Art. 64.) entnommen, jedoch ist die in demselben enthaltene Beschränkung, daß diese Frist den Gesellschaftern, welche Liquidatoren sind, nicht zu Statten kommen soll, nicht übernommen worden, einerseits weil trotz der Einsicht der Bücher und Papiere der Gesellschaft ihnen dennoch einzelne Schulden unbekannt geblieben sein können, und andererseits weil kein Gesellschafter das Amt eines Liquidators übernehmen würde, wenn er Gefahr liefe, für etwaige Ansprüche dreißig Jahre lang verhaftet zu bleiben. Mot. S. 75.

132) — d. h. nach diesem Handelsgesetzbuche, oder nach irgend einem anderen Gesetze. Es bleiben jedoch die aus persönlichen Gründen in einem anderen Gesetze als dem vorliegenden bestimmten kürzeren Verjährungsfristen außer Betracht. Prot. S. 265.

133) Auf den Tag der Eintragung, nicht der Veröffentlichung kömmt es an; für alle Gläubiger (deren Forderung zu jener Zeit fällig ist) soll derselbe Anfangstermin der Verjährung gelten. Prot. S. 267. In der Konferenz bestand Meinungsverschiedenheit darüber, ob dem Einwande eines Gläubigers, daß es ihm unmöglich gewesen sei, innerhalb der Verjährungsfrist Kenntniß von den entscheidenden Einträgen zu erlangen, ein rechtliche Bedeutung zugewendet werden dürfe oder nicht, ibid. (Die Frage dürfte nach Preußischem Rechte zu verneinen sein.) — Es wurde ferner die Frage offen gelassen, was Rechtens sein solle, wenn eine Verjährung schon aus anderen Gründen, als aus dem im Art. 146. gedachten begonnen habe, ob z. B. eine Forderung, für welche nach anderen gesetzlichen Bestimmungen eine Verjährungsfrist von 10 Jahren gesetzt, und welche schon sei.

Wird die Forderung erst nach der Eintragung fällig, so beginnt die Verjährung mit dem Zeitpunkte der Fälligkeit.[134])

Artikel 147.

Ist noch ungetheiltes Gesellschaftsvermögen vorhanden, so kann dem Gläubiger die fünfjährige Verjährung nicht entgegengesetzt werden, sofern er seine Befriedigung nur aus dem Gesellschaftsvermögen sucht.[135])

Artikel 148.

Die Verjährung zu Gunsten eines ausgeschiedenen oder ausgeschlossenen Gesellschafters wird durch Rechtshandlungen nicht unterbrochen, welche gegen die fortbestehende Gesellschaft oder einen anderen Gesellschafter vorgenommen werden.[136])

Die Verjährung zu Gunsten eines bei der Auflösung einer Gesellschaft zu derselben gehörigen Gesellschafters wird nicht durch Rechtshandlungen gegen einen anderen Gesellschafter, wohl aber durch Rechtshandlungen gegen die Liquidatoren unterbrochen.[137])

Artikel 149.

Die Verjährung läuft auch gegen Minderjährige und bevormundete Personen, sowie gegen juristische Personen, denen gesetzlich die Rechte der Minderjährigen zustehen,[138]) ohne Zulassung der Wiedereinsetzung in den vorigen Stand, jedoch mit Vorbehalt des Regresses gegen die Vormünder und Verwalter.

Einf.=Ges. (ALR. und AGO.) Art. 24. Bei der Auflösung von Handelsgesellschaften kommen die Vorschriften der §§. 308. 309. 310. Theil I. Titel 17.[139]) des Allgemeinen Landrechts, sowie der §. 163. Theil I. Titel 51. der Allgemeinen Gerichts=Ordnung fortan nicht zur Anwendung.[140])

Art. 25. Die bisherigen Vorschriften über die Zulässigkeit des öffentlichen

---

9 Jahren in der Verjährung begriffen gewesen sei als es zur Auflösung der Gesellschaft gekommen, nun in 1 oder 5 Jahren verjähre. ibid. (Das erstere scheint das richtigere zu sein, weil der Art. 136. zu Gunsten des Schuldners, nicht zum Besten des säumigen Gläubigers gegeben ist.)

134) Dasselbe Prinzip enthält der §. 309. Th. I. Tit. 17. ALR.

135) — denn der Zweck der kürzeren Verjährung geht nur dahin, den vormaligen Gesellschafter gegen Angriffe auf sein Privatvermögen sicher zu stellen. Mot. S. 75.

136) — weil die hier vorgeschriebene Verjährung überhaupt nur zu Gunsten jedes einzelnen Gesellschafters eingeführt ist. Mot. S. 75.

137) Hinsichtlich der zur Unterbrechung der Verjährung geeigneten Rechtshandlungen bleiben die Grundsätze des allgemeinen bürgerlichen Rechts maaßgebend. Prot. S. 4535.

138) Die Zulassung solcher Ausnahmen würde die wohlthätige Wirkung der kürzeren Verjährungsfrist häufig ganz vereiteln. Das Bedürfniß, welches die Anordnung dieser Verjährung erfordert, ist ein so allgemeines, daß andere Rücksichten dagegen in den Hintergrund treten müssen. Mot. S. 76.

139) Auch die §§. 672—674. Thl. II. Tit. 8. ALR. sind aufgehoben. Vergl. Art. 60. des Einf.=Ges.

140) — weil die Verjährung der Klagen gegen die Gesellschafter in diesem Abschnitte abweichend regulirt ist. Mot. z. Einf.=Ges. S. 44.

Aufrufs und der Präklusion unbekannter Gläubiger einer Handelsgesellschaft in Folge des Austritts eines Gesellschafters oder der Auflösung der Gesellschaft, sowie die bisherigen Vorschriften über die Zulässigkeit des öffentlichen Aufrufs und der Präklusion unbekannter Gläubiger, welche aus den Rechtshandlungen eines Prokuristen oder Handlungsfaktors gegen den Eigenthümer der Handlung Ansprüche herleiten, insbesondere die Vorschriften der §§. 159. bis 162. und 164. bis 168. Theil I. Titel 51. der Allgemeinen Gerichts-Ordnung, treten außer Kraft.[141])

Zweiter Titel.

Von der Kommanditgesellschaft.

Erster Abschnitt.

Von der Kommanditgesellschaft im Allgemeinen.[1])

Artikel 150.

Eine Kommanditgesellschaft ist vorhanden, wenn bei einem unter einer gemeinschaftlichen[2]) Firma betriebenen Handelsgewerbe ein oder mehrere Gesellschafter sich nur mit Vermögenseinlagen[3]) betheiligen (Kommanditisten),

---

141) — weil der Zweck dieser Vorschriften, die an sich bedenklich sind, nicht nur im Art. 146. des Handelsgesetzbuchs auf anderem Wege zu erreichen versucht ist, sondern jene Vorschriften auch mit den Art. 25. 129. desselben kollidiren würden. Mot. z. Einf.-Ges. S. 46.

1) Der Pr. Entwurf handelte von der „stillen Gesellschaft", in dem dritten Titel des zweiten Buchs, und verstand darunter eben diejenige gesellschaftliche Vereinigung, welche gegenwärtig im Texte des Gesetzbuchs „Kommanditgesellschaft" genannt ist. Bei der ersten Lesung wurde jene Terminologie beibehalten, was bei den Protokollen der ersten Lesung im Auge zu behalten ist. Erst in zweiter Lesung drang das Verlangen, das Institut der deutschen stillen Gesellschaft aufrecht zu erhalten, durch, und man trennte deshalb diese von der Kommanditgesellschaft. Ueber die erheblichsten Unterschiede zwischen diesen beiden genossenschaftlichen Verbindungen, wie über das ihnen Gemeinsame vergl. Note 84. zu Art. 250.

2) Die Worte: „bei einem unter einer gemeinschaftlichen Firma betriebenen Handelsgewerbe" wurden zur Unterscheidung der neuen Kommandite von der alten stillen Gesellschaft für nothwendig erachtet, denn während bei der letzteren der stille Gesellschafter lediglich als ein Kapitalist erscheint, der sein Geld in ein fremdes Handelsgeschäft einlegt, (weshalb auch mehrere stille Gesellschafter unter sich in keiner Beziehung stehen, sondern so viele stille Gesellschaften als Gesellschafter vorhanden sind,) erscheinen der stille Gesellschafter oder die mehreren stillen Gesellschafter bei der neuen Kommandite als Mittheilhaber des Handelsgeschäfts und des Handelsnamens, daher als Mitglieder einer und derselben Gesellschaft. Prot. S. 1094.

3) Hiergegen wurde erinnert: es müsse auch alsdann eine stille (Kommandit-) Gesellschaft als vorhanden angesehen werden, wenn unter den entsprechenden Voraussetzungen sich ein Gesellschafter bloß mit Industrie oder mit anderen, geldeswerthen Leistungen betheilige. Dies wurde von anderer Seite verneint und hierbei hervorgehoben: Der Zweck der Kommanditgesellschaft sei der, daß da-

während bei einem oder mehreren anderen Gesellschaftern die Betheiligung nicht in dieser Weise beschränkt ist (persönlich haftende Gesellschafter).

Sind mehrere persönlich haftende Gesellschafter vorhanden, so ist in Ansehung ihrer die Gesellschaft zugleich eine offene Gesellschaft.

Zur Gültigkeit des Gesellschaftsvertrages bedarf es der schriftlichen Abfassung nicht. [4])

Artikel 151.

Die Errichtung einer Kommanditgesellschaft ist von sämmtlichen [5]) Gesellschaftern bei dem Handelsgerichte, in dessen Bezirk die Gesellschaft ihren Sitz hat, Behufs der Eintragung in das Handelsregister anzumelden.

Die Anmeldung muß enthalten:

1) den Namen, Vornamen, Stand und Wohnort jedes persönlich haftenden Gesellschafters;
2) den Namen, Vornamen, Stand und Wohnort jedes Kommanditisten mit der Bezeichnung desselben als solchen;
3) die Firma [6]) der Gesellschaft und den Ort, wo sie ihren Sitz hat;
4) den Betrag der Vermögenseinlage jedes Kommanditisten.

Die Anmeldung muß von allen Gesellschaftern persönlich vor dem Handelsgerichte unterzeichnet, oder in beglaubigter Form eingereicht werden; sie ist nach ihrem ganzen Inhalt in das Handelsregister einzutragen. [7])

---

durch der Kapitalist Gelegenheit erhalte, kaufmännische Geschäfte mit seinem Gelde zu unterstützen, ohne sich mit persönlicher Thätigkeit zu betheiligen, und daß ihm mit Rücksicht auf den Mangel der Betheiligung durch persönliche Thätigkeit möglich gemacht werde, von jeder Haftung frei zu bleiben, welche weiter als der Betrag des zugeschossenen Kapitales gehe. Von allem dem treffe bei einem Manne, der sich nur durch Dienstleistungen ꝛc. und nicht durch Geldeinlagen betheilige, gar nichts zu. Es könne beim Mangel an Geldeinlagen der zuerst erwähnte Zweck nicht gedacht werden, und es sei auch kein genügender Grund vorhanden, die persönliche Haftbarkeit des Gesellschafters auszuschließen, wenn er sich persönlich bei der Geschäftsführung betheilige. Das Wesen der Kommanditgesellschaft bestehe ganz besonders darin, daß dem handelnden Kaufmanne von Einem, der nicht mithandle, etwas zum Betriebe des Geschäfts anvertraut werde; schon der Name „Kommanditgesellschaft" (von commenda) deute darauf hin. Ein Gesellschafter, welcher keine Geldeinlagen, sondern nur industrielle Dienstleistungen einbringe, sei nach der allgemeinen Anschauung des Handelsstandes nichts als ein commis intéressé, aber kein Kommanditist. Prot. S. 288.

4) Für diese Bestimmung sind die zu Art. 85. angegebenen Motive geltend gemacht worden. Es wurde hinzugefügt, daß es ganz unstatthaft sei, wenn man zwei Kontrahenten lediglich zur Sicherheit dritter Personen zwingen wolle, ihren Vertrag schriftlich zu errichten. Prot. S. 291.

5) — also auch von den Kommanditisten. Dies wurde beschlossen, weil die einseitig erwirkten Eintragungen der Komplementäre kein Vertrauen erwecken würden, oder von den Letzteren benutzt werden könnten, sich durch unrichtige Angaben Kredit zu verschaffen. Prot. S. 293.

6) Ueber die nothwendige Beschaffenheit der Firma s. Art. 17. Abs. 2. u. 3.

7) Erst durch die Eintragung erlangt die Kommanditgesellschaft als solche ihre rechtliche Existenz. Vergl. Art. 163.

Bei der Bekanntmachung der Kommanditgesellschaft in den öffentlichen Blättern (Artikel 13.) unterbleibt [8]) die Angabe der Namen, des Standes und des Wohnorts der Kommanditisten, sowie die Angabe des Betrages ihrer Vermögenseinlagen. [9])

Artikel 152.

Bei jedem Handelsgerichte, in dessen Bezirk die Kommanditgesellschaft eine Zweigniederlassung hat, muß dies Behufs der Eintragung in das Handelsregister angemeldet werden. [10])

Die Anmeldung muß die in Artikel 151. Ziffer 1. bis 4. bezeichneten Angaben enthalten, und von sämmtlichen persönlich haftenden Gesellschaftern vor dem Handelsgericht unterzeichnet oder in beglaubigter Form eingereicht werden.

Artikel 153.

Die persönlich haftenden Gesellschafter, welche die Gesellschaft vertreten sollen, haben die Firma nebst ihrer Namensunterschrift persönlich vor dem Handelsgericht, in dessen Bezirk die Gesellschaft ihren Sitz hat, und vor jedem Handelsgericht, in dessen Bezirk sie eine Zweigniederlassung hat, zu zeichnen oder die Zeichnung in beglaubigter Form einzureichen.

Artikel 154.

Das Handelsgericht hat die persönlich haftenden Gesellschafter zur Befolgung der in den Artikeln 151. 152. und 153. enthaltenen Vorschriften von Amtswegen durch Ordnungsstrafen anzuhalten.

Artikel 155.

Wenn die Firma einer bestehenden Kommanditgesellschaft geändert, oder der Sitz der Gesellschaft an einen anderen Ort verlegt wird, so sind diese Thatsachen von sämmtlichen Gesellschaftern in der durch Artikel 151. bestimmten Weise Behufs der Eintragung in das Handelsregister anzumelden. Das Handelsgericht hat die persönlich haftenden Gesellschafter zur Befolgung dieser Anordnung von Amtswegen durch Ordnungsstrafen anzuhalten.

Bei der Bekanntmachung kommt in Betreff der Kommanditisten die Vorschrift des Artikels 151. zur Anwendung.

Die Wirkung gegen Dritte richtet sich nach den Bestimmungen des Artikels 25.

---

8) Selbst auf Antrag der Betheiligten kann die gerichtliche Veröffentlichung auf Namen und Einlage der Kommanditisten nicht ausgedehnt werden. Prot. S. 1098.

9) Die Bekanntmachung des Namens der Kommanditisten soll unterbleiben, weil dies viele Kapitalisten von der Betheiligung an solchen Gesellschaften abschrecken würde; wird aber derjenige nicht genannt, welcher die Einlage versprochen hat, so ist eine Bekanntmachung der Einlage selbst illusorisch. Prot. S. 293. u. 1097. Die Veröffentlichung der letzteren wurde um so mehr für entbehrlich gehalten, als die veröffentlichten Eintragungen eben so leicht auf Unwahrheit, als auf Wahrheit beruhen können. Prot. S. 1097.

10) vergl. Art. 21. Abs. 3.

Artikel 156.

Wenn in eine bestehende Kommanditgesellschaft ein neuer Kommanditist eintritt, so muß dies von sämmtlichen Gesellschaftern zur Eintragung in das Handelsregister und zur Bekanntmachung nach den Bestimmungen des Artikels 151. angemeldet werden.

Artikel 157.

Das Rechtsverhältniß der Gesellschafter unter einander[11]) richtet sich zunächst nach dem Gesellschaftsvertrage. Soweit keine Vereinbarung getroffen ist, kommen die gesetzlichen Bestimmungen über das Rechtsverhältniß der offenen Gesellschafter untereinander auch hier zur Anwendung, jedoch mit den Abweichungen, welche die nachfolgenden Artikel (158. bis 162.) ergeben.

Artikel 158.

Die Geschäftsführung der Gesellschaft wird durch den oder die persönlich haftenden Gesellschafter besorgt.[12])

Ein Kommanditist ist zur Führung der Geschäfte der Gesellschaft weder berechtigt noch verpflichtet.

Er kann gegen die Vornahme einer Handlung der Geschäftsführung durch die persönlich haftenden Gesellschafter (Artikel 99. bis 102.) Widerspruch nicht erheben.

Artikel 159.

Ein Kommanditist[13]) darf ohne Genehmigung der anderen Gesellschafter in dem Handelszweig der Gesellschaft für eigene oder fremde Rechnung Geschäfte machen und an einer anderen gleichartigen Handelsgesellschaft als offener Gesellschafter Theil nehmen.

Artikel 160.

Jeder Kommanditist ist berechtigt, die abschriftliche Mittheilung der jährlichen Bilanz zu verlangen und die Richtigkeit derselben unter Einsicht der Bücher und Papiere zu prüfen.[14])

Die im Artikel 105. bezeichneten weiteren Rechte eines offenen Gesellschafters stehen einem Kommanditisten nicht zu.

Jedoch kann das Handelsgericht auf den Antrag eines Kommanditisten, wenn wichtige Gründe dazu vorliegen, die Mittheilung einer Bilanz oder sonstiger Aufklärungen nebst Vorlegung der Bücher und Papiere zu jeder Zeit anordnen.

---

11) Die Art. 157—163. handeln von den inneren und die Art. 163—169. von den äußeren Verhältnissen der Kommanditgesellschaften.

12) Ueber den Fall, wenn ein Kommanditist für die Gesellschaft Geschäfte schließt, siehe Art. 167. Abs. 3.

13) Dasselbe gilt vom stillen Gesellschafter (Prot. S. 4545.), weil Beide auf die Geschäftsführung der Gesellschaft gar keinen unmittelbaren Einfluß haben, und folglich die Befürchtung fortfällt, daß der Gesellschaftshandel zu Gunsten des eigenen Handels eines Gesellschafters gefährdet werden könnte. Mot. S. 80.

14) Dieses Recht ist in den Gesellschaftsverhältnissen begründet. Mot. S. 78.

Artikel 161.

Die Bestimmungen der Artikel 106. bis 108. über die Verzinsung der Einlage, über die jährliche Berechnung des Gewinnes oder Verlustes und über die Befugniß, Zinsen und Gewinn zu erheben, gelten auch in Betreff des Kommanditisten.

Jedoch nimmt ein Kommanditist an dem Verluste nur bis zum Betrage seiner eingezahlten oder rückständigen Einlage Antheil.

Er ist nicht verpflichtet, die Zinsen und den Gewinn, welche er bezogen hat, wegen späterer Verluste zurückzuzahlen;[15]) jedoch wird, so lange seine ursprüngliche Einlage durch Verlust vermindert ist, der jährliche Gewinn zur Deckung des Verlustes verwendet.[16])

Artikel 162.

Ist über die Höhe der Betheiligung an Gewinn und Verlust nichts vereinbart, so wird dieselbe nach richterlichem Ermessen, nöthigenfalls unter Zuziehung von Sachverständigen, festgestellt.[17])

Artikel 163.

Im Verhältniß zu dritten Personen tritt die rechtliche Wirksamkeit einer Kommanditgesellschaft mit dem Zeitpunkt ein, in welchem die Errichtung der Gesellschaft bei dem Handelsgericht, in dessen Bezirk die Gesellschaft

---

15) — weil sonst die Haftpflicht des Kommanditisten über seine Einlage hinaus vergrößert werden würde. Mot. S. 79.

16) — weil nur der Ueberschuß über die volle Einlage als wirklicher Gewinn erachtet werden kann. Mot. S. 79. — Der Abs. 3. des Art. 161. bezieht sich, wie seine Stellung ergiebt, auf das Verhältniß des Kommanditisten dem verantwortlichen Gesellschafter gegenüber. Zinszahlungen an den ersteren sind unwiderruflich, wenn auch die Voraussetzungen des Abs. 6. im Art. 165., welcher vom Verhältniß des Kommanditisten Dritten gegenüber handelt, nicht vorhanden sind. Prot. S. 4643.

17) Dasselbe gilt beim stillen Gesellschafter; vergl. Art. 254. — Der Pr. Entwurf hatte im Art. 151. verordnet: „Sofern nicht vertragsmäßig ein Anderes bestimmt ist, werden von den Einlagen keine Zinsen berechnet; der Gewinn wird nach Verhältniß der Einlagen vertheilt. Der Gesellschafter, welcher keine Vermögenseinlage gemacht hat, steht rücksichtlich der Gewinnvertheilung demjenigen Gesellschafter gleich, dessen Vermögenseinlage die kleinste ist." (Vgl. Mot. S. 79.) — Man bemerkte jedoch: Die Unangemessenheit dieser Vertheilungsart ergebe sich unter Anderem aus folgenden Beispielen: Wenn A., der ohne eine Vermögenseinlage zu machen, das Geschäft leite und durch seine Geschicklichkeit dasselbe auf einen großen Ertrag erhebe, mit B. assoziirt sei, welcher mit einer Einlage von 10,000 Fl. sich betheiligt habe, dann theile A. den Gewinn so, als wenn er auch 10,000 Fl. eingelegt hätte. Wenn aber zur Gesellschaft außerdem auch noch C. als stiller Gesellschafter mit 5000 Fl. hinzutrete, dann bekomme A. trotz vermehrter Geschäfte nur so viel Gewinn, als wenn er 5000 Fl. eingelegt hätte. Ferner, wenn A., der ohne Geldeinlage das Geschäft leite, mit B. als einem stillen, mit 50,000 Fl. betheiligten Gesellschafter verbunden sei, dann beziehe er die Hälfte des Gewinnes. Wenn er nun selbst von dem in einem Jahre gezogenen Gewinne 1000 Fl. erübrige und einlege, dann würde er aus diesen 1000 Fl. einen Gewinn, somit nur $^1/_{51}$ des Gewinnes erhalten. — Bezüglich der Vertheilung nach

ihren Sitz hat, in das Handelsregister eingetragen ist, oder die Gesellschaft auch nur ihre Geschäfte begonnen hat.[18])

Die Beschränkung, daß die Gesellschaft erst mit einem späteren Zeitpunkt als dem der Eintragung ihren Anfang nehmen soll, hat gegen dritte Personen keine rechtliche Wirkung.

Hat die Gesellschaft vor der Eintragung ihre Geschäfte begonnen, so haftet jeder Kommanditist dritten Personen für die bis zur Eintragung entstandenen Verbindlichkeiten der Gesellschaft gleich einem persönlich haftenden Gesellschafter, wenn er nicht beweist, daß denselben seine beschränkte Betheiligung bei der Gesellschaft bekannt war.[19])

Artikel 164.

Die Kommanditgesellschaft kann unter ihrer Firma Rechte erwerben und Verbindlichkeiten eingehen, Eigenthum und andere dingliche Rechte an Grundstücken[20]) erwerben, vor Gericht klagen und verklagt werden.

Ihr ordentlicher Gerichtsstand ist bei dem Gericht, in dessen Bezirk sie ihren Sitz[21]) hat.

Artikel 165.

Für die Verbindlichkeiten der Gesellschaft haftet der Kommanditist nur

---

Kopftheilen wurde angeführt, daß A. in dem eben erwähnten Beispiele die Hälfte erhalte. Wenn aber die 50,000 Fl. statt von einem stillen Gesellschafter von fünf beigetragen seien, so bekomme er bei gleicher Mühe nur ⅙ des Gewinnes 2c.

Da auch alle ferneren Vorschläge über die Art der Vertheilung gleiche Unzulänglichkeiten bei ihrer Anwendung ergaben und abgelehnt wurden, so blieb Nichts übrig, als das richterliche Ermessen eintreten zu lassen. Prot. S. 302. Dasselbe ist an die Vorschrift des Art. 109. nicht gebunden.

18) Dieser Satz entspricht dem Art. 110.

19) Für diese Bestimmung wurde angeführt: die Kommandit-Gesellschaft und die offene Gesellschaft hätten das mit einander gemein, daß ein gemeinschaftliches Handelsvermögen unter einem gemeinschaftlichen Handelsnamen zu gründen beabsichtigt werde, und daß da die Firma eben sowohl Handelsname des Kommanditisten wie des Komplementärs sei, die Rechtsgeschäfte der Gesellschaft also nicht bloß für Rechnung des Ersteren, wie bei der stillen Gesellschaft, sondern auch zugleich in dessen Namen mit abgeschlossen würden, jeder der Gesellschafter als Kontrahent erscheine. Nur darin unterscheide sich die Kommandit-Gesellschaft von der offenen Gesellschaft, daß bei der ersteren ein Verfahren gesetzlich festgestellt sei, durch welches der eine Sozius seine beschränkte Haftung Dritten gegenüber zur Geltung bringen könne. Hieraus folge, daß so lange dies Verfahren nicht beobachtet worden, die Kontrahenten so anzusehen seien, als hätten sie eine Gesellschaft ohne weitere Modifikation verabredet, und daß sie Dritten gegenüber solidarisch haften müßten, weil sie dieselben in Ungewißheit gelassen hätten, welcher Art das bestehende Sozietätsverhältniß sei nnd ob es als ein solches anzusehen sei, welches gesetzlich nur eine beschränkte Haftung nach sich ziehe. — Zur Milderung der getroffenen Bestimmung sind die Worte: „wenn er nicht beweist 2c." hinzugefügt. Prot. S. 4539.

20) S. Einf.-Ges. Art. 23.

21) S. Note 60. zu Art. 111.

mit der Einlage[22]) und, soweit diese nicht eingezahlt ist, mit dem versprochenen Betrage.

Die Einlage des Kommanditisten kann während des Bestehens der Gesellschaft weder ganz noch theilweise zurückbezahlt oder erlassen werden.[23])

Zinsen können ihm von der Gesellschaft nur insoweit bezahlt werden, als dadurch die ursprüngliche Einlage nicht vermindert wird.

Er kann bis zur Wiederergänzung der durch Verlust verminderten Einlage weder Zinsen noch Gewinn beziehen.[24])

Er haftet für die Verbindlichkeiten der Gesellschaft, wenn und inso-

---

22) Er haftet jedoch mit seiner Einlage für die Schulden der Gesellschaft ganz und solidarisch, und nicht blos für Raten dieser Schuld. Prot. S. 1100. Ob aber den Gläubigern ein direktes Klagerecht gegen den Kommanditisten gegeben werden solle, darüber herrschte Meinungsverschiedenheit. Es wurde hierfür geltend gemacht, das Bedürfniß zeige sich, wenn der Komplementär im Einverständniß mit dem Kommanditisten gehandelt habe, oder wenn die Gesellschaft aufgelöst worden sei; eine solche direkte Klage habe auch nichts Bedenkliches, da sie immerhin auf einen Theil des Gesellschaftsvermögens gerichtet sei, aus welchem der Gläubiger befriedigt zu werden berechtigt sei. Daß der Kommanditist statt des Komplementärs diesen Vermögenstheil in Händen habe, könne dem Rechte der Gläubiger keinen Eintrag thun. — Dagegen bemerkte man jedoch, die Gläubiger der Gesellschaft könnten immer nur ex jure cesso des Komplementärs gegen den Kommanditisten klagen, weil Letzterer in gar keinen kontraktlichen Beziehungen zu den Gläubigern des Komplementärs stehe; dies sei durch die französische Rechtssprechung anerkannt. Auch würde es, namentlich bei drohendem Konkurse, zu großer Verwirrung führen, wenn jedem einzelnen Gläubiger ein direktes Klagerecht gegen die bei der Geschäftsführung nicht betheiligten Kommanditisten zugestanden würde. — Obschon sich die Mehrheit der Versammlung zu der letzteren Meinung hinneigte, beschloß man dennoch eine ausdrückliche Bestimmung des Inhalts: daß die Gläubiger kein direktes Klagerecht gegen die Kommanditisten haben, nicht aufzunehmen, weil man meinte, die Frage werde wohl nur im Konkurse zur Anwendung kommen, bei welchem schon ohnehin allgemeine Rechtsgrundsätze auf den geeigneten Weg führen würden. Prot. S. 1103.

Die Forderung des Kommanditisten als solchen gegen die Gesellschaft ist nur auf Rückerstattung der Einlage und auf Auszahlung des Gewinnes gerichtet. So lange noch unbezahlte Geschäftsschulden vorhanden sind, haftet die Einlage und der noch nicht bezogene Gewinn des Kommanditisten für dieselben, und so lange besteht eine Forderung des letzteren nicht; in so lange kann derselbe also gar nicht Gläubiger der Gesellschaft sein, sondern nur Mitschuldner. Aus diesem Grunde ist die Bestimmung des Art. 146. im Pr. Entwurf: „die Forderungen der stillen Gesellschafter (Kommanditisten) als solcher stehen den Ansprüchen nach, welche für Dritte aus den für gemeinschaftliche Rechnung geführten Geschäften entstanden sind" als eine sich von selbst verstehende nicht übernommen worden. Prot. S. 294.

23) — weil die Einlage desselben einen Theil des den Gesellschaftsmitgliedern verhafteten Gesellschaftsvermögens bildet. Mot. S. 79. Ist der Kommanditist mit der Einzahlung im Verzuge, so muß er der Gesellschaft Zinsen zahlen. Prot. S. 294.

24) — d. h. unter den vorliegenden Voraussetzungen können dem Kommanditisten Zinsen und Gewinne zwar berechnet (Art. 161.), aber nicht ausgezahlt werden. Prot. S. 1163.

weit er diesen Bestimmungen entgegen Zahlungen von der Gesellschaft empfangen hat.

Er ist jedoch nicht verpflichtet, die Zinsen und den Gewinn zurückzuzahlen, welche er auf Grund einer in gutem Glauben errichteten Bilanz in gutem Glauben bezogen hat.[25])

Artikel 166.

Wer in eine bestehende Handelsgesellschaft als Kommanditist eintritt, haftet nach Maaßgabe des vorhergehenden Artikels für alle von der Gesellschaft vor seinem Eintritt eingegangenen Verbindlichkeiten, es mag die Firma eine Aenderung erleiden oder nicht.

Ein entgegenstehender Vertrag ist gegen Dritte ohne rechtliche Wirkung.[26])

Artikel 167.

Die Kommanditgesellschaft wird durch die persönlich haftenden Gesellschafter[27]) berechtigt und verpflichtet;[28]) sie wird durch dieselben vor Gericht vertreten.

Zur Behändigung von Vorladungen und anderen Zustellungen an die Gesellschaft genügt es, wenn dieselbe an einen der zur Vertretung befugten Gesellschafter geschieht.

Ein Kommanditist,[29]) welcher für die Gesellschaft Geschäfte schließt, ohne ausdrücklich zu erklären, daß er nur als Prokurist oder als Bevollmächtigter handle, ist aus diesen Geschäften gleich einem persönlich haftenden Gesellschafter verpflichtet.[30])

---

25) Diese Bestimmung soll ausdrücken, daß sowohl der dolus des Kommanditisten, als auch dessen, der die Bilanz errichtet, zur Zurückzahlung verpflichtet. Prot. S. 1163. — Der letzte Absatz des Art. 165. beseitigt die Ansicht, als sei auch bei der Kommanditgesellschaft jede Gewinnvertheilung eine provisorische, und spricht vielmehr aus, daß bei ihr jede einmal bewirkte Gewinnvertheilung als eine definitive angesehen werden muß. Man ging davon aus, daß die Gewinnvertheilungen nur auf Grund der Bilanzen und der ihnen zum Grunde liegenden imaginären Schätzungen, nicht aber auf Grund von förmlichen Auseinandersetzungen erfolgen; es müsse deshalb, wenn nicht die größte Unsicherheit entstehen solle, die Rückforderung aus dem Grunde, weil die angenommenen Schätzungen sich nachträglich als nicht völlig auf objektiver Wahrheit beruhend herausgestellt hätten, abgeschnitten sein. Dagegen erachtete man es für selbstverständlich, daß da, wo die thatsächlichen Voraussetzungen dazu vorhanden seien, bei offenbaren Rechnungsfehlern u. dgl. weder dem verantwortlichen Sozius noch seinen Gläubigern die condictio indebiti benommen sei. Mot. S. 79. Prot. S. 303.

26) Der Art. 166. entspricht dem Art. 113.

27) Hierdurch wird nur ausgeschlossen, daß auch die Kommanditisten die Gesellschaft zu vertreten berechtigt sind, jedoch nicht gleichzeitig bestimmt, daß bei der Kommanditgesellschaft nur die sämmtlichen offenen Gesellschafter ohne Rücksicht darauf, ob sie unter sich etwas über die Vertretung der Gesellschaft ausgemacht haben oder nicht, zur Vertretung derselben berechtigt sind. Pr. S. 1163.

28) — s. Einf.-Ges. Uebergangs-Bestimmungen Art. 67.

29) Dies gilt nicht bei den Kommanditgesellschaften auf Aktien s. Art. 196.

30) Diese Vorschrift, welche bezweckt, den Kommanditisten von der Geschäftsführung gänzlich auszuschließen, ist im Interesse des Publikums, um Täuschungen

Artikel 168.

Der Name eines Kommanditisten darf in der Firma der Gesellschaft nicht enthalten sein;[31]) im entgegengesetzten Falle haftet er den Gläubigern der Gesellschaft gleich einem offenen Gesellschafter.[32])

Artikel 169.

Die Bestimmungen der Artikel 119. 120. 121. und 122. finden auch bei der Kommanditgesellschaft Anwendung.

---

zu vermeiden, durchaus nöthig, denn dieses sieht überwiegend auf die Wirklichkeit und konkrete Erscheinung, ohne sich bei jedem Geschäfte die Eintragungen in das Register gegenwärtig zu halten. Dasselbe würde daher sehr häufig den geschäftsführenden Gesellschafter für den persönlich Verpflichteten halten, während dieser nachträglich als nur mit der Einlage verhaftet sich erweisen würde. Mot. S. 78. Eine Ausnahme von der in Folge der Geschäftsführung eintretenden persönlichen Haftung ist nur für den Fall gemacht, daß der Kommanditist ausdrücklich erklärt, daß er nur als Prokurist oder Bevollmächtigter der Gesellschaft handle, weil alsdann eine Täuschung über die Haftbarkeit des Kontrahirenden ausgeschlossen ist. — Der Pr. Entw. hatte nach dem Vorbilde des französischen Rechts im Art. 149. verordnet: „Ein stiller Gesellschafter, welcher Namens der Gesellschaft Rechtshandlungen vornimmt oder für dieselbe auch nur als Faktor oder Bevollmächtigter Geschäfte führt, haftet den Gläubigern der Gesellschaft persönlich und solidarisch." Diese Bestimmung ist jedoch nicht übernommen worden, weil nicht abzusehen sei, weshalb derjenige, welcher sich blos als Prokurist gerire, der also jedem dritten Kontrahenten durch sein Benehmen zu erkennen gebe, daß er nicht als Gesellschafter handeln und haften wolle, dennoch eine Haftbarkeit übernehmen solle, als wenn er Gesellschafter wäre, und weil es unbillig sei, daß ein stiller Gesellschafter, welcher einmal in einem dringenden Falle eine Rechtshandlung für die Gesellschaft vornimmt, persönlich und solidarisch für alle vor und nachher kontrahirten Handelsschulden des Komplementärs haften solle; es könne nur gebilligt werden, daß er insoweit persönlich und solidarisch hafte, als er ohne ausdrückliche Angabe seiner Eigenschaft als Bevollmächtigter ein bestimmtes Rechtsgeschäft für die Gesellschaft gemacht habe. Pr. S. 296.

31) Durch die Aufnahme des Namens in die Gesellschaftsfirma können Dritte zu der Annahme verleitet werden, daß eine offene Handelsgesellschaft besteht, und mit Rücksicht hierauf einen größeren Kredit geben. Dies führt dahin, daß ein in der Firma benannter Kommanditist gleich einem offenen Gesellschafter haften muß. Mot. S. 77.

32) Hierzu war die Ausnahme proponirt, daß der Name eines ausgetretenen offenen Gesellschafters in der Firma beibehalten werden könne, wenn er als stiller Gesellschafter beim Geschäfte betheiligt bleibe. Vergl. Mot. S. 78. Zu Gunsten dieser Ausnahme machte man geltend, es solle durch dieselbe für die Fälle gesorgt werden, in welchen z. B. Vater und Sohn in offener Gesellschaft gestanden, und in denen der Vater wegen vorgerückten Alters aus dem Geschäfte austrete um von der Haftung frei zu werden, aber gleichwohl seinem Sohne ein Betriebskapital im Geschäfte und die vielleicht berühmt gewordene Firma überlassen wolle. Die Konsequenz — so meinte man — erfordere eine solche Bestimmung, denn wenn man die Beibehaltung der alten Firma gestatte, wenn der austretende offene Gesellschafter für die Folge gar nicht mehr hafte (Art. 24.), so müsse man sie doch auch zulassen, wenn er immer noch mit einem Theile seines Vermögens haften wolle; endlich sei jene Bestimmung unschädlich, denn nach dem Systeme des Han-

Artikel 170.

Wenn ein Kommanditist stirbt oder zur Verwaltung seines Vermögens rechtlich unfähig wird, so hat dies die Auflösung der Gesellschaft nicht zur Folge.[33])

Im Uebrigen gelten die in den Artikeln 123. bis 128.[34]) für die offene Gesellschaft gegebenen Bestimmungen auch für die Kommanditgesellschaft.[35])

Artikel 171.

Wenn eine Kommanditgesellschaft aufgelöst wird, oder wenn ein Kommanditist mit seiner ganzen Einlage oder mit einem Theile derselben ausscheidet, so müssen diese Thatsachen in das Handelsregister eingetragen werden.

---

delsgesetzbuchs dürfe man von der Firma keinen nothwendigen Schluß auf die bei einem Handelsgeschäfte betheiligten Personen ziehen. — Dagegen wurde jedoch bemerkt: die gedachte Ausnahme werde ein passendes Mittel zur Umgehung der Vorschrift sein, daß der Name des stillen Gesellschafters in der Firma nicht vorkommen solle, und leicht zu Mißbräuchen dienen, so z. B. wenn ein Mann von ausgezeichnetem Kredite blos deshalb auf kurze Zeit als offener Gesellschafter mit einem Anderen sich verbinde, um bald darnach als stiller Gesellschafter zurückzutreten und doch dem verantwortlichen die Beibehaltung seines Namens in der Firma zu sichern. Wenn ein offener Gesellschafter ganz austrete, so werde dies in der Regel hinreichend bekannt werden, dagegen das Verbleiben in dem Geschäfte als stiller Gesellschafter sehr leicht, wenn die alte Firma beibehalten werde, zu der Auffassung führen, daß das ganze alte Verhältniß fortbestehe. — Aus diesen Gründen ist die Zulassung der vorgeschlagenen Ausnahme abgelehnt worden. Prot. S. 295. und 1104.

33) — weil weniger die Persönlichkeit als die Einlage des Kommanditisten in Betracht kömmt. Mot. S. 80. — Wohl aber können die Gläubiger eines Kommanditisten, wenn dieser in Konkurs verfällt, die Auflösung der Gesellschaft verlangen. Dies wurde als Konsequenz des Art. 126. angesehen; doch haben die übrigen Gesellschafter das ihnen im Art. 132. verliehene Recht.

34) Man führte an: Mit Ausnahme des Falles, wenn ein Kommanditist auf Ausschließung des einzigen verantwortlichen Sozius antrage, in welchem Falle die Auflösung der Gesellschaft allerdings unvermeidlich sei, paßten die Art. 127 und 128. auch auf die Kommanditgesellschaft. Einerseits werde dadurch den offenen Gesellschaftern das Recht entzogen, gegen den Willen eines Kommanditisten auf Ausschließung eines verantwortlichen Sozius anzutragen und zu beschließen, daß nach dessen Austritt die Sozietät unter ihnen fortgesetzt werde, obschon der Kommanditist vielleicht nur mit Rücksicht auf die Persönlichkeit des Austretenden Mitglied der Gesellschaft sein wollte. Andrerseits sei es unbedenklich dem Kommanditisten zuzugestehen, auf Ausschließung eines von mehreren verantwortlichen Gesellschaftern statt auf Auflösung der Sozietät anzutragen, weil doch auch die übrigen verantwortlichen Gesellschafter zustimmen müßten, um einem solchen Antrage Nachdruck zu geben. Prot. S. 1164. Aus diesen Gründen wurde die Bezugnahme auf die Art. 127. u. 128. beschlossen. Ob mit diesem Beschlusse auch das Recht der Komplementäre anerkannt sei, unter der geeigneten Voraussetzung auf Ausschluß eines Kommanditisten anzutragen, blieb streitig. Prot. S. 1165.

35) — s. Einf.-Ges. (ALR. und AGO.) Art. 33.

Bei der Bekanntmachung unterbleibt die Bezeichnung des Kommanditisten und die Angabe des Betrages der Einlage.

Die Bestimmungen des Artikels 129. kommen auch hier zur Anwendung.

Artikel 172.

Was bei der offenen Gesellschaft über die Art der Auseinandersetzung (Artikel 130. 131. und 132.), über die Liquidation und über die Verjährung der Klagen gegen die Gesellschafter bestimmt ist, gilt auch bei der Kommanditgesellschaft in Betreff aller Gesellschafter.

Zweiter Abschnitt.

Von der Kommanditgesellschaft auf Aktien insbesondere.[36])

Artikel 173.

Das Kapital der Kommanditisten[37]) kann in Aktien oder Aktienantheile zerlegt werden.

Die Aktien oder Aktienantheile müssen auf Namen lauten. Sie müssen

---

36) Es war die Streichung dieses ganzen Abschnittes beantragt, weil kein Bedürfniß für denselben vorhanden sei; das Institut der Kommanditgesellschaften auf Aktien — so führte man an — sei fast nur in Preußen frequent, und zwar um die bei Aktiengesellschaften allda erforderliche staatliche Genehmigung zu umgehen. Es genüge, wenn man sie nicht für unstatthaft erkläre. Wo sie beständen, sei es eine faktische Frage, ob sie vorzugsweise die Natur einer stillen Gesellschaft oder die einer Aktiengesellschaft hätten, und das Vorwiegende müsse entscheiden. — Dagegen wurde bemerkt: die Wirksamkeit der gedachten Gesellschaften erstrecke sich auch auf andere Länder, wenngleich sie hauptsächlich nur in Preußen vorgekommen wären. Auch in anderen Ländern, z. B. in Frankreich, habe man die in Frage stehende Form der Assoziation ermöglicht und gesetzlich geregelt. Wolle man dieselben bald als stille, bald als Aktiengesellschaften je nach ihrer vorwiegenden Natur behandeln, so erzeuge dies die größte Unsicherheit im Verkehre. Prot. S. 375. Diese Form der Assoziation empfehle sich für kleinere Unternehmungen, bei denen der große Apparat der Einholung der staatlichen Genehmigung zu schwerfällig, und Eile geboten sei; so z. B. wenn ein Kaufmann ein großes Etablissement ererbt habe, das er wegen der an die anderen Erben zu machenden Hinauszahlungen aus eigenen Mitteln nicht behaupten könne, dann biete die Kommanditgesellschaft auf Aktien das entsprechende Mittel, um demselben das Etablissement zu erhalten und eine Theilung zu hindern, die vielleicht nur mit großen Verlusten oder im Augenblicke gar nicht bewirkt werden könne. Prot. S. 1113. Mot. S. 81. Der Streichungsantrag wurde hierauf abgelehnt.

Das Gesetz geht in diesem Abschnitte sowie im folgenden Titel davon aus, daß staatliche Genehmigung zur Errichtung einer Kommanditgesellschaft auf Aktien erforderlich ist. Hierdurch hat dieser Abschnitt jedoch etwas Schiefes erhalten, denn in demselben sind eine Menge von Vorsichtsmaaßregeln angeordnet, deren es nur bedurfte, wenn die staatliche Genehmigung zur Errichtung einer Kommanditgesellschaft auf Aktien, wie der Pr. Entw. wollte, nicht für nothwendig erklärt wurde. Nachdem indeß die Konferenz für die reine Aktiengesellschaft jenes Erforderniß aufgestellt hatte, hielt man es prinzipiell für gerechtfertigt, dasselbe auch für die Kommanditgesellschaft auf Aktien aufzustellen, welche Nichts weiter

auf einen Betrag von mindestens zweihundert Vereinsthalern[38]) gestellt werden, wenn nicht die Landesgesetze nach Maaßgabe der besonderen örtlichen Bedürfnisse einen geringeren Betrag gestatten.

Aktien oder Aktienantheile, welche auf Inhaber[39]) lauten, oder welche auf einen geringeren als den gesetzlich bestimmten Betrag gestellt werden, sind nichtig.[40]) Die Ausgeber solcher Aktien oder Aktienantheile sind den Besitzern[41]) für allen durch die Ausgabe verursachten Schaden solidarisch verhaftet.

Die vorstehenden Bestimmungen gelten auch von Promessen und Interimsscheinen.

---

wäre, als eine Kommanditgesellschaft, bei welcher der Kommanditist durch eine Aktiengesellschaft gebildet würde. Prot. S. 1115.

37) — nicht aber der ganze Geschäftsfonds, insbesondere nicht der Kapitalantheil des persönlich haftenden Gesellschafters (Art. 181.), denn der Kredit einer Kommanditgesellschaft auf Aktien — so wurde ausgeführt — beruhe zum größten Theile auf dem Vermögen des verantwortlichen Sozius und auf seiner Qualifikation zur Leitung eines Handelsgeschäfts, welche bei Ertheilung der staatlichen Genehmigung vorzüglich berücksichtigt würden. Dem gegenüber könne eine Zerlegung des Vermögens des verantwortlichen Sozius in Aktien nicht zugelassen werden, sonst wäre die Ankündigung, daß er mit seinem **ganzen** Vermögen haftet, eine Unwahrheit. Prot. S. 1120. Aus obigem Satze gehe deutlich hervor, daß die Kommanditgesellschaft auf Aktien nicht blos eine verkappte Aktiengesellschaft sondern Etwas wesentlich von derselben Verschiedenes, eine stille Gesellschaft sei, bei welcher die Rechte der Kommanditisten von einer Mehrzahl von Berechtigten mit genossenschaftlicher Organisation ähnlich wie bei einer Aktiengesellschaft gegenüber dem Komplementär ausgeübt würden. ibid.

38) Durch diese Bestimmung soll die Schaffung einer Art von Papiergeld (Mot. S. 28), die Ausgabe allzukleiner Valuten durch Private an solche Personen, welche zur Untersuchung des wirklichen Werths derselben unfähig sind, verhindert und die Gründung solcher Gesellschaften nur für größere Unternehmungen ermöglicht werden. Prot. S. 1116.

39) Gegen den Antrag, die Ausgabe von Aktien auf Inhaber zu gestatten, sobald dieselben voll eingezahlt seien, wurde bemerkt: es sei eine Kontrolle darüber, ob voll eingezahlt sei oder nicht, kaum denkbar und es fehle bei dem inneren Wesen der Kommanditgesellschaft auf Aktien, welches in einem gewissen persönlichen Verhältnisse der Aktionäre zum Komplementär liege und durch welches dieselbe von der Aktiengesellschaft sich wesentlich unterscheide, an zureichenden Motiven für Gestattung von Aktien auf Inhaber. Prot. S. 1116.

40) Gegen die Androhung der **Nichtigkeit** wurde erinnert, sie werde im vorliegenden Falle den Nachtheil des Aktionärs und den Vortheil des Ausgebers zur Folge haben, so daß dieser den für die Aktie gezogenen Betrag behalte, ohne Gewinnantheile auf dieselbe geben zu müssen. — Es wurde jedoch hierauf erwidert: Es sei beabsichtigt, die Ausgabe der bezeichneten Aktien absolut abzuschneiden. Nicht nur der Ausgeber der Aktien, sondern auch der Verwaltungsrath könne die Nichtigkeit rügen und dadurch Schaden von der Gesellschaft abwenden. Es verstehe sich von selbst, daß der Ausgeber der verbotswidrigen Aktien kein Recht habe, den für dieselbe, also in unerlaubter Weise gezogenen Betrag zurückzubehalten, sondern dem Inhaber der Aktien das Recht zustehe, die Rückvergütigung der gemachten Einzahlung mit einer Kondiktion zu verlangen, und daß, wenn die Aktie in zweiter oder dritter Hand sei, der Inhaber auch Rückvergütigung des Gezahlten von seinem Vormanne begehren dürfe. Prot. S. 379.

Artikel 174.

Kommanditgesellschaften auf Aktien können nur mit staatlicher Genehmigung[42]) errichtet werden.

Ueber die Errichtung und den Inhalt des Gesellschaftsvertrages muß eine gerichtliche oder notarielle Urkunde aufgenommen werden.[43]) Zur Aktienzeichnung genügt eine schriftliche Erklärung.[44])

Artikel 175.

Der Gesellschaftsvertrag, dessen Genehmigung erfolgen soll, muß enthalten:

1) den Namen, Vornamen, Stand und Wohnort jedes persönlich haftenden Gesellschafters;
2) die Firma der Gesellschaft und den Ort, wo sie ihren Sitz hat;
3) den Gegenstand des Unternehmens;
4) die Zeitdauer des Unternehmens, im Fall dasselbe auf eine bestimmte Zeit beschränkt sein soll;
5) die Zahl und den Betrag der Aktien oder Aktienantheile;
6) die Bestimmung, daß ein Aufsichtsrath[45]) von mindestens fünf Mit-

---

41) — also nicht nur dem ersten Empfänger, sondern auch den späteren Erwerbern. Prot. S. 1117.

42) Von diesem Erforderniß wollte der Pr. Entwurf — welcher dasselbe für reine Aktiengesellschaften aufstellte — hier absehen, weil nach den gemachten Erfahrungen die Garantie, welche außerdem durch die Staatsgenehmigung erzielt werden solle, durch die Personen der Gründer erreicht sei. In der persönlichen Haftbarkeit der Geschäftsführer — so meinte man — liege die Garantie dafür, daß solche Verbindungen nicht überhand nähmen und zur Umgehung der sonst für Aktiengesellschaften erforderlichen staatlichen Genehmigung benutzt würden. Diese Gründe wurden jedoch nicht als zutreffend und ausreichend anerkannt. Prot. S. 376. Man bemerkte: Die Konsequenz des für Aktiengesellschaften überhaupt angenommenen Prinzips (Art. 208.), die Erfahrung, welche mit den Kommanditgesellschaften auf Aktien in Frankreich gemacht worden sei, sowie gewerbe- und handelspolitische (nicht blos polizeiliche) Rücksichten nöthigten, auf dem Erforderniß der staatlichen Genehmigung zu bestehen. Gerade der Umstand, daß ein verantwortlicher Sozius an der Spitze stehe, sei ein Grund mehr hierfür, denn diesem sei eine viel größere Macht über das Kapital der Aktionäre eingeräumt, als dem Vorstande einer Aktiengesellschaft; eine größere Vorsicht sei deshalb unerläßlich, zumal die verantwortlichen Gesellschafter oft nur von Anderen vorgeschoben seien. Prot. S. 1114. Es wurde aus diesen Gründen auf dem Verlangen der staatlichen Genehmigung bestanden, jedoch schließlich den Landesgesetzen vorbehalten (Art. 206.) hiervon zu dispensiren. Vergl. Einf.-Ges. Art. 10.

43) Dadurch soll die sichere Feststellung der Bedingungen des Gesellschaftsvertrages bewirkt, und die Gewähr gegeben werden, daß der Gesellschaftsvertrag den gesetzlichen Bedingungen entsprechend abgefaßt werde. Mot. S. 83.

44) — weil hierin für eine unzulässige Abänderung der festgesetzten Vertragsbestimmungen keine Gefahr liegt. ibid.

45) — nicht Verwaltungsrath, wie er gewöhnlich genannt wird; dem Kom-

gliedern aus der Zahl der Kommanditisten durch Wahl derselben bestellt werden müsse;

7) die Form, in welcher die Zusammenberufung der Generalversammlung der Kommanditisten geschieht;

8) die Form, in welcher die von der Gesellschaft ausgehenden Bekanntmachungen erfolgen, sowie die öffentlichen Blätter, in welchen dieselben aufzunehmen sind.

Artikel 176.

Der Gesellschaftsvertrag und die Genehmigungsurkunde müssen bei dem Handelsgericht, in dessen Bezirk die Gesellschaft ihren Sitz hat, in das Handelsregister[46]) eingetragen und im Auszuge veröffentlicht werden.

Der Auszug muß enthalten:

1) das Datum des Gesellschaftsvertrages und der Genehmigungsurkunde;

2) den Namen, Vornamen, Stand und Wohnort jedes persönlich haftenden Gesellschafters;

3) die Firma der Gesellschaft und den Ort, wo sie ihren Sitz hat;

4) die Zahl und den Betrag der Aktien und Aktienantheile;

5) die Form, in welcher die von der Gesellschaft ausgehenden Bekanntmachungen erfolgen, sowie die öffentlichen Blätter, in welche dieselben aufzunehmen sind.

Artikel 177.

Der Anmeldung behufs der Eintragung in das Handelsregister muß[47]) beigefügt sein:

1) die Bescheinigung, daß der gesammte Betrag des Kapitals der Kommanditisten durch Unterschriften gedeckt ist;[48])

2) die Bescheinigung,[49]) daß mindestens ein Viertheil des von jedem Kommanditisten gezeichneten Betrages von ihm eingezahlt ist;[50])

3) der Nachweis, daß der Aufsichtsrath nach Inhalt des Vertrages[51])

---

manditisten steht kein Recht zur Verwaltung zu. cfr. Art. 158. — In dem Aufsichtsrath liegt der Schwerpunkt in der Organisation der Kommanditgesellschaften auf Aktien, weil hauptsächlich in jenem die Sicherheit beruht, welche das Gesetz den Kommanditisten und den Gesellschaftsgläubigern gegen Benachtheiligung durch die Geschäftsführung der persönlich haftenden Gesellschafter gewährt. Mot. S. 83.

46) — ihrem ganzen Inhalte nach, damit Jedermann von den Gesellschaftsurkunden jederzeit Einsicht nehmen könne. Mot. S. 85.

47) S. Einf.-Ges. Uebergangsbestimmungen Art. 66.

48) Bevor dies geschehen, ist die Gesellschaft nicht vertragsmäßig konstituirt. Mot. S. 84.

49) Diese Bescheinigung kann z. B. durch die Handelsbücher, beglaubigte Auszüge 2c. erbracht werden. Prot. S. 1118.

50) Dadurch soll verhütet werden, daß eine Gesellschaft ohne alle materielle Mittel, nur aus Spekulation auf das Steigen der Aktien eingegangen werde. Mot. S. 84.

51) Die Worte „nach Inhalt des Vertrages" beziehen sich nicht auf die Form, in welcher die Wahlen vorzunehmen sind, sondern auf die Zahl der statutenmäßig erforderlichen Mitglieder des Aufsichtsraths. Prot. S. 380.

(Artikel 175. Ziff. 6.) in einer Generalversammlung der Kommanditisten gewählt ist.[52])

Die Anmeldung muß von sämmtlichen persönlich haftenden Gesellschaftern vor dem Handelsgerichte unterzeichnet oder in beglaubigter Form eingereicht werden. Die der Anmeldung beigefügten Schriftstücke werden bei dem Handelsgerichte in Urschrift oder in beglaubigter Abschrift aufbewahrt.

Artikel 178.

Vor erfolgter Genehmigung und Eintragung in das Handelsregister besteht die Kommanditgesellschaft als solche nicht. Die ausgegebenen Aktien oder Aktienantheile sind nichtig[53]). Die Ausgeber sind den Besitzern für allen durch die Ausgabe verursachten Schaden solidarisch verhaftet.

Wenn vor erfolgter Genehmigung und Eintragung im Namen der Gesellschaft gehandelt worden ist, so haften die Handelnden persönlich und solidarisch.

Artikel 179.

Die Vorschriften der Artikel 152.[54]) und 153. sind auch bei der Kommanditgesellschaft auf Aktien zu befolgen; die Anmeldung muß die im Artikel 176. Ziffer 1—5. bezeichneten Angaben enthalten. Das Handelsgericht hat die persönlich haftenden Gesellschafter zur Befolgung dieser Vorschriften von Amtswegen durch Ordnungsstrafen anzuhalten.

Artikel 180.

Wenn ein Gesellschafter eine Einlage macht[55]), welche nicht in baarem Gelde besteht, oder wenn er sich zu seinen Gunsten besondere Vortheile ausbedingt, so muß in einer Generalversammlung der Kommanditisten die Abschätzung und Prüfung der Zulässigkeit angeordnet und in einer späteren Generalversammlung die Genehmigung durch Beschluß erfolgt sein.

Der Beschluß wird nach der Mehrheit der in der Versammlung anwesenden oder durch Vollmacht vertretenen Kommanditisten gefaßt; jedoch muß diese Mehrheit mindestens ein Viertheil der sämmtlichen Kommanditisten begreifen und der Betrag ihrer Antheile zusammen mindestens ein Viertheil des Gesammtkapitals der Kommanditisten darstellen. Der Gesellschafter, welcher

---

52) So lange der Aufsichtsrath nicht gewählt ist, fehlt es an einer der wichtigsten Garantien gegen Täuschungen durch die offenen Gesellschafter. Mot. S. 84.

53) Mit diesem Verbote ist die Ausgabe von Quittungen und Interimsscheinen für theilweise Einzahlungen, welche vor der Eintragung der Gesellschaft in das Handelsregister (Art. 177. Nr. 2.) geleistet werden müssen, nicht untersagt. Prot. S. 1119.

54) S. Art. 21. Abs. 3.

55) Auf die Bemerkung, daß die Fälle des Artikels gewöhnlich nicht in Form von Einlagen von Realitäten, sondern in der Form von Käufen vorkommen, wurde entgegnet, daß in solchen Fällen der Artikel ohne Zweifel auch in seiner jetzigen Fassung Anwendung finde, denn sobald für die Ueberlassung ein Antheil am Gewinne gewährt werde, seien die Geschäfte in der That nichts als Einlagen. Prot. S. 381.

die Einlage macht oder sich besondere Vortheile ausbedingt, hat bei der Beschlußfassung kein Stimmrecht[56]).

Ein gegen den Inhalt dieser Bestimmung geschlossener Vertrag[57]) hat keine rechtliche Wirkung.

Artikel 181.

Für die gesellschaftlichen Kapitalantheile, welche auf die Einlagen der persönlich haftenden Gesellschafter fallen, oder welche denselben als besondere Vortheile ausbedungen sind, dürfen keine Aktien ausgegeben werden[58]); diese Kapitalantheile dürfen von den persönlich haftenden Gesellschaftern, so lange die letzteren in diesem ihrem Rechtsverhältnisse zur Gesellschaft stehen, nicht veräußert werden[59]).

Artikel 182.

Die Aktien oder Aktienantheile sind untheilbar[60]).

Sie müssen mit genauer Bezeichnung des Inhabers nach Namen,

---

56) Die Bestimmung des Art. 180. erscheint nothwendig, um zu verhüten, daß insbesondere die Stifter der Gesellschaft durch übermäßige Taxirung ihrer nicht in baarem Gelde bestehenden Einlagen, oder auch durch Ausbedingung besonderer Vortheile sich zum Nachtheil der übrigen Gesellschafter bereichern. Bei der Beitrittserklärung zum Vertrage sind die Beitretenden in der Regel außer Stande, die Angemessenheit derartiger Abschätzungen und Bedingungen einer gehörigen Prüfung zu unterwerfen; erst eine wiederholte Berathung in der Generalversammlung der Kommanditisten gewährt ein bestimmteres Urtheil darüber. — Die einfache Stimmenmehrheit der anwesenden Gesellschafter kann nicht für genügend angesehen werden, weil die Gründer leicht eine Anzahl von Gesellschaftern für sich gewinnen, und die weniger günstig gesinnten vom Besuche der Generalversammlung abhalten könnten. Dem soll durch das zweite alinea entgegengetreten werden. Mot. S. 85.

57) Nicht etwa blos die einzelne, eine Festsetzung des Preises betreffende Vertragsbestimmung, sondern das ganze, die Uebernahme des in Frage stehenden Objektes betreffende Uebereinkommen ist nichtig, keineswegs aber der ganze Gesellschaftsvertrag. Prot. S. 382 und 1121.

58) — weil, wenn dies geschähe, die Kommanditgesellschaft Nichts weiter als eine Aktiengesellschaft wäre, aber ohne die Garantieen, welche bei dieser gegeben sind, weil ferner die verantwortlichen Gesellschafter, welche die eigentlichen Träger der Gesellschaft sein müssen, dann in die Stellung von bloßen Beamten der Gesellschaft gebracht würden, und endlich diesen die Möglichkeit gegeben würde, ihre Einlagen betrügerisch hoch zu taxiren, in der Stille zu verwerthen und wenn sie sich nur vor Eingehung von Verbindlichkeiten gegen Dritte hüteten, mit einem enormen Nutzen davon zu kommen. Mot. S. 82.

59) — damit das einmal in die Gesellschaft eingebrachte Vermögen vor Auflösung derselben nicht herausgenommen werden könne, was, wenn es zugelassen wäre, Mißbräuche veranlassen würde. Prot. S. 1122. Das vertragliche Ausscheiden eines persönlich haftenden Gesellschafters ist aber während des Bestehens der Gesellschaft für unzulässig erklärt. S. Art. 199.

60) Diese Vorschrift ist praktisch nothwendig, weil sonst bezüglich der Theilnahme an den Gesellschaftsrechten (Stimmrecht, Erhebung der Dividende ꝛc.) die größten Verwickelungen entstehen, und die Bestimmung des Art. 173., wonach die

Wohnort und Stand in das Aktienbuch der Gesellschaft eingetragen werden[61]).

Sie können, sofern nicht der Gesellschaftsvertrag ein Anderes bestimmt, ohne Einwilligung der übrigen Gesellschafter auf andere Personen übertragen werden[62]).

Die Uebertragnng kann durch Indossament geschehen.

In Betreff der Form des Indossaments kommen die Bestimmungen der Artikel 11—13.[63]) der allgemeinen Deutschen Wechselordnung zur Anwendung.

Artikel 183.

Wenn das Eigenthum der Aktie auf einen Anderen übergeht, so ist dies, unter Vorlegung[64]) der Aktie und des Nachweises des Ueberganges, bei der Gesellschaft anzumelden und im Aktienbuche zu bemerken.

Im Verhältnisse zu der Gesellschaft werden nur diejenigen als die

---

Aktien oder Aktienantheile auf keinen geringeren Betrag als zweihundert Thaler gestellt werden sollen, durch Theilcessionen umgangen werden könnte. Mot. S. 87.

61) Diese Bestimmung entspricht der Vorschrift des §. 12. des Gesetzes über Aktiengesellschaften vom 9. November 1843.

62) In der Uebertragbarkeit der Aktien auf Dritte ohne Einwilligung der übrigen Gesellschafter liegt ein erheblicher praktischer Vortheil, welchen die Form der Kommanditgesellschaften auf Aktien vor der einfachen Kommanditgesellschaft (vergl. Art. 157 u. sodann Art. 98.) voraus hat. Indessen kann es zuweilen das Interesse einer Gesellschaft mit sich bringen, in dieser Beziehung etwas Anderes zu bestimmen, weshalb es angemessen schien, die Zulässigkeit derartiger Klauseln des Gesellschaftsvertrages im Gesetze ausdrücklich anzuerkennen. Mot. S. 87. — Man ging hierbei davon aus, daß die unbedingte Uebertragbarkeit der Aktien an jede beliebige Person keineswegs ein wesentliches Erforderniß der Kommanditgesellschaft auf Aktien sei; das Wesentliche der Sache beruhe darin, daß für die Antheile der Kommanditisten Aktien, d. i. Börsenpapiere ausgestellt würden. Dies schließe aber nicht aus, daß die Anerkennung einer Uebertragung von Aktien an andere Personen für das innere Verhältniß der Sozietät an die Zustimmung der übrigen Gesellschafter gebunden werde. Letzteres sei sogar in der Praxis hergebracht. Prot. S. 1121.

63) Dieselben lauten: Art. 11. Das Indossament muß auf den Wechsel, eine Kopie desselben oder ein mit dem Wechsel oder der Kopie verbundenes Blatt (Alonge) geschrieben werden.

Art. 12. Ein Indossament ist gültig, wenn der Indossant auch nur seinen Namen oder seine Firma auf die Rückseite des Wechsels oder der Kopie, oder auf die Alonge schreibt. (Blanko-Indossament.)

Art. 13. Jeder Inhaber eines Wechsels ist befugt, die auf demselben befindlichen Blanko-Indossamente auszufüllen; er kann die Wechsel aber auch ohne diese Ausfüllung weiter indossiren.

Die Zulässigkeit des Blanko-Indossaments ist bei den im Handelsverkehr befindlichen Papieren überall gebräuchlich und häufig nothwendig, weil die Abnehmer erst gesucht werden sollen. Mot. S. 88.

64) Die Vorlegung der Aktien ist verlangt, um etwa vorhandene rechtmäßige dritte Besitzer derselben zu schützen. Mot. S. 88.

Eigenthümer der Aktien angesehen, welche als solche im Aktienbuche verzeichnet sind[65]).

Zur Prüfung der Legitimation ist die Gesellschaft berechtigt, aber nicht verpflichtet[66]).

Artikel 184.

So lange der Betrag einer Aktie nicht vollständig eingezahlt ist, bleibt der ursprüngliche Zeichner zur Einzahlung des Rückstandes an die Gesellschaft verpflichtet; die Gesellschaft kann ihn dieser Verbindlichkeit nicht entlassen[67]).

Artikel 185.

Die persönlich haftenden Gesellschafter sind verpflichtet, dem Aufsichtsrath und den Kommanditisten spätestens in den ersten sechs Monaten jedes Geschäftsjahres eine Bilanz des verflossenen Geschäftsjahres vorzulegen.

Artikel 186.

Die Rechte, welche den Kommanditisten gegenüber den persönlich haftenden Gesellschaftern nach dem Gesellschaftsvertrage oder nach den Bestimmungen des vorigen Abschnitts in Beziehung auf die Führung der Geschäfte, die Einsicht und Prüfung der Bilanz, die Bestimmung der Gewinnvertheilung, die Auflösung oder Kündigung der Gesellschaft und die Befugniß, das Ausscheiden eines persönlich haftenden Gesellschafters zu verlangen,[68]) zustehen, werden von der Gesammtheit der Kommanditisten in der Generalversammlung ausgeübt.[69])

Die Beschlüsse der Generalversammlung werden durch den Aufsichtsrath ausgeführt, wenn nicht im Gesellschaftsvertrage ein Anderes bestimmt ist.

Artikel 187.

Die Generalversammlung der Kommanditisten wird durch die persönlich haftenden Gesellschafter oder durch den Aufsichtsrath berufen, sofern nicht nach dem Gesellschaftsvertrage auch andere Personen dazu befugt sind.

---

65) Die beiden ersten Alineas des Art. 183. sind wesentlich dem §. 12. des Ges. über Aktiengesellschaften vom 9. November 1843 entnommen.

66) Diese Bestimmung soll einerseits die Gesellschaft sichern, und andererseits störende Weitläufigkeiten fern halten. Mot. S. 88.

67) — weil durch derartige Entlassungen die Gesellschaftsgläubiger leicht benachtheiligt werden können, wenn, vielleicht geradezu in betrüglicher Absicht, statt der ursprünglichen zahlungsfähigen Aktienzeichner unbemittelte Personen zu Schuldnern des noch rückständigen Aktienbetrages angenommen werden. Mot. S. 88.

68) Vergl. Art. 170. 128. 125.

69) Den verantwortlichen Gesellschaftern gegenüber erscheint bei der Kommanditgesellschaft auf Aktien nicht sowohl der einzelne Aktionär, als vielmehr die durch völlige Gleichheit ihrer Interessen auf's Engste verbundene Gesammtheit aller Aktionäre als der Kommanditist; es rechtfertigt sich daher, daß nur dieser Gesammtheit die Befugnisse beigelegt sind, welche bei einer einfachen Kommanditgesellschaft dem einzelnen Kommanditisten zustehen. Die Gesammtheit der Komanditisten wird aber durch die General-Versammlung dargestellt. Mot. S. 86.

Artikel 188.

Eine Generalversammlung der Kommanditisten ist außer den im Gesellschaftsvertrage ausdrücklich bestimmten Fällen zu berufen, wenn dies im Interesse der Gesellschaft erforderlich erscheint.

Die Generalversammlung muß[70]) auch dann berufen werden, wenn dies von einem Kommanditisten oder einer Anzahl von Kommanditisten, deren Aktien zusammen den zehnten Theil des Gesammtkapitals der Kommanditisten darstellen, in einer von ihnen unterzeichneten Eingabe unter Angabe des Zwecks und der Gründe verlangt wird. Ist im Gesellschaftsvertrage das Recht, die Berufung einer Generalversammlung zu verlangen, an den Besitz eines größeren oder eines geringeren Antheils am Gesammtkapitale geknüpft, so hat es hierbei sein Bewenden.

Artikel 189.

Die Berufung der Generalversammlung hat in der durch den Gesellschaftsvertrag bestimmten Weise zu erfolgen.

Der Zweck der Generalversammlung muß jederzeit bei der Berufung bekannt gemacht werden. Ueber Gegenstände, deren Verhandlung nicht in dieser Weise angekündigt ist, können Beschlüsse nicht gefaßt werden; hiervon ist jedoch der Beschluß über den in einer Generalversammlung gestellten Antrag auf Berufung einer außerordentlichen Generalversammlung ausgenommen.

Zur Stellung von Anträgen und zu Verhandlungen ohne Beschlußfassung bedarf es der Ankündigung nicht.

Artikel 190.

Soweit nicht der Gesellschaftsvertrag ein Anderes bestimmt, werden die Beschlüsse der Generalversammlung der Kommanditisten mit einfacher Stimmenmehrheit gefaßt, und jede Aktie gewährt dem Inhaber Eine Stimme.

Artikel 191.

Der Aufsichtsrath kann das erste Mal nicht auf länger als Ein Jahr, später nicht auf länger als fünf Jahre gewählt werden[71]).

Insoweit die Wahl auf einen längeren Zeitraum geschieht, ist dieselbe ohne rechtliche Wirkung.

---

70) Das Recht, die Berufung der Generalversammlung zu verlangen, kann im Wege der Kläge geltend gemacht werden. Im Uebrigen vergl. die Noten zu Art. 237.

71) Die Bestimmung, daß der Aufsichtsrath nur auf Zeit und höchstens auf fünf Jahre bestellt werden kann, vermehrt, durch die Nothwendigkeit öfterer Neuwahlen, die Sicherheit der Kommanditisten. Für den ersten Aufsichtsrath schien es angemessen, eine noch kürzere Frist von höchstens einem Jahre festzusetzen, weil bei der ersten Wahl die Kommanditisten in der Regel noch nicht im Stande sind, die Lage der Sache vollständig zu übersehen, und weil die Gefahr nahe liegt, daß die Gründer der Gesellschaft das natürliche Uebergewicht, welches sie beim Beginne des Gesellschaftsunternehmens haben, bei der Wahl des ersten Aufsichtsrathes in ihrem einseitigen Interesse ausbeuten. Dieselbe Erwägung liegt der Vorschrift des Art. 192. zum Grunde. Mot. S. 84.

Artikel 192.

Den Mitgliedern des ersten Aufsichtsraths darf eine Vergütung für die Ausübung ihres Berufs nur durch einen nach Ablauf des ersten Geschäftsjahres einzuholenden Beschluß der Generalversammlung der Kommanditisten bewilligt werden.

Ist die Vergütung früher, oder in einer anderen als der vorstehenden Weise bewilligt, so ist diese Festsetzung ohne rechtliche Wirkung.

Artikel 193.

Der Aufsichtsrath überwacht die Geschäftsführung der Gesellschaft in allen Zweigen ihrer Verwaltung; er kann sich von dem Gange der Angelegenheiten der Gesellschaft unterrichten, die Bücher und Schriften derselben jederzeit einsehen und den Bestand der Gesellschaftskasse untersuchen.

Er hat die Jahresrechnungen, die Bilanzen und die Vorschläge zur Gewinnvertheilung zu prüfen und darüber alljährlich der Generalversammlung Bericht zu erstatten.

Artikel 194.

Der Aufsichtsrath ist ermächtigt, gegen die persönlich haftenden Gesellschafter die Prozesse zu führen, welche die Generalversammlung beschließt.[72])

Jeder Kommanditist ist befugt, als Intervenient in den Prozeß auf seine Kosten[73]) einzutreten.[74])

Handelt es sich um die eigene Verantwortlichkeit des Aufsichtsraths,[75]) so kann letzterer ohne und selbst gegen den Beschluß der Generalversammlung gegen die persönlich haftenden Gesellschafter klagen.

Artikel 195.

Wenn die Kommanditisten selbst in Gesammtheit und im gemeinsamen Interesse gegen die persönlich haftenden Gesellschafter auftreten wollen, oder gegen die Mitglieder des Aufsichtsraths einen Prozeß zu führen haben, so werden sie durch Bevollmächtigte vertreten, welche in der Generalversammlung gewählt werden.

Falls aus irgend einem Grunde die Bestellung von Bevollmächtigten

---

72) Diese Befugniß mußte dem Aufsichtsrath beigelegt werden, um seinem Rechte zur Ueberwachung der offenen Gesellschafter Nachdruck zu geben; wegen der Wichtigkeit solcher Prozesse war es erforderlich, sie von einem vorgängigen Beschlusse der Generalversammlung abhängig zu machen. Mot. S. 86.

73) — d. h. der Kommanditist kann weder Kostenvorschuß noch Ersatz seiner Kosten von der Gesellschaft verlangen, wodurch nicht ausgeschlossen ist, daß er unter Umständen von seinem Prozeßgegner den Ersatz seiner Kosten begehren kann. Prot. S. 387.

74) Diese Bestimmung dient zur größeren Sicherheit der Betheiligten, indem dadurch jedem einzelnen Gesellschafter Gelegenheit gegeben ist, sein etwaiges spezielles Interesse selbstständig wahrzunehmen, falls er glauben sollte, daß der Aufsichtsrath dasselbe nicht zur gehörigen Geltung bringen werde. Mot. S. 86.

75) Vergl. Art. 204.

durch Wahl in der Generalversammlung gehindert wird, kann das Handelsgericht auf Antrag die Bevollmächtigten ernennen.[76])

Jeder Kommanditist ist befugt, als Intervenient in den Prozeß auf seine Kosten einzutreten.

Artikel 196.

Die Gesellschaft wird durch die persönlich haftenden Gesellschafter berechtigt und verpflichtet;[77]) sie wird durch dieselben vor Gericht vertreten.[78])

Zur Behändigung von Vorladungen und anderen Zustellungen an die Gesellschaft genügt es, wenn dieselbe an einen der zur Vertretung befugten Gesellschafter geschieht.

Die Bestimmung des Artikels 167. in Betreff des Kommanditisten, welcher für die Gesellschaft Geschäfte schließt, findet bei der Kommanditgesellschaft auf Aktien keine Anwendung.[79])

Artikel 197.

Die Einlagen können den Kommanditisten, so lange die Gesellschaft besteht, nicht zurückgezahlt werden.

Zinsen von bestimmter Höhe können für die Kommanditisten nicht bedungen noch ausbezahlt werden; es darf nur dasjenige unter sie vertheilt werden, was sich nach der jährlichen Bilanz, und, wenn im Gesellschaftsvertrage die Innehaltung eines Reservekapitals bestimmt ist, nach Abzug desselben als reiner Ueberschuß ergiebt.

Die Kommanditisten haften für die Verbindlichkeiten der Gesellschaft, wenn und insoweit sie diesen Bestimmungen entgegen Zahlungen von der Gesellschaft empfangen haben;[80]) sie sind jedoch nicht verpflichtet, die in gutem Glauben bezogenen Dividenden zurückzuzahlen.[81])

---

76) Die in der Regel große Zahl der Betheiligten ließ es hier angemessen erscheinen, über die gemeinschaftliche Vertretung derselben eine gesetzliche Bestimmung zu treffen, durch welche zugleich ein Schutz gegen die zu befürchtenden Einwirkungen der Gegenpartei gewährt wird. Mot. S. 87.

77) Aus dem Begriffe der Kommanditgesellschaft folgt, daß die persönlich verantwortlichen Gesellschafter hinsichtlich der Geschäftsführung und in allen Beziehungen nach Außen die Träger und Repräsentanten der Gesellschaft sind. Der ihnen zur Seite stehende Aufsichtsrath hat nur das Recht, die Geschäftsführung zu kontrolliren, nicht aber die Befugniß, sich selbstständig in die Geschäftsführung einzumischen. Mot. S. 86.

78) — s. Einf.-Ges. Uebergangs-Bestimmungen. Art. 67.

79) Wegen der Uebertragbarkeit der Aktien wäre eine Kontrolle praktisch nicht durchführbar, auch sind die Rücksichten, aus welchen bei der einfachen Kommanditgesellschaft die Vorschrift des Art. 167. nothwendig ist, bei der Kommanditgesellschaft auf Aktien wegen der thatsächlich größeren Publizität des Gesellschaftsvertrages weniger von Gewicht. Mot. S. 87.

80) — denn wenn eine solche Zahlung erfolgt ist, welche nicht als vom Gewinne gemacht angesehen werden kann, so enthält sie selbstverständlich eine Verringerung des den Gläubigern haftenden Gesellschafts-Kapitals, welches dann wieder ergänzt werden muß und z. B. durch Zurückbehaltung eines ent-

Artikel 198.

Jede Abänderung des Gesellschaftsvertrages bedarf zu ihrer Gültigkeit der notariellen oder gerichtlichen Abfassung, sowie der staatlichen Genehmigung.

Der abändernde Vertrag und die Genehmigungsurkunde müssen in gleicher Weise wie der ursprüngliche Vertrag in das Handelsregister eingetragen und im Auszuge veröffentlicht werden (Artikel 176. 179.).

Der abändernde Vertrag hat keine rechtliche Wirkung, bevor derselbe bei dem Handelsgericht, in dessen Bezirk die Gesellschaft ihren Sitz hat, in das Handelsregister eingetragen ist.

Artikel 199.

Das Austreten eines[82]) persönlich haftenden Gesellschafters in Folge gegenseitiger Uebereinkunft (Artikel 123. Ziff. 4.) ist während des Bestehens der Gesellschaft unstatthaft.[83])

Eine solche Uebereinkunft steht der Auflösung der Gesellschaft gleich; zu derselben bedarf es der Zustimmung einer Generalversammlung der Kommanditisten.

Artikel 200.

Wenn ein Kommanditist stirbt, oder in Konkurs verfällt,[84]) oder zur Verwaltung seines Vermögens rechtlich unfähig wird, so hat dies die Auflösung der Gesellschaft nicht zur Folge. Der Artikel 126. findet in Bezug

---

sprechenden Betrages einer ferneren Dividende gedeckt werden kann. Prot. S. 387. Im Uebrigen vergl. Art. 216 — 218.

81) — vergl. Art. 165.

82) — auch wenn mehrere persönlich haftende Gesellschafter vorhanden sind. S. folgende Note.

83) — denn mit dem Austritte eines Sozius — so wurde angeführt — höre die bis dahin bestandene Sozietät auf, und wenn die Zurückbleibenden das Verhältniß unter sich forsetzten, so bildeten sie eine neue Gesellschaft. Wenn daher die offenen Gesellschafter unter sich ausmachten, daß trotz des Austritts eines von ihnen die Gesellschaft bestehen bleiben sollte, so gelte dies doch nicht von demjenigen Gesellschaftsverhältniß, in welchem die offenen Gesellschafter wieder zu dem Aktienverein der Kommanditisten stehen. Prot. S. 1132. Es sei auch angemessen, darauf zu bestehen, daß die Gesellschaft nur in der Weise und mit demselben Personenbestand fortexistire, mit welchem sie gegründet und von der Staatsregierung genehmigt worden, und daß sie ihr Ende erreiche, wenn an ihren wesentlichen Grundlagen eine Aenderung statthaben solle. Prot. S. 1133.

84) Während bei der reinen Kommanditgesellschaft der Konkurs des Kommanditisten zur Folge hat, daß die Gläubiger desselben die Auflösung der Gesellschaft fordern können, vorbehaltlich des Rechts der Gesellschafter, statt der Auflösung der Gesellschaft die Auseinandersetzung und die Auslieferung des Antheils des Schuldners vorzunehmen, (s. Note zu Art. 170), ist bei der Kommanditgesellschaft auf Aktien den Gläubigern des in Konkurs verfallenen Kommanditisten dieses Recht nicht eingeräumt, und deshalb die Anwendbarkeit des Art. 126. ausgeschlossen. Man ging hierbei davon aus, daß im letzteren Falle den Interessen der Privatgläubiger des Aktionärs durch Veräußerung seiner Aktie Genüge geleistet werden könne. Prot. S. 4648.

auf die Privatgläubiger eines Kommanditisten keine Anwendung. Im Uebrigen gelten die Artikel 123. bis 128. auch für die Kommanditgesellschaft auf Aktien.[85])

Artikel 201.

Die Auflösung der Gesellschaft muß, wenn sie nicht in Folge der Eröffnung des Konkurses über die Gesellschaft geschieht, in das Handelsregister eingetragen werden.

Diese Eintragung muß selbst dann geschehen, wenn die Gesellschaft durch Ablauf der Zeit, für welche sie eingegangen war, beendigt wird.

Artikel 202.

Bei der Auflösung einer Kommanditgesellschaft auf Aktien, welche außer dem Falle der Eröffnung des Konkurses erfolgt, darf die Vertheilung des Vermögens unter die Gesellschafter nicht eher vollzogen werden, als nach Verlauf eines Jahres, von dem Tage an gerechnet, an welchem die Auflösung der Gesellschaft in das Handelsregister eingetragen ist.[86])

Die aus den Handelsbüchern der Gesellschaft ersichtlichen oder in anderer Weise bekannten Gläubiger sind durch besondere Erlasse aufzufordern, sich zu melden; unterlassen sie dies, so ist der Betrag ihrer Forderungen gerichtlich niederzulegen.

Das letztere muß auch in Ansehung der noch schwebenden Verbindlichkeiten und streitigen Forderungen geschehen, sofern nicht die Vertheilung des Gesellschaftsvermögens bis zu deren Erledigung ausgesetzt bleibt, oder den Gläubigern eine angemessene Sicherheit bestellt wird.

Artikel 203.

Eine theilweise Zurückzahlung des Kapitals der Kommanditisten kann nur vermöge einer staatlich genehmigten Abänderung des Gesellschaftsvertrages erfolgen.

Die Zurückzahlung kann nur unter Beobachtung derselben Bestimmungen geschehen, welche für die Vertheilung des Gesellschaftsvermögens im Falle der Auflösung maaßgebend sind (Artikel 201. 202.).[87])

Artikel 204.

Die Mitglieder des Aufsichtsraths sind gleich den persönlich haften-

---

85) — s. Einf.-Ges. (ALR. und AGO.) Art. 33.

86) Das Gesetz muß verhüten, daß das Gesellschaftsvermögen durch übereilte Vertheilungen den Gesellschaftsgläubigern entzogen wird. Der Angriff gegen die persönlich haftenden Gesellschafter, welcher nach Auflösung der Gesellschaft noch gestattet ist, würde nur selten die Sicherheit gewähren können, welche durch das noch ungetheilte, in der Regel bedeutende Vermögen einer Kommanditgesellschaft auf Aktien geboten wird. Die Frist von einem Jahre seit Eintragung der Auflösung der Gesellschaft in das Handelsregister schien namentlich mit Rücksicht auf entfernte Gläubiger angemessen. Mot. S. 89. cfr. den analogen Art. 245.

87) Diese theilweise Zurückzahlung ist unter den gedachten Voraussetzungen zugelassen, um die Aktiengesellschaften nicht absolut zu zwingen, sich bei einer beabsichtigten Einschränkung des Geschäftsbetriebes erst aufzulösen, und dann mit einem kleineren Kapitale von Neuem zu konstituiren. Prot. S. 1180.

den Gesellschaftern solidarisch zur Erstattung geleisteter Zahlungen verpflichtet, wenn mit ihrem Wissen und ohne ihr Einschreiten

1) Einlagen an die Kommanditisten zurückgezahlt, oder
2) Zinsen oder Dividenden gezahlt sind, welche nicht aus dem auf die Aktien fallenden Gewinne entnommen wurden, oder
3) die Vertheilung des Gesellschaftsvermögens oder eine theilweise Zurückzahlung des Kapitals der Kommanditisten ohne Beobachtung der gesetzlichen Bestimmungen (Artikel 202. 203.) erfolgt ist.[88])

Artikel 205.

Die Liquidation erfolgt, sofern der Gesellschaftsvertrag nicht ein Anderes bestimmt, durch sämmtliche persönlich haftende Gesellschafter und eine oder mehrere von der Generalversammlung der Kommanditisten gewählte Personen.

Artikel 206.

Den Landesgesetzen bleibt vorbehalten, zu bestimmen, daß es der staatlichen Genehmigung zur Errichtung von Kommanditgesellschaften auf Aktien im Allgemeinen oder von einzelnen Arten derselben nicht bedarf. In diesem Falle kommen die Bestimmungen dieses Abschnitts zur Anwendung, soweit sie die staatliche Genehmigung bei der Errichtung oder Abänderung des Gesellschaftsvertrages nicht zum Gegenstande haben; der Gesellschaftsvertrag muß jedoch die in dem Artikel 175. verzeichneten Bestimmungen enthalten, bevor die in dem Artikel 176. vorgeschriebene Eintragung in das Handelsregister erfolgen darf.

Einf.-Ges. Art. 10. Zur Errichtung einer Kommanditgesellschaft auf Aktien ist die staatliche Genehmigung nicht erforderlich.[89])

---

88) Der Aufsichtsrath ist in Folge dieser Bestimmung nicht blos zur Wahrnehmung der Rechte der Kommanditisten bestimmt, sondern es soll durch ihn gleichzeitig im allgemeinen Interesse eine erhöhte Bürgschaft dafür gegeben werden, daß das Gesellschaftsvermögen nicht durch unzulässige Dividendenzahlungen oder durch zu frühzeitige Vertheilung den Gesellschaftsgläubigern entzogen wird. Mot. S. 89.

89) Die staatliche Genehmigung ist für nicht erforderlich erklärt worden, weil zur Einführung dieser Neuerung in Preußen sich kein Bedürfniß gezeigt habe und daraus, daß dieselbe für reine Aktiengesellschaften verlangt werde, nicht gefolgert werden könne, daß sie auch für Kommanditgesellschaften auf Aktien nöthig sei; denn bei der ersteren hafteten die sämmtlichen Gesellschafter nur mit bestimmten Einlagen und nur bis zur Höhe derselben, so daß den Gesellschaftsgläubigern keine andere Sicherheit gegeben sei als das Gesellschaftsvermögen, bei der letzteren aber ständen persönlich haftende Gesellschafter an der Spitze, die mit ihrem ganzen Vermögen und mit ihrer ganzen Person für die Verbindlichkeiten der Gesellschaft aufkommen müßten. Die hauptsächliche Gewähr liege hierin in der Persönlichkeit des Komplementärs, und wo diese Gewähr nicht zutreffe, se durch angemessene Vorschriften für die Kommanditisten und Gesellschaftsgläubiger dasselbe erreicht, was die staatliche Genehmigung bei den Aktiengesellschaften bezwecke. Den möglichen Mißbräuchen bei Kommanditgesellschaften auf Aktien vorzubeugen, seien die Art. 173. 177. Nr. 1. und 2. 184. 180. 181. 199., na-

Art. 11. Die persönlich haftenden Mitglieder einer Kommanditgesellschaft auf Aktien werden mit Gefängniß bis zu drei Monaten bestraft:[90])

1) wenn sie vorsätzlich Behufs der Eintragung des Gesellschaftsvertrages in das Handelsregister falsche Angaben über die Zeichnung oder Einzahlung des Kapitals der Kommanditisten machen;

2) wenn durch ihre Schuld die Gesellschaft länger als drei Monate ohne Aufsichtsrath geblieben ist.

Dritter Titel.

Von der Aktiengesellschaft.[1])

Erster Abschnitt.

Allgemeine Grundsätze.

Artikel 207.

Eine Handelsgesellschaft ist eine Aktiengesellschaft, wenn sich die sämmtlichen Gesellschafter nur mit Einlagen betheiligen, ohne persönlich für die Verbindlichkeiten der Gesellschaft zu haften.

Das Gesellschaftskapital wird in Aktien oder auch in Aktienantheile [2]) zerlegt.

---

mentlich 175. Nr. 6. 177. Nr. 3. 178. 204. 206. und andere bestimmt, welche ihre wahre Bedeutung eben nur dann hätten, wenn keine staatliche Genehmigung erfordert werde. Es sei bedenklich, den Regierungen die Prüfung der in der Persönlichkeit der Komplementäre liegenden Gewähr aufzuerlegen. Das schleunige Zustandekommen einer Kommanditgesellschaft sei oft so sehr nöthig, daß durch die vorgängige Einholung der staatlichen Genehmigung wegen des damit verbundenen Zeitverlustes leicht das ganze Unternehmen vereitelt werden könne. Mot. z. Einf.-Ges. S. 26.

90) Die Strafbestimmungen bezwecken, für die Richtigkeit der nach Art. 177. beizubringenden Bescheinigungen, und für die baldige Herstellung eines Aufsichtsraths eine besondere Garantie zu schaffen.

1) Darüber, ob alle Aktiengesellschaften ohne Rücksicht auf die Art ihres Endzwecks, oder nur solche Aktiengesellschaften, welche den Betrieb von Handelsgeschäften bezwecken (Art. 3.) zu den Handelsgesellschaften zu rechnen seien, auf welche das Handelsgesetzbuch Anwendung finde, ist in dem Gesetze Nichts gesagt. Das Letztere entspricht indeß der Ansicht der Konferenz. Prot. S. 976. Rücksichtlich der Aktiengesellschaften, bei denen der Gegenstand des Unternehmens nicht in Handelsgeschäften beruht, bewendet es bei dem bestehenden Rechte, dem Gesetze vom 9. November 1843 (Ges.-Samml. S. 341.) Mot. S. 46.

2) Zur Widerlegung einer abweichenden Meinung, welche zwischen Aktien und Aktienantheilen keinen inneren Unterschied anerkennen wollte, und welche, wenn man eine Aenderung der ursprünglichen Antheile für unzulässig halte, auch ein Verbot der Zusammenlegung von Aktien für nothwendig hielt, wurde bemerklich gemacht: Aktien und Aktienantheile seien keineswegs dasselbe. Das Vermögen

Die Aktien oder Aktienantheile sind untheilbar. 3)

Dieselben können auf Inhaber oder auf Namen lauten.

Artikel 208.

Aktiengesellschaften können nur mit staatlicher 4) Genehmigung errichtet werden. 5)

Ueber die Errichtung und den Inhalt des Gesellschaftsvertrages (Statuts)

---

der Gesellschaft werde in gewisse Einheiten vertheilt und den einzelnen Gesellschaftern überlassen. Diese Einheiten nenne man Aktien (ganze Aktien). Mit ihrem Besitze seien besondere Rechte auf Theilnahme an der Verwaltung der Gesellschaft, das Stimmrecht ꝛc. verbunden; dagegen könne bestimmt werden, daß der Besitz von Bruchtheilen zwar einen verhältnißmäßigen Antheil am Gewinne, nicht aber auch Rechte auf die Theilnahme an der Verwaltung gewähre. Auf die Vergrößerung der Aktien durch Zusammenlegung mehrerer brauche keine Rücksicht genommen zu werden, denn es habe sich hiefür noch kein Bedürfniß gezeigt; man brauche ja entstehenden Falls nur zwei Aktien zu nehmen; sodann ergebe sich von selbst, daß eine Zusammenlegung derselben mit der Wirkung nicht statthaft sei, daß die wohl erworbenen Rechte des Aktionairs auf Theilnahme an den Berathungen ꝛc., welche sich nach den bisherigen Statuten auf den Besitz schon einer einfachen Aktie gründeten, dadurch beseitigt würden. Prot. S. 310.

3) Mit diesem Satze soll nicht etwa den Aktiengesellschaften selbst, sofern sie unter den statutenmäßigen Formen einen desfalsigen Beschluß fassen würden, das Recht benommen werden, die einmal ausgegebenen Aktien oder Aktienantheile weiter zu theilen und getheilt in den Verkehr zu bringen. Es wurde vielmehr hervorgehoben, daß ein solches Recht den Aktiengesellschaften zustehen müsse, da eine solche Theilung häufig sehr wünschenswerth erscheine: so namentlich in allen Fällen, in denen die ursprünglich zu einem angemessenen Betrage ausgegebenen Aktien in Folge der günstigen Verhältnisse des Geschäftsbetriebes eine Höhe des Preises erreichten, durch welche ihr Umsatz erschwert würde. Mit dem erwähnten Satze werde aber verhindert, daß die einzelnen Aktieninhaber für sich eine Zerlegung ihrer Berechtigungsantheile vornähmen und sodann die Theile veräußerten; eine solche Zerlegung solle der Aktiengesellschaft gegenüber wirkungslos sein. Prot. S. 309 und 1034.

4) Die Frage, welche Organe der Staatsgewalt zur Ertheilung dieser Genehmigung berechtigt sind, oder ob und in wie fern auch die verschiedenen Faktoren der Gesetzgebung hierbei mitzuwirken haben, ist nach dem Staatsrechte jedes einzelnen Landes zu beurtheilen. Prot. S. 1038.

5) Das Erforderniß der staatlichen Genehmigung in Verbindung mit der vorausgehenden Prüfung scheint durchaus nothwendig, sowohl aus Rücksicht auf die Gesellschaftsgläubiger, um diesen in Ermangelung von persönlich haftenden Gesellschaftern die erforderlichen Garantieen zu verschaffen, als auch im allgemeinen Interesse, um die von jeder bestimmten Persönlichkeit der Theilnehmer abgelöste Gesellschaft als selbstständige Handelsperson in's Leben zu führen, die Solidität des Unternehmens zu verbürgen und bei der außerordentlichen Größe der durch Aktien zusammenzubringenden Kapitalien zugleich zu verhüten, daß die Geldmacht solcher Gesellschaften in einer dem allgemeinen Wohlstande und der Landesindustrie nachtheiligen Weise verwendet werde. Mot. S. 91. — Gegen das Erforderniß der staatlichen Genehmigung wurde jedoch, namentlich von den Hamburger Abgeordneten, eingewendet: In denjenigen Staaten, in welchen sie bisher nicht gefordert worden, habe sich ein Bedürfniß für dieselbe nicht gezeigt; die Privaten hätten sich selbst vorgesehen; die Erfahrung beweise, daß die vormundschaftliche

muß eine gerichtliche oder notarielle Urkunde aufgenommen werden.[6])

Zur Aktienzeichnung genügt eine schriftliche Erklärung.

Einf.-Ges. Art. 12. In Bezug auf die Aktiengesellschaften, bei welchen der Gegenstand des Unternehmens in Handelsgeschäften besteht, treten die Bestimmungen des Handelsgesetzbuchs an die Stelle des Gesetzes über Aktiengesellschaften vom 9. November 1843. (Gesetz-Samml. S. 341).

Für diese Aktiengesellschaften gelten ferner die folgenden Bestimmungen:[7])

§. 1.[8])

Unter der in den Artikeln 208. 214. 242. 247. und 248. des Handelsgesetzbuchs für erforderlich erklärten staatlichen Genehmigung ist die landesherrliche Genehmigung zu verstehen.

§. 3.[9])

Nach erfolgter landesherrlicher Genehmigung einer Aktiengesellschaft wird der Gesellschaftsvertrag nebst der Genehmigungs-Urkunde durch das Amtsblatt desjenigen Regierungsbezirks, in welchem die Gesellschaft ihren Sitz hat, bekannt gemacht.

Eine Anzeige von der landesherrlichen Genehmigung der Errichtung der Gesellschaft ist in die Gesetz-Sammlung aufzunehmen.

Die Kosten der Bekanntmachung durch das Amtsblatt trägt die Gesellschaft.

Fürsorge des Staats auch den ärgsten Mißbräuchen nicht habe vorbeugen können, und gerade dazu geführt habe, die gehörige eigene Vorsicht der Privaten zu schwächen; allgemeine volkswirthschaftliche Gründe und die Handelsinteressen ließen das Erforderniß der staatlichen Genehmigung und der Statutenprüfung als nachtheilig erscheinen. Prot. S. 319. — Die Konferenz, — erwägend, daß von keinem Staate erwartet werden könne, daß er das nach reifer Erfahrung ihm und seinen Verhältnissen entsprechend befundene System aufgeben werde, um sich das andere anzueignen, — beschloß, es den Landesgesetzen zu überlassen, ob es der staatlichen Genehmigung zur Errichtung von Aktiengesellschaften im Allgemeinen oder von einzelnen Arten derselben bedürfe, jedoch bei der Berathung des dritten Titels von der Annahme auszugehen, daß die staatliche Genehmigung erfordert werde, und am Schlusse eine salvatorische Klausel für die Landesgesetze beizufügen. (cfr. Art. 249.) Prot. S. 315.

6) Ueber die Vorverhandlungen der Gründer einer Aktiengesellschaft, über das pactum de contrahendo ist hier Nichts gesagt, vielmehr sind nur über die Entstehung und die Wirkungen des eigentlichen Gesellschaftsvertrages Bestimmungen getroffen. Ob im einzelnen Falle ein klagbares pactum de contrahendo anzunehmen ist, ob also die zur Gründung einer Aktiengesellschaft zusammengetretenen Personen demnächst auch zur Vollziehung des entsprechenden Statuts verpflichtet sind, ist nach den Grundsätzen des allgemeinen Civilrechts zu entscheiden. Prot. S. 319. und 379.

7) Diese Bestimmungen sind theils in unveränderter, theils in veränderter Gestalt aus dem für Aktiengesellschaften, bei welchen der Gegenstand des Unternehmens in Handelsgeschäften besteht, aufgehobenen Gesetze vom 9. November 1843 entnommen und ergänzen das Handelsgesetzbuch, namentlich mit Rücksicht auf das öffentliche Recht. Mot. z. Einf.-Ges. S. 28.

8) Vergl. §. 1. des Ges. vom 9. November 1843.

9) — entnommen aus den §§. 3. und 4. desselben Gesetzes, deren Inhalt aufrecht erhalten wurde, weil nach den Artikeln 210. und 214. des Handelsgesetzbuchs nur Auszüge veröffentlicht werden. Mot. z. Einf.-Ges. S. 29.

Jede Abänderung oder Verlängerung des Gesellschaftsvertrages ist gleichfalls nach Maaßgabe der vorstehenden Bestimmungen bekannt zu machen.

Die im Handelsgesetzbuch über die Veröffentlichung enthaltenen Vorschriften werden durch diesen Paragraphen nicht berührt.

Artikel 209.

Der Gesellschaftsvertrag, dessen Genehmigung erfolgen soll, muß insbesondere bestimmen:[10])

1) Die Firma[11]) und den Sitz der Gesellschaft;
2) den Gegenstand des Unternehmens;
3) die Zeitdauer des Unternehmens, im Falle dasselbe auf eine bestimmte Zeit[12]) beschränkt sein soll;
4) die Höhe des Grundkapitals und der einzelnen Aktien oder Aktienantheile;
5) die Eigenschaft der Aktien, ob sie auf Inhaber oder auf Namen gestellt werden sollen, ingleichen die etwa bestimmte Zahl der einen und der anderen Art, sowie die etwa zugelassene Umwandlung derselben;
6) die Grundsätze, nach welchen die Bilanz aufzunehmen und der Gewinn zu berechnen und auszuzahlen ist, sowie die Art und Weise, wie die Prüfung der Bilanz erfolgt;
7) die Art der Bestellung und Zusammensetzung des Vorstandes und die Formen für die Legitimation der Mitglieder desselben und der Beamten der Gesellschaft;[13])
8) die Form, in welcher die Zusammenberufung der Aktionäre geschieht;
9) die Bedingungen des Stimmrechts[14]) der Aktionaire und die Form, in welcher dasselbe ausgeübt wird;
10) die Gegenstände, über welche nicht schon durch einfache Stimmenmehrheit der auf Zusammenberufung erschienenen Aktionaire, son-

---

10) Es wurde bemerkt: daß dieser Artikel allerdings keine civilrechtliche Bedeutung habe, und namentlich nicht bestimmen wolle, daß der Gesellschaftsvertrag, wenn er über den einen oder den anderen der gedachten Punkte Nichts enthalte, nichtig sein solle. Zweck dieses Artikels sei es vielmehr, von einem mehr staatsrechtlichen Standpunkte aus die Voraussetzungen aufzustellen, unter denen die Staatsgenehmigung zur Errichtung einer Aktiengesellschaft erwartet werden könne. Prot. S. 325. — Der Artikel 209. ist dem §. 2. des Ges. über Aktiengesellschaften vom 9. November 1843 nachgebildet.

11) Ueber die nothwendige Beschaffenheit derselben s. Art. 18.

12) Hieraus folgt, daß Aktiengesellschaften auch auf unbestimmte Dauer errichtet werden können, was der Pr. Entw. (Art. 182.) nicht zulassen wollte.

13) — z. B. der Betriebsdirektoren. — Die Bestellung eines Gesellschafts-Ausschusses (Verwaltungs-Aufsichtsraths) ist also nicht als nothwendiges Requisit für alle Aktiengesellschaften angesehen. Prot. S. 391.

14) Den Mißständen, welche aus einer übergroßen Anhäufung von Aktien in einer Hand entspringen, kann nicht durch eine allgemeine gesetzliche Vorschrift, sondern nur in jedem einzelnen Falle durch vertragsmäßige, der Prüfung der Staatsregierung unterliegende Bestimmungen des Gesellschaftsstatuts in geeigneter Weise entgegengetreten werden. Mot. S. 93.

dern nur durch eine größere Stimmenmehrheit oder nach anderen Erfordernissen Beschluß gefaßt werden kann;

11) die Form, in welcher die von der Gesellschaft ausgehenden Bekanntmachungen erfolgen, sowie die öffentlichen Blätter, in welche dieselben aufzunehmen sind.[15])

Artikel 210.

Der Gesellschaftsvertrag und die Genehmigungsurkunde müssen bei dem Handelsgericht, in dessen Bezirk die Gesellschaft ihren Sitz hat, in das Handelsregister eingetragen und im Auszuge veröffentlicht werden.

Der Auszug muß enthalten:

1) das Datum des Gesellschaftsvertrages und der Genehmigungsurkunde;
2) die Firma und den Sitz der Gesellschaft;
3) den Gegenstand und die Zeitdauer des Unternehmens;
4) die Höhe des Grundkapitals und der einzelnen Aktien oder Aktienantheile;
5) die Eigenschaft derselben, ob sie auf Inhaber oder auf Namen gestellt sind;
6) die Form, in welcher die von der Gesellschaft ausgehenden Bekanntmachungen erfolgen, sowie die öffentlichen Blätter, in welche dieselben aufzunehmen sind.

Ist im Gesellschaftsvertrage eine Form bestimmt, in welcher der Vorstand seine Willenserklärungen kundgiebt und für die Gesellschaft zeichnet, so ist auch diese Bestimmung zu veröffentlichen.[16])

Artikel 211.

Vor erfolgter Genehmigung und Eintragung in das Handelsregister besteht die Aktiengesellschaft als solche nicht.

Wenn vor erfolgter Genehmigung und Eintragung in das Handelsregister im Namen der Gesellschaft gehandelt worden ist,[17]) so haften die Handelnden[18]) persönlich und solidarisch.[19])

Artikel 212.

Bei jedem Handelsgerichte, in dessen Bezirk die Aktiengesellschaft eine

---

15) Man hielt es für selbstverständlich, daß im Gesellschaftsvertrage auch für den Fall des Eingehens eines für die Aufnahme der Bekanntmachungen bestimmten Blattes Vorsehung getroffen werden müsse. Prot. S. 1039.

16) Vergl. Art. 229. — S. auch Einf.-Ges. Uebergangsbestimmungen Art. 66.

17) Mit dieser weiten Fassung soll sowohl der Abschluß von Geschäften mit Dritten, als auch die Ausgabe von Aktien 2c. getroffen werden. Prot. S. 1039.

18) Unter dem Ausdrucke „Handelnden" sind nicht allein die geschäftsführenden Mitglieder (von denen eigentlich vor der gesetzlichen Konstituirung der Gesellschaft gar nicht die Rede sein kann), sondern auch alle diejenigen Zeichner von Aktien gemeint, mit deren Willen gehandelt worden ist. Mot. S. 92. Prot. S. 1039. und 1450.

19) Diese Bestimmung bezweckt zu verhüten, daß Aktiengesellschaften vor

Zweigniederlassung hat, muß dies Behufs der Eintragung in das Handelsregister angemeldet werden.[20])

Die Anmeldung muß die in Artikel 210. Abs. 2. und 3. bezeichneten Angaben enthalten. Das Handelsgericht hat die Mitglieder des Vorstandes zur Befolgung dieser Vorschriften von Amtswegen durch Ordnungsstrafen anzuhalten.

Artikel 213.

Die Aktiengesellschaft als solche hat selbstständig ihre Rechte und Pflichten;[21]) sie kann Eigenthum und andere dingliche Rechte an Grundstücken[22]) erwerben; sie kann vor Gericht klagen und verklagt werden.

Ihr ordentlicher Gerichtsstand ist bei dem Gerichte, in dessen Bezirk sie ihren Sitz hat.[23])

Artikel 214.

Jeder Beschluß der Generalversammlung, welcher die Fortsetzung[24]) der Gesellschaft oder eine Abänderung der Bestimmungen des Gesellschaftsvertrages zum Gegenstande hat, bedarf zu seiner Gültigkeit der notariellen oder gerichtlichen Beurkundung, sowie der staatlichen Genehmigung.[25])

Ein solcher Beschluß und die Genehmigungsurkunde müssen in gleicher

---

ertheilter landesherrlicher Genehmigung faktisch als solche ihre Geschäfte beginnen. Mot. S. 91.

20) S. Art. 21. Abs. 3.

21) Es wurde bemerkt: Die Fassung des Art. 213. werde zu der Annahme führen, daß die Aktiengesellschaft als eine juristische Person angesehen worden sei, während dieselben Gründe, welche bei der Entscheidung maßgebend gewesen, daß weder die offene noch die stille Gesellschaft die Eigenschaft einer juristischen Person habe, auch bei der Aktiengesellschaft zuträfen. — Mehrere Mitglieder hielten aber dafür, daß man nicht umhin könne, den Aktiengesellschaften juristische Persönlichkeit beizulegen, denn bei ihnen seien die Verhältnisse andere als bei den übrigen Handelsgesellschaften; bei ihnen komme z. B. auf den Wechsel der Personen gar Nichts an, bei ihnen ständen den Gesellschaftern keine direkten Rechte auf die einzelnen Vermögensstücke der Gesellschaft zu u. dgl. — Noch andere Mitglieder erklärten sich zwar für die Bestimmungen des Artikels, ohne indeß damit die juristische Persönlichkeit der Aktiengesellschaften anerkennen zu wollen. Prot. S. 1040.

22) S. Einf.-Ges. (ALR. und AGO.) Art. 23.

23) S. Art. 111. Note 60.

24) Der Pr. Entw. hatte auch zum Beschlusse über die Auflösung einer Aktiengesellschaft landesherrliche Genehmigung erfordert. Dafür wurde zwar geltend gemacht, daß in manchen Fällen jene Genehmigung im öffentlichen Interesse vorzubehalten sei, z. B. wenn in Folge eines solchen Auflösungsbeschlusses der Betrieb einer Eisenbahn plötzlich sistirt werden würde. Dagegen wurde jedoch bemerkt: ein staatliches Zwangsrecht gegen die Aktiengesellschaften zur Fortführung eines Geschäfts sei allzubedenklich. Man möge nur an den Fall denken, daß die Aktiengesellschaft eine Fabrik, in welcher mehrere hundert Arbeiter beschäftigt wären, fortzubetreiben genöthigt würde. — Das Erforderniß der staatlichen Genehmigung wurde hierauf für den Auflösungsbeschluß abgelehnt, jedoch wurde von einer Seite bemerkt, daß die Auflösung einer auf bestimmte Zeit eingegangenen Gesellschaft vor deren Ablauf auch eine Abänderung der Statuten enthalte, in einem solchen Falle also doch die Auflösung der Gesellschaft der staatlichen Genehmigung und der öffentlichen Beurkundung als Statutenänderung bedürfe. Prot. S. 330.

Weise wie der ursprüngliche Vertrag in das Handelsregister eingetragen und im Auszug veröffentlicht werden (Artikel 210. 212.).

Der Beschluß hat keine rechtliche Wirkung, bevor derselbe bei dem Handelsgerichte, in dessen Bezirk die Gesellschaft ihren Sitz hat, in das Handelsregister eingetragen ist.

Artikel 215.

Die Abänderung des Gegenstandes der Unternehmung der Gesellschaft[26]) kann nicht durch Stimmenmehrheit beschlossen werden, sofern dies nicht im Gesellschaftsvertrage ausdrücklich gestattet ist.

Dasselbe gilt von dem Falle, wenn die Gesellschaft durch Uebertragung ihres Vermögens und ihrer Schulden an eine andere Aktiengesellschaft[27]) gegen Gewährung von Aktien der letzteren aufgelöst werden soll.

Zweiter Abschnitt.

Rechtsverhältniß der Aktionaire.

Artikel 216.

Jeder Aktionair hat einen verhältnißmäßigen Antheil an dem Vermögen der Gesellschaft.

Er kann den eingezahlten Betrag nicht zurückfordern und hat, so lange die Gesellschaft besteht, nur einen Anspruch auf den reinen Gewinn, soweit dieser nach dem Gesellschaftsvertrage zur Vertheilung unter die Aktionaire bestimmt ist.

Artikel 217.

Zinsen von bestimmter Höhe dürfen für die Aktionaire nicht bedungen, noch ausbezahlt werden;[28]) es darf nur dasjenige unter sie vertheilt wer-

---

25) Der Abs. 1. dieses Artikels entspricht dem §. 4. des Ges. über Aktiengesellschaften vom 9. November 1843.

26) Streng genommen, müßte zu jeder Abänderung des Gesellschaftsvertrages Einstimmigkeit aller Aktionäre gefordert werden. Dies ist bei der meistentheils erheblich großen Zahl der Aktionäre praktisch nicht durchführbar. Das Bedürfniß führt deshalb dahin, Majoritätsbeschlüsse als die Regel anzunehmen. Nur wo eine so wesentliche Abänderung des Gesellschaftsvertrages in Frage steht, daß der alte Vertrag durch sie in einen völlig neuen umgewandelt werden soll, wie bei der Abänderung des Gegenstandes der Unternehmung, ist an dem Erforderniß der Einwilligung **aller** Kontrahenten festzuhalten. — Dasselbe gilt von dem Falle einer sogenannten Fusion, denn hierin liegt die Aufhebung der bisherigen und die gleichzeitige Eingehung einer neuen Gesellschaft. Mot. S. 90.

27) — nicht aber an eine einzelne Person (z. B. an den Staat). Es war beantragt, auch diesen Fall dem obigen gleichzustellen. Der Antrag wurde jedoch zurückgezogen, da sich die kaufmännischen Abgeordneten dagegen aussprachen. Prot. S. 363. Eine Uebertragung der letzteren Art wird daher in Folge eines Mehrheitsbeschlusses auch dann zulässig sein, wenn sie nicht im Gesellschaftsvertrage ausdrücklich gestattet ist. Vergl. Art. 247.

28) Es involvirt einen Widerspruch, wenn bei Aktiengesellschaften ein be-

den, was sich nach der jährlichen Bilanz, und, wenn im Gesellschaftsvertrage die Innehaltung eines Reservekapitals bestimmt ist, nach Abzug desselben als reiner Ueberschuß ergiebt.[29])

Jedoch können für den in dem Gesellschaftsvertrage angegebenen Zeitraum, welchen die Vorbereitung des Unternehmens bis zum Anfange des vollen Betriebes erfordert, den Aktionairen Zinsen von bestimmter Höhe bedungen werden.[30])

Artikel 218.

Der Aktionair ist in keinem Falle verpflichtet, die in gutem Glauben empfangenen Zinsen[31]) und Dividenden zurückzugeben.[32])

Artikel 219.

Der Aktionair ist nicht schuldig, zu den Zwecken der Gesellschaft und zur Erfüllung ihrer Verbindlichkeiten mehr beizutragen, als den für die Aktie statutenmäßig zu leistenden Beitrag.[33])

---

stimmter Zinsfuß den Aktionären garantirt wird, denn die Gesellschafter, welche die Garantie gegenseitig in Anspruch nehmen, sind eben dieselben, welche für einen etwaigen Minderertrag mit ihren Einlagen einzustehen haben. Wenn gleichwohl solche Zinsversprechen in der Praxis vorgekommen sind, so hieß dies nichts Anderes, als daß die Gesellschafter das Vertrauen aussprächen, sie würden einen so großen Gewinn machen, daß sie das in Form eines Zinsversprechens verheißene Maaß der Dividende zu gewähren vermöchten. Prot. S. 312. — Es wurde anerkannt, daß durch den ersten Abs. dieses Artikels die Staatsgarantie für einen Minimalertrag unter dem Namen: „Zinsen" nicht ausgeschlossen sei. Prot. S. 1043.

29) Unzulässig ist es hiernach, was bisher mehrfach selbst bei soliden Aktiengesellschaften vorgekommen, im Laufe des Gesellschaftsjahres aus dem vorhandenen Gewinne Abschlagszahlungen auf die zukünftige Dividende zu leisten. Prot. S. 1043 u. 1055.

30) Diese Ausnahme, welche dem §. 17. des Ges. über Aktiengesellschaften vom 9. November 1843 nachgebildet ist, wurde nur deshalb zugelassen, weil es einzelnen Aktionären schwer falle, bis zu dem erst nach längerer Zeit beginnenden vollen Betriebe des Unternehmens jeden Ertrag ihrer Einlage zu entbehren, und ohne Zulassung dieser Ausnahme das Zustandekommen mancher im öffentlichen Interesse wünschenswerther Aktien-Unternehmungen erschwert werde. Mot. S. 90.

31) Unter „Zinsen" sind hier diejenigen Dividenden und Dividendenantheile gemeint, welche hin und wieder mit dem Namen „Zinsen" bezeichnet werden. Prot. S. 336.

32) Dieser Artikel ist dem §. 18. des Ges. über Aktiengesellschaften vom 9. November 1843 nachgebildet, jedoch das Erforderniß der bona fides hinzugefügt. — Für die Streichung der Worte: „in gutem Glauben" wurde angeführt, daß die Rückzahlung einer indebite empfangenen Zahlung nicht durch die bona fides des Empfängers ausgeschlossen werden könne. Dies widerstreite einem Grundprinzipe des Civilrechts. — Man vermeinte jedoch, daß die getroffene Bestimmung für die Sicherheit des Aktienverkehrs ein dringendes Bedürfniß sei und vielfachen Verwickelungen vorbeuge. Die Dividenden würden häufig durch Kommissionäre u. s. w. eingehoben; man könne doch denselben nicht zumuthen, das zuviel Empfangene aus eigenen Mitteln zu erstatten, um dasselbe in vielen Prozessen von den einzelnen Bezugsberechtigten demnächst wieder beizutreiben. Prot. S. 336. und 1044.

33) Vergl. §. 15. des Ges. über Aktiengesellschaften vom 9. November 1843.

Artikel 220.

Ein Aktionair, welcher den Betrag seiner Aktie nicht zur rechten Zeit einzahlt, ist zur Zahlung von Verzugszinsen von Rechtswegen[34]) verpflichtet.

Im Gesellschaftsvertrage können für den Fall der verzögerten Einzahlung des gezeichneten Aktienbetrages oder eines Theils desselben Konventionalstrafen ohne Rücksicht auf die sonst stattfindenden gesetzlichen Einschränkungen festgesetzt werden; auch kann bestimmt werden, daß die säumigen Aktionaire ihrer Anrechte aus der Zeichnung der Aktien und der geleisteten Theilzahlungen zu Gunsten der Gesellschaft verlustig gehen.[35])

Artikel 221.

Ist im Gesellschaftsvertrage keine besondere Form, wie die Aufforderung zur Einzahlung geschehen soll, bestimmt, so geschieht dieselbe in der Form, in welcher die Bekanntmachungen der Gesellschaft nach dem Gesellschaftsvertrage überhaupt erfolgen müssen (Artikel 209. Ziff. 11.).

Jedoch kann in keinem Falle ein Aktionair seines Anrechts verlustig erklärt werden, wenn nicht die Aufforderung zur Zahlung mindestens dreimal in den hierzu bestimmten öffentlichen Blättern (Artikel 209. Ziff. 11.), das letzte Mal wenigstens vier Wochen vor dem für die Einzahlungen gesetzten Schlußtermine, bekannt gemacht worden ist. Wenn die Aktien auf Namen lauten und ohne Einwilligung der übrigen Aktionaire nicht übertragbar sind, so kann die Bekanntmachung dieser Aufforderungen durch besondere Erlasse an die einzelnen Aktionaire statt der Einrückungen in die öffentlichen Blätter erfolgen.

Artikel 222.

Wenn die Aktien oder Aktienantheile auf Inhaber gestellt werden, so kommen folgende Grundsätze zur Anwendung:[36])

1) Die Ausgabe der Aktien darf vor Einzahlung des ganzen Nominalbetrages derselben nicht erfolgen;[37]) ebensowenig dürfen über die

---

34) — d. h. ohne Mahnung.

35) Die Nothwendigkeit der Festsetzung strengerer als der gewöhnlichen Rechtsnachtheile für den Fall der verzögerten Einzahlung der Beträge, ergiebt sich aus der Erwägung, daß durch derartige Verzögerungen das ganze Unternehmen gehemmt werden, und für die Gesellschaft unter Umständen ein bedeutender Nachtheil entstehen kann. Da diese Verzugsstrafen im Gesellschaftsvertrage angeordnet werden müssen und der Prüfung der Staatsregierung unterliegen, so ist die Gefahr einer übermäßigen Härte nicht zu befürchten. Die Bestimmung entspricht dem §. 14. des Ges. über Aktiengesellschaften vom 9. November 1843. Mot. S. 94. — Es wurde anerkannt, daß in dem Schlußsatze des Artikels zugleich die Befugniß begriffen sei, nicht rechtzeitig bezahlte Akien weiter zu verkaufen, und im Gesellschaftsvertrage zu bestimmen, daß für den Fall des Verzugs Verzugszinsen und Konventionalstrafen zugleich bezahlt werden müßten. Prot. S. 334.

36) Zweck dieses Artikels ist es, durch gewisse Beschränkungen des Verkehrs den Schwindel mit Aktien möglichst fern zu halten. Prot. S. 336. — Dieser Artikel ist dem §. 11. des Ges. über Aktiengesellschaften vom 9. November 1843 nachgebildet.

37) — denn eine Aktie ist zugleich auch eine Quittung; es erscheint daher

geleisteten Partialzahlungen Promessen[38]) oder Interimsscheine, welche auf Inhaber lauten, ausgestellt werden.[39])

2) Der Zeichner der Aktie ist für die Einzahlung von vierzig[40]) Prozent des Nominalbetrages der Aktie unbedingt verhaftet; von dieser Verpflichtung kann derselbe weder durch Uebertragung seines Anrechts auf einen Dritten sich befreien, noch Seitens der Gesellschaft entbunden werden; wird der Zeichner der Aktie, wegen verzögerter Einzahlung, seines Anrechts aus der Zeichnung verlustig erklärt (Artikel 220.), so bleibt er dessenungeachtet zur Einzahlung von vierzig Prozent des Nominalbetrages der Aktie verpflichtet.

3) Im Gesellschaftsvertrage kann bestimmt werden, daß und unter welchen Maaßgaben nach erfolgter Einzahlung von vierzig Prozent die Befreiung des Zeichners von der Haftung für weitere Einzahlungen zulässig sei, und daß im Falle der eingetretenen Befreiung über die geleisteten Einzahlungen Promessen oder Interimsscheine, welche auf Inhaber lauten, ausgestellt werden dürfen.

Artikel 223.

Wenn die Aktien auf Namen lauten, so kommen die bei der Kommanditgesellschaft auf Aktien gegebenen Bestimmungen über die Eintragung der Aktien in das Aktienbuch der Gesellschaft und über die Uebertragung derselben auf Andere (Artikel 182. 183.) auch hier zur Anwendung.

So lange der Betrag der Aktie nicht vollständig eingezahlt ist, wird der Aktionair durch Uebertragung seines Anrechts auf einen Anderen von der Verbindlichkeit zur Zahlung des Rückstandes nur dann befreit, wenn die Gesellschaft den neuen Erwerber an seiner Stelle annimmt und ihn der Verbindlichkeit entläßt.

Auch in diesem Falle bleibt der austretende Aktionair auf Höhe des Rückstandes für alle bis dahin von der Gesellschaft eingegangenen Verbindlichkeiten noch auf ein Jahr,[41]) vom Tage des Austritts an gerechnet, subsidiarisch verhaftet.

---

wohlbegründet, die Quittung über einen gewissen Betrag nicht eher auszugeben, als bis die ganze in ihr bezeichnete Summe bezahlt und somit wirklich das mit der ganzen Summe statutenmäßig erkaufte Recht erworben ist. Prot. S. 339.

38) Promessen sind Anweisungen auf Aktien. Prot. S. 339.

39) — damit die Aktiengesellschaft, wenn auf erfolgten Aufruf eine Einzahlung unterbleibt, wisse, wer der erste Zeichner der Aktie, wer also für die Einzahlung ihres ganzen Betrages haftbar ist. Prot. S. 337. — Promessen, die auf Namen lauten, sind zulässig und können durch Indossament übertragen werden. Prot. S. 340.

40) Auch für den Rest ist er auf Grund seiner Zeichnung verhaftet, doch kann nach Nr. 3. dieses Artikels im Gesellschaftsvertrage darüber Bestimmung getroffen werden, daß und unter welchen Maaßgaben der Zeichner von weiteren Einzahlungen auf die ferneren 60 Prozent befreit werde. Prot. S. 340. Vgl. Art. 249., wonach die Landesgesetze bestimmen können, daß mit staatlicher Genehmigung die hier bestimmte Höhe der Einzahlung von 40 Prozent des Nominalbetrages der Aktien auf 25 Prozent dieses Betrages herabgesetzt werden darf.

41) Es war vorgeschlagen worden, den dritten Absatz ganz zu streichen,

Artikel 224.

Die Rechte, welche den Aktionairen in den Angelegenheiten der Gesellschaft, insbesondere in Beziehung auf die Führung der Geschäfte, die Einsicht und Prüfung der Bilanz und die Bestimmung der Gewinnvertheilung zustehen, werden von der Gesammtheit der Aktionaire in der Generalversammlung ausgeübt.

Jede Aktie gewährt dem Inhaber Eine Stimme, wenn nicht der Gesellschaftsvertrag ein Anderes festsetzt.

Artikel 225.

Ist ein Aufsichtsrath bestellt, so überwacht derselbe die Geschäftsführung der Gesellschaft in allen Zweigen der Verwaltung; er kann sich von dem Gange der Angelegenheiten der Gesellschaft unterrichten, die Bücher und Schriften derselben jederzeit einsehen und den Bestand der Gesellschaftskasse untersuchen.

Er hat die Jahresrechnungen, die Bilanzen und die Vorschläge zur Gewinnvertheilung zu prüfen und darüber alljährlich der Generalversammlung der Aktionaire Bericht zu erstatten.

Er hat eine Generalversammlung zu berufen, wenn dies im Interesse der Gesellschaft erforderlich ist.

Artikel 226.

Handelt es sich um die Führung von Prozessen gegen die Mitglieder des Vorstandes oder des Aufsichtsrathes, so kommen die für die Kommanditgesellschaft auf Aktien gegebenen Bestimmungen (Artikel 194. 195.) auch hier zur Anwendung.

---

weil es angemessen scheine, daß der seiner Verbindlichkeiten entlassene Aktionär auch sofort frei werde, und weil dies um so mehr geschehen könne, als die Gläubiger gegen den einzelnen Aktionär kein Forderungsrecht hätten, vielmehr ihnen nur das übrige Gesellschafts-Vermögen hafte. — Dagegen wurde jedoch bemerkt: die Entlassung solle nach Inhalt des Art. 223. nur unbeschadet der Rechte der Gläubiger erfolgen können, damit nicht alle zahlungsfähigen Aktionäre austreten und Leute substituiren könnten, von denen nicht einmal die gezeichneten Summen zu erhalten seien. Auf diese Summen hätten aber die Gläubiger auch gegen jeden einzelnen Aktionär ein Recht, denn so weit hafte er für die Gesellschaftsschulden. Dieses Recht der Gläubiger könne doch nicht durch die Mitschuldner, d. i. durch die übrigen Gesellschafter wirksam aufgegeben werden. Insoweit aber die Haftung des Aktionärs auf ein Jahr eingeschränkt werde, enthalte der Artikel eine Begünstigung des austretenden Aktionärs, denn, werde der Absatz gestrichen, dann bestehe seine Haftung für die ganze Dauer der ordentlichen Verjährungszeit. — Die Richtigkeit des zuletzt angeführten Grundes wurde aber von gegnerischer Seite bezweifelt, da der Gläubiger der Gesellschaft gegen den Aktionär auf dessen Einlage kein unmittelbares Recht habe, sondern nur ex jure cesso der Gesellschaft klagen könne, somit die Handlungen der Gesellschaft gegen sich gelten lassen müsse. — Der Abs. 3. wurde indeß bei der Abstimmung angenommen. Prot. S. 344. — Der Art. 223. ist den §§. 12. und 13. des Ges. über Aktiengesellschaften vom 9. November 1843 nachgebildet.

Dritter Abschnitt.

Rechte und Pflichten des Vorstandes.[42])

Artikel 227.

Jede Aktiengesellschaft muß einen Vorstand[43]) haben (Artikel 209. Ziff. 7.). Sie wird durch denselben gerichtlich und außergerichtlich vertreten.

Der Vorstand kann aus Einem oder mehreren Mitgliedern bestehen; diese können besoldet oder unbesoldet, Aktionaire oder Andere sein.

Ihre Bestellung ist zu jeder Zeit widerruflich, unbeschadet der Entschädigungsansprüche aus bestehenden Verträgen.

Artikel 228.

Die jeweiligen Mitglieder des Vorstandes müssen alsbald nach ihrer Bestellung zur Eintragung in das Handelsregister angemeldet werden. Der Anmeldung ist ihre Legitimation beizufügen.

Sie haben ihre Unterschrift vor dem Handelsgerichte zu zeichnen, oder die Zeichnung derselben in beglaubigter Form einzureichen.

Das Handelsgericht hat die Mitglieder des Vorstandes zur Befolgung dieser Vorschriften von Amtswegen durch Ordnungsstrafen anzuhalten.

Artikel 229.

Der Vorstand hat in der durch den Gesellschaftsvertrag bestimmten Form seine Willenserklärungen kundzugeben und für die Gesellschaft zu zeichnen.[44]) Ist nichts darüber bestimmt, so ist die Zeichnung durch sämmtliche Mitglieder des Vorstandes erforderlich.

Die Zeichnung geschieht in der Weise, daß die Zeichnenden zu der Firma der Gesellschaft oder zu der Benennung des Vorstandes ihre Unterschrift hinzufügen.

Artikel 230.

Die Gesellschaft wird durch die von dem Vorstande in ihrem Namen geschlossenen Rechtsgeschäfte berechtigt und verpflichtet; es ist gleichgültig, ob das Geschäft ausdrücklich im Namen der Gesellschaft geschlossen worden ist,

---

42) In den Art. 227. bis 235. incl. wird von denjenigen Personen gehandelt, welche die Aktiengesellschaft Dritten gegenüber zu vertreten und zu verpflichten berufen sind. Die Art. 236. bis 241. behandeln innere Fragen der Gesellschaft.

43) Unter „Vorstand" wird die geschäftsführende Behörde verstanden, welche die Unterschrift der Gesellschaft hat, die Exekutive besitzt, die Gesellschaft nach innen und außen vertritt, und gewöhnlich Direktion genannt wird — nicht aber jene blos berathenden und kontrollirenden Organe der Gesellschaft, welche zur Kontrolle der Direktion bestellt sind, und die gewöhnlich Verwaltungsrath genannt werden. Prot. S. 346.

44) Ist eine solche Form im Vertrage bestimmt, so muß sie veröffentlicht werden. S. den letzten Absatz des Art. 210.

oder ob die Umstände ergeben, daß es nach dem Willen der Kontrahenten für die Gesellschaft geschlossen werden sollte.

Einf.-Ges. Art. 12. §. 6.[45]) Die nach den Artikeln 227. und 230. des Handelsgesetzbuchs dem Vorstande der Gesellschaft zustehende Befugniß zur Vertretung derselben erstreckt sich auch auf diejenigen Geschäfte und Rechtshandlungen, für welche nach den Gesetzen eine Spezialvollmacht erforderlich ist.

Artikel 231.

Der Vorstand ist der Gesellschaft gegenüber verpflichtet, die Beschränkungen einzuhalten, welche in dem Gesellschaftsvertrage oder durch Beschlüsse der Generalversammlung für den Umfang seiner Befugniß, die Gesellschaft zu vertreten, festgesetzt sind.[46])

Gegen dritte Personen[47]) hat jedoch eine Beschränkung der Befugniß des Vorstandes, die Gesellschaft zu vertreten, keine rechtliche Wirkung.[48]) Dies gilt insbesondere für den Fall, daß die Vertretung sich nur auf gewisse Geschäfte oder Arten von Geschäften erstrecken, oder nur unter gewissen Umständen oder für eine gewisse Zeit oder an einzelnen Orten stattfinden soll, oder daß die Zustimmung der Generalversammlung, eines Verwaltungsrathes, eines Aufsichtsrathes oder eines anderen Organes der Aktionaire für einzelne Geschäfte erfordert ist.

Artikel 232.

Eide Namens der Gesellschaft werden durch den Vorstand geleistet.[49])

---

45) — entnommen aus §. 21. des Ges. vom 9. November 1843 und hier beigefügt, um Zweifeln zu begegnen.

46) — widrigenfalls die Vorsteher nach Abs. 2. Art. 241. persönlich und solidarisch für den dadurch entstandenen Schaden verhaftet sind.

47) S. Einf.-Ges. Uebergangsbestimmungen Art. 67.

48) Eine Vollmachtsüberschreitung des Vorstandes ist deshalb für das Verhältniß des dritten Kontrahenten zu der Gesellschaft ohne Einfluß. Dies ist analog den Bestimmungen über die Wirkung der von Prokuristen und offenen Gesellschaftern in dieser Eigenschaft vorgenommenenen Rechtshandlungen (f. Art. 43. 114.). Prot. S. 361. — Es wurde zwar bemerkt, daß wegen Verschiedenheit der Verhältnisse keine zureichenden Gründe vorhanden seien, um den Vorstand der Gesellschaft nach denselben Gesichtspunkten zu beurtheilen, wie den Prokuristen, denn ein Prinzipal nehme freiwillig einen Prokuristen an, könne denselben auch entbehren, und sei im Stande denselben einigermaaßen zu kontrolliren, während eine Aktiengesellschaft gesetzlich einen Vorstand haben müsse, ihn nicht entbehren könne und außer Stande sei, ihn zu überwachen. — Theils berief man sich jedoch auf die Schwierigkeiten, welche dem Geschäftsverkehre aus solchen Beschränkungen erwachsen würden, theils hielt man es für weniger bedenklich, jene ausgedehnten Befugnisse dem Vorstande einer Aktiengesellschaft als dem Prokuristen eines Einzelkaufmanns einzuräumen, weil dieser das ganze Vermögen des Prinzipals, jener aber die einzelnen Gesellschafter nur bis auf den Betrag der Aktien verpflichten könne. Prot. S. 1061. — Es wurde hiebei anerkannt, daß ein Dritter, welcher wußte, daß der Vorsteher einer Aktiengesellschaft gegen seine Vollmacht zu handeln im Begriff stehe, und der gleichwohl mit demselben kontrahirte, aus einem solchen Geschäfte gegen die Gesellschaft keine Rechte erlangen solle. Prot. S. 361.

49) Mit diesem Artikel ist das Prinzip festgestellt, daß der Vorstand einer

Artikel 233.

Jede Aenderung der Mitglieder des Vorstandes muß bei Ordnungsstrafe zur Eintragung in das Handelsregister angemeldet werden.

Dritten Personen kann die Aenderung nur insofern entgegengesetzt werden, als in Betreff dieser Aenderung die im Artikel 46. in Betreff des Erlöschens der Prokura bezeichneten Voraussetzungen vorhanden sind.

Artikel 234.

Der Betrieb von Geschäften der Gesellschaft, sowie die Vertretung der Gesellschaft in Bezug auf diese Geschäftsführung kann[50]) auch sonstigen Bevollmächtigten oder Beamten[51]) der Gesellschaft zugewiesen werden. In diesem Falle bestimmt sich die Befugniß derselben nach der ihnen ertheilten Vollmacht; sie erstreckt sich im Zweifel auf alle Rechtshandlungen, welche die Ausführung derartiger Geschäfte gewöhnlich mit sich bringt.

Artikel 235.

Zur Behändigung von Vorladungen und anderen Zustellungen an die Gesellschaft genügt es, wenn dieselbe an ein Mitglied des Vorstandes, welches zu zeichnen oder mitzuzeichnen befugt ist, oder an einen Beamten der Gesellschaft, welcher dieselbe vor Gericht zu vertreten berechtigt ist, geschieht.[52])

Artikel 236.

Die Generalversammlung der Aktionaire wird durch den Vorstand berufen, soweit nicht nach dem Gesellschaftsvertrage auch andere Personen dazu befugt sind.

Aktiengesellschaft dieselbe im Prozesse nicht wie ein bloßer Bevollmächtigter zu vertreten hat, sondern dabei in ähnlicher Weise wie der Vorstand einer Korporation zu beurtheilen ist. Die Bestimmung wurde für nothwendig gehalten, weil aus der Befugniß des Vorstands, die Gesellschaft bei Gericht zu vertreten, noch nicht folge, daß er auch berechtigt sei, Eide Namens derselben zu leisten. Ob aber in jedem Falle der gesammte Vorstand schwören müsse, oder unter Umständen die Eidesleistung einzelner Vorstandsmitglieder oder eines Beamten der Gesellschaft für ausreichend angesehen werden könne, darüber herrschte in der Konferenz Meinungsverschiedenheit. Prot. S. 350. u. 1063. — Der Art. 232. entspricht dem §. 23. des Ges. über Aktiengesellschaften vom 9. November 1843.

50) Der Regel nach muß die Vertretung der Gesellschaft ihren Repräsentanten, den Vorstehern, vorbehalten bleiben. Die Ausnahme in diesem Artikel beruht auf Gründen der Zweckmäßigkeit. Es kann namentlich bei größeren Gesellschaften mit einem weit verzweigten Geschäftsbetriebe vortheilhaft sein, daß einzelnen sachkundigen Beamten die Vertretung der Gesellschaft in Beziehung auf den Geschäftsbetrieb durch den Gesellschaftsvertrag zugewiesen werde. Mot. S. 95.

51) Der Prokuristen ist nicht gedacht, weil man annahm, daß erfahrungsmäßig Aktiengesellschaften niemals einen Prokuristen bestellen, und auch das Recht der Bestellung eines solchen eigentlich nur als das Attribut eines Menschen betrachtet werden könne, da es einen Prinzipal von unbeschränkter Willensfähigkeit voraussetze; es passe nicht zu einem Institute, wie die Aktiengesellschaft, deren Geschäftsthätigkeit sich nur auf einem autonomisch beschränkten Boden bewege. Prot. S. 1064.

52) — gleichviel, ob im Geschäftslokale, oder außer demselben. Prot. S. 349.

Artikel 237.

Eine Generalversammlung der Aktionaire ist, außer den im Gesellschaftsvertrage ausdrücklich bestimmten Fällen, zu berufen, wenn dies im Interesse der Gesellschaft erforderlich erscheint.

Die Generalversammlung muß auch dann berufen werden, wenn dies ein Aktionair oder eine Anzahl von Aktionairen, deren[53]) Aktien zusammen den zehnten Theil des Grundkapitals darstellen, in einer von ihnen unterzeichneten Eingabe unter Angabe des Zwecks und der Gründe[54]) verlangen. Ist in dem Gesellschaftsvertrage das Recht, die Berufung einer Generalversammlung zu verlangen, an den Besitz eines größeren oder eines geringeren Antheils am Grundkapital geknüpft, so hat es hierbei sein Bewenden.

Artikel 238.

Die Berufung der Generalversammlung hat in der durch den Gesellschaftsvertrag bestimmten Weise zu erfolgen.

Der Zweck der Generalversammlung muß jederzeit[55]) bei der Berufung bekannt gemacht werden. Ueber Gegenstände, deren Verhandlung nicht in dieser Weise angekündigt ist, können Beschlüsse nicht gefaßt werden; hiervon ist jedoch der Beschluß über den in einer Generalversammlung

---

53) Die Fassung ist mangelhaft, da sich der Zwischensatz: „deren Aktien zusammen den zehnten Theil des Grundkapitals darstellen", auch auf „ein Aktionär" bezieht. — Es wurde erwogen, daß bei dem Rechte auf Berufung einer Generalversammlung das betheiligte Kapital das Entscheidende sei, und daß es keinen Unterschied mache, ob ein gewisses Kapital in den Händen eines einzigen oder mehrerer sich befinde, zumal es sehr leicht sei, eine Bestimmung zu umgehen, welche nur dann den Einfluß eines bestimmten Kapitals anerkennen wolle, wenn es unter mehrere vertheilt sei. Prot. S. 345. Die Bestimmung hat den Schutz der einzelnen Aktionäre gegenüber dem Vorstande zum Zwecke.

54) Es wurde angeführt, daß zwar keineswegs die Direktion ein Recht erhalten solle, die von den Antragstellern gegebenen Motive zu prüfen, und je nachdem sie dieselben für stichhaltig hielte oder nicht, dem Antrage auf Berufung einer Versammlung statt zu geben oder ihn zurückzuweisen, daß aber andererseits der Direktion auch die Möglichkeit nicht genommen werden dürfe, das Nöthige für eine solche Versammlung vorzubereiten. Wenn ihr nicht das Recht der Prüfung und der Zurückweisung des Antrags eingeräumt werde, so sei die Angabe des Zwecks und der Motive auch dann ganz unbedenklich, wenn es sich um eine Maßregel gegen die Direktion handle. Prot. S. 345.

55) Es ist hier nicht unterschieden zwischen den ordentlichen jährlichen Generalversammlungen und den außerordentlichen. In allen Fällen muß der Zweck der Versammlung bekannt gemacht werden. Ist dies nicht geschehen, so können zwar Anträge gestellt und Verhandlungen gepflogen werden, es kann jedoch mit der im Artikel gedachten Ausnahme kein Beschluß über dieselben gefaßt werden. Mit dieser Bestimmung wollte man einerseits Ueberstürzungen in den Beschlüssen vorbeugen, und andererseits Intriguen des Vorstandes begegnen, welcher durch die unterlassene Ankündigung zwar Beschlüsse, nicht aber Verhandlungen und Beschwerden hinhalten oder verhindern kann. Prot. S. 1068.

gestellten Antrag auf Berufung einer außerordentlichen Generalversammlung ausgenommen.

Zur Stellung von Anträgen und zu Verhandlungen ohne Beschlußfassung bedarf es der Ankündigung[56]) nicht.

Artikel 239.

Der Vorstand ist verpflichtet, Sorge zu tragen, daß die erforderlichen Bücher der Gesellschaft geführt werden. Er muß den Aktionairen spätestens in den ersten sechs[57]) Monaten jedes Geschäftsjahres eine Bilanz[58]) des verflossenen Geschäftsjahres vorlegen.

Zur Entlastung des Vorstandes bei Legung der Rechnungen können Personen nicht bestellt werden, welche auf irgend eine Weise an der Geschäftsführung[59]) Theil nehmen.

Dieses Verbot bezieht sich nicht auf die Personen, welchen die Aufsicht über die Geschäftsführung zusteht.

Einf.-Ges. Art. 12. §. 7.[60]) Innerhalb der im Artikel 239. des Handelsgesetzbuchs vorgeschriebenen Frist hat der Vorstand die jährliche Bilanz auch der im §. 2. bezeichneten Behörde einzureichen.

Artikel 240.

Ergiebt sich aus der letzten Bilanz, daß sich das Grundkapital um die Hälfte vermindert hat,[61]) so muß der Vorstand unverzüglich eine General-

---

56) Unter „Ankündigung" ist hier die öffentliche Bekanntmachung im Sinne des 2. Absatzes dieses Artikels verstanden, jedoch nicht diejenige Anzeige gemeint, welche nach manchen Statuten von den Antragstellern bei dem Vorstande zu machen ist, wenn sie in der Generalversammlung eine Sache zur Sprache bringen wollen. Ueber diese Anzeigen disponirt der Artikel gar nicht. Prot. S. 1068.

57) Vergl. Art. 249., wonach die Landesgesetze bestimmen können, daß mit staatlicher Genehmigung die Frist von 6 Monaten bis auf 12 Monate ausgedehnt werden darf.

58) — nicht eine bloße Berechnung über Gewinn und Verlust des verflossenen Jahres. Mot. S. 95.

59) Der Ausdruck „Geschäftsführung" ist an Stelle des Ausdrucks „Verwaltung", welchen der Pr. Entwurf enthielt, gesetzt worden, um dem Mißverständnisse vorzubeugen, daß mit diesem Artikel auch die bloß kontrollirende und beschließende Thätigkeit der Verwaltungsräthe getroffen werden solle (siehe Absatz 3). Zur Begründung des 2. Absatzes in diesem Artikel wurde angeführt, daß bei der Wichtigkeit der richtigen Aufstellung und gründlichen Prüfung der Bilanz (cfr. Art. 240.) die Entlastung der Rechnungssteller nicht solchen Personen überlassen werden könne, welche selbst der Gesellschaft rechnungspflichtig seien. Prot. S. 853.

60) — entnommen aus §. 24. des Ges. vom 9. November 1843, um das auch im Interesse der Privaten wichtige Aufsichtsrecht nicht illusorisch zu machen.

61) Der Pr. Entw. (Art. 197.) verordnete, daß die Bilanz eines jeden Jahres der Aufsichtsbehörde durch den Vorstand einzureichen sei, und es wurde zur Begründung dieser Bestimmung bemerkt, daß sie mit dem Prinzipe der Staatsgenehmigung zusammenhänge; durch dasselbe werde der Staat zu einer Aufsichtsbehörde für die Aktiengesellschaften gemacht, und es sei wünschenswerth, gleichmäßige Bestimmungen für die Ausübung des Aufsichtsrechts in den verschiedenen deutschen Ländern zu treffen. — Es wurde jedoch erwidert: daß der ganze Satz nicht im mindesten civilrechtlicher Natur sei, also nicht in das Handelsrecht, sondern in die

versammlung berufen und dieser, sowie der zuständigen Verwaltungsbehörde davon Anzeige machen.

Die Verwaltungsbehörde kann in diesem Falle von den Büchern der Gesellschaft Einsicht nehmen und nach Befinden der Umstände die Auflösung der Gesellschaft verfügen.[62])

Ergiebt sich, daß das Vermögen der Gesellschaft nicht mehr die Schulden deckt, so muß der Vorstand hiervon dem Gericht Behufs der Eröffnung des Konkurses[63]) Anzeige machen.

Einf.-Ges. Art. 12. §. 2.[64]) Unter der Verwaltungsbehörde, welche in den Artikeln 240. und 242. des Handelsgesetzbuchs erwähnt wird, ist die Regierung zu verstehen, in deren Bezirke die Aktiengesellschaft ihren Sitz hat. Ist für die letztere eine besondere Aufsichtsbehörde bestellt, so tritt diese an die Stelle der Regierung.

§. 8.[65])

Im Falle das Vermögen der Gesellschaft nicht mehr die Schulden deckt, hat die im §. 2. bezeichnete Behörde dem zur Eröffnung des Konkurses befugten Gerichte davon Mittheilung zu machen, sobald sie die Sachlage durch Einreichung der Bilanz erfährt.

über Genehmigung von Aktiengesellschaften überhaupt zu erlassenden Verordnungen, oder in die über Genehmigung einzelner Gesellschaften ergehenden Erlasse gehöre; daß aber auch hiedurch eine ungeeignete Belästigung der Regierungen geschaffen würde, welche namentlich bei kleineren Aktiengesellschaften ganz unnöthig sei. — Die Streichung jenes Artikels wurde hierauf beschlossen. Prot. S. 354.

62) Es war die Streichung dieses Artikels beantragt, weil nicht abzusehen sei, warum unter allen Umständen der Regierung das Recht zustehen solle, eine Gesellschaft aufzulösen, deren Vermögen sich um die Hälfte vermindert habe, da trotz dieses Verhältnisses der Fortbestand mancher Gesellschaft recht gut möglich und vielleicht von allen Betheiligten gewünscht sei. — Dagegen wurde bemerkt: der Artikel enthalte eine Bestimmung zum Schutz der Aktionaire; mit ihm sei hauptsächlich eine Sicherung gegen solche Vorstandsmitglieder bezweckt, welche dann, wenn sie sich der Vermögensverminderung der Gesellschaft bewußt geworden, zuerst dieselbe verdeckten und auf so lange geheim hielten, bis es ihnen gelungen sei, ihre Aktien um gute Preise zu verwerthen, und die erst dann dieselbe laut werden ließen, wenn sie bei der Gesellschaft kaum noch betheiligt seien und das Publikum durch die ihm verkauften Aktien hintergangen hätten. Prot. S. 356. Das Einschreiten der Verwaltungsbehörde sei, obschon wesentlich Privatinteressen in Betracht kämen, dennoch gerechtfertigt, weil eine Erschütterung der Hauptgrundlagen der Aktiengesellschaften auch auf das Gemeinwohl von nachtheiligem Einfluß sei. Mot. S. 96.

63) — s. Einf.-Ges. Art. 13.

64) — entnommen aus den §§. 24—26. des Ges. v. 9. Novbr. 1843, vergl. auch §. 46. des Ges. über die Eisenbahn-Unternehmungen vom 3. Novbr. 1838.

65) — entnommen aus dem §. 26. des Ges. v. 9. Novbr. 1843 mit Rücksicht auf §. 281. der Konkurs-Ordnung vom 8. Mai 1855 und zur Aushülfe, wenn die im Art. 240. dem Vorstande auferlegte Pflicht, die Anzeige an das Gericht unmittelbar zu bewirken, absichtlich oder unabsichtlich nicht erfüllt wird. Mot. z. Einf.-Ges. S. 32.

§. 9.[66])

Die Mitglieder des Vorstandes einer Aktiengesellschaft werden mit Gefängniß bis zu drei Monaten bestraft, wenn sie, der Vorschrift des Art. 240. des Handelsgesetzbuchs zuwider, dem Gericht die Anzeige zu machen unterlassen, daß das Vermögen der Gesellschaft nicht mehr die Schulden deckt.

Die Strafe tritt nicht ein, wenn von ihnen nachgewiesen wird, daß die Anzeige ohne ihr Verschulden unterblieben ist.

Einf.-Ges. (ALR. u. AGO.) Art. 32.[67]) Unter den im §. 281. der Konkurs-Ordnung vom 8. Mai 1855 bezeichneten Aktiengesellschaften sind fortan diejenigen zu verstehen, bei welchen der Gegenstand des Unternehmens in Handelsgeschäften besteht.

Hiernach bestimmt sich auch der Begriff der Aktiengesellschaft im §. 307. der Konkurs-Ordnung.

Der §. 325. der letzteren gilt für Aktiengesellschaften, bei welchen der Gegenstand des Unternehmens nicht in Handelsgeschäften besteht.

Artikel 241.[68])

Die Mitglieder des Vorstandes sind aus den von ihnen im Namen der Gesellschaft vorgenommenen Rechtshandlungen Dritten gegenüber für die Verbindlichkeiten der Gesellschaft persönlich nicht verpflichtet.

Mitglieder des Vorstandes, welche außer den Grenzen ihres Auftrages, oder den Vorschriften dieses Titels oder des Gesellschaftsvertrages entgegen handeln, haften persönlich und solidarisch für den dadurch entstandenen Schaden.[69]) Dies gilt insbesondere, wenn sie der Bestimmung des Artikels 217. entgegen an die Aktionaire Dividenden oder Zinsen zahlen, oder wenn sie zu einer Zeit noch Zahlungen leisten, in welcher ihnen die Zahlungsunfähigkeit der Gesellschaft hätte bekannt sein müssen.

Vierter Abschnitt.

Auflösung der Gesellschaft.

Artikel 242.[70])

Die Aktiengesellschaft wird aufgelöst:

1) durch Ablauf der im Gesellschaftsvertrage bestimmten Zeit;
2) durch einen notariell oder gerichtlich beurkundeten[71]) Beschluß der Aktionaire;

---

66) — entnommen aus §. 307. der Konkurs-Ordnung vom 8. Mai 1855, und ausgedehnt auf alle preußischen Landestheile.

67) Dieser Artikel hat nur den Zweck, die Terminologie und Begriffsbestimmung der Konkurs-Ordnung in Ansehung der Aktiengesellschaften mit der im Art. 5. des Handelsgesetzbuchs aufgestellten Begriffsbestimmung in Einklang zu bringen. Mot. z. Einf.-Ges. S. 51.

68) Dieser Artikel ist dem §. 20. des Ges. v. 9. Novbr. 1843 nachgebildet.

69) — nämlich der Gesellschaft, nicht Dritten gegenüber. Dies ist eine Folge der Bestimmungen im Art. 231.

70) — s. §. 28. des Ges. v. 9. Novbr. 1843.

71) — „den Statuten gemäß gefaßten" Beschluß der Aktionaire; dies wurde als selbstverständlich angesehen, und die Aufnahme dieses Zusatzes in das

3) durch Verfügung der Verwaltungsbehörde,[72]) wenn sich das Grundkapital um die Hälfte vermindert hat (Artikel 240.);

4) durch Eröffnung des Konkurses.

Wenn die Auflösung einer Aktiengesellschaft aus anderen Gründen oder die Zurücknahme der staatlichen Genehmigung nach dem in den einzelnen Staaten geltenden Recht erfolgt, so finden die Bestimmungen dieses Abschnittes ebenfalls Anwendung.

Einf.-Ges. Art. 12. §. 4.[73]) Die Genehmigung einer Aktiengesellschaft kann von dem Landesherrn aus überwiegenden Gründen des Gemeinwohls gegen Entschädigung zurückgenommen werden. Ueber die Höhe der Entschädigung entscheidet in streitigen Fällen das ordentliche Gericht des Orts, an welchem die im §. 2. bezeichnete Behörde ihren Sitz hat.

§. 5.[74])

Wenn eine Aktiengesellschaft sich rechtswidriger Handlungen oder Unterlassungen schuldig macht, durch welche das Gemeinwohl gefährdet wird, so kann sie aufgelöst werden, ohne daß deshalb ein Anspruch auf Entschädigung stattfindet.

Die Auflösung kann in diesem Falle nur durch gerichtliches Erkenntniß auf Betreiben der im §. 2. bezeichneten Behörde erfolgen. Als das zuständige Gericht ist dasjenige anzusehen, bei welchem die Gesellschaft ihren ordentlichen Gerichtsstand hat (Artikel 213. des Handelsgesetzbuchs).

Gesetz nur um deshalb nicht beliebt, weil Statuten vorkommen könnten, in welchen Nichts über die Art gesagt sei, wie der Beschluß über die Auflösung der Gesellschaft gefaßt werden müsse. Prot. S. 362. Die öffentliche Beurkundung wurde schon um deshalb für nothwendig gehalten, weil sie eine entsprechende Grundlage für die Einträge in das Handelsregister gewährt. Prot. S. 1070. — Ob landesherrliche Genehmigung für den Auflösungs-Beschluß erforderlich ist, darüber siehe Note 24 — zu Art. 214.

72) — vgl. Einf.-Ges. Art. 12. §. 2.

73) — Die Aufnahme einer gleichen Bestimmung in das Handelsgesetzbuch ist von der Konferenz abgelehnt und es ist den Partikulargesetzgebungen überlassen worden, hierüber das Nöthige vorzusehen. Prot. S. 332. — Die §§. 4. und 5. sind den §§. 6. und 7. des Ges. v. 9. Novbr. 1843 entnommen, jedoch mit der Modifikation, daß im §. 4. der zuständige Richter bestimmt bezeichnet und darüber Nichts gesagt ist, ob die Entschädigung sich nur auf den wirklichen Schaden oder auch auf den entgangenen Gewinn erstreckt. Man nahm an, daß auch ohne Bestimmung in letzterer Beziehung der Richter die Entschädigung nach allgemeinen Rechtsgrundsätzen veranschlagen und bei Feststellung der Schadenssumme bloße Möglichkeiten und ungewisse Erwartungen nicht in Anschlag bringen werde. Mot. z. Einf.-Ges. S. 30.

74) Im §. 5. ist der Gesichtspunkt eines Mißbrauchs des Privilegs fallen gelassen, weil in dem Handelsgesetzbuch nirgends bestimmt ist, daß die Aktiengesellschaft die Eigenschaft einer juristischen Person hat; man hielt den Gesichtspunkt für genügend, nach welchem die landesherrliche Genehmigung als ein in Bezug auf das Entstehen und Dasein solcher Arten von Gesellschaften unumgänglicher Ausfluß der staatlichen Fürsorge, oder als eine gewerbliche Konzession aufgefaßt wird, die ohne Entschädigung zurückgenommen werden kann, sofern die Gesellschaft durch ihr rechtswidriges Verhalten das Gemeinwohl gefährdet. Mot. z. Einf.-Ges. S. 30. 31. — Es wurde das Bedenken angeregt, daß nicht die Aktiengesellschaft selbst, als eine fingirte Person, sondern nur der Vorstand oder die Generalversammlung sich rechtswidriger Handlungen und Unterlassungen schul-

Artikel 243.

Die Auflösung der Gesellschaft muß, wenn sie nicht eine Folge des eröffneten Konkurses ist, durch den Vorstand, bei Ordnungsstrafe, zur Eintragung in das Handelsregister angemeldet werden; sie muß zu drei verschiedenen Malen durch die hierzu bestimmten öffentlichen Blätter (Artikel 209. Ziff. 11.) bekannt gemacht werden.[75])

Durch diese Bekanntmachung müssen zugleich die Gläubiger aufgefordert werden, sich bei der Gesellschaft zu melden.[76])

Artikel 244.

Die Liquidation geschieht durch den Vorstand, wenn nicht dieselbe durch den Gesellschaftsvertrag oder einen Beschluß der Aktionaire an andere Personen übertragen wird.

Es kommen die bei der offenen Handelsgesellschaft über die Anmeldung und das Rechtsverhältniß der Liquidatoren gegebenen Bestimmungen auch hier zur Anwendung, mit der Maaßgabe, daß die Anmeldungen Behufs der Eintragung in das Handelsregister durch den Vorstand zu machen sind.

Die Bestellung der Liquidatoren ist jederzeit widerruflich.

---

dig machen könne, und jedenfalls nicht ersichtlich sei, ob schon eine rechtswidrige Handlung des Vorstandes oder nur der Generalversammlung der Aktiengesellschaft zu imputiren sei. Von Seiten der Regierungs-Kommissarien wurde indessen erwidert, daß vom kriminalrechtlichen Standpunkte dies Bedenken gegründet sei, daß es sich hier aber nur um die civilrechtlichen Wirkungen widerrechtlicher Handlungen und Unterlassungen handle und der Richter in jedem einzelnen Falle entscheiden müsse, ob nach den generellen Grundsätzen die Widerrechtlichkeit, welche vorliege, als eine widerrechtliche Handlung oder Unterlassung der Aktiengesellschaft anzusehen sei; derselbe Ausdruck: „Aktiengesellschaft" befinde sich bereits im §. 5. des Gesetzes vom 9. November 1843, und man habe keinen Grund gehabt, denselben zu verlassen. Komm.ber. d. H. d. A. z. Einf.-Ges. S. 14.

75) Es war monirt worden, daß der Art. 243. unnöthigerweise eine zwiefache Art der Bekanntmachung durch die öffentlichen Blätter zur Folge habe. — Hierauf wurde erwidert: dies sei ganz angemessen, denn hier handle es sich vorzugsweise um die Aufforderung an die Gläubiger, sich zu melden, welche in Folge des Art. 209. ad 11. häufig in ganz anderen Blättern werde bekannt gemacht werden, als die Einträge in das Handelsregister (Art. 14.) Letzteres habe seine Blätter nach dem örtlichen Bedürfnisse zu wählen, die Aktiengesellschaften würden aber voraussichtlich ihre Blätter nach ihrem besonderen Bedürfnisse aussuchen. Prot. S. 364.

76) Ein besonderes Augenmerk war auf die Sicherung der Rechte der Gläubiger zu richten, welche hier in noch höherem Grade als bei der Auflösung einer Kommanditgesellschaft auf Aktien des gesetzlichen Schutzes bedürfen, da ihnen lediglich das Vermögen der Aktiengesellschaft haftet, welches durch Vollziehung der Vertheilung als solches zu bestehen aufhört. Auf dieser Erwägung beruht die Vorschrift dieses Artikels in Betreff der dreimaligen Bekanntmachung der erfolgten Auflösung und des Aufgebots der Gläubiger in den im Gesellschaftsvertrage bezeichneten Blättern, sowie die Anordnung der Uebersendung besonderer Erlasse an die bekannten Gläubiger (Art. 245. Abs. 3.), wodurch genügend dafür Sorge getragen ist, daß die bevorstehende Vertheilung des Gesellschaftsvermögens keinem

Artikel 245.

Das Vermögen einer aufgelösten Aktiengesellschaft wird nach Tilgung ihrer Schulden unter die Aktionaire nach Verhältniß ihrer Aktien vertheilt.

Die Vertheilung darf nicht eher vollzogen werden, als nach Ablauf eines Jahres,[77]) von dem Tage an gerechnet, an welchem die Bekanntmachung in den hierzu bestimmten öffentlichen Blättern (Artikel 243.) zum dritten Male erfolgt ist.

In Ansehung der aus den Handelsbüchern ersichtlichen oder in anderer Weise bekannten Gläubiger und in Ansehung der noch schwebenden Verbindlichkeiten und streitigen Forderungen kommen die bei der Kommanditgesellschaft auf Aktien gegebenen Bestimmungen (Artikel 202. Absatz 2. u. 3.) zur Anwendung.

Mitglieder des Vorstandes und Liquidatoren, welche diesen Vorschriften entgegen handeln, sind persönlich und solidarisch zur Erstattung der geleisteten Zahlungen verpflichtet.

Artikel 246.

Die Handelsbücher der aufgelösten Gesellschaft sind an einem von dem Handelsgerichte zu bestimmenden sicheren Orte zur Aufbewahrung auf die Dauer von zehn Jahren niederzulegen.[78])

Betheiligten verborgen bleibt. Sodann wird durch die ferner vorgeschriebene Aussetzung der wirklichen Vertheilung auf ein Jahr seit der letzten Bekanntmachung, beziehungsweise seit den besonderen Erlassen an einzelne Gläubiger, verhindert, daß diesen durch übereilte Theilungen das Gesellschaftsvermögen entzogen wird. Mot. S. 97.

77) Es wurde angeführt, daß kein Grund bestehe, eine Aktiengesellschaft gegenüber ihren Gläubigern in eine bessere Lage zu versetzen, als andere Gesellschaften. Wenn das Vermögen ausgetretener offener Gesellschafter 5 Jahre lang hafte, so sei nicht abzusehen, weshalb eine Aktiengesellschaft schon nach einem Jahre ihr Vermögen zu vertheilen berechtigt sein solle, obschon sie wisse, daß sie noch Gläubiger habe. Es sei sogar möglich, daß innerhalb Jahresfrist nicht einmal alle Gläubiger bekannt seien, und viele Gläubiger noch gar nicht wüßten, daß und welche Forderungen sie gegen die Aktiengesellschaft hätten. Namentlich gegenüber See-Assekuranz-Kompagnieen sei dies leicht möglich. — Es wurde hiergegen jedoch geltend gemacht: In Preußen bestehe sogar nur eine sechsmonatliche Frist (§. 29. Gesetz über Aktiengesellschaften v. 9. Novbr. 1843), und diese habe noch zu keinen Klagen Veranlassung gegeben. Die Frist sei im Interesse der Aktionaire nothwendig, weil bei ihnen bis zur Vertheilung des Vermögens eine kostspielige Verwaltung ohne nutzbringende Verwendung in der Zwischenzeit erforderlich sei, während offene Gesellschafter nach formell vollzogener Liquidation sofort ihr Geld entnehmen und benutzen könnten. Im Interesse der Gläubiger sei die Bestimmung, weil sonst das Vermögen sofort unter die Aktionaire vertheilt werden würde, was den Gläubigern die Realisation ihrer Forderungen erschweren würde. Daß die Beträge zur Deckung illiquider Forderungen zurückbehalten werden müßten, sei selbstverständlich, und die Deposition der streitigen Beträge sei nur für den Fall angeordnet, daß die Gesellschaft nicht vorziehe, bis zu ihrer Erledigung die Vertheilung auszusetzen oder die Gläubiger anderweitig zu decken. (Art. 202.) Prot. S. 366.

78) Diese Vorschrift dient zur Ausführung der Bestimmung des Art. 33. —

Artikel 247.

Die Auflösung einer Aktiengesellschaft durch Vereinigung derselben mit einer anderen[79]) Aktiengesellschaft (Artikel 215.) kann nur unter staatlicher Genehmigung erfolgen.

Es kommen bei dieser Auflösung folgende Bestimmungen zur Anwendung:

1) das Vermögen der aufzulösenden Gesellschaft ist so lange getrennt zu verwalten, bis die Befriedigung oder Sicherstellung ihrer Gläubiger erfolgt ist.[80])
2) Der bisherige Gerichtsstand der Gesellschaft bleibt für die Dauer der getrennten Vermögensverwaltung bestehen; dagegen wird die Verwaltung von der anderen Gesellschaft geführt.
3) Der Vorstand der letzteren Gesellschaft ist den Gläubigern für die Ausführung und getrennte Verwaltung persönlich und solidarisch verantwortlich.
4) Die Auflösung der Gesellschaft ist zur Eintragung in das Handelsregister bei Ordnungsstrafe anzumelden.
5) Die öffentliche Aufforderung der Gläubiger der aufgelösten Gesellschaft (Artikel 243.) kann unterlassen oder auf einen späteren Zeitpunkt verschoben werden. Jedoch ist die Vereinigung der Vermögen der beiden Gesellschaften erst in dem Zeitpunkte zulässig, in welchem eine Vertheilung des Vermögens einer aufgelösten Aktiengesellschaft unter die Aktionaire erfolgen darf (Artikel 245.).

Artikel 248.

Eine theilweise Zurückzahlung des Grundkapitals an die Aktionaire kann nur auf Beschluß der Generalversammlung erfolgen; dieser Beschluß bedarf zu seiner Gültigkeit der staatlichen Genehmigung.

Die Zurückzahlung kann nur unter Beobachtung derselben Bestimmungen erfolgen, welche für die Vertheilung des Gesellschaftsvermögens im Falle der Auflösung maaßgebend sind (Artikel 243. 245.).

Die Mitglieder des Vorstandes, welche dieser Vorschrift entgegen han-

---

Als selbstverständlich wurde angesehen, daß die Aufbewahrung der Bücher auf Kosten der Aktiengesellschaft stattzufinden habe. Prot. S. 367.

79) Unter der „anderen" Aktiengesellschaft wird hier diejenige verstanden, welche noch nach der Fusion ihre bisherige Firma beibehält. Prot. S. 369. — Die Fusion mehrerer Aktiengesellschaften ist wesentlich nichts anderes, als die Errichtung einer neuen Aktiengesellschaft. — Die staatliche Genehmigung für die Fusion ist als besonders nothwendig erachtet worden, weil durch eine solche Vereinigung von Aktien-Kapitalien resp. durch die Konzentration großartiger Kapitalkräfte in der Hand einer Gesellschaft einerseits wichtige staatliche Interessen betroffen werden, andererseits aber auch die Voraussetzungen, unter welchen die Genehmigung dieser Gesellschaften erfolgte, bei deren Fusion nicht mehr dieselben sind. Prot. 369.

80) Die Bestimmung ist dispositiv. Es kann daher vertraglich etwas Anderes nicht wirksam festgesetzt werden. Die Pflicht der getrennten Vermögensverwaltung ist eine rechtliche Folge des Fusionsvertrages.

deln, sind den Gläubigern der Gesellschaft persönlich und solidarisch verhaftet.[81])

Fünfter Abschnitt.

Schlußbestimmungen.

Artikel 249.

Den Landesgesetzen bleibt vorbehalten, zu bestimmen, daß es der staatlichen Genehmigung zur Errichtung von Aktiengesellschaften im Allgemeinen oder von einzelnen Arten derselben nicht bedarf.[82]) Auch in diesem Falle kommen jedoch die Bestimmungen dieses Titels zur Anwendung, ausgenommen, insoweit dieselben

1) zur Errichtung einer Aktiengesellschaft (Artikel 208. 210. 211.),
2) zu Beschlüssen der Generalversammlung (Artikel 214.),
3) zur Auflösung einer Aktiengesellschaft durch Vereinigung mit einer anderen Aktiengesellschaft (Artikel 247.),
4) zur theilweisen Zurückzahlung des Grundkapitals an die Aktionaire (Artikel 248.)

die staatliche Genehmigung und deren Eintragung in das Handelsregister erfordern, und

5) die Anzeige, daß sich das Grundkapital um die Hälfte vermindert hat, sowie die hierauf zu erlassende Verfügung der Verwaltungsbehörde (Artikel 240. 242. Ziff. 3.)

zum Gegenstande haben; der Gesellschaftsvertrag muß jedoch die in dem Artikel 209. verzeichneten Bestimmungen enthalten, bevor die in dem Artikel 210. vorgeschriebene Eintragung in das Handelsregister erfolgen kann.

Außerdem bleibt den Landesgesetzen überhaupt[83]) vorbehalten, zu be-

---

81) Dieser Artikel bezweckt den Schutz der Gesellschaftsgläubiger gegen die Gefährdung durch vorzeitige Kapitalheimzahlungen und durch Beseitigung aller Mittel zu ihrer Befriedigung. Eine solche Garantie, wie sie der Artikel gewährt, wurde für um so nöthiger erachtet, als bei den Aktiengesellschaften die Gesellschaftsgläubiger in keiner Weise den Personen, sondern nur dem zusammengeschossenen Vermögen vertrauen. Prot. S. 311.

82) Die privatrechtliche Rechtsfähigkeit der Aktiengesellschaften, welche in Ländern errichtet werden, in denen es keiner staatlichen Genehmigung bedarf, wird auch in solchen Ländern anzuerkennen sein, in denen die staatliche Genehmigung erfordert wird; denn eine Aktiengesellschaft ist ein nach einem civilrechtlich feststehenden Institute begründetes Rechtsverhältniß, wie jedes andere Verhältniß dieser Art, und muß in Betreff seiner Entstehung nach Maaßgabe derjenigen bürgerlichen Gesetze beurtheilt werden, unter deren Herrschaft es sich befindet. — Hiermit ist über die Frage von wesentlich staatspolizeilicher Natur, ob eine solche im Auslande ohne staatliche Genehmigung errichtete Aktiengesellschaft auch im Inlande, wo die Genehmigung erforderlich ist, zum Geschäftsbetriebe zugelassen werden könne, ob sie hier ihr Papiergeld verbreiten dürfe rc., Nichts entschieden. Prot. S. 371.

83) Der obige Vorbehalt gilt also für alle Länder, ganz gleich ob in denselben eine staatliche Genehmigung zur Errichtung von Aktiengesellschaften erfordert wird oder nicht. Prot. S. 1462.

stimmen, daß für besondere Arten von Aktiengesellschaften, oder in besonderem Fällen durch den Gesellschaftsvertrag mit staatlicher Genehmigung

1) die in dem Artikel 222. bestimmte Höhe der Einzahlung von vierzig Prozent des Nominalbetrages der Aktien bis auf fünfundzwanzig Prozent dieses Betrages herabgesetzt, und
2) die in dem Artikel 239. bestimmte Frist zur Vorlegung der Bilanz bis auf zwölf Monate seit Ablauf des Geschäftsjahres ausgedehnt werden darf.

Drittes Buch.

Von der stillen Gesellschaft und von der Vereinigung zu einzelnen Handelsgeschäften für gemeinschaftliche Rechnung.

Erster Titel.

Von der stillen Gesellschaft.[84])

Artikel 250.

Eine stille Gesellschaft ist vorhanden, wenn sich Jemand an dem Betriebe des Handelsgewerbes eines Anderen mit einer Vermögenseinlage gegen Antheil am Gewinn und Verlust betheiligt.

Zur Gültigkeit des Vertrages bedarf es der schriftlichen Abfassung oder sonstiger Förmlichkeiten nicht.

---

84) Die stille Gesellschaft und die Komanditgesellschaft haben mit einander gemein, daß sowohl der Kommanditist als der stille Gesellschafter sich an dem Verluste des von der Gesellschaft betriebenen Handelsgewerbes nur bis zum Betrage ihrer Einlage betheiligen, während der oder die anderen Gesellschafter mit ihrem ganzen Vermögen haften (Art. 150. und Art. 250.). Der Kommanditist wie der stille Gesellschafter giebt sein Geld zum Betriebe eines Handelsgewerbes, um statt fester Zinsen, je nach dem Resultate des Geschäftsbetriebes, Antheil am Gewinn zu haben oder den Verlust, jedoch nur bis zum Betrage seiner Einlage, mit zu tragen. Innerhalb dieser Grenze bewegen sich die vom Gesetze geregelten Formen der Kommanditgesellschaft und der stillen Gesellschaft. — Wesentlich verschieden von einander sind diese Vereinigungen darin, daß abweichend von der Kommanditgesellschaft bei der deutschen stillen Gesellschaft nur nach Innen hin, im Verhältniß der Gesellschafter zu einander, nicht aber nach Außen hin, Dritten gegenüber, eine Gesellschaft besteht. Die stille Gesellschaft hat kein besonderes Vermögen, vielmehr geht das Seitens des stillen Gesellschafters eingeschossene Kapital in das Vermögen des Geschäftsinhabers (Komplementärs) über. Im Gegensatz hiezu tritt die Kommanditgesellschaft auch nach Außen hin als eine Gesellschaft mit gesellschaftlicher Firma auf. Die Einlagen der stillen Theilnehmer werden bekannt gemacht, und die Gesellschaft hat ihr selbstständiges Vermögen, getrennt von dem Privatvermögen des Komplementärs oder Geschäftsführers. Vergl. Komm.ber. d. H. d. A. S. 23.

Artikel 251.

Der Inhaber des Handelsgewerbes betreibt die Geschäfte unter seiner Firma.

Eine das Verhältniß einer Handelsgesellschaft[85]) andeutende Firma darf derselbe wegen der Betheiligung eines stillen Gesellschafters bei Ordnungsstrafe nicht annehmen.

Artikel 252.

Der Inhaber des Handelsgewerbes wird Eigenthümer[86]) der Einlage des stillen Gesellschafters.

Der stille Gesellschafter ist nicht verpflichtet, die Einlage über den vertragsmäßigen Betrag zu erhöhen, oder die durch Verlust verminderte Einlage zu ergänzen.

Artikel 253.

Der stille Gesellschafter ist berechtigt, die abschriftliche Mittheilung der jährlichen Bilanz zu verlangen und die Richtigkeit derselben unter Einsicht der Bücher und Papiere zu prüfen.

Das Handelsgericht kann auf den Antrag des stillen Gesellschafters, wenn wichtige Gründe dazu vorliegen, die Mittheilung einer Bilanz oder sonstiger Aufklärungen nebst Vorlegung der Bücher und Papiere zu jeder Zeit anordnen.

Artikel 254.

Ist über die Höhe der Betheiligung des stillen Gesellschafters an Ge-

---

Konsequenzen dieser Verschiedenheit sind, daß bei der stillen Gesellschaft keine gemeinsame Firma vorhanden ist (Art. 251. 257.), das Vorhandensein der stillen Gesellschaft überhaupt nicht kundgemacht werden soll (Art. 251. 260.), folgeweise eine Eintragung in das Handelsregister unzulässig ist, daß kein Gesellschaftsvermögen vorhanden ist, vielmehr die Einlage des stillen Gesellschafters in das Eigenthum des Komplementärs übergeht (Art. 252.), daß seine Einlage auch für die Privatschulden des Komplementärs haftet, weil eine Gesellschaft mit einem besonderen Fonds auch nach Außen hin nicht existirt, daß er aber mit allen Gläubigern des Komplementärs im Konkurse desselben insoweit konkurrirt, als seine Einlage den Betrag des auf ihn fallenden Antheils am Verluste übersteigt (Art. 258.) u. s. w. Der stillen Gesellschaft gedenkt das ALR. nur gelegentlich in den §§. 651. 652. 795. Th. II. Tit. 8. und im §. 250. Th. I. Tit. 17.)

85) Wegen des Mangels einer gemeinschaftlichen Firma und eines gemeinschaftlichen Handlungsfonds ist die stille Gesellschaft zu den Handelsgesellschaften im Sinne dieses Gesetzbuchs nicht zu zählen. Prot. S. 1166.

86) Eine entgegenstehende Verabredung wurde bei der stillen Gesellschaft als rechtlich unmöglich angesehen. Es gehe nicht an — so wurde ausgeführt — dem Komplementär den Geschäftsbetrieb und den Abschluß aller Verträge für eigene Rechnung völlig anheimzugeben, und gleichwohl anzunehmen, daß was er erwerbe ipso jure und ohne Cession und Tradition Miteigenthum des stillen Gesellschafters werde, denn die Gesetze über Eigenthumserwerb könnten durch Vertrag gewiß nicht abgeändert werden. Prot. S. 1090.

winn und Verlust nichts vereinbart, so wird dieselbe nach richterlichem Ermessen, nöthigenfalls unter Zuziehung von Sachverständigen, festgestellt.[87])

Artikel 255.

Am Schlusse eines jeden Geschäftsjahres wird der Gewinn und Verlust berechnet und dem stillen Gesellschafter der ihm zufallende Gewinn ausbezahlt.

Der stille Gesellschafter nimmt an dem Verluste nur bis zum Betrage seiner eingezahlten oder rückständigen Einlage Antheil. Er ist nicht verpflichtet, den bezogenen Gewinn wegen späterer Verluste zurückzuzahlen; jedoch wird, so lange seine ursprüngliche Einlage durch Verlust vermindert ist, der jährliche Gewinn zur Deckung des Verlustes verwendet.

Der Gewinn, welcher von dem stillen Gesellschafter nicht erhoben wird, vermehrt dessen Einlage nicht, sofern nicht ein Anderes vereinbart ist.[88])

Artikel 256.

Aus den Geschäften des Handelsgewerbes wird der Inhaber desselben dem Dritten gegenüber allein berechtigt und verpflichtet.

Artikel 257.

Der Name eines stillen Gesellschafters darf in der Firma des Inhabers des Handelsgewerbes nicht enthalten sein; im entgegengesetzten Falle haftet der stille Gesellschafter den Gläubigern der Gesellschaft persönlich und solidarisch.

Artikel 258.

Wenn der Inhaber des Handelsgewerbes in Konkurs verfällt, so ist der stille Gesellschafter befugt, wegen seiner Einlage, soweit dieselbe den Betrag des auf ihn fallenden Antheils am Verluste übersteigt, seine Forderung als Konkursgläubiger geltend zu machen.

Ist die Einlage rückständig, so hat der stille Gesellschafter dieselbe bis zu dem Betrage, welcher zur Deckung seines Antheils am Verluste erforderlich ist, in die Konkursmasse zu zahlen.[89])

---

87) Vgl. die Art. 109. u. 162.

88) Diese Bestimmung, welche der Natur der stillen Gesellschaft entspricht, bildet den Gegensatz zu Art. 106.

89) In zweiter Lesung ist der Satz angenommen worden, daß wenn der Inhaber des Handelsgewerbes in Konkurs verfällt, alle Gläubiger desselben (also auch die Privatgläubiger) vor dem stillen Gesellschafter befriedigt werden müssen. Hiergegen wurde jedoch in dritter Lesung siegreich geltend gemacht: Jener Satz entbehre der inneren Begründung, denn die stille Gesellschaft sei im Gegensatz zu der offenen nur ein obligatorisches Verhältniß zwischen dem stillen und dem gerirenden Gesellschafter. Danach entscheide sich, wieviel der erstere zum Verlust beizutragen habe, und insoweit hafte seine Einlage den Handelsgläubigern. Den Ueberrest müsse er gleich jedem anderen Gläubiger liquidiren können. Sei die Einlage rückständig, so habe er nur den ihn treffenden Verlustantheil einzuzahlen. Prot. S. 4548.

Artikel 259.

Wenn innerhalb eines Jahres[90]) vor Eröffnung des Konkurses über das Vermögen des Inhabers des Handelsgewerbes durch Vereinbarung zwischen ihm und dem stillen Gesellschafter das Gesellschaftsverhältniß aufgelöst worden ist, so können die Konkursgläubiger[91]) verlangen, daß der stille Gesellschafter die ihm zurückbezahlte Einlage in die Konkursmasse einzahle,[92]) unbeschadet seines Rechts, die in dem Zeitpunkt der Auflösung ihm aus dem Gesellschaftsverhältnisse zustehende Forderung als Konkursgläubiger geltend zu machen.

Dasselbe gilt, wenn dem stillen Gesellschafter in dem bezeichneten Zeitraum ohne Auflösung des Gesellschaftsverhältnisses die Einlage zurückbezahlt[93]) wurde.

In gleicher Weise ist, wenn der Inhaber des Handelsgewerbes in

---

90) Diese Bestimmung hat ihren Grund in der angenommenen Präsumtion, daß der Inhaber des Handelsgewerbes schon ein Jahr vor Eröffnung des Konkurses insolvent gewesen sei, und deshalb die Einlage nicht hätte zurückgeben dürfen. — Der Abs. 4. dieses Artikels mildert diese Vermuthung zu Gunsten des stillen Gesellschafters, indem ihm der Gegenbeweis offen gelassen wird. Prot. S. 1168.

91) — sowohl die Handlungsgläubiger als auch die Privatgläubiger; ein Unterschied ist absichtlich nicht gemacht worden, weil in sehr vielen Fällen die Sache im Endresultat auf dasselbe hinauslaufen, und in jedem Falle Schwierigkeiten und Verwickelungen verursachen würde. Prot. S. 1159 u. 1167.

92) Zur Rechtfertigung dieser Bestimmung wurde bemerkt: Wenn auch vorausgesetzt sei, daß die Existenz der Gesellschaft geheim gehalten und Niemandem angezeigt werde, so erscheine die obige Bestimmung, welche allerdings aus dem bestehenden Rechte nicht abgeleitet zu werden vermöge, doch vom legislativen Standpunkte aus als gerechtfertigt, denn die Erfahrung lehre, daß die Existenz der Gesellschaft niemals ganz verborgen bleibe. In der Regel dringe die Nachricht von ihrem Bestande in das Publikum. Ferner werde dem Komplementär durch die Einlage eine Erweiterung seines Geschäftsbetriebs möglich, durch welche andere Personen, die solche Erscheinungen dem eigenen Vermögen des Komplementärs zuschrieben, zu größeren Krediten veranlaßt würden. Wenn bei solchen Umständen nicht wenigstens einigermaaßen für die Gläubiger gesorgt und ohne Rücksicht auf dieselben die Zurückziehung der Einlagen gestattet werde, so könnten mit stillen Gesellschaften die bedenklichsten Mißbräuche getrieben werden; so würde es z. B. für einen Kapitalisten möglich sein, durch einen vermögenslosen Komplementär mit seinem Gelde ein ausgedehntes Geschäft betreiben zu lassen, wegen dessen das Kapital eine Gefahr nicht laufen würde, weil es bei drohendem Verlust zurückgezogen werden könnte. Prot. S. 1096. — In dritter Lesung ist jedoch ein anderer Gesichtspunkt, und zwar der der actio Paulliana in den Vordergrund gestellt worden, weil der stille Gesellschafter durch die Verausgabung eines Betrages aus dem Vermögen des Gemeinschuldners zum Nachtheil der anderen Gläubiger begünstigt werde, was verhindert werden müsse. Prot. S. 4555. — Die Sache stellt sich also dahin: Der stille Gesellschafter muß die zurückerhaltene Einlage im Falle dieses Artikels zur Masse zahlen; es wird sein Verlustantheil nach dem Zeitpunkt der Auflösung der Gesellschaft berechnet, und seine Restforderung muß er als Konkursgläubiger liquidiren.

93) Ist die ganze Einlage rückständig gewesen und dem stillen Gesellschafter erlassen worden, so können die Gläubiger nur die Einzahlung des Verlustantheils

dem bezeichneten Zeitraum dem stillen Gesellschafter dessen Antheil an dem entstandenen Verluste ganz oder theilweise erlassen hat, der Erlaß zu Gunsten der Konkursgläubiger unwirksam.

Die Bestimmungen dieses Artikels treten nicht ein, wenn der stille Gesellschafter beweist, daß der Konkurs in Umständen seinen Grund hat, welche erst nach dem Zeitpunkt der Auflösung, der Zurückzahlung oder des Erlasses eingetreten sind.

Artikel 260.

Ob und inwieweit eine rechtliche Wirkung zu Gunsten dritter Personen eintritt, wenn durch einen stillen Gesellschafter oder mit dessen Willen das Vorhandensein der stillen Gesellschaft kundgemacht wird, ist nach allgemeinen Rechtsgrundsätzen zu beurtheilen. 94)

Artikel 261.

Die stille Gesellschaft wird aufgelöst:

1) durch den Tod des Inhabers des Handelsgewerbes, wenn nicht der Vertrag bestimmt, daß die Gesellschaft mit den Erben des Verstorbenen fortbestehen soll;
2) durch die eingetretene rechtliche Unfähigkeit des Inhabers des Handelsgewerbes zur selbstständigen Vermögensverwaltung;
3) durch die Eröffnung des Konkurses über das Vermögen des Inhabers des Handelsgewerbes oder des stillen Gesellschafters; 95)
4) durch gegenseitige Uebereinkunft;
5) durch Ablauf der Zeit, auf deren Dauer die stille Gesellschaft eingegangen ist, wenn dieselbe nicht stillschweigend fortgesetzt wird; in diesem Falle gilt der Vertrag von da an als auf unbestimmte Dauer geschlossen;
6) durch die Aufkündigung eines der beiden Theile, wenn der Vertrag auf unbestimmte Dauer geschlossen ist.

Ein auf Lebenszeit geschlossener Vertrag ist als auf unbestimmte Dauer geschlossen zu betrachten.

Die Aufkündigung eines auf unbestimmte Dauer geschlossenen Vertrages muß, wenn nicht ein Anderes vereinbart ist, mindestens sechs Monate vor Ablauf des Geschäftsjahres erfolgen.

---

mit der actio Paulliana fordern, denn mit der Auflösung des Gesellschafts-Verhältnisses hört auch für den Geschäftsinhaber das Recht auf, die Einzahlung der ganzen Einlage zu verlangen, und beschränkte sich auf den Anspruch, daß der stille Gesellschafter den ihn treffenden Theil vom Verluste trage. Prot. S. 4555.

94) — wobei, wie sich von selbst versteht, die kaufmännische Auffassung von solchen Kundmachungen zu berücksichtigen ist. Prot. S. 1174.

95) Gegen die Bestimmung, daß der Konkurs des stillen Gesellschafters die Auflösung der Gesellschaft zur Folge haben solle, wurde eingewendet: Dadurch werde der Inhaber des Handelsgewerbes erheblich gefährdet; den Privatgläubigern des stillen Gesellschafters stehe ein Recht, die Auflösung der Gesellschaft und die Rückgabe der Einlage ihres Schuldners zu begehren, so wenig zu, als den Gläubigern eines Darlehnsgebers, der sich bei Hingabe des Darlehns sehr lästigen Bedingungen in Ansehung der Zurückzahlung derselben unterworfen habe, das Recht

Artikel 262.

Die Auflösung der stillen Gesellschaft kann vor Ablauf der für ihre Dauer bestimmten Zeit oder bei einem Vertrage von unbestimmter Dauer ohne vorherige Aufkündigung verlangt werden, wenn dazu wichtige Gründe vorhanden sind. Die Beurtheilung, ob solche Gründe anzunehmen sind, bleibt im Falle des Widerspruchs dem Ermessen des Richters überlassen.

Artikel 263.

Die Bestimmung des Artikels 126. gilt auch zu Gunsten der Privatgläubiger eines stillen Gesellschafters.[96])

Artikel 264.

Wenn der stille Gesellschafter stirbt, oder zur Verwaltung seines Vermögens rechtlich unfähig wird, so hat dies die Auflösung der stillen Gesellschaft nicht zur Folge.[97])

Artikel 265.

Nach Auflösung der stillen Gesellschaft muß der Inhaber des Handelsgewerbes sich mit dem stillen Gesellschafter auseinandersetzen und die Forderung desselben in Gelde berichtigen.[98])

Der Inhaber des Hangelsgewerbes besorgt die Liquidation der bei der Auflösung noch schwebenden Geschäfte.

---

zustehe, mit Hintansetzung dieser Bedingungen die Darlehnsforderung geltend zu machen. — Hierauf wurde jedoch erwidert: es sei fortdauernd auch bei der stillen Gesellschaft das gesellschaftliche Element mit festgehalten worden; die Gründe, welche zur Annahme des Art. 126. bestimmt hätten (s. Note 93. zu demselben) träfen auch hier zu. Prot. S. 4653. Vgl. auch Art. 263.

96) Für diesen Artikel wurde geltend gemacht, daß die Zulässigkeit der Anwendung des Art. 126. auf die Privatgläubiger eines stillen Gesellschafters sich noch mehr als bei der Kommanditgesellschaft rechtfertige, weil bei der stillen Gesellschaft der Gemeinschuldner einen Vermögenstheil ganz in das Vermögen eines Anderen gegeben habe, die Gläubiger des Ersteren somit noch mehr als bei der Kommanditgesellschaft gefährdet wären, wenn sie kein Mittel hätten, vor anderweitiger Auflösung der Gesellschaft das dem stillen Gesellschafter gegenüber dem persönlich haftenden Sozius zukommende Guthaben behufs ihrer Befriedigung anzugreifen. Prot. S. 4651.

97) — wohl aber der Konkurs des stillen Gesellschafters. S. Art. 261. Nr. 3.

98) Die Streichung dieses ganzen Artikels wurde aus dem Grunde beantragt, weil er selbstverständlich und darum entbehrlich sei. Dem entgegen erachtete man die Beibehaltung desselben mit Rücksicht darauf für angemessen, daß eine ähnliche Bestimmung auch bei den Vereinigungen zu einzelnen Handelsgeschäften angenommen worden sei (s. Art. 270.), und daß derselbe deutlich ergebe, der stille Gesellschafter könne erst nach Abwickelung der schwebenden Geschäfte sein Guthaben verlangen. Prot. S. 1179.

Zweiter Titel.

Von der Vereinigung zu einzelnen Handelsgeschäften für gemeinschaftliche Rechnung.

Artikel 266.

Die Vereinigung zu einem oder mehreren einzelnen Handelsgeschäften für gemeinschaftliche Rechnung[99]) bedarf einer schriftlichen Abfassung nicht und ist sonstigen Förmlichkeiten[100]) nicht unterworfen.

Artikel 267.

Wenn nicht ein Anderes verabredet ist, so sind alle Theilnehmer in gleichem Verhältnisse zu dem gemeinsamen Unternehmen beizutragen verpflichtet.

Artikel 268.

Ist über den Antheil der Theilnehmer am Gewinn und Verlust nichts vereinbart, so werden die Einlagen[101]) verzinst, der Gewinn oder Verlust aber nach Köpfen vertheilt.

---

99) — sogenannte Gelegenheitsgesellschaft, association en participation, Unternehmung von Handelsgeschäften a conto meta. Der äußerliche und nächste Unterschied von der eigentlichen Handelsgesellschaft besteht darin, daß diese auf den Betrieb eines Handels gewerbes gerichtet ist, während Vereinigungen zu einzelnen Handelsgeschäften für gemeinschaftliche Rechnung sich eben nur auf die Unternehmung eines einzelnen oder mehrerer einzelner Handelsgeschäfte beziehen. Im letzteren Falle ist es aber erforderlich, daß die Geschäfte sich als vereinzelte, zur Zeit der Vereinbarung bereits als solche bestimmt zu bezeichnende darstellen, weil sonst der Vertrag den Betrieb eines, wenn auch auf einen bestimmten Handelszweig beschränkten Handels gewerbes betreffen und also eine wirkliche Handelsgesellschaft darstellen würde. Die Grenze hier in jedem einzelnen Falle zu ziehen, muß selbstredend der richterlichen Beurtheilung überlassen bleiben. Der innere und wesentliche Unterschied zwischen einer Vereinigung zu einzelnen Handelsgeschäften für gemeinschaftliche Rechnung und einer eigentlichen Handelsgesellschaft liegt in dem Mangel eines rechtlich für sich bestehenden selbstständigen Gesellschaftsvermögens. Die Einlagen der einzelnen Theilnehmer bleiben nach den Grundsätzen des Civilrechts entweder im gemeinschaftlichen Eigenthume aller Gesellschafter, oder sie gehen in das ausschließliche Eigenthum des mit der Geschäftsführung betrauten Theilnehmers über, gegen welchen alsdann die übrigen Theilnehmer, beziehungsweise deren Gläubiger, nur einen pchsönlichen Anspruch erhalten. Mot. S. 99.

100) Bei bloßen Vereinigungen zu einzelnen Handelsgeschäften ist es für das Publikum ohne Bedeutung, ob das fragliche Geschäft für alleinige Rechnung dessen, der es eingeht, oder für Rechnung mehrerer Theilnehmer geschlossen wird. Allgemein gestatten daher die Gesetze die formlose Eingehung solcher Vereinigungen. (Vgl. Th. I. Tit. 17. §. 184. u. Th. II. Tit. 8. §§. 615. 616. ALR.) Mot. S. 99.

101) Auf die Anregung, was unter „Einlage" zu verstehen sei, gab der Referent die Erklärung ab, daß man darunter zwar nach der Absicht des Entwurfs nur Geldeinlagen zu verstehen habe, aber nicht allein die von einem jedem der

Artikel 269.

Aus Geschäften, welche ein Theilnehmer mit einem Dritten geschlossen hat,[102]) wird Ersterer dem Dritten gegenüber allein berechtigt und verpflichtet.[103])

Ist ein Theilnehmer zugleich im Auftrage und Namen der übrigen aufgetreten,[104]) oder haben alle Theilnehmer gemeinschaftlich oder durch einen gemeinsamen Bevollmächtigten gehandelt, so ist jeder Theilnehmer Dritten gegenüber solidarisch[105]) berechtigt und verpflichtet.[106])

Artikel 270.

Nach Beendigung des gemeinschaftlichen Geschäfts muß der Theilneh-

---

Gesellschafter wirklich eingeschossene Einlage, sondern denjenigen Betrag, welchen er zum Geschäfte beizuschießen bei Eingehung der Verbindung sich verpflichtet habe. Prot. S. 396. — Als selbstverständlich wurde angesehen, daß dann wenn ein Theilhaber die versprochene Einlage wirklich zu machen unterlasse und ein Anderer deshalb für ihn in Vorschuß gehe, dieser den Ersteren mit Zinsen aus dem vorgeschossenen Betrage belasten könne. Prot. S. 397.

102) — nämlich für gemeinschaftliche Rechnung, denn es handelt sich hier nur um solche Geschäfte, bezüglich deren unter den Betheiligten eine Gesellschaft eingegangen ist.

103) — ohne Unterschied, ob dem Dritten das Vorhandensein mehrerer Theilnehmer bekannt war oder nicht. Mot. S. 100.

104) Hierunter ist verstanden, daß auch äußerlich die Bevollmächtigung des Handelnden und die Absicht, für seine Auftraggeber zu handeln, beim Vertragsabschlusse zu Tage gekommen sein muß. Prot. S. 497. — Der dritte Kontrahent muß, um die Anwendung des Artikels verlangen zu können oder sich gefallen lassen zu müssen, von der Vollmacht des Handelnden gewußt haben. ibid.

105) Gegen die solidarische Berechtigung wurde eingewendet: sie sei selbst bei der offenen Gesellschaft nicht angenommen worden; noch viel weniger könne sie hier gelten, wo die einzelnen Theilnehmer nicht einmal Prokuristen der übrigen seien. Unter solidarischer Berechtigung sei eine aktive Korrealobligation, das Vorhandensein einer Obligation in Bezug auf denselben Gegenstand, welche jedoch von jedem Theilnehmer geltend gemacht werden könne, zu verstehen. Nun sei aber bei der aktiven Korrealobligation namentlich die Berechtigung zur Kompensation streitig. Dies werde viele Kontroversen verursachen. — Man blieb jedoch bei der obigen Bestimmung, weil man annahm, daß eine antheilige Berechtigung noch weit mehr Schwierigkeiten zur Folge haben würde. Prot. S. 1182.

Die solidarische Verpflichtung, im Gegensatze zu der nur antheilsmäßigen, ist im Interesse des Verkehrs zur Vermeidung von Weitläufigkeiten Dritten gegenüber namentlich mit Rücksicht auf das Gutachten der kaufmännischen Sachverständigen angenommen worden. Prot. S. 397. 402. 495.

106) — es sei denn, daß ausdrücklich oder stillschweigend etwas Anderes ausgemacht worden. Dies wurde als selbstverständlich erachtet und deshalb in das Gesetz nicht aufgenommen, jedoch wurde hierbei besonders hervorgehoben, es genüge nicht, daß nur diskursive die verschiedenen Antheile der Interessenten genannt seien, sondern es müsse besonders verabredet sein, daß die einzelnen Interessenten nur pro rata ihrer Antheile berechtigt und verpflichtet sein sollten. Prot. S. 498.

mer, welcher dasselbe führte, den übrigen Theilnehmern unter Mittheilung der Beläge Rechnung ablegen.[107])

Er besorgt die Liquidation.[108])

---

107) Dieser Satz versteht sich schon nach allgemeinen Rechtsgrundsätzen von selbst, da Jeder, der für einen Anderen ein Geschäft geführt hat, zur Ablegung einer Rechnung — nach Befinden, unter Mittheilung der Belege, — verbunden ist. Prot. S. 498. — Ob er für die Geschäftsbesorgung eine Vergütung verlangen könne, ist wiederholt besprochen worden. Einerseits machte man geltend, daß die Berücksichtigung der geleisteten Arbeit schon im Art. 268 liege, eine besondere Vergütung auch nur für die Führung fremder Geschäfte gebräuchlich sei, und daß jeder Kaufmann es schon als einen Vortheil betrachte, das Geschäft in der Hand zu haben. Andererseits wurde bemerkt: der Art. 268 bewirke nicht immer eine angemessene Ausgleichung; die Provision solle der geschäftsführende Theilhaber nnr von dem Antheile der übrigen Theilhaber, also insoweit nur von dem fremden Geschäfte erhalten; endlich habe bei Ausführung gemeinschaftlicher Geschäfte der Ausführende auch Kosten (z. B. für Komptoir), welche bei Gesellschaften aus der Gesellschaftskasse gedeckt würden, bei einzelnen Geschäften nicht. — Es wurde jedoch mit Rücksicht darauf, daß an verschiedenen Orten ein verschiedener Gebrauch herrsche, und diese Handelsgebräuche erhalten bleiben sollten, beschlossen, gar keine Bestimmung hierüber in das Gesetz aufzunehmen und es also bei den Handelsgebräuchen jedes Ortes zu belassen. Prot. S. 403. 498.

108) Man bemerkte: die Bestimmung, daß eine Liquidation statthaben solle, mache die ganze Sache viel zu förmlich; bei solchen Verbindungen zu einzelnen Geschäften könne man eigentlich nicht mehr sagen, als daß der geschäftsführende Theilnehmer die angefangenen Geschäfte zu Ende führen müsse; von einer eigentlichen Liquidation könne nicht die Rede sein. Prot. S. 402 und 498.

Viertes Buch.

Von den Handelsgeschäften.

Erster Titel.

Von den Handelsgeschäften im Allgemeinen.

Erster Abschnitt.

Begriff der Handelsgeschäfte. 1)

Artikel 271.

Handelsgeschäfte sind: 2)

1) der Kauf oder die anderweite Anschaffung von Waaren oder an-

---

1) Der Unterschied zwischen Handelsgeschäften und gewöhnlichen civilrechtlichen Geschäften ist im Allgemeinen nicht in der Art und Natur der Geschäfte selbst, sondern darin zu suchen, daß die ersteren eine unmittelbare Beziehung auf den Handel haben, die letzteren nicht. Fast alle Arten von Geschäften werden Handelsgeschäfte, sobald sie in diese Beziehung zum Handel treten. Mot. S. 101. und Prot. S. 1284.

Das Handelsgesetzbuch unterscheidet zwei Klassen von Handelsgeschäften:

a. objektive, solche, denen diese Eigenschaft wegen ihrer objektiven Erscheinung und ohne Rücksicht auf die Person des Unternehmenden, also selbst dann zukommt, wenn ein solches Geschäft auch nur einmal von zwei Nichtkaufleuten vorgenommen wird (Art. 271.), und

b. relative, solche, denen diese Eigenschaft nur mit Rücksicht auf die Personen, von welchen sie vorgenommen werden, also auf deren Geschäftsbetrieb beigemessen werden kann (Art. 272. 273.)

Bei jenen wie bei diesen ist eine einseitige Anwendung des Handelsrechts nicht zulässig. Es kommen daher die Bestimmungen dieses vierten Buchs in der Regel auf beide Kontrahenten zur Anwendung, wenn auch ein Rechtsgeschäft vorliegt, das nach den obigen Unterscheidungen nur auf der Seite eines der Kontrahenten ein Handelsgeschäft ist (Art. 277.) Prot. S. 512. 541.

2) — objektive, ohne Rücksicht auf die Person der Unternehmenden. Prot. S. 512. — Einzelne Geschäfte sind derartig, daß sie schon an und für sich, ohne Rücksicht auf einen gewerbmäßigen Betrieb, in das Gebiet des Handels fallen; es gehören dahin insbesondere solche Geschäfte, die nicht zur unmittelbaren Be-

deren beweglichen Sachen, [3]) von Staatspapieren, Aktien oder anderen für den Handelsverkehr bestimmten Werthpapieren, [4]) um dieselben weiter zu veräußern; [5]) es macht keinen Unterschied, ob die Waaren oder anderen beweglichen Sachen in Natur oder nach einer Bearbeitung oder Verarbeitung [6]) weiter veräußert werden sollen;

2) die Uebernahme einer Lieferung von Gegenständen der unter Ziffer 1. bezeichneten Art, welche der Uebernehmer zu diesem Zweck anschafft; [7])

3) die Uebernahme [8]) einer Versicherung gegen Prämie;

4) die Uebernahme der Beförderung von Gütern oder Reisenden zur See und das Darleihen gegen Verbodmung.

---

friedigung dessen, der sie abschließt, sondern lediglich in der dem Handel charakteristischen Absicht eingegangen werden, aus der Preisverschiedenheit beim Umsatz der angeschafften Waaren einen Gewinn zu ziehen (Spekulationsgeschäfte). Mot. S. 101.

3) Obschon anerkannt wurde, daß Waaren auch bewegliche Sachen seien, also nicht besonders genannt zu werden brauchen, so wurde die Beibehaltung des Wortes „Waaren“ dennoch für rathsam gehalten, weil hierin eine populäre Diktion und eine Hinweisung darauf liege, daß es sich besonders um solche Sachen handle, welche gewöhnlich im Handel feilgeboten würden. Prot. S. 1289.

4) — z. B. Wechsel, kaufmännische Anweisungen. Das pactum de cambiando ist kein Handelsgeschäft. Prot. S. 514.

5) — irgendwie, durch Kauf, Tausch 2c., aber immer gegen Entgelt. — Schenkung ist ausgeschlossen. Prot. S. 513.

6) Dadurch sind die Fabrikanten und Apotheker mit einbegriffen. Mot. S. 6. Prot. S. 513.

7) — d. h. Lieferungsgeschäfte; die Gegenstände müssen aber zu diesem Behufe erst angeschafft werden, sonst liegt kein objektives Handelsgeschäft vor. Ein Gutsbesitzer also, der nur in Betreff seiner eigenen Gutserzeugnisse ein Lieferungsgeschäft abschließt, macht damit kein Handelsgeschäft. Dies ist bei der Berathung monirt worden, weil kein Grund abzusehen sei, weshalb es diesen Charakter erhalten solle, wenn der Gutsbesitzer die zu liefernden Produkte aufkaufe, und nicht auch dann, wenn er sie produzire. — Man war jedoch der Meinung, daß man die beantragte Ausdehnung des Begriffs von Handelsgeschäften nicht annehmen könne, da es kaum ein Mittel gebe, die Wirkungen eines solchen Verfahrens auf den großen Verkehr des Kaufmanns mit dem Gutsbesitzer zu beschränken, wo es wohl am Platze sein würde, und zugleich dieselben von den kleinen Bauern fern zu halten, für welche sie wegen der damit verbundenen Spekulation verderblich werden könnten. Dagegen könne vielleicht seiner Zeit ausgesprochen werden, daß ein solcher Gutsbesitzer als Kaufmann zu betrachten sei. Prot. S. 517.

8) — nicht das Nehmen der Versicherung. Alle Arten von Versicherungen gegen Prämie wurden als Handelsgeschäfte angesehen, weil das Kriterium der Spekulation mit fremder Gefahr, worin der handelsrechtliche Charakter derselben liegt, bei allen zutrifft. Prot. S. 1290. — Es war beantragt, auch die Versicherung auf Gegenseitigkeit für ein Handelsgeschäft zu erklären. Prot. S. 5064. Dies wurde jedoch abgelehnt, weil es wesentliches Erforderniß eines jeden Geschäfts sei, welchem die Eigenschaft eines Handelsgeschäfts beigelegt werden solle, daß es in der Absicht, Gewinn zu machen und dadurch zu erwerben,

Artikel 272.

Handelsgeschäfte sind ferner die folgenden Geschäfte, wenn sie gewerbemäßig betrieben werden: [9])

1) die Uebernahme der Bearbeitung oder Verarbeitung beweglicher Sachen für Andere, wenn der Gewerbebetrieb des Uebernehmers über den Umfang des Handwerks hinausgeht; [10])
2) die Bankier- oder Geldwechslergeschäfte;
3) die Geschäfte des Kommissionairs (Art. 360.), [11]) des Spediteurs und des Frachtführers, sowie die Geschäfte der für den Transport von Personen bestimmten Anstalten; [12])
4) die Vermittelung oder Abschließung von Handelsgeschäften für an-

---

vorgenommen werde. Diese Absicht fehle aber bei den Versicherungen auf Gegenseitigkeit. Mot. S. 7. Prot. S. 5057.

9) Die im Art. 272. gedachten Geschäfte sind im Gegensatz zu den im Art. 271. gedachten solche, denen die Eigenschaft eines Handelsgeschäfts nur mit Rücksicht auf die Personen, von welchen sie vorgenommen werden, also mit Rücksicht auf deren Geschäftsbetrieb beigelegt ist. Dies heißt wesentlich nichts Anderes, als daß die im Art. 272. bezeichneten Geschäfte nur dann als Handelsgeschäfte zu erachten sind, wenn sie von einem Kaufmann vorgenommen werden. — Die Form des Abschlusses eines Geschäfts (durch Mäkler, an der Börse 2c.) entscheidet nicht über seine Eigenschaft als Handelsgeschäft. Prot. S. 522.

10) Es handelt sich hier um solche Geschäfte, bei welchen die zu bearbeitenden Sachen von dem Uebernehmer nicht angeschafft, sondern ihm zum Zwecke der Bearbeitung übergeben werden, bei welchen also dieselben Sachen zurückgegeben werden, und wenn auch im Großen um Lohn gearbeitet wird (z. B. Färbereien, Bleichen u. dgl.) Prot. S. 350. — Es wurde bemerklich gemacht, daß hiernach der Produzent vom Gebiete des Handelsrechts ausgeschlossen sei, was z. B. in Betreff der großartigen Berg- und Hüttenwerke nicht richtig sei; es müsse zwischen dem Falle, in welchem der Produzent lediglich zum eigenen Bedarf seine landwirthschaftlichen Erzeugnisse zu Ganz- oder Halbfabrikäten, z. B. sein Getreide, Mehl, seine Runkelrüben zu Melis-Zucker umgestalte, und demjenigen Falle unterschieden werden, wo er seine Erzeugnisse gewerbmäßig für dritte Personen verarbeite. Im ersteren Falle sei kein Gewerbebetrieb, wohl aber im letzteren Falle vorhanden. — Es wurde jedoch erwogen, daß wenn der Produzent hier erwähnt würde, dies weit über die richtige, dem Handelsrecht gesteckte Grenze hinausgehe, indem dann jeder Oekonom und alle Produktion durch Ausnutzung von Grund und Boden in das Handelsrecht gezogen würde, daß aber auf der anderen Seite eine sichere Unterscheidung zwischen großartiger und geringfügiger Produktion aufzustellen, ganz unmöglich sei, und daß die Hauptfälle großartiger Produktion aus anderen Gründen unter das Handelsrecht fallen würden, weil die Produzenten, ohne zu ihren Zwecken Ankäufe zu machen, nur selten durchkommen könnten, weshalb sie mit Rücksicht hierauf als Kaufleute erscheinen würden. Prot. S. 1292.

11) — des kaufmännischen, welcher hier allein gemeint ist; hiezu ist die Verweisung auf Art. 360. bestimmt. Prot. S. 1293.

12) — im Gegensatz zu der für den Transport von Sachen bestimmten Anstalten. — Es wurde zwar eingewendet, die Abgrenzung durch das Wort „Anstalten" sei viel zu unbestimmt, indeß war man der Meinung, das gedachte Wort weise nicht nur auf einen größeren Umfang des Betriebes, sondern auch auf eine mehr kaufmännische Betriebsart hin, und biete somit dem verständigen richterlichen

dere Personen;[13]) die amtlichen Geschäfte der Handelsmäkler sind jedoch hierin nicht einbegriffen;[14])

5) die Verlagsgeschäfte, sowie die sonstigen Geschäfte des Buch- oder Kunsthandels;[15]) ferner die Geschäfte der Druckereien, sofern nicht ihr Betrieb nur ein handwerksmäßiger ist.

Die bezeichneten Geschäfte sind auch alsdann Handelsgeschäfte, wenn sie zwar einzeln, jedoch von einem Kaufmann im Betriebe seines gewöhnlich auf andere Geschäfte gerichteten Handelsgewerbes[16]) gemacht werden.[17])

Artikel 273.

Alle einzelnen Geschäfte eines Kaufmanns, welche zum Betriebe seines[18]) Handelsgewerbes gehören,[19]) sind als Handelsgeschäfte anzusehen.[20])

Ermessen einen genügenden Anhaltspunkt. Prot. S. 1294. Es werden daher nicht hieher gehören die Geschäfte der einfachen Lohnkutscher, wohl aber die Omnibus-, Droschken-, Seetransport-Unternehmungen u. dgl.

13) — durch nicht verpflichtete Vermittler, welche theils Agenten, theils (weil sie auf fremdem Namen abschließen uneigentlich:) Kommissionaire genannt zu werden pflegen. Prot. S. 1294.

14) — wegen Art. 69. ad 1.

15) — namentlich der Verlags- und Sortimentsbuchhandel, der Verlag von Zeitungen, Journalen, Zeichnungen, Musikalien und Kunstwerken aller Art. Prot. S. 1296.

16) Diese Worte sollen darauf hinweisen, daß der Kaufmann die in Frage stehenden Geschäfte als Kaufmann gemacht haben muß, um die Anwendung des Schlußsatzes zu rechtfertigen. Zur Unterscheidung, ob der Kaufmann als solcher oder abgesehen von dieser seiner Eigenschaft ein Geschäft gemacht habe, werde es — so meinte man — an den Kriterien selten fehlen, je nachdem das Geschäft z. B. im Komptoire, durch Handlungsbevollmächtigte ꝛc. geschlossen, in die Handlungsbücher eingetragen worden sei u. dgl. oder nicht. Der ganze Schlußsatz habe den bereits mehrfach (z. B. in der Lehre von der Prokura) zur Geltung gebrachten Gedanken als Grundlage, daß das Gewerbe eines Kaufmanns handelsrechtlich nicht auf eine gewisse Gattung von Handelsgeschäften beschränkt werden könne. Prot. S. 1297.

17) Das heißt nichts Anderes, als: Ein Handelsgeschäft verliert diese Eigenschaft darum noch nicht, weil es über den besonderen, von einem Kaufmann betriebenen Zweig von Handelsgeschäften hinausgeht. Prot. S. 544.

18) — nicht blos eines Handelsgewerbes; von solchen Geschäften handelt der Schlußsatz des vorigen Artikels. Prot. S. 1297. Daß Anschaffungen für den eigenen Haushalt des Kaufmanns nicht unter die Handelsgeschäfte desselben fallen, versteht sich nach der Natur des Handels von selbst (Mot. S. 102); sie können jedoch in Folge des Art. 277 der Beurtheilung nach Handelsrecht unterliegen, wann sie für den anderen Kontrahenten ein Handelsgeschäft ausmachen. Prot. S. 544.

19) Nach Inhalt der Protokolle war man darüber einig, daß nicht blos diejenigen Geschäfte hieher gehören, in welchen das Gewerbe des Kaufmanns besteht, nicht blos die nach außen gerichteten Rechtsgeschäfte, die den eigentlichen Gewerbebetrieb betreffenden Verträge, sondern auch manche die bloße Vorbereitung oder Ausführung solcher Verträge betreffenden Geschäfte z. B. die Frachtgeschäfte. Ob und inwieweit auch geringfügige Nebengeschäfte der beregten Art unter diesen Ar-

Dies gilt insbesondere für die gewerbliche Weiterveräußerung[21]) der zu diesem Zweck angeschafften Waaren, beweglichen Sachen und Werthpapiere, sowie für die Anschaffung von Geräthen, Material und anderen beweglichen Sachen, welche bei dem Betriebe des Gewerbes unmittelbar benutzt oder verbraucht werden sollen.

Die Weiterveräußerungen, welche von Handwerkern vorgenommen werden, sind, insoweit dieselben nur in Ausübung ihres Handwerksbetriebes geschehen, als Handelsgeschäfte nicht zu betrachten.[22])

Artikel 274.

Die von einem Kaufmann geschlossenen Verträge gelten im Zweifel als zum Betriebe des Handelsgewerbes gehörig.[23])

Die von einem Kaufmann gezeichneten Schuldscheine gelten als im Betriebe des Handelsgewerbes gezeichnet, sofern sich nicht aus denselben[24]) das Gegentheil ergiebt.

Artikel 275.

Verträge über unbewegliche Sachen sind keine Handelsgeschäfte.[25])

---

tikel fallen, scheint man dem richterlichen Ermessen haben überlassen zu wollen. Prot. S. 546.

20) Der Abs. 1 dieses Artikels bezieht sich auf diejenigen Geschäfte, welche zwar nicht wie die in den Art. 271 u. 272 aufgeführten den Anhaltspunkt für den juristischen Begriff eines Handelsgeschäfts darbieten, aber doch aus irgend einem Grunde mit dem Betriebe eines Handelsgewerbes konnex sind. Der Art. 273 enthält daher eine ergänzende Klausel zu den einzelnen Aufführungen der vorigen Artikel. Prot. S. 1297.

21) — d. h. den Detailverkauf an die Konsumenten, auch in offenem Kram und Laden. Prot. S. 542.

22) Ob die weiterveräußerte Sache von dem Handwerker schon fertig angekauft oder erst bearbeitet worden ist, entscheidet nicht darüber, ob die Weiterveräußerung als ein Handelsgeschäft zu betrachten ist oder nicht. Prot. S. 1299 und 1424.

23) Die Verhältnisse eines Kaufmanns rechtfertigen es, bis zum Beweise des Gegentheils die Präsumtion aufzustellen, daß er bei seinen Geschäften seinen Gewerbebetrieb im Auge gehabt habe. Mot. S. 102. Es ist aber der Beweis, daß die Verträge nicht zum Handelsgewerbe gehören, in jeder Weise zulässig; anders bei Urkunden. (s. folgende Note.)

24) Ein anderer Beweis als aus dem Inhalte der Schuldscheine selbst, ist im Interesse des Verkehrs nicht zugelassen, weil die Schuldscheine Gegenstand des Handelsverkehrs zu sein pflegen. Man nahm — jedoch nicht ohne Widerspruch — an, dieser Zusatz werde z. B. wirksam sein, wenn ein Kaufmann, der eine von seinem Namen verschiedene Firma führe, einen Schuldschein nicht mit dieser, sondern mit seinem Namen gezeichnet habe. Prot. S. 1298.

25) Um insbesondere die Miethe von Lagerräumen, in Betreff welcher viele Usancen vorhanden, von der Beurtheilung nach Handelsrecht nicht auszuschließen, wurde in erster Lesung (Prot. S. 547) die Fassung beschlossen:

> Verträge, welche die Veräußerung oder Verpfändung unbeweglicher Sachen oder die Bestellung dinglicher Rechte an denselben zum Gegenstande haben, sind keine Handelsgeschäfte.

Diese Fassung wurde in zweiter Lesung jedoch abgelehnt, weil kein Grund

Artikel 276.[26])

Die Eigenschaft oder die Gültigkeit eines Handelsgeschäfts wird dadurch nicht ausgeschlossen, daß einer Person wegen ihres Amtes oder Standes, oder aus gewerbepolizeilichen oder anderen ähnlichen[27]) Gründen[28]) untersagt ist, Handel zu treiben oder Handelsgeschäfte zu schließen.

Artikel 277.

Bei jedem[29]) Rechtsgeschäft, welches auf der Seite eines der Kontrahenten ein Handelsgeschäft ist, sind[30]) die Bestimmungen dieses vierten Buchs in Beziehung auf beide Kontrahenten gleichmäßig anzuwenden, sofern nicht aus diesen Bestimmungen selbst sich ergiebt, daß ihre besonderen Festsetzungen sich nur auf denjenigen von beiden Kontrahenten beziehen, auf dessen Seite das Geschäft ein Handelsgeschäft ist.

Zweiter Abschnitt.

Allgemeine Bestimmungen über Handelsgeschäfte.

Artikel 278.

Bei Beurtheilung und Auslegung der Handelsgeschäfte hat der Richter den Willen der Kontrahenten zu erforschen und nicht an dem buchstäblichen Sinne des Ausdrucks zu haften.[31])

---

vorhanden sei, die materiellen Rechtssätze des Handelsrechts auf die Miethe von Lagerräumen anzuwenden, die Rücksicht auf ein schnelles Verfahren in Streitigkeiten und auf die Usancen aber anderweitig beachtet werden könne. Es werde, so meinte man, zu großen Verwirrungen führen, wenn die Vermiethung einer und derselben Lokalität bald nach gewöhnlichem Civilrecht, bald nach Handelsrecht beurtheilt werden müsse, je nachdem ein Privatmann oder ein Kaufmann zu gewerblichen Zwecken gemiethet habe. Prot. S. 1301.

26) Dieser Artikel ist aufgenommen wegen der nach Art. 10 zulässigen Beschränkung der Eigenschaft eines Kaufmanns durch die Landesgesetze.

27) Dies Wort soll die Mißdeutung ausschließen, als sollten die in manchen Gesetzgebungen vorkommenden Vorschriften, wie die, daß für Verschwender Erklärte keine Verträge schließen, oder daß Kridare keinen Handel treiben dürfen, bei der Frage nach der Gültigkeit des Handelsgeschäfts außer Betracht bleiben. Prot. S. 1302.

28) — z. B. wenn, wie es vorkömmt, einem Kaufmann untersagt ist, vor Bezahlung der Steuern Handel zu treiben. Prot. S. 1302.

29) Dies umfaßt die Art. 271—273.

30) — wenngleich es auf der Seite des anderen Kontrahenten an sich kein solches ist.

31) Es war die Streichung dieses Artikels beantragt, weil er entweder eine allgemein gültige Interpretationsregel enthalte, und dann entbehrlich sei, oder ein Mehreres enthalte und dann angenommen werden könnte, daß selbst gegenüber den unzweideutigsten Ausdrücken Streitigkeiten über den Willen der Kontrahenten erhoben und zugelassen werden sollten, was bedenklich sei. — Hierauf wurde jedoch erwidert: Wenn der nachgewiesene und übereinstimmende Wille der Kontrahenten mit den gebrauchten Ausdrücken im Widerspruch stehe, so werde kein Zweifel sein, daß der Wille maaßgebend sei; der Artikel enthalte aber eine Warnung

Artikel 279.

In Beziehung auf die Bedeutung und Wirkung von Handlungen und Unterlassungen ist auf die im Handelsverkehr geltenden Gewohnheiten und Gebräuche Rücksicht zu nehmen.[32])

Artikel 280.

Wenn zwei oder mehrere Personen einem Anderen gegenüber in einem Geschäft, welches auf ihrer Seite ein Handelsgeschäft ist, gemeinschaftlich eine Verpflichtung eingegangen sind, so sind sie als Solidarschuldner zu betrachten, sofern sich nicht aus der Uebereinkunft mit dem Gläubiger das Gegentheil ergiebt.[33])

Artikel 281.

Bei Handelsgeschäften, ingleichen in allen Fällen, in welchen in diesem Gesetzbuche eine solidarische Verpflichtung auferlegt wird,[34]) steht einem

---

für den Richter, sich bei seinen Urtheilen nicht allzusehr durch den von den Kontrahenten gebrauchten Ausdruck bestimmen zu lassen. Eine solche Warnung sei namentlich in Ansehung der Handelsgerichte zweckmäßig, denn die Kaufleute, wo sie als Mitglieder der Handelsgerichte thätig würden, seien erfahrungsmäßig sehr geneigt zu einer wörtlichen Auslegung der Verträge. Die gedachte Bestimmung sei namentlich auch mit Rücksicht auf das Preuß. Landrecht (Th. I. Tit. 4. §. 65.) nicht entbehrlich, weil dieses die Vorschrift enthalte, daß die Verträge und die in denselben gebrauchten Ausdrücke nach Maaßgabe der denselben im gewöhnlichen Leben zukommenden Bedeutung vom Richter aufzufassen seien, weil sonach in denselben eine andere Auslegungsregel sanktionirt sei. Die Fassung der Bestimmung deute zur Genüge an, daß der Richter nicht veranlaßt werden solle, bei unzweifelhaften Ausdrücken immer noch zu forschen, was die eigentliche Meinung der Kontrahenten sei, sondern daß er nur von einer allzu pedantischen Auffassung der bei den Verabredungen der Parteien gebrauchten Ausdrücke gewarnt werden solle. Prot. S. 408.

32) Es wurde als selbstverständlich angesehen, daß in der Anwendung immer auf die den Geschäften und Betheiligten entsprechende Art des Handelsverkehrs werde gesehen werden. Prot. S. 1307.

33) Die Solidarverpflichtung ist mit Rücksicht auf das Bedürfniß des Handelsverkehrs zur Förderung der dem Gläubiger zu gewährenden Sicherheit als Regel, und die blos antheilige Verpflichtung als Ausnahme hingestellt worden. Prot. S. 499. — Der Artikel entspricht der Vorschrift der §§. 424. ff. Thl. I. Tit. 5. ALR. jedoch mit der Maaßgabe, daß es zur Ausschließung der solidarischen Verbindlichkeit nicht einer ausdrücklichen Verabredung des Gegentheils bedarf, sondern daß es genügt, wenn die hierauf gerichtete Absicht aus der Uebereinkunft mit dem Gläubiger hervorgeht. Mot. S. 105.

34) Die praktische Bedeutung der Solidarverpflichtung liegt hauptsächlich in der Sicherheit und Bequemlichkeit der Rechtsverfolgung, welche dem Gläubiger dadurch gewährt wird, daß er aus mehreren Schuldnern denjenigen auswählen kann, gegen dessen Zahlungsfähigkeit die wenigsten Zweifel vorhanden sind, und daß er durch eine Klage sein ganzes Interesse zu erhalten im Stande ist, während er bei andern getheilten Schuldverhältnissen die einzelnen, vielleicht zerstreut wohnenden Schuldner jeden auf seinen Antheil belangen müßte, und durch die Zahlungsunfähigkeit auch nur eines derselben wenigstens theilweise von Verlust betroffen werden würde. Diese Vortheile der Solidarverpflichtung würden aber

Solidarschuldner die Einrede der Theilung oder der Vorausklage nicht zu.

Dasselbe gilt von Bürgen,[35]) wenn die Schuld aus einem Handelsgeschäft auf Seiten des Hauptschuldners hervorgeht, oder wenn die Bürgschaft selbst ein Handelsgeschäft ist.[36])

Artikel 282.

Wer aus einem Geschäft, welches auf seiner Seite ein Handelsgeschäft ist, einem Anderen zur Sorgfalt verpflichtet ist, muß die Sorgfalt eines ordentlichen Kaufmanns anwenden.[37])

Artikel 283.

Wer Schadensersatz zu fordern hat,[38]) kann die Erstattung des wirklichen Schadens und des entgangenen Gewinnes[39]) verlangen.

---

fast gänzlich wieder aufgehoben werden, wenn man den Solidarschuldnern die Einrede der Theilung oder der Vorausklage zugestehen wollte. Das ALR. setzt in den §§. 430 ff. Th. I. Tit. 5 die Unzulässigkeit dieser Einrede ausdrücklich fest. Mot. S. 106.

35) — nämlich von mehreren Bürgen bei der Einrede der Theilung (beneficium divisionis) und bei einem oder mehreren bei der Einrede der Vorausklage (beneficium excussionis.)

36) Aehnliche Rücksichten, wie bei der Verbindlichkeit mehrer Mitverpflichteten, greifen auch bei der Bürgschaft für Handelsverbindlichkeiten Platz. Das Interesse des Handelsverkehrs erfordert es, daß der Gläubiger, welcher seinerseits ebenfalls wieder Handelsverbindlichkeiten zu erfüllen hat, so schleunig als möglich und ohne unnütze Weiterungen befriedigt werde. Dies würde nicht der Fall sein, wenn er zuvor den Hauptschuldner auszuklagen verpflichtet wäre, ehe er sich an den Bürgen halten könnte. (Th. I. Tit. 14. §. 283. ALR.) Es muß vielmehr genügen, wenn an den Hauptschuldner die Aufforderung zur Erfüllung fruchtlos ergangen und dadurch festgestellt ist, daß der Gläubiger von diesem die erwartete sofortige Befriedigung nicht erlangt hat. Mot. S. 106.

37) — also diligentia in abstracto, nicht blos diligentia in concreto, welche wegen besonderer Erwägungen bei dem Verhältnisse der Gesellschafter unter einander erfordert worden. (Art. 94.) Prot. S. 409. Jedoch wurde zur Erläuterung bemerkt, es handle sich hier nicht durchweg um die Sorgfalt desjenigen, den man im gewöhnlichen Leben einen Kaufmann von höherer Bildung zu nennen pflege, sondern von der Sorgfalt eines ordentlichen Gewerbsmannes, von dem Stande und Gewerbe, welchem die jeweils in Frage stehende Person angehöre. Der Ausdruck: „Sorgfalt eines ordentlichen Kaufmanns" repräsentire demnach für das Handelsrecht einen technischen Begriff ähnlich „der Sorgfalt des diligens pater familias" im gewöhnlichen Civilrechte. Prot. S. 1309. Durch diesen Artikel sind die entgegenstehenden Bestimmungen des ALR. Th. I. Tit. 5. §§. 278. ff., in welchen verschiedene Grade der Sorgfalt unterschieden sind, für das Handelsrecht unanwendbar gemacht. Mot. S. 106.

38) — ganz gleich, aus welchen Gründen, ob wegen Versäumung der schuldigen Sorgfalt oder aus anderweitigen Gründen. Prot. S. 409.

39) Der entgangene Gewinn ist immer ein Verlust, den der eine Theil erleidet; schon die Konsequenz erfordert, daß da, wo das Gesetz eine Verpflichtung zum Schadensersatz anerkennt, der entstandene Verlust nicht theilweise, sondern ganz vergütet werde. Ueberdies wird bei allen Handelsgeschäften Gewinn beabsichtigt; der Gewinn bildet den regelmäßigen Erwerb der Handeltreibenden, und es wird

Artikel 284.

Die Konventionalstrafe[40]) unterliegt keiner Beschränkung in Ansehung des Betrages; sie kann das Doppelte des Interesses übersteigen.[41])

Der Schuldner ist im Zweifel nicht berechtigt, sich durch Erlegung der Konventionalstrafe von der Erfüllung zu befreien.[42])

Die Verabredung einer Konventionalstrafe schließt im Zweifel den Anspruch auf einen den Betrag derselben übersteigenden Schadensersatz nicht aus.[43])

---

derselbe stets im Voraus nach Maaßgabe der bestehenden Konjunkturen in Berechnung gezogen. Die Vereitelung dieses Gewinnes steht im Handel mit dem positiven Vermögensverluste auf gleicher Linie. Hierzu kommt, daß die Beantwortung der Frage, was als wirklicher Schaden nur was als entgangener Gewinn anzusehen, im Einzelnen und vorzugsweise bei Handelsgeschäften höchst zweifelhaft ist und erfahrungsmäßig zu entgegengesetzten Entscheidungen geführt hat. Aus diesen Gründen ist von der Bestimmung des ALR. (Th. I. Tit. 5. §. 285. Tit. 6. §§. 10. ff.) abgegangen, wonach der Schuldige in der Regel nur zum Ersatze des wirklichen Schadens, und nur bei vorhandenem Vorsatz oder grobem Versehen zur Erstattung des entgangenen Gewinns verpflichtet sein soll. Mot. S. 107.

40) Diese Bestimmung ist auf die Konventionalstrafe aller bei einem Handelsgeschäfte betheiligten Personen gleichmäßig, und nicht blos auf diejenige Konventionalstrafe anwendbar, welche von Personen versprochen worden, auf deren Seite das Geschäft als Handelsgeschäft gilt. Prot. S. 1310. Umgehungen der Zinswuchergesetze sind damit nicht erlaubt. Prot. S. 1311.

41) Der Abs. 1 des Art. 284 hebt die Vorschrift des §. 301. Th. I. Tit. 5. ALR. auf.

42) Die Konventionalstrafe hat also im Zweifel nicht die Natur eines Reugeldes. — Bestimmungen darüber, welche Rechte dem Gläubiger aus der Festsetzung der Konventionalstrafe zustehen, namentlich ob er zwischen der Klage auf Erfüllung und der auf Bezahlung der Konventionalstrafe zu wählen habe, oder ob er beides zugleich verlangen könne, sind in das Gesetz nicht aufgenommen. Dies wird daher nach den sonstigen Vorschriften des Civilrechts zu beurtheilen sein. Der Abs. 2 dieses Artikels entspricht den §§. 311. 312 Th. I. Tit. 5. ALR.

43) Hierfür wurde geltend gemacht: Ein solches Recht müsse dem Gläubiger zugestanden werden, sonst werde in vielen Fällen die Konventionalstrafe gleich einem Reugelde sein, obschon dies von den Kontrahenten nicht bezweckt gewesen, denn der Schuldner brauche nur einfach die Erfüllung zu unterlassen, dann werde sich von selbst ergeben, daß er durch Entrichtung der Konventionalstrafe von der Erfüllung frei werde. Dies widerspreche aber der Natur der Sache und führe oft zu großen Härten. Denn die Konventionalstrafe werde oft nur als Kompelle ohne besondere Abwägung der Angemessenheit ihres Betrages verabredet, und stehe nicht immer im Verhältnisse zu dem Interesse des Gläubigers an der Vertragserfüllung, welches nicht immer im Voraus übersehen werden könne. Die Konventionalstrafe sei aber zu Gunsten des Gläubigers bedungen; sie enthalte die Festsetzung eines Minimums, welches der Gläubiger ohne jede weitere Liquidation solle fordern dürfen, wenn der Schuldner da, wo er kein Recht dazu habe, die Erfüllung verweigere, und diese nicht erzwungen werden könne. Werde die Konventionalstrafe als das höchste betrachtet, was der Gläubiger fordern könne, so kehre sie sich in ein zu Gunsten des Schuldners bedungenes Reugeld um, durch dessen Entrichtung er sich loskaufen könne. Prot. S. 412. Es müsse deshalb entspre-

Artikel 285.

Die Daraufgabe (Arrha) gilt nur dann als Reugeld,[44]) wenn dies vereinbart oder ortsgebräuchlich ist.

Sie ist, wenn nichts Anderes vereinbart oder ortsgebräuchlich ist, zurückzugeben oder in Anrechnung zu bringen.

Artikel 286.

Wegen übermäßiger[45]) Verletzung, insbesondere wegen Verletzung über die Hälfte, können Handelsgeschäfte nicht angefochten werden.[46])

Artikel 287.

Die Höhe der gesetzlichen Zinsen, insbesondere auch der Verzugszinsen, ist bei Handelsgeschäften sechs vom Hundert jährlich.[47])

In allen Fällen, in welchen in diesem Gesetzbuche die Verpflichtung zur Zahlung von Zinsen ohne Bestimmung der Höhe ausgesprochen wird, sind darunter Zinsen zu sechs vom Hundert jährlich zu verstehen.

Einf.-Ges. Art. 14.[48]) Die Höhe der gesetzlichen Zinsen, insbesondere auch der Verzugszinsen, ist in allen Handelssachen sechs vom Hundert jährlich; ingleichen können in allen Handelssachen Zinsen zu sechs vom Hundert jährlich bedungen werden.

Die Vorschrift des Artikels 292. Absatz 2. des Handelsgesetzbuchs wird hierdurch nicht berührt.

---

chend dem gemeinen Rechte und gegen die Bestimmung des §. 293. Th. I. Tit. 5. ALR. angeordnet werden, daß dem Gläubiger das Recht zustehe, ein nachweisbares über die Konventionalstrafe hinausgehendes Interesse zu fordern. Prot. S. 1312.

44) Vergl. die §§. 207. ff. u. 212. ff. Th. I. Tit. 5. ALR. — Aus diesem Satze folgt e contrario: daß die Daraufgabe in der Regel als eine arrha confirmatoria d. h. als Zeichen des wirklichen Zustandekommens eines Vertrages betrachtet werden soll. — Der zweite Satz dieses Artikels entscheidet die fernere Frage, — ob in der Regel die Daraufgabe als Angeld anzusehen ist d. h. als eine auf die schuldige Summe oder Leistung gemachte Abschlagszahlung, welche gleichsam als theilweise Erfüllung des Vertrages zum Zeichen seiner Perfektion gegeben wird, oder als Extraleistung, welche von der bedungenen Hauptsumme nicht in Abzug kommen soll — im Sinne der ersteren Alternative. Prot. S. 416.

45) Nach manchen Partikulargesetzgebungen giebt schon die Verletzung über ein Drittel ꝛc. und nicht nur über die Hälfte (§§. 58. ff. Th. I. Tit. 11. ALR.) Grund zur Auflösung des Vertrages; es ist deshalb der allgemeine Ausdruck „laesio enormis“ übermäßige Verletzung gebraucht. Prot. S. 1314.

46) — weder von Kaufleuten noch von Nichtkaufleuten. Prot. S. 1314.

47) Dadurch sind die mehrfachen, unter einander verschiedenen Bestimmungen der §§. 695. 696. Th. II. Tit. 8., §. 684. ibid., §§. 844. 805. 832. Th. I. Tit. 11. ALR. für das Handelsrecht beseitigt. — Daß die kaufmännischen gesetzlichen Zinsen auf sechs Prozent festgesetzt sind, während sonst die gesetzlichen Zinsen nur fünf Prozent betragen, beruht darauf, daß im Handelsverkehr ein schnellerer Geldumsatz als im gewöhnlichen Leben stattfindet, und der Gläubiger bei ausbleibender Zahlung nicht selten zu Opfern genöthigt wird, um sich die entbehrten Gelder zu verschaffen. Mot. S. 109.

48) Dem Art. 287. liegt der Gedanke zum Grunde, daß in allen Handels-

Artikel 288.

Wer aus einem Geschäft, welches auf seiner Seite ein Handelsgeschäft ist, eine fällige Forderung hat, kann wegen derselben vom Tage der Mahnung [49]) an Zinsen fordern, sofern er nicht nach dem bürgerlichen Recht schon von einem früheren Zeitpunkte an Zinsen zu fordern berechtigt ist.

Die Uebersendung der Rechnung gilt für sich allein nicht als Mahnung. [50])

Artikel 289.

Kaufleute unter einander sind berechtigt, in beiderseitigen [51]) Handelsgeschäften auch ohne Verabredung oder Mahnung [52]) von jeder Forderung seit dem Tage, an welchem sie fällig [53]) war, Zinsen [54]) zu fordern.

Artikel 290.

Ein Kaufmann, welcher in Ausübung des [55]) Handelsgewerbes einem Kaufmann oder Nichtkaufmann Geschäfte besorgt [56]) oder Dienste leistet,

---

sachen der Zinssatz sechs Prozent betrage. Dies spricht der Zusatzartikel allgemeiner und deutlicher aus, und beseitigt eine in diesem Punkte bestehende Verschiedenheit des Rechts in einzelnen Landestheilen. Zugleich ist die Zulässigkeit der Ausbedingung dieses Zinssatzes in gleicher Ausdehnung auf alle Handelssachen ausgesprochen (s. Art. 292.), weil das Gesetz da, wo es 6 Prozent Zinsen ohne Verabredung gestattet, die Verabredung solcher Zinsen nicht verbieten kann. Mot. z. Einf. Ges. S. 34.

49) Diese Bestimmung wurde für unentbehrlich gehalten, weil nach manchen Partikulargesetzgebungen außergerichtliche Mahnung nicht die Wirkung hat, den Schuldner in Verzug zu setzen. Die Anwendbarkeit der Regel: dies interpellat pro homine auszuschließen, ist nicht beabsichtigt. Prot. S. 1317. Vergl. deshalb §. 67. Th. I. Tit. 16. ALR.

50) — gegen §. 685. Th. I. Tit. 8. ALR.

51) Der Ausdruck „beiderseitig" soll die Meinung abhalten, als könnten Kaufleute unter einander nie als Konsumenten beurtheilt, vielmehr immer nur nach Art. 289. behandelt werden. Prot. S. 1316.

52) Es handelt sich hier um jede Forderung eines Kaufmanns, die nicht bedingt oder betagt ist. Prot. S. 1315. Der Verfalltag braucht nicht besonders ausgemacht zu sein; ist dies geschehen, so greift schon die Rechtsregel durch: dies interpellat pro homine. Forderungen, für deren Verfall ein bestimmter Tag nicht ausgemacht worden, verfallen sofort. Quod sine die debetur, statim debetur.

53) Hieraus kann nicht e contrario gefolgert werden, daß vor der Fälligkeit der Forderung niemals Zinsen gefordert können; dies darf allerdings geschehen, wenn besondere Gründe hierzu vorhanden sind, wie z. B. wenn ein Darlehn auf 6 Monate gegeben ist, die Zinsen vom Tage der Hingabe gefordert werden können. (Vgl. Art. 290. Abs. 2.) Prot. S. 1318.

54) Diese Zinsen haben eher die Natur der stillschweigend versprochenen Konventionalzinsen als die der Verzugszinsen. Auf einen schuldbaren Verzug (mora) kömmt es hier nicht an, doch kann der Artikel 289 keine Anwendung leiden, wenn der Gläubiger die Verpflichtung hat, die Leistung des Schuldners abzuholen und sich in mora accipiendi befindet. Prot. S. 1316.

55) — nicht nothwendig seines Handelsgewerbes. Prot. S. 427.

56) — vgl. §. 698. Th. II. Tit. 8. ALR.

kann dafür auch ohne vorherige Verabredung Provision, und wenn es sich um Aufbewahrung handelt, zugleich auch Lagergeld nach den an dem Orte gewöhnlichen Sätzen[57]) fordern.

Von seinen Darlehen, Vorschüssen, Auslagen und anderen Verwendungen kann er, vom Tage ihrer Leistung oder Beschaffung[58]) an, Zinsen in Ansatz bringen.

Dies gilt insbesondere auch von dem Kommissionair und Spediteur.

Artikel 291.

Wenn ein Kaufmann mit einem anderen Kaufmann[59]) in laufender Rechnung (Kontokurrent) steht, so ist derjenige, welchem beim Rechnungsabschlusse ein Ueberschuß gebührt, von dem ganzen Betrage desselben, wenngleich darunter Zinsen begriffen sind,[60]) seit dem Tage des Abschlusses Zinsen zu fordern berechtigt.

Der Rechnungsabschluß geschieht jährlich einmal,[61]) sofern nicht von den Parteien ein Anderes bestimmt ist.

Artikel 292.

Bei Handelsgeschäften[62]) können Zinsen zu sechs vom Hundert jährlich bedungen werden; höhere Zinsen zu bedingen ist nur insofern zulässig, als die Landesgesetze solches gestatten.

Bei Darlehen, welche ein Kaufmann empfängt,[63]) und bei Schulden

---

57) Diese Worte „nach den an dem Orte gewöhnlichen Sätzen" beziehen sich auch auf die Provision. Prot. S. 1317.

58) — auch wenn er ohne ausdrücklichen Auftrag als negotiorum gestor gehandelt hat. Prot. S. 427.

59) Es war beantragt, den Inhalt des Art. 291. auch auf das Verhältniß der Kaufleute zu Nichtkaufleuten auszudehnen, was namentlich wegen des Verkehrs der Banquiers mit Kapitalisten erforderlich sei. Man hielt es jedoch bedenklich diese Ausdehnung vorzunehmen, für welche ein Bedürfniß um so weniger bestehe, als durch den Artikel das Gegentheil keineswegs ausgeschlossen, sondern die Frage: wie ein solcher Verkehr zwischen Kaufleuten und Nichtkaufleuten zu beurtheilen sei, offen gelassen werde, und überdies ein gegenseitiges Rechnungsverhältniß zwischen Kaufleuten und Nichtkaufleuten kaum einmal anders als nach vorgängiger Vereinbarung der maaßgebenden Grundsätze entstehen werde. Prot. S. 1317 u. S. 4561.

60) Die hier gestattete Ausnahme von dem Verbote der Zinseszinsen beruht auf einem allgemeinen kaufmännischen Gebrauche. Mit der Natur des kaufmännischen Rechnungswesens würde es auch unvereinbar sein, wenn der für die folgende Rechnungsperiode vorzutragende Saldo nur insoweit als verzinsliche Post angesetzt werden dürfte, als in ihm keine Zinsen enthalten sind. (Vgl. §. 697. Th. II. Tit. 8. ALR.) Mot. S. 112.

61) — nicht nothwendig am Ende des Kalenderjahres (per 31. Decbr.) Prot. S. 424.

62) — bei allen Handelssachen, nicht nur bei Handelsgeschäften. S. Einf. Ges. Art. 14.

63) — ganz gleich wozu sie bestimmt sind oder verwendet werden. Mot. S. 112. — Dem Kaufmanne ist um deshalb das Recht eingeräumt, höhere Zinsen zu bewilligen, weil für ihn das Geld eine Waare ist, deren Preis nach den Kon-

eines Kaufmanns aus seinen Handelsgeschäften können auch höhere Zinsen als sechs vom Hundert jährlich bedungen werden.[64])

Artikel 293.

Die Zinsen[65]) können bei Handelsgeschäften in ihrem Gesammtbetrage das Kapital übersteigen.

Artikel 294.

Die Anerkennung einer Rechnung schließt den Beweis eines Irrthums oder eines Betrugs in der Rechnung[66]) nicht aus.

Artikel 295.

Die Beweiskraft eines Schuldscheins oder einer Quittung ist an den Ablauf einer Zeitfrist nicht gebunden.[67])

Einf.=Ges. (ALR. u. AGO.) Art. 26.[68]) Die auf Schuldinstrumente, welche zur Eintragung in das Hypothekenbuch bestimmt sind, sich beziehenden Vorschriften der §§. 738. und 739. Theil I. Titel 11. des Allgemeinen Landrechts und §§. 175. bis 181. Titel 2. der Allgemeinen Hypotheken=Ordnung werden durch den Artikel 295. des Handelsgesetzbuchs nicht berührt.

---

junkturen sich bestimmt, und weil man dem Kaufmanne Vertrautheit mit Geldgeschäften und eine bessere Kenntniß der nutzbaren Verwendung des Geldes zutraute, als dem Nichtkaufmanne. Prot. S. 424.

64) Durch diese Vorschrift ist die Ausnahmebestimmung des §. 692. Th. II. Tit. 8. ALR. verallgemeinert.

65) — sowohl vertragsmäßige als auch gesetzliche Zinsen. Prot. S. 1319.

66) Die Worte „in der Rechnung" sind trotz eines Antrags auf Streichung stehen gelassen worden, weil es sich hier gar nicht darum handle, zu sagen, daß man sich auf einen Irrthum überhaupt unter gewissen Umständen berufen könne, was nach sonstigen civilrechtlichen Vorschriften zu beurtheilen bleibt, sondern darum zu sagen, daß man sich auf einen in einer Rechnung unterlaufenen Irrthum berufen könne, obschon die Rechnung anerkannt und dadurch zu einem Beweismittel gemacht worden sei. Prot. S. 1320. Die Bestimmung tritt der im kaufmännischen Verkehre hin und wieder aufgestellten Ansicht entgegen, daß anerkannte Rechnungen, namentlich anerkannte laufende Rechnungen, nicht mehr angefochten werden können; sie schien um so nöthiger als das ALR. in dieser Beziehung keine allgemeinen Vorschriften enthält. Mot. S. 113.

67) Es ist mit diesem Artikel beabsichtigt, für das Handelsrecht die gemeinrechtliche Singularität aufzuheben, daß Schuldscheine und Quittungen nicht sofort nach ihrer Ausstellung beweisen. — Hieran wurde der Antrag geknüpft, auch die hiermit in Zusammenhang stehende Singularität aufzuheben, wonach nach Ablauf einer bestimmten Frist jenen Urkunden eine erhöhte Beweiskraft in der Weise zukomme, daß der Gegenbeweis ausgeschlossen oder beschränkt sei. Dieser Antrag wurde aber zurückgezogen, da die Versammlung die Meinung aussprach, diese zweite Bestimmung sei nur eine Folge der ersteren, und ergebe sich demnach, da diese Folge mit der ersten Bestimmung nothwendig falle, von selbst, daß auch nach Ablauf der betreffenden Fristen Gegenbeweis gegen Schuldscheine und Quittungen in demselben Maaße zulässig sei, in welchem er es nach den einschlägigen Prozeßgesetzen gegen Urkunden überhaupt sei. Prot. S. 425 und 1320.

68) Der Zusatzartikel soll dem Mißverständnisse vorbeugen, als sei die Aufhebung der in demselben gedachten, auf den Eigenthümlichkeiten der Hypothekenverfassung beruhenden Vorschriften beabsichtigt. Mot. z. Einf.=Ges. S. 47.

Artikel 296.

Der Ueberbringer[69]) einer Quittung gilt für ermächtigt, die Zahlung zu empfangen, sofern nicht die dem Zahlenden bekannten Umstände der Annahme einer solchen Ermächtigung entgegenstehen.

Artikel 297.

Ein Antrag, ein Auftrag oder eine Vollmacht,[70]) welche von einem Kaufmann[71]) in dem Handelsgewerbe[72]) ausgegangen sind, werden durch seinen Tod nicht aufgehoben,[73]) sofern nicht eine entgegengesetzte Willensmeinung aus seiner Erklärung oder aus den Umständen hervorgeht.[74])

Artikel 298.

Bei einer Vollmacht zu Handelsgeschäften[75]) kommen in Betreff des Verhältnisses zwischen dem Vollmachtgeber, dem Bevollmächtigten und dem

---

69) Der Ausdruck „Ueberbringer" ist in blos faktischem Sinne und keineswegs so verstanden, als bedürfe es eines Beweises darüber, daß der Inhaber der Quittung vom Gläubiger abgesandt sei. Prot. S. 1324.

70) Die Erwähnung des Auftrages und der Vollmacht ist um deshalb beliebt worden, weil man im gewöhnlichen Leben sehr häufig den Auftrag als etwas, was nur das innere Verhältniß des Mandatars zum Mandanten angehe, und bei dessen Ausführung der Mandatar als Kommissionär auch in seinem eigenen Namen handeln könne, der Vollmacht als einer Ermächtigung, Dritten gegenüber für den Mandanten in dessen Namen handelnd aufzutreten, entgegenstellt. Prot. S. 4562.

71) Die Beschränkung auf Kaufleute ist um deshalb erfolgt, weil der bei nicht erfolgtem Widerrufe zu präsumirende Wille der Erben und Geschäftsnachfolger, die Anträge zc. in Wirksamkeit zu lassen, nur bei der unter Kaufleuten üblichen geordneten Geschäftsführung angenommen werden könne. Prot. S. 1321.

72) So lange nicht das Gegentheil erhellt, ist auf Grund des Art. 274. Abs. 1 jeder Antrag oder Auftrag eines Kaufmanns als in seinem Handelsgewerbe ergangen anzusehen. Der Art. 274. zielt nicht blos darauf ab, dem Richter einen Anhaltspunkt dafür zu bieten, wie er im Zweifel zu entscheiden habe, sondern will auch demjenigen, welcher sich mit einem Kaufmanne in Geschäfte einläßt, ein Recht geben, bis dahin wo die Umstände das Gegentheil ergeben, und so lange der Antrag in irgend einer, wenn auch nur äußerlichen Beziehung zum Handelsgewerbe des Offerenten steht, anzunehmen, daß ihm ein kaufmännischer Antrag gemacht sei. Prot. S. 4561.

73) Diese Bestimmung liegt im eigenen Interesse der Erben, welche nicht selten erheblich benachtheiligt werden würden, wenn der Tod ihres Erblassers die Ausführung des aufgetragenen Geschäfts hemmte, da die Schnelligkeit des Handelsverkehrs vorgängige Rückfrage bei den Erben oder erneute Vollmachtsertheilungen Seitens derselben oft unmöglich macht. (Vergl. §. 191. Th. I. Tit. 13. ALR.) Mot. S. 114.

74) Selbstverständlich ist den Erben eines Auftraggebers das Recht nicht genommen, den Antrag, den Auftrag oder die Vollmacht zu widerrufen, soweit der Erblasser selbst dazu berechtigt sein würde. Prot. S. 429. Mot. S. 114. vergl. Art. 54, in welchem eine Anwendung dieses Prinzips enthalten ist.

75) Dieser Artikel bezieht sich auf einzelne Aufträge in Handelssachen zwischen selbstständigen Personen, auch wenn der Vollmachtgeber kein Kaufmann ist. Prot. S. 1322.

Dritten, mit welchem der Bevollmächtigte Namens des Vollmachtgebers das Geschäft schließt, dieselben Bestimmungen zur Anwendung, welche im Artikel 52. in Beziehung auf die Prokuristen und Handlungsbevollmächtigten gegeben sind.

Ingleichen gilt die Bestimmung des Artikels 55. in Beziehung auf denjenigen, welcher ein Handelsgeschäft als Bevollmächtigter schließt, ohne Vollmacht dazu erhalten zu haben, oder welcher bei dem Abschlusse des Handelsgeschäfts seine Vollmacht überschreitet.

Artikel 299.

Im Falle der Abtretung einer aus einem Handelsgeschäft hervorgegangenen Forderung[76]) kann die Bezahlung ihres vollen Betrages auch dann verlangt werden, wenn dieser Betrag die Summe des für die Abtretung vereinbarten Preises übersteigt.[77])

Artikel 300.

Ein Kaufmann,[78]) welcher eine auf ihn[79]) ausgestellte Anweisung[80]) (Assignation) gegenüber demjenigen, zu dessen Gunsten sie ausgestellt ist, angenommen hat, ist demselben zur Erfüllung verpflichtet. Die auf eine schriftliche Anweisung geschriebene und unterschriebene Annahme-Erklärung gilt als ein dem Assignatar geleistetes Zahlungsversprechen.

---

76) — gleichviel, ob das Geschäft auf Seiten des Gläubigers und des Schuldners, oder nur auf Seiten eines derselben als Handelsgeschäft erscheint; dagegen bezieht sich der Art. 299 nicht auf Abtretungen der nicht aus Handelsgeschäften herrührenden Forderungen, auch wenn die Abtretung als Handelsgeschäft betrachtet werden kann. Prot. S. 1321.

77) Dieser Artikel hebt die Wirkung der sogenannten lex Anastasiana auf, welche dem Cessionar verbietet, eine gekaufte Forderung zu einem höheren Belaufe, als der Kaufpreis beträgt, geltend zu machen. Die Fassung ist mit Rücksicht auf die Streitfrage, ob die Behauptung, daß der Cessionar die ganze Valuta bezahlt habe, zum Klagegrund gehöre, oder ob die lex Anastasiana eine Einrede begründe, so wie geschehen, gewählt. Prot. S. 552. (Vergl. Th. I. Tit. 11. §§. 390. 391. ALR.)

78) Vergl. Th. I. Tit. 16. §§. 259. 276. ALR. — Auf Nichtkaufleute ist die Bestimmung über das Accept der Assignationen nicht ausgedehnt, weil sie als zu gefährlich für dieselben angesehen wurde. Der Wechsel, so meinte man, sei an bestimmte Formvorschriften gebunden, und rücksichtlich dieser Formen nud der mit ihm verbundenen Wirkungen schon allgemein bekannt; die Assignationen aber seien an gar keine schützende und mahnende Förmlichkeiten gebunden, ihren Wirkungen nach nicht allgemein bekannt, und könnten leicht zu Mißbräuchen benutzt werden. Prot. S. 1327. Gegen die Beschränkung auf Kaufleute wurde unter Anderem bemerkt, sie führe zu unpraktischen Resultaten, weil man den Anweisungsurkunden nicht immer ansehen könne, ob der Acceptant ein Kaufmann sei oder nicht; die Ausdehnung auf Nichtkaufleute sei ungefährlich, weil das Accept einer Anweisung weniger strenge Wirkungen habe, als das eines Wechsels. Prot. S. 1328.

79) — von einem Kaufmanne oder Nichtkaufmanne.

80) Es war beantragt, über die kaufmännischen Anweisungen allgemeine Bestimmungen in das Handelsgesetzbuch aufzunehmen. Hierüber wurde der gutachtliche Bericht der zur Erledigung verschiedener Wechselrechtsfragen in Nürnberg

Artikel 301.[81])

Anweisungen[82]) und Verpflichtungsscheine, welche von Kaufleuten[83]) über Leistungen von Geld oder einer Quantität vertretbarer Sachen[84]) oder Werthpapiere ausgestellt sind, ohne daß darin die Verpflichtung zur Leistung von einer Gegenleistung abhängig gemacht ist,[85]) können durch Indossament[86]) übertragen werden, wenn sie an Order lauten.

Zur Gültigkeit der Urkunde[87]) oder des Indossaments ist nicht erforderlich, daß sie die Angabe des Verpflichtungsgrundes[88]) oder das Empfangsbekenntniß der Valuta enthalten.

Wer[89]) eine solche Anweisung acceptirt hat, ist demjenigen, zu dessen

---

niedergesetzten Kommission erfordert. Prot. S. 819. Dieselbe erklärte sich jedoch gegen die Aufnahme solcher Bestimmungen, weshalb dem Antrage keine weitere Folge gegeben wurde. Prot. S. 1470.

81) In den Artikeln 301—305. wird nur von Urkunden gesprochen, welche auf Namen und Order lauten, dagegen nicht von lettres au porteur.

82) Darunter sind nicht diejenigen kaufmännischen Anweisungen verstanden, welche in verschiedenen Ländern (wie Bayern, Sachsen) als ein besonderes, gesetzlich geregeltes Institut mit der rechtlichen Bedeutung wirklicher Wechsel, aus denen nur kein Regreß wegen Mangels an Annahme stattfindet, vorkommen. Prot. S. 555.

83) Die Beschränkung der obigen Bestimmungen auf die von Kaufleuten ausgehenden Urkunden ist beliebt worden, weil diese Bestimmungen zu eingreifend seien, um sie auch für Urkunden von Nichtkaufleuten gelten zu lassen. — Freilich wurde hiergegen vorgebracht, man könne doch nicht einem Jeden, der eines der in Frage stehenden Papiere mittelst Indossaments zu erwerben gedenke, zumuthen, sich erst zu erkundigen, ob der Aussteller derselben ein Kaufmann gewesen sei oder nicht. Prot. S. 562.

84) In diesem Artikel ist von Lieferungsscheinen über vertretbare Sachen die Rede, bei welchen es sich um ein dare handelt, im Artikel 302. dagegen von Auslieferungsscheinen über bestimmte Sachen, bei welchen es auf ein restituere ankömmt. Prot. S. 4565.

85) Ist darin die Verpflichtung zur Leistung von einer Gegenleistung abhängig gemacht, so sind die betreffenden Papiere nicht indossabel. Dies ist bestimmt worden, weil in solchen Fällen der Schuldner ein Interesse daran hat, nur dem ursprünglichen Gläubiger verpflichtet zu bleiben und weil man sich nicht willkürlich einen anderen Verpflichteten substituiren kann. Bedingung für die Indossabilität ist also, daß in den Papieren eine einseitige, abstrakte Obligation enthalten ist. Prot. S. 439. Deshalb sind Schlußnoten nach obiger Vorschrift nicht indossabel. Prot. S. 555.

86) — also ohne die Formen der Cession und der Denunziation an den Schuldner. Prot. S. 1326.

87) Auch dem ersten Inhaber gegenüber thut der Mangel einer causa debendi der Gültigkeit der Urkunde keinen Eintrag, wenn auch die im Wege der Einrede erfolgende Geltendmachung materieller Einwendungen aus dem unterliegenden Verhältnisse diesem ersten Inhaber gegenüber nicht abgeschnitten ist. Ersteres ist mit Rücksicht auf das gemeine Recht in das Gesetzbuch aufgenommen worden. Prot. S. 1329.

88) — fehlt dieser, so nennt man die Urkunde eine cautio indiscreta.

89) Im vorigen Artikel handelt es sich um Anweisungen, welche von Kaufleuten acceptirt sind, ganz gleich, ob ein Kaufmann oder ein Nichtkaufmann

Gunsten sie ausgestellt oder an welchen sie indossirt ist, zur Erfüllung verpflichtet.

Artikel 302.

Ingleichen können Konnossemente[90]) der Seeschiffer und Ladescheine[91]) der Frachtführer, Auslieferungsscheine (Lagerscheine, Warrants) über Waaren oder andere bewegliche Sachen, welche von einer zur Aufbewahrung solcher Sachen staatlich ermächtigten Anstalt ausgestellt sind, ferner Bodmereibriefe und Seeassekuranzpolizen durch Indossament übertragen werden, wenn sie an Order lauten.

Artikel 303.

Durch das Indossament[92]) der in den beiden[93]) vorhergehenden Artikeln bezeichneten Urkunden gehen alle Rechte aus dem indossirten Papiere auf den Indossatar über.

Der Verpflichtete kann sich nur solcher Einreden bedienen, welche ihm nach Maaßgabe der Urkunde selbst oder unmittelbar gegen den jedesmaligen Kläger zustehen.

Der Schuldner ist nur gegen Aushändigung des quittirten Papiers zu erfüllen verpflichtet.[94])

---

sie ausgestellt hat; in diesem Artikel dagegen um Anweisungen, welche von Kaufleuten ausgestellt sind, ganz gleich, wer dieselben acceptirt hat, ein Kaufmann oder Nichtkaufmann. — Auch hier wurde, wie zum vorigen Artikel, eingewendet, man könne den Urkunden in der Regel nicht ansehen, wer sie ausgestellt habe, ob ein Kaufmann oder ein Nichtkaufmann. Prot. S. 1329.

90) Es wurde von der Konferenz angenommen, daß die Uebergabe des Konnossements oder des Ladescheins an den Berechtigten gleich der Uebergabe der Waare sein solle. Prot. S. 445. ff.

91) Vergl. Art. 413.

92) Das hier gedachte Indossament ist also keinesweges blos eine außergerichtliche kurze und bequeme Form einer Anweisung und Cession, sondern ein neuer, dem Wechselrecht entnommener Begriff mit Wirkungen für das materielle Recht; nur dadurch unterscheidet es sich von dem Wechselindossament, daß es für sich allein keine Regreßpflicht, oder doch keinen von der Reihenfolge der Indossamente abweichenden (springenden) Regreß begründet, und es vielmehr von dem sonstigen Rechtsverhältnisse zwischen dem Indossanten und Indossaten abhängt, ob und in wie weit ein Regreß begründet ist. — Es wurde gefragt, weshalb nicht bei jeder Art von Schuldscheinen das Indossament zulässig sein solle. Hierauf wurde erwidert, daß dies eben wegen seiner materiellen Wirkungen unzulässig sei; deshalb rechtfertige sich auch die Beschränkung auf solche Handelspapiere, die von Anfang an für den Handelsverkehr bestimmt, z. B. an Order (an jeden getreuen Inhaber) ausgestellt seien; denn nur bei demjenigen, welcher Papiere der letzteren Art ausgebe, könne angenommen werden, daß er sich den erwähnten materiellen Folgen unterwerfen wolle (Prot. S. 434); er gebe durch Anwendung eines solchen Ausdrucks zur Genüge zu erkennen, daß er die Begebung der Urkunde sich gefallen lasse und mit dem jeweiligen Inhaber derselben zu thun haben wolle, ohne auf die Person eines bestimmten Inhabers Gewicht gelegt zu haben. Prot. S. 560.

93) Es ist zu beachten, daß die im Artikel 300. bezeichneten Anweisungen hier nicht als indossabel anerkannt worden sind.

94) Diese Bestimmung ist als eine für die Leistungspflichtigen nothwendige

Artikel 304.

Ob außer den in diesem Gesetzbuch bezeichneten noch andere an Order lautende Anweisungen, Verpflichtungsscheine oder sonstige Urkunden mit der in Artikel 303. erwähnten Wirkung durch Indossament übertragen werden können, ist nach den Landesgesetzen zu beurtheilen.[95])

Artikel 305.

Für Papiere, welche an Order lauten und welche durch Indossament übertragen werden können (Artikel 301. bis 304.), gelten in Betreff der Form des Indossaments, in Betreff der Legitimation des Inhabers und der Prüfung dieser Legitimation, sowie in Betreff der Verpflichtung des Besitzers zur Herausgabe dieselben Bestimmungen, welche die Artikel 11. bis 13. 36. und 74. der Allgemeinen Deutschen Wechsel-Ordnung in Betreff des Wechsels enthalten.

Sind die im Artikel 301. bezeichneten Papiere abhanden gekommen, so finden in Bezug auf die Amortisation die im Artikel 73. der Allgemeinen Deutschen Wechsel-Ordnung gegebenen Bestimmungen Anwendung. Die Amortisation der im Artikel 302. bezeichneten Papiere richtet sich nach den Landesgesetzen.[96])

Garantie angesehen worden, wenn man dem Gläubiger die Begebbarkeit der in Frage stehenden Urkunden einräume. Prot. S. 563.

95) Dieser Artikel ist für sehr bedenklich gefunden worden, weil er zum großen Nachtheile der Handelswelt Papiere bestehen lasse, welche an einem Orte als indossabel, und an dem anderen als nicht indossabel gelten würden. — Es wurde jedoch entgegnet, daß kaufmännische Uebungen an einzelnen Orten nicht ohne Weiteres durch Anerkennung im Handelsgesetzbuch verallgemeinert werden könnten, daß ein Bedürfniß für eine weitere Anerkennung der Indossabilität sich wenigstens nicht allgemein fühlbar gemacht habe, und daß dieselbe eine unübersehbare Menge von negoziablen Papieren schaffen würde, welche in Folge der materiellen Wirkungen des Indossaments für die Betheiligten großen Nachtheil herbeiführen würde. Prot. S. 4567.

96) Die in diesem Artikel gedachten Bestimmungen der Allg. Deutschen Wechsel-Ordnung lauten wie folgt:

Artikel 11.

Das Indossament muß auf den Wechsel, eine Kopie desselben oder ein mit dem Wechsel oder der Kopie verbundenes Blatt (Alonge) geschrieben werden.

Artikel 12.

Ein Indossament ist gültig, wenn der Indossant auch nur seinen Namen oder seine Firma auf die Rückseite des Wechsels oder der Kopie, oder auf die Alonge schreibt (Blanko-Indossament).

Artikel 13.

Jeder Inhaber eines Wechsels ist befugt, die auf demselben befindlichen Blanko-Indossamente auszufüllen; er kann den Wechsel aber auch ohne diese Ausfüllung weiter indossiren.

Artikel 36.

Der Inhaber eines indossirten Wechsels wird durch eine zusammenhängende,

Artikel 306.[97])

Wenn Waaren oder andere bewegliche Sachen[98]) von einem Kaufmann in dessen Handelsbetriebe veräußert und übergeben worden sind, so erlangt der redliche Erwerber das Eigenthum,[99]) auch wenn der Veräußerer nicht Eigenthümer war. Das früher begründete Eigenthum erlischt. Jedes früher begründete Pfandrecht oder sonstige dingliche Recht erlischt, wenn dasselbe dem Erwerber bei der Veräußerung unbekannt war.

Sind Waaren oder andere bewegliche Sachen von einem Kaufmann in dessen Handelsbetriebe verpfändet und übergeben worden, so kann ein früher begründetes Eigenthum, Pfandrecht oder sonstiges dingliches Recht

---

bis auf ihn hinuntergehende Reihe von Indossamenten als Eigenthümer des Wechsels legitimirt. Das erste Indossament muß demnach mit dem Namen des Remittenten, jedes folgende Indossament mit dem Namen desjenigen unterzeichnet sein, welchen das unmittelbar vorhergehende Indossament als Indossatar benennt. Wenn auf ein Blanko-Indossament ein weiteres Indossament folgt, so wird angenommen, daß der Aussteller des letzteren den Wechsel durch das Blanko-Indossament erworben hat. Ausgestrichene Indossamente werden bei Prüfung der Legitimation als nicht geschrieben angesehen. Die Echtheit der Indossamente zu prüfen, ist der Zahlende nicht verpflichtet.

Artikel 73.

Der Eigenthümer eines abhanden gekommenen Wechsels kann die Amortisation des Wechsels bei dem Gerichte des Zahlungsortes beantragen. Nach Einleitung des Amortisationsverfahrens kann derselbe vom Akzeptanten Zahlung fordern, wenn er bis zur Amortisation des Wechsels Sicherheit bestellt. Ohne eine solche Sicherheitsstellung ist er nur die Deposition der aus dem Akzepte schuldigen Summe bei Gericht oder bei einer andern zur Annahme von Depositen ermächtigten Behörde oder Anstalt zu fordern berechtigt.

Artikel 74.

Der nach den Bestimmungen des Art. 36. legitimirte Besitzer des Wechsels kann nur dann zur Herausgabe desselben angehalten werden, wenn er den Wechsel in bösem Glauben erworben hat oder ihm bei der Erwerbung des Wechsels eine grobe Fahrlässigkeit zur Last fällt.

97) Der Art. 306. ist erst bei der dritten Lesung in das Handelsgesetzbuch aufgenommen worden. Derselbe handelt von den Beschränkungen der Vindikabilität in Betreff von Waaren und anderen beweglichen Sachen, welche im Handelsverkehr erworben sind. Man führte an: das römische Recht mit seinem strengen Vindikationssystem sei da, wo der Handel sich in größeren Verhältnissen entwickelt habe, nicht durchgedrungen, vielmehr hätten die entsprechenden Sätze des germanischen Rechts ihre Geltung behalten. Gemeinsame Bestimmungen seien namentlich auf diesem Gebiete nothwendig, weil das Handelsgut nicht selten von einem Rechtsgebiete in das andere übergehe. Es werde nicht leicht vorkommen, daß ein neuer Erwerber ohne Kunde darüber sei, ob die Sache durch die Hand eines Kaufmanns, der sie veräußert oder verpfändet habe, gegangen sei oder nicht.

98) In Betreff der Verpflichtung des Besitzers zur Herausgabe der an Order lautenden indossabeln Papiere entscheidet nach Art. 305. dieses Gesetzbuchs der Art. 74. der Allgemeinen Deutschen Wechsel-Ordnung.

99) Es ist also nicht blos die Vindikation des früheren Eigenthümers ausgeschlossen, und der neue Erwerber auf die Ersitzung des erworbenen Guts verwiesen, sondern dieser erlangt sofort das Eigenthum. Man machte hierfür geltend:

an den Gegenständen zum Nachtheil des redlichen Pfandnehmers oder dessen Rechtsnachfolger nicht geltend gemacht werden.

Das gesetzliche Pfandrecht des Kommissionairs, Spediteurs und Frachtführers[100]) steht einem durch Vertrag erworbenen Pfandrechte gleich.[101])

Dieser Artikel findet keine Anwendung, wenn die Gegenstände gestohlen oder verloren waren.[102])

Artikel 307.

Die Bestimmungen des vorigen Artikels finden bei Papieren auf Inhaber[103]) auch dann Anwendung, wenn die Veräußerung oder Verpfändung nicht von einem Kaufmann in dessen Handelsbetriebe[104]) geschehen ist, und wenn die Papiere gestohlen oder verloren waren.[105])

Einf.-Ges. Art. 15.[106]) Die Artikel 306. und 307. des Handelsgesetzbuchs finden bei Papieren auf Inhaber, so lange dieselben außer Kurs gesetzt sind, keine Anwendung.

---

es entspreche der wahren Meinung des Verkehrs, daß, wer offenkundig im Marktverkehre um sein Geld kaufe, sicher sein müsse, daß er die erworbene Sache behalten dürfe. Prot. S. 4610.

100) S. die Art. 374. 382. und 409.

101) Eine Anwendung des Grundsatzes: tacitum pignus, quasi convenisset.

102) Diese Ausnahme wurde namentlich mit Rücksicht auf die dem kleineren Handelsverkehr angehörenden Personen (z. B. Trödler) getroffen. Prot. S. 4610.

103) — selbstverständlich, wenn sie nicht außer Kurs gesetzt sind; denn wenn dies nach den Bestimmungen der Landesgesetze ordnungsmäßig geschehen ist, so haben sie ihre Eigenschaft als Inhaberpapiere verloren, bis sie wieder in Kurs gesetzt sind. Der Erwerber eines außer Kurs gesetzten Papiers befindet sich nicht in gutem Glauben. Prot. S. 4612.

104) Es war beantragt, eine allgemeine Bestimmung über die Beschränkung der Vindikabilität von Inhaberpapieren aufzunehmen, und zwar ohne Rücksicht darauf, ob dieselben von einem Kaufmanne oder einem Nichtkaufmanne veräußert worden. Hierfür wurde angeführt, daß eine solche Bestimmung den Kredit der Handelspapiere vermöge der größeren Sicherheit erhöhen, und nicht blos für den Handelsstand ein Privilegium schaffen würde. Dagegen wurde bemerkt: der Antrag greife in das Civilrecht ein, da nicht alle Inhaberpapiere Gegenstand des Handelsverkehrs seien, und überschreite daher die Kompetenz der Versammlung. Der Antrag ist jedoch angenommen worden. Prot. S. 4621. Hieraus ergiebt sich, daß es im Art. 307 statt der Worte: „nicht von einem Kaufmanne in dessen Handelsbetriebe", welche den Schluß zulassen: „aber doch immer nur von einem Kaufmanne" heißen müßte: „von einem Kaufmanne nicht in dessen Handelsbetriebe oder von einem Nichtkaufmanne geschehen ist rc."

105) Zur Rechtfertigung, daß hier abweichend vom Art. 306 die Vindikation von Inhaberpapieren auch dann ausgeschlossen ist, wenn sie gestohlen oder verloren waren, wurde angeführt, daß die Aufstellung einer solchen Ausnahme grade bei solchen Papieren sehr verderblich wirken werde, zumal dieselben lange Jahre hindurch im Verkehr blieben, immer wieder in Umlauf gebracht würden, und nicht wie andere Objekte des Handelsverkehrs zum Verbrauch und Konsum bestimmt seien. Prot. S. 4612.

106) Durch die Außerkurssetzung verliert das Inhaberpapier vorläufig seinen Charakter und ergiebt für Jedermann erkennbar den wirklich berechtigten Gläubiger. Erst wenn es wieder in Kurs gesetzt wird, ist es von Neuem als

Artikel 308.

Durch die beiden vorhergehenden Artikel werden die Landesgesetze nicht berührt, welche für den Besitzer noch günstigere Bestimmungen enthalten.

Artikel 309.[107])

Die zur Bestellung eines Faustpfandes in dem bürgerlichen Rechte vorgeschriebenen Förmlichkeiten sind nicht erforderlich,[108]) wenn unter Kaufleuten für eine Forderung aus beiderseitigen Handelsgeschäften ein Faustpfand an beweglichen Sachen, an Papieren auf Inhaber[109]) oder an Papieren, welche durch Indossament übertragen werden können, bestellt wird.

In diesem Falle genügt[110]) neben der einfachen[111]) Vereinbarung über die Verpfändung:

1) bei beweglichen Sachen und bei Papieren auf Inhaber die Uebertragung des Besitzes auf den Gläubiger, wie solche nach den Bestimmungen des bürgerlichen Rechts für das Faustpfand erfordert wird;
2) bei Papieren, welche durch Indossament übertragen werden können, die Uebergabe des indossirten[112]) Papiers.

Einf.-Ges. (ALR. und AGO.) Art. 27. Die in den bisherigen Gesetzen[113]) den Kaufleuten eingeräumte Befugniß, Waaren oder andere bewegliche

---

Inhaberpapier und als eine Sache zu betrachten, deren redlicher Erwerber im Interesse des Verkehrs gegen die Vindikation des Eigenthümers geschützt werden soll. Die obige Bestimmung ist zwar selbstverständlich, sie ist jedoch zur Vermeidung von Mißverständnissen aufgenommen worden; ihrer Aufnahme in das Handelsgesetzbuch selbst stand schon der Umstand entgegen, daß in manchen deutschen Staaten die Außerkurssetzung der Inhaberpapiere unbekannt ist. Mot. z. Einf.-Ges. S. 34.

107) Die Art. 309. 310. und 311. haben den gemeinschaftlichen Zweck, bezüglich der Bestellung und Realisirung von Pfändern für den Handelsverkehr eine Erleichterung gegenüber den zum Theile mit lästigen Weitläufigkeiten verbundenen Bestimmungen des allgemeinen Civilrechts zu schaffen; sie beschränken sich auf den Verkehr unter Kaufleuten in ihren Handelsgeschäften. Prot. S. 1333.

108) — vergl. §§. 94. 273. ff. Th. I. Tit. 20. ALR.

109) — vergl. §. 286. Th. I. Tit. 20. ALR.

110) — nämlich zur Erwerbung des Pfandrechts; über die Bedingungen der Erhaltung und Fortdauer des Pfandrechts ist hier Nichts gesagt. Andere Arten der Pfandbestellung sind damit nicht ausgeschlossen.

111) — d. h. formlosen, mündlichen Vereinbarung.

112) Zu diesem Alinea war bemerkt worden, daß auch bei indossablen Papieren zur gültigen Pfandbestellung der auf Verpfändung gerichtete Vertrag mit der hinzutretenden Uebergabe genüge, wenngleich bei diesen Papieren die Distraktion erst auf dem Wege einer gerichtlichen Zwangscession zu bewerkstelligen sei; man könne nicht schlechthin im Gesetze ein Indossament fordern, weil dieses weitergehende Rechte, als blos pfandrechtliche Ansprüche gebe. Hiergegen wurde jedoch geltend gemacht, die Indossirung sei in solchen Fällen einmal üblich, und sie gehöre auch zu einer vollständigen Pfandbestellung, weil der Gläubiger ohne Indossament nicht über das Pfandobjekt disponiren könne. Prot. S. 1334.

113) — in den §§. 329—387. Th. I. Tit. 20. ALR. und in einigen provinzialrechtlichen Vorschriften. Mot. z. Einf.-Ges. S. 48.

Sachen ohne körperliche Uebergabe (durch symbolische Uebergabe) mittelst besonderer Förmlichkeiten zu verpfänden oder sich verpfänden zu lassen, steht fortan denjenigen Personen zu, welche nach den Bestimmungen des Handelsgesetzbuchs als Kaufleute anzusehen sind.

Artikel 310.[114])

Ist die Bestellung eines Faustpfandes unter Kaufleuten[115]) für eine Forderung aus beiderseitigen Handelsgeschäften schriftlich erfolgt, so kann[116])

---

114) Das ALR. Th. I. Tit. 20. §§. 25. 197. 198. sieht die Veräußerung des Pfandes behufs der Befriedigung des Gläubigers als eine Exekutionsmaaßregel an und verlangt deshalb, daß ihr stets eine Klage gegen den Schuldner und ein denselben verurtheilendes Erkenntniß vorausgehe. Dies widerspricht dem Bedürfnisse des Handelsverkehrs. Hier ist die Rücksicht auf prompte und schleunige Befriedigung des Gläubigers überwiegend, zumal da bei verpfändeten Waaren und Kreditpapieren jede Verzögerung leicht eine Entwerthung des Pfandes durch Preis- und Kursveränderung nach sich ziehen, und so den Gläubiger erheblich benachtheiligen kann. Es muß deshalb bei kaufmännischen Faustpfändern von den Erfordernissen einer vorgängigen Schuldklage abgesehen werden, vorausgesetzt, daß die Bestellung des Pfandes schriftlich geschehen. Diese Voraussetzung ist nothwendig, weil das Gericht in der Lage sein muß, auf den einseitigen Antrag des Gläubigers die Zulässigkeit der Veräußerung prüfen zu können, und weil durch die Schrift die Verpfändung bestimmter konstatirt wird. Mot. S. 119. Die Artikel 310. und 311. bezeichnen zwei Formen von Faustpfandbestellungen, durch deren Beobachtung der Kaufmann Gelegenheit erhält, in besonders bequemer und rascher Weise sein Pfandrecht geltend zu machen. Die eine Form ist die, daß sich der Kaufmann eine schriftliche Pfandverschreibung geben läßt, die andere die, daß er durch ausdrückliche Bestimmung des Pfandvertrages sich zum Verkaufe des Pfandes ohne gerichtliches Verfahren ermächtigen läßt. Prot. S. 483. Wo diese Formen nicht beobachtet sind, verbleibt es lediglich bei den sonstigen Bestimmungen des Civilrechts. Prot. S. 479.

115) Zur Rechtfertigung dafür, daß der Art. 310. nur bei schriftlichen Pfandbestellungen unter Kaufleuten gelten solle, wurde angeführt: In Preußen bestehe, abgesehen von der rheinischen Gesetzgebung, ein summarisches Verfahren bei Realisirung von Pfändern nur zu Gunsten einzelner öffentlicher Kreditinstitute und der konzessionirten Pfandleiher. Bei Erlassung der betreffenden Bestimmungen sei man davon ausgegangen, daß bei solchen Instituten in hinreichender Weise für schützende Vorschriften im Interesse der Pfandschuldner gesorgt sei. Aehnliches könne man auch da, wo Kaufleute einander gegenüber ständen, mit Rücksicht auf die Buchführung 2c. annehmen, und deshalb die Vergünstigung auch auf diese ausdehnen, aber es lasse sich nicht behaupten, daß bei jedem beliebigen Pfandinhaber dieselben Gründe zuträfen. Wenn man endlich erwäge, welche große Ausdehnung dem gesetzlichen Pfandrechte in dem Handelsgesetzbuche gegeben worden sei, so müsse man auch Anstand nehmen, das im Art. 311. verliehene Recht auf alle gesetzlichen Pfänder auszudehnen, welche gleichfalls durch Urkunden nachgewiesen werden könnten, ohne zugleich vertragsmäßige für die betreffenden Forderungen zu sein. Es erscheine hiernach gerathen, das Recht des Art. 311. auf die unter Kaufleuten vertragsmäßig bestellten Pfänder einzuschränken. Prot. S. 478. Hieraus folgt, daß, wenn das Pfand nur mündlich bestellt ist, der Gläubiger den Schuldner ausklagen, und den Richter sodann um den Verkauf des Pfandes im Wege des Exekutionsverfahrens angehen muß. ibidem.

116) Er kann aber auch das gewöhnliche Verfahren nach den sonstigen Vorschriften des Civilrechts einschlagen.

der Gläubiger, wenn der Schuldner im Verzuge ist, sich aus dem Pfande sofort[117]) bezahlt machen, ohne daß es einer Klage[118]) gegen den Schuldner bedarf.

Der Gläubiger hat die Bewilligung hierzu unter Vorlegung der erforderlichen Bescheinigungsmittel bei dem für ihn zuständigen Handelsgerichte nachzusuchen,[119]) von welchem[120]) hierauf ohne Gehör[121]) des Schuldners und auf Gefahr des Gläubigers der Verkauf[122]) der verpfändeten Gegenstände oder eines Theils derselben verordnet wird.

Von der Bewilligung,[123]) sowie von der Vollziehung[124]) des Verkaufs

---

117) Mit dem Worte „sofort" ist angedeutet, daß die im gemeinen Rechte gesetzte zweijährige Frist nicht abgewartet zu werden braucht. Prot. S. 480.

118 — oder Androhung bedarf. Man nahm an, der Verkauf des Pfandes liege in der Natur des Geschäfts; der Verkäufer wisse von Anfang an, daß es im Falle eines Verzuges zur Veräußerung komme, und habe gerade zu diesem Zwecke das Pfand gegeben. Es bedürfe daher keiner Androhung. Prot. S. 627.

119 — schriftlich oder zu gerichtlichem Protokoll. Prot. S. 479. — Das Gericht wird zu prüfen haben, ob in ausreichender Weise unverdächtige Urkunden über das Vorhandensein und die Fälligkeit der Forderung sowie über das Pfandrecht vorliegen. Prot. S. 475. Wenn die Unterlagen nicht ausreichend erscheinen, so muß der Gläubiger zum Prozesse verwiesen werden. Prot. S. 474.

120) — nämlich dem Handelsgerichte, nicht blos dem Vorsitzenden des Gerichts. Prot. S. 473.

121) Die Zuziehung des Schuldners würde nicht selten mit Schwierigkeiten verbunden sein und zu Verzögerungen und Weitläufigkeiten Veranlassung geben; sie kann auch füglich entbehrt werden, da das Pfand unter gerichtlicher Leitung öffentlich verkauft wird. Mot. S. 120.

122) Der Erlös des Pfandes ist dem Gläubiger herauszugeben, und nicht etwa im gerichtlichen Depositorium aufzubewahren, denn es ist dem Gläubiger das Recht eingeräumt, sich durch den Verkauf bezahlt zu machen; dies zuzulassen ist für unbedenklich angesehen worden, weil ja auch der Schuldner keinen Anstand genommen habe, dem Gläubiger das Aequivalent des Erlöses, das Pfand selbst anzuvertrauen. Prot. S. 475.

123) Die Benachrichtigung des Schuldners von der Bewilligung sowie von der Vollziehung des Verkaufs ist für nöthig erachtet, damit er Gelegenheit erhalte, wegen Einlösung des Pfandes vor dem Verkaufe oder für die Erreichung eines entsprechenden Preises durch Mitbieten rc. die nöthigen Vorkehrungen zu treffen. Jene Benachrichtigung ist dem Gläubiger überlassen, weil es zu großen Weiterungen führen, in einzelnen Fällen sogar diplomatische Vermittelungen erfordern würde, wenn die Benachrichtigung von dem Gerichte ausginge. Prot. S. 480.

124) Der bevorstehenden oder erfolgten? Eben dieser Zweifel sollte durch die Fassung im Sinne der letzteren Alternative dahin entschieden werden, daß auch eine nachträgliche Benachrichtigung genüge. Es wurde beschlossen, daß auch von dem „Erfolge" des Verkaufs Nachricht an den Schuldner, wenn dessen Aufenthalt dem Gläubiger bekannt, abzusenden sei. Bestimmend hierfür war die Absicht, dem Schuldner von dem Schicksale seines Pfandes Kenntniß und Gelegenheit zu geben, über den seine Schuld etwa übersteigenden Mehrerlös zu verfügen rc. Prot. S. 481.

hat der Gläubiger den Schuldner, soweit es thunlich,[125]) sofort zu benachrichtigen; unterläßt er die Anzeige, so ist er zum Schadensersatze verpflichtet. Um den Verkauf zu bewirken, ist der Nachweis der Anzeige nicht erforderlich.[126])

Artikel 311.

Wenn die Bestellung eines Faustpfandes unter Kaufleuten für eine Forderung aus beiderseitigen Handelsgeschäften erfolgt, und schriftlich[127]) vereinbart ist,[128]) daß der Gläubiger ohne gerichtliches Verfahren sich aus dem Pfande befriedigen könne, so darf, wenn der Schuldner im Verzuge ist, der Gläubiger das Pfand öffentlich verkaufen lassen;[129]) er darf in diesem Falle, wenn die verpfändeten Gegenstände einen Börsenpreis oder Marktpreis haben, den Verkauf auch nicht öffentlich durch einen Handelsmäkler oder in Ermangelung eines solchen durch einen zu Versteigerungen befugten Beamten zum laufenden Preise[130]) bewirken.[131]) Von der Voll-

---

125) Mit diesen Worten soll angedeutet werden, daß die Unmöglichkeit der Benachrichtigung (z. B. wegen Entfernung des Schuldners oder Unbekanntschaft mit seinem Aufenthalte) gleichwohl den Verkauf nicht hindern könne. ibidem.

126) Es wurde ausdrücklich von der Konferenz anerkannt: daß das Gericht bei Ansetzung des Verkaufstermins weder auf die Absendung einer Mittheilung des Gläubigers an den Schuldner, noch auf den Nachweis ihres Eintreffens Rücksicht zu nehmen habe. Prot. S. 482.

127) Einer schriftlichen Errichtung des Pfandvertrages bedarf es zur Anwendung dieses Artikels nicht, aber die Vereinbarung über den außergerichtlichen Verkauf des Pfandes muß jedenfalls schriftlich — z. B. durch Korrespondenz der Betheiligten — zu Stande gekommen sein. Prot. S. 1338.

128) Der Antrag, in einem Zusatze zu Art. 310. (Art. 234. Pr. Entw.) die vertragsmäßige Vereinbarung über die Pfandveräußerung völlig freizugeben, ist zwar abgelehnt, jedoch mehrseitig bemerkt worden, daß hierdurch nichts weiter ausgesprochen sein solle, als daß die Frage als eine offene zu betrachten sei. Prot. S. 493.

129) Er kann auch in Gemäßheit des Art. 310. den gerichtlichen Verkauf beantragen, weil dies ein Minus gegenüber dem außergerichtlichen Verkaufe ist. Dies wurde als selbstverständlich angesehen. Prot. S. 493. — In denjenigen Fällen, in welchen eine Uebervortheilung des Schuldners nicht zu befürchten ist, verdient der außergerichtliche Pfandverkauf wegen der damit verbundenen Zeit- und Kostenersparniß im Interesse beider Theile begünstigt zu werden. Die §§. 29. ff. Th. I. Tit. 20. ALR. sind deshalb mit Rücksicht auf die Bedürfnisse des Handelsverkehrs abgeändert. Mot. S. 120. — Die Erledigung der Frage über den Ort der Veräußerung, wenn das Pfand an einem anderen Orte als an dem Wohnsitze des Gläubigers sich befindet, so wie über den Ort, nach welchem sich der Tageskurs richten soll, wenn am Orte des Gläubigers ein Börsenkurs oder amtlich festgestellter Marktpreis des Pfandes nicht zu ermitteln, ist der Praxis überlassen worden; doch war die Mehrheit in der Konferenz der Ansicht, daß in ersterer Beziehung der Lagerungsort, in letzterer Beziehung der nächstgelegene Handelsplatz entscheiden solle. Prot. S. 492.

130) — d. h. dem Kurse, dem Tagespreise.

131) — auch das Pfand zum Tagespreise behalten (vergl. Mot. S. 120). Dies ist zwar als zulässig anerkannt, weil die Person des Käufers für das Interesse des Schuldners hier gleichgültig ist, jedoch die ausdrückliche Aufnahme einer

ziehung des Verkaufs hat der Gläubiger den Schuldner, soweit es thunlich, sofort zu benachrichtigen; bei Unterlassung der Anzeige ist er zum Schadensersatze verpflichtet.

Artikel 312.

Durch die vorhergehenden Artikel werden die den öffentlichen Pfandanstalten, Kreditinstituten oder Banken durch Gesetze, Verordnungen oder Statuten verliehenen besonderen Rechte in Betreff der Bestellung oder Veräußerung von Pfändern nicht berührt.[132])

Ingleichen ist durch die vorhergehenden Artikel nicht ausgeschlossen, daß die Bestellung oder Veräußerung von Faustpfändern unter Kaufleuten für Forderungen aus Handelsgeschäften rechtsgültig geschehen kann, wenn dabei die in den einzelnen Staaten für die Bestellung oder Veräußerung von Faustpfändern geltenden Bestimmungen beobachtet werden.[133])

Artikel 313.[134])

Ein Kaufmann hat wegen der fälligen Forderungen, welche ihm gegen

---

entsprechenden Bestimmung in das Gesetz nicht beliebt worden, weil in der Art und Weise, wie solche Geschäfte in der Praxis erledigt würden, gewissermaaßen auch ein Verkauf an den Pfandgläubiger liege, da einer allgemeinen Uebung zufolge der Pfandgläubiger, auch wenn er das Pfand übernehme, einen Makler zuziehe und sich von diesem eine Uebernahmsurkunde ausstellen lasse. Prot. S. 485.

132) Den privilegirten Pfandleihern (Deklaration vom 4. April 1803, Rabe Bd. VII. S. 417) und einigen öffentlichen Instituten, namentlich der Bank und der Seehandlung, sowie der ritterschaftlichen Privatbank in Pommern ist durch besondere Bestimmungen (vergl. Reskript vom 23. Januar 1801; Bank-Ordnung vom 5. Oktober 1846 §. 117.; Allerhöchste Kabinets-Ordres vom 20. Mai 1826, 31. Januar 1827; Statut vom 23. Januar 1833 §. 30; Ges.-Samml. 1826 S. 44, 1827 S. 24, 1833 S. 10) das Recht eingeräumt worden, ohne vorherigen Prozeß zur Veräußerung des Pfandes schreiten zu dürfen. Mot. S. 119.

133) Der Absatz 2 des Art. 312. hat den Zweck, diejenigen Vorschriften, welche in manchen Civilgesetzgebungen über die Bestellung oder die Veräußerung von Faustpfändern unter Kaufleuten bestehen und größere Erleichterungen als die beiden vorhergehenden Artikel bieten, zu konserviren. Dem Gläubiger bleibt es anheimgegeben, zwischen dem System des Handelsgesetzbuchs und dem des betreffenden allgemeinen Civilrechts zu wählen, je nachdem ihm das eine oder das andere mehr Erleichterungen in Betreff der Bestellung oder der Veräußerung von Faustpfändern zu bieten scheint. Prot. S. 1420.

134) Zur Rechtfertigung dieser Bestimmung, welche vielfachen Widerspruch fand, wurde unter Anderem angeführt: Man halte sich berechtigt, Kredit zu geben, wenn man nur Eigenthum des Kreditsuchenden in Gewahrsam habe, an das man sich zu seiner Deckung halten könne; man halte es aber oft für undelikat, ausdrücklich Pfänder anzubieten oder zu verlangen. Der Handelsverkehr mache die Aufstellung einer solchen Präsumtion für die Pfandbestellung nothwendig. Prot. S. 454. Ein Mitglied der Konferenz wollte den Grund der obigen Bestimmung nicht in der Vermuthung einer Pfandbestellung, sondern in der Uebertragung des Instituts der Kompensation von Geld auf Sachen, die man sich als Geldeswerth vorstelle, finden. Prot. S. 467. Nachdem ursprünglich beabsichtigt war, ein

einen anderen Kaufmann[135]) aus den zwischen ihnen[136]) geschlossenen beiderseitigen Handelsgeschäften[137]) zustehen, ein Zurückbehaltungsrecht (Retentionsrecht) an allen beweglichen Sachen und Werthpapieren des Schuldners, welche mit dessen Willen[138]) auf Grund von Handelsgeschäften in seinen Besitz gekommen sind, sofern er dieselben noch in seinem Gewahrsam hat oder sonst, insbesondere vermittelst Konnossemente, Ladescheine oder Lagerscheine, noch in der Lage ist, darüber zu verfügen.

Dieses Recht tritt jedoch nicht ein, wenn die Zurückbehaltung der Gegenstände der von dem Schuldner vor oder bei der Uebergabe ertheilten Vorschrift[139]) oder der von dem Gläubiger übernommenen Verpflichtung,

---

Pfandrecht im Falle dieses Artikels einzuräumen, ist schließlich die Einräumung eines Retentionsrechts für genügend angesehen worden. Prot. S. 1348, 1352, jedoch mit gewissen Wirkungen des Pfandrechts. cfr. Art. 315.

135) Nur zwischen Kaufleuten ist das im Art. 313. erwähnte Retentionsrecht zugestanden worden, weil nur in so weit ein Bedürfniß vorhanden sei. Prot. S. 1350. Vergl. die abweichende Bestimmung des §. 171. Th. I. Tit. 20. ALR.

136) Hiedurch sind in der Regel solche Forderungen ausgeschlossen, welche der Detentor der Waare durch Cession oder Giro erworben hat. Man bemerkte: es liege kein Grund zu der Annahme vor, daß der Schuldner auch für diese stillschweigend habe Pfand bestellen wollen; die Gewährung eines Pfandrechts auch für solche Forderungen würde zur Plünderung der Konkursmassen führen, denn der Schuldner könnte einzelne Gläubiger beliebig decken und einzelne Gläubiger, welche Vermögensstücke des Schuldners in Händen haben, könnten sich die ungesicherten Forderungen ihrer Freunde cediren lassen. Prot. S. 455. Schon nach gemeinem Recht finde das Retentionsrecht, welches ein Gläubiger am Pfande bezüglich aller seiner Forderungen gegenüber dem Verpfänder habe, auf cedirte Forderungen keine Anwendung. Prot. S. 462. — Es ist jedoch das Retentionsrecht für die cedirten Forderungen nicht in allen Fällen ausgeschlossen, vielmehr gilt es dann, wenn das Geschäft, durch welches der Gläubiger die Forderung gegen den Schuldner erwirbt, auf Seiten Beider ein unter ihnen geschlossenes Handelsgeschäft darstellt. Hieher gehört z. B. der Fall, wenn die Veranlassung zum Erwerbe der cedirten Forderung ein zwischen dem Cessionar und dem debitor cessus abgeschlossenes Handelsgeschäft ist. Prot. S. 1341. 1351. 1422.

137) Nur für die Forderungen aus Handelsgeschäften ist das Pfandrecht zugestanden, und zwar nur für solche Sachen welche wiederum auf Grund von Handelsgeschäften in den Besitz des Gläubigers gelangt sind. Man nahm an, daß wenn man im Handel, um nicht die herkömmlichen Rücksichten zu verletzen, oft Anstand nehmen müsse, ausdrücklich Pfandbestellung zu verlangen oder auch nur anzubieten, diese Rücksicht doch eben nur im Handel maßgebend sein, und die Vermuthung der stillschweigenden Pfandbestellung nur bezüglich solcher Objekte, welche durch Handelsgeschäfte in den Besitz des Kaufmanns gekommen sind, begründen könne.

138) Die Präsumtion der freiwilligen Pfandbestellung konnte eben nur für solche Sachen angenommen werden. welche mit Willen des Schuldners in den Besitz des Gläubigers gelangt sind. Prot. S. 461. Ob er den Akt der Besitzergreifung gewußt hat, ist gleichgültig. Prot. S. 468. und 1349.

139) In der Annahme der Güter, mit einer vor oder bei deren Uebergabe ertheilten bestimmten Vorschrift liegt auch die Uebernahme der Verpflichtung, gemäß dieser Vorschrift zu verfahren. Prot. S. 4577. Spätere einseitige Vorschriften

in einer bestimmten Weise mit den Gegenständen zu verfahren, widerstreiten würde.[140])

Artikel 314.

Das in dem vorhergehenden Artikel bezeichnete Zurückbehaltungsrecht besteht unter den dort angegebenen Voraussetzungen selbst wegen der nicht fälligen Forderungen:

1) wenn über das Vermögen des Schuldners der Konkurs eröffnet worden ist, oder der Schuldner auch nur seine Zahlungen eingestellt hat;

2) wenn eine Exekution in das Vermögen des Schuldners fruchtlos vollstreckt oder wider denselben wegen Nichterfüllung einer Zahlungsverbindlichkeit die Vollstreckung des Personalarrestes erwirkt worden ist.

In diesen Fällen steht auch die Vorschrift des Schuldners oder die Uebernahme der Verpflichtung, in einer bestimmten Weise mit den Gegenständen zu verfahren, dem Zurückbehaltungsrecht nicht entgegen, sofern die vorstehend unter 1. und 2. bezeichneten Umstände erst nach Uebergabe der Gegenstände oder nach Uebernahme der Verpflichtung eingetreten oder dem Gläubiger bekannt geworden sind.

Artikel 315.[141])

Der Gläubiger, welchem das Zurückbehaltungsrecht nach den Artikeln 313. oder 314. zusteht, ist verpflichtet, von der Ausübung desselben den Schuldner ohne Verzug zu benachrichtigen. Er ist befugt, wenn ihn dieser nicht rechtzeitig in anderer Weise sichert, im Wege der Klage bei dem für ihn selbst zuständigen Gerichte gegen den Schuldner den Verkauf der Gegenstände zu beantragen; er kann sich aus dem Erlöse vor den anderen Gläubigern des Schuldners befriedigen. Der Gläubiger hat diese Rechte auch gegenüber der Konkursmasse des Schuldners.

Einf.-Ges. (ALR. und AGO.) Art. 30.[142]) Das nach Artikel 313. bis 315. des Handelsgesetzbuchs begründete Zurückbehaltungsrecht kann im Konkurse über das Vermögen des Schuldners von der Gläubigerschaft unter den Vor-

---

des Uebergebenden können selbstverständlich dem Zurückbehaltungsrechte des Empfängers keinen Eintrag thun.

140) — denn in diesem Falle ergiebt sich aus der Sache selbst, daß ein Pfand nicht habe eingeräumt werden sollen. Eine stillschweigende Abrede der Parteien auf Ausschluß des Pfandrechts hat diesen Ausschluß wie eine ausdrückliche Abrede zur Folge. Prot. S. 468.

141) Diese Vorschrift ist bestimmt, der Chikane möglichst vorzubeugen, und den Schuldner von unübersehbarem Schaden zu schützen. Prot. S. 1348. Die Nothwendigkeit einer förmlichen Klage hat ihren Grund in der hohen Bedeutung des Rechts, welches dem Gläubiger im Art. 313. verliehen ist und welches mindestens die gehörige Feststellung der Existenz und Fälligkeit der klägerischen Forderung voraussetzt; doch ist dem Gläubiger der Vortheil eingeräumt, in seinem eigenen Forum klagen zu dürfen. Prot. S. 1348.

142) Dieser Zusatzartikel dehnt das Anfechtungsrecht der Konkursgläubigerschaft auch auf dasjenige Zurückbehaltungsrecht aus, welches gegen die bisherigen

aussetzungen und nach Maaßgabe der Vorschriften der §§. 100. und 101. Ziffer 1. der Konkurs-Ordnung vom 8. Mai 1855 angefochten werden; die Ueberlassung des Besitzes der Sache oder des Werthpapiers, durch welche das Zurückbehaltungsrecht begründet wird, steht hierbei der Bestellung eines Pfandes gleich.

Artikel 316.

Die in den Artikeln 313. bis 315. dem Gläubiger gegebenen Rechte treten nicht ein, soweit die Parteien dies besonders vereinbart haben.

Einf.-Ges. (Köln). Art. 44. Die in den Artikeln 2074. und 2075. des Civilgesetzbuchs vorgeschriebene Einregistrirung der Urkunde über die Pfandbestellung ist in Handelssachen nicht erforderlich.

Im Uebrigen kommen die Bestimmungen des Civilgesetzbuchs über das Faustpfand auch in Handelssachen zur Anwendung, soweit die Artikel 309. bis 316. des Handelsgesetzbuchs nicht ein Anderes bestimmen.

Art. 46.[143]) Gegen den Gläubiger, welcher den Besitz einer Sache oder eines Werthpapiers des Schuldners in einer das Zurückbehaltungsrecht der Artikel 313. und 314. des Handelsgesetzbuchs begründenden Weise erst seit dem Tage der Zahlungseinstellung oder innerhalb der nächst vorhergegangenen zehn Tage erlangt hat, sind die Vorschriften der Artikel 444. und 445. des Gesetzes wegen Abänderung einiger Bestimmungen des Rheinischen Handelsgesetzbuchs vom 9. Mai 1849 in gleicher Weise anzuwenden, wie wenn ihm ein Faustpfand bestellt worden wäre.

Dritter Abschnitt.

Abschließung der Handelsgeschäfte.

Artikel 317.

Bei Handelsgeschäften [1]) ist die Gültigkeit der Verträge durch schriftliche Abfassung oder andere Förmlichkeiten nicht bedingt. [2])

Ausnahmen von dieser Regel finden nur insoweit statt, als sie in diesem Gesetzbuche enthalten sind.

Vorschriften des Pr. Rechts (§. 566. Thl. I. Tit. 20. ALR.) den Kaufleuten für ihre nicht konnexe Forderungen gewährt, auch gegenüber der Konkursmasse des Schuldners für wirksam erklärt ist (Art. 313. 315. Handelsgesetzbuch), und nur durch den Willen des Schuldners entstehen kann. Diese Ausdehnung war nothwendig, um die Vereitelung der Anfechtungsgrundsätze in den §§. 100. und 101. Nr. 1. der Konkurs-Ordnung zu verhindern. Mot. z. Einf.-Ges. S. 50.

143) Der Zusatzartikel 46. bezweckt für das Gebiet des rheinischen Rechts dasselbe, wie der Art. 30. für das Gebiet des Landrechts und der Allgemeinen Gerichts-Ordnung, nämlich die Ausdehnung der geltenden Anfechtungsgründe für ein bestelltes Faustpfand auf das im Handelsgesetzbuche Art. 313—315. eingeräumte Retentionsrecht. Mot. z. Einf.-Ges. S. 58.

1) — also auch bei den mit einem Handelsgeschäft in Zusammenhang stehenden und dazu gehörigen präparatorischen Rechtsgeschäften, z. B. Vollmachten zur Abschließung von Handelsgeschäften. Prot. S. 1359.

2) Schon das Allgemeine Landrecht hat für den Handelsverkehr die Vorschrift, daß Verträge über 50 Thlr. schriftlich sein müssen, (Thl. I. Tit. 5. §§. 131. ff.) gemildert, indem es mit den Vermerken in den Handelsbüchern

Artikel 318.

Ueber einen Antrag unter Gegenwärtigen [3]) zur Abschließung eines Handelsgeschäfts muß die Erklärung sogleich abgegeben werden, widrigenfalls der Antragende an seinen Antrag nicht länger gebunden ist.

Artikel 319.

Bei einem unter Abwesenden gestellten Antrage bleibt der Antragende bis zu dem Zeitpunkte gebunden, [4]) in welchem er bei ordnungsmäßiger [5])

Kaufleuten und Nichtkaufleuten gegenüber die formelle Wirkung eines schriftlichen Vertrages verbindet (Th. II. Tit. 8. §. 597.), und in einigen anderen Beziehungen mündlichen Erklärungen unter Kaufleuten bindende Kraft beilegt (§§. 507. 710. l. c.). Das Handelsgesetzbuch enthält nur eine Fortbildung dieser Scheidung zwischen den Formvorschriften für das Civilrecht und das Handelsrecht, welche freilich zu Inkonvenienzen führen kann. Komm.ber. d. H. H. S. 8. Das Erforderniß der schriftlichen Form der Verträge mußte jedoch trotzdem für den Handelsverkehr fallen gelassen werden, weil dasselbe mit der Beweglichkeit des Handels unvereinbar ist und es nothwendig erschien, sich mit dem gemeinen Rechte, welches die schriftliche Abfassung nicht erfordert, in Einklang zu setzen. Mot. S. 121.

3) Der Artikel 318. handelt nur von dem, einem andern Kontrahenten in Person (nicht etwa durch Vermittlung eines Dritten z. B. eines Mäklers) gemachten Antrage, und die Fassung soll die Annahme ausschließen, als sollten diejenigen Kontrahenten, welche an einem und demselben Orte wohnen, sich aber nicht persönlich besprächen, nicht zu den Abwesenden gezählt werden. Prot. S. 566. Darüber war kein Zweifel, daß man vertraglich auch für Annahme einer Offerte unter Gegenwärtigen eine Frist offen erhalten könne. Prot. S. 565.

4) — es wäre denn, daß gleichzeitig mit der Offerte ein ausdrücklicher Vorbehalt (z. B. freibleibend, ohne Verbindlichkeit) dahin gemacht wäre, daß der Offerent auch bis zum Eingange der Antwort nicht gebunden sein, und sich die Verfügung über die Waare frei halten wolle. Prot. S. 571. Ist dem Antrage eine Erklärungsfrist beigefügt, so bleibt der Antragende bis zum Ablauf der Frist daran gebunden. Gegen die Richtigkeit dieses Satzes wurde in der Konferenz kein Widerspruch erhoben, und zu seiner Rechtfertigung geltend gemacht: Wenn es auch in Betreff einer einem mündlichen Antrage beigefügten Erklärungsfrist meist unzweifelhaft erscheine, daß der Antragende bis zum Ablauf derselben gebunden sei, indem hier eine Acceptation dieser Fristbewilligung anzunehmen sei, so sei eine solche Annahme bei einem schriftlichen Antrage keineswegs gerechtfertigt; nach gemeinem Rechte könne vielmehr eine schriftliche Offerte mit beigefügter Erklärungsfrist wie jede andere Offerte vor erfolgter Annahme jederzeit zurückgenommen werden. Nun habe man aber die Unwiderruflichkeit einer ohne hinzugefügte Erklärungsfrist gemachten Offerte bis zu einem bestimmten Zeitpunkt festgestellt, mit anderen Worten, man habe eine gesetzliche Frist aufgestellt, bis zu deren Ablauf der Offerent gebunden bleibe. Es sei hiedurch auch anerkannt, daß wenn eine Erklärungsfrist von dem Offerenten hinzugefügt sei, er bis zum Ablauf derselben gebunden bleibe, denn was von einer gesetzlichen d. h. einer als stillschweigend festgesetzt angenommenen Frist gelte, müsse auch von einer ausdrücklich hinzugefügten gelten.

Die ausdrückliche Aufnahme des obigen Rechtssatzes in das Gesetzbuch wurde indeß von der Konferenz abgelehnt. Prot. S. 573.

5) Die Mehrzahl in der Versammlung sprach sich dafür aus: daß der Telegraph noch als ein außerordentliches Korrespondenzmittel anzusehen, und somi

rechtzeitiger Absendung der Antwort [6]) den Eingang [7]) der letzteren erwarten darf. Bei der Berechnung dieses Zeitpunktes darf der Antragende von der Voraussetzung ausgehen, daß sein Antrag rechtzeitig angekommen sei.

Trifft die rechtzeitig abgesandte Annahme erst nach [8]) diesem Zeitpunkte ein, so besteht der Vertrag nicht, wenn der Antragende in der Zwischenzeit [9]) oder ohne Verzug nach dem Eintreffen der Annahme von seinem Rücktritt Nachricht gegeben hat.

Artikel 320.

Geht der Widerruf eines Antrages dem anderen Theile früher als

---

auf ihn bei Entscheidung der Frage, ob die Absendung einer Antwort rechtzeitig und ordnungsmäßig erfolgt sei, keine Rücksicht genommen werden könne, sofern der Offerirende sich nicht selbst des Telegraphen bedient und dessen Benutzung verlangt habe. Prot. S. 568.

6) Zur Begründung dieser Bestimmung wurde vorgebracht: Mit dieser Fassung solle angedeutet werden, daß die Antwort des Acceptanten so schnell als bei einem ordentlichen Geschäftsgange möglich und unter Benutzung des entsprechenden Korrespondenzmittels zu erfolgen habe, daß ferner der Antragende bis zum Ablauf der hiezu erforderlichen Zeit gebunden sei, die Entscheidung darüber aber, ob in dem einzelnen Falle diesen Erfordernissen genügt worden, dem richterlichen Ermessen anheim zu geben sei. Der Offerirende solle jedoch seiner Verbindlichkeit nicht schon dann entledigt werden, wenn grade nach den bestehenden Einrichtungen die Antwort hätte eintreffen sollen, sondern erst dann, wenn er mit Rücksicht auf die ihm bekannten konkreten Verhältnisse annehmen konnte, daß die Antwort wenn sie rechtzeitig abgegeben worden wäre, wirklich hätte eintreffen können. Wenn der Offerirende z. B. Kenntniß davon habe, daß die Post die seine Offerte beförderte, oder diejenige, welche die Antwort überbringen sollte, durch Elementar-Ereignisse aufgehalten worden, so dürfe er nicht die Zeit für maaßgebend halten, in welcher bei regelmäßigem Postenlaufe die Antwort hätte eintreffen können, sondern diejenige, in welcher dies mit Berücksichtigung der stattgehabten Verzögerungen der Fall sei. Der Ausdruck „ordnungsmäßig" beziehe sich dabei mehr auf die Wahl des Korrespondenzmittels, der Ausdruck „rechtzeitig" mehr auf das Verhältniß zu der Zeit der Absendung der Offerte (worüber der Empfänger durch den Poststempel sich Aufklärung verschaffen könne) als auf die der Ankunft bei dem Annehmenden. — Hiegegen wurde bemerkt: Die getroffene Bestimmung gebe eigentlich keine Entscheidung an die Hand und lasse die Fragen offen, wann der Acceptirende die Annahme erklären, und welchen Weg er wählen müsse. Prot. S. 568.

7) Daß es dem Offerenten frei stehe zu bezeichnen, auf welchem Wege er die Antwort haben wolle; z. B. durch Brief oder durch den Telegraphen, wurde nicht bezweifelt. Prot. S. 572.

8) Zwar wurde bemerkt, es sei ungerechtfertigt, dem Offerenten die Pflicht eines nochmaligen Schreibens auf eine verspätete Annahme aufzulegen, hiergegen jedoch angeführt, die Billigkeit verlange es, daß der Annehmende von einer, z. B. durch Verpacken in ein unrichtiges Briefpacket entstandenen Verzögerung der Ankunft seiner rechtzeitig erfolgten und abgesandten Annahme in Kenntniß gesetzt werde. Prot. S. 573.

9) — nämlich in der Zeit, welche zwischen dem im vorigen Absatze für ein rechtzeitiges Eintreffen der Annahme gesetzten Schlußtermine und deren wirklichem Eintreffen liegt. Prot. S. 573.

der Antrag, oder zu gleicher Zeit mit demselben zu, so ist der Antrag für nicht geschehen zu erachten.

Ebenso ist die Annahme für nicht geschehen zu erachten, wenn der Widerruf noch vor der Erklärung der Annahme oder zu gleicher Zeit mit derselben bei dem Antragsteller eingegangen ist.[10])

Artikel 321.[11])

Ist ein unter Abwesenden verhandelter Vertrag zu Stande gekommen, so gilt der Zeitpunkt, in welchem die Erklärung der Annahme Behufs der Absendung abgegeben ist,[12]) als der Zeitpunkt des Abschlusses des Vertrages.

---

10) Für die Streichung dieses Satzes wurde geltend gemacht: Wenn einmal die Annahme ernstlich beschlossen und durch Absendung eines Briefes kund gegeben sei, dann sei der Vertrag perfekt und deshalb unwiderruflich. Das Eintreffen des Briefes bei dem Offerenten sei Nichts weiter, als die Notifikation dieser Perfektion, welche schon durch Aufgabe des Briefes bei der Post (dem Boten des Antragenden) eingetreten sei. Es erscheine auch billig, dies anzunehmen, weil sonst der Antragende leicht durch Machinationen des Annehmenden beschädigt werden könne. — Von anderer Seite wurde jedoch bemerkt: Was für den Antragenden Recht sei, sei für den Annehmenden billig; dem Letzteren sei schon die Gefahr des Annahmeschreibens aufgebürdet worden, man könne ihm deshalb nicht den Vortheil des Widerrufs entziehen. Prot. S. 575. — Es wurde gefragt, ob es nicht rathsam sei, auch in Betreff des Widerrufs einer Ablehnung dasselbe zu bestimmen, was der Artikel 320 enthalte, hierauf jedoch entgegnet: Dasjenige, was eine solche Bestimmung bezwecke, ergebe sich von selbst, denn eine Ablehnung begründe kein Rechtsgeschäft; eine vor dem Anlangen der Ablehnung oder doch gleichzeitig mit ihr eintreffende, wenn nur rechtzeitige Annahme, müsse also wohl ihre Wirkung haben. ibidem.

11) Man nahm an, daß schon die objektive Uebereinstimmung der Parteien zur Perfektion des Vertrages genüge, wenn auch diese Uebereinstimmung noch nicht zur Kenntniß des Anbietenden gelangt sei. Das innere Verhältniß der Art. 321 zu den vorhergehenden wurde dahin aufgefaßt: Der Art. 321 stelle die Regel auf daß ein Vertrag perfekt sei, sobald die Annahmeerklärung abgesandt worden ist; aus Zweckmäßigkeits-Rücksichten bestimmten jedoch die Art. 319 und 320 für zwei Fälle, daß fingirt werden solle, die wirklich geschehene Absendung sei nicht geschehen, nämlich a, wenn ein Widerruf früher anlange, als die Annahme oder gleichzeitig mit derselben und b, wenn die Annahme innerhalb der Verpflichtungszeit des Offerenten nicht angekommen und dieser zurückgetreten sei. Prot. S. 578. Der Pr. Entwurf hatte hinzugefügt, daß der Vertrag als an dem Orte abgeschlossen anzusehen sei, an welchem die Erklärung der Annahme abgesandt worden ist. Es wurde jedoch beschlossen, diese Frage offen zu lassen. Prot. S. 576.

12) Vergl. die §§. 80 und 102. Th. I. Tit. 5. ALR. — Der Ausdruck: „Behufs der Annahme abgegeben ist," soll zu Gunsten der ersteren Alternative den Streit beseitigen, welcher darüber möglich ist, ob schon die Abgabe des Briefes zur Post, oder erst die wirkliche Absendung desselben durch die letztere über den Moment entscheidet, in welchem der Vertrag als abgeschlossen anzusehen ist. Prot. S. 579. Unter dem „Abgeben" der Erklärung ist hier nicht das bloße Erklären ohne Abgabe, sondern das körperliche Uebergeben der Erklärung an die Post, den Boten rc. zur Weiterbeförderung, zu verstehen. Prot. 1362.

Artikel 322.

Eine Annahme unter Bedingungen oder Einschränkungen gilt als Ablehnung des Antrages verbunden mit einem neuen Antrage.[13])

Artikel 323.

Wenn zwischen dem Kaufmann, welchem ein Auftrag gegeben wird, und dem Auftraggeber eine Geschäftsverbindung besteht, oder sich derselbe gegen letzteren zur Ausrichtung solcher Aufträge erboten hat,[14]) so ist er zu einer Antwort ohne Zögern[15]) verpflichtet, widrigenfalls sein Schweigen[16]) als Uebernahme des Auftrages gilt.

Auch wenn derselbe den Auftrag ablehnt, ist er schuldig, die mit dem Auftrage etwa übersandten Waaren oder anderen Gegenstände[17]) auf Kosten des Auftraggebers, soweit er für diese Kosten gedeckt ist, und soweit es ohne seinen Nachtheil geschehen kann,[18]) einstweilen vor Schaden zu bewahren.[19])

Das Handelsgericht kann auf seinen Antrag verordnen, daß das Gut

---

13) Vergl. die §§. 84. 85. Th. I. Tit. 5. ALR.

14) — „oder wenn derselbe aus der Ausrichtung solcher Aufträge ein Gewerbe macht" hatte der Pr. Entwurf (Art. 240.) mit Rücksicht auf §. 15. Th. I. Tit. 13. ALR. hinzugefügt. Dieser Zusatz ist jedoch gestrichen worden, weil man einem Kaufmanne nicht zumuthen könne, daß er die von ganz unbekannten Personen eingehenden bedenklichen Aufträge ohne alle Deckung vollführe, oder für den aus der Nichterfüllung entstandenen Schaden einstehe, wenn er sie nicht sofort abgelehnt habe. Prot. S. 581. Im übrigen enthält dieser Artikel eine Erweiterung der bereits in den §§. 7. 11. 15—17. Th. I. Tit. 13. des ALR. anerkannten Grundsätze.

15) Man hielt es für selbstverständlich, daß unverschuldete Verzögerungen einer Antwort dem Adressaten nicht ohne Weiteres zum Schaden gereichen könnten. Prot. S. 1363.

16) Der Artikel betrifft diejenigen Fälle, in denen der Antragsteller der Natur der Sache nach eine ausdrückliche Annahme-Erklärung gar nicht erwartet.

17) Der 2. Absatz des Art. 323. enthält nur die einzelne Anwendung des Prinzips, daß die Ablehnung nicht intempestive erfolgen darf, daß also namentlich bei Gefahr im Verzuge der Beauftragte, soweit die Gefahr reicht und es ohne seinen Nachtheil geschehen kann, den Auftrag ausführen muß. Ein anderes Verfahren würde, zumal im Falle eines vorausgegangenen Anerbietens den Anforderungen der bona fides widersprechen. Die Erwähnung der Fürsorge für übersandte Waaren und Gegenstände ist nur eine Detailbestimmung, durch welche keine anderweitige Anwendung desselben Prinzips ausgeschlossen wird. Man hielt es jedoch, zumal zwei verschiedene Fälle (Geschäfsverbindung und Offerte zur Ausrichtung von Aufträgen) im ersten Absatze des Artikels erwähnt sind, für unmöglich das Prinzip zu formuliren, ohne dem Beauftragten eine ganz unbillige Verantwortlichkeit aufzubürden. Prot. S. 4579.

18) — d. h. so weit er auch für die anderen dabei unterlaufenden Kosten, (z. B. Fracht, Zölle und sonstige Auslagen) Deckung seines Vorschusses hat, worunter jedoch nicht blos baare Deckung, sondern auch eine, in der Waare liegende Deckung verstanden ist. Prot. S. 583.

19) Es wurde für selbstverständlich angesehen, daß der Adressat die Waaren

in einem öffentlichen Lagerhause oder bei einem Dritten so lange niedergelegt wird, bis der Eigenthümer anderweitige Vorkehrung trifft.

Vierter Abschnitt.

Erfüllung der Handelsgeschäfte.

Artikel 324.

Die Erfüllung des Handelsgeschäfts muß an dem Orte geschehen, welcher im Vertrage bestimmt oder nach der Natur des Geschäfts oder der Absicht der Kontrahenten[20]) als Ort der Erfüllung anzusehen ist.[21])

Fehlt es an diesen Voraussetzungen, so hat der Verpflichtete an dem Orte zu erfüllen, an welchem er zur Zeit des Vertragsabschlusses seine Handelsniederlassung oder in deren Ermangelung seinen Wohnort hatte.[22]) Wenn jedoch eine bestimmte Sache übergeben werden soll, welche sich zur Zeit des Vertragsabschlusses mit Wissen der Kontrahenten an einem anderen Orte befand, so geschieht die Uebergabe an diesem Orte.

Artikel 325.

Bei Geldzahlungen, mit Ausnahme der Auszahlung von indossabelen oder auf Inhaber lautenden Papieren, ist der Schuldner verpflichtet, wenn nicht ein Anderes aus dem Vertrage oder aus der Natur des Geschäfts oder der Absicht der Kontrahenten hervorgeht, auf seine Gefahr und Kosten die Zahlung dem Gläubiger an den Ort zu übermachen, an welchem der letztere zur Zeit der Entstehung der Forderung seine Handelsniederlassung oder in deren Ermangelung seinen Wohnort hatte.

Durch diese Bestimmung wird jedoch der gesetzliche Erfüllungsort des Schuldners (Artikel 324.) in Betreff des Gerichtsstandes oder in sonstiger Beziehung nicht geändert.

Artikel 326.

Wenn die Zeit der Erfüllung einer Verbindlichkeit in dem Vertrage nicht bestimmt ist, so kann die Erfüllung zu jeder Zeit gefordert und geleistet werden, sofern nicht nach den Umständen oder nach dem Handelsgebrauche etwas Anderes anzunehmen ist.[23])

---

wenn auch nicht in sein Lager aufzunehmen, so doch in so weit entgegen zu nehmen habe, als zur Ausführung der ihm auferlegten Verpflichtungen nothwendig ist. Prot. S. 583.

20) Vergl. Abs. 2. des Art. 345.

21) Hierdurch sind die Bestimmungen §. 27. Tit. 16. §§. 248. ff. Tit. 5. §§. 769. ff. Tit. 11. ALR. für den Handelsverkehr abgeändert.

22) Das Bedenken, daß die Bestimmungen dieses Satzes und des folgenden Artikels für den Fall keine Entscheidung enthielten, wenn die Kontrahenten an einem und demselben Orte wohnen, hielt man dadurch für erledigt, daß unverkennbar diese Bestimmungen sich auch auf den engeren Wohnort (das Wohnhaus, Komtoir) der Kontrahenten bezögen. Prot. S. 584.

23) Dieser Artikel spricht den allgemein civilrechtlichen Grundsatz aus, daß eine unbetagte Verbindlichkeit sofort fällig ist, unter Anwendung des in den

Artikel 327.

Lautet die Erfüllungszeit auf das Frühjahr oder den Herbst oder auf ähnliche Zeitbestimmungen,[24]) so entscheidet der Handelsgebrauch des Ortes der Erfüllung.

Ist die Erfüllung auf die Mitte eines Monats gestellt worden, so gilt der funfzehnte dieses Monats als der Tag der Erfüllung.[25])

Artikel 328.

Wenn die Erfüllung einer Verbindlichkeit mit dem Ablaufe einer bestimmten Frist nach Abschluß des Vertrages erfolgen soll, so fällt der Zeitpunkt der Erfüllung:

1) wenn die Frist nach Tagen bestimmt ist, auf den letzten Tag der Frist; bei Berechnung der Frist wird der Tag, an welchem der Vertrag geschlossen ist, nicht mit gerechnet; ist die Frist auf acht oder vierzehn Tage bestimmt, so werden darunter volle acht oder vierzehn Tage verstanden;

2) wenn die Frist nach Wochen, Monaten, oder einem mehrere Monate umfassenden Zeitraum (Jahr, halbes Jahr, viertel Jahr) bestimmt ist, auf denjenigen Tag der letzten Woche oder des letzten Monats, welcher durch seine Benennung oder Zahl dem Tage des Vertragsschlusses entspricht; fehlt dieser Tag in dem letzten Monate, so fällt die Erfüllung auf den letzten Tag dieses Monats.

   Der Ausdruck „halber Monat" wird einem Zeitraum von funfzehn Tagen gleich geachtet. Ist die Frist zur Erfüllung auf einen oder mehrere ganze Monate und einen halben Monat gestellt, so sind die funfzehn Tage zuletzt zu zählen.

Nach den vorstehenden Grundsätzen ist die Frist auch dann zu berechnen, wenn der Anfang derselben nicht nach dem Tage des Vertragsschlusses, sondern nach einem anderen Zeitpunkte oder Ereignisse bestimmt worden ist.[26])

Artikel 329.

Fällt der Zeitpunkt der Erfüllung[27]) auf einen Sonntag oder allgemeinen Feiertag, so gilt der nächste Werktag als der Tag der Erfüllung.

Art. 278. 279. enthaltenen Prinzips, daß bei Handelsgeschäften vornehmlich auf die Absicht der Parteien, sowie auf die Gewohnheiten und Gebräuche der Kaufleute Rücksicht zu nehmen ist. (Vergl. §§. 230. 231. Th. I. Tit. 5. ALR.) Von selbst versteht es sich, daß die Erfüllung eines lästigen Vertrages nur gegen Gewährung der Gegenleistung gefordert werden kann, sofern in dem Vertrage nicht etwas Anderes festgesetzt ist. (Vergl. §§. 232. 271. l. c.) Mot. S. 126.

24) — z. B. Meßzeiten, Wiedereröffnung der Schiffahrt ꝛc.

25) Der 2. Absatz des Art. 327 ist dem Art. 30 alinea 2 der Allgemeinen Deutschen Wechselordnung nachgebildet.

26) Dieser Artikel ist mit den aus der Natur der Sache sich ergebenden Abänderungen dem Art. 32. der Allgemeinen deutschen Wechsel-Ordnung entnommen. Mot. S. 127.

27) Hier handelt es sich nur um den Fall, wenn die Erfüllung an einem

Artikel 330.

Soll die Erfüllung innerhalb eines gewissen Zeitraums geschehen, so muß sie vor Ablauf desselben erfolgen.

Fällt der letzte Tag des Zeitraums auf einen Sonntag oder allgemeinen Feiertag, so muß spätestens am nächstvorhergehenden Werktage erfüllt werden.

Artikel 331.

Abänderungen in diesen Zeitberechnungen (Artikel 328. bis 330.), soweit sie die Liquidationstermine der Börsengeschäfte betreffen, bleiben den Börsenordnungen vorbehalten.[28])

Artikel 332.

Die Erfüllung muß an dem Erfüllungstage während der gewöhnlichen Geschäftszeit geleistet und angenommen werden.[29])

Artikel 333.

Ist die vertragsmäßige[30]) Frist zur Erfüllung einer Verbindlichkeit

---

bestimmten Tage geschehen soll und dieser ein Sonntag oder Feiertag ist, wogegen Abs. 2 des folgenden Artikels von dem Falle handelt, wenn eine Frist für die Leistung festgesetzt ist und der letzte Tag auf einen Sonntag oder Feiertag fällt. — Dieser Art. stimmt mit dem im Art. 92. der Allgemeinen Deutschen Wechsel-Ordnung enthaltenen Grundsatze überein.

28) Der Artikel 331. ist aufgenommen worden, um möglichst die beschlossenen Zeitbestimmungen aufrecht zu erhalten, und doch andererseits die Usancen, soweit als dies unvermeidlich, zu wahren; so wurde namentlich angeführt: es komme im Börsenverkehr vor, daß die Börsenvorstände unter Umständen die Abrechnungstage von ultimo eines Monats auf irgend einen anderen Tag verlegten. Prot. S. 586.

29) Der Grundsatz des Civilrechts, daß dem Schuldner der ganze Erfüllungstag zu Statten kommen müsse (vergl. ALR. Th. I. Tit. 3. §§ 45. 47. Tit. 16. §. 55), ist bezüglich der Wechselzahlungen bereits aufgegeben worden; es erscheint aber nothwendig, ihn für das Handelsrecht überhaupt zu verlassen. Denn steht es dem Schuldner frei, die Erfüllung bis auf den letzten Moment (Mitternacht) des bestimmten Erfüllungstages auszusetzen, so wird thatsächlich nicht der im Vertrage oder durch das Gesetz festgesetzte Tag, sondern, der wirklichen Absicht der Kontrahenten entgegen, erst der darauf folgende Tag zu Gunsten des Schuldners zum Erfüllungstage gemacht, während der Gläubiger an diesem selbst die Erfüllung anzunehmen gehalten ist. Es entsteht hierdurch eine Ungleichheit der Rechte beider Theile, welche im Handelsrecht erheblich ins Gewicht fällt. Mit Rücksicht hierauf ist nicht der ganze Erfüllungstag, sondern nur die gewöhnliche Geschäftszeit während derselben zur Forderung, beziehungsweise Leistung der Erfüllung zugestanden worden. Ueber die Dauer dieser Geschäftszeit muß im Streitfalle das richterliche Ermessen unter Berücksichtigung des Ortsgebrauchs entscheiden. Mot. S. 127.

30) Nicht nur bei Verlängerung einer vertragsmäßigen Frist, sondern auch dann, wenn die Verfallzeit statt durch Vertrag durch andere Momente, durch gesetzliche Vorschriften, Handelsgebräuche und dergleichen bestimmt ist und für die Erfüllung eine neue Frist bewilligt wird, greift die obige Bestimmung Platz. Prot. S. 1366.

verlängert worden, so beginnt[31]) die neue Frist im Zweifel[32]) am ersten Tage nach Ablauf der alten Frist.[33])

Artikel 334.

In allen Fällen, in welchen ein Verfalltag bestimmt worden ist, ist nach der Natur des Geschäfts und der Absicht der Kontrahenten zu beurtheilen, ob derselbe zu Gunsten eines der beiden Kontrahenten hinzugefügt worden ist.[34])

Auch wenn der Schuldner hiernach vor dem Verfalltage zu zahlen befugt ist, ist er doch nicht berechtigt, ohne Einwilligung des Gläubigers den Diskonto abzuziehen, insofern nicht Uebereinkunft oder Handelsgebrauch ihn dazu ermächtigen.[35])

Artikel 335.

Ist im Vertrage[36]) über die Beschaffenheit und Güte der Waare nichts Näheres bestimmt,[37]) so hat der Verpflichtete Handelsgut mittlerer Art und Güte[38]) zu gewähren.[39])

---

31) Der letzte Tag der alten Frist wird also nicht mitgezählt.

32) Die Absicht der Parteien über die Dauer der neuen Frist wird in Ermangelung einer ausdrücklichen Verabredung meistentheils aus den Umständen zu erkennen sein.

33) — und nicht etwa vom Tage der Prolongation. Prot. S. 587.

34) Nach gemeinem Rechte, sowie nach dem französischen Civilgesetzbuche gilt eine Zeitbestimmung im Zweifel als zum Vortheil des Schuldners beigefügt, so daß der Gläubiger gehalten ist, auch vor dem Eintritt des verabredeten Termins die Erfüllung anzunehmen. Das Allgemeine Landrecht (Th. I. Tit. 5. §. 241.; Tit. 16. §. 56.) bestimmt umgekehrt, daß vor Ablauf des im Vertrage festgesetzten Zeitraums wider den Willen eines oder des andern Theils die Erfüllung weder gefordert noch geleistet werden kann. — Die gemeinrechtliche Regel entspricht dem Bedürfnisse des Handelsverkehrs nicht, weil die vorzeitige Erfüllung für den Gläubiger mancherlei Nachtheile zur Folge haben kann; aber auch die landrechtliche Regel paßt nicht überall. Es ist deshalb vorgezogen worden, die Entscheidung der Frage, ob eine Zeitbestimmung zu Gunsten des Schuldners oder des Gläubigers, oder beider Theile beigefügt ist, in das vernünftige Ermessen des Richters zu stellen, welcher hiebei auf die muthmaaßliche Absicht der Parteien und auf die Natur des Geschäfts die geeignete Rücksicht zu nehmen hat. Mot. S. 128.

35) Der Gläubiger würde sonst in der That oft weniger erhalten, als ihm gebührt, da er nicht stets die Möglichkeit hat, das Empfangene sogleich wieder nutzbar anzulegen. Mot. S. 129.

36) Es war beantragt, nach den Worten: „im Vertrage" einzuschalten: „oder durch Handelsgebrauch", weil nicht selten die Beschaffenheit und Güte der Waaren auch durch Handelsgebrauch bestimmt sei. Der Zusatz wurde jedoch abgelehnt und es wurde als selbstverständlich erachtet, daß der Handelsgebrauch, insofern als er die Klassen der Waaren geregelt habe, entscheidend bleibe. Prot. S. 590. Es wird daher im Einzelnen Falle zu prüfen sein, ob die Kontrahenten etwa mit Rücksicht auf den Handelsgebrauch sich der näheren ausdrücklichen Festsetzungen im Vertrage enthalten haben.

37) Eine nähere Bestimmung kann z. B. durch die Klausel: „tel quel", oder: „sie möge fallen, wie sie wolle" erfolgt sein.

38) Gegen die Kumulation der Bezeichnung: „mittlerer Art und Güte"

Artikel 336.

Maaß, Gewicht, Münzfuß, Münzsorten, Zeitrechnung[40]) und Entfernungen,[41]) welche an dem Orte gelten, wo der Vertrag erfüllt werden soll,[42]) sind im Zweifel als die vertragsmäßigen zu betrachten.

Ist die im Vertrage bestimmte Münzsorte am Zahlungsorte nicht im Umlauf oder nur eine Rechnungswährung, so kann der Betrag nach dem Werthe zur Verfallzeit in der Landesmünze gezahlt werden,[43]) sofern nicht durch den Gebrauch des Wortes „effektiv" oder eines ähnlichen Zusatzes die Zahlung in der im Vertrage benannten Münzsorte ausdrücklich bedungen ist.[44])

Zweiter Titel.

Vom Kauf.[1])

Artikel 337.

Das Anerbieten zum Verkauf, welches erkennbar für mehrere Personen, insbesondere durch Mittheilung von Preislisten, Lagerverzeichnissen,

---

wurde erinnert: man werde hieraus folgern, daß, wenn die betreffenden Waaren in mehreren Sorten vorkämen, gerade die mittlere Sorte, und von dieser wieder mittlere Güte geliefert werden müsse, selbst wenn die Kontrahenten einen offenbar nur einer geringeren Sorte entsprechenden Preis vereinbart hätten. — Hierauf wurde erwidert: Die Besorgniß, daß da, wo von einer Waare mehrere Sorten existirten, immer auch die mittlere Sorte geliefert werden müsse, sei nicht begründet, denn wo unter verschiedenen Sorten, wie z. B. beim Kaffee, ein bedeutender Unterschied bestehe, würden die verschiedenen Sorten im Handelsverkehr als ganz verschiedene Waaren angesehen. Der Preis könne zur Bestimmung, welche von diesen Sorten gemeint sei, allerdings in Betracht kommen. Prot. S. 4582.

39) Diese Bestimmung bezieht sich nur auf den Verkauf eines genus, nicht einer Spezies, und entspricht dem §. 275. Th. I. Tit. 5. ALR. gegen das gemeine Recht, nach welchem bei einer Gattungsobligation der Schuldner auch die geringste Qualität (in dubio minimum) liefern darf. Prot. S. 4580.

40) Hierbei ist namentlich an das Ausland, und insbesondere an die russische Zeitrechnung gedacht worden.

41) Unter „Entfernungen" sind hier diejenigen Bestimmungen über Meilen, Stunden und dergleichen zu verstehen, nach welchen mitunter bei Frachtgeschäften die Fracht berechnet wird ꝛc. Prot. S. 590.

42) Im Allgemeinen kann angenommen werden, daß die Parteien beim Vertragsschlusse bezüglich der näheren Bestimmung derjenigen Punkte, welche die Leistung der Erfüllung betreffen, weniger den Ort der Entstehung der Verbindlichkeit, dessen Wahl häufig lediglich vom Zufall abhängt, als den Ort der Erfüllung im Auge gehabt haben. Es rechtfertigt sich deshalb in dieser Hinsicht, den Vertrag im Zweifel nach dem, was am Erfüllungsorte gilt, zu erklären. (Vergl. ALR. Th. I. Tit. 5. §§. 256. 257.) Mot. S. 129.

43) Vergl. §§. 785. 786. Th. I. Tit. 11. ALR.

44) — nachgebildet dem Art. 37. der Allgemeinen Deutschen Wechsel-Ordnung. (Vergl. jedoch Art. 8. des Münzvertrages vom 24. Januar 1857).

1) Der Handelskauf ist im Wesentlichen den allgemeinen Regeln des Civil-

Proben oder Mustern geschieht, oder bei welchem die Waare, der Preis oder die Menge nicht bestimmt bezeichnet ist, ist kein verbindlicher Antrag zum Kauf. [2])

Artikel 338.

Nach den Bestimmungen über den Kauf ist auch ein Handelsgeschäft zu beurtheilen, dessen Gegenstand in der Lieferung einer Quantität vertretbarer Sachen gegen einen bestimmten Preis besteht. [3])

Artikel 339.

Ein Kauf auf Besicht oder auf Probe ist unter der in dem Willen [4]) des Käufers stehenden Bedingung geschlossen, daß der Käufer die Waare

---

rechts über den Kaufvertrag unterworfen. Der gegenwärtige Titel giebt keine erschöpfende Vorschriften über den Handelskauf, sondern trifft nur über einige Arten desselben und über einzelne Fragen Festsetzungen, rücksichtlich deren durch die Eigenthümlichkeiten der Verhältnisse des Handels Besonderheiten hervorgerufen werden, oder eine allgemeine Norm, der Verschiedenheit der bürgerlichen Gesetze gegenüber, als wünschenswerth und möglich erachtet werden mußte. Mot. S. 133.

2) Der Anbietende hat in den im Art. 337. bezeichneten Fällen nicht den Willen, eine besondere Verpflichtung zum Verkauf seiner Waare an die Adressaten zu übernehmen; seine Absicht geht vielmehr nur dahin, eine Geschäftsverbindung anzuknüpfen, nicht aber einen Antrag zu einem bestimmten Geschäfte zu machen; es kann deshalb die Gegenerklärung desjenigen, welcher durch eine solche Mittheilung bestimmt wird, sich mit dem Anbietenden in ein Geschäft einzulassen, nicht schon als eine den Abschluß des Geschäfts enthaltende Acceptation, sondern nur als die erste Vertragsofferte angesehen werden. Mot. S. 134.

3) Das ALR. (Th. I. Tit. 11. §§. 981—987.) handelt von dem Lieferungsvertrage in dem Abschnitte über diejenigen Verträge, durch welche Sachen gegen Handlungen, oder Handlungen gegen Handlungen versprochen werden, und stellt erst nach geleisteter Lieferung das Rechtsverhältniß unter den Kontrahenten dem Verhältniß zwischen Käufer und Verkäufer gleich. Ueber die Frage, worin der begriffliche Unterschied zwischen Kauf und Lieferung besteht, sind aber mannigfache Zweifel entstanden. Die Praxis hat sich schließlich dahin festgestellt, daß das wesentliche Kriterium des Lieferungsvertrages in dem Verschaffen einer Sache von einer bestimmten Gattung liegt, daß es aber hierbei gleichgültig ist, ob der Lieferant beim Abschlusse des Kontrakts sich bereits thatsächlich im Besitze von Sachen solcher Art und in der Quantität, wie er sie zu liefern übernommen, befunden hat oder nicht. Hierdurch wird indessen eine scharfe Grenzlinie zwischen Kauf und Lieferung vertretbarer Sachen nicht gezogen, und konnte auch nicht gezogen werden, weil die innere Natur beider Geschäfte juristisch eine wesentlich gleiche ist. — Es schien deshalb angemessen, den Vertrag, welcher die Lieferung vertretbarer Sachen zum Gegenstande hat, er mag auf sofortige Erfüllung oder auf Zeit geschlossen sein, jedenfalls im Handelsverkehr nach den Bestimmungen über den Kauf zu behandeln. Mot. S. 145. Prot. S. 683.

4) Die Worte: „unter der in dem Willen des Käufers stehenden Bedingung" sollen ausdrücken, daß die Genehmigung der Waare gänzlich in der Willkür des Käufers stehe, und daß der Verkäufer nicht, wie man hie und da annahm, zu dem Beweise zugelassen werde, die Waare sei so beschaffen, daß der Käufer habe genehmigen müssen. Prot. S. 1368. — Der Kauf auf Probe und der Kauf auf

besehen oder prüfen und genehmigen werde. Diese Bedingung ist im Zweifel eine aufschiebende.[5])

Der Käufer ist vor seiner Genehmigung [6]) an den Kauf nicht gebunden.[7]) Der Verkäufer hört auf, gebunden zu sein, wenn der Käufer bis zum Ablauf der verabredeten oder ortsgebräuchlichen Frist nicht genehmigt.

In Ermangelung einer verabredeten oder ortsgebräuchlichen Frist kann der Verkäufer nach Ablauf einer den Umständen angemessenen Zeit den Käufer zur Erklärung auffordern; er hört auf, gebunden zu sein, wenn sich der Käufer auf die Aufforderung nicht sofort erklärt.

Ist die auf Besicht oder Probe verkaufte Waare zum Zweck der Besichtigung oder Probe bereits übergeben, so gilt das Stillschweigen des Käufers bis nach Ablauf der Frist oder auf die Aufforderung als Genehmigung.[8])

Artikel 340.

Ein Kauf nach Probe oder Muster ist unbedingt, jedoch unter der

---

Besicht unterscheiden sich nur durch die Art und Weise, in welcher der Käufer die Untersuchung der verkauften Waare vornehmen will; ein rechtlicher Unterschied kann durch diese rein äußerliche Verschiedenheit nicht begründet werden.

5) Vergl. Th. I. Tit. 11. §§. 333. ff. ALR. — Die Uebergabe der Waare (vergl. §. 263. Th. I. Tit. 11. ALR.) ändert hieran Nichts, weil bei Käufen der vorliegenden Art die Uebergabe meist nicht als Erfüllung des Handels, sondern zum Zwecke der vorzunehmenden Untersuchung zu erfolgen pflegt. Prot. S. 135.

6) Die Genehmigung muß zwar dem Verkäufer gegenüber erklärt sein, doch bedarf es hiezu keiner ausdrücklichen Erklärung in Worten. Prot. S. 1368.

7) Der Absatz 2. spricht von dem Falle, wenn vertraglich oder nach Ortsgebrauch eine Frist zur Erklärung Seitens des Käufers besteht; der Absatz 3. von dem Falle, wenn eine solche Frist nicht vorhanden ist und der Verkäufer den Käufer zur Erklärung auffordert. In beiden Fällen gilt das Stillschweigen des Käufers als Ablehnung des Kaufs, gegen §. 336. Th. I. Tit. 11. ALR. — Im Gegensatze hiezu gilt im Falle des Absatz 4. (wenn die Waare zum Zweck der Besichtigung oder Probe dem Käufer übergeben ist) das Stillschweigen des Käufers als Genehmigung. — Man ging davon aus, daß, wenn der Käufer die Waare nicht in Besitz habe, dann lasse sich annehmen, er werde ausdrücklich sagen, wenn er sie haben wolle; dagegen könne man erwarten, daß der Käufer, wenn er die Waare in Besitz habe, es ausdrücklich sagen werde, wenn er sie nicht behalten wolle. Prot. S. 613.

8) Ist eine Waare ohne diesen besonderen Zweck in Folge eines Kaufs übergeben worden, so kann sie, wenn ohne Vorbehalt angenommen, auch innerhalb der einmal gesetzten Frist, nicht mehr zurückgegeben werden. Prot. S. 614. — Man bemerkte: es sei zu befürchten, daß bei einem Rechtsstreite über die rechtliche Bedeutung einer vorgenommenen Uebergabe dem Verkäufer der Beweis werde auferlegt werden, daß die Uebergabe grade zu dem Zwecke der Besichtigung oder Probe erfolgt sei, während er nur zu beweisen habe, daß der Käufer seine, nach vorgenommener Uebergabe der Waare erfolgte Aufforderung zur Erklärung unberücksichtigt gelassen habe. — Obwohl nun Letzteres als richtig anerkannt wurde, hielt man doch dafür, daß die jetzige Fassung zu einer unrichtigen Beweisauflage keinen Anlaß geben würde. Prot. S. 1396.

Verpflichtung [9]) des Verkäufers geschlossen, daß die Waare der Probe oder dem Muster gemäß sei.[10])

Artikel 341.

Ein Kauf zur Probe ist unbedingter Kauf unter Hinzufügung des Beweggrundes.[11])

Artikel 342.

Hinsichtlich des Ortes der Erfüllung der Verbindlichkeiten des Verkäufers und des Käufers kommen die Bestimmungen des Artikels 324. Absatz 1. zur Anwendung.

Die Uebergabe der Waare geschieht, wenn aus diesen Bestimmungen sich nicht ein Anderes ergiebt, an dem Orte, wo der Verkäufer zur Zeit des Vertragsabschlusses seine Handelsniederlassung oder in deren Ermangelung seinen Wohnort hatte. Wenn jedoch eine bestimmte Sache verkauft ist, welche sich zur Zeit des Vertragsabschlusses mit Wissen der Kontrahenten an einem anderen Orte befand, so geschieht die Uebergabe an diesem Orte.

Der Kaufpreis ist bei der Uebergabe[12]) zu entrichten, sofern nicht ein Anderes durch die Natur des Geschäfts bedingt oder durch Vertrag oder Handelsgebrauch bestimmt ist. Im Uebrigen[13]) kommt die Bestimmung des Artikels 325. auch in Bezug auf diese Zahlung zur Anwendung.

---

9) Der Zusatz „jedoch unter der Verpflichtung rc." ist mangelhaft redigirt. Es sollte wohl heißen „jedoch haftet der Verkäufer dafür, daß rc." oder „jedoch unter der Verpflichtung des Verkäufers geschlossen, die Waare der Probe oder dem Muster gemäß zu liefern." — Ist die Waare nicht probemäßig, so wird der Kauf nicht wegen Eintritts einer Bedingung resolvirt, sondern der Verkäufer hat dann nicht gehörig erfüllt, so daß aus diesem letzteren Grunde dem Käufer das Recht zusteht, die Annahme zu verweigern. vgl. Art. 346. Mot. S. 136. — In erster Lesung war der Zusatz beschlossen, daß die Probe dem Käufer als ein Theil der Waaren anzurechnen sei, sofern nicht ein Anderes verabredet, oder ortsüblich ist. Prot. S. 617. In zweiter Lesung ist dieser Zusatz jedoch gestrichen worden, weil es bei der Verschiedenheit der Fälle nicht rathsam sei, ein Prinzip aufzustellen, welches möglicherweise zu Chikanen führen könne. Prot. S. 1370.

10) Dies gilt auch dann, wenn eine bestimmte Sache, z. B. der Vorrath des Verkäufers von der betreffenden Waare, oder ein Theil desselben Gegenstand des Vertrages ist. Der Verkäufer muß seine Waare kennen nnd sich vorsehen, ob dieselbe der Probe gemäß sei. Seine Erklärung, daß die Waare der Probe entsprechen werde, ist ein dictum et promissum, für er welches einstehen muß. Darüber bestimmt der Art. 340. aber Nichts, ob der Verkäufer im Falle der Probewidrigkeit der Waare die Verpflichtung hat, eine probemäßige zu beschaffen, oder Schadensersatz zu leisten. Hierüber entscheiden die allgemeinen Rechtsgrundsätze, wobei es einen Unterschied machen kann, ob der Verkauf eine blos generell bestimmte Quantität oder eine bestimmte Sache zum Gegenstande gehabt hat. Prot. S. 4589.

11) Die Streichung dieses Artikels war beantragt, weil er keine juristische Bedeutung habe, sondern nur eine selbstverständliche Interpretationsregel enthalte; sie ist jedoch abgelehnt worden. Prot. S. 620.

12) — d. h. am Orte und zur Zeit der Uebergabe, Prot. S. 671.; jedoch wird durch diese Verordnung das forum contractus nicht verändert. Prot. S. 1371. Dies ergiebt schon die Verweisung auf Art. 325.

13) z. B. wenn auf Kredit verkauft worden ist.

Artikel 343.

Der Verkäufer ist verpflichtet, die Waare, so lange der Käufer mit der Empfangnahme nicht im Verzuge ist, mit der Sorgfalt eines ordentlichen Geschäftsmannes [14]) aufzubewahren. [15])

Ist der Käufer mit der Empfangnahme der Waare im Verzuge, [16]) so kann der Verkäufer die Waare auf Gefahr und Kosten des Käufers in einem öffentlichen Lagerhause oder bei einem Dritten niederlegen. [17]) Er ist auch befugt, nach vorgängiger Androhung die Waare öffentlich verkaufen zu

---

14) Der Ausdruck: „Geschäftsmannes" und nicht „Kaufmannes" ist hier gewählt, weil, wie man ausführte, nach Art. 282 nur derjenige die Sorgfalt eines ordentlichen Kaufmannes zu prästiren habe, welcher ein Geschäft mache, das auf seiner Seite ein Handelsgeschäft sei. Da nun nicht alle Verkäufer Kaufleute, und nicht alle von ihnen geschlossenen Verkäufe auf ihrer Seite Handelsgeschäfte seien, z. B. die Verkäufe Seitens der Produzenten, so könne man dem Verkäufer auch die Prästation der Sorgfalt eines ordentlichen Kaufmanns nicht zur Pflicht machen. Nicht die Umsicht eines geschäftskundigen Kaufmanns, sondern nur die diligentia eines bonus pater familias könne man verlangen. Prot. S. 5078.

15) Diese Bestimmung ist von besonderer Wichtigkeit für die Zeit zwischen der Uebergabe der Sache und der Hinwegnahme derselben durch den Käufer; sie wurde aber als eine bereits vielfach als Usance geltende und für den Handelsverkehr nothwendige erachtet. Zu ihrer Begründung wurde unter Anderem bemerkt: Bei Handelskäufen würden die Waaren fast ausschließlich nach Zahl, Maaß und Gewicht, und nicht per aversionem verkauft. Da trete zu dem Vertragsabschlusse noch das wichtige Moment des Zuzählens, Zumessens, Zuwägens hinzu. Dieses Moment coincidire in größeren Geschäften fast niemals mit dem Kaufsabschlusse, sondern trete in der Regel erst einige Zeit nachher ein, oft erst in 14 Tagen nach dem Kaufsabschlusse oder noch später. Bis zu diesem Momente, welcher zugleich der der Uebergabe, der juristischen Tradition sei, könne selbstverständlich gar nicht davon die Rede sein, daß der Verkäufer eine Sorgfalt für die Waare aufzuwenden habe, denn bis dahin trage er ohnehin, es möge nun über eine species oder über ein genus gehandelt worden sein, die Gefahr derselben. Mit dem Augenblicke des Zuwägens ꝛc. und der hierin liegenden Uebergabe im juristischen Sinne treffe aber andererseits keineswegs die wirkliche Hinwegnahme der Waare zusammen; oft werde sogar ausdrücklich Frankolagerung derselben bis zu einem späteren Zeitpunkte bedungen. Für diese Zeit aber, für welche der Verkäufer die verkaufte Waare gleichsam mand. nomine für den Käufer inne habe, entbehre man einer Bestimmung. Für den Verkehr sei es aber nun ganz richtig, die Sorgfalt eines ordentlichen Geschäftsmannes von dem Verkäufer bis zur wirklichen Abnahme der verkauften Waare zu verlangen. Daß er bis zur Uebergabe für die Waare mit Sorgfalt einzustehen habe, verstehe sich von selbst, denn bis dahin bewahre er nur sein Eigenthum. Prot. S. 623.

16) Inwiefern durch den Verzug des Käufers die Verpflichtung des Verkäufers zur Sorgfalt auf ein geringeres Maaß herabgesetzt wird, bestimmt sich nach den Grundsätzen des Civilrechts. Nach dem ALR. Th. I. Tit. 11. §. 98 hat der Verkäufer in diesem Falle nur für den durch Vorsatz und grobes Versehen entstandenen Schaden zu haften. Mot. S. 138.

17) Diese Befugniß ist dem Verkäufer schon in dem §. 99 Th. I. Tit 11. ALR. beigelegt.

lassen;[18]) er darf, wenn die Waare einen Börsenpreis oder einen Marktpreis hat, nach vorgängiger Androhung den Verkauf auch nicht öffentlich durch einen Handelsmäkler oder in Ermangelung eines solchen durch einen zu Versteigerungen befugten Beamten zum laufenden Preise bewirken.[19]) Ist die Waare dem Verderben ausgesetzt und Gefahr im Verzuge, so bedarf es der vorgängigen Androhung nicht.

Von der Vollziehung des Verkaufs hat der Verkäufer den Käufer, soweit es thunlich, sofort zu benachrichtigen; bei Unterlassung[20]) ist er zum Schadensersatze verpflichtet.

Artikel 344.[21])

Soll die Waare dem Käufer von einem anderen Orte übersendet werden, und hat der Käufer über die Art der Uebersendung nichts bestimmt, so gilt der Verkäufer für beauftragt, mit der Sorgfalt eines ordentlichen Kaufmanns die Bestimmung statt des Käufers zu treffen, insbesondere auch die Person zu bestimmen, durch welche der Transport der Waare besorgt oder ausgeführt werden soll.

Artikel 345.

Nach[22]) Uebergabe der Waare an den Spediteur oder Frachtführer oder die sonst zum Transport der Waare bestimmte Person trägt der Käufer die Gefahr, von welcher die Waare betroffen wird.[23]) Hat jedoch der Käufer eine besondere Anweisung über die Art der Uebersendung ertheilt,

---

18) Die Veräußerung ist also schon zu dem Zwecke gestattet, damit der für den Kaufschilling bereits gedeckte Verkäufer von der Last, die Waare zu überwachen, frei werde, Prot. S. 630; es ist eine Art von Verkaufsselbsthülfe, damit der Verkäufer die Obhut über die Waare los werde, sein Lager räume 2c. Prot. S. 1460.

19) Diese Bestimmung ist dem Art. 311. nachgebildet.

20) — nämlich der Anzeige (nicht des Verkaufs).

21) Der Art. 344. ist aus dem Art. 261. des Pr. Entwurfs entstanden. Der Letztere ging viel weiter und wollte gleichzeitig den Moment bestimmen, wann im Falle der Uebersendung der Waare die Uebergabe derselben an den Käufer für vollzogen zu erachten sei. Hiedurch würde, insoweit der Eigenthumserwerb von der Uebergabe abhängig ist, zugleich über jenen bestimmt worden sein. (Mot. S. 138.) — In zweiter Lesung lehnte die Konferenz jedoch ab, eine allgemeine Bestimmung in Bezug auf die Tradition zu treffen, weil die gemeinrechtliche Lehre von der Besitzübertragung ausreiche, und nur in Betreff des Uebergangs der Gefahr Bestimmungen erforderlich seien. Der Art. 344. dient hiernach nur als Grundlage für den folgenden Artikel, welcher den Moment bestimmt, in welchem die Gefahr der versendeten Sache auf den Käufer übergeht. Prot. S. 622—638 und 1375—1380.

22) Nach diesem Zeitpunkte jedenfalls; ob schon vorher, bestimmt sich gemäß Abs. 3. dieses Artikels nach den Landesgesetzen.

23) — ganz gleich, ob der Käufer die Art der Uebersendung bestimmt hat, oder nicht.

und ist der Verkäufer ohne dringende Veranlassung[24]) davon abgewichen, so ist dieser für den daraus entstandenen Schaden[25]) verantwortlich.

Der Verkäufer hat die Gefahr, von welcher die Waare auf dem Transport betroffen wird,[26]) in dem Falle zu tragen, wenn er gemäß dem Vertrage die Waare an dem Orte, wohin der Transport geschieht, zu liefern hat, so daß dieser Ort für ihn als der Ort der Erfüllung gilt. Daraus, daß der Verkäufer die Zahlung von Kosten oder Auslagen der Versendung übernommen hat,[27]) folgt für sich allein noch nicht, daß der Ort, wohin der Transport geschieht, für den Verkäufer als der Ort der Erfüllung gilt.

Durch die Bestimmungen dieses Artikels ist nicht ausgeschlossen, daß die Gefahr schon seit einem früheren Zeitpunkte von dem Käufer getragen wird, sofern dies nach dem bürgerlichen Recht der Fall sein würde.

Artikel 346.

Der Käufer ist verpflichtet, die Waare zu empfangen, sofern sie vertragsmäßig beschaffen ist oder in Ermangelung besonderer Verabredung den gesetzlichen Erfordernissen entspricht (Artikel 335.).

Die Empfangnahme[28]) muß sofort[29]) geschehen, wenn nicht ein Anderes bedungen oder ortsgebräuchlich oder durch die Umstände[30]) geboten ist.

---

24) Als eine dringende Veranlassung werden alle die Fälle anzusehen sein, in welchen eine Abweichung des Absenders von der ihm ertheilten Vorschrift unvermeidlich ist, z. B. wenn der vom Käufer bezeichnete Fuhrmann bereits abgereist gewesen, bevor die Absendung der Waare möglich geworden ist.

25) Dies ist nicht identisch mit der Bestimmung, welche der Pr. Entw. (Art. 262.) vorgeschlagen hatte: daß in diesem Falle der Verkäufer „die Gefahr" tragen solle. Man fand die letztere Anordnung unter Umständen selbst dann für zu hart, wenn der Absender ganz eigenmächtig von der ihm ertheilten Order abgewichen ist. Man fand jenes z. B. dann für zu hart, wenn der Absender den Auftrag hatte, die Waare mit dem Schiffe A. zu senden, dieselbe aber dem Schiffe B. anvertraute, und wenn dann beide Schiffe auf der Reise untergingen. Nur für den Schaden soll der Absender haften, welcher ohne die Abweichung von dem Auftrage nicht entstanden wäre. Prot. S. 640.

26) Die Frage ist offen gelassen, ob erst mit der Uebergabe, oder zu einer anderen Zeit nach der Ankunft der Waare am Bestimmungsorte die Gefahr derselben auf den Käufer übergeht. Prot. S. 1389.

27) Durch diesen Satz soll die mögliche Annahme widerlegt werden, daß bei Frankosendungen ohne Ausnahme der Verkäufer die Gefahr der Reise zu tragen habe. Prot. S. 640. Die Frankaturverabredung ist folglich für die Bestimmung, an welchem Orte zu erfüllen ist, und folgeweise, wer die Gefahr der Reise trägt, ohne Einfluß.

28) — d. h. die Entgegennahme der Tradition, da es hier auf die Abnahme d. h. das Hinwegholen der Waare nicht ankömmt. Prot. S. 642.

29) Die Bestimmung in Betreff der Zeit, zu welcher der Käufer die Waare abzunehmen hat, enthält eine Anwendung des allgemeinen Art. 326. auf die Verbindlichkeit des Käufers. Mot. S. 141.

30) — z. B. wenn eine Waare, welche im Trocknen abgeladen werden muß,

Artikel 347.

Ist die Waare von einem anderen[31]) Orte übersendet, so hat der Käufer ohne Verzug nach der Ablieferung, soweit dies nach dem ordnungsmäßigen Geschäftsgange thunlich ist,[32]) die Waare zu untersuchen, und wenn sich dieselbe nicht als vertragsmäßig oder gesetzmäßig (Artikel 335.) ergiebt, dem Verkäufer sofort davon Anzeige[33]) zu machen.

Versäumt er dies, so gilt die Waare als genehmigt,[34]) soweit[35]) es

---

um nicht dem Verderben ausgesetzt zu werden, bei Regenwetter ankommt, und mehrere Tage unabgeladen und ununtersucht stehen bleiben muß. Prot. S. 642.

31) Die Bestimmung hat also auf Platzgeschäfte keine Anwendung. Dies ist insbesondere für die im 4. Absatze gedachten Geschäfte ausdrücklich anerkannt worden. Prot. S. 4584. In Betreff der Platzgeschäfte ist jede Entscheidung abgelehnt worden, weil an dieser Frage für den Verkehr der verschiedenen Staaten unter einander kein Interesse bestehe, solche vielmehr füglich den Partikulargesetzgebungen anheim gegeben werden könne. Prot. S. 657.

32) Die gründliche Untersuchung ist nicht überall sofort möglich, z. B. nicht bei Flaschenweinen, wie überhaupt nicht bei Waaren, welche bis zum Augenblicke des Verbrauchs in ihrer Verpackung stehen bleiben müssen. Prot. S. 643.

33) — mündliche oder schriftliche; die erstere Art der Anzeige ist namentlich mit Rücksicht auf den kleineren Verkehr zugelassen. Prot. S. 647 u. 1383.

34) Für dieses Prinzip haben sich namentlich die kaufmännischen Abgeordneten erklärt, welche meinten, die Pflicht der sofortigen Untersuchung einer verkauften Waare sei im Handelsverkehr allgemein als bestehend und unerläßlich anerkannt (s. auch Mot. S. 141). Werde dem Käufer das Recht gelassen, zu jeder späteren Zeit den Verkäufer wegen Mangelhaftigkeit der Waare in Anspruch zu nehmen, so könne der Kommissions- und Zwischenhandel gar nicht bestehen. Reklamationen wegen Beschaffenheit der Waare kämen grade dann am häufigsten vor, wenn die Konjunkturen sich zum Nachtheil der Käufer geändert hätten. Der Verkehr erfordere, daß die Absender schnell wüßten, ob ein einzelnes Geschäft in Ordnung gehe, um hiernach ihre Dispositionen treffen zu können. Die Fälle, in denen eine ordnungsgemäße Untersuchung nicht möglich sei, gehörten zu den Ausnahmen. Prot. S. 646.

35) Gegen diese Beschränkung wurde unter Anderem geltend gemacht: nach einmal erfolgter Annahme dürften Reklamationen wegen Beschaffenheit der Waare überhaupt nicht mehr zugelassen werden. Dies sei an manchen Orten (z. B. in Hamburg) unbestrittenen Rechtens, und stehe im Einklange mit den Rechtsanschauungen der bedeutendsten handeltreibenden Nationen (England, Amerika), beschleunige den definitiven Abschluß der Geschäfte, und schließe spätere verwickelte Streitigkeiten aus. Die entgegengesetzte Annahme führe zu Unbilligkeiten gegen die Zwischenhändler, wenn die Waare ununtersucht von Hand in Hand gegangen sei bis sie endlich von einem Käufer untersucht und fehlerhaft befunden werde. — Die Wahrung solcher lokalen Gewohnheiten wurde jedoch von der Konferenz abgelehnt. Prot. S. 651. — Die Beanstandung des Prinzips des 2. Absatzes wegen seiner Undurchführbarkeit beim Viehhandel wurde zurückgezogen, da die Versammlung anerkannte, daß die Währschaftsgesetze der einzelnen Länder in Bezug auf die Untersuchungs- und Anzeigepflicht beim Viehhandel von den Bestimmungen des Art. 347. nicht berührt würden. Prot. S. 1384.

sich nicht um Mängel handelt, welche bei der sofortigen Untersuchung nach ordnungsmäßigem Geschäftsgange nicht erkennbar waren.[36])

Ergeben sich später[37]) solche Mängel, so muß die Anzeige ohne Verzug nach der Entdeckung gemacht werden, widrigenfalls die Waare auch rücksichtlich dieser Mängel als genehmigt gilt.[38])

Die vorstehende Bestimmung findet auch auf den Verkauf auf Besicht oder Probe oder nach Probe Anwendung, insoweit es sich um Mängel der übersendeten Waare handelt, welche bei ordnungsmäßigem Besicht oder ordnungsmäßiger Prüfung nicht erkennbar waren.[39])

Artikel 348.

Wenn der Käufer die von einem anderen Orte übersendete Waare beanstandet, so ist er verpflichtet, für die einstweilige Aufbewahrung derselben zu sorgen.[40])

Er kann, wenn sich bei der Ablieferung oder später Mängel ergeben, den Zustand der Waare durch Sachverständige feststellen lassen. Der Verkäufer ist in gleicher Weise berechtigt, diese Feststellung zu verlangen, wenn ihm der Käufer die Anzeige gemacht hat, daß er die Waare wegen Mängel beanstande.

Die Sachverständigen ernennt[41]) auf Antrag des Betheiligten das

---

36) — gleichviel, ob die Nichterkennbarkeit durch die besondere Natur der Waare oder durch die Art ihrer Verpackung bedingt war. Prot. S. 652.

37) — jedoch nur innerhalb 6 Monaten nach der Ablieferung, denn nach Ablauf dieser Frist ist wegen der vorgefundenen Mängel weder Klage noch Einrede zulässig (Art. 349. Abs. 1.) Prot. S. 1392.

38) Ein Zusatzantrag: „Die Waare ist in allen Fällen als genehmigt anzusehen, wenn der Käufer Veränderungen damit vorgenommen hat" wurde als zu weit gehend abgelehnt, weil es viele Waaren gebe, deren verborgene Fehler man erst dann wahrnehmen könne, wenn man Veränderungen mit denselben vorgenommen, oder dieselben ganz oder theilweise verbraucht habe, und weil Veränderungen an der Verpackung mitunter nothwendig seien, wenn die ursprüngliche Verpackung einen Schaden erlitten habe. Prot. S. 653.

39) Die nach anderen rechtlichen Bestimmungen bestehende Haftbarkeit für verborgene Mängel der Waare wird also nicht durch die Erklärung des Käufers aufgehoben, daß er die Waare probemäßig befunden habe, denn diese Erklärung enthält nur eine bejahende Antwort auf die durch Vorlegung einer Probe an ihn gestellte Frage, erstreckt sich aber nicht nothwendig auch auf Punkte, welche ganz außerhalb dieses Verhältnisses liegen. Prot. S. 619.

40) — ganz gleich, ob er für die Kosten gedeckt ist, oder nicht, denn im vorliegenden Falle ist ein förmlicher Vertrag Anlaß zur Uebersendung gewesen, während im Falle des Art. 323. die Absendung der Waare auf den einseitigen Entschluß des Absenders erfolgt ist. Prot. S. 657.

41) Auf die Bemerkung, daß es einer Einmischung des Gerichts überhaupt nicht bedürfe, wurde erwidert: Grade die Wichtigkeit der Angelegenheiten, um die es sich hier handle, und der Umstand, daß den Aussagen derjenigen Sachverständigen, welchen die Waare beim Empfange derselben vorgelegt wurde, im spätern Prozesse immerhin eine große Bedeutung beigemessen werde, sei eine dringende Veranlassung dafür, daß man deren Auswahl nicht gradezu dem Käufer

Handelsgericht oder in dessen Ermangelung der Richter des Orts.[42])

Die Sachverständigen haben das Gutachten schriftlich oder zu Protokoll zu erstatten.[43])

Ist die Waare dem Verderben ausgesetzt und Gefahr im Verzuge, so kann der Käufer die Waare unter Beobachtung der Bestimmungen des Artikels 343. verkaufen lassen.

Einf.=Ges. Art. 16.[44]) In den Fällen der Artikel 348. 365. und 407. des Handelsgesetzbuchs ist eine besondere Ernennung von Sachverständigen nicht erforderlich, wenn solche Sachverständige ein für alle Mal im Voraus von dem Handelsgerichte bestellt sind. In dem Bezirke des Appellationsgerichtshofes zu Cöln ist in den bezeichneten Fällen für die Ernennung von Sachverständigen der Vorsitzende des Handelsgerichts zuständig.

Artikel 349.

Der Mangel der vertragsmäßigen oder gesetzmäßigen Beschaffenheit der Waare kann von dem Käufer nicht geltend gemacht werden, wenn der-

---

anheimgebe, zumal wenn der Verkäufer auswärts wohne und nicht in der Lage sei, auch seinerseits durch Zuziehung von Sachverständigen das Nöthige wahrzunehmen. Prot. S. 655. In 2. Lesung wurde hingegen angeführt: Der Absatz 3. enthalte eine nicht gerechtfertigte Beschränkung der Kontrahenten in der Wahl der Mittel, sich einen künftig etwa nöthigen Beweis zu sichern. Warum solle es denselben nicht gestattet sein, privatim Sachverständige zur Prüfung des Zustandes der Waaren beizuziehen, und solche bei etwa entstehendem Streite als sachverständige Zeugen zur Vernehmung vorzuschlagen?

Hierauf wurde jedoch entgegnet: In den Sätzen dieses Artikels sei den Kontrahenten nicht eine Pflicht, den Zustand der Waare untersuchen zu lassen, auferlegt, sondern eine Befugniß ertheilt. Prot. S. 1385. Wenn die Kontrahenten beabsichtigten, daß dem Befunde der Sachverständigen in dem künftigen Prozesse eine gewisse entscheidende Bedeutung beigelegt werde, so könnte man ihnen das Erforderniß offizieller Ernennung der Sachverständigen nicht erlassen. Hierdurch sei nicht ausgeschlossen, daß sich der Betheiligte auch anderer, als vom Richter bestellter Sachverständiger, z. B. der verpflichteten Mäkler, bediene. Die Beweiskraft ihrer Aussage richte sich dann nach den Landesgesetzen. Prot. S. 4737. — Ob die Sachverständigen ihr Gutachten sofort zu beeidigen haben, ist nirgends gesagt.

42) Hierin soll ein Schutz der Parteien gegen einander, und namentlich des auswärtigen Verkäufers liegen. Prot. S. 655.

43) Man hielt es für selbstverständlich, daß den Betheiligten auf Verlangen eine Abschrift zu behändigen sei. Ein weiteres gerichtliches Verfahren findet nicht Statt. Es kömmt nur darauf an, sachverständige Gutachten für die Zukunft zu sichern. Dem Käufer bleibt es überlassen, sich den Beweis der Identität der gelieferten Waaren mit den untersuchten zu sichern. Ob die Gegenpartei zuzuziehen, oder zu hören ist, bleibt dem Ermessen des Richters je nach der Dringlichkeit der einzelnen Angelegenheit überlassen. Prot. S. 655. Die Einmischung des Gerichts geht nur dahin, die Konstatirung des Zustandes der Waare vorzunehmen, ähnlich wie beim gerichtlichen Augenschein. Prot. S. 1385.

44) Die Betheiligten erhalten dadurch die Möglichkeit, sich im einzelnen Falle sogleich unmittelbar an diese Sachverständigen zu wenden und ihre Zuziehung zu bewirken, auf solche Weise also die Anrufung des Gerichts und den damit verbundenen Aufwand an Zeit und Kosten zu vermeiden. Mot. z. Einf.=Ges. S. 35.

selbe erst nach Ablauf von sechs[45]) Monaten seit der Ablieferung an den Käufer[46]) entdeckt worden ist.

Die Klagen[47]) gegen den Verkäufer wegen Mängel verjähren in sechs Monaten nach der Ablieferung an den Käufer.[48])

Die Einreden sind erloschen, wenn die im Artikel 347. vorgeschriebene sofortige Absendung der Anzeige des Mangels nicht innerhalb sechs Monate nach der Ablieferung an den Käufer geschehen ist. Ist die Anzeige in dieser Weise erfolgt, so bleiben die Einreden bestehen.

An den besonderen Gesetzen oder Handelsgebräuchen, durch welche für einzelne Arten von Gegenständen[49]) eine kürzere Frist bestimmt ist,[50]) wird hierdurch nichts geändert.

Ist die Haftbarkeit des Verkäufers auf eine kürzere oder längere Frist vertragsmäßig festgesetzt, so hat es hierbei sein Bewenden.

Artikel 350.

Die Bestimmungen der Artikel 347. und 349. können von dem Verkäufer im Falle eines Betruges nicht geltend gemacht werden.[51])

Artikel 351.

Sofern nicht durch Ortsgebrauch oder besondere Abrede ein Anderes

---

45) — vergl. §. 343. Th. I. Tit. 5. ALR.

46) — nicht aber an dessen Spediteur oder Frachtführer, weil der Käufer durch die Ablieferung an die Letzteren noch nicht in den Stand gesetzt wird, eine Untersuchung der Waaren vorzunehmen. Prot. S. 662.

47) — nicht nur die sogenannten ädilizischen Klagen, welche nur für den Kauf einer Spezies gegeben sind, sondern auch die aus dem Kaufkontrakte selbst zuständigen Rechtsmittel, Prot. S. 659, nur nicht die aus dem Betruge. cfr. Art. 350.

48) Der Absatz 4. spricht den Grundsatz aus: daß wegen der erst 6 Monat nach der Ablieferung entdeckten, und folglich erst nach diesem Zeitraume anzeigbaren Mängel ein Gewährsanspruch nicht mehr geltend gemacht werden kann. Von einer Verjährung kann hiebei nicht die Rede sein, da die Anzeige Vorbedingung für die Entstehung des Rechts ist, Gewährleistung zu fordern. — Abs. 2. u. 3. hingegen lassen das entstandene Recht innerhalb 6 Monaten nach der Ablieferung der Waare verjähren und setzen beide die sofortige Anzeige nach der Entdeckung voraus, da das Unterbleiben derselben nach Absatz 2. und 3. des Art. 347. den Verlust des Rechts, sich auf die vorgefundenen Mängel zu berufen, zur Folge hat.

49) Eine allgemeine Abänderung dieses Artikels durch Gesetz oder Handelsgebrauch soll nicht gestattet sein, doch sollen nicht nur die zur Zeit der Publikation des Handelsgesetzbuchs bereits bestehenden besonderen gesetzlichen Bestimmungen und Gewohnheiten aufrecht erhalten werden, sondern es soll auch das Recht gewährt werden, solche künftig einzuführen. Prot. S. 662.

50) — dahin gehören z. B. die an vielen Orten bestehenden Verjährungsvorschriften über den Handel mit Vieh.

51) Der Verkäufer kann sich eben so wenig auf dieselben berufen, wenn er dem Käufer die Pflicht der Untersuchung erlassen hat. Prot. S. 666. Es ist hier überhaupt an den civilrechtlichen dolus, nicht aber an einen Betrug im strafrechtlichen Sinne gedacht. Prot. S. 1461.

bestimmt ist, trägt der Verkäufer die Kosten der Uebergabe, insbesondere des Messens und Wägens; der Käufer die Kosten der Abnahme.[52])

Artikel 352.

Ist der Kaufpreis nach dem Gewicht der Waare zu berechnen, so kommt das Gewicht der Verpackung (Taragewicht) in Abzug, wenn nicht durch besondere Abrede oder durch den Handelsgebrauch am Orte der Uebergabe ein Anderes bestimmt ist. Ob und in welcher Höhe das Taragewicht nach einem bestimmten Ansatze oder Verhältnisse statt nach genauer Ausmittelung abzuziehen ist, ingleichen ob und wieviel als Gutgewicht zu Gunsten des Käufers zu berechnen ist, oder als Vergütung für schadhafte oder unbrauchbare Theile (Refaktie) gefordert werden kann, ist nach dem Vertrage oder dem Handelsgebrauche am Orte der Uebergabe zu beurtheilen.

Artikel 353.

Ist im Vertrage der Marktpreis oder der Börsenpreis als Kaufpreis bestimmt, so ist im Zweifel hierunter der laufende Preis, welcher zur Zeit und an dem Orte der[53]) Erfüllung oder an dem für letzteren maaßgebenden Handelsplatze nach den dafür bestehenden örtlichen Einrichtungen[54]) festgestellt ist, in Ermangelung einer solchen Feststellung oder bei nachgewiesener Unrichtigkeit derselben, der mittlere Preis zu verstehen, welcher sich aus der Vergleichung der[55]) zur Zeit und am Orte der Erfüllung geschlossenen Kaufverträge ergiebt.

---

52) Da die Uebergabe der Waare zu den Verbindlichkeiten des Verkäufers gehört, so hat dieser auch die Kosten derselben zu tragen; die Abnahme der Waare ist dagegen Sache des Käufers. Diesen werden daher auch insbesondere die Kosten der Verpackung (Emballage) treffen, insofern dieselben nicht zum Zwecke der Uebergabe, sondern mit Rücksicht auf die Versendung aufgewendet worden. Mot. S. 143.

53) — vom Verkäufer zu leistenden Erfüllung. Prot. S. 669.

54) Es wurde für unerläßlich angesehen, da auf den Marktpreis nicht selten durch Scheinkäufe ꝛc. influirt werde, eine Vermuthung für die amtlich notirten Preise aufzustellen, welche bald durch Börsenältesten, bald durch einen Ausschuß von Kaufleuten und Mäklern, bald durch Regierungs-Kommissäre mit sachgemäßer Prüfung der einzelnen, von den Mäklern notirten Geschäfte und namentlich mit Prüfung der Frage, ob sie nicht blos simulirt seien, aufgestellt würden. Außerdem hielt man es für nothwendig, den Beweis zuzulassen, daß diese amtlichen Notirungen auf falschen Unterstellungen, simulirten Verträgen ꝛc. beruhten, und nicht den eigentlichen Marktpreis darstellten. Erst wenn die Unrichtigkeit derselben nachgewiesen ist, oder solche amtliche Notizen nicht vorhanden sind, ist der mittlere Preis der zur Zeit und am Orte der Erfüllung geschlossenen Kaufverträge als Markt- oder Börsenpreis angesehen worden, obschon nicht verkannt wurde, daß dies, wenn nur 2 oder 3 Kaufverträge über dieselbe Gattung Waaren abgeschlossen worden, nicht immer der kaufmännischen Auffassung von einem „Marktpreise" entsprechen würde. Prot. S. 667.

55) Aller? Dies kann wohl die Absicht des Gesetzes nicht sein, denn sonst läge der beweispflichtigen Partei auch der Nachweis der Negation ob, daß nur die von ihr nachgewiesenen Kaufverträge und keine anderen geschlossen seien. Es wird der Nachweis einer Anzahl von geschlossenen Kaufverträgen genügen müssen,

Artikel 354.

Wenn der Käufer mit der Zahlung des Kaufpreises im Verzuge und die Waare noch nicht übergeben ist, so hat der Verkäufer die Wahl, ob er die Erfüllung des Vertrages und Schadensersatz wegen verspäteter Erfüllung verlangen, oder ob er statt der Erfüllung die Waare unter Beobachtung der Bestimmungen des Artikels 343. für Rechnung des Käufers verkaufen[56]) und Schadensersatz fordern, oder ob er von dem Vertrage abgehen will,[57]) gleich als ob derselbe nicht geschlossen wäre.

---

und dem richterlichen Ermessen überlassen bleiben, in jedem einzelnen Falle zu prüfen, ob durch dieselben die Existenz eines Marktpreises und dessen Höhe nachgewiesen ist.

56) Der Verkäufer kann also nicht die Waare behalten und die Preisdifferenz fordern. Er steht in dieser Beziehung nicht mit dem Käufer gleich, welcher nach Art. 355. die Preisdifferenz fordern kann, ohne die Waare sich anderweit anzuschaffen. Diese Verschiedenheit ist jedoch mit Bewußtsein zugelassen worden, weil erwogen wurde, daß der Käufer eine Leistung von stets gleichem Werthe, von Geld zu machen habe, der Verkäufer dagegen eine Leistung, die Waare, welche steten Preisfluktuationen unterworfen sei, daß man also genau bestimmen müßte, zu welchem Preise er sich die verkaufte Waare, die er nicht liefern sondern behalten wolle, anzunehmen habe; solche Bestimmungen in entsprechender Weise aufzustellen, sei unmöglich. Außerdem würde eine solche dem Verkäufer verliehene Befugniß eine Einladung zu Differenzgeschäften enthalten. Prot. S. 4598.

57) Gegen die Befugniß des Verkäufers, im Falle des Art. 354. von dem Vertrage abzugehen, wurde erinnert, daß hiedurch die Folgen des Verzuges für den Käufer ungebührlich erschwert würden, während andererseits der Verkäufer nicht nur gegen die Nachtheile aus dem Verzuge geschützt würde, sondern denselben auch zu seiner Bereicherung ausbeuten könne; bei fallender Konjunktur werde er die Waare für Rechnung des Käufers, bei steigender Konjunktur für seine eigene Rechnung verkaufen. Eine solche Befugniß habe auch erhebliche praktische Bedenken gegen sich, weil im Handelsverkehre selten ein Geschäft für sich allein, sondern in der Regel eine Reihe von Geschäften in Zusammenhang stehe. Der Käufer habe in der Regel mit Rücksicht auf den Einkauf einer Waare andere Verkäufe geschlossen und Verbindlichkeiten eingegangen, die er mit der erkauften Waare zu erfüllen gedachte. Wenn nun der Verkäufer blos wegen des Verzuges des Käufers, der ja auch ohne alles Verschulden desselben eintreten könne, vom Vertrage zurücktreten könne, so werde hiedurch eine unauflösbare Verwirrung, jedenfalls ein ganz unverhältnißmäßiger Nachtheil für den Käufer entstehen. — Man erwiderte jedoch: Auch der Verkäufer rechne sehr oft auf das pünktliche Eingehen des Geldes, um es für seine weiteren Spekulationen zu verwenden; er müsse daher befugt sein, anderweitig über die Waare zu verfügen und sie schnell in Geld umzusetzen. Verkaufe er sie nun für Rechnung des Käufers, so komme er dadurch noch nicht für alle Zeit von der Sache los und habe dann immer noch die Verpflichtung, dem Käufer Rechenschaft zu geben und die Beobachtung möglichster Sorgfalt zu beweisen. Für den Käufer sei ein Nachtheil aus jener Befugniß des Verkäufers nicht zu fürchten, denn während er von dem Geschäfte ganz los komme, wenn der Verkäufer zurücktrete, müsse er für den Mindererlös aufkommen, wenn der Verkäufer für seine (des Käufers) Rechnung verkaufe; außerdem sei dem Käufer im Art. 356. eine Frist zur Nachholung des Versäumten gestattet, so daß es dem Verkäufer kaum möglich sein werde, auf Kosten des Käufers zu spekuliren. Endlich sei anzunehmen, daß nur in den Fällen vom Rück-

Artikel 355.

Wenn der Verkäufer mit der Uebergabe der Waare im Verzuge ist, so hat der Käufer die Wahl, ob er die Erfüllung nebst Schadensersatz wegen verspäteter Erfüllung verlangen, oder ob er statt der Erfüllung Schadensersatz wegen Nichterfüllung[58]) fordern oder von dem Vertrage abgehen will, gleich als ob derselbe nicht geschlossen wäre.

Artikel 356.

Will ein Kontrahent auf Grund der Bestimmungen der vorigen Artikel statt der Erfüllung Schadensersatz wegen Nichterfüllung fordern oder von dem Vertrage abgehen, so muß er dies dem anderen Kontrahenten anzeigen und ihm dabei, wenn die Natur des Geschäfts dies zuläßt, noch eine den Umständen angemessene Frist zur Nachholung des Versäumten gewähren.[59])

Artikel 357.

Ist bedungen, daß die Waare genau zu einer festbestimmten Zeit oder binnen einer festbestimmten Frist geliefert werden soll,[60]) so kommt der

---

tritt werde Gebrauch gemacht werden, wenn der Preis der Waare ziemlich gleich geblieben sei, denn wenn dieselbe im Werthe erheblich gesunken sei, werde der Verkäufer nicht zurücktreten wollen, und wenn die Waare gestiegen sei, so werde der Käufer schon bemüht sein, auf die Androhung des Rücktritts moram zu purgiren. Prot. S. 1409. — Erklärt der Verkäufer seinen Rücktritt vom Vertrage, so hat dies den Sinn, daß er die Waare wieder auf seine Gefahr und Spekulation übernehmen wolle; er macht dann von einem Reurechte Gebrauch. Daraus folgt von selbst, daß der Vertrag so angesehen werden muß, als wenn er gar nicht geschlossen worden wäre; sonst müßte man auch in Betracht ziehen, um wie viel die Waare bis zur Auflösung des Kontrakts durch Aenderung der Konjunktur, durch den Transport an den Lieferungsort u. dergl. mehr werth geworden ist, was zu großen Verwickelungen führen würde. Prot. S. 4593.

58) Dies wird in der Regel die Preisdifferenz zwischen der Lieferungszeit und der Zeit der Geltendmachung des Anspruchs sein. (Prot. S. 4597), doch wird nach Analogie des Art. 357. Abs. 3. ein erweislich höherer Schaden liquidirt werden können, obschon die Verallgemeinerung dieses Absatzes auch auf andere, als die im 1. Absatz desselben Artikels gedachten Fälle ausdrücklich abgelehnt worden ist. Vergl. Prot. S. 4603.

59) Falls ein Streit über die Angemessenheit der Frist entsteht, so hat der Richter denselben nach den Umständen des Falles zu entscheiden. Selbstverständlich handelt es sich nicht darum, daß dem Säumigen unter allen Umständen eine solche Frist gesetzt werde, welche erforderlich wäre, um die Leistung möglich zu machen, auch wenn für dieselbe noch gar nichts geschehen wäre, also nicht darum, daß z. B. zur Lieferung einer bestellten Maschine nochmals eine zu ihrer Fertigung erforderliche mehrjährige Frist eröffnet werde, sondern nur darum, daß eine purgatio morae nicht doloser Weise unmöglich gemacht werde. Prot. S. 1404. — Von der Bewilligung einer Frist kann in solchen Fällen keine Rede sein, in welchen schon nach der Natur des Vertrages eine purgatio morae als ausgeschlossen anzusehen ist. Prot. S. 1414.

60) Der Pr. Entw. hatte in den Art. 273—276. für diejenigen Lieferungsgeschäfte, bei denen die zu liefernde Sache einen Börsenkurs oder Marktpreis hat und die Pflicht zur Lieferung oder Empfangnahme auf einen bestimmten Tag

Artikel 356. nicht zur Anwendung.[61]) Der Käufer sowie der Verkäufer kann die Rechte, welche ihm gemäß Artikel 354. oder 355. zustehen, nach seiner Wahl ausüben. Es muß jedoch derjenige, welcher auf der Erfüllung bestehen will, dies unverzüglich nach Ablauf der Zeit oder der Frist dem anderen Kontrahenten anzeigen; unterläßt er dies, so kann er später nicht auf der Erfüllung bestehen.[62])

Will der Verkäufer statt der Erfüllung für Rechnung des säumigen Käufers verkaufen, so muß er, im Falle die Waare einen Markt- oder Börsenpreis hat, den Verkauf unverzüglich nach Ablauf der Zeit oder der Frist vornehmen. Ein späterer Verkauf gilt nicht als für Rechnung des Käufers geschehen. Eine vorgängige Androhung ist nicht erforderlich, da-

---

oder in den Grenzen einer bestimmten Frist fixirt ist, besondere Bestimmungen getroffen. Er verordnete, daß bei diesen Geschäften die Erfüllung unter dem wirklichen Anerbieten der vertragsmäßigen Gegenleistung zur bestimmten Zeit durch Protest gefordert werden müsse, und daß, wenn die Aufforderung nicht erfüllt werde, der Vertrag sich in die Verpflichtung des Nichterfüllenden zum Schadensersatz auflösen solle; daß ferner der Betrag der Entschädigung in der Regel nur in der Differenz des vertragsmäßigen Kaufpreises und des Börsen- oder Marktpreises bestehen, und der Vertrag als aufgelöst gelten solle, wenn zur bestimmten Zeit von keinem der Kontrahenten erfüllt oder die Aufforderung zur Erfüllung gestellt sei (Mot. S. 147). — Gegen diese Bestimmung erhob sich in der Konferenz lebhafter Widerspruch, und es wurde deren Streichung beschlossen. Nur in den Art. 357. und 358. des Handelsgesetzbuchs sind einige Nachklänge von jener Theorie enthalten.

Der Art. 357. bezieht sich nicht auf alle Lieferungsgeschäfte, sondern lediglich auf diejenigen, bei welchen die Lieferung zu einer fest bestimmten Zeit oder binnen einer festbestimmten Frist bedungen ist. Mit dieser Bezeichnung sollen diejenigen Geschäfte getroffen werden, bei welchen nach der anzunehmenden Absicht der Kontrahenten der Säumige auf Abnahme der verspäteten Leistung nicht weiter mit Sicherheit rechnen kann (Prot. S. 1411), bei denen entsprechend jener Absicht die Lieferung weder früher noch später als zu der verabredeten Erfüllungszeit gefordert oder gemacht werden darf (Prot. S. 678). Man nahm an: die Abrede — daß die Waare genau zu einer festbestimmten Zeit oder binnen einer festbestimmten Frist geliefert werden solle, widrigenfalls der Säumige nicht zu reeller Erfüllung, sondern nur zur Zahlung der Differenz verpflichtet sei — werde selten ausdrücklich getroffen werden, weil die Kontrahenten befürchten müßten, daß ihr Geschäft als Spiel- und Wettgeschäft angesehen werden würde. Prot. S. 4601.

Abweichend vom Pr. Entw. kann auch bei den Geschäften, welche unter den Art. 357. fallen, die Erfüllung des Vertrages noch nach Ablauf des festgesetzten Zeitpunktes verlangt (Prot. S. 673), und nicht nur die Differenz zwischen dem Kauf- und dem Marktpreise, sondern auch der erweislich höhere Schaden liquidirt werden. Prot. S. 675.

61) Es braucht also im Falle dieses Artikels, außer wenn auf Erfüllung bestanden wird, dem säumigen Kontrahenten weder eine purgatio morae zugestanden, noch Anzeige gemacht zu werden, welches Wahlrecht ausgeübt werde.

62) Durch die Bestimmung, daß auf die Erfüllung nicht bestanden werden kann, wenn dieselbe nicht unverzüglich verlangt worden, soll den Spekulationen auf die Preisveränderungen in der Zwischenzeit vorgebeugt werden. Prot. S. 1405. Der Pr. Entw. (Art. 273.) ging in der Absicht, auf die effektive Natur der Lieferungsgeschäfte hinzuwirken, noch weiter und verlangte, daß die Aufforderung mit

gegen hat der Verkäufer auch in diesem Falle den bewirkten Verkauf dem Käufer ungesäumt anzuzeigen.

Wenn der Käufer statt der Erfüllung Schadensersatz wegen Nichterfüllung fordert, so besteht, im Falle die Waare einen Markt- oder Börsenpreis hat, der Betrag des von dem Verkäufer zu leistenden Schadensersatzes in der Differenz zwischen dem Kaufpreise und dem Markt- und Börsenpreise zur Zeit und am Orte der geschuldeten Lieferung, unbeschadet des Rechts des Käufers, einen erweislich höheren Schaden geltend zu machen.

Artikel 358.

In den Fällen des Artikels 357. ist jeder Kontrahent berechtigt, den Verzug des anderen Kontrahenten auf dessen Kosten durch eine öffentliche Urkunde (Protest) feststellen zu lassen.

Artikel 359.

Wenn in den Fällen der Artikel 354. 355. und 357. sich aus den Umständen, insbesondere aus der Natur des Vertrages, aus der Absicht der Kontrahenten oder aus der Beschaffenheit des zu leistenden Gegenstandes ergiebt, daß die Erfüllung des Vertrages auf beiden Seiten theilbar ist, so kann das Abgehen des einen Kontrahenten von dem Vertrage nur in Betreff des von dem anderen Kontrahenten nicht erfüllten Theiles des Vertrages erfolgen.[63])

---

einem wirklichen Anerbieten der vertragsmäßigen Gegenleistung verbunden sei. — Dies wurde jedoch abgelehnt und unter Anderem hiegegen angeführt: Diese Verbindlichkeit werde einerseits denjenigen sehr beschweren, der es in der That auf ein Lieferungsgeschäft abgesehen habe, weil es für diesen außerordentlich lästig sei, unter Umständen eine große Partie Waaren z. B. Getreide, auf Wagen vor das Haus des anderen Kontrahenten fahren zu müssen, obschon er wisse, daß dieser sie gar nicht annehmen werde, und andererseits werde sie sehr leicht, namentlich im Kreditpapiergeschäfte, umgangen werden können, denn es werde ein Kontrahent kaum anders auf Erfüllung dringen, als wenn die Preisverhältnisse zu seinen Gunsten gestaltet seien. Sei dies der Fall, dann würden ihm leicht die Mittel zur scheinbaren Anerbietung der Erfüllung von Anderen anvertraut. Prot. S. 676 u. 1405.

63) — weil in diesen Fällen der Vertrag sich gemäß dem Sachverhältniß als eine Zusammenfassung von mehreren Verträgen oder von Verpflichtungen zu wiederholten, nicht in wesentlichem Zusammenhange stehenden Leistungen darstellt. Mot. S. 132. Prot. S. 596. 607. 1403.

Dritter Titel.

Von dem Kommissionsgeschäft.[1])

Artikel 360.

Kommissionair ist derjenige, [2]) welcher gewerbemäßig in eigenem Namen [3]) für Rechnung eines Auftraggebers (Kommittenten) Handelsgeschäfte [4]) schließt. [5])

Durch die Geschäfte, welche der Kommissionair mit Dritten schließt, wird er allein [6]) berechtigt und verpflichtet. [7]) Zwischen dem Kommittenten und den Dritten entstehen daraus keine Rechte und Pflichten. [8])

Ist von dem Auftraggeber ausdrücklich bestimmt, daß das Geschäft

---

1) Im ALR. und in der AGO. wird nur beiläufig des kaufmännischen Kommissionshandels Erwähnung gethan. In Ermangelung positiver Vorschriften wandte die Praxis auf das Kommissionsgeschäft die gewöhnlichen, civilrechtlichen Regeln über das Mandat an, gerieth hierbei indessen nicht selten in Widerspruch mit den Ansichten der Handelswelt. Die erhebliche Verschiedenheit zwischen dem civilrechtlichen Mandat und der kaufmännischen Kommission zeigt sich in Folgendem: Der Kommissionair handelt nicht im Namen und mit den Mitteln seines Auftraggebers, sondern in eigenem Namen, mit eignen Mitteln und eigenem Kredit. Er hat deshalb auch ein eigenes, durch seinen Eintritt in das aufgetragene Geschäft begründetes rechtliches Interesse; das ganze Verhältniß gewinnt gewissermaßen die Natur eines zweiseitigen Rechtsverhältnisses, während das reine Mandat überwiegend einseitig ist und ausschließlich den Zweck hat, die Stellvertretung des Mandanten herbeizuführen. Hierzu kommt, daß bei dem Kommissionsgeschäfte, insbesondere beim überseeischen Verkehr nicht selten Nebenabreden getroffen werden, welche dasselbe noch entschiedener von seiner ursprünglichen Mandatsnatur entfernen, indem sie öfters die Widerruflichkeit aufheben und eine direkte Haft des Kommissionairs für die Erfüllung des Geschäfts begründen. Der Kommissionshandel ist deshalb in den nachfolgenden Bestimmungen als ein besonderes, dem Handelsrecht eigenthümliches Rechtsverhältniß aufgefaßt worden, dessen Grundlage wenngleich durch das praktische Bedürfniß mannigfach modifizirt, freilich immerhin das Mandat bleibt. Mot. S. 149.

2) Cfr. Art. 378.

3) Dadurch allein, daß ein **Mandatar** das aufgetragene Geschäft in eigenem Namen abschließt, wird er natürlich noch nicht zu einem Kommissionair (§. 154. Th. I. Tit. 13. ALR.) Mot. S. 150.

4) — nicht auch anderweitige Geschäfte, wie z. B. den An- und Verkauf von Gütern. Mot. S. 150.

5) Daß dem Kommissionair neben dem **Abschlusse** des Geschäfts auch eine gewisse Sorge für die **Ausführung** desselben obliegt, ist durch das Gesetz nicht ausgeschlossen, und ergiebt sich aus der Mandatsnatur des Kommissionsverhältnisses von selbst. Mot. S. 149.

6) — d. h. den **Dritten** gegenüber, wie aus dem folgenden Satze erhellt.

7) Dadurch, daß der Kommissionair das Geschäft in eigenem Namen schließt, entstehen zwei selbstständige, von einander getrennte Rechtsverhältnisse, das des Kommittenten zum Kommissionair und das des Letzteren zum dritten Kontrahenten.

auf seinen Namen abgeschlossen werden soll, so ist dies keine kaufmännische Kommission, sondern ein gewöhnlicher Auftrag zu einem Handelsgeschäft. [9])

Artikel 361. [10])

Der Kommissionair hat das Geschäft [11]) mit der Sorgfalt eines ordentlichen Kaufmanns im Interesse des Kommittenten, gemäß dem Auftrage auszuführen; er hat dem Kommittenten die erforderlichen Nachrichten zu geben, insbesondere sofort nach der Ausführung des Auftrages davon Anzeige zu machen; [12]) er ist verpflichtet, dem Kommittenten über das Geschäft Rechenschaft zu geben und ihm dasjenige zu leisten, was er aus dem Geschäft zu fordern hat. [13])

Artikel 362. [14])

Handelt der Kommissionair nicht gemäß dem übernommenen Auftrage, so ist er dem Kommittenten zum Ersatze des Schadens verpflichtet; der Kommittent ist nicht gehalten, das Geschäft für seine Rechnung gelten zu lassen. [15])

Dies entspricht dem Interesse beider Theile, sowohl des Kommittenten, welcher häufig namentlich wenn der Kommissionair del credere steht, nur mit diesem zu thun haben will, als auch dem Interesse des Kommissionairs, welcher wünschen muß, daß dem Dritten seine Beziehungen und Geschäftsverbindungen nicht bekannt werden. Hieraus ergiebt sich von selbst, daß der Kommissionair gegen denjenigen, mit welchem er den Handel schließt, nicht gehalten ist, die Person seines Kommittenten anzugeben. Mot. S. 150.

8) Es stehen ihnen gegeneinander weder actiones directae noch utiles zu.

9) Dieser Absatz hat den Zweck, eine scharfe Grenze zwischen Kommission und Auftrag zu ziehen, ohne sich darüber zu verbreiten, was Dritten gegenüber Rechtens sei. Prot. S. 684.

10) Es wurde allgemein anerkannt, daß dieser Artikel nichts Anderes ausspreche, als was jeder Jurist und jeder ordentliche Kaufmann als durch die Natur des Kommissionsgeschäfts bedingt ansehen würde. Dennoch wurde die Aufnahme dieser Bestimmung in das Gesetz, namentlich mit Rücksicht auf das Pr. Recht, wo die bestehende gesetzliche Regelung des Mandats und des Kommissionsgeschäfts nicht vollständig ausreiche, beliebt. Prot. S. 686.

11) — nämlich das übernommene, denn eine allgemeine Pflicht, den Auftrag des Kommittenten anzunehmen, besteht nicht. Vergl. jedoch den Art. 323.

12) — weil der Kommittent ganz besonders interessirt ist, zu wissen, was aus seinem Auftrage geworden ist. Beim Verkaufe eines Waarenlagers bedarf es aber selbstverständlich nicht einer Nachricht von jedem einzelnen Verkaufe, denn solche Verkäufe sind als ein ganzes, zusammenhängendes Geschäft anzusehen. Prot. S. 687.

13) Gegen unzeitige Berufungen auf die Pflicht zur Herausgabe dessen, was der Kommissionair aus dem Geschäfte besitzt, wird derselbe durch Art. 374. geschützt.

14) Dieser Artikel enthält das Prinzip, für alle auftragswidrigen Handlungen des Kommissionairs. Von diesem Prinzipe machen die Art. 363 u. 364. Ausnahmen in Betreff der Verkaufs- und der Einkaufs-Kommission für den Fall, wenn der limitirte Preis von dem Kommissionair zum Nachtheil des Kommittenten überschritten wird.

15) Bei der ersten Lesung wurde der Zusatz gemacht: er kann aber die ver-

Artikel 363.

Hat der Kommissionair unter dem ihm gesetzten Preise verkauft, so muß er dem Kommittenten den Unterschied[16]) im Preise vergüten,[17]) sofern er nicht beweist, daß ein Verkauf zu dem gesetzten Preise nicht ausgeführt werden konnte und die Vornahme des Verkaufs von dem Kommittenten Schaden abgewendet hat.

Artikel 364.

Hat der Kommissionair den für den Einkauf gesetzten Preis überschritten, so kann der Kommittent den Einkauf als nicht für seine Rechnung geschehen zurückweisen, sofern sich der Kommissionair nicht zugleich[18]) mit der Einkaufsanzeige zur Deckung des Unterschiedes erbietet.[19])

Der Kommittent, welcher den Einkauf als nicht für seine Rechnung

---

äußerte Waare von dem dritten redlichen Besitzer nicht zurückfordern. — Man ging nämlich davon aus, daß derjenige, welcher mit einem Kommissionair verhandle, die Limitationen, welche demselben ertheilt sind, in der Regel nicht kenne, weshalb ihm dieselben auch nicht präjudiziren könnten. Die Vindikation sollte aber nur dem „redlichen" Besitzer gegenüber ausgeschlossen sein, um Kollusionen zwischen den Kommissionairen und dritten Personen zum Nachtheil der Auftraggeber auszuschließen, und nicht diejenigen Personen zu begünstigen, welche an dem dolus des Kommissionairs Antheil genommen hätten. Prot. S. 690. Auch in zweiter Lesung wurde sowohl für die Verkaufs-Kommission, als auch für eine mit Besitzübertragung verbundene Verpfändung von Kommissionsgütern der Satz: „Hand wahre Hand" anerkannt. Prot. S. 1187. In dritter Lesung ist jener Zusatz jedoch wegen der entsprechenden, in das Handelsgesetzbuch aufgenommenen allgemeinen Bestimmungen der Art. 306—308. gestrichen worden. Prot. S. 4605 und 4622.

16) Es wurde das Bedenken geäußert, ob hiermit jeder Ersatz der verkauften Sache durch einen Gegenstand gleicher Beschaffenheit und gleichen Werthes, z. B. eines Staatspapieres au porteur durch ein anderes derselben Art und von dem nämlichen Werthe, ausgeschlossen erscheine; hierauf wurde jedoch entgegnet, daß, wenn eine solche Substitution überhaupt thunlich und der Kommissionair zu derselben bereit sei, der Kommittent keinen Schaden habe, also der obige Artikel nicht zur Anwendung komme. Hiermit war man allgemein einverstanden, und hielt es für bloße Fassungssache, das angeregte Bedenken, wenn nöthig, zur Vermeidung von Mißverständnissen etwa bei der Redaktion zu berücksichtigen. Prot. S. 694 u. 1189. Dies Bedenken ist jedoch durch die Fassung des Artikels keineswegs erledigt, da positiv die Vergütung der Preis-Differenz vorgeschrieben, und dem Kommittenten nicht auferlegt ist, sich je nach dem Willen des Kommissionairs auch mit einem Ersatze seiner auftragswidrig verkauften Sachen durch gleiche zu begnügen.

17) — mag auch in einzelnen Fällen der Schaden des Kommittenten ein geringerer, oder größerer gewesen sein. Man beabsichtigte, durch die obige gesetzliche Feststellung der Höhe der Schadensforderung alle Streitigkeiten hierüber abzuschneiden. Prot. S. 690. Dadurch ist aber nicht ausgeschlossen, daß der Kommissionair, wenn er noch in anderer Beziehung seine Pflichten verletzt, z. B. eine günstige Verkaufsgelegenheit pflichtwidrig versäumt hat, nach den Umständen des Falls noch zu einer weiteren Entschädigung verpflichtet sein kann. Prot. S. 4624.

18) Daß sich der Kommissionair sofort bei der Anzeige über die Ausführung des Auftrages eventuell zur Deckung des Unterschiedes erbieten, und der

geschehen zurückweisen will,[20]) muß dies ohne Verzug auf die Einkaufsanzeige erklären, widrigenfalls die Ueberschreitung des Auftrages als genehmigt gilt.[21])

Artikel 365.

Wenn das Gut, welches dem Kommissionair zugesandt wird, bei der Ablieferung sich in einem äußerlich erkennbar beschädigten oder mangelhaften Zustande befindet, so muß der Kommissionair die Rechte gegen den Frachtführer oder Schiffer wahren, für den Beweis jenes Zustandes sorgen und dem Kommittenten ohne Verzug Nachricht geben.[22])

Im Unterlassungsfalle ist er für den daraus entstandenen Schaden verantwortlich.[23])

Er kann den Zustand durch Sachverständige[24]) feststellen lassen, und wenn das Gut dem Verderben ausgesetzt und Gefahr im Verzuge ist, unter Beobachtung der Bestimmungen des Artikels 343. den Verkauf des Guts bewirken.

Artikel 366.

Treten Veränderungen an dem Gute ein, welche dessen Entwerthung[25]) befürchten lassen, und ist keine Zeit vorhanden, die Verfügung des Kommittenten einzuholen, oder der Kommittent in der Ertheilung der Verfügung säumig, so kann der Kommissionair unter Beobachtung der Bestimmungen des Artikels 343. den Verkauf des Guts veranlassen.

Ein gleiches Recht hat der Kommissionair in allen anderen Fällen, in

---

Kommittent ohne Verzug sich über die Annahme oder Ablehnung erklären müsse, wurde für nothwendig erachtet, um die Berücksichtigung der späteren Konjunkturen zum Nachtheil des Gegners auszuschließen. Prot. S. 691. 693.

19) Thut dies der Kommissionair, so muß der Kommittent den Einkauf genehmigen, kann aber das Erbieten zur Deckung des Unterschieds annehmen. Auf ein nach erfolgter Ablehnung eingegangenes Erbieten des Kommissionairs zur Deckung des Unterschieds braucht sich der Auftraggeber nicht einzulassen.

20) Dies kann er eben nur, wenn der Kommissionair sich nicht zugleich erboten hat, den Unterschied zu decken.

21) Der Kommissionair haftet dann nicht für den Unterschied.

22) Diese Bestimmung ist mit Rücksicht darauf nothwendig, daß nach Art. 408. durch Annahme des Guts und Bezahlung der Fracht, beziehungsweise bei nicht äußerlich erkennbaren Fehlern durch Unterlassung der unverzüglichen Feststellung des Zustandes des Guts, jeder desfallsige Anspruch gegen den Frachtführer verloren geht. Zur Vornahme der im Art. 365. vorgeschriebenen Handlungen ist der Kommissionair in Folge des Mandatsverhältnisses zu seinem Kommittenten verpflichtet. Mot. S. 151.

23) Der Pr. Entwurf (Art. 280.) hatte das strengere Präjudiz: daß der Kommissionair im Unterlassungsfalle sich auf den mangelhaften Zustand des Guts gegen den Kommittenten nicht berufen könne. — Dieses Präjudiz wurde jedoch für zu hart befunden. Prot. S. 694 und 1190.

24) s. Einf.-Ges. Art. 16.

25) Nur solche Werthsminderungen, die in der Substanz des Guts ihren Grund haben, sind, wie der Ausdruck „Veränderungen an dem Gute" beweist,

welchen der Kommittent, obwohl hierzu nach Lage der Sache verpflichtet, über das Gut zu verfügen unterläßt.[26])

Artikel 367.

Für Verlust oder Beschädigung des Guts ist der Kommissionair, während er Aufbewahrer desselben ist, verantwortlich, wenn er nicht beweist, daß der Verlust oder die Beschädigung durch Umstände herbeigeführt ist, welche durch die Sorgfalt eines ordentlichen Kaufmanns nicht abgewendet werden konnten.[27])

Der Kommissionair ist wegen Unterlassung der Versicherung des Guts nur dann verantwortlich, wenn er von dem Kommittenten den Auftrag zur Versicherung erhalten hat.[28])

Artikel 368.

Forderungen[29]) aus einem Geschäft, welches der Kommissionair abge-

---

hier gemeint, nicht aber Werthsminderungen durch Aenderungen der Konjunktur. Prot. S. 1191.

26) Hier handelt es sich um solche Fälle, in denen ein Kommissionair eine Waare los sein will, von der er nicht weiß, was er mit ihr anfangen soll, also z. B. um den Fall, wenn er die Waaren des Kommittenten in Besitz bekommen hat vor Empfang der Kommission, die er vielleicht nicht annehmen wollte oder ausführen konnte, oder wenn der Kommittent angekaufte Waaren nicht abnimmt, obschon der Kommissionair für alle seine Ansprüche gedeckt ist ꝛc. Handelt es sich um einen Verkauf der Waaren zur Deckung des Kommissionairs, so finden die Art. 374. 375. Anwendung.

27) Die schärfere Haftung, als die eines Depositars, welche hier dem Kommissionair auferlegt wird, rechtfertigt sich dadurch, daß derselbe gleichzeitig Mandatar des Kommittenten ist, und überdies seine Bemühungen nicht unentgeldlich leistet. Mot. S. 152.

28) Mit Rücksicht auf die Verschiedenheit der Waaren, auf die Verschiedenheit der örtlichen Gewohnheiten und Verhältnisse, und da nicht allenthalben Gelegenheit zur Versicherung sei, hielt man eine allgemeine Vorschrift, daß in allen Fällen versichert werden müsse, nicht für gerechtfertigt. Prot. S. 696. Hat der Kommissionair aber ohne Auftrag versichert, so wird man ihm auch das Recht zusprechen müssen, die Erstattung der Prämie für die Versicherung von dem Kommittenten zu fordern, wenn im einzelnen Falle die Versicherung ein Akt der Sorgfalt eines ordentlichen Kaufmanns war.

Die Berechtigung des Kommissionairs, auch ohne Auftrag Versicherungen zu nehmen und Ersatz der verlegten Prämie zu fordern, ist indeß von mehreren Seiten angezweifelt worden, weil da kein Recht sei, wo keine Pflicht bestehe, und weil der Gesichtspunkt einer nützlichen Verwendung nur dann durchgreife, wenn hinterher ein Unfall die Waare wirklich betroffen habe. Von anderer Seite wurde das Letztere verneint, und bemerklich gemacht, daß der Kommissionair Pfandgläubiger sei, und als solcher die für Sicherung des Pfandobjekts gemachten Auslagen von seinem Schuldner ersetzt verlangen könne. Es wurde beschlossen, über die erwähnte Frage keine ausdrückliche Bestimmung in das Gesetz aufzunehmen. Prot. S. 1205.

29) Ob Gelder, welche dem Kommissionair von dem Kommittenten oder für denselben eingezahlt worden, in das Eigenthum des ersteren übergehen, wurde

schlossen hat, kann der Kommittent dem Schuldner gegenüber erst nach der Abtretung[30]) geltend machen.

Jedoch gelten solche Forderungen, auch wenn sie nicht abgetreten sind, im Verhältniß zwischen dem Kommittenten und dem Kommissionair oder dessen Gläubigern als Forderungen des Kommittenten.[31])

Artikel 369.

Der Kommissionair, welcher ohne Einwilligung des Kommittenten

---

mehrfach besprochen. Es machte sich jedoch schließlich die Auffassung geltend, daß die Fälle, in denen dem Kommissionair Geld von dem Kommittenten oder für denselben zugestellt werde, zu verschieden seien, als daß eine einzige Bestimmung nach allen Richtungen hin zutreffen könne; denn anders müsse eine Zahlung für Forderungen des Kommissionairs, anders das Inkassogeschäft, anders eine als Waare gesendete Quantität Geld rücksichtlich des Eigenthumserwerbes, der Tragung der Gefahr u. dergl. beurtheilt werden. Prot. S. 1195. — Ueber die weiteren Fragen, wann bei der Einkaufskommission das Eigenthum der eingekauften Waare auf den Kommittenten übergeht, und ob der Kommissionair, welcher eine Waare mit dem Auftrage erhält, sie zur Verfügung eines Dritten zu halten, dieselbe sofort als Stellvertreter dieses Dritten besitzt, wurde in der Konferenz eine Einigung nicht erzielt, und deshalb schließlich die Streichung der hievon handelnden Art. 284. und 286. des Pr. Entw. beschlossen. Mot. S. 153. 154. Prot. S. 697 ff. 705. 1196 ff. 1251. 1442.

30) Daß der Kommittent gegenüber dem Dritten nicht ohne Cession der Rechte Seitens des Kommissionairs auftreten kann, folgt aus der juristischen Natur des zwischen dem dritten Kontrahenten als Schuldner und dem Kommissionair als Gläubiger gemäß Art. 360. begründeten obligatorischen Verhältnisses, in welches nicht ohne Weiteres ein Anderer als Gläubiger eingeschoben werden kann; theils liegt die hauptsächliche Sicherheit des Kommissionairs gerade darin, daß die Forderungen nur durch ihn, oder doch mit seinem Willen eingezogen werden können. Dem Kommissionair und dessen Gläubigern gegenüber muß dagegen auch hier der Kommittent als der eigentlich Berechtigte gelten. Mot. S. 154.

31) Dieser Satz wurde vom rechtlichen Standpunkte aus für bedenklich erachtet, denn der Kommissionair erscheine nach den gefaßten Beschlüssen, und da er nur auf eigenem Namen kontrahire, ohne Zweifel als Eigenthümer der Forderung, als ein solcher, dem der Kommittent, wie jeder andere Gläubiger, fidirt (getraut) habe; wenn hiernach ein solcher Satz juristisch kaum zu rechtfertigen sei, so habe er auch sehr erhebliche praktische Bedenken, weil durch denselben z. B. im Konkurse der Kommittent gegenüber den anderen Gläubigern des Kommissionairs außerordentlich begünstigt werde, denn obwohl der Erstere gerade so wie die übrigen Gläubiger getraut habe, erhalte er seine volle Deckung durch Zuweisung der entsprechenden Forderungen, während die übrigen leer ausgingen. — Es wurde jedoch erwidert: die obige Bestimmung des 2. Absatzes sei für den Kommittenten nothwendig, sonst würde für ihn die Härte bestehen, daß er, wenn der Kommissionair in Konkurs gerathe, das Eigenthum an der Waare verloren habe und der Kaufpreis für dieselbe in die Masse fiele. — Eine Ausnahme von der Regel des 2. Absatzes für die Fälle, daß der Kommissionair del credere gestanden, wurde nicht beliebt, weil man diesem Nebenvertrage keinen gesetzlichen Einfluß auf die wesentlichsten Wirkungen des Hauptvertrages einräumen könne. Prot. S. 704 — vergl. Note 52. zu Art. 374.

einem Dritten Vorschüsse macht oder Kredit giebt, thut dies auf eigene Gefahr.

Insoweit jedoch der Handelsgebrauch am Orte des Geschäfts[32]) das Kreditiren des Kaufpreises[33]) mit sich bringt, ist in Ermangelung einer anderen Bestimmung des Kommittenten auch der Kommissionair dazu berechtigt.

Hat der Kommissionair unbefugt auf Kredit verkauft, so hat er dem Kommittenten, welcher dies nicht genehmigt, sofort als Schuldner des Kaufpreises die Zahlung zu leisten. Beweist der Kommissionair, daß beim Verkauf gegen baar der Preis ein geringerer gewesen sein würde, so hat er nur diesen Preis und, wenn derselbe geringer ist, als der auftraggemäße Preis, auch den Unterschied gemäß Artikel 363. zu vergüten.[34])

Artikel 370.

Der Kommissionair steht für die Zahlung oder für die anderweitige Erfüllung der Verbindlichkeit seines Kontrahenten ein,[35]) wenn dies von

---

32) — nicht des Wohnorts des Kommissionairs, wenn dieser von dem Orte des Geschäftsabschlusses verschieden ist, weil als muthmaßliche Absicht der Parteien nur anzunehmen, daß sie hier, wo es sich um eine Modalität des Geschäftsabschlusses handelt, auf den Ort des Geschäfts gesehen haben. Mot. S. 155.

33) — „oder die Gewährung von Vorschüssen auf erkaufte Waare" wurde bei der ersten Lesung hinzugesetzt, weil man in manchen Geschäften ohne Vorschüsse gar nicht durchkommen könne, und man füglich annehmen könne, daß jeder Kaufmann die Handelsgebräuche der Orte kenne, an welchen er durch Kommissionaire Handel treibe. Prot. S. 708. u. 1200. Der Zusatz ist jedoch in zweiter Lesung gestrichen worden, weil es den Kommittenten gar nichts angehe, welche Mittel der Kommissionair anwende, um eine Einkaufskommission auszuführen; leiste der Kommissionair zu diesem Zwecke Vorschüsse (was namentlich beim Kornhandel an der Ostsee häufig vorkömmt), so thue er es auf eigene Gefahr, wenn er sich nicht die ausdrückliche Autorisation seines Auftraggebers hiezu verschafft habe. Prot. S. 1203.

34) Wenn im Falle des unbefugten Kreditgebens der Kommittent das Geschäft nicht genehmigt, so hat er auf die ausstehende Kaufpreisforderung als solche kein Recht, sondern nur einen Anspruch gegen den Kommissionair aus dem Mandate. Dieser Anspruch wird sich auch nicht immer gerade auf eben so hoch belaufen, wie der bedungene Kaufpreis, weil mit Rücksicht auf die spätere Zahlungszeit in der Regel ein höheres Kaufgeld bewilligt wird. Es rechtfertigt sich daher, daß dem Kommissionair der Beweis nachgelassen wird, daß beim Baarverkauf ein geringerer Preis erzielt worden wäre, und daß dem Kommittenten in dem Falle, wenn dieser Beweis erbracht wird, nur ein Recht auf den erwähnten geringeren Preis zugestanden wird, der jedoch — unter der Beschränkung des Art. 363. — mindestens den vom Kommittenten etwa limitirten Preis erreichen muß, weil der Kommissionair auch im Falle des Baarverkaufs nicht befugt war, unter dem limitirten Preise zu verkaufen. Mot. S. 155.

35) Der Nebenvertrag, durch welchen der Kommissionair sich verpflichtet, für die Erfüllung der Verbindlichkeit des dritten Kontrahenten einzustehen (Uebernahme des del credere) ändert an der rechtlichen Natur des Kommissionsverhältnisses weiter Nichts, als daß der Kommittent das Recht erhält, den Kommissionair als Selbstschuldner auf Erfüllung in Anspruch zu nehmen, ohne daß dieser befugt ist,

ihm übernommen[36]) oder am Orte seiner Niederlassung Handelsgebrauch ist.[37])

Der Kommissionair, welcher für seinen Kontrahenten einsteht, ist dem Kommittenten für die gehörige Erfüllung im Zeitpunkte des Verfalls unmittelbar und persönlich insoweit verhaftet, als solche aus dem Vertragsverhältnisse überhaupt rechtlich gefordert werden kann.[38])

Der Kommissionair, welcher für seinen Kontrahenten einsteht, ist dafür zu einer Vergütung (del credere-Provision) berechtigt.[39])

Artikel 371.

Der Kommittent ist schuldig, dem Kommissionair zu ersetzen, was dieser an baaren Auslagen oder überhaupt zum Vollzuge des Geschäfts

---

ihn mittelst Abtretung seiner kontraktlichen Rechte an den dritten Kontrahenten zu verweisen. Im Uebrigen bleibt die rechtliche Stellung aller Theile dieselbe, mag der Kommissionair del credere stehen oder nicht. Namentlich kann daher auch bei der Verkaufskommission mit del credere der Kommittent im Konkurse des Kommissionairs die Uebereignung des ausstehenden Kaufpreises an Stelle der in Kommission verkauften Waaren verlangen. (Art. 368. Abs. 2.) Mot. S. 155.

36) In wiefern die Uebernahme des del credere noch in anderen Fällen ohne ausdrückliche Abrede, z. B. wenn die usancemäßige höhere del credere-Provision bedungen worden, als geschehen anzunehmen ist, muß nach den vorliegenden Umständen beurtheilt werden. Mot. S. 156.

37) In anderem Falle haftet er für die Verbindlichkeiten des dritten Kontrahenten nicht.

38) Die Haftung des Kommissionairs erstreckt sich daher nur auf die Fälle des Nichtkönnens und Nichtwollens des dritten Kontrahenten, d. i. für die Kreditwürdigkeit desselben, nicht aber für diejenige Erfüllung, welche derselbe aus guten rechtlichen Gründen, z. B. wegen neu entdeckter heimlicher Fehler der verkauften Waare, verweigert. Prot. S. 710. Die dem Dritten zustehenden Einreden sind daher auch dem Kommissionair gegenüber dem Kommittenten nicht abgeschnitten. Prot. S. 712. Die Konferenz war einhellig der Ansicht, daß der Kommissionair von der Haftung gegenüber dem Kommittenten frei werde, wenn der Dritte aus materiellen Gründen nicht zu erfüllen brauche, und daß dessen Haftbarkeit nicht weiter reiche, als sie nach Maaßgabe des del credere-Vertrages gehen solle, so daß, wenn nur auf einen Theil der Vertragssumme del credere gestanden worden, die Haftung nicht auf die ganze Vertragssumme ausgedehnt werden könne. Prot. S. 713.

39) — soll heißen: ist berechtigt, dafür eine Vergütung zu fordern. Dies Recht wird ihm auch dann zustehen, wenn er im einzelnen Falle nach Ortsgebrauch sie nicht ansprechen könnte; möglicherweise kann diese Vergütung schon in der dem Kommissionair zugebilligten Provision nach Ortsgebrauch enthalten sein. Prot. S. 1201. — Man hat hier den Ausdruck: „Provision" vermieden, weil das Entgelt für das del credere weit mehr eine Prämie für eine übernommene Garantie ist. Prot. S. 719. — Ob diese Vergütung auch dann gefordert werden kann, wenn der Kommissionair gegen baar verkauft, was der Pr. Entw. (Art. 289.) verneinte (Mot. S 156), ist nicht entschieden worden. Prot. S. 718. Es wird darauf ankommen, ob im einzelnen Falle der Kommissionair trotz des Verkaufes gegen baar eine Gefahr getragen hat, z. B. wenn die Zahlung nicht Zug um Zug gegen die Uebergabe der Waare erfolgte.

nothwendig oder nützlich aufgewendet hat.[40]) Hierzu gehört auch die Vergütung für die Benutzung der Lagerräume und der Transportmittel des Kommissionairs und der Arbeit seiner Leute.[41])

Der Kommissionair hat die Provision[42]) zu fordern, wenn das Geschäft zur Ausführung gekommen ist.[43]) Für Geschäfte, welche nicht zur Ausführung gekommen sind, kann eine Provision nicht gefordert werden; jedoch hat der Kommissionair das Recht auf die Auslieferungsprovision,[44]) sofern eine solche ortsgebräuchlich ist.

---

40) — sowie Zinsen vom Tage der Leistung oder Beschaffung an. Art. 290. Abs. 2. und 3.

41) Gegen diesen Satz wurde eingewendet, daß eben für die darin gedachten Leistungen der Kommissionair die Provision beziehe. Es wurde jedoch erwidert: Die Provision werde dem Kommissionair eigentlich nur für die kaufmännischen Dienste desselben bezahlt, gleichviel, ob er sie selbst verrichte, oder durch seine Leute vornehmen lasse. Es könne der Ansatz einer Vergütigung für alle Leistungen des Kommissionairs, namentlich für die Benutzung seiner Geräthe freilich mitunter ins Kleinliche ausarten, hiegegen werde die Konkurrenz jedoch schützen. Uebrigens biete der Artikel nichts Neues, sondern sanktionire nur längst Bestehendes. Prot. S. 714.

42) Der Absatz 2. besagt nur, in welchem Falle die Provision gefordert oder nicht gefordert werden kann. Daß aber dem Kommissionair überhaupt eine Provision gebühre, wurde besonders auszusprechen nicht für nothwendig erachtet, weil hiefür der Gebrauch zur Genüge gesorgt habe. Prot. S. 716. Ueber die Höhe der Provision ist Nichts bestimmt worden, weil die Verhältnisse nach Ort, nach Waare rc. zu verschieden seien, und weil die Entscheidung hierüber am Besten dem Handelsgericht überlassen bleibe, sofern nicht schon im Vertrage oder durch Ortsgebrauch das Nöthige vorgesehen wäre. Prot. S. 716.

43) Anders beim Mäkler, welcher in der Regel die Mäklergebühr fordern kann, sobald das Geschäft geschlossen, oder wenn es ein bedingtes war, unbedingt geworden ist; vergl. Art. 82. Es war beantragt, dasselbe in Betreff der Provision des Kommissionairs zu bestimmen. Es wurde jedoch bemerkt, daß durch eine solche Bestimmung der Kommittent in Gefahr gerathen könne, wegen eines und desselben Auftrages mehrfache Provisionen zu zahlen, oder Provisionen zahlen zu müssen, ohne daß das Geschäft ausgeführt werde. Deshalb empfehle sich der Ausdruck: daß der Kommissionair die Provision nur fordern könne, wenn das Geschäft zur Ausführung gekommen ist, ein Ausdruck von mehr faktischer als juristischer Bedeutung, der bald so viel sage, als „Erfüllung des Geschäfts", bald weniger als dies. Der Kommissionair werde hiedurch einen Sporn erhalten, das Geschäft auf solider Basis auszuführen. Aus diesen Gründen wurde die zuletzt gedachte Bestimmung gewählt, jedoch hiebei bemerkt, eine richtige Auslegung werde von selbst dahin führen, daß einer erst längere Zeit nach Abschluß des Geschäfts durch freiwillige Uebereinkunft des Kommittenten und dritten Kontrahenten veranlaßten Auflösung des Geschäfts kein Einfluß auf die Provision des Kommissionairs eingeräumt werde. Prot. S. 716 und 1206.

44) Darunter versteht man die Provision, welche gezahlt wird, wenn ohne Schuld des Kommissionairs eine Verkaufskommission nicht realisirt werden konnte; sie kömmt unter Anderem vor, wenn das dem Kommissionair übergebene Gut in Folge des Widerrufs des Auftrages, oder eines Verschuldens oder Zufalls auf Seiten des Kommittenten zurückgegeben werden muß, oder wenn dem Kommissionair ein limitum gesetzt, und dieses trotz aller Bemühungen nicht zu erreichen gewesen

Artikel 372.

Wenn der Kommissionair zu vortheilhafteren Bedingungen abschließt, als sie ihm vom Kommittenten gestellt worden, so kommt der Vortheil dem Letzteren allein zu Statten.

Dies gilt insbesondere, wenn der Preis, für welchen der Kommissionair verkauft, den vom Kommittenten bestimmten niedrigsten Preis übersteigt, oder wenn der Preis, für welchen er einkauft, den vom Kommittenten bestimmten höchsten Preis nicht erreicht.[45])

Artikel 373.

Ein Kommissionair, welcher den Ankauf eines Wechsels übernommen hat,[46]) ist, wenn er den Wechsel indossirt,[47]) verpflichtet, denselben regelmäßig und ohne Vorbehalt zu indossiren.

---

ist, der Kommittent aber dadurch veranlaßt worden ist, über die Waare anderweitig zu verfügen. Prot. S. 716.

45) Nach den Regeln des Mandats, welche dem Kommissionsverhältnisse zum Grunde gelegt werden müssen, kann es nicht zweifelhaft sein, daß der Kommissionair auf die Vortheile keinen Anspruch hat, welche dadurch entstehen, daß zu einem höheren Preise verkauft oder zu einem niedrigeren Preise eingekauft wird, als der von dem Kommittenten gestellte Preis (Limito) beträgt; der Mandatar darf das ihm ertheilte Mandat nicht dazu gebrauchen, um sich durch dasselbe ohne Einwilligung des Mandanten eigenen Nutzen zu verschaffen (§§. 62. 63. I. 13. ALR.). Die Ansicht der Handelswelt stimmt hiemit allerdings nicht durchgängig überein. Der Kommissionair berechnet nicht selten seinem Auftraggeber den gestellten Preis, ohne Rücksicht darauf, ob er billiger eingekauft oder theurer verkauft hat. Ein solcher Gebrauch, oder richtiger Mißbrauch verstößt aber gegen Treu und Glauben; denn der Auftraggeber schenkt dem Kommissionair das Vertrauen, daß er seine Interesse überall wahrnehmen und deshalb so billig als möglich einkaufen und so theuer als möglich verkaufen werde. Durch Beifügung eines Limitos wird hierin selbstredend Nichts geändert; dasselbe ermächtigt den Kommissionair keineswegs, unter allen Umständen gerade den gesetzten Preis zu berechnen, sondern es bezeichnet nur die Preisgrenze, welche nicht überschritten werden soll. Der Umstand, daß der Kommissionair im eigenen Namen abschließt, also formell ein selbstständiges Geschäft mit dem dritten Kontrahenten eingeht, ist in dieser Beziehung völlig unerheblich; das Geschäft wird immer für Rechnung des Kommittenten, in Wahrheit also als ein fremdes abgeschlossen, und der Kommissionair berechnet sich eben deshalb auch eine Provision, welche regelmäßig nur für die Besorgung fremder Geschäfte zugebilligt werden kann. Mot. S. 157.

46) Dies setzt voraus, daß der Auftrag zum Ankauf eines Wechsels entweder ausschließlich hierauf gerichtet war, oder bei Gelegenheit eines anderen Geschäfts (z. B. den Kaufpreis einer Waare in Wechseln zu remittiren) ertheilt ist. Dagegen wird hierunter nicht der Fall begriffen sein, wenn der Kommissionair ohne Auftrag Wechsel für den Kommittenten angekauft hat.

47) Die Bestimmung besagt also nur: So oft der Kommissionair in Folge des Auftrages zu dem Ankaufe eines Wechsels denselben thatsächlich indossirt, muß er ihn auch regelmäßig und ohne Vorbehalt indossiren. — Der Pr. Entwurf (Art. 291.) wollte weiter gehen und den Kommissionair, welcher den Ankauf eines Wechsels übernommen hat, allgemein für verpflichtet erklären, den Wechsel ohne Vorbehalt zu indossiren. Dies wurde jedoch abgelehnt, weil wenn auch (zwar nicht überall, doch) an vielen Handelsplätzen die Kommissionaire die Haf-

Artikel 374.

Der Kommissionair hat an dem Kommissionsgut, sofern er dasselbe noch in seinem Gewahrsam hat oder sonst, insbesondere mittelst der Konnossemente, Ladescheine oder Lagerscheine, noch in der Lage ist, darüber zu verfügen,[48]) ein Pfandrecht[49]) wegen der auf das Gut verwendeten Kosten, wegen der Provision, wegen der rücksichtlich des Gutes gegebenen Vorschüsse und Darlehen, wegen der rücksichtlich desselben gezeichneten Wechsel oder

---

tung für die von ihnen erkauften Wechsel übernähmen, namentlich in den Fällen einer eigenen Kommission zum Einkaufe von Wechseln, es doch an der Meinung der Nothwendigkeit einer solchen Haftung fehle, wodurch allein die beregte Uebung zu einem bindenden Handelsgebrauche umgewandelt werden könne. In solchen Fällen sei es auch nicht gebräuchlich, eine Vergütung für del credere zu berechnen, was gerade zur Regel erhoben werden müßte, wenn man die Haftung für das del credere den Kommissionairen auferlegen wollte. Es sei daher kein Grund vorhanden, die bisher von den Kommissionairen in der Praxis geübte Freiheit zu beschränken, während es allerdings verboten werden müsse, daß der Kommissionair, wenn er überhaupt indossire, dies mit Vorbehalt thue, weil hierunter der Kredit des Wechsels und dessen Verkäuflichkeit leidet. Prot. S. 712. ff. Erörtert wurden noch die Fragen, ob, wenn der Kommissionair indossire, dessen Haftbarkeit einem del credere-Stehen gleich zu achten sei, oder nicht, ob also der Kommissionair in einem solchen Falle für den Wechsel nur formell wechselmäßig haftet, aber nach wie vor etwaige Rechtszuständigkeiten aus dem Kommissionsverhältnisse (z. B. den Einwand, daß er für den Wechsel nicht zu haften brauche, weil er bei dessen Ankauf die Sorgfalt eines ordentlichen Kaufmanns angewendet habe) geltend machen könne, oder ob er unbedingte und auch civilrechtliche Haftung durch ein solches Indossament übernehme; endlich, ob er für das Indossament eine besondere Vergütung beanspruchen könne oder nicht. Die Ansichten über diese Fragen waren in der Versammlung getheilt, namentlich wurde die Meinung ausgesprochen, daß sich hierüber nur nach den Verhältnissen und Umständen jedes einzelnen Falles entscheiden lasse. Der Antrag, eine Bestimmung über diese Fragen in das Gesetz aufzunehmen, wurde deshalb abgelehnt. Prot. S. 726.

48) Die äußere Erkennbarkeit des Pfandrechts für Dritte ist durch die Rücksicht auf die Sicherheit des Verkehrs geboten. Deshalb ist das Pfandrecht des Kommissionairs davon abhängig gemacht, daß das Gut sich noch in seinem Gewahrsam befindet, oder er sonst noch in der Lage ist, darüber verfügen zu können. Dem eigentlichen Gewahrsam steht es im praktischen Erfolge gleich, wenn er die betreffenden Konnossemente, Ladescheine oder Lagerscheine in Händen hat, weil die Waaren nur an den Inhaber derselben ausgehändigt werden dürfen. Mot. S. 159. Abweichend vom Art. 313., welchem dieser Artikel nachgebildet ist, kömmt es jedoch nicht darauf an, ob das Kommissionsgut mit Wissen und Willen des Kommittenten in den Besitz des Kommissionairs gelangt ist.

49) Nach §. 33. Th. I. Tit. 13. ALR. steht dem Kommissionair zur Sicherheit wegen seiner Ansprüche gegen den Kommittenten nur ein Retentionsrecht an dem Kommissionsgute zu. Ein solches gewährt indessen nur einen unzureichenden Schutz, da es durch Eröffnung des Konkurses erlischt, die Forderung zu keiner bevorrechtigten macht, und auch nicht die Befugniß in sich schließt, die zurückbehaltene Sache behufs der Befriedigung zu verkaufen. Die Konkurs-Ordnung vom 8. Mai 1855 (§. 33. Nr. 8. und §§. 359. 376.) hat jedoch bereits den Kommissionair unter diejenigen Gläubiger aufgenommen, denen im Konkurse, so wie im Prioritätsverfahren außerhalb des Konkurses, gleiche Rechte mit den Faustpfandgläubigern zu-

in anderer Weise eingegangenen Verbindlichkeiten,[50]) sowie wegen aller Forderungen aus laufender Rechnung[51]) in Kommissionsgeschäften.

Der Kommissionair kann sich für die vorstehend erwähnten Ansprüche aus den durch das Kommissionsgeschäft begründeten und noch ausstehenden Forderungen vorzugsweise vor dem Kommittenten und dessen Gläubigern befriedigen.[52])

Einf.-Ges. (ALR. u. AGO.) Art. 28.[53]) Der §. 32. der Konkurs-Ordnung vom 8. Mai 1855. findet auch auf diejenigen Gläubiger Anwendung, welchen das Handelsgesetzbuch in den Artikeln 374. 382. 409. 624. 629. 675., und rücksichtlich der Ladung des Schiffs in den Artikeln 680. 697. 727. 753. 781. ein Pfandrecht beilegt.

Diese Bestimmung tritt an die Stelle der Vorschriften unter Ziffer 6. 7. 8. im §. 33. der Konkurs-Ordnung.

---

stehen. Der vorliegende Artikel generalisirt diese Bestimmung, und legt den Kommissionairen allgemein, auch außerhalb des Konkurses oder Prioritätsverfahrens, ein Pfandrecht bei. Mot. S. 157. — Ueber die Wirksamkeit dieses Pfandrechts gegenüber dritten Personen, welche ein früher begründetes Eigenthum, Pfandrecht, oder sonstiges dingliches Recht an den Gegenständen haben, s. Art. 306., und über die Kollision mehrerer Pfandrechte der Kommissionaire, Spediteure und Frachtführer, Art. 411.

50) Die weite Fassung des Artikels wurde zu dem Zwecke gewählt, damit das Recht des Kommissionairs sich nicht nur auf Verkaufs- sondern auch auf Einkaufs-Kommissionen beziehe, damit namentlich auch der Einkaufs-Kommissionair, wenn er die für den Kommittenten erkaufte Waare noch nicht in Besitz bekommen habe, also noch vor deren Uebergabe durch den dritten Kontrahenten, für seine Forderungen (z. B. für die im Interesse des Kommittenten geleisteten Vorschüsse) eine Deckung durch das gegen den Dritten auf Uebergabe der Waare gehende Forderungsrecht habe. Prot. S. 729.

51) In Ansehung der Forderungen aus laufender Rechnung rechtfertigt sich das Pfandrecht durch die Natur der laufenden Rechnung. Halten die Parteien eine solche, so hören die einzelnen Geschäfte auf, vereinzelte zu sein; jeder Theil besorgt für den anderen eine Reihe von Geschäften, welche häufig in einander greifen, und deren Sonderung oft gar nicht möglich, jedenfalls aber nach der Absicht der Kontrahenten unzulässig ist, welche den gesammten Geschäftsverkehr als ein zusammenhängendes Ganzes auffassen, dessen Resultat erst in dem Schlußsaldo in die Erscheinung tritt. Dieser Auffassung entspricht es, daß Werthe, welche der Eine dem Anderen übermacht, als Deckung wegen aller bisher entstandenen oder später entstehenden Forderungen aus laufender Rechnung dienen. Mot. S. 158.

52) Eine solche Bestimmung war zum Schutze des Kommissionairs nothwendig, da die ausstehende Kaufpreisforderung, auch wenn sie nicht abgetreten ist, im Verhältniß zwischen dem Kommittenten und dem Kommissionair als eine Forderung des Ersteren gilt. (Art. 368. Abs. 2.) Mot. S. 160. Der rechtliche Grund für diese Bestimmung, — so wurde ausgeführt — beruhe nicht auf dem Pfandrechte, welches dem Kommissionair zugestanden ist, und welches ihn nur zu einer actio utilis berechtigen würde, sondern auf seiner unmittelbaren Berechtigung zu den in eigenem Namen erworbenen Forderungen, an denen er doch kein Pfandrecht haben könne. Der Abs. 2. des Art. 368. stehe dem nicht entgegen, denn derselbe besage nur, daß der Kommissionair die Gefahr des Verlustes einer Forderung nicht zu tragen brauche, obschon er der formelle Träger derselben

Einf.-Ges. (Köln) Art. 45.[51]) Die Pfandrechte, welche das Handelsgesetzbuch dem Kommissionair, dem Spediteur und dem Frachtführer beilegt, gewähren, so lange sie nach den Bestimmungen des Handelsgesetzbuchs dauern, in gleicher Weise wie das Faustpfand ein Vorzugsrecht (Privileg) im Sinne des Rheinischen Civilgesetzbuchs.

Artikel 375.

Ist der Kommittent in Erfüllung der in dem vorigen Artikel bezeichneten Verpflichtungen gegen den Kommissionair im Verzuge, so ist der letztere berechtigt, sich unter Beobachtung der Vorschriften des Artikels 310. aus dem Kommissionsgute bezahlt zu machen;[55]) er hat dieses Recht auch gegenüber den übrigen Gläubigern und der Konkursmasse des Kommittenten.

Artikel 376.

Bei der Kommission zum Einkauf oder zum Verkauf von Waaren, Wechseln und Werthpapieren, welche[56]) einen Börsenpreis oder Marktpreis haben,[57]) ist der Kommissionair, wenn der Kommittent nicht ein Anderes

---

ist. — Hiergegen wurde freilich eingewendet, daß wenn der Kommissionair als Herr der Kaufpreisforderung betrachtet werde, der Abs. 2. der Art. 374. nicht nothwendig sei; alsdann könne auch nicht von einem Vorzugsrechte vor dem Kommittenten gesprochen werden. Prot. S. 729.

53) Dieser Zusatzartikel bezweckt, die betreffenden Bestimmungen des Handelsgesetzbuchs in das System der Konkurs-Ordnung einzureihen und letztere mit jenen Bestimmungen in Einklang zu bringen.

Der §. 32. der Konkurs-Ordnung lautet: Gläubiger, welchen zur Sicherung ihrer Forderung ein Pfandrecht an beweglichen Sachen durch körperliche oder symbolische Uebergabe ertheilt ist (Faustpfandgläubiger), erhalten, soweit als das Pfand reicht oder haftet, abgesonderte Befriedigung aus demselben.

Sie sind berechtigt, die Pfandlosung zunächst auf die Kosten, sodann auf die laufenden Zinsen und demnächst auf die sämmtlichen rückständigen noch nicht verjährten Zinsen in Anrechnung zu bringen.

54) S. Art. 382. u. 409.

55) Das hier dem Kommissionair beigelegte Verkaufsrecht ist eine Konsequenz aus der Vorschrift des vorigen Artikels, da das Pfandrecht die Veräußerungsbefugniß in sich schließt. Mot. S. 160.

56) Der Pr. Entwurf (Art. 294.) enthielt an dieser Stelle die Worte: „am Orte des Kommissionairs." Man beschloß jedoch die Streichung derselben, damit eine etwas freiere Rücksichtnahme auf den in einem gewissen Umkreise in der Umgebung des Kommissionairs bestehenden Marktpreis möglich werde, und weil man dafür hielt, daß eine richtige Interpretation von selbst dahin führen werde, daß eine Berufung auf einen, an weit entfernten Orten bestehenden Marktpreis die Anwendung des Artikels 376. nicht rechtfertige. Prot. S. 1212.

57) Hierdurch werden solche spezielle Sachen ausgeschlossen, die gewöhnlich im Handelsverkehr nicht zu haben sind. Handelt es sich um solche Sachen, welche keinen Börsen- und Marktpreis haben, und welche der Kommissionair besitzt, so muß er offen als Verkäufer auftreten und kann sie dem Kommittenten anstellen. Prot. S. 734. Eine Ausdehnung der Befugniß des Selbstübernehmens auch auf diese Sachen wurde um deshalb ausgeschlossen, weil der Kommittent ganz der Diskretion des Kommissionairs anheimgegeben wäre, wenn er nicht wenigstens in dem Börsen- oder Marktpreise einen Vergleichungsmaaßstab dafür habe, ob mit dem ihm gesetzten Preise sein Interesse gewahrt sei. Prot. S. 1212.

bestimmt hat,[58]) befugt, das Gut, welches er einkaufen soll, selbst als Verkäufer zu liefern, oder das Gut, welches er zu verkaufen beauftragt ist, als Käufer für sich zu behalten.[59])

In diesem Falle ist die Pflicht des Kommissionairs, Rechenschaft über die Abschließung des Kaufs oder Verkaufs zu geben, auf den Nachweis beschränkt, daß bei dem berechneten Preise der Börsenpreis oder Marktpreis[60]) zur Zeit der Ausführung des Auftrags eingehalten ist. Er ist zu der gewöhnlichen Provision berechtigt und kann die bei Kommissionsgeschäften sonst regelmäßig vorkommenden Unkosten berechnen.[61])

Macht der Kommissionair nicht zugleich mit der Anzeige über die Ausführung des Auftrages eine andere Person als Käufer oder Verkäufer namhaft, so ist der Kommittent befugt, den Kommissionair selbst als Käufer oder Verkäufer in Anspruch zu nehmen.[62])

---

58) Hat der Kommittent ein Anderes bestimmt, so kann ihm ein anderes Rechtsverhältniß nicht wider sein Wissen und Wollen aufgebürdet werden.

59) Diese Befugniß widerspricht eigentlich der Natur des Mandats; es hat sich aber der Kommissionshandel durch seine enge Verbindung mit dem Properhandel gegenwärtig in einer Weise entwickelt, welche es unmöglich macht, bei der vorliegenden Frage an der Grundlage des Mandats überall streng festzuhalten. Erfahrungsmäßig wenden sich die Kommissionsgeschäfte, namentlich in Waaren die einen Börsenkurs oder Marktpreis haben, überwiegend denjenigen Kommissionairen zu, welche gleichzeitig einen bedeutenden Eigenhandel betreiben, weil von diesen durch ihr eigenes Eintreten eine promptere und bessere Bedienung erwartet werden kann. Der Handelsgebrauch, welcher bei Gegenständen, die einen Börsen- oder Marktpreis haben, jenes Eintreten des Kommissionairs gestattet, konnte von der Gesetzgebung nicht unbeachtet gelassen werden. Andererseits war zum Schutze des Kommittenten die Bestimmung erforderlich, daß, wenn der Kommissionair in das Geschäft als Käufer oder Verkäufer eintritt, das etwa fehlende Preislimitum durch den Börsen- oder Marktpreis ersetzt wird. Mot. S. 162.

60) Man nahm an, diese Berechnung des Preises entspreche dem Gebrauche, und schneide alle sonstigen Schwierigkeiten ab. Die Frage, ob eine Waare einen Marktpreis hat oder nicht, hängt nicht davon ab, ob amtliche oder quasi-amtliche Notirungen für denselben vorhanden sind (arg. Art. 353.), denn die amtliche Feststellung erleichtert nur den Beweis, entscheidet aber nicht über die Existenz des Marktpreises. Nähme man dies nicht an, so würde für sehr viele Rohprodukte wie Wein, Hopfen und dergl., sowie für fast sämmtliche Fabrik- und Manufaktur- auch Colonialwaaren, bei denen amtliche Notirungen wenig in Gebrauch sind, gar kein Marktpreis bestehen. Prot. S. 4571.

61) — auch wenn er die Waaren von seinem Lager nimmt. Man ging davon aus, daß, wenngleich es der juristischen Konsequenz nicht ganz entspreche, eine Provision Kurtage, und sonstige Kostenforderungen auch dann dem Kommissionair zu gestatten, wenn er als Verkäufer oder Käufer auftrete, dies doch dem Handelsgebrauch gemäß sei. Juristisch lasse sich dies rechtfertigen, wenn man an den Fall denke, daß der Kommissionair, um seine Kundschaft zu befriedigen, bereits im Voraus Waaren anschaffe. Jedes Limitum sei dahin zu verstehen, daß der Auftraggeber außer demselben die Provision, Kurtage und die gewöhnlichen Kosten zahlen wolle, denn derselbe wisse, daß er sie in den regelmäßigen Fällen zu zahlen haben werde. Wer dies nicht wolle, bedinge „franco Kurtage.“ Prot. S. 739.

62) Zur Begründung dieses Absatzes wurde bemerkt: Man könne den Kom-

Artikel 377.

Wenn der Kommittent den Auftrag widerruft und der Widerruf bei dem Kommissionair eintrifft, bevor die Anzeige von der Ausführung des Auftrages Behufs ihrer Absendung abgegeben ist, so kann sich der Kommissionair der Befugniß, selbst als Käufer oder Verkäufer einzutreten, nicht mehr bedienen.[63])

Artikel 378.

Die Bestimmungen dieses Titels kommen auch zur Anwendung, wenn ein Kaufmann, dessen gewöhnlicher Handelsbetrieb nicht in Kommissionsgeschäften besteht, ein einzelnes Handelsgeschäft in eigenem Namen für Rechnung eines Auftraggebers schließt.

Vierter Titel.

Von dem Speditionsgeschäfte.[64])

Artikel 379.

Spediteur[65]) ist derjenige, welcher gewerbemäßig in eigenem Namen

---

missionair allerdings nicht zwingen, seine Kunden dem Kommittenten zu nennen, aber der Kommittent könne auch nicht ganz der Diskretion des Kommissionairs preisgegeben werden. Man müsse den ersteren nicht in die Lage versetzen, daß ihm der Kommissionair nachträglich einen insolvent gewordenen Kaufmann als den Käufer seiner Waare, eine untergegangene Waare als die für ihn erkaufte bezeichne, ohne daß, selbst angenommen diese Mittheilungen beruhten auf Wahrheit und nicht auf beliebigen Angaben auf Grund von anderweitigen Geschäften des Kommissionairs, der Kommittent durch rechtzeitige Klageanstellung, durch Eingehung einer Versicherung rc. hätte Fürsorge treffen können. Der Kommittent sei schon dadurch genug im Nachtheil, daß er bis zur Anzeige über die Ausführung des Auftrages in Ungewißheit bleibe, ob er es mit einem, sein (des Kommittenten) Interesse wahrenden Kommissionair, oder mit einem, sein eigenes Interesse wahrnehmenden Kaufmanne zu thun habe. Prot. S. 1214.

63) Durch diesen Artikel soll einerseits verhütet werden, daß der Kommittent ganz in die Willkür des Kommissionärs gegeben werde, welcher sonst zu jeder beliebigen, seinem Interesse entsprechenden Zeit erklären könnte, daß er den Auftrag durch Ueberlassung seiner eigenen Waaren rc. ausgeführt habe, und andererseits das Interesse des Kommissionärs gewahrt werden, welcher, sobald er seinen Entschluß gefaßt hat, die Anzeige absenden kann, ohne an die Zeit des Abganges der Beförderungsgelegenheit gebunden zu sein. Prot. S. 743.

64) Bei diesem Titel ist von dem in Deutschland bestehenden Speditionswesen, im Gegensatze zu dem französischen Institute der Entrepreneurs de roulage, ausgegangen. Es wurde bemerkt: Das System des französischen Rechts, wonach der Spediteur die ganze Haftung für die übernommene Sendung, also auch die Haftung für die Zwischenspediteure und Frachtführer übernehme, biete dem Kaufmann den Vortheil, daß er sich mit seinen etwaigen Ansprüchen aus dem Waaren=

für fremde Rechnung[66]) Güterversendungen durch Frachtführer oder Schiffer zu besorgen übernimmt.[67])

Artikel 380.

Der Spediteur haftet für jeden Schaden, welcher aus der Vernachlässigung der Sorgfalt eines ordentlichen Kaufmanns bei der Empfangnahme und Aufbewahrung[68]) des Gutes, bei der Wahl[69]) der Frachtführer, Schiffer oder Zwischenspediteure und überhaupt[70]) bei der Ausführung der von ihm übernommenen Versendung der Güter entsteht.

Der Spediteur hat die Anwendung dieser Sorgfalt zu beweisen.[71])

---

transporte an einen Einzigen halten könne, dessen Zahlungsfähigkeit er zu prüfen vermöge, und daß er nicht gezwungen sei, sich an unbekannte Personen zu wenden, und auf Grund von schwer zu beweisenden Thatsachen Prozesse gegen diese zu führen und dergl. Daß für den Kaufmannsstand ein Interesse für Herbeiführung einer so vortheilhaften Einrichtung bestehe, lasse sich hiernach nicht verkennen. Die Steigerung der Provision, welche in Folge davon eintreten würde (da der Spediteur am del credere stehe), könne nicht als ein Uebel betrachtet werden, weil dieser Nachtheil durch den gebotenen Vortheil reichlich aufgewogen würde. Dieses System habe sich in Frankreich und in den Ländern, in welchen es dem französischen Rechte nachgebildet worden, bewährt. — Dagegen lasse sich nicht verkennen, daß auch für die Annahme des entgegengesetzten Systems erhebliche Gründe angeführt werden könnten. Es rechtfertige sich wohl kaum, dem Spediteur eine so unbedingte Haftung aufzulegen, denn ihm stehe nicht immer die Wahl zu, welches Tranportmittels er sich bedienen wolle. Mitunter müsse er sich einer gewissen Anstalt, z. B. der Eisenbahnen bedienen, oft aber auch gerade desjenigen Frachtführers, den die Reihe treffe, z. B. da, wo eine Reiheschiffahrt eingeführt sei; die mit einer solchen Haftbarkeit verbundene höhere Provision werde lästig gefunden werden, und dem deutschen Speditionsgeschäft schaden. Entscheidend aber müsse sein, daß das Institut der Entrepreneurs thatsächlich in Deutschland noch wenige Wurzeln geschlagen habe, und folglich von dem Bestehenden auszugehen sei, ohne der zukünftigen Entwickelung des Instituts vorzugreifen. Prot. 753.

65) — s. Art. 388.

66) — für Rechnung des Absenders oder des Destinatairs.

67) Der Spediteur ist ein Kommissionair für eine besondere Art von Geschäften, nämlich für den Abschluß von Frachtverträgen. Prot. S. 757. Insoweit er andere Verrichtungen übernimmt, ist er entweder als Kommissionair anzusehen, oder es liegt gar kein Auftrag vor, einen Vertrag zu schließen, also weder ein Kommissions- noch ein Speditionsgeschäft, vielmehr der Auftrag eine Handlung vorzunehmen. Prot. S. 1217.

68) Hiezu gehört auch die Versicherung, für welche gemäß Art. 387. die Vorschrift des Art. 367. zur Anwendung kömmt. Prot. S. 758.

69) — culpa in eligendo (§. 46. Th. I. Tit. 13. ALR.) Im Uebrigen haftet der Spediteur also gar nicht für die Fuhrleute und Zwischenspediteure. Eine Ausnahme findet jedoch im Falle des Art. 384. statt.

70) — also auch bei Bestimmung der Zeit und Art der Versendung, bei der Bewilligung einer zu hohen Fracht, bei der Wahl unrichtiger Wege und Transportmittel, bei Versendung der Waare trotz eines schlechten Zustandes der Verpackung ohne Nachhülfe rc., jedoch immer nur für die bei dem Spediteur selbst vorkommenden Vernachlässigungen, und nicht für die auf der ganzen Länge der

Artikel 381.

Der Spediteur hat die Provision und die Erstattung dessen zu fordern, was er an Auslagen und Kosten oder überhaupt zum Zweck der Versendung nothwendig oder nützlich aufgewendet hat (Artikel 371.).[72])

Er ist nicht befugt, eine höhere als die mit dem Frachtführer oder Schiffer bedungene Fracht zu berechnen.[73])

Artikel 382.

Der Spediteur hat wegen der Fracht, der Provision, der Auslagen, Kosten und Verwendungen und wegen der dem Versender auf das Gut[74])

Versendung bei sonstigen dabei betheiligten Personen etwa vorkommenden Vernachlässigungen. Prot. S. 758.

71) Man könne nicht verlangen — so wurde angeführt — daß der Versender dem Spediteur sage und nachweise, worin er sich eine Vernachlässigung habe zu Schulden kommen lassen, man müsse vielmehr den Spediteur verpflichten, daß er auf Verlangen des Kommittenten Rechenschaft über seine Geschäftsführung zu geben und den Beweis darüber zu führen habe, daß er dabei die Sorgfalt eines ordentlichen Kaufmanns angewandt habe. Prot. S. 759. Die obige Bestimmung sei unentbehrlich, um die Streitfrage abzuschneiden, ob der Spediteur die Erfüllung seiner Verpflichtung zur Prästation der Sorgfalt eines ordentlichen Kaufmanns, oder sein Gegner ihm eine culpa in eligendo zu beweisen habe; sie bilde das vermittelnde Prinzip zwischen dem in einem großen Theile Deutschlands geltenden Systeme, wonach der Spediteur für Zwischenspediteure und Frachtführer hafte, und dem in einem anderen Theile bestehenden Systeme, wonach derselbe blos für culpa in eligendo hafte und wo nicht selten angenommen worden sei, daß man dem Spediteur die culpa beweisen müsse. Prot. S. 1217.

72) — sowie Zinsen vom Tage der Leistung oder Beschaffung an (vergl. Art. 290. Abs. 2 und 3). Von mehreren kaufmännischen Abgeordneten wurde bemerkt, es würden zwar im Handelsverkehr nicht in allen Fällen von baaren Auslagen vom Tage der Leistung oder Beschaffung an Zinsen gerechnet, so namentlich nicht immer bei den baaren Vorschüssen der Spediteure für Fracht ꝛc., es bestehe aber auch kein innerer Grund, welcher solche Ausnahmen rechtfertige, dieselben seien vielmehr als ein zum Nachtheil der Spediteure eingeschlichener Gebrauch anzusehen. Prot. S. 427.

73) Der Spediteur darf ebensowenig wie der Kommissionair Beträge als Auslagen fordern, die er nicht wirklich verausgabt hat. Mot. S. 166. Prot. S. 767.

74) — d. h. wegen der mit Rücksicht auf den Besitz des Guts geleisteten Vorschüsse. In Betreff derselben wurde Folgendes angeführt: Die Worte: „geleisteten Vorschüsse" bezögen sich keineswegs einzig und allein auf die mit der Versendung in innerem Zusammenhange stehenden Kosten (z. B. auf die Vorschüsse, welche der Spediteur für die Provision des vorigen Spediteurs, für Kosten, Zölle u. dgl. gemacht habe) sondern auch auf Vorschüsse anderer Art (z. B. auf den Kaufpreis der versendeten Waare). Für alle diese Arten von Vorschüssen (Nachnahmen) ein Pfandrecht zu gewähren, sei allerdings geboten. Bei Waarensendungen von geringerem Werthe, bei denen es zu umständlich sei, den Kaufpreis gesondert zu remittiren, komme es sehr oft vor, daß der Spediteur dem Versender den Kaufpreis der Waare vorschieße und diesen sodann nebst Fracht, Provision und Kosten vom Empfänger wieder einziehe. Dasselbe geschehe unter Anderem dann, wenn der Ver-

geleisteten Vorschüsse[75]) ein Pfandrecht[76]) an dem Gute, sofern er dasselbe noch in seinem Gewahrsam hat oder in der Lage ist, darüber zu verfügen.

Er kann dieses Recht auch gegenüber den übrigen Gläubigern und der Konkursmasse des Eigenthümers geltend machen.

Bedient sich der Spediteur eines Zwischenspediteurs, so hat der letztere zugleich die seinem Vormann zustehenden Rechte, insbesondere dessen Pfandrecht, auszuüben.[77])

Soweit der Vormann wegen seiner Forderung durch Nachnahme von

---

sender dem Empfänger kein volles Vertrauen schenke, und ihm die Waare ohne sofortige Bezahlung des Kaufpreises nicht gern überlasse. Ein solches Verfahren komme ferner sehr häufig in der Weise vor, daß Kaufleute aus der Provinz, wenn sie auf einer Messe Einkäufe gemacht haben, die eingekauften Waaren einem Spediteur übergeben und auf dieselben Darlehne entnehmen, welche bei der Ankunft der Waare an ihrem Bestimmungsorte vergütet und einstweilen vom Kaufmanne zu weiteren Ankäufen am Meßplatze verwendet werden. Solche Darlehne würden hin und wieder auf dem Frachtbriefe vorgemerkt; oft werde dies auch unterlassen, ja oftmals werde sogar nicht einmal ausgemacht, daß das Darlehen als auf die Waare gegeben angesehen werden solle, es werde vielmehr einfach Kredit gegeben, weil sich der Spediteur durch die ihm anvertrauten Waaren für gesichert halte. Prot. S. 769.

Von anderer Seite wurde jedoch einer solchen Ausdehnung des Pfandrechts namentlich um deshalb widersprochen, weil der Absender nicht immer Eigenthümer der Waare sei und über dieselbe zu verfügen Macht habe, weil sonach mit Entnehmung von Darlehnen auf die spedirten Waaren leicht Mißbrauch getrieben werden könne. Prot. S. 770. 1220. — Obschon die Möglichkeit eines Mißbrauchs nicht verkannt wurde, entschied man sich schließlich doch für die im Texte des Gesetzes enthaltene Fassung. Prot. S. 1228. (cfr. Art. 359. Abs. 1. des Entwurfs nach den Beschlüssen der zweiten Lesung).

75) Dieses Pfandrecht ist beschränkter, als das des Kommissionairs, welchem im Art. 374. dasselbe auch wegen Darlehen und wegen aller Forderungen aus laufender Rechnung, also wegen aller Forderungen ohne Rücksicht auf Connexität mit dem Pfande zugestanden ist. — Man hielt dafür, daß das Pfandrecht des Spediteurs nicht so weit auszudehnen sei, denn es handle sich hier um Sachen, welche möglicherweise weder dem Versender noch dem Empfänger eigenthümlich zuständen, weshalb das Pfandrecht nicht weiter, als auf die mit der Waare selbst zusammenhängenden Forderungen ausgedehnt werden könne. Zu diesen Forderungen seien aber nicht nur die durch die Versendung entstandenen Kosten zu rechnen, sondern auch die Vorschüsse (Nachnahmen) auf die Waare selbst. Prot. S. 769. Das allgemeine gesetzliche Retentionsrecht, welches dem Spediteur in seiner Eigenschaft als Kaufmann gegenüber dem Eigenthümer der Waare nach Art. 313. zustehen kann, wird, wenn die nöthigen Voraussetzungen für dasselbe vorhanden sind, durch die obige Bestimmung jedoch nicht ausgeschlossen. Prot. S. 770.

76) — s. Einf.-Ges. (ALR. und AGO.) Art. 28. und (Köln) Art. 45. Ueber die Wirksamkeit dieses Pfandrechts gegenüber dritten Personen, welche ein früher begründetes Eigenthum, Pfandrecht oder sonstiges dingliches Recht an den Gegenständen haben, s. Art. 306. und über die Kollision mehrerer Pfandrechte der Kommissionaire, Spediteure und Frachtführer s. Art. 411.

77) — d. h. als Mandatar; hat er aber seinen Vormann befriedigt, so

dem Nachmann befriedigt ist, geht die Forderung und das Pfandrecht des Vormanns von Rechtswegen auf den Nachmann über. Dasselbe gilt in Bezug auf die Forderung und das Pfandrecht des Frachtführers, wenn und insoweit der letztere von dem Zwischenspediteur befriedigt ist.

Artikel 383.

Ein Spediteur, welcher die Versendung durch Frachtführer oder Schiffer, jedoch mittelst von ihm für eigene Rechnung gemietheter Transportmittel besorgt, kann die gewöhnliche Fracht nebst der Provision und den sonstigen Kosten berechnen.[78])

Artikel 384.

Wenn ein Spediteur mit dem Absender oder Empfänger über bestimmte Sätze der Transportkosten sich geeinigt hat, so haftet er, in Ermangelung einer entgegenstehenden Vereinbarung, für die von ihm angenommenen Zwischenspediteure und Frachtführer.[79]) Er ist in diesem Falle zur Provision nur dann berechtigt,[80]) wenn vereinbart ist, daß eine solche neben den bestimmten Sätzen der Transportkosten gefordert werden könne.

Artikel 385.

Der Spediteur ist, wenn nicht ein Anderes bestimmt ist, befugt, den Transport der Güter selbst auszuführen.

Wenn er sich dieser Befugniß bedient, so hat er zugleich die Rechte

---

tritt er nach Vorschrift des folgenden Absatzes in seine Rechte. Prot. S. 1437. vergl. den analogen Art. 410.

78) Dieser Artikel — so wurde hervorgehoben — enthalte nichts Anderes als eine Konsequenz der im Titel über das Kommissionsgeschäft aufgenommenen Bestimmung, daß ein Kommissionair bei den ihm ertheilten Verkaufs- oder Einkaufskommissionen selbst als Käufer oder Verkäufer eintreten dürfe, denn der hier in Frage stehende Spediteur sei mit einem als Käufer, resp. als Verkäufer eintretenden Kommissionair in gleicher Lage. Der Spediteur, welcher voraussehen könne, daß ihm zu einer gewissen Zeit von seinen Geschäftsfreunden viele Aufträge zukommen würden, sorge eben so sehr für deren Interesse, wenn er zur rechten Zeit geeigneter Transportgelegenheiten durch Miethe von Schiffen 2c. sich versichere, als der Kommissionair, der in der Aussicht auf solche Aufträge Waaren vorräthig halte. Prot. S. 774.

79) Diese Haftung ist dem Spediteur auferlegt, weil er dann, wenn ein Aversionalquantum bedungen ist, die Wahl der Personen und ein Interesse dabei hat, die Fracht nebst Spesen so niedrig als möglich zu bedingen; legte man ihm die Haftbarkeit nicht auf, so wäre ihm die Möglichkeit gegeben, mit den wohlfeilsten Mittelspersonen auch die minder zuverlässigen auszuwählen. Prot. S. 777. und 1225. Die Haftung macht den Spediteur jedoch noch nicht zum Frachtführer, denn er haftet nur für die einmal gewählten Frachtführer und Transportmittel, aber keinesweges auch dafür, daß er solche finde, daß also der Transport unter allen Umständen ausgeführt werde. Es ist also mit anderen Worten nur ausgesprochen, daß der Spediteur del credere steht, wenn er sich einen festen Transportpreis bedingt. Prot. S. 1223.

80) Die Einfachheit der Berechnung ist für erforderlich erachtet worden, damit der Versender seinen Zweck erreiche, sichere Grundlagen für seine Kalkulationen zu haben. Prot. S. 1223.

und Pflichten eines Frachtführers und kann die gewöhnliche Fracht, die Provision und die bei Speditionsgeschäften sonst regelmäßig vorkommenden Unkosten berechnen.

Artikel 386.

Die Klagen gegen den Spediteur wegen gänzlichen Verlustes oder wegen Verminderung, Beschädigung oder verspäteter Ablieferung des Guts verjähren nach einem Jahre.

Die Frist beginnt in Ansehung der Klagen wegen gänzlichen Verlustes mit dem Ablauf des Tages, an welchem die Ablieferung hätte bewirkt sein müssen; in Ansehung der Klagen wegen Verminderung, Beschädigung oder verspäteter Ablieferung mit dem Ablauf des Tages, an welchem die Ablieferung geschehen ist.

In gleicher Art sind die Einreden wegen Verlustes, Verminderung, Beschädigung oder verspäteter Ablieferung des Guts erloschen, wenn nicht die Anzeige von diesen Thatsachen an den Spediteur binnen der einjährigen Frist abgesandt worden ist.

Die Bestimmungen dieses Artikels finden in Fällen des Betruges oder der Veruntreuung des Spediteurs keine Anwendung.

Artikel 387.

Im Uebrigen sind die Rechte und Pflichten des Spediteurs, soweit dieser Titel keine Bestimmungen darüber enthält, nach den Grundsätzen des vorigen Titels zu beurtheilen; insbesondere kommen die Bestimmungen, welche in den Artikeln 365. bis 367. für den Kommissionair gegeben sind, auch für den Spediteur zur Anwendung.

Artikel 388.

Wenn ein Kaufmann, dessen gewöhnlicher Handelsbetrieb nicht in Speditionsgeschäften besteht, eine Güterversendung durch Frachtführer oder Schiffer für fremde Rechnung in eigenem Namen zu besorgen übernimmt, so gelten in Ansehung eines solchen Geschäfts die Vorschriften dieses Titels.

Artikel 389.

Die Bestimmungen dieses Titels finden keine Anwendung auf Personen, welche nur die Vermittelung von Frachtverträgen zwischen dem Absender und dem Frachtführer oder Schiffer bewirken (Frachtmäkler, Güterbestätter, Schiffsprokureure).

Fünfter Titel.

Von dem Frachtgeschäft.

Erster Abschnitt.

Vom Frachtgeschäft überhaupt.

Artikel 390.

Frachtführer ist derjenige, welcher gewerbemäßig den Transport von Gütern [1]) zu Lande oder auf Flüssen und Binnengewässern [2]) ausführt.

Artikel 391.

Der Frachtbrief [3]) dient als Beweis [4]) über den Vertrag zwischen dem Frachtführer und dem Absender. [5])

Der Frachtführer kann die Ausstellung eines Frachtbriefes verlangen. [6])

---

1) Gegenstand des Transports können alle Arten von Gütern sein, nicht blos Handelsgüter, d. h. solche, welche nach der Absicht des Versenders oder Empfängers zum Handelsumsatze bestimmt sind. Mot. S. 168.

2) Das ALR. handelt von den Frachtführern in dem Abschnitte von den Fuhrleuten (Thl. II. Tit. 8. §§. 2452 ff.). Ueber die Stromschifffahrt enthält es gar keine Bestimmungen. Die Allerh. Kab.-Ordre vom 14. Juli 1841 hat diese Lücke ausgefüllt. Gegenwärtig lag kein Grund vor, einen Unterschied zwischen Frachtführern und Stromschiffern in Ansehung der Frachtgeschäfte zu machen. Der vorliegende Titel handelt daher von beiden Arten der Frachtgeschäfte. Mot. S. 168.

3) Der Frachtbrief ist wesentlich Nichts Anderes, als eine vom Absender ausgehende Benachrichtigung (Avis-Brief) von der Absendung der Waare an den Empfänger. — Von Bedeutung ist, daß hier einer einseitigen Skriptur Beweiskraft für und gegen beide Kontrahenten beigelegt ist. Der Frachtbrief kann sogar auch Dritten gegenüber (z. B. gegen den Destinatair) Beweis machen. Prot. S. 1228.

4) Die Gültigkeit des Frachtvertrages hängt jedoch von dem Vorhandensein eines Frachtbriefes nicht ab. Prot. S. 782.

5) „Absender“ (im Seerecht: „Befrachter“) ist derjenige, welcher den Frachtvertrag mit dem Frachtführer abgeschlossen hat, nicht derjenige, welcher faktisch verladet (im Seerecht: „Ablader“ genannt). Wenn also der Empfänger den Frachtführer bestellt hat, damit dieser die Güter von einem anderen Orte abhole, so ist der Empfänger zugleich Absender. Pr. S. 4733. — Unter „Versender“ versteht man im kaufmännischen Verkehre in der Regel denjenigen, für dessen Rechnung der Frachtvertrag abgeschlossen wird. Prot. S. 844.

6) Es war beantragt, die Bestimmung aufzunehmen, daß der Frachtbrief auf Verlangen des Frachtführers von dem Absender unterschrieben werden müßte, weil die zum Wesen einer beweiskräftigen Urkunde oft erforderliche Unterschrift unentbehrlich sei. Es wurde jedoch erwidert, daß eine solche Bestimmung mit der Auffassung der Verkehrswelt in Widerspruch stehen, eine große Belästigung für den Handelsstand zur Folge haben, und zu Chicanen mißbraucht werden würde. Prot. S. 4675.

Artikel 392.

Der Frachtbrief enthält: 7)

1) die Bezeichnung des Guts nach Beschaffenheit, Menge 8) und Merkzeichen;
2) den Namen und Wohnort des Frachtführers;
3) den Namen des Absenders;
4) den Namen dessen, an welchen das Gut abgeliefert werden soll;
5) den Ort der Ablieferung;
6) die Bestimmung in Ansehung der Fracht;
7) den Ort und Tag der Ausstellung;
8) die besonderen Vereinbarungen, welche die Parteien etwa noch über andere Punkte, namentlich über die Zeit, innerhalb welcher der Transport bewirkt werden soll, und über die Entschädigung wegen verspäteter Ablieferung, getroffen haben.

Artikel 393.

Der Absender ist verpflichtet, bei Gütern, welche vor der Ablieferung an den Empfänger einer zoll- oder steueramtlichen Behandlung unterliegen, den Frachtführer in den Besitz der deshalb erforderlichen Begleitpapiere zu setzen. Er haftet dem Frachtführer, 9) sofern nicht diesem selbst ein Verschulden zur Last fällt, für alle Strafen und Schäden, welche denselben wegen Unrichtigkeit oder Unzulänglichkeit der Begleitpapiere treffen.

Artikel 394.

Ist über die Zeit, binnen welcher der Frachtführer den Transport bewirken soll, im Frachtvertrage nichts bedungen, so wird die Frist, innerhalb deren er die Reise antreten muß, durch den Ortsgebrauch 10) bestimmt; besteht ein Ortsgebrauch nicht, so ist die Reise binnen einer den Umständen des Falles angemessenen Frist anzutreten.

Wird der Antritt oder die Fortsetzung der Reise durch Naturereignisse oder sonstige Zufälle zeitweilig 11) verhindert, 12) so braucht der Absender

---

7) — d. h. muß auf Verlangen des Frachtführers enthalten, doch sind dies nur instruktive Bestimmungen. Prot. S. 1228. Inwiefern ein Frachtbrief, der nicht alle Angaben enthält, welche hier aufgeführt sind, gleichwohl als Beweisurkunde dienen kann, ist nach den allgemeinen Regeln über den Urkundenbeweis zu beurtheilen. Mot. S. 169.

8) — d. h. Quantität, namentlich Gewicht, Zahl der Kolli u. dergl. Prot. S. 4676.

9) Der Regreß des Frachtführers ist begründet, ganz gleich ob mit oder ohne Schuld des Absenders etwas versehen ist, wenn dem Frachtführer nur nicht selbst ein Verschulden zur Last fällt. Prot. S. 4729.

10) — selbstverständlich durch den Gebrauch des Abgangsortes. Prot. S. 785. Sobald der Frachtführer die Reise einmal angetreten hat, muß er sie ohne Zögern vollenden.

11) — doch werden selbstverständlich ganz geringfügige, mit Rücksicht auf Ausdehnung und Zweck der Reise als völlig irrelevant erscheinende Verzögerungen nicht in Betracht zu ziehen sein; andererseits werden solche zeitweilige Verzögerun-

die Aufhebung des Hindernisses nicht abzuwarten, er kann vielmehr von dem Vertrage zurücktreten, muß aber den Frachtführer, sofern demselben kein Verschulden zur Last fällt, wegen der Kosten zur Vorbereitung der Reise, der Kosten der Wiederausladung und der Ansprüche in Beziehung auf die bereits zurückgelegte Reise entschädigen.[13]) Ueber die Höhe der Entschädigung entscheidet der Ortsgebrauch und in dessen Ermangelung das richterliche Ermessen.

Artikel 395.

Der Frachtführer haftet[14]) für den Schaden, welcher durch Verlust oder Beschädigung des Frachtguts seit der Empfangnahme[15]) bis zur Ab-

---

gen, in deren Folge der erkennbare Zweck der Reise verfehlt würde, der gänzlichen Verhinderung gleich zu achten, und deshalb nicht nach diesem Artikel, sondern nach allgemeinen Grundsätzen zu beurtheilen sein. Prot. S. 4687.

12) — sei es mit oder ohne Schuld des Frachtführers. Prot. S. 4688.

13) In der Pflicht zur Entschädigung liegt um deshalb keine Unbilligkeit für den Absender, weil er nach allgemeinen Rechtsgrundsätzen an den Vertrag gebunden bliebe und die Hebung des Hindernisses abwarten müßte, also durch die ihm eingeräumte Befugniß zum Rücktritt vom Vertrage wiederum begünstigt ist. Prot. S. 4687.

14) Es wurde darüber gestritten, ob der Frachtführer von der Pflicht, Schadensersatz zu leisten, schon dann frei sein solle, wenn er nachweise, durch welche Thatsache der Schaden entstanden sei und gleichzeitig darthue, daß er die Sorgfalt eines ordentlichen Frachtführers angewendet habe, oder ob man ihm auch die Pflicht der Tragung des Zufalls, Fälle der höheren Gewalt ausgenommen, aufzulegen habe. Die strengere Meinung siegte. Für dieselbe wurde angeführt: Der Grund, weshalb im gemeinen Rechte die so weit gehende Haftung aus dem receptum statuirt worden, liege nicht in einer Rücksicht auf den abgeschlossenen und nicht Jedermann zugänglichen Raum des Schiffes, sondern in einem Mißtrauen gegen die betreffenden Personen und in dem Umstande, daß man kein Mittel habe, ihre Thätigkeit, Sorgfalt und Wachsamkeit zu kontrolliren, und den Beweis ihrer Nachlässigkeit oder Sorglosigkeit zu führen. Man müsse von der Ansicht ausgehen, daß der Frachtführer das Gut mit der Zusage übernehme, er werde es in unversehrtem Zustande abliefern (rem salvam fore). Dies schließe nicht aus die Zusage dahin zu verstehen, daß der Frachtführer nur etwas menschlich Mögliches leisten wolle, also für ein Ereigniß keine Haftung übernehme, dem menschliche Kräfte überhaupt nicht zu wiederstehen vermöchten (vis major). Jeden casus aber, der sich nicht als vis major darstelle, z. B. Diebstahl, müsse er tragen. Prot. S. 794 und 4695. Daß er außerdem für Verlust und Beschädigung durch die natürliche Beschaffenheit des Guts nicht zu haften brauche, ergebe die Natur der Sache. Prot. S. 4703. Vergl. die analogen Bestimmungen Art. 607. 608. im Seerecht.

15) Es wurde für zweifellos erachtet, daß derjenige, welcher einen Ersatzanspruch erhebt, darthun müsse, daß das Gut zur Zeit der Empfangnahme durch den Frachtführer sich noch in unversehrtem und frischem Zustande befunden habe, falls es nach Lage der Sache überhaupt auf einen solchen Beweis noch ankömmt. Die Aufnahme einer hierauf bezüglichen Bestimmung ist aber um deshalb abgelehnt worden, weil man annahm, in den meisten Fällen, namentlich wenn aus den Umständen selbst die vorhandene Beschädigung des Guts sich genügend erkläre, werde ein solcher Beweis entbehrlich sein. Prot. S. 4707.

lieferung[16]) entstanden ist, sofern er nicht beweist, daß der Verlust oder die Beschädigung durch höhere Gewalt (vis major) oder durch die natürliche Beschaffenheit des Guts, namentlich durch inneren Verderb, Schwinden, gewöhnliche Leckage u. dgl., oder durch äußerlich nicht erkennbare Mängel der Verpackung entstanden ist.

Für Kostbarkeiten,[17]) Gelder und Werthpapiere haftet der Frachtführer nur dann,[18]) wenn ihm diese Beschaffenheit oder der Werth[19]) des Guts angegeben ist.[20])

Artikel 396.[21])

Wenn auf Grund des vorhergehenden Artikels von dem Frachtführer für Verlust oder Beschädigung des Guts Ersatz geleistet werden muß, so ist der Berechnung des Schadens nur der gemeine Handelswerth[22]) des Guts zu Grunde zu legen.

Im Falle des Verlustes ist der gemeine Handelswerth zu ersetzen, welchen Gut derselben Art und Beschaffenheit am Ort der Ablieferung zu

---

16) Durch diesen Artikel wird die Anwendung der allgemeinen Grundsätze über die mora accipiendi, wenn eine solche auf Seiten des Empfängers vorliegt, nicht ausgeschlossen. Prot. S. 4708.

17) — z. B. Kunstgegenstände, Uhren von besonderem ungewöhnlichem Werthe ꝛc. Prot. S. 2301.

18) — nämlich aus dem Frachtvertrage, denn daß die anderweitige Haftung wegen böswilliger Beschädigung oder Beschädigung aus Versehen, welche ihn auch dann träfe, wenn er zu dem Gute nicht in dem Verhältnisse des Frachtführers stände, nicht ausgeschlossen ist, bleibt selbstverständlich. Prot. S. 2300.

19) Eines von Beiden genügt, um den Frachtführer aufmerksam zu machen, daß es bei dem betreffenden Frachtstücke einer besonderen Aufmerksamkeit bedürfe. Prot. S. 2299.

20) Grund dieser Bestimmung ist, daß man dem Frachtführer billiger Weise nicht zumuthen darf, für ganz außerordentlich große Summen selbst dann zu haften, wenn ihm über die Größe seiner Haftbarkeit gar keine Andeutung gegeben worden ist, er also gar keine Veranlassung gehabt hat, eine ungewöhnliche Sorgfalt anzuwenden. Sind die oben gedachten Gegenstände nicht deklarirt, so hat er für gar Nichts, auch nicht etwa für einen mittleren Werth derselben, aufzukommen, weil anzunehmen ist, daß er bei erfolgter Angabe besondere Vorsichtsmaßregeln getroffen und den Verlust überhaupt verhütet hätte. Prot. S. 2299. Es war beantragt, der ausdrücklichen Angabe des Abladers über den kostbaren Inhalt oder den hohen Werth des Frachtstücks die anderweitig erlangte Wissenschaft des Frachtführers von diesen Thatsachen gleichzustellen. Dieser Antrag wurde jedoch mit Rücksicht auf die mit seiner Anwendung verknüpften mißlichen Beweisführungen über die Wissenschaft des Frachtführers und die hierdurch möglicherweise entstehende Rechtsunsicherheit bekämpft, und dabei hervorgehoben, daß er auch keinen praktischen Werth habe, da die erwähnten Beweisführungen gewiß nur höchst selten gelingen würden. Prot. S. 2300.

21) Vergl. die Art. 612. ff. für den Seetransport.

22) Mit dieser Bestimmung soll ausgeschlossen werden, daß der Frachtführer angehalten werde, auch den dem Absender und beziehungsweise Empfänger entgangenen Gewinn und dessen individuelles Interesse an der glücklichen Ankunft der Waaren am Bestimmungsorte zu vergüten. Prot. S. 4708.

der Zeit hatte, in welcher das Gut abzuliefern war;[23]) davon kommt in Abzug, was in Folge des Verlustes an Zöllen und Unkosten erspart ist.

Im Falle der Beschädigung ist der Unterschied zwischen dem Verkaufswerth des Guts im beschädigten Zustande und dem gemeinen Handelswerth zu ersetzen, welchen das Gut ohne diese Beschädigung am Ort[24]) und zur Zeit der Ablieferung gehabt haben würde, nach Abzug der Zölle und Unkosten, soweit sie in Folge der Beschädigung erspart sind.[25])

Hat das Gut keinen Handelswerth, so ist der Berechnung des Schadens der gemeine Werth des Guts zu Grunde zu legen.

Wenn dem Frachtführer eine bösliche Handlungsweise nachgewiesen wird, so hat er den vollen Schaden zu ersetzen.

Artikel 397.

Der Frachtführer haftet für den Schaden, welcher durch Versäumung der bedungenen oder üblichen Lieferungszeit entstanden ist, sofern er nicht beweist, daß er die Verspätung durch Anwendung der Sorgfalt eines ordentlichen Frachtführers[26]) nicht habe abwenden können.

Artikel 398.

Ist für den Fall verspäteter Ablieferung ein Abzug an der Fracht oder der Verlust der Fracht[27]) oder sonst eine Konventionalstrafe bedungen, so kann im Zweifel außerdem auch der Ersatz des diesen Betrag übersteigenden Schadens gefordert werden, welcher durch die verspätete Ablieferung entstanden ist.

---

23) Denn in diesem Werthe besteht der Verlust, welchen der Destinatair durch den Nichtempfang der Waaren erleidet.

24) Der gemeine Handelswerth am Orte der Ablieferung entscheidet selbst dann, wenn die Waare wegen ihrer Beschädigung gar nicht an den im Frachtvertrage festgesetzten Bestimmungsort gelangt ist. Prot. S. 4715.

25) Der Pr. Entw. (Art. 312.) wollte in dem Falle, wenn durch die Beschädigung das Gut nicht unverkäuflich oder nicht unbrauchbar geworden, dem Frachtführer die Wahl zugestehen, ob er die Beschädigung vergüten oder den Werth des Guts gegen Uebernahme desselben ersetzen wolle. Diese Bestimmung wurde jedoch vorzüglich aus dem Grunde abgelehnt, weil dadurch der Destinatair blos deshalb gezwungen werde, sich einer Sache zu entäußern, die er vielleicht nie zu veräußern gedacht habe, weil er eine Beschädigung der Sache dem Frachtführer nicht ohne Schadensersatz nachsehen wolle, und weil die Frage, ob eine Sache noch verkäuflich oder brauchbar sei, zu vielen Prozessen Anlaß geben werde. Prot. S. 803.

26) Hier ist im Gegensatz zu Art. 395. der mildere Maaßstab für die Pflicht zum Schadensersatz angelegt, weil es gemeinhin leichter ist, gegen Beschädigung und Untergang der Waare vorzusehen, als gegen eine Verzögerung der Reise.

27) Wenn für den Fall verspäteter Ablieferung Verlust der Fracht als Konventionalstrafe bedungen ist, und der Frachtvertrag nur theilweise nicht oder nicht gehörig erfüllt worden, so frägt sich, ob die ganze Fracht oder nur der entsprechende Theil derselben als verwirkt anzusehen ist. Beide Ansichten fanden in der Konferenz Vertreter; es überwog jedoch die Meinung, daß sich keine allgemeine Bestimmung treffen lasse; es frage sich, ob die in Frage stehende Lieferung eine theilbare sei oder nicht; der Richter habe also nach Erwägung aller Umstände die

Artikel 399.

Beweist der Frachtführer, daß er die Verspätung durch die Sorgfalt eines ordentlichen Frachtführers nicht habe abwenden können, so kann die bedungene gänzliche oder theilweise Einbehaltung der Fracht, oder die Konventionalstrafe wegen verspäteter Ablieferung nicht in Anspruch genommen werden, es sei denn, daß sich aus dem Vertrage eine entgegenstehende Absicht[28]) ergiebt.

Artikel 400.

Der Frachtführer haftet für seine Leute und für andere Personen, deren er sich bei Ausführung des von ihm übernommenen Transports bedient.[29])

Artikel 401.

Wenn der Frachtführer zur gänzlichen oder theilweisen Ausführung des von ihm übernommenen Transports das Gut einem anderen Frachtführer übergiebt, so haftet er für diesen und die etwa folgenden Frachtführer bis zur Ablieferung.

Jeder Frachtführer, welcher auf einen anderen Frachtführer folgt, tritt

---

wahre Meinung der Parteien in jedem einzelnen Falle zu ergründen und darnach zu entscheiden (Prot. S. 1230); überhaupt enthalte der Art. 398. nur eine Interpretationsregel. Prot. S. 4719.

28) — nämlich die Absicht ergiebt, daß im Falle einer verspäteten Ablieferung die Konventionalstrafe ohne Weiteres und ohne Rücksicht auf Schuld oder Nichtschuld des Frachtführers verwirkt sein solle. Prot. S. 4720.

29) Zur Rechtfertigung dieser Bestimmung wurde angeführt: Es handle sich hier um den Frachtunternehmer im Gegensatze zu dem gewöhnlichen Spediteur. Der Frachtführer, er möge ein kleiner Unternehmer sein, der den Transport persönlich ausführe, oder ein großer, der umfangreiche Anstalten zum Zwecke des Waarentransports unterhalte, habe die Pflicht, die Waare von einem Orte zum andern zu schaffen; wie er das ausführe, das sei seine Sache; es sei demgemäß ganz gleich, ob er den Transport selbst, durch seine eigenen Leute oder Anstalten, oder durch andere Unternehmer ausführen lasse. Besonderes Gewicht sei auf die Worte „von ihm übernommenen" gelegt. Denn es könne auch vorkommen, daß bei Eingehung eines Frachtvertrages bedungen werde, der Frachtführer solle dafür sorgen, daß die bis zu einem gewissen Orte von ihm geschaffte Waare, die er selbst nur bis zu diesem Orte zu transportiren sich verpflichtet habe, von da weiter geschafft werde. Solche Uebereinkommen seien nichts als Speditionsverträge, welche neben dem Frachtvertrage abgeschlossen würden, Nebenverträge, in denen der Frachtführer den Auftrag erhalte, die Personen zu wählen, welche den Weitertransport besorgen sollten, ohne daß man grade überall sagen könne, diese Personen seien ihm vorgeschrieben. Für solche Nebenverträge habe der Frachtführer keine Haftung, welche weiter ginge, als die für culpa in eligendo. (Versehen in der Auswahl.) Ob aber in einzelnen Fällen die Existenz eines solchen Nebenvertrages angenommen werden könne, oder ob anzunehmen sei, daß der Frachtführer auch den Weitertransport der Waare selbst übernommen habe, gehöre zur Thatfrage. Prot. S. 817.

In diesem Art. wie im 1. Absatze des folgenden ist nur an den Fall gedacht, daß der Frachtführer die Verpflichtung übernimmt, das Frachtgut von dem Orte der Absendung bis an den im Frachtbriefe bezeichneten Bestimmungsort selbst zu transportiren, nicht aber an den Fall, wenn er nur übernimmt, das Frachtgut dadurch, daß er das Gut mit dem ursprünglichen[30]) Frachtbrief annimmt,[31]) in den Frachtvertrag gemäß dem Frachtbrief ein, übernimmt eine selbstständige[32]) Verpflichtung, den Transport nach Inhalt des Frachtbriefes auszuführen, und hat auch in Bezug auf den von den früheren Frachtführern bereits ausgeführten Transport für die Verbindlichkeiten derselben einzustehen.

Artikel 402.

Der Frachtführer hat den späteren Anweisungen des Absenders[33]) wegen Zurückgabe des Guts oder wegen Auslieferung desselben an einen anderen als den im Frachtbriefe bezeichneten Empfänger so lange Folge zu leisten, als er nicht letzterem nach Ankunft des Guts am Ort der Ablieferung den Frachtbrief übergeben hat.[34])

Ist dies bereits geschehen, so hat er nur die Anweisungen des bezeich-

---

eine Strecke zu befördern, und dann einem anderen Frachtführer zum Weitertransporte zu übergeben. Uebergiebt er im ersteren Falle die Waare einem anderen Frachtführer, so ist dieser sein Substitut, für den er eben so haften muß, wie für die anderen Personen, deren er sich bei der Ausführung des von ihm übernommenen Transports bedient. Prot. S. 4721. Daher die Bestimmung des Abs. 1. im Art. 401.

30) Nur in dem Falle, wenn der Zwischenfrachtführer auf Grund des alten Frachtbriefs, nicht aber dann, wenn er auf den Grund eines neuen, ihm besonders ausgestellten Frachtbriefs den Weitertransport übernimmt, tritt die obige Bestimmung ein. Er haftet dann nicht allein mit seinem Guthaben, sondern unbedingt. Prot. S. 822.

31) In dieser Annahme des Guts auf Grund des ursprünglichen Frachtbriefs liegt ein Anerkenntniß, daß ihm die Waaren dem Frachtbrief gemäß übergeben worden und daß er nach Vorschrift des Frachtbriefs zu verfahren bereit sei. Die Zulassung von Protesten, um diese Wirkung des Anerkenntnisses auszuschließen, wurde nicht gestattet, weil der Frachtführer, wenn er die Haftbarkeit aus dem alten Frachtbriefe nicht haben wolle, sich einen neuen ausstellen lassen könne. Prot. S. 823.

32) — sowohl dem Absender, als dem Empfänger gegenüber, insoweit diesen aus dem Frachtvertrage überhaupt Rechte zustehen. Es handelt sich um eine fingirte Delegation, und die Sache ist so anzusehen, als hätte der neu eintretende Frachtführer schon ursprünglich den ganzen Frachtvertrag geschlossen. Prot. S. 4750. Es kann gegen den neu eingetretenen Frachtführer also unmittelbar geklagt werden.

33) — sogen. stoppage in transitu, droit de suite.

34) Ob der Frachtführer vor Ankunft des Guts am Bestimmungsorte sich mit dem Destinatair in Verbindung gesetzt hat, ist gleichgültig. Bis zu dieser Ankunft und der Aushändigung des Frachtbriefes muß er den Anweisungen des Absenders unbedingt folgen. Durch diese Bestimmung soll das Dispositionsrecht des Absenders möglichst geschützt werden. Prot. S. 852 und 4732. In der Uebergabe des Frachtbriefes nach Ankunft des Gutes am Orte der Ablieferung ist ein Anfang der Uebergabe gefunden worden. Prot. S. 1232. Die obige Bestimmung gilt nur für den Fall, daß ein Frachtbrief, nicht aber dann wenn ein Ladeschein ausgestellt ist. Im letzteren Falle kömmt Artikel 416. zur Anwendung.

neten Empfängers zu beachten, widrigenfalls er demselben für das Gut verhaftet ist.

Artikel 403.

Der Frachtführer ist verpflichtet,[35]) am Ort der Ablieferung dem durch den Frachtbrief bezeichneten Empfänger das Frachtgut auszuhändigen.[36])

Artikel 404.

Der im Frachtbriefe bezeichnete Empfänger ist vor Ankunft des Guts am Ort der Ablieferung dem Frachtführer gegenüber berechtigt, alle zur Sicherstellung des Guts erforderlichen Maaßregeln zu ergreifen und dem Frachtführer die zu diesem Zweck nothwendigen Anweisungen zu ertheilen;[37]) die Auslieferung des Guts kann er vor dessen Ankunft am Orte der Ablieferung nur dann fordern, wenn der Absender den Frachtführer zu derselben ermächtigt hat.

---

35) — nicht nur dem Absender gegenüber, denn dies wäre nach Inhalt des Frachtvertrages selbstverständlich und brauchte nicht besonders gesagt zu werden, sondern auch dem Destinatair gegenüber. Die Art. 404 u. 405. enthalten Folgerungen aus dem im Art. 403 dem Destinatair beigelegten eigenen Rechte, und zwar der erstere die nähere Bestimmung, daß der Destinatair schon vor Ankunft des Guts die zur Sicherstellung desselben erforderlichen Maaßregeln treffen könne, und der letztere die ausdrückliche Erklärung, daß nach Ankunft des Guts der Destinatair die Verabfolgung des Guts und des Frachtbriefes fordern könne. Man meinte: Bei Frachtverträgen reichten die Sätze des gemeinen Rechts über die Berechtigung Dritter aus einem Vertrage unter anderen Personen nicht aus. Der Absender schließe einen Vertrag mit dem Frachtführer in der Meinung, daß derselbe die Grundlage eines Rechtsverhältnisses des Frachtführers zu dem Dritten werden solle, kraft dessen der Frachtführer auch dem Dritten verpflichtet würde, die empfangene Waare demselben auszuliefern. Der Frachtvertrag enthalte zwei Anweisungen, die eine an den Fuhrmann, die Waare dem Empfänger auszuliefern, die andere an den Empfänger, die Fracht dem Fuhrmann zu bezahlen. Gewöhnlich werde nur die letztere ins Auge gefaßt, das Bedürfniß des Verkehres weise aber ganz besonders auch darauf hin, daß man auch die erstere ins Auge fasse und dem Empfänger unmittelbare Rechte verleihe, und zwar ohne weiteres Erforderniß, als daß der Empfänger von dem Frachtvertrage Kenntniß erlangt habe. Der Absender legitimire sich lediglich dadurch, daß er den Akt der Absendung und der Uebernahme des Transports durch den Fuhrmann nachweise. In eine gleiche Stellung müsse auch der Empfänger gebracht werden, wenn dem Bedürfnisse Genüge geschehen solle. Prot. S. 819.

36) Kann er Empfangsbescheinigung (Quittung) fordern? Hierüber ist absichtlich Nichts bestimmt und die Entscheidung dem sonstigen Civilrecht überlassen worden, wobei bemerkt wurde, daß abgesehen von dem Verkehre mit der Post, den Eisenbahnen ꝛc. die Ertheilung solcher Empfangsscheine nicht üblich sei, was übrigens nicht auffällig erscheine, da auch der Fuhrmann keine Empfangsscheine über die zum Transporte erhaltenen Waaren ausstelle. Prot. S. 854. Vergl. Art. 418, Inhalts dessen auf Ladescheinen die Ablieferung des Guts zu bescheinigen ist.

37) Man erwog, daß, wenn man dem Destinatair gänzlich das Recht nähme, vor Vollendung der Reise Dispositionen über die Waare zu treffen, dies eben so oft zum Nachtheil des Versenders, als des Empfängers gereichen würde. Dies sei

Artikel 405.

Nach Ankunft des Frachtführers am Ort der Ablieferung[38]) ist der im Frachtbriefe bezeichnete Empfänger berechtigt, die durch den Frachtvertrag begründeten Rechte[39]) gegen Erfüllung der Verpflichtungen, wie sie der Frachtbrief ergiebt, in eigenem Namen gegen den Frachtführer geltend zu machen, sei es, daß er hierbei in eigenem oder fremdem Interesse handle;[40]) er ist insbesondere berechtigt, den Frachtführer auf Uebergabe des Frachtbriefes und Auslieferung des Guts zu belangen, sofern nicht der Absender demselben vor Anstellung[41]) der Klage eine nach Maaßgabe des Artikels 402. noch zulässige entgegenstehende Anweisung gegeben hat.

Artikel 406.

Durch Annahme des Guts und des Frachtbriefes wird der Empfänger verpflichtet, dem Frachtführer nach Maaßgabe des Frachtbriefes Zahlung zu leisten.

Artikel 407.

Wenn der bezeichnete Empfänger des Guts nicht auszumitteln ist oder die Annahme verweigert, oder wenn Streit über die Annahme oder den

---

z. B. der Fall, wenn die Vollendung der Reise durch Naturereignisse Einfrieren des Schiffes und dgl. verhindert werde und der Absender entfernt wohne. In solchen Fällen könne man den Empfänger diejenigen Verfügungen treffen lassen, die zur Vollendung der Reise, also zur Ausführung des Willens des Absenders erforderlich schienen. Prot. S. 1233. Es wurde davon ausgegangen, daß bei Ausübung der in den Art. 404. und 405. dem Empfänger beigelegten Rechte, derselbe nicht als Mandatar des Absenders, sondern kraft eigenen Rechtes auftreten solle. Prot. S. 4735. Würde der Empfänger nur als Mandatar des Absenders angesehen, so befände er sich in einer eigenthümlichen Lage überall da, wo der Absender mit der Waare Nichts weiter zu thun haben wolle; jene Unterstellung einer Bevollmächtigung würde auch nicht überall passen, so z. B. dann nicht, wenn Jemand Waaren abgesendet habe, um sie am Bestimmungsorte selbst wieder in Empfang zu nehmen. Prot. S. 820.

38) — auch wenn ihm der Frachtbrief noch nicht übergeben ist, denn es ist in diesem Artikel dem Destinatair ein Klagerecht auf Uebergabe des Frachtbriefs ausdrücklich eingeräumt. Man nahm an, daß der Destinatair ein Recht habe, die Auslieferung der Güter zu verlangen, sobald sie am Bestimmungsorte angekommen sind. Prot. S. 4756.

39) — d. h. alle dem Destinatair überhaupt zustehenden Rechte, z. B. auch die aus der Beschädigung der Waare. Vgl. die Art. 365. und 387., wenn der Empfänger ein Kommissionair oder Spediteur ist.

40) — z. B. als Eigenthümer der Waare, oder als Kommissionair.

41) — sollte sachgemäßer wohl: „Behändigung der Klage" heißen, denn die Anstellung der Klage seitens des Destinatairs erfährt der Frachtführer erst bei der Behändigung. — Die Festsetzung eines bestimmten Zeitpunkts, bis zu welchem der Frachtführer den Dispositionen des Absenders nur folgen dürfe, wurde für erforderlich gehalten, weil der erstere sonst die Möglichkeit hätte, zum Nachtheil des Destinatairs das Recht des Absenders, Anweisungen zu ertheilen, beliebig zu verlängern; andererseits erklärte man bis zu diesem Zeitpunkte (der Klageanstellung) den Absender zur Ertheilung von Anweisungen für befugt, weil, wenn auch dem Empfänger ein eigenes, ihm doch kein unverbrüchliches Recht auf Erfüllung des

Zustand des Guts entsteht, so kann der Betheiligte den letzteren durch Sachverständige feststellen lassen.

Die Sachverständigen[42]) ernennt[43]) auf das Ansuchen des Betheiligten das Handelsgericht oder in dessen Ermangelung der Richter des Orts.

Die Sachverständigen haben ihr Gutachten schriftlich oder zu Protokoll zu erstatten.

Das Gericht kann auf Ansuchen des Betheiligten verordnen,[44]) daß das Gut in einem öffentlichen Lagerhause oder bei einem Dritten niedergelegt, und daß es ganz oder zu einem entsprechenden Theile Behufs Bezahlung der Fracht und der übrigen Forderungen des Frachtführers öffentlich verkauft wird.

Ueber das Ansuchen um Ernennung von Sachverständigen oder um Verfügung des Gerichts wegen Niederlegung und wegen Verkaufs des Guts wird die Gegenpartei, wenn sie am Orte anwesend ist, gehört.

Artikel 408.

Durch Annahme des Guts und Bezahlung der Fracht[45]) erlischt jeder Anspruch gegen den Frachtführer.

Nur wegen Verlustes oder Beschädigung, welche bei der Ablieferung äußerlich nicht erkennbar waren, kann der Frachtführer selbst nach der Annahme und nach Bezahlung der Fracht in Anspruch genommen werden,

---

Frachtbriefs vielmehr nur ein von einem fremden Willen abhängiges Recht habe eingeräumt werden sollen. Prot. S. 4758.

42) Wieviel Sachverständige zu vernehmen sind, darüber entscheidet das Gericht; eine ungerade Zahl ist zu empfehlen. Prot. S. 807.

43) — s. Einf.-Ges. Art. 16.

44) Dem Frachtführer muß, wenn die Abnahme des Guts nicht erfolgt, ein Mittel gegeben werden, sich von der ferneren Sorge für dasselbe zu befreien, durch authentische Feststellung des Zustandes des Guts sich gegen Entschädigungsforderungen zu sichern, und auf kurzem Wege zu seiner Befriedigung wegen der Fracht und seiner sonstigen Ansprüche zu gelangen. Da in den meisten Fällen die Sache die größte Beschleunigung erfordern wird, so versteht es sich von selbst, daß von einem förmlichen, prozessualischen Verfahren nicht die Rede sein darf. Daß die anwesende Gegenpartei gehört werden soll, setzt ein solches Verfahren keineswegs voraus. Diese Anhörung entspricht der Billigkeit, vereinfacht die Sachen und befördert Vergleiche. Mot. S. 173.

45) Der Empfänger muß daher im Falle mangelhafter Ablieferung zunächst das Guthaben des Abliefernden für Fracht und Nachnahme einbehalten; es handelt sich hier aber selbstverständlich nur um diejenigen Mängel der Ablieferung, welche durch Verschuldungen des Frachtführers hervorgerufen sind, und nicht um solche Mängel der Lieferung, welche in einer fehlerhaften Vertragserfüllung des Absenders ihren Grund haben. Prot. S. 823. Andrerseits ist anerkannt worden, es solle damit keineswegs ein gütliches Uebereinkommen des Empfängers mit dem Frachtführer für unzulässig erklärt werden, wonach (vielleicht sogar im Interesse des Frachtführers, damit derselbe an seiner Weiterreise nicht gehindert werden solle rc.) die Waare einstweilen abgeliefert und die Frage, ob und wer für eine Beschädigung, für theilweisen Verlust derselben rc. aufzukommen habe, erst später zum Austrage gebracht werden solle. Nur dies solle abgeschnitten werden, daß der Empfänger unter dem Vorwande, er könne die Waaren nicht sofort unter-

wenn die Feststellung des Verlustes oder der Beschädigung[46]) ohne Verzug nach der Entdeckung[47]) nachgesucht worden ist, und bewiesen wird, daß der Verlust oder die Beschädigung während der Zeit seit der Empfangnahme bis zur Ablieferung entstanden ist.

Die Bestimmungen über die Verjährung der Klagen und Einreden gegen den Spediteur wegen Verlustes, Beschädigung oder verspäteter Ablieferung des Guts (Artikel 386.) finden auch auf den Frachtführer Anwendung.

Artikel 409.

Der Frachtführer hat wegen aller durch den Frachtvertrag begründeten Forderungen, insbesondere der Fracht- und Liegegelder, sowie wegen der Zollgelder und anderer Auslagen ein Pfandrecht[48]) an dem Frachtgut. Dieses Pfandrecht besteht, so lange das Gut zurückbehalten oder niedergelegt ist; es dauert auch nach[49]) der Ablieferung noch fort, insofern der Frachtführer es binnen drei Tagen[50]) nach der Ablieferung gerichtlich gel-

---

suchen, dieselbe nur unter Protest annehme und die Geltendmachung von Ansprüchen gegen den Frachtführer sich bis auf Weiteres vorbehalte. Prot. S. 830.

46) — in Gemäßheit des Art. 407.

47) Der Pr. Entw. (Art. 315.) ging noch weiter, und verlangte Feststellung des Verlustes oder Schadens ohne Verzug nach der Annahme. Hiefür wurde geltend gemacht, der Frachtführer habe noch ein weit größeres Interesse von einem Geschäfte schnell und definitiv loszukommen, als jeder Verkäufer, damit er nicht bei seinen weiteren Reisen aufgehalten werde. — Man begnügte sich jedoch mit der sofortigen Feststellung des Verlustes oder Schadens nach der Entdeckung, damit die Pflicht der Untersuchung einer Waare nicht zu einer unbilligen Härte gegen den Empfänger werde. Es sei nicht abzusehen, — so meinte man — weshalb ein Empfänger, der die Waare vielleicht nicht einmal behalten wolle, dieselbe augenblicklich auspacken und untersuchen solle, blos weil er sie durch einen Frachtführer zugestellt erhalten habe. Gegen übermäßige Belästigung des Frachtführers schütze ihn die kurze Verjährungsfrist. Prot. S. 831.

48) Es war vorgeschlagen, dem Frachtführer nicht ein Pfandrecht, sondern ein Vorzugsrecht im Konkurse zu geben; dies ist jedoch abgelehnt worden, weil demselben nur ein besonderer Anspruch an die von ihm gefahrenen Sachen, nicht aber ein Vorzugsrecht am ganzen Vermögen des Empfängers zugestanden werden könne; die Beschränkung der Generalhypotheken sei übrigens ein anerkanntes Bedürfniß. Prot. S. 833. vergl. jedoch Einf.-Ges. (Köln) Art. 45. — Ueber die Wirksamkeit dieses Pfandrechts gegenüber dritten Personen, welche ein früher begründetes Eigenthum, Pfandrecht oder sonstiges dingliches Recht an diesen Gegenständen haben s. Art. 306., über die Kollision mehrerer Pfandrechte der Kommissionaire, Spediteure und Frachtführer s. Art. 411., und über die Wirkung dieses Pfandrechts im Konkurse s. Einf.-Ges. (ALR. u. AGO.) Art. 28.

49) Grund dieser Bestimmung ist das Interesse des Handelsstandes, damit der Frachtführer keinen Anstand nehme, auch ohne sofortige Bezahlung der Fracht die Waare herauszugeben (Prot. S. 832), obschon er, wie grundsätzlich angenommen wurde, nicht vorleisten muß, sondern die Erfüllung Zug um Zug verlangen kann. Prot. S. 4764.

50) Diese Frist wurde bemängelt; sie wurde jedoch als dem Bedürfnisse genügend und als eine glückliche Lösung der Schwierigkeiten bezeichnet, welche daraus

tend macht, und das Gut noch bei dem Empfänger oder bei einem Dritten sich befindet, welcher es für den Empfänger besitzt.

Er kann zu seiner Befriedigung den Verkauf des Guts oder eines Theils desselben veranlassen (Artikel 407.).[51])

Er hat dieses Recht auch gegenüber den übrigen Gläubigern und der Konkursmasse des Eigenthümers.

Artikel 410.

Geht das Gut durch die Hände mehrerer Frachtführer, so hat der letzte bei der Ablieferung, sofern nicht der Frachtbrief das Gegentheil bestimmt, auch die aus dem Frachtbriefe sich ergebenden Forderungen der vorhergehenden einzuziehen[52]) und deren Rechte, insbesondere auch das Pfandrecht, auszuüben.[53])

Der vorhergehende Frachtführer, welcher von dem nachfolgenden befriedigt ist, überträgt auf diesen von Rechtswegen seine Forderung und sein Pfandrecht.

In gleicher Art wird die Forderung und das Pfandrecht des Spediteurs auf den nachfolgenden Spediteur und den Frachtführer übertragen.

Das Pfandrecht der Vormänner besteht so lange, als das Pfandrecht des letzten Frachtführers.

Artikel 411.

Wenn auf demselben Gute zwei oder mehrere gemäß den Artikeln 374. 382. und 409. begründete Pfandrechte bestehen, so geht unter denjenigen Pfandrechten, welche durch die Versendung oder durch den Transport des

---

entstehen könnten, daß einerseits nicht Zug um Zug geleistet werde, und andrerseits Hypotheken an beweglichen Sachen ohne Besitz mit mehreren Particularrechten nicht vereinbar seien. Prot. S. 833.

51) Es war beantragt, den Frachtführer (ähnlich wie beim Seetransport im Art. 625.) für verpflichtet zu erklären, das Gut dem Destinatair gegen Deposition der Schuld seitens desselben auszuhändigen, und ihm dagegen das Recht einzuräumen, die einstweilige Auszahlung der deponirten Summe gegen eine genügende Kaution durch Bürgen u. dgl. zu verlangen. — Dies wurde jedoch abgelehnt, weil eine solche Bestimmung manchen Frachtführer, der keine genügende Bürgschaft stellen könne, zu Grunde richten würde. Chikanöse Vorenthaltungen des Frachtlohns, um einen Nachlaß an demselben zu erzwingen, seien erfahrungsmäßig nicht selten, und müßten verhütet werden. Es müsse daher bei der im Texte des Gesetzbuchs enthaltenen Bestimmung verbleiben, aus welcher in Verbindung mit den Art. 407. u. 310. sich ergebe, daß der Verkauf auch vor rechtskräftiger Feststellung der Forderung des Frachtführers statthaft sei, und daß die gerichtliche Deposition an und für sich den Verkauf ebensowenig abzuwenden vermöge als im Falle des Art. 310. Prot. S. 4761.

52) — ganz gleich ob er sie verlegt hat oder nicht.

53) — und zwar ohne alle Cession der Rechte seiner Vormänner, oder Vollmacht seitens derselben. Der bloße Frachtbrief legitimirt den abliefernden Frachtführer zur Empfangnahme, und durch Zahlung an diesen wird der Empfänger gegen jene früheren Frachtführer frei. Prot. S. 835. u. 842. Im Falle des ersten Absatzes dieses Artikels ist der letzte Frachtführer nur Mandatar der früheren,

Guts entstanden sind, das später entstandene dem früher entstandenen vor;[54]) diese Pfandrechte haben sämmtlich den Vorrang vor dem Pfandrecht des Kommissionairs und vor dem Pfandrecht des Spediteurs für Vorschüsse; unter den letzteren Pfandrechten geht das früher entstandene dem später entstandenen vor.[55])

Artikel 412.

Wenn der Frachtführer das Gut ohne Bezahlung abliefert und das Pfandrecht nicht binnen drei Tagen nach der Ablieferung gerichtlich geltend macht,[56]) so wird er, sowie die vorhergehenden Frachtführer und die Spediteure,[57]) des Rückgriffs gegen die Vormänner[58]) verlustig.[59]) Der Anspruch gegen den Empfänger bleibt in Kraft.

---

welche ihre Forderung und ihr Pfandrecht behalten. Im Falle des zweiten Absatzes dieses Artikels tritt aber eine nothwendige Cession ein. Prot. S. 1437. vergl. den analogen Art. 382.

54) — weil durch Hinzutritt der Thätigkeit eines neuen Inhabers der Waare diese in Folge der Annäherung an den Bestimmungsort immer mehr an Werth gewinnt. Prot. S. 861. u. 4625.

55) Hier bewendet es bei der Rechtsregel: prior tempore, potior jure.

56) Es wurde auf die große Gefahr aufmerksam gemacht, welche der Absender laufe, wenn der Frachtführer gegen ihn den Regreß behalte, sobald er nur innerhalb 3 Tagen nach der Ablieferung des Guts die Klage gegen den Empfänger anstellt. Der Absender, welcher mit seinem Kommittenten verrechnet habe, könne dann noch nach Jahren belangt werden. — Es wurde jedoch erwidert, daß diese Bestimmung nur eine Folge des im Art. 409. aufgestellten Prinzips über die Dauer des Pfandrechts des Frachtführers sei, und gleiche Gefahren den Absender treffen könnten, auch wenn man ein anderes Prinzip annehme. Uebrigens könne sich der Absender z. B. dadurch decken, daß er dem Frachtführer beim Abschluß des Frachtvertrages zur Pflicht mache, entweder nur Zug um Zug zu leisten, oder doch, wenn es wegen Geltendmachung des Pfandrechts zum Prozeß komme, schleunigst an ihn Nachricht hiervon gelangen zu lassen. Prot. S. 4765. — Dieser Artikel weicht von den Bestimmungen des Seerechts (Art. 627.) ab, nach welchem grundsätzlich jeder Anspruch des Verfrachters an den Befrachter schon dann erlischt, sobald ersterer die Güter ausgeliefert hat, und nur insoweit ein Rückgriff stattfindet, als der Befrachter sich mit dem Schaden des Verfrachters bereichern würde. — Daß auch bei Landfrachten trotz des Art. 412. der Anspruch aus der Bereicherung gegen den Absender zulässig sei, wurde als selbstverständlich erachtet. Prot. S. 4765.

57) Daß auch diese Personen den Rückgriff verlieren, wurde durch die Erwägung gerechtfertigt, daß sie ihre Forderung dem Nachmanne anvertraut hätten, und also das Risiko aus einem solchen Vertrauen nur sie, und nicht den Absender treffen könne. Prot. S. 843.

58) Unter dem Ausdrucke „Vormänner" sind hier alle Personen verstanden, welche dem Frachtführer regreßpflichtig sind, also namentlich auch der Absender. Prot. S. 845.

59) — nämlich wegen aller derjenigen Forderungen, wegen deren sie ein Pfandrecht haben, gleichviel gegen wen sie gerichtet sind, sofern nur diese Forderungen mit der Absendung in Zusammenhang stehen und nicht etwa auf einen andern, neben dem Frachtvertrage vorkommenden Verhältnisse beruhen. Prot. S. 844.

Artikel 413.

Der Absender und der Frachtführer können[60]) übereinkommen, daß der letztere dem ersteren einen Ladeschein[61]) ausstellt.

Der Ladeschein ist eine Urkunde, durch welche der Frachtführer sich zur Aushändigung des Guts verpflichtet.[62])

Artikel 414.

Der Ladeschein enthält:[63])

1) die Bezeichnung der geladenen Güter nach Beschaffenheit, Menge und Merkzeichen;
2) den Namen und Wohnort des Frachtführers;
3) den Namen des Absenders;
4) den Namen desjenigen, an den oder an dessen Order[64]) das Gut

---

60) Eine Verpflichtung zur Ausstellung von Ladescheinen auf Verlangen des Absenders ist den Frachtführern nicht auferlegt, weil das Institut neu sei, und den Frachtführern die Verpflichtungen nicht bekannt sind, welche sie durch dieselben übernehmen; auch wurde eine solche Vorschrift im kleineren Frachtverkehr nicht als durchführbar angesehen, weil nicht alle Frachtführer ihren Namen schreiben könnten. Prot. S. 849. (In zweiter Lesung wurde freilich auch einmal mit einigen Restriktionen das Gegentheil beschlossen. Prot. S. 1444.)

61) Gegen die Einführung des Instituts der Ladescheine erhob sich in der Konferenz der lebhafteste Widerspruch. Prot. S. 448. 851. 1240. 1242. Die Sache wie der Name „Ladeschein" ist für den Land- und Flußtransport neu, den Konnossementen nachgebildet, und zu dem Zwecke gewählt, um Verwirrungen mit dem Begriffe des Frachtbriefes zu vermeiden; der Ladeschein ist wesentlich ein Verpflichtungsschein des Frachtführers. — Es wurde die Frage aufgeworfen, wie sich die Sache mit solchen, eine Verpflichtung enthaltenden Ladescheinen dann gestalten werde, wenn mehrere Frachtführer nach einander bei einem und demselben Transporte betheiligt seien, da man doch nicht von jedem neu eintretenden Frachtführer einen neuen Verpflichtungsschein sich ausstellen lassen könne, und ob es demnach nicht vorzuziehen sei, negoziable Auslieferungsscheine nach Art der domizilirten Wechsel zu kreiren. — Hierauf wurde bemerkt: die hier in Frage stehenden negoziablen Papiere würden kaum anderswo als bei Uebernahme ganzer Transporte durch einen Uebernehmer eine große praktische Bedeutung erlangen, und gerade bei solchen großen Transporten sei auch ein Bedürfniß für deren Einführung fühlbar geworden. Prot. S. 848.

62) Von etwaigen Duplikaten der Ladescheine ist mit Absicht im Gesetze Nichts gesagt, um deren Beurtheilung und Ausbildung, wenn sich in der Folge ein Bedürfniß für dieselben ergeben sollte, zuerst der Praxis anheimzugeben und deren Einführung durch den Verkehr abzuwarten. Prot. S. 1247.

63) Die Ungültigkeit des Ladescheins, falls eines der im Art. 414. unter Nr. 1—7. gedachten Momente fehlt, ist mit Absicht nicht vorgeschrieben. Es sollte dem Richter überlassen bleiben, zu entscheiden, ob eine im konkreten Falle vorliegende Urkunde noch ein Ladeschein genannt werden könne, obschon dieses oder jenes der im Artikel aufgeführten Momente nicht darin enthalten sei, oder nicht. Prot. S. 4770. Die Angabe von Nothadressen ist im Gesetze nicht angeordnet worden, weil man annahm, der Verkehr werde auch hier, wie bei dem Seehandel bereits geschehen, ohne Zweifel die nöthigen Maßregeln hervorbringen, damit der Frachtführer und der legitimirte Empfänger sich finden könnten. Prot. S. 1250.

64) Nur wenn die Ladescheine auf Order lauten, sind sie negoziable Pa-

abgeliefert werden soll. Als solcher ist der Absender zu verstehen, wenn der Ladeschein lediglich an Order gestellt ist;

5) den Ort der Ablieferung;
6) die Bestimmung in Ansehung der Fracht;
7) den Ort und Tag der Ausstellung.

Der Ladeschein muß von dem Frachtführer unterzeichnet sein.

Der Absender hat dem Frachtführer auf dessen Verlangen eine von ihm unterzeichnete gleichlautende Kopie des Ladescheins auszuhändigen.[65])

Artikel 415.

Der Ladeschein entscheidet für die Rechtsverhältnisse zwischen dem Frachtführer und dem Empfänger des Guts;[66]) die nicht in denselben aufgenommenen Bestimmungen des Frachtvertrages haben gegenüber dem Empfänger keine rechtliche Wirkung, sofern nicht auf dieselben ausdrücklich Bezug genommen ist.

Für die Rechtsverhältnisse zwischen Frachtführer und Absender bleiben die Bestimmungen des Frachtvertrages maaßgebend.

Artikel 416.

Wenn der Frachtführer einen Ladeschein ausgestellt hat, darf er späteren Anweisungen des Absenders wegen Zurückgabe oder Auslieferung des Guts an einen anderen als den durch den Ladeschein legitimirten Empfänger nur dann Folge leisten, wenn ihm der Ladeschein zurückgegeben wird. Handelt er dieser Bestimmung entgegen, so ist er dem rechtmäßigen Inhaber des Ladescheins für das Gut verpflichtet.

Artikel 417.

Zum Empfange des Guts legitimirt ist derjenige, an welchen das Gut nach dem Ladeschein abgeliefert werden soll, oder auf welchen der Ladeschein, wenn er an Order lautet, durch Indossament übertragen ist.[67])

---

piere, und können durch bloßes Indossament übertragen werden, vergl. Art. 302. und 417. Die Ladescheine können indeß auch auf einen bestimmten Empfänger lauten, sind aber dann nicht indossabel. — Grade darin, daß der Ladeschein an Order gestellt werden kann, liegt der Zweck des ganzen Instituts der Ladescheine, welcher dahin geht, das Prinzip des seerechtlichen Konnossements durch Anerkennung und Regelung des Ladescheins als eines selbstständigen Verpflichtungsscheins des Frachtführers auch auf den Frachtverkehr zu Lande, auf Flüssen und Binnengewässern zu übertragen. Prot. S. 4769.

65) Es bedarf nicht neben dem Ladescheine noch eines Frachtbriefes. Prot. S. 849. Doch sollte die Ausstellung der letzteren neben den ersteren nicht untersagt, ja nicht einmal widerrathen werden, indem dieselben wegen der Zollverhältnisse, wegen der Beziehungen des Frachtführers zum Absender u. dgl. vielleicht nicht zu entbehren sein würden. Prot. S. 1247.

66) Es war beantragt, aus dem analogen Art. 653. den Zusatz aufzunehmen: „insbesondre muß die Ablieferung der Güter an den Empfänger nach Inhalt des Ladescheins erfolgen", und es wurde hiefür geltend gemacht, daß sich dies schon aus Absatz 2. Art. 303. ergebe, und den für Konnossemente, dem Vorbilde der Ladescheine, angenommenen Prinzipien entspreche. Der gedachte Zusatz, welcher

Artikel 418.

Der Frachtführer ist zur Ablieferung des Guts nur gegen Rückgabe des Ladescheins, auf welchem die Ablieferung des Guts zu bescheinigen ist, verpflichtet.[68])

Artikel 419.

Im Uebrigen kommen die Bestimmungen über die Rechte und Pflichten des Frachtführers auch in dem Falle zur Anwendung, wenn ein Ladeschein ausgestellt ist.[69])

Artikel 420.

Wenn ein Kaufmann, dessen gewöhnlicher Handelsbetrieb sich nicht auf die Ausführung von Frachtgeschäften erstreckt, in einem einzelnen Falle einen Transport von Gütern zu Land oder auf Flüssen und Binnengewässern auszuführen übernimmt, so kommen die Bestimmungen dieses Titels auch in Bezug auf ein solches Geschäft zur Anwendung.

Artikel 421.

Die Bestimmungen dieses Abschnitts finden auch Anwendung auf Frachtgeschäfte von Eisenbahnen und anderen öffentlichen[70]) Transportanstalten.

Sie gelten jedoch für die Postanstalten[71]) nur insoweit, als nicht

---

zur Folge haben würde, daß der Frachtführer dem Destinatair gegenüber den Ladeschein vertreten müßte, ganz gleich was er wirklich vom Absender zur Transportirung erhalten hätte, wurde jedoch abgelehnt. Gegen denselben wurde nämlich geltend gemacht, daß jene schon für Konnossemente bedenkliche Bestimmung doch für dieselben durch die Zulässigkeit der Klausel „Inhalt unbekannt" (Art. 656.) gemildert werde. An und für sich nehme so wenig der Frachtführer im Ladescheine als der Schiffer im Konnossemente die unbedingte Verpflichtung auf sich, dem Empfänger die in dieser Urkunde bezeichneten Güter abzuliefern; er verspreche vielmehr darin nur, das was er erhalten, und angeblich diesen oder jenen Inhalt habe, auch wieder abzuliefern. Es solle deshalb der Beurtheilung im einzelnen Falle überlassen bleiben, zu entscheiden, in wie weit der Frachtführer in dieser Beziehung den Ladeschein vertreten müsse. Prot. S. 4773.

67) — vergl. den analogen Art. 647. Absatz 2. im Seerecht.

68) Die Leistungen müssen thunlichst Zug um Zug erfolgen. — Vergl. den analogen Art. 652. im Seerecht.

69) — jedoch nicht der letzte Absatz des Art. 404., denn das Klagerecht des Destinatairs und die Dispositionsbefugniß des Absenders sind ganz andere wenn ein Ladeschein, als wenn ein Frachtbrief ertheilt ist. Vergl. Art. 416. Prot. S. 862.

70) Der Ausdruck „öffentlich" hat hier nicht die Bedeutung, daß die betreffenden Anstalten vom Staate betrieben sein müßten, sondern nur, daß die Unternehmungen durch umfassende Gesellschaften betrieben würden, im Gegensatze zu den Unternehmungen einzelner Privaten. Prot. S. 855.

71) Davon ausgehend, daß die Post als eine Staatsanstalt erscheine zur Förderung des gemeinen Wohls (als ein Regal), und nicht als ein Institut zur Erzielung von Gewinn durch Betrieb eines Handelsgewerbes, daß ferner dem postalischen Gewohnheitsrecht seine Wirkung nicht genommen werden könne, und auch anderweitige Bestimmungen des Handelsgesetzbuchs auf die Post unanwend-

durch besondere Gesetze oder Verordnungen für dieselben ein Anderes bestimmt ist.[72])

Für die Eisenbahnen kommen ferner die Bestimmungen des folgenden Abschnitts zur Anwendung.

Zweiter Abschnitt.

Von dem Frachtgeschäft der Eisenbahnen insbesondere.

Artikel 422.

Eine Eisenbahn, welche dem Publikum zur Benutzung für den Gütertransport eröffnet ist, kann die bei ihr nachgesuchte Eingehung eines Frachtgeschäfts für ihre Bahnstrecke nicht verweigern, insofern

1) die Güter, an sich oder vermöge ihrer Verpackung nach den Reglements, und im Falle die letzteren fehlen oder keinen Anhalt gewähren, nach den Einrichtungen und der Benutzungsweise der Bahn zum Transport sich eignen;
2) der Absender in Bezug auf die Fracht, die Auflieferung der Güter und die sonstigen den Eisenbahnen freigestellten Transportbedingungen sich den allgemein geltenden Anordnungen der Bahnverwaltung unterwirft;
3) die regelmäßigen Transportmittel der Bahn zur Ausführung des Transports genügen.

Die Eisenbahnen sind nicht verpflichtet, die Güter zum Transport eher anzunehmen, als bis die Beförderung derselben geschehen kann.

In Ansehung der Zeit der Beförderung darf kein Absender vor dem Anderen ohne einen in den Einrichtungen der Bahn, in den Transportverhältnissen, oder im öffentlichen Interesse liegenden Grund begünstigt werden.

Zuwiderhandlungen gegen die Bestimmungen dieses Artikels begründen den Anspruch auf Ersatz des dadurch entstandenen Schadens.

---

bar seien, wurde der Antrag gestellt: das Handelsgesetzbuch auf die Verhältnisse der Post überhaupt für unanwendbar zu erklären. — Hiergegen wurde jedoch erinnert: Es stehe längst fest, daß die Geschäfte der Post in Ansehung der Versendung von Gepäckstücken den Charakter von Frachtgeschäften hätten; diese privatrechtliche Seite des Postwesens könne ohne Verkennung des Postoberhoheitsrechts privatrechtlich behandelt werden, wie denn auch bei anderen unter das Civilgesetz fallenden, gleichviel ob auf Ausübung von Regalien gerichteten oder sonstigen Geschäften des Staats dieser dem Civilrecht unterworfen sei. Wenn auch die Einigung darüber, daß die Posten in den hier gedachten Beziehungen überhaupt den Eisenbahnen gleichzustellen, jetzt noch nicht zu erzielen sei, so solle man wenigstens subsidiär die Bestimmungen des Handelsgesetzbuchs über das Frachtgeschäft und nicht das unsichere postalische Gewohnheitsrecht auf dieselben anwenden, hiedurch aber einen Grund legen zu einem künftigen einheitlichen postalischen Rechte. In diesem Sinne wurde denn auch Beschluß gefaßt. Prot. S. 5053.

72) Es wurde anerkannt, daß mit dem Ausdrucke „bestimmt ist“ nicht allein die bestehenden, sondern auch die unter den entsprechenden Formen noch in der Folge zu erlassenden besonderen Gesetze und Verordnungen gemeint seien.

Artikel 423.

Die im Artikel 422. bezeichneten Eisenbahnen sind nicht befugt, die Anwendung der in den Artikeln 395. 396. 397. 400. 401. 408. enthaltenen Bestimmungen über die Verpflichtung des Frachtführers zum Schadensersatze, sei es in Bezug auf den Eintritt, den Umfang oder die Dauer der Verpflichtung oder in Bezug auf die Beweislast, zu ihrem Vortheil durch Verträge[73]) (mittelst Reglements oder durch besondere Uebereinkunft) im Voraus auszuschließen oder zu beschränken, außer, soweit solches durch die nachfolgenden Artikel zugelassen ist.

Vertragsbestimmungen, welche dieser Vorschrift entgegenstehen, haben keine rechtliche Wirkung.[74])

Artikel 424.

Es kann bedungen werden:

1) in Ansehung der Güter, welche nach Vereinbarung mit dem Absender in unbedeckten Wagen transportirt werden:
   daß für den Schaden nicht gehaftet werde, welcher aus der mit dieser Transportart verbundenen Gefahr entstanden ist;[75])
2) in Ansehung der Güter, welche, ungeachtet ihre Natur eine Verpackung zum Schutz gegen Verlust oder Beschädigung auf dem Transport erfordert, nach Erklärung des Absenders auf dem Frachtbrief unverpackt oder mit mangelhafter Verpackung aufgegeben sind:
   daß für den Schaden nicht gehaftet werde, welcher aus der mit dem Mangel der Verpackung oder mit der mangelhaften Beschaffenheit der Verpackung verbundenen Gefahr entstanden ist;
3) in Ansehung der Güter, deren Auf- und Abladen nach Vereinbarung mit dem Absender von diesem besorgt wird:
   daß für den Schaden nicht gehaftet werde, der aus der mit dem Auf- und Abladen oder mit mangelhafter Verladung verbundenen Gefahr entstanden ist;
4) in Ansehung der Güter, welche vermöge ihrer eigenthümlichen natürlichen Beschaffenheit der besonderen Gefahr ausgesetzt sind, gänz-

---

73) Diese Beschränkung der Vertragsfreiheit ist nur für die Eisenbahnen ausgesprochen worden, weil diese allein ein faktisches Monopol zur Ausführung von Frachtverträgen in einer gewissen Richtung besitzen, welches sogar durch Privilegien (Ausschluß von Konkurrenzbahnen, Expropriation u. dgl.) unterstützt wird, und weil sich kein Bedürfniß bisher gezeigt hat, diese Beschränkung auch auf andere Transportanstalten auszudehnen. Prot. S. 827. 1230. u. 4779. Zweiter Komm.ber. d. H. d. A. S. 9—16.

74) Auch für außergewöhnliche Verhältnisse ist eine Abweichung von den obigen Bestimmungen nicht zugelassen worden, weil man befürchtete, daß hiedurch die Wirkung des ganzen Artikels aufgehoben werden würde. Prot. S. 5030.

75) — denn die Uebereinkunft, daß das betreffende Gut auf unbedeckten Wagen transportirt werden solle, hat keinen anderen Sinn, als daß sich der Absender vertragsmäßig verpflichtet, mit einer geringeren Diligenz des Frachtführers rücksichtlich der Verwahrung des Guts auf dem Transport sich begnügen zu wollen. Prot. S. 5015.

lichen oder theilweisen Verlust oder Beschädigung, namentlich Bruch, Rost, inneren Verderb, außergewöhnliche Leckage u. s. w. zu erleiden:

daß für den Schaden nicht gehaftet werde, welcher aus dieser Gefahr entstanden ist;

5) in Ansehung lebender Thiere:

daß für den Schaden nicht gehaftet werde, welcher aus der mit dem Transport[76]) dieser Thiere für dieselben verbundenen besonderen Gefahr entstanden ist;

6) in Ansehung begleiteter Güter:

daß für den Schaden nicht gehaftet werde, welcher aus der Gefahr entstanden ist, deren Abwendung durch die Begleitung bezweckt wird.

Ist eine der in diesem Artikel zugelassenen Bestimmungen bedungen, so gilt zugleich als bedungen, daß bis zum Nachweise des Gegentheils vermuthet werden soll, daß ein eingetretener Schaden, wenn er aus der nicht übernommenen Gefahr entstehen konnte, aus derselben wirklich entstanden ist.[77])

Eine nach diesem Artikel bedungene Befreiung von der Haftpflicht kann nicht geltend gemacht werden, wenn nachgewiesen wird, daß der Schaden durch Verschulden der Bahnverwaltung oder ihrer Leute entstanden ist.

Artikel 425.

In Ansehung des Reisegepäcks kann bedungen werden:

1) daß für Verlust oder Beschädigung von Reisegepäck, welches nicht zum Transport aufgegeben ist, nur gehaftet werde, wenn ein Verschulden der Bahnverwaltung oder ihrer Leute nachgewiesen wird.[78]) Dasselbe kann in Ansehung von Gegenständen bedungen werden, welche sich in Reise-Equipagen befinden;

2) daß für Verlust von Reisegepäck, welches zum Transport aufgegeben ist, nur gehaftet werde, wenn das Gepäck binnen einer bestimmten Frist nach der Ablieferungszeit abgefordert wird.[79])

Die Frist darf nicht kürzer als drei Tage sein.

Artikel 426.

In Ansehung der Güter, welche nach ihrer natürlichen Beschaffenheit

---

76) — einschließlich des Auf- und Abladens. Prot. S. 5015.

77) Ohne diese Präsumtion würden die vorhergehenden Bestimmungen zum Nachtheil der Eisenbahnen ganz illusorisch sein. Dem Absender bleibt der Gegenbeweis offen, daß der Schaden in einer anderen Ursache seinen Grund hat. Prot. S. 4796. — Der Diebstahl kann unter Umständen auch als eine Folge der fraglichen Transportart angesehen werden, wenn derselbe mit Rücksicht auf diese leichter ausführbar und schwerer zu verhüten gewesen. Jedoch ist die Haftung für denselben nicht unbedingt ausgeschlossen. Prot. S. 4797. 4799.

78) — denn bei dem nicht aufgegebenen Gepäcke kann von einer Haftung aus dem receptum nicht die Rede sein.

79) Daß der Anspruch auf Herausgabe des Guts, wenn es noch vorhanden, auch nach der Frist zulässig bleibt, versteht sich von selbst. Prot. S. 5012.

bei dem Transport regelmäßig einen Verlust an Gewicht oder an Maaß erleiden, kann bedungen werden, daß bis zu einem im Voraus bestimmten Normalsatze für Verlust an Gewicht oder Maaß nicht gehaftet werde.[80]) Der Normalsatz muß, im Falle mehrere Stücke zusammen transportirt worden sind, für jedes einzelne Stück besonders berechnet werden,[81]) wenn das Gewicht oder Maaß der einzelnen Stücke im Frachtbrief verzeichnet oder sonst erweislich ist.

Die hier bezeichnete Bestimmung kann nicht geltend gemacht werden, wenn nachgewiesen wird, daß der Verlust nach den Umständen des Falles nicht in Folge der natürlichen Beschaffenheit des Guts entstanden ist,[82]) oder daß der bestimmte Normalsatz dieser Beschaffenheit oder den sonstigen Umständen des Falles nicht entspricht.[83])

Artikel 427.

Es kann bedungen werden:

1) daß der nach Artikel 396. der Schadensberechnung zu Grunde zu legende Werth den im Frachtbrief, im Ladeschein oder im Gepäckschein als Werth des Guts angegebenen Betrag und in Ermangelung einer solchen Angabe einen im Voraus bestimmten Normalsatz nicht übersteigen soll;

2) daß die Höhe des nach Artikel 397. wegen verspäteter Lieferung zu leistenden Schadensersatzes den im Frachtbrief, im Ladeschein oder im Gepäckschein als die Höhe des Interesses an der rechtzeitigen Lieferung angegebenen Betrag und in Ermangelung einer solchen Angabe einen im Voraus bestimmten Normalsatz, welcher auch in dem Verluste der Fracht oder eines Theiles derselben bestehen kann, nicht übersteigen soll.

Im Falle einer böslichen Handlungsweise der Eisenbahnverwaltung oder ihrer Leute kann die Beschränkung der Haftpflicht auf den Normalsatz oder den angegebenen Werth des Guts nicht geltend gemacht werden.[84])

---

80) Dadurch ist der Gegenbeweis von beiden Seiten, daß der Verlust in Folge der natürlichen Beschaffenheit des Guts größer oder geringer gewesen, als nach dem Normalsatze, nicht ausgeschlossen. Prot. S. 4793.

81) — damit nicht der Verlust über den Normalsatz bei einem Stücke dadurch ausgeglichen werde, daß bei einem anderen Stücke der Verlust unter dem Normalsatze geblieben ist. Prot. S. 4789.

82) Darüber war man einverstanden, daß die Prozentsätze selbst bei einem in der Natur des Guts begründeten Verluste nicht maaßgebend seien, insoweit die Eisenbahnverwaltung Schuld daran trägt, daß der fragliche Verlust entstanden ist. Prot. S. 4795.

83) — also entweder überhaupt und im Allgemeinen für Güter der fraglichen Art, oder speziell nach den besonderen Umständen für den einzelnen Fall. Prot. S. 4794.

84) Ein pactum ne dolus praestetur ist ungültig; deshalb wird, wenn auch die Haftpflicht ohne Weiteres beschränkt ist, doch immer angenommen, der Fall des dolus sei ausgenommen. — Unter böslicher Handlungsweise sind nicht nur die Fälle des eigentlichen dolus, sondern auch die schwersten Fälle von Nachlässigkeit verstanden (culpa lata). Prot. S. 5112.

Artikel 428.

Es kann bedungen werden, daß nach erfolgter Empfangnahme des Guts und Bezahlung der Fracht jeder Anspruch wegen Verlustes an dem Gut oder wegen Beschädigung desselben auch dann, wenn dieselben bei der Ablieferung nicht erkennbar waren und erst später entdeckt worden sind (Artikel 408. Abs. 2.), erlischt, wenn der Anspruch nicht binnen einer bestimmten Frist nach der Ablieferung bei der Eisenbahnverwaltung angemeldet worden ist.

Die Frist darf nicht kürzer als vier Wochen sein.

Artikel 429.

Wenn eine Eisenbahn das Gut mit einem Frachtbrief übernimmt, nach welchem der Transport durch mehrere sich an einander anschließende Eisenbahnen zu bewirken ist, so kann bedungen werden, daß nicht sämmtliche Eisenbahnen, welche das Gut mit dem Frachtbrief übernommen haben, nach Maaßgabe des Artikels 401. als Frachtführer für den ganzen Transport haften, sondern daß nur die erste Bahn und diejenige Bahn, welche das Gut mit dem Frachtbriefe zuletzt übernommen hat, dieser Haftpflicht für den ganzen Transport unterliegt, vorbehaltlich des Rückgriffs der Eisenbahnen gegeneinander, daß dagegen eine der übrigen, in der Mitte liegenden, Eisenbahnen nur dann als Frachtführer in Anspruch genommen werden kann, wenn ihr nachgewiesen wird, daß der Schaden auf ihrer Bahn sich ereignet hat.[85])

Artikel 430.

Wenn eine Eisenbahn das Gut mit einem Frachtbriefe zum Transport übernimmt, in welchem als Ort der Ablieferung ein weder an ihrer Bahn, noch an einer der sich an sie anschließenden Bahnen liegender Ort bezeichnet ist, so kann bedungen werden, daß die Haftpflicht der Eisenbahn oder der Eisenbahnen als Frachtführer nicht für den ganzen Transport bis zum Ort der Ablieferung, sondern nur für den Transport bis zu dem Orte bestehe, wo der Transport mittelst Eisenbahn enden soll; ist dies bedungen, so treten in Bezug auf die Weiterbeförderung nur die Verpflichtungen des Spediteurs ein.

Artikel 431.

Ist von dem Absender auf dem Frachtbriefe bestimmt, daß das Gut an einem an der Eisenbahn liegenden Ort abgegeben werden oder liegen bleiben soll, so gilt, ungeachtet im Frachtbrief ein anderweitiger Bestimmungsort angegeben ist, der Transport als nur bis zu jenem an der Bahn liegenden Ort übernommen, und die Bahn ist nur bis zur Ablieferung an diesem Ort verantwortlich.

---

85) Die Zulässigkeit einer von dem Grundsatze des Art. 401. Abs. 2. abweichenden Verabredung ist in dem Art. 429. mit Rücksicht auf die große Ausdehnung des Transportgeschäfts, auf die Unmöglichkeit einer genügenden Auswahl der für den Weitertransport zu benützenden Transportmittel, endlich auf die Unausführbarkeit einer genügenden Kontrolle der neuen Frachtführer anerkannt. Prot. S. 5032.

Fünftes Buch.

Vom Seehandel.[1])

Erster Titel.

Allgemeine Bestimmungen.

Artikel 432.

Für die zum Erwerb durch die Seefahrt [2]) bestimmten Schiffe, welchen das Recht, die Landesflagge zu führen, zusteht, ist ein Schiffsregister [3]) zu führen.

Das Schiffsregister ist öffentlich; [4]) die Einsicht desselben ist während der gewöhnlichen Dienststunden einem Jeden gestattet.

---

1) Unter Seehandel ist nicht blos der Einkauf und Verkauf von Waaren, die über See gehen, zu verstehen, sondern es gehören dahin auch alle Rechtsverhältnisse, welche sich dadurch ergeben, daß Güter über See versandt werden. Prot. S. 3694.

2) — d. h. zur Beförderung von Gütern und Personen, zum Erwerb durch Fischfang rc. — Auf Schiffe, die keinen Handelszweck haben, also Kriegsschiffe und auch Schiffe, die nur zum persönlichen Gebrauch ihrer Eigner bestimmt sind, findet das Seerecht keine Anwendung. Mot S. 214. Prot. S. 1483 bis 1485. 3694 bis 3696.

3) Das Schiffsregister ist zunächst aus staatsrechtlichen Gründen wünschenswerth. Es gewährt einen sichern Anhalt, wenn es sich um die Nationalität eines bestimmten Schiffs und den Stand der Marine im Allgemeinen handelt. Es gewährt aber auch dem privatrechtlichen Verkehr mit Schiffen in mancher Beziehung dieselben Vortheile, welche die Hypothekenbücher dem Verkehre mit Grundstücken und die Handelsregister dem kaufmännischen Verkehre gewähren; es bildet die Grundlage für die Schiffspapiere. Mot. S. 215. 216. Prot. S. 1476—1478. 1665—1668. 1689—1690.

4) Die öffentliche Bekanntmachung der Eintragungen in das Schiffsregister ist nicht erforderlich. Die Eintragungen in das Handelsregister beziehen sich auf Rechtshandlungen der Handeltreibenden, die auf ihren gesammten Geschäftsbetrieb von Einfluß sind und welchen deshalb die größtmögliche Verbreitung gegeben werden muß; dagegen haben die Eintragungen in das Schiffsregister stets nur ein einzelnes Schiff zum Gegenstande. Der Kreis der Personen, welchen die

Artikel 433.

Die Eintragung in das Schiffsregister darf erst geschehen, nachdem das Recht, die Landesflagge zu führen, nachgewiesen ist. [5])

Vor der Eintragung in das Schiffsregister darf das Recht, die Landesflagge zu führen, nicht ausgeübt werden. [6])

Artikel 434.

Die Landesgesetze [7]) bestimmen die Erfordernisse, von welchen das Recht eines Schiffs, die Landesflagge zu führen, abhängig ist. [8])

Sie bestimmen die Behörden, [9]) welche das Schiffsregister zu führen haben.

Sie bestimmen, ob und unter welchen Voraussetzungen die Eintragung

---

Kenntniß derselben erforderlich ist, ist ein verhältnißmäßig geringer und es genügt, ihnen durch die Oeffentlichkeit der Register Gelegenheit zu geben, sich diese Kenntniß ohne Mühe zu verschaffen. Mot. S. 216. Prot. S. 4185. Wegen des Handelsregisters vergl. Art. 12—14.

5) Nach dem Pr. Entw. (Art. 387.) sollte der Eintragung des Schiffs in das Schiffsregister auch die Prüfung der Seetüchtigkeit desselben vorangehen. Von diesem Erforderniß ist Abstand genommen worden, weil sich die Seetüchtigkeit bei älteren Schiffen nur schwer ermitteln läßt, der Begriff der Seefähigkeit ein höchst relativer und von der vorzunehmenden Reise abhängiger ist, weil ferner das Schiff nach jeder Reise untüchtig geworden sein kann, und endlich genügende Kontrolle bei neuen Schiffen durch den Beilbrief, bei neuen und älteren in der Regel durch die Assekuradeure geboten wird, welche in ihrem eigenen Interesse die Seetüchtigkeit untersuchen, und nach Klassen feststellen lassen. Prot. S. 1670 bis 1673.

6) Nur die Ausübung des Rechts die Landesflagge zu führen, nicht das Recht selbst, ist von der Eintragung in das Schiffsregister abhängig. Prot. S. 3696.

7) Die Frage, von welchen Erfordernissen das Recht, die Landesflagge zu führen, abhängig sei, läßt sich nicht in erschöpfender Weise für alle Staaten Deutschlands gleichmäßig festsetzen; nicht einmal ein Minimum von Erfordernissen ohne welche kein Schiff in einem Staate als Landesschiff anzuerkennen ist, läßt sich aufstellen, weil selbst die Vorschrift, daß ein Schiff, um als ein nationales anerkannt zu werden, im ausschließlichen Eigenthum von Nationalen sein muß, keineswegs ohne Ausnahme überall in Geltung ist. Aenderungen, welche bei fremden Nationen rücksichtlich des Seewesens vorgehen, bedingen oft auch Modifikationen deutscher Institutionen. Man mußte deshalb mit Rücksicht auf die Schwierigkeit einer Aenderung des deutschen Handelsgesetzbuchs in demselben von völkerrechtlichen Vorschriften möglichst absehen, und jedem Staate die Möglichkeit lassen, solche Aenderungen, so schnell als sie erforderlich erscheinen, vorzunehmen. Prot. S. 1476 bis 1480.

8) — und wie das Vorhandensein dieser Erfordernisse zu beweisen ist. Beide Fragen hängen eng zusammen. Prot. S. 1685.

9) Die Führung des Schiffsregisters war im Pr. Entw. (Artikel 386.) dem Handelsgericht des Hafens, von welchem aus die Schiffahrt betrieben werden soll, übertragen; man hat jedoch die Bestimmung der betreffenden Behörde ebenfalls den Landesgesetzen vorbehalten, weil die Vorschrift des Entwurfs eine Aenderung der Einrichtungen mancher Staaten, z. B. in Oesterreich, ohne ausreichenden Grund erforderlich machen würde, und die Einführung des Schiffs-

in das Schiffsregister für ein aus einem anderen Lande erworbenes Schiff[10]) vorläufig[11]) durch eine Konsulatsurkunde[12]) ersetzt werden kann.

Artikel 435.

Die Eintragung in das Schiffsregister muß enthalten:[13])

1) die Thatsachen, welche das Recht des Schiffs, die Landesflagge zu führen, begründen;
2) die Thatsachen, welche zur Feststellung der Identität des Schiffs und seiner Eigenthumsverhältnisse erforderlich sind;
3) den Hafen, von welchem aus mit dem Schiff die Seefahrt betrieben werden soll (Heimathshafen, Registerhafen).

Ueber die Eintragung wird eine, mit dem Inhalte[14]) derselben übereinstimmende Urkunde (Certifikat) ausgefertigt.[15])

Artikel 436.

Treten in den Thatsachen, welche in dem vorhergehenden Artikel bezeichnet sind, nach der Eintragung Veränderungen ein, so müssen dieselben in das Schiffsregister eingetragen und auf dem Certifikat vermerkt werden.[16])

Im Fall das Schiff untergeht oder das Recht, die Landesflagge zu

---

registers, welches mehr dem öffentlichen Recht angehört, nicht zum eigentlichen Berufskreise der Handelsgerichte gehört. Prot. S. 1669—1670.

10) — sowohl wenn das Schiff in einem anderen Lande für Rechnung eines Inländers erbaut, als auch wenn ein Schiff, welches bereits eine fremde Flagge geführt hat, von einem Inländer erworben ist. Prot. S. 3697.

11) — nicht nur für die Heimreise, wie beantragt worden. Möglicherweise kann ein Interesse dafür bestehen, die Dauer der Gültigkeit der in Rede stehenden provisorischen Schiffspapiere nach einer gewissen Zeitfrist zu bemessen. Prot. S. 1672. 1673.

12) Der Ausdruck „Konsulatsurkunde" ist nicht gleichbeutend mit „Urkunden der Konsularbeamten." Es soll die Frage offen gelassen werden, welche Personen zur Ausstellung solcher Urkunden befugt sind. Prot. S. 1672.

13) Mit Rücksicht auf die Bestimmung des Art. 437, und in Erwägung daß die Frage, welche einzelnen Einträge erforderlich sind, um den deutschen Schiffen hinreichenden Schutz in Kriegsfällen zu gewähren, nicht ausschließlich und ein für alle Mal durch die deutsche Gesetzgebung entschieden werden kann, sondern von dem jeweiligen Stande des internationalen Rechts und den Anordnungen der kriegführenden Mächte abhängig ist, hat man sich auf allgemeinere Bestimmungen rücksichtlich des Inhalts des Schiffregisters beschränkt, und die Feststellung der Einzelheiten den Landesgesetzen überlassen. Prot. S. 3701. 3702.

14) Die peinlichste Uebereinstimmung des Certifikats mit dem Schiffsregister auch bei ganz geringfügigen Punkten ist nicht erforderlich. Anscheinend sollen aber in das Certifikat alle früheren Besitzer eingetragen werden. Prot. S. 1668.

15) Es ist wünschenswerth, daß das Certifikat an Stelle aller bisherigen Schiffspapiere tritt; es steht indessen Nichts im Wege, neben dem Auszuge aus dem Schiffsregister noch andere Papiere z. B. den Seepaß beizubehalten, wenn ein Interesse hierfür, insbesondere wegen vorhandener Traktate, bestehen sollte. Prot. S. 1683.

16) — selbstverständlich sofern kein neues ertheilt wird. Die Gültigkeit

führen, verliert, ist das Schiff in dem Schiffsregister zu löschen und das ertheilte Certifikat zurückzuliefern, sofern nicht glaubhaft bescheinigt wird,[17]) daß es nicht zurückgeliefert werden könne.

Artikel 437.

Die Landesgesetze bestimmen die Fristen, binnen welcher die Thatsachen anzuzeigen und nachzuweisen sind, welche eine Eintragung oder Löschung erforderlich machen, sowie die Strafen, welche für den Fall der Versäumung dieser Fristen oder der Nichtbefolgung der vorhergehenden Vorschriften verwirkt sind.[18])

Artikel 438.

Die Landesgesetze können bestimmen, daß die Vorschriften der Artikel 432. bis 437. auf kleinere Fahrzeuge (Küstenfahrer u. s. w.) keine Anwendung finden.[19])

Einf.-Ges. Art. 53. Die auf die Führung des Schiffsregisters sich beziehenden Vorschriften der Artikel 432. bis 438. des Handelsgesetzbuchs werden durch die nachstehenden Bestimmungen ergänzt:

§. 1.

Als Preußische Schiffe und als berechtigt, die Preußische Flagge zu führen, sind nur diejenigen Schiffe anzusehen, welche sich in dem ausschließlichen Eigenthum Preußischer Unterthanen befinden.[20])

Aktiengesellschaften, welche in Preußen errichtet sind, und welche zugleich in

---

des Certifikats ist an keine bestimmte Zeit gebunden. — Die Fragen, ob auf Einlieferung des alten Certifikats bestanden werden solle, wenn bei einer Besitzveränderung ein neues ausgefertigt wird, so wie ferner ob die glaubhafte Darlegung der Unmöglichkeit das frühere Certifikat zurückzugeben, für die Ausfertigung neuer Certifikate genüge, wenn eine Besitzveränderung eingetreten oder das alte Certifikat abhanden gekommen ist, sind im Gesetze offen gelassen. Prot. S. 1687 bis 1691. 3698.

17) Es bedarf keiner förmlichen, meistens mit großen Kosten verknüpften Amortisation des Certifikats; die glaubhafte Bescheinigung genügt, um die auf Nichterfüllung der betreffenden Verpflichtung angedrohte Strafe abzuwenden. Prot. S. 3698.

18) Die Fristen müssen nach den örtlichen Verhältnissen eines jeden Landes anders festgesetzt werden. Prot. S. 1691. 1692. 3698.

19) Nicht jedes Schiff, welches dem Seehandel dient, eignet sich zur Eintragung in das Schiffsregister. Der Pr. Entw. bestimmte deshalb im Art. 385.: „Als Seeschiffe im Sinne dieses Gesetzbuchs sind nur solche Schiffe anzusehen, welche zur Beförderung von Personen oder Gütern über See dienen." Gegen diese Definition wurde geltend gemacht, sie treffe keineswegs die zur Eintragung in das Schiffsregister geeigneten Schiffe, und lasse die erheblichsten Zweifel ungelöst; außerdem sei es unrichtig, daß die von der Registrirung auszunehmenden Schiffe auch rücksichtlich aller übrigen Vorschriften des Seerechts nicht als Seeschiffe anzusehen seien. Dies führte nicht allein zur Ablehnung jener Definition, sondern auch zur Aufnahme des im Artikel 438. enthaltenen Vorbehalts. Mot. S. 214., Mot. z. Einf.-Ges. S. 68., Prot. S. 1483, 1484, 3694 bis 3696, 3772.

20) Dieses Prinzip ist in Preußen schon in Geltung. Die fremden Rechte

Preußen ihren Sitz haben, stehen Preußischen Unterthanen gleich.[21]) Dasselbe gilt von Kommanditgesellschaften auf Aktien, welche in Preußen errichtet sind und in Preußen ihren Sitz haben, sofern zugleich die persönlich haftenden Mitglieder derselben sämmtlich Preußische Unterthanen sind.[22])

§. 2.

Die Führung des Schiffsregisters und die Ausfertigung der Certifikate wird den Handelsgerichten[23]) übertragen, in deren Bezirken die Seehäfen belegen sind.[24]) Ein jedes dieser Gerichte hat für alle Häfen seines Bezirks nur Ein Schiffsregister zu führen.

§. 3.

Ein jedes Schiff kann nur in dasjenige Schiffsregister eingetragen werden, welches für seinen Heimathshafen (Artikel 435. des Handelsgesetzbuchs) geführt wird.[25])

---

binden meist die Nationalität an strengere Bedingungen in der Absicht den nationalen Schiffbau und die nationale Rhederei zu heben. Indessen haben gegenwärtig, wo das System der Bevorzugung der nationalen Flagge immer mehr verlassen wird, jene Bestimmungen keinen Zweck mehr. Dagegen hat mit Rücksicht auf die völkerrechtlichen Verhältnisse davon abgesehen werden müssen, die Nationalität an geringere Erfordernisse zu knüpfen, namentlich es für genügend anzusehen, wenn das Schiff sich auch nur theilweise im Eigenthum Preuß. Unterthanen befindet. Mot. z. Einf.-Ges. S. 64. 65. Komm.-ber. d. H. d. A. S. 23. Mot. S. 215.

21) Eine solche, sich in vielen andern Gesetzgebungen findende Bestimmung ist nothwendig, will man nicht den Rhedereibetrieb durch Aktiengesellschaften, zumal durch diejenigen, deren Aktien auf den Inhaber lauten, fast gänzlich ausschließen. Die Ausdehnung dieser Bestimmungen über Aktiengesellschaften auf die übrigen Handelsgesellschaften (offene und Kommanditgesellschaften) würde eine bedenkliche Neuerung sein, welche namentlich in Kriegszeiten zu ernsten Verwickelungen führen könnte. Mot. z. Einf.-Ges. S. 64.

22) Bei der Kommandit-Gesellschaft auf Aktien waltet ein ganz ähnliches Verhältniß ob, wie bei der Aktien-Gesellschaft, nämlich rücksichtlich der Kommanditisten, deren Kapital in Aktien getheilt ist, während die persönlich haftenden Gesellschafter dieselbe Stellung einnehmen, wie die Mitglieder einer offenen Gesellschaft. Mot. z. Einf.-Ges. S. 64. 65.

23) Dies entspricht der bisherigen Einrichtung, daß die Beilbriefe von den Gerichten ausgefertigt werden, und zwar von den Seegerichten, so weit solche bestehen. Vgl. Art. 73. des Einf.-Ges., Mot. z. Einf.-Ges. S. 65., Mot. S. 216.

24) Die Regulirung der Kompetenz nach einem andern Prinzipe, indem man entweder das Domizil oder die Wahl des Rheders entscheiden ließe, würde den Uebelstand erzeugen, daß die Führung des Schiffsregisters einer großen Anzahl von Gerichten zufiele, von welchen manche mit den in Frage kommenden Verhältnissen vielleicht nicht genügend vertraut wären, abgesehen davon, daß es sich in Rücksicht auf die Gefahr einer Beanstandung der Schiffslegitimationspapiere im Auslande nicht empfiehlt, die Ausstellung des Haupt-Schiff-Dokuments den im Innern des Landes belegenen Gerichten zu überlassen. Mot. z. Einf.-Ges. S. 65.

25) In dem Heimathshafen, wo auch stets eine Vertretung der Rheder sein wird, ist der Mittelpunkt der Geschäfte, welche sich auf das Schiff beziehen; hier muß also auch die rechtliche Kontrolle über das Schiff geführt werden. Mot. S. 216. Mot. z. Einf.-Ges. S. 65. 66.

§. 4.

Die Eintragung des Schiffs in das Schiffsregister muß enthalten:

1) den Namen und die Gattung des Schiffs (ob Barke, Brigg u. s. w.);

2) seine Größe und die nach der Größe berechnete Tragfähigkeit;[26])

3) die Zeit und den Ort seiner Erbauung,[27]) oder, wenn es einem anderen Lande angehört hat, den Thatumstand, wodurch es das Recht, die Landesflagge zu führen, erlangt hat, und außerdem, wenn thunlich, die Zeit und den Ort der Erbauung;

4) den Heimathshafen;

5) den Namen und die nähere Bezeichnung des Rheders (Art. 450. des Handelsgesetzbuchs), oder, wenn eine Rhederei besteht (Art. 456. a. a. O.), den Namen und die nähere Bezeichnung aller Mitrheder[28]) und die Größe der Schiffspart eines Jeden; ist eine Handelsgesellschaft Rheder oder Mitrheder, so sind die Firma und der Ort, an welchem die Gesellschaft ihren Sitz hat, nnd, wenn die Gesellschaft nicht eine Aktiengesellschaft ist, die Namen und die nähere Bezeichnung aller Gesellschafter einzutragen; bei der Kommanditgesellschaft auf Aktien genügt statt der Eintragung aller Gesellschafter die Eintragung aller persönlich haftenden Gesellschafter;

6) den Rechtsgrund, auf welchem die Erwerbung des Eigenthums des Schiffs oder der einzelnen Schiffsparten beruht;

7) die Nationalität des Rheders oder der Mitrheder;

8) den Tag der Eintragung des Schiffs.

Ein jedes Schiff wird in das Schiffsregister unter einer besonderen Ordnungsnummer eingetragen.

§. 5.

Die Eintragung des Schiffs in das Schiffsregister darf erst geschehen, nach-

---

26) Größe und Tragfähigkeit sind nicht gleichbedeutend, und für die Bestimmung der Identität eines Schiffes sind beide Angaben wichtig. Allgemein wird neben den Maaßverhältnissen der Länge, Tiefe und Breite, oder auch wohl ohne deren Erwähnung die Lasten- oder Tonnenzahl angegeben, welche das Schiff zu tragen im Stande ist. Ein so allgemein anerkanntes Unterscheidungsmerkmal der Schiffe einzutragen, ist nothwendig und nützlich, empfiehlt sich aus Rücksichten der Statistik, und giebt beim Verchartern der Schiffe dienliche Aufklärung über deren Leistungsfähigkeit. Prot. S. 1677—80. Die Tragfähigkeit ist nur nach ungefährer Schätzung, nicht vollkommen genau anzugeben. Bei der nur annähernden Angabe der Tragfähigkeit sind Verwickelungen wegen der verschiedenen Messungsarten und der Verschiedenheit der Größe der Lasten an den verschiedenen Orten nicht zu befürchten. Prot. S. 1677—80.

27) — weil diese Umstände in den meisten Fällen über den nationalen Ursprung Gewißheit geben, die Anfechtung der Nationalität des Schiffs erschweren, und ein wesentliches Hülfsmittel zur Feststellung seiner Identität gewähren. Prot. S. 1681.

28) Eine genaue Angabe der Eigenthumsverhältnisse, namentlich die Bezeichnung aller Mitrheder ist in dem Schiffsregister zum Nachweise der Nationalität unerläßlich, und zwar nicht allein für den Fall des Krieges, sondern auch für die Zeit des Friedens, indem z. B. die Theilnahme an traktmäßigen Vortheilen

dem das Recht desselben, die Preußische Flagge zu führen (§. 1.), und alle[29]) in dem §. 4. bezeichneten Thatsachen glaubhaft nachgewiesen sind.

§. 6.

Das Recht, die preußische Flagge zu führen, darf weder vor der Eintragung des Schiffs in das Schiffsregister, noch vor der Ausfertigung des Certifikats ausgeübt werden.

Das Certifikat[30]) muß in wortgetreuer[31]) Uebereinstimmung Alles enthalten, was in das Schiffsregister eingetragen ist, und bezeugen, daß die nach §. 5. erforderlichen Nachweisungen geführt sind.

Durch das Certifikat wird das Recht des Schiffs, die Preußische Flagge zu führen, nachgewiesen.

§. 7.

Wenn ein im Auslande befindliches fremdes Schiff durch den Uebergang in das Eigenthum eines Preußischen Unterthans das Recht, die Preußische Flagge zu führen, erlangt, so können die Eintragung des Schiffs in das Schiffsregister und das Certifikat durch ein von dem Preußischen Konsul, in dessen Bezirk das Schiff zur Zeit des Eigenthumsüberganges sich befindet, über den Erwerb des Rechts, die Preußische Flagge zu führen, ertheiltes Attest, jedoch nur für die Dauer eines Jahres seit dem Tage der Ausstellung des Attestes, ersetzt werden.[32])

§. 8.

Tritt in den Thatsachen, welche in dem §. 4. bezeichnet sind, nach der Eintragung des Schiffs in das Schiffsregister eine Veränderung ein, so hat der Rheder dieselbe binnen sechs Wochen nach Ablauf des Tages, an welchem er von ihr Kenntniß erhalten hat, dem das Schiffsregister führenden Gericht zum Zweck der Befolgung der Vorschriften des Artikels 436. des Handelsgesetzbuchs anzuzeigen und nachzuweisen. Dasselbe gilt, wenn eine Thatsache eintritt, welche nach dem

---

von der Persönlichkeit der einzelnen Eigner abhängig sein kann. Angabe des Domizils der Rheder ist nicht erforderlich, weil dasselbe einerseits häufig gleichgültig, andererseits oft juristisch zweifelhaft ist. Durch ein solches Erforderniß würde die Belästigung eintreten, daß bei Wohnungsveränderungen das Register berichtigt werden müßte. Prot. S. 3699. bis 3701. 1682.

29) Es soll durch ausdrückliche Hervorhebung des glaubhaften Nachweises aller einzutragenden Thatsachen der Ansicht entgegengetreten werden, als ob bei dem einen oder anderen Punkte ein besonderer Nachweis nicht erforderlich sei. Mot. z. Einf.-Ges. S. 66. 67.

30) Das Certifikat ist ein bündiges Zeugniß, daß die materiellen Erfordernisse des Rechts, die Preuß. Flagge zu führen, vorhanden sind; es dient zur Legitimation im internationalen Verkehr, und giebt erst auf den Schutz des Staats Anspruch; die Ausfertigung desselben wird als noch zur Eintragung gehörig betrachtet. Mot. z. Einf.-Ges. S. 67.

31) Nach Art. 435. des Handelsgesetzbuchs genügt schon die Uebereinstimmung des Inhalts.

32) Der §. 7. bezweckt, Preuß. Rhedern, welche in entfernten Gegenden befindliche Schiffe ankaufen, die Möglichkeit zu geben, dieselben sofort zum Erwerb durch die Seefahrt zu verwenden. Die einjährige Frist wird genügen, um die Eintragung in das Schiffsregister zu erwirken, ohne daß zu dem Zwecke das Schiff in einen inländischen Hafen geführt zu werden braucht. Mot. z. Einf.-Ges. S. 67.

zweiten Absatz des Artikels 436. des Handelsgesetzbuchs die Löschung des Schiffs im Schiffsregister und die Zurücklieferung des Certifikats erforderlich macht.

Die Verpflichtung zu der Anzeige und Nachweisung liegt ob:

1) wenn eine Rhederei besteht, allen Mitrhedern;
2) wenn eine Aktiengesellschaft Rheder oder Mitrheder ist, für dieselbe allen Mitgliedern des Vorstandes;
3) wenn eine andere Handelsgesellschaft Rheder oder Mitrheder ist, für dieselbe allen persönlich haftenden Gesellschaftern;
4) wenn die Veränderung in einem Eigenthumswechsel besteht, wodurch das Recht des Schiffs, die Preußische Flagge zu führen, nicht berührt wird, dem neuen Erwerber des Schiffs oder der Schiffspart.

§. 9.

Wer eine nach dem vorstehenden Paragraphen ihm obliegende Verpflichtung binnen der sechswöchentlichen Frist nicht erfüllt, wird mit Geldbuße bis zu Einhundert Thalern bestraft,[33]) sofern er nicht beweist, daß er ohne sein Verschulden außer Stande gewesen sei, dieselbe zu erfüllen; die Strafe tritt nicht ein, wenn vor Ablauf der Frist die Verpflichtung von einem Mitverpflichteten erfüllt ist.

§. 10.

Es bleibt Königlicher Verordnung[34]) vorbehalten, zu bestimmen, ob und inwieweit die Artikel 432. bis 437 des Handelsgesetzbuchs und die vorstehenden §§. 1. bis 9. auf kleinere Fahrzeuge (Küstenfahrer und dergl.) keine Anwendung finden sollen.

§. 11.

Der Justizminister hat die Gerichte wegen Führung des Schiffsregisters mit einer Instruktion zu versehen.

Artikel 439.

Bei der Veräußerung[35]) eines Schiffs[36]) oder eines Antheils am

---

33) Zweck dieser Bestimmung ist, in dem Registerwesen Ordnung zu erhalten, die Glaubwürdigkeit der Certifikate sicher zu stellen, und den Mißbrauch der letzteren zu verhindern. Mot. z. Einf.-Ges. S. 68.

34) Die Regulirung der vorliegenden Verhältnisse ist königlicher Verordnung vorbehalten, weil es zur Zeit wenigstens nicht zweckmäßig erscheint, dieselben auf dem Wege der parlamentarischen Gesetzgebung zu ordnen, und andererseits einem Erlasse durch die Ressort-Minister die im Interesse der Schiffseigner, Schiffer und Gläubiger durchaus wünschenswerthe Autorität und Publizität mangeln würde. Komm.-Ber. d. H. d. A. S. 25 bis 27.

35) Der Art. 439. enthält nur Bestimmungen über die Uebergabe eines veräußerten Schiffs, nicht aber über die Form der Veräußerung. Die Ansichten über die Frage, in welcher Form die Veräußerungsverträge abgeschlossen werden müßten, waren in der Konferenz sehr getheilt. Die Einen verlangten im Interesse der Sicherheit des Verkehrs und wegen der gewichtigen Folgen, die sich häufig an einen Verkauf u. dgl. knüpfen, zur Gültigkeit des Geschäfts notarielle oder gerichtliche Abschließung, Andere mindestens schriftliche Form, noch Andere sprachen sich für völlige Formfreiheit aus, weil das Erforderniß der Schriftlichkeit mit dem bestehenden gemeinen deutschen Seerechte und dem Geiste des ganzen deutschen Handelsgesetzbuchs in Widerspruch stehen würde, und ohnehin nur wenige Veräußerungen vorkämen, welche nicht als Handelsgeschäfte zu betrachten seien; die Ansicht endlich, daß es in Betreff der Form der Veräußerungsverträge, sofern sie

Schiff (Schiffspart) kann[37]) zum Eigenthumserwerb die nach den Grundsätzen des bürgerlichen Rechts etwa erforderliche Uebergabe durch die unter den Kontrahenten getroffene Vereinbarung[38]) ersetzt werden, daß das Eigenthum sofort[39]) auf den Erwerber übergehen soll.

---

keine Handelsgeschäfte seien, bei den Vorschriften der einzelnen Landesgesetzgebungen belassen werden könne, und kein Bedürfniß zur Abänderung weit greifender Prinzipien einzelner Landesgesetze vorhanden sei, fand die Zustimmung der Majorität. Die Aufnahme einer besonderen Bestimmung hierüber wurde nicht für erforderlich erachtet. — Für das Preußische Recht (ALR. §. 1395)*) ist demnach da, wo das Landrecht gilt, anzunehmen, daß zur Gültigkeit eines Rechtsgeschäfts, welches die Uebertragung eines Schiffs oder eines Antheils daran bezweckt, sofern nicht ein Handelsgeschäft vorliegt, gerichtliche oder notarielle Abschließung oder Beglaubigung nothwendig ist. Prot. S. 1692. bis 1702. — Ueber die Form der Verpfändung von Schiffen vergl. Art. 780. des Handels-Gesetzbuchs und Art. 59. des Einf.-Ges.

36) — auch wenn es nur vorübergehend dem Seehandel dient. Prot. S. 3703. 3712.

37) Nach ALR. (§. 1396.) wurde, wenn nicht das Gegentheil ausdrücklich bedungen war, angenommen, daß die Uebergabe durch Vollziehung des Vertrages geschehen sei. Diese Bestimmung geht zu weit, insofern der Wille der Kontrahenten, sofort bei Eingehung des Kaufvertrages das Eigenthum zu übertragen, praesumirt wird. Nach Art. 439. muß deshalb zur Eigenthumsübertragung, wo nach bürgerlichem Recht Uebergabe erforderlich ist, der Obligation die Tradition oder die Erklärung, daß auch ohne solche das Eigenthum auf den Erwerber übergehen soll, hinzutreten. Die Tradition kann sowohl eine reale, als auch eine symbolische sein; die erstere hinterläßt so wenig ein Merkzeichen wie die letztere, und ist somit für den Dritten gleichfalls nicht erkennbar; es liegt sonach kein Grund vor, die symbolische auszuschließen. Prot. S, 1700. bis 1705.

38) Diese Willenserklärung ist an keine Form gebunden worden, um den Verkehr mit Seeschiffen zu erleichtern, drohenden Schaden in Kriegsfällen abzuwenden, und den Verkauf von Schiffen an Angehörige neutraler Staaten zu befördern; sie ist immer zulässig, gleichviel ob sie mit dem Veräußerungsvertrage verbunden oder erst später abgegeben wird; es kann also im Vertrage ausgemacht werden, daß das Eigenthum des Schiffes erst nach Bezahlung des Kaufschillings übertragen werden soll. Prot. S. 1700. bis 1711. — Die gedachte Erklärung ist keine Form der Besitzübertragung, sondern ein Ersatz derselben; die Wirkungen sind nicht dieselben; wenn z. B. ein Anderer als der bisherige Eigenthümer sich im Besitz des Schiffes befindet, so kann der Letztere den Ersteren durch eine bloße Willenserklärung nicht des Besitzes entsetzen und diesen auf den neuen Erwerber übertragen. Eine Vorschrift, daß der bisherige Eigenthümer, um durch seine Erklärung Eigenthum übertragen zu können, seinerseits wirklich im Besitze gewesen sein müsse, ist nicht aufgenommen worden, weil eine solche Bestimmung, abgesehen davon, daß dadurch eine zweite Eigenthumsübertragung durch den Erwerber unmöglich wird, im Kriege zu den bedenklichsten Belästigungen der Schiffer führen könnte. — Prot. S. 1700. bis 1711. Mot. S. 217.

39) Der Antrag, statt „sofort" zu setzen: „durch die Vereinbarung", damit

*) Wo in den Noten zum fünften Buche des Handelsgesetzbuchs das Allgemeine Landrecht für die Preußischen Staaten (ALR.) ohne Angabe des Theils und des Titels angeführt wird, ist der zweite Theil Titel acht gemeint.

Artikel 440.

In allen Fällen der Veräußerung eines Schiffs oder einer Schiffspart kann jeder Theil verlangen,[40]) daß ihm auf seine Kosten eine beglaubigte Urkunde über die Veräußerung ertheilt werde.

Artikel 441.

Wird ein Schiff oder eine Schiffspart veräußert, während das Schiff auf der Reise sich befindet, so ist[41]) im Verhältniß zwischen dem Veräußerer und Erwerber in Ermangelung einer anderen Vereinbarung anzunehmen, daß dem Erwerber der Gewinn der laufenden Reise gebühre oder der Verlust derselben zur Last falle.[42])

Artikel 442.

Durch die Veräußerung eines Schiffs oder einer Schiffspart wird in den persönlichen Verpflichtungen des Veräußerers gegen Dritte nichts geändert.

Artikel 443.

Unter dem Zubehör eines Schiffs sind alle Sachen begriffen, welche zu dem bleibenden Gebrauch des Schiffs bei der Seefahrt bestimmt sind.[43])

---

die Frage, ob bedingte Traditionen zulässig sein sollten oder nicht, im bejahenden Sinne entschieden werde, wurde abgelehnt. Prot. S. 3702. 3703.

40) Wenn man dem Erwerber unter Strafandrohung befiehlt, die Erwerbung eines Schiffes in das Register innerhalb gewisser Fristen eintragen zu lassen, so muß man ihm auch die Mittel an die Hand geben, mit denen er sich in den Stand setzen kann, der Vorschrift des Gesetzes zu genügen. Prot. S. 1701. bis 1705.

41) — vorausgesetzt, daß das Eigenthum sofort auf den Erwerber übergehen soll. Prot. S. 1637.

42) Bei einer strikten Anwendung der allgemeinen Rechtssätze müßte bezüglich der Frachtgelder der Augenblick der Eigenthumsübertragung maßgebend sein; allein schon dieser Zeitpunkt ist schwer zu bestimmen, und noch schwieriger ist eine Ausgleichung der Frachtgelder auf die verschiedenen Zeitabschnitte. Die Bestimmung des Art. 441 hat den Vorzug der Einfachheit, und beruht auf der Präsumtion, daß nach der Absicht der Kontrahenten der Erwerber eines auf der Reise befindlichen Schiffes in das ganze Unternehmen, auf welches das Schiff ausgegangen ist, hat eintreten wollen. Zu dem Unternehmen gehört der Verlust ebenso wie der Gewinn; beide sind unzertrennlich; nach dem ALR. (§. 1401) wurden in dem fraglichen Falle die Frachtgelder als Vorbehalt des Verkäufers angesehen. Mot. S. 218. Prot. S. 1490. 1491. 1637. 3738.

43) Die Vorschriften des Art. 443. über die Pertinenzqualität sind nicht nur für Veräußerungen, sondern auch in anderen Beziehungen z.B. für den Fall einer Assekuranz oder Havarie entscheidend. Prot. S. 1489. — Ob Proviant und Munition zum Zubehör des Schiffes gehören, ist für jeden einzelnen Fall der Entscheidung des Richters vorbehalten. Bei einem auf der Reise befindlichen Auswandererschiffe dürfte es nicht unangemessen sein, Proviant zum Zubehör zu zählen. Prot. S. 1487 bis 1490. Nach dem ALR. (Th. I. Tit. 2. §. 91.) gehört Munition nicht zum Zubehör des Schiffs.

Dahin gehören insbesondere auch die Schiffsboote.[44])

Im Zweifel werden Gegenstände, welche in das Schiffsinventar eingetragen sind, als Zubehör des Schiffs angesehen.

Artikel 444.

Im Sinne dieses fünften Buches[45]) gilt ein seeuntüchtig gewordenes Schiff[46])

1) als reparaturunfähig, wenn die Reparatur des Schiffs überhaupt nicht möglich ist, oder an dem Orte, wo das Schiff sich befindet, nicht bewerkstelligt, dasselbe auch nicht nach dem Hafen, wo die Reparatur auszuführen wäre, gebracht werden kann;
2) als reparaturunwürdig, wenn die Kosten der Reparatur ohne Abzug für den Unterschied zwischen alt und neu[47]) mehr betragen würden, als drei Viertel seines früheren Werths.[48])

   Ist die Seeuntüchtigkeit während einer Reise eingetreten, so gilt als der frühere Werth derjenige, welchen das Schiff bei dem Antritt der Reise gehabt hat, [49]) in den übrigen Fällen derjenige, welchen das Schiff, bevor es seeuntüchtig geworden ist, gehabt hat oder bei gehöriger Ausrüstung gehabt haben würde.

Artikel 445.

Zur Schiffsbesatzung werden gerechnet der Schiffer, die Schiffsmannschaft, sowie alle übrigen auf dem Schiff angestellten Personen.

Artikel 446.

Ein zum Abgehen fertiges (segelfertiges) Schiff[50]) kann wegen Schul-

44) Hierdurch ist eine römisch-rechtliche Kontroverse entschieden. (l. 29. D. XXXIII. 7. de instructo vel instrumento legato — l. 44. D. XXI. 2. de evictionibus et duplae stipulatione.)

45) Vergl. insbesondere die Art. 453. 473. 542. 630. 632. 669. 877.

46) Wo im Handelsgesetzbuche von Seeuntüchtigkeit, Reparatur-Unfähigkeit oder Unwürdigkeit die Rede ist, wird eine unverschuldete vorausgesetzt; im Falle des Verschuldens greifen die allgemeinen Rechtsgrundsätze Platz. Prot. S. 3594 bis 3600. 3609. 3997. ff. 4069. 4415. 4416.

47) Vergl. Art. 712.

48) Der leitende Gedanke ist, daß das Schiff als verloren zu betrachten sei, wenn die Reparatur eine unverständige Maaßregel wäre. Die Verständigkeit oder Unverständigkeit der Maaßregel müßte eigentlich nach dem Erfolge d. h. nach dem Werthe nach beendigter Reparatur beurtheilt werden; aus praktischen Erwägungen hat man aber den Werth einer früheren Zeit vor dem Unfalle als maaßgebend erklärt. Prot. S. 4142.

49) Welcher Ort bei Ermittelung des früheren Werths maaßgebend sein soll, ist nicht entschieden. In der Regel wird dies der Abgangshafen, beziehungsweise der Ort, wo sich das Schiff befindet, sein; dies ist nicht ausdrücklich ausgesprochen, um die Berücksichtigung der Privatverhältnisse eines in der Nähe befindlichen größeren Hafens nicht auszuschließen. Prot. S. 4142.

50) — d. h. ein solches (Segel- oder Dampf-) Schiff, bei welchem alle Vorbedingungen vorhanden sind, damit es sofort seine Reise antreten kann. Diese Bedingungen sind je nach den örtlichen Verhältnissen der Schiffe sehr verschieden. —

den[51]) nicht mit Beschlag belegt werden.[52]) Diese Bestimmung tritt jedoch nicht ein, wenn die Schulden zum Behuf der anzutretenden Reise gemacht worden sind.[53])

Durch eine Beschlagnahme von bereits an Bord des Schiffs befindlichen Gütern wegen Schulden kann deren Wiederausladung[54]) nur in denjenigen Fällen erwirkt werden, in welchen der Ablader selbst die Wiederausladung noch zu fordern befugt wäre, und nur gegen Leistung desjenigen, was dieser alsdann zu leisten haben würde.

Eine zur Schiffsbesatzung gehörige Person kann wegen Schulden von dem Zeitpunkt an nicht mehr verhaftet werden, in welchem das Schiff segelfertig ist.[55])

— Schiffe, die erst im Laden begriffen sind, sind nicht segelfertig und können mit Arrest belegt werden. Prot. S. 1496, 3707, 3708, 3712.

51) Der Antrag, den Arrest auf das Schiff wegen aller Civilansprüche (Vindikationsansprüche) und nicht blos wegen Schulden auszuschließen, wurde abgelehnt, weil die Arrestfreiheit nicht weiter ausgedehnt werden dürfe, als das praktische Bedürfniß erheische. Prot. S. 3708.

52) Zweck dieser Bestimmung ist, zu verhüten, daß zu Gunsten eines Gläubigers, welcher in der Regel schon vor der Segelfertigkeit des Schiffes sich in der Lage befindet seine Rechte zu wahren, viele Personen, welche selbst bei in Ballast fahrenden Schiffen ein erhebliches Interesse an dem ungestörten Abgang des segelfertigen Schiffs zu haben pflegen, in ihren Rechten gefährdet werden. Weder die Möglichkeit eines Regreßanspruchs gegen den Arrestsucher, der den Aufenthalt verschuldet hat, noch die Nothwendigkeit einer Kautionsbestellung Seitens des Arrestimpetranten würde den Ladungsinteressenten genügenden Schutz gegen die durch die Arrestanlegung entstehenden Nachtheile gewähren; denn der Nachweis des Schadens würde fast immer mit sehr großen Schwierigkeiten verbunden sein, und für die Höhe der etwa zu bestellenden Kaution würde es an jedem Anhalte fehlen. — Vergl. ALR. §§. 1409. 1410. — Mot. S. 218. Prot. S. 1492 bis 1496.

53) Es liegt in der Billigkeit, zu Gunsten derjenigen Personen, welche im letzten Augenblicke vor dem Abgange des Schiffs ihre Lieferungen machen müssen, z. B. Bäcker, Fleischer u. s. w., eine Ausnahme zu statuiren. Prot. S. 1492.

54) An und für sich ist kein Grund vorhanden, die Arrestlegung auf Güter zu untersagen, nur muß verhindert werden, daß durch die Beschlagnahme Rechte Dritter verletzt werden. Dies ist größtentheils bei der Wiederausladung der Fall; da aber der Befrachter unter Umständen das Recht hat, die Wiederausladung der Güter selbst dann zu fordern, wenn der Abgang des Schiffs dadurch aufgehalten wird (Art. 581. ff.), so kann man dem Arrestimpetranten nicht weniger Rechte einräumen als seinem Schuldner; es ist nicht abzusehen, weshalb die Spekulationen des Letzteren auf Kosten der rechtlichen Ansprüche seines Gläubigers geschützt werden sollen. Selbstverständlich bleiben dem Schiffer diejenigen Einwendungen gegen die Arrestanlegung vorbehalten, welche auf der Erwägung beruhen, daß die Lage des Dritten durch das Rechtsverhältniß zwischen dem Arrestimpetranten und seinem Schuldner nicht verschlimmert werden darf. — Die Frage, ob und unter welchen Voraussetzungen eine Beschlagnahme von Gütern ohne Wiederausladung statthaft sei, ist absichtlich offen gelassen. Zum Verbot einer derartigen Beschlagnahme fehlte es an genügenden Gründen. Vgl. ALR. §. 1411. Prot. S. 1494, 1495, 3709—3711, 3774—3778.

55) Vgl. ALR. §§. 1415. 1416. Prot. S. 1495, 1503, 1504, 3711.

Artikel 447.

Wenn in diesem fünften Buche die Europäischen Häfen den nicht-europäischen Häfen entgegengesetzt werden, so sind unter den ersteren zugleich die nicht-europäischen Häfen des Mittelländischen, Schwarzen und Azowschen Meeres als mitbegriffen anzusehen.

Artikel 448.

Die Bestimmungen des fünften Buchs, welche sich auf den Aufenthalt des Schiffs im Heimathshafen beziehen, können von den Landesgesetzen auf alle oder einige Häfen des Reviers des Heimathshafens ausgedehnt werden.[56])

Einf.-Ges. Art. 54.[57]) Es bleibt Königlicher Verordnung vorbehalten, in Betreff einzelner Häfen zu verordnen, daß denselben für die Anwendbarkeit der Bestimmungen, welche sich auf den Aufenthalt des Schiffs in dem Heimathshafen beziehen, alle oder einzelne Häfen ihres Reviers gleichzuachten seien (Artikel 448. des Handelsgesetzbuchs).

Artikel 449.

Für die Postanstalten gelten die Bestimmungen des fünften Buchs nur insoweit, als nicht durch besondere Gesetze oder Verordnungen für dieselben ein Anderes vorgeschrieben ist.[58])

---

56) Es ist in mancherlei Beziehungen von großer Bedeutung, ob das Schiff im Heimathshafen oder außerhalb desselben sich befindet. (Art. 495. 496. 681.) Es giebt aber Häfen, deren ausgedehnte Reviere man rücksichtlich der Bedeutung des Aufenthalts im Heimathshafen dergestalt als zu ihnen gehörig und wie Theile von ihnen zu betrachten gewohnt ist, daß nicht unterschieden wird, ob das Schiff in einem solchen Hafen selbst oder ob es in einem Hafen des Reviers desselben liegt. Diese Gewohnheit beruht auf festwurzelnden Einrichtungen und Verhältnissen, welche ohne große Nachtheile sich nicht abändern lassen, und muß vom Gesetzgeber wohl berücksichtigt werden, um der Praxis einen sicheren Leitfaden zu geben. Die nähere Bestimmung dieser Häfen ist aus Zweckmäßigkeitsrücksichten den Landesgesetzgebungen überlassen. Prot. S. 1583, 1584, 1881, 1882, 3765, 3766. Mot. z. Einf.-Ges. S. 69.

57) Dieselben Gründe, welche bei Art. 53. §. 10. des Einf.-Ges. die Veranlassung waren, den Erlaß näherer Bestimmungen königlicher Verordnung vorzubehalten, sind auch hier maaßgebend gewesen. Komm.ber. des H. d. A. S. 28.

58) In Betreff der Anwendbarkeit der Bestimmungen des Privatseerechts auf diejenigen Schiffe, mit welchen der Staat gleich einem andren Privaten Transportgeschäfte betreibt, bedarf es keines Vorbehalts; bei denjenigen Staatsschiffen aber, mit denen der Staat kraft seines Staatshoheitsrechts in Ausübung des Postregals Seefahrt treibt, ist ein Vorbehalt für alle Titel nöthig; so müssen z. B. die Vorschriften über das Registerwesen, über die beschränkte Haftbarkeit des Rheders, über die Vollmacht des Schiffers in Ansehung der Bodmerei u. dgl. und über das Frachtgeschäft modifizirt werden. Prot. S. 4041.

Zweiter Titel.

Von dem Rheder und von der Rhederei.

Artikel 450.

Rheder ist der Eigenthümer [1]) eines ihm zum Erwerb durch die Seefahrt dienenden [2]) Schiffs.

Artikel 451.

Der Rheder ist für den Schaden [3]) verantwortlich, [4]) welchen eine Person der Schiffsbesatzung [5]) einem Dritten durch ihr Verschulden in Ausführung ihrer Dienstverrichtungen zufügt.

---

1) Nur der Schiffseigner ist Rheder, nicht aber derjenige, welcher ein Schiff gemiethet hat, und sodann für seine Rechnung fahren läßt oder weiter verfrachtet. Prot. S. 1497.

2) Die Absicht muß auf die Verwendung des Schiffs zur Seefahrt gerichtet sein, wenn es auch nicht ununterbrochen zu diesem Zwecke verwendet wird. Prot. S. 1499, 1500.

3) — nicht für jeden, sondern nur für solchen, welcher mit der Ausführung der dem Schiffer, der Schiffsmannschaft, den Maschinisten, Aufwärtern u. dgl. obliegenden Dienstverrichtungen im innern, unmittelbaren Zusammenhange steht. Der Rheder hat z. B., wenn sein Schiffsmann einen Dritten, mit welchem er bei Ausführung des Dienstes in Streit gerathen war, getödtet hat, nicht für die Wittwe und die Waisen des Getödteten zu sorgen; er ist aber wohl für den Schaden verantwortlich, welcher dadurch entsteht, daß z. B. die Mannschaft in einem Hafen beim Befestigen des Schiffs das Tau so ungeschickt spannt, daß es andere Boote umstürzt und die darin befindlichen Güter zu Grunde gehen. Prot. S. 2028, 2029, 2921, 3730, 3731.

4) Das bürgerliche Recht über die Haftung des Mandanten für das Verschulden des Mandatars reicht für das Seerecht nicht aus, wie schon daraus erhellt, daß nach übereinstimmender Auffassung aller Seerechte mindestens wegen schuldbar veranlaßter Uebersegelung das übersegelnde Schiff in Anspruch genommen werden darf. Während aber nach anderen Gesetzgebungen und auch nach dem ALR. (§§. 1528. ff.) der Rheder nur subsidiär haftet, ist seine Haftung nach dem Handelsgesetzbuche eine prinzipale. Man ging bei dieser Bestimmung davon aus, daß der Rheder im Wege des Regresses gegen den Schuldigen leichter zu seiner Befriedigung gelangen könne, als der Dritte, dessen Vorausklage größtentheils ohne Erfolg sein würde. Mot. S. 216. Prot. S. 2027—2031.

5) Es fehlt an einer allgemeinen Bestimmung, ob und in wie weit der Rheder für das Verschulden der Lootsen Dritten gegenüber haftet; eine besondere Bestimmung rücksichtlich des durch einen Zwangslootsen verschuldeten Zusammenstoßes mehrerer Schiffe findet sich im Art. 740. Der Lootse, wiewohl er zeitweilig das Kommando auf dem Schiffe selbstständig führt, ist dennoch mit dem Schiffer nicht zu identifiziren. Die Vorschrift der Art. 451. bezieht sich daher nicht auf die Verantwortlichkeit des Rheders für das Verschulden eines Lootsen. Vergl. Note 21. zu Art. 483. — Prot. S. 1781, 1782, 2031 bis 2033.

Artikel 452.

Der Rheder haftet für den Anspruch eines Dritten nicht persönlich,[6]) sondern er haftet nur mit Schiff und Fracht:[7])

1) wenn der Anspruch auf ein Rechtsgeschäft gegründet wird, welches

---

6) Nach römischem Recht haften die Schiffsrheder wegen aller Geschäfte, die der Schiffer der Prokura gemäß und so lange sie nicht modifizirt oder widerrufen ist, geschlossen hat, persönlich und in solidum (Puchta, Pandekten §. 278. Dig. XIV. 1. de exercitoria actione — Cod. IV. 25. de exercitoria et institoria actione). Die persönliche Haftung des Rheders in allen Fällen ist von sämmtlichen neueren Gesetzgebungen aufgegeben. Von dem Gesichtspunkte ausgehend, daß die Rhederei zwar in vieler Beziehung die Natur der Aktiengesellschaft hat, in anderen Punkten aber davon abweicht, ist ein gemischtes System überall angenommen, wonach die Rhederei für einige Verbindlichkeiten nur persönlich, für andere nur mit Schiff und Fracht (fortune de mer) haftet. Die nicht persönliche Haftung des Rheders kann eine zweifache sein; entweder geht man von der Voraussetzung aus, daß an und für sich die Rheder für die Handlungen des Schiffers mit ihrem ganzen Vermögen aufkommen müßten und ihnen nur das Vorrecht zustehe, sich von dieser Haftung durch Aufgeben des Schiffsvermögens zu befreien (das Abandonsystem), oder man geht von der Anschauung aus, daß die Verpflichtung der Rhederei überhaupt nicht über den Betrag des Schiffsvermögens hinausgehe (das System beschränkter Haftung). Beim Abandonsystem ist die Befugniß der Gläubiger, das Schiff zu ihrer Befriedigung zu verwenden, nur eine bedingte und von dem Umstande des Abandonnirens abhängig, bis zu dessen Eintritt die Schiffsgläubiger (Art. 757.) allen übrigen Gläubigern gleichstehen; die Rechtswirkungen des Abandon erstrecken sich nur auf diejenigen Gläubiger, an welche der Abandon geschieht, die Forderungsrechte Anderer bleiben unberührt. Dieses System bietet in der praktischen Durchführung sehr große Schwierigkeiten, insbesondere wenn es sich um die Frage handelt, ob und unter welchen Voraussetzungen man einem Einzelnen von mehreren Mitrhedern das Recht des Abandon zugestehen kann, bis zu welchem Augenblicke, und unter welchen Modalitäten man es zulassen soll. Nach dem Systeme der beschränkten Haftung ist das der See anvertraute Vermögen der einzige Gegenstand der Exekution; durch den Zwangsverkauf wird den Rechten aller Schiffsgläubiger gehörige Berücksichtigung zu Theil, der Rheder ist bei diesem Systeme günstiger gestellt als bei jenem, und die Schwierigkeiten in der Durchführung sind geringer. Fast alle neueren Gesetzgebungen, welchen sich der Pr. Entw. angeschlossen hat, haben das Abandonsystem angenommen; das deutsche Handelsgesetzbuch hingegen hat das System der beschränkten, rein dinglichen Haftung bei allen wichtigeren Materien durchgeführt. Mot. S. 223—227, Prot. S. 1586—1589, 2844, 2845. — Als Konsequenz des angenommenen Prinzips der rein dinglichen Haftbarkeit erscheint es, daß das Schiff für Schiffsschulden als Ganzes haftet, und daß ein Mitrheder seine Schiffspart nicht durch Zahlung seiner Quote, sondern nur durch Zahlung der ganzen Schuld befreien kann. Vergl. Art. 766. Prot. S. 3731.

7) Zur fortune de mer gehört nicht nur das Schiff und das Schiffsgeräth, sondern auch die Fracht. Bei der ersten Berathung des Gesetzes war beschlossen worden, daß, abgesehen von der Frage über die persönliche Haftbarkeit der Rheder wegen früher bezogener Frachten, zur fortune de mer nur die noch nicht erhobene Fracht der letzten Reise zu rechnen sei; man ging hierbei von der Erwägung aus, daß nur dasjenige als Exekutionsobjekt dienen könne, was zur Zeit der Exekution bei dem Schiffe vorhanden sei. Bei der weiteren Berathung war man der Ansicht,

der Schiffer als solcher [8]) kraft seiner gesetzlichen Befugnisse, und nicht mit Bezug auf eine besondere Vollmacht [9]) geschlossen hat;

2) wenn der Anspruch auf die Nichterfüllung oder auf die unvollständige oder mangelhafte Erfüllung eines von dem Rheder abgeschlossenen Vertrages gegründet wird, insofern die Ausführung des Vertrages zu den Dienstobliegenheiten des Schiffers gehört hat, [10]) ohne

---

daß den Schiffsgläubigern mindestens ein persönlicher Anspruch auf die Fracht derjenigen Reise, von welcher ihre Forderung herrühre, einzuräumen sei; in Vertragsfällen werde, wie geltend gemacht wurde, bei Eingehung des Geschäfts nicht allein dem Schiff, sondern auch der für die bevorstehende Reise ausstehenden Fracht getraut, und es sei unbillig, wenn der Rheder einen Gewinn von dem Unternehmen behalten dürfe, während der Gläubiger vielleicht aus dem Schiff keine volle Befriedigung erhalte. Zur Vereinfachung des Systems über die Haftbarkeit des Rheders entschloß man sich endlich zur Annahme des Art. 759., wonach dem Siffsgläubiger außer dem Schiff nebst Zubehör nur die Bruttofracht derjenigen Reise, aus welcher seine Forderung entstanden ist, haftet. Mot. S. 227. Prot. S. 1595—1606, 2883—2889, 2929—2932.

Die Versicherungsgelder treten abweichend vom Pr. Recht (ALR. §. 1530.) beim Verlust des Schiffs und der Fracht nicht an deren Stelle. Die Assekuranz ist ein Internum zwischen Versicherer nnd Versicherten, und für den Dritten etwas ihm ganz Fremdes. Eine derartige Bestimmung würde den Fortbestand der Rhederei in ihrem bisherigen Zustande gefährden, und wenn der Gläubiger ebenfalls sein Interesse versichert hat, zu großen Unzuträglichkeiten führen. (Art. 792. 793.) Die Analogie der Feuerassekuranz bei Gebäuden ist nicht zutreffend; denn der gegen Feuersgefahr versicherte Grundstücks-Schuldner haftet seinem Gläubiger regelmäßig auch persönlich mit seinem ganzen Vermögen, also auch mit der Versicherungssumme, bei den hier einschlagenden Fällen aber nur mit der fortune de mer; dort handelt es sich nur um die Priorität, hier um den Anspruch selbst. Prot. S. 1606—1610, 4168—4172.

8) Derjenige, welcher mit dem Schiffer als solchem kontrahirt, hat vorzüglich das Schiff im Auge; es ist daher angemessen und mit dem Volksbewußtsein in Einklang, daß der Rheder für die in Ziffer 1 bezeichneten Forderungen nur mit der fortune de mer haftet, zumal sich aus einer unbeschränkten Haftung eine große Erweiterung des Kredits des Schiffers nicht erwarten läßt, und der Rheder, welchem die Aufsicht über die Geschäftsführung des Schiffers fast ganz entzogen ist, sonst unbillig belastet würde. Mot. S. 225. Prot. S. 1575, 1576, 1589 bis 1594.

9) Um ausnahmsweise eine persönliche Haftbarkeit der Rheder über die fortune de mer hinaus zu begründen, genügt es noch nicht, wenn die Rheder den Schiffer einfach beauftragt haben, eine Handlung vorzunehmen; sie müssen ihn vielmehr ermächtigt haben, in ihrem Namen, als ihr Bevollmächtigter eine Handlung vorzunehmen, und er muß auch wirklich und erkennbar als ihr Bevollmächtigter gehandelt haben. Vergl. Art. 498. Prot. S. 1614.

10) Wenn der Rheder einen Vertrag schließt, so haftet er an und für sich für dessen Erfüllung mit seinem ganzen Vermögen. Ist der Vertrag aber so beschaffen, daß der Dritte bei Eingehung desselben weiß, der Rheder werde und könne die Erfüllung desselben nicht selbst besorgen, vielmehr nur durch den Schiffer, so würde es unbillig sein, wenn der Rheder, abgesehen von einem Verschulden oder einer Garantie, weiter haften sollte als mit der fortune de mer. Prot. S. 1577, 4154—4159.

Unterschied, ob die Nichterfüllung oder die unvollständige oder die mangelhafte Erfüllung von einer Person der Schiffsbesatzung verschuldet ist oder nicht;[11])

3) wenn der Anspruch auf das Verschulden einer Person der Schiffsbesatzung gegründet wird.[12])

In den unter Ziffer 1.[13]) und 2. bezeichneten Fällen kommt jedoch dieser Artikel nicht zur Anwendung, wenn den Rheder selbst in Ansehung der Vertragserfüllung ein Verschulden trifft, oder wenn derselbe die Vertragserfüllung besonders gewährleistet hat.

Artikel 453.[14])

Der Rheder haftet für die Forderungen der zur Schiffsbesatzung ge-

---

11) Die Haftung des Rheders für zufällige Ereignisse, für welche er an und für sich einzustehen haben würde, ist eine auf die fortune de mer beschränkte. Prot. S. 4156, 4158.

12) Der Rechtsgrund ist in diesem Falle ein ganz anderer, als bei den vom Schiffer eingegangenen Rechtsgeschäften (Art. 452. Ziffer 1). Bei den letzteren handelt es sich um die Frage, in wie weit der Schiffer nach dem Willen des Rheders zu einer Belastung fremden Vermögens für ermächtigt anzusehen ist, bei Delikten hingegen, in wie weit der Rheder quasi ex delicto verpflichtet werden soll. Mot. S. 226. Prot. S. 1577, 1578.

13) — z. B. wenn der Schiffer einen Frachtvertrag geschlossen hat, und der Rheder, der davon Kenntniß hatte, dem Schiffer dennoch den Auftrag giebt, eine andere Reise anzutreten. Prot. S. 4468, 4469, 4284—4286.

14) Wenn dem Interesse der Schifffahrt nicht die höchste Gefahr erwachsen soll, so muß die Mannschaft ein namhaftes Risiko bei Ausführung der Reise laufen; das Ausharren der Mannschaft auf dem Schiffe, so lange noch irgend Rettung möglich ist, kann nur dann erreicht werden, wenn sie das Bewußtsein hat, daß sie mit dem Aufgeben von Schiff und Ladung sich ihrerseits großer Vortheile entschlägt; weder der Verlust ihrer, gewöhnlich fast werthlosen, Effekten, noch das Aufhören des Heuervertrages durch den Untergang des Schiffs (Art. 542.) würden der Schiffsbesatzung genügende Veranlassung sein, die äußerste Anstrengung zur Rettung des Schiffs zu machen. Prot. S. 1619 — 1632. Zur Erreichung dieses Zwecks stellten die älteren Rechte die Regel auf: die Fracht ist die Mutter der Gage; ist durch höhere Gewalt keine Fracht verdient, so ist auch keine Heuer zu zahlen (ALR. §. 1476.). Diese Regel erscheint rücksichtlich der bereits verdienten Heuer zu hart; es ist unbillig, daß der Schiffsmann, welcher beim Untergang des Schiffs vielleicht nichts als sein Leben gerettet hat, auch noch das Risiko für den Bezug der bereits verdienten Heuer trage. Im Art. 453. sind sowohl die Interessen des Rheders als die der Schiffsbesatzung gewahrt; die Gefahr, welche die Besatzung läuft, besteht darin, daß sie, falls das Schiff verloren geht, den persönlichen Anspruch an den Rheder wegen der Heuer des letzten Reiseabschnittes (der als ein Ganzes betrachtet wird) verliert; für ihr Interesse ist dagegen in so fern gesorgt, als der Rheder für die bis dahin verdiente Heuer mit seinem ganzen Vermögen aufkommen muß, wenn auch das Schiff untergeht, nachdem es den Bestimmungshafen oder denjenigen Hafen erreicht, in welchem es zuletzt Ladung eingenommen oder gelöscht hat. Mot. S. 225, 226. Prot. S. 1617—1623. Vergl. Art. 765.

hörenden Personen aus den Dienst- und Heuerverträgen nicht nur mit Schiff und Fracht, sondern zugleich persönlich.

Wenn jedoch das Schiff dem Rheder ohne sein Verschulden vor Vollendung der Reise verloren geht, insbesondere

wenn es verunglückt,

wenn es als reparaturunfähig oder reparaturunwürdig kondemnirt (Artikel 444.) und in dem letzteren Falle ohne Verzug öffentlich verkauft wird, [15])

wenn es geraubt wird,

wenn es aufgebracht oder angehalten und für gute Prise erklärt wird,

so haftet der Rheder für die Forderungen aus der nicht vollendeten Reise oder, sofern dieselbe aus mehreren Abschnitten besteht, für die Forderungen aus dem letzten Reise-Abschnitt nicht persönlich. [16])

Der letzte Reise-Abschnitt beginnt in dem Hafen, in welchem das Schiff zuletzt Ladung eingenommen oder gelöscht hat, und mit dem Zeitpunkt, in welchem mit dem Laden der Anfang gemacht oder die Löschung vollendet ist. Ein Nothhafen wird als Ladungs- oder Löschungshafen im Sinne dieser Vorschrift nicht angesehen.

Der Rheder ist in keinem der vorgenannten Fälle befugt, die etwa gezahlten Handgelder und Vorschüsse zurück zu fordern.

Artikel 454.

Die übrigen Fälle, in welchen der Rheder nicht persönlich, sondern nur mit Schiff und Fracht haftet, sind in den folgenden Titeln bestimmt. [17])

Artikel 455.

Der Rheder als solcher kann wegen eines jeden Anspruchs, ohne Unterschied ob er persönlich oder nur mit Schiff und Fracht haftet, vor dem Gerichte des Heimathshafens (Artikel 435.) [18]) belangt werden.

Artikel 456.

Wird von mehreren Personen ein ihnen gemeinschaftlich zustehendes [19])

---

15) Die Reparaturunwürdigkeit an sich kann noch nicht als Verlust des Schiffes angesehen werden; sondern erst dann gilt es als verloren, wenn feststeht, daß die Reparatur wirklich unterbleibt. Die Feststellung dieses Zeitpunkts, welcher in mehrfachen Beziehungen sehr wesentlich ist (Art. 542. 630. 632. 669. 854. 877.), ist sehr schwierig; es ist deshalb der im Gesetze enthaltene Ausweg gewählt worden. Prot. S. 4454—4459.

16) Ob der Rheder berechtigt ist, in denjenigen Fällen, in welchen er sowohl mit der fortune de mer als mit der fortune de terre haftet, späteren Schiffsgläubigern gegenüber auf Befriedigung der Besatzung aus Schiff und Fracht zu bestehen, ist eine nach den Umständen des Falles zu beurtheilende Frage. Prot. S. 3745—3747.

17) Beim M a n g e l derartiger Bestimmungen haftet der Rheder persönlich mit seinem ganzen Vermögen. Prot. S. 3736, 2933.

18) Vergl. Note 25. zu Art. 438.

19) — nicht ein im Bau begriffenes; die seerechtlichen Rücksichten treten erst

Schiff zum Erwerb durch die Seefahrt für gemeinschaftliche Rechnung verwendet, so besteht eine Rhederei.

Der Fall, wenn das Schiff einer Handelsgesellschaft[20]) gehört, wird durch die Bestimmungen über die Rhederei nicht berührt.[21])

Artikel 457.

Das Rechtsverhältniß der Mitrheder unter einander bestimmt sich zunächst nach dem zwischen ihnen geschlossenen Vertrage. Soweit eine Vereinbarung nicht getroffen ist, kommen die Bestimmungen der nachfolgenden Artikel zur Anwendung.

Artikel 458.

Für die Angelegenheiten der Rhederei sind die Beschlüsse der Mitrheder maaßgebend. Bei der Beschlußfassung entscheidet die Mehrheit der Stimmen. Die Stimmen werden nach der Größe der Schiffsparten gezählt.[22]) Die Stimmenmehrheit für einen Beschluß ist vorhanden, wenn der Person oder den Personen, welche für den Beschluß gestimmt haben, zusammen mehr als die Hälfte des ganzen Schiffs gehört.

Einstimmigkeit sämmtlicher[23]) Mitrheder ist erforderlich zu Beschlüssen, welche eine Abänderung des Rhedereivertrages bezwecken oder welche den

---

dann hervor, wenn ein Schiff vollendet ist; von da ab kann man erst die Seegesetze zur Anwendung bringen und den Beginn der Rhederei datiren. Prot. S. 1498—1500, 3714. Vergl. Art. 476.

20) Die Vorschriften dieses Titels sind nicht ausgeschlossen, wenn das Schiff zwei oder mehreren Personen gehört, die zufällig Gesellschafter einer und derselben Handlung sind. — Wenn von mehreren Erben ein gemeinschaftlich ererbtes Schiff zum Erwerbe durch die Seefahrt verwendet wird, so ist die Frage, was Rechtens ist, nach den Umständen zu entscheiden. Prot. S, 3714, 3715.

21) — namentlich die solidarische Haftung für Gesellschaftsschulden. Diejenigen seerechtlichen Bestimmungen aber, welche, wie z. B. die über die beschränkte Haftung, auch für den Einzelrheder gelten, behalten auch bei Handelsgesellschaften ihre Anwendbarkeit. Prot. S. 3714.

22) Das Prinzip, daß Mehrheit der Stimmen, nach Schiffsparten gezählt, für die gemeinsamen Angelegenheiten maaßgebend ist, wird in allen Seerechten anerkannt (ALR. §. 1428.). Nur über den Umfang, in welchem diese Regel gilt, weichen die Seerechte von einander ab. — Bei Handelsgesellschaften genügt schon der Widerspruch eines Gesellschafters um die Vornahme einer Handlung zu verhindern (Art. 102.).

23) Es ist hier der regelmäßige Fall vorausgesetzt, daß alle Mitrheder Stimmberechtigung haben. Haben Einzelne sich vertraglich ihres Stimmrechts begeben, so entscheidet über die Frage, ob sie bei den in Rede stehenden Beschlüssen stimmberechtigt sind, der Inhalt des Vertrages und die aus demselben etwa erkennbare Absicht der Kontrahenten. Wie es zu halten sei, wenn der Vertrag keinen Anhalt für die Beurtheilung dieser Frage biete, war in der Konferenz streitig. Die Einen meinten, der Verzicht auf die Stimmberechtigung beziehe sich im Zweifel auf alle von der Rhederei zu fassenden Beschlüsse, die Anderen waren der Ansicht, daß die Verzichtenden bei Abgabe einer derartigen Erklärung gewiß nur an einen regelmäßigen, den Rhedereistatuten entsprechenden Verlauf der Geschäftsführung dächten. Prot. S. 1563, 1564.

Bestimmungen des Rhedereivertrages entgegen oder dem Zwecke der[24]) Rhederei fremd sind.

Artikel 459.

Durch Beschluß der Mehrheit kann[25]) für den Rhedereibetrieb ein Korrespondentrheder (Schiffsdirektor, Schiffsdisponent) bestellt werden. Zur Bestellung eines Korrespondentrheders, welcher nicht zu den Mitrhedern gehört, ist ein einstimmiger Beschluß erforderlich.

Die Bestellung des Korrespondentrheders kann zu jeder Zeit durch Stimmenmehrheit[26]) widerrufen werden,[27]) unbeschadet der Rechte auf Entschädigung aus bestehenden Verträgen.

Artikel 460.

Im Verhältniß zu Dritten ist der Korrespondentrheder kraft seiner Bestellung befugt, alle Geschäfte und Rechtshandlungen vorzunehmen, welche der Geschäftsbetrieb einer[28]) Rhederei gewöhnlich mit sich bringt.[29])

Diese Befugniß erstreckt sich insbesondere auf die Ausrüstung, Erhaltung und Verfrachtung des Schiffs, auf die Versicherung der Fracht,

---

24) — d. h. dieser Rhederei. Die Verwendung der Schiffe, welche für Fahrten zwischen England und den Hansestädten bestimmt sind, zu Grönlandsfahrten, würde sonach einstimmigen Beschluß aller Mitrheder erfordern. Prot. S. 1502.

25) Nach dem Pr. Entw. (Art. 398.) sollte die Rhederei immer verpflichtet sein, einen Korrespondentrheder zu bestellen. Die Aufnahme dieser Bestimmung wurde jedoch abgelehnt, weil das Institut nicht so ausgebildet und herkömmlich sei, um einen Zwang zu rechtfertigen, und weil diese Anordnung unter Umständen eine große Belästigung für die Rhederei enthalten, zuweilen sogar etwas Unausführbares von ihr verlangen würde. — Auch der fernere Vorschlag, daß auf Antrag der Minorität zur Wahl eines Korrespondentrheders geschritten werden müsse, wurde — namentlich mit Rücksicht auf die umfassenden gesetzlichen Befugnisse desselben — von der Konferenz abgelehnt. Prot. S. 1520, 1521.

26) Ein Korrespondentrheder, welchem mindestens die Hälfte des Schiffs gehört, kann sonach niemals wider seinen Willen seiner Stellung enthoben werden; in der Regel droht auch nicht durch die mit großen Antheilen interessirten Mitrheder, sondern durch die gering betheiligten, welche bei gewagten Geschäften nur einen kleinen Verlustantheil zu tragen haben, der Rhederei Gefahr. Prot. S. 1521, 1522.

27) Der Korrespondentrheder ist Mandatar der Rhederei; wie jedes Mandat kann auch der Auftrag desselben jederzeit widerrufen werden; selbst wenn er sich etwa als Erbauer des Schiffs und Gründer der Rhederei vertraglich die Führung der Korrespondenz ausbedungen hat, kann dennoch eine solche Abrede, will man nicht mit dem Wesen des Mandats in Widerspruch treten, nicht für verbindlich erachtet werden. Entschädigungsansprüche für Entziehung der ihm etwa für die Führung der Korrespondenz zugesicherten Vortheile bleiben vorbehalten. Mot. S. 222.

28) — d. h. „irgend einer." Durch eine beengendere Bestimmung, z. B. „einer derartigen," würde dem dritten Kontrahenten eine sehr lästige Erkundigungspflicht darüber auferlegt werden, wie weit nach dem Rhedereivertrage der Geschäftsbetrieb ausgedehnt werden sollte. Prot. S. 1526. Vgl. Art. 42. Note 41.

29) Der dritte Kontrahent braucht sich nicht zu erkundigen, ob der Korres-

der Ausrüstungskosten[30]) und der Havereigelder, sowie auf die mit dem gewöhnlichen Geschäftsbetrieb verbundene Empfangnahme von Geldern.

Der Korrespondentrheder ist in demselben Umfange befugt,[31]) die Rhederei vor Gericht zu vertreten.

Er ist befugt, den Schiffer anzustellen und zu entlassen;[32]) der Schiffer hat sich nur an dessen Anweisungen und nicht auch an die etwaigen Anweisungen der einzelnen Mitrheder zu halten.

Im Namen der Rhederei oder einzelner Mitrheder Wechselverbindlichkeiten einzugehen[33]) oder Darlehen aufzunehmen, das Schiff oder Schiffsparten zu verkaufen oder zu verpfänden oder für dieselben Versicherung zu nehmen,[34]) ist der Korrespondentrheder nicht befugt, es sei denn, daß ihm eine Vollmacht hierzu besonders ertheilt ist.

Im Uebrigen bedarf es zu den Geschäften und Rechtshandlungen, welche er kraft seiner Bestellung vorzunehmen befugt ist, der in den Landesgesetzen etwa vorgeschriebenen Spezialvollmacht nicht.

---

pondentrheder die etwa erforderliche Beschlußfassung von Seiten der Rhederei veranlaßt hat oder nicht; das betreffende Rechtsgeschäft bleibt, die sonstigen Erfordernisse vorausgesetzt, gültig, selbst wenn der dritte Kontrahent gewußt hat, daß der Korrespondentrheder einen Beschluß der Rhederei einzuholen unterlassen hat. Prot. S. 3794, 3795. — Die Befugnisse des Korrespondentrheders sind im Handelsgesetzbuche, in Uebereinstimmung mit den in früheren Theilen angenommenen Grundsätzen, zur Erleichterung des Verkehrs sehr ausgedehnte. Prot. S. 1523 bis 1525. Das ALR. (§. 1431.) legt dem Schiffsdirektor alle Rechte und Pflichten eines Handlungsfaktors (Disponenten) bei.

30) — welche nicht mit der Bruttofracht zugleich versichert werden dürfen. (Art. 800. ff.)

31) — d. h. so weit der Gegenstand des Prozesses in den Bereich der gewöhnlichen Geschäfte einer Rhederei fällt; durch eine weitere Ausdehnung der Befugniß der Prozeßführung würde jede Beschränkung der Rechte des Korrespondentrheders illusorisch gemacht werden. Ob er Dritten gegenüber eine Verpflichtung zur Uebernahme dieser Vertretung hat, ist nicht entschieden. Prot. S. 1528, 3743.

32) Es ist unmöglich, den Schiffer wegen Abschlusses des Anstellungsvertrags an alle einzelnen Mitrheder zu verweisen, und nothwendig für den Fall Vorsorge zu treffen, daß die schnelle Besetzung der Stelle des Schiffers wünschenswerth oder erforderlich wird; der Korrespondentrheder ist befugt, den Schiffer vorbehaltlich seiner Entschädigungsansprüche sofort vom Schiffe zu verweisen. Prot. S. 1528, 1529. Vergl. Art. 42.

33) Für die zwar in eigenem Namen, aber im Interesse der Rhederei eingegangenen Wechselverbindlichkeiten kann er Schadloshaltung verlangen, so weit er nach allgemeinen Rechtsgrundsätzen über negotiorum gestio und dergl. hierzu befugt ist. Prot. S. 3716.

34) Der Korrespondentrheder ist Vertreter der Rhederei und nicht der einzelnen Mitrheder; diesen bleibt es überlassen, ihre Schiffspart zu versichern oder das Risiko zu übernehmen; ohne diese Beschränkung der Befugnisse des Korrespondentrheders könnte es leicht kommen, daß die Parten doppelt versichert würden (Art. 792. ff.). Hat der Korrespondentrheder ohne Vollmacht das Schiff oder einzelne Schiffsparten versichert, so ist die Gültigkeit dieser Versicherung nach Art. 785. ff. zu beurtheilen. Prot. S. 1530, 1531.

Artikel 461.

Durch ein Rechtsgeschäft,[35]) welches der Korrespondentrheder als solcher[36]) innerhalb der Grenzen seiner Befugnisse geschlossen hat, wird die Rhederei dem Dritten gegenüber auch dann berechtigt und verpflichtet, wenn das Geschäft ohne Nennung der einzelnen Mitrheder geschlossen ist.

Ist die Rhederei durch ein von dem Korrespondentrheder abgeschlossenes Geschäft verpflichtet, so haften die Mitrheder in gleichem Umfange (Artikel 452.), als wenn das Geschäft von ihnen selbst geschlossen wäre.[37])

Artikel 462.

Eine Beschränkung[38]) der im Artikel 460. bezeichneten Befugnisse des Korrespondentrheders kann die Rhederei einem Dritten nur insofern entgegensetzen, als sie beweist, daß die Beschränkung dem Dritten zur Zeit des Abschlusses des Geschäfts bekannt war.[39])

Artikel 463.

Der Rhederei gegenüber ist der Korrespondentrheder verpflichtet, die Beschränkungen einzuhalten, welche von derselben für den Umfang seiner Befugnisse festgesetzt sind; er hat sich ferner nach den gefaßten Beschlüssen zu richten und dieselben zur Ausführung zu bringen.

Im Uebrigen ist der Umfang seiner Befugnisse auch der Rhederei gegenüber nach den Bestimmungen des Artikels 460. mit der Maaßgabe zu

---

35) Für reine Delikte des Korrespondentrheders haben die Rheder nicht einzustehen; dagegen sind sie für unterlassene oder schlechte Erfüllung derjenigen Obliegenheiten, welche der Korrespondentrheder als solcher Dritten gegenüber vertraglich übernommen hat, verantwortlich. Prot. S. 1580, 1581.

36) — wenn er erkennbar als Vertreter, und nicht etwa als Kommissionair der Rhederei handelt, sei es daß er die Mitrheder ausdrücklich nennt oder daß seine Absicht, für die Rhederei zu kontrahiren, aus den Umständen ersichtlich ist. Prot. S. 1578—1581, 4464, 4465, 4478, 4479.

37) Es war beantragt worden, die Haftbarkeit der Rhederei für die von dem Korrespondentrheder abgeschlossenen Geschäfte auf Schiff und Fracht zu beschränken, und zur Begründung dieses Antrags angeführt worden, daß der Dritte beim Vertragsabschlusse mit dem Korrespondentrheder auf die häufig wechselnden Eigenthümer keine Rücksicht zu nehmen pflege, und daß durch die persönliche Haftung der Mitrheder den Ankäufern von Schiffsparten ein unverhältnißmäßiges Risiko aufgebürdet werde. Die Mehrheit der Versammlung war jedoch der Ansicht, daß es dem Rechtsgefühle widerstrebe, die Rhederei von der persönlichen Haftbarkeit für die Geschäfte ihres Bevollmächtigten zu befreien, daß durch eine beschränkte Haftung der Kredit der Rhederei gänzlich untergraben werden würde, und daß nicht selten bei den im Heimathshafen abgeschlossenen Geschäften von dem dritten Kontrahenten auf die Vermögensverhältnisse der Mitrheder Rücksicht genommen werde. Prot. S. 1578—1580, 3732—3735, 4464, 4465, 4478, 4479. Vgl. Art. 52.

38) Hierunter ist nicht blos jede allgemeine, für eventuelle Fälle im Voraus festgesetzte Beschränkung zu verstehen, sondern auch der für einen einzelnen Fall gefaßte Beschluß der Rhederei, ein gewisses Rechtsgeschäft nicht abzuschließen. Prot. S. 1531, 1532, 3795.

39) Das grobe Verschulden des Dritten ist dem dolus desselben gleich zu achten. Prot. S. 1532.

beurtheilen, daß er zu neuen Reisen und Unternehmungen, zu außergewöhnlichen Reparaturen, sowie zur Anstellung oder Entlassung des Schiffers vorher die Beschlüsse der Rhederei einholen muß.

Artikel 464.

Der Korrespondentrheder ist verpflichtet, in den Angelegenheiten der Rhederei die Sorgfalt eines ordentlichen Rheders anzuwenden.[40])

Artikel 465.

Der Korrespondentrheder hat über seine die Rhederei betreffende Geschäftsführung abgesondert Buch zu führen und die dazu gehörigen Beläge aufzubewahren. Er hat auch jedem Mitrheder auf dessen Verlangen Kenntniß von allen Verhältnissen zu geben, die sich auf die Rhederei, insbesondere auf das Schiff, die Reise und die Ausrüstung beziehen;[41]) er muß ihm jederzeit die Einsicht der die Rhederei betreffenden Bücher, Briefe und Papiere gestatten.

Artikel 466.

Der Korrespondentrheder ist verpflichtet, jederzeit auf Beschluß der Rhederei derselben Rechnung zu legen.[42]) Die Genehmigung der Rechnung und die Billigung der Verwaltung des Korrespondentrheders durch die Mehrheit hindert die Minderheit nicht, ihr Recht geltend zu machen.[43])

---

40) Der Korrespondentrheder wird häufig für seine Bemühungen honorirt, sei es daß er Mitrheder ist, sei es daß er keinen Antheil an der Rhederei hat; es ist deshalb angemessen, daß er die Sorgfalt eines ordentlichen Rheders zu prästiren hat, während der geschäftsführende Gesellschafter nur für diligentia quam suis haftet. (Art. 94.) — Besondere Bestimmungen für die nicht besoldeten Korrespondentrheder, welche Mitrheder sind, zu treffen, würde zu Verwirrungen führen. Prot. S. 1535, 1536.

41) Wie weit er die Mitrheder in laufender Kenntniß von den auf das Schiff bezüglichen Reisen und Rechtsgeschäften halten muß, hängt vom Gebrauche ab, der an den einzelnen Orten und innerhalb der einzelnen Rhedereien verschieden ist. — Er muß nicht blos Auskunft über die Verhältnisse der Rhederei im Allgemeinen, sondern auch über die für den einzelnen Rheder in jeder Beziehung erheblichen Verhältnisse, namentlich über diejenigen Thatsachen geben, welche den Mitrheder in Stand setzen können, seinen Part zu versichern. Mot. S. 223. Prot. S. 1536.

42) Dies folgt aus seiner Stellung als Mandatar. Die Legung der definitiven Rechnung und die Gewinnberechnung kann erst nach vollständiger Beendigung eines Unternehmens erfolgen. Prot. S. 1539.

43) Die Minderheit hat nicht das Recht, für ihren Theil die Gültigkeit eines vom Korrespondentrheder eingegangenen und von der Mehrheit genehmigten Geschäfts als eines Geschäfts der Rhederei anzufechten. Dies präjudizirt aber nicht der Frage, ob der Korrespondentrheder für einen Rechnungsposten Ersatz zu leisten habe oder von einem Ersatzanspruche freigelassen werden soll; die nachträgliche Genehmigung einer von dem Korrespondentrheder auftragswidrig vorgenommenen Handlung Seitens der Majorität kann der Minorität deren bereits begründete Entschädigungsansprüche nicht entziehen. Ohne dies der Minderheit beigelegte Recht könnte der Korrespondentrheder, wenn ihm mehr als die Hälfte der Parten

Artikel 467.

Jeder Mitrheder hat nach Verhältniß seiner Schiffspart zu den Ausgaben der Rhederei, insbesondere zu den Kosten der Ausrüstung und der Reparatur des Schiffs, beizutragen.[44])

Ist ein Mitrheder mit Leistung seines Beitrags in Verzug und wird das Geld von Mitrhedern für ihn vorgeschossen,[45]) so ist er denselben von Rechtswegen zur Entrichtung von Zinsen[46]) von dem Zeitpunkt der Vorschüsse an verpflichtet. Ob durch einen solchen Vorschuß ein Pfandrecht an der Schiffspart des säumigen Mitrheders erworben wird, ist nach den Landesgesetzen zu beurtheilen.[47]) Auch wenn ein Pfandrecht nicht erworben ist, wird durch den Vorschuß ein versicherbares Interesse[48]) hinsichtlich der Schiffspart für die Mitrheder begründet. Im Fall der Versicherung[49]) dieses Interesse hat der säumige Mitrheder die Kosten derselben zu ersetzen.[50])

Artikel 468.

Wenn eine neue Reise[51]) oder wenn nach Beendigung einer Reise[52])

---

zusteht, seine Rechnung selbst endgültig genehmigen und sich selbst aller Verantwortlichkeit entschlagen. Prot. S. 3719, 3720.

44) Vgl. ALR. Th. II. Tit. 8. §. 1426., Th. I. Tit. 17. §. 189.

45) Dies ist das gewöhnliche Mittel, die Ausrüstung des Schiffs rechtzeitig zu bewirken; es genügt mit Rücksicht auf die Bestimmung des Art. 471. Abs. 3. dem praktischen Bedürfnisse. Um jedoch die Beschaffung der nicht eingezahlten Beiträge zu erleichtern, war beantragt worden: den Mitrhedern das Recht einzuräumen die Schiffspart des Säumigen zu verpfänden und zu veräußern. Man hielt indessen dafür, daß das Recht der Verpfändung von wenig praktischem Werthe sein würde, weil sich voraussichtlich Niemand darauf einlassen werde, diesem Mitrheder ohne seine Dazwischenkunft blos auf Grund der Verhandlung der übrigen Mitrheder und obschon diese selbst zu Vorschüssen nicht geneigt seien zu kreditiren, und daß das Recht des Verkaufs der Schiffspart des Säumigen wider seinen Willen leicht zu Mißbräuchen führen könnte. Mot. S. 220. Prot. S. 1510, 1511, 2622—2624.

46) — vgl. Art. 95.

47) Nach Pr. Recht wird kein Pfandrecht in diesem Falle erworben (Koch, Pr. Privatrecht §. 367. — Koch, Landrecht Anm. 4. zu §. 3. Tit. XX. Th. 1., Konkurs-Ordnung §. 33.)

48) Vergl. Art. 782. 783. — Für die Zulassung der Versicherung spricht die Erwägung, daß Derjenige, welcher sich zu einem Vorschuß versteht, gewöhnlich ganz besonders auf die Sicherheit rechnet, welche ihm die Schiffspart zu bieten im Stande ist. Mit dem Untergange des Schiffs würde ihm die im Schiff liegende Sicherheit, möge dieselbe auch keine vollkommene sein, verloren gehen. Prot. S. 1510, 1511, 3089, 3090, 3720, 3721, 4234—4236.

49) Die Stellung dieses Artikels läßt es außer Zweifel, daß hier nur von Seeversicherungen die Rede ist; eine Versicherung gegen Feuersgefahr würde indeß nach denselben Grundsätzen zu beurtheilen sein. Prot. S. 4235, 3720, 3721.

50) Wenn die Vorschüsse wider Willen des Mitrheders gemacht oder bereits anderweitig durch Auslieferung einer Versicherungspolize gedeckt sind, so bieten die allgemeinen Grundsätze des Rechts (exceptio doli u. dgl.) dem Schuldner hinreichenden Schutz gegen Aufbürdung unnöthiger Assekuranzkosten. Prot. S. 4235.

51) — d. h. eine solche, deren Ausführung nicht schon früher beschlossen worden ist. Prot. S. 3723.

die Reparatur des Schiffes oder wenn die Befriedigung eines Gläubigers beschlossen worden ist, welchem die Rhederei nur mit Schiff und Fracht haftet, so kann jeder Mitrheder, welcher dem Beschlusse nicht zugestimmt hat, sich von der Leistung der zur Ausführung desselben erforderlichen Einzahlungen dadurch befreien,[53]) daß er seine Schiffspart ohne Anspruch auf Entgelt aufgiebt.[54])

Der Mitrheder, welcher von dieser Befugniß Gebrauch machen will, muß dies den Mitrhedern oder dem Korrespondentrheder innerhalb dreier Tage nach dem Tage des Beschlusses oder, wenn er bei der Beschlußfassung nicht anwesend und nicht vertreten war, innerhalb dreier Tage nach der Mittheilung des Beschlusses gerichtlich oder notariell kundgeben.[55])

Die aufgegebene Schiffspart fällt den übrigen Mitrhedern nach Verhältniß der Größe ihrer Schiffsparten zu.

---

52) Der Rücktritt aus der Gesellschaft durch Dereliktion des Antheils kann ohne Gefährdung der Interessen der Mitrheder nur zu einer Zeit geschehen, wenn die früher beschlossenen Unternehmungen bereits abgewickelt sind, mag sich auch das Schiff in einem anderen, als dem Heimathshafen befinden. Muß das Schiff in Folge von Unglücksfällen im Nothhafen reparirt werden, so ist der Austritt aus der Gemeinschaft unstatthaft, weil solche Unfälle zu dem Risiko gehören, das die Rheder mit der Zustimmung zur Reise bereits übernommen haben. Mot. S. 221. Prot. S. 1511—1519.

53) Nach Art. 92. ist kein Gesellschafter verpflichtet, die Einlage über den vertragsmäßigen Betrag zu erhöhen; im Art. 468. ist dem Mitrheder ein Mittel geboten, nicht immer zu neuen Einzahlungen gezwungen zu werden; ein solches Schutzmittel ist um so nöthiger, als die Verbindung vom Einzelnen nicht aufkündbar ist. Mehrere Seerechte enthalten noch einen anderen Schutz der Minorität gegen die Beschlüsse der Majorität in dem s. g. Setzungs- oder Kiesungsrecht d. i. in der Befugniß der Minderheit, das Schiff der Mehrheit zu einem bestimmten Preise zu setzen, wofür diese nach ihrer Wahl es zu nehmen oder zu geben hat. Unzweifelhaft ist es den Mitrhedern unbenommen im Rhedereivertrage auszumachen, daß ihnen gegenseitig das Setzungsrecht zustehen soll. Mit Rücksicht auf die Bestimmung des Art. 471. Abs. 3. bindet und berechtigt eine solche Vertragsbestimmung auch den später eintretenden Mitrheder. Es steht auch nichts entgegen das Setzungsrecht, da es sich nur auf die Verhältnisse der Mitrheder zu einander bezieht und nicht contra legem ist, durch die Einführungsgesetze einzuführen, beziehungsweise dasselbe beizubehalten; wo es gilt, muß dessen Beibehaltung ausdrücklich ausgesprochen werden, widrigenfalls es als aufgehoben anzusehen ist. In das Handelsgesetzbuch ist keine derartige Bestimmung aufgenommen, weil es nur noch in einzelnen Staaten im Gebrauche ist und die Gefahr nahe liegt, daß es zu einer Tyrannei der Minorität zum Nachtheil der Majorität führt, wenn nämlich die Minderheit sich im Besitze anderweitiger Mittel befindet während die Mehrheit ihr ganzes Vermögen im Schiffe stecken hat. — Von einem Vorbehalt für die Landesgesetzgebungen, dieses Recht einzuführen oder beizubehalten, ist Umgang genommen worden, weil das Setzungsrecht ein zu schwankender Begriff sei und die einzelnen Modalitäten desselben zu wenig fest ständen. Mot. S. 221. Prot. S. 1511—1519, 1566—1571, 3723, 3724.

54) Die bereits begründeten persönlichen Verpflichtungen und Berechtigungen des Mitrheders werden durch das Aufgeben seines Antheils nicht geändert. Prot. S. 1513.

55) Für den bei der Beschlußfassung nicht anwesenden und nicht vertretenen

Artikel 469.

Die Vertheilung des Gewinnes und Verlustes geschieht nach der Größe der Schiffsparten.

Die Berechnung des Gewinnes und Verlustes und die Auszahlung des etwaigen Gewinnes erfolgt jedesmal, nachdem das Schiff in den Heimathshafen zurückgekehrt ist, oder nachdem es in einem anderen Hafen seine Reise beendigt hat und die Schiffsmannschaft entlassen ist.[56])

Außerdem müssen[57]) auch vor dem erwähnten Zeitpunkte die eingehenden Gelder, insoweit sie nicht zu späteren Ausgaben oder zur Deckung von Ansprüchen einzelner Mitrheder an die Rhederei erforderlich sind,[58]) unter die einzelnen Mitrheder nach Verhältniß der Größe ihrer Schiffsparten vorläufig vertheilt und ausgezahlt werden.

Artikel 470.

Jeder Mitrheder kann seine Schiffspart jederzeit und ohne Einwilligung der übrigen Mitrheder ganz oder theilweise veräußern.[59])

Ein gesetzliches Vorkaufsrecht steht den Mitrhedern nicht zu.[60]) Es kann jedoch die Veräußerung einer Schiffspart, in Folge welcher das Schiff das Recht, die Landesflagge zu führen, verlieren würde, rechtsgültig nur

---

Mitrheder läuft die dreitägige Frist erst von der Mittheilung des Beschlusses ab, selbst wenn er zufällig früher von demselben Kenntniß erhalten haben sollte; hat er einen Vertreter abgeordnet, so wird ihm die Kenntniß seines Vertreters so angerechnet, als habe er in Person diese Kenntniß erlangt. Prot. S. 3722.

56) Ein reiner Abschluß ist vor der Abrechnung mit dem Schiffer und dem Schiffsvolke nicht thunlich. — Jeder Mitrheder hat das Recht, die Gewinnvertheilung zu verlangen; auch durch Majoritätsbeschluß kann ihm dieses Recht nicht genommen werden. Prot. S. 1540.

57). Jeder Rheder ist befugt, provisorische Vertheilung von Baarvorräthen zu verlangen; ohne eine solche Bestimmung würden vorläufige Vertheilungen meistens vom Belieben des Korrespondentrheders abhängig sein, denn gegen seinen Willen läßt sich nur nach vielen Widerwärtigkeiten und Zeitverlust eine ordnungsmäßige Abstimmung herbeiführen. Dieses Recht jedes Einzelnen schließt die Befugniß der Mehrheit, die Einleitung neuer Unternehmungen und die Zurückbehaltung der Gelder zu diesem Zwecke zu beschließen, nicht aus. Prot. S. 1541, 2764 und 2765.

58) Der Korrespondentrheder kann die Auszahlung verweigern, wenn er nachweisen kann, daß das Geld für die Rhederei nothwendig ist; ingleichen kann die Minderheit auf Zurückbehaltung der Gelder dringen, wenn die Majorität ungeachtet bevorstehender Ausgaben deren Vertheilung beschließt. Prot. S. 1540 und 1541, 2766.

59) Die Rhederei ist weniger eine Personen- als eine Kapitalsvereinigung; deshalb muß auch jedem einzelnen Rheder der Verkauf seines Antheils zu jeder Zeit freistehen; es steht nicht zu befürchten, daß durch die unbeschränkte Veräußerung der Antheile der Fortbestand der Rhederei gefährdet werde; durch den Handel erhöht sich gerade der Werth der Schiffe. — Ueber die Abtretung der Rechte eines Gesellschafters vergl. Art. 98. Mot. S. 227. Prot. S. 1543—1546.

60) Es liegt im eigenen Interesse der Rhedereien, daß das Dispositionsrecht der Mitrheder von allen Beschränkungen entbunden wird, weil der Werth des

mit Zustimmung aller Mitrheder erfolgen.[61]) Die Landesgesetze, welche eine solche Veräußerung überhaupt für unzulässig erklären, werden durch diese Bestimmung nicht berührt.

Artikel 471.

Der Mitrheder, welcher seine Schiffspart veräußert hat, wird, so lange die Veräußerung von ihm und dem Erwerber[62]) den Mitrhedern oder dem Korrespondentrheder nicht angezeigt worden ist,[63]) im Verhältniß zu den Mitrhedern noch als Mitrheder betrachtet und bleibt wegen aller vor dieser Anzeige begründeten Verbindlichkeiten als Mitrheder den übrigen Mitrhedern verhaftet.[64])

Der Erwerber der Schiffspart ist jedoch im Verhältniß zu den übri-

---

Schiffseigenthums sich dadurch erhöht; durch das Vorkaufsrecht würde der Majorität ein neues Mittel zur Bedrückung der Minorität gegeben werden. Die Konkurrenz des Sozietätsverhältnisses macht sich da, wo viele Rheder an einem und demselben Schiffe betheiligt sind, nur wenig geltend und es kömmt deshalb auf die Persönlichkeit der Betheiligten wenig an. Wo die Zahl der Mitrheder nur eine geringe ist, läßt sich die Befürchtung, daß mißliebige Personen durch den Mitrheder obtrudirt werden könnten, durch vertragliche Bestimmungen beseitigen. Die Beibehaltung des gesetzlichen Vorkaufrechts da, wo es in Geltung ist, würde in einem Staate mit verschiedenen Gesetzgebungen, von denen die eine das Vorkaufsrecht anerkennt, die andere nicht, zu einer bedenklichen Rechtsungleichheit führen. Mot. S. 227. Prot. S. 1568, 1543—1546, 3724, 3725. Nach ALR. (§. 1487. ff.) stand den Mitrhedern ein gesetzliches Vorkaufsrecht zu. — Durch Vertrag, Testament ꝛc. kann hingegen ein Vorkaufsrecht der Mitrheder begründet werden. Ob das vertraglich bedungene Vorkaufsrecht ein dingliches Retraktrecht oder ein rein persönliches Recht sei, ist nach dem bürgerlichen Rechte der einzelnen Länder zu entscheiden. Mot. S. 227. Prot. S. 1568, 1543—1546, 3724, 3725.

61) Der Verkauf von Schiffsparten an Ausländer ist nach einigen Gesetzgebungen nichtig, nach andern hört durch solchen Verkauf das Schiff auf, ein nationales zu sein; nach noch anderen wird in solchem Falle die Ausfertigung der Schiffspapiere verweigert, beziehungsweise werden die ausgefertigten zurückgenommen, oder es wird von der Betheiligung von Ausländern auf den Schiffspapieren Vermerk gemacht, so daß das Schiff seine Fahrten einzustellen gezwungen ist. Es kann nicht der Willkühr eines einzelnen Rheders überlassen werden, ein Schiff zum Stilliegen zu zwingen. Prot. S. 1547.

62) Die Anzeige braucht nicht nothwendig von beiden Kontrahenten in Person gemacht zu werden, es kann sie vielmehr auch Einer im Namen und Auftrag des Anderen erstatten. Wann ein solcher Auftrag als vorhanden anzunehmen sei, unterliegt der Beurtheilung nach allgemeinen Rechtsgrundsätzen. Prot. S. 3727.

63) Die Natur der Sache ergiebt, daß bei Veräußerungen einer Schiffspart bei der formellen Behandlung der Geschäfte bis nach erfolgter Anzeige der Veräußerung, der Veräußerer als Mitrheder anzusehen ist, und als solcher Stimmrecht hat. Hieraus folgt, daß er die aus den unter seiner Zuziehung gefaßten Beschlüssen sich ergebenden Verbindlichkeiten gegen sich gelten lassen muß. Prot. S. 1551 ff.

64) Wenn der Erwerber einer Schiffspart den Antheil des Veräußerers mit Guthaben und Schuld übernommen hat, so behalten die übrigen Mitrheder dennoch ihre Ansprüche gegen den Veräußerer, auch ohne ausdrücklichen Vorbehalt. Es kann jedoch vertraglich unter den Mitrhedern ausgemacht werden, daß in dem

gen Mitrhedern schon seit dem Zeitpunkte der Erwerbung[65]) als Mitrheder verpflichtet.

Er muß die Bestimmungen des Rhedereivertrages, die gefaßten Beschlüsse und eingegangenen Geschäfte gleichwie der Veräußerer gegen sich gelten lassen; die übrigen Mitrheder können außerdem alle gegen den Veräußerer als Mitrheder begründeten Verbindlichkeiten in Bezug auf die veräußerte Schiffspart gegen den Erwerber zur Aufrechnung bringen,[66]) unbeschadet des Rechts des letzteren auf Gewährleistung gegen den Veräußerer.

Artikel 472.

Eine Aenderung in den Personen der Mitrheder ist ohne Einfluß auf den Fortbestand der Rhederei.

Wenn ein Mitrheder stirbt oder in Konkurs geräth[67]) oder zur Verwaltung seines Vermögens rechtlich unfähig wird, so hat dies die Auflösung der Rhederei nicht zur Folge.

Eine Aufkündigung von Seiten eines Mitrheders oder eine Ausschließung eines Mitrheders findet nicht statt.[68])

Artikel 473.

Die Auflösung der Rhederei kann durch Stimmenmehrheit beschlossen werden.[69]) Der Beschluß, das Schiff zu veräußern, steht dem Beschlusse der Auflösung gleich.[70])

Ist die Auflösung der Rhederei oder die Veräußerung des Schiffs be-

---

gedachten Falle der Veräußerer von dem Zeitpunkt der Veräußerung an, der Rhederei gegenüber liberirt ist, sofern letztere dessen fernere Verbindlichkeiten für die bisherigen, auf dem Antheil haftenden Schulden nicht vorbehält. Prot. S. 3727. 3728.

65) Der Erwerber wird mit dem Zeitpunkt der Erwerbung thatsächlich Mitrheder. Es folgt aus der Natur des Miteigenthums, welches die wesentliche Grundlage der Rhederei bildet, daß er von dieser Zeit und nicht erst von der Anzeige des Erwerbs ab, die auf seinen Part fallenden Lasten tragen muß. Eine Befreiung von denselben würde auch nur eine scheinbare sein, weil er regelmäßig seinem Auktor Ersatz leisten müßte. Der Veräußerer haftet den Mitrhedern und dem Dritten gegenüber auch nach der Veräußerung bis zur Anzeige derselben, weil er formell noch als Mitrheder gilt, der Erwerber dagegen, weil er thatsächlich Mitrheder ist. Prot. S. 1552—1555. 3726. 3797.

66) Dieses Recht hat die Bedeutung einer Retentionsbefugniß zur Sicherstellung der Rhederei. Prot. S. 1556.

67) Nach dem ALR. (§. 1434.) waren im Fall der Konkurseröffnung über das Vermögen eines Mithreders die übrigen Mitrheder sogleich befugt, sich mit seiner Kreditmasse auseinanderzu setzen. Die Auseinandersetzung geschah gemäß §§. 36. 291. der Konkurs-Ordnung (Goltdammer, Kommentar zur Konkurs-Ordnung S. 139); die Gläubigerschaftt tritt an die Stelle des in Konkurs gerathenen Mitrheders und ist, wie dieser befugt, die Schiffspart zu veräußern.

68) Abweichend vom ALR. (§§. 1435. 1436.)

69) In einem faktischen Fortbetriebe der Seefahrt, welcher dem auf Auflösung der Rhederei gerichteten Beschlusse nachfolgt, liegt ein neuer entgegengesetzter Beschluß. Prot. S. 1558.

70) Selbstverständlich hört die Rhederei auf, wenn das gemeinschaftliche

schlossen, so muß das Schiff öffentlich verkauft werden.[71]) Der Verkauf kann nur geschehen, wenn das Schiff zu einer Reise nicht verfrachtet ist[72]) und in dem Heimathshafen oder in einem inländischen Hafen sich befindet.[73]) Ist jedoch das Schiff als reparaturunfähig oder reparaturunwürdig (Artikel 444.) kondemnirt, so kann der Verkauf desselben, auch wenn es verfrachtet ist, und selbst im Auslande erfolgen.[74]) Soll von den vorstehenden Bestimmungen abgewichen werden, so ist die Zustimmung aller Mitrheder erforderlich.

Artikel 474.

Die Mitrheder als solche[75]) haften Dritten, wenn ihre persönliche Haftung eintritt, nur nach Verhältniß der Größe ihrer Schiffsparten.[76])

Ist eine Schiffspart veräußert, so haften für die in der Zeit zwischen der Veräußerung und der im Artikel 471. erwähnten Anzeige etwa begründeten persönlichen Verbindlichkeiten rücksichtlich dieser Schiffspart sowohl der Veräußerer als der Erwerber.[77])

Schiff für alle Mitrheder verloren geht oder das gesammte Eigenthum sich in einer einzigen Person konsolidirt. Prot. S. 3728.

71) Der öffentliche Verkauf ist der geeignetste Weg der Auseinandersetzung; in Preußen erfolgt der Verkauf im Wege der Subhastation. (Verordnung vom 4. März 1834. und Art. XVI. des Einf.-Gesetzes zur Konkurs-Ordnung.) Prot. S. 2216.

72) Wie jede freiwillige Auflösung einer Gesellschaft, kann auch der Verkauf des Schiffs nur rechtzeitig geschehen; ist das Schiff zu einer neuen Reise verfrachtet, so muß vor dem Verkauf die eingegangene Verbindlichkeit erst erfüllt werden. Mot. S. 228.

73) Die Bestimmung, daß der Verkauf nur geschehen kann, wenn das Schiff im Heimathshafen oder in einem inländischen Hafen sich befindet, ist getroffen, weil Auktionen in auswärtigen Häfen höchst gefährlich sind; in kleineren Häfen finden sich selten mehrere Lizitanten ein, und oftmals würde das Schiff weit unter seinem Werthe zugeschlagen werden müssen. Dergleichen Verhältnisse könnten doloser Weise von treulosen Schiffern benutzt werden; außerdem sind die Kosten öffentlicher Auktionen in mehreren ausländischen Häfen sehr hoch. Prot. S. 1559.

74) Im Falle der Seeuntüchtigkeit steht dem Schiffer die Befugniß zum Verkauf des Schiffes zu (Art. 499); die Mehrheit der Mitrheder kann in dieser Beziehung nicht weniger Rechte haben, als der Schiffer. Prot. S. 3728 und 3729.

75) Die Worte, „als solche" sollen andeuten, daß es sich hier ausschließlich um die Regelung derjenigen Verbindlichkeiten handelt, welche aus dem gewöhnlichen und regelmäßigen Geschäftsbetriebe der Rhederei hervorgehen, es wird hiermit denjenigen Fällen nicht präjudizirt, in welchen wegen besonderer Thatsachen z. B. wegen ausdrücklicher Vertragsbestimmungen oder wegen Vergehen eine solidarische Haftbarkeit der Mitrheder angenommen werden muß. Prot. S. 1612.

76) Der Grundsatz der ratenweisen Haftung hat, abweichend vom römischen Recht, in der seerechtlichen Praxis und Jurisprudenz allgemeine Anerkennung gefunden.

77) Daß der Veräußerer Dritten gegenüber bis zur Anzeige der Veräußerung haftet, ist schon deshalb nothwendig, weil sich sonst leicht der Fall ereignen könnte, daß der Dritte um seine Befriedigung zu suchen, erst eine Irrfahrt nach Rhedern unternehmen müßte, namentlich wenn eine Schiffspart in kurzer Frist mehrmals

Artikel 475.

Die Mitrheder als solche können wegen eines jeden Anspruchs, ohne Unterschied, ob dieser von einem Mitrheder oder von einem Dritten erhoben ist, vor dem Gerichte des Heimathshafens (Artikel 435.) belangt werden.

Diese Vorschrift kommt auch dann zur Anwendung, wenn die Klage nur gegen einen Mitrheder oder gegen einige Mitrheder gerichtet ist.

Artikel 476.

Auf die Vereinigung zweier oder mehrerer Personen, ein Schiff für gemeinschaftliche Rechnung zu erbauen und zur Seefahrt zu verwenden,[78]) finden die Artikel 457. 458. 467.,[79]) der letztere mit der Maaßgabe Anwendung, daß er zugleich auf die Baukosten zu beziehen ist, desgleichen die Artikel 472. und 474.[80]) und, sobald das Schiff vollendet und von dem Erbauer abgeliefert ist,[81]) außerdem die Artikel 470. 471.[82]) und 473.[83])

Der Korrespondentrheder (Artikel 459.) kann auch schon vor Vollen-

---

veräußert wird; rücksichtlich der Haftbarkeit des Erwerbers ist der Grundsatz, daß das Miteigenthum als die wesentliche Grundlage der Rhederei anzusehen ist, beibehalten. Vergl. Note 65. zu Art. 471. Prot. S. 3796—3799.

78) — nicht auch um es nachher zu verkaufen. Prot. S. 1638.

79) Die Frage, ob die Minderheit durch die Majorität gezwungen werden könne, größere als die versprochenen Beiträge einzuzahlen, damit das Schiff größer als Anfangs beschlossen war, erbaut werden könne, wurde bei Berathung des Art. 476. mehrfach verneint, da ein derartiger Beschluß auf eine Aenderung des Rhedereivertrages hinauslaufen würde. Die Ausdehnung der Ausnahmebestimmung des Art. 468. auf eine Gesellschaft zum Bau eines Schiffs erschien bedenklich. Prot. S. 1645.

80) Die Haftung der Mitglieder einer Gesellschaft zum Bau eines Schiffs Dritten gegenüber ist dieselbe wie die der Mitrheder. Die den Bau und den Schiffahrtsbetrieb betreffenden Geschäfte greifen häufig so in einander und der Zeitpunkt, wann der Bau des Schiffs als vollendet anzusehen ist, ist oft so schwer zu ermitteln, daß eine anderweitige Regelung der Haftbarkeit zu vielen Streitigkeiten führen würde. Der Bau des Schiffs ist nur als eine präparatorische Maßregel anzusehen. Es entspricht dem System des Handelsgesetzbuchs, das Nebengeschäft (hier den Bau) nach denselben Grundsätzen wie das Hauptgeschäft zu beurtheilen. Wer mit einer derartigen Gesellschaft kontrahirt, glaubt kaum anders als daß ihm die Mitglieder der künftigen Rhederei auch nur wie die Mitglieder einer wirklichen Rhederei haften. Prot. S. 1638. 1639. 1653—1645.

81) — auch wenn der Betrieb der Rhederei noch nicht begonnen haben sollte. Prot. S. 1647.

82) Die Veräußerung des Antheils eines Gesellschaftsmitglieds während des Baus ist unzulässig, weil bei der Rhederei das Eigenthumsverhältniß der Mitrheder, bei dem Bau dagegen das Sozietäts-Verhältniß das vorwiegende ist. Während dieser Zeit liegt das Hauptgewicht in der Obligation des Betheiligten, zum Zustandekommen einer Rhederei mitzuwirken. Die Substituirung eines Zahlungsunfähigen würde die Erreichung dieses Zwecks hindern. Prot. S. 1645. 1646.

83) Während der Bauzeit kann die Auflösung der Gesellschaft durch Ma-

dung des Schiffs bestellt werden; er hat in diesem Fall sogleich nach seiner Bestellung in Bezug auf den künftigen Rhedereibetrieb[84]) die Rechte und Pflichten eines Korrespondentrheders.

Artikel 477.

Wer ein ihm[85]) nicht gehöriges Schiff zum Erwerb durch die Seefahrt für seine Rechnung verwendet und es entweder selbst führt oder die Führung einem Schiffer anvertraut,[86]) wird im Verhältniß zu Dritten als Rheder[87]) angesehen.

Der Eigenthümer kann denjenigen, welcher aus der Verwendung einen Anspruch als Schiffsgläubiger herleitet, an der Durchführung des An-

---

joritätsbeschluß nicht erfolgen. Entgegengesetztenfalls würde die Majorität ein Mittel erhalten, das Schiff zum Verkauf und die Parten der Minderheit um ein unverhältnißmäßig geringes Entgelt an sich zu bringen, da in der Regel für halbfertige Schiffe nur ein kleiner Erlös zu erzielen ist. Prot. S. 1648.

84) — nicht auch in Bezug auf die Leitung des Baus und die Abschließung der erforderlichen Bauverträge. Zu diesem Behufe genügen die Vorschriften des Civilrechts über Bestellung gemeinsamer Mandatare. Prot. S. 1642 bis 1644.

85) — ganz oder theilweise. Prot. S. 1658.

86) Der Fall, wenn der Eigenthümer sein Schiff im Ganzen an Jemand für eine gewisse Reise verchartert, der dasselbe wieder an Andere auf Stückgüter verfrachtet, oder wenn er es an Jemand für eine gewisse Zeit vermiethet, bedarf keiner besonderen gesetzlichen Regelung; in beiden Fällen ist der Schiffer in Wirklichkeit der Vertreter des Eigenthümers, und führt in dessen Namen die Reisen des Schiffs aus; im ersten Falle ist der Hauptfrachtkontrakt zwischen Miether und Eigenthümer vor Allem maßgebend, im zweiten bleiben Kapitain und Mannschaft auf dem Schiffe und sind der Disposition und den Befehlen des Eigners unterworfen. Dieser Artikel behandelt daher nur die Fälle, wenn der Schiffer, gleichviel ob ein neuer angenommen oder der vom Eigenthümer eingesetzte beibehalten wird, nicht als Vertreter des Eigners, sondern des Ausrüsters anzusehen ist, z. B. wenn der bloße Körper des Schiffs an Jemanden vermiethet wird, der die Ausrüstung des Schiffs auf seine Kosten zu besorgen und den Betrieb der Schifffahrt allein zu leiten hat, oder wenn dem Einen das Eigenthum, dem Andern die Nutznießung des Schiffs zusteht, oder wenn Jemand auf rechtswidrige Weise ein Schiff in Besitz hat und dasselbe in See sendet. Prot. S. 1656. 1657.

87) Er wird jedoch nur als Rheder angesehen wegen solcher Ansprüche, die aus der Verwendung des Schiffs zum Erwerb durch die Seefahrt herrühren. Die willkührliche Veräußerung des Schiffs schließt daher den Vindikationsanspruch des Eigenthümers nicht aus; wohl aber ist der Ausrüster für befugt anzusehen, das Schiff im Auslande wegen absoluter Irreparabilität zu verkaufen, seine persönliche Haftung Dritten gegenüber ist keine andere, als die des Rheders und das Schiff wird verpflichtet, obschon es dem Ausrüster nicht gehört. Prot. S. 3740. 3741. Diese, den Eigenthümer (insbesondere in dem Falle, wenn der Ausrüster sich widerrechtlich in den Besitz des Schiffs gesetzt hat) sehr gefährdende Bestimmung ist zum Schutze der Schifffahrt getroffen. Es wurde zur Rechtfertigung dieser Vorschrift geltend gemacht, daß die Erforschung der Eigenthumsverhältnisse für den Dritten oft schwierig, bisweilen unmöglich sei und eine außerordentliche Belästigung der Seefahrt und Gefährdung der Sicherheit derselben nach sich ziehen würde,

spruchs nicht hindern, sofern er nicht beweist,[88]) daß die Verwendung ihm gegenüber eine widerrechtliche und der Gläubiger nicht in gutem Glauben war.

Dritter Titel.

Von dem Schiffer.

Artikel 478.

Der Führer des Schiffs (Schiffskapitain, Schiffer) [1]) ist verpflichtet, bei allen Dienstverrichtungen, namentlich bei der Erfüllung der von ihm auszuführenden Verträge, die Sorgfalt eines ordentlichen Schiffers [2]) anzuwenden. Er haftet für jeden durch sein Verschulden entstandenen Schaden, insbesondere für den Schaden, welcher aus der Verletzung der in diesem und den folgenden Titeln [3]) ihm auferlegten Pflichten entsteht.

---

und daß, wenn z. B. Jemand in der irrigen Meinung, er sei Eigenthümer, ein Schiff ausgerüstet habe, die Billigkeit zu Gunsten der Schiffsgläubiger spreche; gründe die Forderung sich auf einen Kontrakt, z. B. Bodmerei im Nothhafen, so werde dadurch das Schiff dem rechtmäßigen Eigenthümer erhalten, gründe sie sich auf ein Delikt z. B. Ueberseglung, so liege kein Grund vor, weshalb ein gestohlenes Schiff weniger haften solle, als eines, das sich im rechtmäßigen Besitze des Ausrüsters befinde. Endlich wurde darauf hingewiesen, daß die Fälle, in denen ein geraubtes oder gestohlenes Schiff von einem Dritten benutzt werde und vom Eigenthümer verfolgt werden könne, in der Praxis äußerst selten vorkämen. Prot. S. 1660—1662.

88) Dem Eigenthümer ist der Beweis, daß sich der Gläubiger in mala fide befindet (d. h., daß Dieser Kenntniß von der Unbefugtheit der Verwendung des Schiffs gehabt habe), auferlegt worden, weil man annahm, daß der Gläubiger seine bona fides fast niemals werde beweisen können. Prot. S. 1662.

1) — welcher vom Rheder angestellt ist; für die Rechte und Pflichten eines im Nothfalle interimistisch an die Stelle des vom Rheder bestellten Schiffers tretenden Substituten sind die allgemeinen Rechtsgrundsätze, insbesondere über die negotiorum gestio maaßgebend. Prot. S. 3830. 3831. Die Bestimmungen dieses Titels sind analog auf den Schiffer, der zugleich Alleinrheder ist, anwendbar. Prot. S. 3836.

2) Die Civilgesetzgebungen bestimmen die Grade der culpa sehr verschieden; aus diesem Grunde läßt sich der Grad der vom Schiffer bei Ausführung seiner Obliegenheiten zu prästirenden culpa schwer bezeichnen; es ist deshalb so wie in den Art. 282. 361. 380. 397. und 464. auch hier verfahren worden. Prot S. 1928.

3) Die in denselben enthaltenen Bestimmungen z. B. in Ansehung der Untersuchung der Seetüchtigkeit, der Stauung u. dgl. haben nicht einen polizeilichen Charakter, sondern eine civilrechtliche Bedeutung in dem Sinne, daß der Schiffer den Betheiligten verantwortlich wird, wenn durch eine Vernachlässigung solcher Obliegenheiten ein Schade entsteht. Prot. S. 1929. 1930. 4159. 4160.

Artikel 479.

Diese Haftung des Schiffers besteht nicht nur gegenüber dem Rheder, [4]) sondern auch gegenüber dem Befrachter, Ablader und Ladungsempfänger, dem Reisenden, der Schiffsbesatzung [5]) und demjenigen Schiffsgläubiger, [6]) dessen Forderung aus einem Kreditgeschäft [7]) (Artikel 497.) entstanden ist, insbesondere dem Bodmereigläubiger.

Der Schiffer wird dadurch, daß er auf Anweisung des Rheders gehandelt hat, den übrigen vorgenannten Personen gegenüber von der Haftung nicht befreit. [8])

Durch eine solche Anweisung wird auch der Rheder persönlich ver-

---

4) An und für sich steht der Schiffer zwar nur mit dem Rheder in kontraktlichen Beziehungen, und hat also auch eigentlich nur diesem gegenüber wegen Verschuldens Rede zu stehen; indessen ist für das Seerecht eine ähnliche Bestimmung, wie sie für die Landfracht (Art. 401.) gegeben ist, unentbehrlich. Prot. S. 1928.

5) Die Erwähnung der Schiffsbesatzung ist erforderlich, weil es sich hier nicht um den Ersatz des Schadens aus einer Vertragsverletzung handelt, wegen welcher dem Schiffsmann auch ohne ausdrückliche Bestimmung ein Klagerecht gegen den Schiffer zusteht, sondern um ein Verschulden desselben in seinen sonstigen gesetzlichen Obliegenheiten. — Die Schiffsmannschaft und die Passagiere stehen rücksichtlich dieses Anspruchs rechtlich in demselben Verhältniß zum Schiffer, wie die Ablader und Ladungsempfänger. Prot. S. 1928. 1929.

6) Die Ausdehnung der Vorschrift über die Haftbarkeit des Schiffers gegen Befrachter, Ablader u. s. w. auf alle Schiffsgläubiger würde nur dann als statthaft erachtet werden können, wenn man auch den Rheder verpflichten würde, das Schiff sorglich zu behandeln und für jedes Verschulden bei Benutzung desselben persönlich zu haften. Eine solche Bestimmung ist zwar zu Gunsten des Bodmereigläubigers, welchem gegenüber der Rheder unzweifelhaft zur custodia verpflichtet ist, gerechtfertigt, ihre Ausdehnung auf die übrigen Schiffsgläubiger erscheint aber höchst bedenklich, weil der Rheder dadurch einer großen Menge gar nicht vorherzusehender Ersatzansprüche ausgesetzt und in Folge hiervon in seinen Operationen zu sehr beengt werden würde. Prot. S. 2860. 2861.

7) Die vom Schiffer abgeschlossenen Kreditgeschäfte stehen materiell den Bodmereigeschäften gleich; er ist bei der Haftbarkeit diesen Schiffsgläubigern gegenüber den Umfang seiner Vertretungsverbindlichkeit zu übersehen noch recht wohl im Stande. Prot. S. 3748. 3749. 3788. 3789.

8) Die Bestimmung, daß eine Anweisung des Rheders in der Verantwortlichkeit des Schiffers den bezeichneten Personen gegenüber nichts ändert, folgt aus der direkten Haftung desselben dem Befrachter ꝛc. gegenüber. Die konsequente Durchführung dieses Prinzips ist sehr geeignet, Rechtsverletzungen vorzubeugen und das materielle Recht zu schützen. Wenn der Schiffer in Folge von Unfällen durch das Gesetz berufen wird, das Interesse aller Betheiligten wahrzunehmen und als deren gemeinschaftlicher Stellvertreter zu handeln, so folgt schon aus allgemeinen Rechtsgrundsätzen, daß er in dieser Stellung den Befehlen und Anweisungen des Rheders, als eines der Betheiligten nicht unterworfen ist; zwischen diesen Fällen und anderen im Gesetze zu unterscheiden, ist schwierig. Es ist deshalb der erwähnte Grundsatz als allgemeine Regel hingestellt. Prot. S. 2590. 2591. 3787. 3788. 3813. 3814. 3819. 3820.

pflichtet,[9]) wenn er bei Ertheilung derselben von dem Sachverhältniß unterrichtet war.

Artikel 480.

Der Schiffer hat vor Antritt der Reise dafür zu sorgen, daß das Schiff in seetüchtigem Stande, gehörig eingerichtet und ausgerüstet, gehörig bemannt und verproviantirt ist, und daß die zum Ausweis für Schiff, Besatzung und Ladung erforderlichen Papiere an Bord sind.[10])

Artikel 481.

Der Schiffer hat zu sorgen für die Tüchtigkeit der Geräthschaften zum Laden und Löschen, sowie für die gehörige Stauung[11]) nach Seemannsbrauch,[12]) auch wenn die Stauung durch besondere Stauer bewirkt wird.[13])

Er hat dafür zu sorgen, daß das Schiff nicht überladen,[14]) und daß

---

9) Hat der Rheder dem Schiffer ein Verfahren vorgeschrieben, durch welches die Interessen der Ladungsbetheiligten u. s. w. verletzt sind, so ist neben dem Verschulden des Schiffers auch ein eignes Verschulden der Rheders vorhanden, für welches er als der eigentliche Kontrahent persönlich haften muß. Weder die Anweisung an sich, z. B. wenn sie erst nach Ausführung der Handlung des Schiffers eingetroffen ist, noch die nachfolgende Genehmigung einer vom Schiffer vorgenommenen Handlung begründen die persönliche Haftbarkeit des Rheders. Prot. S. 3814. 3815.

10) Im Heimathshafen darf der Schiffer ohne Genehmigung des Rheders keine zum Betriebe der Rhederei gehörigen Rechtsgeschäfte vornehmen, also auch keine Schiffsgeräthschaften kaufen oder sonstige Ausgaben machen (Art. 495.); dem Rheder gegenüber wird er daher von Verantwortlichkeit frei, wenn er ihm einen etwa vorhandenen Mangel an der Ausrüstung des Schiffes rechtzeitig anzeigt und auch ohne Abhülfe des Mangels auf Geheiß des Rheders in See geht. Dritten, z. B. dem Ablader gegenüber, schützt ihn eine solche Anzeige nicht. Mot. S. 230. Prot. S. 1755.

11) — d. i. das ordnungsmäßige Packen der Güter, so daß die schweren untengelegt und leckende Güter nicht auf trockene gepackt werden.

12) Dieser ist beim Stauen erfahrungsmäßig, der Hauptsache nach, überall gleich; eine absolute Vortrefflichkeit seiner Maaßregeln kann man vom Schiffer nicht verlangen, sondern nur, daß er mit Sorgfalt nach den Grundsätzen der Seemannskunst verfahre. Prot. S. 1756. 1757.

13) Der Schiffer hat auch bei Zwangsstauern darauf zu sehen, daß dieselben ihre Arbeit gehörig verrichten. Wenn sie aber seines Widerspruchs ungeachtet eine unzweckmäßige Stauung vornehmen, oder wenn der Ablader eine bestimmte, vom Schiffer für unzweckmäßig erklärte Art der Stauung verlangt, so können den Schiffer die Folgen etwaiger unregelmäßiger Stauung nicht treffen. Wie er sich den Beweis, daß ihm kein Verschulden hierbei zur Last fällt, sichert, ist seine Sache. Nach ALR. (§. 1481.) mußte der Schiffer, wenn verordnete Stauer Einspruchs ungeachtet fehlerhaft stauen, Protest aufnehmen lassen. Mot. S. 230. Prot. S. 1756. 3750.

14) Dem Schiffer wird hierdurch das Recht eingeräumt, die Zumuthung, ein Schiff zu überladen, auch den Rhedern gegenüber zurückzuweisen, und die Ladungsinteressenten erhalten das Recht, theilweise die Wiederausladung zu verlangen, wenn das Schiff überladen ist. Prot. S. 1774. 1775. Vgl. ALR. §. 1483.

es mit dem nöthigen Ballaste[15]) und der erforderlichen Garnirung[16]) versehen wird.

Artikel 482.

Wenn der Schiffer im Auslande[17]) die dort geltenden gesetzlichen Vorschriften, insbesondere die Polizei-, Steuer- und Zollgesetze nicht beobachtet, so hat er den daraus entstehenden Schaden zu ersetzen.

Desgleichen hat er den Schaden zu ersetzen, welcher daraus entsteht, daß er Güter ladet, von welchen er wußte oder wissen mußte,[18]) daß sie Kriegskontrebande seien.

Artikel 483.

Sobald das Schiff zum Abgehen fertig ist, hat der Schiffer die Reise bei der ersten günstigen Gelegenheit anzutreten.

Auch wenn er durch Krankheit oder andere Ursachen verhindert ist, das Schiff zu führen, darf er den Abgang oder die Weiterfahrt desselben nicht ungebührlich aufhalten; er muß vielmehr, wenn Zeit und Umstände gestatten, die Anordnung des Rheders einzuholen, diesem ungesäumt die Verhinderung anzeigen[19]) und für die Zwischenzeit die geeigneten Vorkehrungen treffen,[20]) im entgegengesetzten Fall einen anderen Schiffer einsetzen. Für diesen Stellvertreter[21]) ist er nur insofern verantwortlich, als ihm bei der Wahl desselben ein Verschulden zur Last fällt.

---

15) — d. h. diejenigen schweren Massen (Sand, Steine u. dgl.) von geringem Werth, welche in den untersten Raum des Schiffs gebracht werden um den gehörigen Tiefgang zu ermöglichen.

16) Garniren ist das Fest-Legen und packen der Güter, damit sie durch die Bewegung des Schiffs nicht beschädigt werden.

17) Der Schiffer hat die Gesetze des Auslandes nicht blos dann, wenn er sich im Auslande befindet, sondern, insoweit dies der Absicht dieser Gesetze entspricht, auch in der Heimath zu beobachten, indem er z. B. um die Zollgesetze eines gewissen Landes nicht zu verletzen, nicht selten schon die Ladung danach einzurichten hat. Prot. S. 3752.

18) — was ihm bei Anwendung der Sorgfalt eines ordentlichen Schiffers nicht unbekannt bleiben konnte, z. B. wenn aus der Art der Verpackung sich ergiebt, daß die Deklaration unrichtig und Kontrebande geladen ist. Prot. S. 1764. 1765. Vgl. ALR. §§. 1485—1487.

19) Durch Unterlassung der Anzeige an die Rheder, wird der Schiffer auch den Abladern rc. gegenüber verpflichtet. Prot. S. 1767.

20) Die Unmöglichkeit, die erforderlichen Vorkehrungen zu treffen (z. B. wenn er so krank gewesen, daß er seiner Sinne nicht mächtig war), entbindet ihn elbstverständlich von der Verantwortlichkeit. Prot. S. 1767.

21) Ueber die Fragen, ob und in welchen Fällen der Schiffer berechtigt und verpflichtet ist, sich eines Lootsen zu bedienen, und inwieweit er für die Führung des unter Leitung des Lootsen stehenden Schiffs verantwortlich ist, waren die Meinungen in der Konferenz sehr getheilt. Nach Ansicht Einiger ist der Schiffer verpflichtet dort, wo Gesetz, Gewohnheit oder Vorsicht es gebieten, einen Lootsen anzunehmen; in diesem Falle ist er von der Verantwortung für dessen Schiffsführung frei, sofern er nicht verabsäumt hat, wegen etwaiger Unfähigkeit des Lootsen einzuschreiten, oder die nöthige Auskunft zu ertheilen, oder den Anordnungen

Artikel 484.

Vom Beginn des Ladens an bis zur Beendigung der Löschung darf der Schiffer das Schiff gleichzeitig mit dem Steuermann nur in dringenden Fällen[22]) verlassen; er hat in solchen Fällen zuvor aus den Schiffsoffizieren oder der übrigen Mannschaft einen geeigneten Vertreter[23]) zu bestellen.

Dasselbe gilt auch vor Beginn des Ladens und nach Beendigung der Löschung, wenn das Schiff in einem nicht sicheren Hafen oder auf einer nicht sicheren Rhede liegt.

Bei drohender Gefahr[24]) oder wenn das Schiff in See sich befindet, muß der Schiffer an Bord sein, sofern nicht eine dringende Nothwendigkeit seine Abwesenheit rechtfertigt.[25])

---

desselben den entsprechenden Vollzug zu verschaffen. Andere meinten, daß wenn der Schiffer ohne zur Aufnahme eines Lootsen gesetzlich gezwungen zu sein, einen solchen an Bord nehme, der Kapitän die Leitung des Schiffs als verantwortlicher Führer behalte und der Lootse nichts als ein frei gewählter Rathgeber sei, auf den der Schiffer seine Verantwortlichkeit nicht ohne Weiteres übertragen könne. Eine dritte Meinung ging dahin, daß es, um dem Schiffer die Verantwortlichkeit abzunehmen, genügen müsse, wenn der Lootse, dessen er sich bediente, nur ein obrigkeitlich bestellter gewesen, gleichviel ob er in dem konkreten Falle einen Lootsen anzunehmen gezwungen gewesen sei oder nicht. Noch Andere endlich waren der Ansicht, daß sich weder in Betreff der Verpflichtung einen Lootsen anzunehmen, noch rücksichtlich der Haftbarkeit des Schiffers für das Verfahren des Lootsen eine allgemeine Regel aufstellen lasse, und deshalb jeder einzelne Fall nach allgemeinen Rechtsgrundsätzen zu entscheiden sei; die allgemeine Verpflichtung des Schiffers, vorsichtig zu sein, genüge dem Bedürfnisse. Von der Aufnahme einer Bestimmung über die erwähnten Fragen ist Abstand genommen worden, nachdem vorher beschlossen war, daß der Schiffer für die Versehen eines Lootsen, den er anzunehmen gesetzlich verpflichtet war, nicht verantwortlich sei. Mot. S. 231. Prot. S. 1781—1786, vgl. Note 5. zu Art. 451.

22) Das ALR. (§. 1490.) schrieb vor: „Schiffer und Steuermann dürfen sich niemals zu gleicher Zeit vom Schiffe entfernen." Es giebt jedoch Umstände, unter welchen Schiffer und Steuermann das Schiff verlassen müssen; namentlich ist nach einigen Zollgesetzen eine gemeinschaftliche Deklaration Beider am Lande erforderlich; das Gesetz hat solchen Umständen Rechnung getragen. Mot. S. 231. Prot. S. 1776. ff.

23) Der Substitut tritt in die gesetzlichen Rechte und Pflichten des vom Rheder bestellten Schiffers. Prot. S. 3830.

24) Sobald der Schiffer von derselben Kunde erhält, muß er pflichtmäßig an Bord bleiben oder sich dahin begeben. Prot. S. 3893.

25) Durch die übrigen Bestimmungen dieses Artikels (Abs. 1. u. 2.) soll nicht dem Schiffer das Recht eingeräumt werden, das Schiff unter allen Verhältnissen einem Steuermann zu übergeben und sich davon zu entfernen, sondern er ist verpflichtet auch in dieser Beziehung wie ein ordentlicher Schiffer zu verfahren. Absatz 3. giebt einen Anhalt, was der Schiffer bezüglich seiner Anwesenheit an Bord u. dgl. zu beobachten hat, wenn er diesen Verpflichtungen genügen will. Prot. S. 1776—1781. 3892. 3753.

Artikel 485.

Wenn der Schiffer in Fällen der Gefahr mit den Schiffsoffizieren einen Schiffsrath zu halten für angemessen findet, so ist er gleichwohl an die gefaßten Beschlüsse nicht gebunden; er bleibt stets für die von ihm getroffenen Maaßregeln verantwortlich.[26])

Artikel 486.

Auf jedem Schiffe muß ein Journal geführt werden,[27]) in welches für jede Reise alle erheblichen Begebenheiten, seit mit dem Einnehmen der Ladung oder des Ballastes begonnen ist,[28]) einzutragen sind.

Das Journal wird unter Aufsicht des Schiffers von dem Steuermann[29]) und im Fall der Verhinderung des letzteren von dem Schiffer selbst oder unter seiner Aufsicht von einem durch ihn zu bestimmenden geeigneten Schiffsmann geführt.

Artikel 487.

Von Tag zu Tag sind in das Journal einzutragen:

die Beschaffenheit von Wind und Wetter;

die von dem Schiffe gehaltenen Kurse[30]) und zurückgelegten Distanzen;

---

26) Die Berathung mit den Schiffsoffizieren im Falle der Gefahr ist in das Belieben des Schiffers gestellt, während er nach anderen Gesetzgebungen (ALR. §. 1463.) verpflichtet ist, in solchem Falle Schiffsrath zu halten; eine derartige Zwangspflicht ist einerseits nur von geringem praktischen Werthe, weil die Beurtheilung der Frage, ob Gefahr droht und demgemäß Veranlassung vorliegt, Schiffsrath zu halten, immer in dem Ermessen des Schiffers steht, und thut andererseits bisweilen der nothwendigen Einheit des Willens, der Entschiedenheit und Thatkraft Abbruch. Prot. S. 1786—1789. 3754.

27) Das Schiffsjournal dient in Verbindung mit der Verklarung nicht allein zur Entlastung des Schiffers, sondern auch als Beweismittel in den Rechtsbeziehungen aller Interessenten von Schiff und Ladung; der Schiffer, welcher es zu führen unterläßt, macht sich allen Interessenten gegenüber verantwortlich. Prot. S. 1791. Vgl. ALR. §§. 1512. 1513.

28) Die Bestimmung des Endpunkts, bis zu welchem das Journal zu führen ist, bietet wegen der Verschiedenheit der Verhältnisse und Interessen, hinsichtlich deren die Journalführung nothwendig ist, große Schwierigkeiten; es ist deshalb über diese Frage, welche in jedem einzelnen Falle nach den Umständen zu beurtheilen ist, im Gesetze nichts bestimmt. Prot. S. 1792.

29) Das Schiffsjournal dient auch zur Kontrolle des Schiffers; es ist deshalb zweckmäßig und stimmt mit der Praxis überein, daß nicht der Schiffer, sondern der Steuermann das Journal führt; andererseits muß man dem Schiffer, der die privatrechtliche Verantwortung für die ordnungsmäßige Führung des Journals trägt, wenigstens die Aufsicht über die Journalführung einräumen. Prot. S. 3755, vgl. ALR. §. 1510. — Auf vielen Schiffen giebt es nur Einen Steuermann, und dieser ist das nöthige Material zur Führung des Journals allein zu beschaffen nicht immer im Stande; deshalb ist es schon jetzt auf solchen Schiffen üblich, daß sich Schiffer und Steuermann in die bezüglichen Geschäfte theilen. Prot. S. 3755.

30) — d. h. die Richtungen des Schiffs, die es je nach den Strömungen des Meeres oder des Windes nimmt und ändert, um einen gewissen Weg fahren

die ermittelte Breite und Länge;
der Wasserstand bei den Pumpen.[31])

Ferner sind in das Journal einzutragen:
die durch das Loth ermittelte Wassertiefe;[32])
jedes Annehmen eines Lootsen und die Zeit seiner Ankunft und seines Abganges;
die Veränderungen im Personal der Schiffsbesatzung;
die im Schiffsrath gefaßten Beschlüsse;[33])
alle Unfälle, welche dem Schiff oder der Ladung zustoßen, und die Beschreibung derselben.[34])

Auch die auf dem Schiffe begangenen strafbaren Handlungen und die verhängten Disziplinarstrafen, sowie die vorgekommenen Geburts- und Sterbefälle sind in das Journal einzutragen.

Die Eintragungen müssen, soweit die Umstände nicht hindern, täglich geschehen.[35])

Das Journal ist von dem Schiffer und dem Steuermann[36]) zu unterschreiben.[37])

---

und einhalten zu können; die Gründe der freiwilligen oder gezwungenen Abweichung brauchen nicht angegeben zu werden, da dies zu weit führen würde. Prot. S. 1794.

31) In dieser Vorschrift liegt eine Hinweisung darauf, daß der Schiffer, um sich von der Seetüchtigkeit des Schiffs zu überzeugen, täglich mindestens einmal die zur Abwendung von Unglück in der Regel unentbehrliche Untersuchung der Pumpen vornehmen muß, und zugleich eine Kontrolle, ob dies auch wirklich geschehen ist. Prot. S. 1797.

32) Die Sondirungen sind oft, namentlich bei trübem Wetter, ein ganz unentbehrliches Mittel gegen Verseglungen und zur Ermittlung des jeweiligen Standorts des Schiffs. Durch Unterlassung der Sondirung macht sich der Schiffer oft ebenso verantwortlich, als wenn er die Berechnung der Längen und Breiten unterläßt. Prot. S. 1797.

33) Die Gründe, weshalb der Schiffer von den gefaßten Beschlüssen abgewichen ist, brauchen nicht angegeben zu werden; solche Eintragungen würden zu weit führen und am Ende mehr Nachtheil als Nutzen im Gefolge haben. Prot. S. 1795. 1796.

34) Nicht blos eine allgemeine Bezeichnung ist einzutragen, sondern eine möglichst genaue Beschreibung der Unfälle; hierzu gehört auch die Angabe der Ursachen, so weit diese bekannt sind. Prot. S. 1796.

35) Nicht das Notizbuch (Kladde), worin der Regel nach von Stunde zu Stunde Notizen von dem wachhabenden Offizier gemacht werden, sondern das Journal ist das beweisfähige Dokument, das nicht bloß eine Reinschrift der Aufzeichnungen enthält, sondern häufig aus dem Gedächtniß ergänzt wird. Die möglichst täglichen Eintragungen in das Journal sind nothwendig, um Ungenauigkeiten und Unrichtigkeiten zu verhindern, die aus nachträglichen Eintragungen und dadurch entstehen können, daß der Schiffer oder Steuermann vor der Eintragung stirbt. Prot. S. 1800. — Die Eintragungen sind täglich und zwar nach Tagen ausgeschieden zu machen; sie brauchen nicht datirt zu werden; dies würde eine ungebräuchliche Formvorschrift sein. Prot. S. 1801. 1802.

36) Wenn wegen des Mangels eines Steuermanns ein anderer Schiffsmann während der ganzen Reise das Journal führt, so ist dieser in Ansehung dieser

Artikel 488.

Das Journal, wenn es ordnungsmäßig geführt und in der Form unverdächtig ist, liefert für die Begebenheiten der Reise,[38]) soweit darüber weder eine Verklarung erforderlich (Artikel 490.), noch die Beibringung anderer Beläge gebräuchlich ist, in der Regel einen unvollständigen Beweis, welcher durch den Eid oder andere Beweismittel ergänzt werden kann.[39]) Jedoch hat der Richter nach seinem durch die Erwägung aller Umstände geleiteten Ermessen zu entscheiden, ob dem Inhalt des Journals ein größeres oder geringeres Maaß der Beweiskraft beizulegen sei.

Artikel 489.

Die Landesgesetze können bestimmen, daß auf kleineren Fahrzeugen (Küstenfahrer u. dgl.) die Führung eines Journals nicht erforderlich sei.

Einf.-Ges. Art. 55. Es bleibt Königlicher Verordnung vorbehalten, zu bestimmen, auf welchen kleineren Fahrzeugen (Küstenfahrern u. dgl.) die Führung eines Journals nicht erforderlich sein soll (Artikel 489. des Handelsgesetzbuchs).

Artikel 490.

Der Schiffer hat über alle Unfälle, welche sich während der Reise

---

Funktion als Steuermann zu betrachten und hat als solcher das Journal zu unterschreiben. Ist er nur für einzelne Fälle substituirt worden, so könnte eine Vorschrift, daß er das ganze Journal mit unterschreiben solle, zu Chikanen führen. — Das Unterschreiben des Journals durch den Schiffer und den Steuermann hat nur die Bedeutung, daß Keiner von ihnen etwas erfahren hat, was mit dem Inhalt des Journals in Widerspruch steht. Prot. S. 1800. 1801.

37) Dies ist nur am Ende der Reise erforderlich; durch vermehrte Förmlichkeiten würde leichter ein Versehen möglich und deshalb mehr Gelegenheit vorhanden sein, die Glaubwürdigkeit des Journals anzufechten. Prot. S. 1800. Hauptsächlich aus demselben Grunde hat man von der Aufnahme der Bestimmung, daß der Schiffer verpflichtet ist, das Journal nach der Ankunft im Bestimmungshafen zur Visirung vorzulegen, Abstand genommen. Prot. S. 1803 bis 1805. 3756. 3757.

38) Die Frage, welche Beweiskraft das Journal in Ansehung derjenigen Eintragungen hat, die aus publizistischen Gründen gemacht werden, z. B. der Geburts- und Sterbefälle, ist dahingestellt geblieben, weil sie im Seerecht doch nicht erschöpfend geregelt werden kann. Prot. S. 1850.

39) Das hauptsächlichste Bedenken gegen die Beweiskraft des Journals liegt darin, daß eine Bestimmung dieser Art keine passende Analogie im Rechte hat und mit den Grundprinzipien des Beweisrechts nicht harmonirt; in keinem anderen Bereiche des Rechtslebens wird einer Urkunde, die so ohne alle Kontrolle und Garantie errichtet wird, wie das Schiffsjournal, volle Beweiskraft zu Gunsten dessen beigelegt, der sie errichtet. Es ist indessen aus praktischen Gründen, namentlich um deshalb dem Journal wenigstens einige Beweiskraft beigelegt, weil es in den meisten Fällen, wo es sich um den Beweis eines während einer Reise stattgefundenen Ereignisses oder um die Beurtheilung der Schuldfrage handelt, schwierig ist, regelmäßige Beweismittel zu beschaffen und weil der Schiffer und die Schiffsleute bei der Beweisaufnahme meist nicht zur Hand sind. Vergl. Art. 34. Mot. S. 234. Prot. S. 1849—1855.

ereignen, sie mögen den Verlust oder die Beschädigung[40]) des Schiffs oder der Ladung, das Einlaufen in einen Nothhafen oder einen sonstigen Nachtheil zur Folge haben, mit Zuziehung aller Personen der Schiffsbesatzung[41]) oder einer genügenden Anzahl derselben[42]) eine Verklarung abzulegen.[43])

Die Verklarung ist ohne Verzug[44]) zu bewirken und zwar:

im Bestimmungshafen[45]) oder bei mehreren Bestimmungshäfen, in demjenigen, welchen das Schiff nach dem Unfalle zuerst erreicht;

---

40) Bei der bloßen Vermuthung eines Verlustes oder einer Beschädigung ist der Schiffer zwar berechtigt aber nicht verpflichtet, Verklarung abzulegen; es würden sonst häufig unnützerweise bedeutende Kosten und große Verzögerungen entstehen. Prot. S. 1807. 1809. 1843.

41) — nicht der Passagiere; dies würde eine bedenkliche Neuerung sein. Prot. S. 3764.

42) Die gesammte Mannschaft zu verhören, wird nicht immer zulässig und erforderlich sein, insbesondere wenn ein oder der andere Schiffsmann nicht mehr am Bord ist, oder ein Theil der Mannschaft nicht Augenzeuge des Ereignisses war, oder die Mannschaft eines Schiffes zu stark ist, um die Zuziehung aller Mitglieder erforderlich oder nur möglich zu machen. Mot. S. 234. Prot. S. 1815. 1816. 3757.

43) Verklarung ist die vor einer Behörde abgelegte Aussage des Schiffers und der Mannschaft über die Umstände, welche den Verlust oder die Beschädigung von Schiff oder Ladung herbeigeführt oder begleitet haben;- sie ist eine Verstärkung des Journals; bei Unglücksfällen soll den Betroffenen noch eine höhere Sicherheit gegeben werden. Dieselbe liegt darin, daß auch die Schiffsleute Zeugniß ablegen, und daß das Zeugniß nicht ein privatim niedergeschriebenes, sondern ein von einem Beamten aufgenommenes ist. Mot. S. 232. 233. Der Schiffer hat die Verklarung auch ohne Aufforderung eines Betheiligten abzulegen. Sofern diese darauf verzichten, oder wenn der Schiffer die Verklarung unterläßt und kein Betheiligter sie verlangt, so haben die Behörden nicht von Amtswegen auf dieselbe zu bestehen; es steht auch nichts im Wege, daß der Schiffer eine an sich erforderliche Verklarung unterläßt, wenn er die Folgen zu tragen vorzieht. Prot. S. 1810. 3758. Im ALR. (§. 1840. ff.) ist die Verklarung nur im Falle der Havarie vorgeschrieben.

44) Die Verklarung hat nur den gewünschten Werth, wenn sie möglichst schnell abgelegt wird; der Schiffer muß deshalb Alles thun, was in seinen Kräften steht, um möglichst schnell zum feierlichen Akte der Ablegung der Verklarung selbst zu gelangen. Es genügt nicht, daß er die Verklarung rechtzeitig anmeldet, und sich dann entfernt um erst nach Monaten zur wirklichen Belegung der Verklarung zurückzukommen. Mot. S. 233. Prot. S. 1815.

45) Unter dem Bestreben, die Verklarung möglichst zweckmäßig einzurichten, darf der Betrieb der Schifffahrt im Allgemeinen nicht leiden. Von diesem Gesichtspunkte aus ist über den Ort der Verklarung statt der im Preuß. Entwurf (Art. 422.) enthaltenen Bestimmung, daß der Schiffer in dem ersten Ort, wo dies geschehen kann, Verklarung ablegen muß, die hier getroffene gewählt. Die Berechtigung zu verklaren hat der Schiffer in jedem Zwischenhafen, in den er nach Eintritt eines Unfalls einläuft. Prot. S. 1811—1814.

im Nothhafen, sofern in diesem reparirt[46]) oder gelöscht wird;
am ersten geeigneten Orte, wenn die Reise endet, ohne daß der Bestimmmungshafen erreicht wird.

Ist der Schiffer gestorben oder außer Stande, die Aufnahme der Verklarung zu bewirken, so ist hierzu[47]) der im Range nächste Schiffsoffizier berechtigt und verpflichtet.

Artikel 491.

Die Verklarung muß einen Bericht über die erheblichen Begebenheiten der Reise, namentlich eine vollständige und deutliche Erzählung der erlittenen Unfälle, unter Angabe der zur Abwendung oder Verringerung der Nachtheile angewendeten Mittel enthalten.[48])

Artikel 492.

Im Gebiete dieses Gesetzbuchs[49]) muß die Verklarung, unter Vorlegung des Journals und eines Verzeichnisses aller Personen der Schiffsbesatzung,[50]) bei dem zuständigen Gericht angemeldet werden.

Das Gericht hat nach Eingang der Anmeldung sobald als thunlich die Verklarung aufzunehmen.

Der dazu anberaumte Termin wird in geeigneter Weise öffentlich be-

---

46) Der Ankauf verloren gegangener Kleinigkeiten für die Ausrüstung ist nicht als Reparatur anzusehen. Prot. S. 1813.

47) — nämlich zur Verklarung auch derjenigen Begebenheiten, die vorgefallen sind, bevor dem Schiffsoffizier die Verantwortlichkeit wegen der Führung des Schiffs oblag. Prot. S. 1875. 1876.

48) Die Behörde, welche die Verklarung aufnimmt, hat diejenigen Umstände, welche die Beweiskraft derselben bedenklich erscheinen lassen, in dem Protokolle zu erwähnen. Ueber die Gültigkeit und Beweiskraft der Urkunde hat das erkennende Gericht endgültig zu entscheiden. Prot. S. 3759—3761.

49) Das Gesetz enthält keine Bestimmung, in welchen Formen und vor wem die Verklarung im Auslande abzulegen sei. Rücksichtlich der Kompetenz der Konsuln ist es zwar unbedenklich, daß sofern von Verklarungen ausschließlich im Inlande und im gegenseitigen Verhältnisse der Inländer Gebrauch gemacht werden soll, ihre Aufnahme den deutschen Konsuln zu überlassen ist; zweifelhaft dagegen erscheint es, ob der ausländische Richter die Gültigkeit und die volle Beweiskraft derartiger Urkunden anerkennen würde; nicht minder bedenklich ist es, in Ermangelung einer Gerichtsbehörde die Notare als die kompetente Behörde zur Aufnahme von Verklarungen zu bezeichnen, weil je nach der Verschiedenheit der Organisation des Notariatswesens derartige Verklarungen bald von größerem, bald von geringerem Werthe sind. — Ob für die im Auslande abzulegenden Verklarungen die Regel: locus regit actum zur Anwendung komme, ist bestritten, weil die Verklarungen wesentlich als Beweismittel in Frage kommen, und von manchen Gerichten bei Beurtheilung der Frage, ob die betreffende Verklarung ein taugliches Beweismittel sei, die Prozeßgesetze des erkennenden Gerichts für maaßgebend gehalten werden. Die Frage über die ausländischen Verklarungen ist deshalb der Praxis und der Wissenschaft anheimgegeben. Prot. S. 1819. 1820. 1863. 1865.

50) Das Verzeichniß soll zu dem Zwecke eingereicht werden, damit der Richter bestimmen könne, ob außer den gestellten Personen noch andere zu hören sind. (Art. 493.) Prot. S. 3757. 3758. 3762.

kannt gemacht, insofern die Umstände einen solchen Aufenthalt gestatten.

Die Interessenten von Schiff und Ladung, sowie die etwa sonst bei dem Unfalle Betheiligten[51]) sind berechtigt, selbst oder durch Vertreter der Ablegung der Verklarung beizuwohnen.

Die Verklarung geschieht auf Grundlage des Journals.[52]) Kann das geführte Journal nicht beigebracht werden oder ist ein Journal nicht geführt (Artikel 489.), so ist der Grund hiervon anzugeben.

Artikel 493.

Der Richter ist befugt, außer den gestellten[53]) noch andere Personen der Schiffsbesatzung, deren Abhörung er angemessen findet, zu vernehmen.[54]) Er kann zum Zweck besserer Aufklärung dem Schiffer sowohl als jeder anderen Person der Schiffsbesatzung geeignete Fragen zur Beantwortung vorlegen.[55])

Die wirkliche Ablegung der Verklarung ist auch Seitens des Gerichts möglichst zu beschleunigen; Verzögerungen, welche durch die Natur der Sache geboten sind, also selbst nach Befinden das Zuwarten bis nach Vollendung der Entlöschung, sollen nicht abgeschnitten werden. Prot. S. 1831.

51) — das sind: Hülfsleute, Berger, Lootsen, Angesegelte. Prot. S. 3762. — Durch die Zuziehung der Interessenten wird manche außerdem unterbleibende Aufklärung ertheilt, und Mißbräuchen, so wie Prozessen vorgebeugt. Die Parteien haben die Befugniß durch den Richter Fragen an den Schiffer und dessen Leute stellen zu lassen. Ein anderer Vorschlag: ihnen das Recht zuzugestehen, schriftlich die von ihnen zu stellenden Fragen einzureichen, fand keinen Anklang, weil ohne Kenntniß der Sachlage geeignete Fragen sich nicht stellen lassen. Prot. S. 1827. 1828. 3764.

52) Die Verklarung braucht nicht so genau mit dem Journal übereinzustimmen, daß sie nicht mehr und nicht weniger, als dieses enthalten darf; es genügt vielmehr die Uebereinstimmung in den wesentlichen Punkten; Ergänzungen und Berichtigungen in Nebenpunkten sind nicht ausgeschlossen. Prot. S. 1823, 1879. Das Journal braucht nicht jedesmal zugleich mit der Verklarung vorgelegt zu werden. Prot. S. 1842.

53) Die Auswahl der zur Verklarung zuzuziehenden Schiffsmannschaft, Maschinisten, Ingenieure u. s. w. ist dem Schiffer überlassen, weil der die Verklarung aufnehmende Richter ohne eine häufig schwierige und langwierige Vernehmung der Parteien keine ausreichende Kognition von der Sache hat, und es angemessener ist, prinzipaliter dem Schiffer, welcher am Besten weiß, wer von seinen Leuten Auskunft zu geben im Stande ist, die Verantwortlichkeit für die Auswahl zu überlassen. Prot. S. 1838.

54) Die Vernehmung des Schiffers und der Schiffsmannschaft ist eine Gesammtvernehmung; durch die Zuziehung der Mannschaft soll hauptsächlich konstatirt werden, daß sie nichts erfahren hat, was von den Aussagen des Schiffers abweicht. Dem Richter steht jedoch auch die Befugniß zu, in einzelnen Fällen alle oder einzelne Erschienene abgesondert zu vernehmen. Prot. S. 1834. 1835.

55) Das seerechtliche Institut der Verklarung ist seinem wahren Wesen nach nicht ein Komplex von Zeugenaussagen, sondern eine gemeinschaftliche, wesentlich übereinstimmende, freiwillige und eidliche Erklärung des Schiffers und seiner Mannschaft. Aus diesem Charakter der Verklarung hat man gefolgert, daß kein imperium des Richters denkbar sei, welchem, wie bei Zeugenvernehmungen, die

Der Schiffer und die zugezogenen übrigen Personen der Schiffsbesatzung haben ihre Aussage zu beschwören.[56])

Die über die Verklarung aufgenommene Verhandlung ist in Urschrift aufzubewahren und jedem Betheiligten auf Verlangen beglaubigte Abschrift zu ertheilen.

Artikel 494.

Die in Gemäßheit Artikel 492. und 493.[57]) aufgenommene Verklarung[58]) liefert vollen Beweis[59]) der dadurch beurkundeten Begebenheiten der Reise.

Jedem Betheiligten bleibt im Prozesse der Gegenbeweis vorbehalten.[60])

Pflicht auf die Fragen des Richters zu antworten, entspreche; gerade deshalb war es erforderlich ausdrücklich die Befugniß des Richters, Fragen an Schiffer und Mannschaft zu richten, in das Gesetz aufzunehmen. Prot. S. 1835—1837.

56) Darf der Schiffer wegen seines Glaubensbekenntnisses (z. B. weil er Mennonit ist) keinen Eid ablegen, so ist nach den Vorschriften des allgemeinen bürgerlichen Prozesses zu verfahren. Prot. S. 1816.

57) Das Gesetz will nur die Beweiskraft der inländischen Verklarungen regeln. Wie weit ausländische Verklarungen Beweiskraft haben, ist eine internationale Frage. Prot. S. 3765. 1855—1860.

58) — deren Ablegung gesetzlich erforderlich gewesen ist. Die Beweiskraft der Verklarung ist eine Ausnahmebestimmung, welche auf freiwillige Verklarungen nicht auszudehnen ist. Prot. S. 1844.

59) — sofern die Erklärungen des Schiffers und der Mannschaft sich nicht in wesentlichen Punkten widersprechen und mit dem Joural nicht in erheblichem Widerspruche stehen. Die Uebereinstimmung des Journals und der Verklarung braucht nicht in jedem einzelnen Falle dargethan zu werden, vielmehr ist die Behauptung, es seien Widersprüche vorhanden, darzulegen und zu beweisen. Prot. S. 1842—1863.

60) Unter Gegenbeweis wird hier nicht nur der Nachweis verstanden, daß das Gegentheil von dem wahr ist, was die Verklarung beurkundet, sondern auch der Nachweis von Thatsachen, aus denen, ohne daß sie die in der Verklarung beurkundeten Thatsachen unmittelbar berühren, hervorgeht, daß die Verklarung keinen Glauben verdient. Prot. S. 3765.

Der Gegenbeweis ist zugelassen, weil der entscheidende Richter z. B. auch darüber zu kognosziren hat, ob bei Aufnahme der Verklarung wirklich eine genügende Anzahl von Schiffsleuten, und ob die rechten zugezogen worden sind. Der instruirende Richter lernt die maaßgebenden Verhältnisse meistens gar nicht so kennen, wie sie im Prozesse durch die gegenseitigen Parteivorträge dargelegt werden. Er würde ohne Zulassung des Gegenbeweises ein Richter sine appellatione sein. Prot. S. 1843.

Die Fragen: sind Nachverklarungen zulässig und beweisfähig? Hat es einen Einfluß auf die Beweiskraft der Verklarungen, wenn der Kapitain über die mit der Verklarung zu beweisenden Vorfälle oder über einzelne derselben auch gewöhnliche Beweismittel beibringen kann? Kann der Gegenbeweis gegen die Verklarung auch durch Eidesdelation geführt werden? — sind zwar bei der Berathung des Gesetzes angeregt, deren Entscheidung ist aber der Praxis und Rechtswissenschaft anheimgegeben worden. Prot. S. 1842 ff. Dasselbe geschah in Betreff der Frage, ob zum Zwecke der Gegenbeweisführung die nochmalige zeugeneidliche Vernehmung der bereits bei der Verklarung beeidigten Personen zulässig sei? Für die Verneinung

Artikel 495.

Rechtsgeschäfte, welche der Schiffer eingeht, während das Schiff im Heimathshafen[61]) sich befindet, sind für den Rheder nur dann verbindlich, wenn der Schiffer auf Grund einer Vollmacht gehandelt hat, oder wenn ein anderer besonderer Verpflichtungsgrund[62]) vorhanden ist.

Zur Annahme der Schiffsmannschaft ist der Schiffer auch im Heimathshafen befugt.[63])

Für die Verneinung dieser Frage wurde angeführt: Es erscheine nicht angemessen, eine nochmalige Vernehmung der Verklarenden über das direkte Gegentheil dessen, was sie beschworen, zuzulassen; solche Befugniß könne bei der häufigen Entfernung der Seeleute zu endlosen Verzögerungen der Prozesse mißbraucht werden.

Für die Bejahung wurde geltend gemacht: Die Verklarung sei nur in beschränktem Sinne als Zeugenverhör anzusehen; es wäre somit eine Rechtsverweigerung, wenn man den Interessenten die Befugniß versagen wollte, die nochmalige zeugeneidliche Vernehmung der bei der Ablegung der Verklarung beeidigten Personen zu fordern, zumal die Betheiligten nur in seltenen Fällen Gelegenheit gehabt haben würden, ihre Rechte wahrzunehmen. In vielen Fällen sei die nochmalige Vernehmung um so nothwendiger, als bei der Instruktion möglicher Weise erhebliche Umstände übersehen sein könnten. Zur Verhütung von Chikanen könne es dem richterlichen Ermessen überlassen bleiben, ob eine nochmalige Vernehmung der beeideten Personen zulässig sei. Uebrigens würde es der auf Chikane bedachten Partei nie an Gelegenheit fehlen, durch Benennung entfernter Zeugen Weiterungen zu verursachen. Prot. S. 1848. 1849.

61) Wenn der Zweck der Schifffahrt erreicht werden soll, so muß der Schiffer auf seinen Reisen mit ausgedehnten Befugnissen versehen sein; andererseits muß der Rheder durch das Gesetz gegen die Möglichkeit des Mißbrauchs der dem Schiffer anvertrauten Gewalt, so weit als thunlich, geschützt werden. Nach römischem Recht ist der Schiffer gleich dem Faktor einer Handlung beurtheilt worden. Im Mittelalter nahm man an, daß die Befugniß des Schiffers ruhe, so lange er seiner Rheder mächtig sei, daß die Nothwendigkeit der Abschließung eines außergewöhnlichen Rechtsgeschäfts die Haftung des Rheders bedinge, und daß der Schiffer kraft seiner Anstellung nur das der See anvertraute Vermögen des Rheders verpflichten könne; diese Rechtssätze sind im Wesentlichen fast von allen neueren Seerechten festgehalten. — Der Satz, daß die Vollmacht des Schiffers ruht, so lange er seiner Rheder mächtig ist, paßt jedoch auf die heutigen Verkehrsverhältnisse nicht mehr; eine Beschränkung der Befugnisse des Schiffers ist Dritten gegenüber nur dann gerechtfertigt, wenn es für diese erkennbar ist, daß der Rheder selbst die erforderlichen Verfügungen treffen konnte; dies ist regelmäßig im Heimathshafen der Fall; ist der Rheder dort nicht persönlich anwesend, so ist es seine Sache für geeignete Vertretung zu sorgen. Prot. S. 1880—1883. Mot. S. 235.

62) — z. B. negotiorum gestio oder in rem versio. Prot. S. 1883.

63) Die Frage, ob der Rheder ein Recht hat, sich gegen den Willen des Schiffers in die Anstellung der Mannschaft zu mischen, und wie weit die Verantwortlichkeit des Schiffers für die Handlungen eines ihm aufgedrungenen Seemanns reicht, ist nach allgemeinen Grundsätzen des Rechts zu entscheiden. Prot. S. 1964. 1965.

Artikel 496.

Befindet sich das Schiff außerhalb des Heimathshafens,[64]) so ist der Schiffer Dritten gegenüber kraft seiner Anstellung befugt, für den Rheder alle[65]) Geschäfte und Rechtshandlungen vorzunehmen, welche die Ausrüstung, Bemannung, Verproviantirung und Erhaltung des Schiffs, sowie überhaupt die Ausführung der Reise[66]) mit sich bringen.[67])

Diese Befugniß erstreckt sich auch auf die Eingehung von Frachtverträgen; sie erstreckt sich ferner auf die Anstellung von Klagen, welche sich auf den Wirkungskreis des Schiffers beziehen.[68])

---

64) Der Schiffer ist der thatsächliche und sichtbare Disponent über das Schiff, der Kurator des ihm anvertrauten Vermögens; wer mit ihm das Schiff angehende Verträge schließt, muß hiernach auf deren Gültigkeit rechnen können. Diese Gültigkeit ist nicht davon abhängig, ob an dem Orte, wo er sie schließt, ein Bevollmächtigter der Rhederei sich befindet oder nicht. Ein Dritter kann dies aus den Schiffspapieren nicht ersehen; es kann ihm auch nicht zugemuthet werden, deshalb besondere Nachforschungen anzustellen. Der Schiffer, welcher in solchem Falle gegen erhaltene Instruktion einen Vertrag abschließt, macht sich dem Rheder verantwortlich; das Recht des Dritten ist aber unabhängig davon. Mot. S. 235. 236. Prot. S. 3767.

65) — d. h. nicht blos die alltäglich wiederkehrenden, sondern auch die bei einem regelmäßigen Schifffahrtsbetriebe bald öfter, bald weniger oft vorkommenden Geschäfte; dagegen ist er abgesehen von besonderer Instruktion und Vollmacht weder berechtigt, noch verpflichtet, Fracht- und Havariegelder zu versichern. Die Befugniß zur Geldempfangnahme ist dem Schiffer schon durch die Ermächtigung zur Zeichnung der Konnossemente und in den Certepartien ertheilt, indem diese in der Weise gezeichnet zu werden pflegen, daß der Schiffer nur gegen Bezahlung von so und so viel Fracht die Waare abzuliefern hat. Prot. S. 1896. 1886.

66) Dieser Artikel greift nicht nur dann Platz, wenn der Schiffer in der Ausführung einer bestimmten Frachtreise begriffen ist, sondern auch dann, wenn er erst ausgefahren ist um Fracht zu suchen. Zur Vornahme solcher Geschäfte, welche nicht sowohl die Schiffahrt, als andere Unternehmungen betreffen, z. B. zum Ein- und Verkauf von Waaren um damit zu spekuliren, ist er nicht befugt. Prot. S. 4474. 4475.

67) Der Ausdruck „mit sich bringen" soll keineswegs so viel bedeuten, als „nothwendig machen," sondern nur, daß das Geschäft nach dem gewöhnlichen Gange der Dinge mit der Ausrüstung u. s. w. in Zusammenhang steht und nicht offenkundig anderen Zwecken dient; es würde den Schiffer zu sehr beengen und mit der Auffassung des Verkehrs in Widerspruch stehen, wenn der Schiffer den Rheder nur durch solche Geschäfte verpflichten könnte, deren Nothwendigkeit feststeht. Prot. S. 3767.

68) Nach Art. 764. kann der Schiffer wegen Ansprüche der ihr Pfandrecht verfolgenden Schiffsgläubiger überall belangt werden. Betreffs der aktiven Prozeßführung steht dem Schiffer in demselben Umfange, in welchem ihm der Abschluß von Geschäften und die Vornahme von Rechtshandlungen gestattet ist, das Recht zu, Namens des Rheders Klagen anzustellen und durchzuführen. Dieses Recht beschränkt sich nicht auf die von ihm selbst, sondern auch auf die vom Rheder etwa im Heimathshafen abgeschlossenen Geschäfte. Der Schiffer kann den Prozeß nur anstellen und fortsetzen, so lange er als solcher in Funktion ist;

Artikel 497.

Zur Aufnahme von Darlehen, zur Eingehung von Käufen auf Borg, sowie zum Abschlusse ähnlicher Kreditgeschäfte ist jedoch der Schiffer nur dann befugt,[69]) wenn es zur Erhaltung des Schiffes[70]) oder zur Ausführung der Reise[71]) nothwendig[72]) und nur insoweit, als es zur Befriedigung des Bedürfnisses erforderlich ist. Ein Bodmereigeschäft ist er einzugehen nur dann befugt, wenn es zur Ausführung der Reise nothwendig

---

durch die Ermächtigung des Schiffers, den Rheder vor Gericht zu vertreten, ist Letzterer von der Theilnahme am Prozesse nicht ausgeschlossen. Prot. S. 1910. 1911. 3784. 3785.

69) Der Artikel 497. bezieht sich nur auf den Fall, wenn der Schiffer außerhalb des Heimathshafens sich befindet. Prot. S. 3769. Man nahm an, daß es Fälle geben könne, in welchen der Schiffer ohne die Befugniß Kreditgeschäfte abzuschließen an der Fortsetzung der Reise ganz verhindert, und Schiff und Ladung für den Eigenthümer verloren sein würden. Keine Gesetzgebung verbietet deshalb unbedingt dem Schiffer die Aufnahme von Darlehnen. (ALR. §§. 1499—1503) Mot. S. 236. 237.

70) — z. B. wenn das Schiff zwar die Reise noch vollenden kann, aber im Heimathshafen voraussichtlich nur als Wrack ankommen würde, oder wenn das Schiff an dem Bestimmungsorte, den es bereits erreicht hat, verkauft werden soll und sich dort in einer Lage befindet, welche Maßregeln zu seiner Erhaltung nothwendig macht. Prot. S. 3769. 3770.

71) — wozu auch die Kosten des Aufenthalts in einem Nothhafen gehören. Prot. S. 1892. 1893.

72) Zweckmäßigkeitsrücksichten genügen nicht. Prot. S. 4475. 4480. 4481. Zur Feststellung der Nothwendigkeit der Aufnahme eines Darlehns oder dergl. bestimmte das ALR. (§. 1502) daß der Schiffer die Umstände, welche ihn in Verlegenheit setzen, dem Seegerichte des Orts, wo er vor Anker liegt, anzeigen, dieselben nebst dem Steuermann und zweien Schiffsleuten eidlich erhärten, und ein Instrument darüber aufnehmen lassen müsse (Seeprotest). In Preuß. Häfen waren Bodmereikontrakte, welche ohne ein solches vorgängiges Verfahren geschlossen worden, als solche ungültig; wurde aber der Seeprotest vorgezeigt, so war der Kontrakt gegen Rheder und Befrachter wirksam, ohne daß, wie nach gemeinem Recht, der Bodmerist die zweckmäßige Verwendung des Geldes zu beweisen hatte. (ALR. §§. 2386—2389. Koch, Preuß. Privatrecht. Th. I. S. 806). — Gegen die Aufnahme dieser und ähnlicher Formvorschriften bemerkte man: Wenn es sich um wirkliche Nothfälle handele, so werde Niemand ohne Verklarung des Schiffers sich dazu verstehen, diesem die nöthigen Geldmittel zu leihen; eigne sich der Fall nicht zur Ablegung einer Verklarung, so seien derartige Formvorschriften höchst bedenklich; es werde dadurch in vielen Fällen ein unnützer Aufenthalt und ein bedeutender Kostenaufwand veranlaßt, und der Schiffer werde dadurch im Auslande diskreditirt. Solche Vorschriften hätten nur dann einen Werth, wenn ein unter Beobachtung der gesetzlichen Förmlichkeiten abgeschlossenes Kreditgeschäft nicht mehr angefochten werden könnte, es müßte denn der Nachweis der Kollusion des Darleihers mit dem Schiffer geführt werden. Die Unanfechtbarkeit würde jedoch die Interessen der Rheder und der Befrachter in hohem Grade gefährden, weil unzuverlässigen Schiffern Gelegenheit geboten würde, unentdeckt und ungestraft ihre unredlichen Zwecke zu verfolgen, namentlich dann, wenn die zur Aufnahme solcher

und nur insoweit, als es zur Befriedigung des Bedürfnisses erforderlich ist.[73])

Die Gültigkeit des Geschäfts ist weder von der wirklichen Verwendung,[74]) noch von der Zweckmäßigkeit der unter mehreren Kreditgeschäften getroffenen Wahl, noch von dem Umstande abhängig, ob dem Schiffer das erforderliche Geld zur Verfügung gestanden habe,[75]) es sei denn, daß dem Dritten der böse Glaube bewiesen würde.

Artikel 498.

Auf den persönlichen Kredit des Rheders Geschäfte abzuschließen, insbesondere Wechselverbindlichkeiten für denselben[76]) einzugehen, ist der Schiffer nur auf Grund einer ihn hierzu ermächtigenden Vollmacht (Artikel 452. Ziffer 1.) befugt.[77]) Verhaltungsmaaßregeln und dienstliche Anweisungen, welche der Schiffer vom Rheder erhält, genügen nicht,[78]) die persönliche Haftung des Rheders dem Dritten gegenüber zu begründen.

Erklärungen kompetenten Behörden, sofern solche überhaupt an dem betreffenden Orte zu finden wären, der nöthigen Zuverlässigkeit und Umsicht entbehrten. Prot. S. 1899—1906.

73) Vergl. Art. 680. ff. Bodmerei zur Erhaltung des Schiffs ist ohne Rücksicht auf eine weitere Reise im Sinne dieses Gesetzbuchs (Art. 681.) nicht denkbar. Prot. S. 3770.

74) Diese im gemeinen Rechte sehr streitige Frage ist im Gesetze verneint, weil man dem Dritten nicht zumuthen kann, die Verwendung des Geldes zu kontrolliren. Wenn man dies gleichwohl verlangen wollte, so würde Jedermann Bedenken tragen, dem Schiffer Geld zu leihen, wodurch das Interesse des Rheders erheblich leiden würde. Prot. S. 1905.

75) Nach dem ALR. (§. 1499.) war die Befugniß des Schiffers, Gelder zur Fortsetzung der Reise aufzunehmen, von dem Umstande abhängig, ob sich Bevollmächtigte der Rheder an dem Orte, wo sich das Bedürfniß zeigte, befanden oder nicht.

76) — im Namen des Rheders oder in der Eigenschaft als Schiffer des ihm anvertrauten Schiffs. Hat der Schiffer Wechsel auf den Rheder gezogen, so kann Letzterer selbstverständlich die Akzeptation verweigern. Prot. S. 1887 bis 1889.

77) Hat der Schiffer ohne Vollmacht derartige Geschäfte abgeschlossen, so haftet er dem Dritten gemäß Art. 502. persönlich; der Gläubiger kann unter den geeigneten Umständen die dem Schiffer etwa zustehende Klage aus der in rem versio gegen den Rheder erheben. Ob dagegen aus einem solchen Geschäfte der Rheder mit Schiff und Fracht haftet, sofern die sonstigen Erfordernisse vorhanden sind, ist streitig. Für diese beschränkte Haftung wurde geltend gemacht, es sei nicht abzusehen, warum der Gläubiger wegen der Erklärung des Schiffers, der Rheder solle mit seinem ganzen Vermögen haften, weniger Rechte haben solle, als wenn er diese Erklärung nicht abgegeben, und lediglich als Schiffer kontrahirt habe; gegen diese Haftung wurde angeführt: In dem erwähnten Falle kontrahire der Schiffer nicht als solcher, sondern als Bevollmächtigter des Rheders; es könnten also auch die Folgen nicht eintreten, welche eintreten würden, wenn er als Kurator des Schiffsvermögens mit Bezug auf dieses kontrahirt hätte. Prot. S. 3768. 3769.

78) — selbst dann nicht, wenn der Schiffer die Weisung bekommen hat,

Artikel 499.

Die Befugniß zum Verkaufe des Schiffs hat der Schiffer nur im Falle dringender Nothwendigkeit,[79]) und nachdem dieselbe durch das Ortsgericht nach Anhörung von Sachverständigen und mit Zuziehung des Landeskonsuls, wo ein solcher vorhanden, festgestellt ist.[80])

Ist keine Gerichtsbehörde und auch keine andere Behörde, welche die Untersuchung übernimmt, am Orte vorhanden, so hat der Schiffer zur Rechtfertigung seines Verfahrens das Gutachten von Sachverständigen einzuholen[81]) und, wenn dies nicht möglich ist, mit anderen Beweisen sich zu versehen.

Der Verkauf muß öffentlich geschehen.[82])

---

dieselben dem Dritten vorzuzeigen; dies geschieht häufig nur zu dem Zwecke, um dem dritten Kontrahenten Gewißheit über den Umfang der gesetzlichen Befugnisse des Schiffers zu geben. Prot. S. 3779—3781.

79) In älteren und neueren Gesetzgebungen ist dem Schiffer das Recht eingeräumt, das Schiff unter Umständen ohne vorgängige Vollmacht des Rheders zu verkaufen. Da wo dem Schiffer diese Befugniß zugestanden ist, hat die Gewohnheit sie für den Nothfall eingeführt. Dieses Recht ist aber ein höchst bedenkliches, weil der Verkauf des Schiffs kein zum Betriebe der Rhederei gehöriges Geschäft, sondern die Einstellung dieses Betriebes ist; es ist deshalb zur Verhütung von Mißbräuchen die Befugniß zum Verkauf ohne besondere Vollmacht nicht nur von dem Vorhandensein der Nothwendigkeit, sondern auch von der Beobachtung bestimmter Formalitäten abhängig gemacht. Mot. S. 238. Prot. S. 1911. 1912. — Vergl. ALR. §§. 1522. ff. Die Nichtbeobachtung dieser Förmlichkeiten macht das Geschäft für die Rhederei unverbindlich. Prot. S. 239. Die Seeuntüchtigkeit des Schiffs allein ist als eine dringende Nothwendigkeit noch nicht anzusehen; es muß vielmehr noch der Umstand hinzukommen, daß durch eine Zögerung, durch das Abwarten der Anweisung des Rheders ein noch größerer Schade, z. B. Zertrümmerung des Schiffs, Wegspülen und dgl., voraussichtlich eintreten würde. Prot. S. 1912. Auch andere Umstände als die bloße Seeuntüchtigkeit des Schiffes können den Verkauf desselben als eine gebieterische Nothwendigkeit erscheinen lassen. Prot. S. 1912. 1913. 3783. 3784.

80) Welche Wirkung eine derartige Feststellung hat, ob namentlich der Verkauf des Schiffs nach Beobachtung der betreffenden Vorschriften sowohl bezüglich des Verhältnisses des Schiffers zum Rheder, als des Rheders zum Käufer unanfechtbar ist oder nicht, ist streitig geblieben. Für die Anfechtbarkeit wurde geltend gemacht, daß man Bedenken tragen müsse, den Verhandlungen und Urkunden der Behörden des Auslandes, namentlich in minder zivilisirten Ländern, die Kraft unanfechtbarer Feststellungen beizulegen. Prot. S. 1914. 1915. Nach französischem Rechte bleibt, falls die Seeuntüchtigkeit durch die Ortsbehörde oder den französischen Konsul festgestellt ist, selbst wenn diese durch den Kapitain hintergangen sind, der Verkauf gültig (Pardessus, cours de droit c. III. n. 606.). Dasselbe wird man dem redlichen Dritten gegenüber im Interesse des Verkehrs auch für das deutsche Handelsrecht annehmen müssen, zumal der Ausdruck „festgestellt" auf eine endgültige Entscheidung hinweist.

81) Die Worte „hat einzuholen" sind nicht gleichbedeutend mit „genügt die Einholung". Die Kondemnation durch Sachverständige ist kein überall ausreichendes Surrogat der gerichtlichen Kondemnation. Prot. S. 1915.

82) Der öffentliche Verkauf soll Garantie dafür bieten, daß das Schiff zum höchstmöglichen Preise verkauft werde. Mot. S. 238.

Artikel 500.

Der Rheder, welcher die gesetzlichen Befugnisse des Schiffers beschränkt hat,[83]) kann dem Dritten die Nichteinhaltung dieser Beschränkungen nur dann entgegensetzen, wenn er beweist, daß dieselben dem Dritten bekannt waren.

Artikel 501.

Hat der Schiffer ohne besonderen Auftrag für Rechnung des Rheders aus eigenen Mitteln Vorschüsse geleistet oder sich persönlich verpflichtet, so stehen ihm gegen den Rheder wegen des Ersatzes keine größeren Rechte als einem Dritten zu.[84])

Artikel 502.

Durch ein Rechtsgeschäft, welches der Schiffer in seiner Eigenschaft als Führer des Schiffs, sei es mit, sei es ohne Bezeichnung des Rheders, innerhalb seiner gesetzlichen Befugnisse geschlossen hat, wird der Rheder dem Dritten gegenüber berechtigt und die Haftung des Rheders mit Schiff und Fracht begründet.

Der Schiffer selbst wird dem Dritten durch das Rechtsgeschäft nicht verpflichtet, es sei denn, daß er eine Gewährleistung für die Erfüllung übernommen oder seine Befugnisse überschritten hätte.[85]) Die Haftung des Schiffers nach Maaßgabe der Artikel 478. und 479. wird hierdurch nicht ausgeschlossen.

Artikel 503.

Auch dem Rheder gegenüber sind für den Umfang der Befugnisse des Schiffers die vorstehenden Artikel maaßgebend, soweit der Rheder diese Befugnisse nicht beschränkt hat.

Außerdem ist der Schiffer verpflichtet, von dem Zustande des Schiffs, den Begebnissen der Reisen, den von ihm geschlossenen Verträgen und den anhängig gewordenen Prozessen den Rheder in fortlaufender Kenntniß zu erhalten und in allen erheblichen Fällen, namentlich in den Fällen der Artikel 497. und 499., oder wenn er eine Reise zu ändern oder einzustellen

---

83) An den nautischen Befugnissen und Obliegenheiten des Schiffers kann der Rheder zum Nachtheil Dritter nichts ändern. Prot. S. 1911. 1916. Rücksichtlich der Beschränkung der Prokura vergl. Art. 43.

84) Obgleich der Schiffer in diesem Falle zugleich die Eigenschaft des Darleihers und des Mandatars hat, so haftet ihm dennoch der Rheder nur mit der fortune de mer; anderenfalls würde der Schiffer in der Lage sein, die Bestimmungen über die beschränkte Haftung des Rheders ganz illusorisch zu machen. Die Ersatz-Ansprüche können geringere sein, als die eines Dritten; denn dieser braucht den Nachweis der wirklichen Verwendung des Darlehns nicht zu führen, wohl aber der Schiffer. Letzterer darf das Geld bei Bodmereien nicht selbst hergeben. Prot. S. 1907—1909.

85) Der Rheder haftet nicht persönlich, wenn dem dritten Kontrahenten bekannt gewesen ist, daß der Schiffer seine Befugnisse überschreitet. Vgl. Art. 55. Abs. 2. Prot. S. 3783.

sich genöthigt findet, oder bei außergewöhnlichen Reparaturen und Anschaffungen die Ertheilung von Verhaltungsmaaßregeln nachzusuchen, sofern die Umstände es gestatten.

Zu außergewöhnlichen Reparaturen und Anschaffungen, selbst wenn er sie mit den ihm zur Verfügung stehenden Mitteln des Rheders bestreiten kann, darf er nur im Falle der Nothwendigkeit schreiten.[86])

Wenn er das zur Bestreitung eines Bedürfnisses nöthige Geld nicht anders sich verschaffen kann, als entweder durch Bodmerei, oder durch den Verkauf von entbehrlichem Schiffszubehör, oder durch den Verkauf von entbehrlichen Schiffsvorräthen, so hat er diejenige Maaßregel zu ergreifen, welche für den Rheder mit dem geringsten Nachtheil verbunden ist.[87])

Er muß dem Rheder nach der Rückkehr in den Heimathshafen und außerdem, so oft es verlangt wird, Rechnung legen.

Artikel 504.

Im Interesse der Ladungsbetheiligten hat der Schiffer während der Reise[88]) zugleich für das Beste der Ladung nach Möglichkeit Sorge zu tragen.

Werden zur Abwendung oder Verringerung eines Verlustes besondere Maaßregeln erforderlich, so liegt ihm ob, das Interesse der Ladungsbetheiligten als Vertreter derselben wahrzunehmen, wenn thunlich deren Anweisungen einzuholen und, insoweit es den Verhältnissen entspricht, zu befolgen, sonst aber nach eigenem Ermessen zu verfahren und überhaupt thunlichst dafür zu sorgen, daß die Ladungsbetheiligten von solchen Vorfällen

---

86) Der Schiffer darf die in seinen Händen befindlichen Geldmittel des Rheders nur in soweit zu außergewöhnlichen Reparaturen und Anschaffungen verwenden, als er zu solchen Zwecken Geld auf Kredit zu entnehmen berechtigt ist. (Art. 497.) Wenn und so weit ihm das Letztere untersagt worden, ist nicht abzusehen, weshalb er gleichwohl die Baarvorräthe des Rheders zu verwenden Macht haben sollte. Prot. S. 1889.

87) Bestimmungen, wie der Schiffer sich zu verhalten habe, wenn es ihm an Geld gebricht, sind nicht aufgenommen, um seinem Ermessen, welcher Weg im einzelnen Falle der zweckmäßigste sei, nicht vorzugreifen. Prot. S. 1917. 1490. — Ob der Schiffer aus Zweckmäßigkeitsrücksichten Schiffszubehör und Schiffsvorräthe verkaufen darf, ist zweifelhaft. In der Regel wird man ihm dieses Recht nicht zugestehen können, weil ihm diese Gegenstände nur zur Verwendung für die Zwecke der Schifffahrt an Bord des Schiffes anvertraut sind. Prot. S. 1890. 1891.

88) In Betreff der Ladung ist das Schiff nicht blos dann nicht auf der Reise, wenn es sich am Wohnort des Rheders befindet, sondern auch dann nicht, wenn es sich am Wohnort des Ladungsabsenders oder Ladungsempfängers aufhält. Wo der Ladungsinteressent selbst die für das Beste der Ladung erforderlichen Maaßregeln treffen kann, fällt die Dispositionsbefugniß des Schiffers hinweg. Mot. S. 236.

und den dadurch veranlaßten Maaßregeln schleunigst in Kenntniß gesetzt werden.[89])

Er ist in solchen Fällen namentlich auch berechtigt, die Ladung ganz oder zum Theil zu löschen, äußerstenfalls, wenn ein erheblicher Verlust wegen drohenden Verderbs oder aus sonstigen Gründen anders nicht abzuwenden ist, zu verkaufen oder Behufs Beschaffung der Mittel zu ihrer Erhaltung und Weiterbeförderung zu verbodmen,[90]) sowie im Falle der Anhaltung oder Aufbringung zu reklamiren oder, wenn sie auf andere Weise seiner Verfügung entzogen ist, ihre Wiedererlangung außergerichtlich und gerichtlich zu betreiben.[91])

---

89) Die Befugnisse des Schiffers als Vertreters der Ladungsbetheiligten beschränken sich auf diejenigen Maaßregeln und Geschäfte, welche die bessere Erhaltung der Ladung während des Transports oder die Rettung derselben zum Zweck haben. Er ist in denjenigen Fällen, welche besondere Maaßregeln im Interesse der Ladung erforderlich machen und die im Seeverkehr häufig vorkommen, ohne daß von den Interessenten Anordnungen getroffen werden können, nicht blos als negotiorum gestor der Ladungsinteressenten, sondern als deren gesetzlicher Mandatar anzusehen und für dieselben aufzutreten befugt. Mot. S. 236. Prot. S. 2461. Die Benachrichtigung aller Ladungsinteressenten ist oft unmöglich. Dies hat eine Beschränkung der Verpflichtung zur Anzeige von den getroffenen Maaßregeln auf die thunlichen Fälle nothwendig gemacht. Auch wenn das Schiff im Ganzen verchartert und vom Befrachter nachher auf Stück angelegt ist, ist der Schiffer zur Anzeige den Stückgüterbefrachtern gegenüber verpflichtet, weil er rücksichtlich der Ladung auch als deren gesetzlicher Mandatar anzusehen ist. Prot. S. 2464.

90) Analog dem Verkauf des Schiffs ist der Verkauf der Ladung; auch letzterer ist dem Zwecke, zu welchem die Reise unternommen wird, widersprechend; auch er kann deshalb nur durch die Gewalt der Umstände gerechtfertigt werden. Außer dem Falle, wenn die Ladung verkauft wird um ein Geldbedürfniß des Schiffs zu decken, sind solche Umstände vorhanden, wenn die Ladung beschädigt oder nicht zu erhalten ist, oder wenn sie in Folge eines Schiffbruchs nicht an ihren Bestimmungsort geschafft werden kann. Mot. S. 238. Die Befugniß zur Verbodmung, als zu dem Minus des Verkaufs, kann dem Schiffer nicht abgesprochen werden. — Der Antrag, auch des Rechts der Verpfändung der Ladung Erwähnung zu thun, fand keinen Anklang aus folgenden Gründen: Die Verpfändung könne wegen der bei Realisirung des Pfandes obwaltenden Umstände präjudizirlicher sein, als ein Verkauf, den der Schiffer selbst zu besorgen habe; die ausdrückliche Erwähnung des Rechts der Verpfändung könne zu der irrigen Ansicht verleiten, daß der Schiffer in solchen Fällen den Eigenthümer persönlich zu verpflichten berechtigt sei; übernehme der Schiffer die persönliche Verbindlichkeit für das Geschäft, so folge seine Befugniß, zur Sicherstellung dieser seiner persönlichen Verpflichtung die Ladung zu verpfänden, aus dem ihm zustehenden Rechte des Verkaufs. Prot. S. 2465.

91) Wenn die Ladung angehalten oder aufgebracht, oder in anderer Weise der Verfügung des Schiffers entzogen ist (z. B. wenn beim Löschen ein Theil der Ladung gestohlen wird), so hat derselbe diejenigen Maaßregeln zu ergreifen, welche ihm nach den Umständen die zweckmäßigsten zu sein scheinen; er ist namentlich nicht verpflichtet, ein Reklameverfahren einzuleiten, wenn die Fruchtlosigkeit desselben mit Gewißheit vorherzusehen ist. Prot. 1867. 3832.

Artikel 505.

Wird die Fortsetzung der Reise in der ursprünglichen Richtung durch einen Zufall verhindert, so ist der Schiffer befugt, die Reise entweder in einer anderen Richtung fortzusetzen, oder dieselbe auf kürzere oder längere Zeit einzustellen, oder nach dem Abgangshafen zurückzukehren, je nachdem es den Verhältnissen und den möglichst[92]) zu berücksichtigenden Anweisungen entspricht.

Im Falle der Auflösung des Frachtvertrages hat er nach den Vorschriften des Artikels 634. zu verfahren.

Artikel 506.

Auf den persönlichen Kredit der Ladungsbetheiligten Geschäfte abzuschließen, ist der Schiffer auch in den Fällen des Artikels 504. nur auf Grund einer ihn hierzu ermächtigenden Vollmacht befugt.

Artikel 507.

Außer den Fällen des Artikels 504. ist der Schiffer zur Verbodmung der Ladung oder zur Verfügung über Ladungstheile durch Verkauf oder Verwendung nur dann befugt, wenn und insoweit es zum Zweck der Fortsetzung der Reise nothwendig ist.[93])

Artikel 508.

Gründet sich das Bedürfniß in einer großen Haverei und kann der Schiffer demselben durch verschiedene Maaßregeln abhelfen, so hat er diejenige Maaßregel zu ergreifen, welche für die Betheiligten mit dem geringsten Nachtheil verbunden ist.[94])

Artikel 509.

Liegt der Fall einer großen Haverei nicht vor, so ist der Schiffer zur Verbodmung der Ladung oder zur Verfügung über Ladungstheile durch Verkauf oder Verwendung nur dann befugt, wenn er dem Bedürfniß auf anderem Wege nicht abhelfen kann,[95]) oder wenn die Wahl eines anderen

---

92) Der Schiffer ist nicht in allen Fällen den erhaltenen Anweisungen nachzukommen im Stande, da die verschiedenen Ladungsinteressenten möglicher Weise widersprechende Anweisungen ertheilen. Prot. S. 2464.

93) Der Dritte, welcher mit dem Schiffer ein die Ladung betreffendes Geschäft eingeht, braucht nur zu prüfen, ob der Letztere sich äußerlich in einer Lage befindet, welche die Verbodmung u. s. w. nothwendig erscheinen läßt, und wieviel ungefähr die Summe beträgt, welche zur Deckung des Bedürfnisses erforderlich ist; auf Verhältnisse, die ihm unzugänglich sind, erstreckt sich seine Untersuchungspflicht nicht. (Art. 497.) Vergl. ALR. §. 1501. Mot. S. 238. Prot. S. 1891. ff. 3815—3817. 3821. 3822. 3827.

94) Ueber den Begriff der großen Haverei vergl. Art. 702. Nicht sowohl die Rücksicht auf eine leichte Vertheilbarkeit des Schadens, als vielmehr die möglichste Wohlfeilheit der erforderlichen Hülfsmitttel hat den Schiffer bei seiner Wahl zu leiten. Prot. S. 3817.

95) In den Fällen der großen Haverei hat der Schiffer den Weg einzuschlagen, welcher, auf das Interesse aller bei der großen Havarie Betheiligten ge-

Mittels einen unverhältnißmäßigen Schaden für den Rheder zur Folge haben würde.[96])

Auch in diesen Fällen kann er die Ladung nur zusammen mit dem Schiff und der Fracht verbodmen (Artikel 681. Absatz 2.).

Er hat die Verbodmung vor dem Verkauf zu wählen,[97]) es sei denn, daß die Verbodmung einen unverhältnißmäßigen Schaden für den Rheder zur Folge haben würde.

Artikel 510.

Die Verbodmung der Ladung oder die Verfügung über Ladungstheile durch Verkauf oder Verwendung wird in den Fällen des vorstehenden Artikels als ein für Rechnung des Rheders abgeschlossenes Kreditgeschäft (Artikel 497. und 757. Ziffer 7.) angesehen.[98])

---

sehen, den geringsten Nachtheil mit sich bringt. Anders in den Fällen der partikulären Haverei, in welchen es zunächst die Pflicht des Rheders ist, die nöthigen Gelder herbeizuschaffen; hier kann dem Schiffer nur ausnahmsweise eine Verfügung über die Ladung gestattet werden. — In Fällen, die so beschaffen sind, daß man dem Schiffer die Unterscheidung, ob eine große oder partikuläre Haverei vorhanden ist, billiger Weise nicht zumuthen kann, wird man auch ein Verschulden und eine Haftbarkeit desselben wegen Zuwiderhandelns gegen die Vorschriften dieses Artikels nicht annehmen können. Prot. S. 3821. 3818. 3819.

96) Es liegt sowohl im Interesse des Rheders, als der Ladungsbetheiligten, daß die Herbeischaffung der zur Reparatur 2c. erforderlichen Gelder nicht zu sehr erschwert werde und mit keinen zu großen Kosten verknüpft sei; in der Regel wird den Letzteren aus der Verfügung über Ladungstheile auch kein erheblicher Nachtheil erwachsen, da der Rheder verpflichtet ist, ihnen den durch Veräußerung der Ladung entstehenden Schaden zu ersetzen. Durch den nachträglichen Untergang des Schiffs können sie allerdings einen Ausfall erleiden; in den meisten Fällen würde aber wohl mit dem Verluste des Schiffs auch die Ladung verloren sein. Prot. S. 3823. 3895.

97) Selbst wenn der Verkauf die Ladungsbetheiligten mit geringerem Verluste bedroht, als die Verbodmung (z. B. wenn bei günstiger Konjunktur ein Theil der Ladung sehr vortheilhaft verkauft werden kann), hat der Schiffer der Verbodmung den Vorzug vor dem Verkaufe zu geben. Prot. S. 3894.

98) Ein Kreditgeschäft in der hier in Betracht kommenden Bedeutung d. i. ein zu Lasten des Rheders und für seine Rechnung abgeschlossenes Kreditgeschäft liegt nur in dem Falle vor, wenn Ladungstheile zum Zwecke der Deckung einer partikulären Haverei des Schiffs verkauft werden. Nur in diesem Falle ist hinreichender Grund vorhanden, den betreffenden Ladungsinteressenten die Prioritätsrechte der Gläubiger aus den vom Schiffer abgeschlossenen Kreditgeschäften einzuräumen. Erfolgt der Verkauf von Ladungstheilen wegen vorhandener großer Haverei, so gebühren den betreffenden Interessenten die Prioritätsrechte der Havereibeiträge, weil der Verkauf alsdann nicht für Rechnung des Rheders, sondern für Rechnung der Havereiinteressenten, welche direkt als die Verpflichteten zu betrachten sind, stattfindet. Vgl. Art. 708. Nr. 7. Prot. S. 3824. Durch die Hinweisung auf Art. 497. soll angedeutet werden, daß es sich in diesem Artikel nicht blos um Feststellung der Prioritätsrechte der Ladungsinteressenten, sondern zugleich um die Verbindlichkeit des Rheders, Ersatz für die veräußerten Güter zu leisten, handelt. Prot. S. 3825. Ueber die Berechnung des zu ersetzenden Werths vergleiche Art. 613.

Artikel 511.

In Bezug auf die Gültigkeit der in den Fällen der Artikel 504. und 507. bis 509. von dem Schiffer abgeschlossenen Rechtsgeschäfte kommen die Vorschriften des Artikels 497. zur Anwendung.

Artikel 512.

Zu den Geschäften und Rechtshandlungen, welche der Schiffer nach den Artikeln 495. 496. 497. 499. 504. 507. bis 509. vorzunehmen befugt ist, bedarf er der in den Landesgesetzen etwa vorgeschriebenen Spezialvollmacht nicht.

Artikel 513.

Was der Schiffer vom Befrachter, Ablader oder Ladungsempfänger außer der Fracht als Kaplaken, Primage[99]) oder sonst als Belohnung oder Entschädigung, gleichviel unter welchem Namen, erhält, muß er dem Rheder als Einnahme in Rechnung bringen.[100])

Artikel 514.

Der Schiffer darf ohne Einwilligung des Rheders für eigene Rechnung keine Güter verladen.[101]) Handelt er dieser Bestimmung zuwider, so muß er dem Rheder die höchste am Abladungsorte zur Abladungszeit

---

99) Kaplaken (Kappe, Winterkleid) gebührten in alten Zeiten dem Schiffer auf Winterreisen, bilden aber jetzt nur einen Theil der Fracht. Prämie (Primage) ist die Belohnung, welche sonst der Schiffer für glückliche Ankunft von den Abladern erhielt.

100) Die Ueberlassung derartiger Belohnungen an den Schiffer würde leicht eine Benachtheiligung der Rheder dadurch herbeiführen, daß ersterer, wo er den Frachtvertrag schließt, die Fracht selbst sehr niedrig stellen würde unter Bedingung oder Hoffnung einer desto höheren Belohnung für sich; er würde außerdem in manchen Fällen, z. B. wenn ihm unter der Bedingung, daß er innerhalb einer bestimmten Frist die Reise zurücklegt, eine besondere Vergütigung zugesagt ist, um diese zu erlangen, Schiff, Mannschaft und Ladung in Gefahr bringen. Bei Geschenken, die nach Vollendung der Reise freiwillig gegeben werden, treffen diese Befürchtungen zwar nicht zu; einerseits kommen solche Vergütungen aber selten vor, andererseits ist allgemein bei öffentlichen Verwaltungen die Annahme von Gratifikationen untersagt, so daß keine Veranlassung vorlag, für diesen Fall besondere Bestimmungen zu treffen. — Daß der Rheder dem Schiffer gültig einen Anspruch auf Kaplaken und dergl. einräumen kann, ist außer Zweifel; aus dem Umstande allein aber, daß der Rheder bei Abschluß des Frachtvertrages eine Vergütung für den Schiffer stipulirt, ist noch nicht zu folgern, daß Letzterer einen Anspruch darauf haben solle. Mot. S. 239. Prot. S. 1923. 3789.

101) Durch diese Vorschrift sollen Kollisionen der Spekulationsgeschäfte des Schiffers und des Rheders, unpassende Konkurrenz und Zollverwickelungen vermieden werden. Vgl. Art. 534. 559. 565. — Von Aufnahme der im Pr. Entwurf (Art. 432.) enthaltenen Bestimmung, daß der Schiffer für die heimlich auf eigene oder fremde Rechnung im Schiffe beförderten Waaren den Rheder entschädigen müsse, ist Abstand genommen, weil wegen der allgemeinen Rechtsgrundsätze über Untreue und die dem Schiffer obliegenden Verpflichtungen ein besonderes Verbot der Pflichtverletzung nicht für erforderlich gehalten wurde. Prot. S. 1925. 3789.

für solche Reisen und Güter bedungene Fracht erstatten, unbeschadet des Rechts des Rheders, einen erweislich höheren Schaden geltend zu machen.

Artikel 515.

Der Schiffer kann, selbst wenn das Gegentheil vereinbart ist, jederzeit von dem Rheder entlassen werden, jedoch unbeschadet seiner Entschädigungsansprüche.[102]

Artikel 516.

Erfolgt die Entlassung, weil der Schiffer untüchtig befunden ist, oder weil er seiner Pflicht nicht genügt,[103] so erhält er nur dasjenige, was er von der Heuer einschließlich aller sonst bedungenen Vortheile bis dahin verdient hat.[104]

Artikel 517.

Wenn ein Schiffer, welcher für eine bestimmte Reise angestellt ist, entlassen wird, weil die Reise wegen Krieg, Embargo oder Blokade, oder wegen eines Einfuhr- oder Ausfuhrverbots,[105] oder wegen eines anderen Schiff oder Ladung betreffenden Zufalls[106] nicht angetreten oder fortge-

---

102) Die Befugniß des Rheders, den Schiffer jederzeit zu entlassen, folgt aus dem zwischen ihnen obwaltenden Mandatsverhältnisse. Ueberdies sind die dem Letzteren anvertrauten Vermögensinteressen so bedeutend, daß man den Rheder welcher kein Vertrauen zum Schiffer mehr hat, ohne große Härte nicht zur Fortsetzung des Dienstverhältnisses zwingen kann. Vgl. Art. 54. ALR. §§. 1456. 1457. Mot. S. 240. Prot. S. 1930. Ueber die Entschädigungsansprüche des Schiffers vgl. Note 110. zu Art. 518.

103) In Betreff der durch Krankheit herbeigeführten Untüchtigkeit vergl. Art. 523. — Ob der Schiffer seiner Pflicht nicht genügt hat, ist von dem Richter nach billigem Ermessen zu entscheiden. Wegen einer geringfügigen Vernachlässigung wird voraussichtlich kein Richter die Entlassung des Schiffers für gerechtfertigt ansehen. Prot. S. 1934.

104) — gleichviel in welcher Weise derselbe angestellt ist, ob für eine bestimmte Zeit, für eine bestimmte Reise oder auf unbestimmte Zeit. Prot. S. 1934.

105) Die speziell genannten Zufälle haben die in diesem Artikel festgesetzte Wirkung nicht nur dann, wenn sie unmittelbar Schiff oder Ladung betreffen, sondern auch dann, wenn sie, wie z. B. bei der Unfreiheit der Ladung, die keine Kriegskontrebande ist, in Folge eines Kriegs zunächst nur in der Person eines der Interessenten sich zugetragen haben. Prot. S. 3800. Hinderungen von hoher Hand werden seerechtlich denen durch vis major gleichgestellt. Prot. S. 1932. 1935.

106) Die Aufhebung des Vertrages ohne volle Entschädigung in denjenigen Fällen, in welchen ein Zufall an Schiff oder Ladung die Reise unmöglich macht, welche zivilrechtlich nicht als vis major betrachtet werden kann, (z. B. wenn das Schiff, mit welchem die Reise gemacht werden sollte, in der Zeit, in welcher die Reise angetreten werden müßte, wegen anderer Gründe, als wegen vis major nicht zurückkommt), erregte in der Konferenz mehrfach Bedenken. Zur Beseitigung derselben wurde geltend gemacht: die Analogie der zivilrechtlichen Dienstmiethe könne nicht durchweg als maaßgebend angesehen werden. Das Dienstverhältniß des für eine bestimmte Reise bestellten Schiffers sei keine bloße locatio conductio

setzt werden kann,[107]) so erhält er gleichfalls nur dasjenige, was er von der Heuer einschließlich aller sonst bedungenen Vortheile bis dahin verdient hat. Dasselbe gilt, wenn ein auf unbestimmte Zeit angestellter Schiffer entlassen wird, nachdem er die Ausführung einer bestimmten Reise übernommen hat.[108])

Erfolgt in diesen Fällen die Entlassung während der Reise, so hat der Schiffer außerdem nach seiner Wahl entweder auf freie Zurückbeförderung nach dem Hafen, wo er geheuert worden ist, oder auf eine entsprechende Vergütung[109]) Anspruch.

Wenn nach den Bestimmungen dieses Gesetzbuchs ein Anspruch auf freie Zurückbeförderung begründet ist, so umfaßt derselbe auch den Unterhalt während der Reise.

Artikel 518.

Wird ein Schiffer, welcher auf unbestimmte Zeit angestellt ist, aus anderen als den in den Artikeln 516. und 517. angeführten Gründen entlassen, nachdem er die Ausführung einer bestimmten Reise übernommen hat,[110]) so erhält er außer demjenigen, was ihm nach den Bestimmungen

---

operarum, sondern weit mehr noch eine locatio conductio operis, der Schiffer werde zu einem Unternehmen bestellt. Für sein Rechtsverhältniß zum Rheder sei demnach dies Unternehmen, die betreffende Reise nichts Zufälliges, sondern im höchsten Grade wesentlich. Wenn diese durch äußere Gründe, also durch einen Schiff oder Ladung betreffenden Zufall unmöglich werde, und nicht blos durch eine, wenn auch noch so wohl motivirte Entschließung des Rheders hinwegfalle, so müsse dies ebensowohl den Schiffer, wie den Rheder treffen. Prot. S. 1931. 1935. 1936. Mot. S. 241.

Hinderungen durch Zufälle in der Person des Rheders d. h. durch Ereignisse, welche die Reise nicht absolut und für jeden Rheder, sondern nur für den betreffenden Rheder unmöglich oder unzweckmäßig machen, fallen nicht unter diesen Artikel. In der Regel wird in solchem Falle die Ausführung der Reise nicht unmöglich, sondern nur nutzlos oder unzweckmäßig sein. Prot. S. 1931. 1935. 1936.

107) Der Antrag, statt „nicht angetreten oder fortgesetzt werden kann", zu setzen: „angetreten oder fortgesetzt wird", wurde abgelehnt, weil dieser Vorschlag zum Nachtheil des Schiffers zu weit führen würde. Prot. S. 3800.

108) Die Reise gilt für übernommen, wenn der Schiffer zur Ausführung derselben Anweisung erhalten, und letztere ausdrücklich oder faktisch durch Beginn von Vorbereitungen u. dgl. akzeptirt hat. Prot. S. 1945. Der auf unbestimmte Zeit angestellte, aber zu einer bestimmten Reise beorderte Schiffer muß sich für dieselbe einrichten, und muß daher darauf rechnen können, daß der Rheder ihn für die Dauer derselben im Dienste beläßt. Prot. S. 1933.

109) — selbst wenn er an dem Orte, wo er sich gerade befindet, in neue Dienste treten will; dieser Umstand darf dem Rheder nicht zu Gute kommen. Dem Schiffer wird es in auswärtigen Häfen nur sehr schwer gelingen, ein Unterkommen zu finden, weil er nur nationale Schiffe führen kann. Mot. S. 241. Prot. S. 1937.

110) Dieser Artikel bezieht sich nicht auf den für eine bestimmte Reise angestellten Schiffer. Obwohl im Art. 517. der Fall der Anstellung für eine bestimmte Reise mit dem der Anstellung auf unbestimmte Zeit, sofern der Schiffer

des vorigen Artikels gebührt, als Entschädigung noch die Heuer[111]) für

---

die Ausführung einer bestimmten Reise übernommen hat, wegen der faktischen Aehnlichkeit der Verhältnisse und aus Billigkeitsrücksichten gleichartig behandelt ist, so stehen beide Fälle rechtlich doch keineswegs gleich. In der Abordnung des auf unbestimmte Zeit angenommenen Schiffers zu einer bestimmten Reise liegt nicht ein ganz neuer, auf diese Reise gerichteter Kontrakt, sondern nur die Ausführung des auf Ruf und Widerruf geschlossenen Dienstvertrage, eine Disposition des Rheders über die im Dienstvertrage ihm zur Verfügung gestellte Thätigkeit des Schiffers. Der Letztere erhält deshalb auch kein Recht, die ihm aufgetragene Reise auszuführen, sondern muß sich rechtlich vor und während derselben die Entlassung gefallen lassen, ohne sich wegen Kontraktsbruch beklagen zu können; der für eine bestimmte Reise angestellte Schiffer dagegen hat Anspruch auf Ausführung der Reise; sein Entschädigungsanspruch ist deshalb nach allgemeinen Rechtsgrundsätzen zu beurtheilen. Prot. S. 1945.

Die Frage: ob dem zu einer Reise nicht beorderten, auf unbestimmte Zeit angestellten Schiffer überhaupt ein Entschädigungsanspruch, und event. welcher zustehe, ist ebenfalls nach bürgerlichem Rechte zu entscheiden. Nach der Ansicht Vieler muß er sich die Entlassung ohne Entschädigung gefallen lassen, weil jeder Kontrahent sich nur auf unbestimmte Zeit verpflichtet hat, jedem also das Recht zustehe, den Vertrag zu lösen. (Anstellung auf Ruf und Widerruf.) Andere interpretiren die Anstellung auf unbestimmte Zeit dahin, daß beide Theile mindestens so lange an den Vertrag gebunden seien, bis eine Reise vollendet sei, da der Schiffer zur Führung des Schiffs angenommen werde, von einer Vertragserfüllung somit nicht eher die Rede sein könne, als bis der Schiffer das Schiff einmal geführt habe; nach Vollendung der ersten Reise könne aber ein solcher Schiffer ohne Kündigung und ohne Entschädigung entlassen werden. Noch Andere endlich meinen, daß dem Rheder nach Beendigung der ersten Reise die Entlassung des Schiffers ohne Entschädigung nur dann zustehe, wenn die Auflösung des Dienstverhältnisses unverzüglich nach Vollendung der Reise erfolge, weil in der längeren Fortsetzung des Dienstverhältnisses eine Vertragserneuerung zu erkennen sei. Prot. S. 1938. 1943. 3801—3803.

Die Entschädigungsansprüche des Schiffers stellen sich nach dem zu Art. 516 bis 518. Gesagten wie folgt:

Bei Entlassung wegen Untüchtigkeit oder Pflichtwidrigkeit hat kein Schiffer Anspruch auf Entschädigung; bei Entlassung wegen Hinderung der Reise durch vis major, von hoher Hand oder durch andere Schiff oder Ladung treffende Zufälle kann der Schiffer, welcher auf Lebensdauer oder auf bestimmte Zeit angestellt ist, Entschädigung nach Maaßgabe des Vertrages, derjenige, welcher auf unbestimmte Zeit angestellt ist, ohne zu einer bestimmten Reise beordert zu sein, in der Regel gar keine, der für eine bestimmte Reise angestellte oder zu einer solchen beorderte Schiffer Entschädigung nach Maaßgabe des Art. 517. fordern; bei willkürlicher Entlassung erhält der auf Lebensdauer, für eine bestimmte Zeit oder für eine bestimmte Reise angestellte Schiffer Entschädigung nach Maaßgabe des Vertrages, der für eine unbestimmte Zeit angestellte, sofern er die Ausführung einer bestimmten Reise bereits übernommen hat, Entschädigung nach Maaßgabe des Art. 518, anderenfalls in der Regel gar keine. — In denjenigen Fällen, in welchen der Schiffer nach Maaßgabe des Vertrages entschädigt wird, muß er sich von demjenigen, was er vertraglich zu fordern berechtigt ist, die Beträge abrechnen lassen, welche er nach der Entlassung anderweitig verdient hat. Prot. S. 1933. 1938. 1939. 1942. 1944.

111) — unter Ausschluß des übrigen Nebeneinkommens. — Die Entlas-

zwei oder vier Monate, je nachdem die Entlassung in einem Europäischen oder in einem nichteuropäischen Hafen erfolgt ist. Jedoch erhält er in keinem Falle mehr, als er erhalten haben würde, wenn er die Reise zu Ende geführt hätte.

Artikel 519.

War die Heuer nicht zeitweise, sondern in Bausch und Bogen für die ganze Reise bedungen, so wird in den Fällen der Artikel 516. bis 518. die verdiente Heuer mit Rücksicht auf den vollen Heuerbetrag nach Verhältniß der geleisteten Dienste, sowie des etwa zurückgelegten Theils der Reise bestimmt.[112]) Zur Ermittelung der im Artikel 518. erwähnten Heuer für zwei oder vier Monate wird die durchschnittliche Dauer der Reise einschließlich der Ladungs- und Löschungszeit unter Berücksichtigung der Beschaffenheit des Schiffs in Ansatz gebracht, und danach die Heuer für zwei oder vier Monate berechnet.

Artikel 520.

Endet die Rückreise des Schiffs nicht in dem Heimathshafen, und war der Schiffer für die Aus- und Rückreise oder auf bestimmte Zeit[113])

---

sungsbefugniß des Rheders würde illusorisch sein, wenn man dem Schiffer für den Fall, daß er ohne rechtlichen Grund entlassen wird, den Anspruch auf volle Entschädigung geben würde; den Schiffer ganz ohne Entschädigung zu lassen, würde dagegen wieder eine Härte gegen ihn in sich schließen. Wie diese Entschädigung zu bestimmen, ist mehr oder minder willkürlich. Das im Gesetz vorgeschriebene Verfahren hat den Vorzug der Einfachheit. Mot. S. 241. Prot. S. 1937. 1938.

112) Durch diesen Artikel wird sowohl die Frage entschieden, ob der aus hinreichenden Gründen vor der Vollendung der Reise entlassene Schiffer überhaupt schon etwas verdient und zu bekommen hat, wenn die Heuer in Bausch und Bogen für die ganze Reise verabredet gewesen, als auch die, wie die verdiente Heuer zu berechnen ist. Nach dem Preuß. Entw. (Art. 436.) sollte in den Fällen der Art. 516—518. die verdiente Heuer in der Weise berechnet werden, daß zuvörderst nach der durchschnittlichen Dauer der Reise aus der Aversionalheuer eine Zeitheuer konstruirt wird. Diese Berechnungsweise konnte aber dahin führen, daß ein wegen eignen Verschuldens während der Reise entlassener Schiffer mehr erhält, als wenn er die Reise vollendet hätte, z. B. wenn er auf einer Reise, welche durchschnittlich 3 Monate dauert, in einen dem Ausgangshafen nahe belegenen Hafen einläuft, nachdem er, vielleicht sogar in Folge seiner eignen Unfähigkeit, vier Monate herumgetrieben ist. — Auch die zurückgelegte Entfernung ist kein richtiger Maaßstab für die zu leistende Vergütung, namentlich wenn der Schiffer vor Antritt der Reise entlassen wird; bei einer Vergütung nach dem üblichen Betrage wird zu wenig Rücksicht auf den Dienstvertrag genommen; es blieb sonach nichts übrig, als dem Richter resp. dem Schiedsgericht oder der Hafenbehörde die Festsetzung der Höhe der verdienten Heuer unter Berücksichtigung aller Umstände zu überlassen. Bei der Entschädigung für ungerechtfertigte Entlassung (Art. 518.) dagegen kommt lediglich die Zeit in Betracht. Mot. S. 241. Prot. S. 1947. 1954. 3803.

113) In dem authentischen Text (Ges.-Sammlung von 1861. S. 592.) heißt es zwar „oder auf bestimmte Zeit", nach Inhalt des Beilagenbandes zu den Prot. 157—421. S. XVII. u. der Prot. S. 3833. ist aber anzunehmen,

angestellt, so hat der Schiffer Anspruch auf freie Zurückbeförderung nach dem Hafen, wo er geheuert worden ist, und auf Fortbezug der Heuer während der Reise oder nach seiner Wahl auf eine entsprechende Vergütung.

Artikel 521.

Der Schiffer, welcher auf unbestimmte Zeit angestellt ist,[114]) muß, sobald er eine Reise angetreten hat, in dem Dienste verbleiben, bis das Schiff[115]) in den Heimathshafen oder in einen inländischen Hafen zurückgekehrt[116]) und die Entlöschung erfolgt ist.[117])

Er kann jedoch seine Entlassung fordern, wenn seit der ersten Abreise

---

daß es heißen soll „oder auf unbestimmte Zeit." Der Art. 520. bezieht sich nicht auf die in Art. 517. behandelten Fälle. Prot. S. 2018. 3833.

114) Bei einer solchen Anstellung nimmt der Schiffer mit der Annahme eines Auftrags zur Reise zweifelsohne auch die Verbindlichkeit auf sich, dieselbe zu vollenden. Diese Verpflichtung darf aber nicht willkürlich durch wiederholte Anordnung neuer Zwischenreisen ausgedehnt werden; andererseits muß auch Vorsorge dafür getroffen werden, daß die Interessen der Schifffahrt und des Handels nicht zu Gunsten untergeordneter Interessen des Schiffers gefährdet werden. Das Gesetz hat deshalb zur Wahrung der beiderseitigen Interessen das Auskunftsmittel gewählt, daß dem Schiffer erst nach Ablauf einer bestimmten Frist die Kündigung zusteht. Die Bestimmung dieser Frist kann nicht, wie beantragt worden, dem richterlichen Ermessen überlassen bleiben, weil der Schiffer sonst niemals mit Sicherheit darauf rechnen könnte, daß der Richter hinterher seine Kündigung im Auslande für gerechtfertigt halten werde. Prot. S. 1949—1956.

Das Bedürfniß, besondere Bestimmungen für den Fall zu geben, daß der Schiffer für eine bestimmte Reise oder für eine bestimmte Zeit angestellt ist, wurde nicht als vorhanden angesehen. In beiden Fällen kann von einer Entlassung des Schiffers durch den Rheder, als einer Willenserklärung des Letzteren, nicht die Rede sein. Der Schiffer hört mit Ablauf des Kontrakts auf, Schiffer zu sein. Prot. S. 1949. 1957.

115) — entweder auf Grund ausdrücklicher Anordnung des Rheders oder in ordnungsmäßiger Ausführung des dem Schiffer ertheilten Auftrags. Prot. S. 3804.

116) Auf „zurückgekehrt" liegt der Ton. Endet die Ausreise in einem inländischen Hafen und läuft das Schiff in denselben als seinen Bestimmungshafen ein, so muß der Schiffer in der Regel das Schiff wieder zurückzubringen, bevor er seine Entlassung fordern kann. Prot. S. 3804.

117) Der Pr. Entw. (Art. 437.) stellte drei Ausnahmen von der im Abs. 1. gegebenen Regel auf:

1) wenn vor dem Beginn der Reise der Staat in einen Seekrieg verwickelt wird und nach der Richtung der Reise Kriegsgefahr für das Schiff wahrscheinlich wird. Man nahm bei der Berathung dieses Punktes an, daß, wenn trotz drohender Gefahr der Rheder auf Ausführung der Reise bestehen sollte, der Schiffer auch ohne ausdrückliche Bestimmung bei jedem Richter Schutz finden werde.
2) wenn das Schiff an eine andere Rhederei übergeht. — Diese Bestimmung würde nicht passen, meinte man, wenn eine größere Anzahl von Parten auf andere Eigenthümer übergingen. Die allgemeinen Rechtsgrund-

zwei oder drei Jahre verflossen sind, je nachdem das Schiff zur Zeit der Aufkündigung in einem Europäischen oder in einem nichteuropäischen Hafen sich befindet. Er hat in einem solchen Falle dem Rheder die zu seiner Ersetzung erforderliche Zeit zu gewähren und den Dienst inzwischen fortzusetzen,[118]) jedenfalls die laufende Reise zu beendigen.[119])

Hat der Rheder sofort nach der Kündigung die Rückreise[120]) angeordnet, so muß der Schiffer das Schiff zurückführen.

Artikel 522.

Die Schiffspart, mit welcher der Schiffer auf Grund einer mit den übrigen Rhedern getroffenen Vereinbarung als Mitrheder an dem Schiff betheiligt ist, muß im Fall seiner unfreiwilligen Entlassung auf sein Verlangen von den Mitrhedern gegen Auszahlung des durch Sachverständige zu bestimmenden Schätzungswerthes übernommen werden. Dieses Recht des Schiffers erlischt, wenn er die Erklärung, davon Gebrauch zu machen, ohne Grund verzögert.[121])

---

sätze über Erfüllung der Verträge und Uebertragung kontraktlicher Rechte und Pflichten würden dem Bedürfnisse genügen.

3) wenn das Schiff aufhört ein nationales zu sein; auch hier seien, so machte man geltend, die polizeilichen Gesetze über die Nationalität der Schiffe und die allgemeinen Grundsätze über Erfüllung der Verträge und Verletzung kontraktlicher Pflichten ausreichend. Mot. S. 242. Prot. S. 1959. 1960.

118) — d. i. nicht blos das Schiff unter seiner Obhut zu behalten, und deshalb einstweilen mit demselben stille zu liegen, sondern auch den etwa bereit liegenden Ordres zur Antretung einer neuen Reise Folge zu leisten. Prot. S. 1958. 2017.

119) — nicht die Heuerreise (aus und zu Haus), sondern die laufende Frachtreise, die im Verhältniß zu der ersteren eine Zwischenreise sein kann. Prot. S. 3804. — Der Schiffer, wenn er eine Zwischenreise antritt, übernimmt dadurch auch Dritten gegenüber Verpflichtungen, für welche nicht entsprechend gesorgt sein würde, wenn er vor Beendigung der Reise vom Schiffe gehen dürfte. Prot. S. 2017. — Wird demselben auf sein Begehren im Auslande die Entlassung bewilligt, so hat er keinen Anspruch auf freie Rückkehr auf Kosten des Rheders; denn man muß annehmen, der Schiffer selbst sei bis zum Augenblicke der Kündigung mit allen Reisen einverstanden, die ihm aufgetragen würden; überdies würde, wenn ein solcher Anspruch anerkannt würde, der Rheder doppelte Reisekosten zahlen müssen, für die Rückreise des bisherigen und für die Ausreise des neuen Kapitains. Prot. S. 1958. 1959.

120) Die Rückreise braucht nicht unmittelbar nach Hause gerichtet zu sein; man muß dem Rheder die Möglichkeit lassen, auch auf der Rückreise etwas mit dem Schiffe zu verdienen; andererseits ist unter Rückreise nicht jede Reise in der Richtung nach der Heimath, wenn sie auch in weiter Ferne endet, sondern nur eine in der Nähe des Heimathshafens endigende Reise zu verstehen. Prot. S. 2018. 3804.

121) An manchen Seeplätzen ist der Schiffer gewöhnlich Miteigenthümer des Schiffs. Es wird von der Rhederei häufig Niemand als Schiffer angenommen, wenn er sich nicht durch Ankauf eines Parts am Schiffe betheiligt. Ohne die Bestimmung dieses Artikels würde der unfreiwillig entlassene Schiffer sehr oft

Artikel 523.

Falls der Schiffer nach Antritt der Reise erkrankt oder verwundet wird,[122]) so trägt der Rheder die Kosten der Verpflegung und Heilung:

1) wenn der Schiffer mit dem Schiffe zurückkehrt und die Rückreise in dem Heimathshafen oder in dem Hafen endet, wo er geheuert worden ist, bis zur Beendigung der Rückreise;[123])
2) wenn er mit dem Schiffe zurückkehrt und die Reise nicht in einem der genannten Häfen[124]) endet, bis zum Ablauf von sechs Monaten seit Beendigung der Rückreise;
3) wenn er während der Reise am Lande zurückgelassen werden mußte, bis zum Ablauf von sechs Monaten seit der Weiterreise des Schiffs.

Auch gebührt ihm in den beiden letzteren Fällen freie Zurückbeförderung (Artikel 517.) oder nach seiner Wahl eine entsprechende Vergütung.[125])

Die Heuer einschließlich aller sonst bedungenen Vortheile bezieht der nach Antritt der Reise erkrankte oder verwundete Schiffer, wenn er mit dem Schiffe zurückkehrt, bis zur Beendigung der Rückreise, wenn er am Lande zurückgelassen werden mußte, bis zu dem Tage, an welchem er das Schiff verläßt.

Ist der Schiffer bei Vertheidigung des Schiffs beschädigt,[126]) so hat er überdies auf eine angemessene, erforderlichenfalls von dem Richter zu bestimmende Belohnung Anspruch.

---

nicht mehr in der Lage sein, eine andere Schiffspart zu erwerben und wieder eine Stelle zu finden. Prot. S. 1948. — Die Erlöschung des Rechts im Falle der verzögerten Ausübung desselben ist zu dem Zwecke angeordnet, um die Rhederei dem Schiffer nicht ungebührlich Preis zu geben, was der Fall sein würde, wenn er zu jeder, auch noch so ungünstigen Zeit, die Bezahlung seines Parts zu fordern berechtigt wäre. Prot. S. 1948. 3803.

122) — ohne sein grobes Verschulden (Art. 550). Schon nach allgemeinen Rechtsgrundsätzen steht dem Rheder in allen durch grobes Verschulden des Schiffers veranlaßten Erkrankungsfällen u. s. w. eine Einrede gegen den Anspruch auf Heilungs- und Verpflegungskosten zu. Prot. S. 2035.

123) Eine Verpflegung des Schiffers auf Kosten des Rheders, so lange der Erstere sich in der Heimath befindet, ist weder nothwendig, noch üblich. Prot. S. 2035.

124) Es wäre unbillig, den Schiffer ohne Verpflegung in der Fremde zurückzulassen. (Art. 548.) Prot. S. 3805.

125) Das Wahlrecht ist dem Schiffer überlassen, weil der Rheder nur selten in der Lage sein wird, die Wahl vorzunehmen; anders beim Schiffsmann (Art. 548); erkrankt dieser, so kann der Schiffer als Vertreter des Rheders die Zweckmäßigkeit der einen oder anderen Maßregel prüfen. Prot. S. 2035.

126) Der Ausdruck „Beschädigt" umfaßt nicht die Erkrankung. Es würde zu weit führen und eine unbillige Beschwerung des Rheders nach sich ziehen, auch viele Streitigkeiten veranlassen, wenn man dem Schiffer eine besondere Belohnung auch in den in Folge großer Anstrengung bei der Vertheidigung des Schiffs eingetretenen Erkrankungsfällen zuerkennen wollte. Der Ausdruck „Verwundung" allein würde dagegen zu eng sein, da er nur die durch Einwirkung Anderer entstandenen Körperverletzungen, dagegen z. B. nicht den Fall treffen würde, wenn der Schiffer bei Vertheidigung des Schiffs stürzt und sich dabei beschädigt. Prot. S. 3807.

Artikel 524.

Stirbt der Schiffer nach Antritt des Dienstes, so hat der Rheder die bis zum Todestage verdiente Heuer einschließlich aller sonst bedungenen Vortheile zu entrichten; ist der Tod nach Antritt der Reise erfolgt, so hat der Rheder auch die Beerdigungskosten zu tragen.

Wird der Schiffer bei Vertheidigung des Schiffs getödtet, so hat der Rheder überdies eine angemessene, erforderlichenfalls von dem Richter zu bestimmende Belohnung zu zahlen.

Artikel 525.

Auf die in den Artikeln 523. und 524. bezeichneten Forderungen findet die Vorschrift des Artikels 453. gleichfalls Anwendung.

Artikel 526.

Auch nach dem Verluste des Schiffs ist der Schiffer verpflichtet, noch für die Verklarung zu sorgen und überhaupt das Interesse des Rheders so lange wahrzunehmen, als es erforderlich ist.[127]) Er hat aber auch für diese Zeit Anspruch auf Fortbezug der Heuer und auf Erstattung der Kosten des Unterhalts. Für diese Heuer und Unterhaltungskosten haftet der Rheder persönlich. Außerdem behält der Schiffer, jedoch nur nach Maaßgabe des Artikels 453., Anspruch auf freie Zurückbeförderung (Artikel 517.) oder nach seiner Wahl auf eine entsprechende Vergütung.

Artikel 527.

Die Bestimmungen der Landesgesetze über die von dem Schiffer nachzuweisende Qualifikation[128]) werden durch dieses Gesetzbuch nicht berührt.

---

127) Mit dem Untergange des Schiffs hört der Dienstvertrag des Schiffers nicht in allen Beziehungen auf. Die Verpflichtung, das Interesse des Rheders noch nach diesem Zeitpunkte wahrzunehmen, erscheint als ein Ausfluß des Dienstvertrages. — Das Interesse des Rheders umfaßt auch den Fall, wenn lediglich im Interesse der Ladung eine weitere Obsorge nöthig erscheint, vorausgesetzt, daß an und für sich der Rheder den Ladungsinteressenten gegenüber zu der betreffenden Obsorge verpflichtet ist. Es ist bedenklich, dem Rheder unter allen Umständen die fragliche Obsorge auf eigene Kosten zur Pflicht zu machen, zumal wenn die Ladungsbetheiligten eben so gut wie er in der Lage sind, ihr Interesse zu wahren. Prot. S. 1960. 1961. 3808. 3809.

128) Vgl. ALR. §§. 1446—1448. und Gewerbe-Ordnung vom 17. Jan. 1845 §. 18. Mot. S. 229. Die mangelnde Qualifikation des Schiffers ist auf die Beurtheilung der Rechtsgültigkeit der von ihm vorgenommenen Geschäfte ohne Einfluß, weil es nicht darauf ankommt, ob er die Prüfungen bestanden hat und dergl., sondern nur ob ihm die Führung des Schiffs übertragen ist, oder nicht; dagegen ist die Haftbarkeit des Rheders eine andere, je nachdem er einen qualifizirten oder einen nach den Landesgesetzen nicht qualifizirten Schiffer wissentlich angestellt hat; auch der Heuervertrag des Schiffers ist je nach seiner Qulifikation in mehrfachen Beziehungen verschieden zu beurtheilen. Prot. S. 3744.

Vierter Titel.

Von der Schiffsmannschaft.[1])

Artikel 528.

Zur „Schiffsmannschaft" werden auch die Schiffsoffiziere mit Ausschluß des Schiffers gerechnet; desgleichen ist unter „Schiffsmann" auch jeder Schiffsoffizier mit Ausnahme des Schiffers zu verstehen.

Artikel 529.

Die Bestimmungen des mit der Schiffsmannschaft abgeschlossenen Heuervertrages sind in die Musterrolle aufzunehmen. [2])

---

1) Bei der Berathung des Gesetzes wurde die Streichung dieses Titels beantragt, weil er für ein Handelsrecht nur von untergeordneter Bedeutung sei, denn das Schiffsvolk gehöre nur zu den Dienern der rein thatsächlichen Beihülfe des Betriebs, und habe keine Rechtsgeschäfte abzuschließen wie der Schiffer, mit anderen Worten keine Repräsentations-Befugniß. Dazu komme, 1) der sehr lokale Charakter dieser Verhältnisse 2) die große Veränderlichkeit, bei der eine Fixirung in einem unabänderlichen deutschen Gesetzbuche bedenklich erscheine, und endlich 3) sei der hauptsächlichste Charakter solcher Bestimmungen nicht privatrechtlich, sondern falle mehr den Gebieten polizeilicher Regelung anheim.

Dieser Antrag wurde jedoch abgelehnt und zwar aus folgenden Gründen:

Der Titel von der Schiffsmannschaft erstrecke sich auch auf viele privatrechtliche Verhältnisse, welche unbedenklich auf lange Zeit hinaus geregelt werden könnten, welche von Lokalverhältnissen unabhängig seien, und deren Erledigung in einem Seerechte nicht fehlen dürfe, wenn nicht eine fühlbare Lücke entstehen solle. Die Grundsätze des allgemeinen Civilrechts seien für die Beurtheilung von dergl. privatrechtlichen Verhältnissen keineswegs ausreichend, wie z. B. beim Heuervertrage. Die privatrechtlichen Beziehungen der Schiffsmannschaft ständen auch in innigem Zusammenhange mit anderen Seerechtsinstituten, z. B. der Havariegrosse, der Lehre von der Bergung u. s. w. Keine Seerechtsgesetzgebung habe es bisher unterlassen über die Rechtsverhältnisse der Schiffsmannschaft das Nöthige festzusetzen; für das deutsche Seerecht sei ebenfalls ein Bedürfniß für die Regelung dieser Verhältnisse vorhanden, denn abgesehen von dem Einflusse auf andere Seerechtsfragen dienten die Angehörigen des einen Staats sehr oft auf Schiffen des andern; es könne also auch keinem Staate gleichgültig sein, wie die Privatrechtsverhältnisse der Schiffsmannschaft in dem andern Lande geordnet seien. Es stehe nichts im Wege von allen Bestimmungen Abstand zu nehmen, welche einen mehr administrativen Charakter hätten, und einer gewissen Veränderlichkeit unterworfen seien. Prot. S. 1962. 1963. 3810. 3811.

2) Die Musterrolle dient zunächst dazu die Nationalität der Equipage darzuthun, und ist als Beweis-Dokument hierüber sowohl in Kriegsfällen, um das Schiff gegen Aufbringen zu schützen, als im Frieden, um demselben die Theilnahme an den traktatmäßigen Vortheilen zu sichern, von höchster Wichtigkeit. Die Aufnahme des Inhalts des Heuervertrags in die Musterrolle verleiht derselben auch eine große civilrechtliche Bedeutung. Die Musterungsbehörde hat bei Aufstellung der Musterrolle die beste Gelegenheit die einzelnen Vertragspositionen

Artikel 530.

Wird ein Schiffsmann erst nach Anfertigung der Musterrolle geheuert, so gelten für ihn in Ermangelung anderer Vertragsbestimmungen die nach Inhalt der Musterrolle mit der übrigen Schiffsmannschaft getroffenen Abreden, insbesondere kann er nur dieselbe Heuer fordern, welche nach der Musterrolle den übrigen Schiffsleuten seines Ranges gebührt. [3])

Artikel 531.

Die Verpflichtung der Schiffsmannschaft, an Bord zu kommen und Schiffsdienste zu leisten, beginnt, wenn nicht ein Anderes bedungen ist, mit der Anmusterung.

Von demselben Zeitpunkt an ist, in Ermangelung einer anderweitigen Abrede, die Heuer zu zahlen. [4])

Artikel 532.

Den Schiffsmann, welcher nach der Anmusterung dem Antritt oder der Fortsetzung des Dienstes sich entzieht, kann der Schiffer zur Erfüllung seiner Pflicht zwangsweise anhalten lassen. [5])

---

zwischen Schiffer und Schiffsmannschaft festzustellen. Diese Verlautbarung ist ein wirksames Mittel um Bedrückung der Letzteren fern zu halten, dient zur Beförderung der Rechtssicherheit und zur Befestigung der Disziplin, und bietet bei vorkommenden Streitigkeiten einen höchst zweckmäßigen Behelf für deren rasche und gerechte Entscheidung. Prot. S. 1965. 1966. — Die Musterrolle ist nach Vorschrift der Landesgesetze anzufertigen (Art. 556). Prot. S. 3896. Vergl. ALR. §. 1535. — Perfektion und Gültigkeit des Heuervertrags ist unabhängig von der Eintragung in die Musterrolle. Auch nach der Musterung kann der Heuervertrag gültig abgeändert werden. Prot. S. 1967. 1968. 3812.

3) Diese Vorschrift ist hauptsächlich für den Fall wichtig, daß der Vertrag mit dem Schiffsmann unvollständig ist, oder der Inhalt der Abrede nicht bewiesen werden kann. — Im Zweifel ist anzunehmen, daß die in gleichem Range stehende Schiffsmannschaft dieselbe Behandlung anzusprechen habe. Mot. S. 245. Prot. S. 1968. 1969. Nach dem ALR. (§. 1538.) war beim Mangel schriftlicher Verabredung die Heuer nach Verhältniß derjenigen zu bestimmen, die der Schiffer selbst von den Rhedern empfing.

4) Es ist billig, daß, wenn sich die Mannschaft vom Tage der Anmusterung an zum Dienste bereit halten muß, somit keine andere Gelegenheit zum Erwerbe verfolgen kann, ihr von da an die vertragsmäßige Belohnung gereicht werde. Wo diese Vorschrift nicht paßt, läßt sich leicht durch Vertragsbestimmungen Abhülfe schaffen, die man sogar in die für alle Fälle entworfenen Formulare der Musterrollen aufnehmen kann. Prot. S. 1971.

5) Die privatrechtliche Bedeutung dieses Artikels besteht darin, daß bezüglich der Heuerverträge die executio ad faciendum, und nicht blos die Liquidation des Interesses zulässig ist, selbst in den Ländern, wo gemeinhin kein eigentlicher Zwang zum Handeln gegen den Beklagten, abgesehen von minder erheblichen Geldstrafen, mit denen der Vollzug des verurtheilenden Erkenntnisses versucht wird, angewendet zu werden pflegt. — Vor der Musterung tritt die executio ad faciendum, wo dieselbe nicht allgemein zulässig ist, nicht ein. Die Wirkungen des

Artikel 533.

Der Schiffsmann ist verpflichtet, in Ansehung des Schiffsdienstes den Anordnungen des Schiffers unweigerlich Gehorsam zu leisten und zu jeder Zeit alle für Schiff und Ladung ihm übertragenen Arbeiten zu verrichten.

Er ist der Disziplinargewalt des Schiffers unterworfen. Die näheren Bestimmungen über die Disziplinargewalt des Schiffers bleiben den Landesgesetzen vorbehalten. [6])

Artikel 534.

Der Schiffsmann darf ohne Erlaubniß des Schiffers keine Güter an Bord bringen. Für die gegen dieses Verbot beförderten eigenen oder fremden Güter muß er die höchste am Abladungsorte zur Abladungszeit für solche Reisen und Güter bedungene Fracht erstatten, unbeschadet der Verpflichtung zum Ersatz eines erweislich höheren Schadens. [7])

Der Schiffer ist auch befugt, die Güter über Bord zu werfen, wenn dieselben Schiff oder Ladung gefährden. [8])

Die Landesgesetze, welche die Uebertretung des Verbots mit noch anderen Nachtheilen bedrohen, werden hierdurch nicht berührt.

Artikel 535.

Der Schiffsmann ist verpflichtet, auf Verlangen bei der Verklarung mitzuwirken und seine Aussage eidlich zu bestärken.

Artikel 536.

Die Heuer ist dem Schiffsmann, sofern keine andere Vereinbarung

---

Heuervertrages bis zur Musterung sind nach sonstigem Rechte zu beurtheilen. Mot. S. 247. Prot. S. 1972. vergl. ALR. §§. 1546. 1547.

6) Das Rechtsverhältniß der Mannschaft zum Schiffer ist nicht als eine reine locatio conductio operarum, sondern als ein durch die Disziplinargewalt des Schiffers modifizirtes Rechtsverhältniß aufzufassen. Prot. S. 1974. Vergl. ALR. §§. 1534. 1604. ff. Nach dem Einf.-Ges. Art. 61. Nr. 3. bleibt das Gesetz vom 31. März 1841 zur Erhaltung der Mannszucht auf den Seeschiffen (Ges.-Samml. S. 64) in Kraft.

7) Dieser Artikel ist gegen die s. g. Führung, d. i. das nach älterem Seerechte den Schiffsleuten zustehende Recht eine gewisse Quantität Güter für eigene Rechnung zu verladen, gerichtet. Das ALR. (§. 1596.) beschränkte dasselbe auf das, was die Leute in ihrer Schlafstelle und Kiste bergen können. Aber auch so hat die Führung zu den größten Nachtheilen Anlaß gegeben. Eine ausreichende Kontrolle, daß der Schiffsmann keine verbotenen Waaren ladet, ist nicht möglich; es ist wiederholt vorgekommen, daß Schiff und Ladung konfiszirt worden sind, weil sich in der Führung eines Schiffsmanns verbotene Waaren fanden. Mot. S. 247. Vergl. Art. 514. 564. Abs. 4. und Art. 565.

8) Diese Befugniß ist nicht selbstverständlich, sofern die Güter einem Dritten gehören, und mußte deshalb ausdrücklich dem Schiffer verliehen werden. Der Antrag, auch abgesehen von jeder Gefahr dem Schiffer dieses Recht einzuräumen, wurde wegen möglicher Chikanen abgelehnt. Prot. S. 1974.

getroffen ist, erst nach Beendigung der Reise oder bei der Abdankung [9]) zu zahlen, wenn diese früher erfolgt.

Ob und inwieweit vor dem Antritt und während der Reise Vorschußzahlungen und Abschlagszahlungen zu leisten sind, bestimmen die Landesgesetze und in deren Ermangelung der Ortsgebrauch des Heimathshafens.

Artikel 537.

Der Schiffsmann darf den Schiffer vor einem fremden Gericht nicht belangen.[10]) Handelt er dieser Bestimmung zuwider, so ist er nicht allein für den daraus entstehenden Schaden verantwortlich, sondern er wird außerdem der bis dahin verdienten Heuer verlustig.[11])

Er kann in Fällen, die keinen Aufschub leiden, die vorläufige Entscheidung des Landeskonsuls oder desjenigen Konsuls, welcher dessen Ge-

---

9) Der Ausdruck „Abdankung" trifft sowohl den Fall, wenn der Schiffsmann ohne seinen Antrag entlassen wird, als den, wenn er seine Entlassung nimmt. Prot. 3836. 3837. — Der Grundsatz, daß die Zahlung der Heuer erst nach Beendigung der Reise oder bei der Abdankung erfolgt, ist schon wegen Erhaltung der Disziplin an Bord unentbehrlich, und auch in den ältesten Seerechten enthalten. Rücksichtlich der Vorschuß- und Abschlagszahlungen aber (zur Anschaffung der nöthigen Effekten, Unterhalt der Familie ꝛc.) gehen die Seerechtsgesetzgebungen sehr auseinander. Diese Verschiedenheit ist durch die Mannigfaltigkeit der örtlichen Verhältnisse der einzelnen Seeplätze bedingt. So nothwendig auch eine gesetzliche Regelung dieser Ausnahmen ist, damit der Schiffer wisse, wieviel er auszahlen dürfe ohne dem Rheder im Falle des Verlustes des Schiffs verantwortlich zu werden und die Mannschaft erfahre, wieviel sie zu fordern berechtigt sei, so erscheint es doch unthunlich hierfür in den allgemeinen Gesetzgebungen das Erforderliche zu bestimmen. Prot. S. 1975. Vergl. zu diesem Artikel das Einf.-Ges. Art. 56. §. 1.

10) Mit dem Bedürfnisse des Handelsverkehrs und der Disziplin ist es unverträglich, daß während der Reise etwaige Streitigkeiten zwischen dem Schiffer und der Schiffsmannschaft im Rechtswege ausgetragen werden. Der Rechtsweg während der Reise ist ausgeschlossen, sowohl wenn diese Streitigkeiten, wie der Pr. Entw. (Art. 452.) vorschrieb, die Auszahlung der Heuer, die Zahlung von Entschädigungen oder von Pflege- und Reisegeldern, oder die Entlassung aus dem Schiffsdienste betreffen, als auch wenn die Ausübung der Disziplinargewalt Gegenstand des Streits ist. Grade für den letzteren Fall ist die im Gesetze getroffene Bestimmung besonders praktisch; man meinte, daß wenn der Schiffer zu befürchten habe, wegen Ausübung seiner Gewalt von der Mannschaft in jedem Hafen belangt und dadurch vielleicht wochenlang aufgehalten zu werden, seine Disziplinargewalt völlig illusorisch gemacht werde. Wo ein kriminalrechtliches Einschreiten indizirt sei, würden die auswärtigen Behörden von Amtswegen das Erforderliche veranlassen. Auch der während der Reise entlassene Schiffsmann kann vor Beendignng derselben den Schiffer gerichtlich nicht belangen; es würden sonst alle diejenigen Nachtheile eintreten, wegen deren man die Bestimmung dieses Artikels für nothwendig erachtet hat, zumal ein Seemann es leicht durch sein Betragen dahin bringen kann, daß ihn der Schiffer entläßt. Mot. S. 248. Prot. S. 1978. 1979.

11) Die Androhung eines Präjudizes für den Uebertretungsfall ist erforder-

schäfte zu versehen berufen ist, und in Ermangelung eines solchen die des Konsuls eines anderen Deutschen Staates nachsuchen.[12])

Jeder Theil hat die Entscheidung des Konsuls einstweilen zu befolgen, vorbehaltlich der Befugniß, nach Beendigung der Reise seine Rechte vor der zuständigen Behörde geltend zu machen.

Artikel 538.

Der Schiffsmann ist verpflichtet, während der ganzen Reise einschließlich etwaiger Zwischenreisen bis zur Beendigung der Rückreise im Dienste zu verbleiben, wenn in dem Heuervertrage nicht ein Anderes bestimmt ist.[13])

Endet die Rückreise nicht in dem Heimathshafen, so hat er Anspruch auf freie Zurückbeförderung (Artikel 517.) nach dem Hafen, wo er geheuert worden ist, und auf Fortbezug der Heuer während der Reise oder nach seiner Wahl auf eine entsprechende Vergütung.

Artikel 539.

Ist nach Beendigung der Ausreise eine Zwischenreise beschlossen oder ist eine Zwischenreise beendigt, so kann der Schiffsmann seine Entlassung fordern, wenn seit dem Dienstantritt zwei oder drei Jahre verflossen sind, je nachdem das Schiff in einem Europäischen oder in einem nichteuropäischen Hafen sich befindet.[14]) Bei der Entlassung ist dem Schiffsmann die bis dahin verdiente Heuer, nicht aber eine weitere Vergütung zu zahlen.

Die Entlassung kann nicht gefordert werden, sobald die Rückreise angeordnet ist.

---

lich, weil sonst die Absicht des Gesetzes nicht mit Sicherheit zu erreichen ist; denn es ist zweifelhaft, ob die auswärtigen Gerichte dem Schiffer überall eine Einrede aus diesem Artikel zugestehen werden. Prot. S. 1980.

12) Die provisorische Entscheidung kommt in zweiter Reihe dem Konsul, welcher die Geschäfte des Landeskonsuls zu versehen berufen ist, zu. Maßgebend war für diese Vorschrift die Erwägung, daß es den Interessen einzelner Staaten vielleicht mehr entsprechen könnte in Staatsverträgen den Schutz ihrer Unterthanen im Auslande an solchen Orten, wo sie keinen eignen Konsul hätten oder dieser nicht anwesend wäre, dem Konsuls eines bestimmten andern Staats, namentlich auch einer fremden Seemacht anzuvertrauen, als einem anderen deutschen Konsul.

Gegen die in dritter Linie stehende Entscheidung durch den Konsul eines andern deutschen Staates wurde eingewendet, daß Bestimmungen dieser Art fast der Einführung eines allgemeinen deutschen Konsulats gleichkämen. Man erachtete es jedoch für erforderlich, daß nachdem der Schiffsmannschaft im Auslande der Rechtsweg abgeschnitten sei, man so umfassend als möglich eine provisorische Entscheidung der Differenzen herbeiführen müsse, um die Mannschaft nicht schutzlos zu stellen. Schon jetzt seien die Konsule fast aller deutschen Staaten angewiesen, ihren Schutz event. auch den Angehörigen anderer deutscher Staaten angedeihen zu lassen. Prot. S. 1981.

13) — z. B. wenn der Schiffsmann für einen bestimmten Zeitraum oder eine bestimmte Reise angenommen ist. Prot. S. 1983.

14) Intempestive Entlassungsgesuche der Mannschaft sind möglichst zu be-

Artikel 540.

Der vorstehende Artikel findet keine Anwendung, wenn der Schiffsmann für eine längere Zeit sich verheuert hat.

Die Verheuerung auf unbestimmte Zeit oder mit der allgemeinen Bestimmung, daß nach Beendigung der Ausreise der Dienst für alle Reisen, welche noch beschlossen werden möchten, fortzusetzen sei, wird als eine Verheuerung auf längere Zeit nicht angesehen.

Artikel 541.

In allen Fällen, in welchen ein Schiff länger als zwei Jahre auswärts verweilt, tritt in Ermangelung einer anderweitigen Abrede für den seit der Ausreise im Dienste befindlichen Schiffsmann eine Erhöhung der Heuer ein, wenn diese nach Zeit bedungen ist.[15])

Das Maaß der Erhöhung bestimmen die Landesgesetze.

Einf.-Ges. Art. 56. Ueber die Rechte des Schiffsmannes in Ansehung der Heuer wird zur Ergänzung der Artikel 536. und 541. des Handelsgesetzbuchs Folgendes verordnet:

§. 1.[16])

Wenn nach Beendigung der Ausreise eine oder mehrere Zwischenreisen unternommen werden, so kann der Schiffsmann, sobald sechs Monate seit dem Antritt der Ausreise abgelaufen sind, in dem ersten Hafen, welchen das Schiff anläuft, sofern es darin ganz oder zum größeren Theile gelöscht wird,[17]) die Auszahlung der Hälfte der bis dahin verdienten Heuer verlangen. Die Zahlung muß nach

---

seitigen; dieselbe darf daher nie anders als nach Vollendung der laufenden Reise ihre Entlassung fordern. Darüber, wann eine bestimmte Reise ihr Ende erreicht, wird wohl kaum ein Zweifel bestehen. Niemand wird das Ende in einem Anlaufen eines Hafens finden, in welchem ein Theil der Ladung eingenommen oder gelöscht wird; häufig wird man aber dann die Reise als vollendet ansehen, wenn das Schiff eine ganz andere, als die ursprünglich bestimmte Richtung einschlägt. — Die Fristen für die Entlassung der Mannschaft sind ebenso bestimmt wie die für Entlassung des Schiffers, um durch fernere Unterscheidungen das Gesetz nicht zu komplizirt zu machen. — Vergl. Art. 521. Prot. S. 2019 bis 2023. 1983. 1984.

15) Ist die Heuer in Bausch und Bogen verabredet, so steht der Schiffsmannschaft für eine durch Verschulden des Schiffers oder Rheders herbeigeführte Verlängerung oder Verzögerung der Reise ein Entschädigungsanspruch zu. Prot. S. 2001. 2002.

16) Diese Vorschrift bildet das Gegengewicht zu dem wichtigen Prinzipe, welches Art. 538. des Handelsgesetzbuchs enthält. Man kann diese Bestimmung und die der Art. 536. u. 453. a. a. O. nicht in Geltung setzen ohne zugleich durch das Gesetz ein Recht des Schiffsmanns auf Abschlagszahlungen und auf Erhöhung der Heuer in ausgiebiger Weise festzustellen. Mot. zum Einf.-Gesetz S. 72.

17) Da der Schiffsmann befugt ist baare Zahlung zu verlangen, so würde der Schiffer in vielen Fällen außer Stande sein, den Ansprüchen zu genügen, wenn diese in jedem Hafen, welchen das Schiff anläuft, erhoben werden könnten. Mot. z. Einf.-Ges. S. 72.

seiner Wahl entweder baar oder mittelst einer Anweisung auf den Rheder erfolgen, welche zwei Tage nach Sicht zahlbar ist.[18])

In gleicher Weise ist der Schiffsmann, sobald sechs Monate seit der früheren Auszahlung abgelaufen sind, die Auszahlung der Hälfte der seit der früheren Auszahlung verdienten Heuer zu fordern berechtigt.

§. 2.[19])

Die in dem Artikel 541. des Handelsgesetzbuchs vorgeschriebene Erhöhung der nach Zeit bedungenen Heuer beträgt von dem Beginn des dritten Jahres an ein Fünftel, von dem Beginn des vierten Jahres an ein ferneres Fünftel des in dem Heuervertrag festgesetzten Betrages; Leichtmatrosen rücken mit Beginn des dritten Jahres in die Heuer der Vollmatrosen, Schiffsjungen in die Heuer der Leichtmatrosen, in beiden Fällen unter Hinzurechnung der vorerwähnten Erhöhung.

Artikel 542.

Der Heuervertrag endet, wenn das Schiff durch einen Zufall dem Rheder verloren geht,[20]) insbesondere

wenn es verunglückt,

wenn es als reparaturunfähig oder reparaturunwürdig kondemnirt (Artikel 444.) und in dem letzteren Falle ohne Verzug öffentlich verkauft wird,

wenn es geraubt wird,

wenn es aufgebracht oder angehalten und für gute Prise erklärt wird.

Dem Schiffsmann gebührt alsdann nicht allein die verdiente Heuer, sondern auch freie Zurückbeförderung[21]) nach dem Hafen, wo er geheuert

---

18) Dem Schiffer ist oft mit einer Anweisung auf die Rhederei gedient, wenn er an seine zurückgelassene Familie Geld zu schicken hat. Der Rhederei erwächst daraus keine Mehrausgabe; die Wahl zwischen Baarzahlung und Anweisung ist deshalb dem Schiffsmann gegeben. Mot. S. 248.

19) In der Erhöhung der Heuer der Mannschaft und dem Aufrücken der niederen Grade in die höheren wird ein besonderer Antrieb für die Mannschaft liegen, von dem Rechte, nach 2 resp. 3 Jahren ihre Entlassung zu fordern, keinen Gebrauch zu machen. Mot. z. Einf.-Ges. S. 72. Mot. S. 249.

20) Durch einen zufälligen Verlust des Schiffs hört von selbst das Vertragsverhältniß zwischen dem Rheder und dem Schiffsmann auf, ohne daß es einer Willenserklärung des Schiffers oder Rheders bedarf. Wäre der Untergang des Schiffs nur ein Entlassungsgrund und keine Erlöschungsart des Vertrags, so würde die Mannschaft, selbst wenn sie ganz auseinander gesprengt wäre, bis zur förmlichen Entlassung Anspruch auf die Heuer haben. — Trotz der Erlöschung des Vertrags bleibt der Schiffsmann noch nach Beendigung des Vertrags zu einzelnen Dienstleistungen verpflichtet. Mot. S. 243. Prot. S. 1986 bis 1988. 3840. — Ueber den Einfluß des Verlustes des Schiffs auf die Rechte und Pflichten des Schiffers vergleiche Artikel 526. und Note 127. zu diesem Artikel.

21) Ob der Schiffsmann verpflichtet ist, auf dem zur Rückreise bestimmten Schiffe die seinem Range entsprechenden Arbeiten zu verrichten, und ob er hierfür den Fortbezug der früheren Heuer verlangen kann, ist streitig. Für den Fortbezug der früheren Heuer wurde geltend gemacht, daß es unbillig sei, der Schiffs-

worden ist, oder nach Wahl des Schiffers[22]) eine entsprechende Vergütung.

Er bleibt verbunden, bei der Bergung gegen Fortbezug der Heuer Hülfe zu leisten und bei der Verklarung gegen Zahlung der etwa erwachsenden Reise- und Versäumnißkosten mitzuwirken. Für diese Kosten haftet der Rheder persönlich, im Uebrigen haftet er nur nach Maaßgabe des Artikels 453.[23])

Artikel 543.

Der Schiffer kann den Schiffsmann, abgesehen von den in dem Heuervertrage bestimmten Fällen, vor Ablauf der Dienstzeit entlassen:

1) so lange die Reise noch nicht angetreten ist, wenn der Schiffsmann zu dem Dienste, zu welchem er sich verheuert hat, untauglich ist; wird die Untauglichkeit erst später entdeckt, so ist der Schiffer befugt, den Schiffsmann, mit Ausschluß des Steuermannes, im Range herabzusetzen und seine Heuer verhältnißmäßig zu verringern;[24])
2) wenn der Schiffsmann eines groben Dienstvergehens, insbesondere

---

mannschaft Dienste ohne entsprechende Vergütung zuzumuthen: gegen denselben, daß der Kapitain eines fremden Schiffs gewöhnlich mit voller Mannschaft versehen sei und sich deshalb wohl zur Rückbeförderung jener Schiffsleute, falls dieselben angemessene Dienste zu leisten verpflichtet seien, nicht aber zur Zahlung von Heuer verstehen werde. Es genüge, wenn der Schiffsmann ohne selbst Kosten aufwenden zu müssen nach Hause gebracht werde, wenn er auch die seinen Lebensverhältnissen angemessene Arbeit zu verrichten habe. Prot. S. 3841.

22) Nach den Beschlüssen erster Lesung war die Wahl dem Schiffer oder Rheder überlassen. Die Worte „oder Rheder" wurden aber bei der zweiten Lesung gestrichen, weil auch ohne ausdrückliche Bestimmung dem Rheder das Wahlrecht zustehe, und weil durch Beibehaltung dieser Worte der Nachtheil entstehen könne, daß die Entscheidung der Sache durch den Vorwand hingehalten werde, es müsse zuerst die Willensmeinung des Rheders eingeholt werden. Prot. S. 3840.

23) Für die Heuer, welche für Hülfeleistung nach Untergang des Schiffs zu zahlen ist, haftet der Rheder nach dem Vorgange anderer Gesetzgebungen nur mit der fortune de mer, für die durch die Verklarung entstehenden Reise- und Versäumnißkosten auch mit der fortune de terre. Für die letztere Bestimmung waren folgende Erwägungen maßgebend: Man könne der Mannschaft nicht zumuthen, nachdem sie durch den Untergang des Schiffs schon große Verluste erlitten habe, noch auf eigene Kosten eine Reise zum Orte der Verklarung zu machen und sich dort zu verköstigen; die der Mannschaft zu entrichtenden Kosten würden als Kosten der Verklarung oft bei der Havariegrosse vergütet werden; endlich werde die Mannschaft kaum anders als gegen Bezahlung dieser Kosten zur Verklarung zu bringen sein; ein Zwang hierzu sei faktisch nicht ohne Bezahlung, ja sogar nicht ohne Vorschuß der Reisekosten möglich. — Diese Haftbarkeit des Rheders tritt auch gegenüber dem Schiffer ein, wenn dieser, um die Verklarung zu ermöglichen, der Mannschaft die betreffenden Kosten vorgeschossen hat. Prot. S. 1989.

24) Wenn das Schiff einmal die Reise angetreten hat, so würde die Entlassung eines selbst ganz unbrauchbaren Seemanns im Auslande für ihn eine zu große Härte enthalten; der Schiffer mag vor der Abreise die Verwendbarkeit seiner Mannschaft prüfen. Als Korrektiv der Pflicht, unfähige Leute bis zur Rück-

des wiederholten Ungehorsams oder der fortgesetzten Widerspenstigkeit, der Schmuggelei oder einer mit schwerer Strafe bedrohten Handlung sich schuldig macht;[25])

3) wenn der Schiffsmann mit einer syphilitischen Krankheit behaftet ist,[26]) oder wenn er durch eine unerlaubte Handlung eine Krankheit oder Verwundung sich zuzieht, welche ihn arbeitsunfähig macht;[27])

4) wenn die Reise, für welche der Schiffsmann geheuert war, wegen Krieg, Embargo oder Blokade, oder wegen eines Ausfuhr- oder Einfuhrverbots, oder wegen eines anderen Schiff oder Ladung betreffenden Zufalls nicht angetreten oder fortgesetzt werden kann.[28])

Artikel 544.

Dem Schiffsmann gebührt in den Fällen der Ziffer 1. bis 3. des Artikels 543. nicht mehr als die verdiente Heuer; in den Fällen der Ziffer 4. hat er, wenn er nach Antritt der Reise entlassen wird, nicht allein auf die verdiente Heuer, sondern auch auf freie Zurückbeförderung (Ar-

---

kehr in die Heimath an Bord zu behalten, ist dem Schiffer resp. Rheder das Recht der Degradation eingeräumt. In Betreff der Steuerleute erscheint es nicht angemessen, daß ein von der hierzu bestellten Behörde geprüfter Steuermann hinterher vom Schiffer als nicht qualifizirt bezeichnet werde. Es ist noch in Betracht zu ziehen, daß der Schiffer dem Steuermann gegenüber am meisten versucht sein kann, seine Gewalt rücksichtslos und vielleicht in ungerechtfertigter Weise geltend zu machen. — Wenn nicht die Qualifikation des Steuermanns, sondern seine persönlichen Eigenschaften, als Trunkfälligkeit, Schlafsucht u. s. w. bemängelt werden, so bleibt dem Schiffer vermöge des ihm zustehenden Kommandos auf dem Schiffe noch immer das Recht, den Steuermann ganz außer Funktion zu setzen. Prot. S. 1990—1992. — Vergl. ALR. §§. 1543. 1544.

25) Nicht jede strafrechtliche Handlung des Schiffsmanns, sondern nur eine solche, welche ein ferneres Verbleiben des Thäters an Bord und ein ferneres Zusammenleben mit ihm bedenklich erscheinen läßt, rechtfertigt die Entlassung. — In den Fällen der Ziffer 2. kann die Entlassung auch im Auslande erfolgen, gleichviel ob die Mannschaft auf bestimmte oder unbestimmte Zeit angenommen ist. Prot. S. 1992—1993.

26) Jede Syphilis eines Schiffsmanns, gleichviel wie sie entstanden, ist ein Grund zur Entlassung des damit Behafteten, weil selbst ein geringer Grad dieser Krankheit bei dem Zusammenleben auf dem Schiff nachtheilig, das Verschulden schwer nachzuweisen ist, und ohne ein solches die Krankheit selten entsteht. Prot. S. 1994. vgl. ALR. §. 1545.

27) Mit den durch unerlaubte Handlungen herbeigeführten Krankheiten oder Verwundungen sollen vorzüglich diejenigen Uebel bezeichnet werden, welche der Seemann bei Schlägereien erhalten hat, insbesondere nachdem er das Schiff ohne Erlaubniß verlassen hatte. Prot. S. 1994.

28) Diese Bestimmung findet nur Anwendung, wenn der Schiffsmann zu der Reise bestimmt angenommen oder auf unbestimmte Zeit engagirt, aber zur Reise beordert ist, während die Vorschriften der Ziffern 1—3 auf alle Fälle der Anstellung sich beziehen. Vgl. Art. 517. — Prot. S. 1995.

tikel 517.) nach dem Hafen, wo er geheuert worden ist, oder nach Wahl des Schiffers auf eine entsprechende Vergütung Anspruch.[29])

Die Landesgesetze, welche den Schiffsmann in Fällen der Pflichtverletzung (Ziffer 2.) mit Verlust der verdienten Heuer bedrohen, werden durch die vorstehende Bestimmung nicht berührt.[30])

Den Landesgesetzen bleibt auch vorbehalten, noch aus anderen als den im Artikel 543. angeführten Gründen die unfreiwillige Entlassung des Schiffsmannes ohne Entschädigung oder gegen theilweise Entschädigung zu gestatten.[31])

Artikel 545.

Der für eine Reise[32]) geheuerte Schiffsmann, welcher aus anderen als den in den Artikeln 543. und 544. erwähnten Gründen vor Ablauf des Heuervertrages entlassen wird, behält, wenn die Entlassung vor Antritt der Reise erfolgt, als Entschädigung die etwa empfangenen Hand- und Vorschußgelder[33]), soweit dieselben den üblichen Betrag nicht übersteigen.

Sind Hand- und Vorschußgelder nicht gezahlt, so hat er als Entschädigung die Heuer für einen Monat zu fordern.

Ist die Entlassung erst nach Antritt der Reise erfolgt, so erhält er außer der verdienten Heuer noch die Heuer für zwei oder vier Monate, je nachdem er in einem Europäischen oder in einem nichteuropäischen Hafen entlassen ist, jedoch nicht mehr als er erhalten haben würde, wenn er erst nach Beendigung der Reise entlassen worden wäre.

Außerdem hat er Anspruch auf freie Zurückbeförderung (Artikel 517.) nach dem Hafen, wo er geheuert worden ist, oder nach Wahl des Schiffers[34]) auf eine entsprechende Vergütung.

Artikel 546.

Ist die Heuer in Bausch und Bogen bedungen, so wird die verdiente

---

29) Vgl. ALR. §§. 1569. ff.

30) Vergl. Gesetz zur Aufrechterhaltung der Mannszucht auf den Seeschiffen vom 31. März 1841. §. 16.

31) Die Preuß. Gesetzgebung hat bisher von diesem Vorbehalte keinen Gebrauch gemacht; vergl. Note 47. zu Art. 556.

32) Dies ist der gewöhnliche Fall. — Ist der Schiffsmann für eine bestimmte Zeit oder auf Lebenszeit angenommen, so ist die Entschädigung nach allgemeinen Rechtsgrundsätzen zu bemessen. Prot. S. 2001.

33) Der Schiffsmann hat, wenn diese selbst weniger als eine Monatsheuer betragen, keinen Anspruch auf eine größere Entschädigung; bei kleineren Reisen wird mit Rücksicht auf die Kürze der Reise bisweilen nur ein geringeres Handgeld gezahlt. Prot. S. 3844. Vgl. ALR. §§. 1552. 1553. 1567. ff.

34) Ein Seemann findet bei seiner Entlassung leicht wieder eine andere Stelle; stände ihm die Wahl zwischen Rückbeförderung oder Entschädigung für dieselbe zu, so würde er der Regel nach das Letztere wählen. Das Wahlrecht ist deshalb dem Schiffer resp. Rheder anvertraut. Will der Schiffsmann nicht zurückbefördert sein, so fällt dieser Theil seiner Ansprüche fort. Prot. S. 1997 bis 1999.

Heuer (Artikel 537. 539. 542. 544. 545.) und die ein-, zwei- oder viermonatliche Heuer (Artikel 545.) nach Anleitung des Artikels 519. berechnet.

Artikel 547.

Der Schiffsmann kann seine Entlassung fordern, wenn sich der Schiffer einer groben Verletzung seiner ihm gegen denselben obliegenden Pflichten, insbesondere durch schwere Mißhandlung oder durch grundlose Vorenthaltung von Speise und Trank schuldig macht.[35])

Der Schiffsmann, welcher aus einem solchen Grunde seine Entlassung nimmt, hat dieselben Ansprüche, welche für den Fall des Artikels 545. bestimmt sind.[36])

Die Landesgesetze können bestimmen, ob und aus welchen anderen Gründen dem Schiffsmann das Recht, die Entlassung zu fordern, außerdem noch zustehe.[37])

In einem anderen Lande darf der Schiffsmann, welcher seine Entlassung fordert, nicht ohne Genehmigung des zuständigen Konsuls (Artikel 537.) den Dienst verlassen.

Artikel 548.[38])

Falls der Schiffsmann nach Antritt der Reise erkrankt oder verwundet wird, so trägt der Rheder die Kosten der Verpflegung und Heilung:

1) wenn der Schiffsmann wegen der Krankheit oder Verwundung die Reise

---

35) Es macht hierbei keinen Unterschied, ob der Schiffsmann in diesem Falle für bestimmte Zeit, für eine bestimmte Reise oder für unbestimmte Zeit angenommen ist. Prot. S. 3844.

36) Es ist streitig, ob der auf bestimmte Zeit angenommene Schiffsmann ein weitergehendes Interesse zu liquidiren befugt, und die hier festgestellte Entschädigung demgemäß nur als Minimum des Anspruchs zu betrachten ist. Prot. S. 3844. 3845.

37) Die Preuß. Gesetzgebung hat bisher von diesem Vorbehalte keinen Gebrauch gemacht. Vgl. Note 47 zu Art. 556. — Aus allgemeinen Grundsätzen des Rechts folgt, daß ein Schiffsmann, welcher sich für eine fest bestimmte Zeit verheuert hat, die Entlassung fordern darf, wenn eine ganz andere Reise gemacht werden soll, da hierdurch der Vertragsgegenstand gänzlich verändert werden würde. Die ausdrückliche Erwähnung eines solchen Entschädigungsgrundes ist vermieden worden um nicht die Mannschaft zu verleiten, in ungeeigneten Fällen dieses Recht geltend zu machen und hierdurch viele unnütze Streitigkeiten zu veranlassen. Prot. S. 2007.

38) Das Rechtsverhältniß der Schiffsmannschaft unterscheidet sich von dem des Gesindes wesentlich dadurch, daß die Schiffsleute zu gesundheits- und lebensgefährlichen Diensten verpflichtet sind, während dies rücksichtlich des Gesindes nicht der Fall ist. Solchen gesteigerten Obliegenheiten der Mannschaft entspricht auch eine weitergehende Pflicht des Dienstherrn, für eingetretene Beschädigung auch nach Beendigung des Heuervertrages Vergütigung zu gewähren. Eine liberale Festsetzung der letzteren ist aus handelspolitischen Rücksichten erforderlich. — Das Gesetz macht keinen Unterschied, ob der Schiffsmann sich die Krankheit bei Ausübung des Dienstes selbst oder außerdem zugezogen hat, und ob eigenes Ver-

nicht antritt, bis zum Ablauf von drei Monaten seit der Erkrankung oder Verwundung;

2) wenn er die Reise antritt und mit dem Schiffe nach dem Heimathshafen oder dem Hafen, wo er geheuert worden ist, zurückkehrt, bis zum Ablauf von drei Monaten seit der Rückkehr des Schiffs;

3) wenn er die Reise antritt und mit dem Schiffe zurückkehrt, die Rückreise des Schiffs jedoch nicht in einem der genannten Häfen endet, bis zum Ablauf von sechs Monaten seit der Rückkehr des Schiffs;

4) wenn er während der Reise am Lande zurückgelassen werden mußte, bis zum Ablauf von sechs Monaten seit der Weiterreise des Schiffs.

Auch gebührt dem Schiffsmann in den beiden letzteren Fällen freie Zurückbeförderung (Artikel 517.) nach dem Hafen, wo er geheuert worden ist, oder nach Wahl des Rheders eine entsprechende Vergütung.

Artikel 549.

Die Heuer bezieht der erkrankte oder verwundete Schiffsmann:

wenn er die Reise nicht antritt, bis zur Einstellung des Dienstes;
wenn er die Reise antritt und mit dem Schiffe zurückkehrt, bis zur Beendigung der Rückreise;
wenn er während der Reise am Lande zurückgelassen werden mußte, bis zu dem Tage, an welchem er das Schiff verläßt.

Ist der Schiffsmann bei Vertheidigung des Schiffs beschädigt, so hat er überdies auf eine angemessene, erforderlichenfalls von dem Richter zu bestimmende Belohnung Anspruch.[39])

Artikel 550.

Auf den Schiffsmann, welcher die Krankheit oder Verwundung durch eine unerlaubte Handlung sich zugezogen hat oder mit einer syphilitischen Krankheit behaftet ist, finden die Artikel 548. und 549. keine Anwendung.

Artikel 551.

Stirbt der Schiffsmann nach Antritt des Dienstes, so hat der Rheder die bis zum Todestage verdiente Heuer (Artikel 546.) zu zahlen[40]) und

---

schulden des Erkrankten mitunterlaufen ist oder nicht. Dergleichen Unterscheidungen sind, wie man meinte, nicht durchführbar und innerlich nicht begründet. Mot. S. 250. Prot. S. 2010—2012. — Das ALR. (§§. 1554—1561.) machte derartige Unterscheidungen. — In Betreff der Entschädigung des Schiffers bei Erkrankungen vergl. Art. 523.

39) Zur Begründung dieser Bestimmung ist angeführt worden:
Zum Waffendienste verpflichte sich die Mannschaft im Heuervertrage nicht. Leiste sie denselben dennoch, so sei es billig, daß ihr für solche außerordentliche Dienstleistungen eine außerordentliche Belohnung gegeben werde. Es solle hierdurch nicht dem Rheder die Ernährung der arbeitsunfähig gewordenen Seeleute und deren Familien aufgebürdet, sondern dem Schiffsmann und dessen Angehörigen eine angemessene, ein für allemal zu leistende Belohnung, die der ersten Noth zu steuern geeignet sei, gewährt werden. Prot. S. 2014.

40) Durch diese Vorschrift wird der in mehreren Seerechten enthaltenen Be-

die Beerdigungskosten zu tragen. Wird der Schiffsmann bei Vertheidigung des Schiffs getödtet, so hat der Rheder überdies eine angemessene, erforderlichenfalls von dem Richter zu bestimmende Belohnung[41]) zu entrichten.

Soweit der Nachlaß des während der Reise verstorbenen Schiffsmannes an Bord sich befindet, hat der Schiffer für die Aufzeichnung und die Aufbewahrung, sowie erforderlichenfalls für den Verkauf des Nachlasses Sorge zu tragen.[42])

Artikel 552.

Auf die in den Artikeln 548. 549. und 551. bezeichneten Forderungen findet die Vorschrift des Artikels 453. gleichfalls Anwendung.

Artikel 553.

Den Landesgesetzen bleibt vorbehalten, die Voraussetzungen zu bestimmen, ohne welche kein Schiffsmann wider seinen Willen in einem anderen Lande zurückgelassen werden darf, sowie das Verfahren zu regeln, welches der Schiffer im Falle einer solchen Zurücklassung einhalten muß.[43])

Artikel 554.

Personen, welche, ohne zur Schiffsmannschaft zu gehören, auf einem Schiff als Maschinisten, Aufwärter oder in anderer Eigenschaft[44]) angestellt sind, haben, sofern nicht durch Vertrag ein Anderes bestimmt ist, dieselben Rechte und Pflichten,[45]) welche in diesem Titel in Ansehung der Schiffsmannschaft festgesetzt sind.

Es macht hierbei keinen Unterschied, ob sie von dem Schiffer oder Rheder angenommen worden sind.

---

stimmung, daß den Erben des Verstorbenen die Heuer des ganzen Sterbemonats gebührt, entgegengetreten, und zugleich die Frage entschieden, ob in dem Falle, wenn die Heuer in Bausch und Bogen bedungen ist, der vor Vollendung der Reise verstorbene Schiffsmann überhaupt schon etwas verdient hat. Prot. S. 2024. 2025. — Der Schiffsmann kann über die zu zahlende Heuer auch letztwillig verfügen.

41) Das ALR. (§§. 1564. 1565.) bestimmte die Höhe der Belohnung.

42) Durch Vernachlässigung dieser Vorschriften macht sich der Schiffer den Interessenten gegenüber verantwortlich. Mot. S. 252. Prot. S. 2025.

43) Die Preuß. Gesetzgebung hat von diesem Vorbehalte bisher keinen Gebrauch gemacht. Vgl. Note 47. zu Art. 556.

44) — z. B. als Schiffsärzte. Diese brauchen nicht jede vom Kapitain ihnen übertragene Arbeit zu verrichten. Dies folgt schon daraus, daß vertragsmäßige Abänderungen des Gesetzes vorbehalten sind und eine solche Aenderung in dem Anstellungsvertrage der Schiffsärzte zu finden sein wird. Prot. 3846.

45) Die Stellung und die Dienstleistungen dieser Personen sind für die Seefahrt nicht minder bedeutend als die der Schiffsmannschaft, und die Haftung des Rheders für ihr Verschulden dieselbe als für das Versehen der Schiffsmannschaft. — Ist verabredet, daß der Maschinist nicht vom Schiffer entlassen werden könne, so hat dies nur die Bedeutung, daß ihm bei jeder Beeinträchtigung seiner vertragsmäßigen Rechte volle Entschädigung zu Theil werden muß. — Ist über das Disziplinarverhältniß keine ausdrückliche Abrede getroffen, so ist auch der Maschinist ungeachtet der stipulirten Unabsetzbarkeit der Disziplin des Schiffers unterworfen. Prot. S. 2921. Mot. S. 252.

Artikel 555.

Der dem Schiffsmann als Lohn zugestandene Antheil an der Fracht oder an dem Gewinn wird als Heuer im Sinne dieses Titels nicht angesehen.[46])

Artikel 556.

Den Landesgesetzen bleibt vorbehalten, sowohl in Ansehung des im vorhergehenden Artikel erwähnten Lohnverhältnisses, als in anderen Beziehungen die Vorschriften dieses Titels zu ergänzen.[47])

Fünfter Titel.

Von dem Frachtgeschäft zur Beförderung von Gütern.

Artikel 557.

Der Frachtvertrag zur Beförderung von Gütern [1]) bezieht sich entweder

1) auf das Schiff im Ganzen oder einen verhältnißmäßigen Theil oder einen bestimmt bezeichneten Raum des Schiffs, oder
2) auf einzelne Güter (Stückgüter).

---

46) Dies Verhältniß ist im Ganzen selten, und kommt nur in einzelnen Häfen unter verschiedenen Modifikationen vor. In der Regel werden die allgemeinen Grundsätze genügen; nöthigenfalls können die Landesgesetze die erforderlichen ergänzenden Bestimmungen treffen. Prot. S. 2037.

47) Im Pr. Einf.-Ges. ist, abgesehen vom Art. 56., eine Ergänzung der Vorschriften dieses Titels nicht erfolgt, weil die erforderlichen Bestimmungen theils einen lokalen Charakter tragen, theils in das Gebiet der Schifffahrtspolizei fallen, und weil es deshalb zweckmäßiger schien, diese Gegenstände durch ein besonderes Gesetz zu regeln. Mot. z. Einf.-Ges. S. 70. 71.

1) Der Frachtvertrag ist eine Art des Miethsvertrages. Er gestaltet sich verschieden, je nachdem der Verfrachter nur den Transport eines bestimmten Guts auf seinem Schiffe übernimmt, oder dem Befrachter die Benutzung des Schiffs selbst zum Transport von Gütern oder Personen überläßt. Im ersteren Falle liegt ein Vertrag über Handlungen oder ein opus locatum vor, mit der Eigenthümlichkeit, daß nicht schlechtweg die Beförderung des Guts nach einem bestimmten Orte, sondern die Beförderung auf diesem Schiffe übernommen ist. Im letzteren Falle steht der Vertrag der Sachmiethe nahe. Er unterscheidet sich aber von der reinen Sachmiethe, auch abgesehen davon daß die Benutzung des Schiffs nur zu einem bestimmten Zweck, zu einer oder mehreren bestimmten Reisen gewährt wird, dadurch, daß hier die Sachmiethe stets noch mit einer Dienstmiethe verbunden ist. Denn der Verfrachter hat auch dann, wenn das Schiff im Ganzen verfrachtet ist,

Artikel 558.

Wird das Schiff im Ganzen oder zu einem verhältnißmäßigen Theil, oder wird ein bestimmt bezeichneter Raum des Schiffs verfrachtet, so kann jede Partei verlangen, daß über den Vertrag eine schriftliche Urkunde (Chartepartie) errichtet werde. [2])

Artikel 559.

In der Verfrachtung eines ganzen Schiffs ist die Kajüte nicht einbegriffen; es dürfen jedoch in dieselbe ohne Einwilligung des Befrachters keine Güter verladen werden. [3])

---

mit dem Schiffe den Schiffer und die Schiffsmannschaft zu stellen und deren Dienste zu gewähren. Mot. S. 253.

An die Unterscheidung zwischen diesen beiden Arten des Frachtvertrages knüpfen sich nicht unwesentliche praktische Folgen. Die Lehre von der Chartepartie, von der Fautfracht, von der Lage- und Ueberliegezeit, und andere wichtige Theile des die Schiffsverfrachtung betreffenden Abschnitts des Seerechts sind auf eine der beiden Arten von Verfrachtungsverträgen entweder überhaupt nicht, oder nur unter Modifikationen anwendbar.

Ob die Verfrachtung eines ganzen Schiffs mit der eines räumlich bestimmten oder eines verhältnißmäßigen Theils desselben gleichzustellen ist, erscheint nicht unbedenklich, da bei Verfrachtung des ganzen Schiffs letzteres den Dispositionen des Befrachters vollständig unterworfen ist, was bei Theilbefrachtungen nicht in demselben Maaße der Fall ist. Wenn es sich um kleine Theile handelt, ist die Gleichstellung noch bedenklicher. Es ist aber zu erwägen, daß die Verfrachtung sowohl eines räumlich, als eines verhältnißmäßig bestimmten Theils im Wege des Abschlusses von Chartepartien erfolgt, und somit rechtlich von der Stückladung unterschieden werden muß. Prot. S. 2042—2044.

Rücksichtlich des Transports von einzelnen Gütern unterschied der Pr. Entw. (Art. 466.) die Verfrachtung auf das Stück und Stückgüterladung je nachdem die Güter nach Umfang, Zahl, Maaß oder Gewicht angegeben werden, oder es einzelne in sich bestimmte Güter sind. Diese Terminologie wurde als bedenklich bei der Berathung des Gesetzes abgelehnt. Prot. S. 2043. 2045.

Der Fall, daß der Rheder die Benutzung seines Schiffs in der Art einem Anderen überlassen hat, daß nicht er selbst, sondern dieser den Schiffer und die Schiffsmannschaft stellt, ist hier unberücksichtigt gelassen, weil ein solcher Vertrag ein gewöhnlicher civilrechtlicher Miethsvertrag ist. Vgl. Art. 477.

2) Entsprechend dem im Handelsgesetzbuche durchgeführten Prinzipe ist abweichend vom ALR. (§. 1620. ff.) die Gültigkeit des Vertrages an keine Form gebunden; aus Nützlichkeitsgründen hat man jedoch jeder Partei das Recht eingeräumt, eine schriftliche Urkunde über alle Punkte des Vertrages zu verlangen. — Der Behauptung, daß Chartepartien nicht durch Indossament übertragen werden können, wurde in der Konferenz von einigen Mitgliedern widersprochen. Vergl. Art. 304. Prot. S. 2045—2048. — Der Ausdruck „Chartepartie" soll von charta partita d. h. getheiltes Papier herkommen, indem man in alten Zeiten den Kontrakt nicht in zwei Exemplaren ausfertigte, sondern zur größeren Sicherheit gegen Fälschungen das eine Exemplar der Kontraktsurkunde in zwei Hälften schnitt, von denen jeder Kontrahent eine erhielt. Kaltenborn, Seerecht Thl. I. S. 250.

3) Durch die Chartepartie erhält der Befrachter des ganzen Schiffs die Verfügung über alle Räumlichkeiten desselben. Selbstverständlich sind hiervon

Artikel 560.

Bei jeder Art von Frachtvertrag (Artikel 557.) hat der Verfrachter das Schiff in seetüchtigem Stande zu liefern.

Er haftet dem Befrachter für jeden Schaden, welcher aus dem mangelhaften Zustande des Schiffs entsteht, es sei denn, daß die Mängel aller Sorgfalt ungeachtet nicht zu entdecken waren. [4])

Artikel 561.

Der Schiffer hat zur Einnahme der Ladung das Schiff an den vom Befrachter oder, wenn das Schiff an Mehrere verfrachtet ist, von sämmtlichen Befrachtern ihm angewiesenen Platz hinzulegen.

Wenn die Anweisung nicht rechtzeitig erfolgt, oder wenn von sämmt-

---

diejenigen ausgenommen, welche wegen der Ausführung des Transports für andere Zwecke unentbehrlich sind. Dahin gehören unzweifelhaft: das Volkslogis, der Raum für Aufbewahrung des Proviants, des Tauwerks. Zweifelhaft kann es aber sein, ob dahin auch die Kajüte gehört, da sie nicht immer ganz für den Kapitain nöthig ist und nicht selten noch Raum für Unterbringung von Gütern darbietet. Deswegen ist eine ausdrückliche Bestimmung hierüber aufgenommen. — Durch die Vorschrift, daß ohne Einwilligung des Befrachters keine Güter in die Kajüte geladen werden dürfen, soll einer möglichen Konkurrenz des Schiffers oder eines Dritten mit demselben vorgebeugt werden. Prot. S. 2059. Vgl. Art. 514.

4) Der Rheder hat das Schiff nebst Zubehör so zu liefern, daß es die mit der kontrahirten Reise nach der Erfahrung und nach dem gewöhnlichen Laufe der Dinge verbundenen Gefahren und Beschwerden zu ertragen vermag. Ein Schiff kann tüchtig sein, um Kohlen aus England zu holen, aber vielleicht nicht dazu um Kupfererz von der Westküste Amerikas nach Europa zu transportiren. Durch die Vorschrift dieses Artikels soll dem Verfrachter nicht die Haftbarkeit für solche Mängel des Schiffs aufgebürdet werden, welche erst nach dem Augenblicke, in welchem es dem Befrachter zur Verfügung gestellt worden ist oder nach dem Antritt der Reise entstehen. — Die Anwendung der Sorgfalt eines ordentlichen Rheders befreit den Verfrachter nicht von der Verantwortlichkeit für den durch die Seeuntüchtigkeit des Schiffs entstandenen Schaden; es genügt also nicht zur Ausschließung der Haftbarkeit, daß er das Schiff durch Zimmerleute hat nachsehen, dichten und kalfatern lassen; er hat vielmehr, so weit dies im Bereiche der Möglichkeit liegt, rem ad usum habilem zu prästiren und deshalb nicht blos für sein eignes Versehen, sondern auch für die Versehen der verwendeten Zimmerleute einzustehen. Daß der Verfrachter die Absicht gehabt hat, auch für diejenigen Mängel zu haften, welche selbst bei der größten Aufmerksamkeit nicht zu entdecken gewesen sind, läßt sich aus dem gewöhnlichen Wortlaute der Chartepartien und dem Inhalte der Frachtverträge nicht folgern; die Ausführung des Transports ist das eigentliche Vertragsobjekt, das Schiff kommt mehr als Mittel zum Zweck in Betracht; demnach kann man nicht behaupten, daß der Verfrachter in einem dictum et promissum bestimmte Eigenschaften des Schiffs, als der das Vertragsobjekt bildenden Sache, verspricht und deshalb für die Seetüchtigkeit des Schiffs unbedingt verantwortlich ist. Mot. S. 255. Prot. S. 2060—2065. 3847. 3848. — Ob der Befrachter berechtigt ist, von dem Vertrage zurückzutreten oder eine verhältnißmäßige Herabsetzung der Frachtgelder zu fordern, falls das Schiff nicht die in der Chartepartie angegebene Größe hat, ist nach allgemeinen Sätzen des Civilrechts zu beurtheilen. Mot. S. 255. Prot. S. 2048—2059.

lichen Befrachtern nicht derselbe Platz angewiesen wird, oder wenn die Wassertiefe, die Sicherheit des Schiffs oder die örtlichen Verordnungen oder Einrichtungen die Befolgung der Anweisung nicht gestatten, so muß der Schiffer an dem ortsüblichen Ladungsplatz anlegen.

Artikel 562.

Sofern nicht durch Vertrag oder durch die örtlichen Verordnungen des Abladungshafens und in deren Ermangelung durch einen daselbst bestehenden Ortsgebrauch [5]) ein Anderes bestimmt ist, müssen die Güter von dem Befrachter kostenfrei bis an das Schiff geliefert, dagegen die Kosten der Einladung derselben in das Schiff von dem Verfrachter getragen werden. [6])

Artikel 563.

Der Verfrachter muß statt der vertragsmäßigen Güter andere, von dem Befrachter zur Verschiffung nach demselben Bestimmungshafen ihm angebotene Güter annehmen, wenn dadurch seine Lage nicht erschwert wird.

Diese Bestimmung findet keine Anwendung, wenn die Güter im Vertrage nicht blos nach Art oder Gattung, sondern speziell verzeichnet sind. [7])

---

5) Der Sinn dieses Ausdrucks umfaßt nicht blos diejenigen Uebungen eines Platzes, bei welchen die Voraussetzungen des Gewohnheitsrechts vorhanden sind, sondern auch diejenigen, welche gewöhnlich befolgt werden, ohne daß zugleich die Meinung herrscht, es müsse dies geschehen. (Opinio necessitatis). Vgl. Note 3. zu Art. 1. Prot. S. 3849.

6) Bei Schüttgütern ist es allgemeiner Gebrauch, daß sie vom Befrachter frei in das Schiff geliefert werden. Mot. S. 256.

7) Um dem Befrachter unter allen Umständen die Möglichkeit zu bieten, ohne wesentliche Gefährdung des Verfrachters Schaden von sich abzuwenden, ist ihm das Recht der Substitution einer andern Ladung eingeräumt. Diese Befugniß steht ihm aber nur zu, falls nicht aus dem Frachtvertrage die Absicht der Kontrahenten, daß gerade diese Waare und keine andere geladen werde, deutlich erhellt. Geht weder aus dem Vertrage, noch aus den Umständen eine solche Absicht klar hervor, so ist die Bezeichnung einer bestimmten Waare als nur demonstrationis causa beigefügt anzusehen. — Die Substitution einer andern Ladung braucht sich der Verfrachter auch dann nicht gefallen zu lassen, wenn seine Lage hierdurch in irgend welcher Weise (nicht nur in erheblicher Weise) erschwert werden würde. Eine solche Erschwerung ist z. B. vorhanden, wenn statt Getreide, Eisen oder Kohlen, die beide zu den beschwerlichsten Abladungen gehören, oder wenn statt einer Waare, die weniger Fracht zahlt, eine andere, für die mehr zu zahlen ist, verladen werden soll. Die Annahme von Gütern, bei welchen eine geringere Fracht hergebracht ist, darf der Verfrachter dann nicht verweigern, wenn der Befrachter die ganze bedungene Fracht zu zahlen bereit ist. — Der Verfrachter ist weder berechtigt, noch verpflichtet, eine ihm von dritten Personen angebotene Ladung anzunehmen, nachdem der Befrachter erklärt hat, er werde keine weitere Ladung liefern. Durch Abladungen Dritter würde in vielen Fällen eine Verzögerung entstehen, und könnte dem Befrachter eine ganz unerwünschte Konkurrenz gemacht werden. — Prot. S. 2151 bis 2159. 3854. 3855. 3981.

Artikel 564.

Der Befrachter oder Ablader, [8]) welcher die verladenen Güter unrichtig bezeichnet oder Kriegskontrebande oder Güter verladet, deren Ausfuhr oder deren Einfuhr in den Bestimmungshafen verboten ist, oder welcher bei der Abladung die gesetzlichen Vorschriften, insbesondere die Polizei-, Steuer- und Zollgesetze übertritt, wird, insofern ihm dabei ein Verschulden zur Last fällt, [9]) nicht blos dem Befrachter, sondern auch allen übrigen im ersten Absatz des Artikels 479. bezeichneten Personen für den durch sein Verfahren veranlaßten Aufenthalt und jeden anderen Schaden verantwortlich.

Dadurch, daß er mit Genehmigung des Schiffers gehandelt hat, wird seine Verantwortlichkeit den übrigen Personen gegenüber nicht ausgeschlossen.[10])

Er kann aus der Konfiskation der Güter keinen Grund herleiten, die Zahlung der Fracht zu verweigern.[11])

Gefährden die Güter das Schiff oder die übrige Ladung, so ist der Schiffer befugt, dieselben ans Land zu setzen oder in dringenden Fällen über Bord zu werfen.[12])

Artikel 565.

Auch derjenige, welcher ohne Wissen des Schiffers Güter an Bord bringt, ist nach Maaßgabe des vorigen Artikels zum Ersatze des daraus

---

8) Befrachter ist derjenige, welcher den Frachtvertrag schließt, Ablader derjenige, welcher thatsächlich die Ladung liefert. Letzterer kommt nur als Vertreter des Befrachters in Betracht. Prot. S. 2074. 2075. Vergl. Note 5. zu Art. 391.

9) Durch diesen Satz soll der Frage, wen die Beweislast trifft, ob den Befrachter oder den Beschädigten, in keiner Weise präjudizirt werden; es soll vielmehr von den näheren Umständen des Falls abhängen, ob der Beschädigte außer der Beschädigung das Verschulden des Beschädigers noch besonders nachzuweisen hat. Prot. S. 2082.

10) Zwischen den verschiedenen Befrachtern eines Schiffs bestehen zwar keine kontraktlichen Beziehungen; nichtsdestoweniger ist aber derjenige Befrachter, welcher den übrigen durch Uebertretung der gesetzlichen Vorschriften schuldbar einen Schaden zufügt, sowohl wegen der zwischen ihnen bestehenden rechtlichen Gemeinschaft, als wegen des begangenen Delikts zur Schadloshaltung verpflichtet. Die Genehmigung des Schiffers enthebt den Befrachter seiner Verbindlichkeit nicht, weil ein Interessent nicht die Gerechtsame des Andern vergeben kann. Prot. S. 2067 bis 2070. 2081. 2082. 3849. 3850.

11) Andere Einreden, z. B. daß die Reise eingestellt ist, oder daß der Verfrachter sich in gleichem Verschulden wie der Befrachter oder Ablader befunden hat, sind nicht ausgeschlossen. — Welchen Einfluß die Mitwissenschaft oder Genehmigung des Verfrachters zur Ladung später konfiszirter Güter habe, ist nach allgemeinen Rechtsgrundsätzen zu beurtheilen. — Der Verfrachter ist nicht unter allen Umständen für die Handlungsweise des Schiffers verantwortlich z. B. dann nicht, wenn Letzterer mit dem Befrachter kolludirt; wohl aber dann, wenn der Schiffer als rechtlicher Vertreter des Verfrachters gehandelt hat. Prot. S. 2082. 2083. 3850 2070.

12) Vergl. Art. 514. 534.

entstehenden Schadens verpflichtet. Der Schiffer ist befugt, solche Güter wieder ans Land zu setzen oder, wenn sie das Schiff oder die übrige Ladung gefährden, nöthigenfalls über Bord zu werfen. Hat der Schiffer die Güter an Bord behalten, so muß dafür die höchste[13]) am Abladungsort zur Abladungszeit[14]) für solche Reisen und Güter bedungene Fracht bezahlt werden.

Artikel 566.

Der Verfrachter ist nicht befugt, ohne Erlaubniß des Befrachters die Güter in ein anderes Schiff zu verladen.[15]) Handelt er dieser Bestimmung zuwider, so ist er für jeden Schaden verantwortlich, in Ansehung dessen er nicht beweist, daß derselbe auch dann entstanden und dem Befrachter zur Last gefallen sein würde, wenn die Güter nicht in ein anderes Schiff verladen worden wären.[16])

Auf Umladungen in ein anderes Schiff, welche in Fällen der Noth nach Antritt der Reise erfolgen, findet dieser Artikel keine Anwendung.

Artikel 567.

Ohne Genehmigung des Abladers dürfen dessen Güter weder auf das

---

13) Die höchste Fracht ist dem Verfrachter zugestanden, weil im Falle des Art. 565. eine besonders strenge Beurtheilung der Verbindlichkeit des Einladers geboten ist, und dem Schiffer, welchem die Gelegenheit eine Abrede über die Fracht zu treffen, entzogen war, die unterlassene Abrede nicht zum Nachtheil gereichen kann. Vgl. ALR. §. 1629. Mot. S. 256. Prot. S. 2072.

14) Präsumtiv würden die Parteien bei getroffener Abrede wohl eher die zur Zeit und am Orte des Abschlusses des Frachtvertrages übliche Fracht bedungen, als den noch ganz unbekannten Betrag, wie er zu einer späteren Zeit und an einem anderen Orte sein würde, zu Grunde gelegt haben. Deshalb ist die Vorschrift des ALR. (§. 1629.), wonach der Einlader in solchem Falle die höchste am Losungsorte übliche Fracht zu zahlen hatte, abgeändert worden. Mot. S. 256. 257.

15) Nach Römischem Recht (l. 10. §. 1. Dig. XIV. 2. De lege Rhodia de jactu) haftet der Verfrachter nur dann für Substitution eines andern Schiffs, wenn dieses schlechter als das gemiethete war. Das Handelsgesetzbuch hat nach dem Vorgange der neueren Gesetzgebungen jede vom Befrachter nicht gestattete Verladung in ein anderes Schiff, außer in Fällen der Noth (nicht „bei dringender Veranlassung" wie beantragt war), nach Antritt der Reise verboten, weil es bei Seetransporten sehr wesentlich auf das konkrete Beförderungsmittel ankommt. Die Erlaubniß des Abladers, sofern dieser nicht im Auftrage oder mit Genehmigung des Befrachters handelt, berechtigt den Verfrachter nicht zur Substitution eines andern Schiffs. Mot. S. 257. Prot. S. 2073. 2075.

16) Bei willkürlicher Substitution eines andern Schiffs wird der Verfrachter, wenn das ursprünglich bedungene Schiff ebenfalls auf der bestimmten Reise verloren geht, nicht unter allen Umständen von der Ersatzverbindlichkeit frei, z. B. dann nicht, wenn der Befrachter versichert gewesen ist und den Schaden vom Assekuradeur deshalb nicht erstattet bekommt, weil die Ladung auf einem anderen Schiffe als dem, für welches die Versicherung genommen worden, verunglückt ist. Mot. S. 257. Prot. S. 2073.

Verdeck verladen, noch an die Seiten des Schiffs gehängt werden.[17])

Den Landesgesetzen bleibt vorbehalten zu bestimmen, daß in Ansehung der Küstenschifffahrt die vorstehende Vorschrift, soweit sie auf die Beladung des Verdecks sich bezieht, keine Anwendung finde.[18])

Artikel 568.

Bei der Verfrachtung eines Schiffs im Ganzen hat der Schiffer, sobald er zur Einnahme der Ladung fertig und bereit ist, dies dem Befrachter anzuzeigen.[19])

Mit dem auf die Anzeige folgenden Tage beginnt die Ladezeit.

Ueber die Ladezeit hinaus hat der Verfrachter auf die Abladung noch länger zu warten, wenn es vereinbart ist (Ueberliegezeit).

Für die Ladezeit kann, sofern nicht das Gegentheil bedungen ist, keine besondere Vergütung verlangt werden. Dagegen muß der Befrachter dem Verfrachter für die Ueberliegezeit eine Vergütung (Liegegeld) gewähren.[20])

Artikel 569.

Ist die Dauer der Ladezeit durch Vertrag nicht festgesetzt, so wird sie durch die örtlichen Verordnungen des Abladungshafens und in deren Ermangelung durch den daselbst bestehenden Ortsgebrauch[21]) bestimmt. Be-

---

17) Der Schiffer darf die ihm anvertrauten Güter nicht an einem Orte unterbringen, wo sie erfahrungsmäßig erheblichen Gefahren ausgesetzt sind. — Darüber, was als „Verdeck" anzusehen sei, namentlich ob die in neueren Zeiten über die ganze Länge der Schiffe sich ausdehnenden Hütten (dunettes) als Verdeck betrachtet werden können, herrschte in der Konferenz Meinungsverschiedenheit. Ob die Verladung in solche Räume als Decksladung zu gelten hat, ist in jedem einzelnen Falle nach den vorliegenden Umständen zu entscheiden. — In Betreff derjenigen Waaren, welche auf dem Verdeck verladen werden müssen, oder doch gewöhnlich daselbst verladen werden (z. B. Vitriol, Bretter), pflegt der Ort, wo sie untergebracht werden sollen, im Konnossemente angegeben zu werden. — In der Annahme des letzteren liegt eine Genehmigung des Abladers. — Die Zustimmung des betreffenden Abladers befreit in denjenigen Fällen, in denen die Decksladung dem ganzen Schiffe gefährlich wird, den Schiffer nicht von den Ansprüchen der übrigen Betheiligten. Prot. S. 1757—1759. 1875. 3751.

18) Das Pr. Einf.-Gesetz hat von diesem Vorbehalte keinen Gebrauch gemacht, weil die im Norden Deutschlands bestehenden Verhältnisse eine Ausnahme von der Bestimmung des Art. 567. nicht allein nicht erheischen, sondern sogar bedenklich machen. Mot. z. Einf.-Ges. S. 78.

19) Der Befrachter hat gegenüber dem Schiffer eine wirksame Einrede, wenn Letzterer die Ladungsbereitschaft angemeldet hat, ohne daß das Schiff wirklich ladungsbereit gewesen ist. Prot. S. 2080.

20) Während der ganzen Ladezeit ist der Schiffer auf die Ladung zu warten schuldig; es steht in der Willkür des Befrachters, wann er innerhalb der Frist die Ladung liefern will. Prot. S. 2087. — Das im Frachtvertrage festgesetzte Liegegeld umfaßt die sämmtlichen Ansprüche des Verfrachters wegen Benutzung der Ueberliegezeit. Eine Herabsetzung dieses Betrages wegen geringeren Schadens des Verfrachters findet nicht statt. Prot. S. 2491. 2495.

21) Vgl. Note 5. zu Art. 562. und Note 10. zu Art. 394. — Es sind nicht blos die bestehenden Verordnungen und der bestehende Ortsgebrauch

steht auch ein solcher Ortsgebrauch nicht, so gilt als Ladezeit eine den Umständen des Falles angemessene Frist.[22])

Ist eine Ueberliegezeit, nicht aber deren Dauer durch Vertrag bestimmt, so beträgt die Ueberliegezeit vierzehn Tage.[23])

Enthält der Vertrag nur die Festsetzung eines Liegegeldes, so ist

---

gemeint, sondern auch die künftig zu erlassenden Verordnungen und die sich künftig bildende Gewohnheit. Prot. S. 3856.

22) Für die Dauer der Ladezeit stellte das ALR. (§§. 1635. 1636.) bei mangelnder anderweitiger Verabredung je nach der Größe des Schiffs eine Skala auf. Weder eine solche, wenn sie nicht eine große Menge von Klassen enthält, noch ein Maximalsatz kann die faktischen Verhältnisse jedes einzelnen Orts genügend berücksichtigen. Es ist deshalb sowohl von der Fixirung der Ladezeit in dem Handelsgesetzbuche, als auch von einem desfalsigen Vorbehalte für die Landesgesetzgebungen abgesehen worden. Mot. S. 258. Prot. S. 3856. Bei Bemessung der Ladezeit leitet in den meisten Fällen der für analoge Verhältnisse bestehende Ortsgebrauch ziemlich sicher; es kommen dabei nur die rein objektiven Verhältnisse in Betracht, weil es sich zunächst nur darum handelt, zu ermessen, wie lange Zeit im Allgemeinen dazu erforderlich ist, um eine Ladung der Art und Größe wie die bedungene bei sofortigem Beginnen und ununterbrochener Fortsetzung der Arbeit in das Schiff zu bringen. Prot. S. 2078. 2167. Für die Feststellung der angemessenen Frist besteht an manchen Orten ein summarisches (Ordonnanz-) Verfahren. Der Richter entscheidet nach Anhörung beider Theile in einem schleunigst angesetzten Termine über die Dauer der Ladezeit. Wo ein solches Verfahren hergebracht ist, wird es schon durch die Verweisung auf den Ortsgebrauch salvirt. Prot. S. 2077. 2078. 2116. 3855.

23) Ist eine Ueberliegezeit weder ausdrücklich, noch stillschweigend (durch Festsetzung eines Liegegeldes) vereinbart, so braucht der Verfrachter nach Ablauf der Ladezeit auf die Abladung nicht länger zu warten. — Ist neben einer fixen Ladungsfrist oder einem fixen Ladungstermine eine festbestimmte Ueberliegezeit bedungen, so endet mit dem Ablauf derselben die Wartepflicht; ist die Ladungsfrist oder der Ladungstermin fixirt, nicht aber die Dauer der Ueberliegezeit, so dauert die Letztere vom Ablauf der Ladungsfrist ab noch 14 Tage; dasselbe gilt wenn eine Ueberliegezeit stillschweigend (durch Festsetzung eines Liegegeldes) verabredet ist. Ist keine fixe Ladungsfrist und kein fixer Ladungstermin vereinbart, so beginnt die Ueberliegezeit erst nachdem der Verfrachter dem Befrachter erklärt hat, daß die Ladezeit abgelaufen sei. (Art. 570.) In allen Fällen muß der Abreise des Schiffs dreitägige Kündigung vorangehen. (Art. 571.)

Nach dem ALR. (§. 1645.) mußte der Schiffer, wenn bei Schließung der Fracht bedungen war, daß er gegen Entrichtung eines gewissen Warte- oder Liegegelds nach der Ladungszeit liegen bleiben sollte, so lange warten, bis entweder der Verfrachter die fehlende Ladung angewiesen hatte, oder die dazu vom Richter zu bestimmende Frist abgelaufen war. In der Konferenz machte sich jedoch die Meinung geltend, daß aus der mangelnden Vereinbarung über die Dauer der Ueberliegezeit nicht folge, daß der Verfrachter so lange zur Verfügung des Befrachters bleiben müsse, als es diesem beliebe, daß eine richterliche Festsetzung wegen der Dauer der Prozesse nicht zweckentsprechend sei, und daß eine 14tägige Frist in der Mehrzahl der Fälle als die angemessenste erscheine. Prot. S. 2090. ff. 2164. ff. 2474. 3863. 3864. 3867.

anzunehmen, daß eine Ueberliegezeit ohne Bestimmung der Dauer[24]) vereinbart sei.

Artikel 570.

Ist die Dauer der Ladezeit oder der Tag, mit welchem dieselbe enden soll, durch Vertrag bestimmt, so beginnt die Ueberliegezeit ohne Weiteres mit dem Ablauf der Ladezeit.

In Ermangelung einer solchen vertragsmäßigen Bestimmung beginnt die Ueberliegezeit erst, nachdem der Verfrachter dem Befrachter erklärt hat, daß die Ladezeit abgelaufen sei.[25]) Der Verfrachter kann schon innerhalb der Ladezeit[26]) dem Befrachter erklären, an welchem Tage er die Ladezeit für abgelaufen halte. In diesem Falle ist zum Ablauf der Ladezeit und zum Beginn der Ueberliegezeit eine neue Erklärung des Verfrachters nicht erforderlich.[27])

Artikel 571.[28])

Nach Ablauf der Ladezeit oder, wenn eine Ueberliegezeit vereinbart

---

24) — d. h. eine vierzehntägige, s. Abs. 3. dieses Artikels.

25) Der Pr. Entw. (Art. 479.) schrieb, um über den Anfang der Ueberliegezeit keinen Zweifel zu lassen, für alle Fälle die Aufnahme eines Protestes vor. Es wurde bei der Berathung dieser Bestimmung zwar allgemein bei nicht vertragsmäßig bestimmter Ladezeit die Nothwendigkeit und Zweckmäßigkeit der Erklärung des Verfrachters, daß er von einem gewissen Termine ab nicht mehr unentgeltlich liegen wolle, anerkannt; für den Fall aber, daß eine feste Ladungszeit oder ein fixer Ladungstermin verabredet worden, war man der Ansicht, daß es einer derartigen Erklärung nicht bedürfe, weil nach der im Geschäftsverkehr geltenden Auffassung und nach dem Inhalte des Vertrages mit dem ersten Tage nach Ablauf der Ladezeit die Verpflichtung des Befrachters, Liegegeld zu zahlen, eintrete. — Vgl. ALR. §§. 1639—1641. 1646. 1647. — Mot. S. 260. Prot. S. 2088. 2103. ff.

26) Die Protesterhebung hat den Zweck, den Befrachter davor zu sichern, daß er nicht unerwarteter Weise mit dem Anspruche auf Bezahlung von Liegegeld für eine Reihe bereits abgelaufener Liegetage überrascht werde. Dieser Zweck wird auch durch eine innerhalb der Ladezeit abgegebene Erklärung erreicht. Der Befrachter resp. Ablader ist nicht verpflichtet, sich sofort darüber auszusprechen, ob er die Erklärung des Verfrachters, daß die Ladezeit abgelaufen sei oder an einem bestimmten Tage ablaufen werde, für begründet erachtet oder nicht. Eine solche Verpflichtung würde den Befrachter resp. Ablader zu sehr beschweren. Prot. S. 3864—3874.

27) — welche namentlich in denjenigen Fällen sehr lästig sein würde, in welchen der Abladungshafen von dem eigentlichen Handelsplatze und dem Aufenthaltsorte des Abladers entfernt ist. Prot. S. 2475.

28) Nach dem Pr. Entw. (Art. 479.) sollte der Schiffer nach Ablauf der bedungenen oder gesetzlichen Ladezeit und nach erfolgter Protestaufnahme bei mangelnder oder unvollständiger Ladung noch 14 laufende Tage warten, weil bei der Verfrachtung des Schiffs im Ganzen oder zu einem bestimmten Theile ein Interesse Dritter an der pünktlichen Einhaltung der Abladungsfrist entweder nicht vorhanden oder doch nur sehr untergeordnet sei, und weil eine große Härte darin liegen würde, dem Befrachter, welchem das Schiff zur Benutzung gewährt werden solle, bei versäumter Abladungsfrist sogleich sein ganzes Recht zu entziehen. — Gegen

ist, nach Ablauf der Ueberliegezeit ist der Verfrachter nicht verpflichtet,[29]) auf die Abladung noch länger zu warten. Er muß jedoch seinen Willen, nicht länger zu warten, spätestens drei Tage vor Ablauf der Ladezeit oder der Ueberliegezeit dem Befrachter erklären.

Ist dies nicht geschehen, so läuft die Ladezeit oder Ueberliegezeit nicht eher ab, als bis die Erklärung nachgeholt ist und seit dem Tage der Abgabe derselben drei Tage verstrichen sind.

Die in diesem Artikel erwähnten drei Tage werden in allen Fällen als ununterbrochen fortlaufende Tage nach dem Kalender gezählt.[30])

Artikel 572.

Die in den Artikeln 570. und 571. erwähnten Erklärungen des Verfrachters sind an keine besondere Form gebunden.[31]) Weigert sich der Be-

---

diese Auffassung wurde geltend gemacht, daß wenn, dem Gebrauche entgegen, in der Chartepartie auch nicht einmal Liegegeld verabredet sei, die Annahme sich rechtfertige, daß die Kontrahenten eine Ueberliegezeit nicht beabsichtigt hätten. — Daß der Schiffer nicht unversehens ohne Kündigung davon gehe, ist im Interesse des Befrachters nothwendig, und beschwert den Verfrachter wenig; die Bestimmung einer längeren als dreitägigen Kündigungsfrist würde der Einführung einer Ueberliegezeit gleichkommen. Mot. S. 260. Prot. S. 2101. 2471. 2472. 2171 bis 2173.

29) Der Befrachter hat, falls keine Ueberliegezeit verabredet ist, für die dreitägige Frist und für die zwischen der Ladezeit und dieser Frist etwa verstrichene Zeit, Liegegeld nicht zu zahlen, weil die rechtliche Natur dieser Frist und der etwa freiwillig zugegebenen Zeit gänzlich verändert würde, wollte man dem Verfrachter einen solchen Anspruch zugestehen. Dagegen ist das Liegegeld ungeachtet des Ablaufs der bedungenen Lade- und Ueberliegezeit ohne Unterbrechung sowohl für die Kündigungsfrist, als auch für die freiwillig vor Beginn der drei Tage zugegebene Zeit fortzuentrichten, da in diesem Falle eine Verlängerung der Ueberliegezeit, eintritt. Nach Ablauf der Kündigungsfrist kann der Verfrachter nur auf Grund eines ausdrücklichen oder stillschweigenden Uebereinkommens mit dem Befrachter Liegegeld fordern, weil es zu weit gehen würde, ihm ein solches Recht einzuräumen, nachdem er den Befrachter in die Meinung versetzt hat, er werde abreisen. In der Fortsetzung der Abladung ist eine solche stillschweigende Uebereinkunft zu finden. Prot. S. 2108. 2120. ff., 2489—2492. 2849. 3864. Vgl. dagegen Mot. S. 263.

30) Die dreitägige Frist wird als tempus continuum und nicht als tempus utile angesehen; anderenfalls könnte der Schiffer nie mit Sicherheit wissen, wann er zum Absegeln berechtigt sei. In der Statuirung der dreitägigen Frist liegt an sich schon eine gegen die allgemeine Natur des Vertragsrechts dem Befrachter zugestandene Vergünstigung, welche nicht ohne Nachtheil zu weit ausgedehnt werden kann. Ereignet sich während der 3 Tage ein Zufall, welcher die Lieferung oder Uebernahme der Ladung hindert, so ist es deshalb billig, daß den Befrachter und nicht den Verfrachter der Zufall trifft. Prot. S. 2487. 2488.

31) Durch notarielle oder gerichtliche Form des Protestes, wie sie der Pr. Entw. (Art. 479.) vorschrieb, würden oft unverhältnißmäßige Kosten und eine große Belästigung des Verkehrs entstehen. Der Schiffer ist selbst nicht einmal im Inlande an allen Plätzen im Stande, gerichtlichen oder notariellen Protest aufnehmen zu lassen. Prot. S. 2109. 2110. Mot. S. 261.

frachter, den Empfang einer solchen Erklärung in genügender Weise[32]) zu bescheinigen, so ist der Verfrachter befugt, eine öffentliche Urkunde darüber auf Kosten des Befrachters errichten zu lassen.

Artikel 573.

Das Liegegeld wird, wenn es nicht durch Vertrag bestimmt ist, von dem Richter nach billigem Ermessen, nöthigenfalls[33]) nach Anhörung von Sachverständigen festgesetzt.

Der Richter hat hierbei auf die näheren Umstände des Falles, insbesondere[34]) auf die Heuerbeträge und Unterhaltskosten der Schiffsbesatzung, sowie auf den dem Verfrachter entgehenden Frachtverdienst[35]) Rücksicht zu nehmen.

Artikel 574.

Bei Berechnung der Lade- und Ueberliegezeit werden die Tage in ununterbrochen fortlaufender Reihenfolge gezählt; insbesondere kommen in Ansatz die Sonn- und Feiertage, sowie diejenigen Tage, an welchen der Befrachter durch Zufall die Ladung zu liefern verhindert ist.

Nicht in Ansatz kommen jedoch die Tage, an welchen durch Wind und Wetter oder durch irgend einen anderen Zufall entweder

1) die Lieferung nicht nur der bedungenen, sondern jeder Art von Ladung an das Schiff, oder

2) die Uebernahme der Ladung

verhindert ist.[36])

---

32) — z. B. auf dem Konnossemente, der Chartepartie oder einer anderen Urkunde. Prot. S. 3857.

33) Manche von den zur Entscheidung über die Höhe der Liegegelder berufenen Gerichte sind aus Sachverständigen zusammengesetzt. Bei solchen Gerichten ist die Zuziehung Sachverständiger zur Abmessung der Entschädigung nicht erforderlich. Prot. S. 2114.

34) Eine erschöpfende Aufzählung der in Betracht kommenden Momente ist nicht beabsichtigt; diese Momente sind nicht Gegenstand des richterlichen Erkenntnisses, sondern nur einzelne der richterlichen Erwägung zu unterstellende Faktoren, aus deren Untersuchung und Beurtheilung sich der nach billigem Ermessen festzusetzende, und insofern ganz arbiträre Betrag des Liegegeldes, der eigentliche Gegenstand des Erkenntnisses, ergeben muß. Prot. S. 2114.

35) Zum entgehenden Frachtverdienst ist jedoch nicht der Gewinn, den der Verfrachter hätte machen können, wenn er früher in den Bestimmungshafen gekommen wäre und dort neue vortheilhafte Frachtverträge hätte eingehen können, zu rechnen. Prot. S. 2114.

36) Im Art. 574. wird die Frage entschieden, ob die Tage, an welchen durch einen Zufall die Lieferung oder Uebernahme der Ladung verhindert ist, zur Lade- und Ueberliegezeit gezählt werden, folglich ob in solchem Falle der Verfrachter zum Warten verpflichtet ist oder ob ihm ein Rücktrittsrecht vom Vertrage zusteht; im Art. 575. wird dagegen die Frage behandelt, welche Entschädigung der Verfrachter für das Warten bei derartigen Zufällen beanspruchen kann.

Als Prinzip ist festgehalten, daß derjenige den Zufall zu tragen hat, in dessen Person er sich ereignet. Ist deshalb der Verfrachter durch einen Zufall

Artikel 575.

Für die Tage, während welcher der Verfrachter wegen Verhinderung der Lieferung jeder Art von Ladung hat länger warten müssen, gebührt ihm Liegegeld,[37]) selbst wenn die Verhinderung während der Ladezeit eingetreten ist. Dagegen ist für die Tage, während welcher er wegen Verhinderung der Uebernahme der Ladung hat länger warten müssen, Liegegeld nicht zu entrichten, selbst wenn die Verhinderung während der Ueberliegezeit eingetreten ist.[38])

Artikel 576.

Sind für die Dauer der Ladezeit nach Artikel 569. die örtlichen Ver-

---

an der Uebernahme der Ladung gehindert, so kann hierdurch die Lade- und Ueberliegezeit (welche ihrer Natur nach sich nur dadurch unterscheiden, daß die Ladezeit die Zeit des Zuwartens ohne Entgelt, die Ueberliegezeit dagegen die Zeit des Zuwartens gegen Entgelt ist) nicht zum Nachtheil des Befrachters verkürzt werden; konsequent kann auch der Verfrachter für den hierdurch herbeigeführten längeren Aufenthalt keine besondere Vergütigung beanspruchen. — Ereignet sich der Zufall in der Person des Befrachters, so trifft diesen der casus, und der Verfrachter ist zu einer Verlängerung der Lade- und Ueberliegezeit in diesem Falle nicht verpflichtet. Eine Ausnahme von der angegebenen Regel ist im Gesetze nur für den Fall zugelassen, daß ein Aufenthalt durch Zufälle herbeigeführt wird, welche jeden Befrachter, wer es auch sein möge, an der Lieferung der Ladung hindern würden. In diesem Falle soll zwar der Befrachter zur Entschädigung des Verfrachters für das längere Zuwarten verpflichtet sein, dagegen kommen die Tage, an welchen durch einen solchen Zufall die Lieferung der Ladung an das Schiff, (nicht „in das Schiff" vgl. Art. 562.) verhindert ist, bei Berechnung der Lade- und Ueberliegezeit nicht in Ansatz.

Zur Begründung dieser Bestimmung wurde geltend gemacht:

Bei der Verfrachtung eines ganzen Schiffs gingen die Kontrahenten bei Abschluß des Vertrages von der Voraussetzung aus, wie überhaupt die Benutzung des Schiffs, so werde auch dessen rechtzeitige Benutzung möglich sein. Zufälle, welche jeden Kontrahenten an der Beladung hindern würden, könnten deshalb keinem der Kontrahenten angerechnet werden. Wie es dem Befrachter gegenüber für den Verfrachter keine weiteren nachtheiligen Folgen habe, wenn sein Schiff von dem Ankerplatze los- und in die See getrieben werde, so dürften auch für den Befrachter dem Verfrachter gegenüber keine weiteren Nachtheile entstehen, wenn durch Zufälle, welchen überhaupt keine menschliche Kraft widerstehen kann, eine Verzögerung der Ladung eintrete. Auch aus Zweckmäßigkeitsrücksichten empfehle sich diese Ausnahmebestimmung, weil bei einer den Schiffer allzusehr begünstigenden Entscheidung eine allgemeine Vergrößerung der Ladezeit zum Nachtheil der Verfrachter eintreten würde. — Mit dieser Auffassung ist nicht unvereinbar, daß der Verfrachter für das lediglich im Interesse des Befrachters erfolgende längere Warten Vergütigung beanspruchen kann. Prot. S. 2083. 2084. 2093 bis 2098. 2168. 2169. 2247—2250. 2257—2259. 3860—3862. 3868—3870. Vergl. ALR. §. 1638.

37) Zur Begründung des Anspruchs auf Liegegeld ist in diesem Falle die in Art. 570. vorgeschriebene Erklärung selbst dann nicht erforderlich, wenn bei unbestimmter Ladezeit eine vertragsmäßige Ueberliegezeit eintritt, die Verhinderung aber während der Ladezeit sich zugetragen hat. Prot. S. 3946.

38) Vergl. Note 36. zu Art. 574.

ordnungen oder der Ortsgebrauch maaßgebend, so kommen bei Berechnung der Ladezeit die beiden vorstehenden Artikel nur insoweit zur Anwendung, als die örtlichen Verordnungen oder der Ortsgebrauch nichts Abweichendes bestimmen.

Artikel 577.

Hat der Verfrachter sich ausbedungen, daß die Abladung bis zu einem bestimmten Tage beendigt sein müsse, so wird er durch die Verhinderung der Lieferung jeder Art von Ladung (Artikel 574. Ziffer 1.) zum längeren Warten nicht verpflichtet.

Artikel 578.

Soll der Verfrachter die Ladung von einem Dritten erhalten, und ist dieser Dritte ungeachtet der von dem Verfrachter in ortsüblicher Weise kundgemachten Bereitschaft zum Laden nicht zu ermitteln, oder verweigert er die Lieferung der Ladung, so hat der Verfrachter den Befrachter schleunigst hiervon zu benachrichtigen und nur bis zum Ablauf der Ladezeit, nicht auch während der etwa vereinbarten Ueberliegezeit auf die Abladung zu warten, es sei denn, daß er von dem Befrachter oder einem Bevollmächtigten desselben noch innerhalb der Ladezeit eine entgegengesetzte Anweisung erhält.[39])

Ist für die Ladezeit und die Löschzeit zusammen eine ungetheilte Frist bestimmt, so wird für den oben erwähnten Fall die Hälfte dieser Frist als Ladezeit angesehen.

Artikel 579.

Der Verfrachter muß auf Verlangen des Befrachters die Reise auch ohne die volle bedungene Ladung antreten. Es gebührt ihm aber alsdann nicht allein die volle Fracht und das etwaige Liegegeld, sondern er ist auch berechtigt, insoweit ihm durch die Unvollständigkeit der Ladung die Sicherheit für die volle Fracht entgeht, die Bestellung einer anderweitigen Sicherheit zu fordern. Außerdem sind ihm die Mehrkosten, welche in Folge der Unvollständigkeit der Ladung ihm etwa erwachsen, durch den Befrachter zu erstatten.[40])

---

39) Nach Ablauf der Ladezeit ist der Verfrachter die Annahme der Ladung zu verweigern berechtigt, und ist nicht verpflichtet, die später eingehenden Instruktionen des Befrachters zu befolgen; er ist auch nicht verbunden, bevor er sich vom Vertrage definitiv lossagt, Protest zu erheben. Prot. S. 2494. 2497. 3857. 3858.

40) In den gewöhnlichen Fällen muß man es lediglich als ein Recht des Befrachters, auf welches er verzichten kann, ansehen, die ganze bedungene Ladung zu liefern und die Ausführung des Transports ganz oder theilweise zu verlangen. Diese Verzichtsbefugniß darf aber das Interesse des anderen Kontrahenten nicht gefährden. Dem Schiffer, welcher nicht die volle Ladung an Bord hat, fehlt ein Theil der vertragsmäßigen Deckung für die volle Fracht; der Verfrachter ist im Falle der Havariegrosse wesentlich gefährdet, weil nur die auf dem Schiffe wirklich befindliche Ladung an den Havariekosten mitzutragen hat, und demgemäß das

Artikel 580.

Hat der Befrachter bis zum Ablauf der Zeit, während welcher der Verfrachter auf die Abladung zu warten verpflichtet ist (Wartezeit), die Abladung nicht vollständig bewirkt, so ist der Verfrachter befugt, sofern der Befrachter nicht von dem Vertrage zurücktritt, die Reise anzutreten und die im vorstehenden Artikel bezeichneten Forderungen geltend zu machen.

Artikel 581.

Der Befrachter kann vor Antritt der Reise, sei diese eine einfache oder zusammengesetzte, von dem Vertrage unter der Verpflichtung zurückzutreten, die Hälfte der bedungenen Fracht als Fautfracht zu zahlen.

Bei Anwendung dieser Bestimmung wird die Reise schon dann als angetreten erachtet:

1) wenn der Befrachter den Schiffer bereits abgefertigt hat;
2) wenn er die Ladung bereits ganz oder zum Theil geliefert hat und die Wartezeit verstrichen ist. [41])

Schiff mehr in Anspruch genommen werden kann, als wenn die volle Ladung konkurrirt. Endlich können dem Schiffer durch etwa erforderliche Einnahme von Ballast große Kosten entstehen.

Demzufolge muß der Befrachter in dem Falle des Art. 579. Kaution wegen der durch die Unvollständigkeit der Ladung entzogenen Sicherheit bestellen, und im Falle des Art. 583. die im Art. 615. aufgeführten Kosten berichtigen. Die Höhe der Kaution wegen etwaiger, auf den nicht gelieferten Theil der Ladung treffenden Havariekosten und wegen der etwaigen Ballastrirungskosten läßt sich nicht im Voraus durchgreifend festsetzen; es ist deshalb von einer derartigen Bestimmung Abstand genommen. Mot. S. 261. Prot. S. 2135. 2136. 2449. 2450. 3877. 3878. — Der Umstand, daß auf der Reise das Schiff selbst zu Grunde geht, ändert an der Verpflichtung des Befrachters nichts; in der Regel wird beim Untergang des Schiffs die volle Fracht schon bezahlt und faktisch die ganze Sache erledigt sein. Prot. S. 2467. 2468.

41) Das Institut der Fautfracht (faute du fret, Mangel an Fracht, ein Ausdruck, der sich bald auf die fehlende Ladung selbst, bald, wie in diesem Gesetze, auf die Fracht bezieht, welche der Befrachter zu zahlen hat, falls er die bedungene Ladung gar nicht oder nur unvollständig liefert) ermächtigt den Befrachter einseitig vom Vertrage zurückzutreten, ohne dasjenige vollständig leisten zu müssen, was er sich zu leisten verpflichtet hat. Das Rücktrittsrecht ist unabhängig von der Angabe von Gründen; ein Mißbrauch desselben steht wegen der Höhe der Entschädigung nicht zu befürchten. — Das einseitige Kündigungsrecht ist eine exceptionelle Befugniß, die nicht zur Unzeit (intempestive) ausgeübt werden darf. Sie endet mit dem Ablauf der Lade- resp. Ueberliegezeit, oder falls der Schiffer früher abgefertigt ist (d. h. sobald der Befrachter ausdrücklich oder stillschweigend anerkannt hat, daß die Abladung beendigt sei), mit der Abfertigung. Während der Wartezeit kann der Befrachter selbst dann noch vom Vertrage zurücktreten, wenn bereits die vollständige Ladung geliefert, die Abfertigung aber noch nicht erfolgt ist. Es ist nicht abzusehen, weshalb ein Recht, welches dem Befrachter zusteht so lange eine Kleinigkeit an der Ladung fehlt, ihm abgesprochen werden soll, sobald der noch fehlende Rest geliefert ist. — Der Umfang des vom Befrachter zu leistenden Ersatzes ist, um weitläufige Streitigkeiten über den vom Schiffer er-

Artikel 582.

Macht der Befrachter von dem im vorstehenden Artikel bezeichneten Rechte Gebrauch, nachdem Ladung geliefert ist, so muß er auch die Kosten der Einladung und Wiederausladung tragen und für die Zeit der mit möglichster Beschleunigung zu bewirkenden Wiederausladung, soweit sie nicht in die Ladezeit fällt, Liegegeld (Artikel 573.) zahlen.

Der Verfrachter ist verpflichtet, den Aufenthalt, welchen die Wiederausladung verursacht, selbst dann sich gefallen zu lassen, wenn dadurch die Wartezeit überschritten wird, wogegen ihm für die Zeit nach Ablauf der Wartezeit Liegegeld und der Ersatz des durch Ueberschreitung der Wartezeit entstandenen Schadens gebührt, soweit der letztere den Betrag dieses Liegegeldes erweislich übersteigt.[42])

Artikel 583.

Nachdem die Reise im Sinne des Artikels 581. angetreten ist, kann der Befrachter nur gegen Berichtigung der vollen Fracht, sowie aller sonstigen Forderungen des Verfrachters (Artikel 615.) und gegen Berichtigung oder Sicherstellung der im Artikel 616. bezeichneten Forderungen von dem Vertrage zurücktreten und die Wiederausladung der Güter fordern.

Im Fall der Wiederausladung hat der Befrachter nicht nur die hierdurch entstandenen Mehrkosten,[43]) sondern auch den Schaden zu ersetzen,

---

littenen Schaden zu vermeiden, in allen Seerechten (vgl. ALR. §. 1643.) auf die Hälfte der bedungenen Frachtgelder festgesetzt. Die Zahlung der halben Fracht muß nicht unter allen Umständen sogleich mit der Kündigung des Frachtvertrages erfolgen. Der Befrachter kann von dem Vertrage unter der Verpflichtung zu zahlen (nicht gleichbedeutend mit „gegen Zahlung") zurücktreten. Hat sich demnach der Verfrachter im Frachtvertrage zu längerem Kreditiren der Fracht herbeigelassen um sie nicht vom Empfänger, sondern in der Folge erst vom Befrachter zu bekommen, so ist kein Grund vorhanden dem Verfrachter ein Recht auf baare Zahlung oder auf Sicherstellung, somit größere Rechte zu geben, als er nach dem Frachtvertrage hat. Vgl. Art. 624. Mot. S. 261. Prot. S. 2117. bis 2122. 2199. 2200. 3875.

42) Die Befugniß vom Vertrage zurückzutreten steht dem Befrachter auch dann zu, wenn die Wiederausladung nicht innerhalb der Wartezeit begonnen oder beendet werden kann. Durch eine Beschränkung des Rechts auf die Wartezeit würde das Rücktrittsrecht in vielen Fällen illusorisch werden. Die Befugnisse des Befrachters sind in diesem Falle um so weniger eng zu begränzen, als der Verfrachter reichliche Entschädigung dadurch erhält, daß er die Reise nicht zu machen braucht und dennoch die halbe Fracht erhält. Wird die Wiederausladung erst nach Ablauf der Wartezeit vollendet, so erhält der Verfrachter außer der halben Fracht als Minimum das Liegegeld, und sofern der durch Ueberschreiten der Wartezeit entstandene Schaden größer ist, Erstattung desselben z. B. wenn zwischen dem Ablauf der Ueberliegezeit und der Beendigung der Wiederausladung Frost eingetreten ist, der den Schiffer nöthigt, Monate lang liegen zu bleiben, und wenn er hierdurch an Erfüllung anderweitiger Verträge gehindert wird. Prot. S. 2124 bis 2126. 3876.

43) Die Kosten der Ausladung können dem Befrachter nicht unbedingt zur Last gelegt werden, denn es ist kein Grund vorhanden, dem Verfrachter diejenigen

welcher aus dem durch die Wiederausladung verursachten Aufenthalt dem Verfrachter entsteht.

Zum Zweck der Wiederausladung der Güter die Reise zu ändern oder einen Hafen anzulaufen, ist der Verfrachter nicht verpflichtet.

Artikel 584.

Der Befrachter ist statt der vollen Fracht[44]) nur zwei Drittel derselben[45]) als Fautfracht zu zahlen verpflichtet, wenn das Schiff zugleich auf Rückladung verfrachtet ist oder in Ausführung des Vertrags zur Einnahme der Ladung eine Fahrt aus einem anderen Hafen zu machen hat, und wenn in diesen beiden Fällen der Rücktritt früher erklärt wird, als die Rückreise oder die Reise aus dem Abladungshafen im Sinne des Artikels 581. angetreten ist.

Kosten abzunehmen, die er für die Entlöschung im Bestimmungshafen hätte tragen müssen. Derselbe darf aber auch unter einer Veränderung des Löschungsorts durch die Willkür des Befrachters nicht leiden z. B. wenn der Schiffer in dem Bestimmungshafen berechtigt wäre, sich zum Herausnehmen der Ladung aus dem Schiffe seiner eigenen Leute zu bedienen, in dem Hafen aber, wo die Löschung erfolgt, besondere Arbeiter annehmen muß. Prot. 2452.

44) Unter voller Fracht wird die Summe aller einzelnen Frachtbeträge verstanden. — Ob ein Vertrag, in welchem für jede Abtheilung des Unternehmens die Fracht besonders taxirt ist, als Vertrag über eine kombinirte Reise aufgefaßt werden kann oder als ein Kontrakt über mehrere unabhängige Reisen anzusehen ist, wird nach den Umständen des einzelnen Falls zu entscheiden sein. Prot. S. 3890. 3891.

45) Bei Festsetzung dieser Entschädigung sind folgende Erwägungen maaßgebend gewesen:

Der Verfrachter erhalte nach Art. 581. die halbe Fracht, wenn er gar keine Reise mache; für die im Art. 584. behandelten Fälle gebühre ihm daher mehr als die halbe Fracht; auf der anderen Seite aber müsse man ihm aber doch weniger, als die ganze Fracht zuerkennen, da er auf deren Bezahlung nach allgemeinen Rechtsgrundsätzen keinen Anspruch machen könne; denn bei einem opus conductum, wenn dasselbe nicht ausgeführt werde, sei der zur Ausführung Verpflichtete nicht die ganze bedungene Summe, sondern nur sein Interesse zu fordern berechtigt. Durch das Abbrechen der Reise würden die Kosten und Gefahren vermindert, und es werde dem Schiffer Gelegenheit gegeben, anderweitigen Verdienst zu machen. Der Verfrachter habe demnach eine zwischen der halben und ganzen Fracht liegende Quote zu fordern. Die Feststellung derselben hänge von den Umständen des einzelnen Falls ab, von der Größe und Gefährlichkeit der bereits zurückgelegten und des noch zurückzulegenden Theils der Reise. In Anbetracht, daß solche Bestimmung zu vielen Prozessen und den verwickeltsten Liquidationen führen würde, sei es jedoch zweckmäßig eine Durchschnittsbestimmung anzunehmen. Die hier angenommene beseitige den größten Uebelstand, entspreche in der Regel den Verhältnissen, wenigstens annähernd, und entferne die Besorgniß, daß der Verfrachter auf Kosten des Befrachters einen ungerechtfertigten Vortheil erlange. Prot. S. 2131—2150. 2498. — Durch die Vorschrift dieses Artikels wird dem Rechte des Befrachters eine andere als die bedungene Ladung zu substituiren, soweit dieses Recht überhaupt reicht, nicht präjudizirt. Prot. S. 2499. — Bei der einfach kombinirten Reise (Hin- und Rückreise) stellt sich die Rücktritts-Befugniß

Artikel 585.

Bei anderen zusammengesetzten Reisen erhält der Verfrachter, wenn der Befrachter den Rücktritt erklärt, bevor in Bezug auf den letzten Reiseabschnitt die Reise im Sinne des Artikels 581. angetreten ist, als Fautfracht zwar die volle Fracht, es kommt von dieser jedoch eine angemessene Quote in Abzug, sofern die Umstände die Annahme begründen, daß der Verfrachter in Folge der Aufhebung des Vertrages Kosten erspart und Gelegenheit zu anderweitigem Frachtverdienst gehabt habe.

Können sich die Parteien über die Zulässigkeit des Abzuges oder die Höhe desselben nicht einigen, so entscheidet darüber der Richter nach billigem Ermessen.

Der Abzug darf in keinem Falle die Hälfte der Fracht übersteigen.[46])

Artikel 586.

Hat der Befrachter bis zum Ablauf der Wartezeit keine Ladung geliefert, so ist der Verfrachter an seine Verpflichtungen aus dem Vertrage nicht länger gebunden,[47]) und befugt, gegen den Befrachter dieselben Ansprüche geltend zu machen, welche ihm zugestanden haben würden, wenn der Befrachter von dem Vertrage zurückgetreten wäre (Artikel 581. 584. 585.).

Artikel 587.

Auf die Fautfracht wird die Fracht, welche der Verfrachter für andere Ladungsgüter erhält, nicht angerechnet.[48])

---

des Befrachters folgendermaßen: Gegen Bezahlung der Hälfte der ganzen bedungenen Fracht kann er vom Vertrage so lange zurücktreten, als ihm dies gestattet sein würde, wenn nur der erste Theil der Reise bedungen worden wäre, gegen Bezahlung von zwei Drittel der Fracht, so lange bis auch die zweite Reise angetreten ist, beziehungsweise bis er das Recht nicht mehr haben würde von dieser zweiten Reise, falls sie das alleinige Objekt des Vertrags wäre, mit Bezahlung der halben Fracht zurückzutreten; nachher kann er nur gegen Bezahlung der ganzen Fracht zurücktreten. Prot. S. 3889.

46) Ob der Schiffer ermächtigt ist, von dem Vertrage abzugehen, wenn er bei einer kombinirten Reise in einem Hafen die bedungene Ladung nicht erhält, obschon er nach dem Vertrage in anderen Häfen wieder andere Ladung in Empfang zu nehmen und weiter zu transportiren haben würde, hängt von den näheren Umständen ab; in dieser Beziehung kann auch die Verpflichtung des Schiffers, die Interessen des Befrachters bei unvorhergesehenen Umständen während der Reise gebührend zu wahren, von Einfluß sein. Prot. S. 2499. 2500.

47) Die Befugniß, Fautfracht zu fordern, ist von der Erhebung eines neuen Protestes nicht abhängig. Zur Fixirung des Ablaufs der Wartezeit ist ein solcher erforderlich (Art. 571.) nicht aber zur Aufhebung des Vertrages. — Wenn der Verfrachter sich nachträglich zur Annahme der Ladung herbeiläßt, so ist der alte Frachtvertrag als erneuert, beziehungsweise als fortgesetzt anzusehen und der Verfrachter kann Fracht und Fautfracht nicht zugleich beanspruchen. Prot. S. 2170. bis 2172. 3878. 3879.

48) — weil die Fautfracht nur eine Abfindung für die Aufhebung des Vertrages ist. Mot. S. 263.

Durch diese Bestimmung wird jedoch die Vorschrift im ersten Absatz des Artikels 585. nicht berührt.

Der Anspruch des Verfrachters auf Fautfracht ist nicht davon abhängig, daß er die im Vertrage bezeichnete Reise ausführt.[49])

Durch die Fautfracht werden die Ansprüche des Verfrachters auf Liegegeld und die übrigen ihm etwa zustehenden Forderungen (Artikel 615.) nicht ausgeschlossen.[50])

Artikel 588.

Ist ein verhältnißmäßiger Theil oder ein bestimmt bezeichneter Raum des Schiffs verfrachtet,[51]) so gelten die Artikel 568. bis 587. mit folgenden Abweichungen:

1) Der Verfrachter erhält in den Fällen, in welchen er nach diesen Artikeln mit einem Theil der Fracht sich begnügen müßte, als Fautfracht die volle Fracht, es sei denn, daß sämmtliche Befrachter zurücktreten oder keine Ladung liefern.[52])

---

49) Bei völlig mangelnder Ladung wäre es widersinnig, wenn der Schiffer gleichwohl, um die volle Fracht zu verdienen, die Reise zurücklegen wollte. Mot. S. 261.

50) Die Entschädigung für die Ueberliegetage ist verfallen, mag der Befrachter von den Ueberliegetagen Gebrauch gemacht haben, oder nicht. Mot. S. 263.

Für die Entscheidung der Frage, ob die Vorschriften über die Fautfracht auch bei denjenigen Verträgen Anwendung finden, in welchen die Fracht nach Zeit bedungen ist, bieten die allgemeinen Rechtsgrundsätze genügende Anhaltspunkte. Prot. S. 3880.

51) Ob die Kontrahenten die Verfrachtung eines räumlich bestimmten Theils gewollt oder eine Stückbefrachtung mit der Nebenbedingung beabsichtigt haben, daß die Ladung in einem bestimmten Raume untergebracht werden soll, ist eine Frage rein thatsächlicher Natur. Mitunter kommt auch der Fall vor, daß eine Chartepartie abgeschlossen wird, obwohl eigentlich nur Stückbeladungen beabsichtigt sind, z. B. in der Weise, daß der Schiffer einen Makler beauftragt, ihm eine Ladung zu besorgen, daß dieser mit einer Reihe von Befrachtern Frachtverträge vorbereitet, und sodann im Namen aller dieser Befrachter mit dem Schiffer eine gemeinsame Chartepartie schließt. Dieser Fall ist nach den Grundsätzen über Totalvercharterung des Schiffs zu beurtheilen mit der Modifikation, daß nicht jedem einzelnen Befrachter, sondern dem Konsortium derselben die Befugnisse des Befrachters zustehen. Prot. S. 2184—2186. — Die Vercharterung der Quote eines Schiffs und die Verfrachtung eines räumlich bestimmten Theils desselben stehen juristisch der Totalverfrachtung gleich (Note 1. zu Art. 557.). In der Regel werden daher diese verschiedenen Arten der Verfrachtung gleichartig behandelt.

52) Die Befugniß, gegen Zahlung eines Theils der Fracht vom Vertrage zurückzutreten (Art. 582 — 584.), ist dem Befrachter hauptsächlich mit Rücksicht auf den Umstand gegeben, daß der Verfrachter in solchem Falle die Reise ganz oder theilweise nicht auszuführen braucht. Diese Rücksicht fällt fort, sobald nur einer von mehreren Befrachtern zurücktritt oder keine Ladung liefert. Prot. S. 3882. 3883.

Von der vollen Fracht kommt jedoch die Fracht für diejenigen Güter in Abzug, welche der Verfrachter an Stelle der nicht gelieferten angenommen hat.

2) In den Fällen der Artikel 582. und 583. kann der Befrachter die Wiederausladung nicht verlangen, wenn dieselbe eine Verzögerung der Reise zur Folge haben oder eine Umladung nöthig machen würde, es sei denn, daß alle übrigen Befrachter ihre Genehmigung ertheilten.[53] Außerdem ist der Befrachter verpflichtet, sowohl die Kosten als auch den Schaden zu ersetzen, welche durch die Wiederausladung entstehen.[54]

Machen sämmtliche Befrachter von dem Rechte des Rücktritts Gebrauch, so hat es bei den Vorschriften der Artikel 582. und 583. sein Bewenden.

Artikel 589.

Hat der Frachtvertrag Stückgüter zum Gegenstand,[55] so muß der Befrachter auf die Aufforderung des Schiffers ohne Verzug die Abladung bewirken.

Ist der Befrachter säumig,[56] so ist der Verfrachter nicht verpflichtet, auf die Lieferung der Güter zu warten; der Befrachter muß, wenn ohne dieselben die Reise angetreten wird, gleichwohl die volle Fracht entrichten.

---

53) Das Rücktrittsrecht des Befrachters vom Vertrage, nachdem die Ladung geliefert und selbst nachdem die Reise als angetreten anzusehen ist, findet seine Beschränkung in dem Interesse der Mitbefrachter. Diesen kann nicht zugemuthet werden, sich eine Verzögerung der Reise oder eine Umladung der Güter gefallen zu lassen. Andererseits aber können sie nicht verlangen, daß die auf dem Schiffe befindlichen Güter während der ganzen Reise nur zu dem Zwecke an Bord bleiben um zu den Kosten einer etwaigen späteren großen Haverei beizutragen, selbst wenn deren Herausnahme weder eine Verzögerung der Reise noch eine Umladung erforderlich macht. — Der Schiffer, welcher wegen seiner Ansprüche vollständig befriedigt, beziehungsweise gesichert wird, hat gegen den Rücktritt des Befrachters vom Vertrage kein Widerspruchsrecht. (Vergl. Art. 579.). Prot. S. 2453. bis 2457.

54) Vergl. Note zu Art. 582. — Der Verfrachter hat im Falle des Wiederausladens Anspruch auf Ersatz eines jeden, weiter als die volle Fracht gehenden Schadens. Er kann auch die durch die Wiederausladung entstehenden Mehrkosten (vergl. Note 43. zu Art. 583.) ersetzt verlangen. Prot. S. 3885. bis 3887. 3946.

55) Die Bestimmung dieses Artikels bezieht sich nicht nur auf den Fall, wenn der Schiffer auf Stückladung angelegt, sondern auch auf den, wenn er ohne eine solche Anlegung einen Frachtvertrag über den Transport von Stückgütern abgeschlossen hat. Prot. S. 2176.

56) Die Verpflichtung des Verfrachters gegen die mehreren Befrachter eines Schiffs erheischt es, daß er die Zeit des Antritts der Reise und die Reihenfolge, in welcher er die einzelnen Ladungen einnehmen will, bestimmt; die Befrachter müssen sich deshalb bereit halten, ihre Güter, sobald sie eingefordert werden, abzuliefern; die Zeit, in welcher sodann die einzelne Abladung beendet sein muß, läßt sich allgemein nicht bestimmen; sie richtet sich nach der Menge und der Natur der

Es kommt von der letzteren jedoch die Fracht für diejenigen Güter in Abzug, welche der Verfrachter an Stelle der nicht gelieferten angenommen hat.

Der Verfrachter, welcher den Anspruch auf die Fracht gegen den säumigen Befrachter geltend machen will, ist bei Verlust des Anspruchs verpflichtet, dies dem Befrachter vor der Abreise kund zu geben. Auf diese Erkärung finden die Vorschriften des Artikels 572. Anwendung.

Artikel 590.

Nach der Abladung kann der Befrachter auch gegen Berichtigung der vollen Fracht, sowie aller sonstigen Forderungen des Verfrachters (Artikel 615.) und gegen Berichtigung oder Sicherstellung der im Artikel 616. bezeichneten Forderungen nur nach Maaßgabe des ersten Absatzes der Vorschrift unter Ziffer 2. des Artikels 588. von dem Vertrage zurücktreten und die Wiederausladung der Güter fordern.

Außerdem findet auch für diese Fälle die Vorschrift im letzten Absatz des Artikels 583. Anwendung.

Artikel 591.

Ist ein Schiff auf Stückgüter angelegt und die Zeit der Abreise nicht festgesetzt, so hat auf Antrag des Befrachters der Richter nach den Umständen des Falles den Zeitpunkt zu bestimmen, über welchen hinaus der Antritt der Reise nicht verschoben werden kann.[57])

Güter; der Befrachter muß nur ohne Unterbrechung mit Ablieferung der Güter bis zur Beendigung fortfahren. Daß es ihm nicht zum Nachtheil gereichen kann, wenn Wind, Wetter oder Eis die Ablieferung der Güter hindern, ergiebt sich hieraus von selbst; denn gerade, weil ihm keine bestimmte Zeit zur Abladung zusteht, kann ihm nur eine verschuldete Zögerung zugerechnet werden; bei einer Säumniß Einzelner darf der Schiffer die Anderen nicht leiden lassen, will er sich ihnen gegenüber nicht selbst verantwortlich machen. Mot. S. 259. Prot. S. 2177. bis 2179. 3884. 3885.

57) Wer einen solchen Vertrag mit dem Schiffer schließt, muß gewärtig sein, daß die Reise nicht unmittelbar angetreten wird; es würde aber unbillig gegen den Befrachter sein, wenn der Antritt der Reise ganz in das Belieben des Verfrachters gestellt wäre. Der Pr. Entw. (Art. 477.) schrieb deshalb vor, daß wenn das Schiff bereits über die Hälfte beladen ist und die Mehrheit der Ablader die Abfahrt verlangt, der Schiffer innerhalb 8 Tagen nach der an ihn geschehenen Aufforderung die Reise antreten muß. In der Konferenz erachtete man jedoch eine derartige Bestimmung für unzweckmäßig, weil der Schiffer in den meisten Fällen gezwungen werden würde, mit halber Ladung abzusegeln. Er würde, meinte man, unter solchen Umständen Bedenken tragen, nach Orten, wohin wenig Güter zu transportiren wären, anzulegen, und wäre schon in der Annahme der Ladung, namentlich wenn die Güter sich noch nicht am Abladeorte, befänden, beschränkt. — Eben so wenig empfehle es sich wegen der Verschiedenartigkeit der Verhältnisse zu bestimmen, daß der Schiffer nach Ablauf einer bestimmten, im Gesetze ein für allemal fixirten Frist absegeln müsse. Der Richter dagegen werde immer in der Lage sein bei etwaigem Streite, ob der Schiffer lange genug gelegen habe, nach Erwägung der vorliegenden Verhältnisse und der vermuthlichen Absicht der Kontrahenten, eine billige Entscheidung zu treffen. — Der Schiffer

Artikel 592.

Bei jeder Art von Frachtvertrag hat der Befrachter innerhalb der Zeit, binnen welcher die Güter zu liefern sind, dem Schiffer zugleich alle zur Verschiffung derselben erforderlichen Papiere zuzustellen.[58])

Artikel 593.

Der Schiffer hat zur Löschung[59]) der Ladung das Schiff an den Platz hinzulegen, welcher ihm von demjenigen, an den die Ladung abzuliefern ist (Empfänger), oder, wenn die Ladung an mehrere Empfänger abzuliefern ist, von sämmtlichen Empfängern angewiesen wird.

Wenn die Anweisung nicht rechtzeitig erfolgt, oder wenn von sämmtlichen Empfängern nicht derselbe Platz angewiesen wird, oder wenn die Wassertiefe, die Sicherheit des Schiffs oder die örtlichen Verordnungen oder Einrichtungen die Befolgung der Anweisung nicht gestatten, so muß der Schiffer an dem ortsüblichen Löschungsplatz anlegen.

Artikel 594.

Sofern nicht durch Vertrag oder durch die örtlichen Verordnungen des Löschungshafens und in deren Ermangelung durch einen daselbst bestehenden Ortsgebrauch ein Anderes bestimmt ist, werden die Kosten der Ausladung aus dem Schiffe von dem Verfrachter, alle übrigen Kosten der Löschung von dem Ladungsempfänger getragen.[60])

Artikel 595.

Bei der Verfrachtung eines Schiffs im Ganzen hat der Schiffer, so-

---

kann nicht zum Antritt der Reise gezwungen werden, wenn er den Frachtvertrag ausdrücklich oder stillschweigend unter der Bedingung eingegangen ist, daß er nicht anders als mit genügender Ladung zu fahren verpflichtet sei. Diese Bedingung bedarf, wie von einer Seite geltend gemacht wurde, keiner ausdrücklichen Beifügung, wenn der feststehende Ortsgebrauch einzelner Häfen diese beschränkte Interpretation der Verpflichtung des Schiffers sanktionirt. Zweifelhaft ist es, ob beim Bestehen eines solchen Ortsgebrauchs der Schiffer denjenigen Befrachtern gegenüber, denen er Konnossemente gezeichnet hat, zur Ausführung der Reise verpflichtet ist, oder ob der Befrachter mit der Disposition über die Konnossemente warten muß, bis die Abreise gesichert ist. Mot. S. 259. Prot. S. 2181—2193.

58) Die Zustellung der die Ladung betreffenden Papiere gehört mit zur Bereitmachung der Ladung zur Reise, und der Schiffer kann den Transport der Güter, so wenig ohne diese Papiere, als ohne die Ladung selbst vornehmen. Eine besondere Frist für Beibringung der Papiere ist dem Befrachter nicht gewährt. Wenn die Ladung während der Ladezeit geliefert ist, die Papiere dagegen erst während der Ueberliegezeit beigebracht werden, so muß der Befrachter Liegegeld zahlen. — Die Frage, innerhalb welcher Frist der Schiffer die von ihm zu beschaffenden Papiere beizubringen habe, ist im Gesetze offen gelassen. Mot. S. 260. Prot. S. 2086. 2087. 3854. Vgl. Art. 393. u. Note 9. zu diesem Artikel.

59) In Betreff der Zeit und des Orts der Löschung sind der Natur der Sache entsprechend im Wesentlichen und soweit thunlich dieselben Grundsätze wie bezüglich der Ladung angenommen. Mot. S. 270. Prot. S. 2240. — Vergl. ALR. §§. 1716—1719.

60) Dieser Artikel bezieht sich ebensowohl auf die Verfrachtung des ganzen Schiffs, als auf Stückgüterladungen. Prot. S. 2254.

bald er zum Löschen fertig und bereit ist,[61]) dies dem Empfänger anzuzeigen.

Die Anzeige muß durch öffentliche Bekanntmachung in ortsüblicher Weise geschehen, wenn der Empfänger dem Schiffer unbekannt ist.

Mit dem auf die Anzeige folgenden Tage beginnt die Löschzeit.

Ueber die Löschzeit hinaus hat der Verfrachter nur dann auf die Abnahme der Ladung noch länger zu warten, wenn es vereinbart ist (Ueberliegezeit).

Für die Löschzeit kann, sofern nicht das Gegentheil bedungen ist, keine besondere Vergütung verlangt werden. Dagegen muß dem Verfrachter für die Ueberliegezeit eine Vergütung (Liegegeld) gewährt werden.

Das Liegegeld wird von dem Richter nach Anleitung des Artikels 573. festgesetzt, wenn es nicht durch Vertrag bestimmt ist.

Artikel 596.

Ist die Dauer der Löschzeit durch Vertrag nicht festgesetzt, so wird sie durch die örtlichen Verordnungen des Löschungshafens und in deren Ermangelung durch den daselbst bestehenden Ortsgebrauch bestimmt. Besteht auch ein solcher Ortsgebrauch nicht, so gilt als Löschzeit eine den Umständen des Falles angemessene Frist.

Ist eine Ueberliegezeit, nicht aber deren Dauer durch Vertrag bestimmt, so beträgt die Ueberliegezeit vierzehn Tage.[62])

Enthält der Vertrag nur die Festsetzung eines Liegegeldes, so ist anzunehmen, daß eine Ueberliegezeit ohne Bestimmung der Dauer vereinbart sei.

Artikel 597.

Ist die Dauer der Löschzeit oder der Tag, mit welchem dieselbe enden

---

61) Der Pr. Entw. (Art. 492.) enthielt die Bestimmung, daß der Empfänger die Verzögerungen vertreten muß, welche ihm in Beziehung auf die Leistung von solchen Handlungen zur Last fallen, die nach den Gesetzen des Orts nothwendig der Löschung vorangehen müssen. Diese Bestimmung war wegen der Zollverhältnisse aufgenommen, um einerseits festzusetzen, daß der Empfänger die Verzögerung der Löschung zu vertreten habe, wenn er sie dadurch veranlasse, daß er die ihm obliegenden Handlungen (z. B. die sog. Spezial-Deklaration) nicht rechtzeitig vornehme, andererseits aber indirekt auszusprechen, daß die durch die Zollverhältnisse bedingten, von keinem der Interessenten verschuldeten Verzögerungen der Löschung als ein die Leistung des Schiffers treffender Zufall von diesem zu tragen seien. Mot. S. 270. 271. Prot. S. 2240.

Man hat von dieser Bestimmung Abstand genommen, weil die Vertretung der von dem Empfänger herbeigeführten Verzögerungen selbstverständlich diesem obliege, und es rücksichtlich der von keiner Seite verschuldeten Verzögerung nicht als allgemein zutreffend anerkannt werden könne, daß den Schiffer der Zufall treffe, sondern sehr viel auf die besonderen Verhältnisse des Falls, die Zolleinrichtungen des Löschungshafens u. dgl. ankomme. Prot. S. 2240.

62) Eine Fixirung der Ueberliegezeit ist ein dringendes Bedürfniß, damit Sicherheit darüber bestehe, von welchem Augenblicke an der Empfänger sich wirklich im Verzuge befindet, und die schweren Folgen der mora eintreten. Prot. S. 3897. 3898.

soll, durch Vertrag bestimmt, so beginnt die Ueberliegezeit ohne Weiteres mit dem Ablauf der Löschzeit.

In Ermangelung einer solchen vertragsmäßigen Bestimmung beginnt die Ueberliegezeit erst, nachdem der Verfrachter dem Empfänger erklärt hat, daß die Löschzeit abgelaufen sei. Der Verfrachter kann schon innerhalb der Löschzeit dem Empfänger erklären, an welchem Tage er die Löschzeit für abgelaufen halte. In diesem Falle ist zum Ablauf der Löschzeit und zum Beginn der Ueberliegezeit eine neue Erklärung des Verfrachters nicht erforderlich.

Auf die in diesem Artikel erwähnten Erklärungen des Verfrachters finden die Vorschriften des Artikels 572. Anwendung.

Artikel 598.

Bei Berechnung der Lösch- und Ueberliegezeit werden die Tage in ununterbrochen fortlaufender Reihenfolge gezählt; insbesondere kommen in Ansatz die Sonn- und Feiertage, sowie diejenigen Tage, an welchen der Empfänger durch Zufall die Ladung abzunehmen verhindert ist.

Nicht in Ansatz kommen jedoch die Tage, an welchen durch Wind und Wetter oder durch irgend einen anderen Zufall entweder

1) der Transport nicht nur der im Schiffe befindlichen, sondern jeder Art von Ladung von dem Schiff an das Land,

oder

2) die Ausladung aus dem Schiffe

verhindert ist.

Artikel 599.

Für die Tage, während welcher der Verfrachter wegen der Verhinderung des Transports jeder Art von Ladung von dem Schiff an das Land hat länger warten müssen, gebührt ihm Liegegeld, selbst wenn die Verhinderung während der Löschzeit eingetreten ist. Dagegen ist für die Tage, während welcher er wegen Verhinderung der Ausladung aus dem Schiffe hat länger warten müssen, Liegegeld nicht zu entrichten, selbst wenn die Verhinderung während der Ueberliegezeit eingetreten ist.

Artikel 600.

Sind für die Dauer der Löschzeit nach Artikel 596. die örtlichen Verordnungen oder der Ortsgebrauch maaßgebend, so kommen bei Berechnung der Löschzeit die beiden vorstehenden Artikel nur insoweit zur Anwendung, als die örtlichen Verordnungen oder der Ortsgebrauch nichts Abweichendes bestimmen.

Artikel 601.

Hat der Verfrachter sich ausbedungen, daß die Löschung bis zu einem bestimmten Tage beendigt sein müsse, so wird er durch die Verhinderung des Transports jeder Art von Ladung von dem Schiff an das Land (Artikel 598. Ziffer 1.) zum längeren Warten nicht verpflichtet.

Artikel 602.

Wenn der Empfänger zur Abnahme der Güter sich bereit erklärt, dieselbe aber über die von ihm einzuhaltenden Fristen verzögert, so ist der Schiffer befugt, die Güter, unter Benachrichtigung des Empfängers, gerichtlich oder in anderer sicherer Weise niederzulegen.

Der Schiffer ist verpflichtet, in dieser Weise zu verfahren und zugleich den Befrachter davon in Kenntniß zu setzen, wenn der Empfänger die Annahme der Güter verweigert oder über dieselbe auf die im Artikel 595. vorgeschriebene Anzeige sich nicht erklärt, oder wenn der Empfänger nicht zu ermitteln ist.[63])

Artikel 603.

Insoweit durch die Säumniß des Empfängers oder durch das Niederlegungsverfahren die Löschzeit ohne Verschulden des Schiffers überschritten wird, hat der Verfrachter Anspruch auf Liegegeld (Artikel 595.), unbeschadet des Rechts, für diese Zeit, soweit sie keine vertragsmäßige Ueberliegezeit ist, einen erweislich höheren Schaden geltend zu machen.[64])

Artikel 604.

Die Artikel 595. bis 603. kommen auch dann zur Anwendung, wenn ein verhältnißmäßiger Theil oder ein bestimmt bezeichneter Raum des Schiffs verfrachtet ist.

Artikel 605.[65])

Der Empfänger von Stückgütern hat dieselben auf die Aufforderung

---

63) Die Vorschriften des Artikels 602. können vertragsmäßig abgeändert werden. — Die Frage, ob der Schiffer den Ladungsinteressenten gegenüber verantwortlich ist, wenn er mit der Deposition der Güter des säumigen Empfängers zögert und dadurch die Herausnahme der anderen Güter aufhält, ist nach allgemeinen Rechtsgrundsätzen zu entscheiden. Prot. S. 2254.

64) Zur Vermeidung des häufig schwierigen Nachweises des Interesses ist als Minimum der Entschädigung das Liegegeld angenommen. In der Regel wird das Interesse des Verfrachters mindestens diese Höhe erreichen. — Auch den Ladungsinteressenten gegenüber ist der säumige Empfänger zur Schadloshaltung verpflichtet. Prot. S. 2244. 2251—2254.

65) Die Unterschiede zwischen den Bestimmungen über die Löschung bei der Totalbefrachtung und der Stückgüterbefrachtung sind folgende: Bei ersterer hat der Schiffer den Ablauf einer Löschzeit abzuwarten, bei der letzteren müssen die Güter sofort abgenommen werden. Bei ersterer hat der Schiffer, falls kein Empfänger vorhanden ist, den Befrachter davon in Kenntniß zu setzen, bei letzterer genügt eine Anzeige in öffentlichen Blättern. Man kann dem Schiffer nicht zumuthen, sich wegen einzelner, vielleicht ziemlich unbedeutender Ladetheile mit Personen in den entferntesten Weltgegenden ins Benehmen zu setzen. Prot. S. 2242. — Endlich besteht noch ein erheblicher Unterschied rücksichtlich der Bestimmungen über Zahlung des Liegegeldes. Prot. S. 3902. 3903. — Die Frage, wie viel der einzelne Empfänger an Liegegeld bezahlen solle, wenn mehrere säumig gewesen, ob der einzelne nur eine Rate und welche, oder ob jeder von ihnen das ganze Liegegeld bezahlen solle, ist in der Konferenz zwar angeregt, aber nicht entschieden worden. Prot. S. 2243.

des Schiffers ohne Verzug abzunehmen. Ist der Empfänger dem Schiffer nicht bekannt, so muß die Aufforderung durch öffentliche Bekanntmachung in ortsüblicher Weise geschehen.

In Ansehung des Rechts und der Verpflichtung des Schiffers, die Güter niederzulegen, gelten die Vorschriften des Artikels 602. Die im Artikel 602. vorgeschriebene Benachrichtigung des Befrachters kann durch öffentliche, in ortsüblicher Weise zu bewirkende Bekanntmachung erfolgen.

Für die Tage, um welche durch die Säumniß des Empfängers oder durch das Niederlegungsverfahren die Frist, binnen welcher das Schiff würde entlöscht worden sein, überschritten ist, hat der Verfrachter Anspruch auf Liegegeld (Artikel 595.), unbeschadet des Rechts, einen erweislich höheren Schaden geltend zu machen.

Artikel 606.

Wenn bei der Verfrachtung des Schiffs im Ganzen oder eines verhältnißmäßigen Theils oder eines bestimmt bezeichneten Raums des Schiffs der Befrachter Unterfrachtverträge über Stückgüter geschlossen hat, so bleiben für die Rechte und Pflichten des ursprünglichen Verfrachters die Artikel 595. bis 603. maaßgebend.

Artikel 607.[66])

Der Verfrachter haftet für den Schaden, welcher durch Verlust oder Beschädigung der Güter seit der Empfangnahme bis zur Ablieferung[67]) entstanden ist, sofern er nicht beweist, daß der Verlust oder die Beschädigung durch höhere Gewalt (vis major) oder durch die natürliche Beschaffenheit der Güter, namentlich durch inneren Verderb, Schwinden, gewöhnliche Leckage[68]) und dergleichen, oder durch äußerlich nicht erkennbare Mängel der Verpackung entstanden ist.

Verlust und Beschädigung, welche aus einem mangelhaften Zustande

---

66) Nach römischem Recht (Dig. IV. 9. nautae, caupones, stabularii ut recepta restituant) haftet der Rheder (nautam accipere debemus eum, qui navem exercet. lex 1. §. 2. l. c.) für Restitution der aufgenommenen Sachen, sofern nicht eine von Außen kommende vis major (damnum fatale) den Verlust verursacht, oder der Verfrachter vertragsmäßig seine Haftung ausgeschlossen oder beschränkt hat. Diese aus dem Bedürfnisse des Verkehrs entstandenen Grundsätze sind auch in die neueren Gesetzgebungen (vgl. ALR. §§. 1734. 1735.) übergegangen. Mot. S. 272. Prot. S. 2255. Vgl. Art. 395. und Noten 14—16. zu diesem Artikel. Der Umfang der Haftung des Rheders bestimmt sich nach Art. 452. Im Falle der Unterverfrachtung ist für die Verbindlichkeit des Rheders und des Unterverfrachters die Vorschrift des Art. 664. maßgebend. Prot. S. 3905. ff. 4289—4293. 4301. ff.

67) Es handelt sich in diesem Artikel nur darum, die aus dem receptum, d. i. aus der Uebernahme der Waaren entstehenden Verbindlichkeiten des Schiffers festzustellen. Wesentlich verschieden hiervon sind die Verbindlichkeiten, welche der Schiffer durch die Ausstellung des Konnossements übernimmt. (Art. 654. ff.) Erstere können auch ohne Ausstellung von Konnossementen vorkommen, wenn der Schiffer die Waaren lediglich auf Grund des Frachtvertrages übernimmt. Prot. S. 2255.

68) Bei manchen Gütern tritt eine Verminderung derselben während des

des Schiffs entstehen, der aller Sorgfalt ungeachtet nicht zu entdecken war (Artikel 560. Absatz 2.), werden dem Verluste oder der Beschädigung durch höhere Gewalt gleichgeachtet.[69])

Artikel 608.[70])

Für Kostbarkeiten, Gelder und Werthpapiere haftet der Verfrachter nur in dem Falle, wenn diese Beschaffenheit oder[71]) der Werth der Güter bei der Abladung dem Schiffer angegeben ist.[72])

Artikel 609.

Bevor[73]) der Empfänger die Güter übernommen hat,[74]) kann sowohl

---

Transports in Folge ihrer natürlichen Beschaffenheit ein, z. B. durch Schwinden, durch gewöhnliche Leckage (das fast unmerkliche Austräufeln aus den Fässern). In der Konferenz wurde von einer Seite behauptet, daß die Erfahrung bereits auf den Grund der mannigfachsten und sorgfältigsten Beobachtungen mit ziemlicher Sicherheit festgestellt habe, welches Manko bei jeder Waare durch ihre natürliche Beschaffenheit gerechtfertigt sei. Von anderer Seite wurde diese Behauptung bestritten und angeführt, daß in einem Prozesse die Gutachten der Sachverständigen zwischen 5 und 20 Prozent geschwankt hätten, und daß das Schwinden je nach der Jahreszeit, dem Wetter, der Dauer der Reise und der besseren oder geringeren Qualität der Waaren verschieden sei. Prot. S. 2291. 2292.

69) Diese Bestimmung ist die nothwendige Folge des im Art. 560. Abs. 2. angenommenen Grundsatzes. Prot. S. 3907—3909.

70) Vgl. Noten 17. 18. 20. zu Art. 395. — Die Feststellung des mittleren Werths bei Werthsachen und Kostbarkeiten ist fast unmöglich. Prot. S. 2262. 2299. 2300.

71) Vgl. Note 19. zu Art. 395.

72) Die Angabe der Beschaffenheit oder des Werthes des betreffenden Frachtstückes kann sowohl mündlich, als schriftlich erfolgen. Von dem Erfordernisse der Schriftlichkeit ist im Handelsgesetzbuche fast überall abgesehen worden, und es lag bei der ohnehin großen Begünstigung, welche durch diesen Artikel dem Verfrachter zu Theil wird, um so weniger Veranlassung vor, schriftliche Anzeige, die der Schiffer eintretenden Falls leicht beseitigen könnte, zu erfordern. — In der Annahme der Güter nach erfolgter Anzeige über ihren Inhalt liegt eine hinreichende Zustimmung des Verfrachters zur Wiedererstattung. Prot. S. 3982.

73) Durch die obrigkeitliche Besichtigung der Ladung vor der Löschung des Schiffs erhält der Schiffer Sicherheit, daß ihm nicht Beschädigungen, die erst nach Ablieferung der Waaren entstanden sind, zugerechnet werden, und der Ablader ist seinerseits von dem späteren Nachweise der Beschädigung, der namentlich mit Rücksicht auf die Identität der Waaren Schwierigkeiten zu machen pflegt, befreit. Soll dem Bedürfnisse abgeholfen werden, so muß die Konstatirung der Zustände der Waaren schon dann vorgenommen werden, wenn eine Beschädigung derselben nur erst vermuthet wird. — Vergl. Art. 407. Mot. S. 272. 273. Prot. S. 2301.

74) Unter Uebernahme der Güter ist, wie in der Konferenz bemerkt wurde, nicht jede faktische Entgegennahme von Gütern durch einen Beauftragten des Empfängers, sondern nur die Entgegennahme durch einen solchen Beauftragten zu verstehen, welcher befugt erscheint, über den Zustand der Güter sich zu vergewissern, und darüber eine entsprechende Erklärung abzugeben; ob eine Uebernahme in diesem Sinn vorhanden, ist in jedem einzelnen Falle je nach der Verschiedenheit der ört-

der Empfänger als der Schiffer, um den Zustand oder die Menge der Güter festzustellen,[75]) die Besichtigung derselben durch die zuständige Behörde oder durch die zu dem Zweck amtlich bestellten Sachverständigen bewirken lassen.[76])

Bei diesem Verfahren ist die am Orte anwesende Gegenpartei zuzuziehen, sofern die Umstände es gestatten.

Artikel 610.

Ist die Besichtigung vor der Uebernahme nicht geschehen, so muß der Empfänger binnen acht und vierzig Stunden nach dem Tage der Uebernahme die nachträgliche Besichtigung der Güter nach Maaßgabe des Artikels 609. erwirken, widrigenfalls alle Ansprüche wegen Beschädigung oder theilweisen Verlustes erlöschen. Es macht keinen Unterschied, ob Verlust und Beschädigung äußerlich erkennbar waren oder nicht.[77])

Diese Bestimmung findet keine Anwendung auf solche Verluste und

---

lichen und sonstigen faktischen Verhätnisse zu entscheiden; so kann z. B. eine Uebernahme der Güter durch einen der in Hamburg bestehenden Ewerführer als Empfangnahme in dem hier in Frage kommenden Sinne angesehen werden, während sie vielleicht in der Uebernahme durch einen vom Empfänger abgesendeten Leichterschiffer nicht zu finden ist. — Hiergegen wurde vorgebracht, daß das Gesetz nicht blos auf den Fall des juristischen Empfangs, als einer Erklärung das Gut annehmen und nicht beanstanden zu wollen, sondern auch auf die Verladung in die Leichterschiffe anzuwenden sei, und daß sonst der Schiffer mit Unrecht für den von den Leichterschiffern des Empfängers gestifteten Schaden verantwortlich gemacht werden könnte. Prot. S. 2307. 3916.

75) Nicht die Größe des Schadens ist festzustellen, sondern nur die faktischen Grundlagen, auf welchen in der Folge der Schaden zu berechnen ist, sind zu ermitteln und zu verzeichnen. Prot. S. 2302. 3915.

76) Beim Seetransport kommen dergleichen Besichtigungen so häufig vor, daß die Gerichte unmöglich damit behelligt werden können; an sehr vielen Seeplätzen sind zur Vornahme solcher Besichtigungen nicht nur andere technische Behörden berufen, sondern häufig auch eine hinreichende Anzahl Sachverständiger ein für allemal angestellt und verpflichtet, welche die Besichtigung ohne gerichtliche oder obrigkeitliche Leitung vorzunehmen haben. Es ist kein Grund zur Abschaffung dieser Einrichtung vorhanden. Wenn keine Behörde und keine verpflichteten Sachverständigen für die Besichtigungen bestellt sind, so werden die Gerichte die Vornahme der Besichtigungen nicht ablehnen können. Prot. S. 2302.

77) Im Handelsverkehre gilt die unbeanstandete Uebernahme von Waaren als Genehmigung derselben, und es kann ein in solcher Weise thatsächlich vollzogenes Geschäft nicht mehr wegen Beschädigung oder Verminderung angefochten werden. Auf diese Anschauung gestützt, schrieb der Pr. Entwurf (Art. 499.) vor, daß der Ladungsempfänger, welcher Güter ohne vorgängige gerichtliche oder obrigkeitliche Besichtigung übernehme, aller Ansprüche auf Ersatz etwaiger Beschädigung oder Verminderung verlustig gehen solle. — In einer derartigen Bestimmung würde namentlich bei nicht äußerlich erkennbaren Mängeln eine um so größere Härte für den Empfänger liegen, als er nicht immer in der Lage ist, die Waaren selbst in Empfang zu nehmen, und sich oft nicht hinreichend geschäftskundiger Leichterschiffer bedienen muß. Man konnte deshalb nicht umhin, dem Empfänger zur Beanstandung der Waaren resp. zur nachträglichen Besichtigung auch noch

Beschädigungen, welche durch eine bösliche Handlungsweise einer Person der Schiffsbesatzung entstanden sind.[78])

Artikel 611.

Die Kosten der Besichtigung hat derjenige zu tragen, welcher dieselbe beantragt hat.

Ist jedoch die Besichtigung von dem Empfänger beantragt, und wird ein Verlust oder eine Beschädigung ermittelt, wofür der Verfrachter Ersatz leisten muß, so fallen die Kosten dem letzteren zur Last.[79])

---

nach deren Empfang eine Frist einzuräumen, die zur Fernhaltung von Chikanen möglichst kurz festgesetzt ist. — Im Falle des Streits muß dem Schiffer vom Empfänger der Beweis geliefert werden, daß die Beschädigung, um die es sich handelt, bereits bei der Löschung vorhanden gewesen ist.

Die Vorschläge, den Ladungsempfänger der Entschädigungsansprüche nur dann für verlustig zu erklären, wenn er die Güter ohne Vorbehalt angenommen oder die Fracht ohne Abzug bezahlt hat, wurden abgelehnt; man machte gegen dieselben geltend, daß es nicht überall gebräuchlich sei, Quittung über die Güter zu geben, und daß eine solche Bestimmung auch nutzlos wäre, weil im Falle der Aufnahme einer derartigen Vorschrift jeder Empfänger einen Vorbehalt machen würde; man nahm ferner an, daß aus der oft vorschußweise erfolgenden Zahlung der Fracht kein Präjudiz gegen den Empfänger hergeleitet werden könne, und daß die außerdem beantragte Unterscheidung zwischen äußerlich erkennbaren und nicht erkennbaren Beschädigungen praktisch zu einer Menge unentwirrbarer Schwierigkeiten führen würde. Mot. S. 273. Prot. S. 2304—2312. 2500—2502. 2507. 3916. bis 3919. vgl. Art. 408.

78) Durch eine die Verbindlichkeiten des Verfrachters aus dem Frachtvertrage und dem receptum betreffende Vorschrift werden die Verpflichtungen aus anderen Gründen z. B. aus böswilliger Handlungsweise nicht getroffen. Prot. S. 2310. 2311.

79) Die Besichtigung erfolgt im Interesse beider Theile. Sie ist aber nicht unter allen Umständen, sondern nur dann, wenn Veranlassung war, eine Beschädigung zu vermuthen, angebracht. Deshalb müssen die Kosten der Besichtigung, wenn keine Beschädigung gefunden, dem, welcher sie beantragt hat, auferlegt werden. Hat der Verfrachter bei vorhandenem Schaden die Besichtigung beantragt, so läßt sich nicht absehen, weshalb der Empfänger die Kosten der Besichtigung auch dann tragen soll, wenn der Schiffer das hauptsächlichste Interesse an deren Vornahme hat, um sich einen Beweis darüber zu sichern, daß die Beschädigung oder das Manko in vis major sich gründet; fällt das auf Antrag des Empfängers eingeleitete Besichtigungsverfahren zu Ungunsten des Schiffers aus, so liegt es in der Natur der Sache, daß der Letztere die Kosten der Feststellung des Schadens zu tragen hat. Einwendungen gegen die Pflicht zur Zahlung der Kosten aus dem allgemeinen Gesichtspunkte des dolus sind selbstverständlich nicht ausgeschlossen. Dem Verfrachter können z. B. die Kosten nicht aufgebürdet werden, wenn er sich sofort zum Ersatz des Schadens bereit erklärt, der Empfänger aber dennoch die Besichtigung veranlaßt hat. — Besondere Bestimmungen darüber wie es im Falle der Deposition (weil der Empfänger unbekannt ist oder die Annahme der Güter verweigert) zu halten sei, bedarf es nicht, weil in diesem Falle die Besichtigung der Güter erfahrungsmäßig sehr selten vorkommt, und der Schiffer sich auch ohne eine solche durch Auswahl eines zuverlässigen Depositars,

Artikel 612.

Wenn auf Grund des Artikels 607. für den Verlust von Gütern Ersatz geleistet werden muß, so ist nur der Werth der verlorenen Güter zu vergüten.[80]) Dieser Werth wird durch den Marktpreis[81]) bestimmt, welchen Güter derselben Art und Beschaffenheit am Bestimmungsorte[82]) der verlorenen Güter bei Beginn der Löschung des Schiffs oder, wenn eine Entlöschung des Schiffs an diesem Orte nicht erfolgt, bei seiner Ankunft daselbst haben.

In Ermangelung eines Marktpreises, oder falls über denselben oder über dessen Anwendung, insbesondere mit Rücksicht auf die Qualität der Güter Zweifel bestehen, wird der Preis durch Sachverständige ermittelt.

---

und eine von diesem auszustellende auch über den Empfang der Güter sich verbreitende Empfangsbestätigung schützen kann. — Mot. S. 273. Prot. S. 2303. 3988. 3989.

80) Dieser Artikel bezieht sich nur auf diejenigen Fälle, in welchen die Uebergabe der Güter, das Receptum, zum Klagefundament gewählt wird. Die Verpflichtung des Verfrachters auch für zufälligen Schaden einzustehen, erheischt es, seine Ersatzverbindlichkeit auf den Werth der verlorenen Güter zu beschränken, und nicht auf das ganze Interesse des Beschädigten auszudehnen. Gründet dagegen der Beschädigte seinen Anspruch auf dolus oder culpa lata des Verfrachters oder seiner Leute, so kann er auch sein weitergehendes Interesse geltend machen. Die Frage, wie weit der Verfrachter für geringes Versehen der Schiffsbesatzung haftet, ist im Gesetze offen gelassen. Die Haftung über den Werth der verlorenen Güter hinaus ist auch in diesem Falle nicht unbedingt ausgeschlossen. Prot. S. 2314. 2319. 2320. 3921. 3922. Vergl. ALR. Th. 2. Tit. 8. §. 1738. und Th. 1. Tit. 6. §. 82., sowie Art. 396. Abs. 5.

81) Der der Schadensrechnung zu Grunde zu legende Marktpreis ist der Berechnung nach dem Fakturenpreise vorzuziehen; denn in der Regel wird der Beschädigte im Stande sein, die fehlende Waare für den Marktpreis sofort zu beschaffen; die im Gesetze angenommene Berechnungsweise ist die allgemein verbreitete, sie schließt große und schädliche Weiterungen über die Feststellung der Entschädigung aus. Bei Anwendung dieser Bestimmung sind nicht allein die öffentlichen autorisirten Preisnotirungen, sondern auch anderweitige Nachweise über Existenz und Höhe des Marktpreises in Betracht zu ziehen, und erst wenn ein solcher Marktpreis, der ja auch ohne alle öffentlichen Preisnotirungen existiren kann, nicht vorhanden ist, kommt es auf das Gutachten von Sachverständigen an. Werden die Preise nach einem Minimum oder Maximum notirt, so hat entweder die Waare keinen sicheren Marktpreis, oder die Qualität der Waare muß zuvor dargethan werden, ehe man den Marktpreis derselben erkennen kann. Prot. S. 2315—2318. Vgl. Art. 396. u. Noten 22. 23. zu diesem Artikel.

82) „Bestimmungsort" ist nicht gleichbedeutend mit „Löschungsort". In manchen Fällen werden Güter an einem anderen Platze, als an dem, wohin sie bestimmt sind, gelöscht, und es fehlt an einem genügenden Grunde, den Schaden, welcher hieraus entsteht, namentlich wenn die Güter in einem kleinen Hafen gelöscht werden, in welchem sie fast werthlos sind, dem Eigenthümer aufzubürden. — Nicht die Abladungszeit, sondern die Löschungszeit kommt bei der Berechnung des Werths in Betracht, weil der Empfänger in die Lage versetzt werden muß, als wären die Güter unversehrt angekommen. Prot. S. 3920. Mot. S. 274.

Von dem Preise kommt in Abzug,[83] was an Fracht, Zöllen und Unkosten in Folge des Verlustes der Güter erspart wird.

Wird der Bestimmungsort der Güter nicht erreicht, so tritt an Stelle des Bestimmungsorts der Ort, wo die Reise endet, oder wenn die Reise durch Verlust des Schiffs endet, der Ort, wohin die Ladung in Sicherheit gebracht ist.

Artikel 613.

Die Bestimmungen des Artikels 612. finden auch auf diejenigen Güter Anwendung, für welche der Rheder nach Artikel 510. Ersatz leisten muß.

Uebersteigt im Falle der Verfügung über die Güter durch Verkauf der Reinerlös derselben den im Artikel 612. bezeichneten Preis, so tritt an Stelle des letzteren der Reinerlös.

Artikel 614.

Muß für Beschädigung der Güter auf Grund des Artikels 607. Ersatz geleistet werden, so ist nur die durch die Beschädigung verursachte Werthsverminderung der Güter zu vergüten. Diese Werthsverminderung wird bestimmt durch den Unterschied zwischen dem durch Sachverständige zu ermittelnden Verkaufswerth, welchen die Güter im beschädigten Zustande haben, und dem im Artikel 612. bezeichneten Preise nach Abzug der Zölle und Unkosten, soweit sie in Folge der Beschädigung erspart sind.

Artikel 615.

Durch Annahme der Güter[84]) wird der Empfänger verpflichtet, nach Maaßgabe des Frachtvertrages oder des Konnossements,[85]) auf deren

---

83) Der Verfrachter hat wegen der hier gedachten Kosten **kein** selbstständiges **Forderungsrecht**, sondern nur ein **Abzugsrecht**, so daß, wenn etwa der Werth verlorener Frachtgüter in Folge der Aenderung der Konjunktur am Löschungsorte geringer gewesen sein würde, als die Fracht, dem Verfrachter keine Differenzforderung zusteht. Prot. S. 2321.

84) Der Empfänger ist nicht vor der Ablieferung zu zahlen verbunden; die Ablieferung genügt aber auch, um die Frachtforderung gegen ihn zu begründen. In der Annahme der Güter liegt zugleich die Akzeptation der auf Zahlung der Fracht nach Maaßgabe des Vertrags oder des Konnossements gerichteten Anweisung. Die Frage, ob, wenn der Empfänger die Annahme verweigert, eine Klage des Schiffers auf Annahme der Ladung und Bezahlung der Fracht statthaft sei, kann nicht allgemein entschieden werden, sondern wird anders zu behandeln sein, je nachdem ausdrücklich oder durch konkludente Handlungen, namentlich durch Auslieferung des Konnossements schon ein Vertragsverhältniß zwischen dem Schiffer und Empfänger begründet ist oder nicht, oder je nachdem der Schiffer als Mandatar oder Geschäftsführer des Abladers die Rechte des Letzteren mit Erfolg wahrzunehmen vermag. Prot. S. 2323. 2324. 4459. 4460.

85) Wenn ein Konnossement nicht vorhanden und der Empfänger gleichwohl bereit, oder nach Gestalt der besonderen Verhältnisse des Falls verpflichtet ist, die Güter zu empfangen und Fracht dafür zu zahlen, so erübrigt beim Mangel anderer Verabredungen nichts, als anzunehmen, daß er die nach Maaßgabe des Frachtvertrages dem Verfrachter gebührende Fracht zu entrichten habe; denn es ist

Grund die Empfangnahme geschieht, die Fracht nebst allen Nebengebühren, sowie das etwaige Liegegeld zu bezahlen, die ausgelegten Zölle und übrigen Auslagen zu erstatten und die ihm sonst obliegenden Verpflichtungen zu erfüllen.

Der Verfrachter hat die Güter gegen Zahlung der Fracht und gegen Erfüllung der übrigen Verpflichtungen des Empfängers auszuliefern.[86])

Artikel 616.

Der Verfrachter ist nicht verpflichtet, die Güter früher auszuliefern, als bis die auf denselben haftenden Beiträge zur großen Haverei, Bergungs- und Hülfskosten und Bodmereigelder bezahlt oder sichergestellt sind.[87])

Ist die Verbodmung für Rechnung des Rheders geschehen, so gilt die vorstehende Bestimmung unbeschadet der Verpflichtung des Verfrachters, für die Befreiung der Güter von der Bodmereischuld noch vor der Auslieferung zu sorgen.

Artikel 617.

Der Verfrachter ist nicht verpflichtet, die Güter, mögen sie verdorben oder beschädigt sein oder nicht, für die Fracht an Zahlungsstatt anzunehmen.

Sind jedoch Behältnisse, welche mit flüssigen Waaren angefüllt waren, während der Reise ganz oder zum größeren Theil ausgelaufen, so können

---

nicht abzusehen, unter welchen anderen Bedingungen hin die Güter als offerirt anzusehen sind. — Rücksichtlich des Anspruchs auf Liegegeld und Fautfracht an den Empfänger beim Mangel eines Konnossements wurde geltend gemacht: Es sei höchst bedenklich, ein Anerbieten der Ladung ohne besonderen Vorbehalt ein für allemal so auszulegen, daß der Schiffer dadurch auf alle nicht unmittelbar von der Ausführung des Transportes herrührenden Leistungen habe verzichten wollen. Es komme bei dieser Frage auf die Uebereinkunft zwischen Schiffer und Empfänger an, und es seien die allgemeinen Rechtsgrundsätze über Auslegung von Verträgen maaßgebend. Ersterer sei nicht einmal befugt, ohne sich dem Vorwurfe der Sorglosigkeit auszusetzen, die Ladung ohne einen Vorbehalt wegen des Liegegeldes und der Fautfracht auszuliefern. — Wegen des bei der Löschung verschuldeten Liegegeldes steht dem Schiffer ein Anspruch an den Empfänger zu; wegen des bei der Abladung erwachsenen nur in so weit, als es im Konnossemente oder im Frachtvertrage vorbehalten ist, oder der Empfänger sich auch zur Zahlung dieser Kosten verpflichtet hat. Prot. S. 3926. 2357—2359. 2323. 2325.

86) Der Verfrachter ist nicht schuldig mit der Ablieferung voranzugehen, sondern Verfrachter und Befrachter müssen Zug um Zug erfüllen. Selbstverständlich muß der Verfrachter mit seiner Leistung insofern vorangehen, daß er die Lage zu brechen und den Empfänger in den Stand zu setzen hat, zu prüfen, ob er die Ladung ohne Vorbehalt und ohne vorgängige Untersuchung annehmen kann. Prot. S. 2323. 2324.

Nach ALR. (§. 1722.) hat der Empfänger die Fracht sogleich nach Ablieferung sämmtlicher Waaren zu zahlen.

87) Die Gegenleistung für Ablieferung der Güter ist nicht nur die Zahlung der Fracht, der etwaigen Liegelder und der Auslagen, welche der Schiffer für die

dieselben dem Verfrachter für die Fracht und seine übrigen Forderungen (Artikel 615.) an Zahlungsstatt überlassen werden.[88])

Durch die Vereinbarung, daß der Verfrachter nicht für Leckage hafte, oder durch die Klausel: „frei von Leckage", wird dieses Recht nicht ausgeschlossen.[89]) Dieses Recht erlischt, sobald die Behältnisse in den Gewahrsam des Abnehmers gelangt sind.[90])

Ladung gemacht hat, sondern auch die Erfüllung der Verbindlichkeiten, welche aus der zwischen Schiff und Ladung bestandenen Gemeinschaft auf der Ladung haften. Zu den letzteren gehört insbesondere die Verbindlichkeit, zu der großen Haverei, welche Schiff und Ladung betroffen hat, den auf die Ladung repartirten Beitrag zu leisten. Ist dieser bei Löschung des Schiffs noch nicht festgestellt, so muß der Ladungsempfänger für die spätere Zahlung des Beitrags Sicherheit bestellen. Mot. S. 274.

88) Die Ansicht, daß dem Schiffer wider seinen Willen beschädigte Güter an Zahlungsstatt für die Fracht überlassen werden dürfen, hat lange rechtliche Geltung gehabt, ist aber jetzt im Allgemeinen aus dem Rechtsbewußtsein entschwunden. Nur bezüglich derjenigen Güter, welche der Leckage unterworfen sind, hat sie sich noch allgemein erhalten, und zwar wohl hauptsächlich aus dem Grunde, weil diese Güter leichter als andere einer Veruntreuung durch die Mannschaft unterworfen sind, und es in der Regel dem Schiffer auch leicht gelingt, sich gegenüber einer bedeutenden Leckage durch die Verklarung durch die Behauptung, daß das Schiff auf der Reise schwer gearbeitet hat und dgl. zu rechtfertigen. Nicht jede Leckage genügt zur Ausübung dieses Rechts, da irgend ein Verlust durch Leckage in einer großen Zahl von Fällen eintritt und unbeachtet bleiben muß, so lange er nur unbedeutend ist. Wenn die Leckage nicht einmal die Hälfte beträgt, so kann der Verfrachter nicht gezwungen werden, die bezeichneten Behältnisse für die Fracht 2c. an Zahlungsstatt anzunehmen. Ob die leckenden Waaren in Fässer oder in andere Gefäße verpackt sind, ändert an der Berechtigung des Empfängers nichts; denn die Verhältnisse sind bei anderen Arten von Verpackungen der leckenden Güter im Wesentlichen dieselben, wie bei den Fässern. — Eine Kiste, die mit vollen Weinflaschen angefüllt ist, kann jedoch „als ein Behältniß, welches mit flüssigen Waaren angefüllt ist," nicht bezeichnet werden.

Nicht blos dem Empfänger, sondern auch dem Befrachter steht das Recht zu, Fässer, deren Inhalt ausgelaufen ist, an Zahlungsstatt dem Verfrachter zu überlassen, z. B. wenn der Empfänger die Annahme aus einem anderen Grunde, als wegen der Leckage verweigert, und der Befrachter wegen der Fracht in Anspruch genommen wird. — Der Empfänger, der von dem ihm in Absatz 2. eingeräumten Rechte Gebrauch macht, wird so angesehen, als habe er das Gut empfangen. Der Verfrachter kann deshalb in diesem Falle nicht mehr auf den Ablader wegen der Fracht zurückgehen. — Der Empfänger kann von einer ganzen Ladung einige Fässer annehmen, und andere, die ausgelaufen sind, an Stelle der Fracht dem Verfrachter überlassen; könnte dies nur in Betreff der ganzen Ladung geschehen, so wäre das Recht des Empfängers illusorisch. Mot. S. 274. Prot. S. 2327 bis 2329. 3927. Vgl. ALR. §§. 1729—1731.

89) Wiewohl die Absicht des Schiffers bei Anwendung dieser Klausel dahin geht, alle und jede Haftbarkeit für Leckage abzulehnen, so hat man dennoch das Recht der Ueberlassung an Zahlungsstatt zugelassen, weil sonst Absatz 2. jede Bedeutung verlieren würde; denn es wird selten ein Konnossement über leckende Waaren ohne die Klausel „frei von Leckage" gezeichnet. Diese Klausel behält trotzdem noch die höchst wichtige Bedeutung, daß de

Ist die Fracht in Bausch und Bogen bedungen, und sind nur einige Behältnisse ganz oder zum größeren Theile ausgelaufen, so können dieselben für einen verhältnißmäßigen Theil der Fracht und der übrigen Forderungen des Verfrachters an Zahlungsstatt überlassen werden.[91])

Artikel 618.

Für Güter, welche durch irgend einen Unfall verloren gegangen sind, ist keine Fracht zu bezahlen und die etwa vorausbezahlte zu erstatten, sofern nicht das Gegentheil bedungen ist.

Diese Bestimmung kommt auch dann zur Anwendung, wenn das Schiff im Ganzen oder ein verhältnißmäßiger oder ein bestimmt bezeichneter Raum des Schiffs verfrachtet ist. Sofern in einem solchen Falle das Frachtgeld in Bausch und Bogen bedungen ist, berechtigt der Verlust eines Theils der Güter zu einem verhältnißmäßigen Abzuge von der Fracht.[92])

Verfrachter außer dem Falle eines Verschuldens keine größere Summe, als die Fracht verlieren kann. Prot. S. 2330. Vgl. Art. 659.

90) Durch das Fortschaffen der Fässer von dem Schiffe kann die Leckage ohne Verschulden des Schiffers und der Mannschaft bedeutend vergrößert werden, auch geht die Kontrole verloren; es ist deshalb billig, daß von der Abnahme an das Recht der Ueberlassung an Zahlungsstatt erlischt. Gewahrsam ist nicht gleichbedeutend mit Empfangnahme; auch ohne juristischen Empfang können die Waaren in die Detention des Empfängers gelangen. Prot. S. 2332.

91) Der Grund dieser Bestimmung ist derselbe wie bei Absatz 2. Die Repartition der Fracht auf die einzelnen Frachtstücke kann eben so wohl und in derselben Weise wie in Havereifällen durch den Dispacheur geschehen. Prot. S. 2331.

92) Alle Gesetzgebungen (vgl. ALR. §. 1727.) enthalten die Bestimmung, daß für durch Zufall verlorene Güter keine Fracht zu zahlen ist. Diese Vorschrift hat ihren Grund in der Auffassung, daß der Schiffer nicht eher einen Anspruch auf Bezahlung der Fracht hat, als bis der bedungene Transport der Waare ausgeführt und diese an den Bestimmungsort geliefert ist. Es kommt nicht darauf an, durch welche Art von Zufall der Verlust der Güter veranlaßt ist. Ist der Verlust der Güter dagegen durch ein Verschulden des Verfrachters oder seiner Leute herbeigeführt, so findet dieser Artikel keine Anwendung; denn wenn der Verfrachter das volle Interesse zu erstatten hat, so kann man ihm das Recht, die Fracht abzuziehen, füglich nicht absprechen. Imgleichen gehören diejenigen Fälle nicht hierher, in welchen der Untergang der Güter in einem Verschulden oder in Verfügungen des Befrachters seinen Grund hat. — Aus der angegebenen Auffassung folgt konsequent, daß beim Verlust der Waaren der Verfrachter Mangels anderer Stipulationen zur Erstattung des Vorausbezahlten verpflichtet ist. — Derselbe Grundsatz ist bei der Vercharterung eines ganzen Schiffs maßgebend; denn diese ist nicht blos als Schiffsmiethe, sondern zugleich als Dienstmiethe anzusehen. Ob die Fracht in einem solchen Falle nach der Anzahl von Kubikfuß u. dgl., oder ob dieselbe von vorne herein, natürlich unter Berücksichtigung der Größe des Schiffs in einer runden Summe stipulirt wird, ändert an der rechtlichen Natur des Vertrages nichts. In beiden Fällen wird die Fracht nur für die Ausführung des Transports bezahlt. Soweit derselbe nicht ausgeführt ist, besteht eine Forderung auf Frachtzahlung nicht. Oft gehen die beiden Arten der Frachtstipulation bei der Befrachtung eines ganzen Schiffs so in einander über,

Artikel 619.

Ungeachtet der Nichtablieferung ist die Fracht zu zahlen für Güter, deren Verlust in Folge ihrer natürlichen Beschaffenheit (Artikel 607.) eingetreten ist, sowie für Thiere, welche unterwegs gestorben sind.[93])

Inwiefern die Fracht für Güter zu ersetzen ist, welche in Fällen der großen Haverei aufgeopfert worden sind, wird durch die Vorschriften über die große Haverei bestimmt.[94])

Artikel 620.

Für Güter, welche ohne Abrede über die Höhe der Fracht zur Beförderung übernommen sind, ist die am Abladungsorte zur Abladungszeit übliche Fracht zu zahlen.

Für Güter, welche über das mit dem Befrachter vereinbarte Maaß hinaus zur Beförderung übernommen sind, ist die Fracht nach Verhältniß der bedungenen Fracht zu zahlen.

Artikel 621.

Wenn die Fracht nach Maaß, Gewicht oder Menge der Güter bedungen ist, so ist im Zweifel anzunehmen, daß Maaß, Gewicht oder Menge der abgelieferten und nicht der eingelieferten Güter für die Höhe der Fracht entscheiden soll.[95])

Artikel 622.

Außer der Fracht können Kaplaken, Prämien und dergleichen nicht gefordert werden, sofern sie nicht ausbedungen sind.[96])

Die gewöhnlichen und ungewöhnlichen Unkosten der Schifffahrt, als: Lootsengeld, Hafengeld, Leuchtfeuergeld, Schlepplohn, Quarantainegelder, Auseisungskosten und dergleichen, fallen in Ermangelung einer entgegenstehenden Abrede dem Verfrachter allein zur Last, selbst wenn derselbe zu

---

daß gar nicht mehr zu unterscheiden ist, ob das Frachtgeld in Bausch und Bogen stipulirt worden oder nicht. Das Gesetz hat aus diesen Gründen, abweichend vom Pr. Entw. (Art. 504.), keine prinzipielle Unterscheidung zwischen beiden Arten der Frachtverabredung aufgestellt. Mot. S. 275. Prot. S. 2333. 2334. 3928—3930.

93) — wenn solches beweislich ohne des Schiffers und seiner Leute Verschulden geschehen ist. Mot. S. 276.

94) Vgl. Art. 717.

95) Die Forderung des Verfrachters ist durch die Erfüllung seiner Vorleistung bedingt. Nach Maaßgabe dieser hat er Fracht zu beanspruchen. Haben die Güter ein geringeres Maaß oder Gewicht als bei der Einlieferung, so hat der Schiffer für den fehlenden Theil nicht erfüllt; haben sie ein größeres Maaß oder Gewicht, so entspricht es der Billigkeit, sofern die Vermehrung nicht betrüglicher Weise herbeigeführt ist, den Schiffer für die unterwegs eingetretene Vermehrung der Last zu entschädigen. Mot. S. 276. Prot. S. 2338—2341.

96) In früherer Zeit war es üblich, daß der Schiffer neben der dem Rheder zukommenden Fracht auch eine persönliche Belohnung vom Ablader oder Ladungsempfänger erhielt. Diese Sitte ist jetzt vielfach abgekommen. Mot. S. 276. vgl. Note 99. und 100. zu Art. 513.

den Maaßregeln, welche die Auslagen verursacht haben, auf Grund des Frachtvertrages nicht verpflichtet war.[97])

Die Fälle der großen Haverei, sowie die Fälle der Aufwendung von Kosten zur Erhaltung, Bergung und Rettung der Ladung werden durch diesen Artikel nicht berührt.[98])

Artikel 623.

Wenn die Fracht nach Zeit bedungen ist, so beginnt sie in Ermangelung einer anderen Abrede mit dem Tage zu laufen, der auf denjenigen folgt, an welchem der Schiffer angezeigt hat, daß er zur Einnahme der Ladung, oder bei einer Reise in Ballast, daß er zum Antritt der Reise fertig und bereit sei, sofern aber bei einer Reise in Ballast diese Anzeige am Tage vor dem Antritt der Reise noch nicht erfolgt ist, mit dem Tage, an welchem die Reise angetreten wird.

Ist Liegegeld oder Ueberliegezeit bedungen, so beginnt in allen Fällen die Zeitfracht erst mit dem Tage zu laufen, an welchem der Antritt der Reise erfolgt.[99])

---

97) Die hier aufgezählten Unkosten gehören zu s. g. Havarie ordinaire oder commune oder kleinen Havarie. Sie werden bisweilen auch als Hafen- oder Revierkosten oder auch als uneigentliche Havarie bezeichnet. Diese Kosten pflegten früher gemeinschaftlich von Schiff und Ladung getragen zu werden. Nach A.L.R. (§. 1782.) hatte beim Mangel einer Abrede der Rheder ein Drittel und der Empfänger zwei Drittel zu zahlen. In neuerer Zeit hat man ziemlich allgemein angenommen, daß die Kosten der kleinen Havarie vom Schiffe allein zu tragen sind, da auch sie nach der muthmaßlichen Meinung der Parteien durch die Frachtgelder gedeckt werden sollen. Der Pr. Entw. (Art. 507.) hatte nur in Betreff der außerordentlichen Reisekosten, wie der Kosten des Auseisens eine Ausnahme statuirt und dem Ladungsempfänger zwei Drittel dieser Kosten auferlegt, weil nicht anzunehmen sei, daß der Verfrachter diese Kosten bei Bedingung der Fracht miterwogen habe; im Gesetze sind jedoch diese Unkosten den übrigen gleichgestellt worden, weil abgesehen davon, daß hierauf bei Abmessung der Fracht geeignete Rücksicht genommen zu werden pflege, Auslagen so außerordentlicher Art in der Regel nicht unbedingt erforderlich seien, weil sodann der Schiffer sich in der Regel zuvor mit den Ladungsinteressenten in Vernehmen setzen und dieselben vertragsmäßig veranlassen könne, einen Theil der Kosten zu tragen, weil es endlich höchst bedenklich sei, dem Schiffer zu gestatten, einseitig mit für Rechnung der Ladungsinteressenten solche außerordentlichen Auslagen zu machen. Die Frage, in welchen Fällen der Verfrachter zur Ergreifung außerordentlicher Maßregeln verpflichtet ist, hat das Gesetz offen gelassen. Mot. S. 276. 277. Prot. S. 2341. 2342. 3931.

98) Die Frage, ob die nicht zur kleinen Haverei gehörigen Kosten dem Rheder oder dem Ladungsbetheiligten zur Last fallen, muß nach den Umständen des einzelnen Falls entschieden werden. So werden z. B. die Kosten des Umstechens einer Getreideladung, so wie sonstige gewöhnliche, selbst beim glücklichsten Verlaufe der Reise erforderlich werdenden Kosten von dem Rheder, dagegen die Fütterungskosten des ihm zum Transport übergebenen Viehs von dem Befrachter resp. Empfänger zu tragen sein. Prot. S. 4224—4226.

99) Die Zeit der Beladung und Löschung wird im Dienste des Befrachters zugebracht; es muß deshalb auch für diese Zeit Fracht berechnet werden. Ist Liegegeld verabredet, so läßt sich annehmen, daß die Kontrahenten nicht die Absicht gehabt

Die Zeitfracht endet mit dem Tage, an welchem die Löschung vollendet ist.

Wird die Reise ohne Verschulden[100]) des Verfrachters verzögert oder unterbrochen, so muß für die Zwischenzeit die Zeitfracht fortentrichtet werden, jedoch unbeschadet der Bestimmungen der Artikel 639. und 640.

Artikel 624.

Der Verfrachter hat wegen der im Artikel 615. erwähnten Forderungen ein Pfandrecht an den Gütern.

Das Pfandrecht besteht, so lange die Güter zurückbehalten oder deponirt sind; es dauert auch nach der Ablieferung noch fort, sofern es binnen dreißig Tagen nach Beendigung derselben gerichtlich geltend gemacht wird; es erlischt jedoch, sobald vor der gerichtlichen Geltendmachung die Güter in den Gewahrsam eines Dritten gelangen, welcher sie nicht für den Empfänger besitzt.[101])

---

haben, sowohl dieses als auch die Fracht, also eine doppelte Entschädigung zu zahlen. — Bei einer Reise in Ballast hat das Schiff nicht selten schon bei Abschluß des Frachtvertrages Ballast an Bord; sowohl deshalb, als weil der Schiffer es in der Hand hat die Einnahme des Ballasts langsam zu betreiben, ist bestimmt, daß die Fracht erst von der Anzeige der Reisefertigkeit des Schiffs an zu laufen beginnt. Für den Fall, daß wegen Abwesenheit des Befrachters oder seines Mandatars die Anzeige nicht gemacht oder der Nachweis der Anzeige nicht erbracht werden kann, mußte im Gesetze Vorsorge getroffen werden. — Voraussichtlich wird auch die Erhebung eines Protestes über die Unausführbarkeit der Anzeigeerstattung oder die Absendung der Anzeige an den Befrachter von allen Gerichten als genügenden Ersatz der wirklich erfolgten Anzeige anerkannt werden. Mot. S. 277. Prot. S. 2345—2347. 3932. 3933.

100) Die Frage über die Beweislast ist offen gelassen. Der Pr. Entwurf (Art. 508.) enthielt die Vorschrift: Aufenthalt und Verzögerungen während der Reise, welche nicht durch den Schiffer verschuldet sind, werden in die Zeit der Reise eingerechnet. Gegen diese Fassung wurde erinnert, daß dadurch zugleich die Frage über die Beweislast in dem Sinne entschieden werde, daß der Befrachter dem Schiffer ein Verschulden nachweisen müsse, wenn er auf eine Unterbrechung der Frachtzahlung Anspruch machen wolle. Auf Grund dieser Erinnerung wurde die jetzige Fassung gewählt. Prot. S. 2347.

101) Das ALR. (§§. 1724—1726.) gab dem Schiffer die Befugniß, die Güter noch innerhalb sechs Tagen nach der Ablieferung in gerichtlichen Beschlag nehmen zu lassen, sofern nicht die Waaren bereits in den Besitze eines redlichen Dritten gelangt sind, der dieselben baar bezahlt hat. Die Pr. Konkurs-Ordnung (§. 33. Nr. 6.) stellte den Schiffer dem Faustpfandgläubiger gleich wegen Fracht, Liegegeld und Auslagen in Ansehung der beförderten Güter und Waaren, welche zurückbehalten oder auf dem Packhofe oder Zollamte befindlich sind oder seit deren Ablieferung noch nicht drei Tage verflossen sind, sofern in diesem letzteren Falle die Güter und Waaren noch bei dem Gemeinschuldner oder bei dem Dritten sich befinden, welcher sie für den Gemeinschuldner besitzt. Der Pr. Entw. (Art. 509.) hat im Wesentlichen diese Bestimmung beibehalten.

Im Handelsgesetzbuche sind ähnliche Vorschriften unter Verlängerung der Frist auf dreißig Tage nach der Auslieferung zur Geltendmachung des Pfandrechts aufgenommen. Das dem Verfrachter zustehende Recht ist sonach kein bloßes Re-

Artikel 625.

Im Falle des Streits über die Forderungen des Verfrachters ist dieser die Güter auszuliefern verpflichtet, sobald die streitige Summe bei Gericht oder bei einer anderen zur Annahme von Depositen ermächtigten Behörde oder Anstalt deponirt ist.

Nach Ablieferung der Güter ist der Verfrachter zur Erhebung der deponirten Summe gegen angemessene Sicherheitsleistung berechtigt.[102])

Artikel 626.

So lange das Pfandrecht des Verfrachters besteht, kann das Gericht auf dessen Ansuchen verordnen, daß die Güter ganz oder zu einem entsprechenden Theil Behufs Befriedigung des Verfrachters öffentlich verkauft werden.[103])

---

tentionsrecht; ein solches würde fast unvermeidlich eine Störung des Geschäftsverkehrs herbeiführen; es hat aber auch innerhalb der dreißig Tage nicht die volle Wirkung des Pfandrechts, indem es gegen Dritte nicht verfolgbar ist. Ungeachtet dieser im Interesse des Verkehrs erforderlichen Beschränkung ist es von großem praktischen Nutzen für den Verfrachter, weil er das Pfand, so lange er es in Händen hat, zum Behufe seiner Befriedigung verkaufen kann, und weil er die Möglichkeit hat, noch eine Zeit lang nach der Ablieferung, wenn die Güter sich noch bei dem Ladungsempfänger befinden, zu seiner Befriedigung zu gelangen. Sollte dieser Zweck erreicht, und zugleich der Schiffer durch die ihm gebotene Sicherheit veranlaßt werden, nicht unverweilt seine Forderung geltend zu machen, sondern dem Empfänger eine entsprechende Zeit hindurch Vertrauen zu schenken, so durfte die Dauer des Pfandrechts nicht zu eng bemessen werden. Mot. S. 278. Prot. S. 2348—2354. 3934—3936. vgl. Art. 409. und Note 86. zu Art. 615. — Rücksichtlich der Ausübung des ihm zustehenden Rechts versteht es sich in Folge allgemeiner Rechtsgrundsätze und im Hinblick auf die besonderen Pflichten des Schiffers in Ansehung der Fürsorge für die ihm anvertrauten Waaren von selbst, daß er auf die Löschung der Ladung Bedacht nehmen muß, wenn längeres Verbleiben im Schiff für dieselben gefährlich ist. Wo der Schiffer in diesem Falle die Waaren zu deponiren hat, ist im Gesetze offen gelassen. Prot. S. 2356.

Die Vorzugsrechte des Verfrachters im Konkurse des Schuldners werden durch Art. 624. nicht berührt, und sind vielmehr nach dem Konkursrechte der einzelnen Länder zu beurtheilen. Außer diesen Vorzugsrechten steht dem Verfrachter das in diesem Artikel bezeichnete Pfandrecht zu. Prot. S. 2356. 3934. vgl. Art. 409. Für Preußen vergl. Konkurs-Ordnung vom 8. Mai 1855 §. 33. Nr. 6. und Art. 28. des Einf.-Ges.

102) Das Gesetz hat dafür Vorsorge zu treffen, daß bei Streitigkeiten zwischen dem Empfänger und dem Verfrachter die dem Ersteren zustehenden Einwendungen gegen die Zahlung der Fracht nicht durch Ausübung der Retentionsbefugniß Seitens des Schiffers vereitelt werden, und daß der Letztere möglichst schnell zu seiner Befriedigung gelange ohne dadurch die Interessen des Empfängers zu gefährden. Beides wird in den meisten Fällen durch die Vorschrift des Art. 625. erreicht. Prot. S. 2351. 2352. — Vgl. Note 57. zu Art. 409.

103) Das Pfandrecht des Schiffers an der Ladung wird, wie jedes andere Pfandrecht durch den Verkauf des verpfändeten Objekts realisirt. Der Verkauf

Dieses Recht gebührt dem Verfrachter auch gegenüber den übrigen Gläubigern und der Konkursmasse des Eigenthümers.

Das Gericht hat die Betheiligten, wenn sie am Orte anwesend sind, über das Gesuch, bevor der Verkauf verfügt wird, zu hören.

Artikel 627.

Hat der Verfrachter die Güter ausgeliefert, so kann er wegen der gegen den Empfänger ihm zustehenden Forderungen (Artikel 615.) an dem Befrachter sich nicht erholen.[104]) Nur insoweit der Befrachter mit dem Schaden des Verfrachters sich etwa bereichern würde[105]), findet ein Rückgriff statt.

Artikel 628.

Hat der Verfrachter die Güter nicht ausgeliefert, und von dem im ersten Absatz des Artikels 626. bezeichneten Rechte Gebrauch gemacht, jedoch durch den Verkauf der Güter seine vollständige Befriedigung nicht erhalten, so kann er an dem Befrachter sich erholen, soweit er wegen seiner Forderungen aus dem zwischen ihm und dem Befrachter abgeschlossenen Frachtvertrage nicht befriedigt ist.

Artikel 629.[106])

Werden die Güter von dem Empfänger nicht abgenommen, so ist der

---

kann aber hier, wie auch sonst beim kaufmännischen Pfande ohne Weiteres veranlaßt werden, sobald der Ladungsempfänger im Verzuge ist.' Mot. S. 278. Vgl. Art. 409.

104) Der Befrachter ist der ursprüngliche Schuldner des Verfrachters aus dem Frachtvertrage und demnach persönlich für die Fracht verpflichtet. Indem er ihm aber Ladung übergiebt oder übergeben läßt, weist er ihn ausdrücklich oder stillschweigend an, die Fracht von dem Ladungsempfänger und allenfalls durch Verkauf der Ladung zu erheben. Es ist deshalb angemessen, daß diese Anweisung wie eine Zahlung angesehen wird, wenn die Auslieferung der Güter ohne Frachtzahlung erfolgt. — In der Praxis wird diese Vorschrift wohl nicht die Folge haben, daß der Schiffer ohne Zahlung die Güter nicht herausgiebt, was dem Verkehre zum großen Nachtheile gereichen würde, sondern nur die, daß der Schiffer nicht ohne Vorsicht und mit dem Bewußtsein, daß es auf des Verfrachters Gefahr geschehe, zur Ablieferung der Güter unter Kreditirung der Fracht sich herbeilassen wird. — Von einer Seite wurde jedoch in der Konferenz dagegen geltend gemacht, der Auftrag des Befrachters gehe dahin, daß der Verfrachter bei Einziehung der Fracht nach Art eines ordentlichen Kaufmanns handeln solle; nur die Unterlassung dieser Sorgfalt rechtfertige die Ausschließung des Rückgriffs an den Verfrachter. — Im Gesetze ist die strengere Auffassung der Verpflichtung des Verfrachters zur Geltung gekommen. Selbstverständlich steht dem Verfrachter der Frachtanspruch an den Befrachter zu, wenn er überhaupt dem Empfänger gegenüber kein Retentionsrecht ausüben durfte, z. B. bei einer Sendung franko Fracht, oder wenn der Werth der Ladung zur Deckung der Fracht rc. nicht ausreicht oder, wenn die Güter vom Empfänger nicht abgenommen werden. Mot. S. 278. Prot. S. 2361—2366. 3940. 3941. vgl. Art. 412.

105) z. B. wenn der Empfänger nur Bevollmächtigter des Befrachters ist, oder beide ein Handlungshaus bilden. Prot. S. 3938. 3939.

106) Vgl. Art. 28. des. Pr. Einf.-Gesetzes.

Befrachter verpflichtet, den Verfrachter wegen der Fracht und der übrigen Forderungen dem Frachtvertrage gemäß zu befriedigen.

Bei der Abnahme der Güter durch den Befrachter kommen die Artikel 593. bis 626. in der Weise zur Anwendung, daß an Stelle des in diesen Artikeln bezeichneten Empfängers der Befrachter tritt. Insbesondere steht in einem solchen Falle dem Verfrachter wegen seiner Forderungen das Zurückbehaltungs- und Pfandrecht an den Gütern nach Maaßgabe der Artikel 624. 625. 626., sowie das im Artikel 616. bezeichnete Recht zu.

Artikel 630.[107])

Der Frachtvertrag tritt außer Kraft, ohne daß ein Theil zur Entschä-

---

107) Der Pr. Entw. (Art. 512.) bestimmte, daß wenn die Ausführung des Frachtvertrags durch Zufall oder höhere Gewalt unmöglich gemacht oder zu einer verbotenen Handlung wird, und der Zufall oder die höhere Gewalt sich vor dem Antritt der Reise ereignen, der Frachtvertrag aufgehoben ist. Das Gesetz unterscheidet zwischen denjenigen Fällen, in welchen in dem zufälligen Ereignisse eine unwiderstehlich wirkende Hinderungsursache gegen die Ausführung des Transports, eine offenbar physische oder rechtliche Unmöglichkeit derselben liegt (Art. 630.), und denjenigen, in welchen die Ausführung des Transports nicht absolut unmöglich, aber gefährlich ist und es darauf ankommt vorläufig zu ermitteln, ob die Hinderungsursache eine dauernde ist und als solche nach den konkreten Verhältnissen des Vertrages von den Betheiligten anerkannt werden muß (Art. 631). In den Fällen ersterer Art löst sich der Vertrag ipso jure auf, in denen der letzteren Art haben die Kontrahenten nur ein Rücktrittsrecht vom Vertrage. In Art. 630. sind nur einzelne Fälle der Auflösung des Vertrages angeführt. Für die nicht ausdrücklich genannten Fälle genügen die allgemeinen Grundsätze über Rechtsanalogien. Die Ausführung des Transports wird unmöglich, wenn das Schiff oder alle individuell im Frachtvertrage bezeichneten Ladungsgüter verloren gehen. Der Spezialisirung der Güter steht aber der Fall gleich, wenn die generell bezeichneten bereits an Bord gebracht oder vom Schiffer behufs Einladung übernommen sind. Als Uebernahme ist es nicht anzusehen, wenn Güter einseitig vom Verfrachter für die Verschiffung ausgeschieden werden oder vom Lande geschieden sind, ohne daß der Schiffer sie übernommen hat. Im Einklang mit Art. 563. und aus Zweckmäßigkeitsrücksichten ist jedoch dem Befrachter, wenn alle vom Schiffer übernommenen und im Frachtvertrage nicht speziell bezeichneten Güter während der Wartezeit untergehen, das Recht zugestanden, eine andere Ladung zu substituiren. Eine schleunige Erklärung, ob der Befrachter von dem Substitutionsrechte Gebrauch machen wolle, ist erforderlich, da sonst der Verfrachter Gefahr laufen würde, seinen Anspruch auf Liegegeld beanstandet zu sehen, wenn er bis zum Ablauf der Lade- und Ueberliegezeit gewartet hat und der Befrachter demnächst erst seinen Rücktritt vom Vertrage erklärt, oder wegen Vertragsbruchs in Anspruch genommen zu werden, wenn er früher abgeht und der Befrachter eine andere Ladung liefern wollte. — Die Auflösung des Frachtvertrages ist nur für die Zukunft wirksam und hat die Aufhebung der Verpflichtung zur Bezahlung des bereits erwachsenen Liegegelds nicht zur Folge. Vgl. ALR. Th. 1. Tit. 5. §§. 364. ff. Th. 2. Tit. 8. §§. 1650. 1651.

In den Fällen des Art. 631. würde es sehr bedenklich sein, das Rücktrittsrecht des Befrachters von dem Umstande abhängig zu machen, ob derselbe die Befugniß hat, eine andere Ladung zu liefern oder nicht. Das im Art. 563. demselben verliehene Recht ist ein Privilegium, und schließt nicht die Pflicht zur

digung des anderen verpflichtet ist, wenn vor Antritt der Reise durch einen Zufall

1) das Schiff verloren geht,[108]) insbesondere
wenn es verunglückt,
wenn es als reparaturunfähig oder reparaturunwürdig kondemnirt (Artikel 444.) und in dem letzteren Falle ohne Verzug öffentlich verkauft wird,
wenn es geraubt wird,
wenn es aufgebracht oder angehalten und für gute Prise erklärt wird;

oder

2) die im Frachtvertrage nicht blos nach Art oder Gattung, sondern speziell bezeichneten Güter verloren gehen;

oder

3) die, wenn auch nicht im Frachtvertrage speziell bezeichneten Güter verloren gehen, nachdem dieselben bereits an Bord gebracht oder Behufs Einladung in das Schiff an der Ladungsstelle von dem Schiffer übernommen worden sind.

Hat aber in dem unter Ziffer 3. bezeichneten Falle der Verlust der Güter noch innerhalb der Wartezeit (Artikel 580.) sich zugetragen, so tritt der Vertrag nicht außer Kraft, sofern der Befrachter ohne Verzug sich bereit erklärt, statt der verloren gegangenen andere Güter (Artikel 563.) zu liefern, und mit der Lieferung noch innerhalb der Wartezeit beginnt. Er hat die Abladung der anderen Güter binnen kürzester Frist zu vollenden, die etwaigen Mehrkosten dieser Abladung zu tragen, und insoweit durch dieselbe die Wartezeit überschritten wird, den dem Verfrachter daraus entstehenden Schaden zu ersetzen.

Artikel 631.

Jeder Theil ist befugt, von dem Vertrage zurückzutreten, ohne zur Entschädigung verpflichtet zu sein:

1) wenn vor Antritt der Reise
das Schiff mit Embargo[109]) belegt oder zum landesherrlichen

---

Substitution in sich; in vielen Fällen wird der Befrachter auch von dem Substitutionsrechte keinen Gebrauch machen können; z. B. wenn die Unfreiheit der Ladung in der Nationalität des Befrachters ihren Grund hat, oder ein allgemeines Einfuhr- oder Ausfuhr-Verbot ergangen ist. Vgl. ALR. §§. 1677. 1579. 1741. 1699. Mot. S. 279. 280. Prot. S. 2366—2391. 3947—3968. 3992—3994. — Vgl. ALR. §§. 1677—1679. und Art. 394. Abs. 2.

108) Vgl. Art. 453. und Noten dazu.

109) Embargo (embargar span. anhalten) ist das Anhalten von Schiffen und deren Güter, der Vorläufer des Kriegs und der Anfang feindlicher Behandlung.

Dienst oder zum Dienst einer fremden Macht in Beschlag genommen,

der Handel mit dem Bestimmungsort untersagt,

der Ablladungs- oder Bestimmungshafen blokirt,[110])

die Ausfuhr der nach dem Frachtvertrage zu verschiffenden Güter aus dem Abladungshafen oder die Einfuhr derselben in den Bestimmungshafen verboten,

durch eine andere Verfügung von hoher Hand das Schiff am Auslaufen oder die Reise oder die Versendung der nach dem Frachtvertrage zu liefernden Güter verhindert wird.

In allen vorstehenden Fällen berechtigt jedoch die Verfügung von hoher Hand nur dann zum Rücktritt, wenn das eingetretene Hinderniß nicht voraussichtlich von nur unerheblicher Dauer ist;[111])

2) wenn vor Antritt der Reise ein Krieg ausbricht, in Folge dessen das Schiff oder die nach dem Frachtvertrage zu verschiffenden Güter oder beide nicht mehr als frei betrachtet werden können und der Gefahr der Aufbringung ausgesetzt würden.

Die Ausübung der im Artikel 563. dem Befrachter beigelegten Befugniß ist in den Fällen der vorstehenden Bestimmungen nicht ausgeschlossen.

Artikel 632.

Wenn nach Antritt der Reise das Schiff durch einen Zufall verloren geht (Artikel 630. Ziffer 1.), so endet der Frachtvertrag.[112]) Jedoch hat

---

110) Blockade ist die theilweise oder gänzliche Sperrung von feindlichen Häfen, Flußmündungen, Festungen, ja ganzer Küsten- und Länderstrecken gegen den Verkehr durch eine Kriegspartei.

111) Bei Verfügungen von hoher Hand, die nur von kurzer Dauer sind, wird kein Richter annehmen, daß die Ausführung des Frachtvertrages dadurch verhindert ist; jeder Richter wird sie nur als Verzögerung der Reise ansehen, wenn anders nicht gerade die kurze von der Verfügung betroffene Zeit für den Frachtvertrag entscheidend und der gewollte Transport dadurch unmöglich geworden ist. Prot. S. 2388.

112) Vgl. Note 107. zu Art. 630. Der Frachtvertrag ist nicht blos als locatio conductio navis, sondern auch als locatis conductis operis anzusehen; die durch Zufall eingetretene Unmöglichkeit der Leistung des einen Kontrahenten befreit den andern von der Gegenleistung. Die Ausführung des Transports durch das konkrete Schiff ist ein Essentiale des Frachtvertrags (Art. 566.) Prot. S. 2367. 2394. 2395. Welche Folgen der Verlust des Schiffs durch Verschulden der Kontrahenten habe, ist im Gesetze nicht entschieden. In der Konferenz wurde geltend gemacht, daß in diesem Falle kein Theil vom anderen mehr die Ausführung des Transports verlangen könne, daß aber der Vertrag insoweit fortwirke, als der Anspruch auf Ersatz des Interesses, beziehungsweise auf Zahlung der vollen Fracht bestehen bleibe. Prot. S. 3969. 3970.

der Befrachter, soweit Güter geborgen oder gerettet sind, die Fracht im Verhältniß der zurückgelegten zur ganzen Reise zu zahlen (Distanzfracht).

Die Distanzfracht ist nur soweit zu zahlen, als der gerettete Werth der Güter reicht.[113])

Artikel 633.

Bei Berechnung der Distanzfracht kommt in Anschlag nicht allein das Verhältniß der bereits zurückgelegten zu der noch zurückzulegenden Entfernung, sondern auch das Verhältniß des Aufwandes an Kosten und Zeit, der Gefahren und Mühen, welche durchschnittlich mit dem vollendeten Theile der Reise verbunden sind, zu denen des nicht vollendeten Theiles.

Können sich die Parteien über den Betrag der Distanzfracht nicht einigen, so entscheidet darüber der Richter nach billigem Ermessen.

Artikel 634.

Die Auflösung des Frachtvertrages ändert nichts in den Verpflichtungen des Schiffers, bei Abwesenheit der Betheiligten auch nach dem Verluste des Schiffes für das Beste der Ladung zu sorgen[114]) (Artikel 504. bis 506.). Der Schiffer ist demzufolge berechtigt und verpflichtet, und zwar im Falle der Dringlichkeit auch ohne vorherige Anfrage, je nachdem es den Umständen entspricht,[115]) entweder die Ladung für Rechnung der Bethei-

---

113) Das Prinzip der Distanzfracht ist in den meisten Ländern (vgl. ALR. §§. 1702. 1705. 1706.) als das richtige anerkannt; es liegt in der Billigkeit, daß der Schiffer, welcher einen Theil der Reise zurückgelegt hat, verhältnißmäßig entschädigt wird. — Bei Bemessung für die Distanzfracht ist nicht blos die Erwägung maßgebend, wieviel der Schiffer dem Befrachter durch die theilweise Ausführung des Transports genützt, sondern hauptsächlich, welche Opfer der Erstere gebracht hat. Daß die Distanzfracht nicht weiter zu zahlen ist, als der gerettete Werth der Güter (nach Abzug der Bergungskosten) reicht, folgt aus dem Prinzipe des Art. 618. — Mot. S. 280, 281. Prot. S. 2394—2490. 2412.

114) Diejenigen Obliegenheiten, die der Schiffer als gesetzlicher Vertreter der Ladung hat, bestehen auch nach der Aufhebung des Frachtvertrages, wenn die Interessenten nicht zur Stelle sind, fort; er bleibt also auch nachher verpflichtet, diejenigen Maßregeln im Interesse der Ladung zu ergreifen, welche nach den Umständen des Falls als die angemessensten erscheinen. Was er in dieser Beziehung thut, geschieht nicht zum Vollzuge des einmal erloschenen Frachtvertrags, sondern nur zur Erfüllung seiner eben erwähnten anderweitigen Verpflichtungen, giebt ihm also kein Recht auf Entrichtung der vollen Fracht, sondern nur auf Ersatz seiner Auslagen, so daß wenn der Weitertransport mehr als die Fracht beträgt, der Schaden den Befrachter trifft, dem aber auch der Vortheil gebührt, wenn der Schiffer eine günstigere Transportgelegenheit gefunden haben sollte. Prot. S. 2394. 2395.

115) Der Oesterreichische Entw. (§. 106), welcher die Grundlage dieses Artikels bildet, spezialisirte die Rechte und Pflichten des Verfrachters in dem Falle des Verlustes des Schiffs nicht. In der von einem Abgeordneten eingebrachten Vorlage war die Beförderung der Ladung in den Bestimmungshafen mittelst eines andern Schiffs davon abhängig gemacht, ob der Transport ohne außerverhältnißmäßigen Aufwand thunlich sei. Bei der Berathung dieses Artikels wurde zwar geltend gemacht, daß in der größeren Mehrzahl der Fälle diese Bestimmung zweck-

ligten mittelst eines anderen Schiffes nach dem Bestimmungshafen befördern zu lassen, oder die Auflagerung oder den Verkauf derselben zu bewirken und im Falle der Weiterbeförderung oder Auflagerung, Behufs Beschaffung der hierzu, sowie zur Erhaltung der Ladung nöthigen Mittel, einen Theil davon zu verkaufen, oder im Falle der Weiterbeförderung die Ladung ganz oder zum Theil zu verbodmen.

Der Schiffer ist jedoch nicht verpflichtet, die Ladung auszuantworten oder zur Weiterbeförderung einem anderen Schiffer zu übergeben, bevor die Distanzfracht nebst den sonstigen Forderungen des Verfrachters (Artikel 615.) und die auf der Ladung haftenden Beiträge zur großen Haverei, Bergungs- und Hülfskosten und Bodmereigelder bezahlt oder sichergestellt sind.

Auch für die Erfüllung der nach dem ersten Absatz dieses Artikels dem Schiffer obliegenden Pflichten haftet der Rheder mit dem Schiffe, soweit etwas davon gerettet ist, und mit der Fracht.

Artikel 635.

Gehen nach Antritt der Reise die Güter durch einen Zufall verloren, so endet der Frachtvertrag, ohne daß ein Theil zur Entschädigung des anderen verpflichtet ist; insbesondere ist die Fracht weder ganz noch theilweise zu zahlen, insofern nicht im Gesetze das Gegentheil bestimmt ist (Artikel 619.).

Artikel 636.

Ereignet sich nach dem Antritt der Reise einer der im Artikel 631.

---

mäßig sei, weil durch Aufwendung unverhältnißmäßiger Transportkosten die Interessen der Ladungsbetheiligten erfahrungsmäßig sehr häufig in hohem Grade gefährdet würden, man nahm aber von Aufnahme weiterer Instruktionen für den Schiffer Abstand, weil bei den zu ergreifenden Maßregeln die ganze Sachlage in Betracht zu ziehen sei, und demselben im Gesetze immer nur ein höchst schwankender und unsicherer Anhalt gegeben werden könne. — Beim Weitertransport der Güter entstehen große Schwierigkeiten in Folge der Konkurrenz der alten und neuen Konnossemente. Zur Beseitigung derselben und insbesondere darüber, wie eine Auseinandersetzung zwischen den verschiedenen Ladungsempfängern bewirkt werden soll, wenn der Schiffer nicht von jedem Quantum Güter, das einem und demselben Konnossementsinhaber zusteht, diejenige Quote veräußert, welche nöthig ist, um den auf dieses Quantum Güter treffenden Antheil an der Distanzfracht zu decken, giebt das Gesetz keine Anleitung. Diese Auseinandersetzung soll in vorgekommenen Fällen folgendermaßen bewirkt worden sein: Der erste Schiffer hat sich im Nothhafen an den ihm angewiesenen Korrespondenten oder an ein andres Handlungshaus gewandt, welches das Nöthige wegen der Distanzfracht geordnet und einen neuen Schiffer angenommen hat. Der erste Schiffer hat diesem die Ladung ausgeliefert ohne seine Konnossemente zurückzuerhalten. Der neue Schiffer hat ein einziges Konnossement über die ganze Ladung gezeichnet, welches nach dem Bestimmungsort dem dort wohnenden Rheder oder einem sonstigen Handlungshaus eingesandt worden ist. Der Empfänger desselben hat hierauf die Inhaber der ersten Konnossemente zur Meldung u. s. w. aufgefordert und dafür gesorgt, daß diesen die betreffenden Ladungstheile ausgeliefert wurden. Prot. S. 3959. 3971—3975.

erwähnten Zufälle, so ist jeder Theil befugt, von dem Vertrage zurückzutreten,[116]) ohne zur Entschädigung verpflichtet zu sein.

Ist jedoch einer der im Artikel 631. unter Ziffer 1. bezeichneten Zufälle eingetreten, so muß, bevor der Rücktritt stattfindet, auf die Beseitigung des Hindernisses drei oder fünf Monate gewartet werden, je nachdem das Schiff in einem Europäischen oder in einem nichteuropäischen Hafen sich befindet.[117])

Die Frist wird, wenn der Schiffer das Hinderniß während des Aufenthalts in einem Hafen erfährt, von dem Tage der erhaltenen Kunde, anderenfalls von dem Tage an berechnet, an welchem der Schiffer, nachdem er davon in Kenntniß gesetzt worden ist, mit dem Schiffe zuerst einen Hafen erreicht.

Die Ausladung des Schiffes erfolgt, in Ermangelung einer anderweitigen Vereinbarung, in dem Hafen, in welchem es zur Zeit der Erklärung des Rücktritts sich befindet.

Für den zurückgelegten Theil der Reise ist der Befrachter Distanzfracht (Artikel 632. 633.) zu zahlen verpflichtet.

Ist das Schiff in Folge des Hindernisses in den Abgangshafen oder in einen anderen Hafen zurückgekehrt, so wird bei Berechnung der Distanzfracht der dem Bestimmungshafen nächste Punkt, welchen das Schiff erreicht hat,[118]) Behufs Feststellung der zurückgelegten Entfernung zum Anhalt genommen.

Der Schiffer ist auch in den Fällen dieses Artikels verpflichtet, vor und nach der Auflösung des Frachtvertrags für das Beste der Ladung nach Maaßgabe der Artikel 504. bis 506. und 634. zu sorgen.

---

116) Bis zur erfolgten Ausübung des Rücktritts-Rechts hat der Schiffer dasjenige zu thun, was der vollständigen Vertragserfüllung möglichst nahe kommt, oder wenn dies nicht angeht, kraft seiner Eigenschaft als gesetzlicher Vertreter aller Interessenten alles dasjenige, was deren Interesse am meisten entspricht. Meistens wird er die Reise wenigstens zum Theil noch fortsetzen müssen. Wird der Rücktritt von keinem Theile erklärt, so bleibt der Frachtvertrag in Kraft, und nach schließlicher Erledigung der Sache muß die ganze Fracht gezahlt werden. Mot. S. 281. Prot. S. 2403. 3976. 3977. vgl. ALR. §§ 1686 ff.

117) Die Fixirung der Frist ist wichtig für den Verfrachter um einen sicheren Anhaltspunkt zu haben, wann er ohne Gefahr vom Vertrage zurücktreten kann und nicht minder für den Befrachter, indem er durch die Festsetzung der Frist eine Bürgschaft dafür hat, daß der Schiffer nicht allzuschnell den Weitertransport aufgiebt und die Ladung am ungünstigen Orte löscht. Die Fristen müssen geräumig fixirt werden, damit der Befrachter Gelegenheit hat, die erforderlichen Instruktionen zu ertheilen. Aus demselben Grunde ist die Dauer der Frist, welche vertraglich anders festgesetzt werden kann, verschieden je nach dem Orte, wo das Schiff sich befindet, während in dieser Beziehung der Bestimmungsort gleichgültig ist. Prot. S. 2404—2407.

118) Wenn der Schiffer auf offener See umkehrt, so ist der entfernteste Punkt, den er unter ordnungsmäßiger Ausführung der Reise erreicht hat, erforderlichenfalls nach Längen- und Breitengraden zu berechnen. Prot. S. 2412.

Artikel 637.[119])

Muß das Schiff, nachdem es die Ladung eingenommen hat, vor Antritt der Reise in dem Abladungshafen oder nach Antritt derselben in einem Zwischen- oder Nothhafen in Folge eines der im Artikel 631. erwähnten Ereignisse liegen bleiben, so werden die Kosten des Aufenthalts, auch wenn die Erfordernisse der großen Haverei nicht vorliegen,[120]) über Schiff, Fracht und Ladung nach den Grundsätzen der großen Haverei vertheilt, gleichviel ob demnächst der Vertrag aufgehoben oder vollständig erfüllt wird. Zu den Kosten des Aufenthalts werden alle in dem zweiten Absatz des Artikels 708. Ziffer 4. aufgeführten Kosten gezählt, diejenigen des Ein- und Auslaufens jedoch nur dann, wenn wegen des Hindernisses ein Nothhafen angelaufen ist.

Artikel 638.[121])

Wird nur ein Theil der Ladung vor Antritt der Reise durch einen Zufall betroffen, welcher, hätte er die ganze Ladung betroffen, nach den Artikeln 630. und 631. den Vertrag aufgelöst oder die Parteien zum Rücktritt berechtigt haben würde, so ist der Befrachter nur befugt, entweder statt der vertragsmäßigen andere Güter abzuladen, sofern durch deren Beförderung die Lage des Verfrachters nicht erschwert wird (Artikel 563.), oder von dem Vertrage unter der Verpflichtung zurückzutreten, die Hälfte der bedungenen Fracht und die sonstigen Forderungen des Verfrachters

---

119) Nach Vollendung der Abladung ist eine Gemeinschaft zwischen Schiff und Ladung eingetreten. Die Folge hiervon ist die gemeinsame Tragung des Zufalls. Vor Vollendung der Abladung besteht eine solche noch nicht, jeder Theil hat deshalb den ihn treffenden Schaden zu tragen. Art. 637. findet auch auf Stückgüterladung unbedingte Anwendung; nicht selten gereicht das Abwarten der Aufhebung des Hindernisses auch dem frei gebliebenen Theile der Ladung zum Vortheil. Prot. S. 2408—2410. 2438—2441.

120) Die große Haverei ist als vorhanden anzusehen, wenn es sich um ein positives Handeln, ein freiwilliges Opfer, zur Rettung aus einer gegenwärtigen, Schiff und Ladung unmittelbar bedrohenden Gefahr gehandelt hat. (Art. 702.) Befindet sich das Schiff schon in einem Hafen, so soll nicht erst etwas Positives geschehen, um die Gefahr zu beseitigen, sondern nur etwas unterlassen werden, was Schiff und Ladung erst der Gefahr aussetzen würde. Im Falle des Embargo, des Arrestes u. dgl. fehlt zur großen Haverei auch das Erforderniß der Freiwilligkeit des Opfers. Prot. S. 2676. 2677.

121) Durch die Unfreiheit eines Theils der Ladung wird die Ausführung des bedungenen Transports an sich nicht unmöglich; es kann also auch dadurch die Gültigkeit des Frachtvertrags zum Nachtheil des Verfrachters um so weniger beeinträchtigt werden, als der Zufall immer in der Person des Befrachters sich zuträgt. Hiernach ist in der Regel die volle Fracht zu zahlen; selbstverständlich bleibt dem Befrachter aber in den zulässigen Fällen das Recht der Substitution einer andern Ladung und des Rücktritts gegen Zahlung von Fautfracht. Dieses Recht ist für die im Art. 637. behandelten Fälle in der Weise ausgedehnt worden, daß der Befrachter auch nach Ablauf der Lade- und Ueberliegezeit, beziehungsweise nach Abfertigung des Schiffers bis zum Abgang des Schiffs dasselbe auszuüben befugt ist. Es soll hierdurch die in der prinzipiellen Bestimmung lie-

zu berichtigen (Artikel 581. und 582.). Bei Ausübung dieser Rechte ist der Befrachter jedoch nicht an die sonst einzuhaltende Zeit gebunden. Er hat sich aber ohne Verzug zu erklären, von welchem der beiden Rechte er Gebrauch machen wolle und, wenn er die Abladung anderer Güter wählt, dieselbe binnen kürzester Frist zu bewirken, auch die etwaigen Mehrkosten dieser Abladung zu tragen, und insoweit durch sie die Wartezeit überschritten wird, den dem Verfrachter daraus entstehenden Schaden zu ersetzen.

Macht er von keinem der beiden Rechte Gebrauch, so muß er auch für den durch den Zufall betroffenen Theil der Ladung die volle Fracht entrichten. Den durch Krieg, Ein- und Ausfuhrverbot oder eine andere Verfügung von hoher Hand unfrei gewordenen Theil der Ladung ist er jedenfalls aus dem Schiffe herauszunehmen verbunden.

Tritt der Zufall nach Antritt der Reise ein, so muß der Befrachter für den dadurch betroffenen Theil der Ladung die volle Fracht auch dann entrichten, wenn der Schiffer diesen Theil in einem anderen als dem Bestimmungshafen zu löschen sich genöthigt gefunden und hierauf mit oder ohne Aufenthalt die Reise fortgesetzt hat.

Durch diesen Artikel werden die Bestimmungen der Artikel 618. und 619. nicht berührt.

Artikel 639.

Abgesehen von den Fällen der Artikel 631. bis 638. hat ein Aufenthalt, welchen die Reise vor oder nach ihrem Antritt durch Naturereignisse oder andere Zufälle erleidet, auf die Rechte und Pflichten der Parteien keinen Einfluß, es sei denn, daß der erkennbare Zweck des Vertrages durch einen solchen Aufenthalt vereitelt würde.[122]) Der Befrachter ist jedoch befugt, während jedes durch einen Zufall entstandenen, voraussichtlich längeren Aufenthalts die bereits in das Schiff geladenen Güter auf seine Gefahr und Kosten gegen Sicherheitsleistung für die rechtzeitige Wiedereinladung auszuladen. Unterläßt er die Wiedereinladung, so hat er die volle Fracht zu zahlen. In jedem Falle muß er den Schaden ersetzen, welcher aus der von ihm veranlaßten Wiederausladung entsteht.

---

gende Härte gegen den Befrachter gemildert werden. — Die volle Fracht für die unfrei gewordenen Güter ist auch dann zu zahlen, wenn das Schiff nach der Löschung derselben untergeht, denn in der Regel ist beim Untergange des Schiffs faktisch die ganze Sache durch erfolgte Zahlung erledigt; außerdem lösen sich mit der Abreise des Schiffs nach der Löschung alle rechtlichen Beziehungen zwischen dem Schiffer und diesen Gütern; der Verlauf einer Reise, an welcher der Befrachter kein rechtliches Interesse mehr hat, kann deshalb auch keinen Einfluß auf dessen Verpflichtungen ausüben. Mot. S. 280. Prot. S. 2414—2421. 2468.

122) Den Kontrahenten steht das Rücktrittsrecht zu, wenn dieselben zwar etwaiger Verzögerungen der Reise keine Erwähnung gethan haben, wohl aber aus dem Inhalte des Vertrages sich ergiebt, daß durch denselben ein gewisser, nach Abwartung der Verzögerung offenbar nicht mehr zu erreichender Zweck verfolgt werden soll. Die Rechte und Pflichten der Parteien sind in diesen Fällen nach den allgemeinen Rechtsgrundsätzen zu beurtheilen. Prot. S. 3985—3987. 4067. 4068. vgl. ALR. §. 1681.

Gründet sich der Aufenthalt in einer Verfügung von hoher Hand,[123]) so ist für die Dauer derselben keine Fracht zu bezahlen, wenn diese zeitweise bedungen war (Artikel 623.).[124])

Artikel 640.

Muß das Schiff während der Reise ausgebessert werden, so hat der Befrachter die Wahl, ob er die ganze Ladung an dem Orte, wo das Schiff sich befindet, gegen Berichtigung der vollen Fracht und der übrigen Forderungen des Verfrachters (Artikel 615.) und gegen Berichtigung oder Sicherstellung der im Artikel 616. bezeichneten Forderungen zurücknehmen, oder die Wiederherstellung abwarten will.[124]) Im letzteren Falle ist für die Dauer der Ausbesserung keine Fracht zu bezahlen, wenn diese zeitweise bedungen war.

Artikel 641.[125])

Wird der Frachtvertrag in Gemäßheit der Artikel 630. bis 636. aufgelöst, so werden die Kosten der Ausladung aus dem Schiffe von dem Verfrachter, die übrigen Löschungskosten von dem Befrachter getragen. Hat der Zufall jedoch nur die Ladung betroffen, so fallen die sämmtlichen Kosten der Löschung dem Befrachter zur Last. Dasselbe gilt, wenn im Falle des Artikels 638. ein Theil der Ladung gelöscht wird. Mußte in einem solchen Falle Behufs der Löschung ein Hafen angelaufen werden, so hat der Befrachter auch die Hafenkosten zu tragen.[126])

---

123) Hierzu gehört auch der Fall eines unverschuldeten Privatarrestes über das Schiff. Prot. S. 3986. 3987. vgl. ALR. §§. 1692. ff.

124) Der Verfrachter erhält für die Kosten des Aufenthalts wenigstens theilweise durch Vertheilung derselben nach den Grundsätzen der großen Haverei Ersatz (Art. 637.) und würde, wenn ihm auch Zeitfracht vergütet würde, eine doppelte Entschädigung dafür erhalten. Prot. S. 2423. 2424.

125) Die Beschädigung des Schiffs ohne irgend Jemandes Verschulden ist ein Zufall, für welchen der Schiffer nicht aufzukommen braucht; die Nothwendigkeit der Reparatur macht die Ausführung der Reise nicht unmöglich, sondern verzögert sie nur. Der Befrachter hat deshalb weder ein Recht, Entschädigung zu fordern, noch — streng genommen — vom Vertrage zurückzutreten. Aus Billigkeitsrücksichten ist ihm aber die letzterwähnte Befugniß gegen Zahlung der Fracht nebst allen Accidenzen (ausschließlich der Beiträge zu einer Havarie grosse, welche auf der Weiterreise des Schiffs eintreten könnte) zugestanden; er ist aber nicht berechtigt, einen Theil der Ladung zurückzuziehen und wegen des Restes auf Vollendung der Reise zu bestehen. — Nach ALR. (§. 1702.) braucht der Befrachter, welcher in dem fraglichen Falle die Waaren herausnimmt, nur Distanzfracht zu zahlen. — Mot. S. 281. Prot. S. 2426—2428.

In Ansehung der Ausladungs- und Lagerungskosten ist es in allen Fällen, in denen die volle Fracht zu entrichten ist, so zu halten, als ob der Frachtvertrag vollständig zur Ausführung gekommen wäre; sofern die Kosten der Ausladung als Havariekosten anzusehen sind, finden die Bestimmungen über Havariegrosse Anwendung. Prot. S. 2429.

126) Diese Bestimmung liegt im Interesse des Befrachters, damit der Verfrachter nicht, um die Hafenkosten zu sparen, die Weiterreise riskirt und dem Befrachter

Artikel 642.

Die Artikel 630. bis 641. kommen auch zur Anwendung, wenn das Schiff zur Einnahme der Ladung eine Zureise in Ballast nach dem Abladungshafen zu machen hat. Die Reise gilt aber in einem solchen Falle erst dann als angetreten, wenn sie aus dem Abladungshafen angetreten ist.[127]) Wird der Vertrag, nachdem das Schiff den Abladungshafen erreicht hat, aber vor Antritt der Reise aus dem letzteren aufgelöst, so erhält der Verfrachter für die Zureise eine nach den Grundsätzen der Distanzfracht (Artikel 633.) zu bemessende Entschädigung.[128])

In anderen Fällen einer zusammengesetzten Reise sind die obigen Artikel insoweit anwendbar, als Natur und Inhalt des Vertrages nicht entgegenstehen.[129])

Artikel 643.

Wenn der Vertrag nicht auf das Schiff im Ganzen, sondern nur auf einen verhältnißmäßigen Theil oder einen bestimmt bezeichneten Raum des Schiffs oder auf Stückgüter sich bezieht, so gelten die Artikel 630. bis 642. mit folgenden Abweichungen:[130])

1) In den Fällen der Artikel 631. und 636. ist jeder Theil sogleich nach Eintritt des Hindernisses und ohne Rücksicht auf die Dauer desselben von dem Vertrage zurückzutreten befugt.[131])

---

einen größeren Nachtheil durch Gefährdung der Ladung zufügt. Prot. S. 3979. 3980.

127) Im Falle einer bedungenen leeren Zureise ist bezüglich der Wirkungen zufälliger Ereignisse die Zureise als eine vor Antritt der Reise statthabende vorbereitende Handlung zu betrachten; hierdurch wird jedoch nicht der Entscheidung der Frage, wann in anderen Beziehungen eine solche kombinirte Reise als angetreten zu betrachten ist, präjudizirt. Prot. S. 2432. 2433.

128) Die Zufälle, die das Schiff vor der Erreichung des Abladungshafens an der Ausführung des bedungenen Transports hindern, treffen stets das Schiff allein; deren Folgen müssen demnach auch vom Verfrachter allein getragen werden. Zur Ausgleichung unbilliger Härten erscheint es aber angemessen, daß der Verfrachter für die Zureise eine billige Entscheidung erhält, wann er einmal den Abladungshafen erreicht gehabt hat. Prot. S. 2432.

129) Die bezüglich der einfachen Reisen angenommenen Bestimmungen (Art. 630 bis 641) passen im Ganzen, aber nicht durchweg auch auf kombinirte Reisen. Bei der großen Verschiedenheit der Fälle ist es ohne eine höchst gefährliche Kasuistik nicht möglich, alle erforderlichen Ausnahmen im Gesetze vorzusehen; es ist deshalb beschlossen worden, ausdrücklich im Gesetze zu sagen, daß die gedachten Bestimmungen analog auch auf kombinirte Reisen anwendbar seien. Prot. S. 2430. 2431. 2434.

130) Ein über Stückgüter abgeschlossener Frachtvertrag ist unzweifelhaft eine locatio conductio operis, und löst sich mit der Unmöglichkeit der Erfüllung. Frachtverträge über verhältnißmäßige Theile oder bestimmte Räume des Schiffes halten die Mitte zwischen Totalbefrachtungen und Stückgüterbefrachtungen. Aus Zweckmäßigkeitrücksichten sind sie für den in Rede stehenden Fall den letzteren gleichgestellt. Prot. S. 2435. 2441—2443. 3998.

131) Im Falle des Art. 631, mit welchem der Art. 636 korrespondirt, würde bei Stückgüterverfrachtungen ꝛc. die Bestimmung, daß die Kontrahenten nur bei län=

2) Im Falle des Artikels 638. kann von dem Befrachter das Recht, von dem Vertrage zurückzutreten, nicht ausgeübt werden.[132])

3) Im Falle des Artikels 639. steht dem Befrachter das Recht der einstweiligen Löschung nur dann zu, wenn die übrigen Befrachter ihre Genehmigung ertheilen.

4) Im Fall des Artikels 640. kann der Befrachter die Güter gegen Entrichtung der vollen Fracht und der übrigen Forderungen nur dann zurücknehmen, wenn während der Ausbesserung die Löschung dieser Güter ohnehin erfolgt ist.[133])

Die Vorschriften der Artikel 588. und 590. werden hierdurch nicht berührt.

Artikel 644.

Nach Beendigung jeder einzelnen[134]) Abladung hat der Schiffer dem Ablader ohne Verzug[135]) gegen Rückgabe des etwa bei der Annahme der Güter ertheilten vorläufigen Empfangscheins[136]) ein Konnossement[137]) in so vielen Exemplaren auszustellen, als der Ablader verlangt.[138])

---

gerer Dauer des Hindernisses vom Vertrage zurückzutreten befugt sind, zu einer großen Härte für den Verfrachter führen, welcher wegen eines vielleicht nur geringen Theils der Ladung den Transport sehr werthvoller Güter verzögern müßte. Der Gleichheit der Rechte der Parteien entspricht es, wie dem Verfrachter, so auch dem Befrachter das Rücktrittsrecht zuzugestehen. Der Schiffer, welcher in der Regel Herr der Zeit seiner Abfahrt bleibt, wird nicht selten Ersatz für die unfrei gewordenen Güter finden, und auf diese Weise durch die Rücktrittsbefugniß des Befrachters keinen erheblichen Schaden erleiden. Die übrigen Modifikationen ergeben sich aus Art. 588. 590. Prot. S. 2436—2438.

132) Diese Bestimmung entspricht der Vorschrift des Art. 588 No. 1. Prot. S. 2441.

133) — gleichviel ob die Löschung wegen der Reparatur des Schiffs oder aus anderen Gründen erfolgt ist. Prot. S. 2441.

134) Nach der Beendigung der Abladung **jedes einzelnen** Befrachters hat der Schiffer dem Ablader die Konnossemente zu zeichnen, wenn der Ablader auch nicht der Befrachter ist und der Frachtvertrag nicht mit ihm, sondern mit einem ganz anderen Verfrachter eingegangen ist. Prot. S. 2193. 2196.

135) Es war beantragt auszusprechen, daß der Schiffer schuldig sei, die Konnossemente sofort und spätestens binnen 24 Stunden nach Vollendung der Abladung auszustellen. Dieser Antrag wurde abgelehnt, einerseits weil der Ablader der Konnossemente oft noch früher als 24 Stunden nach der Abladung bedürfe, andererseits weil dem Schiffer bisweilen die Einhaltung der Frist unmöglich sei. Prot. S. 2196. 2197.

136) Der Empfänger der Güter erhält gewöhnlich sofort bei der Ablieferung einen Empfang- oder Ladeschein (recepisse, receive, Recief genannt), der nichts Anderes als ein Auszug der wesentlichen Notizen aus dem **Ladebuch** (einem Verzeichnisse aller einzelnen verladenen Güter unter Angabe der Namen des Absenders, des Empfängers, der Verpackung, der Signatur ꝛc.) sein soll. Dieser Schein ist eine Art von papier au porteur, Inhalts dessen jeder Inhaber als legitimirt angesehen wird, um von dem Schiffer die Unterzeichnung des Konnossements zu verlangen; im kaufmännischen Verkehr wird es als ein negoziables Papier angesehen. (Kalten-

Alle Exemplare des Konnossements müssen von gleichem Inhalt[139]) sein, dasselbe Datum haben und ausdrücken, wie viele Exemplare ausgestellt sind.

Dem Schiffer ist auf sein Verlangen von dem Ablader eine mit der Unterschrift des letzteren versehene Abschrift des Konnossements zu ertheilen.[140])

Artikel 645.

Das Konnossement enthält:[141])

---

born, Seerecht Th. I. S. 284. 285.) Das Gesetz enthält über die Natur des Empfangscheins keine Bestimmung, und hat die Anerkennung und Ausbildung desselben als eines Handelspapiers dem Handelsgebrauche überlassen. Mot. S. 263.

137) Konnossement (wahrscheinlich von dem italienischen conoscere, conoscimento) ist das Empfangsbekenntniß des Schiffers über die verladene Waare und die Erklärung desselben, sie nach Ankunft des Schiffes am Bestimmungsorte dem Empfänger gegen Zahlung der Fracht ausliefern zu wollen. Es begründet ein von dem Frachtvertrage unabhängiges obligatorisches Verhältniß zwischen dem Schiffer und dem Empfänger der Waare. Die Eingehung dieses Verhältnisses liegt auf Seiten des Schiffers in der Ausstellung oder Unterschrift und Aushändigung des Konnossements, auf Seiten des Empfängers in der Annahme desselben. Mot. S. 263.

138) Der Regel nach werden 3 oder 4 Exemplare gebraucht, bisweilen noch mehrere. Eine Verwirrung entsteht aus der Vervielfältigung der Exemplare nicht, wenn in jedem Exemplare die Zahl der überhaupt ausgestellten angegeben wird. Mot. S. 264. Prot. S. 4003. Nach ALR. (§. 1670) hatte der Schiffer 3 Exemplare, und wenn es verlangt wurde, auch der vierte zu unterzeichnen.

139) Der Ausdruck: von gleichem Inhalt, ist statt „gleichlautend" gewählt. Nicht jede, auch die geringste Abweichung soll als erheblich gelten, und es soll nicht ausgeschlossen sein, daß die verschiedenen Exemplare des Konnossements in verschiedenen Sprachen ausgestellt werden. — Der Schiffer hat nicht blos das Recht, sondern auch die Pflicht, die Ausstellung anderer als übereinstimmender Konnossementsexemplare abzulehnen. Thut er es gleichwohl, so werden dadurch nicht die sämmtlichen Konnossementsexemplare ungültig, sondern seine Verpflichtungen sind nach Maßgabe desjenigen Exemplars, auf Grund dessen die Ablieferung der Güter erfolgt, zu beurtheilen. Prot. S. 2004.

140) Der Schiffer kommt nicht selten in die Lage, sich auf sein Konnossement berufen zu müssen, und mit demselben seine Ansprüche zu begründen. Es ist deshalb wünschenswerth, ihm ein Mittel an die Hand zu geben, wodurch er sich ein Dokument verschaffen kann, dessen Inhalt wenigstens gegenüber dem Ablader als der richtige gelten muß. Nach mehreren Gesetzgebungen wird dies dadurch erreicht, daß der Ablader mindestens ein Exemplar unterschreiben, und dies dem Schiffer zustellen muß. Durch eine derartige Bestimmung wird die Natur des Konnossements, als eines einseitigen Verpflichtungsscheins verdunkelt, und der Auffassung Raum gegeben, als ob das in den Händen des Schiffers befindliche Konnossement dieselben Wirkungen hätte, wie jedes andere Exemplar. Zur Vermeidung dieser Uebelstände, und um zugleich die Begründung der Ansprüche des Schiffers zu erleichtern, ist ihm die Befugniß ertheilt, eine mit der Unterschrift des Abladers versehene Abschrift des Konnossements zu verlangen. Mot. S. 264. Prot. S. 2194—2196.

141) Vgl. Note 7 zu Art. 392 und Note 63 zu Art. 414.

1) den Namen des Schiffers;
2) den Namen und die Nationalität des Schiffs;
3) den Namen des Abladers;
4) den Namen des Empfängers;
5) den Abladungshafen;
6) den Löschungshafen oder den Ort, an welchem Order über denselben einzuholen ist;
7) die Bezeichnung der abgeladenen Güter,[142]) deren Menge und Merkzeichen;
8) die Bestimmung in Ansehung der Fracht;
9) den Ort und den Tag der Ausstellung;[143])
10) die Zahl der ausgestellten Exemplare.

Artikel 646.

Auf Verlangen des Abladers ist das Konnossement, sofern nicht das Gegentheil vereinbart ist, an die Order des Empfängers oder lediglich an Order zu stellen. Im letzteren Falle ist unter der Order die Order des Abladers zu verstehen.[144])

---

142) Der Pr. Entw. Art. 484 verlangte auch die Bezeichnung der Güter nach Gattungen. Dies wurde abgelehnt, weil bei der Unbestimmtheit des Ausdrucks dem Schiffer leicht zugemuthet werden könnte, ihm unbekannte Eigenschaften der Güter anzuerkennen. Prot. S. 2210. 2211.

143) Daß der Schiffer das Konnossement regelmäßig zu unterschreiben hat, ist selbstverständlich. Eine ausdrückliche Bestimmung hierüber ist daher entbehrlich, und könnte zu unrichtigen Folgerungen führen, namentlich wenn, wie bei Dampfschiffen mitunter geschieht, nicht der Schiffer, sondern die Expedition das Konnossement ausstellt. Prot. S. 2211. 4196. Vgl. Note 6 zu Art. 391.

144) Der Antrag, daß Konnossemente auch auf den Inhaber sollten ausgestellt werden können, wurde abgelehnt, weil diese Art der Ausstellung in Deutschland nicht üblich, aber auch gar nicht nothwendig sei, indem der Zweck des Konnossements auf den Inhaber auch durch die Ausstellung desselben an Order und die Beifügung eines Blankoindossaments erreicht werden könne. Prot. S. 2212. Die Konnossemente der Seeschiffer sind nicht an und für sich, sondern nur dann negoziabel, wenn sie an Order gestellt sind, was nicht selten im Interesse der Kontrahenten unterbleibt. Vgl. Note 64 zu Art. 414. Der Wechsel ist zwar nach der Allgemeinen Deutschen Wechselordnung an und für sich indossabel, die Analogie des Wechsels trifft aber bei dem Konnossemente gar nicht zu; der Wechsel ist ein Formalakt durch und durch, das Konnossement nicht. Wollte man dasselbe zu einem Formalakte ausbilden, so würde der Verkehr dadurch sehr erschwert, und der Geschäftsmann zu einer ängstlichen Prüfung der Förmlichkeiten der Konnossemente genöthigt werden. Solcher strenger Formvorschriften bedarf es nicht, wenn man die Negoziabilität von der Beifügung der Worte „an Order" oder eines gleichbedeutenden Zusatzes abhängig macht, denn dann liegt hierin schon das erforderliche Unterscheidungszeichen. Im Auslande ist vielfach die Beifügung der Worte „an Order" zur Negoziabilität der Konossemente erforderlich, und es steht zu befürchten, daß die Indossabilität der Deutschen Konnossemente ohne diesen Beisatz im Auslande hier und da beanstandet werden würde. Prot. S. 2204—2207. 4005. — Die Wirkungen des Indossaments sind folgende: Der Indossatar erwirbt ein selbstständiges Recht auf die im Konnossemente vom Schiffer versprochene Leistung;

Das Konnossement kann auch auf den Namen des Schiffers[145]) als Empfängers lauten.

Artikel 647.

Der Schiffer ist verpflichtet, im Löschungshafen[146]) dem legitimirten Inhaber auch nur eines Exemplars[147]) des Konnossements die Güter auszuliefern.

Zur Empfangnahme der Güter legitimirt ist derjenige, an welchen die Güter nach dem Konnossement abgeliefert werden sollen, oder auf

---

es können seinem Anspruche weder Einreden, die aus dem Rechtsverhältnisse des Schiffers zum Ablader, noch solche, die aus dem Rechtsverhältnisse des Schiffers oder Abladers zu einem seiner Vorgänger entstanden sind, entgegengesetzt werden. Nur solche Einreden, die das Recht aus dem Konnossemente selbst betreffen, oder unmittelbar gegen den Indossaten gehen, kann der Schiffer entgegenstellen. Diese Einreden brauchen aber nicht in der Person des Schiffers selbst begründet zu sein. Sie können vielmehr und werden meistens Einreden aus dem Rechtsverhältnisse zwischen dem Ablader und dem Empfänger sein; dem letzteren gegenüber ist der Schiffer der Vertreter des Abladers, und wie er die etwaigen Verbindlichkeiten des Abladers gegen den Empfänger durch Ablieferung der Waaren erfüllt, so hat er auch die Rechte des Abladers gegen den Empfänger wahrzunehmen (Art. 302. bis 304.) Mot. S. 268.

145) — nämlich desjenigen, welcher dasselbe unterzeichnet; vgl. A. Deutsche Wechsel-Ordnung Art. 6. Wäre der Schiffer als solcher, somit derjenige, welcher zur Zeit der Ankunft des Schiffs im Bestimmungshafen, beziehungsweise zur Zeit der Indossirung des Konnossements, mit der Führung des Schiffs beauftragt ist und nicht der Aussteller gemeint, so wäre eine Indossabilität des Konnossements undenkbar, weil man, um zu wissen, ob ein Indossament gültig sei oder nicht, zuerst untersuchen müßte, ob der Indossant zur Zeit der Indossirung wirklich Führer des Schiffs gewesen war oder nicht. Prot. S. 4006.

146) Nur im Löschungshafen kann gegen Aushändigung eines Exemplars des Konnossements die Auslieferung der Güter verlangt werden. — Ohne eine derartige Bestimmung würde das Interesse desjenigen, welchem etwa andere Exemplare des Konnossements indossirt sind, gefährdet werden, und es würde um sich die Ladung anzueignen nur darauf ankommen, wer von den Konnossementsinhabern dem Schiffer am weitesten entgegenfährt. Prot. S. 2232. 2237. vgl. Art. 661.

147) Die Absicht bei Ausstellung mehrfacher Exemplare desselben Konnossements ist regelmäßig nicht die, daß mehrere Exemplare in Zirkulation kommen sollen; vielmehr soll der Regel nach nur eins zirkuliren, und die übrigen sollen in den Händen der bei dem Geschäfte als Absender oder Vermittler Betheiligten zur Kontrolle verbleiben. Der Empfänger kann deshalb nicht alle Exemplare bei Auslieferung der Waare dem Schiffer zurückgeben, sondern nur dasjenige, welches er in Händen hat. Auch da, wo ausnahmsweise mehrere Exemplare in Zirkulation gesetzt werden, geht die Absicht dahin, daß alle Exemplare bis zur Ankunft der Waare in dieselbe Hand gelangen sollen.

Nach dem ALR. (§§. 1716. 1655. 1720.) darf der Schiffer die Ladung nur gegen Aushändigung aller Exemplare des Konnossements ausliefern. Diese Bestimmung soll praktisch unausgeführt geblieben sein. Mot. S. 269.

welchen das Konnossement, wenn es an Order lautet, durch Indossament übertragen ist.[148])

Artikel 648.

Melden sich mehrere legitimirte Konnossementsinhaber,[149]) so ist der Schiffer verpflichtet, sie sämmtlich zurückzuweisen, die Güter gerichtlich oder in einer anderen sicheren Weise[150]) niederzulegen und die Konnossementsinhaber, welche sich gemeldet haben, unter Angabe der Gründe seines Verfahrens hiervon zu benachrichtigen.

Wenn die Niederlegung nicht gerichtlich geschieht, so ist er befugt, über sein Verfahren und dessen Gründe eine öffentliche Urkunde errichten

---

148) Das Indossament bei nicht indossablen Konnossementen ist nicht als eine genügende Legitimation zur Empfangnahme anzusehen. Zwar wird im täglichen Verkehre sehr oft auch dem Indossamente nicht-indossabler Papiere Folge gegeben, der Verpflichtete thut dies aber auf seine Gefahr und ist wiederholt zu leisten schuldig, wenn sich das Indossament als falsch erweist; während bei indossablen Konnossementen der Verpflichtete die Aechtheit des Indossaments zu prüfen gar nicht verbunden ist. Cession eines nicht indossablen Konnossements, und Bevollmächtigung eines Empfängers der Waare im Namen des Destinatairs ist nicht ausgeschlossen. Prot. S. 2237. 2238. vgl. Art. 417.

149) Dieser Fall tritt nicht selten ein. Wenn z. B. der Destinatair unsicher wird und der wegen des Kaufgeldes noch nicht befriedigte Absender erst nach Abgang des Konnossements hiervon Kenntniß erhält, so läßt der Letztere häufig ein zweites Exemplar des Konnossements an einen Korrespondenten abgehen, damit dieser dem ersten Konnossementsinhaber wo möglich zuvorkomme und die Auslieferung der Waaren an ihn verhindere. Bisher hat es an einer Bestimmung darüber gefehlt, wie sich der Schiffer in solchen Kollisionsfällen zu verhalten habe; es ist nicht seine Sache über die kollidirenden Ansprüche zu entscheiden. Er befreit sich von seinen Verpflichtungen, wenn er deponirt. Die Depositionspflicht beschränkt sich natürlich nur auf den bei erfolgter Meldung eines weiteren Konnossements-Inhabers noch nicht ausgelieferten Theil der Ladung (vgl. Art. 650.). Ob die mehreren Konnossementsinhaber sich gleichzeitig oder nach einander melden, ist gleichgültig. Der früheren Meldung eines Konnossementsinhabers kann, selbst wenn dieser eine Erklärung des Schiffers, daß er die Güter ihm ausliefern werde, erlangt haben sollte, an und für sich und ohne die wirkliche Auslieferung kein Vorzug vor der späteren eingeräumt werden, wenn nicht ganz gefährliche Unzuträglichkeiten entstehen sollen. Mot. S. 269. Prot. S. 2233. 2236. 2237.

150) Das gerichtliche Depositionsverfahren ist mit beträchtlichen Kosten verbunden; an manchen Bestimmungsorten ist kein Gericht vorhanden, an anderen würden die Gerichte jede Einmischung in die Sache ablehnen. Man mußte deshalb dem Schiffer die Erlaubniß geben, den Depositar zu wählen. Sind die Konnossementsinhaber darüber einig, daß einem aus ihrer Mitte die Waare gegeben werde, so hat der Schiffer solcher Weisung Folge zu leisten, weil die Konkurrenz wenigstens dem Schiffer gegenüber aufhört. Sind sie darüber einig, bei welchem Dritten die Waaren deponirt werden sollen, so kann dies dadurch erzielt werden, daß dieser Dritte durch Uebertragung eines Exemplars der Konnossemente und durch einen unter Vorbehalt ihrer gegenseitigen Rechte dem Schiffer gegenüber erklärten Rücktritt der Konnossementsinhaber ausschließlich zum Empfange der Waare berechtigt wird. Prot. S. 2233. 2236.

zu lassen und wegen der daraus entstehenden Kosten in gleicher Art wie wegen der Fracht sich an die Güter zu halten (Artikel 626.).[151])

Artikel 649.

Die Uebergabe des an Order lautenden Konnossements an denjenigen, welcher durch dasselbe zur Empfangnahme legitimirt wird, hat, sobald die Güter wirklich abgeladen sind, für den Erwerb der von der Uebergabe der Güter abhängigen Rechte dieselben rechtlichen Wirkungen wie die Uebergabe der Güter.[152])

---

151) Der Pr. Entw. (Art. 489.) legte dem Schiffer die Pflicht auf, bei derartigen Kollisionsfällen Protest aufnehmen zu lassen. Gegen diese Pflicht wurde das Bedenken erhoben, daß eine Bestimmung, wonach der Schiffer protestiren müsse, nicht erforderlich sei, weil er mit Rücksicht auf die Ersprießlichkeit dieser Maaßregel (Sicherung des Beweises, daß justa causa für die Deposition der Waaren vorhanden gewesen sei), meistens schon von selbst zur Protesterhebung schreiten werde, ja daß sie gefährlich sei, weil sie zu der irrigen Auslegung führen könnte, als sollte der Fortbestand der Rechte des Verfrachters von der Protesterhebung abhängig sein. — Da der Schiffer im Gesetze ausdrücklich ermächtigt wird durch Errichtung einer öffentlichen Urkunde Kosten zu veranlassen, so versteht es sich von selbst, daß er nicht selbst diese Kosten zu tragen hat. Prot. S. 2234. 2235.

152) Streng genommen besteht die Wirkung der Indossirung eines Konnossements nur in der Uebertragung eines Forderungsrechts. Der Indossatar erwirbt den Anspruch des Destinatairs, von dem Schiffer oder Frachtführer die Ausantwortung des Guts gegen Zahlung der Fracht und Spesen zu verlangen. Dem praktischen Erfolge nach steht aber die Uebergabe des indossirten Konnossements an den Indossatar einer wirklichen Uebergabe des Guts, wofür sie auch im kaufmännischen Verkehre angesehen wird, im Wesentlichen völlig gleich. Jeder, der auf Grund eines Eigenthums- oder Pfandtitels das Konnossement übergeben erhält, glaubt völlig sicher zu sein. Diese Sicherheit läßt sich nur erreichen, wenn man in der Uebergabe des Konnossements über schwimmende Waaren eine symbolische Uebergabe der Waaren selbst findet. (Vgl. ALR. Th. I. Tit. 7. §. 61. und Tit. 20. §. 367.) In der Regel wird die fragliche Vorschrift den Zweck erfüllen, wenn sie auch in einzelnen wenigen Fällen den Käufer des Konnossements schutzlos läßt. Die Anwendung der Grundsätze des Obligationenrechts hingegen würde den Käufer gegen die Ansprüche des Eigenthümers nicht schützen.

Die Ansicht, daß die Uebergabe des Konnossements der Uebergabe der Waaren gleichsteht, liegt auch den Bestimmungen derjenigen Gesetzgebungen zu Grunde, welche, wie die Preuß. Konkurs-Ordnung §. 27. Nr. 3. (Goltdammer, Kommentar S. 120. 121.), die Rückforderung verkaufter und abgesendeter Waaren aus der Konkursmasse des Käufers dann für unstatthaft erklären, wenn der Gemeinschuldner sie vor der Konkurs-Eröffnung auf Konnossement oder Frachtbrief weiter veräußert hatte. — Die Uebergabe des Konnossements gewährt nicht den Besitz der Waare, sie vertritt vielmehr nur rechtlich die Stelle der Uebergabe der Waare; ob der Empfänger des Konnossements Besitzer oder nur Detentor wird, hängt von der Verschiedenheit des unterliegenden Rechtsgeschäfts, von dem animus possidendi rc. ab. — Insoweit, als die wirkliche Uebergabe der Güter nach Maaßgabe des betreffenden bürgerlichen Rechts nur dann Rechte verleiht, wenn der Erwerber sich in gutem Glauben befindet, ist dies auch bei der Uebergabe des Konnossements der Fall. — Die Gleichstellung der Uebergabe des Konnossements mit der der

Artikel 650.

Sind mehrere Exemplare eines an Order lautenden Konnossements ausgestellt, so können von dem Inhaber des einen Exemplars die in dem vorstehenden Artikel bezeichneten rechtlichen Wirkungen der Uebergabe des Konnossements zum Nachtheil desjenigen nicht geltend gemacht werden, welcher auf Grund eines anderen Exemplars in Gemäßheit des Artikels 647. die Auslieferung der Güter von dem Schiffer erlangt hat, bevor der Anspruch auf Auslieferung von dem Inhaber des ersteren Exemplars erhoben worden ist.

Artikel 651.

Hat der Schiffer die Güter noch nicht ausgeliefert, so geht unter mehreren sich meldenden Konnossementsinhabern, wenn und soweit die von denselben auf Grund der Konnossementsübergabe an den Gütern geltend gemachten Rechte kollidiren, derjenige vor, dessen Exemplar von dem gemeinschaftlichen Vormann, welcher mehrere Konnossementsexemplare an verschiedene Personen übertragen hat, zuerst der einen dieser Personen dergestalt übergeben ist, daß dieselbe zur Empfangnahme der Güter legitimirt wurde.

Bei dem nach einem anderen Orte übersandten Exemplare wird die Zeit der Uebergabe durch den Zeitpunkt der Absendung bestimmt.[153])

Waare ist nach der in vielen Theilen Deutschlands geltenden Auffassung nur bei an Order lautenden Konnossementen ein Bedürfniß. Nur ein solches repräsentirt die Waare selbst; ein nicht indossables Konnossement erscheint mehr als eine Beweisurkunde über anderweitig begründete Rechte und ist für den Erwerb von Rechten an den Gütern von keinem Belang. — Durch die Vorschrift dieses Artikels wird das vielfach geltende Institut der „Stoppage in transitu" nicht berührt. Man versteht darunter das Recht des absendenden Eigenthümers über seine auf dem Transport zu dem Destinatair befindlichen Güter anderweitig, und zwar in der Regel durch Nachsendung und Indossirung eines Konnossements zu verfügen, im Falle der Destinatair inzwischen unsicher geworden oder in Konkurs verfallen ist und dritte Personen durch Weiterindossirung noch keine kontraktlichen Rechte erlangt haben. Durch die Stoppage wird die dingliche Wirkung der Konnossementsübergabe unter besonderen Voraussetzungen aufgehoben. — Mot. S. 116. Prot. S. 443—446. 2217—2225. 4015—4034. (Kaltenborn, Seerecht Bd. 1. S. 316. ff.)

153) Eine Kollision solcher Rechte ist nicht vorhanden, wenn der Befrachter erst einen Spediteur und dann einen anderen Mandatar mit der Empfangnahme der Güter beauftragt hat, weil Spediteur und Mandatar nur eine Person vertreten, wohl aber, wenn mehrere Konnossementsinhaber Eigenthum oder Pfandrecht an den Gütern beanspruchen. Ist in solchem Falle auf Grund eines Exemplars des Konnossements in Gemäßheit des Art. 647. die Auslieferung der Güter erfolgt, so ist nach dem Satze: „Hand muß Hand wahren" derjenige im Vortheil, welcher zuerst die Waaren in Empfang genommen hat (Art. 650.). Befinden sich die Waaren noch in der Hand des Schiffers oder sind sie deponirt, so ist zunächst der Erwerbstitel jedes einzelnen Inhabers, und sodann die Priorität der Uebergabe in Betracht zu ziehen. Im Allgemeinen muß dasjenige Konnossements-Exemplar den Vorrang haben, welches von dem Ablader oder Indossanten, der zuerst mehrere Exemplare an verschiedene Personen begeben hat, zuerst übertragen

Artikel 652.

Der Schiffer ist zur Ablieferung der Güter nur gegen Rückgabe eines Exemplars des Konnossements, auf welchem die Ablieferung der Güter zu bescheinigen ist, verpflichtet.[154])

Artikel 653.

Das Konnossement ist entscheidend für die Rechtsverhältnisse zwischen dem Verfrachter und dem Empfänger der Güter; insbesondere muß die Ablieferung der Güter an den Empfänger nach Inhalt des Konossements erfolgen.[155])

Die in das Konnossement nicht aufgenommenen Bestimmungen des Frachtvertrages haben gegenüber dem Empfänger keine rechtliche Wirkung, sofern nicht auf dieselben ausdrücklich Bezug genommen ist. Wird in Ansehung der Fracht auf den Frachtvertrag verwiesen (z. B. durch die Worte: „Fracht laut Chartepartie"),[156]) so sind hierin die Bestimmungen über Löschzeit, Ueberliegezeit und Liegezeit nicht als einbegriffen anzusehen.

Für die Rechtsverhältnisse zwischen Verfrachter und Befrachter bleiben die Bestimmungen des Frachtvertrages maaßgebend.[157])

---

worden ist. — Für die Zeit der Uebergabe ist im Hinblick auf die Bestimmungen des vierten Buchs über Perfektion der Verträge die Zeit der Absendung maßgebend. Prot. S. 445. 4033. 4034.

154) Hat der Schiffer einem gehörig legitimirten Empfänger auf ein Exemplar des Konnossements die Ladung abgeliefert, so hat er seine Verpflichtung erfüllt, und kann nicht mehr aus anderen Konnossementen in Anspruch genommen werden. Zum Beweise, daß dem Konnossemente Genüge geschehen, kann der Schiffer aber nach Ablieferung der Ladung, Quittung und Herausgabe der in den Händen des Empfängers befindlichen Konnossementsexemplare fordern. (Art. 303.) Im gewöhnlichen Verkehre unterbleibt allerdings in der Regel die Rückgabe des Konnossements; dies ist indessen Sache des Vertrauens.

Keiner der Interessenten ist schuldig, mit seiner Leistung voranzugehen. Praktische Verwicklungen werden daraus nicht entstehen, sondern es wird voraussichtlich stets eine Ausgleichung erfolgen, wie z. B. dadurch, daß sich der Schiffer mit dem Nachweise, daß der Empfänger das Konnossement wirklich besitzt, oder mit der Deponirung des Konnossements bei einem Dritten begnügt. Mot. S. 269. 270. Prot. S. 2239. Vgl. Art. 418.

155) Der Ladungsempfänger leitet seine Rechte lediglich aus dem Konnossemente ab; durch dasselbe geht der Schiffer eine selbstständige von dem Frachtvertrage ganz unabhängige Verpflichtung ein. Für Leistung und Gegenleistung ist daher nur das Konnossement maaßgebend. Mot. S. 266. Vgl. Art. 415. Abs. 1.

156) Diese Klausel bezieht sich auch auf die gewöhnlichen Akzessorien der Fracht, namentlich Kaplaken, Primage und die dem Schiffer gebührende Gratifikation, letztere jedoch nur bei Verfrachtungen im Ganzen oder zu einem Theile und soweit eine Repartition überhaupt denkbar ist. Prot. S. 2226—2228.

157) Der Pr. Entw. (Art. 486.) enthielt noch den Zusatz „soweit im Konnossemente nichts Abweichendes enthalten ist," von der Ansicht ausgehend, daß soweit das Konnossement der Chartepartie widersprechende Bestimmungen enthalte, anzunehmen sei, daß der Schiffer und Befrachter die Chartepartie haben aufheben

Artikel 654.

Der Verfrachter ist für die Richtigkeit der im Konnossement enthaltenen Bezeichnung der abgeladenen Güter dem Empfänger verantwortlich.[158]) Seine Haftung beschränkt sich jedoch auf den Ersatz des Minderwerths, welcher aus der Nichtübereinstimmung der Güter mit der im Konnossement enthaltenen Bezeichnung sich ergiebt.[159])

Artikel 655.

Die im vorstehenden Artikel erwähnte Haftung des Verfrachters tritt

---

wollen, und daß insoweit für sie auch das Konnossement entscheide. Mot. S. 267. Dieser Zusatz ist jedoch ins Gesetz nicht aufgenommen worden. Vgl. Art. 415. Abs. 2.

158) Nach Art. 607. haftet der Verfrachter für die Ablieferung des Empfangenen, nach Art. 654. 655. für den von ihm im Konnossemente angegebenen Inhalt der Kisten und Gefäße, wenn er auch einen solchen nicht erhalten hat. Hätte er kein Konnossement gezeichnet, so würde ihn, den bloßen Frachtführer, im letztern Falle gar keine Haftung treffen. Durch die Zeichnung des Konnossements wird dies geändert; er giebt in dieser Urkunde eine Erklärung ab, von der er weiß, daß im Vertrauen auf ihre Richtigkeit Dispositionen getroffen werden; bei der Ausstellung einer solchen muß er die Diligenz eines ordentlichen Schiffers prästiren. Er muß deshalb unbedingt für den angegebenen Inhalt der Frachtstücke einstehen, wenn ihm die Waaren offen übergeben sind oder wenn ihm die Waaren zwar verpackt und verschlossen übergeben worden, die Verpackung aber nicht die für die betreffenden Waaren gewöhnlich angewendete ist oder der äußere Anblick der Verpackung schon die Unrichtigkeit der Angabe erkennen läßt. Ist aber bei verschlossenen oder verpackten Waaren kein Grund zur Beanstandung der Angaben des Abladers vorhanden, und ist aus dem Konnossemente ersichtlich, daß der Schiffer nicht in der Lage war, den Inhalt der Gefäße und Kisten zu prüfen, so ist kein Grund vorhanden, den Verfrachter für die Richtigkeit der Bezeichnung der Güter verantwortlich zu machen, denn an und für sich ist es gewiß nicht die Absicht der Kontrahenten, daß der Verfrachter mehr abliefere, als er wirklich empfangen hat. Prot. S. 2260—2267. 2270. 2271. 4132.

159) Der Empfänger kann im Falle der Haftbarkeit des Verfrachters nicht sein Interesse an der Ablieferung der im Konnossement verzeichneten Waaren, sondern nur Ersatz des Minderwerths fordern. Hierfür wurde geltend gemacht: der Schiffer habe die Verbindlichkeit das Erhaltene abzuliefern und sein Konnossement zu vertreten. Hieraus folge, daß der Empfänger die Annahme desjenigen, was der Schiffer empfangen, nicht ausschlagen und sein Interesse geltend machen könne, daß er vielmehr vorbehaltlich seines Anspruchs auf die Werthsdifferenz des Versprochenen sich die Ablieferung gefallen lassen müsse. Die Pflicht des Schiffers, für das ganze Interesse des Empfängers einzustehen, würde zu weit führen und den Destinatair nöthigen in jedem Falle sein Interesse nachzuweisen. Die Bestimmung dieses Artikels harmonire mit den der Art. 612. 614. — Ist der Empfänger erweislich nur der Vetreter des Abladers, so finden gegen ihn alle Einreden statt, welche dem Verfrachter gegen den Ablader zustehen. — Der Schiffer, welcher dem Empfänger die Werthsdifferenz gezahlt hat, kann sich regelmäßig an den Ablader halten, selbstverständlich nur insoweit als er Vergütigung für nicht Erhaltenes geleistet hat. Prot. S. 2278. 2279. 4009. 4010. 4132. 4133.

auch dann ein, wenn die Güter dem Schiffer in Verpackung oder in geschlossenen Gefäßen übergeben sind.

Ist dieses zugleich aus dem Konnossement ersichtlich, so ist der Verfrachter für die Richtigkeit der Bezeichnung der Güter dem Empfänger nicht verantwortlich, sofern er beweist,[160]) daß ungeachtet der Sorgfalt eines ordentlichen Schiffers die Unrichtigkeit der in dem Konnossement enthaltenen Bezeichnung nicht wahrgenommen werden konnte.

Die Haftung des Verfrachters wird dadurch nicht ausgeschlossen, daß die Identität der abgelieferten und der übernommenen Güter nicht bestritten oder daß dieselbe von dem Verfrachter nachgewiesen ist.

Artikel 656.

Werden dem Schiffer Güter in Verpackung oder in geschlossenen Gefäßen übergeben, so kann er das Konnossement mit dem Zusatze: „Inhalt unbekannt" versehen. Enthält das Konnossement diesen oder einen gleichbedeutenden Zusatz, so ist der Verfrachter im Falle der Nichtübereinstimmung des abgelieferten Inhalts mit dem im Konnossement angegebenen nur insoweit verantwortlich, als ihm bewiesen wird, daß er einen anderen als den abgelieferten Inhalt empfangen habe.[161])

Artikel 657.

Sind die im Konnossement nach Zahl, Maaß oder Gewicht bezeich-

---

160) Der Beweis, daß sich der Schiffer eine Versäumniß der erforderlichen Diligenz hat zu Schulden kommen lassen, ist in der Regel für den Empfänger fast unmöglich, für den Schiffer dagegen wird der Nachweis der nöthigen Diligenz nicht mit unüberwindlichen Schwierigkeiten verbunden sein; oft wird die unverletzte, für die betreffende Waare übliche Original-Verpackung für die Anwendung der schuldigen Sorgfalt sprechen und die Usancen des Abladeorts, die Art und Weise des Geschäftsbetriebs, die in demselben vorherrschen, werden dem Schiffer in vielen Fällen zweckdienliche Behelfe für seine Beweisführung bieten. Der Nachweis der Identität liegt, so oft diese beanstandet wird, unzweifelhaft dem Schiffer ob. Prot. S. 2266—2268.

161) Die Klausel „Inhalt unbekannt" kommt im Geschäftsverkehr in mehrfacher Bedeutung vor, und zwar so, daß durch deren Beifügung bald die gesetzliche Vertretungsverbindlichkeit des Schiffers gemindert, bald nur die Beweislast anders als im Gesetze bestimmt ist, geregelt werden soll. Das Gesetz hat sich dieser letzteren Auffassung angeschlossen. Aus der Natur der Sache folgt, wie geltend gemacht wurde, nur, daß wenn der Schiffer den Inhalt als unbekannt bezeichnet, der Empfänger den Beweis zu führen hat, wenn er behauptet, der Schiffer habe einen andern Inhalt empfangen, als er jetzt abliefere, oder derselbe habe den abgelieferten Inhalt in andrem Zustande z. B. unbeschädigt erhalten. Ist dieser Beweis geführt, so ist es wieder Sache des Schiffers, entweder höhere Gewalt zu beweisen oder den Schaden zu vergüten. — Wenn der Schiffer, unbekannt mit der besonderen Natur der Güter, diese gleich andern Kaufmannsgütern behandelt hat und daraus eine Beschädigung entstanden ist, z. B. wenn er eine Kiste Lack ohne ihren Inhalt zu kennen, in der Nähe der Maschine gestaut hat und der Lack hierdurch flüssig geworden ist, so steht ein innerer Verderb in Frage, für welchen der Schiffer nicht zu haften braucht. Mot. S. 272. Prot. S. 2275—2287. 4011. 4012. vgl. ALR. §. 1736.

neten Güter dem Schiffer nicht zugezählt, zugemessen oder zugewogen, so kann er das Konnossement mit dem Zusatze: „Zahl, Maaß, Gewicht unbekannt" versehen. Enthält das Konnossement diesen oder einen gleichbedeutenden Zusatz, so hat der Verfrachter die Richtigkeit der Angaben des Konnossements über Zahl, Maaß oder Gewicht der übernommenen Güter nicht zu vertreten.[162])

Artikel 658.

Ist die Fracht nach Zahl, Maaß oder Gewicht der Güter bedungen und im Konnossement Zahl, Maaß oder Gewicht angegeben, so ist diese Angabe für die Berechnung der Fracht entscheidend, wenn nicht das Konnossement eine abweichende Bestimmung enthält. Als eine solche ist der Zusatz: „Zahl, Maaß, Gewicht unbekannt" oder ein gleichbedeutender Zusatz nicht anzusehen.

Artikel 659.

Ist das Konnossement mit dem Zusatze: „frei von Bruch" oder: „frei von Leckage" oder: „frei von Beschädigung", oder mit einem gleichbedeutenden Zusatze versehen, so haftet der Verfrachter bis zum Beweise des Verschuldens des Schiffers oder einer Person, für welche der Verfrachter verantwortlich ist, nicht für Bruch oder Leckage oder Beschädigung.[163])

Artikel 660.

Sind dem Schiffer Güter übergeben, deren Beschädigung, schlechte Beschaffenheit oder schlechte Verpackung sichtbar ist, so hat er diese Mängel im Konnossement zu bemerken, widrigenfalls er dem Empfänger dafür

---

162) Die Ausdrücke Zahl, Maaß, Gewicht brauchen nicht gleichzeitig angeführt zu sein. Prot. S. 4008. — Der Zusatz „Zahl, Maaß, Gewicht unbekannt" befreit der Verfrachter nicht von der Haftung für die Auslieferung des wirklich Empfangenen. Vgl. vorige Note. Mot. S. 266. 272. Prot. S. 2215. 2290. 2295.

163) Durch diese präservirenden Formeln wird nicht blos die Beweislast, daß die Güter sich in demselben Zustande als zur Zeit der Uebergabe befinden, dem Schiffer abgenommen, sondern es werden auch sachlich seine Obliegenheiten aus dem receptum gemildert. Mängel der Verpackung kann der Schiffer bei Einnahme der Ladung, selbst bei Anwendung der nöthigen Vorsicht, nicht immer entdecken, und eben so wenig stets die durch mangelhafte Verpackung entstehenden Beschädigungen durch gute Stauung abwenden. Es kann ihm ein Mittel nicht versagt werden, die Verantwortlichkeit abzulehnen, die ihm daraus erwachsen kann, wenn in Folge der Beschädigung der Fustage u. s. w. die darin enthaltene Waare Schaden leidet, oder wenn vielleicht eine andre in der Nähe eines leck gewordenen Fasses u. dgl. verstaute Waare durch das Ausfließen desselben beschädigt wird, ohne daß dem Schiffer der Beweis gelingt, daß ein unentdeckbarer Mangel der Verpackung an dieser Beschädigung Schuld trägt. Prot. S. 2296—98. — Ob und in welchem Umfange dem Verfrachter die Befugniß zusteht, diese Klauseln beizufügen, hängt von dem Inhalt des Frachtvertrags und den besonderen Umständen des Falls ab. Mitunter wird die Ansicht vertheidigt, daß der Schiffer im Sinne der erwähnten Klauseln überall sich verwahren darf, wo nicht im Frachtvertrage ausdrücklich das Gegentheil bestimmt ist. Prot. S. 4013.

verantwortlich ist, auch wenn das Konnossement mit einem der im vorhergehenden Artikel erwähnten Zusätze versehen ist.[164])

Artikel 661.

Nachdem der Schiffer ein an Order lautendes Konnossement ausgestellt hat, darf er den Anweisungen des Abladers wegen Zurückgabe oder Auslieferung der Güter nur dann Folge leisten, wenn ihm die sämmtlichen Exemplare des Konnossements zurückgegeben werden.[165])

Dasselbe gilt in Ansehung der Anforderungen eines Konnossementsinhabers auf Auslieferung der Güter, so lange der Schiffer den Bestimmungshafen nicht erreicht hat.

Handelt er diesen Bestimmungen entgegen, so bleibt er dem rechtmäßigen Inhaber des Konnossements verpflichtet.[166])

Lautet das Konnossement nicht an Order, so ist der Schiffer zur Zurückgabe oder Auslieferung der Güter, auch ohne Beibringung eines Exemplars des Konnossements, verpflichtet, sofern der Ablader und der im Konnossement bezeichnete Empfänger in die Zurückgabe oder Auslieferung der Güter willigen.[167]) Werden jedoch nicht sämmtliche Exemplare des Konnossements zurückgestellt, so kann der Schiffer wegen der deshalb zu besorgenden Nachtheile zuvor Sicherheitsleistung fordern.[168])

---

164) Durch die im Art. 659. dem Schiffer gegebene Möglichkeit sich von der Haftung für die Unverletztheit der Fustage und für die Beschädigungen ihres Inhalts zu befreien, liegt die Gefahr nahe, daß der Schiffer sich vom Ablader bereden lasse, beschädigte Frachtstücke in Empfang zu nehmen ohne der Beschädigung im Konnossemente Erwähnung zu thun; dies kann zur Folge haben, daß später dem Empfänger oder Assekuradeur gegenüber geltend gemacht wird, es sei die Beschädigung erst während der Reise entstanden. Diesem möglichen Mißbrauche soll durch Art. 660. gesteuert werden. Prot. S. 2297. 2298.

165) Alle Exemplare des Konnossements an Order sind gleichberechtigt, und bis Einem derselben Genüge geschehen ist, bleibt der Schiffer, welcher nicht nur mit dem Ablader, sondern auch mit dem ihm noch unbekannten Konnossementsinhaber kontrahirt hat, dem Inhaber jedes Exemplars für die darin übernommenen Verbindlichkeiten verhaftet. Zu seiner Sicherung kann er deshalb die Rückgabe aller Exemplare verlangen. Mot. S. 267. vgl. Art. 402.

166) Der Schiffer ist gegen Aushändigung eines einzigen Exemplars des Konnossements in der Regel nur im Bestimmungshafen die Waare auszuliefern verbunden (Art. 647.). Wird deren Auslieferung früher verlangt, so ist der Schiffer nur sichergestellt, wenn ihm alle Exemplare des Konnossements zugestellt werden.

167) Lautet das Konnossement einfach an die Adresse eines bestimmten Destinatärs, so kontrahirt der Schiffer nur mit diesem und dem Befrachter. Sind diese mit der Abänderung der ursprünglichen Anweisungen des Befrachters einverstanden, so ist der Schiffer gegen fernere Anforderungen geschützt. Der Cessionar des Empfängers wird sich in diesem Falle nur an den Cedenten halten können. Prot. S. 2228. 2229.

168) Der Schiffer kann, wenn ihm nicht alle Exemplare des Konnossements ausgehändigt werden, leicht in Prozesse mit den Konnossementsinhabern verwickelt

Artikel 662.

Die Bestimmungen des Artikels 661. kommen auch dann zur Anwendung, wenn der Frachtvertrag vor Erreichung des Bestimmungshafens in Folge eines Zufalls nach den Artikeln 630. bis 643. aufgelöst wird.[169])

Artikel 663.

In Ansehung der Verpflichtungen des Schiffers aus den von ihm geschlossenen Frachtverträgen und ausgestellten Konnossementen hat es bei den Vorschriften der Artikel 478. 479. und 502. sein Bewenden.[170])

Artikel 664.

Im Falle der Unterverfrachtung haftet für die Erfüllung des Unterfrachtvertrages, insoweit dessen Ausführung zu den Dienstobliegenheiten des Schiffers gehört und von diesem übernommen ist, insbesondere durch Annahme der Güter und Ausstellung des Konnossements, nicht der Unterverfrachter, sondern der Rheder mit Schiff und Fracht (Artikel 452.).

Ob und inwieweit im Uebrigen der Rheder oder Unterverfrachter von dem Unterbefrachter in Anspruch genommen werden könne, und ob im letzteren Falle der Unterverfrachter für die Erfüllung unbeschränkt zu haften oder nur die auf Schiff und Fracht beschränkte Haftung des Rheders zu vertreten habe, wird durch vorstehende Bestimmung nicht berührt.[171])

---

werden. Er kann deshalb Kautionsleistung für etwaige Ansprüche aus den Konnossementen fordern. Anhaltspunkte für die entsprechende Feststellung der Kautionssumme fehlen im Gesetze. Prot. S. 2229. 2230.

169) Die Frage, ob der Verfrachter auch noch nach Auslieferung der Ladung ein selbstständiges Klagerecht auf Rückgabe der Konnossementsexemplare oder Sicherstellung hat, ist offen gelassen, da hierbei Alles auf die Modalitäten der Auslieferung und namentlich darauf ankommt, ob diese mit oder ohne Vorbehalt erfolgt ist. Prot. S. 2458.

170) Der Schiffer wird, abgesehen von etwaigem Verschulden, aus Frachtverträgen und Konnossementen nicht persönlich verpflichtet. Diese Bestimmung ist hier nochmals hervorgehoben, weil der gewöhnliche Wortlaut der Konnossemente sehr leicht zu dem Zweifel Veranlassung geben kann, ob der Schiffer nicht wenigstens durch ihre Ausstellung eine persönliche Verpflichtung übernehme, indem er darin in der Regel außer dem Schiffe auch sein gesammtes Vermögen für die Erfüllung des Konnossements verpfändet. Zusicherungen dieser Art sollen aber keineswegs den Sinn haben, daß der Schiffer sich ohne Weiteres persönlich für die Erfüllung der im Konnossemente versprochenen Leistungen verpflichten will; sie sind vielmehr, wenn sie überhaupt eine Bedeutung haben, nur auf die persönlichen Verpflichtungen zu beziehen, welche möglicherweise dadurch entstehen können, daß der Schiffer sich ein Versehen bei Erfüllung seiner Obliegenheiten zu Schulden kommen läßt. Prot. S. 2460.

171) Auch bei Unterfrachtverträgen bleibt der Schiffer der Vertreter des Rheders. Letzterer haftet deshalb aus dem Receptum (Art. 607.) und für die Richtigkeit des Konnossements. (Art. 654. 655.). Hat der Unterverfrachter reine Konnossemente zugesichert, der Rheder sich aber nur zur Ausstellung von verklausulirten Konnossementen (Art. 659.) verpflichtet, so ist der Rheder von der Verbindlichkeit, die Konnossemente seines Schiffers zu vertreten, den Konnossementsinhabern gegenüber nicht frei; er hat aber, wenn keine gültige Abänderung des

Sechster Titel.

Von dem Frachtgeschäft zur Beförderung von Reisenden.[1])

Artikel 665.

Ist der Reisende in dem Ueberfahrtsvertrage genannt, so ist derselbe nicht befugt, das Recht auf die Ueberfahrt an einen Anderen abzutreten [2])

---

ursprünglichen Vertrags anzunehmen ist, den Regreß gegen den Unterverfrachter wegen der den ersten Frachtvertrag überschreitenden Verpflichtungen. — Hat der Unterverfrachter einem Dritten seine Rechte an den Rheder cedirt, so haftet Ersterer gar nicht für die Vertragserfüllung, denn in solchem Falle ist kein eigentlicher Unterfrachtsvertrag vorhanden. Wenn es sich um einen Anspruch handelt, der auf der Nichterfüllung einer Leistung beruht, für deren Erfüllung, wenn nicht ein Unterfrachtvertrag vorläge, der Rheder selbst persönlich gehaftet haben würde, so muß auch der Unterverfrachter dem Unterbefrachter gegenüber mit seinem ganzen Vermögen für die Erfüllung des Vertrags einstehen. — Die Frage, ob der Rheder sich stets den Abschluß von Unterfrachtverträgen gefallen lassen müsse, ist im Gesetze offen gelassen. Prot. S. 4290—4293. 4301—4306. 4310.

1) Dieser Titel erstreckt sich weder auf die Beförderung von Reisenden auf Post- und Auswandrerschiffen, (Art. 679.) noch auf die Charterung eines Schiffs um es zum Passagiertransport zu benutzen. (vgl. Note 18 zu Art. 677.) Bestimmungen, welche mehr einen polizeilichen, als einen privatrechtlichen Charakter tragen, sind in das Gesetz nicht aufgenommen. Hierzu gehören namentlich die Vorschriften über die Annahme von Passagieren (ALR. §. 1742. und Paß-Reglement vom 20. März 1813 Ges.-S. S. 51.), über die Verpflichtung der Seeschiffe zur Mitnahme verunglückter vaterländischer Schiffsmänner (V. v. 5. Oktober 1833 Ges.-S. S. 122), über die zu gewährende Beköstigung und über die gegenseitige Verpflichtung der Reisenden und des Schiffers sich im Nothfalle mit ihren entbehrlichen Vorräthen zu Hülfe zu kommen. (ALR. §§. 1753—1755). Es fehlt ferner an Bestimmungen über die Höhe des Ueberfahrtsgeldes, falls keine Vereinbarung hierüber getroffen ist (ALR. §. 1745.). So weit dieser Titel keine besonderen Vorschriften enthält, sind mehr die Rechtssätze des allgemeinen Obligationenrechts, als die von der Güterfracht in Anwendung zu bringen. Mot. S. 283. Prot. S. 2503. 2533.

2) Der Ueberfahrtsvertrag ist abweichend von dem ALR. (§. 1745.) an keine Form gebunden. — Ist der Vertrag rücksichtlich der zu befördernden Person unbestimmt geschlossen, so ist die Cession des Rechts der Ueberfahrt zuläßig; ist aber der Reisende im Vertrage genannt oder ist die Reise bereits angetreten, so ist nicht einmal mit Genehmigung des Schiffers die Abtretung dieser Befugniß zuläßig. Für den Verfrachter ist es nicht immer gleichgültig, wen er zu transportiren und während der Reise zu beköstigen hat. Mot. S. 283. Prot. S. 2504. 2505.

Artikel 666.

Der Reisende ist verpflichtet, alle die Schiffsordnung betreffenden Anweisungen des Schiffers zu befolgen. [3])

Artikel 667.

Der Reisende, welcher vor oder nach dem Antritt der Reise sich nicht rechtzeitig an Bord begiebt, muß das volle Ueberfahrtsgeld bezahlen, wenn der Schiffer die Reise antritt oder fortsetzt, ohne auf ihn zu warten. [4])

Artikel 668.

Wenn der Reisende vor dem Antritt der Reise den Rücktritt von dem Ueberfahrtsvertrage erklärt, oder stirbt, oder durch Krankheit oder einen anderen in seiner Person sich ereignenden Zufall zurückzubleiben genöthigt wird, so ist nur die Hälfte des Ueberfahrtsgeldes zu zahlen.

Wenn nach Antritt der Reise der Rücktritt erklärt wird oder einer der erwähnten Zufälle sich ereignet, so ist das volle Ueberfahrtsgeld zu zahlen. [5])

Artikel 669.

Der Ueberfahrtsvertrag tritt außer Kraft, wenn durch einen Zufall das Schiff verloren geht (Artikel 630. Ziffer 1.). [6])

---

3) Der Reisende ist während der Ueberfahrt der Schiffsordnung und der Disziplinargewalt des Schiffers unterworfen. Prot. S. 2512. vgl. ALR. §. 1762.

4) Das Interesse der übrigen Reisenden erheischt es, daß der Schiffer auf einen säumigen Passagier nicht zu warten braucht. Ist die Zeit der Abfahrt nicht im Voraus bestimmt, so muß der Passagier sich an Bord begeben, sobald ihm die Bereitschaft des Schiffers angezeigt wird; auch wenn sich die Abfahrt verzögert, darf er ohne Erlaubniß des Schiffers das Schiff nicht verlassen; der Schiffer ist nicht verpflichtet, ihn von Neuem zu rufen. Mot. S. 284. — vgl. ALR. §§. 1746. 1747.

5) Stirbt oder erkrankt der Reisende vor Antritt der Reise oder hindert ihn ein andrer Zufall an der Antretung derselben, so ist es billig, daß dem Schiffer für die zur Aufnahme des Passagiers getroffenen Vorbereitungen eine Entschädigung gezahlt werde, die jedoch mit Rücksicht darauf, daß der Verfrachter jedenfalls die für den betreffenden Reisenden angeschafften Lebensmittel erspart, auch in vielen Fällen dessen Stelle durch einen andern Reisenden ersetzt werden kann, auf die Hälfte des Ueberfahrtsgeldes arbitrirt ist. — Ob die Reise im einzelnen Falle dem Passagier unmöglich geworden, würde nicht selten zu Streitigkeiten führen. Zur Vermeidung derselben ist der Rücktritt vom Vertrage gegen Zahlung der halben Fracht in die Willkür des Passagiers gestellt. Die in dieser Bestimmung für den Schiffer liegende Härte ist dadurch gemildert, daß wenn nach Antritt der Reise der Vertrag aufgehoben wird, nicht blos Distanzfracht, sondern volle Fracht zu zahlen ist. — War der Passagier durch Tod, Krankheit oder einen andern Zufall an dem Antritt der Reise verhindert, so braucht er das Ueberfahrtsgeld selbst dann nur zur Hälfte zu bezahlen, wenn eine Rücktrittserklärung nicht abgegeben worden ist.

6) Hat der Zufall sowohl das Schiff als die Person des Reisenden betroffen, so ist der Fall so zu beurtheilen, als wenn der Zufall das Schiff allein betroffen, und deshalb der Kontrakt sich aufgelöst hätte. Prot. S. 2516.

Artikel 670.

Der Reisende ist befugt, von dem Vertrage zurückzutreten, wenn ein Krieg ausbricht, in Folge dessen das Schiff nicht mehr als frei betrachtet werden kann und der Gefahr der Aufbringung ausgesetzt wäre, oder wenn die Reise durch eine das Schiff betreffende Verfügung von hoher Hand aufgehalten wird.[7])

Das Recht des Rücktritts steht auch dem Verfrachter zu, wenn er in einem der vorstehenden Fälle die Reise aufgiebt,[8]) oder wenn das Schiff hauptsächlich zur Beförderung von Gütern bestimmt ist,[9]) und die Unternehmung unterbleiben muß, weil die Güter ohne sein Verschulden nicht befördert werden können.

Artikel 671.

In allen Fällen, in welchen zufolge der Artikel 669. und 670. der Ueberfahrtsvertrag aufgelöst wird, ist kein Theil zur Entschädigung des anderen verpflichtet.

Ist jedoch die Auflösung erst nach Antritt der Reise erfolgt, so hat der Reisende das Ueberfahrtsgeld nach Verhältniß der zurückgelegten zur ganzen Reise zu zahlen.

Bei der Berechnung des zu zahlenden Betrages sind die Vorschriften des Artikels 633. maaßgebend.[10])

Artikel 672.

Muß das Schiff während der Reise ausgebessert werden, so hat der

---

7) Wie der Frachtvertrag, so wird auch der Passagevertrag durch die in diesem Artikel aufgeführten Ereignisse aufgehoben; es ist aber wie bei der Stückgüterbefrachtung von dem Erforderniß der Dauer des Hindernisses Abstand genommen, weil den Reisenden in der Regel an der unverweilten Ausführung der Reise viel gelegen ist, und ihnen nicht zugemuthet werden kann, Monatelang auf Hebung des Hindernisses im Nothhafen zu warten. Prot. S. 2516.

8) Der Schiffer hat nicht das Recht, sogleich nach dem Eintritte eines der angegebenen Ereignisse, ohne daß er selbst die Reise aufgiebt, sich eines oder des andern Passagiers zu entledigen. Prot. S. 2516.

9) Ist der Gütertransport Hauptsache und die Passagierbeförderung Nebensache, so ist der Passagevertrag dahin zu verstehen, daß sich der Verfrachter eigentlich nur unter der stillschweigend verstandenen Bedingung zur Personenbeförderung verpflichte, daß die Reise überhaupt zur Ausführung gelange. Unterbleibt dieselbe wegen eines die Ladung treffenden Zufalls, oder weil der Befrachter gegen Zahlung von Fautfracht vom Vertrage zurücktritt, so kann man dem Schiffer nicht zumuthen, wegen einiger Passagiere eine große Reise auszuführen. Prot. S. 2517. 4037.

10) Die Folgen der Aufhebung des Passagevertrags in den Fällen des Art. 669 u. 670. sind dieselben wie beim Frachtvertrage. Wenn auch in der Praxis Ansprüche auf Zurückzahlung eines Theils des gewöhnlich im Voraus gezahlten Ueberfahrtsgeldes wegen der oft damit verbundenen thatsächlichen Schwierigkeiten, oder wegen der Geringfügigkeit des Betrags sehr selten erhoben werden, so läßt sich daraus nicht folgern, daß dieselben im allgemeinen Rechtsbewußtsein für unbegründet gelten. Die angetretene Reise ist der vollendeten nicht gleichzustellen. Mot. S. 286. Prot. S. 2520. 2521.

Reisende, auch wenn er die Ausbesserung nicht abwartet, das volle Ueberfahrtsgeld zu zahlen. Wartet er die Ausbesserung ab, so hat ihm der Verfrachter bis zum Wiederantritt der Reise ohne besondere Vergütung Wohnung zu gewähren, auch die nach dem Ueberfahrtsvertrage[11]) in Ansehung der Beköstigung ihm obliegenden Pflichten weiter zu erfüllen.

Erbietet sich jedoch der Verfrachter, den Reisenden mit einer anderen gleich guten Schiffsgelegenheit ohne Beeinträchtigung der übrigen vertragsmäßigen Rechte desselben nach dem Bestimmungshafen zu befördern, und weigert sich der Reisende, von dem Anerbieten Gebrauch zu machen, so hat er auf Gewährung von Wohnung und Kost bis zum Wiederantritt der Reise nicht weiter Anspruch.

Artikel 673.

Für den Transport der Reise-Effekten,[12]) welche der Reisende nach dem Ueberfahrtsvertrage an Bord zu bringen befugt ist, hat derselbe, wenn nicht ein Anderes bedungen ist, neben dem Ueberfahrtsgelde keine besondere Vergütung zu zahlen.

Artikel 674.

Auf die an Bord gebrachten Reise-Effekten[13]) finden die Vorschriften der Artikel 562. 594. 618. Anwendung.

Sind dieselben von dem Schiffer oder einem dazu bestellten Dritten übernommen,[14]) so gelten für den Fall ihres Verlustes oder ihrer Beschädigung die Vorschriften der Artikel 607. 608. 609. 610. 611.

Auf sämmtliche von dem Reisenden an Bord gebrachte Sachen[15]) finden außerdem die Artikel 564. 565. 566. und 620. Anwendung.

---

11) Die Verpflichtung des Verfrachters zur Verköstigung der Reisenden beruht nicht auf Gesetz, sondern auf Vertrag. Hat der Reisende bei ungestörtem Verlauf der Reise keinen Anspruch auf Beköstigung, so kann er auch im Falle des Art. 672. keine Verpflegung fordern. Prot. S. 4038.

12) Ob und in welchem Umfange der Reisende berechtigt ist, Reise-Effekten an Bord zu bringen, richtet sich nach dem Ueberfahrtsvertrage. — Der Ausdruck „Reiseeffekten" ist nicht allzustreng und namentlich nicht so zu verstehen, als ob er sich nur auf diejenigen Gegenstände bezöge, welche der Reisende während der Fahrt auf dem Schiffe braucht. — Die Mitnahme von Waaren darf nur mit Zustimmung des Schiffers erfolgen. Mot. S. 285. Prot. S. 2508. bis 2510.

13) Diese Bestimmung bezieht sich auf alle Effekten, die der Reisende mitzunehmen befugt ist, und nicht blos auf diejenigen, welche er ohne besondere Vergütung mit sich nehmen darf. Prot. S. 2511.

14) Es ist in den meisten Fällen für den Schiffer unmöglich, für die von den Reisenden nicht abgelieferten Effekten gebührend zu sorgen. Der Verfrachter hat deshalb für diese Gegenstände nach den Grundsätzen über das receptum nur dann zu haften, wenn und soweit eine förmliche Uebernahme der Sachen stattgefunden hat. Hierdurch wird aber die Haftbarkeit des Verfrachters für Verschulden des Schiffers und der Mannschaft nicht ausgeschlossen. Prot. S. 2509. 2511. Vgl. ALR. §§. 1760. 1761.

15) — nicht blos auf Reiseeffekten, sondern auf alle Gegenstände, die der Reisende mit an Bord gebracht hat. Prot. S. 2511.

Artikel 675.

Der Verfrachter hat wegen des Ueberfahrtsgeldes an den von dem Reisenden an Bord gebrachten Sachen ein Pfandrecht.

Das Pfandrecht besteht jedoch nur so lange die Sachen zurückbehalten oder deponirt sind.[16])

Artikel 676.

Stirbt ein Reisender, so ist der Schiffer verpflichtet, in Ansehung der an Bord sich befindenden Effekten desselben das Interesse der Erben nach den Umständen des Falles in geeigneter Weise wahrzunehmen.[17])

Artikel 677.

Wird ein Schiff zur Beförderung von Reisenden einem Dritten verfrachtet, sei es im Ganzen oder zu einem Theil oder dergestalt, daß eine bestimmte Zahl von Reisenden befördert werden soll, so gelten für das Rechtsverhältniß zwischen dem Verfrachter und dem Dritten die Vorschriften des fünften Titels,[18]) soweit die Natur der Sache die Anwendung derselben zuläßt.

---

16) Vergl. Art. 624., Pr. Konk.=Ordnung §. 33. Nr. 6. und Einf.=Ges. Art. 28.

17) Der Pr. Entw. (Art. 531.) legte dem Schiffer die Pflicht auf, ein Inventar aufzunehmen, und den Nachlaß im Bestimmungshafen an die Behörde abzuliefern. Das Gesetz hat sich auf eine allgemeine Anweisung beschränkt, um einerseits eine unnöthige Einmischung des Schiffers in die Privatangelegenheiten der Passagiere zu verhindern, und um andererseits, wenn Angehörige des Verstorbenen am Bord sich befinden, ihnen die Mitwirkung des Schiffers in den Fällen zu sichern, wo sie derselben bedürfen und endlich um dem Schiffer, wenn keine Angehörige an Bord sind und in Ausnahmefällen, auch wenn solche dort sind, einen Anhalt zu geben, wie einer Benachtheiligung der Erben vorzubeugen sei. Mot. S. 287. Prot. S. 2523—2526. 4036. 4037. — Ueber die Form der auf einem in See befindlichen Schiffe errichteten Testamente und die Mitwirkung des Schiffers bei der Testamentserrichtung Vgl. ALR. Th. 1. Tit. 12. §§. 205. 206.

18) Wenn ein Expedient das Schiff chartert um für seine eigene Rechnung die Ueberfahrtskontrakte mit den einzelnen Reisenden abzuschließen, so entstehen zwei verschiedene Vertragsverhältnisse, das zwischen dem Expedienten und den Passagieren, welches nach den Grundsätzen dieses Titels zu beurtheilen ist, und das zwischen dem Expedienten und dem Rheder. Auf dieses zweite Verhältniß sind die Bestimmungen des Tit. 5. über Güterbeförderung ohne praktische oder rechtliche Schwierigkeiten übertragbar, namentlich rücksichtlich der Bestimmungen über die Form des Vertrags, die Ladezeit, das Liegegeld und die Fautfracht. Nur bei der Aufhebung des Frachtvertrages in Folge zufälliger Ereignisse kann es geschehen, daß sich die Passagiere von ihren Verträgen lossagen können, während der Expedient dem Rheder gegenüber an den Vertrag gebunden bleibt. Auch hier ist es nicht unbillig, den angenommenen Grundsatz durchzuführen, weil der Expedient die Folgen einer mißlungenen Spekulation tragen muß.

Ist jedoch nicht das ganze Schiff verfrachtet, sondern nur die Beförderung einer bestimmten Anzahl von Reisenden ausbedungen, so bleibt es fraglich, ob die Bestimmungen über Totalverfrachtungen oder die über Stückgüterladungen anwendbar sind. Die Frage muß in jedem einzelnen Falle nach den Umständen

Artikel 678.

Wenn in den folgenden Titeln dieses Buchs die Fracht erwähnt wird, so sind unter dieser, sofern nicht das Gegentheil bestimmt ist, auch die Ueberfahrtsgelder zu verstehen.

Artikel 679.

Die auf das Auswanderungswesen sich beziehenden Landesgesetze, auch insoweit sie privatrechtliche Bestimmungen enthalten, werden durch die Vorschriften dieses Titel nicht berührt.[19])

Siebenter Titel.

Von der Bodmerei.[1])

Artikel 680.

Bodmerei im Sinne dieses Gesetzbuchs ist ein Darlehnsgeschäft, welches von dem Schiffer als solchem kraft der in diesem Gesetzbuch ihm ertheilten Befugnisse unter Zusicherung einer Prämie und unter Verpfändung von

---

entschieden werden, in welcher Beziehung insbesondere die Größe des Schiffs, die Zahl der Passagiere, der übrige Inhalt des Vertrages u. dgl. m. von Bedeutung sein können. — Zwischen dem Schiffer und dem Reisenden entsteht im Falle des Art. 677. ein Rechtsverhältniß erst durch die wirkliche Ausführung des Ueberfahrtskontrakts, nicht schon durch den Vertragsabschluß zwischen dem Verfrachter und dem Expedienten. Prot. S. 2531—2533.

19) Die bestehenden oder noch zu erlassenden Gesetze über das Auswanderungswesen, die zwar auf polizeilichen Erwägungen beruhen, aber privatrechtliche Normen enthalten, sollen salvirt werden, weil es erheblichen Bedenken unterliegt, in diese meist auf Gründen des öffentlichen Rechts beruhenden Gesetze einzugreifen. Prot. S. 2533—35. 2503. In Betreff der Postschiffe vgl. Art. 449.

1) Von jeher kamen im Seeverkehre Rechtsgeschäfte vor, welche dazu dienen sollten, dem Rheder oder Kaufmann die Beschaffung von Mitteln zu seinen Unternehmungen dadurch zu erleichtern, daß er nur bei glücklichem Ausgang der Unternehmung zur Rückzahlung verpflichtet sein sollte. Rechtsgeschäfte solcher Art waren: das foenus nauticum (ein an die Bedingung, daß Geld oder Waaren den Bestimmungsort erreichen, geknüpftes Darlehn), der Großavanturcivertrag (ein Darlehnsvertrag, wobei Jemand gegen hohe Zinsen Geld zu einer Seeunternehmung in Waaren unter der Abrede leiht, daß der Darleiher ein dingliches Recht an der Waare hat, aber dafür die Seegefahr, welche die Waare trifft, übernimmt), der Beil (Biel)- oder Bodmereibrief (die Urkunde, über ein Darlehn, welches zum Bau eines neuen Schiffes oder zur gewöhnlichen Ausrüstung eines Schiffes unter Verpfändung desselben mit der Maaßgabe gegeben ist, daß der Schuldner zur Rückzahlung nur verpflichtet sein soll, wenn das Schiff wohlbehalten ankommt), und der Bodmereivertrag im engeren Sinne.

Bodmerei (Bome, der Boden, Schiffskiel) im engeren Sinne unterscheidet sich

Schiff, Fracht und Ladung, [2]) oder von einem oder mehreren dieser Gegenstände in der Art [3]) eingegangen wird, daß der Gläubiger wegen seiner Ansprüche nur an die verpfändeten (verbodmeten) Gegenstände [4]) nach Ankunft des Schiffs an dem Orte sich halten könne, wo die Reise enden soll, für welche das Geschäft eingegangen ist (Bodmereireise).

---

von den bezeichneten verwandten seerechtlichen Instituten dadurch, daß sie sich nur auf die Verpfändung von Schiff und Gut im Nothhafen oder doch da, wo die Eigner des Schiffs und deren ordentlicher Stellvertreter nicht anwesend sind oder nicht zur rechten Zeit herangezogen werden können, und zwar vorzugsweise auf die Verpfändung durch den Kapitän bezieht. Die anderweitige Kontrahirung von Darlehnen auf Schiff und Gut fällt mehr oder weniger theils mit der Großavanturei, theils mit dem Beilbrief zusammen.

Das Darlehn wird ohne persönliche Verpflichtung des Bodmereinehmers lediglich auf die verbodmeten Gegenstände gegeben; die Folge hiervon ist, daß der Bodmereigeber die Gefahr der Reise trägt, nach deren Vollendung die Rückzahlung erfolgen soll. Die Aehnlichkeit, welche hierdurch die Bodmerei mit der Versicherung hat, ist vielfach Veranlassung zur Verwechslung der Bodmerei mit der Versicherung gewesen, und auch das ALR. (§. 2359.) hat in der Definition von der Bodmerei:

„Bodmerei ist ein Darlehnskontrakt, bei welchem der Gläubiger . . . die Seegefahr übernimmt," die Uebernahme der Seegefahr unrichtiger Weise als das Wesentliche und Ursprüngliche hervorgehoben. Kaltenborn Seerecht §§. 188—191. Mot. S. 288. ff. Prot. S. 2537—2540. 4042—4044. 2603. ff.

2) Der imaginäre Gewinn d. h. der Gewinn, welchen der Ladungseigner durch den Unterschied zwischen dem Werth der Waaren am Abladungsort und deren Werth am Bestimmungsort zu ziehen hofft, ist nicht Gegenstand eines selbstständigen Rechts; er kann deshalb auch nicht als besonderer Gegenstand der Bodmerei (Art. 783.) aufgeführt werden. Da aber als Werth der Waaren der am Bestimmungsorte angesehen werden muß, so ist der imaginäre Gewinn hierin mit eingeschlossen, und kann insofern ebenfalls mitverbodmet werden. Mot. S. 292.

3) Es braucht nicht ausdrücklich erklärt zu werden, daß der Gläubiger sich nur an den verbodmeten Gegenstand zu halten befugt ist; es genügt, wenn der Vertrag dahin lautet, daß ein Bodmereivertrag geschlossen wird, oder wenn eine ähnliche Ausdrucksweise gebraucht ist. Prot. S. 4042.

4) In wie weit entgegenstehende Verabredungen gültig seien, event. welche Bedeutung solchen anderweitigen Verabredungen beizulegen sei, namentlich einer dahin gehenden, daß der Bodmereigeber die eine oder die andere Gefahr nicht tragen solle, war bei der Berathung des Gesetzes Gegenstand lebhafter Erörterungen. Nach einer Ansicht können die im Gesetze statuirten Folgen einer vom Schiffer eingegangenen Nothbodmerei vertragsmäßig nicht abgeändert werden; nach einer anderen sind derartige Verabredungen in so weit gültig, daß beim Untergang der verbodmeten Sache der Gläubiger sich an das übrige der See anvertraute Vermögen des Rheders halten kann; nach einer dritten sind die fraglichen Nebenberedungen nicht unverbindlich, berechtigen aber den Gläubiger nicht, auf Grund derselben Ansprüche gegen das nicht verbodmete Vermögen des Rheders mit den für die eigentlichen Bodmereiforderungen bestehenden Vorzugs-

Artikel 681.

Bodmerei kann von dem Schiffer nur in folgenden Fällen eingegangen werden:

1) während das Schiff außerhalb des Heimathshafens sich befindet, zum Zweck der Ausführung der Reise, nach Maaßgabe der Artikel 497. 507. bis 509. und 511.;
2) während der Reise im alleinigen Interesse der Ladungsbetheiligten zum Zweck der Erhaltung und Weiterbeförderung der Ladung nach Maaßgabe der Artikel 504. 511. und 634.

In dem Falle der Ziffer 2. kann der Schiffer die Ladung allein verbodmen, in allen übrigen Fällen kann er zwar das Schiff oder die Fracht allein, die Ladung aber nur zusammen mit dem Schiff und der Fracht [5]) verbodmen.

In der Verbodmung des Schiffs ohne Erwähnung der Fracht ist die Verbodmung der letzteren nicht enthalten. [6]) Werden aber Schiff und Ladung verbodmet, so gilt die Fracht als mitverbodmet. [7])

Die Verbodmung der Fracht ist zulässig, so lange diese der Seegefahr noch nicht entzogen ist. [8])

Auch die Fracht desjenigen Theils der Reise, welcher noch nicht angetreten ist, kann verbodmet werden.

---

rechten geltend zu machen. — Die erste Ansicht ist wohl als die richtige anzusehen. Für die Haftung des Schiffers aus einem solchen Vertrage dem Bodmereigläubiger gegenüber sind die allgemeinen Rechtsgrundsätze maaßgebend. Prot. S. 2544. 2545. 2606—2609. 2613.

5) — selbst wenn dieselbe im Voraus schon erhoben oder an einen Dritten cedirt ist. Auch diese Fracht ist noch fortwährend der Seegefahr ausgesetzt und würde verloren gehen, wenn das Schiff und die Ladung vor Erreichung des Bestimmungshafens zu Grunde gingen. (Art. 618.) Die Bodmerei kommt also auch der Fracht zu Gute. — Die Verbodmung der Ladung allein trotz des Verbots macht, wie von mehreren Seiten behauptet wurde, die Verbodmung ungültig. Prot. S. 2545. 2948. Nach dem ALR. (§§. 2369. 2380.) fand Bodmerei auf die Fracht oder die Ladung allein nicht statt; vergl. auch §. 2406. a. a. O.

6) Sowohl in den nördlichen, als auch in den südlichen Seeplätzen Deutschlands ist man nicht gewöhnt, die Verbodmung des Schiffs mit auf die Fracht zu beziehen. Oft kann der Schiffer auf das Schiff allein ein Darlehn bekommen, er behält in diesem Falle freie Hand, über die Fracht anderweitig zu verfügen oder bessere Bedingungen zu erlangen, und es kann die Löschung ungestört vor sich gehen, was nicht immer der Fall ist, wenn der Bodmerist sich auch an die Fracht halten kann. Prot. S. 2946. 2947.

7) Dies folgt aus dem vorhergehenden Absatze. Kann der Schiffer in dem dort angegebenen Falle die Ladung nur zusammen mit dem Schiffe und der Fracht verbodmen, so ist die Nichterwähnung der Fracht im Vertrage als Omission einer beabsichtigten Bestimmung zu betrachten. Ueberdies kann die Fracht bei einer Verbodmung der Ladung in der Regel vor Befriedigung des Bodmereigläubigers gar nicht flüssig gemacht werden. Prot. S. 2947. 2948.

8) Nach einigen Seegesetzen darf nur die bereits verdiente Fracht d. h.

Artikel 682.

Die Höhe der Bodmereiprämie ist ohne Beschränkung dem Uebereinkommen der Parteien überlassen. 9)

Die Prämie umfaßt in Ermangelung einer entgegenstehenden Vereinbarung auch die Zinsen. 10)

Artikel 683.

Ueber die Verbodmung muß von dem Schiffer ein Bodmereibrief ausgestellt werden. 11) Ist dieses nicht geschehen, so hat der Gläubiger diejenigen Rechte, welche ihm zustehen würden, wenn der Schiffer zur Befriedigung des Bedürfnisses ein einfaches Kreditgeschäft 12) eingegangen wäre.

---

derjenige Theil derselben, welcher von der in der Ausführung begriffenen Reise und den noch im Schiffe befindlichen Waaren herrührt, verbodmet werden. Nach Art. 681. kann sich die Bodmerei nicht auf bereits erworbene Frachtforderungen, die keiner Seegefahr mehr ausgesetzt sind, erstrecken, wohl aber auf die gesammte noch einer Seegefahr ausgesetzte Fracht, welche am Zahlungsorte fällig wird, wenn auch zur Zeit der Verbodmung für den Erwerb derselben durch theilweise Ausführung der Reise schon etwas geschehen ist. Prot. S. 2546.

9) Die Bodmereiprämie umfaßt nicht allein den Ersatz für die entbehrte Nutzung des Kapitals, sondern auch die Gegenleistung für die Uebernahme der Gefahr. Es folgt hieraus, daß die Bodmereiprämie den gewöhnlichen Zinsbeschränkungen nicht unterliegen kann, und bei der Verschiedenheit des Umfangs der Gefahr jede Beschränkung für die Höhe der Bodmereiprämie unhaltbar ist. Mot. S. 293. Vgl. ALR. §. 2361.

10) Gewöhnlich wird die Zinsvergütung und die Entschädigung für die Gefahr in einer Summe verabredet; im Zweifel ist deshalb anzunehmen, daß die Zinsen in der Prämie mitenthalten sind. Mot. S. 293. Durch die ausdrückliche Erwähnung der Zinsen neben der Prämie soll auch unrichtigen Folgerungen aus Art. 290. (daß Darlehne von Kaufleuten auch ohne besondere Verabredung verzinslich sind) begegnet werden.

11) Eine schriftliche Urkunde muß vom Bodmereinehmer ausgestellt werden, weil sich die Bodmereiforderung ebenso in dem Bodmereibriefe verkörpert, wie die Wechselforderung in dem Wechselbriefe. Außerdem bedarf es dieser Form um einen liquiden und unbedenklichen Beweis des Anspruchs des Gläubigers zu erlangen. Ohne eine solche Form würde die Gefahr vorhanden sein, daß nachträglich manches einfache Kreditgeschäft für eine Bodmerei ausgegeben und durch Zeugen u. dergl. als solches erwiesen werden könnte. Der Antrag: zur Sicherung, daß bei jeder einzelnen Verbodmung die erforderlichen Voraussetzungen auch wirklich vorhanden seien, eine vorgängige causae cognitio vorzuschreiben, wurde abgelehnt, weil möglichst von Formvorschriften abzusehen sei, der angegebene Zweck nicht völlig erreicht werden, und die Ausführung mit großen Schwierigkeiten verbunden sein würde. Mot. S. 293. Prot. S. 2554—2562. 4044.

Das ALR. (§§. 2390. 2391. 2411.) verlangte zwar auch die Schriftlichkeit; ein Auszug aus dem Mäklerjournal konnte aber die Stelle des schriftlichen Vertrages ersetzen. Letztere Bestimmung soll nie in das Leben übergegangen sein. Außerdem war der Vermerk der Verbodmung auf den Original Schiffsurkunden und dem Konnossemente erforderlich.

12) Eine Vorschrift, daß beim Mangel der vorgeschriebenen Form das ganze Geschäft dem Rheder gegenüber nichtig und unwirksam sei, würde zu hart gegen

Artikel 684.

Der Bodmereigeber[13]) kann verlangen, daß der Bodmereibrief enthalte:[14])

1) den Namen des Bodmereigläubigers;
2) den Kapitalbetrag der Bodmereischuld;
3) den Betrag der Bodmereiprämie oder den Gesammtbetrag der dem Gläubiger zu zahlenden Summe;
4) die Bezeichnung der verbodmeten Gegenstände;
5) die Bezeichnung des Schiffes und des Schiffers;[15])
6) die Bodmereireise;[16])
7) die Zeit, zu welcher die Bodmereischuld gezahlt werden soll;[17])
8) den Ort, wo die Zahlung erfolgen soll;
9) die Bezeichnung der Urkunde im Kontext als Bodmereibrief, oder die Erklärung, daß die Schuld als Bodmereischuld eingegangen sei, oder eine andere das Wesen der Bodmerei genügend bezeichnende Erklärung;[18])
10) die Umstände, welche die Eingehung der Bodmerei nothwendig gemacht haben;[19])

---

den Darleiher gewesen sein. Durch die gegenwärtige Bestimmung verliert der Bodmereigeber nur die besonderen Vorrechte der Bodmerei und den Anspruch auf die höhere Prämie. Er muß gleich jedem anderen Schiffsgläubiger nachweisen, daß die Eingehung des Geschäfts nothwendig gewesen ist. Prot. S. 2554. bis 2565. 4044.

13) Derjenige, an welchen die Rechte aus dem Bodmereibriefe übertragen sind, kann nicht verlangen, daß der Brief nachträglich vervollständigt oder neu ausgefertigt werde. Prot. S. 4044.

14) Nicht alle in diesem Artikel aufgezählten Momente haben eine solche Bedeutung, daß ohne sie der Bodmereibrief nicht zu Recht besteht. Welche Momente als wesentliche zu betrachten sind, läßt sich nicht ein für allemal entscheiden. Prot. S. 2566. Vgl. ALR. §. 2393. ff.

15) Die Erwähnung der Nationalität des Schiffs ist nicht erforderlich. Prot. S. 2567.

16) — d. h. diejenige Reise, für welche der Bodmereigeber die Gefahr übernimmt. Zur genauen Bezeichnung der übernommenen Gefahr gehört natürlich auch die Angabe des Bestimmungsorts. Ist der Endpunkt der Reise zwischen Verfrachter und Befrachter noch nicht ausgemacht, so verbietet sich von selbst die Aufnahme des Bestimmungsorts im Bodmereibriefe. Prot. S. 2567.

17) Selbst wenn die Parteien es bei der gesetzlichen Zahlungszeit belassen, kann der Gläubiger ein Interesse an der Erwähnung der Zahlungszeit haben, weil im Bestimmungshafen möglicher Weise abweichendes Recht gilt. Prot. S. 4046.

18) — um den Gegensatz der Bodmerei zu einfachen Kreditgeschäften hervorzuheben, und Verwechslungen derselben vorzubeugen. Prot. S. 2569.

19) — um den Geber in den' Stand zu setzen, zu seiner Sicherheit die nöthigen Nachforschungen über die Angaben des Schiffers anzustellen, und sich mit den erforderlichen Beweismitteln zu versehen, zugleich auch um Anhaltspunkte für die Beurtheilung der Redlichkeit des Schiffers zu bieten. Prot. S. 2569. 2570.

11) den Tag und den Ort der Ausstellung;

12) die Unterschrift des Schiffers.

Die Unterschrift des Schiffers muß auf Verlangen in beglaubigter Form ertheilt werden.

Artikel 685.

Auf Verlangen des Bodmereigebers ist der Bodmereibrief, sofern nicht das Gegentheil vereinbart ist, an die Order des Gläubigers oder lediglich an Order zu stellen. Im letzteren Falle ist unter der Order die Order des Bodmereigebers zu verstehen.

Artikel 686.

Ist vor Ausstelluug des Bodmereibriefs die Nothwendigkeit der Eingehung des Geschäfts von dem Landeskonsul oder demjenigen Konsul, welcher dessen Geschäfte zu versehen berufen ist, und in dessen Ermangelung von dem Gerichte oder der sonst zuständigen Behörde des Orts der Ausstellung, sofern es aber auch an einer solchen fehlt, von den Schiffsoffizieren urkundlich bezeugt, so wird angenommen, daß der Schiffer zur Eingehung des Geschäfts in dem vorliegenden Umfange befugt gewesen sei.[20])

Es findet jedoch der Gegenbeweis statt.[21])

Artikel 687.

Der Bodmereigeber kann die Ausstellung des Bodmereibriefs in mehreren Exemplaren verlangen.

Werden mehrere Exemplare ausgestellt, so ist in jedem Exemplar anzugeben, wie viele ertheilt sind.[22])

---

20) Die Lage des Bodmereigebers würde sehr beschwert, und es stände zu befürchten, daß kaum Jemand sich verstehen würde, auf deutsche Schiffe Bodmerei zu geben, wenn man dem Gläubiger den Beweis aufbürdete, daß bei Eingehung des Bodmereigeschäfts alle gesetzlichen Voraussetzungen vorhanden gewesen seien. Dieser Schwierigkeit wird dadurch begegnet, daß bei vorgängiger causae cognitio, die Legalität der Bodmerei präsumirt wird. Prot. S. 2555—2560. 2579—2581. 4046. 4047.

21) — nicht nur der Beweis des Gegentheils. Würde der Nachweis des Gegentheils gefordert, so würde es z. B. zur Entlastung des Rheders nicht genügen, wenn lediglich dargethan würde, daß das Zeugniß durch Bestechung der Behörde erlangt sei. Prot. S. 4047. Vgl. Art. 494. und Noten dazu.

22) Diese Bestimmung ist nothwendig, weil es sonst ungewiß bleibt, auf welches Geschäft sich jedes Exemplar, bezieht und wie viele Exemplare der Gläubiger in Händen haben muß, um mit Sicherheit auf Zahlung der Schuld rechnen zu können. Ist das einzige ausgestellte Exemplar verloren, so darf der Schiffer ohne Amortisation des verlorenen kein neues ausstellen. Durch Uebertretung dieser Vorschrift wird der Bodmereibrief nicht ungültig, der Rheder oder Schiffer hat aber unter Umständen die mehreren, etwa vorkommenden Exemplare zu vertreten. Prot. S. 2576. 2577. 4047. Vgl. Art. 644.

Der Bodmereibrief kann durch Indossament übertragen werden, wenn er an Order lautet.[23])

Der Einwand, daß der Schiffer zur Eingehung des Geschäfts überhaupt oder in dem vorliegenden Umfange nicht befugt gewesen sei, ist auch gegen den Indossatar zulässig.[24])

Artikel 688.

Die Bodmereischuld ist, sofern nicht in dem Bodmereibriefe selbst eine andere Bestimmung getroffen ist, in dem Bestimmungshafen der Bodmereireise und am achten Tage nach der Ankunft des Schiffs in diesem Hafen zu zahlen.[25])

Von dem Zahlungstage an laufen kaufmännische Zinsen von der ganzen Bodmereischuld einschließlich der Prämie.[26])

Die vorstehende Bestimmung kommt nicht zur Anwendung, wenn die Prämie nach Zeit bedungen ist;[27]) die Zeitprämie läuft aber bis zur Zahlung des Bodmereikapitals.[28])

---

23) In der Regel wird der Bodmereibrief nur zum Inkasso indossirt, nicht um ihn als negoziables Papier in Verkehr zu setzen. Bodmereibriefe, welche nicht an Order lauten, sind nicht indossabel. Prot. S. 2577. 4045. Vergl. Art. 302. 646.

24) Hierdurch soll die unbedingte Anwendung des Art. 303. Abs. 2. auf indossirte Bodmereibriefe ausgeschlossen werden. Ein solches Mißverständniß würde die Vorschrift, daß nur im Nothfalle Bodmerei genommen werden darf, ganz illusorisch machen. — Den Beweis in Betreff des Vorhandenseins der gesetzlichen Voraussetzungen der Bodmerei hat, wenn keine causae cognitio vorangegangen ist, der Bodmereigeber zu erbringen. Prot. S. 2578. 2580.

25) Streng genommen könnte der Bodmereigeber sogleich nach Ankunft des Schiffs am Bestimmungsorte die Herausgabe der verbodmeten Gegenstände fordern, um sich aus ihnen bezahlt zu machen. Wenn aber dem Bodmereinehmer, wie es doch die Absicht des Vertrages ist, die Auslösung der verbodmeten Gegenstände durch Zahlung der Bodmereischuld freistehen soll, so muß ihm auch eine angemessene Frist nach Ankunft des Schiffs gestattet werden, um die hiezu nöthigen Mittel zu beschaffen. Mot. S. 299. Vgl. ALR. §§. 2398. 2399.

26) Mit dem Ablauf der Zahlungsfrist beginnt der Verzug des Schuldners, ohne daß es einer Mahnung bedarf. — In Betreff der mora accipiendi gelten die allgemeinen Rechtsgrundsätze. — Der Schuldner muß kaufmännische Verzugszinsen zahlen, weil es sich um ein kaufmännisches Geschäft handelt. Vgl. ALR. §. 2437. — In der Prämie selbst stecken schon Zinsen; da sich aber nicht erkennen läßt, welcher Theil der Prämie Zins und welcher Entschädigung für die Gefahr des Bodmereigebens ist, so läßt sich auf keinen Theil das Verbot der Zinses-Zinsen anwenden. Mot. S. 299. Prot. S. 2584. ff.

27) — weil der Gläubiger sonst für die Zeit von Beginn des Zinsenlaufs bis zur Zahlung der Schuld die Vergütung für Entbehrung des Kapitals doppelt erhalten würde. Prot. S. 4050.

28) Bis zur Zahlung läuft der Gläubiger fortgesetzt das Risiko des Untergangs oder der Entwerthung der verbodmeten Gegenstände; er hat deshalb auch nach Ablauf der Zahlungsfrist bis zur wirklichen Zahlung Anspruch auf die Fortzahlung der Prämie. Die mögliche Härte gegen den Schuldner wird dadurch gemildert, daß er einen bekannten Gläubiger durch Offerirung der Schuld,

Artikel 689.

Zur Zahlungszeit[29]) kann die Zahlung der Bodmereischuld dem legitimirten Inhaber auch nur eines Exemplars des Bodmereibriefs nicht verweigert werden.

Die Zahlung kann nur gegen Rückgabe dieses Exemplars verlangt werden, auf welchem über die Zahlung zu quittiren ist.

Artikel 690.

Melden sich mehrere gehörig legitimirte Bodmereibriefs-Inhaber, so sind sie sämmtlich zurückzuweisen, die Gelder, wenn die verbodmeten Gegenstände befreit werden sollen, gerichtlich oder in anderer sicherer Weise niederzulegen und die Bodmereibriefs-Inhaber, welche sich gemeldet haben, unter Angabe der Gründe des Verfahrens hiervon zu benachrichtigen.

Wenn die Niederlegung nicht gerichtlich geschieht, so ist der Deponent befugt, über sein Verfahren und dessen Gründe eine öffentliche Urkunde errichten zu lassen und die daraus entstehenden Kosten von der Bodmereischuld abzuziehen.[30])

Artikel 691.

Dem Bodmereigläubiger fällt weder die große noch die besondere Haverei zur Last.[31])

Insoweit jedoch die verbodmeten Gegenstände durch große oder besondere Haverei zur Befriedigung des Bodmereigläubigers unzureichend werden, hat derselbe den hieraus entstehenden Nachtheil zu tragen.

---

einen ihm unbekannten durch Deposition in Verzug setzen, und sich hierdurch selbst von der Zinsen- resp. Prämienzahlung befreien kann. Prot. S. 2585. 2586. 4049—4051.

29) Es ist keineswegs die Absicht des Absatz 1. zu bestimmen, daß die Bodmereischuld dem Gläubiger nicht früher als zur Zahlungszeit entrichtet werden dürfe. Es soll vielmehr nur ausgesprochen werden, daß die Zahlung der Bodmereischuld zur Zahlungszeit deshalb, weil nur ein Exemplar des Bodmereibriefes oder doch nicht alle Exemplare vorhanden sind, nicht verweigert werden dürfe. Die Bestimmung des Art. 689. bezieht sich sowohl auf indossable, als auch auf nicht indossable Bodmereibriefe. — Werden nicht die sämmtlichen etwa ausgefertigten Exemplare des Bodmereibriefes zurückgestellt, so kann dennoch der Schiffer wegen der deshalb zu besorgenden Nachtheile keine Sicherheitsleistung fordern. Ein Bedürfniß hierzu ist nicht vorhanden; denn eine Indossirung mehrerer Exemplare des Bodmereibriefes in der Absicht dieselben in Verkehr zu setzen und in der Weise, daß dadurch für verschiedene Personen kollidirende Ansprüche entstehen, ist sehr selten. Die Versendung mehrerer Exemplare geschieht regelmäßig nur wegen der Unsicherheit des Verkehrs mit dem Bestimmungsorte; sollte in einem derartigen Falle Kaution gefordert werden dürfen, so würde der Gläubiger sehr gefährdet sein, weil die Sicherheitsbestellung, namentlich in einem kleinen Hafen, nicht ohne große Beschwerlichkeiten zu bewerkstelligen ist, und die Rückgabe der Kaution in der Regel erst nach vorangegangenem Amortisationsverfahren möglich sein würde. Prot. S. 4047. 4048. 4140. 4141. Vgl. Art. 647. 661. 662.

30) Vgl. Art. 648.

31) Vgl. Art. 725. u. 778.

Artikel 692.

Die sämmtlichen verbodmeten Gegenstände haften dem Bodmereigläubiger solidarisch.[32])

Auch schon vor Eintritt der Zahlungszeit kann der Gläubiger nach Ankunft des Schiffs im Bestimmungshafen der Bodmereireise die Beschlagnahme der sämmtlichen verbodmeten Gegenstände nachsuchen.[33])

Artikel 693.

Der Schiffer hat für die Bewahrung und Erhaltung der verbodmeten Gegenstände zu sorgen;[34]) er darf ohne dringende Gründe keine Handlung vornehmen, wodurch die Gefahr für den Bodmereigeber eine größere[35]) oder eine andere wird, als derselbe bei dem Abschlusse des Vertrages voraussetzen mußte.

Handelt er diesen Bestimmungen zuwider, so ist er dem Bodmereigläubiger für den daraus entstehenden Schaden verantwortlich (Artikel. 479.).

Artikel 694.

Hat der Schiffer die Bodmereireise willkürlich verändert, oder ist er von dem derselben entsprechenden Wege willkürlich abgewichen, oder hat er

---

32) Diese Bestimmung rechtfertigt sich schon aus der Natur des Pfandrechts; kein Theil des Pfandstücks wird frei bis die ganze Schuld getilgt ist. Vgl. ALR. §. 2407. Mot. S. 292.

33) Diese freie Anwendung der auch sonst zugelassenen Gründe des Arrestes rechtfertigt sich um so eher, wenn man das Pfandrecht des Gläubigers an der Ladung nur so lange gelten läßt, als sich dieselbe noch in den Händen des Schiffers oder des Ladungsempfängers oder eines Dritten befindet, der sie für einen von ihnen besitzt. Mot. S. 299. — Der Vorschlag, daß der Bodmereigeber zur Tragung der Arrestkosten dann verbunden sein solle, wenn die Beschlagnahme durch keine anderen gesetzlichen Gründe gerechtfertigt erscheine, wurde als nicht angemessen bezeichnet, weil es nicht darauf ankomme, ob die Beschlagnahme bei ihrem Beginne schon durch besondere gesetzliche Gründe (z. B. die Voraussetzungen des Arrestes, die übrigens bei der Fracht fast immer vorhanden sein würden), gerechtfertigt sei, sondern nur auf das hinterher sich ergebende Resultat. Prot. S. 2586.

34) Rücksichtlich der Erhaltung und Bewahrung der verbodmeten Gegenstände liegen dem Schiffer strengere Verpflichtungen ob, als er den einfachen Schiffsgläubigern gegenüber zu erfüllen hat; ein genügender Grund hierfür liegt darin, daß das Bodmereidarlehen für eine bestimmte Reise gegeben, und ähnlich wie bei der Versicherung nur die Gefahr dieser Reise übernommen wird, während etwas Aehnliches bei einfachen Kreditgeschäften nicht der Fall ist, und somit auch keine Verpflichtung besteht, nur eine gewisse Reise zu machen. — Wenn die Interessen des Rheders oder der Ladungsbetheiligten mit denen des Bodmereigläubigers kollidiren, so hat der Schiffer den letzteren den Vorzug zu geben. Prot. S. 4053. 4054. 2546. 2614. 2860.

35) Hierher gehört auch der Fall, wenn der Schiffer den Antritt der Reise ungebührlich verzögert oder die Bezahlung nach der Ankunft im Bestimmungshafen durch frivoles Prozessiren hinhält, weil er hierdurch die Zeit, während welcher der Gläubiger die Gefahr zu tragen hat, verlängert. Mot. S. 300. Prot. S. 2626.

nach ihrer Beendigung die verbodmeten Gegenstände von neuem einer Seegefahr ausgesetzt, ohne daß das Interesse des Gläubigers es geboten hat, so haftet der Schiffer dem Gläubiger für die Bodmereischuld insoweit persönlich, als derselbe aus den verbodmeten Gegenständen seine Befriedigung nicht erhält, es sei denn, daß er beweist, daß die unterbliebene Befriedigung durch die Veränderung der Reise oder die Abweichung oder die neue Seegefahr nicht verursacht ist.[36])

Artikel 695.

Der Schiffer darf die verbodmete Ladung vor Befriedigung oder Sicherstellung des Gläubigers weder ganz noch theilweise ausliefern, widrigenfalls er dem Gläubiger für die Bodmereischuld insoweit persönlich verpflichtet wird, als derselbe aus den ausgelieferten Gütern zur Zeit der Auslieferung hätte befriedigt werden können.[37])

Es wird bis zum Beweise des Gegentheils angenommen, daß der Gläubiger seine vollständige Befriedigung hätte erlangen können.

Artikel 696.

Hat der Rheder in den Fällen der Artikel 693. 694. 695. die

36) Unter der Pflichtwidrigkeiten, welche sich der Schiffer möglicher Weise zu Schulden kommen lassen kann, ist die Deviation eine der bedeutendsten. In einzelnen Fällen ist es jedoch höchst schwierig nachzuweisen, ob ein eingetretener Verlust des verbodmeten Objekts oder eine Beschädigung desselben gerade durch die Abweichung veranlaßt worden ist, und ohne dieselbe nicht eingetreten wäre. Soll das Recht des Bodmereigläubigers, den Schiffer wegen ungerechtfertigter Deviation in Anspruch zu nehmen, nicht nahezu illusorisch sein so bedarf es einer Vorschrift, daß der Kausalzusammenhang zwischen dem Schaden und der Deviation präsumirt wird; aber selbst bei dieser Bestimmung würde der Nachweis der Größe des erlittenen Schadens mit großen Weiterungen verbunden sein. Da nun in der Regel das verbodmete Objekt in unbeschädigtem Zustande so viel Werth hat, um die Bodmereischuld zu decken, so ist die persönliche Haftung des Schiffers für die ganze Schuld vorbehaltlich des Gegenbeweises ausgesprochen. — In dem Umstande, daß man sich jetzt nicht mehr ängstlich an diesen oder jenen Kurs bindet, ist Grund genug zu der Annahme, daß man in der Wahl des einen oder andern Weges nicht so leicht eine unmotivirte Deviation finden wird. — Der erneuerten Gefährdung der Ladung, etwa durch Arrestlegung vorzubeugen, ist der Bodmerei-Gläubiger schon deshalb nicht in allen Fällen im Stande, weil es nicht immer gelingt, den Bodmereibrief zu rechter Zeit an den Bestimmungsort zu bringen. Prot. S. 2616. ff. 2627. 2628. 4054. 4055.

37) Der Schiffer haftet nicht für die ganze Bodmereiforderung, wenn auch die unbefugt abgelieferte Ladung weit weniger werth war, sondern lediglich für den Werth der abgelieferten Ladung zur Zeit der Auslieferung, gleichviel ob dieselbe an dem Zahlungstage oder vor demselben erfolgte. Wenn also die Ladung zwischen der Auslieferung und dem Zahlungstage der Bodmereischuld untergegangen ist, so bleibt dennoch der Schiffer für den Werth verhaftet. — Aus der solidarischen Haftung der verbodmeten Gegenstände (Art. 692.) folgt, daß der Schiffer den Bodmereigläubiger nicht wegen seiner Befriedigung an die noch außerdem verbodmeten Sachen verweisen kann. Prot. S. 2590. 4058—4063.

Handlungsweise des Schiffers angeordnet, so kommen die Vorschriften des zweiten und dritten Absatzes des Artikels 479. zur Anwendung.[38])

Artikel 697.

Wird zur Zahlungszeit die Bodmereischuld nicht bezahlt, so kann der Gläubiger den öffentlichen Verkauf des verbodmeten Schiffs und der verbodmeten Ladung, sowie die Ueberweisung der verbodmeten Fracht[39]) bei dem zuständigen Gericht beantragen.

Die Klage[40]) ist zu richten in Ansehung des Schiffs und der Fracht gegen den Schiffer oder Rheder, in Ansehung der Ladung vor der Auslieferung gegen den Schiffer,[41]) nach der Auslieferung gegen den Empfänger,[42]) sofern dieselbe sich noch bei ihm oder einem Anderen befindet, welcher sie für ihn besitzt.

Zum Nachtheil eines dritten Erwerbers,[43]) welcher den Besitz der verbodmeten Ladung in gutem Glauben erlangt hat, kann der Gläubiger von seinen Rechten keinen Gebrauch machen.

---

38) Die Haftung trifft sowohl den Schiffer als auch den Rheder, sofern letzterer, obwohl er von dem Sachverhältnisse unterrichtet war, die betreffende Anweisung ertheilt hat, denn der Rheder darf dem Schiffer keine Vertragswidrigkeit zumuthen, und der Schiffer seinerseits darf, besonders wenn er selbst kontrahirt hat, solchen Zumnthungen keine Folge leisten so lange er das Kommando des Schiffs behält. Prot. S. 2591. 2616. ff. 4055.

39) Wenn die Bezahlung der Fracht für die Ladung vom Destinatair nicht gefordert werden kann, weil die Ladung gar nicht in seine Hand gelangt ist, so ist ein zu überweisendes Frachtobjekt nicht vorhanden. Prot. S. 4056.

40) Der Verkauf des Pfandes kann nicht, wie in den Fällen, wenn der Gläubiger sich bereits im Besitze des ihm pfandweise haftenden Gegenstands befindet, auf Grund eines Ordonnanzverfahrens geschehen. Es wird vielmehr eines summarischen Verfahrens bedürfen, welches hauptsächlich darauf zu richten ist, ob der Bodmereibrief vom angeblichen Aussteller herrührt, und ob der Forderung eine nach Art. 303. Abs. 2. und Art. 687. Abs. 2. zulässige Einrede entgegensteht. Mot. S. 299. 300. Prot. S. 4055. Vgl. ALR. §. 2439.

41) Einem Bodmeristen, dem eine Stückladung verbodmet worden ist, kann man nicht zumuthen, sich bei Geltendmachung seines Anspruchs an alle einzelnen Ladungsinteressenten mit seiner Klage zu wenden. Prot. S. 2587.

42) Dieser ist als der eigentliche Bodmereinehmer anzusehen, weil die ihm zustehende Ladung durch die Bodmerei erhalten worden ist. Selbstverständlich ist hierdurch den persönlichen Schadensansprüchen an den Schiffer wegen Auslieferung der Ladung ohne Zahlung oder Sicherstellung nicht präjudizirt. Prot. S. 2587. 2588.

43) Die Verfolgung des Bodmereiobjekts in der Hand eines gutgläubigen Dritten würde mit dem Systeme der Offenkundigkeit der Pfandrechte da, wo dasselbe in Geltung ist, unvereinbar sein. Da dieses System mit großen Vortheilen für den Handelsverkehr verbunden ist, und da es sich bei der Verbodmung einer Ladung um Kaufmannsgüter handelt, so ist die fragliche Bestimmung ganz allgemein und ohne Rücksicht auf andere Pfandrechtssysteme für anwendbar erklärt. Die Frage, ob die Rechte aus dem Bodmereikontrakte gegen bösgläu-

Artikel 698.

Der Empfänger, welchem bei Annahme der verbodmeten Güter bekannt ist, daß auf ihnen eine Bodmereischuld haftet, wird dem Gläubiger für die Schuld bis zum Werthe, welchen die Güter zur Zeit ihrer Auslieferung hatten, insoweit persönlich[44]) verpflichtet, als der Gläubiger, falls die Auslieferung nicht erfolgt wäre,[45]) aus den Gütern[46]) hätte befriedigt werden können.

Artikel 699.

Wird vor dem Antritt der Bodmereireise die Unternehmung aufge-

---

bige Dritte verfolgt werden können, namentlich in denjenigen Ländern, in welchen die nicht kundbaren Pfandrechte gegen dritte Personen ein für alle Mal nicht geltend gemacht werden dürfen, ist offen gelassen und nach Maßgabe des übrigen Rechts zu entscheiden. Prot. S. 2589. 2590. 4056. vgl. ALR. §§. 2440. 2441. In Betreff der Rechte des Bodmereigläubigers auf Schiff und Fracht dem dritten Erwerber gegenüber vgl. Art. 471. 474. 758. 774.

44) Die Beschränkungen der Rechte des Bodmereigläubigers gegenüber einem dritten gutgläubigen Besitzer des Pfandobjekts machen eine Ausgleichung in der Art erforderlich, daß man demselben gegenüber dem Empfänger ein umfangreicheres Recht beilegt. Schon nach allgemeinen Rechtsgrundsätzen (namentlich aus der Bereicherung) würde der Empfänger persönlich verhaftet sein; man würde aber zu diesem Resultate erst nach schwierigen Umwegen und Beweisführungen gelangen. — Durch Kautionsleistung oder Wiederauslieferung der Güter kann sich der Empfänger nicht von der persönlichen Verpflichtung befreien, weil dadurch das Kompelle, welches in der gegebenen Vorschrift gegen Annahme der Güter vor Berichtigung der Bodmereischuld liegt, wegfallen würde. Prot. S. 4056—4058.

45) Der Gläubiger kann seine Befriedigung erst am Zahlungstage fordern; ist deshalb die verbodmete Ladung durch Zufall zwischen der Auslieferung und dem Zahlungstage untergegangen, so hat er durch die Auslieferung keinen Schaden erlitten. Die Haftung des Schiffers (Art. 692.) unterscheidet sich demnach von der des Empfängers, abgesehen von der Beweislast, dadurch, daß der Schiffer auch für den vor Eintritt des Zahlungstags eingetretenen Untergang oder für die Verschlechterung der ausgelieferten Güter verantwortlich ist, der Empfänger aber nur die Gefahr vom Zahlungstage an trägt. Prot. S. 4063.

46) Vermöge der solidarischen Haftung aller verbodmeten Gegenstände ist der Gläubiger berechtigt, auch wenn der Empfänger nicht sämmtliche verbodmeten Güter, sondern nur einen Theil derselben empfangen hat oder das Schiff mitverbodmet gewesen ist, sich sofort wegen seiner Befriedigung nach Berücksichtigung der besser priviligirten Forderungen an den Empfänger zu halten, so weit der Werth der diesem ausgehändigten Güter reicht; wogegen diesem unter den entsprechenden, nach allgemeinen Grundsätzen des bürgerlichen Rechts zu beurtheilenden Voraussetzungen ein Anspruch auf Abtretung der Rechte des Bodmereigläubigers gegen die Eigenthümer der übrigen verbodmeten Objekte wegen des von ihm Gezahlten verbleibt. Ob der Empfänger geschützt werden muß, wenn und soweit er schon vorher in gutem Glauben einem Bodmereigläubiger oder einem ähnlichen Gläubiger befriedigt hat, und wenn nun nachträglich ein anderer Bodmereigläubiger oder ähnlicher Gläubiger, gleichviel ob derselbe ein besseres Vorzugsrecht hat oder nicht, auftritt und die noch bei dem Empfänger befindlichen Waaren als Pfandobjekt in Anspruch nimmt, ist nach allgemeinen Rechtsgrundsätzen je nach der Verschiedenheit der Fälle zu beurtheilen. Prot. S. 4059—4061.

geben,[47]) so ist der Gläubiger befugt, die sofortige Bezahlung der Bodmereischuld[48]) an dem Orte zu verlangen, an welchem die Bodmerei eingegangen ist; er muß sich jedoch eine verhältnißmäßige Herabsetzung der Prämie gefallen lassen;[49]) bei der Herabsetzung ist vorzugsweise das Verhältniß der bestandenen zu der übernommenen Gefahr maaßgebend.

Wird die Bodmereireise in einem anderen als dem Bestimmungshafen derselben beendet, so ist die Bodmereischuld ohne einen Abzug von der Prämie in diesem anderen Hafen nach Ablauf der vertragsmäßigen und in deren Ermangelung der achttägigen (Artikel 688.) Zahlungsfrist zu zahlen.[50]) Die Zahlungsfrist wird vom Tage der definitiven Einstellung der Reise berechnet.

Soweit in diesem Artikel nicht ein Anderes bestimmt ist, kommen die Artikel 689. bis 698. auch in den vorstehenden Fällen zur Anwendung.

Artikel 700.

Die Anwendung der Vorschriften dieses Titels wird dadurch nicht ausgeschlossen, daß der Schiffer zugleich Miteigenthümer oder Alleineigen-

---

47) Es ist gleichgültig, ob die Einstellung der Reise für den Bodmereinehmer eine freiwillige oder eine zufällige ist. Mot. S. 300. Der Preuß. Entwurf (Art. 548. Nr. 2.) enthielt noch Bestimmungen über das Recht des Bodmereigebers zum Rücktritt vom Vertrage bei ungebührlicher Verzögerung der Reise; es ist jedoch von der Aufnahme derartiger Bestimmungen Abstand genommen worden, weil dieselben auf der einen Seite doch nicht vollständig seien, und auf der andern Seite die allgemeinen Grundsätze des Rechts ausreichen würden. Prot. S. 2593.

48) In diesem Falle fehlt es an einem hinreichenden Anhaltspunkte für die Berechnung von Zahlungsfristen. Da es nun ohnehin, sofern keine gütliche Ausgleichung zu Stande kommt, wegen des Abzugs an der Prämie richterlicher Urtheilsfällung bedarf, so genügt die Bestimmung, daß die Bodmereischuld sofort zu bezahlen ist. Prot. S. 2598. 2599.

49) Dem Gläubiger gebührt die ganze Prämie wenn die Gefahr für ihn zu laufen begonnen hat. Diese Gefahr fängt nicht erst mit dem Antritte der Reise, sondern schon mit der Hingabe des Darlehns an, weil der Bodmereinehmer nur mit der verbodmeten Sache, nicht persönlich haftbar ist. Konsequent müßte daher auch bei Aufgebung der Unternehmung vor Antritt der Bodmereireise die ganze Prämie gezahlt werden. Eine Kürzung der Prämie ist jedoch aus Billigkeitsrücksichten angeordnet, da der Gläubiger bis zum Beginn der Seegefahr nur ein verhältnißmäßig sehr geringes Risiko (die sogenannte Landgefahr), und zwar meistens nur kurze Zeit, zu tragen hat. Eine ähnliche Kürzung der Prämie (theilweises Ristorno) tritt jedoch nicht ein, wenn das Unternehmen zwar zur Ausführung gelangt, aber ein Theil der verbodmeten Sachen der Seegefahr nicht ausgesetzt wird. Ob in einem solchen Falle der Gläubiger befugt ist wegen veränderter Umstände vom Vertrage zurückzutreten, ist nach allgemeinen Rechtsgrundsätzen zu beurtheilen. Mot. S. 300. Prot. S. 2592—2596. 4064—4066. vgl. ALR. §§. 2417—2424.

50) Auch bei Einstellung der Reise ist dem Schuldner billiger Weise eine mäßige Frist zur Anschaffung der erforderlichen Zahlungsmittel zu lassen. Prot. S. 2596—2598.

thümer des Schiffs oder der Ladung oder beider ist, oder daß er auf Grund besonderer Anweisung[51]) der Betheiligten die Bodmerei eingegangen ist.[52])

Artikel 701.

Die Bestimmung über die uneigentliche Bodmerei, d. h. diejenige, welche nicht von dem Schiffer als solchem in den im Artikel 681. bezeichneten Fällen eingegangen ist, bleiben den Landesgesetzen vorbehalten.[53])

---

51) Anweisung ist nicht gleichbedeutend mit Vollmacht, vgl. Art. 498.

52) Ist der Schiffer zugleich Mitrheder, so handelt er bei Verbodmung des Schiffs und der Ladung immer zugleich als gesetzlicher Vertreter der Interessen eines Dritten; imgleichen wenn er als Alleinrheder in den zulässigen Fällen nur die Ladung verbodmet. In beiden Fällen unterliegt die Anwendbarkeit dieses Titels keinem Zweifel. Die Ausdehnung der Bestimmungen dieses Titels auf den Fall, daß der Schiffer Alleinrheder des verbodmeten Schiffes oder Eigenthümer der Ladung ist, empfiehlt sich aus praktischen Rücksichten, um denjenigen Schiffern, welche nur so viel Vermögen besitzen um ein Schiff zu erwerben und es in Fracht zu setzen, die Möglichkeit zu geben, im Falle der Noth durch Zeichnung des Bodmereibriefs das erforderliche Geld zur Reparatur des Schiffs zu erlangen. Ohne eine ausdrückliche Aufnahme derartiger Bestimmungen würde es zweifelhaft sein, ob der vom Alleinrheder im Nothfalle eingegangenen Bodmerei die Vorrechte der Nothbodmerei zustehen. Vgl. ALR. §. 2382.

Der Titel von der Bodmerei findet aber keine Anwendung, wenn der gerade anwesende Rheder selbst als solcher, oder der Schiffer auf Grund besonderer Vollmacht in einem Nothfalle den Bodmereikontrakt abgeschlossen hat, weil das charakteristische Merkmal der Bodmerei die Eingehung durch den Schiffer als solchen, kraft der ihm ertheilten gesetzlichen Befugnisse verloren gehen würde. Prot. S. 2598—2607.

53) Dieser Vorbehalt ist hauptsächlich mit Rücksicht auf diejenigen Länder gemacht, in denen es als ein Bedürfniß erscheint, daß auch der Rheder im Nothfalle Darlehne mit den Wirkungen der eigentlichen Bodmerei aufnehmen könne. In dem Pr. Einf.-Ges. ist von diesem Vorbehalte jedoch kein Gebrauch gemacht worden, weil die uneigentliche Bodmerei im Norden Deutschlands und nach den jetzigen Kreditverhältnissen entbehrlich und außer Gebrauch gekommen sei, die gesetzliche Regelung zweier dem Namen nach verwandter und innerlich verschiedener Institute Verwirrung in der Praxis erzeugen würde, und der Mangel gesetzlicher Bestimmungen über diese Materie nicht den Abschluß eines solchen Vertrags verhindere, sondern nur die Parteien nöthige, wenn sie einen solchen schließen wollen, den Inhalt desselben vollständiger zu bestimmen und in Ansehung der dinglichen Wirkungen sich den Grundsätzen des bürgerlichen Rechts zu fügen. Mot. z. Einf.-Ges. S. 78.

Achter Titel.

Von der Haverei.[1])

Erster Abschnitt.

Große (gemeinschaftliche) Haverei und besondere Haverei.

Artikel 702. [2])

Alle Schäden, welche dem Schiff oder der Ladung oder beiden zum Zweck der Errettung beider aus einer gemeinsamen Gefahr von dem Schiffer

---

1) Der Ursprung des Wortes „Haverei" ist streitig. Die Einen leiten es ab von βαρος (Last, Ladung), die Anderen von dem altsächsischen Worte healp, halb, halferage, Halbirung, Theilung der Verluste, nach Andern von avere, Waaren-Ladung, oder von Haven, havre, Hafen, ein Schaden dessen Konstatirung erst im Hafen erfolgt. Imgleichen ist die Zeit der Entstehung dieses Rechts-Instituts unbekannt. Die ältesten Vorschriften über die Haverei sind die rhodischen Gesetze über den Seewurf, welche in das römische Recht (Dig. XIV. 2. de lege rhodia de jactu) übergegangen sind. Haverei im weitesten Sinne bedeutet alle außerordentlichen Kosten und Schäden, welche Schiff und Ladung vom Augenblicke des Abgangs bis zur Wiederkehr gehabt haben. Sie zerfällt in die Havariegrosse (große, gemeinschaftliche Haverei Art. 702), partikuläre (besondere oder einfache Haverei) (Art. 703.) und Havarie ordinaire (kleine oder uneigentliche Haverei Art 622). (Vgl. das ALR. §§. 1774. ff.) — Das Handelsgesetzbuch hat im achten Titel dieses Buchs nur die beiden ersten Arten in einer Reihe von Detailbestimmungen behandelt.

2) Die wesentlichen Erfordernisse der großen Haverei sind folgende:

a) Es muß für das Schiff, für die Ladung oder für beide ein Schaden entstanden sein. Gewöhnliche Abnutzungen von Schiff und Geräthschaften (Slitage) kommen hier nicht in Betracht. Prot. S. 2689.

b) Das Opfer muß im gemeinsamen Interesse des Schiffs und der Ladung vollzogen sein. Der Fall, wenn ein Opfer gebracht wird, um eine einzelne Sache zu retten, ist nach den allgemeinen Rechtsgrundsätzen der in rem versio, negotiorum gestio u. dgl. zu beurtheilen. Prot. S. 2635. 2638 2691. 4076.

c) Das Opfer muß zur Abwendung einer wirklichen, drohenden und unmittelbaren Gefahr gebracht sein. Hat der Schiffer aus übertriebener Aengstlichkeit, um einer eingebildeten Gefahr zu entgehen, ein Opfer gebracht, so hat der betreffende Interessent nur einen Anspruch auf Schadensersatz gegen den Schiffer oder Rheder. Ob eine Gefahr erheblich ist, unterliegt der Beurtheilung des Schiffers; wenn er sie nach vernünftigem Ermessen für erheblich erachtet hat, so können die anderen Havereibetheiligten nicht darunter leiden, wenn die Gefahr nachträglich für unerheblich angesehen wird. Prot. S. 2686. 2687. 4077.

d) Das Opfer muß vom Schiffer oder auf dessen Geheiß in dem Bewußtsein, daß er ein Opfer zur Rettung aus der Gefahr bringt, freiwillig gebracht sein, und er muß sich für die betreffende Maaßregel entschie-

oder auf dessen Geheiß vorsätzlich zugefügt werden, sowie auch die durch solche Maaßregeln ferner verursachten Schäden, [3]) ingleichen die Kosten, welche zu demselben Zweck aufgewendet werden, [4]) sind große Haverei.

Die große Haverei wird von Schiff, Fracht und Ladung gemeinschaftlich getragen. [5])

Artikel 703.

Alle nicht zur großen Haverei gehörigen, durch einen Unfall verursachten Schäden und Kosten, soweit letztere nicht unter den Artikel 622. fallen, sind besondere Haverei.

Die besondere Haverei wird von den Eigenthümern des Schiffs und der Ladung, von jedem für sich allein getragen. [6])

---

den haben, so lange ihm noch eine Wahl unter den Mitteln zur Rettung blieb. Unter „Schiffer" ist auch der Stellvertreter desselben gemeint; wo dem Gesetze oder dem Ortsgebrauche zufolge der Lootse das Kommando übernimmt, gilt er als Stellvertreter des Schiffers; wo seine Thätigkeit dagegen sich nur darauf beschränkt, dem Schiffer Information zu ertheilen, kann er selbstständig keine derartigen Anordnungen zur Vermeidung von Gefahr treffen. — Der Schiffer ist, abweichend von anderen Gesetzgebungen (ALR. §§. 1797. 1798.) bei solcher Veranlassung Schiffsrath zu halten nicht verpflichtet, und ist event. an die Beschlüsse desselben nicht gebunden (Art. 485.). Die Schiffsmannschaft ist zum eigenmächtigen Einschreiten nicht befugt. Prot. S. 2684. 2686. 4078. 4079.

e) Die Rettung des Schiffs und der Ladung muß durch das gebrachte Opfer erzielt sein. (Art. 705.) Vgl. ALR. §§. 1785. ff.

3) — der sekundäre Schaden, die nicht beabsichtigten Folgen absichtlicher Beschädigungen. Durch den Ausdruck „verursacht" soll eine zu große Ausdehnung der großen Haverei auf indirekten Schaden verhindert, und z. B. ausgeschlossen werden, daß dann, wenn in einem Havereifalle die Masten gekappt werden und nachher in einem neuen Sturme das Schiff großen Schaden leidet, die Vergütung des letzten Schadens in großer Haverei unter dem Vorgeben verlangt werden könne, daß das Schiff den zweiten Sturm ohne Nachtheil bestanden haben würde, wenn es nicht schon in dem Havereifalle die Masten verloren hätte. Prot. S. 2641. 2683. 2684. 2689. 2690. 4079.

4) — z. B. die durch das Einlaufen in einen Nothhafen und längeren Aufenthalt daselbst ohne Beschädigung von Schiff und Ladung herbeigeführten außerordentlichen Kosten. Prot. S. 2689—2691. — Rücksichtlich des Beweises der großen Haverei vgl. Art. 490. ff.

5) Aus dem gemeinsamen Interesse an der Gefahr und an der Erhaltung folgt die Verpflichtung, gemeinsam das Opfer zu tragen, durch welches die Rettung der der Seegefahr ausgesetzten Gegenstände erzielt ist.

6) Die besondere Haverei unterscheidet sich von der großen dadurch, daß die letztere die Folge eines menschlichen Willensaktes, hervorgerufen durch gefahrvolle Umstände, die erstere dagegen die Folge unvorhergesehener Ereignisse (force majeure) ist; von der kleinen Haverei unterscheidet sie sich dadurch, daß die Beschädigung nicht durch den ordnungsmäßigen Gebrauch, sondern durch Unfälle, Sturm, Schiffbruch u. dgl. herbeigeführt ist. — Zur besonderen Haverei gehört nicht nur der Schaden, welcher durch einen nicht zur großen Haverei gehörigen

Artikel 704.

Die Anwendung der Bestimmungen über große Haverei wird dadurch nicht ausgeschlossen, daß die Gefahr in Folge des Verschuldens eines Dritten oder auch eines Betheiligten herbeigeführt ist. [7])

Der Betheiligte, welchem ein solches Verschulden zur Last fällt, kann jedoch nicht allein wegen der ihm etwa entstandenen Schäden keine Vergütung fordern, sondern er ist auch den Beitragspflichtigen für den Verlust verantwortlich, welchen sie dadurch erleiden, daß der Schaden als große Haverei zur Vertheilung kommt. [8])

Ist die Gefahr durch eine Person der Schiffsbesatzung verschuldet, so trägt die Folgen dieses Verschuldens auch der Rheder nach Maaßgabe der Artikel 451. 452.

Artikel 705.

Die Havereivertheilung tritt nur ein, wenn sowohl das Schiff als auch die Ladung, und zwar jeder dieser Gegenstände entweder ganz oder theilweise wirklich gerettet worden ist. [9])

Artikel 706.

Die Verpflichtung, von einem geretteten Gegenstande beizutragen, wird dadurch, daß derselbe später von besonderer Haverei betroffen wird, nur dann vollständig aufgehoben, wenn der Gegenstand ganz verloren geht. [10])

Unfall während der Reise verursacht ist, sondern auch derjenige, welcher sich nach Beendigung der einen und vor Antritt einer anderen im Hafen ereignet hat. Der Zufall trifft den Eigenthümer der beschädigten Sache. Prot. S. 2778—2780. 4136. 4137. Vgl. ALR. §§. 1774. ff. 1900.

7) Der unmittelbare Anlaß zu dem gebrachten Opfer ist immerhin eine Seegefahr, wenn deren Ursache auch in der Schuld eines Dritten oder eines Betheiligten lag. Mot. S. 304. 305. Prot. S. 2687. 2688. 4079. 4212.

8) Die Frage, ob und in wie weit ein Unbetheiligter, der die Haverei schuldbar veranlaßt hat, haftet, und in welcher Reihenfolge er von dem direkt betroffenen Interessenten wegen des ganzen Schadens, und von den anderen Betheiligten wegen der zur Deckung desselben geleisteten Beiträge in Anspruch genommen werden kann, ist im Gesetze offen gelassen und nach allgemeinen Rechtsgrundsätzen zu beurtheilen. Prot. S. 4212.

9) Vgl. ALR. §. 1790. — Hat das gebrachte Opfer keinen Erfolg gehabt, so findet keine Vertheilung der Haverei statt. Daraus folgt aber nicht umgekehrt, daß wenn ein Theil von Schiff oder Ladung gerettet wird, derselbe nun unbedingt zum Ersatz des untergegangenen Theils beitragen müsse. Sind beispielsweise Güter geworfen worden um das Schiff zu erleichtern, das Schiff geht aber gleichwohl unter und ein Theil der Ladung wird geborgen, so braucht dieser geborgene Theil weder zum Ersatz der geworfenen Güter, noch zum Ersatz des Schiffs beizutragen; denn die Rettung der geborgenen Güter ist nicht durch das gebrachte Opfer bewirkt worden, sondern durch andere Umstände herbeigeführt, obgleich das Unglück selbst, das vermieden werden sollte, wirklich eingetreten ist. Mot. S. 305. (Kaltenborn Seerecht §. 163.)

10) Die Havereibeiträge haften an der Sache, und brauchen nicht mehr

Artikel 707.

Der Anspruch auf Vergütung einer zur großen Haverei gehörenden Beschädigung[11]) wird durch eine besondere Haverei, welche den beschädigten Gegenstand später[12]) trifft, sei es, daß er von Neuem beschädigt wird oder ganz verloren geht, nur insoweit aufgehoben,[13]) als bewiesen wird, daß der spätere Unfall nicht allein mit dem früheren in keinem Zusammenhange steht, sondern daß er auch den früheren Schaden nach sich gezogen haben würde, wenn dieser nicht bereits entstanden gewesen wäre.[14])

Sind jedoch vor Eintritt des späteren Unfalles zur Wiederherstellung des beschädigten Gegenstandes bereits Aufwendungen gemacht, so bleibt rücksichtlich dieser der Anspruch auf Vergütung bestehen.

Artikel 708.

Große Haverei liegt namentlich in folgenden Fällen vor, vorausgesetzt, daß in denselben zugleich die Erfordernisse der Artikel 702. 704. und 705. insoweit vorhanden sind, als in diesem Artikel nichts Besonderes bestimmt ist:

1) Wenn Waaren, Schiffstheile oder Schiffsgeräthschaften über Bord geworfen,[15]) Masten gekappt, Taue oder Segel weggeschnitten, An-

---

bezahlt zu werden, wenn die Sache, an der sie gehaftet hätten, in einem späteren Unfalle ganz zu Grunde gegangen ist. Prot. S. 2638. 2639. Vgl. ALR. §. 1792.

11) Art. 706. handelt von der Beitragspflichtigkeit, Art. 707. von der Vergütungsberechtigung. Die Entschädigung des Betheiligten für das zur Rettung des Schiffs und der Ladung gebrachte Opfer kann beim Vorhandensein der übrigen Voraussetzungen nicht versagt werden, wenn sich auch später herausstellt, daß die Rettung auch ohne das Opfer erfolgt sein würde. Prot. S. 4080.

12) — bis zum Bruche der Gemeinschaft zwischen Schiff und Ladung. (Art. 728.) Prot. S. 4084.

13) Den Betheiligten, die mit dem Damnifikaten dieselbe Gefahr ohne alles Verschulden theilen, kann ein Ersatz für dasjenige nicht aufgebürdet werden, was ohne die Opferprozedur dennoch untergegangen oder in gleichem Umfange beschädigt sein würde. Diesem Prinzipe liegt die Fiktion zu Grunde, daß der geopferte oder beschädigte Gegenstand nach wie vor in voller Integrität am Bord befindlich gedacht wird. Prot. S. 4081—4085.

14) — z. B. wenn eine bei dem Havariegrosse-Unfalle leicht benetzte Kiste Seidenwaaren späterhin kasuell über Bord fällt, und gründlich vom Seewasser getränkt wird, oder wenn nach dem Kappen der Masten der Blitz das Schiff entzündet. Prot. S. 4082—4084.

15) Der Seewurf ist die erste und gewöhnlichste Ursache der großen Haverei und ist oft als der eigentliche Typus derselben aufgestellt worden. Im Falle des eigentlichen Seewurfs ist der Schiffer in Betreff der Reihenfolge der zu opfernden Gegenstände, so weit die Umstände dies zulassen, an eine gewisse Ordnung gebunden. Es ist Sitte, zuerst die schwersten auf Deck gelagerten Gegenstände, sodann die entbehrlichsten Werkzeuge oder die mindest werthen Waaren über Bord zu werfen, endlich Alles, wodurch in den betreffenden besonderen Fällen und nach den Umständen vorzugsweise eine Rettung zu erwarten ist. Mit dem Vorwande, daß bei dem Wurfe selbst oder bei der Auswahl der zu werfenden Sachen übereilt oder nicht vorschriftsmäßig verfahren sei, kann sich kein Interessent von Schiff und La-

ker, Ankertaue oder Ankerketten geschlippt oder gekappt worden sind.

Sowohl diese Schäden selbst als die durch solche Maaßregeln an Schiff oder Ladung[16]) ferner verursachten Schäden gehören zur großen Haverei.

2) Wenn zur Erleichterung des Schiffs die Ladung ganz oder theilweise in Leichterfahrzeuge übergeladen worden ist.

Es gehört zur großen Haverei sowohl der Leichterlohn als der Schaden, welcher bei dem Ueberladen in das Leichterfahrzeug oder bei dem Rückladen in das Schiff der Ladung oder dem Schiff zugefügt worden ist, sowie der Schaden, welcher die Ladung auf dem Leichterfahrzeug betroffen hat.[17])

Muß die Erleichterung im regelmäßigen Verlauf der Reise[18]) erfolgen, so liegt große Haverei nicht vor.

3) Wenn das Schiff absichtlich auf den Strand gesetzt worden ist,[19]) jedoch nur wenn die Abwendung des Unterganges oder der Nehmung[20]) damit bezweckt war.

Sowohl die durch die Strandung einschließlich der Abbringung entstandenen Schäden, als auch die Kosten der Abbringung gehören zur großen Haverei.

Wird das Behufs Abwendung des Unterganges[21]) auf den

---

dung gegen Zahlung seines Havereibeitrags schützen; er hat vielmehr nur Regreß gegen den Urheber des Schadens. Vgl. ALR. §§. 1788. 1800. ff. (Kaltenborn Seerecht Th. 2. S. 81. ff.)

16) Dieser Schaden ist ungeachtet der im Art. 702. enthaltenen allgemeinen Bestimmung über den sekundären Schaden besonders hervorgehoben, weil in diesem Falle nicht ein Schaden am Schiffe oder an den in demselben befindlichen Gegenständen, sondern nur die Beschädigung einzelner Ladungstheile oder einzelner Theile des Schiffs bezweckt ist. Prot. S. 2641. 2642.

17) Vgl. ALR. §§. 1812. ff. — Diese Bestimmung findet auch Anwendung, wenn die Beschädigung durch Untauglichkeit des kleineren Fahrzeugs herbeigeführt ist. (Kaltenborn Seerecht Th. 2. S. 85.)

18) — z. B. weil das Schiff ohne diese Erleichterung einen zu großen Tiefgang haben würde und deshalb nicht in den Bestimmungshafen einlaufen könnte.

19) Freiwillige Strandung ist eine solche, bei welcher das Schiff lediglich in Folge eines freien, die Rettung von Schiff und Ladung aus einer gemeinschaftlichen Gefahr bezweckenden Entschlusses seines Führers auf den Strand gesetzt wird; sie erscheint in diesem Falle nicht als bloße Bergungsmaßregel. Dagegen ist die Strandung nicht als eine freiwillige anzusehen, wenn der Schiffer zu einer Zeit, wo das Stranden nicht mehr zu vermeiden ist, den mindest gefährlichen Theil des Strandes aussucht. In solcher Lage tritt die Absicht, Schiff und Ladung zu retten, gegen die Absicht, das Leben zu retten, zurück. Mot. S. 306. Prot. S. 2645—2652. Vgl. ALR. §§. 1820. 1821.

20) — sowohl durch Feinde, als durch Seeräuber. Die Aufbringung allein, wenn nicht zugleich die Kondemnation zu befürchten ist, rechtfertigt ein so bedeutendes Opfer wie die Strandung nicht. Prot. S. 4086. 4087.

21) — nicht auch behufs Abwendung der Nehmung. Im Falle der

Strand gesetzte Schiff nicht abgebracht[22]) oder nach der Abbringung reparaturunfähig[23]) (Artikel 444.) befunden, so findet eine Havereivertheilung nicht statt.

Ist das Schiff gestrandet, ohne daß die Strandung zur Rettung von Schiff und Ladung vorsätzlich herbeigeführt war, so gehören zwar nicht die durch die Strandung veranlaßten Schäden, wohl aber die auf die Abbringung verwendeten Kosten und die zu diesem Zweck dem Schiff oder der Ladung absichtlich zugefügten Schäden[24]) zur großen Haverei.

4) Wenn das Schiff zur Vermeidung einer dem Schiff und der Ladung im Falle der Fortsetzung der Reise drohenden[25]) gemeinsamen Gefahr in einen Nothhafen eingelaufen ist,[26]) wohin ins-

---

Nehmung tritt beim Vorhandensein der übrigen Voraussetzungen der großen Haverei die Havereivertheilung ein, wenn Schiff und Ladung ganz oder theilweise gerettet worden sind, gleichviel ob das erstere abgebracht werden kann oder am Strande auseinandergenommen werden muß, und ob es nach der Abbringung reparaturunfähig wird oder nicht. Ein Mißbrauch ist in diesem Falle kaum möglich. Prot. S. 4088.

22) Entsteht aus der Strandung ein wirklicher Schiffbruch, selbst wenn bei der Strandung gegründete Hoffnung auf Rettung des Schiffs vorhanden war, so tritt keine Vertheilung der Haverei ein, weil dann nicht anzunehmen ist, daß die Erhaltung des etwa geborgenen Theils der Ladung durch die freiwillige Strandung herbeigeführt wurde. Diese Bestimmung entspricht dem im Art. 705. aufgestellten allgemeinen Satze, und ist das einzig mögliche Auskunftsmittel um die Schiffer von einem gefährlichen Mißbrauche der freiwilligen Strandung abzuhalten. Mot. S. 306. Prot. S. 2654.—2656. 4086.

23) — nicht reparatur**unwürdig**. Die Reparaturunfähigkeit steht im Erfolge dem Schiffbruche gleich. Prot. S. 4086. 4087.

24) — vorausgesetzt, daß das Schiff gerettet und abgebracht wird, und daß die Kosten und Beschädigungen nicht erst nach definitiver Löschung der Ladung entstanden sind. Prot. S. 2656. 2657.

25) Nicht blos eine für Schiff und Ladung schon **eingetretene** Gefahr rechtfertigt das Einlaufen in den Nothhafen, sondern schon ein solcher Zustand des Schiffs, welcher besorgen läßt, daß ohne Ausbesserung desselben die bei Fortsetzung der Reise zu **erwartenden** Gefahren nicht bestanden werden können. Es ist gleichgültig, woher der mangelhafte Zustand des Schiffs rührt, ob er eine Folge voraufgegangener großer oder partikulärer Haverei ist. — Dagegen werden durch diese Vorschrift die Fälle nicht berührt, in denen das Einlaufen in den Nothhafen in Folge eines Verschuldens des Schiffers oder Rheders erforderlich geworden ist (z. B. wegen mangelhafter Ausrüstung des Schiffs), oder in denen blos aus Zweckmäßigkeitsrücksichten (z. B. wegen widriger Winde) oder wegen persönlicher Bedürfnisse des Schiffers oder der Schiffsmannschaft ein Nothhafen aufgesucht wird. Mot. S. 307. Prot. S. 2661—2664. 4088. 4089. vgl. ALR. §§. 1825. 1826.

26) Schon in dem Einlaufen in den Nothhafen liegt ein Opfer, welches zur Vertheilung der dadurch hervorgerufenen Schäden in großer Haverei sich eignet; es bedarf neben diesem Opfer anderweitiger absichtlicher Beschädigungen von Schiff oder Ladung zur Begründung der großen Haverei nicht. Prot. S. 4089. 4090.

besondere gehört, wenn das Einlaufen zur nothwendigen Ausbesserung eines Schadens erfolgt, welchen das Schiff während der Reise erlitten hat.[27])

Es gehören in diesem Falle zur großen Haverei: die Kosten des Einlaufens und des Auslaufens, die das Schiff selbst treffenden Aufenthaltskosten,[28]) die der Schiffsbesatzung während des Aufenthalts gebührende Heuer und Kost,[29]) sowie die Auslagen für die Unterbringung der Schiffsbesatzung am Lande, wenn und so lange dieselbe an Bord nicht hat verbleiben können, ferner, falls die Ladung wegen des Grundes, welcher das Einlaufen in den Nothhafen herbeigeführt hat,[30]) gelöscht werden muß, die Kosten des Von- und Anbordbringens[31]) und die Kosten der Aufbewahrung der Ladung am Lande bis zu dem Zeitpunkte, in welchem dieselbe wieder an Bord hat gebracht werden können.

Die sämmtlichen Aufenthaltskosten kommen nur für die Zeit der Fortdauer des Grundes in Rechnung, welcher das Einlaufen in den Nothhafen herbeigeführt hat. Liegt der Grund in einer nothwendigen Ausbesserung des Schiffs, so kommen außerdem die Aufenthaltskosten nur bis zu dem Zeitpunkte in Rechnung, in welchem die Ausbesserung hätte vollendet sein können.[32])

Die Kosten der Ausbesserung des Schiffs gehören nur inso-

---

27) Es gehört, abweichend vom Pr. Entw., nicht dahin: das Einlaufen in den Nothhafen zur Ergänzung der Schiffsmannschaft. Prot. S. 2664. 2665.

28) Die Kosten des Aufenthalts und des Auslaufens sind, sofern die Reise nicht im Nothhafen endet, Folgen des Einlaufens und als solche Konsequenzen der in dem Aufsuchen des Nothhafens liegenden großen Haverei. Prot. S. 2665.

29) Die Frachten im Allgemeinen sind nicht hoch genug, um dem Rheder allein die Zahlung dieser Auslagen zumuthen zu können. Gegen die in mehreren Gesetzgebungen enthaltene Bestimmung, daß diese Kosten nicht vergütet werden, wenn der Nothafen wegen partikulärer Haverei angelaufen ist, spricht schon der Umstand, daß es in vielen Fällen unmöglich erscheint zu unterscheiden, ob der Aufenthalt im Nothhafen durch große oder partikuläre Haverei veranlaßt ist. Prot. S. 2666. 2667. 4090. 4091.

30) Es muß zwischen dem Havereifall und der kostenverursachenden Maaßregel (Löschung und Magazinirung) ein Kausalzusammenhang bestehen. Wenn daher z. B. die Ladung auch ohne Eintritt der Haverei gelöscht werden mußte um die Waaren vor Verderb zu retten, so kommen die Löschungskosten nicht bei der Haverei in Rechnung, wohl aber wenn z. B. im Falle des Seewurfs die Ladung bei Eröffnung der Luken von Seewasser benetzt worden ist und um vor völligem Verderb geschützt zu werden, der Löschung und Bearbeitung bedarf. Prot. S. 2673.

31) Die Mannschaft ist verpflichtet zur Löschung im Nothhafen so viel als in ihren Kräften steht beizutragen. Prot. S. 2668.

32) Es würde unbillig sein dem Rheder die Aufenthaltskosten über die Zeit hinaus zu vergüten, in welcher derselbe bei gutem Willen mit der Reparatur hätte fertig sein können. Prot. S. 4091.

weit zur großen Haverei, als der auszubessernde Schaden selbst große Haverei ist.

5) Wenn das Schiff gegen Feinde oder Seeräuber vertheidigt worden ist.

Die bei der Vertheidigung dem Schiff oder der Ladung zugefügten Beschädigungen, die dabei verbrauchte Munition und, im Fall eine Person der Schiffsbesatzung bei der Vertheidigung verwundet oder getödtet worden ist, die Heilungs- und Begräbnißkosten, sowie die zu zahlenden Belohnungen (Artikel 523. 524. 549. 551.) bilden die große Haverei.[33])

6) Wenn im Fall der Anhaltung des Schiffs durch Feinde oder Seeräuber Schiff und Ladung losgekauft worden sind.

Was zum Loskauf gegeben ist,[34]) bildet nebst den durch den Unterhalt und die Auslösung der Geißeln entstandenen Kosten die große Haverei.

7) Wenn die Beschaffung der zur Deckung der großen Haverei während der Reise erforderlichen Gelder Verluste und Kosten verursacht hat, oder wenn durch die Auseinandersetzung unter den Betheiligten Kosten entstanden sind.

Diese Verluste und Kosten gehören gleichfalls zur großen Haverei.

Dahin werden insbesondere gezählt der Verlust an den während der Reise verkauften Gütern,[35]) die Bodmereiprämie, wenn die erforderlichen Gelder durch Bodmerei aufgenommen worden sind, und wenn dies nicht der Fall ist, die Prämie für Versicherung der aufgewendeten Gelder, die Kosten für die Ermittelung der Schäden und für die Aufmachung der Rechnung über die große Haverei (Dispache).

Artikel 709.

Nicht als große Haverei, sondern als besondere Haverei werden angesehen:

1) die Verluste und Kosten, welche, wenn auch während der Reise,

---

33) Der Pr Entw. (Art. 561.) zählte noch die Auslösungkosten der gefangenen Seeleute zur großen Haverei. Hiergegen wurde geltend gemacht, daß die Gefangennehmung eines Seemanns an Bord des Schiffs noch kein Beweis dafür sei, daß sich der Gefangene besonders lebhaft an der Vertheidigung von Schiff und Ladung betheiligt, und für dieselben geopfert habe.

Dem Antrage: die Auslösungskosten eines Schiffsmanns, welcher im gemeinsamen Interesse von Schiff und Ladung zur Erkundung eines geeigneten Ankerplatzes ans Land geschickt und dort gefangen genommen worden, zur großen Haverei zu rechnen, wurde nicht stattgegeben. Prot. S. 2680. 2681. 2695.

34) Das Lösegeld besteht nicht immer in baarem Gelde. Vergl. ALR. §§. 1829. ff.

35) Wie der Ersatz der verkauften Güter berechnet wird, s. Art. 713. Abs. 4.

aus der in Folge einer besonderen Haverei nöthig gewordenen Beschaffung von Geldern entstehen;[36])

2) die Reklamekosten,[37]) auch wenn Schiff und Ladung zusammen und beide mit Erfolg[38]) reklamirt werden;

3) die durch Prangen[39]) verursachte Beschädigung des Schiffs, seines Zubehörs und der Ladung, selbst wenn, um der Strandung oder Nehmung zu entgehen, geprangt worden ist.[40])

Artikel 710.

In den Fällen der großen Haverei bleiben bei der Schadensberechnung die Beschädigungen und Verluste außer Ansatz, welche die nachstehenden Gegenstände[40]) betreffen:

1) die nicht unter Deck geladenen Güter;[41]) diese Vorschrift findet jedoch bei der Küstenschifffahrt insofern keine Anwendung, als in

---

36) Die Kosten für Reparatur partikulärer Havereien des Schiffs, wenn dieselben auch im Nothhafen weit mehr als im Heimathshafen betragen, und ebenso die Kosten für Beschaffung der hierzu erforderlichen Gelder fallen dem Rheder allein zur Last. Dies war früher streitig. Prot. S. 2780. 2781. 4134. bis 4137.

37) — d. h. die Kosten, welche aufgewendet werden, um eine Nehmung von Schiff oder Ladung oder beider rückgängig zu machen.

38) Der Pr. Entw. (Art. 560.) zählte diese Fälle zur großen Haverei. Hiergegen wurde geltend gemacht: die Repartition der Kosten über Schiff und Ladung müßte bei erfolgreicher Reklamirung derselben schon nach den allgemeinen Grundsätzen der negotiorum gestio eintreten; die Art der Repartition nach Maßgabe der für die große Haverei geltenden Bestimmungen würde aber gar nicht passen, weil die Schwierigkeiten der Reklame und die Kosten keineswegs immer mit dem Werthe der zu reklamirenden Gegenstände in Verhältniß ständen. So könne z. B. ein sehr werthvolles Schiff vielleicht mit wenig Aufwand an Kosten und Mühen mit Erfolg reklamirt werden, während die Reklamation der minder werthvollen Ladung große Mühe und Kosten verursache. Prot. S. 4092.

39) — d. h. durch die stärkere Anstrengung der Segel, um dem Strande und den Klippen zu entgehen.

40) Der Pr. Entw. (Art. 557.) zählte diesen Fall zur großen Haverei. Hiergegen wurde geltend gemacht: es fehle beim Prangen an einem freiwilligen Opfer abseiten des Verfrachters; praktisch würde eine derartige Bestimmung zu großen Nachtheilen führen, indem eine Kontrolle über die Richtigkeit der Angaben des Schiffers unmöglich und es erfahrungsmäßig nicht selten vorgekommen sei, daß ein Schade, den allein der Rheder zu tragen gehabt habe, mit Unrecht wenigstens zum Theil auch den Ladungs-Betheiligten aufgebürdet worden sei.

Es wurde jedoch anerkannt, daß dessen ungeachtet dem Schiffer weder das Recht, noch die Pflicht abgesprochen sein solle, beim Vorhandensein der geeigneten Voraussetzungen zu prangen, selbst auf die Gefahr hin, daß dadurch die dritten Personen gehörige Ladung gefährdet werde. Mot. S. 306. 307. Prot. S. 2658. bis 2661.

41) — gleichviel ob die betreffenden Ladungsinteressenten zur Verladung der Waaren auf Deck ihre Zustimmung gegeben haben oder nicht. Die in solcher Weise geladenen Güter sind zu sehr der Beschädigung ausgesetzt, als daß ihre

Ansehung derselben Decklabungen durch die Landesgesetze für zulässig erklärt sind (Artikel 567.);

2) diejenigen Güter, worüber weder ein Konnossement ausgestellt ist, noch das Manifest[42]) oder Ladebuch Auskunft giebt;[43])

3) die Kostbarkeiten, Gelder und Werthpapiere, welche dem Schiffer nicht gehörig bezeichnet sind (Artikel 608.).

Artikel 711.

Der an dem Schiff und dem Zubehör desselben entstandene, zur großen Haverei gehörige Schaden ist, wenn die Reparatur während der Reise erfolgt,[44]) am Ort der Ausbesserung und vor derselben, sonst[45]) an dem Ort, wo die Reise endet, durch Sachverständige[46]) zu ermitteln und zu schätzen.[47]) Die Taxe muß die Veranschlagung der erforderlichen Repa-

---

wohlbehaltene Ankunft auch ohne den Unfall, der zur großen Haverei führte, mit einiger Sicherheit vorausgesetzt werden könnte. Mot. S. 309. Prot. S. 2699. 2700. Vgl. ALR. §. 1849.

42) Unter „Manifest" ist hier das Verzeichniß der in das Schiff geladenen Waaren verstanden.

43) — um eine Garantie dafür zu schaffen, daß nicht solche Güter als geworfen bezeichnet werden, die entweder gar nicht oder nur heimlich in der Weise verschifft werden, daß sie nur dann hervortreten, wenn sie als ersatzberechtigt erscheinen, und sich der Kontrolle entziehen, wenn sie als beitragspflichtig in's Mitleiden gezogen werden sollen. Mot. S. 309. 310. Prot. S. 2701. vgl. ALR. §. 1851.

44) Es ist nicht nöthig, daß der Schiffer, wenn er einmal wegen einer großen Haverei einen Nothhafen aufgesucht hat, auch unter allen Umständen daselbst repariren muß; eine solche Vorschrift könnte den Ladungsinteressenten zu großem Nachtheile gereichen, denn eine Reparatur im Nothhafen kann, selbst bei geringen Beschädigungen, oft weit kostspieliger sein, als in dem vielleicht nicht weit entfernten Bestimmungshafen, den das Schiff voraussichtlich auch ohne Reparatur hätte erreichen können. Mot. S. 311. Prot. S. 2703. 4097. 4098.

45) — wenn auch die Reparatur gar nicht erfolgt. Kein Havereibetheiligter hat ein Interesse oder ein Recht darauf, daß der Rheder das Schiff wieder reparire und in seetüchtigen Zustand herstelle, obschon die Reise vollendet ist. Mot. S. 311. Prot. S. 2702.

46) Der Vorschlag hinzuzufügen „autorisirte" wurde abgelehnt, weil dieser Artikel nur materielle Rechtsbestimmungen und keine Instruktion darüber aufstelle, wie bei Aufmachung der Taxe zu verfahren sei. Mot. S. 310. Prot. S. 4095.

47) — um jeden Unterschleif zu verhüten und zu verhindern, daß bei der Reparatur des Havereischadens mehr in das Schiff verwendet werde, als durch den Schaden bedingt ist. Die Vervollständigung und Berichtigung der Taxe ist nicht ausgeschlossen, wenn sich bei Vornahme der Reparatur zeigt, daß noch andere Schäden vorhanden sind, als bei der ursprünglichen Besichtigung und Schätzung von den Sachverständigen angegeben worden, und wenn ohne Hebung solcher neuentdeckter Mängel die Reparatur nicht möglich ist Prot. S. 2702. 2703. Vergl. ALR. §. 1856. Im Allgemeinen genügt es, wenn aus der Taxe klar hervorgeht, welche Beschaffenheit die einzelnen Schäden haben; die Ausscheidung der Schäden

raturkosten enthalten. Sie ist, wenn während der Reise ausgebessert wird, für die Schadensberechnung insoweit maaßgebend, als nicht die Ausführungskosten unter den Anschlagssummen bleiben.[48]) War die Aufnahme einer Taxe nicht ausführbar,[49]) so entscheidet der Betrag der auf die erforderlichen Reparaturen wirklich verwendeten Kosten.

Insoweit die Ausbesserung während der Reise nicht geschieht, ist die Abschätzung für die Schadensberechnung ausschließlich maaßgebend.

Artikel 712.

Der nach Maaßgabe des vorstehenden Artikels ermittelte volle Betrag der Reparaturkosten bestimmt die zu leistende Vergütung, wenn das Schiff zur Zeit der Beschädigung noch nicht ein volles Jahr zu Wasser war.

Dasselbe gilt von der Vergütung für einzelne Theile des Schiffs, namentlich für die Metallhaut, sowie für einzelne Theile des Zubehörs, wenn solche Theile noch nicht ein volles Jahr in Gebrauch waren.

In den übrigen Fällen wird von dem vollen Betrage wegen des Unterschiedes zwischen alt und neu ein Drittel, bei den Ankerketten ein Sechstel, bei den Ankern jedoch nichts abgezogen.

Von dem vollen Betrage kommen ferner in Abzug der volle Erlös oder Werth der etwa noch vorhandenen alten Stücke, welche durch neue ersetzt sind oder zu ersetzen sind.

Findet ein solcher Abzug und zugleich der Abzug wegen des Unterschiedes zwischen alt und neu statt, so ist zuerst dieser letztere und sodann erst von dem verbleibenden Betrage der andere Abzug zu machen.[50])

---

nach dem Gesichtspunkte der großen und der besonderen Haverei, und der dem Alter und sonstigen Mängeln beizumessenden Schäden vorzunehmen, ist wesentlich Sache des Dispacheurs. Prot. S. 4096.

48) Diese vom Pr. Entw. (Art. 566.) insofern abweichende Bestimmung, als nach diesem bei Reparaturen im Nothhafen die wirklich verwendeten Kosten in Rechnung kommen sollten, hat nicht allein vielfache Anerkennung in der Legislation und Praxis gefunden, sondern erscheint auch zur Abschneidung von Unterschleifen oder andern Unrechtfertigkeiten unentbehrlich. Prot. S. 2702 — Die Frage was Rechtens sei, wenn im Nothhafen nur eine provisorische Ausbesserung des Schadens ohne bleibenden Werth für das Schiff vorgenommen worden, wurde nicht entschieden; es wurde jedoch ohne Widerspruch geltend gemacht, daß in diesem Falle des Havereischaden nach der im Bestimmungshafen vorzunehmenden Taxation unter Hinzurechnung der Kosten für die provisorische Reparatur nach den für die Reparatur im Bestimmungshafen geltenden Grundsätzen zu vergüten sei. Prot. S. 2704.

49) Wenn das Schiff ohne vorgängige Taxe reparirt worden ist, obgleich deren Aufnahme ausführbar war, so ist bei der streng dispositiven Fassung des ersten Absatzes dieses Artikels anzunehmen, daß der Rheder seines Ersatzanspruchs verlustig geht. Prot. S. 2704.

50) Bei konsequenter Durchführung der im Gesetze angenommenen Berechnungsweise kann es dahin kommen, daß der Beschädigte gar nichts erhält. Wenn z. B. die Reparaturkosten des Schiffs 2100 Thaler betragen und der Werth des alten Materials sich auf 1400 Thlr. beläuft, so kommt zunächst in Abzug ⅓ wegen neu für alt mit 700 Thlr. Es bleiben 1400 Thlr., worauf dem Schiffer das

Artikel 713.

Die Vergütung für aufgeopferte Güter wird durch den Marktpreis bestimmt, welchen Güter derselben Art und Beschaffenheit am Bestimmungsort bei Beginn der Löschung des Schiffs haben.[51])

In Ermangelung eines Marktpreises, oder insofern über denselben oder über dessen Anwendung, insbesondere mit Rücksicht auf die Qualität der Güter Zweifel bestehen, wird der Preis durch Sachverständige ermittelt.

Von dem Preise kommt in Abzug, was an Fracht, Zöllen und Unkosten in Folge des Verlustes der Güter erspart wird.[52])

Zu den aufgeopferten Gütern gehören auch diejenigen, welche zur Deckung der großen Haverei verkauft worden sind (Artikel 708. Ziffer 7.).[53])

---

alte Material an Zahlungsstatt gegeben wird. — Zur Vermeidung der hierin liegenden Härte und mit Rücksicht darauf, daß der Schiffer das in Abzug zu bringende eine Drittel sofort ex propriis zu zahlen habe, war beantragt worden, von dem Betrage der Reparaturkosten zunächst den Werth des alten Materials abzuziehen und demnächst von der Differenz das eine Drittel resp. eine Sechstel in Abzug zu bringen. In dem angeführten Beispiele würde sich alsdann die Rechnnng so stellen: Reparaturkosten 2100 Thlr.; hiervon ab der Werth der alten Materialien mit 1400 Thlr., bleiben 700 Thlr.; ein Drittel wegen neu für alt abgezogen mit 233⅓ Thlr. bleiben zu erstatten 466⅔ Thlr. — Man war jedoch der Ansicht, daß die im Gesetze vorgeschriebene Berechnungsweise die angemessenere sei, weil es nicht gerechtfertigt erscheine, auch von dem Werthe des alten Materials, welches gleich baarem Gelde sei, ein Drittel resp. ein Sechstel in Abzug zu bringen, und weil der ganze Nachtheil des Rheders darin bestehe, daß er früher, als vielleicht sonst, genöthigt werde, ein Kapital im Schiffe anzulegen. Prot. S. 4098 bis 4101. Vgl. ALR. §§. 1855. ff.

51) Der Fakturenpreis kann zwar bei der Schätzung des Werths berücksichtigt werden. (Art. 731. Abs. 2.), ist aber nicht unbedingt entscheidend. — Soll der Eigenthümer des aufgeopferten Gegenstandes in eine gleiche Lage versetzt werden, als wenn die Rettung von Schiff und Ladung nicht durch Aufopferung seines Eigenthums bewirkt wäre, so muß fingirt werden, auch sein Eigenthum habe nach Ueberstehung der Gefahr die Reise glücklich vollendet. Nach Ankunft des Schiffs am Bestimmungsorte besäße er dann aber den Werth, welchen sein Eigenthum zu dieser Zeit und an diesem Orte hat, und nicht den Werth, der sich im Einkaufspreise darstellt. Mot. S. 312. Prot. S. 2708—2713. 2717—2719. 4102—4106. Vgl. Art. 612. und ALR. §§. 1861. 1862.

52) In dem Preise des Bestimmungsortes sind auch Fracht, Zölle und dgl. enthalten, welche bezahlt werden müssen bevor die Waaren am Bestimmungsorte zum Verkauf gebracht werden können. Prot. S. 2719. Werden die Güter franko Fracht versendet oder ist bedungen, daß die Fracht selbst im Falle des Untergangs der Güter bezahlt werden soll, so wird nichts an Fracht für den Empfänger erspart; es kommt dann also auch keine Fracht in Abzug. Prot. S. 4217. 4218.

53) Der Art. 708. Ziffer 7. entscheidet die nicht ganz zweifellose Frage, ob auch der durch den Verkauf von Ladungstheile sich ergebende Verlust als ein für sich bestehender Havariegrossefall anzusehen ist; im Art. 713. Abs. 4. wird die Frage abgehandelt, nach welchen Grundsätzen der durch den Verkauf beschädigte Betheiligte die ihm gebührende Vergütung erhält. Der im allgemeinen Interesse vollzogene theilweise Verkauf der Ladung wird allgemein mit dem See-

Artikel 714.

Die Vergütung für Güter, welche eine zur großen Haverei gehörige Beschädigung erlitten haben, wird bestimmt durch den Unterschied zwischen dem durch Sachverständige zu ermittelnden Verkaufswerth, welchen die Güter im beschädigten Zustande am Bestimmungsorte bei Beginn der Löschung des Schiffs haben, und dem im vorstehenden Artikel bezeichneten Preise nach Abzug der Zölle und Unkosten,[54]) soweit sie in Folge der Beschädigung erspart sind.

Artikel 715.

Die vor, bei oder nach dem Havereifall entstandenen, zur großen Haverei nicht gehörenden Werthsverringerungen und Verluste sind bei Berechnung der Vergütung (Artikel 713. 714.) in Abzug zu bringen.[55])

Artikel 716.

Endet die Reise für Schiff und Ladung nicht im Bestimmungshafen, sondern an einem anderen Orte, so tritt dieser letztere, endet sie durch Verlust des Schiffs, so tritt der Ort, wohin die Ladung in Sicherheit gebracht ist, für die Ermittelung der Vergütung an die Stelle des Bestimmungsortes.[56])

---

wurf in gleiche Linie gestellt. Beide Fälle haben das Gemeinsame, daß die Güter in Folge eines freiwilligen vom Schiffer, zum Besten der Gemeinschaft vorgenommenen Akts nicht am Bestimmungsorte ankommen. Die Schadensvergütung ist deshalb nach denselben Grundsätzen zu leisten. Selbstverständlich kann neben dem Werth der verkauften Sachen nicht zugleich der dadurch gedeckte Schaden gegen die Gemeinschaft liquidirt werden. — Wenn der Rheder nach Art. 510. Ersatz für verkaufte Ladungstheile zu leisten hat, so bekommt der Beschädigte, falls der Reinerlös der verkauften Güter den Marktpreis resp. die Taxe übersteigt, an Stelle dieses Preises den Reinerlös. (Art. 613.). Hat dagegen die Gemeinschaft der Havereiinteressenten einen derartigen Schaden zu vergüten, so hat der Beschädigte keinen Anspruch auf den Ueberschuß über den nach Maaßgabe des Art. 713. ermittelten Werth, weil der Verkauf nicht für seine Rechnung, sondern für Rechnung der Gemeinschaft von Schiff und Ladung bewerkstelligt worden ist. Der Mehrerlös kommt den Havereiinteressenten nicht in gleicher Weise, wie dem Rheder zu Gute. Prot. S. 4108. 4215. 4216. 4286. 4287.

54) Von der beantragten Erwähnung der Fracht ist Umgang genommen, weil eine Ersparung derselben wegen Beschädigung der Güter nur auf Grund ganz besonderer Verträge eintreten könne, und es sich nicht empfehle, für so außerordentliche Fälle Vorschriften ins Gesetz aufzunehmen. Prot. S. 4219. 4220.

55) Würde auf diese Werthsverringerungen bei der Vergütung keine Rücksicht genommen, so würde der Ladungseigenthümer zu viel erhalten. Mot. S. 313. Prot. S. 2748. 4108. Die Beitragspflicht dagegen bestimmt sich lediglich nach dem Werthe der Ladung am Ende der Reise, ohne Rücksicht auf etwaige vor, bei oder nach dem Havereifalle eingetretene partikuläre Havereien. (Art. 719. 720.) Vgl. ALR. §. 1864.

56) Der Eigenthümer des aufgeopferten Guts kann nur fordern, in die Lage versetzt zu werden, in welcher die Eigenthümer der geretteten Güter sich beim Ende der Reise befinden; er kann also nur den Werth der Güter, wie solcher

Artikel 717.

Die Vergütung für entgangene Fracht wird bestimmt durch den Frachtbetrag, welcher für die aufgeopferten Güter[57]) zu entrichten gewesen sein würde, wenn dieselben mit dem Schiff an dem Orte ihrer Bestimmung, oder wenn dieser von dem Schiff nicht erreicht wird, an dem Orte angelangt wären, wo die Reise endet.

Artikel 718.

Der gesammte Schaden, welcher die große Haverei bildet, wird über das Schiff, die Ladung und die Fracht[58]) nach Verhältniß des Werths und des Betrages derselben vertheilt.

Artikel 719.

Das Schiff nebst Zubehör trägt bei:

1) mit dem Werthe, welchen es in dem Zustande am Ende der Reise bei Beginn der Löschung hat;[59])

2) mit dem als große Haverei in Rechnung kommenden Schaden an Schiff und Zubehör.

Von dem unter Ziffer 1. bezeichneten Werth ist der noch vorhandene Werth derjenigen Reparaturen und Anschaffungen abzuziehen, welche erst nach dem Havereifall erfolgt sind.[60])

---

sich am Endpunkt der Reise stellen würde, ersetzt verlangen. — Im Falle des Verlustes des Schiffs wird vorausgesetzt, daß das Schiff, nachdem es sammt der Ladung aus der Gefahr, wegen welcher das Opfer gebracht worden, bereits gerettet gewesen ist, in einem neuen Unfalle zu Grunde geht und die Ladung geborgen wird. Mot. S. 313. Prot. S. 2721—2723.

57) Wenn der Rheder das Schiff en rouge verfrachtet und der Charterer dasselbe auf Stück angelegt hat, so ist nicht der zwischen dem Rheder und Charterer abgeschlossene Frachtvertrag über das ganze Schiff, sondern der zweite Vertrag zwischen dem Charterer und Stückgüterbefrachter für die Vergütung der entgangenen Fracht maaßgebend; denn nur diejenige Fracht kann man als verloren ansehen, für welche die Güter bei glücklicher Ankunft gehaftet haben würden, also diejenige, welche dem Afterverfrachter gebührt. Andere kontraktliche Verhältnisse berühren die Gemeinschaft der Havereiinteressenten nicht. Prot. S. 2714. 2715. 2723. 2724. 4108—4111.

58) — auch die vorausbezahlte. Die Fracht begreift auch die Passagegelder in sich (Art. 678.). Mot. S. 314.

59) Diese Bestimmung ist die nothwendige Folge des Prinzips, daß die Verbindlichkeit Havereibeiträge zu zahlen, keine persönliche Verpflichtung der einzelnen Interessenten, sondern nur eine dingliche Obliegenheit der in der Gemeinschaft von Schiff und Ladung befindlichen Sachen sein soll. Die zur Gemeinschaft gehörigen Sachen sind deshalb zum gemeinschaftlichen Opfer nur insoweit beizutragen verpflichtet, als sie gerettet sind. Praktisch ist es fast ganz unmöglich in einem einzelnen Falle zu ermitteln, wie viel von der Werthsminderung je auf die verschiedenen Arten der Haverei trifft. Prot. S. 2724—2728. 2741—2743. 2767. Vgl. ALR. §. 1868.

60) Ist die durch Reparaturen und Anschaffungen herbeigeführte Werthserhöhung ganz oder zum Theil wieder durch neue Unfälle verloren gegangen bis das Schiff in den Bestimmungshafen gelangt, so sind diese Verbesserungen nicht in Abzug zu bringen. — Nicht die Kosten, sondern der Werth der Reparaturen

Artikel 720.

Die Ladung trägt bei:

1) mit den am Ende der Reise bei Beginn der Löschung noch vorhandenen Gütern, oder wenn die Reise durch den Verlust des Schiffs endet (Artikel 716.), mit den in Sicherheit gebrachten Gütern, soweit in beiden Fällen diese Güter sich zur Zeit des Havereifalls am Bord des Schiffs oder eines Leichterfahrzeuges[61]) (Artikel 708. Ziffer 2.) befunden haben;

2) mit den aufgeopferten Gütern (Artikel 713.).[62])

Artikel 721.

Bei Ermittelung des Beitrags kommt in Ansatz:

1) für die Güter, welche unversehrt sind, der Marktpreis oder der

---

und der Anschaffungen (von Inventarienstücken) kommt in Abzug, weil die Kosten in dem betreffenden Nothhafen ungewöhnlich hoch gewesen sein können. Prot. S. 2767—2773. 4112. ff.

61) — jedoch nur unter der Voraussetzung, daß die Güter wegen eines Nothfalls auf das Leichterfahrzeug gebracht worden sind, wie die Hinweisung auf Art. 708. ergiebt. Nicht beitragspflichtig sind diejenigen Güter, welche sich am Bord des Leichterschiffs befinden in Folge gewöhnlichen Ladens, denn alsdann ist die Gemeinschaft noch nicht begründet, oder in Folge gewöhnlichen Löschens, denn alsdann ist die Gemeinschaft gelöst; oder endlich in Folge anderer Gründe, ohne daß die Ablichtung zur Abwendung einer Schiff und Ladung bedrohenden Gefahr erforderlich gewesen ist. Auch diejenigen Güter, welche im Nothhafen gelöscht und auf das Lager gebracht worden, sind zu derjenigen Haverei beizutragen nicht schuldig, welche das Schiff und die noch an Bord befindlichen Güter neuerdings im Nothhafen trifft. Dagegen sind die im Leichterfahrzeug befindlichen Güter selbst dann noch beitragspflichtig, wenn Schiff und Ladung aus der Gefahr, welche zur Erleichterung des Schiffs Anlaß gab, bereits gerettet gewesen sind, und nun in Folge einer neuen Gefahr eine neue große Haverei am Bord des Hauptschiffs sich ereignet; denn die ursprüngliche Gefahr wirkt so lange fort und ist nicht eher als beseitigt anzusehen, als bis die geleichterten Güter an Bord des Hauptschiffs zurückgebracht worden sind. Die Frage, ob zwischen dem Leichterschiffe selbst und den auf demselben befindlichen Gütern eine separate Gemeinschaft bestehe, und hierdurch eine gegenseitige Ersatzpflicht begründet werde, ist nach den allgemeinen Vorschriften über die große Haverei zu beurtheilen. Prot. S. 2729—2732.

62) Die im Nothhafen verkauften Güter, auch wenn deren Erlös zur Deckung der Kosten für Reparatur einer partikulären Haverei verwendet worden, sind mit ihrem ganzen Werthe beitragspflichtig, weil nach Art. 734. dieser nach den Grundsätzen der großen Haverei vergütet werden muß, wenn aus Schiff und Fracht die nöthige Befriedigung nicht erlangt werden kann.

Selbst die in einem früheren Havereifalle derselben Reise geopferten Güter müssen mit der für sie geleisteten oder zu leistenden Vergütung beitragen, weil dieselbe von den durch das neue Opfer geretteten Gegenständen geleistet wird, also ebenfalls nur durch dieses Opfer gerettet worden ist. Mot. S. 315. Prot. S. 2733. ff.

durch Sachverständige zu ermittelnde Preis (Artikel 713.), welchen dieselben am Ende der Reise bei Beginn und am Orte der Löschung des Schiffs, oder wenn die Reise durch Verlust des Schiffs endet (Artikel 716.), zur Zeit und am Orte der Bergung haben, nach Abzug der Fracht, Zölle und sonstigen Unkosten;

2) für die Güter, welche während der Reise verdorben sind oder eine zur großen Haverei nicht gehörige Beschädigung erlitten haben, der durch Sachverständige zu ermittelnde Verkaufswerth (Artikel 714.), welchen die Güter im beschädigten Zustande zu der unter Ziffer 1. erwähnten Zeit und an dem dort bezeichneten Orte haben, nach Abzug der Fracht, Zölle und sonstigen Unkosten;

3) für die Güter, welche aufgeopfert worden sind, der Betrag,[63]) welcher nach Artikel 713. für dieselben als große Haverei in Rechnung kommt;

4) für die Güter, welche eine zur großen Haverei gehörige Beschädigung erlitten haben, der nach der Bestimmung unter Ziffer 2. zu ermittelnde Werth, welchen die Güter im beschädigten Zustande haben, und der Werthsunterschied, welcher nach Artikel 714. für die Beschädigung als große Haverei in Rechnung kommt.

Artikel 722.

Sind Güter geworfen, so haben dieselben zu der gleichzeitigen oder einer späteren großen Haverei im Fall ihrer Bergung nur dann beizutragen, wenn der Eigenthümer eine Vergütung verlangt.[64])

Artikel 723.

Die Frachtgelder tragen bei[65]) mit zwei Drittel:

---

63) — d. h. der volle Betrag ohne Abzug des eigenen Beitrags des Vergütungsberechtigten. Prot. S. 4222. 4223. Vgl. ALR. §. 1884.

64) Wenn Güter geworfen werden, so ist anzunehmen, daß sie dem bisherigen Eigenthümer verbleiben und die Gemeinschaft sich nur verpflichtet, Ersatz zu leisten, falls die Güter nicht wieder zum Vorschein kommen. Hieraus ergiebt sich, daß der Eigenthümer, wenn er keine Vergütung verlangt, auch nicht beizutragen hat, daß er aber beitragen muß, wenn er eine Vergütung, die stets dem Beitrag unterworfen ist, in Anspruch nimmt. Es versteht sich von selbst, daß der Eigenthümer nicht theilweise auf Ersatz der Güter verzichten, theilweise den Anspruch geltend machen kann, sondern für alle geretteten Güter zugleich zu der einen oder anderen Maaßregel sich entschließen muß. Prot. S. 2778. 2794. 2795.

65) Die Fracht ist beitragspflichtig, selbst wenn das Interesse des Verfrachters durch das zu vergütende Opfer nicht gewahrt worden ist, z. B. wenn derselbe die Fracht von den übernommenen Gütern unter allen Umständen bezahlt erhält, gleichviel ob die Güter an den Bestimmungsort gelangen oder vorher verloren gehen; auch in diesem Falle wird die Fracht durch das Opfer erhalten. Es kann sich nur fragen, wer der Beitragspflichtige ist. Es würde eine Abnormität sein, wenn die Fracht immer ersatzberechtigt und in gewissen Fällen nicht beitragspflichtig wäre. Prot. S. 2737. 2738. 4118.

1) des Bruttobetrages, welcher verdient ist;[66])

2) des Betrages, welcher nach Artikel 717. als große Haverei in Rechnung kommt.

Den Landesgesetzen bleibt vorbehalten, die auf zwei Drittel bestimmte Quote bis auf die Hälfte zu ermäßigen.[67])

Ueberfahrtsgelder tragen bei mit dem Betrage, welcher im Falle des Verlustes des Schiffs eingebüßt wäre (Artikel 671.), nach Abzug der Unkosten, welche alsdann erspart sein würden.[68])

Artikel 724.

Haftet auf einem beitragspflichtigen Gegenstand eine, in einem späte-

---

66) — ohne Unterschied ob der Empfänger oder der Befrachter die Fracht zu zahlen hat, oder ob dieselbe vorausbezahlt ist. Die Beitragspflicht gründet sich darin, daß, da für verlorenes Gut in der Regel keine Fracht gezahlt wird, durch das Opfer im Falle der Rettung der Güter auch die Fracht der letzteren gerettet ist; auch die vorausbezahlte Fracht ist als gerettet anzusehen, weil der Regel nach diese, wenn die Güter durch einen Unfall verloren gehen, erstattet werden muß. (Art. 618.) Ob bei einem Unterfrachtvertrage die höhere oder die niedere Fracht als verdient anzusehen ist, hängt von dem einzelnen Falle ab. Wenn z. B. der Hauptverfrachter sich in die Unterverfrachtung dergestalt gefügt hat, daß die Güter ihm nur bis zum Belauf der niedrigeren Unterfracht haften, so ist auch diese nur beitragspflichtig, wegen der Mehrforderung hat in diesem Falle der Hauptverfrachter nur einen vom Transport der Güter und dem dadurch erzielten Verdienst unabhängigen persönlichen Anspruch. — Die bereits wohlerworbene Fracht (für gelöschte Güter) ist nicht beitragspflichtig; denn nur der im Augenblicke der Aufopferung gefährdete Frachtbetrag kontribuirt; die schon vorher erworbene Fracht war aber nicht bedroht. Prot. S. 2737—2741. 4116. bis 4125.

67) Die Quote von zwei Drittel des Bruttobetrags entspricht dem im Norden Deutschlands bestehenden Gebrauche, die Hälfte dem Herkommen und dem bisherigen Rechte im Süden Deutschlands. Mot. S. 316. Prot. S. 2738—2741. 2745—2747. 4125. Es erhellt daraus, daß für Preußen kein Anlaß vorliegt, die als Regel vorgeschriebene Quote zu ermäßigen. Mot. z. Einf.-Ges. S. 78.

68) Eine völlige Gleichstellung der Passagegelder mit der Fracht rücksichtlich der Beitragspflicht in Fällen der großen Haverei erscheint nicht durchführbar. Wenn das Schiff nur Passagiere an Bord, und der Rheder die Ueberfahrtsverträge selbst abgeschlossen hat, so kann schon wegen des Mangels mehrerer Interessenten von Vertheilung der Havereischäden keine Rede sein. Wenn aber zugleich Güter und Passagiere sich an Bord befinden, so ergiebt sich zwischen Fracht und Passagegeldern ein bedeutender Unterschied. Die Fracht erscheint ihrem ganzen Betrage nach als gerettet, weil sie ohne das Opfer ganz verloren wäre; nicht so die Ueberfahrtsgelder, welche zum Theil zu entrichten sein werden; in vielen Fällen ferner wird sich schwer bestimmen lassen, ob und wieviel von dem Passagegelde durch das Opfer gerettet worden, in noch anderen wird die im Passagegelde enthaltene Vergütung für die zu gewährende Kost von der beitragspflichtigen Summe abzuziehen sein. Wegen dieser Schwierigkeiten hat man sich auf eine allgemeine, nur das Prinzip enthaltende Vorschrift beschränkt. Prot. S. 2773—2775.

ren Nothfalle sich gründende Forderung, so trägt der Gegenstand nur mit seinem Werthe nach Abzug dieser Forderung bei.[69]

Artikel 725.

Zur großen Haverei tragen nicht bei:[70]

1) die Kriegs- und Mundvorräthe des Schiffs;
2) die Heuer und Effekten der Schiffsbesatzung;
3) die Reise-Effekten der Reisenden.

Sind Vorräthe oder Effekten dieser Art aufgeopfert oder haben sie eine zur großen Haverei gehörige Beschädigung erlitten, so wird für dieselben nach Maaßgabe der Artikel 713. bis 717. Vergütung gewährt; für Effekten, welche in Kostbarkeiten, Geldern und Werthpapieren bestehen, wird jedoch nur dann Vergütung gewährt, wenn dieselben dem Schiffer gehörig bezeichnet sind (Artikel 608.). Vorräthe und Effekten, für welche eine Vergütung gewährt wird, tragen mit dem Werth oder dem Werthsunterschied bei, welcher als große Haverei in Rechnung kommt.

Die im Artikel 710. erwähnten Gegenstände sind beitragspflichtig, soweit sie gerettet sind.[71]

Die Bodmereigelder sind nicht beitragspflichtig.[72]

Artikel 726.

Wenn nach dem Havereifall und bis zum Beginn der Löschung[73] am Ende der Reise ein beitragspflichtiger Gegenstand ganz verloren geht (Artikel 706.) oder zum Theil verloren geht oder im Werthe verringert wird, wohin insbesondere der Fall des Artikels 724. gehört, so tritt eine verhältnißmäßige Erhöhung der von den übrigen Gegenständen zu entrichtenden Beiträge ein.

Ist erst nach Beginn der Löschung der Verlust oder die Werthsverrin-

---

69) Alle beitragspflichtigen Gegenstände tragen nur mit dem Werthe bei, den sie am Ende der Reise bei Beginn der Löschung haben. Ob die Verringerung des Werths durch physische Beschädigung oder durch Belastung mit dinglichen Schulden eingetreten ist, macht keinen Unterschied. — Wie es zu halten sei, wenn die Forderung auf mehreren Gegenständen solidarisch haftet, ist nicht entschieden. Prot. S. 4220. 4221.

70) Nicht beitragspflichtig sind diejenigen Gegenstände, die nicht des Handels wegen, sondern zum persönlichen Gebrauche der auf dem Schiffe befindlichen Leute eingeschifft worden sind. Dies ist allgemeiner seerechtlicher Gebrauch. Mot. S. 316. Vgl. ALR. §§. 1871. ff.

71) — weil auch diesen das Opfer zu Gute gekommen ist; sind sie verloren gegangen, so tragen sie nicht bei, auch wenn der Eigenthümer sonst beitragspflichtige Sachen auf dem Schiffe hatte, weil sie nicht mit zur Ladung zählen. Mot. S. 316.

72) Es würde sonst ein und derselbe Werth doppelt zur Beitragspflicht herangezogen werden. Prot. S. 2744.

73) Mit dem Beginne der Löschung erreicht die Gemeinschaft zwischen Schiff und Ladung ihr Ende, und hört die Seegefahr auf; nach diesem Zeitpunkte trägt der Ersatzberechtigte das Risiko bezüglich der Beiträge; bis dahin ist Verlust oder Werthsminderung beitragspflichtiger Gegenstände ein die Gemeinschaft treffender Nachtheil. Prot. S. 2749—2751.

gerung erfolgt, so geht der Beitrag, welcher auf den Gegenstand fällt, soweit dieser zur Berichtigung desselben unzureichend geworden ist, den Vergütungsberechtigten verloren.

Artikel 727.

Die Vergütungsberechtigten haben wegen der von dem Schiff und der Fracht zu entrichtenden Beiträge die Rechte von Schiffsgläubigern (Tit. 10.). Auch in Ansehung der beitragspflichtigen Güter steht ihnen an den einzelnen Gütern wegen des von diesen zu entrichtenden Beitrages ein Pfandrecht zu.[74]) Das Pfandrecht kann jedoch nach der Auslieferung der Güter nicht zum Nachtheil des dritten Erwerbers, welcher den Besitz in gutem Glauben erlangt hat, geltend gemacht werden.

Artikel 728.

Eine persönliche Verpflichtung zur Entrichtung des Beitrages wird durch den Havereifall an sich nicht begründet.

Der Empfänger beitragspflichtiger Güter wird jedoch, wenn ihm bei der Annahme der Güter bekannt ist, daß davon ein Beitrag zu entrichten sei, für den letzteren bis zum Werthe, welchen die Güter zur Zeit ihrer Auslieferung hatten, insoweit persönlich verpflichtet, als der Beitrag, falls die Auslieferung nicht erfolgt wäre, aus den Gütern hätte geleistet werden können.[75])

Artikel 729.

Die Feststellung und Vertheilung der Schäden erfolgt[76]) an dem Bestimmungsort und, wenn dieser nicht erreicht wird, in dem Hafen, wo die Reise endet.[77])

---

74) Der Umstand, daß nicht die Ersatzberechtigten selbst die Güter in ihrer Gewahrsam haben, sondern der Schiffer, steht der Anerkennung eines eigentlichen Pfandrechts nicht entgegen; denn letzterer übt dieses Recht in ihrem Namen aus. (Art. 733.) Prot. S. 2763. 3936. 3937. Vgl. Art. 28. des Einf.-Ges.

75) Vgl. Art. 698. — Werden die Güter nach der Auslieferung durch einen Zufall verschlechtert, der sie auch betroffen hätte wenn sie an Bord geblieben wären, so hat der Empfänger diesen Zufall nicht zu tragen. Es läßt sich nicht annehmen, daß sich der Empfänger durch Annahme der Güter unbedingt persönlich für die Havereigelder habe verpflichten wollen. — Nur derjenige Werth ist als gerettet und beitragspflichtig anzusehen, welcher nach Abzug der besser privilegirten Haverei- und Bodmereigelder übrig bleibt. Prot. S. 2753. 2754. 4127. 4128.

76) — sofern nicht vertraglich andere Bestimmungen getroffen werden. Prot. S. 2758.

77) Hier löst sich nicht blos die Gemeinschaft zwischen Schiff und Ladung, sondern es wird in der Regel die ganze Handelsunternehmung hier abgewickelt, und nach den hier geltenden Preisen bestimmt sich der Betrag des erlittenen Schadens und die Größe des kontributionspflichtigen Werths. In der Regel wird das Recht des Orts, an welchem die Dispache aufgemacht wird, zu Grunde gelegt, und somit faktisch für viele Fälle mit der Bestimmung des Orts der Dispachirung auch über das maßgebende Recht entschieden; die Frage jedoch, welches

Artikel 730.

Der Schiffer ist verpflichtet, die Aufmachung der Dispache ohne Verzug zu veranlassen. Handelt er dieser Verpflichtung zuwider, so macht er sich jedem Betheiligten verantwortlich.[78])

Wird die Aufmachung der Dispache nicht rechtzeitig veranlaßt, so kann jeder Betheiligte die Aufmachung in Antrag bringen und betreiben.

Artikel 731.

Im Gebiete dieses Gesetzbuchs[79]) wird die Dispache durch die ein- für allemal bestellten oder in deren Ermangelung durch die vom Gericht besonders ernannten Personen (Dispacheure) aufgemacht.[80])

Jeder Betheiligte ist verpflichtet, die zur Aufmachung der Dispache erforderlichen Urkunden, soweit er sie zu seiner Verfügung hat, namentlich Chartepartieen, Konnossemente und Fakturen, dem Dispacheur mitzutheilen.[81])

Den Landesgesetzen bleibt vorbehalten, über das Verfahren bei Aufmachung der Dispache und die Ausführung derselben nähere Bestimmungen zu erlassen.

Einf.-Ges. Art. 57. Ueber das Verfahren bei Aufmachung der Dispache und über die Ausführung derselben werden folgende Vorschriften ertheilt.

§. 1.

Der Dispacheur hat die Dispache sofort nach ihrer Aufmachung dem Handelsgericht zu überreichen. Dem Handelsgericht liegt ob, die Dispache zu prüfen und dieselbe, wenn sich Fehler oder Mängel finden, durch den Dispacheur berichtigen zu lassen.

§. 2.

Nachdem die Dispache geprüft und erforderlichenfalls berichtigt ist, werden diejenigen Betheiligten, welche bei dem Gerichte sich gemeldet haben, oder demselben anderweit, insbesondere aus den Schiffs- oder Ladungs-Papieren bekannt

---

von mehreren kollidirenden Rechten in Anwendung zu bringen sei, ist offen gelassen, und wird in jedem einzelnen Falle unter Anwendung der allgemeinen Rechtsgrundsätze über Kollision der Gesetze ihre Erledigung finden. — Ist die Aufmachung der Dispache in einem kleineren Hafen nicht möglich, so erfolgt dieselbe dem bisherigen allgemeinen Gebrauche entsprechend an einem nahegelegenen Ort. Mot. S. 317. Prot. S. 2756. 2757.

78) Zunächst ist der Schiffer verpflichtet, die Aufmachung der Dispache zu veranlassen; im Nothhafen ist er in der Regel der Einzige, welcher dies kann, denn die Ladungsinteressenten sind dort selten vertreten. Mot. S. 317. Prot. S. 2763.

79) Die Frage, wie die Dispachen im Auslande aufgemacht werden müssen, um gültig zu sein, ist offen gelassen. Prot. S. 2760.

80) Kein Interessent hat das Recht, die Aufmachung der Dispache durch eine andere, als die obrigkeitlich dazu bestellte Person zu verlangen; selbstverständlich kann mit Einverständniß aller Interessenten diese Bestimmung abgeändert werden. Mot. S. 317. Prot. S. 2758. 2759.

81) Die Beweiskraft dieser Urkunden hängt von den Umständen ab. Die strengen Vorschriften der Prozeßgesetze über die Beweisführung werden hier eben

geworden sind, sofern sie am Orte des Gerichts sich aufhalten, oder dort anwesende Vertreter bestellt haben, und für die übrigen Betheiligten ein ihnen zu bestellender Offizialanwalt zu einem Termin vor einem Kommissar des Gerichts vorgeladen, um sich über die Dispache zu erklären.[82])

Die Vorladung geschieht unter der Verwarnung, daß gegen den Nichterscheinenden angenommen wird, er habe gegen die Dispache nichts zu erinnern.

§. 3.

Werden in dem Termine gegen die Dispache keine Einwendungen erhoben, so hat das Gericht dieselbe zu bestätigen.

§. 4.

Wenn ein Betheiligter Einwendungen geltend macht,[83]) so hat er dieselben im Termine näher zu begründen oder sich eine besondere Klageschrift vorzubehalten. Im letzteren Falle muß die Klageschrift binnen vierzehn Tagen bei dem Gerichte eingereicht werden; wenn dies nicht geschieht, so wird angenommen, daß das im Termin aufgenommene Protokoll als Klageschrift gelten solle.

Auf die Klageschrift, oder wenn eine solche nicht vorbehalten oder innerhalb der vierzehntägigen Frist nicht eingereicht ist, auf die als Klageschrift dienende Abschrift des Terminsprotokolls wird von dem Gerichte das ordentliche Prozeßverfahren eingeleitet.

§. 5.

Sind die vorgebrachten Einwendungen durch rechtskräftige Entscheidung oder in anderer Art endgültig erledigt, so erfolgt die Bestätigung der Dispache durch das Gericht, nachdem dieselbe erforderlichenfalls nach Maaßgabe der Erledigung der Einwendungen berichtigt ist.

§. 6.

Wenn Einwendungen erhoben werden, welche nur einen Theil der Dispache berühren, so hat das Gericht die letztere, insoweit sie durch die Einwendungen nicht berührt ist, sofort zu bestätigen.

§. 7.

Aus der von dem Gericht bestätigten Dispache findet die Exekution statt.

Artikel 732.

Für die von dem Schiff zu leistenden Beiträge ist den Ladungs-

---

so wenig als bei Prüfung der Belege zu Vormundschaftsrechnungen in Anwendung zu bringen sein. Prot. S. 2761. 2762.

82) Das Verfahren ist dem der Preuß. Konk.-Ordn. vom 8. Mai 1855 §. 385. ff. (Vertheilung der Kaufgelder bei nothwendigen Subhastationen) nachgebildet; nur von der Vorladung aller Interessenten mußte abgesehen werden. Es ist das Auskunftsmittel der Bestellung eines Offizial-Sachwalters für die Nichtanwesenden resp. Nichtvertretenen gewählt. Auch das ALR. kennt die Bestellung eines Kurators ad hoc. (Th. 2. Tit. 18. §§. 49. 50.) Mot. zum Einf.-Ges. S. 73.

83) Vgl. Konkurs-Ordn. §. 394. Der widersprechende Interessent muß die von ihm bestrittenen Beträge sicher stellen. Mit Rücksicht auf die Vorschriften der Art. 732. 733. des Handelsgesetzbuchs erschien eine ausdrückliche Bestimmung entbehrlich. Mot. z. Einf.-Ges. S. 73.

betheiligten Sicherheit zu bestellen, bevor das Schiff den Hafen verlassen darf, in welchem nach Artikel 729. die Feststellung und Vertheilung der Schäden erfolgen muß.[84])

Artikel 733.

Der Schiffer darf Güter, auf welchen Havereibeiträge haften, vor Berichtigung oder Sicherstellung der letzteren (Artikel 616.) nicht ausliefern, widrigenfalls er, unbeschadet der Haftung der Güter, für die Beiträge persönlich verantwortlich wird.[85])

Hat der Rheder die Handlungsweise des Schiffers angeordnet, so kommen die Vorschriften des zweiten und dritten Absatzes des Artikels 479. zur Anwendung.

Das an den beitragspflichtigen Gütern den Vergütungsberechtigten zustehende Pfandrecht wird für diese durch den Verfrachter ausgeübt.

Artikel 734.

Hat der Schiffer zur Fortsetzung der Reise, jedoch zum Zweck einer nicht zur großen Haverei gehörenden Aufwendung, die Ladung verbodmet oder über einen Theil derselben durch Verkauf oder durch Verwendung verfügt, so ist der Verlust, welchen ein Ladungsbetheiligter dadurch erleidet, daß er wegen seiner Ersatzansprüche aus Schiff und Fracht gar nicht oder nicht vollständig befriedigt werden kann (Artikel 509. 510. 613.), von sämmtlichen Ladungsbetheiligten nach den Grundsätzen der großen Haverei zu tragen.[86])

Bei der Ermittelung des Verlustes ist in dem Verhältniß zu den

---

84) Wie der Schiffer die Güter' der beitragspflichtigen Ladungsinteressenten nicht auszuliefern braucht, so können die Ladungsinteressenten das Schiff, wenn es beitragspflichtig ist, zurückhalten und durch Arrest den Wiederausgang des Schiffs hindern. Sicherheitsbestellung kann schon gefordert und Arrest beantragt werden, sobald das Schiff am Bestimmungsorte angekommen ist. Vgl. Art. 692. ALR. §. 1897. Mot. S. 318.

Selbstverständlich wird die Höhe der zu bestellenden Sicherheit vom Richter bestimmt, sofern keine Einigung unter den Interessenten zu Stande kommt. Prot. S. 2760.

85) Vergl. Art. 695. — Es gehört zu den Verpflichtungen des Rheders resp. Schiffers aus dem Frachtvertrage, den Ladungsinteressenten die ihnen gebührende Havereientschädigung zu verschaffen. (Vergl. Art. 616.) Es folgt hieraus seine persönliche Verantwortlichkeit, wenn er dieser Pflicht nicht genügt. Mot. S. 318.

86) Wenn es sich um Reparatur einer partikulären Haverei des Schiffs handelt, so fallen die Reparaturkosten an und für sich dem Rheder zur Last; es erscheint deshalb nur der Rheder dem Eigenthümer der verkauften oder verbodmeten Ladung ersatzpflichtig. Eine solche Bestimmung würde aber unter Umständen sehr hart für den Betroffenen sein z. B. wenn das Schiff in einem neuen Unfalle zu Grunde geht, und es demgemäß an einem Objekte zu seiner Befriedigung fehlt; überdies kommt der Verkauf und die Verbodmung in der Regel auch den übrigen Ladungs-Interessenten zu Gute, weil außerdem die Reparatur des Schiffs und die Fortsetzung der Reise unmöglich gewesen wären. Eine Schädigung des Eigenthümers

Ladungsbetheiligten in allen Fällen, namentlich auch im Falle des zweiten Absatzes des Artikels 613., die im Artikel 713. bezeichnete Vergütung maaßgebend. Mit dem Werthe, durch welchen diese Vergütung bestimmt wird, tragen die verkauften Güter auch zu einer etwa eintretenden großen Haverei bei (Artikel 720.).

Artikel 735.

Ueber die außerdem nach den Grundsätzen der großen Haverei zu vertheilenden Schäden und Kosten bestimmt der Artikel 637.

Die in den Fällen des Artikels 637. und des Artikels 734. zu entrichtenden Beiträge und eintretenden Vergütungen stehen in allen rechtlichen Beziehungen den Beiträgen und Vergütungen in Fällen der großen Haverei gleich.

Zweiter Abschnitt.

Schaden durch Zusammenstoß von Schiffen.

Artikel 736.

Wenn zwei Schiffe zusammenstoßen und entweder auf einer oder auf beiden Seiten durch den Stoß Schiff oder Ladung allein, oder Schiff und Ladung beschädigt werden oder ganz verloren gehen, so ist, falls eine Person der Besatzung des einen Schiffs durch ihr Verschulden[87]) den Zusammenstoß herbeigeführt hat, der Rheder dieses Schiffs nach Maaßgabe der Artikel 451. und 452. verpflichtet, den durch den Zusammenstoß dem anderen Schiff und dessen Ladung zugefügten Schaden zu ersetzen.[88])

Die Eigenthümer der Ladung beider Schiffe sind zum Ersatze des Schadens beizutragen nicht verpflichtet.

Die persönliche Verpflichtung der zur Schiffsbesatzung gehörigen Personen, für die Folgen ihres Verschuldens aufzukommen, wird durch diesen Artikel nicht berührt.

---

der verkauften oder verbodmeten Waaren ist jedoch erst vorhanden, wenn sich ergiebt, daß er vom Rheder keinen vollen Ersatz erlangen kann; primär haftet deshalb für die Ersatzansprüche des Eigenthümers der Rheder, und erst sekundär haften die Ladungsinteressenten, welche gleichsam als die Garanten des Ersatzanspruchs für die verkauften und verbodmeten Güter erscheinen. Prot. S. 2695 bis 2698. 4093. 4094.

87) — nämlich bei Ausübung ihrer Dienstverrichtungen. Prot. S. 2797.

88) Der Grundsatz, daß der Schiffer, welcher den Zusammenstoß verschuldet hat, allen Schaden ersetzen muß und seinerseits keinen Ersatz beanspruchen kann, wobei der Schiffer als Repräsentant des Rheders gilt, ist im Allgemeinen von allen Seerechten aufrecht erhalten. Das ALR. (§. 1913.) erfordert zur Anwendung dieses Satzes Vorsatz oder grobe Schuld; für den Handelsverkehr ist es jedoch ein praktisches Bedürfniß, daß der Richter bei Beurtheilung der Fahrlässigkeit freien Spielraum habe. — Die Haftbarkeit des Rheders ist nicht eine subsidiäre, sondern eine prinzipale. Mot. S. 320. 321. Prot. S. 2782 bis 2784.

Artikel 737.

Fällt keiner Person der Besatzung des einen oder des anderen Schiffs ein Verschulden zur Last,[89]) oder ist der Zusammenstoß durch beiderseitiges Verschulden herbeigeführt, so findet ein Anspruch auf Ersatz des dem einen oder anderen oder beiden Schiffen[90]) zugefügten Schadens nicht statt.[91])

Artikel 738.

Die beiden vorstehenden Artikel kommen zur Anwendung[92]) ohne Unterschied, ob beide Schiffe, oder das eine oder das andere sich in der Fahrt oder im Treiben[93]) befinden, oder vor Anker oder am Lande befestigt liegen.

Artikel 739.

Ist ein durch den Zusammenstoß beschädigtes Schiff gesunken, bevor es einen Hafen erreichen konnte, so wird vermuthet, daß der Untergang des Schiffs eine Folge des Zusammenstoßes war.[94])

---

89) — oder ist ein solches Verschulden nicht nachzuweisen. Für diesen Fall war beantragt zu bestimmen, daß der Gesammtschaden über beide Schiffe und deren Fracht nach den Grundsätzen der großen Haverei zu vertheilen sei. Diesem Antrage wurde nicht stattgegeben, weil es dem Beschädigten, wie bei dem erwiesenen Zufalle, an einem Rechtsgrunde fehle, einen Anderen in Anspruch zu nehmen. Eine Straflosigkeit für die großen Schiffe würde, wie behauptet wurde, aus der Bestimmung dieses Artikels nicht entstehen, weil die Voraussetzung, daß regelmäßig die größeren Schiffe den geringsten Schaden erlitten, keineswegs allgemein zutreffe, sondern meist das mit dem Winde segelnde Schiff im Vortheil sei, selbst wenn es an Größe und Festigkeit dem andern nachstehe. Materiell würde das kleinere Schiff oft weit schwerer bei einer derartigen Vertheilung betroffen werden, als wenn es seinen Schaden allein zu tragen hätte. Mot. S. 321. Prot. S. 2785. 2787. 2915—2919.

90) Die Frage, welche Ansprüche die Ladungsinteressenten haben, ist nach allgemeinen Rechtsgrundsätzen zu beurtheilen. Prot. S. 2788.

91) Bei beiderseitiger Schuld kann der Beschädigte das Versehen des Anderen nicht geltend machen, da ihm das eigene Versehen eingewendet werden kann. Es ist gegenwärtig nach dem Urtheile der gehörten Sachverständigen kein in der kaufmännischen Rechtsanschauung begründetes Bedürfniß mehr, den Schaden zu vertheilen. Vgl. ALR. §§. 1911. ff. Mot. S. 321. Prot. S. 2782—2787.

92) Der Pr. Entw. (Art. 592.) stellte wie das ALR. (§. 1916.) die Vermuthung auf, daß, wenn ein segelndes Schiff und ein am Anker oder am Lande befestigtes Schiff zusammenstoßen, ersteres die Schuld trägt. Die Aufnahme einer solchen Präsumtion wurde bekämpft, weil sie von keinem großen praktischen Interesse, faktisch nicht immer begründet, und äußerst bedenklich sei. Prot. S. 2788. bis 2791.

93) — d. h. das Schiff ist befestigt gewesen, aber losgerissen. Prot. S. 2938. 2939.

94) Zur Begründung des Schadensanspruchs gehört der Nachweis, daß der Schaden eine Folge des Zusammenstoßes ist. Dies wird aber dann am schwierigsten nachzuweisen sein, wenn ein Schiff in Folge der erlittenen Beschädigung bei der Weiterfahrt sinkt, weil hier meist die Zeugen des Unglücks fehlen. Das

Artikel 740.

Wenn sich das Schiff unter der Führung eines Zwangslootsen[95]) befunden hat und die zur Schiffsbesatzung gehörigen Personen[96]) die ihnen obliegenden Pflichten erfüllt haben, so ist der Rheder des Schiffs von der Verantwortung für den Schaden frei,[97]) welcher durch den von dem Lootsen verschuldeten Zusammenstoß entstanden ist.

Artikel 741.

Die Vorschriften dieses Abschnitts kommen auch dann zur Anwendung, wenn mehr als zwei Schiffe zusammenstoßen.

Ist in einem solchen Falle der Zusammenstoß durch eine Person der Besatzung des einen Schiffs verschuldet, so haftet der Rheder des letzteren auch für den Schaden, welcher daraus entsteht, daß durch den Zusammenstoß dieses Schiffs mit einem anderen der Zusammenstoß dieses anderen Schiffs mit einem dritten verursacht ist.

Neunter Titel.[98])

Von der Bergung und Hülfsleistung in Seenoth.

Artikel 742.

Wird in einer Seenoth ein Schiff oder dessen Ladung ganz oder theilweise, nachdem sie der Verfügung der Schiffsbesatzung entzogen oder von

---

praktische Bedürfniß erfordert deshalb die Aufstellung einer Präsumtion. Mot. S. 322. Prot. S. 2791.

95) Zwangslootse ist ein solcher, den der Schiffer in Folge obrigkeitlicher Anordnungen an Bord nehmen muß. Prot. S. 2792.

96) Der Rheder ist auch für die bei Ausübung ihres Dienstes von der Schiffsmannschaft begangenen Versehen haftbar; soll er von der Verantwortung für den Schaden frei sein, so darf daher auch Seitens der Mannschaft kein Verschulden begangen, kein Befehl des Lootsen durch Verschulden derselben unausgeführt geblieben sein. Mot. S. 322. Prot. S. 2919. 1920.

97) — weil es eine ungerechtfertigte Härte gegen den Rheder sein würde, ihn für das Versehen einer Person haften zu lassen, deren Aufnahme oder Nichtaufnahme und deren Wahl nicht in der Willkür seines Vertreters gestanden, sondern wozu eine höhere Macht denselben gezwungen hat. Der Rheder wird in diesem Falle vom Ersatze des Schadens nicht blos dem Eigenthümer des anderen Schiffs und dessen Ladungsinteressenten, sondern auch seinen eigenen Ladungsbetheiligten gegenüber frei, weil vis major als vorhanden anzunehmen, und folglich die Haftung aus dem receptum aufgehoben ist. Mot. S. 322. Prot. S. 2791—2793. 2797—2800. 2920. 2921. 4138.

98) Dieser Titel bezieht sich auf das Rechtsverhältniß, welches zwischen den

derselben verlassen waren, von dritten Personen an sich genommen und in Sicherheit gebracht, so haben diese Personen Anspruch auf Bergelohn.

Wird außer dem vorstehenden Fall ein Schiff oder dessen Ladung durch Hülfe dritter Personen aus einer Seenoth gerettet, so haben dieselben nur Anspruch auf Hülfslohn.[99])

Eigenthümern eines Schiffs und der darauf befindlichen Güter, und denjenigen Personen besteht, die zur Rettung des Schiffs oder der Güter hülfreiche Hand geleistet haben.

Das ALR. enthält keine nähere Bestimmungen über die Bergung und erwähnt das Bergelohn nur in §. 1577. Tit. 8. Th. 2. u. in §. 85. Tit. 15. Th. 2.; einzelne Vorschriften über die Bergung finden sich im Publikandum des Staatsraths für Westpreußen vom 31. Dezbr. 1801 (N. C. S. XI. S. 1281. Rabe Bd. VI. S. 701). Eben so wenig enthalten andere Seerechte Vorschriften über Retten und Bergen; der Gegenstand ist jedoch vielfach durch spezielle Verordnungen geregelt, die theils polizeilicher, theils privatrechtlicher Natur sind.

Die Feststellung eines gemeinschaftlichen Rechts in dieser Materie ist um so nothwendiger, da jeder Staat dabei interessirt ist, daß in dem anderen hierüber gerechte und billige Gesetze herrschen. Die über diese Materie in das Handelsgesetzbuch aufgenommenen Bestimmungen sind nur privatrechtlicher Natur und beschränken sich auf die Aufstellung leitender Grundsätze. Das Strandrecht, welches in Preußen durch die Kabinets-Order v. 25. Juli 1783 u. die §§. 81. 87. Tit. 15. Th. 2. des ALR. in so weit aufgehoben ist, als es nur in vim retorsionis gegen fremde Nationen geübt werden darf, ist wegen seiner vorzugsweise publizistischen Natur im Handelsgesetzbuche nicht berücksichtigt. Mot. S. 323. Prot. S. 2800. 2801. 2843.

99) Bergelohn wird gezahlt für die Rettung von Schiff, Schiffstheilen oder Ladung nach bereits eingetretenem Verluste, wenn der gerettete Gegenstand in den Naturalbesitz des Rettenden gelangt ist, Hülfslohn für geleistete Dienste in solchen Gefahren, in welchen ein Verlust noch nicht eingetreten war und durch die Hülfe abgewendet worden ist. Das Charakteristische beider ist, daß sie nicht blos durch die Leistung der Dienste, sondern auch dadurch bedingt werden, daß diese einen günstigen Erfolg gehabt haben. Bergung ist nicht als vorhanden anzunehmen, wenn das Schiff nur vorübergehend der Verfügung der Besatzung entzogen ist, z. B. wenn es im Eise sitzt oder auf dem Sande festgerathen ist und durch ein Bugsirboot gerettet wird. Fälle der Bergung sind dagegen folgende: Wenn das Schiff gerettet wird, nachdem die ganze Besatzung einer Krankheit erlegen ist; wenn die Ladung aus einem unzweifelhaft für verloren zu erachtenden Schiffe oder nachdem sie bereits vom Schiffe getrennt gewesen ist, geborgen wird; wenn die See ein Boot weggeschlagen hat und dasselbe nachher in Sicherheit gebracht wird, obwohl das Schiff sich fortwährend in der Gewalt der Besatzung gefunden hat. — Das Entscheidende ist, ob die Leitung der ganzen Unternehmung in der Hand der Rettenden oder in der Hand der Besatzung sich befindet, beziehungsweise ob die Berger die in Sicherheit gebrachten Güter in ihren Gewahrsam nehmen oder ob letztere im Gewahrsam der Besatzung bleiben und diese die volle Herrschaft über dieselben behält. Die Annahme der Bergung wird dadurch nicht ausgeschlossen, daß den Bergern von der Besatzung bei Ausführung der Unternehmung einiger Beistand geleistet wird. Zwischen dem Zeitpunkte, in welchem Schiff und Ladung von der Mannschaft aufgegeben und demjenigen, in welchem sie von den Bergern übernommen werden, braucht kein längerer Zeitraum verflossen zu sein; auch der Fall gehört zur Bergung, wenn der Schiffer Schiff und

Der Schiffsbesatzung des verunglückten oder gefährdeten Schiffs steht ein Anspruch auf Berge- oder Hülfslohn nicht zu.[100])

Artikel 743.

Wenn noch während der Gefahr ein Vertrag über die Höhe des Berge- oder Hülfslohns geschlossen ist, so kann derselbe wegen erheblichen Uebermaaßes der zugesicherten Vergütung angefochten und die Herabsetzung der letzteren auf das den Umständen entsprechende Maaß verlangt werden.[101])

Artikel 744.

In Ermangelung einer Vereinbarung wird die Höhe des Berge- oder Hülfslohns von dem Richter[102]) unter Berücksichtigung aller Umstände des Falles nach billigem Ermessen in Geld[103]) festgesetzt.

Artikel 745.

Der Berge- oder Hülfslohn umfaßt zugleich die Vergütung für die Aufwendungen, welche zum Zweck des Bergens und Rettens[104]) geschehen sind.

Nicht darin enthalten sind die Kosten und Gebühren der Behörden,

---

Ladung erst verloren giebt, nachdem die Berger schon an Bord gekommen sind und er diesen gegenüber erklärt hat, er wolle ihnen beides überlassen, um so viel als möglich zu retten. Mot. S. 324. Prot. S. 2802—2804. 2810. 4143. 4144. 4148. bis 4150.

100) Die Schiffsbesatzung ist kraft ihres Dienstverhältnisses zur Bergung mitzuwirken verpflichtet. Vgl. Art. 542. Mot. S. 327. Prot. S. 2828 bis 2833.

101) Wo der Verlust des Lebens und des Eigenthums droht, ist ein Zustand vorhanden, der dem Zwange völlig gleichsteht. Der Pr. Entw. (Art. 596.) erklärte deshalb jeden während der Gefahr, also vor erfolgter Rettung, über die Höhe des Bergelohns geschlossenen Vertrag für nichtig, während das Gesetz den Vertrag als an und für sich verbindlich, aber als anfechtbar ansieht. Die Androhung der Nichtigkeit kann dem in Gefahr befindlichen Schiffe nachtheilig werden; oft haben Rheder und Ladungsinteressenten ein Interesse an Aufrechterhaltung des Vertrages. Mot. S. 324. 325. Prot. S. 2805. 2814.

102) Es ist bedenklich im Falle des Streits, ob ein Bergungs- oder Hülfsfall vorliegt und welcher Lohn angemessen ist, die Entscheidung einer anderen als einer richterlichen Behörde zu überlassen. Kompetent ist der Richter (das Handelsgericht) des Orts, wo die Bergung geschieht. Mot. S. 325. Prot. S. 4144.

103) Der Antrag, daß bei Strandungen der zugebilligte Bergelohn von Waaren, falls er in einer Quote bestimmt ist, den Bergern in natura zugetheilt werden könne, wurde abgelehnt, weil diese als ein Ausfluß des alten Strandrechts sich charakterisirende Art der Vergütung nicht minder eine große Unbilligkeit gegen die Berger, als einen Eingriff in die Eigenthumsrechte der Ladungsinteressenten enthalte. Selbstverständlich steht einer Uebereinkunft sämmtlicher Betheiligten des Inhalts, daß der Bergelohn durch Abtretung von Gütern zu entrichten sei, nichts im Wege. Prot. S. 2814. 2815.

104) — z. B. für die Aufwendung von Material, Böten und Wagen. Prot. S. 2837.

die von den geborgenen oder geretteten Gegenständen zu entrichtenden Zölle und sonstigen Abgaben und die Kosten zum Zweck der Aufbewahrung, Erhaltung, Abschätzung und Veräußerung derselben.

Artikel 746.

Bei der Bestimmung des Betrages des Berge- oder Hülfslohns kommen insbesondere in Anschlag: der bewiesene Eifer, die verwendete Zeit, die geleisteten Dienste, die geschehenen Aufwendungen, die Zahl der thätig[105] gewesenen Personen, die Gefahr, welcher dieselben ihre Person und ihre Fahrzeuge unterzogen haben,[106] sowie die Gefahr, welche den geborgenen oder geretteten Gegenständen gedroht hat, und der nach Abzug der Kosten[107] (Artikel 745. Absatz 2.) verbliebene Werth derselben.

Artikel 747.

Der Berge- oder Hülfslohn darf ohne den übereinstimmenden Antrag der Parteien nicht auf eine Quote des Werthes der geborgenen oder geretteten Gegenstände festgesetzt werden.[108]

Artikel 748.

Der Betrag des Bergelohns soll den dritten Theil des Werthes der geborgenen Gegenstände (Artikel 746.) nicht übersteigen.[109]

Nur ausnahmsweise, wenn die Bergung mit ungewöhnlichen Anstren-

---

105) — nicht blos der erforderlich gewesenen Personen, weil die Berger nicht im Voraus wissen können, wie viele Personen zur glücklichen und rechtzeitigen Vollendung des Bergungsgeschäfts nöthig sind. Gegen die Gefahr, daß den Ladungseigenthümern der Zulauf einer ganz offenbar unnöthigen Menge von Personen zum Nachtheil gereiche, bietet schon der Umstand Schutz, daß der Richter auch auf den bewiesenen Eifer, die verwendete Zeit und andere einflußreiche Umstände Rücksicht nehmen soll. Prot. S. 2815—2817.

106) Diese Bestimmung bezweckt insbesondere den Führern von Dampfschiffen ein Kompelle zu geben, daß sie nicht aus Schonung für die Maschine weniger energisch verfahren. Prot. S. 4144.

107) — insbesondere auch der Zölle; denn der Berger hat in Wirklichkeit keine werthvollere, als eine mit den Zöllen beschwerte Ladung geborgen. In der Regel wird die Waare an dem Orte, wo hohe Zölle zu entrichten sind, so viel mehr werth sein als die Zölle betragen. Prot. S. 2840. 2841.

108) Wo bis jetzt die Zuerkennung von Quoten üblich gewesen ist, erscheint dies lediglich als Folge des alten Strandrechts, und bietet unverkennbar dazu Veranlassung, daß der Bergelohn, welcher nichts weiter als eine wenn auch reichlich zugemessene, so doch den Umständen angemessene Bezahlung der von den Bergern geleisteten Dienste darstellen soll, zum Nachtheile des Seehandels meistens höher bestimmt wird, als er bestimmt worden wäre, wenn die Behörde eine gewisse runde Summe zusprechen und ihren desfalsigen Ausspruch begründen müßte. Prot. S. 2819. 2820.

109) Ohne Feststellung eines Maximums steht zu befürchten, daß von den Behörden des einen oder anderen Landes regelmäßig ein viel höherer Bergelohn zugesprochen werde als in anderen benachbarten Ländern, und daß die Berger sich dadurch versucht sehen würden, das geborgene Gut wo möglich nach solchen Ländern zu schaffen, wo sie den höchsten Bergelohn zu erwarten haben. Prot. S. 2817.

gungen und Gefahren verbunden war und jener Werth zugleich ein geringer ist, kann der Betrag bis zur Hälfte des Werthes erhöht werden.[110])

Artikel 749.

Der Hülfslohn ist stets unter dem Betrage festzusetzen, welchen der Bergelohn unter sonst gleichen Umständen erreicht haben würde.[111]) Auf den Werth der geretteten Gegenstände ist bei Bestimmung des Hülfslohns nur eine untergeordnete Rücksicht zu nehmen.

Artikel 750.

Haben mehrere Personen an der Bergung oder Hülfsleistung sich betheiligt, so wird der Berge- oder Hülfslohn unter dieselben nach Maaßgabe der persönlichen und sachlichen Leistungen der Einzelnen und im Zweifel nach der Kopfzahl vertheilt.

Zur gleichmäßigen[112]) Theilnahme sind auch diejenigen berechtigt, welche in derselben Gefahr der Rettung von Menschen sich unterzogen haben.

Artikel 751.

Wird[113]) ein Schiff oder dessen Ladung ganz oder theilweise von einem

---

bis 2820. — Die Höhe des festgesetzten Maximums steht mit dem in vielen nördlichen Seestaaten geltenden Rechte und dem Publikandum für Westpreußen vom 31. Dezbr. 1801 (§. 7.) in Einklang.

110) — weil es unter Umständen dahin kommen kann, daß der Bergelohn mit den Verdiensten der Berger in keinem entsprechenden Verhältnisse steht, zumal der Nettowerth der geborgenen Güter oft nur sehr unbedeutend ist. Prot. S. 2841. 2842.

Von einer Seite wurde außerdem die Meinung aufgestellt, daß durch die Bestimmungen eines Maximums den besonderen Unternehmungen nicht präjudizirt werden solle, welche mitunter von Spekulanten in der Weise betrieben würden, daß sie gegen Zusicherung einer hohen Vergütung mit Aufwand ganz außerordentlicher Mittel die Rettung von Schiff und Ladung versuchten. Prot. S. 2841. Die Bestimmung des Art. 748. scheint überhaupt nur eine subsidiäre zu sein, wenn entweder keine Verabredung über den Berge- und Hülfslohn getroffen, oder diese auf Grund des Art. 744. angefochten ist.

111) Der Bergelohn repräsentirt zugleich den Fundlohn, und gewährt eine Entschädigung für die custodia des Geborgenen, der Hülfslohn nicht; ersterer, welcher sich aus dem alten Strandrecht entwickelt hat, wird in der Regel mit großer Liberalität bemessen; der Hülfslohn hat erst vor nicht sehr langer Zeit allgemeine Anerkennung gefunden und pflegt weniger freigiebig zugemessen zu werden. Prot. S. 2802. 2820—2823.

112) — in demselben Maaße wie diejenigen, welche Sachen geborgen haben. Ausgezeichnete Dienste bei Rettung von Menschen sollen ebensowohl eine besondere Vergütung finden, als die bei Rettung von Sachen geleisteten. Es bedurfte einer ausdrücklichen Bestimmung, weil nach Art. 742. nur die Rettung von Sachen Anspruch auf Berge- und Hülfslohn giebt. Prot. S. 2824. 2825.

113) Der Pr. Entw. (Art. 602.) enthielt noch den Zusatz: auf offener See. Nach der Fassung des Gesetzes macht es keinen Unterschied, ob die Rettung auf

anderen Schiff[114]) geborgen oder gerettet, so wird der Berge- oder Hülfslohn zwischen dem Rheder, dem Schiffer und der übrigen Besatzung des anderen Schiffs, sofern nicht durch Vertrag unter ihnen ein Anderes bestimmt ist, in der Art vertheilt, daß der Rheder die Hälfte, der Schiffer ein Viertel und die übrige Besatzung zusammen gleichfalls ein Viertel erhalten.[115]) Die Vertheilung unter die letztere erfolgt nach Verhältniß der Heuer, welche dem Einzelnen gebührt oder seinem Range nach gebühren würde.

Artikel 752.

Auf Berge- und Hülfslohn hat keinen Anspruch:

1) wer seine Dienste aufgedrungen,[116]) insbesondere ohne Erlaubniß des anwesenden Schiffers das Schiff betreten hat;

2) wer von den geborgenen Gegenständen dem Schiffer, dem Eigenthümer oder der zuständigen Behörde nicht sofort Anzeige gemacht hat.

Artikel 753.

Wegen der Bergungs- und Hülfskosten, wozu auch der Berge- und Hülfslohn gezählt wird, steht dem Gläubiger ein Pfandrecht an den ge-

---

offener See oder auf einem Strome oder auf dem Reviere oder an der Küste stattfindet. Prot. S. 4145.

114) d. h. durch eine von dem Schiffer angeordnete und von der Mannschaft als solche im Dienste des Rheders ausgeführte Maaßregel. Durch diesen Artikel soll dem Schiffer und der Mannschaft kein Recht eingeräumt werden, zum Zweck der Bergung von Gütern und in der Absicht dadurch Erwerb zu machen, vom Wege abzuweichen und die Förderung des ihnen aufgetragenen Unternehmens dadurch zu beeinträchtigen oder zu gefährden. Prot. S. 4145. 2826.

115) Ohne Gebrauch und oft ohne Gefährdung des Schiffs ist die Rettung nicht möglich; insofern ist der Rheder betheiligt; als Führer des Schiffs hat der Schiffer wie die Verantwortung so auch das eigentliche Verdienst der Rettung; die Mannschaft hat die physischen Dienste geleistet. Das Verhältniß des Zusammenwirkens ist unter allen Umständen dasselbe; es läßt sich deshalb eine allgemeine Norm aufstellen. Diese nur subsidiäre Theilungsart steht mit dem Gebrauche mancher Seeplätze, namentlich an der Ostsee, in Einklang. Mot. S. 328. Prot. S. 2825 bis 2827.

116) Hierdurch soll das Betreten des Schiffs unter dem Vorwande helfen oder bergen zu wollen, in der That aber in der Absicht zu plündern, verhütet werden. — Ob der Schiffer zu jeder Zeit die Leitung des Bergegeschäfts wieder übernehmen könne und die Hülfe auch dann als aufgedrungen erscheine, wenn sie zwar anfangs genehmigt, aber für die Folge abgelehnt und dessenungeachtet fortgesetzt worden sei, ist fraglich. Dagegen spricht, daß nach den Gesetzen einiger Staaten die Strandbeamten, deren Hülfe einmal verlangt worden ist, die Verfügungen des Schiffers nicht unbedingt zu vollziehen brauchen, und daß der Wiederantritt des Kommandos Seitens des Schiffers auch die schon erworbenen Rechte der Berger auf Bergelohn durch schlechte Dispositionen gefährden kann. Mot. S. 326. 327. Prot. S. 2828—2830.

borgenen oder geretteten Gegenständen, an den geborgenen Gegenständen bis zur Sicherheitsleistung zugleich das Zurückbehaltungsrecht zu.[117])

In Ansehung der Geltendmachung des Pfandrechts finden die Vorschriften des zweiten und dritten Absatzes des Artikels 697. Anwendung.

Artikel 754.

Der Schiffer darf die Güter vor Befriedigung oder Sicherstellung des Gläubigers weder ganz noch theilweise ausliefern, widrigenfalls er dem Gläubiger insoweit persönlich verpflichtet wird, als derselbe aus den ausgelieferten Gütern zur Zeit der Auslieferung hätte befriedigt werden können.[118])

Hat der Rheder die Handlungsweise des Schiffers angeordnet, so kommen die Vorschriften des zweiten und dritten Absatzes des Artikels 479. zur Anwendung.

Artikel 755.

Eine persönliche Verpflichtung zur Entrichtung der Bergungs- und Hülfskosten wird durch die Bergung oder Rettung an sich nicht begründet.

Der Empfänger von Gütern wird jedoch, wenn ihm bei Annahme derselben bekannt ist, daß davon Bergungs- oder Hülfskosten zu berichtigen seien, für diese Kosten insoweit persönlich verpflichtet, als dieselben, falls die Auslieferung nicht erfolgt wäre, aus den Gütern hätten berichtigt werden können.[119])

Sind noch andere Gegenstände gemeinschaftlich mit den ausgelieferten Gütern geborgen oder gerettet, so geht die persönliche Haftung des Empfängers über den Betrag nicht hinaus, welcher bei Vertheilung der Kosten über sämmtliche Gegenstände auf die ausgelieferten Güter fällt.

Artikel 756.

Den Landesgesetzen bleibt vorbehalten, die Vorschriften dieses Titels zu ergänzen.

Dieselben können bestimmen, daß über die Verpflichtung zur Zahlung eines Berge- oder Hülfslohns oder über den Betrag desselben von einer

---

117) Vgl. Einf.-Gesetz Art. 28. Die beschränkte Haftung der Interessenten für die Bergungs- und Hülfskosten (Art. 755. Abs. 1) macht es nothwendig, den Gläubigern zu ihrer Sicherung ein Pfandrecht zuzugestehen. — Den Bergern und Hülfsleistern gegenüber wird in der Regel die Sache im Ganzen abgemacht und erst den Interessenten der geborgenen Sachen gegenüber tritt eine Vertheilung des Berge- und Hülfslohns ein. Prot. S. 2833. 2834. 4146.

118) Der Gläubiger hat den Nachweis zu führen, daß er zur Zeit der Auslieferung aus den ausgelieferten Gütern seine Befriedigung hätte erlangen können. Prot. S. 4227. 4228. Vergl. Art. 695. Abs. 2. und Art. 733.

119) Diese Bestimmung ist von großer praktischer Bedeutung, namentlich bezüglich des Hülfslohns, weil der Schiffer im Falle der Hülfsleistung fortwährend die Verfügung über die Güter behält, und die Hülfeleistenden dessenungeachtet nur aus diesen Gütern ihre Befriedigung erlangen können. Prot. S. 2834. 2835. Vgl. Art. 698 u. 728.

anderen als einer richterlichen Behörde unter Vorbehalt des Rechtsweges (Artikel 744.) zu entscheiden sei.

Die Bestimmungen der Landesgesetze über die Wiedernehmung eines von dem Feinde genommenen Schiffs werden durch die Vorschriften dieses Titels nicht berührt.[120])

Zehnter Titel.

Von den Schiffsgläubigern.[1])

Artikel 757.

Die nachbenannten Forderungen gewähren die Rechte eines Schiffsgläubigers:

1) die Kosten des Zwangsverkaufs des Schiffes; zu diesen gehören auch die Kosten der Vertheilung des Kaufgeldes, sowie die etwaigen Kosten der Bewachung, Verwahrung und Erhaltung des Schiffs und seines Zubehörs seit der Einleitung des Zwangsverkaufs oder seit der derselben vorausgegangenen Beschlagnahme;

2) die in der Ziffer 1. nicht begriffenen Kosten der Bewachung und Verwahrung des Schiffs und seines Zubehörs seit der Einbringung des Schiffs in den letzten Hafen,[2]) falls das Schiff im Wege der Zwangsvollstreckung verkauft ist;

---

120) — weil Vorschriften hierüber mehr dem öffentlichen Rechte angehören. Subsidiär finden jedoch die Bestimmungen dieses Titels auch auf den gedachten Fall Anwendung. — Die Wiedernehmung eines Schiffs aus der Gewalt von Seeräubern ist als ein Fall gewöhnlicher Bergung und Hülfsleistung anzusehen. Prot. S. 2802. 2804. 2835. 2836.

1) Schiffsgläubiger sind diejenigen, deren Forderungen unter bestimmten Voraussetzungen aus der bestimmungsmäßigen Verwendung des Schiffs zur Seefahrt entsprungen sind, und die vorzugsweise ein Recht auf Befriedigung aus dem Schiffswerthe haben. Es giebt deren zwei Klassen:

1) diejenigen, deren Forderungen durch Aufwendungen zur Erhaltung und Rettung des Schiffs aus einer Gefahr entstanden sind;

2) diejenigen, welche solche Aufwendungen nicht gemacht haben, denen gegenüber aber der Grundsatz Geltung hat, daß der Rheder nur mit dem der See anvertrauten Vermögen haftet.

Diejenigen Gläubiger, welchen nach allgemeinen Grundsätzen des bürgerlichen Rechts das Schiff gleichfalls pfand- oder vorrechtsweise haftet, ohne daß die Forderungen aus der bestimmungsmäßigen Verwendung entstanden sind, gehören nicht zu den Schiffsgläubigern. Prot. S. 2844—2849.

2) Die vor der Beschlagnahme seit dem letzten Einbringen des Schiffs entstandenen Kosten werden als Aufwendungen zur Ermöglichung des Verkaufs betrachtet, oder es wird fingirt, daß das Schiff schon seit dem Einlaufen mit Beschlag belegt ist. Prot. S. 2854.

3) die öffentlichen Schiffs-, Schifffahrts- und Hafenabgaben, insbesondere die Tonnen-, [3]) Leuchtfeuer-, Quarantaine- und Hafengelder;

4) die aus den Dienst- und Heuerverträgen herrührenden Forderungen der Schiffsbesatzung; [4])

5) die Lootsengelder, sowie die Bergungs-, Hülfs-, Loskaufs- und Reklamekosten;

6) die Beiträge des Schiffs zur großen Haverei; [5])

7) die Forderungen der Bodmereigläubiger, welchen das Schiff verbodmet ist, sowie die Forderungen aus sonstigen Kreditgeschäften, welche der Schiffer als solcher während des Aufenthalts des Schiffs außerhalb des Heimathshafens in Nothfällen abgeschlossen hat (Artikel 497. 510.), auch wenn er Miteigenthümer oder Alleineigenthümer des Schiffs ist; [6]) den Forderungen aus solchen Kreditgeschäften stehen die Forderungen wegen Lieferungen oder Leistungen gleich, welche ohne Gewährung eines Kredits dem Schiffer als solchem während des Aufenthalts des Schiffs außerhalb des Heimathshafens in Nothfällen zur Erhaltung des Schiffs oder zur Ausführung der Reise gemacht sind, soweit diese Lieferungen oder Leistungen zur Befriedigung des Bedürfnisses erforderlich waren; [7])

---

3) Tonnengelder sind nicht die nach dem Tonnengehalt des Schiffs zu berechnenden Abgaben für den Aufenthalt im Hafen, sondern die Abgaben, welche für Erhaltung der Signaltonnen erhoben werden.

4) Hierzu gehören nicht blos die eigentlichen Heuerforderungen, sondern auch die Ansprüche auf Entschädigung für außerordentliche Dienstleistungen. — Das Privilegium gilt auch für diejenigen Forderungen, für welche eine persönliche Haftbarkeit des Rheders besteht, um eine Ausgleichung dafür zu gewähren, daß der Rheder in vielen Fällen dem Schiffer und der Schiffsmannschaft nur mit Schiff und Fracht haftet. Prot. S. 2855. 4151.

5) Die Bestimmung, daß die nach den Grundsätzen der großen Haverei zu beurtheilenden Beiträge den eigentlichen Havereibeiträgen gleich zu achten sind (Art. 735.), findet auch auf den zehnten Titel Anwendung. Prot. S. 4152.

6) Daß den Forderungen aus anderen Kreditgeschäften, als dem Bodmereigeschäfte, welche der Schiffer, der zugleich Rheder oder Mitrheder ist, außerhalb des Heimathshafens in Nothfällen abgeschlossen hat, die Eigenschaft von Schiffsschulden beigelegt worden, ist die Konsequenz der Bestimmung des Art. 700. Hat dagegen der Rheder nicht in der Eigenschaft als Schiffer kontrahirt, oder ist er herbeigeeilt um die erforderlichen Geschäfte selbst einzugehen, so sind die hieraus entspringenden Forderungen nicht als Schiffsschulden zu erachten. Prot. S. 2856. 2857.

7) Es ist nicht abzusehen, weshalb z. B. der Inhaber eines Dampfschiffs wegen des Bugsirlohns ein Vorzugsrecht haben soll, wenn er beim Vertragsabschluß schon dem Schiffer drei Tage Kredit gegeben hat, und dieses Vorzugsrecht entbehren soll, wenn er sich baare Zahlung bedungen, der Schiffer aber nach Ankunft des Schiffs doch nicht bezahlt hat. Die Unterscheidung zwischen Kreditgeschäften und anderen Rechtshandlungen des Schiffers wird durch diese Bestimmung keineswegs bedeutungslos; sie ist von größter Bedeutung für die Frage,

8) die Forderungen [8]) wegen nicht Ablieferung oder Beschädigung der Ladungsgüter [9]) und der im zweiten Absatze des Artikels 674. erwähnten Reise-Effekten;

9) die nicht unter eine der vorigen Ziffern fallenden Forderungen aus Rechtsgeschäften, welche der Schiffer als solcher kraft seiner gesetzlichen Befugnisse und nicht mit Bezug auf eine besondere Vollmacht geschlossen hat (Artikel 452. Ziffer 1.), sowie die nicht unter eine der vorigen Ziffern fallende Forderungen wegen Nichterfüllung oder wegen unvollständiger oder mangelhafter Erfüllung eines von dem Rheder abgeschlossenen Vertrages, insofern die Ausführung des letzteren zu den Dienstobliegenheiten des Schiffers gehört hat (Artikel 452. Ziffer 2.);

10) die Forderungen aus dem Verschulden einer Person der Schiffsbesatzung (Artikel 451. und 452. Ziffer 3.), auch wenn dieselbe zugleich Miteigenthümer oder Alleineigenthümer des Schiffs ist. [10])

Einf.-Ges. Art. 29. Welche Forderungen die Rechte eines Schiffsgläubigers gewähren, wie weit das dingliche Recht der Schiffsgläubiger sich erstreckt und in welcher Reihenfolge dieselben zur Hebung kommen, bestimmt sich in Betreff der Seeschiffe nicht mehr nach den Vorschriften der §§. 64. bis 71. der Konkurs-Ordnung vom 8. Mai 1855, sondern nach den Vorschriften des zehnten Titels des fünften Buchs des Handelsgesetzbuchs.

Artikel 758.

Den Schiffsgläubigern, welchen das Schiff nicht schon durch Verbodmung verpfändet ist, steht ein gesetzliches Pfandrecht an dem Schiff und dem Zubehör desselben zu.

Das Pfandrecht ist gegen dritte Besitzer des Schiffs verfolgbar. [11])

Artikel 759.

Das gesetzliche Pfandrecht eines jeden dieser Schiffsgläubiger erstreckt

---

welche Geschäfte des Schiffers für den Rheder verbindlich sind; ja selbst bezüglich der Prioritätsordnung wird diese Unterscheidung nur für den Fall aufgegeben, daß alle Voraussetzungen vorhanden sind, unter welchen der Schiffer ein Kreditgeschäft schließen darf. Prot. S. 4476. 4477.

8) — des Ladungsempfängers und des Befrachters. Prot. S. 2323.

9) Ob rücksichtlich der Forderungen aus Art. 654. 655., Ziffer 8. oder 10. zur Anwendung kommt, ist im einzelnen Falle je nach Maaßgabe der unterliegenden Verhältnisse anders zu entscheiden. Prot. S. 4152. 4153.

10) Der Beschädigte kann sowohl bei den außerhalb von Vertragsverhältnissen vorkommenden Delikten der Schiffsmannschaft (z. B. Uebersegelung), als bei Verschuldungen, die mit Vertragsverhältnissen zusammenhängen (z. B. bei dem Bruch einer Chartepartie) dadurch nicht schlechter gestellt werden, daß die Schiffsbesatzung zugleich Miteigenthümer oder Alleineigenthümer des Schiffs ist. Dies würde aber geschehen, wenn dem Beschädigten bei der geringen Bedeutung, welche oft der persönlichen Haftung des Eigenthümers beizumessen ist, die Rechte eines Schiffsgläubigers in solchem Falle nicht beigelegt würden. Prot. S. 3014. 3015.

11) — ohne Unterschied des Grundes der Besitzveränderung. (Prot. S. 2938. 2939.

sich außerdem auf die Bruttofracht[12]) derjenigen Reise, aus welcher seine Forderung entstanden ist.[13])

Artikel 760.

Als eine Reise im Sinne dieses Titels wird diejenige angesehen, zu welcher das Schiff von neuem ausgerüstet,[14]) oder welche entweder auf Grund eines neuen Frachtvertrages oder nach vollständiger Löschung der Ladung[15]) angetreten wird.

Artikel 761.

Den im Artikel 757. unter Ziffer 4. aufgeführten Schiffsgläubigern steht wegen der aus einer späteren Reise entstandenen Forderungen zugleich ein gesetzliches Pfandrecht an der Fracht der früheren Reisen zu, sofern die verschiedenen Reisen unter denselben Dienst- und Heuervertrag fallen (Artikel 521. 536. 538. 554.).[16])

---

12) Die Bruttofracht umfaßt die gesammte verdiente Fracht der betreffenden Reise, einschließlich des zur Befriedigung von Gläubigern verwendeten Theils derselben; die Nettofracht dagegen nur denjenigen Frachtbetrag, welcher nach Abzug der aus der Bruttofracht zu bestreitenden Auslagen (Reiseunkosten u. dgl.) übrig bleibt. Ein gegen den Frachtschuldner direkt verfolgbares Pfandrecht an der Nettofracht ist nicht denkbar, weil die Höhe der Nettofracht nur in einem Rechnungsverfahren zwischen dem Gläubiger und dem Rheder festgestellt werden kann. Eine derartige Abrechnung würde große Streitigkeiten darüber, zu welchen Abzügen der Rheder befugt ist, und unter Umständen eine erhebliche Gefährdung der Schiffsgläubiger herbeiführen können. Derartige beschwerliche Liquidationen und Benachtheiligungen werden durch die Vorschrift des Art. 759. vermieden. Prot. S. 2883. 2886. 2887. 2913. 2914. 2929—2932. Vgl. ALR. Th. 1. Tit. 20. §. 311.

13) Wenn in einem mehrere Reisen (Art. 760.) umfassenden Frachtvertrage die Fracht für alle diese Reisen in einer gemeinschaftlichen Summe festgesetzt worden ist, so können die Gläubiger, deren Forderungen nur aus einer oder der anderen Reise herrühren, sich nicht an die gesammte Fracht der Unternehmung, sondern nur an die Fracht der betreffenden einzelnen Reise halten. Prot. S. 2941.

14) Die Ergänzung der Schiffsvorräthe wird nicht als neue Ausrüstung angesehen. Prot. S. 2935. 2936.

15) Im einzelnen Falle wird sich leicht ermitteln lassen, ob ein zwischen dem Ende der älteren und dem Anfang der neuen Reise liegender Zeitraum zur alten oder neuen Reise gehört. Wenn er im Heimathshafen verläuft ohne zu der einen oder zu der anderen Reise gerechnet werden zu können, so wird er nicht leicht zur Entstehung eigentlicher Schiffsschulden Anlaß geben. Die leere Zureise zum Zweck der Ausführung eines bereits vorher abgeschlossenen Frachtkontrakts wird mit der Ausführung des Transports als eine Reise zusammengefaßt. Prot. S. 2923. 2924. 2935. 2936.

16) Diese Vorschrift ist die nothwendige Folge der Bestimmung über die Fälligkeit der Heuerforderungen (Art. 536.); durch den Antritt einer neuen Frachtreise könnte die Schiffsmannschaft sonst des werthvollsten Theils ihres Vorzugsrechts verlustig gehen, was um so bedenklicher erscheint, als ihr nicht einmal die Versicherung ihrer Forderungen gestattet ist. (Art. 784.) Prot. S. 2936.

Artikel 762.

Auf das dem Bodmereigläubiger in Gemäßheit des Artikels 680. zustehende Pfandrecht finden dieselben Vorschriften Anwendung, welche für das gesetzliche Pfandrecht der übrigen Schiffsgläubiger gelten.

Der Umfang[17]) des Pfandrechts des Bodmereigläubigers bestimmt sich jedoch nach dem Inhalt des Bodmereivertrages (Artikel 681.).

Artikel 763.

Das einem Schiffsgläubiger zustehende Pfandrecht gilt in gleichem Maaße für Kapital, Zinsen, Bodmereiprämie und Kosten.[18])

Artikel 764.

Der Schiffsgläubiger, welcher sein Pfandrecht verfolgt, kann sowohl den Rheder als auch den Schiffer belangen, den letzteren auch dann, wenn das Schiff in dem Heimathshafen liegt (Artikel 495.).

Das gegen den Schiffer ergangene Erkenntniß ist in Ansehung des Pfandrechts gegen den Rheder wirksam.[19])

Artikel 765.

Auf die Rechte eines Schiffsgläubigers hat es keinen Einfluß, daß der Rheder für die Forderung bei deren Entstehung oder später zugleich persönlich verpflichtet wird.

Diese Vorschrift findet insbesondere auf die Forderungen der Schiffsbesatzung aus den Dienst- und Heuerverträgen Anwendung (Artikel 453.).

Artikel 766.

Gehört das Schiff einer Rhederei, so haftet das Schiff und die Fracht den Schiffsgläubigern in gleicher Weise, als wenn das Schiff nur Einem Rheder gehörte.

---

17) „Umfang des Pfandrechts" bezieht sich nur auf die Ausdehnung desselben in Ansehung des Objekts, nicht auf die Ausbedingung eines Vorrechts gegenüber den Schiffsgläubigern. Prot. S. 4168. 4169. Vgl. Art. 771.

18) Unter „Kosten" sind hier die durch Geltendmachung der Forderung oder des Vorrechts entstehenden Prozeßkosten gemeint. In vielen Landesgesetzgebungen und namentlich in den Hypothekenordnungen ist den Zinsen und Kosten nur ein geringeres Vorrecht eingeräumt, als der Hauptsumme. Prot. S. 2861. Nach §. 70. der Preuß. Konkurs-Ordnung haben im Konkurse bei Bodmereiforderungen Zinsrückstände nur aus dem letzten Jahre vor der Konkurseröffnung oder dem früheren Tage der verfügten nothwendigen Subhastation das Vorzugsrecht des Kapitals.

19) Es würde die Bodmerei sehr erschweren, wenn man den Schiffsgläubigern zumuthete, ihre dinglichen Ansprüche gegen eine unter Umständen sehr große Anzahl von Mitrhedern geltend zu machen. Es ist ihnen deshalb das Recht eingeräumt, den Schiffer, selbst im Heimathshafen wo sonst seine Vollmacht ruht, zu belangen. Derselbe ist zur Prozeßführung als selbstständiger Kurator des Schiffs befugt. — Das Erkenntniß gegen den jeweiligen Schiffer ist, so weit es sich um die persönliche Haftung des Rheders handelt, nicht bindend für diesen. Prot. S. 1909. 1910. 2861. 2862. 2928. 2929. 4173.

Artikel 767.

Das Pfandrecht der Schiffsgläubiger am Schiff erlischt:

1) durch den im Inlande im Wege der Zwangsvollstreckung erfolgten Verkauf des Schiffs; an Stelle des letzteren tritt für die Schiffsgläubiger das Kaufgeld.[20])

Es müssen die Schiffsgläubiger zur Wahrnehmung ihrer Rechte öffentlich aufgefordert werden; im Uebrigen bleiben die Vorschriften über das den Verkauf betreffende Verfahren den Landesgesetzen vorbehalten;[21])

2) durch den von dem Schiffer im Falle der zwingenden Nothwendigkeit auf Grund seiner gesetzlichen Befugnisse bewirkten Verkauf des Schiffs[22]) (Artikel 499.); an Stelle des letzteren tritt für die Schiffsgläubiger das Kaufgeld, so lange es bei dem Käufer aussteht oder noch in den Händen des Schiffers ist.[23])

---

20) Durch diese Bestimmung wird eine gemeinrechtliche Kontroverse entschieden. Prot. S. 2863—2865. Rücksichtlich des persönlichen Anspruchs an den Rheder, der das Kaufgeld ganz oder zum Theil eingezogen hat, vgl. Art. 776. und Note 39. zu demselben.

21) Die Bestimmung, daß die Gläubiger öffentlich vorgeladen werden, findet sich schon in den meisten Exekutions-Ordnungen. Prot. S. 2913. 4174. In Betreff des Verfahrens beim Verkaufe von Seeschiffen vgl. Preuß. Konkurs-Ordnung §. 403. und Einf.-Ges. zur Konkurs-Ordnung Art. XVI.

22) Diese Vorschrift ist unentbehrlich, wenn der Käufer eines Schiffs auch nur die geringste Sicherheit haben, mithin der Verkauf von Schiffen im Nothhafen überhaupt möglich sein soll; der auswärtige Kauflustige hat kein ausreichendes Mittel um über die bestehenden Pfandrechte sich zu unterrichten. Eine Benachtheiligung der Pfandgläubiger steht durch diese Bestimmung nicht zu befürchten; denn wenn sich das Schiff in einem solchen Zustande befindet, daß der Schiffer die Befugniß hat, dasselbe rechtsgültig zu verkaufen, so wird man in der Regel annehmen dürfen, daß das Pfandobjekt für den Pfandgläubiger schon durch Zufall so gut wie verloren ist. Prot. S. 1725. 1726. 2863.

23) Würde das Kaufgeld nicht an die Stelle des Schiffs treten, so würde den Schiffsgläubigern das ihnen haftende Vermögen allzuleicht von dem Rheder entzogen werden können; mit der Bereicherungsklage würde der Schiffsgläubiger jedenfalls nicht mehr als einen persönlichen Anspruch geltend zu machen vermögen, nicht aber im Falle des Konkurses eine Separation und Vertheilung nach der seerechtlichen Prioritätsordnung unter Ausschluß der persönlichen Gläubiger verlangen können. Das Pfandrecht an dem Kaufgelde kann jedoch nur so lange fortdauern, als das letztere ein separates Rechtsobjekt bildet, so lange also noch keine Vermischung mit dem übrigen Vermögen des Rheders eingetreten ist. Zweifellos ist das Kaufgeld mit dem übrigen Vermögen noch nicht als vermischt anzusehen, so lange es aussteht oder sich in Händen des Schiffers befindet. Auf diese allein praktisch relevanten Fälle hat man das Pfandrecht an dem Kaufgelde beschränkt, um Streitigkeiten, ob das Kaufgeld noch unterscheidbar als solches vorhanden sei, abzuschneiden. Sobald der Rheder das Kaufgeld in Empfang genommen hat, hört demnach das Pfand- resp. Separationsrecht auf. Prot. S. 2863—2865.

Artikel 768.

Den Landesgesetzen bleibt vorbehalten, zu bestimmen, daß auch in anderen Veräußerungsfällen die Pfandrechte erlöschen, wenn die Schiffsgläubiger zur Anmeldung der Pfandrechte ohne Erfolg öffentlich aufgefordert sind, oder wenn die Schiffsgläubiger ihre Pfandrechte innerhalb einer bestimmten Frist, seitdem das Schiff in dem Heimathshafen oder in einem inländischen Hafen sich befunden hat, bei der zuständigen Behörde nicht angemeldet haben.[24])

Einf.-Ges. Art. 58. In anderen als den im Artikel 767. des Handelsgesetzbuchs bezeichneten Fällen der Veräußerung eines Schiffs erlöschen die Pfandrechte der dem Erwerber nicht bekannten Schiffsgläubiger, wenn diese zur Anmeldung ihrer Rechte auf Antrag des Erwerbers ohne Erfolg öffentlich vorgeladen sind.[25])

Hierbei kommen folgende Vorschriften zur Anwendung:

§. 1.

Der Antrag ist erst nach der Eintragung der Veräußerung in das Schiffsregister zulässig; er ist bei dem Gericht anzubringen, welches das Schiffsregister führt. Der Antragsteller muß zur Begründung des Antrags dem Gericht anzeigen, ob und welche Schiffsgläubiger ihm bekannt sind.

§. 2.

Das Gericht hat einen Termin vor einem Kommissar anzuberaumen und durch öffentliche Bekanntmachung die nicht angezeigten Schiffsgläubiger aufzufordern, ihre Aussprüche bei Vermeidung des Ausschlusses spätestens in diesem Termine anzumelden.

Der Termin wird auf drei Monate hinausgerückt. Für die Berechnung der dreimonatlichen Frist und die Art und Weise der öffentlichen Bekanntmachung sind

---

24) Bei Anordnung der Rechte der Schiffsgläubiger muß der doppelte Zweck im Auge behalten werden, daß einerseits der Verkehr mit Seeschiffen nicht unmöglich gemacht, und doch andererseits auch eine zur Noth genügende Sicherheit für die Gläubiger erzielt werde. Beides erreicht man dadurch, daß man das Pfandrecht der Schiffsgläubiger als gegen Dritte verfolgbar bezeichnet, zugleich aber Vorsorge trifft, daß es in einer kurzen Zeit nach der Veräußerung des Schiffs erlischt. Eine Einigung über die zu treffende Bestimmung wurde nicht erzielt; man war dagegen darüber einverstanden, daß in denjenigen Ländern, deren bürgerliches Recht nur den kundbaren Pfandrechten Wirksamkeit gegen Dritte beilegt, Bestimmungen über das Erlöschen nicht angemeldeter Forderungen erforderlich sein möchten, nnd überließ es deshalb den Landesgesetzgebungen solche zu treffen. Prot. S. 2846. 2865—2872. 2890. 2895. 4180 bis 4193. 4196 bis 4199. 4462. 4463.

25) Für Preußen ist die Nothwendigkeit vorhanden, die Vorschriften des Seerechts mit dem in seinen meisten Landestheilen geltenden Pfandrechtssystem möglichst in Einklang zu bringen. Von den beiden Wegen, welche der Art. 768. hierzu eröffnet, scheint der des öffentlichen Aufrufs und des Präklusions-Verfahrens der einfachere zu sein und in das bisherige Recht sich am besten einzufügen, zumal er im Falle des Zwangsverkaufs sowohl nach dem Handelsgesetzbuch (Art. 767.), als nach den in Preußen bestehenden Vorschriften über die Subhastation von Seeschiffen (§. 403. der Konkursordn.) ohnehin schon gilt, auch gar nicht zu umgehen ist. Mot. z. Einf.-Ges. S. 74. 75.

die Vorschriften des Artikels XVI. des Einführungsgesetzes zur Konkurs-Ordnung vom 8. Mai 1855. maaßgebend.

§. 3.

Nach Abhaltung des Termins ist ein Präklusions-Erkenntniß abzufassen; in diesem sind den Schiffsgläubigern, welche von dem Antragsteller angezeigt sind, oder welche sich gemeldet haben, ihre Rechte vorzubehalten, die übrigen Schiffsgläubiger mit ihren Ansprüchen auszuschließen.

§. 4.

Eine Ausfertigung des Präklusions-Erkenntnisses ist durch öffentlichen Aushang an der Gerichtsstelle bekannt zu machen; die Insinuation an die ausgeschlossenen Schiffsgläubiger gilt als bewirkt, wenn die Ausfertigung vierzehn Tage lang ausgehangen hat.

Den Gläubigern, welchen ihre Rechte vorbehalten sind, ist eine Abschrift des Erkenntnisses mitzutheilen.

Gegen das Erkenntniß findet nur das Rechtsmittel der Restitution statt.[26])

Artikel 769.

Der Artikel 767. findet keine Anwendung, wenn nicht das ganze Schiff, sondern nur eine oder mehrere Schiffsparten veräußert werden.[27])

Artikel 770.

In Ansehung des Schiffs haben die Kosten des Zwangsverkaufs (Artikel 757. Ziffer 1.) und die Bewachungs- und Verwahrungskosten seit der Einbringung in den letzten Hafen (Artikel 757. Ziffer 2.) vor allen anderen Forderungen der Schiffsgläubiger den Vorzug.[28])

Die Kosten des Zwangsverkaufs gehen den Bewachungs- und Verwahrungskosten seit der Einbringung in den letzten Hafen vor.

Artikel 771.

Von den übrigen Forderungen gehen die die letzte Reise (Artikel 760.) betreffenden Forderungen, zu welchen auch die nach der Beendigung der letzten Reise entstandenen Forderungen gerechnet werden, den Forderungen vor, welche die früheren Reisen betreffen.

Von den Forderungen, welche nicht die letzte Reise betreffen, gehen die eine spätere Reise betreffenden denjenigen vor, welche eine frühere Reise betreffen.

Den im Artikel 757. unter Ziffer 4. aufgeführten Schiffsgläubigern

---

26) Die Vorschriften der §§. 1. bis 4. sind denen der Konkurs-Ordnung §§ 409—412. nachgebildet.

27) Das Pfandrecht des Schiffsgläubigers erfaßt stets das ganze Schiff, gleichviel wie viele Mitrheder Antheil am Schiffe haben, und ist nach Parten nicht theilbar. — Der Verkauf von Schiffsparten ist also, ohne Unterschied ob er freiwillig oder im Wege der Zwangsvollstreckung erfolgt, ohne Einfluß auf den Fortbestand dieses Pfandrechts. Prot. S. 2867. 2868.

28) Es liegt in der Billigkeit, daß der von dem Extrahenten des Zwangs-Verkaufs geleistete Kostenvorschuß von sämmtlichen Gläubigern erstattet, und deshalb vorweg aus der Masse entnommen wird. Prot. S. 2873. 2874. 4174.

gebührt jedoch wegen der eine frühere Reise betreffenden Forderungen dasselbe Vorzugsrecht, welches ihnen wegen der eine spätere Reise betreffenden Forderungen zusteht, sofern die verschiedenen Reisen unter denselben Dienst- oder Heuervertrag fallen.

Wenn die Bodmereireise mehrere Reisen im Sinne des Artikels 760. umfaßt, so steht der Bodmereigläubiger denjenigen Schiffsgläubigern nach, deren Forderungen die nach Vollendung der ersten dieser Reisen angetretenen späteren Reisen betreffen.

Artikel 772.

Die Forderungen, welche dieselbe Reise betreffen, sowie diejenigen, welche als dieselbe Reise betreffend anzusehen sind (Artikel 771.), werden in nachstehender Ordnung[29]) berichtigt:

1) die öffentlichen Schiffs-, Schifffahrts- und Hafenabgaben (Artikel 757. Ziffer 3.);
2) die aus den Dienst- und Heuerverträgen herrührenden Forderungen der Schiffsbesatzung[30]) (Artikel 757. Ziffer 4.);
3) die Lootsengelder, sowie die Bergungs-, Hülfs-, Loskauf- und Reklamekosten (Artikel 757. Ziffer 5.), die Beiträge des Schiffs zur großen Haverei (Artikel 757. Ziffer 6.), die Forderungen aus den von dem Schiffer in Nothfällen abgeschlossenen Bodmerei- und sonstigen Kreditgeschäften, sowie die diesen Forderungen gleichzuachtenden Forderungen (Artikel 757. Ziffer 7.);
4) die Forderungen wegen Nichtablieferung oder Beschädigung von Gütern und Reise-Effekten (Artikel 757. Ziffer 8.);
5) die im Artikel 757. unter Ziffer 9. und 10. aufgeführten Forderungen.

Artikel 773.

Von den unter Ziffer 1. 2. 4. und 5. des Artikels 772. aufgeführten Forderungen sind die unter derselben Ziffer dieses Artikels aufgeführten gleichberechtigt.[31])

Von den unter Ziffer 3. des Artikels 772. aufgeführten Forderungen

---

29) Derjenige Gläubiger geht stets dem anderen vor, dessen Forderungen aus Leistungen herrühren, durch welche das Schiff auch für den anderen erhalten und beziehungsweise die Erreichung des Orts seiner Bestimmung ermöglicht wird, so daß diese Leistungen auch dem anderen Gläubiger als zu Gute gekommen anzusehen sind. Prot. S. 4471.

30) Die Unterscheidung einer Reihe von Quoten der Heuer erscheint einerseits als praktisch undurchführbar, andererseits auch als der Natur der Sache nicht angemessen, denn die Dienstleistungen des Schiffers und der Mannschaft sind vom Anfang bis zum Ende der Reise ein ungetheiltes Ganze. (Art. 536.). Die Leistungen derselben kommen jedem Forderungsberechtigten zu Gute. Prot. S. 2879. 2880. 4175. 4176.

31) Es war beantragt, daß bei den Forderungen zu 5. das Alter der Entstehung für die Priorität maaßgebend ein solle. Hiergegen wurde geltend

geht dagegen die später entstandene der früher entstandenen vor; die gleichzeitig entstandenen sind gleichberechtigt.

Hat der Schiffer aus Anlaß desselben Nothfalls verschiedene Geschäfte abgeschlossen (Artikel 757. Ziffer 7.), so gelten die daraus herrührenden Forderungen als gleichzeitig entstanden.

Forderungen aus Kreditgeschäften, namentlich aus Bodmereiverträgen, welche der Schiffer zur Berichtigung früherer, unter die Ziffer 3. des Artikels 772. fallender Forderungen eingegangen ist, sowie Forderungen aus Verträgen, welche derselbe Behufs Verlängerung der Zahlungszeit, Anerkennung oder Erneuerung solcher früherer Forderungen abgeschlossen hat, haben auch dann, wenn das Kreditgeschäft oder der Vertrag zur Fortsetzung der Reise nothwendig war, nur dasjenige Vorzugsrecht, welches der früheren Forderung zustand.[32])

Artikel 774.

Das Pfandrecht der Schiffsgläubiger an der Fracht (Artikel 759.) ist nur so lange wirksam, als die Fracht noch aussteht oder die Frachtgelder in den Händen des Schiffers sind.

Auch auf dieses Pfandrecht finden die in den vorstehenden Artikeln über die Rangordnung enthaltenen Bestimmungen Anwendung.[33])

Im Falle der Cession der Fracht kann das Pfandrecht der Schiffsgläubiger, so lange die Fracht noch aussteht oder die Frachtgelder in den

---

gemacht: Durch die Bezeichnung „Pfandrecht" solle nur ausgedrückt werden, daß die Schiffsgläubiger befugt seien, ihr Recht auch gegen den neuen Erwerber des Schiffs zu verfolgen; für das Verhältniß der Gläubiger unter einander habe man dagegen ein Pfandrechtsystem wonach die ältere Forderung der jüngeren vorgehen müßte, keineswegs zu begründen beabsichtigt. Ein solches System würde nicht durchführbar sein und es fehle auch an jedem genügenden Grunde der älteren Forderung eine Priorität vor der jüngeren zuzugestehen. Für das Verhältniß der Gläubiger unter einander sei die Privilegiennatur der einzelnen Forderungen das Wesentliche, die Dinglichkeit des Rechts komme nur gegen Dritte in Betracht. Prot. S. 2880. 2881.

32) Wenn z. B. der Schiffer bei einer zusammengesetzten Reise Bodmerei nicht für die ganze Reise, sondern nur für die Reise bis zu einem Zwischenhafen aufnimmt, und weil er das erforderliche Geld nicht vorfindet zur Abwendung des Verkaufs des Schiffs, eine neue Bodmerei aufnimmt oder die alte prolongiren läßt, nach der ersten und vor der zweiten Bodmerei jedoch große Haverei eintritt, so hat die Havereiforderung das Vorrecht auch vor der prolongirten resp. der neuen Bodmereiforderung; denn wäre die Bodmerei nicht verlängert oder die neue Bodmerei nicht eingegangen, sondern das Schiff verkauft worden, so würden die Havereigelder der Bodmereischuld vorgegangen sein; die Rechte derjenigen, welche die Havereigelder zu fordern hätten, würden also durch die Abwendung des Verkaufs nicht salvirt. Prolongationen und Novationen würden ohne eine derartige Bestimmung leicht zu Kollusionen zwischen dem Schiffer und einzelnen Gläubigern Anlaß geben können. Prot. S. 4193. 4194.

33) An bereits eingehobenen Forderungen kann ein dingliches Recht nicht bestehen. Vgl. Art. 767. Nr. 2. Die Ansprüche der Schiffsgläubiger an die Fracht sind rechtlich gleichgeartet mit denen an das Kaufgeld des Schiffes. Die leitenden Grundsätze, auf denen die seerechtliche Prioritätsordnung beruht, nament-

Händen des Schiffers sind, auch dem Cessionar gegenüber geltend gemacht werden.[34])

Insoweit der Rheder die Fracht eingezogen hat,[35]) haftet er den Schiffsgläubigern, welchen das Pfandrecht dadurch ganz oder zum Theil entgeht,[36]) persönlich und zwar einem jeden in Höhe desjenigen Betrages, welcher für denselben bei Vertheilung des eingezogenen Betrages nach der gesetzlichen Rangordnung sich ergiebt.[37])

Dieselbe persönliche Haftung des Rheders tritt ein in Ansehung der am Abladungsort zur Abladungszeit üblichen Fracht für die Güter, welche für seine Rechnung abgeladen sind.

Artikel 775.

Hat der Rheder die Fracht zur Befriedigung eines oder mehrerer Gläubiger, welchen ein Pfandrecht an derselben zustand, verwendet, so ist er den Gläubigern, welchen der Vorzug gebührt hätte, nur insoweit verantwortlich, als erwiesen wird, daß er dieselben wissentlich verkürzt hat.[38])

---

lich das Moment der versio in rem sind auch bei der Fracht der betreffenden Reise von Bedeutung. Prot. S. 2883—2889. 2897. 2941.

34) Ohne eine solche Bestimmung würden die Rechte der Schiffsgläubiger auf die Fracht völlig illusorisch sein. Gegen den Cessionar liegt kein Unrecht in dieser Festsetzung, da er im Voraus weiß, daß seine Rechte noch durch neu bekannt werdende oder sogar erst neu entstehende Schiffsgläubiger gefährdet werden können, und da er sich freiwillig zu dem Geschäfte herbeiläßt, während viele Schiffsgläubiger unfreiwillig zu Gläubigern werden und überdies nur mit beschränkten Rechten. Prot. S. 4163—4166.

35) Unter Einziehung der Fracht ist auch die Verwendung im Interesse des Rheders, die Zahlung an Gläubiger u. s. w. zu verstehen. — Hat nicht der Rheder sondern der Schiffer die Fracht eingezogen, ohne daß etwas davon an den Rheder gelangt ist, so ist letzterer nicht persönlich haftbar. Prot. S. 2942.

36) Es macht keinen Unterschied hierbei, ob die Forderung des Schiffsgläubigers vor oder nach Einziehung der Fracht entstanden ist, was namentlich in Betreff der Frachtvorschüsse von Bedeutung ist. Prot. S. 2942. 2943.

37) In denjenigen Fällen, wo der Anspruch der Schiffsgläubiger nur ein persönlicher und kein dinglicher ist, bleibt die Gemeinschaft derselben noch in sofern bestehen, als für alle eine gewisse Summe die gemeinschaftliche Grenze der Haftbarkeit des Rheders bildet. Mit der Veränderung des haftbaren Objekts verlieren die Erwägungen, die zur Aufstellung der seerechtlichen Prioritätsordnung Veranlassung gegeben haben, nicht ihre Begründung. Jeder durch Einziehung der Fracht benachtheiligte Gläubiger hat deshalb nur in Höhe desjenigen Betrags, welchen er bei ordnungsmäßiger Vertheilung der Kaufgelder resp. der Fracht erhalten haben würde, einen persönlichen Anspruch; er ist dagegen nicht befugt, den Kaufschilling und die Fracht für seine ganze Forderung in Anspruch zu nehmen, so lange noch etwas davon übrig ist und ihm nicht bewiesen wird, daß noch besser privilegirte Gläubiger vorhanden sind. Der Rheder hat demgemäß das Kaufgeld so zu vertheilen, wie es der Richter beim Zwangsverkauf gethan haben würde. Im Konkurse des Rheders kann sonach der Schiffsgläubiger nicht seine ganze Forderung, sondern nur denjenigen Theil, welchen er bei ordnungsmäßiger Vertheilung erhalten hätte, liquidiren. Prot. S. 2884. 2889. 2894. 2897.

38) Es kann sich leicht ereignen, daß dem Rheder die Forderung eines

Artikel 776.

Insoweit der Rheder in den im Artikel 767. unter Ziffer 1.[39]) und 2. erwähnten Fällen das Kaufgeld eingezogen hat, haftet er in Höhe des eingezogenen Betrages sämmtlichen Schiffsgläubigern in gleicher Weise persönlich, wie den Gläubigern einer Reise im Falle der Einziehung der Fracht (Artikel 774. 775.).

Artikel 777.

Wenn der Rheder, nachdem er von der Forderung eines Schiffsgläubigers, für welche er nur mit Schiff und Fracht haftet, Kenntniß erhalten hat,[41]) das Schiff zu einer neuen Reise (Artikel 760.) in See sendet, ohne

---

Schiffsgläubigers, aber nicht die Thatsache, auf welcher ihr Vorrecht beruht, bekannt ist. Es wäre unbillig, wenn man ihn für die Nichtberücksichtigung dieses ihm unbekannten besseren Vorrechts verantwortlich machen wollte. Prot. S. 2894. 2895. 4195.

39) Die persönliche Haftung des Rheders für den von ihm eingezogenen Theil des Kaufgeldes folgt schon aus allgemeinen Rechtsgrundsätzen. — Ist die Zuziehung einiger Gläubiger zum Kaufgelder-Vertheilungsverfahren aus Versehen unterlassen, so können die benachtheiligten Gläubiger Rückgabe des an den Rheder gezahlten Kaufgeldes und Fortsetzung des Vertheilungsverfahrens verlangen. So lange das Vertheilungs-Verfahren nicht wieder aufgenommen ist können auch die präkludirten Gläubiger den Rheder in so weit in Anspruch nehmen, als sie aus dem von diesen eingezogenen Theile des Kaufgeldes Befriedigung erlangt hätten, wenn alle Gläubiger bei Vertheilung des Kaufschillings nach der seerechtlichen Prioritätsordnung berücksichtigt worden wären; denn das Präklusionsurtheil schließt zwar den präkludirten Gläubiger von seinem Vorrechte bezüglich der im Zwangswege verkauften Sache aus, der persönliche Anspruch gegen den Schuldner bleibt ihm aber vorbehalten. Prot. S. 2893. 2894. 4178—4180.

40) Im Falle der freiwilligen Veräußerung (Art. 768. Einf.-Ges. Art. 58.) steht den präkludirten Schiffsgläubigern ein persönlicher Anspruch gegen den Veräußerer, der das Kaufgeld erhoben, nur in so weit zu, als sich nach den Grundsätzen des bürgerlichen Rechts die Bereicherungsklage begründen läßt. Würde man auch ohne dieses Erforderniß den persönlichen Anspruch zulassen, so würde unter Umständen der säumige Gläubiger besser stehen, als der vorsichtige; denn letzterer verliert seinen Anspruch wenn das Schiff später zu Grunde geht, ersterer dagegen würde nach dem Untergang des Pfandobjekts seinen Anspruch an den vielleicht zahlungsfähigen Rheder behalten. Ueberdies würde bei der Veräußerung durch Tausch 2c. die Höhe desjenigen Betrags, mit welchem der Rheder zu haften hat, sich nur schwer bestimmen lassen. Prot. S. 2869. 2890. f. 2895. f.

41) Die Frage, wer persönlich verpflichtet sei, wenn der Rheder, nachdem er von einer derartigen Forderung Kenntniß erhalten, das Schiff veräußert und der neue Erwerber dasselbe in See sendet, ist nicht entschieden. Nach der Meinung Einiger haftet der veräußernde Rheder, weil er im Voraus wisse, daß das Schiff vom neuen Erwerber zum Schifffahrtsbetriebe erworben werde; nach der Ansicht Anderer haftet der erwerbende Rheder, weil das Gesetz nicht unterscheide, ob der Rheder das Schiff von jeher besessen oder es mit Schulden belastet von einem anderen erworben habe; eine dritte Meinung geht dahin, daß sowohl Veräußerer als Erwerber persönlich verpflichtet seien. Prot. S. 2870. 2871. 4191. 4192. 4197.

daß das Interesse des Schiffsgläubigers es geboten hat,[42]) so wird er für die Forderung in Höhe desjenigen Betrages zugleich persönlich verpflichtet,[43]) welcher für den Gläubiger sich ergeben haben würde, falls der Werth, welchen das Schiff bei Antritt der Reise hatte, unter die Schiffsgläubiger nach der gesetzlichen Rangordnung vertheilt worden wäre.

Es wird bis zum Beweise des Gegentheils angenommen, daß der Gläubiger bei dieser Vertheilung seine vollständige Befriedigung erlangt haben würde.[44])

Die persönliche Verpflichtung des Rheders, welche aus der Einziehung der dem Gläubiger haftenden Fracht entsteht (Artikel 774.), wird durch diesen Artikel nicht berührt.

Artikel 778.

Die Vergütung[45]) für Aufopferung oder Beschädigung in Fällen der großen Haverei tritt für die Schiffsgläubiger an Stelle desjenigen, wofür die Vergütung bestimmt ist.[46])

Dasselbe gilt von der Entschädigung, welche im Falle des Verlustes oder der Beschädigung des Schiffs, oder wegen entzogener Fracht im Falle des Verlustes oder der Beschädigung von Gütern dem Rheder von demjenigen gezahlt werden muß, welcher den Schaden durch eine rechtswidrige Handlung verursacht hat.

Ist die Vergütung oder Entschädigung von dem Rheder eingezogen, so haftet er in Höhe des eingezogenen Betrages den Schiffsgläubigern in gleicher Art persönlich, wie den Gläubigern einer Reise im Falle der Einziehung der Fracht (Artikel 774. 775.).

---

42) — z. B. um das Schiff bei nahe bevorstehendem Ausbruche des Krieges vor Konfiskation zu retten. Prot. S. 3738.

43) Es kann der Willkür der Rheder nicht überlassen bleiben, das einzige Deckungsmittel der Schiffsgläubiger der Gefahr des Untergangs oder der Verschlechterung auszusetzen; es ist gerecht, daß in solchem Falle der Rheder die Gefahr trägt. Andererseits soll aber dem Gläubiger kein größerer Vortheil verschafft werden, als wenn das Schiff nicht von Neuem in See gesendet worden wäre; ein solcher würde in der unbeschränkten persönlichen Haftung des Rheders liegen. Prot. S. 1631—1636. 3736. 3737. Vgl. ALR. §. 1531.

44) Die Beweislast des Minderwerths ist dem Rheder auferlegt, weil der Gläubiger kaum in der Lage ist vor Abgang des Schiffs den Werth desselben feststellen zu lassen. Prot. S. 1634. 3737.

45) — die Vergütung, nicht wie beantragt worden: das Recht auf die Vergütung; dies würde die Folge haben, daß statt des Rheders bei Aufmachung von Dispachen rc. die Schiffsgläubiger als Interessenten zugezogen werden müßten, was zu bedenklichen Weiterungen führen würde. Prot. S. 2860.

46) Eine Bestimmung dieses Inhalts ist durch die Billigkeit geboten, weil der Bodmereinehmer sich sonst mit dem Schaden des Bodmereigläubigers bereichern würde, wenn er außer dem Bodmereidarlehn auch die Vergütung für die Beschädigung oder die Aufopferung der verbodmeten Sache behalten dürfte. Für die Ausdehnung dieser Bestimmung auf alle Schiffsgläubiger spricht die Gleichheit der Gründe. Prot. S. 2776. 2777. 2859.

Artikel 779.

Im Falle der Konkurrenz der Schiffsgläubiger, welche ihr Pfandrecht verfolgen, mit anderen Pfandgläubigern[47]) oder sonstigen Pfandgläubigern,[48]) haben die Schiffsgläubiger den Vorzug.

Artikel 780.

Die Bestimmungen der Artikel 767. und 769. über das Erlöschen der Pfandrechte der Schiffsgläubiger finden auch Anwendung auf die sonstigen Pfandrechte, welche nach den Landesgesetzen an dem Schiff oder einer Schiffspart durch Willenserklärung oder Gesetz erworben oder gegen den dritten Besitzer verfolgbar sind.[49])

Die Vorschrift des Artikels 767. Ziffer 1. tritt auch rücksichtlich der

---

47) Dieser Artikel geht nach zwei Richtungen hin weiter als die meisten Seerechte:

1) darin, daß nicht blos diejenigen Schiffsgläubiger, deren Forderungen von einer in rem versio zum Besten des Schiffs herrühren, allen anderen Forderungsberechtigten vorgehen, sondern auch diejenigen, welchen die Eigenschaft eines Schiffsgläubigers lediglich mit Rücksicht darauf, daß der Rheder ihnen nur mit Schiff und Fracht haftet, beigelegt ist. Durch diese gleichartige Behandlung aller Schiffsgläubiger anderen Gläubigern gegenüber werden Komplikationen vermieden; überdies liegt es in der Billigkeit, daß einem Gläubiger, dem eine Sache als alleiniges Mittel seiner Befriedigung haftet, nicht noch andere Gläubiger, die das Vermögen des Schuldners ohne Beschränkung in Anspruch nehmen können, als gleichberechtigte Konkurrenten rücksichtlich derselben Sache an die Seite gesetzt werden;

2) darin, daß das Vorrecht der Schiffsgläubiger vor anderen Gläubigern nicht davon abhängig ist, ob die Forderung von der letzten Reise vor Vertheilung der Kaufgelder herrührt, und ob die Einklagung der Forderung aus einer früheren Reise vor Antritt der neuen mit oder ohne Verschulden des Schiffsgläubigers unterblieben ist. — Die Festsetzung kurzer Verjährungsfristen bietet ein geeignetes Schutzmittel gegen zu große Anhäufung alter Schiffsschulden; die Pflicht, die Schiffsschulden aus einer früheren Reise vor Antritt der neuen einzuklagen, würde eine gehässige Anhäufung der gerichtlichen Verfolgungen von Schiffsschulden zur Folge haben, und die Prüfung, ob der Gläubiger sich einer Negligenz in seinen Angelegenheiten schuldig gemacht hat, würde im konkreten Falle zu großen Verwickelungen führen. —

Für eine Bevorzugung der vom Rheder behufs der Ausrüstung und der Reparatur des Schiffs eingegangenen Verbindlichkeiten liegt kein Bedürfniß vor. Prot. S. 2848. 2897—2899. 2905—2913.

48) — auch dem Fiskus, da die Forderungen desselben, namentlich wenn sie Abgaben von gewerblichen Unternehmungen betreffen, oft so viel betragen, daß bei einer vorzugsweisen Befriedigung derselben den Schiffsgläubigern wenig von Schiff und Fracht verbleiben würde. Prot. S. 2901. 2902.

49) Die Gefahr, welche für den Seehandel in einer Fortdauer dieser Pfandrechte nach der Veräußerung des Schiffs liegt, ist zu groß, als daß man nicht insoweit in die in den einzelnen Ländern bestehenden Rechte einzugreifen sich veranlaßt sehen sollte. Was in Betreff der Erlöschung des an sich so bedeutenden Rechts eines Bodmereigläubigers bestimmt worden ist, kann unbedenklich auch in

auf einer Schiffspart haftenden Pfandrechte im Falle des Zwangsverkaufs dieser Schiffspart ein.[50])

Im Uebrigen werden die Rechte der im ersten Absatze erwähnten Pfandgläubiger nicht nach den Bestimmungen dieses Titels, sondern nach den Landesgesetzen beurtheilt.[51])

Einf.-Ges. Art. 59. In den Landestheilen, in welchen das Allgemeine Landrecht gilt, treten in Betreff der Verpfändung von Seeschiffen, mit Ausschluß derjenigen, welche in das Schiffsregister nicht einzutragen sind, an die Stelle der §§. 302—307. und 313. des Allgemeinen Landrechts Theil I. Titel 20. folgende Vorschriften:[52])

§. 1.

Die Verpfändung muß in das Schiffsregister eingetragen werden.[53])

Betreff anderer vertragsmäßiger oder gesetzlicher Pfandrechte bestimmt werden. — Wo Pfandrechte überhaupt nicht gegen Dritte verfolgbar sind, da werden diese, den neuen Erwerbern von Schiffen günstigeren Gesetze durch diesen Artikel nicht berührt, indem diese Vorschriften nur den äußersten Termin, in welchem die Pfandrechte ihre Kraft verlieren, festsetzen, keineswegs aber eine erschöpfende Aufzählung der verschiedenen Erlöschungsarten bieten sollen. Prot. S. 2899. 2900. 2903—2905. 2926. 2927.

50) Es fehlt an besonderen Gründen für eine Ausnahme rücksichtlich der Pfandrechte an Schiffsparten; eine ausdrückliche Bestimmung ist nothwendig, weil sonst daraus, daß dieser Titel nur auf Pfandrechte am ganzen Schiffe berechnet ist, Mißverständnisse entstehen könnten. Ein Verkauf einzelner Parten auf die im Art. 767. Ziffer 2. angegebene Weise kann nicht vorkommen. Prot. S. 2925—2927.

51) Auf der Konferenz in Hamburg wurde von verschiedenen Seiten vorgeschlagen, die Schiffsverpfändung mittelst Eintragung in das Schiffsregister für alle deutschen Staaten einzuführen. Ein gemeinschaftliches Pfandrechtssystem ist jedoch nicht zu Stande gekommen, weil man Bedenken trug für die Länder, in welchen das Pfandrechtssystem des römischen Rechts noch gilt, die formlose Hypothekbestellung zu unterdrücken, weil man ferner zum Theil von Vorschriften, wodurch die Schiffsverpfändung befördert und erleichtert wird, Nachtheile für den Seehandel besorgte, endlich weil in Bezug auf die erheblichen oder minder erheblichen Einzelnheiten die Ansichten zu weit auseinandergingen. Prot. S. 1711 bis 1750. 2903. Mot. z. Pr. Einf.-Ges. S. 76.

52) Es ist nicht der Zweck derselben, die landrechtlichen Grundsätze über die Verpfändung von Grundstücken mittelst Eintragung in das Hypothekenbuch ohne Weiteres auf die Verpfändung von Schiffen und Schiffsparten zu übertragen. Die Verpfändung eines Schiffs oder einer Schiffspart wird für den Verkehr immer nur von untergeordneter Bedeutung sein wegen der verhältnißmäßig kurzen Dauer des Schiffs, der Gefahren, denen dasselbe ausgesetzt ist und wegen der Rechte des Schiffsgläubigers; die Aufrechterhaltung der bisherigen Vorschriften mit geringen Modifikationen genügt dem berechtigten Bedürfniß. Das Prinzip des Allgemeinen Landrechts, wonach die Verpfändung eines Schiffs oder einer Schiffspart zu der Verpfändung beweglicher Sachen ohne körperliche Uebergabe (mittelst symbolischer Uebergabe) gehört, ist mit allen daran sich knüpfenden Konsequenzen im vollen Umfang aufrecht erhalten.

Die früher bestellten Pfandrechte werden durch die neuen Vorschriften nicht berührt. Mot z. Einf.-Ges. S. 77.

53) Die Eintragung in das Schiffsregister ist Bedingung der Gültigkeit

Die Eintragung erfolgt von dem Gericht, welches das Schiffsregister führt.

Sie muß enthalten:

1) den Namen des Gläubigers;
2) die Forderung, für welche die Verpfändung geschehen ist;
3) die Bezugnahme auf die Verpfändungsurkunde unter Bezeichnung des Orts und des Datums der Ausstellung;
4) die Zeit der Eintragung.

Die geschehene Eintragung ist von dem Gericht auf der Verpfändungsurkunde und auf dem Certifikat des Pfandbestellers zu vermerken.

§. 2.

Durch die Eintragung in das Schiffsregister wird die Verpfändung selbst vollzogen.

So lange die Verpfändung in das Schiffsregister eingetragen ist, kommen dem Gläubiger die Rechte eines wirklichen Pfandinhabers zu.

Die Eintragung der Verpfändung wird nach der Aufhebung des Pfandrechts im Schiffsregister gelöscht.

§. 3.

Unter den in das Schiffsregister eingetragenen Pfandrechten bestimmt sich das Vorrecht nach der Zeitfolge der Eintragung.[54])

Artikel 781.

Von den auf den Gütern wegen der Fracht, der Bodmereigelder, der Beiträge zur großen Haverei und der Bergungs- und Hülfskosten (Artikel 624. 626. 680. 727. 753.) haftenden Pfandrechten steht das wegen der Fracht allen übrigen nach; unter diesen übrigen hat das später entstandene vor dem früher entstandenen den Vorzug; die gleichzeitig enstandenen sind gleichberechtigt. Die Forderungen aus den von dem Schiffer aus Anlaß desselben Nothfalls abgeschlossenen Geschäften gelten als gleichzeitig entstanden.

In den Fällen der großen Haverei und des Verlustes oder der Beschädigung durch rechtswidrige Handlungen kommen die Vorschriften des Artikels 778., und in dem Falle des von dem Schiffer zur Abwendung oder Verringerung eines Verlustes nach Maaßgabe des dritten Absatzes des Artikels 504. bewirkten Verkaufs[55]) die Vorschriften des Artikels 767.

---

der Verpfändung. Nach §§. 302. ff. Tit. 20. Th. I. des ALR. erfolgte die Registrirung des Pfandrechts auf dem Beilbrief und auf denjenigen Urkunden, worauf das Eigenthum des Pfandschuldners sich gründet. An Stelle dieser Urkunden würde nach Art. 435. des Handelsgesetzbuchs die Verpfändung auf dem Certifikate zu vermerken sein. Die Eintragung in das Schiffsregister ist jedoch zur Erreichung des Zwecks der Kundbarkeit angemessener und giebt zugleich dem Rheder die Möglichkeit, das Schiff während einer Reise wirsam zu verpfänden, wenn auch die Urkunde am Bord des Schiffs sich befindet. Mot. z. Einf.-Ges. S. 76.

54) Vgl. ALR. Tit. 20. Th. 2. §. 313.

55) Wenn ein Theil der Güter verkauft worden ist um den anderen Theil zu retten, und der Erlös seine Verwendung zu diesem Zwecke noch nicht gefunden hat, so haftet der Erlös an und für sich dem Pfandgläubiger; dem Anspruch auf Her-

Ziffer 2., und wenn derjenige, für dessen Rechnung der Verkauf geschehen ist, das Kaufgeld einzieht, der Artikel 776. zur Anwendung.

Elfter Titel.[1])

Von der Versicherung gegen die Gefahren der Seeschifffahrt.

Erster Abschnitt.

Artikel 782.

Jedes in Geld schätzbare Interesse,[2]) welches Jemand daran hat, daß Schiff oder Ladung[3]) die Gefahren der Seeschifffahrt[4]) bestehe, kann Gegenstand der Seeversicherung sein.[5])

---

gabe des Erlöses steht aber zugleich der Einwand entgegen, daß derselbe auch im Interesse des Gläubigers zur Erhaltung der übrig gebliebenen Güter verwendet werden soll; er muß sich also diese Verwendung seines Pfandobjekts gefallen lassen. Prot. S. 4201.

1) An sehr vielen Plätzen Deutschlands ist der „Revidirte Plan Hamburgischer Seeversicherungen, in Kraft getreten am 1. Januar 1853" für das Seeversicherungs-Geschäft als Grundlage angenommen. Dieser Plan ist deshalb bei den Vorschriften dieses Titels besonders berücksichtigt. Die Hamburgische Assekuranz- und Havarie-Ordnung von 1731, welche die Basis des Planes von 1853 bildet, ist schon bei Ausarbeitung des ALR. zu Grunde gelegt worden. Mot. S. 329.

2) Ohne Interesse ist keine gültige Versicherung vorhanden; daher ist die doppelte und Ueberversicherung, so wie die Versicherung, bei welcher das Interesse erst durch den Assekuranzvertrag geschaffen wird (Wettassekuranz), nicht als gültige Seeversicherung anzusehen. Prot. S. 2975—2980. 4230. 4231.

3) Eine Seeversicherung ist somit nicht vorhanden, wenn z. B. ein an der See liegendes Grundstück gegen Beschädigungen durch die See versichert wird. — Als Gegenstand der Seeversicherung ist nicht die Sache, an welche das Interesse sich knüpft, sondern das Interesse selbst zu betrachten. Mot. S. 329. Prot. S. 2975—2980. 3131. 4230. 4231.

4) — also auch die Gefahren des Schiffes, so lange es sich im Hafen befindet, auch wenn der Aufenthalt daselbst nicht mit einer Reise in unmittelbarem Zusammenhang steht. Es handelt sich bei der Seeassekuranz nicht lediglich um Sicherung gegen den Verlust, welche dem Betheiligten durch die mit der Bewegung des Schiffs und der Ladung von einem Hafen zum anderen verbundenen Gefahren droht. Die Versicherung von im Winterlager oder zeitweilig im Heimathshafen befindlichen Schiffen wird allgemein nach den Bestimmungen des Seeassekuranzrechts beurtheilt. Prot. S. 2975—2980. 4230. 4231.

5) Der Art 782. bestimmt, was gegen Seegefahr versichert werden kann;

Artikel 783.

Es können insbesondere versichert werden:

das Schiff;

die Fracht;

die Ueberfahrtsgelder;

die Güter;

die Bodmereigelder;

die Havereigelder; [6])

andere Forderungen, zu deren Deckung Schiff, Fracht, Ueberfahrtsgelder oder Güter dienen; [7])

der von der Ankunft der Güter am Bestimmungsort erwartete Gewinn (imaginaire Gewinn);

die zu verdienende Provision;

die von dem Versicherer übernommene Gefahr (Rückversicherung). [8])

In der einen dieser Versicherungen ist die andere nicht enthalten. [9])

---

an einer ausdrücklichen Bestimmung, wer Versicherung nehmen und ertheilen kann, fehlt es dagegen. Mäkler wird man mit Rücksicht auf die Vorschriften der Art. 69. Ziffer 1. und 271. Ziffer 3. nicht zur Ertheilung von Versicherungen gegen Prämie für befugt erachten können. Das ALR. (§. 1939.) versagte noch mehreren Kategorien von Personen (Schiffsklarirern, öffentlich bestellten Dispacheurs, richterlichen Personen in Assekuranzstreitigkeiten, Bankbeamten u. s. w.) diese Befugniß.

6) Unter „Havereigelder" versteht man diejenigen Gelder, welche nach Einleitung eines Unternehmens zur See, vor dessen Beendigung, in Folge eines Seeunfalls aufgewendet werden müssen. Prot. S. 3271. Ueber die Frage, wann und von wem Havereigelder versichert werden dürfen, waren die Ansichten in der Konferenz getheilt. Für die Entscheidung dieser Frage sind die allgemeinen Grundsätze des Versicherungsrechts maaßgebend. — Prot. S. 3092. Vgl. auch Note 58. zu Art. 807.

7) Nicht jeder Gläubiger des Rheders oder Ladungseigenthümers ist befugt, Seeversicherung zu nehmen wegen des Interesse, welches er daran hat, daß kein Bestandtheil des Vermögens seines Schuldners verloren geht, weil ihm jeder Bestandtheil dieses Vermögens zur Deckung seiner Forderung dienen kann. Versicherbar sind vielmehr nur diejenigen Forderungen, welche mit dem der See anvertrauten Vermögen in einem besonderen Verband als Pfandforderungen, Schiffsschulden u. dgl. stehen. Prot. S. 3132. — Es kommt nicht darauf an, ob die Betheiligten wirklich die Absicht gehabt haben, die betreffenden Gegenstände zur Deckung der Forderungen zu bestimmen; eine gültige Seeversicherung ist vielmehr auch dann vorhanden, wenn der allgemein gangbaren kommerziellen Auffassung zufolge der Versicherte befugt ist, sich seiner Deckung wegen an die betreffenden Gegenstände zu halten. Prot. S. 4234.

8) In Betreff der Versicherung der Versicherungskosten vgl. Art. 800. 801. 803. Unter welchen Voraussetzungen im Uebrigen die Assekuranzkosten versichert werden können, ist nach allgemeinen Rechtsgrundsätzen zu beurtheilen. Prot. S. 3110.

9) Wenn eine Sache ohne nähere Bezeichnung des an dieselbe sich knüpfenden Interesse versichert wird, so ist das Eigenthumsinteresse oder ein anderes Interesse als versichert anzusehen, bei welchem der Betheiligte die Gefahr der ver-

Artikel 784.

Die Heuerforderung des Schiffers und der Schiffsmannschaft kann nicht versichert werden.[10])

Artikel 785.

Der Versicherungsnehmer[11]) kann entweder sein eigenes Interesse (Versicherung für eigene Rechnung), oder das Interesse eines Dritten (Versicherung für fremde Rechnung), und in dem letzteren Falle mit oder ohne Bezeichnung der Person des Versicherten unter Versicherung bringen.

Es kann im Vertrage auch unbestimmt gelassen werden, ob die Versicherung für eigene oder für fremde Rechnung genommen wird (für Rechnung „wen es angeht").[12]) Ergiebt sich bei einer Versicherung für

---

sicherten Sache ebenso trägt, wie der Eigenthümer. Wird dagegen ein anderes Interesse versichert, so muß dies dem Assekuradeur bei Eingehung des Vertrags angezeigt werden, widrigenfalls derselbe wegen Mangels des versicherten Interesse nicht haftet und dennoch Anspruch auf Zahlung eines Theils der Prämie nach Maaßgabe des Art. 900. hat. Die Frage, was bezüglich der Prämie Rechtens sein solle, wenn das versicherte Interesse nicht genügend bezeichnet worden ist, unterliegt einer verschiedenen Beurtheilung, je nachdem die Folge der ungenügenden Angabe des Interesse die Nichtigkeit des Vertrags (wegen mangelnden Konsenses, z. B. wenn der Versicherte nur eine Bodmereiforderung hat versichern wollen und einfach das Schiff versichert hat) oder lediglich die Annahme ist, daß die Anzeigepflicht verletzt sei. Prot. S. 3054. ff. 3111. ff. 3123. 3131. 3132. 3617 ff. 3630. 4232. ff.

10) Dieses Verbot gründet sich auf die Besorgniß, die Schiffsleute würden bei Versicherung ihrer Heuer mit weniger Eifer für die Erhaltung des Schiffs sorgen. Es trifft die Heuerforderungen, gleichviel wem sie zustehen, sonst würde leicht durch Zession und dergl. eine Umgehung des Gesetzes herbeigeführt werden können. Unter „Heuerforderung" sind jedoch nicht die Antheile des Schiffers und der Schiffs-Mannschaft an der Fracht und an dem Gewinn zu verstehen. (Art. 555.) In diesem Falle ist die rechtliche Stellung dieser Personen keineswegs dieselbe als bei der Heuerforderung; sie erscheinen vielmehr als Mitspekulanten, denen so viel an dem Gelingen der Unternehmung liegt, daß es nicht erst noch eines besonderen Mittels bedarf, um sie zur strengsten Pflichterfüllung anzueifern. — Dem Rheder ist die Versicherung der Heuer des Schiffers und der Mannschaft gestattet, sofern er ein rechtliches Interesse daran hat, da bei ihm die Gründe des Verbots nicht zutreffen; aus demselben Grunde ist von einer Ausdehnung des Verbots auf die Gagen der übrigen auf dem Schiffe angestellten Personen Umgang genommen worden. Mot. S. 330. Prot. S. 3005 bis 3008. — Nach dem Pr. Entw. (Art. 604.) sollten auch Versicherungen über Waaren und Güter, welche für feindliche Magazine, Armeen und Festungen bestimmt sind, nichtig sein. Man war jedoch der Ansicht, es bedürfe einer Anerkennung des Prinzips, daß man sich nicht verpflichten dürfe, an unerlaubten Unternehmungen eines Andern Theil zu nehmen, die hierbei praktisch wichtigste Frage, nach welchen Gesetzen zu beurtheilen sei, ob das Unternehmen des Versicherten erlaubt oder unerlaubt erscheine, lasse sich nicht erschöpfend reguliren. Prot. S. 3001—3005.

11) Der Versicherungsnehmer, nicht der Versicherte ist als der eigentliche Kontrahent anzusehen. Prot. S. 4236.

12) Versicherungen zu Gunsten oder für Rechnung eines Dritten kommen

Rechnung „wen es angeht", daß dieselbe für fremde Rechnung genommen ist, so kommen die Vorschriften über die Versicherung für fremde Rechnung zur Anwendung.

Die Versicherung gilt als für eigene Rechnung des Versicherungsnehmers geschlossen, wenn der Vertrag nicht ergiebt, daß sie für fremde Rechnung oder für Rechnung „wen es angeht" genommen ist.

Artikel 786.

Die Versicherung für fremde Rechnung ist für den Versicherer nur dann verbindlich, wenn entweder der Versicherungsnehmer zur Eingehung derselben von dem Versicherten beauftragt war, oder wenn der Mangel eines solchen Auftrages von dem Versicherungsnehmer bei dem Abschlusse des Vertrages dem Versicherer angezeigt wird.

Ist die Anzeige unterlassen, so kann der Mangel des Auftrages dadurch nicht ersetzt werden, daß der Versicherte die Versicherung nachträglich genehmigt.[13])

Ist die Anzeige erfolgt, so ist die Verbindlichkeit der Versicherung für den Versicherer von der nachträglichen Genehmigung des Versicherten nicht abhängig.[14])

Der Versicherer, für welchen nach den Bestimmungen dieses Artikels

---

bei Versicherungen von Waaren auf dem Transport häufig vor. Die Besorgung von Versicherungen für fremde Rechnung ist namentlich ein wichtiger Zweig des Kommissionshandels geworden, der im Vergleich mit anderen Kommissionsgeschäften das Eigenthümliche hat, daß kommissionsweise geschlossene Versicherungen, abweichend von den Bestimmungen des Art. 360., als für fremde Rechnung eingegangen bezeichnet werden müssen. Da es den Kommissionairen und den Kaufleuten in der Regel daran liegt, ihre Geschäftsverbindungen nicht bekannt werden zu lassen, so ist es gebräuchlich, die Versicherung zwar für fremde Rechnung, jedoch ohne Nennung des Namens des Dritten zu nehmen, z. B. unter der Formel „für Rechnung, „wen es angeht" (vgl. ALR. §§. 2069. 2071.). In dieser Klausel ist die Versicherung für eigne Rechnung mit einbegriffen. Wenn der Versicherer sich jeden unbekannten Dritten als Versicherten gefallen lassen muß, sofern er der Interessirte ist, so ist derjenige, der den Vertrag abschloß, um so unbedenklicher als Kontrahent anzusehen. Mot. S. 181. Prot. S. 2980—2984.

13) Der gemeinrechtliche Satz, daß die Genehmigung dem Auftrage gleichsteht, darf im Verhältniß des Versicherungsnehmers zum Versicherer keine Anwendung finden, wenn nicht dem Betrug ein weiter Spielraum geöffnet werden soll. Man muß also darauf bestehen, daß entweder derjenige, welcher für fremde Rechnung Versicherung nimmt, sich auf einen Auftrag des Versicherten berufen könne oder daß er vom Mangel des Auftrags dem Versicherer Anzeige mache, um alle Streitigkeiten darüber abzuschneiden, ob dem Assekuradeur alle Verhältnisse, die auf seinen Willen von Einfluß sein können, gebührend angezeigt worden sind. Durch die Anzeige, daß die Versicherung ohne Auftrag geschlossen ist, wird von den Geschäfts-Geheimnissen des Versicherungsnehmers nichts aufgedeckt. Prot. S. 2980—2999. 3124—3130. 4237—4241. Mot. S. 364. Vergl. ALR. §§. 1945—1951.

14) Oft ist es nicht möglich, vor dem Eintreten eines Unfalls die Genehmigung des Versicherten beizubringen; auch ist nicht abzusehen, weshalb die Haftung des Assekuradeurs von einer nachträglichen Genehmigung abhängig sein soll,

der Versicherungsvertrag unverbindlich ist, hat, selbst wenn er die Unverbindlichkeit des Vertrages geltend macht, gleichwohl auf die volle Prämie Anspruch.[15])

Artikel 787.

Ist die Versicherung von einem Bevollmächtigten, von einem Geschäftsführer ohne Auftrag, oder von einem sonstigen Vertreter des Versicherten in dessen Namen geschlossen, so ist im Sinne dieses Gesetzbuchs weder der Vertreter Versicherungsnehmer, noch die Versicherung selbst eine Versicherung für fremde Rechnung.[16])

Im Zweifel wird angenommen, daß selbst die auf das Interesse eines benannten Dritten sich beziehende Versicherung eine Versicherung für fremde Rechnung ist.[17])

Artikel 788.

Der Versicherer ist verpflichtet, eine von ihm unterzeichnete schriftliche Urkunde (Polize) über den Versicherungvertrag dem Versicherungsnehmer auf dessen Verlangen auszuhändigen[18])

---

obschon der Vertrag vom Versicherungsnehmer bereits fest abgeschlossen und dem Assekuradeur der Bezug der Prämie fest gesichert ist. Diese Bestimmung schließt nicht aus, daß der Versicherer sich die Genehmigung des Versicherten vor Eintritt eines Unfalls vorbehalten kann. Ist ein solcher Vorbehalt gemacht und die Genehmigung nicht beigebracht, so ist kein bindender Vertrag vorhanden und der Versicherer hat keinen Anspruch auf die Prämie. Die Versicherung unter dem Vorbehalte der Genehmigung des Versicherten ist keine wahre Versicherung für fremde Rechnung, sondern eine solche, bei welcher der Versicherte selbst als Kontrahent erscheint. Die Wirkungen jenes Vorbehalts sind deshalb nach den Grundsätzen des bürgerlichen Rechts zu beurtheilen, und es ist nach diesen auch zu entscheiden, bis zu welcher Zeit die Genehmigung zu erfolgen hat. Prot. S. 4242—4248.

15) Der Vertrag ist gültig, der eine Kontrahent geht aber seiner Rechte aus demselben verlustig, weil er bei Abschluß des Vertrags seinen gesetzlichen Obliegenheiten nicht genügt hat. Die Pflicht zur Zahlung der Prämie wird ein Kompelle sein, daß die erforderliche Anzeige erfolge. Ist der Versicherungsnehmer seines Auftrags nicht ganz sicher, so kann er sich durch Vereinbarung der Klausel „mit oder ohne Auftrag" oder einer gleichbedeutenden Klausel vor Schaden sicher stellen. Prot. S. 3624. 4241. 4249.

16) Versicherungen, bei welchen im Namen des Versicherten von einem Vertreter desselben kontrahirt wird, sind sehr selten; die allgemeinen Grundsätze des bürgerlichen Rechts reichen zu deren Beurtheilung aus und es ist kein genügender Anlaß vorhanden von letzteren abzuweichen. Prot. S. 4373. 4374. 4378. 4379.

17) Der die Versicherung nehmende Kommissionair wird durch die bloße Benennung des Interessenten und durch die Erklärung, daß er dessen Interesse decken wolle, noch nicht zum Mandatar. — Es ist unzulässig, im Namen eines unbenannten Dritten Versicherung zu nehmen; demgemäß darf derjenige, welcher eine Versicherung für Rechnung „wen es angeht" geschlossen hat, nachträglich nicht mit der Behauptung auftreten, er habe nur als Mandatar handeln wollen. Prot. S. 4374. 4375.

18) Die Perfektion des Versicherungs-Vertrages tritt mit der beiderseitigen Konsenserklärung ein und ist unabhängig von der Ausfertigung der Polize. Prot.

Artikel 789.

Auf die Gültigkeit des Versicherungsvertrages hat es keinen Einfluß, daß zur Zeit des Abschlusses desselben die Möglichkeit des Eintritts eines zu ersetzenden Schadens schon ausgeschlossen, oder daß der zu ersetzende Schaden bereits eingetreten ist.

Waren jedoch beide Theile von dem Sachverhältnisse unterrichtet, so ist der Vertrag als Versicherungsvertrag ungültig.[19])

Wußte nur der Versicherer, daß die Möglichkeit des Eintritts eines zu ersetzenden Schadens schon ausgeschlossen sei, oder wußte nur der Versicherungsnehmer, daß der zu ersetzende Schaden schon eingetreten sei, so ist der Vertrag für den anderen, von dem Sachverhältnisse nicht unterrichteten Theil unverbindlich.[20]) Im zweiten Falle hat der Versicherer,

---

S. 3000. Nach dem ALR. (§§. 2064. 2065.) war zur Gültigkeit des Vertrags Schriftlichkeit erforderlich. Der Auszug aus dem Mäklerjournal ersetzte diese Form.

19) Der Versicherungsvertrag bezieht sich nicht ausschließlich auf künftige Gefahren. Zum Abschluß eines gültigen Assekuranzvertrages genügt auch ein putatives Wagniß, d. h. ein solches, bei welchem die Kontrahenten die Gefahr als möglich voraussetzten, obwohl sie in Wirklichkeit beseitigt oder eingetreten ist, (z. B. durch Ankunft im Bestimmungshafen oder Untergang des Schiffs) oder nicht mehr drohen kann (z. B. wenn ein bestimmter Krieg, gegen dessen Gefahren die Versicherung geschlossen werden soll, durch Friedensschluß beendigt ist). Der Versicherer hat in diesem Falle Anspruch auf die volle Prämie. Wußten die Parteien bei Abschluß des Vertrags, daß die Gefahr beendigt sei, selbst wenn ihnen unbekannt war, wie? (z. B. wenn sie Kenntniß erhalten haben, daß das Schiff den Bestimmungshafen erreicht hat, jedoch nicht, in welchem Zustande,) so ist ein Versicherungsvertrag als solcher undenkbar, wohl aber kann ein Wett-Vertrag und dgl. begründet sein. — Ist die Versicherung für eine Reise geschlossen, so erstreckt sich die Assekuranz von Rechtswegen auch auf den bei Abschluß des Vertrags bereits zurückgelegten Theil der Reise. Mot. S. 193. 194. Prot. S. 3009. 3010. 4249—4253. 4294. 4375—4377. 3627.

20) Der Vertrag ist nicht ungültig, sondern nur unverbindlich, dergestalt, daß es von dem mit dem Sachverhältnisse unbekannten Kontrahenten abhängt, ob er bei dem Vertrage stehen bleiben will oder nicht. Die meisten Gesetzgebungen (vgl. ALR. §§. 2024. ff. 2200—2208.) stellen die Vermuthung auf, daß der Versicherte oder sein Stellvertreter von dem Eintritt des Schadens Kenntniß gehabt hat, wenn seitdem so viel Zeit verflossen ist, daß sie davon hätten unterrichtet sein können. Manche Gesetzgebungen stellen auch zu Gunsten des Versicherten Präsumtionen rücksichtlich der Wissenschaft des Versicherers auf. Das Handelsgesetzbuch hat von der Aufstellung aller derartigen Präsumtionen Abstand genommen. Demnach hat derjenige, welcher die Unverbindlichkeit des Vertrags geltend macht, die Wissenschaft der anderen Partei von dem fraglichen Vorfalle zu beweisen. — Ueber die Frage, wie es zu halten sei, wenn der Assekuradeur wußte, daß zwar noch nicht die ganze Gefahr, wohl aber ein Theil derselben glücklich überstanden war, gleichwohl aber eine der ganzen Gefahr entsprechende Prämie stipulirt ist, fehlt es an einer Bestimmung. Man meinte, daß diese Frage nach den allgemeinen Grundsätzen über bona fides zu beurtheilen sei. Mot. S. 193. 337. Prot. S. 3009—3014. 3157—3162. 4249—4253. 4294. 3157 bis 3162.

selbst wenn er die Unverbindlichkeit des Vertrages geltend macht, gleichwohl auf die volle Prämie Anspruch.[21])

Im Falle der Vertrag für den Versicherungsnehmer durch einen Vertreter abgeschlossen wird, kommt die Vorschrift des zweiten Absatzes des Artikels 810., im Falle der Versicherung für fremde Rechnung die Vorschrift des Artikels 811. und im Falle der Versicherung mehrerer Gegenstände oder einer Gesammtheit von Gegenständen die Vorschrift des Artikels 814. zur Anwendung.

Artikel 790.

Der volle Werth[22]) des versicherten Gegenstandes ist der Versicherungswerth.

Die Versicherungssumme kann den Versicherungswerth nicht übersteigen. Soweit die Versicherungssumme den Versicherungswerth übersteigt (Ueberversicherung), hat die Versicherung keine rechtliche Geltung.[23])

Artikel 791.

Uebersteigt im Fall einer gleichzeitigen Abschließung verschiedener Versicherungsverträge der Gesammtbetrag der Versicherungssummen den Versicherungswerth, so haften alle Versicherer zusammen nur in Höhe des Versicherungswerthes, und zwar jeder einzelne für so viele Prozente des Versicherungswerthes, als seine Versicherungssumme Prozente des Gesammtbetrages der Versicherungssummen bildet. Hierbei wird im Zweifel vermuthet, daß die Verträge gleichzeitig abgeschlossen sind.

Mehrere Versicherungsverträge, worüber eine gemeinschaftliche Polize ertheilt ist,[24]) ingleichen mehrere Versicherungsverträge, welche an demselben Tage abgeschlossen sind, gelten als gleichzeitig abgeschlossen.[25])

---

21) Hat der Versicherer von der Beendigung der Gefahr bereits bei Abschluß des Vertrages Kenntniß und diese Thatsache verschwiegen, so ist die zivilrechtliche Folge des Betrugs der Anspruch der Versicherten auf Aufhebung des Vertrags und auf Entschädigung. Diese besteht aber in der Rückgabe der Prämie mit kaufmännischen Zinsen. Mot. S. 338. Prot. S. 3626.

22) Nach dem ALR. §. 1984. konnte eine Sache nur bis zum gemeinen Werth derselben zur Zeit des geschlossenen Vertrags versichert werden. Der außerordentliche Werth, wo ein solcher vorhanden ist, stellt sich jedoch auch als wirklicher Werth für den Berechtigten dar, dessen Verlust unzweifelhaft unter den Begriff des Schadens fällt. — Ist das Schiff bis zu seinem ganzen Werthe bereits verbodmet oder mit Schiffsschulden, für welche der Rheder nicht persönlich haftet, belastet, so hat die Versicherung keine rechtliche Geltung; denn der Rheder hat in diesem Falle kein Interesse an der glücklichen Vollendung der Reise. Vgl ALR. §§. 1997—1999. Mot. S. 185. Prot. S. 3017—3020. 4253.

23) Nicht die ganze Versicherung, sondern nur der als Ueberversicherung erscheinende Theil derselben ist ungültig, sofern nicht der ganze Vertrag wegen eines in der Mitte liegenden dolus causam dans u. dgl. nach allgemeinen Rechtsgrundsätzen als unverbindlich erscheint. Prot. S. 3017

24) — wenn auch unter verschiedenem Datum. Wenn mehrere Assekuradeure, jeder zu einem gewissen Theile, eine Versicherung übernehmen und hierüber eine gemeinschaftliche Polize ertheilt wird, so muß man annehmen, daß nicht eine

Artikel 792.

Wird ein Gegenstand, welcher bereits zum vollen Werthe versichert ist, nochmals versichert, so hat die spätere Versicherung insoweit keine rechtliche Geltung,[26]) als der Gegenstand auf dieselbe Zeit und gegen dieselbe Gefahr bereits versichert ist (Doppelversicherung).

Ist durch die frühere Versicherung nicht der volle Werth versichert, so gilt die spätere Versicherung, insoweit sie auf dieselbe Zeit und gegen dieselbe Gefahr genommen ist, nur für den noch nicht versicherten Theil des Werthes.

Artikel 793.

Die spätere Versicherung hat jedoch ungeachtet der Eingehung der früheren Versicherung rechtliche Geltung:[27])

1) wenn bei dem Abschlusse des späteren Vertrages mit dem Versicherer vereinbart wird, daß demselben die Rechte aus der früheren Versicherung abzutreten seien;[28])

Mehrzahl von einzelnen Versicherungen, sondern nur eine einzige große Versicherung vorliegt, die von mehren Assekuradeuren in Abtheilungen übernommen ist. Die späteren Unterzeichner beabsichtigen nichts weiter, als sich dem ersten von ihnen anzuschließen und geben dies hinreichend dadurch zu erkennen, daß sie auf einer und derselben Police zeichnen. — Welches von den durch die einzelnen Assekuradeure der gemeinschaftlichen Police beigefügten Daten als Tag des Abschlusses gilt, ist bei der Konkurrenz mehrfacher Versicherung desselben Interesse nach allgemeinen Grundsätzen zu beurtheilen. — Wenn durch die Zeichnungen der Assekuradeure die gesuchte Summe überstiegen wird, so ist bei der Beurtheilung, ob und in wie weit die letzte Zeichnung gültig ist oder ob ein gleichmäßiger Abzug stattfindet, auf die Umstände des einzelnen Falls Rücksicht zu nehmen; wenn z. B. durch einen Additionsfehler 50,000 Thlr. statt 40,000 Thlr. versichert sind, so wird die Versicherung der letzten 10,000 Thlr. wegen mangelnden Konsenses ungültig sein. Prot. S. 3047—3052.

25) Der Tag, nicht die Stunde ist als das kleinste momentum temporis in der hier in Rede stehenden Bedeutung angenommen. — Bei der Beurtheilung der Gleichzeitigkeit mehrerer Versicherungen kommt es auf die Zeit des Vertragsabschlusses, nicht auf das Datum der Police an. — Die Gleichzeitigkeit der Versicherungen wird in den in Absatz 2. gedachten Fällen nicht präsumirt, sondern fingirt. Gegenbeweis ist demgemäß nicht zulässig. Prot. S. 3044—3047. 4254.

26) — weil es an einem noch zu versichernden Interesse fehlt. Mot. S. 185. Prot. S. 3018. Vgl. ALR. §§. 2000—2004.

27) In den im Art. 793. erwähnten Fällen wird der Betrag des dem Versicherten zu erstattenden Interesse nicht vergrößert, sondern nur die Person des Versicherers gewechselt, beziehungsweise blos die Sicherheit des Versicherten verstärkt. — Selbstverständlich handelt es sich in diesem Artikel nicht um diejenigen Fälle, in denen der frühere Assekuranzvertrag noch vor Eingehung der neuen Versicherung gänzlich aufgehoben wird (denn in solchen Fällen ist gar keine wirkliche Doppelversicherung vorhanden), sondern um diejenigen Fälle, in denen an und für sich der ältere Versicherungsvertrag noch nach der zweiten Versicherung seine rechtliche Gültigkeit fortbehält. Mot. S. 186. Prot. S. 3041.

28) Nach allgemeinen Rechtsgrundsätzen ist der frühere Assekuranzvertrag erst

2) wenn die spätere Versicherung unter der Bedingung geschlossen wird, daß der Versicherer nur insoweit hafte, als der Versicherte sich an den früheren Versicherer wegen Zahlungsunfähigkeit desselben nicht zu erholen vermöge oder die frühere Versicherung nicht zu Recht bestehe;[29])

3) wenn der frühere Versicherer mittelst Verzichtanzeige seiner Verpflichtung insoweit entlassen wird, als zur Vermeidung einer Doppelversicherung[30]) nöthig ist, und der spätere Versicherer bei Eingehung der späteren Versicherung hiervon benachrichtigt wird. Dem früheren Versicherer gebührt in diesem Fall, obschon er von seiner Verpflichtung befreit wird, gleichwohl die volle Prämie.

---

aufgehoben, nachdem die Verzichtleistung des Versicherten von dem Versicherer akzeptirt ist. Das Bedürfniß des Verkehrs macht es aber dringend erforderlich, daß man unter Umständen schneller als die Erlangung eines Akzepts möglich ist, eine neue Versicherung eingehen kann. Dieser Zweck ist in der Weise zu erreichen, daß man dem Versicherten die Befugniß zugesteht, eine neue Versicherung einzugehen, nachdem er auf die Rechte aus der früheren verzichtet hat. Der erste Versicherer, welcher die volle Prämie behält, wird dadurch nicht benachtheiligt und die betrügliche Geltendmachung einer zweifachen Versicherung wird durch die Pflicht des Versicherten von der Verzichtleistung bei der späteren Versicherung Anzeige zu machen, so wie durch das Recht des ersten Versicherers den Verzicht noch zu jeder Zeit zu genehmigen, ausgeschlossen (s. Ziffer 3.). Eine andere Form dieser Verzichtleistung zu Gunsten des späteren Versicheres ist die Zession der Rechte aus der früheren Versicherung. Der Zessionsakt braucht nicht stets sogleich beim Vertragsabschlusse vorgenommen zu werden; rechtsunkundige Personen könnten durch solche Anforderung leicht zu Schaden kommen. — Ob bei einer Versicherung für fremde Rechnung der Versicherungsnehmer oder der Versicherte zur Verzichtleistung beziehungsweise zur Abtretung der Rechte befugt ist, hängt von den Umständen des Falls ab. Ist z. B. die erste Versicherung von dem Versicherten bereits genehmigt, so wird man dem Versicherungsnehmer gewiß nicht ohne Weiteres das Recht zugestehen können, auf die erste Versicherung zu verzichten. Vgl. Art. 891. und Noten zu demselben. Prot. S. 3041—3043. 4256—4260.

29) Eine solche Nachversicherung ist gleichsam eine Assekuranz der Zahlungsfähigkeit des ersten Versicherers. Sie ist aber nicht eine blos akzessorische Verbindlichkeit, sondern eine selbstständige, wenn auch bedingte, Versicherung. Die Frage, unter welchen Voraussetzungen anzunehmen ist, daß sich der Versicherte aus der älteren Versicherung nicht zu erholen vermag, ist hier offen gelassen, damit dieselbe entweder in besonderen Verabredungen der Kontrahenten oder schließlich in dem richterlichen Erkenntnisse ihre Erledigung finde. Zur Gültigkeit der zweiten Versicherung ist nicht erforderlich, daß die Haftung des neuen Versicherers erst eintritt, wenn der ältere fruchtlos ausgeklagt ist. Mot. S. 186. Prot. S. 3043. 3044. 4261. Vgl. ALR. §. 2011.

30) Es ist nicht nothwendig, daß von Seiten des Versicherten auf alle Ansprüche aus der früheren Versicherung verzichtet wird; eine neue Versicherung ist auch dann statthaft, wenn der Versicherte die bereits begründeten Entschädigungsansprüche sich vorbehält. Selbstverständlich ist die neue Versicherung auch nur in so weit, als der erste Versicherer entlastet wird, statthaft. Wegen der ihm bereits bekannten Schäden kann der Versicherte keine neue Versicherung schließen, wohl aber wegen der zwar eingetretenen, aber ihm noch unbekannten Schäden. Prot. S. 3133. 4256. 4260.

Artikel 794.

Im Falle der Doppelversicherung hat nicht die zuerst genommene, sondern die später genommene Versicherung rechtliche Geltung, wenn die frühere Versicherung für fremde Rechnung ohne Auftrag genommen ist, die spätere dagegen von dem Versicherten selbst genommen wird, sofern in einem solchen Falle der Versicherte entweder bei Eingehung der späteren Versicherung von der früheren noch nicht unterrichtet war,[31]) oder bei Eingehung der späteren Versicherung dem Versicherer anzeigt, daß er die frühere Versicherung zurückweise.[32])

Die Rechte des früheren Versicherers in Ansehung der Prämie bestimmen sich in diesen Fällen nach den Vorschriften der Artikel 900. und 901.

Artikel 795.

Sind mehrere Versicherungen gleichzeitig oder nach einander geschlossen worden, so hat ein späterer Verzicht auf die gegen den einen Versicherer begründeten Rechte keinen Einfluß auf die Rechte und Verpflichtungen der übrigen Versicherer.[33])

Artikel 796.

Wenn die Vesicherungssumme den Versicherungswerth nicht erreicht, so haftet der Versicherer im Falle eines theilweisen Schadens für den Betrag desselben nur nach Verhältniß der Versicherungssumme zum Versicherungswerth.[34])

---

31) Hat der Versicherte die von einem Andern für ihn abgeschlossene Versicherung bereits erfahren und genehmigt, als er die zweite Versicherung abschloß, so ist die von ihm selbst genommene Versicherung ungültig. Ist die frühere Versicherung von einem Mandatar des Versicherten abgeschlossen, so bleibt diese selbst dann bestehen, wenn der Versicherte von der Ausführung des Auftrags keine Nachricht erhalten hat, denn die Handlungen des Mandatars sind so anzusehen, als ob der Mandant sie vorgenommen hätte. Will der Mandant sich in einem solchen Falle schützen, so kann er die zweite Versicherung unter der Bedingung schließen, wenn er nicht schon gedeckt sei. Prot. S. 4237 ff., 4245—4248. 4379. 4380.

32) Der Versicherte ist weder verpflichtet an den ersten Versicherer, noch an den Versicherungsnehmer Anzeige von der Eingehung einer neuen Assekuranz zu machen. Betrügereien sind in diesem Falle nicht zu fürchten; denn der zweite Versicherer, welcher weiß, daß das von ihm zu versichernde Interesse schon durch eine ältere Assekuranz gedeckt ist, kann Vorsorge treffen, daß der Versicherte für denselben Schaden nicht zweimal Ersatz erhält. Das Verhältniß des Versicherten zu dem Versicherungsnehmer wird durch die Vorschrift des Art. 794. nicht berührt; dasselbe ist vielmehr nach allgemeinen Rechtsgrundsätzen unter Berücksichtigung des Umstandes, ob beide in Geschäftsverbindung gestanden, ob der Versicherungsnehmer demnach eine Antwort zu erwarten Grund hatte oder nicht, zu beurtheilen. Prot. S. 4282. 4283.

33) Der Versicherte ist nicht berechtigt, die Verpflichtung der gleichzeitigen oder späteren Versicherer durch einseitige Handlungen zu erweitern. Wenn z. B. auf einen Werth von 50000 A. 20000 B. 20000 und C. 20000 gleichzeitig ge-

Artikel 797.

Wird durch Vereinbarung der Parteien der Versicherungswerth auf eine bestimmte Summe (Taxe) festgestellt (taxirte Polize), so ist die Taxe unter den Parteien für den Versicherungswerth maaßgebend.[35])

Der Versicherer ist jedoch befugt, eine Herabsetzung der Taxe zu fordern, wenn er beweist, daß dieselbe wesentlich übersetzt sei;[36]) ist imaginairer Gewinn taxirt, so hat er im Falle der Anfechtung der Taxe zu beweisen, daß dieselbe den zur Zeit des Abschlusses des Vertrages nach kaufmännischer Berechnung möglicher Weise zu erwartenden Gewinn überstiegen habe.[37])

Eine Polize mit der Bestimmung: „vorläufig taxirt" wird, so lange

---

zeichnet haben, so daß für einen Totalschaden jeder nur zu ⅓ mit 16666⅔ haftet und der Versicherte entläßt einen der Versicherer seiner Verbindlichkeit, so hat dies nicht die Folge, daß nunmehr jeder der beiden andern Versicherer für die vollen gezeichneten 20000 haftet, vielmehr tritt der Versicherte als Selbstversicherer an die Stelle des entlassenen Versicherers. Selbstverständlich kann er sich für die aufgegebene Summe wieder versichern lassen; der Wiederversicherer steht zu ihm alsdann in dem Verhältnisse eines Rückversicherers. Mot. S. 189. 190. Prot. S. 3061.

34) Für den nicht versicherten Theil des Werths ist der Versicherte gewissermaßen sein eigner Versicherer und muß als solcher die Gefahr nach Verhältniß des nicht versicherten Theils zu dem Gesammtwerthe mittragen. Mot. S. 187. Vgl. ALR. §§. 2264. 2268.

35) Um einer nachträglichen Darlegung des Werths des versicherten Gegenstands überhoben zu sein, kann der Versicherte sich im Voraus mit dem Versicherer über denselben einigen. In welchen Ausdrücken ein solches Einverständniß zu finden ist, läßt sich nicht bestimmen, weil dies von der ortsgebräuchlichen Einrichtung der Polizen abhängt. Die Bedeutung einseitiger Werthsangaben des Versicherten ist ebenfalls je nach den lokalen Einrichtungen bezüglich der Art und Weise der Anfertigung der Polizen verschieden. An vielen Seeplätzen haben diese Angaben den Sinn, daß dadurch das Maximum festgesetzt werden soll, zu welchem schließlich die von dem Assekuradeur gezeichnete Summe äußerstenfalls in Verhältniß gesetzt werden darf. Die vorgängige Vereinbarung des Werths ist auch bei unkörperlichen Gegenständen, z. B. Kommissionsgebühren, zulässig. Mot. S. 333. Prot. S. 3062—3069. 4262—4265.

36) Bei Annahme der Taxe geht der Versicherer meist sehr leicht zu Werke. Deshalb geben ihm die Gesetze und Gebräuche ein freieres Recht zur Anfechtung der Taxe, als ihm nach allgemeinen Rechts-Grundsätzen zustehen würde. Er kann dieselbe nicht blos wegen Betrugs und Irrthums anfechten, sondern auch ohne das Hinzutreten dieser Gründe wegen zu hoher Werthsangabe; aber nicht jedes Uebersetzen der Taxe rechtfertigt die Anfechtung, sondern nur ein wesentliches, d. h. ein solches, durch welches das Wesen des Vertrags, der Ersatz des Interesse, geändert werden würde; die Beurtheilung: wann dies der Fall ist, bleibt richterlichem Ermessen anheimgegeben. Mot. S. 332. Prot. S. 3064 bis 3068. 4266. 4267. Vgl. ALR. §. 2170.

37) Nach dem Pr. Entw. (Art. 607.) in Uebereinstimmung mit dem ALR. (§. 2170.) sollten als imaginärer Gewinn höchstens zehn Prozent Aufschlag zum wirklichen Werth der Waaren versichert werden dürfen, weil sonst zu leicht Gelegenheit geboten würde, die Versicherung zu einem Spiel zu machen. Man war jedoch der Ansicht, daß eine solche Beschränkung der Versicherung ganz berechtigter Interessen im Wege stehen würde. Der Versicherte würde alsdann in vielen Fällen bezüglich der nach der Versicherung eingetretenen Werthserhöhung unge-

die Taxe nicht in eine feste verwandelt ist,[38]) einer nicht taxirten Polize (offenen Polize) gleichgeachtet.

Bei der Versicherung von Fracht ist die Taxe in Bezug auf einen von dem Versicherer zu ersetzenden Schaden nur dann maaßgebend, wenn dieses besonders bedungen ist.[39])

Artikel 798.

Wenn in einem Vertrage mehrere Gegenstände oder eine Gesammtheit von Gegenständen unter einer Versicherungssumme begriffen, aber für einzelne derselben besondere Taxen vereinbart sind, so gelten die Gegenstände, welche besonders taxirt sind, auch als abgesondert versichert.[40])

Artikel 799.

Als Versicherungswerth des Schiffs gilt, wenn die Parteien nicht eine

---

deckt bleiben. Eben so wenig Anklang fand der Vorschlag: den Parteien zu gestatten, den Betrag des imaginären Gewinns nach Belieben festzustellen, weil sich eine derartige Bestimmung nur als eine unbedingte Sanktionirung der Wettassekuranzen auffassen lasse. Man entschied sich dafür, die Taxation des Gewinns der freien Vereinbarung der Kontrahenten zu überlassen, die Anfechtbarkeit der Taxe jedoch zu gestatten, wenn sie die Grenzen einer berechtigten kaufmännischen Erwartung übersteigt und als Schwindelei erscheint. Mot. S. 332. Prot. S. 3094 bis 3098. 4267. 4268.

38) Die Versicherung ist nach definitiver Vereinbarung der Taxe so anzusehen, als wäre diese von Anfang an vereinbart. Prot. S. 3070.

39) In den Polizen über Frachtversicherungen werden in der Regel gewisse Summen als Taxe der Fracht und der Ueberfahrtsgelder (Art. 678.) bezeichnet, ohne daß die Kontrahenten wirklich die Absicht haben, dadurch den Betrag der Fracht, der unter allen Umständen maaßgebend sein soll, festzustellen. Ein Bedürfniß zur Vereinbarung einer maaßgebenden Taxe ist seltener vorhanden, weil zur Ermittelung des wahren Werths der Fracht nur eine einfache Rechnung und nicht eine eigentliche Schätzung erforderlich ist. Das Gesetz hat dieser Uebung Ausdruck gegeben und sieht die Taxe der Fracht nur dann für maaßgebend für etwaigen Schadensersatz an, wenn eine dahin gehende Absicht der Kontrahenten sich unzweifelhaft aus dem Vertrage erkennen läßt. Wann eine solche Vereinbarung vorhanden ist, unterliegt der Entscheidung nach allgemeinen Rechtsgrundsätzen. Vielleicht kann sich der Richter veranlaßt sehen, eine solche Vereinbarung schon dann anzunehmen, wenn bei Eingehung des Vertrages ausdrücklich hervorgehoben worden, daß keine Fracht- und Ueberfahrtsverträge geschlossen sind oder daß in denselben der Ertrag der Fracht nicht angegeben ist, weil in diesem Fall die Frachttaxe nur auf ungefährer Schätzung beruhen kann. Für die Berechnung der Prämie 2c. ist die angegebene Taxe jedenfalls maaßgebend. Prot. S. 3516—3518. 4268.

40) Ist nicht nur der Versicherungswerth des Ganzen in der Polize festgestellt, sondern ist derselbe auch über die einzelnen Kolli oder Theile des Ganzen vertheilt, so geschieht dies in der Regel, damit der Versicherte im Falle von Schaden, wenn dieser nach Gesetz oder Polize bestimmte Prozente betragen muß, leichter Ersatz bekommt. Die Prozente des Schadenbetrages werden dann nicht nach dem Werth des Ganzen, sondern nach dem Werth des beschädigten Kolli berechnet. — Ein Fehler, welchen der Versicherte bei getrennt taxirten Theilen in

andere Grundlage für die Schätzung vereinbart haben,[41]) der Werth, welchen das Schiff in dem Zeitpunkt hat, in welchem die Gefahr für den Versicherer zu laufen beginnt.[42])

Diese Bestimmung kommt auch dann zur Anwendung, wenn der Versicherungswerth des Schiffs taxirt ist.[43])

Artikel 800.

Die Ausrüstungskosten, die Heuer[44]) und die Versicherungskosten[45]) können zugleich mit dem Schiff oder besonders versichert werden, insoweit sie nicht bereits durch die Versicherung der Bruttofracht[46]) versichert sind.

---

treff eines Theils begangen hat, berührt die Versicherung des anderen nicht. Mot. S. 334. Prot. S. 3071—3073.

41) Die Parteien sind berechtigt, die im Gesetze als das präsumtiv Gewollte aufgeführten Grundlagen der Schätzung zu modifiziren und andere Grundlagen festzusetzen, so wie den Werth des versicherten Interesse, möge es nun im konkreten Falle bei den gesetzlichen Grundlagen verbleiben oder auch hierüber eine Vereinbarung getroffen sein, auf eine bestimmte Summe festzusetzen. Prot. S. 4265. 4269. — Es giebt Fälle, in denen das Interesse des Versicherers am Schiff weiter geht, als im Art. 799. bestimmt ist, z. B. wenn der Versicherer sein Schiff verkauft und sich unter einer namhaften Konventionalstrafe verpflichtet hat, dasselbe zu einer gewissen Zeit in einem anderen Hafen dem Käufer zu liefern. Ein außerordentlicher Werth pflegt durch besondere Beisätze und Formeln, z. B. „auf behaltene Fahrt", bezeichnet zu werden. Prot. S. 3024. 3025.

42) Die Gefahr beginnt gewöhnlich mit dem Augenblicke der Abreise. Es kann deshalb der Werth, den das Schiff im Abgangshafen hat, ohne Rücksicht auf die Slitage versichert werden. Die Versicherung des Schiffes erstreckt sich auch auf die Versicherung des Zubehörs, d. i. der an dem Körper befestigten Stücke, aller Geräthschaften und Werkzeuge, welche zum bleibenden Gebrauch des Schiffes bei der Seefahrt bestimmt sind. Mot. S. 332. Prot. S. 3022. 3034. 3073. Vgl. ALR. §. 1984.

43) Die Bestimmung des ersten Absatzes wird für taxirte Polizen hauptsächlich dann von praktischem Werth, wenn die Taxe nach Art. 797. wegen Uebersetzung angefochten werden soll. Prot. S. 3022.

44) Der Rheder kann nicht nur für Heuervorschüsse, sondern für die ganze Heuer Versicherung nehmen, weil er nach Art. 453. für die Heuer des Schiffers und der Mannschaft insoweit persönlich haftet, als dieselbe bis zu dem Hafen verdient ist, in welchem zuletzt geladen oder gelöscht worden ist. Prot. S. 3037.

45) Wo von Versicherung der Prämie (der Versicherungskosten) die Rede ist, wird immer zugleich die Versicherung der Prämie von der Prämie u. s. f. gemeint. Prot. S. 3025.

46) In der Bruttofracht ist gewöhnlich der Ersatz der Ausrüstungskosten ꝛc. enthalten; in der gleichzeitigen Versicherung beider würde daher in der Regel eine unzulässige Doppelversicherung liegen. Ausnahmsweise kann jedoch die Versicherung der Bruttofracht die der Ausrüstungkosten (d. h. der Kosten für die nur zum vorübergehenden Gebrauche bestimmte Ausrüstung) nicht unnütz machen und umgekehrt, z. B. wenn noch im Abgangshafen durch einen Unfall die Provision (Proviant, Munition u. dgl.) verloren geht oder wenn in der Nähe des Bestimmungshafen die Frachtgüter untergehen, nachdem die Ausrüstung durch die Reise fast ganz konsumirt gewesen ist. Im ersten Falle würde der Assekuradeur keinen Ersatz für die verlorene Provision bekommen, wenn die Versicherung der

Dieselben gelten nur dann als mit dem Schiff versichert, wenn es vereinbart ist.[47]).

Artikel 801.

Die Fracht[48]) kann bis zu ihrem Bruttobetrage versichert werden,[49]) insoweit sie nicht bereits durch die Versicherung der Ausrüstungskosten, der Heuer und der Versicherungskosten versichert ist.

Als Versicherungswerth der Fracht gilt der Betrag der in den Frachtverträgen bedungenen Fracht, und wenn eine bestimmte Fracht nicht bedungen ist, oder insoweit Güter für Rechnung des Rheders verschifft sind, der Betrag der üblichen Fracht (Artikel 620.).

Artikel 802.

Ist bei der Versicherung der Fracht nicht bestimmt, ob dieselbe ganz oder ob nur ein Theil derselben versichert sei, so gilt die ganze Fracht als versichert.

Ist nicht bestimmt, ob die Brutto- oder Nettofracht versichert sei, so gilt die Bruttofracht als versichert.

Wenn die Fracht der Hinreise und die Fracht der Zurückreise unter einer Versicherungssumme versichert sind und nicht bestimmt ist, welcher Theil der Versicherungssumme auf die Fracht der Hinreise und welcher Theil auf die Fracht der Zurückreise falle, so wird die Hälfte derselben auf die Fracht der Hinreise, die Hälfte auf die Fracht der Zurückreise gerechnet.[50])

Ausrüstungskosten neben der der Bruttofracht ungültig wäre, im zweiten Falle würde der Rheder den Verlust der aufgewendeten Ausrüstungskosten selbst tragen müssen, wenn die Versicherung der Bruttofracht nur abzüglich der früher versicherten Ausrüstungskosten zulässig wäre. Prot. S. 3026. 4269. 4270.

47) Ausrüstungskosten, Heuer- und Versicherungskosten sind Auslagen, welche auch bei günstigem Verlaufe der Reise verloren wären, also an und für sich gar nicht versicherbar sind. Umsoweniger würde es gerechtfertigt sein, die Versicherung dieser Auslagen als eine selbstverstandene, in der Versicherung des Schiffes bereits liegende Assekuranz anzusehen. Prot. S. 3073—3076.

48) — so wie die Ueberfahrtsgelder (Art. 678.) Prot. S. 3027.

49) Viele Gesetzgebungen, z. B. die französische (code de commerce Art. 347.) verbieten die Versicherung der Fracht und des imaginären Gewinnes, von der Ansicht ausgehend, der Versicherte sei nicht in die Lage zu versetzen, als habe er die Reise glücklich zurückgelegt, sondern als habe er dieselbe gar nicht unternommen. Dann erhält der Versicherer aber keine volle Entschädigung, da diese auch den entgangenen Gewinn begreift. Mot. S. 332. Prot. S. 3026. Vgl. ALR. §. 1982.

50) Der Absatz 3. setzt voraus, daß die Hinreise und die Zurückreise zwei verschiedene Reisen sind, für welche die Fracht in einer gemeinschaftlichen Versicherungssumme versichert ist; er bestimmt, welcher Betrag in diesem Falle als Versicherungssumme für jede dieser beiden Reisen, nicht was als Versicherungswerth derselben (Art. 790.) anzusehen ist. Letzterer bestimmt sich nach dem Inhalt des Frachtvertrages; die wirkliche Fracht jeder einzelnen Reise bildet den Versicherungswerth. Ist nur für die Fracht einer aus Hin- und Rückreise be-

Artikel 803.

Als Versicherungswerth der Güter gilt, wenn die Parteien nicht eine andere Grundlage für die Schätzung vereinbart haben,[51]) derjenige Werth, welchen die Güter am Ort und zur Zeit der Abladung haben,[52]) unter Hinzurechnung aller Kosten bis an Bord einschließlich der Versicherungskosten.

Die Fracht, sowie die Kosten während der Reise und am Bestimmungsorte werden nur hinzugerechnet, sofern es vereinbart ist.[53])

Die Bestimmungen dieses Artikels kommen auch dann zur Anwendung, wenn der Versicherungswerth der Güter taxirt ist.

Artikel 804.

Sind die Ausrüstungskosten oder die Heuer, sei es selbstständig, sei es durch Versicherung der Bruttofracht, versichert, oder sind bei der Versicherung von Gütern die Fracht oder die Kosten während der Reise und am Bestimmungsorte versichert, so leistet der Versicherer für denjenigen Theil derselben keinen Ersatz, welcher in Folge eines Unfalls erspart wird.[54])

Artikel 805.

Bei der Versicherung von Gütern ist der imaginaire Gewinn oder

---

stehenden Reise, wofür nur eine ungetheilte Frachtsumme bedungen ist, Versicherung genommen, so findet die Bestimmung des Absatz 3. keine Anwendung. Als Versicherungswerth ist in solchem Falle die Fracht der ganzen Reise anzusehen, weil bei jedem Unfalle, gleichviel ob er sich auf der Ausreise oder erst auf der Rückreise zuträgt, immer die ganze Fracht in Verlustgefahr schwebt. Prot. S. 3079—3083.

51) — z. B. den Werth, welchen die Güter am Bestimmungsort haben. Prot. S. 3030.

52) Man hat im Zweifel den Werth der Güter zur Zeit und am Ort der Abladung für maaßgebend erklärt, weil dieser Werth in der Regel leicht zu ermitteln ist und mit wenigen Ausnahmen das Risiko des Assekuradeurs mit dem Zeitpunkte der Abladung beginnt. Prot. S. 3027—3029.

53) Die Kosten bis an Bord sind zwar selbst bei günstigem Verlaufe des Unternehmens zu entrichten, ihr Ersatz erfolgt aber regelmäßig durch den Mehrwerth der Ladung am Bestimmungsort; sie gehen also nur im Falle der Nichtankunft der Ladung am Bestimmungsort verloren. Die später erwachsenden Kosten und die Fracht sind von den übrigen Kosten zu trennen, weil dieselben, wie sich der Verkehr gestaltet, durch besondere Versicherung gedeckt werden und weil bei ihnen das Eigenthümliche gilt, daß sie nur im Falle der glücklichen Vollendung der Reise gezahlt, im Falle des Unglücks aber ganz oder theilweise erspart werden. Prot. S. 3027. 3028. Vgl. ALR. §§. 1987—1989.

54) Ersparnisse an den Kosten rc. können auch eintreten, wenn die Ladung am Bestimmungsort anlangt, wie z. B. dann, wenn die Güter dergestalt beschädigt werden, daß sie nunmehr als eine ganz andere Waare betrachtet werden müssen und einem ganz anderen, geringerem Zollsatz unterworfen sind, als in unbeschädigtem Zustand (Glas, Bruchglas). Prot. S. 3036—3039. 4271. 4272.

die Provision, selbst wenn der Versicherungswerth der Güter taxirt ist, als mitversichert nur anzusehen, sofern es im Vertrage bestimmt ist.[55])

Ist im Falle der Mitversicherung des imaginairen Gewinnes der Versicherungswerth taxirt, aber nicht bestimmt, welcher Theil der Taxe auf den imaginairen Gewinn sich beziehe, so wird angenommen, daß zehn Prozent der Taxe auf den imaginairen Gewinn fallen. Wenn im Falle der Mitversicherung des imaginairen Gewinnes der Versicherungswerth nicht taxirt ist, so werden als imaginairer Gewinn zehn Prozent des Versicherungswerthes der Güter (Artikel 803.) als versichert betrachtet.[56])

Die Bestimmungen des zweiten Absatzes kommen auch im Falle der Mitversicherung der Provision mit der Maaßgabe zur Anwendung, daß an Stelle der zehn Prozent zwei Prozent treten.

Artikel 806.

Ist der imaginaire Gewinn oder die Provision selbstständig versichert, der Versicherungswerth jedoch nicht taxirt, so wird im Zweifel angenommen, daß die Versicherungssumme zugleich als Taxe des Versicherungswerthes gelten soll.

Artikel 807.

Die Bodmereigelder können einschließlich der Bodmereiprämie für den Bodmereigläubiger versichert werden.[57])

Ist bei der Versicherung von Bodmereigeldern nicht angegeben, welche Gegenstände verbodmet sind, so wird angenommen, daß Bodmereigelder auf Schiff, Fracht und Ladung versichert seien. Wenn in Wirklichkeit nicht alle diese Gegenstände verbodmet sind, so kann nur der Versicherer auf die vorstehende Bestimmung sich berufen.[58])

---

55) Die gemeinschaftliche Versicherung der Güter und der Provision kommt nicht selten vor. Dies erklärt sich daraus, daß der Kommissionär sich häufig veranlaßt finden kann für den Kommittenten die Güter und für sich die Verkaufskommission zu versichern, was in der Weise geschieht, daß er Versicherung „für wen es angeht" nimmt. Prot. S. 4273.

56) Diese Bestimmung findet auch dann Anwendung, wenn die Ladung einschließlich des Gewinnes in einer offenen Polize versichert worden und wenn sich im Fall eines Partialschadens bei schließlicher Auseinandersetzung des Versicherten und des Versicherers ergiebt, daß die Versicherungssumme nicht den vollen Werth der Ladung und des zehnprozentigen Gewinnes erreicht, der Versicherer also zum Theil als Selbstversicherer erscheint. Prot. S. 3099.

57) Auch ein Dritter kann für Rechnung des Bodmereigläubigers Bodmereikapital und Bodmereiprämie gültig versichern (vgl. ALR. §. 1980.). Der Bodmerei*nehmer* hat dagegen kein versicherbares Interesse an den Bodmereigeldern, weil er für diese nicht persönlich haftet (vgl. ALR. §§. 1997. 1998.). — Bei der Versicherung von Bodmereigeldern für Rechnung eines *anderen*, als des Bodmereigläubigers ist das *Interesse* desselben speziell zu bezeichnen. Prot. S. 3086. 4276.

58) Es ist billig, daß zum Nachtheil des Versicherten, der eine deutlichere Angabe hätte machen sollen, dasjenige angenommen wird, was für den Assekuradeur am vortheilhaftesten ist. Der Vertrag ist gültig, obschon eigentlich kein beider-

Artikel 808.

Hat der Versicherer seine Verpflichtungen erfüllt, so tritt er, insoweit[59]) er einen Schaden vergütet hat, dessen Erstattung der Versicherte von einem Dritten zu fordern befugt ist, jedoch unbeschadet der Bestimmungen im zweiten Absatze des Artikels 778. und im zweiten Absatze des Artikels 781.[60]), in die Rechte des Versicherten gegen den Dritten.

Der Versicherte ist verpflichtet, dem Versicherer, wenn er es verlangt, auf dessen Kosten eine beglaubigte Anerkennungsurkunde über den Eintritt in die Rechte gegen den Dritten zu ertheilen.

Der Versicherte ist verantwortlich für jede Handlung, durch welche er jene Rechte beeinträchtigt.[61])

---

seitiger Konsens über den Vertragsgegenstand vorliegt. Geht in dem im zweiten Absatze behandelten Falle das allein verbodmet gewesene Schiff unter, während Fracht und Ladung gerettet wird, so haftet der Versicherer kraft jener Vermuthung nur so, als wenn Fracht und Ladung mit verbodmet gewesen wären. Ist dagegen das allein verbodmet gewesene Schiff gerettet, die nicht verbodmete Ladung aber untergegangen, so hat dennoch der Versicherer nichts zu zahlen. — Ist weder Ladung, noch Fracht vorhanden, weil das Schiff in Ballast fährt, so ist die Assekuranz für den Assekuradeur unverbindlich; denn durch Verschweigen dieser wichtigen Thatsache bei Eingehung des Vertrages macht sich der Versicherte einer Verletzung der Anzeigepflicht schuldig. Prot. S. 3088. 4277.

Die Frage, wann und von wem Havereigelder (d. h. Gelder, die zur Wiederherstellung von Havereischäden erforderlich sind) versichert werden können ist nach den allgemeinen Grundsätzen des Versicherungsrechts über die Nothwendigkeit eines Interesse des Versicherten an einem den Seegefahren ausgesetzten Gegenstand u. s. w. zu beurtheilen. Im Zweifel ist nicht, wie bei der Versicherung der Bodmereigelder, anzunehmen, daß die Havereigelder auch auf die Ladung versichert seien; denn in der Regel erwirbt der Gläubiger der Havereigelder keine Rechte auf die Ladung, sondern nur auf Schiff und Fracht. Prot. S. 3092. 3093.

59) Der Versicherer erlangt erst dann ein Recht auf das Einrücken in die Ansprüche des Versicherten, wenn er seinen Verpflichtungen vollständig genügt hat. Prot. S. 3103.

60) Bei einer Kollision der Rechte der Schiffsgläubiger und des Versicherers in Betreff der Ansprüche an den Dritten, welcher den Schaden angerichtet hat, können dem Assekuradeur keine anderen Rechte übertragen werden als diejenigen, welche der Versicherte zur Zeit der Entstehung der Forderung des Versicherers noch gegen den Urheber des Schadens hat. Da nun die Forderungen der Schiffsgläubiger stets vor dem Zeitpunkt entstehen, in welchem der Assekuradeur Zahlung leistet, so kann diesem nur ein mit den Pfandrechten der Schiffsgläubiger beschwertes Forderungsrecht abgetreten werden. — Das Recht, in einem solchen Falle bei der Zahlung der Versicherungssumme einen Abzug zu machen, kann man dem Versicherer unmöglich einräumen, wenn die betreffende Schiffsschuld aus einem Unfall entstanden ist, für welchen der Versicherer zu haften hat oder wenn der Versicherte zugleich persönlich für die Schiffsschuld haftet, weil Letzterer in diesem Falle durch den Untergang des Pfandobjekts nichts gewinnt. Wo Beides nicht der Fall ist, wird anzunehmen sein, daß bis zum Belaufe der Schiffsschulden kein Interesse an der Erhaltung des Schiffes und somit eine Ueberversicherung vorhanden, der Abzug also zulässig sei. Prot. S. 4279. 4280.

61) Diese Vorschrift leidet sowohl auf den Fall Anwendung, wenn die Be-

Artikel 809.

Ist eine Forderung versichert, zu deren Deckung eine den Gefahren der See ausgesetzte Sache dient, so ist der Versicherte im Fall eines Schadens verpflichtet, dem Versicherer, nachdem dieser seine Verpflichtungen erfüllt hat, seine Rechte gegen den Schuldner insoweit abzutreten, als der Versicherer Ersatz geleistet hat.

Der Versicherte ist nicht verpflichtet, die ihm gegen den Schuldner zustehenden Rechte geltend zu machen, bevor er den Versicherer in Anspruch nimmt.

Zweiter Abschnitt.

Anzeigen bei dem Abschlusse des Vertrages.[62])

Artikel 810.

Der Versicherungsnehmer ist sowohl im Falle der Versicherung für eigene Rechnung als im Falle der Versicherung für fremde Rechnung verpflichtet, bei dem Abschlusse des Vertrages dem Versicherer alle ihm bekannten[63]) Umstände anzuzeigen, welche wegen ihrer Erheblichkeit[64]) für

---

einträchtigung der fraglichen Ansprüche (z. B. ein Verzicht auf dieselben gegenüber dem ersatzpflichtigen Dritten) schon vor dem Uebergang derselben auf den Versicherer eingetreten ist, als auch dann, wenn die Beeinträchtigung erst nach demselben, d. h. nachdem die Rechte bereits aufgehört haben, Rechte des Versicherten zu sein, stattgehabt hat. Prot. S. 3104. Nach dem ALR. (§§. 2215. 2278.) war der Versicherte schuldig, die Klage wider den Urheber des Schadens sogleich anzustellen und den Prozeß auf Kosten des Versicherers so lange fortzusetzen, bis dieser dazu die nöthigen Verfügungen selbst treffen konnte.

62) Der Versicherungsvertrag ist ein contractus uberrimae fidei. Das ALR. (§. 2024.) sagt in dieser Beziehung: Bei Schließung des Versicherungsvertrages sind beide Theile zu besonderer Treue, Redlichkeit und Aufrichtigkeit verpflichtet. Die durch die bona fides bedingte Verpflichtung des Versicherungsnehmers giebt sich in zweierlei Weise kund: 1) in der Pflicht keine für die Beurtheilung der Gefahr erheblichen und ihm bekannten Umstände zu unterdrücken; 2) keine unrichtigen Thatumstände mitzutheilen. Der Versicherer hingegen kann nur für verpflichtet angesehen werden, diejenigen Thatsachen mitzutheilen, welche die Gefahr, gegen welche Versicherung gesucht wird, ganz oder theilweise aufheben. (Art. 789. Absatz 3.). Es kann ihm daher nicht zugemuthet werden, jedem Versicherungsnehmer alle auf die Beurtheilung der Gefahr entfernt Bezug habenden Thatsachen ausführlich mitzutheilen oder ihn von Allem zu instruiren, was er kraft seines besonderen Berufs und mit großen Mühen und Kosten erfahren hat. Mot. S. 334. 339. Prot. S. 3143—3147. 4294—4298.

63) Der Versicherungsnehmer ist nicht mehr anzuzeigen verbunden, als er zur Zeit der Eingehung des Vertrages wirklich weiß. Eine Verletzung der bona fides ist daher als vorliegend nicht anzunehmen, wenn er eine erhebliche Thatsache, die er bei gehöriger Erkundigung erfahren haben würde, nicht anzeigt. Dagegen macht es keinen Unterschied, ob die Anzeige eines dem Versicherungsnehmer bekannten Umstandes wissentlich oder nur aus Versehen unterblieben ist. Prot. S. 3145. 3150. Vgl. ALR. §§. 2026. ff.

64) Der Pr. Entw. (Art. 615. 616.) führte folgende Umstände als erheblich im Sinne dieses Artikels auf:

1) daß und zu welcher Zeit das Schiff den Abgangshafen bereits verlassen hat und welche Nachrichten seitdem eingegangen sind (ALR. §. 2045.);

die Beurtheilung der von dem Versicherer zu tragenden Gefahr geeignet sind, auf den Entschluß des letzteren, sich auf den Vertrag überhaupt oder unter denselben Bestimmungen einzulassen, Einfluß zu üben.

Wenn der Vertrag für den Versicherungsnehmer durch einen Vertreter desselben abgeschlossen wird, so sind auch die dem Vertreter[65]) bekannten Umstände anzuzeigen.

Artikel 811.

Im Falle der Versicherung für fremde Rechnung müssen dem Versicherer bei dem Abschlusse des Vertrages auch diejenigen Umstände angezeigt werden, welche dem Versicherten selbst oder einem Zwischenbeauftragten[66]) bekannt sind.

Die Kenntniß des Versicherten oder eines Zwischenbeauftragten kommt jedoch nicht in Betracht, wenn der Umstand denselben so spät bekannt wird, daß sie den Versicherungsnehmer ohne Anwendung außergewöhnlicher Maaßregeln[67]) vor Abschluß des Vertrages nicht mehr davon benachrichtigen können.

Die Kenntniß des Versicherten kommt auch dann nicht in Betracht,

---

2) daß das Schiff noch auf dem Stapel steht oder in Reparatur sich befindet, oder von einer früheren Reise noch nicht zurückgekehrt ist;
3) daß der dem Schiffe vorgeschriebene Weg von dem üblichen abweicht;
4) daß das Schiff einen oder mehrere Zwischenhäfen anlaufen soll;
5) bei Versicherungen auf Kasko oder Fracht — daß das Schiff mit Kalkladung geht;
6) bei Versicherungen der Ladung — daß sich verderbliche Waaren, Werthsachen und Kostbarkeiten auf dem Schiffe befinden (ALR. §§. 2046 ff.);
7) bei Versicherung von Haverei- oder Bodmereigeldern — daß das Schiff im Ballast fährt oder daß die Bodmereischuld auf einer früheren Reise entstanden ist.

Diese Aufzählung sollte nur die häufig vorkommenden Fälle, deren Analogie zugleich den Richter bei Beurtheilung der Erheblichkeit leiten kann, enthalten. Im Gesetze ist von einer derartigen Exemplifizirung Umgang genommen worden, weil, wie behauptet wurde, die vorgeschlagenen Bestimmungen nicht für alle Fälle gerechtfertigt sind, und die Entscheidung der betreffenden Fälle nur selten besonderen Bedenken unterliegen wird. Mot. S. 336. Prot. S. 3155. 3157. — Die Anzeige bestimmter Thatsachen kann das Geschäft zu einem bedingten machen. Ob dies anzunehmen sei, muß der Beurtheilung im einzelnen Falle überlassen werden. Liegt wirklich ein bedingtes Geschäft vor, so ist die Erheblichkeit oder Unerheblichkeit der die Bedingung bildenden Thatsache gleichgültig. Prot. S. 3146.

65) — nicht den etwaigen sonstigen Mittelspersonen. Prot. S. 4419. Vgl. ALR. §. 2029.

66) Wo mehrere Zwischenbeauftragte betheiligt sind, ist sowohl der Versicherte, als jede Mittelsperson nur ihrem Nachmann die entsprechenden Mittheilungen zu machen schuldig; der Versicherer kann also nicht verlangen, daß ihm von einer anderen Person direkte Mittheilungen gemacht werden, als von derjenigen, mit welcher er selbst kontrahirt hat. Prot. S. 3155.

67) Der Verpflichtung zur nachträglichen Anzeige relevanter Umstände ist Genüge geschehen, wenn sich der Versicherte so schnell, als dies der regelmäßige und ordentliche Geschäftsgang zuläßt, der gewöhnlichen ihm zu Gebote stehenden

wenn die Versicherung ohne Auftrag und ohne Wissen desselben genommen ist.[68])

Artikel 812.

Wenn die in den beiden vorstehenden Artikeln bezeichnete Verpflichtung nicht erfüllt wird, so ist der Vertrag für den Versicherer unverbindlich.[69])

Diese Vorschrift findet jedoch keine Anwendung, wenn der nicht angezeigte Umstand dem Versicherer bekannt war, oder als ihm bekannt vorausgesetzt werden durfte.[70])

Artikel 813.

Wird von dem Versicherungsnehmer bei dem Abschlusse des Vertrages in Bezug auf einen erheblichen Umstand (Artikel 810.) eine unrichtige Anzeige gemacht,[71]) so ist der Vertrag für den Versicherer unverbindlich, es sei denn, daß diesem die Unrichtigkeit der Anzeige bekannt war.[72])

Diese Bestimmung kommt zur Anwendung ohne Unterschied, ob die

---

Verkehrsmittel bedient hat, um die betreffende Mittheilung an den Versicherer gelangen zu lassen. Der Telegraph ist noch als ein außerordentliches Korrespondenzmittel anzusehen (Note 5. zu Art. 319.); man wird deshalb unter gewöhnlichen Umständen, und so lange der Gebrauch des Telegraphen noch nicht weit mehr als bis jetzt auch bei gewöhnlichen Geschäftsangelegenheiten verbreitet ist, den Versicherten in der Regel nicht für schuldig erachten können, sich auf seine Kosten zur Weiterbeförderung der betreffenden Nachricht des Telegraphen zu bedienen, obwohl unter Umständen auch eine Mittheilung auf diesem Wege für nöthig erscheinen kann. Prot. S. 3154. 4314.

68) Die Vorschrift des Absatz 3. kann zu betrügerischen Zwecken in der Weise benutzt werden, daß das Vorhandensein eines Auftrages verschwiegen, und dadurch die Anzeigepflicht des Versicherten umgangen wird. In der Regel pflegen aber die Versicherer nicht anders, als wenn sie großes Vertrauen zum Versicherungsnehmer haben, auf derartige Versicherungen sich einzulassen. Prot. S. 4307 bis 4313.

69) Es ist hierbei unerheblich, ob der Schaden seinen Grund gerade in dem verschwiegenen Umstande hatte oder von demselben unabhängig war. Mot. S. 335. Prot. S. 3145. Vgl. Art. 901.

70) — d. h. was unter gleichen Verhältnissen jeder Versicherte, so wie überhaupt Jedermann aus dem Publikum voraussetzen darf. Diese Bestimmung gestattet es bei Entscheidung der Frage, ob die Unterlassung der Anzeige eines relevanten Umstandes dem Versicherten nachgesehen werden kann oder nicht, auf die subjektiven Verhältnisse des Versicherten und weniger auf die Verhältnisse des Versicherers Rücksicht zu nehmen. Prot. S. 4300.

71) Die Frage, ob eine Verletzung der Anzeigepflicht vorliegt, wenn der Schiffer bezeichnet, die Anzeige aber unrichtig ist, indem der bezeichnete Schiffer auch bei Eingehung des Vertrages das Schiff nicht geführt hat, ist nach den Umständen jedes einzelnen Falls zu beurtheilen. Auf die richtige Angabe des Schiffers hat man häufig aus dem Grunde Gewicht gelegt, weil man annahm, es müsse mit der Sache übel bestellt sein, wenn der Versicherte zu falschen Angaben seine Zuflucht nehme. Prot. S. 3192. Vgl. Art. 819.

72) Bei einer unrichtigen Anzeige kann der Versicherungsnehmer sich nicht darauf berufen, daß er den von ihm angegebenen Umstand, als dem Versicherer bekannt, voraussetzen durfte (Art. 812.); es würde ungebührlich hart sein, wenn

Anzeige wissentlich oder aus Irrthum, ob sie mit oder ohne Verschulden unrichtig gemacht ist.[73])

Artikel 814.

Wird bei einer Versicherung mehrerer Gegenstände oder einer Gesammtheit von Gegenständen den Vorschriften der Artikel 810. bis 813. in Ansehung eines Umstandes zuwidergehandelt, welcher nur einen Theil der versicherten Gegenstände betrifft, so bleibt der Vertrag für den Versicherer in Ansehung des übrigen Theils verbindlich.[74]) Der Vertrag ist jedoch auch in Ansehung dieses Theils für den Versicherer unverbindlich, wenn erhellet, daß der letztere denselben allein unter denselben Bestimmungen nicht versichert haben würde.

Artikel 815.

Dem Versicherer gebührt in den Fällen der Artikel 810. bis 814., selbst wenn er die gänzliche oder theilweise Unverbindlichkeit des Vertrages geltend macht, gleichwohl die volle Prämie.[75])

---

man dem Versicherer gegenüber positiven Angaben des Versicherten eine Erkundigungspflicht auferlegen wollte. Hat der Versicherer dagegen wirklich eine zuverlässige Wissenschaft von dem betreffenden Thatumstande gehabt, was quaestio facti ist, so bedarf er einer unrichtigen Anzeige gegenüber keines besonderen Schutzes. Prot. S. 3153.

73) Derjenige, von welchem die unrichtige Anzeige ausgeht, darf seine eigenen Erklärungen, welche eine unrichtige Vorstellung zu erwecken geeignet gewesen, nachträglich nicht verläugnen, weil hierin eine unmittelbare Verletzung der bona fides liegen würde. Prot. S. 3145.

74) Es kommt nicht darauf an, ob von Anfang an eine eventuelle Theilung der Versicherung beabsichtigt und dies beim Abschluß des Vertrages angedeutet worden ist oder nicht, sondern nur darauf, ob die Versicherung faktisch theilbar erscheint und keine Umstände vorhanden sind, die zu der Unterstellung Anlaß geben, daß der Versicherer, hätte er die ganze Wahrheit gekannt, den Vertrag überhaupt nicht eingegangen wäre. Ist z. B. ein Theil der Waaren auf Deck geladen, so ist bei unterlassener Anzeige dieses Umstandes die Versicherung nur rücksichtlich dieses Theiles der Ladung unverbindlich. Erhellt aber, daß durch die Deckladung die Sicherheit des Schiffes beeinträchtigt und somit auch die unter Deck befindliche Ladung gefährdet worden, so ist die ganze Versicherung für den Assekuradeur unverbindlich. Prot. S. 3151.

75) Im Allgemeinen wird es sich nur schwer feststellen lassen, ob die Anzeige einer erheblichen Thatsache in bösem Glauben oder in gutem Glauben (also entweder aus Nachlässigkeit oder weil der Versicherte die betreffende Thatsache für irrelevant hielt) unterblieben ist. Mit Rücksicht hierauf und zur Ausgleichung der Verluste, welche für den Versicherer dadurch entstehen, daß er oft Schadensersatz leisten muß, wo er wegen der zwar vorhandenen, aber nicht erweislichen Verletzung der Anzeigepflicht hierzu nicht verbunden wäre, ist dem Versicherer die ganze Prämie zuerkannt, gleichviel ob der Versicherer bona oder mala fide der Anzeigepflicht nicht genügt hat. Gebührt dem Assekuradeur schon bei unterlassener Anzeige die volle Prämie, so ist dies bei unrichtiger Anzeige noch gerechtfertigter. (Note 73. zu Art. 813.). Prot. S. 3627—3630. Vgl. jedoch Art. 901. u. ALR. §. 2026.

Dritter Abschnitt.

Verpflichtungen des Versicherten aus dem Versicherungsvertrage.

Artikel 816.

Die Prämie ist, sofern nicht ein Anderes vereinbart ist,[76]) sofort nach dem Abschlusse des Vertrages und, wenn eine Polize verlangt wird, gegen Auslieferung der Polize zu zahlen.[77])

Zur Zahlung der Prämie ist der Versicherungsnehmer verpflichtet.[78])

Wenn bei der Versicherung für fremde Rechnung der Versicherungsnehmer zahlungsunfähig geworden ist und die Prämie von dem Versicherten noch nicht erhalten hat, so kann der Versicherer auch den Versicherten auf Zahlung der Prämie in Anspruch nehmen.[79])

Artikel 817.

Wird statt der versicherten Reise, bevor die Gefahr für den Ver-

---

76) Nach den Beschlüssen der ersten Lesung sollten die gesetzlichen Bestimmungen über die Zahlungszeit der Prämie auch dann nicht zur Anwendung kommen, wenn ein Anderes durch Ortsgebrauch bestimmt ist. Zur Begründung dieses Beschlusses wurde geltend gemacht, daß an manchen Seeplätzen nach den dortigen Gebräuchen jeder Versicherte berechtigt sei, die Stundung der Assekuranzprämie auf drei bis sechs Monate zu verlangen. Bei der zweiten Lesung wurde von dieser Bestimmung Abstand genommen, weil eine genauere Untersuchung des Sachverhältnisses zu der Ueberzeugung geführt habe, daß kein Bedürfniß für eine solche Vorschrift vorhanden sei. Prot. S. 3162—3164. 4315. Mot. S. 338.

77) Der Geschäftsgewinn des Versicherers besteht gerade darin, daß derselbe, wenn Prämie und Versicherungssumme in richtigem Verhältniß stehen und sonach die Gesammtbeträge der Prämien und der zu zahlenden Entschädigungen sich decken, die Benutzung des Prämienbetrages bis zur Auszahlung des Entschädigungsbetrages gehabt hat. Mot. S. 338. Vgl. ALR. §. 2109.

78) — gleichviel ob Dieser Versicherung für fremde Rechnung ohne oder mit Bezeichnung der Person des Versicherten oder für Rechnung „wen es angeht" genommen hat. Der Versicherungsnehmer ist der eigentliche Kontrahent. Nach dem ALR. (§. 2105.) haftete nur derjenige Kommissionär für die Prämie, welcher ohne Nennung des Kommittenten Versicherung nimmt. Prot. S. 3165—3167.

79) Eine konsequente Durchführung des Grundsatzes, daß der Versicherungsnehmer, nicht der Versicherte, als Kontrahent anzusehen sei, würde namentlich in dem in Absatz 3. behandelten Falle, zu unbilligen Resultaten führen. Der Versicherer würde sich wegen seines Anspruches auf Prämienzahlung in den Konkurs des Versicherungsnehmers einlassen müssen und somit keinenfalls eine vollständige Befriedigung erlangen, die Konkursmasse des Versicherungsnehmers aber würde berechtigt sein, die ganze von dem Versicherten noch zu zahlende Prämie zu beanspruchen. Es ist deshalb billig, in dem gedachten Falle dem Assekuradeur einen direkten Anspruch gegen den eigentlichen Versicherten wegen der von diesem noch nicht gezahlten Prämie zu geben.

Hat dagegen der Versicherte die Prämie bereits an den Versicherungsnehmer entrichtet, so kann der Versicherer weder direkt den Versicherten wegen der Zahlung der Prämie in Anspruch nehmen, noch die Prämie bei Zahlung der Versicherungs-

sicherer zu laufen begonnen hat,[80]) eine andere Reise angetreten, so ist der Versicherer bei der Versicherung von Schiff und Fracht von jeder Haftung frei,[81]) bei anderen Versicherungen trägt der Versicherer die Gefahr für die andere Reise nur dann, wenn die Veränderung der Reise weder von dem Versicherten, noch im Auftrage oder mit Genehmigung desselben bewirkt ist.[82])

Wird die versicherte Reise verändert, nachdem die Gefahr für den Versicherer zu laufen begonnen hat, so haftet der Versicherer nicht für die nach der Veränderung der Reise eintretenden Unfälle. Er haftet jedoch für diese Unfälle, wenn die Veränderung weder von dem Versicherten, noch im Auftrage oder mit Genehmigung desselben bewirkt, oder wenn sie durch einen Nothfall[83]) verursacht ist, es sei denn, daß der letztere in einer Gefahr sich gründet, welche der Versicherer nicht zu tragen hat.[84])

Die Reise ist verändert, sobald der Entschluß, dieselbe nach einem

---

gelder zur Kompensation bringen (Art. 895.), weil es mehr der Billigkeit entspricht, daß der Versicherer, welcher dem Nehmer kreditirt hat, den Verlust trage, als daß der Versicherte doppelt bezahle. Prot. S. 3167—3169. 3171—3173. 3576—3579. 4316. 4432. 4433.

80) Vgl. Art. 827. ff.

81) — selbst wenn ein Nothfall die Veränderung der Reise herbeigeführt hat und der Versicherte bei der Veränderung nicht betheiligt gewesen ist. Denn die Veränderung der Reise kann nicht ohne Zuthun des Schiffers statthaben. Bei Veränderung der Reise vor Beginn der Gefahr handelt der Schiffer, als terrestrer Agent des Rheders; dieser muß deshalb alle Folgen der Handlungsweise des Ersteren tragen, während dem Assekuradeur im Allgemeinen nur die Folgen solcher Versehen des Schiffers zur Last fallen, deren er sich in seiner Eigenschaft als maritimer Agent des Rheders schuldig macht. Prot. S. 3185. 4318. 4319.

82) Für diese Ausnahme hat man sich lediglich aus Billigkeitsrücksichten entschieden, weil der Versicherte häufig nicht in der Lage ist, dergleichen Veränderungen der Reise auch bei größter Achtsamkeit zu verhindern, der Versicherer aber doch die Prämie erhält und es aus kommerziellen Rücksichten bedenklich erscheint, in solchen Fällen den Versicherten ungeschützt zu lassen. Prot. S. 4319.

83) Unter „Nothfall" ist hier nicht jeder Kasus zu verstehen, dessen Abwendung nicht in der Macht des Versicherten gestanden, insbesondere auch nicht jede von anderen Personen verschuldete Nichterfüllung, sondern ein Ereigniß zur See, das durch die zu Gebote stehenden Kräfte nicht abgewendet werden konnte und nothwendig zur Nichterfüllung einer Zusage (Veränderung der Reise, Deviation ꝛc.) führen mußte. Ein vom Versicherten verschuldeter Nothfall bietet keinen Entschuldigungsgrund für Nichterfüllung von Zusagen. Prot. S. 3179. 3180. 4320—4323.

84) Man kann dem Assekuradeur nicht zumuthen, für solche Schäden Ersatz zu leisten, welche, wenn auch nur indirekt, durch eine Gefahr veranlaßt worden sind, die er nicht übernommen hat. Wenn z. B. der Schiffer die Reise ändert, weil er von Kriegsschiffen verfolgt wird, so ist der Assekuradeur, welcher „frei von Kriegsmolest" gezeichnet hat, von der ferneren Haftung frei. Prot. S. 3179.

85) Wollte man den Assekuradeur so lange für haftbar erklären, bis die Wege beider Reisen sich nicht mehr decken, so würde man, was häufig unmöglich ist, ermitteln müssen, wie weit die Wege sich decken und von welchem Augenblicke an

anderen Bestimmungshafen zu richten, zur Ausführung gebracht wird, sollten auch die Wege nach beiden Bestimmungshäfen sich noch nicht geschieden haben.[85]) Diese Vorschrift gilt sowohl für die Fälle des ersten, als für die Fälle des zweiten Absatzes dieses Artikels.

Artikel 818.

Wenn von dem Versicherten oder im Auftrage oder mit Genehmigung desselben der Antritt oder die Vollendung der Reise ungebührlich[86]) verzögert, von dem der versicherten Reise entsprechenden Wege abgewichen oder ein Hafen angelaufen wird,[87]) dessen Angehung als in der versicherten Reise begriffen[88]) nicht erachtet werden kann, oder wenn der Versicherte in anderer Weise eine Vergrößerung oder Veränderung der Gefahr veranlaßt, namentlich eine in dieser Beziehung ertheilte besondere Zusage nicht erfüllt, so haftet der Versicherer nicht für die später sich ereignenden Unfälle.

Diese Wirkung tritt jedoch nicht ein:

---

der Weg ein anderer geworden. Ueberdies kann man nie mit Gewißheit sagen, ob das Schiff wenn die versicherte Reise zur Ausführung gelangt wäre, genau zu derselben Zeit in die betreffenden Gegenden gekommen sein würde, wie nach der Veränderung der Reise, oder was sonst ohne diese Aenderung geschehen wäre. Prot. S. 3184.

86) Unerhebliche Verzögerungen der Abfahrt oder Vollendung der Reise kommen nicht in Betracht, die erheblichen nur dann, wenn sie nicht durch genügende Gründe gerechtfertigt werden können. Prot. S. 3187.

87) In dem Assekuranzgeschäft herrscht allgemein die Ansicht, daß durch jede Veränderung des Weges, auch wenn damit eine Veränderung der Reise nicht verbunden ist, zugleich die Gefahr eine andere wird, der Assekuradeur somit für die späteren Unfälle frei werden muß. Unter Umständen kann auch die Verkürzung der Reise Deviation sein. Als Deviation kann ihrem Begriffe nach keine andere Abweichung vom Kurse betrachtet werden, als eine freiwillige; eine solche ist deshalb nicht vorhanden, wenn der Wind das Schiff vom richtigen Wege abgedrängt hat und ebensowenig, wenn der Schiffer, um den richtigen Weg zu gewinnen, momentan vom Kurs ablenkt oder vielleicht wieder eine Strecke rückwärts geht. — Auch kann man es als eine Abweichung vom Wege nicht betrachten, wenn der Schiffer statt des üblichen Weges den im konkreten Falle sichereren Weg wählt, z. B. wenn er statt bei großem Eisgang durch den Sund zu gehen, welcher der gewöhnliche Weg ist um aus der Ostsee in die Nordsee zu gelangen, durch den großen Belt seinen Weg nimmt. — Ist die Reihenfolge, in welcher die verschiedenen Zwischenhäfen angelaufen werden sollen, bestimmt, so liegt in dem Anlaufen des Hafens außer der Reihe eine Deviation. Wann die Reihenfolge als festgestellt anzusehen und ob dies insbesondere schon dann der Fall ist, wenn in der Polize mehrere Häfen nebeneinander aufgestellt werden, läßt sich nicht allgemein entscheiden. Ebenso hängt die Entscheidung der Frage, ob dann, wenn bestimmt ist, daß mehrere Häfen angelaufen werden dürfen, nothwendig alle Häfen angelaufen werden müssen oder einzelne übersprungen werden können, von dem Inhalte jedes einzelnen Vertrages ab. Mot. S. 339. Prot. S. 3186—3191. Vgl. ALR. §§. 2121. 2122. 2117.

88) Nach Handelsgebrauch und dem Ortsgebrauche einzelner Seeplätze dürfen einige Häfen auch ohne besondere Abrede angelaufen werden, z. B. die Kanalhäfen bei Reisen zwischen transatlantischen Häfen und der Nordsee. Prot. S. 3190.

1) wenn erhellet, daß die Vergrößerung oder Veränderung der Gefahr keinen Einfluß auf den späteren Unfall hat üben können;[89])
2) wenn die Vergrößerung oder Veränderung der Gefahr, nachdem die Gefahr für den Versicherer bereits zu laufen begonnen hat, durch einen Nothfall[90]) verursacht ist, es sei denn, daß der letztere in einer Gefahr sich gründet, welche der Versicherer nicht zu tragen hat;
3) wenn der Schiffer zu der Abweichung von dem Wege durch das Gebot der Menschlichkeit genöthigt ist.[91])

Artikel 819.

Wird bei dem Abschlusse des Vertrages der Schiffer bezeichnet, so ist in dieser Bezeichnung allein noch nicht die Zusage enthalten, daß der benannte Schiffer auch die Führung des Schiffs behalten werde.[92])

Artikel 820.

Bei der Versicherung von Gütern haftet der Versicherer für keinen Unfall, wenn und insoweit die Beförderung derselben nicht mit dem zum Transport bestimmten Schiff geschieht. Er haftet jedoch nach Maaßgabe des Vertrages, wenn die Güter, nachdem die Gefahr für ihn bereits zu laufen begonnen hat, ohne Auftrag und ohne Genehmigung des Versicherten in anderer Art als mit dem zum Transport bestimmten Schiff weiter befördert werden, oder wenn dies in Folge eines Unfalls geschieht,[93]) es sei denn, daß der letztere in einer Gefahr sich gründet, welche der Versicherer nicht zu tragen hat.

Artikel 821.

Bei der Versicherung von Gütern ohne Bezeichnung des Schiffs oder

---

89) Der Versicherte befindet sich in einer schlimmeren Lage, wenn er aus Irrthum eine falsche Anzeige gemacht hat, als wenn er wissentlich eine Zusage unerfüllt läßt. Dies beruht darauf, daß die Anzeigepflicht sich auf die Entstehung des Vertrages bezieht und ihre Verletzung wegen des Verstoßes gegen die bona fides zugleich die Rechtsbeständigkeit des Kontrakts beeinträchtigt, die Nichterfüllung einer Zusage dagegen die Vertragserfüllung betrifft und daher ganz anderen Regeln unterliegt. Prot. S. 3177. 3178.

90) Vgl. Note 83. zu Art. 817.

91) Es soll dem Schiffer die Deviation aus Mitleid für andere Menschen auf Kosten des Assekuradeurs nicht allzuleicht gemacht werden; es ist deshalb eine restringirende Fassung gewählt. Prot. S. 3189. 3190.

92) Im Allgemeinen wird jetzt auf die Beibehaltung des einmal benannten Schiffers Seitens der Assekuradeure weniger Gewicht gelegt, als früher, so daß ohne Hinzutreten anderer Umstände in der Bezeichnung des Schiffers noch keine Zusage für die Beibehaltung desselben zu finden ist. Mot. S. 340. Prot. S. 3191.

93) Die Bestimmung des Schiffs ist als ein Essentiale des Vertrages anzusehen. Die Umladung der versicherten Waaren in ein anderes Schiff, wenn das erste zur Fortsetzung der Reise untauglich geworden ist, erscheint als eine gezwungene Abweichung von den Polizebedingungen. Mot. S. 340. Prot. S. 3182.

der Schiffe (in unbestimmten oder unbenannten Schiffen) muß der Versicherte, sobald er Nachricht erhält, in welches Schiff versicherte Güter abgeladen sind, diese Nachricht dem Versicherer mittheilen.[94])

Im Falle der Nichterfüllung dieser Verpflichtung[95]) haftet der Versicherer für keinen Unfall, welcher den abgeladenen Gütern zustößt.

Artikel 822.

Jeder Unfall muß, sobald der Versicherungsnehmer[96]) oder der Versicherte, wenn dieser von der Versicherung Kenntniß hat, Nachricht von dem Unfall erhält,[97]) dem Versicherer angezeigt werden, widrigenfalls der Versicherer befugt ist, von der Entschädigungssumme den Betrag abzuziehen, um welchen dieselbe bei rechtzeitiger Anzeige sich gemindert hätte.[98])

---

94) Der Art. 821. bezieht sich nur auf solche Fälle, in welchen der Versicherungsvertrag unzweifelhaft perfekt und die Entscheidung, auf welche Güter sich die Versicherung beziehen soll, von dem Willen des Versicherten gar nicht mehr abhängig ist. Art. 821. leidet demnach Anwendung, wenn die Versicherung über individuell hinreichend bestimmte Waaren genommen worden, die Schiffe aber, in denen sie verladen werden sollen, vorerst noch unbekannt geblieben sind, ferner dann, wenn die Güter nur durch Angabe der Unternehmung, der Zeit ihrer Abladung bestimmt worden, individuell aber unbestimmt und auch die Schiffe noch unbenannt sind, in denen die Abladung der einzelnen Kolli u. s. w. erfolgen soll. In solchen Fällen ist die in diesem Artikel vorgeschriebene Anzeige von großem Interesse für den Assekuradeur, sowohl weil Differenzen über die Identität nicht immer vermieden werden können, als auch weil die Assekuradeure in der Regel auf ein und dasselbe Schiff nicht mehr als einen gewissen Maximalbetrag zu zeichnen pflegen und es ihnen deshalb wichtig ist, baldmöglichst zu wissen, wieviel von diesem Betrage bereits durch eine Versicherung von Gütern auf ungenannten Schiffen konsumirt ist. Mot. S. 340. Prot. S. 3193—3198.

95) Die verspätete Anzeigeerstattung kommt einer gänzlichen Unterlassung derselben gleich; geringfügige Verzögerungen der Anzeige kommen jedoch nicht in Betracht. Im Fall der Verzögerung ist der Assekuradeur nicht blos vom Ersatz der vor Erstattung der Anzeige erwachsenen Schäden, sondern auch von dem der nachher entstandenen Beschädigungen und Verluste frei. Da die Kontrolle darüber, ob der Versicherte der in diesem Artikel vorgeschriebenen Anzeigepflicht genügt hat, sehr schwierig ist, so bedarf es, um die Befolgung dieser Vorschrift zu sichern, eines sehr nachdrücklichen Kompelle. Prot. S. 3198. 3199. Vgl. ALR. §. 2083.

96) — nicht auch andere Mittelspersonen. Prot. S. 3200.

97) Der Versicherungsnehmer resp. der Versicherte ist zur Anzeige derjenigen Nachrichten, welche er nur durch die öffentlichen Blätter, Börsenanschläge u. dgl. erfährt, welche also eben so wohl dem Versicherer, als dem Versicherten bekannt sein können, nicht verpflichtet. Prot. S. 3200.

98) Die Folge der unterlassenen Anzeige nach eingetretenem Unfall ist nicht der Verlust des Rechts des Versicherten — man würde sonst die unterlassene Anzeige rückwärts wirken lassen, sondern nur die Verantwortlichkeit für denjenigen mit dem betreffenden Versicherungsgeschäft in Zusammenhang stehenden Nachtheil, welcher bei rechtzeitiger Anzeige erweislich hätte vermieden werden können. Ueber die Beweislast ist nach der jedesmaligen Sachlage zu entscheiden. Mot. S. 342. Prot. S. 3199. 4324.

Artikel 823.

Der Versicherte ist verpflichtet, wenn ein Unfall sich zuträgt, sowohl für die Rettung der versicherten Sachen, als für die Abwendung größerer Nachtheile thunlichst zu sorgen.[99])

Er hat jedoch, wenn thunlich, über die erforderlichen Maaßregeln vorher mit dem Versicherer Rücksprache zu nehmen.[100])

Vierter Abschnitt.

Umfang der Gefahr.

Artikel 824.

Der Versicherer trägt alle Gefahren, welchen Schiff oder Ladung

---

99) Die Verpflichtungen des Versicherten bei eingetretenem Unfall beschränken sich nicht auf die Erhaltung des status quo; sie gehen in vielen Fällen weiter; er ist auch verpflichtet die Folgen des Unfalls wo möglich aufzuheben und den Eintritt eines definitiven Vermögensverlustes zu hindern. Er hat jedoch nicht bis an die äußersten Grenzen der Möglichkeit für die Rettung ꝛc. zu sorgen, sondern nur so zu handeln, wie ein sorgsamer Kaufmann und beziehungsweise wie er im eigenen Interesse gehandelt haben würde, wenn er nicht versichert gewesen wäre. Hieraus ergiebt sich, daß er z. B. nicht an Ort und Stelle zu gehen braucht, wenn die Reise mit dem zu rettenden Werthe und dem, was er persönlich mehr als ein Vertreter leisten kann, nicht im Verhältniß steht; wie weit er für die Versehen seiner Vertreter hafte, ist im Gesetze offen gelassen. Unter Umständen wird man ihm keinen Vorwurf machen können, wenn er die Güter einem bedeutenden Handlungshause konsignirt und in dessen Händen auch die Rettungsmaßregeln belassen hat, obschon sie vielleicht von einem besonderen Kommissionair besser besorgt worden wären. Mot. S. 341. Prot. S. 3205. 3206. 4324—4326. 4421—4427.

100) Bei eingetretenem Unfall gebührt rücksichtlich der zu ergreifenden Rettungsmaßregeln dem Versicherten die entscheidende Stimme, weil ihm als Eigenthümer des versicherten Gegenstands die Dispositionsbefugniß über denselben zusteht und er bei theilweiser Versicherung sehr wohl bei der Größe des Schadens interessirt sein kann. Die Pflicht des Versicherten, mit dem Versicherer über die zu ergreifenden Maßregeln Rücksprache zu nehmen, ist durch das vorwiegende Interesse des Letzteren an der Rettung der versicherten Gegenstände geboten. Eine solche Rücksprache ist nicht immer möglich, namentlich wenn es sich um schleunige Maaßregeln handelt, und der Versicherer oder sein Bevollmächtigter sehr entfernt von dem Orte ist, wo der Unfall sich zuträgt. Das Gesetz hat deshalb die Verbindlichkeit zur Rücksprache auf die thunlichen Fälle beschränkt. Hat der Versicherte, obschon es thunlich war, keine Rücksprache mit dem Versicherer genommen, oder hat er nach erfolgter Besprechung mit dem Versicherer andere Maßregeln, als dieser angerathen, ergriffen, so hat ersterer den Beweis der Angemessenheit seiner Wahl zu führen, und letzterem bleibt der Beweis unbenommen, daß, wenn er gehört oder sein Rath befolgt worden wäre, der Schaden ein geringerer gewesen sein würde, z. B. weil er Gelder billiger, als geschehen, hätte beschaffen können. Hat aber der Versicherer, nachdem er die nöthige Kenntniß von dem thatsächlichen Sachverhalt gehabt, sich ungeachtet der Anfrage des Versicherten nicht ausgesprochen,

während der Dauer der Versicherung ausgesetzt sind,[1]) soweit nicht durch die nachfolgenden Bestimmungen oder durch Vertrag ein Anderes bestimmt ist.

Er trägt insbesondere:

1) die Gefahr der Elementarereignisse und der sonstigen Seeunfälle, selbst wenn diese durch das Verschulden eines Dritten veranlaßt sind, als: Eindringen des Seewassers, Strandung, Schiffbruch, Sinken, Feuer, Explosion, Blitz, Erdbeben, Beschädigung durch Eis[2]) u. s. w.;
2) die Gefahr des Krieges und der Verfügungen von hoher Hand;
3) die Gefahr des auf Antrag eines Dritten verhängten, von dem Versicherten nicht verschuldeten Arrestes;[3])

---

so wird eine Anfechtung der getroffenen Maßregeln wegen Zweckwidrigkeit nicht leicht von dem Richter zugelassen werden können. Mot. S. 341. Prot. S. 3200 bis 3204. 3207. 4326. 4327. Vgl. ALR. §§. 2164. 2165.

1) Jeder Versuch, die Art der vom Versicherer zu übernehmenden Gefahr zu definiren und abzugrenzen, ist in hohem Grade gefährlich für den Versicherten; es ist deshalb die Haftung des Versicherers so allgemein wie möglich gefaßt, und es bleibt den Parteien überlassen, spezielle Gefahren auszunehmen, so weit dies nicht schon im Gesetze geschehen ist (Art. 825.). Mot. S. 343. Prot. S. 3210—3212. 3225—3228. 4328. 4329. Vergl. ALR. §. 2209. Zu den vom Assekuradeur zu tragenden, nicht speziell aufgeführten Gefahren gehört auch die Beschädigung des versicherten Gegenstandes durch andere in der Schiffsgemeinschaft befindliche Sachen, sofern der Schaden durch einen eigentlichen Seeunfall oder durch Verschulden der Besatzung herbeigeführt ist. Die Frage, ob in jeder Beschädigung des versicherten Gegenstandes durch eine in derselben Schiffsgemeinschaft befindliche Sache ohne Unterschied der Ursache der Beschädigung ein selbstständiger vom Assekuradeur zu tragender Unfall liegt, ist nach den Umständen des einzelnen Falls zu entscheiden. Prot. S. 3229. Vgl. ALR. §§. 2216. 2217.

2) Die Frage, ob der Assekuradeur für die nachtheiligen Folgen einer durch Einfrieren des Schiffs entstandenen Verzögerung der Reise einstehen müsse, ist in der Hamburgischen Assekuranz- und Havereiordnung (Tit. 5. Art. 2.) verneint. Die Nichthaftbarkeit für diese Schäden folgt, wie geltend gemacht wurde, auch aus allgemeinen Grundsätzen, denn das Einfrieren gehört wie die widrigen Winde, in die Kategorie der regelmäßigen Naturereignisse und ist nicht als ein Seeunfall, sondern als ein gewöhnlicher Zufall der Seefahrt anzusehen. Prot. S. 3219.

3) Der Assekuradeur haftet sowohl für denjenigen Schaden, welchen der Versicherte durch einen Arrest erleidet, der nicht gegen die versicherte Sache, sondern gegen eine andere in derselben Schiffsgemeinschaft befindliche Sache verhängt worden ist, als auch für die Folgen eines gegen die versicherte Sache selbst erkannten Arrestes, insofern dieser Arrest von Seiten des Versicherten unverschuldet ist. Eine solche Arrestlegung erscheint unverkennbar ebensowohl als eine Verfügung von hoher Hand, wie eine Anhaltung aus politischen Gründen, da die Behörden ihre Macht anwenden um den Arrest zum Vollzuge zu bringen, wenn dies auch im Interesse und auf Antrag von Privaten geschieht. Ueberdies sind nicht in allen Fällen die Mittel vorhanden, um den Arrest abzuwenden. — Die Frage, ob ein Arrest schon deshalb auf Seite des Versicherten für gänzlich unverschuldet angesehen werden könne, weil dessen Justifikation nicht gelungen sei, wurde in der Konferenz von einer Seite verneint. Prot. S. 3218.

4) die Gefahr des Diebstahls, [4]) sowie die Gefahr des Seeraubes, der Plünderung und sonstiger Gewaltthätigkeiten;
5) die Gefahr der Verbodmung der versicherten Güter zur Fortsetzung der Reise oder der Verfügung über dieselben durch Verkauf oder durch Verwendung zu gleichem Zweck (Artikel 507. bis 510. 734.);
6) die Gefahr der Unredlichkeit oder des Verschuldens einer Person der Schiffsbesatzung, [5]) sofern daraus für den versicherten Gegenstand ein Schaden entsteht; [6])
7) die Gefahr des Zusammenstoßes von Schiffen und zwar ohne Unterschied, ob der Versicherte in Folge des Zusammenstoßes unmittelbar oder ob er mittelbar dadurch einen Schaden erleidet, daß er den einem Dritten zugefügten Schaden zu ersetzen hat. [7])

Artikel 825.

Dem Versicherer fallen die nachstehend bezeichneten Schäden nicht zur Last:

1) bei der Versicherung von Schiff oder Fracht:
der Schaden, welcher daraus entsteht, daß das Schiff in einem

---

4) Die Haftung für alle Gefahren schließt auch die für etwaigen Diebstahl in sich. Ohne den Transport der Güter würde meistentheils der fragliche Schaden nicht gestiftet worden sein. Außerdem wird der Diebstahl fast immer auf Verschulden der Besatzung (Ziffer 6.) zurückzuführen sein, welche entweder selbst gestohlen oder an der gehörigen custodia es hat fehlen lassen. — Das bloße Abhandenkommen einer Sache und die Vermuthung, daß sie gestohlen sei, reicht nicht aus, um Schadensersatz vom Assekuradeur verlangen zu können. Prot. S. 3213—3215. 4329. 4330. Vgl. ALR. §. 3210.

5) Das ALR. (§. 2216.) zählt die Baratterie (ital. Baratteria, Tauschgeschäft, Betrügerei), d. i. das böswillige oder nachlässige Verfahren der Schiffsbesatzung, durch welches dem Schiffe oder der Ladung Schaden zugefügt wird, unter den vom Versicherer zu tragenden Gefahren auf. Das Gesetz ist dieser seit langer Zeit im Norden Deutschlands geltenden Ansicht gefolgt. Nach dem ALR. haftete der Versicherer aber nur subsidiär, während er nach Art. 824. direkt haftet. Selbstverständlich kann er Zession der Klage gegen den Schuldigen verlangen. Diese Unterscheidung ist von geringer praktischer Bedeutung, weil von dem Schiffer und dem Schiffsvolk in der Regel kein Schadensersatz zu erlangen ist. Mot. S. 343. Prot. S. 3220. 3221.

6) Der Versicherer hat für denjenigen Schaden nicht zu haften, welchen der Rheder dadurch erleidet, daß der Schiffer seine Vollmacht mißbraucht und Verträge eingeht, in Folge deren der Rheder mit Schiff und Fracht haften müßte, ohne irgend einen Vortheil davon zu haben. Wenn daher der Schiffer das Bodmereikapital unterschlägt, so hat der Versicherer keinen Ersatz zu leisten. Prot. S. 4331.

7) Der Zusammenstoß mit oder ohne Schuld ist immer ein Seeunglück, dessen Folgen der Versicherer im weitesten Umfange zu tragen hat. Bei der Berührung, in welche oft Schiffe bei Kollisionsfällen mit den verschiedenartigsten Gesetzgebungen und fremden Gerichten kommen, ist es erfahrungsmäßig sehr schwer, ein wirkliches Verschulden zu konstatiren; häufig ist es als bloßer Kasus zu betrachten, wenn ein Schiff verurtheilt wird, den Schaden des anderen zu erstatten. Prot. S. 3224. 4329.

nicht seetüchtigen Zustande oder nicht gehörig ausgerüstet oder bemannt oder ohne die erforderlichen Papiere (Artikel 480.) in See gesandt ist; [8])

der Schaden, welcher außer dem Falle des Zusammenstoßes von Schiffen daraus entsteht, daß der Rheder für den durch eine Person der Schiffsbesatzung einem Dritten zugefügten Schaden haften muß (Artikel 451. und 452.); [9])

2) bei einer auf das Schiff sich beziehenden Versicherung:

der Schaden an Schiff und Zubehör, welcher nur eine Folge der Abnutzung des Schiffs im gewöhnlichen Gebrauch ist; [10])

der Schaden an Schiff und Zubehör, welcher nur durch Alter, Fäulniß oder Wurmfraß verursacht wird;

3) bei einer auf Güter oder Fracht sich beziehenden Versicherung der Schaden, welcher durch die natürliche Beschaffenheit der Güter, namentlich durch inneren Verderb, Schwinden, gewöhnliche Leckage [11]) u. dgl., oder durch mangelhafte Verpackung der Güter [12]) entsteht

---

8) Bei jeder Kasko- oder Frachtversicherung, jedoch nicht bei andern Gegenständen der Versicherung ist der Versicherte, gleichviel ob er das Schiff selbst in See sendet oder nicht, für die Seetüchtigkeit desselben und für die Besorgung der erforderlichen Papiere verantwortlich. Der Unterverfrachter, welcher die Fracht versichert hat, bekommt sonach bei entstehendem Schaden keine Entschädigung, selbst wenn er für die Seetüchtigkeit des Schiffs zu sorgen außer Stande war. Hat der Verfrachter das Kasko und außerdem die für seine Rechnung verschickten Güter oder Havereigelder versichert, so erhält er im Falle eines durch Seeuntüchtigkeit herbeigeführten Schadens in Bezug auf die Kaskoversicherung keine Entschädigung, wohl aber rücksichtlich der übrigen Versicherungen, vorausgesetzt jedoch, daß die Seeuntüchkeit des Schiffes nicht von ihm verschuldet ist. Prot. S. 4336. 4337.

9) Wenn der Rheder dadurch Schaden leidet, daß sein Schiff als Exekutionsobjekt zur Bezahlung von Ansprüchen Dritter aus den Versehen des Schiffers 2c. verkauft wird, so ist ein solcher Schaden nicht durch eigentliche Seegefahr entstanden, sondern lediglich als eine Folge des Grundsatzes, daß der Präponent für seine Offizialen hafte, anzusehen. Es läßt sich nicht annehmen, daß in der Seeversicherung eine selbstständige, von Beschädigung der versicherten Sache ganz unabhängige Versicherung der Diligenz des Schiffers liege. Prot. S. 3221—3223.

10) Auch ein gänzliches Aufbrauchen von Inventarstücken ist als Abnutzung des Zubehörs anzusehen. Für den durch Prangen (vgl. Note 39. zu Art. 709.) entstandenen Schaden ist der Assekuradeur nur dann verantwortlich, wenn ein Seeunfall die Veranlassung zum Prangen gewesen ist. Mot. S. 343. 344. Prot. S. 3231. 3232. 4336. Vgl. ALR. §§. 2220. 2221.

11) Die ordentliche Leckage und der nicht ungewöhnliche Bruch sind eine Folge der inneren Beschaffenheit der betreffenden Güter, welche ohne einen solchen Schaden sich nicht transportiren lassen. Haben dagegen Seeunfälle den Schaden verursacht, z. B. eine Extraleckage veranlaßt, so hat der Versicherer dafür einzustehen. Bestimmungen darüber zu treffen, wann gewöhnliche, oder außergewöhnliche Leckage 2c. als vorhanden anzunehmen ist, bleibt den ständigen Bedingungen vorbehalten. Prot. S. 3235. 3236.

12) Es macht keinen Unterschied, ob der Fehler der Verpackung von dem Versicherten verschuldet ist oder nicht, da Fehler der Verpackung, z. B. schlechtes

oder an diesen durch Ratten oder Mäuse verursacht wird; wenn jedoch die Reise durch einen Unfall, für welchen der Versicherer haftet, ungewöhnlich verzögert wird,[13]) so hat der Versicherer den unter dieser Ziffer bezeichneten Schaden in dem Maaße zu ersetzen, in welchem die Verzögerung dessen Ursache ist;[14])

4) der Schaden, welcher in einem Verschulden des Versicherten[15]) sich gründet, und bei der Versicherung von Gütern oder imaginairem Gewinn auch der Schaden, welcher durch ein dem Ablader, Empfänger oder Kargadeur[16]) in dieser ihrer Eigenschaft[17]) zur Last fallendes Verschulden entsteht.

Artikel 826.

Die Verpflichtung des Versicherers zum Ersatze eines Schadens tritt auch dann ein, wenn dem Versicherten ein Anspruch auf dessen Vergütung gegen den Schiffer oder eine andere Person zusteht. Der Versicherte kann sich wegen Ersatzes des Schadens zunächst an den Versicherer halten. Er hat jedoch dem Versicherer die zur wirksamen Verfolgung eines solchen Anspruchs etwa erforderliche Hülfe zu gewähren,[18]) auch für die Sicherstellung des Anspruchs durch Einbehaltung der Fracht, Auswirkung der Beschlagnahme des Schiffs oder in sonst geeigneter Weise auf Kosten des Versicherers die nach den Umständen angemessene Sorge zu tragen (Artikel 823.).

Holz der Fustage, ebenso zu beurtheilen sind, als die fehlerhafte innere Beschaffenheit der Güter. Prot. S. 3234.

13) Die Verzögerung muß im Vergleiche zur Art und Ausdehnung der Reise so wie der in der Regel hierzu erforderlichen Zeit als eine ungewöhnliche erscheinen und nicht als unerheblich zu betrachten sein. Prot. S. 3233.

14) Bei den meisten Waaren wird der innere Verderb und was demselben an Unvermeidlichkeit gleichsteht, der Rattenfraß, durch die Länge der Zeit, innerhalb deren die Güter verpackt und verladen liegen, hervorgerufen oder verstärkt. Mot. S. 344. Prot. S. 3233. Vgl. ALR. §§. 2222—2225.

15) — oder seiner Vertreter, zu welchen auch andere Personen, als die in Ziffer 4. aufgeführten gehören. Prot. S. 3230.

16) Der Umfang der zum Berufe des „Kargadeur" gehörenden Handlungen und Geschäfte ist ganz unbestimmt. Gewöhnlich versteht man unter „Kargadeur" denjenigen Bevollmächtigten, welcher eine Schiffsladung im Auftrage ihrer Absender und Eigenthümer nach den Absatzhäfen begleitet, um sie hier für Rechnung seiner Auftraggeber zu verkaufen. Bisweilen ist der Kargadeur auch an einem solchen Orte längere Zeit ansäßig, so daß er dann die Reisen nicht selbst mitzumachen braucht. Der Schiffer kann zugleich Kargadeur sein. Selbst wenn dies der Fall ist, haftet der Versicherer nicht für den durch den Schiffer in seiner Eigenschaft als Kargadeur herbeigeführten Schaden. — Ablader, Empfänger und Kargadeur betrachtet man gewöhnlich als Vertreter des Ladungseigenthümers, wenn sie auch nicht mit besonderer Vollmacht versehen sind. Prot. S. 3230. 3231.

17) Ein dem Ablader ꝛc. in einer anderen Eigenschaft zur Last fallendes Verschulden schadet dem Versicherten nicht, z. B. wenn der Ablader zugleich Lieferant des Proviants ist und schlechten Proviant liefert. Prot. S. 4335.

18) — d. h. Information zu ertheilen, aber nicht den Prozeß selbst zu führen. Prot. S. 3673—3676. 3678. 4333—4335.

Artikel 827.

Bei der Versicherung des Schiffs für eine Reise beginnt die Gefahr für den Versicherer mit dem Zeitpunkt, in welchem mit der Einnahme der Ladung oder des Ballastes angefangen wird, oder, wenn weder Ladung noch Ballast einzunehmen ist, mit dem Zeitpunkt der Abfahrt des Schiffs. Sie endet mit dem Zeitpunkt, in welchem die Löschung der Ladung oder des Ballastes im Bestimmungshafen beendigt ist.[19])

Wird die Löschung von dem Versicherten ungebührlich verzögert,[20]) so endet die Gefahr mit dem Zeitpunkt, in welchem die Löschung beendigt sein würde, falls ein solcher Verzug nicht stattgefunden hätte.

Wird vor Beendigung der Löschung für eine neue Reise Ladung oder Ballast eingenommen, so endet die Gefahr mit dem Zeitpunkt, in welchem mit der Einnahme der Ladung oder des Ballastes begonnen wird.[21])

Artikel 828.

Sind Güter, imaginairer Gewinn oder die von verschifften Gütern zu verdienende Provision versichert, so beginnt die Gefahr mit dem Zeitpunkt, in welchem die Güter zum Zweck der Einladung[22]) in das Schiff oder in die Leichterfahrzeuge vom Lande scheiden; sie endet mit dem Zeitpunkt, in welchem die Güter im Bestimmungshafen wieder an das Land gelangen.

Wird die Löschung von dem Versicherten oder bei der Versicherung von Gütern oder imaginairem Gewinn von dem Versicherten oder von einer der im Artikel 825. unter Ziffer 4. bezeichneten Personen ungebührlich verzögert, so endet die Gefahr mit dem Zeitpunkt, in welchem die

---

19) Diese Bestimmung steht mit dem Gebrauch der nördlichen Seeplätze in Einklang und ist im Prinzip gerechtfertigt, da nach seerechtlicher Anschauung die Reise schon mit dem Anfang des Ladens beginnt und erst mit Beendigung der Löschung ein Ende nimmt. Diese Vorschrift gewährt überdies den Vortheil, daß der Rheder niemals ungedeckt ist, und daß die Versicherung des Kasko sich im Wesentlichen auf dieselbe Zeit erstreckt, wie die Versicherung der Ladung. Mot. S. 346. Prot. S. 3241. 3242. Vgl. ALR. §§. 2179. ff.

20) Es kann nicht in die Willkür des Versicherten gestellt werden, die Gefahr des Versicherers nach Gefallen auszudehnen. Hat der Schiffer die Verzögerung verschuldet, so muß der Assekuradeur die Folgen dieses Verschuldens tragen, wie er auch in anderen Beziehungen für den durch Versehen des Schiffers herbeigeführten Schaden haften muß, z. B. wenn der Schiffer aus Nachlässigkeit guten Wind verliegt und hierdurch ein Nachtheil entsteht. Prot. S. 3242. 3243. 4338. 4339.

21) Bisweilen beginnt ein Schiff, ehe es die alte Ladung oder den alten Ballast ganz gelöscht hat, schon Ladung oder Ballast für eine neue Reise einzunehmen. Dies ist eine mit der alten Reise nicht mehr zusammenhängende Operation, welche die Gefahr des Schiffs unbedenklich vergrößert. Von der Einnahme der Ladung oder des Ballastes ab endet daher das Risiko des Versicherers. Mot. S. 346. Vgl. ALR. §. 2181.

22) — nicht zum Zwecke der Magazinirung in einem Schiffe. Prot. S. 3254.

Löschung beendigt sein würde, falls ein solcher Verzug nicht stattgefunden hätte.

Bei der Einladung und Ausladung trägt der Versicherer die Gefahr der ortsgebräuchlichen Benutzung von Leichterfahrzeugen.[23])

Artikel 829.

Bei der Versicherung der Fracht[24]) beginnt und endet die Gefahr in Ansehung der Unfälle, welchen das Schiff und dadurch die Fracht ausgesetzt ist, mit demselben Zeitpunkt, in dem die Gefahr bei der Versicherung des Schiffs[25]) für dieselbe Reise beginnen und enden würde, in Ansehung der Unfälle, welchen die Güter ausgesetzt sind und dadurch die Fracht ausgesetzt ist, mit demselben Zeitpunkt, in welchem die Gefahr bei der Versicherung der Güter für dieselbe Reise beginnen und enden würde.

Bei der Versicherung von Ueberfahrtsgeldern beginnt und endet die Gefahr mit demselben Zeitpunkt, in welchem die Gefahr bei der Versicherung des Schiffs beginnen und enden würde.

Der Versicherer von Fracht- und Ueberfahrtsgeldern haftet für einen Unfall, von welchem das Schiff betroffen wird, nur insoweit, als Fracht- oder Ueberfahrtsverträge bereits abgeschlossen sind,[26]) und wenn der Rheder

---

23) Eine ungewöhnliche Benutzung von Leichterfahrzeugen ist auf den Beginn der Gefahr ohne Einfluß; es ist deshalb nicht anzunehmen, daß das Risiko des Versicherers erst mit der Ankunft der Güter am Hauptschiff beginnt. Der Assekuradeur hat jedoch die mit dieser ungewöhnlichen Benutzung in Zusammenhang stehende Gefahr nicht zu tragen. Prot. S. 3255—3257.

24) — auch bei Stückgüterbeladungen. Prot. S. 4345.

25) Wenn das Schiff erst eine Ausreise in Ballast macht oder Ballast einnehmen muß, bevor es mit Einnahme der Ladung beginnen kann, die Gefahr für die Kaskoversicherung somit früher beginnt, als für eine Güterversicherung, so ist es angemessen, daß der Versicherer Ersatz für die Fracht leistet, wenn sie zwar vor Beginn der Einnahme der Ladung, aber nach Anfang der Ballastirung des Schiffs durch einen das Schiff treffenden Unfall verloren geht; dagegen würde es nicht der Billigkeit entsprechen, dem Versicherer auch dann den Ersatz der Fracht zuzumuthen, wenn sie zu der eben erwähnten Zeit in Folge eines die Ladung treffenden Unfalls verloren geht. Es würde dem Begriffe der Seeversicherung widersprechen, falls man z. B. vom Assekuradeur Ersatz für die Fracht verlangen wollte, wenn während der Zureise des Schiffs in Ballast ein Ausfuhrverbot erlassen wird, kraft dessen Güter von der Art, wie sie im Frachtvertrage verzeichnet sind, nicht mehr ausgeführt werden dürfen. — Das Risiko der Güterversicherung kann auch früher eintreten, als das der Kaskoversicherung, z. B. wenn während das Schiff noch mit dem Löschen der früheren Ladung beschäftigt und zur Aufnahme der neuen noch nicht bereit ist, die Güter bereits vom Lande scheiden, um auf Leichtern an das Schiff gebracht zu werden. Gehen in diesem Falle die Güter auf dem Leichter verloren, so hat der Versicherer Ersatz zu leisten. Prot. S. 3260—3265. 4339. 4345.

26) Wenn kein definitiver Frachtvertrag abgeschlossen ist, so fehlt es an der Voraussetzung des Schadensersatzes, daß nämlich der Verfrachter die Fracht ohne den eingetretenen Unfall voraussichtlich verdient haben würde. Fährt das Schiff in Ballast aus um erst Fracht zu suchen, so findet Art. 829. keine Anwendung. Prot. S. 3260. 3262. 4340. 4467.

Güter für seine Rechnung verschifft, nur insoweit, als dieselben zum Zweck der Einladung in das Schiff oder in die Leichterfahrzeuge bereits vom Lande geschieden sind.

Artikel 830.

Bei der Versicherung von Bodmerei- und Havereigeldern beginnt die Gefahr mit dem Zeitpunkt, in welchem die Gelder vorgeschossen sind, oder wenn der Versicherte selbst die Havereigelder verausgabt hat, mit dem Zeitpunkt, in welchem dieselben verwendet sind; sie endet mit dem Zeitpunkt, in welchem sie bei einer Versicherung der Gegenstände, verbodmet oder worauf die Havereigelder verwendet sind, enden würde.[27])

Artikel 831.

Die begonnene Gefahr läuft für den Versicherer während der bedungenen Zeit oder der versicherten Reise ununterbrochen fort. Der Versicherer trägt insbesondere die Gefahr auch während des Aufenthalts in einem Noth- oder Zwischenhafen und im Falle der Versicherung für die Hin- und Rückreise während des Aufenthalts des Schiffs in dem Bestimmungshafen der Hinreise.[28])

Müssen die Güter einstweilen gelöscht werden oder wird das Schiff zur Reparatur an das Land gebracht, so trägt der Versicherer die Gefahr auch während die Güter oder das Schiff sich am Lande befinden.

Artikel 832.

Wenn nach dem Beginn der Gefahr die versicherte Reise freiwillig oder gezwungen[29]) aufgegeben wird, so tritt in Ansehung der Beendigung der Gefahr der Hafen, in welchem die Reise beendigt wird, an die Stelle des Bestimmungshafens.

Werden die Güter, nachdem die Reise des Schiffs aufgegeben ist,[30])

---

27) Der Assekuradeur trägt die Gefahr der Bodmereigelder nicht bis zur Rückzahlung des Darlehns, sondern nur bis zum Aufhören der Seegefahr. (Art. 827. 828.).

28) Wenn sich ein Versicherungsvertrag auf mehrere, an und für sich verschiedene Reisen erstreckt, welche bezüglich des Assekuranzvertrags als eine einzige Reise erscheinen, so läuft die Gefahr des Versicherers auch während des Aufenthalts des Schiffs in den verschiedenen Bestimmungshäfen und insbesondere auch in der Zeit zwischen der vollständigen Löschung der eine frühere Reise bebetreffenden Ladung und dem Wiederbeginn der Ladung für eine neue Reise. Dies kann man nicht allgemein annehmen, wenn die verschiedenen Reisen auch assekuranzrechtlich auseinandergehalten werden, wenn z. B. die Versicherung dahin geht: für eine Reise von A. nach B., für eine zweite von B. nach C. u. s. w. Prot. S. 3273.

29) — z. B. wegen Irreparabiliät oder Verfügung von hoher Hand. Prot. S. 4347.

30) Wenn die Vertragserfüllung, der Weitertransport auf dem ursprünglich angegebenen Schiffe, von Seiten des Schiffers auf legalem Wege nicht zu erlangen ist, so ist für den Versicherten der Transport auf dem früheren Schiffe

in anderer Art als mit dem zum Transport bestimmten Schiff nach dem Bestimmungshafen weiter befördert, so läuft in Betreff derselben die begonnene Gefahr fort, auch wenn die Weiterbeförderung ganz oder zum Theil zu Lande geschieht. Der Versicherer trägt in solchen Fällen zugleich die Kosten der früheren Löschung, die Kosten der einstweiligen Lagerung und die Mehrkosten der Weiterbeförderung,[31]) auch wenn diese zu Lande erfolgt.

Artikel 833.

Die Artikel 831. und 832. gelten nur unbeschadet der in den Artikeln 818. und 820. enthaltenen Vorschriften.

Artikel 834.

Ist die Dauer der Versicherung nach Tagen, Wochen, Monaten oder Jahren bestimmt, so wird die Zeit nach dem Kalender und der Tag von Mitternacht zu Mitternacht berechnet. Der Versicherer trägt die Gefahr während des Anfangstages und Schlußtages.[32])

Bei der Berechnung der Zeit ist der Ort, wo das Schiff sich befindet,[33]) maaßgebend.

Artikel 835.

Wenn im Falle der Versicherung des Schiffs auf Zeit dasselbe bei dem Ablauf der im Vertrage festgesetzten Versicherungszeit unterweges ist, so gilt die Versicherung in Ermangelung einer entgegenstehenden Vereinbarung als verlängert bis zur Ankunft des Schiffs im nächsten Bestimmungshafen und, falls in diesem gelöscht wird, bis zur Beendigung der Löschung (Artikel 827.).[34]) Der Versicherte ist jedoch befugt, die Verlän-

---

unausführbar und er ist deshalb berechtigt, sich eines anderen Beförderungsmittels zu bedienen. Prot. S. 3279.

31) Der Versicherer hat für diese Auslagen auch insoweit einzustehen, als durch dieselben, wenn später ein neuer Unfall sich ereignet, bei Hinzurechnung der hierfür zu leistenden Vergütung die Versicherungssumme überstiegen wird. Prot. S. 3280.

32) Wo es sich um den Erwerb von Rechten handelt, wird der angefangene Tag für voll gerechnet, und wo es sich um den Verlust von Rechten handelt, muß der Tag ganz abgelaufen sein. Aus diesem Grunde trägt der Versicherer die Gefahr während des Anfangstages und während des Schlußtages. Mot. S. 345. Prot. S. 3238. 3239. 4337.

33) Der Ort, wo das Schiff sich befindet, nicht der Versicherungsort ist bei der Berechnung maaßgebend. Das Schiff ist Gegenstand des Vertrages; sein Aufenthaltsort und seine Zeit sind also, wo Zeit und Ort Gegenstand der Abrede sind, als gemeint vorauszusetzen. Den betreffenden Entscheidungen wird die Zeitrechnung des Journals zum Grunde gelegt werden können. Mot. S. 345. Prot. S. 3239. Vgl. ALR. §. 2173.

34) Im regelmäßigen Geschäftsgange pflegt bei Zeitversicherungen auf Prolongationen derselben Rücksicht genommen zu werden z. B. in der Weise, daß für eine eventuelle Verlängerung der Assekuranz im Voraus der Betrag der Prämie festgesetzt wird. Wo dies geschehen ist, gilt nach der gangbaren Anschauung die Versicherung für stillschweigend verlängert bis zur Vollendung der laufenden Reise.

gerung durch eine dem Versicherer, so lange das Schiff noch nicht unterweges ist, kundzugebende Erklärung auszuschließen.[35])

Im Falle der Verlängerung hat der Versicherte für die Dauer derselben und, wenn die Verschollenheit[36]) des Schiffs eintritt, bis zum Ablauf der Verschollenheitsfrist die vereinbarte Zeitprämie fort zu entrichten.

Ist die Verlängerung ausgeschlossen, so kann der Versicherer, wenn die Verschollenheitsfrist über die Versicherungszeit hinausläuft, auf Grund der Verschollenheit nicht in Anspruch genommen werden.

Artikel 836.

Bei einer Versicherung nach einem oder dem anderen unter mehreren Häfen ist dem Versicherten gestattet, einen dieser Häfen zu wählen; bei einer Versicherung nach einem und einem anderen oder nach einem und mehreren anderen Häfen ist der Versicherte zum Besuch eines jeden der bezeichneten Häfen befugt.[37])

Artikel 837.

Wenn die Versicherung nach mehreren Häfen geschlossen oder dem

---

Das Gesetz hat als Norm dasjenige hingestellt, was von jedem einigermaaßen vorsichtigen Kaufmann beobachtet zu werden pflegt und hat dadurch die Schwierigkeiten beseitigt, welche sich ergeben, wenn das Schiff verunglückt ohne daß sich die Zeit des Verschwindens bestimmen läßt. Mot. S. 345. Prot. S. 3415 bis 3418. 3422—3428. 3433—3435. Vgl. ALR. §. 2175.

35) Dies wird in der Regel nur dann der Fall sein, wenn der Versicherte eine neue Versicherung für die bevorstehende Reise einzugehen gedenkt. Macht der Versicherte aus der alten Versicherung Ansprüche, so muß er beweisen, daß der Schaden sich während der Versicherungszeit zugetragen hat. Prot. S. 4338.

36) — s. Art. 865. ff.

37) Wenn mehrere Häfen alternativ (nach einem oder dem anderen) genannt sind, so darf nur einer als Bestimmungshafen gewählt werden. Die Wahl ist jedenfalls mit der Ankunft des Schiffes in einem dieser Häfen, nicht erst mit der Brechung der Ladung als getroffen anzusehen. Die Wahl zwischen beiden Reisen kann auch schon vor dieser Ankunft des Schiffes in bindender Weise erfolgen, so daß ein Uebergang in die Reise nach dem anderen Hafen als Deviation erscheinen würde. Diese Wahl ist z. B. dann getroffen, wenn der Schiffer, nachdem er einen Theil der Reise zurückgelegt und in einem Hafen die nöthigen Orders eingeholt hat, die Richtung nach demjenigen Bestimmungshafen einschlägt, wohin ihn seine Orders verweisen. — Bei kopulativer (nach einem und einem anderen) Bezeichnung der Häfen können sie sämmtlich besucht werden; mit der Beendigung der Löschung in einem dieser Häfen endet noch nicht immer die Gefahr des Versicherers. Es steht nichts entgegen, daß z. B. das Schiff nach seiner Entlöschung in dem einen Hafen, sofern nicht das Frachtunternehmen versichert ist, in Ballast nach dem anderen, kopulativ genannten Bestimmungshafen auf Gefahr des Assekuradeurs geht. — Von der Aufnahme einer Vorschrift darüber, in welchem Augenblicke die Gefahr für den Assekuradeur beginne, wenn die Versicherung unter der Bedingung geschlossen ist, daß die Versicherung „von diesem oder jenem Orte“ oder „von diesem und jenem Orte“ validiren soll, wurde Umgang genommen, weil derartige Versicherungen nicht häufig vorkämen und die allgemeinen Grundsätze des Assekuranzrechts zur richtigen Beurtheilung derselben zureichend seien. Prot. S. 3281—3286. 3288.

Versicherten das Recht vorbehalten ist, mehrere Häfen anzulaufen, so ist dem Versicherten nur gestattet, die Häfen nach der vereinbarten oder in Ermangelung einer Vereinbarung nach der den Schifffahrtsverhältnissen entsprechenden Reihenfolge zu besuchen; er ist jedoch zum Besuch aller einzelnen Häfen nicht verpflichtet.

Die in der Polize enthaltene Reihenfolge wird, insoweit nicht ein Anderes erhellet, als die vereinbarte angesehen.

Artikel 838.

Dem Versicherer fallen zur Last:[38])

1) die Beiträge zur großen Haverei mit Einschluß derjenigen, welche der Versicherte selbst wegen eines von ihm erlittenen Schadens zu tragen hat; die in Gemäßheit der Artikel 637. und 734. nach den Grundsätzen der großen Haverei zu beurtheilenden Beiträge werden den Beiträgen zur großen Haverei gleichgeachtet;
2) die Aufopferungen, welche zur großen Haverei gehören würden, wenn das Schiff Güter und zwar andere als Güter des Rheders an Bord gehabt hätte;
3) die sonstigen zur Rettung sowie zur Abwendung größerer Nachtheile nothwendig oder zweckmäßig aufgewendeten Kosten (Artikel 823.), selbst wenn die ergriffenen Maaßregeln erfolglos geblieben sind;
4) die zur Ermittelung und Feststellung des dem Versicherer zur Last fallenden Schadens erforderlichen Kosten, insbesondere die Kosten der Besichtigung, der Abschätzung, des Verkaufs und der Anfertigung der Dispache.[39])

Artikel 839.[40])

In Ansehung der Beiträge zur großen Haverei und der nach den

---

38) Der Versicherte muß in die Lage kommen, als sei kein Unglücksfall eingetreten; er braucht also keinerlei durch letzteren veranlaßte Kosten selbst zu tragen, vielmehr muß der Versicherer den Rettungsaufwand bestreiten. Außer den für die Rettung der versicherten Gegenstände und zur Ermittelung und Feststellung des Schadens (Taxation und Dispache) verwendeten Kosten gehören dazu die Beiträge zur großen Haverei (vgl. Note 58. zu Art. 849.). — Der Assekuradeur muß auch bei in Ballast gehenden Schiffen die Schäden, welche bei beladenen Schiffen große Haverei sein würden, als solche oder als Rettungsaufwand im weiteren Sinne gegen sich gelten lassen, z. B. die Kosten des Aufenthalts im Nothhafen. Mot. S. 344. Prot. S. 3236. 3299—3303. 4349. 4350. Vgl. ALR. §. 2231.

39) Der Versicherer, welcher frei von gewissen Prozenten gezeichnet hat, (Art. 851.) hat die Kosten der Besichtigung 2c. nur dann zu erstatten, wenn der Schaden die vorbehaltenen Prozente übersteigt; ist in Taxen versichert und trifft der Schaden den Versicherer bei einigen Taxen, bei anderen nicht, so sind die Kosten verhältnißmäßig zu repartiren. Prot. S. 4351.

40) An den Seeunfall, welcher die große Haverei herbeiführt, knüpft sich zugleich als unvermeidliche Folge der Ort und somit auch die Art und Weise der Dispachirung, so daß die hieraus für den Versicherer etwa entstehenden Nachtheile als Folge des Seeunfalls sich darstellen. Prot. S. 3526. 4358.

Grundsätzen der großen Haverei zu beurtheilenden Beiträge bestimmen sich die Verpflichtungen des Versicherers nach der am gehörigen Orte im Inlande oder im Auslande, im Einklange mit dem am Orte der Aufmachung geltenden Rechte[41]) aufgemachten Dispache. Insbesondere ist der Versicherte, welcher einen zur großen Haverei gehörenden Schaden erlitten hat, nicht berechtigt, von dem Versicherer mehr als den Betrag zu fordern, zu welchem der Schaden in der Dispache berechnet ist; andererseits haftet der Versicherer für diesen ganzen Betrag, ohne daß namentlich der Versicherungswerth maaßgebend ist.[42])

Auch kann der Versicherte, wenn der Schaden nach dem am Orte der Aufmachung geltenden Recht als große Haverei nicht anzusehen ist, den Ersatz des Schadens von dem Versicherer nicht aus dem Grunde fordern, weil der Schaden nach einem anderen Rechte, insbesondere nach dem Rechte des Versicherungsorts, große Haverei sei.[43])

Artikel 840.

Der Versicherer haftet jedoch nicht für die im vorstehenden Artikel erwähnten Beiträge, insoweit dieselben in einem Unfall sich gründen, für welchen der Versicherer nach dem Versicherungsvertrage nicht haftet.[44])

Artikel 841.

Ist die Dispache von einer durch Gesetz oder Gebrauch dazu berufenen Person aufgemacht, so kann der Versicherer dieselbe wegen Nichtüber-

---

41) Ist die Dispache nicht nach dem Rechte des Dispachirungsorts, sondern nach dem des Versicherungsorts, welcher im Uebrigen für die Beurtheilung der Verhältnisse zwischen Versicherer und Versicherten maaßgebend sein würde, aufgemacht, so ist eine solche Dispache für den Assekuradeur nicht verbindlich. Prot. S. 3528—3530.

42) Ist z. B. ein Gegenstand mit 8000 versichert, welcher in der Havereirechnung mit Rücksicht auf den Werth am Dispachirungsort mit 10000 in Anschlag gebracht ist, so hat der Versicherer, falls die Havereiinteressenten bereits 8000 vergütet haben, noch 2000 an den Versicherten zu zahlen. Eine andere Berechnungsweise würde vielfach zur Umrechnung der Dispachen und zu praktischen Verwicklungen führen. Prot. S. 3542—3545.

43) Ob ein Schaden, der nach heimischen, nicht aber nach dem maßgebenden fremden Rechte zur großen Haverei gehört, zugleich die Eigenschaft der partikulären Haverei an sich trägt und deshalb als solche ersetzt werden muß, ist nach den Umständen des einzelnen Falls zu beurtheilen. Ob auch die Kosten für den Unterhalt und die Heuer der Mannschaft ersetzt werden müssen, wenn ein solcher Schaden als partikuläre Haverei zu vergüten ist, wird davon abhängig sein, ob der Aufenthalt im Nothhafen zur Rettung des Schiffs nothwendig gewesen, diese Kosten somit als Rettungskosten zu betrachten sind, oder ob die Reparatur aufschiebbar gewesen ist oder nicht und dgl. — An manchen Seeplätzen wird Heuer und Kost der Schiffsmannschaft auch dann nicht ersetzt, wenn das Schiff in Ballast fährt, oder Schiff und Ladung dem Rheder gehören. — Welcher Versicherer event. diese Kosten zu tragen hat, ob der des Kasko oder der der Fracht ist unentschieden geblieben. Prot. S. 3527. 3538—3548. 4357—4359.

44) — z. B. wenn ein Nothhafen wegen Kriegsgefahr angelaufen, eine Kriegsgefahr aber nicht übernommen ist. Prot. S. 3528.

einstimmung mit dem am Orte der Aufmachung geltenden Recht und der dadurch bewirkten Benachtheiligung des Versicherten nicht anfechten, es sei denn, daß der Versicherte durch mangelhafte Wahrnehmung seiner Rechte die Benachtheiligung verschuldet hat.[45])

Dem Versicherten liegt jedoch ob, die Ansprüche gegen die zu seinem Nachtheil Begünstigten dem Versicherer abzutreten.

Dagegen ist der Versicherer befugt, in allen Fällen die Dispache dem Versicherten gegenüber insoweit anzufechten, als ein von dem Versicherten selbst erlittener Schaden, für welchen ihm nach dem am Orte der Aufmachung der Dispache geltenden Rechte eine Vergütung nicht gebührt hätte, gleichwohl als große Haverei behandelt worden ist.[46])

Artikel 842.

Wegen eines von dem Versicherten erlittenen, zur großen Haverei gehörenden oder nach den Grundsätzen der letzteren zu beurtheilenden Schadens haftet der Versicherer, wenn die Einleitung des die Feststellung und Vertheilung des Schadens bezweckenden ordnungsmäßigen Verfahrens stattgefunden hat, in Ansehung der Beiträge, welche dem Versicherten zu entrichten sind, nur insoweit,[47]) als der Versicherte die ihm gebührende Vergütung auch im Rechtswege, sofern er diesen füglich[48]) betreten konnte, nicht erhalten hat.

Artikel 843.

Ist die Einleitung des Verfahrens ohne Verschulden des Versicherten unterblieben,[49]) so kann derselbe den Versicherer wegen des ganzen Scha-

---

45) Die Befugniß des Versicherers die ordnungsmäßig aufgemachte Dispache anzufechten ist beschränkt, weil der Versicherte meist gar nicht in der Lage ist die Richtigkeit der Dispache zu prüfen oder deren Ausführung rechtzeitig zu hindern. Hat der Versicherte seine Rechte nur mangelhaft wahrgenommen, so ist der Versicherer zur Anfechtung der Dispache berechtigt, und zwar nach der in der Konferenz von einigen Mitgliedern geltend gemachten Ansicht ohne Unterschied, ob die Benachtheiligung durch fehlerhafte Anwendung von rechtlichen Bestimmungen oder durch faktische Irrthümer veranlaßt ist. Prot. S. 3527 bis 3531.

46) Der Versicherte kann daraus, daß er von Dritten ungebührlicher Weise Beiträge erhalten hat, nicht auch noch ein Recht darauf herleiten, daß er von dem Versicherer nun noch vollen Ersatz bekomme. Prot. S. 3531. 4252. 4353.

47) Der Versicherer haftet dem Versicherten nur subsidiär für den von den übrigen Havereiinteressenten zu ersetzenden Theil des Schadens, so daß er erst nach Erledigung des ganzen die Havereiangelegenheit betreffenden Verfahrens in Anspruch genommen werden kann. Für die den übrigen Havereiinteressenten bereits zur Last geschriebenen Beiträge haftet er nur insoweit, als den Versicherten nicht etwa ein Verschulden bei der Eintreibung trifft. Prot. S. 3527. 3532—3538. 3590. 4354—4359.

48) Der Rechtsweg muß nicht unter allen Umständen, selbst wenn im Voraus gewiß ist, daß er nicht zum Ziele führt, betreten werden z. B. dann nicht, wenn bei unzivilisirten Völkern in entfernten Weltgegenden der Prozeß zu führen wäre. Prot. S. 4473.

49) — z. B. wegen Pflichtwidrigkeit des Schiffers oder wenn die beitrags-

dens nach Maaßgabe des Versicherungsvertrages[50]) unmittelbar in Anspruch nehmen.

Artikel 844.

Der Versicherer haftet für den Schaden nur bis auf Höhe der Versicherungssumme.

Er hat jedoch die im Artikel 838. unter Ziffer 3. und 4. erwähnten Kosten vollständig zu erstatten, wenngleich die hiernach im Ganzen zu zahlende Vergütung die Versicherungssumme übersteigt.[51])

Sind in Folge eines Unfalls solche Kosten bereits aufgewendet, z. B. Loskaufs- oder Reklamekosten verausgabt, oder sind zur Wiederherstellung oder Ausbesserung der durch den Unfall beschädigten Sache bereits Verwendungen geschehen,[52]) z. B. zu einem solchen Zwecke Havereigelder verausgabt, oder sind von dem Versicherten Beiträge zur großen Haverei bereits entrichtet, oder ist eine persönliche Verpflichtung des Versicherten zur Entrichtung solcher Beiträge bereits entstanden, und ereignet sich später ein neuer Unfall, so haftet der Versicherer für den durch den späteren Unfall entstehenden Schaden bis auf Höhe der ganzen Versicherungssumme ohne Rücksicht auf die ihm zur Last fallenden früheren Aufwendungen und Beiträge.

Artikel 845.

Der Versicherer ist nach Eintritt eines Unfalls berechtigt, durch Zahlung der vollen Versicherungssumme von allen weiteren Verbindlichkeiten aus dem Versicherungsvertrage sich zu befreien, insbesondere von der Verpflichtung, die Kosten zu erstatten, welche zur Rettung, Erhaltung und Wiederherstellung der versicherten Sachen erforderlich sind.[53])

War zur Zeit des Eintritts des Unfalls ein Theil der versicherten

---

pflichtigen Gegenstände an verschiedenen Orten geborgen oder Schiffer und Mannschaft verunglückt sind. Prot. S. 3535.

50) Der Schaden muß in dem betreffenden Falle so ersetzt werden, wie wenn gar kein Fall der großen Haverei vorläge. Prot. S. 4473.

51) — weil der Versicherte, welcher nicht über den Werth hinaus versichern darf (Art. 790.), sonst in vielen Fällen keine volle Schadloshaltung bekommen würde. Mot. S. 347. 348. Prot. S. 3238. 3289. 3290.

52) Im Falle des Art. 838. Ziffer 3. ist der Nachweis der Nothwendigkeit oder Zweckmäßigkeit der aufgewendeten Kosten erforderlich, weil es sich dort um Verhütung eines erst drohenden Verlustes handelt; hier ist dieser Nachweis nicht zu führen, weil es sich um Ersatz eines bereits eingetretenen Verlustes handelt. Nichtsdestoweniger wird ein frivoles Verfahren des Versicherten bei Aufwendung von Kosten dem Assekuradeur nicht präjudiziren. So wird man den Assekuradeur z. B. vielleicht dann nicht für schuldig erachten können, den ganzen Betrag der Reparaturkosten zu bezahlen, wenn der Versicherte die Reparatur in einem auswärtigen Hafen aber in nächster Nähe vom Bestimmungshafen vornehmen läßt, obschon er mit einer geringeren Nothreparatur die Reise nach dem letzteren vollenden könnte und die Reparatur im Nothhafen viel theurer als im Bestimmungshafen zu stehen kommt. Prot. S. 3292. 3293.

53) Die Absicht dieses Artikels ist die, dem Versicherer durch Zahlung der

Sachen der vom Versicherer zu tragenden Gefahr bereits entzogen, so hat der Versicherer, welcher von dem Rechte dieses Artikels Gebrauch macht, den auf jenen Theil fallenden Theil der Versicherungssumme nicht zu entrichten.[54])

Der Versicherer erlangt durch Zahlung der Versicherungssumme keinen Anspruch auf die versicherten Sachen.

Ungeachtet der Zahlung der Versicherungssumme bleibt der Versicherer zum Ersatze derjenigen Kosten verpflichtet, welche auf die Rettung, Erhaltung oder Wiederherstellung der versicherten Sachen verwendet sind, bevor seine Erklärung, von dem Rechte Gebrauch zu machen, dem Versicherten zugegangen ist.[55])

Artikel 846.

Der Versicherer muß seinen Entschluß, daß er von dem im Artikel 845. bezeichneten Rechte Gebrauch machen wolle, bei Verlust dieses Rechts dem Versicherten spätestens am dritten Tage nach Ablauf desjenigen Tages erklären, an welchem ihm der Versicherte nicht allein den Unfall unter Bezeichnung der Beschaffenheit und unmittelbaren Folgen desselben angezeigt, sondern auch alle sonstigen auf den Unfall sich beziehenden Umstände mitgetheilt hat, soweit die letzteren dem Versicherten bekannt sind.[56])

Artikel 847.

Im Falle nicht zum vollen Werthe versichert ist, haftet der Versicherer

---

ganzen Versicherungssumme den Chancen zu entziehen, von denen weit aussehende und auf seine Kosten vorzunehmende Rettungsversuche abhängig sind. Mot. S. 357. Prot. S. 3464—3470. 4400. Vgl. ALR. §§. 2301—2303.

54) Auf ein besonderes Interesse, daß die Versicherung nicht getheilt werde, kann sich der Versicherte nur dann berufen, wenn dies besonders vereinbart ist. Prot. S. 4402.

55) Gestattet man dem Versicherer, eine die Versicherungssumme übersteigende Haftbarkeit dadurch abzulehnen, daß er sich sogleich zur Entrichtung der letzteren bereit erklärt, so darf dies doch nicht anders geschehen, als wenn dem Versicherten die volle Versicherungssumme verbleibt, wenn er also dasjenige erhält, was er im Falle eines vollständigen Untergangs der Sache gehabt haben würde. Der Versicherer muß deshalb für alle bis zur betreffenden Erklärung bereits aufgewendeten Rettungs- und Reparaturkosten, gleichviel ob sie durch den letzten oder durch einen früheren Unfall veranlaßt sind, Ersatz leisten, so weit deren Erstattung nach Maßgabe der Art. 823. und 838. überhaupt gefordert werden kann. Der Versicherte hat außerdem Anspruch auf Ersatz für die durch frühere Partialverluste erlittenen Schäden, so weit diese durch Entrichtung der ganzen Versicherungssumme nicht gedeckt sind. Prot. S. 3464—3470. — Der Versicherte braucht sich den ihm verbleibenden Werth der versicherten Sachen nicht auf seine Forderung anrechnen zu lassen. Prot. S. 4404—4408.

56) Die Vorlegung der Verklarung sowie der Versicherungs- und Taxations-Dokumente ist nicht unbedingt erforderlich. Die Ausstellung dieser Urkunden erfordert gewöhnlich längere Zeit, während meistens eine schleunige Entscheidung, ob der Versicherer von der ihm im Art. 845. beigelegten Befugniß Gebrauch machen will, wegen der vom Versicherten zu ergreifenden Maßregeln nothwendig ist. Mot. S. 358. Prot. S. 3471. 4408—4410.

für die im Artikel 838. unter Ziffer 1. bis 4. erwähnten Beiträge, Aufopferungen und Kosten nur nach Verhältniß der Versicherungssumme zum Versicherungswerth.

Artikel 848.

Die Verpflichtung des Versicherers, einen Schaden zu ersetzen, wird dadurch nicht wieder aufgehoben oder geändert, daß später in Folge einer Gefahr, welche der Versicherer nicht zu tragen hat, ein neuer Schaden und selbst ein Totalverlust eintritt.[57])

Artikel 849.

Besondere Havereien, wenn sie ohne die Kosten der Ermittelung und Feststellung des Schadens (Artikel 838. Ziffer 4.) drei Prozent des Versicherungswerths nicht übersteigen, hat der Versicherer nicht zu ersetzen, wenn sie aber mehr als drei Prozent betragen, ohne Abzug der drei Prozent zu vergüten.[58])

Ist das Schiff auf Zeit oder auf mehrere Reisen versichert, so sind die drei Prozent für jede einzelne Reise zu berechnen. Der Begriff der Reise bestimmt sich nach der Vorschrift des Artikels 760.

Artikel 850.

Die im Artikel 838. unter Ziffer 1. bis 3. erwähnten Beiträge, Aufopferungen und Kosten muß der Versicherer ersetzen, auch wenn sie drei

---

57) Bei der Haverei gilt ein anderer Grundsatz vgl. Art. 707. Die Bestimmung des Art. 848. ist deshalb unentbehrlich, weil der Versicherte sonst nicht ganz gedeckt sein würde, wenn sich einer seiner Assekuradeure von gewissen Gefahren frei gezeichnet hat, und der eine der Schäden aus einer solchen ausgenommenen Gefahr hervorgeht. Hat der Versicherer A. die Versicherung auf ein Schiff nur für Totalverlust gezeichnet, der Versicherer B. hierauf in einer zweiten Versicherung alle anderen Gefahren übernommen, und das Schiff geht ganz verloren nachdem es vorher beschädigt worden ist, so kommt es bei Beurtheilung dessen, was A. und B. zu zahlen haben, auf die Willensmeinung der Kontrahenten bei Abschluß der Verträge an. Ging diese dahin, daß B. nur dann einzutreten hat, wenn der versicherte Gegenstand schließlich beschädigt in dem Bestimmungshafen ankommt, so hat in dem gegebenen Falle A. den ganzen zugesicherten Betrag, B. nichts zu zahlen. Soll aber B. auch für die während der Reise eingetretenen Beschädigungen haften, so hat er für die Beschädigungen ungeachtet des nachher eintretenden Totalverlusts, A. dagegen für den Totalverlust nach Abzug dessen, was B. zu entrichten hat, Ersatz zu leisten, denn durch den Totalverlust geht die Sache auch nur nach Abzug des von B. zu Entrichtenden verloren. Prot. S. 4360. 4361.

58) Wegen der Schwierigkeit die Ursache geringfügiger Schäden zu ermitteln und wegen der oft unverhältnißmäßigen Kosten des Schadensnachweises ist in Uebereinstimmung mit der Praxis und mit der Vorschrift des ALR. (§. 2274.) ein Minimum der vom Versicherer zu leistenden Entschädigung aufgestellt. Bei der großen Haverei treffen diese Erwägungen nicht zu, insbesondere würden die Nebenkosten durch Statuirung einer Franchise von gewissen Prozenten nicht erspart werden. (Vgl. Art. 838. Ziffer 1.) Mot. S. 348—350. Prot. S. 3294 bis 3296.

Prozent des Versicherungswerths nicht erreichen. Dieselben kommen jedoch bei der Ermittelung der im Artikel 849. bezeichneten drei Prozent nicht in Berechnung.[59])

Artikel 851.

Ist vereinbart, daß der Versicherer von bestimmten Prozenten frei sein soll, so kommen die in den Artikeln 849. und 850. enthaltenen Vorschriften mit der Maaßgabe zur Anwendung, daß an Stelle der dort erwähnten drei Prozent die im Vertrage angegebene Anzahl von Prozenten tritt.

Artikel 852.

Ist vereinbart, daß der Versicherer die Kriegsgefahr nicht übernehme, auch die Versicherung rücksichtlich der übrigen Gefahren nur bis zum Eintritt einer Kriegsbelästigung dauern solle — welche Vereinbarung namentlich[60]) angenommen wird, wenn der Vertrag mit der Klausel: „frei von Kriegsmolest" abgeschlossen ist — so endet die Gefahr für den Versicherer mit dem Zeitpunkt, in welchem die Kriegsgefahr auf die Reise Einfluß zu üben beginnt,[61]) insbesondere also, wenn der Antritt oder die Fortsetzung der Reise durch Kriegsschiffe, Kaper oder Blokade behindert oder zur Vermeidung der Kriegsgefahr aufgeschoben wird, wenn das Schiff aus einem solchen Grunde von seinem Wege abweicht, oder wenn der Schiffer durch Kriegsbelästigung die freie Führung des Schiffs verliert.

Artikel 853.

Ist vereinbart, daß der Versicherer zwar nicht die Kriegsgefahr übernehme, alle übrigen Gefahren aber auch nach Eintritt einer Kriegsbelästigung tragen solle — welche Vereinbarung namentlich angenommen wird, wenn der Vertrag mit der Klausel: „nur für Seegefahr" abgeschlossen ist[62]) — so endet die Gefahr für den Versicherer erst mit der Kondem-

---

59) Diese Bestimmung ist schon deshalb erforderlich, weil die Absicht des Art. 849. zum Theil gerade dahin geht, die Entstehung von Nebenkosten z. B. für Dispachirung zu vermeiden. Prot. S. 3295.

60) Die Anwendung anderer Ausdrücke für eine derartige Vereinbarung ist nicht ausgeschlossen. Die Klausel, „frei von Kriegsbelästigung" ist ganz ungebräuchlich. Die Klausel „frei von Kriegsgefahr" hat nicht überall dieselbe Bedeutung wie die Klausel „frei von Kriegsmolest." Prot. S. 3307. 3314.

61) Wenn der Kriegsunfall bereits einen Schaden zur Folge gehabt, aber gleichwohl ohne Einfluß auf die Fortsetzung der Reise geblieben ist, z. B. wenn das Schiff von einem verfolgenden Kriegsschiffe oder einer Strandbatterie aus durch eine Kugel getroffen worden, aber dennoch ohne Kursveränderung die Reise in der früheren Richtung fortsetzt, so hat zwar der Assekuradeur, welcher „frei von Kriegsmolest" gezeichnet hat, den durch das Kriegsereigniß herbeigeführten Schaden nicht zu ersetzen, seine Haftung für andere Schäden endet aber hierdurch nicht. Prot. S. 3306.

62) Bei der Klausel „nur für Seegefahr" trägt der Versicherer die Seegefahr auch dann noch, wenn das Schiff in seiner Reise schon irgendwie gestört worden ist, sofern der Schade nur nicht unmittelbar auf diese Störung als auf die nächste Ursache des Unfalls zurückzuführen ist. Wenn z. B. das Schiff

nation[63]) der versicherten Sache, oder sobald sie geendet hätte, wenn die Kriegsgefahr nicht ausgenommen worden wäre; der Versicherer haftet aber nicht für die zunächst durch Kriegsgefahr verursachten Schäden, also insbesondere nicht:

für Konfiskation durch kriegführende Mächte;

für Nehmung, Beschädigung, Vernichtung und Plünderung durch Kriegsschiffe und Kaper;

für die Kosten, welche entstehen aus der Anhaltung[64]) und Reklamirung, aus der Blokade des Aufenthaltshafens oder der Zurückweisung von einem blokirten Hafen, oder aus dem freiwilligen Aufenthalt wegen Kriegsgefahr;

für die nachstehenden Folgen eines solchen Aufenthalts: Verderb und Verminderung der Güter, Kosten und Gefahr ihrer Entlöschung und Lagerung, Kosten ihrer Weiterbeförderung.

Im Zweifel wird angenommen, daß ein eingetretener Schaden durch Kriegsgefahr nicht verursacht sei.[65])

Artikel 854.

Wenn der Vertrag mit der Klausel: „für behaltene Ankunft" abgeschlossen ist, so endet die Gefahr für den Versicherer schon mit dem Zeitpunkt, in welchem das Schiff im Bestimmungshafen am gebräuchlichen oder gehörigen Platze den Anker hat fallen lassen oder befestigt ist.

Auch haftet der Versicherer nur:

1) bei der auf das Schiff[66]) sich beziehenden Versicherung, wenn entweder ein Totalverlust[67]) eintritt, oder wenn das Schiff abandon-

---

nach der Nehmung durch einen Kaper in dessen Gewalt in Folge eines Unwetters auf den Strand geräth, so haftet der Assekuradeur für den Schaden. Die faktische Frage, ob der **Kriegs**unfall oder ein Seeunfall die nächste Ursache des Schadens gewesen, kann zu Zweifeln Anlaß geben z. B. wenn das Schiff im Schlepptau eines feindlichen Kriegsschiffs, um demselben nachkommen zu können, prangen muß und dabei Schaden nimmt. Mot. S. 350. Prot. S. 3307—3812. 4362.

63) — nicht schon mit der **Nehmung**. Prot. S. 3311.

64) Auch ohne gleichzeitige Anhaltung des **Schiffs** kann eine Anhaltung der **Ladungsgüter** vorkommen, z. B. wenn sie im Nothhafen zeitweilig gelöscht worden sind. Prot. S. 3313.

65) Diese Vermuthung ist im Falle der **Verschollenheit** des Schiffs unentbehrlich. Prot. S. 4361.

66) Die Versicherung der **Fracht** „auf behaltene Ankunft" ist nach der Auffassung des Verkehrs nichts Anderes, als die Versicherung eines besonderen Interesse am Schiff für **dessen** behaltene Ankunft. Prot. S. 3317.

67) Von der Definition der Klausel „gegen Totalverlust" ist wegen der an den verschiedenen Seeplätzen verschiedenen Auffassung des Begriffs des Totalverlusts Umgang genommen. Gewöhnlich nimmt man an, daß, wenn der Vertrag mit dieser Klausel abgeschlossen ist, der Assekuradeur bei der auf **Güter** sich beziehenden Versicherung nur dann haftet, wenn sie in Folge eines, einen Totalverlust begründenden Ereignisses gänzlich verloren gehen, aber nicht, wenn sie wegen Beschädigung im Nothhafen verkauft werden. Nach dem Preuß. Entw. (Art. 647.) sollte der Versicherer, falls die Polize mit der Klausel „gegen Totalverlust" ge-

nirt (Artikel 865.) oder in Folge eines Unfalles vor Erreichung des Bestimmungshafens wegen Reparaturunfähigkeit oder wegen Reparaturunwürdigkeit verkauft wird (Artikel 877.);

2) bei der auf Güter sich beziehenden Versicherung,[68]) wenn die Güter oder ein Theil derselben in Folge eines Unfalles[69]) den Bestimmungshafen nicht erreichen, insbesondere wenn sie vor Erreichung desselben in Folge eines Unfalles verkauft werden. Erreichen die Güter den Bestimmungshafen,[70]) so haftet der Versicherer weder für eine Beschädigung noch für einen Verlust, welcher Folge einer Beschädigung ist.

Ueberdies hat der Versicherer in keinem Falle die in dem Artikel 838. unter Ziffer 1. bis 4. erwähnten Beiträge, Aufopferungen und Kosten zu tragen.[71])

Artikel 855.

Wenn der Vertrag mit der Klausel: „frei von Beschädigung außer im Strandungsfall" abgeschlossen ist, so haftet der Versicherer nicht für einen Schaden, welcher aus einer Beschädigung entstanden ist, ohne Unterschied, ob derselbe in einer Werthsverringerung oder in einem gänzlichen oder theilweisen Verluste und insbesondere darin besteht, daß die versicherten Güter gänzlich verdorben und in ihrer ursprünglichen Beschaffenheit zerstört den Bestimmungshafen erreichen oder während der Reise wegen Beschädigung und drohenden Verderbs verkauft worden sind, es sei denn, daß das Schiff oder das Leichterfahrzeug,[72]) worin die versicherten Güter sich befinden, gestrandet ist. Der Strandung werden folgende Seeunfälle gleich geachtet:[73]) Kentern, Sinken, Zerbrechen des Rumpfes,[74]) Scheitern und

---

zeichnet ist, zum Ersatz verbunden sein, wenn der Schaden 98 Prozent des Werths oder der Taxe übersteigt. Mot. S. 351. Prot. S. 3314—3321. 3668—3672. 4362—4364.

68) Die Klausel „für behaltene Ankunft" ist zwar nicht bei der Versicherung des Eigenthumsinteresse an Gütern gebräuchlich, sie kommt aber desto häufiger bei der Versicherung der anderweitigen an die Güter sich knüpfenden Interessen vor, z. B. bei der Versicherung der von Ankunft der Güter abhängigen Provision u. dgl. Prot. S. 3670.

69) Hierher gehört auch der Fall der Baratterie, wenn der Schiffer die Güter unterwegs unbefugter Weise verkauft hat u. dgl. Prot. S. 3318.

70) — wenn auch auf einem anderen Schiffe als dem ursprünglichen. Prot. S. 3669.

71) — weil es in den meisten Fällen ungewiß ist, ob der Totalverlust (nur diesen, nicht Verschlechterungen hat der Versicherer zu ersetzen) gerade durch die angewendeten Mittel vermieden worden ist. — Der Rettungsaufwand ist auch dann nicht zu bezahlen wenn das Schiff beziehungsweise, die Güter den Bestimmungshafen nicht erreichen. Prot. S. 3319. 4364.

72) — vorausgesetzt, daß berechtigter Weise abgeleichtert worden ist. Prot. S. 4370.

73) Die in Abs. 1. aufgeführten Unfälle stehen ihrer Bedeutsamkeit nach der Strandung gleich. Prot. S. 3325—3331. 4366.

74) — z. B. wenn das Schiff vom Kiel aus bricht, weil es bei schnellem

jeder Seeunfall, wodurch das Schiff oder Leichterfahrzeug reparaturunfähig geworden ist.

Hat eine Strandung oder ein dieser gleich zu achtender anderer Seeunfall sich ereignet, so haftet der Versicherer für jede drei Prozent übersteigende (Artikel 849.) Beschädigung, welche in Folge eines solchen Seeunfalls entstanden ist, nicht aber für eine sonstige Beschädigung. Es wird bis zum Nachweise des Gegentheils vermuthet, daß eine Beschädigung, welche möglicherweise Folge des eingetretenen Seeunfalls sein kann, in Folge desselben entstanden ist.

Für jeden Schaden, welcher nicht aus einer Beschädigung entstanden ist, haftet der Versicherer, ohne Unterschied, ob eine Strandung oder ein anderer der erwähnten Unfälle sich zugetragen hat oder nicht, in derselben Weise, als wenn der Vertrag ohne die Klausel abgeschlossen wäre.[75]) Jedenfalls haftet er für die im Artikel 838. unter Ziffer 1. 2. und 4. erwähnten Beiträge, Aufopferungen und Kosten, für die darin unter Ziffer 3. erwähnten Kosten aber nur dann, wenn sie zur Abwendung eines ihm zur Last fallenden Verlustes verausgabt sind.

Eine Beschädigung, welche erweislich ohne Selbstentzündung[76]) durch Feuer oder durch Löschung eines solchen Feuers,[77]) oder durch Beschießen[78]) entstanden ist, wird als eine solche Beschädigung, von welcher der Versicherer durch die Klausel befreit wird, nicht angesehen.[79])

Artikel 856.

Wenn der Vertrag mit der Klausel: „frei von Bruch außer im

Segeln plötzlich beilegen muß um über Bord gefallene Mannschaft zu retten. Prot. S. 4368.

75) Demgemäß hat er z. B., wenn bei einer Salpeterladung sich ein Theil des Salpeters durch eingedrungenes Seewasser auflöst, für die Verminderung nicht aufzukommen. Dagegen muß er Ersatz leisten, wenn z. B. ein Theil der Ladung sich in einem Leichterfahrzeuge befindet und mit diesem von den Wellen verschlungen wird. Prot. S. 3323. 3341. 4370. — Der Versicherer hat bei Anwendung obiger Klausel für den durch Verzögerung einer Reise herbeigeführten Verderb der Güter außer im Falle der Strandung nicht einzustehen. Prot. S. 4371. 4372.

76) Selbstentzündung einer Waare ist als innerer Verderb derselben anzusehen, und fällt deshalb dem Versicherer nicht zur Last. Prot. S. 3343.

77) Der Versicherer haftet in diesem Falle nicht blos für verbrannte Güter, sondern auch für die Beschädigung der durch die Hitze gesprungenen Spiegel, der Seidenstoffe, welche durch das zum Löschen verwendete Wasser durchnäßt worden sind, und dgl. Prot. S. 3342.

78) Der Assekuradeur hat in dem hier gedachten Falle nur den durch die Kugeln veranlaßten unmittelbaren und vom Versicherten zu erweisenden Schaden zu tragen, dagegen nicht jeden Schaden, welcher Folge der Durchbohrung des Schiffs durch eine Kugel und des Eindringens von Seewasser durch die von derselben hinterlassene Oeffnung ist. Prot. S. 4370.

79) Die Statuirung dieser Ausnahme ist um so unbedenklicher, als der Feuerschaden leicht von dem inneren Verderb unterschieden werden kann. Auf die in Abs. 4. aufgeführten Beschädigungen findet die in Absatz 2. enthaltene Präsumtion keine Anwendung. Prot. S. 3342. 3343. 4369.

Strandungsfall" abgeschlossen ist, so finden die Bestimmungen des vorstehenden Artikels mit der Maaßgabe Anwendung, daß der Versicherer für Bruch insoweit haftet, als er nach dem vorstehenden Artikel für Beschädigung aufkommt.

Artikel 857.

Eine Strandung im Sinne der Artikel 855. und 856. ist vorhanden, wenn das Schiff[80]) unter nicht gewöhnlichen[81]) Verhältnissen der Schifffahrt auf den Grund festgeräth und entweder

nicht wieder flott wird, oder

zwar wieder flott wird,[82]) jedoch entweder

1) nur unter Anwendung ungewöhnlicher Maaßregeln, als: Kappen der Masten, Werfen oder Löschung eines Theils der Ladung und dergleichen, oder durch den Eintritt einer ungewöhnlich hohen Fluth, nicht aber ausschließlich durch Anwendung gewöhnlicher Maaßregeln, als: Winden auf den Anker, Backstellen der Segel und dergleichen, oder

2) erst nachdem das Schiff durch das Festgerathen einen erheblichen Schaden am Schiffskörper erlitten hat.[83])

Fünfter Abschnitt.

Umfang des Schadens.

Artikel 858.

Ein Totalverlust des Schiffs oder der Güter liegt vor, wenn das Schiff oder die Güter zu Grunde gegangen oder dem Versicherten ohne Aussicht auf Wiedererlangung entzogen sind,[1]) namentlich wenn sie un-

---

80) Es ist nicht unmöglich, daß auch ein Schiff, das sich nicht in Bewegung befindet, strandet, z. B. wenn es im Hafen oder in einem Dock liegend in Folge des durch ein ungewöhnliches Ereigniß erfolgenden Abfließens des Wassers auf den Grund geräth. Prot. S. 3333.

81) Strandung ist deshalb nicht anzunehmen, wenn das Schiff absichtlich zur Zeit der Fluth auf einer Untiefe vor Anker gegangen, beim Eintritt der Ebbe auf dem Strande sitzen geblieben ist, und dort einen Unfall erlitten hat. Prot. S. 3334.

82) Ein Auf-den-Grund-gerathen mit sofortigem Abkommen wird als Stoßen des Schiffs bezeichnet und zur Strandung nicht gerechnet. Prot. S. 3332.

83) Es macht in diesem Falle keinen Unterschied, ob das Schiff durch Anwendung irgend welcher Maßregeln oder ohne solche, durch die gewöhnliche Fluth und dgl. wieder abkommt. Prot. S. 3335—3337.

1) Man unterscheidet zwei Arten von Totalverlust, den wirklichen, absoluten (Art. 858. ff.) und den konstruktiven (Art. 865. ff.). Der wirkliche absolute Totalverlust kann entweder durch physische Vernichtung des Schiffes oder Gutes oder durch die Entziehung der Herrschaft über Schiff oder Gut herbeigeführt sein. Die physische Vernichtung ist aber nicht so zu verstehen, als müßte durchaus jede Spur des Gegenstands vernichtet sein; es genügt, daß der Gegen-

rettbar [2]) gesunken oder in ihrer ursprünglichen Beschaffenheit zerstört [3]) oder [4]) für gute Prise erklärt sind. Ein Totalverlust des Schiffs wird dadurch nicht ausgeschlossen, daß einzelne Theile des Wracks oder des Inventars gerettet sind.

Artikel 859.

Ein Totalverlust in Ansehung der Fracht liegt vor, wenn die ganze Fracht verloren gegangen ist. [5])

Artikel 860.

Ein Totalverlust in Ansehung des imaginairen Gewinnes oder in Ansehung der Provision, welche von der Ankunft der Güter am Bestimmungsorte erwartet werden, liegt vor, wenn die Güter den Bestimmungsort nicht erreicht haben. [6])

Artikel 861.

Ein Totalverlust in Ansehung der Bodmerei- oder Havereigelder liegt vor, wenn die Gegenstände, welche verbodmet oder für welche die Haverei-

---

stand aufgehört hat das zu sein, was er war und was er seinem Begriffe nach sein müßte, mögen auch Trümmer oder Theile desselben gerettet sein. Mot. S. 352. Prot. S. 3344—3349. 3373. 3374. 4382—4390.

2) — d. h. ohne Aussicht auf Wiedererlangung. Mitunter können gesunkene Schiffe ohne unverhältnißmäßig große Kosten wieder gehoben werden. Prot. S. 3354.

3) — z. B. wenn von einer Ladung Glaswaaren nur noch Scherben übrig geblieben sind. Die Zerstörung bis zur gänzlichen Werthlosigkeit ist nicht erforderlich. Prot. S. 3354. 3355. 4387—4389. Rücksichtlich reparaturunfähiger und reparaturunwürdiger Schiffe vgl. Art. 877.

4) — rechtskräftig. Prot. S. 3355.

5) Ein Totalverlust der Fracht liegt, wenn nicht etwa eine ganz bestimmte Frachtforderung versichert worden ist, dann nicht vor, wenn die auf dem ursprünglichen Frachtkontrakt beruhende Forderung in Folge von Seeunfällen erloschen, sondern erst dann, wenn auch nicht einmal auf Grund eines anderen, jedoch für dieselbe Reise abgeschlossenen Kontrakts irgend eine Fracht verdient worden ist. Imgleichen ist kein Totalverlust der Fracht vorhanden, wenn wegen unterbliebener Abladung keine Fracht verdient ist oder die verdiente Fracht durch Insolvenz des Schuldners verloren geht. Ist aus Gründen, die in der Ladung liegen, keine Fracht verdient worden, etwa weil flüssige Waaren ausgeleckt waren, so ist dies assekuranzrechtlich kein Frachtverlust. Mot. S. 352. Prot. S. 3400. 4392.

6) — selbst wenn sie an einem anderen als dem Bestimmungsorte sich in wohlbehaltenem Zustande befinden. Der Nachweis, daß die Güter wahrscheinlich mit Schaden verkauft worden wären, befreit den Versicherer nicht von der Verbindlichkeit, den vollen versicherten Betrag zu leisten. — Dagegen ist der Versicherer von der Ersatzverbindlichkeit befreit, wenn die Güter in wohlbehaltenem Zustande im Bestimmungshafen angekommen sind, wenngleich aus anderen Gründen, z. B. wegen Konjunkturveränderung weder Gewinn noch Provision erzielt ist. Hat der Versicherer die Gefahr der rechtzeitigen Ankunft der Güter übernommen, so erscheint die Reise als verloren, wenn die Ankunft der Güter nicht rechtzeitig erfolgt. Prot. S. 3402.

gelder vorgeschossen oder verausgabt sind, entweder von einem Totalverluste oder dergestalt von anderen Unfällen betroffen sind, daß in Folge [7]) der dadurch herbeigeführten Beschädigungen, Verbodmungen oder sonstigen Belastungen zur Deckung jener Gelder nichts übrig geblieben ist.

Artikel 862.

Im Falle des Totalverlustes hat der Versicherer die Versicherungssumme zum vollen [8]) Betrage zu zahlen, jedoch unbeschadet der nach Vorschrift des Artikels 804. etwa zu machenden Abzüge. [9])

Artikel 863.

Ist im Falle des Totalverlustes vor der Zahlung der Versicherungssumme etwas gerettet, so kommt der Erlös des Geretteten von der Versicherungssumme in Abzug. War nicht zum vollen Werthe versichert, so wird nur ein verhältnißmäßiger Theil des Geretteten von der Versicherungssumme abgezogen.

Mit der Zahlung der Versicherungssumme gehen die Rechte des Versicherten an der versicherten Sache auf den Versicherer über. [10])

Erfolgt erst nach der Zahlung der Versicherungssumme eine vollständige oder theilweise Rettung, so hat auf das nachträglich Gerettete nur der Versicherer Anspruch. War nicht zum vollen Werthe versichert, so gebührt dem Versicherer nur ein verhältnißmäßiger Theil des Geretteten.

---

7) Muß sich der Bodmereigläubiger einen Abzug an der Versicherungssumme gefallen lassen, wenn der Versicherer beweist, daß das verbodmete Objekt von Anfang an weniger werth gewesen ist als die Bodmereiforderung, daß also der Bodmerist auch im Falle der glücklichen Vollendung der Reise keine volle Befriedigung erlangt haben würde? Diese Frage wurde in der Konferenz von mehreren Seiten, gestützt auf die bestehende Praxis, verneint. Prot. S. 3404.

8) Diese Bestimmung findet zunächst nur auf den Fall Anwendung, wenn das Objekt der Versicherung dasselbe bleibt. Ob ein Totalverlust auch dann vorhanden ist, wenn ein Theil der versicherten Gegenstände zur Zeit des Unfalls nicht mehr den Gefahren der See ausgesetzt war und nur der übrige Theil verloren geht, ist nach den allgemeinen Prinzipien des Assekuranzrechts zu beurtheilen. Prot. S. 4382. 4386. 4402. 4403. Nach Art. 870. Absatz 1. dürfte diese Frage zu bejahen sein.

9) Auch wenn die Taxe der Polize der Anfechtung unterliegt, so wie überhaupt im Falle der Ueberversicherung ist nicht die Versicherungssumme zum vollen Betrage zu zahlen. (Art. 797. ff.). Mot. S. 352. Prot. S. 3344. vgl. ALR. §. 2242.

10) Bei dem *absoluten* Totalverluste ist der Versicherer auch *ohne Erklärung* des Versicherten zur Zahlung der Versicherungssumme verbunden; erst mit der *Zahlung* gehen die Rechte des Versicherten an dem versicherten Gegenstande und zwar von Gesetzes wegen auf den Versicherer über. Der Versicherte kann durch die Erklärung, er sei gegen Bezahlung der Versicherungssumme zur Abtretung seiner Rechte an dem versicherten Gegenstande bereit, keinen Moment vor der wirklichen Zahlung fixiren, welcher für die definitive Regelung der Verhältnisse der Kontrahenten in dem Sinne maßgebend wäre, daß der *Versicherer* fortan die Gefahr einer Veränderung des Thatbestandes zu tragen habe. — Bei dem *konstruktiven* Totalverluste hängt es von dem Willen des Versicherten ab,

Artikel 864.

Sind bei einem Totalverluste in Ansehung des imaginairen Gewinnes (Artikel 860.) die Güter während der Reise so günstig verkauft, daß der Reinerlös mehr beträgt, als der Versicherungswerth der Güter, oder ist für dieselben, wenn sie in Fällen der großen Haverei aufgeopfert sind, oder wenn dafür nach Maaßgabe der Artikel 612. und 613. Ersatz geleistet werden muß, mehr als jener Werth vergütet, so kommt von der Versicherungssumme des imaginairen Gewinns der Ueberschuß in Abzug.[11])

Artikel 865.

Der Versicherte ist befugt, die Zahlung der Versicherungssumme zum vollen Betrage gegen Abtretung der in Betreff des versicherten Gegenstandes[12]) ihm zustehenden Rechte in folgenden Fällen zu verlangen (Abandon):[13])

1) wenn das Schiff verschollen ist;
2) wenn der Gegenstand der Versicherung dadurch bedroht[14]) ist, daß das Schiff oder die Güter unter Embargo gelegt, von einer kriegführenden Macht aufgebracht, auf andere Weise durch Verfügung von hoher Hand angehalten[15]) oder durch Seeräuber genommen[16])

---

ob er einen Total- oder Partialverlust geltend machen will, das Recht zum Abandon (Art. 865.) ist von einer ausdrücklichen, an eine gewisse Frist gebundenen Erklärung des Versicherten abhängig; der Zeitpunkt der Abandonerklärung ist für die Verhältnisse der Kontrahenten zu einander maaßgebend. Prot. S. 3376 bis 3385.

11) Es wäre unbillig wenn der Ladungseigner außer dem bereits erzielten Gewinn noch die volle Versicherungssumme des imaginairen Gewinns erhalten würde. — Die Provision ist stets verloren, wenn die Güter am Bestimmungsorte nicht ankommen, auch wenn sie unterwegs vortheilhaft verkauft worden sind, denn sie wird nicht vom Ladungseigner, sondern von seinem mit dem Verkauf beauftragten Agenten am Bestimmungsorte gezogen. Mot. S. 353.

12) Diese Bestimmung findet sowohl bei der Versicherung von Schiff und Ladung, als auch bei der Versicherung von Fracht, imaginairen Gewinn, Provision, Bodmerei- und Havereigeldern Anwendung. Prot. S. 3385. 3402. 3403. 3406.

13) Außer den Fällen eines wirklichen, absoluten Totalverlusts giebt es einige, namentlich die unter 1. und 2. dieses Artikels aufgeführten, bei welchen der Verlust nach Ablauf einer gewissen Zeit nur fingirt wird (konstruktiver Totalverlust), weil es dem Wesen und dem Zweck des Assekuranzvertrags widersprechen würde, den Versicherten bis ins Endlose hinzuhalten. Die nothwendige Folge dieser Fiktion ist, daß vom Eintritt dieses Zeitpunkts ab der Versicherte ein nicht wieder in Frage zu stellendes Recht auf die Zahlung der vollen Versicherungssumme erhält ohne Rücksicht auf die ferneren Schicksale des versicherten Gegenstandes und auf den guten oder schlechten Willen des Assekuradeurs, wogegen der Versicherte die ihm an der versicherten Sache zustehenden Rechte dem Versicherer abtreten muß. Mot. S. 354. 355. Prot. S. 3347. 3356. 3387. bis 3393. Vergl. ALR. §§. 2304. ff.

14) Es muß irgend eine Gefahr aus der Anhaltung 2c. drohen. Diese Gefahr braucht jedoch nicht gerade die des Eigenthumsverlusts durch Kondemnation, Konfiskation u. dgl. zu sein; die Gefahr des Verderbs, der Beschädigung u. dgl. hat vielmehr dieselbe Wirkung wie jene Gefahr. Prot. S. 3474. 3475.

15) — z. B. für den Dienst der Regierung requirirt wird. Prot. S. 3356.

16) Bei der Nehmung des Schiffs durch Seeräuber muß ein Totalverlust

und während einer Frist von sechs, neun oder zwölf Monaten[17]) nicht frei gegeben sind, je nachdem die Aufbringung, Anhaltung oder Nehmung geschehen ist:

a) in einem Europäischen Hafen oder in einem Europäischen Meere oder in einem, wenn auch nicht zu Europa gehörenden Theile des Mittelländischen, Schwarzen oder Azowschen Meeres, oder

b) in einem anderen Gewässer, jedoch diesseits des Vorgebirges der guten Hoffnung, und des Kap Horn, oder

c) in einem Gewässer jenseits des einen jener Vorgebirge.

Die Fristen werden von dem Tage an berechnet, an welchem dem Versicherer der Unfall durch den Versicherten angezeigt ist. (Artikel 822.)

Artikel 866.

Ein Schiff, welches eine Reise angetreten hat, ist als verschollen anzusehen, wenn es innerhalb der Verschollenheitsfrist den Bestimmungshafen nicht erreicht hat, auch innerhalb dieser Frist den Betheiligten [18]) keine Nachrichten über dasselbe zugegangen sind.[19])

Die Verschollenheitsfrist beträgt:

1) wenn sowohl der Abgangshafen als der Bestimmungshafen ein Europäischer Hafen ist, bei Segelschiffen sechs, bei Dampfschiffen vier Monate;

2) wenn entweder nur der Abgangshafen oder nur der Bestimmungshafen ein nichteuropäischer Hafen ist, falls derselbe diesseits des Vorgebirges der guten Hoffnung und des Kap Horn belegen ist, bei Segel- und Dampfschiffen neun Monate, falls derselbe jenseits des einen jener Vorgebirge belegen ist, bei Segel- und Dampfschiffen zwölf Monate;

3) wenn sowohl der Abgangs- als der Bestimmungshafen ein nichteuropäischer Hafen ist, bei Segel- und Dampfschiffen sechs, neun oder zwölf Monate, je nachdem die Durchschnittsdauer der Reise

---

oft schon vor Ablauf längerer Fristen angenommen werden, wenn sich nämlich schon früher Gewißheit dafür ergiebt, daß das Schiff nicht wieder zu erlangen ist. In diesem Falle finden die Bestimmungen der Art. 858. ff. Anwendung. Prot. S. 3356.

17) — d. h. Kalendermonaten. Prot. S. 3413.

18) — dem Versicherten, Destinatair, Versicherer u. dgl. Erweist sich nachträglich, nachdem durch die Abandonerklärung ein Zeitpunkt, nach welchem die ganze Sache zu entscheiden ist, definitiv festgesetzt worden, daß bei irgend einem Dritten noch eine Nachricht eingegangen war, so bleibt dies ohne Einfluß. Es würde sonst der Zweck, den man mit dem Institute der Verschollenheit erreichen will, (Note 13 zu Art. 865.) verloren gehen. Prot. S. 3472. 3473. Vgl. ALR. §. 2305.

19) Dem Versicherer liegt eventuell der Beweis ob, daß Nachrichten von dem Schiffe eingetroffen sind. Vgl. Art. 888. Ziffer 3. Prot. S. 3445. 3566.

nicht über zwei oder nicht über drei oder mehr als drei Monate beträgt.

Im Zweifel ist die längere Frist abzuwarten.

Artikel 867.

Die Verschollenheitsfrist wird von dem Tage an berechnet, an welchem das Schiff die Reise angetreten hat. Sind jedoch seit dessen Abgange Nachrichten von demselben angelangt, so wird von dem Tage an, bis zu welchem die letzte Nachricht reicht, diejenige Frist berechnet, welche maaßgebend sein würde, wenn das Schiff von dem Punkt, an welchem es nach sicherer Nachricht zuletzt sich befunden hat,[20]) abgegangen wäre.

Artikel 868.

Die Abandonerklärung muß dem Versicherer innerhalb der Abandonfrist zugegangen sein.

Die Abandonfrist beträgt sechs Monate, wenn im Falle der Verschollenheit (Artikel 865. Ziffer 1.) der Bestimmungshafen ein Europäischer Hafen ist und wenn im Falle der Aufbringung, Anhaltung oder Nehmung (Artikel 865. Ziffer 2.) der Unfall in einem Europäischen Hafen oder in einem Europäischen Meere oder in einem, wenn auch nicht zu Europa gehörenden Theile des Mittelländischen, Schwarzen oder Azowschen Meeres sich zugetragen hat. In den übrigen Fällen beträgt die Abandonfrist neun Monate.[21]) Die Abandonfrist beginnt mit dem Ablaufe der in den Artikeln 865. und 866. bezeichneten Fristen.

Bei der Rückversicherung beginnt die Abandonfrist mit dem Ablaufe des Tages, an welchem dem Rückversicherten von dem Versicherten der Abandon erklärt worden ist.[22])

Artikel 869.

Nach Ablauf der Abandonfrist ist der Abandon unstatthaft, unbeschadet des Rechts des Versicherten, nach Maaßgabe der sonstigen Grundsätze, Vergütung eines Schadens in Anspruch zu nehmen.

Ist im Falle der Verschollenheit des Schiffs die Abandonfrist versäumt,

---

20) Diese Bestimmung findet auch auf Begegnungen auf hoher See Anwendung, vorausgesetzt daß die betreffende Nachricht eine sichere ist. Im Zweifel ist auch hier die längere Frist für maßgebend zu erachten. Prot. S. 3414. Vgl. rücksichtlich der Zeitversicherungen Art. 835.

21) Eine zu große Ausdehnung der Frist, innerhalb deren der Versicherte sich zu erklären hat, ob er abandonniren oder einen Partialschaden geltend machen wolle, würde zu einer großen Benachtheiligung des Versicherers führen können. Die gegebene Frist ist so geräumig bemessen, daß der Versicherte innerhalb derselben, abgesehen von nicht entschuldbarer Nachlässigkeit, seinen Entschluß entsprechend vorzubereiten im Stande ist. Prot. S. 3428—3433.

22) Dem Rückversicherer muß besonders abandonnirt werden, damit er seine Rechte gebührend wahrnehmen kann. Hieraus folgt, daß es in der Wahl des Versicherers steht, ob er seinerseits gleichfalls an den Rückversicherer abandonniren oder den weiteren Verlauf abwarten will. Die für die Versicherung festgesetzte Abandonfrist ist für die Rückversicherung zur Vereinfachung des Gesetzes beibehalten. Prot. S. 3436. 3437.

so kann der Versicherte zwar den Ersatz eines Totalschadens fordern; er muß jedoch, wenn die versicherte Sache wieder zum Vorschein kommt, und sich dabei ergiebt, daß ein Totalverlust nicht vorliegt, auf Verlangen des Versicherers gegen Verzicht des letzteren auf die in Folge Zahlung der Versicherungssumme nach Artikel 863. ihm zustehenden Rechte die Versicherungssumme erstatten und mit dem Ersatze eines etwa erlittenen Partialschadens sich begnügen.[23])

Artikel 870.

Die Abandonerklärung[24]) muß, um gültig zu sein, ohne Vorbehalt oder Bedingung erfolgen und auf den ganzen[25]) versicherten Gegenstand sich erstrecken, soweit dieser zur Zeit des Unfalls den Gefahren der See ausgesetzt war.

Wenn jedoch nicht zum vollen Werthe versichert war, so ist der Versicherte nur den verhältnißmäßigen Theil des versicherten Gegenstandes zu abandonniren verpflichtet.[26])

Die Abandonerklärung ist unwiderruflich.[27])

Artikel 871.

Die Abandonerklärung ist ohne rechtliche Wirkung, wenn die Thatsachen, auf welche sie gestützt wird, sich nicht bestätigen oder zur Zeit der Mittheilung der Erklärung nicht mehr bestehen.[28]) Dagegen bleibt sie für

---

23) Die Versäumniß einer formalen Bestimmung, wie die des Art. 868. kann nicht dem Versicherten alle materiellen Rechte entziehen, sondern kann füglich nur in Ansehung der Form der Geltendmachung des betreffenden Rechts Nachtheile mit sich bringen. Prot. S. 3437—3439.

24) Nach dem ALR. (§. 2322.) mußte die Abandonerklärung gerichtlich oder notariell oder durch einen vereideten Mäkler erfolgen. Im Hinblick auf die bisher in Betreff ähnlicher Formvorschriften befolgten Grundsätze ist von bestimmten Formvorschriften Umgang genommen. Prot. S. 3439.

25) Wenn Schiff und Fracht zugleich versichert sind, müssen beide zugleich abandonnirt werden. Die Frage, welche Gegenstände als mit einander versichert anzusehen sind, ist in jedem einzelnen Falle anders zu entscheiden, je nachdem für mehrere Objekte zusammengenommen eine gemeinschaftliche Versicherungssumme festgesetzt ist oder dieselben unter verschiedenen Taxen aufgeführt worden u. dgl. Prot. S. 3440. 3441. Vgl. ALR. §§. 2325. 2326.

26) Vgl. dagegen ALR. §. 2324.

27) Es bedarf der Acceptation dieser Erklärung nicht. Der Versicherer kann jedoch nicht auf den Abandon bestehen, wenn er selbst zuerst dessen Zulässigkeit bestritten hat und der Versicherte erklärt, daß er die Unstatthaftigkeit zugesteht.— Der Richter hat zu beurtheilen, ob die Abandonerklärung noch zulässig ist, wenn auf das betreffende Recht ausdrücklich oder stillschweigend verzichtet worden, sowie darüber in welchen Fällen eine stillschweigende Verzichtserklärung anzunehmen ist. Prot. S. 3439. 3443. 3444.

28) Erst der Augenblick der Abandonerklärung fixirt die Rechtsverhältnisse der Parteien. Eine Aenderung der Sachlage vor dieser Fixirung kann deshalb von Einfluß auf die Abandonbefugniß des Versicherten sein, selbst wenn er erst später von dem veränderten Sachverhältnisse Kunde erhält. Prot. S. 3442. bis 3446.

beide Theile verbindlich, wenn auch später Umstände sich ereignen, deren früherer Eintritt das Recht zum Abandon ausgeschlossen haben würde.

Artikel 872.

Durch die Abandonerklärung gehen auf den Versicherer alle Rechte über, welche dem Versicherten in Ansehung des abandonnirten Gegenstandes zustanden.[29])

Der Versicherte hat dem Versicherer Gewähr zu leisten wegen der auf dem abandonnirten Gegenstande zur Zeit der Abandonerklärung haftenden dinglichen Rechte,[30]) es sei denn, daß diese in Gefahren sich gründen, wofür der Versicherer nach dem Versicherungsvertrage aufzukommen hatte.

Wird das Schiff abandonnirt, so gebührt dem Versicherer desselben die Nettofracht der Reise, auf welcher der Unfall sich zugetragen hat, soweit die Fracht erst nach der Abandonerklärung verdient ist.[31]) Dieser Theil der Fracht wird nach den für die Ermittelung der Distanzfracht geltenden Grundsätzen berechnet.

Den hiernach für den Versicherten entstehenden Verlust hat, wenn die Fracht selbstständig versichert ist, der Versicherer der letzteren zu tragen.

Artikel 873.

Die Zahlung der Versicherungssumme kann erst verlangt werden, nachdem die zur Rechtfertigung des Abandons dienenden Urkunden dem Versicherer mitgetheilt sind und eine angemessene Frist zur Prüfung derselben abgelaufen ist. Wird wegen Verschollenheit des Schiffs abandonnirt, so gehören zu den mitzutheilenden Urkunden glaubhafte Bescheinigungen über die Zeit, in welcher das Schiff den Abgangshafen verlassen hat, und über die Nichtankunft desselben im Bestimmungshafen während der Verschollenheitsfrist.

Der Versicherte ist verpflichtet bei der Abandonerklärung, soweit er dazu im Stande ist, dem Versicherer anzuzeigen, ob und welche andere, den abandonnirten Gegenstand betreffende Versicherungen genommen sind, und ob und welche Bodmereischulden oder sonstige Belastungen darauf haften. Ist die Anzeige unterblieben, so kann der Versicherer die Zahlung

---

29) Die Abandonerklärung ist ein wirklicher Uebertragungsakt (vergl. dagegen Art. 863. Abs. 2.). Dies ist namentlich dann von Erheblichkeit, wenn nach Abgabe dieser Erklärung des Versicherten der Versicherer in Konkurs verfällt. Prot. S. 3446. 3447.

30) In welchem Maaße der Versicherte sich in jedem einzelnen Falle wegen solcher Lasten einen Abzug gefallen lassen muß und welche Verpflichtungen ihm obliegen, wenn der Werth der abandonnirten Sache zur Deckung der darauf ruhenden Lasten nicht zureicht u. dgl., ist nach den allgemeinen Grundsätzen über die Gewährleistung zu beurtheilen. Prot. S. 3448.

31) — ohne Rücksicht auf die Zeit des Abschlusses des Frachtvertrages und ohne Unterschied, ob der Vertrag schon vorher in der Ausführung begriffen gewesen ist oder nicht. Der Versicherte würde sonst rem et pretium zugleich lukriren. Der Versicherte kann sich wegen dieser Abtretung an den Versicherer der Fracht erholen, weil er anderenfalls ungeachtet der größten Vorsicht nicht völlig gedeckt sein würde. Prot. S. 3449—3456. 4395—4399.

der Versicherungssumme so lange verweigern, bis die Anzeige nachträglich geschehen ist; wenn eine Zahlungsfrist bedungen ist, so beginnt dieselbe erst mit dem Zeitpunkte, in welchem die Anzeige nachgeholt ist.

Artikel 874.

Der Versicherte ist verpflichtet, auch nach der Abandonerklärung für die Rettung der versicherten Sachen und für die Abwendung größerer Nachtheile nach Vorschrift des Artikels 823. und zwar so lange zu sorgen, bis der Versicherer selbst dazu im Stande ist.[32])

Erfährt der Versicherte, daß ein für verloren erachteter Gegenstand wieder zum Vorschein gekommen ist, so muß er dies dem Versicherer sofort anzeigen und ihm auf Verlangen die zur Erlangung oder Verwerthung des Gegenstandes erforderliche Hülfe leisten.[33])

Die Kosten hat der Versicherer zu ersetzen;[34]) auch hat derselbe den Versicherten auf Verlangen mit einem angemessenen Vorschusse zu versehen.

Artikel 875.

Der Versicherte muß dem Versicherer, wenn dieser die Rechtmäßigkeit des Abandons anerkennt, auf Verlangen und auf Kosten desselben über den nach Artikel 872. durch die Abandonerklärung eingetretenen Uebergang der Rechte eine beglaubigte Anerkennungsurkunde (Abandonrevers) ertheilen und die auf die abandonnirten Gegenstände sich beziehenden Urkunden ausliefern.

Artikel 876.

Bei einem partiellen Schaden am Schiff besteht der Schaden in dem nach Vorschrift der Artikel 711. und 712. zu ermittelnden Betrage der

---

32) Der Versicherte muß, bis der Versicherer die betreffenden Angelegenheiten selbst besorgen kann, je nach der Lage der Sache auch zur Verwerthung des versicherten Gegenstandes schreiten, alle dringlichen Maßregeln der Administration treffen und so verfahren, als ob er nach wie vor Eigenthümer der versicherten Sachen wäre. Prot. S. 3459. 3460.

33) Der Abandon überträgt dem Versicherer keines von denjenigen Rechten, welche der Versicherte bei Kaskoversicherungen aus seinem kontraktlichen Verhältnisse zum Schiffer oder bei einer Versicherung der Ladung gegenüber dem Verfrachter und dem Schiffer als seinem Vertreter hat. Außerdem genügt der Abandonrevers (Art. 875.) nicht immer vollständig zur Legitimation des Versicherers Dritten gegenüber. Die Hülfeleistung besteht daher hauptsächlich in Ertheilung einer geeigneten Order an den Schiffer, in entsprechenden Korrespondenzen mit den Behörden, welche den versicherten Gegenstand in Gewahrsam genommen haben, in Beschaffung der Konnossemente eine Assistirung bei Reklamationsprozessen, bei welchen der Versicherte bisweilen sogar seinen Namen hergeben muß u. dgl. Mot. S. 356. Prot. S. 3400. 3461.

34) Unter welchen Voraussetzungen der Versicherte Provision für die Vornahme der in Abs. 1. des Art. 874. bezeichneten Handlungen berechnen kann, ist mit Rücksicht auf die übrigen Bestimmungen dieses Artikels nach den Vorschriften des vierten Buchs (Art. 290.) zu beurtheilen. Prot. S. 3462.

Reparaturkosten,[35]) soweit diese die Beschädigungen betreffen, welche dem Versicherer zur Last fallen.

Artikel 877.[36])

Ist die Reparaturunfähigkeit oder Reparaturunwürdigkeit des Schiffs (Artikel 444.) auf dem im Artikel 499. vorgeschriebenen Wege festgestellt, so ist der Versicherte dem Versicherer gegenüber befugt, das Schiff oder das Wrack zum öffentlichen Verkaufe zu bringen,[37]) und besteht im Falle des Verkaufs der Schaden in dem Unterschiede zwischen dem Reinerlöse und dem Versicherungswerthe.

Die übernommene Gefahr endet für den Versicherer erst mit dem Verkaufe des Schiffs oder des Wracks; auch haftet der Versicherer für den[38]) Eingang des Kaufpreises.

Bei der zur Ermittelung der Reparaturunwürdigkeit des Schiffs erforderlichen Feststellung des Werths desselben im unbeschädigten Zustande bleibt dessen Versicherungswerth, gleichviel ob dieser taxirt ist oder nicht, außer Betracht.

Artikel 878.

Der Beginn der Reparatur schließt die Ausübung des in dem vorher-

---

35) Der Versicherte ist nicht verpflichtet die Reparatur wirklich ausführen zu lassen, um einen Anspruch auf Entschädigung zu haben. Prot. S. 3501. 4411 bis 4414.

36) Bei Reparaturunfähigkeit oder Reparaturunwürdigkeit des Schiffs hat der Versicherte die Wahl, entweder den partiellen Schaden nach Maaßgabe des Art. 876. geltend zu machen oder die Entschädigung für Totalverlust zu verlangen. In letzterem Falle erfolgt die Werthsermittlung des Schiffs oder Wracks durch öffentlichen Verkauf, weil die Taxation eines Schiffs in unreparirtem Zustande in ihren Resultaten höchst unzuverlässig ist. Der Verkauf geschieht zwar für Rechnung des Versicherten, aber auf Gefahr des Versicherers. Dieser kann den Verkauf nicht verlangen; selbstverständlich kann der Versicherte aber nur so weit auf Reparatur bestehen, als dieselbe nicht als eine völlig unverständige Maßregel erscheinen, und ihre Vornahme mit den allgemeinen Grundsätzen über bona fides u. dgl. in Widerspruch gerathen würde. Dem Versicherten ist die Abandonbefugniß aus Zweckmäßigkeitsrücksichten und im Hinblick auf die im Norden Deutschlands bestehende Uebung nicht eingeräumt. Hat die Reparaturunfähigkeit oder Reparaturunwürdigkeit in der Seeuntüchtigkeit, dem Alter, der Fäulniß des Schiffs u. dgl. ihren Grund, so hat der Versicherer für diese Schäden nicht einzustehen. (Art. 825.). Für die Fälle, in welchen neue und alte Schäden zur Hervorbringung der Reparaturunfähigkeit rc. konkurriren, läßt sich keine durchgreifende Bestimmung geben. Prot. S. 3359 bis 3364. 3394 bis 3399. 3477 bis 3497. 3594—3602. 3608—3610. 4415. 4416.

37) Der Versicherte ist berechtigt, beim Verkaufe mitzubieten und eventuell das Wrack zu erstehen. Die allgemeinen Grundsätze über Simulation, Dolus u. dgl. bleiben jedoch vorbehalten; dieselben werden z. B. dann anwendbar sein, wenn der Rheder Kauflustige von dem öffentlichen Verkaufe zurückgehalten oder sonst Maßregeln getroffen hat, welche die Erreichung desjenigen Preises verhindert haben, den das Schiff außerdem hätte erreichen können. Prot. S. 3596.

38) — ohne Verschulden des Versicherten nicht erfolgten. Prot. S. 4415.

gehenden Artikel dem Versicherten eingeräumten Rechts nicht aus, wenn erst später erhebliche Schäden entdeckt werden, welche dem Versicherten ohne sein Verschulden unbekannt geblieben waren.

Macht der Versicherte von dem Rechte nachträglich Gebrauch, so muß der Versicherer die bereits aufgewendeten Reparaturkosten insoweit besonders vergüten, als durch die Reparatur bei dem Verkaufe des Schiffs ein höherer Erlös erzielt worden ist.

Artikel 879.

Bei Gütern, welche beschädigt in dem Bestimmungshafen ankommen,[39]) ist durch Vergleichung des Bruttowerthes,[40]) den sie daselbst im beschädigten Zustande wirklich haben,[41]) mit dem Bruttowerth, welchen sie dort im unbeschädigten Zustande haben würden, zu ermitteln, wie viele Prozente des Werthes der Güter verloren sind. Eben so viele Prozente des Versicherungswerthes[42]) sind als der Betrag des Schadens anzusehen.

Die Ermittelung des Werthes, welchen die Güter im beschädigten Zustande haben, erfolgt durch öffentlichen Verkauf[43]) oder, wenn der Versicherer einwilligt, durch Abschätzung. Die Ermittelung des Werthes, welchen die Güter im unbeschädigten Zustande haben würden, geschieht nach Maaßgabe der Bestimmungen des ersten und zweiten Absatzes des Artikels 612.

Der Versicherer hat außerdem die Besichtigungs-, Abschätzungs- und Verkaufskosten zu tragen.

---

39) Dadurch allein, daß der Versicherte beziehungsweise der Empfänger der Güter dieselben ohne Vorbehalt und ohne eine Untersuchung und Schätzung derselben durch Sachverständige unter Zuziehung des Versicherers veranlaßt zu haben, annimmt, verliert er sein Recht auf Entschädigung noch nicht. Prot. S. 3508. Nach dem ALR. (§. 2252.) wurde in diesem Falle der Versicherer frei.

40) — d. h. des Werths ohne Abzug von Fracht, Zoll und Unkosten. In der Praxis hat man sich jetzt allgemein dafür entschieden Bruttowerth gegen Bruttowerth und nicht Nettowerth gegen Nettowerth zu vergleichen. Mot. S. 359. Prot. S. 3507.

41) Wenn die beschädigten Güter von verschiedener Gattung sind, so sind sie bei Berechnung der vom Assekuradeur zu leistenden Entschädigung unter sich je nach den einzelnen Gattungen und wenn nicht alle Güter beschädigt worden, so sind die beschädigten von den unbeschädigteu zu trennen. Prot. S. 3508. Vgl. ALR. §. 2249.

42) Bei taxirten Polizen ist die Taxe maaßgebend. (Art. 797.). Beträgt z. B. die Taxe 3000, der Schätzungswerth der Güter in unbeschädigtem Zustande 2000, der Erlös aus den beschädigten Gütern 1000, so sind 1000, also 50 Prozent des Werths der Güter verloren; 50 Prozent der Taxe sind zu vergüten; der Versicherte erhält also 1500. — Sind die zu 2000 taxirten Güter im unbeschädigten Zustand zu 3000 geschätzt und beträgt der Erlös 1000, so werden 66⅔ Prozent der Taxe, also 1333⅓ verglütet. Prot. S. 3510—3516.

43) — weil die Taxe beschädigter Güter nur ein unsicheres Resultat ergiebt, die Güter an und für sich der Regel nach zum Verkauf bestimmt sind und durch längeres Liegenbleiben oft noch mehr an Werth verlieren. Mot. S. 359. Prot. S. 3504. 3509. Vgl. ALR. §§. 2254—2257.

Artikel 880.

Ist ein Theil der Güter auf der Reise verloren gegangen, so besteht der Schaden in eben so vielen Prozenten des Versicherungswerthes, als Prozente des Werthes der Güter verloren gegangen sind.

Artikel 881.

Wenn Güter auf der Reise in Folge eines Unfalls verkauft worden sind, so besteht der Schaden in dem Unterschiede zwischen dem nach Abzug der Fracht, Zölle und Verkaufskosten sich ergebenden Reinerlöse der Güter und deren Versicherungswerthe.

Die übernommene Gefahr endet für den Versicherer erst mit dem Verkauf der Güter; auch haftet der Versicherer für den Eingang des Kaufpreises.

Die Bestimmungen der Artikel 838. bis 842. werden durch die Vorschriften dieses Artikels nicht berührt.

Artikel 882.

Bei partiellem Verluste der Fracht besteht der Schaden in demjenigen Theile der bedungenen oder in deren Ermangelung der üblichen Fracht, welcher verloren gegangen ist.

Ist die Fracht taxirt und die Taxe nach Vorschrift des vierten Absatzes des Artikels 797. in Bezug auf einen von dem Versicherer zu ersetzenden Schaden maaßgebend, so besteht der Schaden in eben so vielen Prozenten der Taxe, als Prozente der bedungenen oder üblichen Fracht verloren sind.

Artikel 883.[44])

Bei imaginairem Gewinne oder Provision, welche von der Ankunft der Güter erwartet werden, besteht der Schaden, wenn die Güter im beschädigten Zustande ankommen, in eben so vielen Prozenten des als Gewinn oder Provision versicherten Betrages, als der nach Artikel 879. zu ermittelnde Schaden an den Gütern Prozente des Versicherungswerthes der letzteren beträgt.

Hat ein Theil der Güter den Bestimmungshafen nicht erreicht, so besteht der Schaden in eben so vielen Prozenten des als Gewinn oder Provision versicherten Betrages, als der Werth des in dem Bestimmungshafen nicht angelangten Theils der Güter Prozente des Werthes aller Güter beträgt.

Wenn bei der Versicherung des imaginairen Gewinnes in Ansehung

---

44) Ein partieller Schaden an imaginairem Gewinn oder an Provision liegt vor, wenn die Güter nur theilweis oder beschädigt den Bestimmuugsort erreichen. Ist ein partieller Schaden an den Gütern dadurch entstanden, daß sie im Nothhafen verkauft worden sind, also den Bestimmungsort nicht erreicht haben, so ist damit eiu Totalverlust des imaginairen Gewinns verbunden. Beim Partialschaden am imaginären Gewinn durch Beschädigung der Güter ist der Grundsatz festzuhalten, daß es keiner Untersuchung bedarf, ob bei gesundem Zustande der Güter der Gewinn wirklich gemacht worden wäre. Vgl. Note 6. zu Art. 860. Mot. S. 361.

des nicht angelangten Theils der Güter die Voraussetzungen des Artikels 864. vorhanden sind, so kommt von dem Schaden der im Artikel 864. bezeichnete Ueberschuß in Abzug.

Artikel 884.

Bei Bodmerei- oder Havereigeldern besteht im Falle eines partiellen Verlustes der Schaden in dem Ausfalle, welcher darin sich gründet, daß der Gegenstand, welcher verbodmet oder für welchen die Havereigelder vorgeschossen oder verausgabt sind, zur Deckung der Bodmerei- oder Havereigelder in Folge späterer Unfälle nicht mehr genügt.

Artikel 885.

Der Versicherer hat den nach den Artikeln 876. bis 884. zu berechnenden Schaden vollständig zu vergüten, wenn zum vollen Werthe versichert war, jedoch unbeschadet der Vorschrift des Artikels 804.; war nicht zum vollen Werthe versichert, so hat er nach Maaßgabe des Artikels 796. nur einen verhältnißmäßigen Theil dieses Schadens zu vergüten.

Sechster Abschnitt.

Bezahlung des Schadens.

Artikel 886.

Der Versicherte[45]) hat, um den Ersatz eines Schadens fordern zu können, eine Schadensberechnung[46]) dem Versicherer mitzutheilen.

Er muß zugleich durch genügende Beläge dem Versicherer darthun:[47])

1) sein Interesse;[48])
2) daß der versicherte Gegenstand den Gefahren der See ausgesetzt worden ist;

---

45) — nicht der Versicherungsnehmer. Der Versicherungsvertrag ist dahin aufzufassen, daß sich der Assekuradeur dem Versicherungsnehmer verpflichtet dem Versicherten den Schaden zu ersetzen, welchen dieser leidet. (Vgl. Art. 890. 891.) Prot. S. 4429—4431.

46) Eine amtliche Dispache ist nicht erforderlich. Mot. S. 361. Prot. S. 3523—3525. Vgl. ALR. §. 2262.

47) Beim Mangel anderweitiger Verabredungen ist der Versicherer sofort nach Beibringung aller erforderlichen Beweise Zahlung zu leisten schuldig. Prot. S. 3589.; nach dem ALR. (§. 2283.) dagegen erst 2 Monate nach der Anzeige des Schadens, wenn binnen dieser Zeit die erforderlichen Beweise beigebracht werden. Vor Beibringung dieser Urkunden ist er zur Zahlungsleistung nicht verpflichtet. Soweit Thatsachen notorisch sind bedarf es nach allgemeinen Rechtsprinzipien der Beibringung der Beläge nicht. Die Nichtbeibringung derselben macht den Versicherten seines Anspruchs nicht verlustig; insbesondere kann er im Prozesse sich auch anderer Beweismittel bedienen: man wird aber in solchem Falle annehmen müssen, der Versicherer sei erst durch das richterliche Urtheil in Verzug gesetzt worden. Prot. S. 3548—3552.

48) Es genügt nicht, das objektive Vorhandensein des versicherten Interesse zur Zeit des Unfalls zu erweisen, sondern es muß auch bewiesen werden, es habe dem betreffenden Versicherten zugestanden. Prot. S. 3552. 3553.

3) den Unfall, worauf der Anspruch gestützt wird;[49])
4) den Schaden und dessen Umfang.

Artikel 887.

Bei der Versicherung für fremde Rechnung hat außerdem der Versicherte sich darüber auszuweisen, daß er dem Versicherungsnehmer zum Abschlusse des Vertrages Auftrag[50]) ertheilt hat. Ist die Versicherung ohne Auftrag geschlossen (Artikel 786.), so muß der Versicherte die Umstände darthun, aus welchen hervorgeht, daß die Versicherung in seinem Interesse genommen ist.

Artikel 888.

Als genügende Beläge sind anzusehen im Allgemeinen solche Beläge, welche im Handelsverkehr namentlich wegen der Schwierigkeit der Beschaffung anderer Beweise nicht beanstandet zu werden pflegen, insbesondere

1) zum Nachweise des Interesse:
   bei der Versicherung des Schiffs die üblichen Eigenthumsurkunden;[51])
   bei der Versicherung von Gütern die Fakturen und Konnossemente,[52]) insofern nach Inhalt derselben der Versicherte zur Verfügung über die Güter befugt erscheint;[53])
   bei der Versicherung der Fracht die Chartepartien und Konnossemente;
2) zum Nachweise der Verladung der Güter die Konnossemente;

---

49) Es ist nicht erforderlich, daß der Versicherte angiebt, durch welches Unwetter die betreffende Beschädigung an der versicherten Ladung hervorgerufen worden ist; er kann z. B. seinen Anspruch auf die bestandenen Unwetter zusammen begründen. Die Gattung des Unfalls muß aber jedenfalls angegeben werden. Prot. S. 3553.

50) Wenn das Mandat nur ganz allgemein lautet oder solche Güter in Frage stehen, von denen nicht gewiß ist, ob sie diesem oder jenem Geschäftsfreunde des Versicherungsnehmers gehören, so genügt das Vorhandensein eines Auftrags allein nicht, es muß dann auch feststehen, daß der Versicherungsnehmer gerade diesen Auftrag hat ausführen wollen; dem Versicherer kann das Recht nicht abgesprochen werden, nachzuweisen, daß dies nicht der Fall gewesen. Prot. S. 4431. 4432.

51) — d. h. diejenigen, welche durch Gesetz oder Gebrauch vorgeschrieben sind um den Eigenthümer des Schiffs erkennen zu können, als: Auszüge aus dem Schiffsregister, Beilbriefe, Pässe und dgl. An und für sich sind solche Auszüge ꝛc. nicht geeignet, einen vollen juristischen Beweis über das Eigenthum des Schiffs zu erbringen. Prot. S. 3556.

52) Ob Faktura und Konnossement vorgelegt werden müssen, hängt von den Umständen des einzelnen Falls ab. Bisweilen ist die Vorlegung des Konnossements allein für ausreichend zu erachten. Prot. S. 3564.

53) Duch das Konnossement kann das Interesse sowohl des Abladers, als des Empfängers bewiesen werden, nicht aber der Umstand, daß dieser oder jener Interessent der Versicherte sei; hierüber muß vielmehr durch andere Beweismittel wie z. B. durch den Orderbrief, besonders Beweis erbracht werden. Prot. S. 3557 bis 3565.

3) zum Nachweise des Unfalls die Verklarung und das Schiffsjournal[54]) (Artikel 488. und 494.), in Kondemnationsfällen das Erkenntniß des Prisengerichts, in Verschollenheitsfällen glaubhafte Bescheinigungen über die Zeit, in welcher das Schiff den Abgangshafen verlassen hat und über die Nichtankunft desselben im Bestimmungshafen während der Verschollenheitsfrist;[55])

4) zum Nachweise des Schadens und dessen Umfanges die den Gesetzen oder Gebräuchen[56]) des Orts der Schadensermittelung entsprechenden Besichtigungs-, Abschätzungs- und Versteigerungsurkunden, sowie die Kostenanschläge der Sachverständigen, ferner die quittirten Rechnungen über die ausgeführten Reparaturen und andere Quittungen über geleistete Zahlungen; in Ansehung eines partiellen Schadens am Schiff (Artikel 876. 877.) genügen jedoch die Besichtigungs-[57]) und Abschätzungsurkunden, sowie die Kostenanschläge nur dann, wenn die etwaigen Schäden, welche in Abnutzung, Alter, Fäulniß oder Wurmfraß sich gründen, gehörig ausgeschieden sind, und wenn zugleich, soweit es ausführbar war, solche Sachverständige zugezogen worden sind, welche entweder ein- für allemal obrigkeitlich bestellt oder von dem Ortsgericht oder dem Landeskonsul und in deren Ermangelung oder, sofern deren Mitwirkung sich nicht erlangen ließe, von einer anderen Behörde besonders ernannt waren.

Artikel 889.

Auch im Falle eines Rechtsstreits ist den im Artikel 888. bezeichneten Urkunden in der Regel und, insofern nicht besondere Umstände Bedenken erregen,[58]) Beweiskraft beizulegen.

---

54) Die Dispache kann darüber, ob und welcher Unfall den versicherten Gegenstand betroffen hat, in der Regel nicht Beweis erbringen. Prot. S. 3567.

55) Es bedarf also des Nachweises nicht, daß keiner der Betheiligten eine Kunde vom Schiff erhalten hat. Prot. S. 3566.

56) Der Versicherer muß sich begnügen, wenn die an dem betreffenden Ort gangbaren, offenkundigen Gebräuche beobachtet sind, selbst wenn diese mit den daselbst geltenden Gesetzen nicht in Einklang stehen. Prot. S. 3569.

57) Der Ausdruck „Besichtigungsurkunden" umfaßt auch die Gutachten der Sachverständigen. Prot. S. 3570.

58) — z. B. wenn Schiff und Ladung einem und demselben Eigenthümer gehören, beide ziemlich hoch versichert sind und das Unternehmen überdies vielleicht in einer ungewöhnlichen, den Verdacht eines Unterschleifs begründenden Weise zur Ausführung gelangt. In solchen Fällen ist der Richter nicht gehindert einen den Prozeßgesetzen entsprechenden Beweis zu begehren. — Auch wenn der Schiffer an der Ladung betheiligt ist, darf der Richter nicht daran gebunden sein sich mit dem Konnossement zu begnügen; denn in diesem Falle trifft die Voraussetzung, auf welcher sonst die Glaubwürdigkeit der Konnossemente beruht, nicht mehr zu, nämlich die Annahme, daß der Schiffer ein Konnossement, wodurch er das Schiff und sich selbst verpflichtet, als Unbetheiligter nicht ausstellen würde, wenn sich die Sache nicht in Ordnung verhielte. Prot. S. 3554.

Artikel 890.

Eine Vereinbarung, wodurch der Versicherte von dem Nachweise[59]) der im Artikel 886. erwähnten Umstände oder eines Theils derselben befreit wird, ist gültig, jedoch unbeschadet des Rechts des Versicherers, das Gegentheil zu beweisen.[60])

Die bei der Versicherung von Gütern getroffene Vereinbarung, daß das Konnossement nicht zu produziren sei, befreit nur[61]) von dem Nachweise der Verladung.

Artikel 891.

Bei der Versicherung für fremde Rechnung ist der Versicherungsnehmer ohne Beibringung einer Vollmacht des Versicherten legitimirt,[62]) über die Rechte, welche in dem Versicherungsvertrage für den Versicherten ausbedungen sind, zu verfügen,[63]) sowie die Versicherungsgelder zu erheben und einzuklagen.[64]) Diese Bestimmung gilt jedoch im Falle der Erthei-

---

59) Durch die fragliche Verabredung wird der Versicherte nur von dem Beweise, aber nicht von der Verbindlichkeit alles zur Begründung seines Anspruchs Erforderliche zu behaupten befreit. Prot. S. 3571.

60) Die Frage, ob auch gültig ausgemacht werden dürfe, daß der Versicherer nicht einmal das Recht der Gegenbeweisführung haben solle, ist nach allgemeinen Rechtsgrundsätzen zu beurtheilen. Prot. S. 3572.

61) Diese Vereinbarung wird allenthalben nur in dem hier erwähnten beschränkten Sinne verstanden. Der Eigenthumsnachweis ist dadurch an sich nicht erlassen. Mot. S. 364. Prot. S. 3573.

62) Durch die Bestimmungen der Art. 891. 893. 894. soll der Versicherungsnehmer, welcher im Vertrauen auf die Versicherung für den Versicherten in Vorschuß gegangen ist u. dgl. (vgl. Note 12. zu Art. 785.) geschützt werden. Zu diesem Behufe ist ihm einerseits das Recht zur eigenen Geltendmachung der Rechte aus dem Assekuranzvertrage, andererseits die Befugniß die Herausgabe der Polize an dem Versicherer ꝛc. so lange zu verweigern, bis er vollständig befriedigt ist, eingeräumt. Durch die Befugniß zur Einziehung und Einklagung der Versicherungssumme wird der Versicherungsnehmer aber nicht der eigentliche Gläubiger, sondern er übt diese Rechte nur als präsumtiver Bevollmächtigter des Versicherten und zugleich zur Sicherung seiner Ansprüche aus. Man kann deshalb dem Versicherten das Recht nicht versagen dem Nehmer Aufträge in Betreff der Behandlung der Versicherung zu ertheilen, dem Versicherer gegenüber Einspruch gegen die Ausführung der Weisungen des Versicherungsnehmers zu erheben und für seine eigene Sicherheit zu sorgen, so weit er nicht mit den Rechten des Nehmers aus gemachten Vorschüssen u. dgl. in Kollision geräth. Prot. S. 3663. 4439. bis 4442.

63) — namentlich in den Fällen des Art. 793. Rechte aus der früheren Versicherung abzutreten, auf dieselben zu verzichten, Sachverständige für die Besichtigung und Schätzung, sowie Schiedsrichter zu wählen und anzuerkennen, die versicherte Sache zu verkaufen, Vergleiche zn schließen u. dgl. Prot. S. 4440 bis 4443.

64) Die Frage, ob und in wieweit der Versicherte zur Erstattung der Prozeßkosten verpflichtet ist, wird durch diese Vorschrift nicht berührt. Prot. S. 4439.

lung einer Polize nur dann, wenn der Versicherungsnehmer die Polize beibringt.

Ist die Versicherung ohne Auftrag genommen, so bedarf der Versicherungsnehmer zur Erhebung oder Einklagung der Versicherungsgelder der Zustimmung des Versicherten.[65])

Artikel 892.

Im Falle der Ertheilung einer Polize hat der Versicherer die Versicherungsgelder dem Versicherten zu zahlen, wenn dieser die Polize beibringt.

Artikel 893.

Der Versicherungsnehmer ist nicht verpflichtet, die Polize dem Versicherten oder den Gläubigern oder der Konkursmasse desselben auszuliefern, bevor er wegen der gegen den Versicherten in Bezug auf den versicherten Gegenstand ihm zustehenden Ansprüche befriedigt ist. Im Falle eines Schadens kann der Versicherungsnehmer wegen dieser Ansprüche aus der Forderung, welche gegen den Versicherer begründet ist, und nach Einziehung der Versicherungsgelder aus den letzteren vorzugsweise vor dem Versicherten und vor dessen Gläubigern sich befriedigen.

Artikel 894.

Der Versicherer macht sich dem Versicherungsnehmer verantwortlich, wenn er, während dieser noch im Besitze der Polize sich befindet, durch Zahlungen, welche er dem Versicherten oder den Gläubigern oder der Konkursmasse desselben leistet, oder durch Verträge, welche er mit denselben schließt, das in dem Artikel 893. bezeichnete Recht des Versicherungsnehmers beeinträchtigt.

Inwiefern der Versicherer einem Dritten, welchem Rechte aus der Polize eingeräumt sind, sich dadurch verantwortlich macht, daß er über diese Rechte Verträge schließt oder Versicherungsgelder zahlt, ohne die Polize sich zurückgeben zu lassen oder dieselbe mit der erforderlichen Bemerkung zu versehen, bestimmt sich nach den Vorschriften des bürgerlichen Rechts.

Artikel 895.

Wird der Versicherer auf Zahlung der Versicherungsgelder in Anspruch genommen, so kann er bei der Versicherung für fremde Rechnung Forderungen, welche ihm gegen den Versicherungsnehmer zustehen, nicht zur Kompensation bringen.[66])

Artikel 896.

Der Versicherte ist befugt, nicht allein die aus einem bereits einge-

---

65) — weil sonst mit Rücksicht auf die Bestimmung des Art. 786. Versicherungen ohne Interesse begünstigt würden. Unter welchen Voraussetzungen eine Zustimmung des Versicherten anzunehmen, ob namentlich eine solche schon in der Genehmigung der Versicherung zu finden ist, unterliegt der richterlichen Beurtheilung. Prot. S. 4438.

66) Vgl. Note 79. zu Art. 816.

tretenen Unfall ihm zustehenden, sondern auch die künftigen Entschädigungsansprüche einem Dritten abzutreten. Ist eine Polize ertheilt, welche an Order lautet, so kann dieselbe durch Indossament übertragen werden; in Ansehung eines solchen Indossamentes kommen die Vorschriften der Artikel 301. 303. 305. zur Anwendung. Bei der Versicherung für fremde Rechnung ist zur Gültigkeit der ersten Uebertragung das Indossament des Versicherungsnehmers genügend.[67])

Artikel 897.

Wenn nach Ablauf zweier Monate seit der Anzeige des Unfalls die Schadensberechnung (Artikel 886.) ohne Verschulden des Versicherten noch nicht vorgelegt, wohl aber durch ungefähre Ermittelung die Summe festgestellt ist, welche dem Versicherer mindestens zur Last fällt, so hat der letztere diese Summe in Anrechnung auf seine Schuld vorläufig zu zahlen,[68]) jedoch nicht vor Ablauf der etwa für die Zahlung der Versicherungsgelder bedungenen Frist. Soll die Zahlungsfrist mit dem Zeitpunkt beginnen, in welchem dem Versicherer die Schadensberechnung mitgetheilt ist, so wird dieselbe im Falle dieses Artikels von der Zeit an berechnet, in welcher dem Versicherer die vorläufige Ermittelung mitgetheilt ist.

---

67) Durch die Abtretung des Entschädigungsanspruchs werden die Rechte und Pflichten des Versicherers nicht verändert; der Zessionar kann seine Ansprüche immer nur aus der Person des Versicherten begründen und muß sich alle Einreden gefallen lassen, welche dem Versicherten entgegengesetzt werden könnten. Die Uebertragung des eventuellen Forderungsrechts durch Indossament der an Order gestellten Polize schließt zwar die Einreden aus der Person des Vormanns aus, jedoch mit der Beschränkung, daß alle Einreden, die sich auf die Erfüllung der Bedingungen beziehen, von denen die Entstehung eines Ersatzanspruchs gesetzlich oder nach Inhalt des Vertrags abhängig ist nebst allen Einreden, aus dem Versicherungsvertrag selbst — den assekuranzrechtlichen Einreden — der Indossirung unerachtet dem Versicherer vorbehalten bleiben. Ausgeschlossen sind demnach durch das Indossament nur diejenigen Einreden, welche neben dem Versicherungsvertrag stehen, wie z. B. die Einrede der Zahlung, der Kompensation, des Vergleichs, des Verzichts, der Konfusion u. dgl. Durch das Indossament soll nicht erst die Person des eigentlichen Versicherten geschaffen werden; die Frage, wer der Versicherte ist, welches Interesse als das versicherte anzusehen, wie groß der erlittene Schaden ist, soll vielmehr nach dem übrigen Inhalt des Versicherungsvertrags beurtheilt werden. Der durch Indossament legitimirte Inhaber einer Polize wird demnach, wenn er Schadensersatz fordert, bei einer für einen unbenannten Dritten genommene Versicherung noch immer nachzuweisen haben, für welche Person die Versicherung genommen ist. — Der Erwerb indossirter Polizen hat weniger Bedeutung als ein besonderes Spekulationsgeschäft; er kommt vielmehr regelmäßig nur in Begleitung eines anderen Geschäftsverhältnisses vor, bei welchem der Erwerber sich wenigstens annähernd Gewißheit über die Erfüllung aller Bedingungen verschaffen kann und hält namentlich mit der Indossirung des Konnossements über die versicherte Waare gleichen Schritt. Mot. S. 183. 331. Prot. S. 3579 bis 3582. 3664. 3666. Vgl. ALR. §. 2071.

68) Es ist allgemein üblich, daß der Versicherer schon vor definitiver Regulirung des Schadens einen Einschuß an den Versicherten leistet, sofern nur sonst die Bedingungen der Ersatzpflicht (Art. 886. Ziffer 1 bis 3.) feststehen. — Bei der ungefähren Ermittelung des Minimum des zu ersetzenden Schadens handelt

Artikel 898.

Der Versicherer hat

1) in Havereifällen zu den für die Rettung, Erhaltung oder Wiederherstellung der versicherten Sache nöthigen Ausgaben in Anrechnung auf seine später festzustellende Schuld zwei Drittel des ihm zur Last fallenden Betrages,
2) bei Aufbringung des Schiffs oder der Güter den vollen Betrag der ihm zur Last fallenden Kosten des Reklameprozesses, sowie sie erforderlich werden, vorzuschießen.

Siebenter Abschnitt.

Aufhebung der Versicherung und Rückzahlung der Prämie.

Artikel 899.

Wird die Unternehmung, auf welche die Versicherung sich bezieht, ganz oder zum Theil von dem Versicherten aufgegeben,[69]) oder wird ohne sein Zuthun[70]) die versicherte Sache ganz oder ein Theil derselben der von dem Versicherer übernommenen Gefahr nicht ausgesetzt, so kann die Prämie ganz oder zu dem verhältnißmäßigen Theil bis auf eine dem Versicherer gebührende Vergütung zurückgefordert oder einbehalten werden[71]) (Ristorno).[72])

---

es sich keineswegs blos um eine Trennung des Liquiden von dem Illiquiden; es soll vielmehr nur durch eine provisorische, beiläufige Schätzung einstweilen und unpräjudizirlich der späteren definitiven Taxation ermittelt werden, was der Versicherer vorläufig zu zahlen hat. Der Versicherer kann sonach unter Umständen in die Lage kommen provisorisch mehr zu zahlen, als die bei definitiver Berechnung sich ergebende Entschädigungssumme beträgt. Unter welchen Umständen eine Arrestlegung oder der Anspruch auf Kautionsbestellung zur Sicherung des Assekuradeurs wegen etwaiger Rückzahlung des Zuvielgezahlten begründet ist, unterliegt der Beurtheilung nach allgemeinen Grundsätzen des Prozeßrechts. Mot. S. 364. Prot. S. 3583—3586. 4443—4445.

69) Die Motive, welche den Versicherten zum Rücktritt vom Vertrage veranlassen, sind für die Höhe des Anspruchs des Versicherers gleichgültig, vorausgesetzt jedoch, daß das Unternehmen wirklich aufgegeben wird. Der Versicherte kann sich dagegen nicht vom Vertrage lossagen blos um eine andere, günstigere Prämie zu bedingen oder um selbst das Risiko zu laufen. Mot. S. 196. 365. Prot. S. 3602—3607. Vgl. ALR. §. 2337.

70) — z. B. wenn der Schiffer die versicherten Güter aus Versehen im Abladungsorte zurückläßt oder wenn sie der Gefahr, gegen welche die Versicherung genommen worden, gar nicht ausgesetzt werden können, weil sie nicht existirt, wie z. B. wenn die Versicherung gegen die Gefahr eines bestimmten Krieges genommen und noch vor Antritt der Reise der betreffende Krieg durch einen definitiven Frieden beendigt ist. Prot. S. 3608. Vgl. ALR. §. 2333.

71) Diese Vorschrift beruht auf Billigkeit; juristisch läßt sich das Recht des Versicherten, nur einen Theil der Prämie zu entrichten, wenn der Assekuradeur ganz oder theilweise von der Gefahr befreit bleibt, als eine stillschweigende Bedingung des Assekuranzvertrages auffassen. Prot. S. 3605.

72) Die Aufhebung des Versicherungsvertrages wird in dem assekuranz-

Die Vergütung (Ristornogebühr) besteht, sofern nicht ein anderer Betrag vereinbart oder am Orte der Versicherung üblich ist, in einem halben Prozent der ganzen oder des entsprechenden Theils der Versicherungssumme, wenn aber die Prämie nicht ein Prozent der Versicherungssumme erreicht, in der Hälfte der ganzen oder des verhältnißmäßigen Theils der Prämie. [73])

Artikel 900.

Ist die Versicherung wegen Mangels des versicherten Interesse[74]) (Artikel 782.) oder wegen Ueberversicherung (Artikel 790.) oder wegen Doppelversicherung (Artikel 792.) unwirksam, und hat sich der Versicherungsnehmer bei dem Abschlusse des Vertrages und im Falle der Versicherung für fremde Rechnung auch der Versicherte bei der Ertheilung des Auftrages in gutem Glauben befunden, so kann die Prämie gleichfalls bis auf die im Artikel 899. bezeichnete Ristornogebühr zurückgefordert oder einbehalten werden.

Artikel 901.

Die Anwendung der Artikel 899. und 900. ist dadurch nicht ausgeschlossen, daß der Versicherungsvertrag für den Versicherer wegen Verletzung der Anzeigepflicht oder aus anderen Gründen unverbindlich ist, selbst wenn der Versicherer ungeachtet dieser Unverbindlichkeit auf die volle Prämie Anspruch hätte. [75])

Artikel 902.

Ein Ristorno findet nicht statt, wenn die Gefahr für den Versicherer bereits zu laufen begonnen hat. [76])

---

rechtlichen Sprachgebrauch häufig als das „Ristorno" bezeichnet, obgleich dieser Ausdruck zunächst nur die Rückgabe der Prämie bedeutet. Prot. 365.

73) Vgl. ALR. §§. 2334. 2335.

74) Wenn im Vertrage ein bestimmtes Interesse genannt ist (z. B. Bodmerei), nicht aber dieses, sondern ein anderes Interesse (z. B. Fracht) existirt, so findet der Art. 900. Anwendung, weil das versicherte Interesse nicht der Gefahr ausgesetzt war. Die Frage, ob der Vertrag wegen Irrthums oder weil es an der gehörigen Bezeichnung des Objekts fehlt, nichtig ist, wird hierdurch nicht berührt. (Note 9. zu Art. 783.) Prot. S. 3637—3639. 4445.

75) Wenn der Versicherer thatsächlich kein Risiko gelaufen ist und der Versicherte sich rücksichtlich des Ristornogrundes in gutem Glauben befindet, so erfordert es die Billigkeit, daß man nicht erst untersuche, ob der Versicherte in irgend einer anderen Beziehung gefehlt habe. Prot. S. 4447—4449.

76) — weil sich in jedem Augenblicke, in welchem er die Gefahr getragen hat, ein Unfall ereignen konnte, der ihn zur Bezahlung der ganzen Versicherungssumme verpflichtet hätte. Prot. S. 3635. Hat der Versicherte für mehrere Reisen Versicherung genommen, so kann er, wenn eine der Reisen angetreten ist, rücksichtlich der übrigen vom Vertrage gegen Zahlung des Ristorno nur dann zurücktreten, wenn auch mehrere Assekuranzreisen vorliegen. Prot. S. 3606.

Artikel 903.

Wenn der Versicherer zahlungsunfähig[77]) geworden ist, so ist der Versicherte befugt, nach seiner Wahl entweder von dem Vertrage zurückzutreten und die ganze Prämie zurückzufordern oder einzubehalten, oder auf Kosten des Versicherers nach Maaßgabe des Artikels 793. eine neue Versicherung zu nehmen. Dieses Recht steht ihm jedoch nicht zu, wenn ihm wegen Erfüllung der Verpflichtungen des Versicherers genügende Sicherheit bestellt wird, bevor er von dem Vertrage zurückgetreten ist oder die neue Versicherung genommen hat.[78])

Artikel 904.

Wird der versicherte Gegenstand veräußert, so können dem Erwerber die dem Versicherten nach dem Versicherungsvertrage auch in Bezug auf künftige Unfälle zustehenden Rechte mit der Wirkung übertragen werden, daß der Erwerber den Versicherer ebenso in Anspruch zu nehmen befugt ist, als wenn die Veräußerung nicht stattgefunden hätte und der Versicherte selbst den Anspruch erhöbe.[79])

Der Versicherer bleibt von der Haftung für die Gefahren befreit, welche nicht eingetreten sein würden, wenn die Veräußerung unterblieben wäre.

Er kann sich nicht nur der Einreden und Gegenforderungen bedienen, welche ihm unmittelbar gegen den Erwerber zustehen, sondern auch derjenigen, welche er dem Versicherten hätte entgegenstellen können, der aus dem Versicherungsvertrage nicht hergeleiteten jedoch nur insofern, als sie bereits vor der Anzeige der Uebertragung entstanden sind.[80])

Durch die vorstehende Bestimmung werden die rechtlichen Wirkungen

---

77) Vgl. Pr. Konkurs-Ordn. §. 113. — Es ist in Art. 903. nicht ausschließlich von formeller Insolvenz die Rede. Prot. S. 3612.

78) Bei jeder Versicherung wird die Solvenz des Versicherers vom Versicherten vorausgesetzt. Bei eintretender Insolvenz des Ersteren ist der Letztere deshalb zum Rücktritt vom Vertrage berechtigt. Der Rücktritt bezieht sich auf den ganzen Vertrag, selbst wenn der Versicherer schon einen Theil der Gefahr getragen hat, weil der Versicherungsvertrag (sowohl bei Reise- als bei Zeitversicherungen) ein untheilbares Ganze ist. Der Versicherte kann zwar die Aufhebung des Vertrages durch Sicherheitsbestellung abwenden; eine Bedenkzeit kann ihm aber ohne Gefährdung des Versicherers nicht gewährt werden, weil der Unfall sich gerade innerhalb dieser Frist, wie kurz sie auch bemessen sein möge, ereignen kann. Prot. S. 3612—3617. 4449—4451. Vgl. ALR. §. 2012. und §. 19. der Pr. Konk.-Ordn.

79) An und für sich ist die Uebertragung der Versicherung einer veräußerten (schwimmenden) Ladung unzulässig, weil der Veräußerer vom Augenblicke der Veräußerung ab kein Interesse mehr hat und deshalb keinen cessiblen Ersatzanspruch erwerben kann. Die Uebertragung der Versicherung auf den neuen Erwerber ist jedoch durch das Bedürfniß geboten. Die Zulässigkeit dieser Uebertragung beschränkt sich nicht auf diejenigen Fälle, in denen die Gefahr für den Versicherer bereits begonnen hat. Mot. S. 192. 306. Prot. S. 3640—3650. Vgl. ALR. §. 2163.

80) Die Uebertragung der Versicherung gewährt dem neuen Erwerber des

der mittelst Indossamentes erfolgten Uebertragung einer Polize, welche an Order lautet, nicht berührt.

Artikel 905.

Die Vorschriften des Artikels 904. gelten auch im Falle der Versicherung einer Schiffspart.[81])

Ist das Schiff selbst versichert, so kommen dieselben nur dann zur Anwendung, wenn das Schiff während einer Reise veräußert wird. Anfang und Ende der Reise bestimmen sich nach Artikel 827. Ist das Schiff auf Zeit oder für mehrere Reisen (Artikel 760.) versichert, so dauert die Versicherung im Falle der Veräußerung während einer Reise nur bis zur Entlöschung des Schiffs im nächsten Bestimmungshafen[82]) (Artikel 827.).

Zwölfter Titel.

Von der Verjährung.

Artikel 906.

Die im Artikel 757. aufgeführten Forderungen[83]) verjähren in einem Jahre.[84]) Es beträgt jedoch die Verjährungsfrist zwei Jahre:

---

versicherten Gegenstands nicht blos die Rechte eines Prozeßbevollmächtigten, sie ist vielmehr als Substituirung eines neuen Versicherten aufzufassen. Dies hindert indeß nicht die Einrede der Kompensation aus der Person des Versicherten, wie bei zedirten Ansprüchen zuzulassen. Prot. S. 3647. 3648.

81) — weil bei der Versicherung einer Schiffspart auf die Person des Parteninhabers keine besondere Rücksicht genommen zu werden pflegt. Prot. S. 4453.

82) Die persönliche Einwirkung des Rheders ist vorzüglich vor Antritt jeder Reise (bei der Ausrüstung, Bemannung 2c. des Schiffs) von großer Bedeutung. Die Substituirung eines andern Versicherten ist deshalb unzulässig. Von Antritt der Reise ab bis zum Abschluß jeder einzelnen Reise ist dagegen die Einwirkung des Rheders auf das Schiff weniger bedeutend; die Uebertragung der Versicherung in dieser Zeit ist daher für statthaft erklärt. — Als Konsequenz des im Art. 902. angenommenen Prinzips erscheint es, daß bei einer Versicherung auf Zeit oder für mehrere Reisen dem Versicherer stets die ganze Prämie verbleibt. Mot. S. 366. Prot. S. 3654—3657. 4451—4454.

83) Die Forderungen des Schiffers aus Vorschüssen oder aus der Verwaltung der ihm anvertrauten Gelder oder aus der Fürsorge für die Ladung des Rheders sind nicht der seerechtlichen Verjährung unterworfen; ebenso unterliegen die Ansprüche des Rheders an die Schiffsbesatzung der ordentlichen Verjährung; gegen den Rheder, welcher einen festen Wohnsitz hat, ist die Klageanstellung leicht möglich; nicht so gegen die auf Reisen befindliche Mannschaft; der Rheder hat, um neue Spekulationen beginnen zu können, ein besonderes Interesse an einem baldigen definitiven Abschlusse des ganzen Geschäfts; Schiffer und Schiffsmannschaft betreiben kein kaufmännisches Geschäft. Prot. S. 2961. 2962.

84) Die Einführung kurzer Verjährungsfristen ist nothwendig, weil die aus

1) für die aus den Dienst- und Heuerverträgen herrührenden Forderungen der Schiffsbesatzung, wenn die Entlassung jenseits des Vorgebirges der guten Hoffnung oder des Kap Horn erfolgt ist;
2) für die aus dem Zusammenstoße von Schiffen hergeleiteten Entschädigungsforderungen.

Artikel 907.

Die nach dem vorstehenden Artikel eintretende Verjährung bezieht sich zugleich auf die persönlichen Ansprüche, welche dem Gläubiger etwa gegen den Rheder oder eine Person der Schiffsbesatzung zustehen.[85])

Artikel 908.

Die Verjährung beginnt:

1) in Ansehung der Forderungen der Schiffsbesatzung (Artikel 757. Ziffer 4.) mit dem Ablaufe des Tages, an welchem das Dienst- oder Heuerverhältniß endet, und falls die Anstellung der Klage früher möglich und zulässig[86]) ist, mit dem Ablaufe des Tages, an welchem diese Voraussetzung zutrifft; jedoch kommt das Recht, Vorschuß- und Abschlagszahlungen zu verlangen, für den Beginn der Verjährung nicht in Betracht;[87])
2) in Ansehung der Forderungen wegen Beschädigung oder verspäteter Ablieferung von Gütern und Reise-Effekten (Artikel 757. Ziffer 8. und 10.) und wegen der Beiträge[88]) zur großen Haverei[89]) (Ar-

---

dem Seeverkehr entspringenden Forderungen nach Verlauf einiger Zeit der Prüfung und Kontrolle sich entziehen, weil nur ihre schleunige Abwickelung den ordnungsmäßigen und sichern Betrieb der Rhederei und des Seehandels ermöglicht, und weil eine große Zahl jener Forderungen dingliche Rechte gewährt, welche den Verkehr zu gefährden drohen, wenn sie zu lange bestehen bleiben. Als Regel ist die einjährige Frist aufgestellt. Vgl. Pr. Konk.-Ordn. §. 68. und ALR. §. 2443. Mot. S. 368. Prot. S. 2948. 2949. 2959. 2960.

85) Der persönliche Anspruch bleibt weder länger bestehen als der dingliche, noch erlischt er früher. Wenn z. B. der Schiffer sich eine das Bodmerei-Objekt gefährdende Handlung vor dem Fälligwerden der Bodmereischuld beigehen läßt, so ist zwar die Entschädigungsforderung an und für sich mit dem Eintritt der beschädigenden Handlung fällig, diese Forderung verjährt aber nicht früher, als die Bodmereiforderung selbst. Prot. S. 2966. 2967.

86) Dieser Ausdruck bezieht sich sowohl auf die juristische Möglichkeit der Klageanstellung (Klagbarkeit des Anspruchs), als auf die faktische Möglichkeit der Verfolgung der Klage durch den Gläubiger in eigner Person, (welche z. B. dann nicht vorhanden ist, wenn sich Schiffer und Mannschaft noch auf der Reise befinden,) so wie endlich auch auf das Verbot den Schiffer vor einem fremden Gerichte zu belangen. (Art. 537.). Prot. S. 2951.

87) Ein Anspruch auf Zahlungen eines aliquoten Theils der verdienten Heuer nach Ablauf einer gewissen Dauer der Reise kann nicht als ein Verfallen von Forderungen, welches zur Klageanstellung berechtigt, betrachtet werden; dergleichen Zahlungen werden nicht zur Lösung des Rechtsverhältnisses, sondern als Vorschüsse oder Abschlagszahlungen geleistet. Prot. S. 2951. 2952.

88) — welche vom Rheder wegen des Schiffs zu leisten sind.

89) In Betreff des Beginns der Verjährung der Ansprüche gegen den

tikel 757. Ziffer 6.) mit dem Ablaufe des Tages, an welchem die Ablieferung erfolgt ist, in Ansehung der Forderungen wegen Nichtablieferung von Gütern mit dem Ablaufe des Tages, an welchem das Schiff den Hafen erreicht, wo die Ablieferung erfolgen sollte, und wenn dieser Hafen nicht erreicht wird, mit dem Ablaufe des Tages, an welchem der Betheiligte sowohl hiervon als auch von dem Schaden zuerst Kenntniß gehabt hat;[90])

3) in Ansehung der nicht unter die Ziffer 2. fallenden Forderungen aus dem Verschulden einer Person der Schiffsbesatzung (Artikel 757. Ziffer 10.) mit dem Ablaufe des Tages, an welchem der Betheiligte von dem Schaden Kenntniß erlangt hat, in Ansehung der Entschädigungsforderungen wegen des Zusammenstoßes von Schiffen jedoch mit dem Ablaufe des Tages, an welchem der Zusammenstoß stattgefunden hat;

4) in Ansehung aller anderen Forderungen mit dem Ablaufe des Tages, an welchem die Forderung fällig geworden ist.[91])

Artikel 909.

Ferner verjähren in einem Jahre die auf den Gütern wegen der Fracht nebst allen Nebengebühren, wegen des Liegegeldes, der ausgelegten Zölle und sonstigen Auslagen, wegen der Bodmereigelder, der Beiträge zur großen Haverei und der Bergungs- und Hülfskosten haftenden Forderungen, sowie alle persönlichen Ansprüche gegen die Ladungsbetheiligten und die Forderungen wegen der Ueberfahrtsgelder.

Die Verjährung beginnt in Ansehung der Beiträge zur großen Haverei mit dem Ablaufe des Tages, an welchem die beitragspflichtigen Güter abgeliefert sind, in Ansehung der übrigen Forderungen mit dem Ablaufe des Tages, an welchem die Fälligkeit eingetreten ist.

Schiffer und Rheder wegen unterlassener Besorgung der Aufnahme der Dispache oder wegen Auslieferung beitragspflichtiger Objekte ohne vorherige Bezahlung oder Sicherstellung der Beiträge enthält das Gesetz keine besondere Bestimmung, da sie als Ansprüche aus einem Verschulden des Schiffers oder Rheders erscheinen. Prot. S. 2956. 2957.

90) Erst im Bestimmungshafen wird die Forderung fällig. Die Verjährung kann deshalb erst mit der Erreichung dieses Hafens, oder sofern dieser Hafen nicht erreicht wird, mit der Kenntniß des Betheiligten von dieser Thatsache und von dem Schaden beginnen. Würde die Verjährung schon mit dem Zeitpunkte anfangen, an welchem der Betheiligte nur von dem Schaden Kenntniß erlangt hat, so würde es namentlich bei längeren Reisen vorkommen können, daß die einjährige Verjährungsfrist schon zum größten Theile abgelaufen wäre, ehe der Betheiligte von der Nichterreichung des Hafens Kenntniß erhalten hätte. Prot. S. 2954. 2955. 2969. 4203.

91) — gleichviel, wann der Forderungsberechtigte von der Begebenheit Kenntniß erhielt. Diese gegen den Satz: agere non valenti non currit praescriptio gerichtete Vorschrift ist dringend erforderlich, weil nach Ablauf einer längeren Zeit die erforderlichen Beweise kaum mehr zusammengebracht werden können. Prot. S. 2968.

Artikel 910.

Es verjähren in fünf Jahren[92]) die Forderungen des Versicherers und des Versicherten aus dem Versicherungsvertrage.

Die Verjährung beginnt mit dem Ablaufe des letzten Tages des Jahres, in welchem die versicherte Reise beendigt ist, und bei der Versicherung auf Zeit mit dem Ablaufe des Tages, an welchem die Versicherungszeit endet. Sie beginnt, wenn das Schiff verschollen ist, mit dem Ablaufe des Tages, an welchem die Verschollenheitsfrist endet.[93])

Artikel 911.

Eine Forderung, welche nach den Artikeln 906. bis 910. verjährt ist, kann auch im Wege der Kompensation oder sonst als Gegenforderung nicht geltend gemacht werden, wenn sie zur Zeit der Entstehung der anderen Forderungen bereits verjährt war.[94])

---

92) Gewöhnlich leistet der Assekuradeur nach einem Unfalle bedeutende Einschüsse, während die Liquidation des Restes, welche große Korrespondenzen, Herbeischaffung von Beweismitteln u. s. w. erforderlich macht, in der Regel nicht sehr schnell betrieben wird. Kurze Verjährungsfristen würden für derartige Rechtsverhältnisse nicht passen. Prot. S. 3680. 3681.

93) Diese Bestimmung gilt sowohl bei Zeit- als bei Reise-Versicherungen. Es erlöschen in der angegebenen Frist nicht blos die aus der Verschollenheit sich ergebenden Ansprüche, sondern auch alle anderen, etwa schon vor Beginn der Verschollenheit begründeten und aus derselben Versicherung herrührenden Ansprüche. Prot. S. 3680.

94) Der Einwand des nicht erfüllten oder nicht gehörig erfüllten Vertrages ist durch diese Vorschrift nicht ausgeschlossen. — Bei der Frage, ob es zulässig sei eine verjährte Forderung im Wege der Retentionseinrede geltend zu machen, ist zu unterscheiden, ob der verjährte Anspruch ein konnexer ist oder nicht. Ist er konnex z. B. wenn Ersatz von Verwendungen auf die Sache beansprucht wird, so steht dem Kläger, welcher die Herausgabe der zurückbehaltenen Sache verlangt, die exceptio doli entgegen ist er nicht konnex, so läßt sich die Retention nur unter dem Gesichtspunkte einer Pfandsicherheit begründen; der Besitz des Pfandes hindert aber den Eintritt der Verjährung. Ist die Forderung vor Erlangung des Besitzes der zurückbehaltenen Sache verjährt, so ist wegen dieses Anspruchs die Retentionseinrede unzulässig. Prot. S. 2970 bis 2973. 4203 bis 4209. Vergl. Art. 386. 408.

Anhang.

I. Einführungsgesetz zum A. D. Handelsgesetzbuch. Vom 24. Juni 1861.

II. Allgemeine Verfügung und Instruktion vom 12. Dezember 1861.

III. Sachregister.

Die Artikel des Einführungs-Gesetzes sind an folgenden Stellen eingeschaltet.

Artikel	1	Seite	3.
=	2	=	4.
=	3	=	11. 12.
=	4	=	20.
=	5	=	20. 21.
=	6	=	22.
=	7	=	22.
=	8	=	35. 36.
=	9	=	57. 58.
=	10	=	119.
=	11	=	120.
=	12	=	122. 123. 135. 136. 137. 138.
=	13	=	22. 23.
=	14	=	162.
	15	=	172.
=	16	=	198.
=	17	=	83.
=	18		10.
	19		15.
=	20	=	15. 16.
=	21	=	41.
	22	=	36.
=	23	=	75. 76.
=	24	=	95.
=	25	=	95. 96.
=	26	=	165.
=	27	=	173. 174.
=	28	=	216.
=	29	=	434.
=	30	=	179.
=	31	=	10.
=	32	=	137.
=	33	=	83.
	34	=	27.
	35	=	33.
=	36	=	81. 82.
=	37	=	16.
Artikel	38	Seite	16.
=	39	=	16.
=	40	=	16.
=	41	=	17.
=	42	=	17.
=	43	=	17.
=	44	=	180.
=	45	=	217.
=	46	=	180.
=	47	=	6.
=	48	=	6.
=	49	=	6. 7.
=	50	=	7.
=	51	=	7.
=	52		11.
=	53		249.
=	54	=	258.
=	55		284.
=	56	=	313
	57	=	420. 421.
	58	=	438. 439.
	59		446. 447.
	60	=	4. 5.
=	61	=	5.
=	62	=	23.
=	63	=	23.
=	64	=	23.
=	65	=	23. 24.
=	66	=	24.
=	67	=	24. 25.
	68	=	25.
	69	=	39.
=	70	=	58.
=	71		zu Art. 438.
=	72	=	25.
=	73	=	7.
=	74	=	8.

I.

Einführungsgesetz

zum

Allgemeinen Deutschen Handelsgesetzbuch.

Vom 24. Juni 1861. (Gesetz-Sammlung S. 449—479.)

Wir Wilhelm, von Gottes Gnaden, König von Preußen rc. verordnen, unter Zustimmung des Landtages Unserer Monarchie, was folgt:

Artikel 1.

Der in der Anlage enthaltene, aus der Berathung von Kommissarien der Regierungen Deutscher Bundesstaaten hervorgegangene Entwurf eines Allgemeinen Deutschen Handelsgesetzbuchs erlangt in dem ganzen Umfange der Monarchie mit dem 1. März 1862 Gesetzeskraft.

Mit demselben Zeitpunkte sollen zugleich die nachfolgenden Einführungs-Bestimmungen in Geltung treten.

Erster Titel.

Bestimmungen, die Ergänzung des Allgemeinen Deutschen Handelsgesetzbuchs und die Abänderung bisheriger Gesetze betreffend.

Erster Abschnitt.

Bestimmungen für alle Landestheile der Monarchie.

Artikel 2.

Handelssachen sind die Rechtsangelegenheiten, welche eines der folgenden Privatrechtsverhältnisse zum Gegenstande haben:

1) das Rechtsverhältniß, welches aus Handelsgeschäften (Artikel 271—273. des Handelsgesetzbuchs) zwischen den Betheiligten entsteht;
2) die Rechtsverhältnisse zwischen den Mitgliedern einer Handelsgesellschaft, zwischen dem stillen Gesellschafter und dem Inhaber des Handelsgewerbes, sowie zwischen den Theilnehmern einer Vereinigung zu einzelnen Handelsgeschäften oder einer Vereinigung zum Handelsbetriebe (Artikel 10. des Handelsgesetzbuchs), sowohl während des Bestehens, als nach Auflösung des gesellschaftlichen Verhältnisses, imgleichen das Rechtsverhältniß zwischen den Liquidatoren oder den Vorstehern einer Handelsgesellschaft und der Gesellschaft oder den Mitgliedern derselben;
3) das Rechtsverhältniß, welches das Recht zum Gebrauch einer Handelsfirma betrifft;
4) das Rechtsverhältniß, welches durch die Veräußerung eines bestehenden Handelsgeschäfts zwischen den Kontrahenten entsteht;
5) die Rechtsverhältnisse zwischen dem Prokuristen, dem Handlungsbevollmächtigten oder dem Handlungsgehülfen und dem Eigenthümer der Handels-

niederlassung, sowie das Rechtsverhältniß zwischen einer dritten Person und demjenigen, welcher ihr als Prokurist oder Handlungsbevollmächtigter aus einem Handelsgeschäfte haftet (Artikel 55. des Handelsgesetzbuchs);

6) das Rechtsverhältniß, welches aus den Berufsgeschäften des Handelsmäklers zwischen diesem und den Parteien entsteht;

7) die Rechtsverhältnisse des Seerechts, insbesondere diejenigen, welche auf die Rhederei, die Rechte und Pflichten des Rheders, des Korrespondent-Rheders und der Schiffsbesatzung, auf die Bodmerei und die Haverei, auf den Schadensersatz im Falle des Zusammenstoßens von Schiffen, auf die Bergung und Hülfeleistung in Seenoth und auf die Ansprüche der Schiffsgläubiger sich beziehen.

Artikel 3.

In Bezug auf die Börsen und die kaufmännischen Korporationen wird Folgendes bestimmt:

§. 1.

Die Errichtung einer Börse kann nur mit Genehmigung des Handelsministers erfolgen.

§. 2.

Neue Börsenordnungen bedürfen der Genehmigung des Handelsministers.

Diese Genehmigung ist auch zur Abänderung und Ergänzung bestehender Börsenordnungen erforderlich und genügend.

Die Vorschriften der bestehenden Börsenordnungen, welche privatrechtlichen Inhalts sind, treten außer Kraft. Privatrechtliche Vorschriften können auch in die revidirten und in die neuen Börsenordnungen nicht aufgenommen werden.

§. 3.

In den Börsenordnungen ist insbesondere auch zu bestimmen, wie die laufenden Preise und Kurse festzustellen, wie diese Feststellungen zu veröffentlichen und wie Zeugnisse darüber zu ertheilen sind.

§. 4.

Die privatrechtlichen Vorschriften der Statuten der zu Berlin, Stettin, Magdeburg, Tilsit, Königsberg, Danzig, Memel und Elbing bestehenden kaufmännischen Korporationen treten außer Kraft. Dies gilt namentlich von den Vorschriften dieser Statuten, durch welche die kaufmännischen Rechte von dem Beitritt zu der kaufmännischen Korporation des Orts abhängig gemacht sind.

Artikel 4.

Jede zur Eintragung in das Handelsregister bestimmte Anmeldung muß auch in denjenigen Fällen, für welche das Handelsgesetzbuch dies nicht besonders vorschreibt, entweder persönlich vor dem Handelsgericht erklärt, oder in beglaubigter Form bei dem Handelsgericht eingereicht werden.

Die Anmeldung gilt als vor dem Handelsgericht erklärt, wenn sie von einem dazu bestellten Richter des Handelsgerichts, im Bezirke des Appellationsgerichtshofes zu Cöln von dem Sekretair des Handelsgerichts, aufgenommen ist. Unter der beglaubigten Form ist die gerichtliche oder notarielle Form zu verstehen. Geschieht die Anmeldung durch einen Bevollmächtigten, so hat dieser eine gerichtliche oder notarielle Vollmacht beizubringen.

Dieselben Formvorschriften gelten in Bezug auf die Zeichnung oder Einreichung der Zeichnung einer Firma oder Unterschrift, welche nach Vorschrift des Handelsgesetzbuchs bei dem Handelsgericht bewirkt werden soll.

Die näheren geschäftlichen Anordnungen über die Führung des Handels-Registers bleiben einer von dem Justizminister den Gerichten zu ertheilenden Instruktion vorbehalten.

Artikel 5.

Die Vorschriften des Handelsgesetzbuchs, gemäß welchen die Handelsgerichte von Amtswegen die Betheiligten zur Befolgung der gesetzlichen Anordnungen über die Anmeldung zur Eintragung in das Handelsregister und über die Zeichnung oder Einreichung der Zeichnung der Firmen oder Unterschriften durch Ordnungsstrafen anhalten sollen, sind nach folgenden Bestimmungen in Ausführung zu bringen:

§. 1.

Wenn das Handelsgericht in glaubhafter Weise davon Kenntniß erhält, daß die gesetzliche Anordnung nicht befolgt worden ist, so hat es eine Verfügung an den Betheiligten zu erlassen, durch welche derselbe unter Androhung einer angemessenen Ordnungsstrafe aufgefordert wird, innerhalb einer bestimmten Frist entweder die gesetzliche Anordnung zu befolgen, oder die Unterlassung mittelst Einspruchs gegen die Verfügung zu rechtfertigen.

Der Lauf der in der Verfügung bestimmten Frist beginnt mit dem Tage, welcher auf den Tag der Zustellung der Verfügung folgt.

Der Einspruch geschieht durch schriftliche Eingabe an das Handelsgericht, oder zu Protokoll bei demselben.

§. 2.

Wird binnen der durch die Verfügung bestimmten Frist weder die gesetzliche Anordnung befolgt, noch Einspruch gegen die Verfügung erhoben, so hat das Handelsgericht die angedrohte Strafe gegen den Betheiligten festzusetzen und gleichzeitig die Verfügung unter Androhung einer anderweiten Ordnungsstrafe zu wiederholen.

§. 3.

Wird gegen die Verfügung binnen der bestimmten Frist Einspruch erhoben, so hat das Handelsgericht, sofern nicht aus dem Einspruch die Rechtfertigung des Betheiligten sich ergiebt, einen Termin zu bestimmen, in welchem mündlich und in öffentlicher Sitzung der Betheiligte über die Verwirkung der Ordnungsstrafe zu hören, im geeigneten Falle Beweis aufzunehmen und zu entscheiden ist.

Der Betheiligte ist zu diesem Termine vorzuladen; er kann in demselben persönlich oder durch einen Bevollmächtigten die Gründe und Beweise seiner Rechtfertigung vorbringen. Wer als Bevollmächtigter zuzulassen sei, ist nach den Vorschriften zu beurtheilen, welche bei dem Gericht für das Prozeßverfahren in Civilsachen maßgebend sind.

§. 4.

Erscheint der Betheiligte nicht in dem Termine, oder ergiebt sich bei der Verhandlung, daß die gesetzliche Anordnung von dem Betheiligten hätte befolgt werden müssen, so wird die Ordnungsstrafe gegen denselben festgesetzt und zugleich mit der Entscheidung, wenn nicht etwa inzwischen die Verhältnisse sich geändert haben, eine neue Verfügung nach Maaßgabe des §. 1. erlassen.

§. 5.

Der Verurtheilte kann gegen die Entscheidung nur Beschwerde an das Appellationsgericht erheben. Dieselbe muß binnen zehn Tagen durch schriftliche Eingabe oder zu Protokoll bei dem Handelsgericht angemeldet werden. Die Vollstreckung der Entscheidung wird durch Einlegung der Beschwerde gehemmt. Das Handelsgericht hat ohne Verzug die Beschwerde nebst den bisherigen Verhandlungen dem Appellationsgericht einzureichen. Bei diesem ist nach den Bestimmungen des §. 3. zu verfahren.

§. 6.

Für die neuen Verfügungen, welche gemäß §. 2. oder §. 4. erlassen werden und für das auf dieselben folgende Verfahren gilt dasselbe, was in den vorstehenden Paragraphen vorgeschrieben ist.

Der Lauf der Frist, welche in einer gemäß §. 4. erlassenen neuen Verfügung bestimmt ist, beginnt mit dem Tage, der auf denjenigen folgt, an welchem die Frist zur Erhebung der Beschwerde abgelaufen ist.

Die Verfügungen und die Festsetzungen von Ordnungsstrafen werden wiederholt, bis die gesetzliche Anordnung befolgt, oder ihre Voraussetzung weggefallen ist.

§. 7.

Die Ordnungsstrafe, welche angedroht und festgestellt werden kann, besteht in Geldbuße von fünf bis zweihundert Thalern. Eine Umwandlung der Geldbuße in Gefängnißstrafe findet nicht statt. Bei der Feststellung der Ordnungsstrafe ist der Betheiligte zugleich in die Kosten des Verfahrens zu verurtheilen.

§. 8.

Die Gerichte sind befugt, zu jeder Zeit, das Verfahren mag bereits eingeleitet sein oder nicht, durch die Beamten der gerichtlichen Polzei oder der Verwaltungs-Polizei Ermittelungen über den Sachverhalt einzuziehen, auch in Fällen, in welchen dies erforderlich erscheint, durch einen Kommissar des Gerichts oder durch Requisition anderer Gerichte die eidliche Vernehmung von Zeugen zu bewirken. Sie können auch die Verhandlung in der Sitzung zu einer anderen Sitzung vertagen, sowie von Amtswegen Zeugen zur Sitzung vorladen lassen. Gegen Zwischenverfügungen findet ein Rechtsmittel nicht statt.

§. 9.

Im Bezirke des Appellationsgerichtshofes zu Cöln sind bei diesem Verfahren die Eingaben an das Handelsgericht bei dem Sekretariat desselben einzureichen und die Protokolle über den Einspruch und die Beschwerde von dem Sekretair des Handelsgerichts aufzunehmen. Die Verfügungen und Entscheidungen werden durch einen von dem Präsidenten des Handelsgerichts beauftragten Gerichtsvollzieher zugestellt. Die Anweisung der Gebühren der Beamten und der Entschädigung von Zeugen, sowie die Einziehung der Geldbußen und Kosten wird in gleicher Art, wie bei den Landgerichten in den vor sie gehörigen Strafsachen, bewirkt.

Artikel 6.

In Bezug auf die Ausführung der Vorschrift des Handelsgesetzbuchs, gemäß welcher das Handelsgericht gegen diejenigen einschreiten soll, welche sich einer ihnen nicht zustehenden Firma bedienen (Art. 26. des Handelsgesetzbuchs), kommen die Bestimmungen des vorhergehenden Artikels mit folgenden Maaßgaben zur Anwendung:

1) Die Verfügung (Artikel 5. §. 1.), durch welche das Handelsgericht einschreitet, sowie die neue Verfügung, welche gemäß Artikel 5. §. 4. oder 6.

ergeht, ist ohne Bestimmung einer Frist dahin zu erlassen, daß der Betheiligte unter Androhung einer Ordnungsstrafe aufgefordert wird, sich dieser Firma nicht ferner zu bedienen.

2) Das Handelsgericht hat nach Erlaß der Verfügung gemäß Artikel 5. §§. 3. ff. weiter zu verfahren, wenn es in glaubhafter Weise davon Kenntniß erhält, daß der Verfügung nach Zustellung derselben zuwider gehandelt worden ist.

Artikel 7.

Den Beamten der Staatsanwaltschaft und der Polizei liegt ob, darauf zu achten, daß den Vorschriften des Handelsgesetzbuchs, zu deren Befolgung die Handelsgerichte durch Ordnungsstrafen anzuhalten haben, von den dazu verpflichteten Personen genügt wird; dieselben haben die Unterlassungen und Zuwiderhandlungen, welche zu ihrer Kenntniß gelangen, bei den zuständigen Handelsgerichten zur Anzeige zu bringen.

Artikel 8.

Die Handelsbücher der Kaufleute sind bei Streitigkeiten gegen Nichtkaufleute für sich allein zur Erbringung des Beweises nicht hinreichend, sondern nur zur Unterstützung anderer Beweise geeignet.

Jedoch hat der Richter nach seinem, durch die Erwägung aller Umstände des Falles geleiteten Ermessen zu entscheiden, ob den ordnungsmäßig geführten Handelsbüchern in Handelssachen in dem Maaße Beweiskraft beizulegen sei, daß der einen oder der anderen Partei der Eid auferlegt werde.

Artikel 9.

In Betreff der Handelsmäkler wird Folgendes bestimmt:

§. 1.

Die Handelsmäkler werden an den Orten, für welche kaufmännische Korporationen oder Handelskammern bestehen, von diesen ernannt; die Ernennung bedarf der Bestätigung der Regierung.

Die Anstellung von Handelsmäklern an anderen Orten geschieht durch die Regierung.

Die Bestimmung des §. 310. der Konkurs-Ordnung vom 8. Mai 1855.: daß Personen, über deren Vermögen der Konkurs eröffnet worden ist, als Handelsmäkler nicht zugelassen werden können, so lange sie die Wiedereinsetzung in den vorigen Stand nicht erlangt haben, gilt auch für den Bezirk des Appellationsgerichtshofes zu Cöln in Betreff der Personen, welche fallirt haben, so lange sie nicht rehabilitirt sind.

Zur Bestellung einer Dienstkaution sind die Handelsmäkler nicht verpflichtet.

§. 2.

Den Handelsmäklern steht ein ausschließliches Recht zur Vermittelung von Handelsgeschäften nicht zu. Die Gesetze oder Verordnungen, durch welche ihnen ein solches Recht beigelegt ist, werden aufgehoben.

§. 3.

Die Handelsmäkler, welche zur Vermittelung von Kaufgeschäften über Waaren, Schiffe oder Handelspapiere bestellt sind, haben zugleich die Befugniß, öffentliche Versteigerungen derselben Gegenstände abzuhalten.

§. 4.

Die Beeidigung der Handelsmäkler erfolgt bei dem Handelsgericht.

Die für das Tagebuch des Handelsmäklers in dem Artikel 71. des Handelsgesetzbuchs vorgeschriebene Beglaubigung geschieht durch den Vorsitzenden des Handelsgerichts.

Die Behörde, bei welcher nach der Vorschrift des Artikels 75. des Handelsgesetzbuchs das Tagebuch eines verstorbenen oder aus dem Amte geschiedenen Handelsmäklers niedergelegt wird, ist das Handelsgericht.

§. 5.

Handelsmäkler, welche eine der nach dem Artikel 69. des Handelsgesetzbuchs ihnen obliegenden Pflichten verletzen, werden mit Geldbuße von fünfundzwanzig bis zu fünfhundert Thalern bestraft; im Rückfalle kann außerdem auch auf Entsetzung erkannt werden. Durch diese Bestimmung wird die Anwendung einer härteren Strafe nicht ausgeschlossen, wenn dieselbe nach sonstigen Gesetzen durch die Handlung begründet ist.

Die Verordnungen, nach welchen kaufmännische Korporationen befugt sind, die Handelsmäkler wegen Pflichtverletzungen anderer Art im Wege der Disziplin zu bestrafen, bleiben in Kraft.

Artikel 10.

Zur Errichtung einer Kommanditgesellschaft auf Aktien ist die staatliche Genehmigung nicht erforderlich.

Artikel 11.

Die persönlich haftenden Mitglieder einer Kommanditgesellschaft auf Aktien werden mit Gefängniß bis zu drei Monaten bestraft:

1) wenn sie vorsätzlich Behufs der Eintragung des Gesellschaftsvertrages in das Handelsregister falsche Angaben über die Zeichnung oder Einzahlung des Kapitals der Kommanditisten machen;
2) wenn durch ihre Schuld die Gesellschaft länger als drei Monate ohne Aufsichtsrath geblieben ist.

Artikel 12.

In Bezug auf die Aktiengesellschaften, bei welchen der Gegenstand des Unternehmens in Handelsgeschäften besteht, treten die Bestimmungen des Handelsgesetzbuchs an die Stelle des Gesetzes über Aktiengesellschaften vom 9. November 1843. (Gesetz-Sammlung S. 341.)

Für diese Aktiengesellschaften gelten ferner die folgenden Bestimmungen:

§. 1.

Unter der in den Artikeln 208. 214. 242. 247. und 248. des Handelsgesetzbuchs für erforderlich erklärten staatlichen Genehmigung ist die landesherrliche Genehmigung zu verstehen.

§. 2.

Unter der Verwaltungsbehörde, welche in den Artikeln 240. und 242. des Handelsgesetzbuchs erwähnt wird, ist die Regierung zu verstehen, in deren Bezirke die Aktiengesellschaft ihren Sitz hat. Ist für die letztere eine besondere Aufsichtsbehörde bestellt, so tritt diese an die Stelle der Regierung.

§. 3.

Nach erfolgter landesherrlicher Genehmigung einer Aktiengesellschaft wird der Gesellschaftsvertrag nebst der Genehmigungs-Urkunde durch das Amtsblatt desjenigen Regierungsbezirks, in welchem die Gesellschaft ihren Sitz hat, bekannt gemacht.

Eine Anzeige von der landesherrlichen Genehmigung der Errichtung der Gesellschaft ist in die Gesetz-Sammlung aufzunehmen.

Die Kosten der Bekanntmachung durch das Amtsblatt trägt die Gesellschaft.

Jede Abänderung oder Verlängerung des Gesellschaftsvertrages ist gleichfalls nach Maaßgabe der vorstehenden Bestimmungen bekannt zu machen.

Die in dem Handelsgesetzbuch über die Veröffentlichung enthaltenen Vorschriften werden durch diesen Paragraphen nicht berührt.

§. 4.

Die Genehmigung einer Aktiengesellschaft kann von dem Landesherrn aus überwiegenden Gründen des Gemeinwohls gegen Entschädigung zurückgenommen werden. Ueber die Höhe der Entschädigung entscheidet in streitigen Fällen das ordentliche Gericht des Orts, an welchem die im §. 2. bezeichnete Behörde ihren Sitz hat.

§. 5.

Wenn eine Aktiengesellschaft sich rechtswidriger Handlungen oder Unterlassungen schuldig macht, durch welche das Gemeinwohl gefährdet wird, so kann sie aufgelöst werden, ohne daß deshalb ein Anspruch auf Entschädigung stattfindet.

Die Auflösung kann in diesem Falle nur durch gerichtliches Erkenntniß auf Betreiben der im §. 2. bezeichneten Behörde erfolgen. Als das zuständige Gericht ist dasjenige anzusehen, bei welchem die Gesellschaft ihren ordentlichen Gerichtsstand hat (Art. 213. des Handelsgesetzbuchs).

§. 6.

Die nach den Artikeln 227. und 230. des Handelsgesetzbuchs dem Vorstande der Gesellschaft zustehende Befugniß zur Vertretung derselben erstreckt sich auch auf diejenigen Geschäfte und Rechtshandlungen, für welche nach den Gesetzen eine Spezialvollmacht erforderlich ist.

§. 7.

Innerhalb der im Artikel 239. des Handelsgesetzbuchs vorgeschriebenen Frist hat der Vorstand die jährliche Bilanz auch der im §. 2. bezeichneten Behörde einzureichen.

§. 8.

Im Falle das Vermögen der Gesellschaft nicht mehr die Schulden deckt, hat die im §. 2. bezeichnete Behörde dem zur Eröffnung des Konkurses befugten Gerichte davon Mittheilung zu machen, sobald sie die Sachlage durch Einreichung der Bilanz erfährt.

§. 9.

Die Mitglieder des Vorstandes einer Aktiengesellschaft werden mit Gefängniß bis zu drei Monaten bestraft, wenn sie, der Vorschrift des Art. 240. des Handelsgesetzbuchs zuwider, dem Gericht die Anzeige zu machen unterlassen, daß das Vermögen der Gesellschaft nicht mehr die Schulden deckt.

Die Strafe tritt nicht ein, wenn von ihnen nachgewiesen wird, daß die Anzeige ohne ihr Verschulden unterblieben ist.

Artikel 13.

Wird über eine Handelsgesellschaft, sei diese eine offene Gesellschaft, eine Kommanditgesellschaft, eine Kommanditgesellschaft auf Aktien oder eine Aktiengesellschaft, der Konkurs eröffnet, so ist dies von Amtswegen in das Handelsregister einzutragen.

Die Bekanntmachung der Eintragung durch eine Anzeige in öffentlichen Blättern unterbleibt.

Wenn das Handelsregister nicht bei dem Konkursgericht geführt wird, so ist die Konkurseröffnung von Seiten des Konkursgerichts dem Handelsgericht, bei welchem das Register geführt wird, zur Bewirkung der Eintragung unverzüglich anzuzeigen.

Artikel 14.

Die Höhe der gesetzlichen Zinsen, insbesondere auch der Verzugszinsen, ist in allen Handelssachen sechs vom Hundert jährlich; ingleichen können in allen Handelssachen Zinsen zu sechs vom Hundert jährlich bedungen werden.

Die Vorschrift des Artikels 292. Absatz 2. des Handelsgesetzbuchs wird hierdurch nicht berührt.

Artikel 15.

Die Artikel 306. und 307. des Handelsgesetzbuchs finden bei Papieren auf Inhaber, so lange dieselben außer Kurs gesetzt sind, keine Anwendung.

Artikel 16.

In den Fällen der Artikel 348. 365. und 407. des Handelsgesetzbuchs ist eine besondere Ernennung von Sachverständigen nicht erforderlich, wenn solche Sachverständige ein für alle Mal im Voraus von dem Handelsgerichte bestellt sind. In dem Bezirke des Appellationsgerichtshofes zu Cöln ist in den bezeichneten Fällen für die Ernennung von Sachverständigen der Vorsitzende des Handelsgerichts zuständig.

Artikel 17.

Wo das Handelsgesetzbuch von dem Konkurse spricht, ist darunter auch das Falliment des Rheinischen Handelsgesetzbuchs zu verstehen.

Artikel 18.

Unter der Bezeichnung: „Fabrikbesitzer, Schiffsrheder und Handelsleute" in den §§. 259. bis 262. des Strafgesetzbuches sind fortan diejenigen Personen zu verstehen, welche nach der Bestimmung des Artikels 4. des Handelsgesetzbuchs als Kaufleute anzusehen sind.

Zweiter Abschnitt.

Bestimmungen für die Landestheile, in welchen das Allgemeine Landrecht und die Allgemeine Gerichts-Ordnung Gesetzeskraft haben.

Artikel 19.

Durch den Artikel 8. des Handelsgesetzbuchs werden die Bestimmungen der bisherigen Gesetze nicht berührt, nach welchen der Ehemann, auch wenn keine Gütergemeinschaft besteht, unter gewissen Voraussetzungen für die Handelsschulden seiner Ehefrau haftet; insbesondere bleibt der §. 337. Theil II. Titel 1. des Allgemeinen Landrechts in Kraft.

Artikel 20.

An die Stelle der Vorschrift im §. 423. Theil II. Titel 1. des Allgemeinen Landrechts:

„Bei Kaufleuten in Handelsstädten muß außerdem die Bekanntmachung auf der Börse oder durch die Kaufmannsältesten geschehen",

tritt die Bestimmung:

„Bei denjenigen Personen, welche nach Artikel 4. des Handelsgesetzbuchs als Kaufleute anzusehen sind, jedoch mit Ausschluß der im Artikel 10. des Handelsgesetzbuchs bezeichneten, muß außerdem die Ausschließung oder Aufhebung der Gemeinschaft der Güter oder des Erwerbs in das Handelsregister eingetragen und nach Maaßgabe des Artikels 13. des Handelsgesetzbuchs veröffentlicht werden."

Artikel 21.

Die vormundschaftlichen Gerichte können in den Fällen des §. 624. Th. II. Titel 18. des Allgemeinen Landrechts die Handlung entweder durch einen Prokuristen (Artikel 41. des Handelsgesetzbuchs), oder durch einen Handlungsbevollmächtigten mit einer allgemeinen Vollmacht (Artikel 47. des Handelsgesetzbuchs) fortsetzen lassen und in den Fällen der §§. 774. und 775. Theil II. Titel 18. des Allgemeinen Landrechts den Ehemann entweder als Prokuristen oder nur als Handlungsbevollmächtigten einsetzen.

Wird für den Pflegebefohlenen ein Prokurist bestellt, oder wird der Ehemann als Prokurist bestellt, so kommen die Artikel 41. bis 46. des Handelsgesetzbuchs zur Anwendung.

Artikel 22.

Die bisherigen gesetzlichen Bestimmungen, welche Regeln darüber enthalten, wie der Beweis durch Handelsbücher geliefert wird, insbesondere die §§. 165. bis 168. Thl. I. Tit. 10. der Allgemeinen Gerichts-Ordnung, treten außer Kraft.

Artikel 23.

Grundstücke, Gerechtigkeiten, dingliche Rechte und Hypothekenforderungen, welche zu dem Vermögen einer Handelsgesellschaft gehören, sei diese eine offene Gesellschaft, eine Kommanditgesellschaft, eine Kommanditgesellschaft auf Aktien, oder eine Aktiengesellschaft, werden auf den Namen der Gesellschaft in das Hypothekenbuch eingetragen.

Hierbei gelten nachstehende Bestimmungen:

§. 1.

Die Eintragung erfolgt ohne Benennung der einzelnen Gesellschafter; sie darf erst geschehen, wenn die Eintragung der Gesellschaft in das Handelsregister nachgewiesen ist. Bei der Eintragung ist die Firma der Gesellschaft und der Ort, wo sie ihren Sitz hat, anzugeben. Tritt in Bezug auf die Firma oder den Sitz der Gesellschaft eine Aenderung ein, so ist diese im Hypothekenbuche zu vermerken.

§. 2.

Soll eine Verfügung, welche im Namen der Gesellschaft über einen der im Eingange dieses Artikels bezeichneten Gegenstände erfolgt ist, in das Hypothekenbuch eingetragen werden, so genügt zur Feststellung der Befugniß desjenigen, welcher im Namen der Gesellschaft verfügt hat, der Nachweis aus dem Handelsregister, daß derselbe zu der Gesellschaft in einem Verhältniß gestanden hat, wodurch er nach den Bestimmungen des Handelsgesetzbuchs befugt war, in der geschehenen Art im Namen der Gesellschaft mit rechtlicher Wirkung gegen Dritte zu verfügen.

§. 3.

Die Nachweisungen aus dem Handelsregister werden durch Atteste des Handelsgerichts geliefert, welches das Handelsregister führt.

Artikel 24.

Bei der Auflösung von Handelsgesellschaften kommen die Vorschriften der §§. 308. 309. 310. Theil I. Titel 17. des Allgemeinen Landrechts, so wie der §. 163. Theil I. Titel 51. der Allgemeinen Gerichts-Ordnung fortan nicht zur Anwendung.

Artikel 25.

Die bisherigen Vorschriften über die Zulässigkeit des öffentlichen Aufrufs und der Präklusion unbekannter Gläubiger einer Handelsgesellschaft in Folge des Austritts eines Gesellschafters oder der Auflösung der Gesellschaft, sowie die bisherigen Vorschriften über die Zulässigkeit des öffentlichen Aufrufs und der Präklusion unbekannter Gläubiger, welche aus den Rechtshandlungen eines Prokuristen oder Handlungsfaktors gegen den Eigenthümer der Handlung Ansprüche herleiten, insbesondere die Vorschriften der §§. 159. bis 162. und 164. bis 168. Thl. I. Tit. 51. der Allgemeinen Gerichts-Ordnung, treten außer Kraft.

Artikel 26.

Die auf Schuldinstrumente, welche zur Eintragung in das Hypothekenbuch bestimmt sind, sich beziehenden Vorschriften der §§. 738. und 739. Theil I. Titel 11. des Allgemeinen Landrechts und §§. 175. bis 181. Titel 2. der Allgemeinen Hypotheken-Ordnung werden durch den Artikel 295. des Handelsgesetzbuchs nicht berührt.

Artikel 27.

Die in den bisherigen Gesetzen den Kaufleuten eingeräumte Befugniß, Waaren oder andere bewegliche Sachen ohne körperliche Uebergabe (durch symbolische Uebergabe) mittelst besonderer Förmlichkeiten zu verpfänden oder sich verpfänden zu lassen, steht fortan denjenigen Personen zu, welche nach den Bestimmungen des Handelsgesetzbuchs als Kaufleute anzusehen sind.

Artikel 28.

Der §. 32. der Konkurs-Ordnung vom 8. Mai 1855 findet auch auf diejenigen Gläubiger Anwendung, welchen das Handelsgesetzbuch in den Artikeln 374. 382. 409. 624. 629. 675., und rücksichtlich der Ladung des Schiffs in den Artikeln 680. 697. 727. 753. 781. ein Pfandrecht beilegt.

Diese Bestimmung tritt an die Stelle der Vorschriften unter Ziffer 6. 7. 8. im §. 33. der Konkurs-Ordnung.

Artikel 29.

Welche Forderungen die Rechte eines Schiffsgläubigers gewähren, wie weit das dingliche Recht der Schiffsgläubiger sich erstreckt und in welcher Reihenfolge dieselben zur Hebung kommen, bestimmt sich in Betreff der Seeschiffe nicht mehr nach den Vorschriften der §§. 64. bis 71. der Konkurs-Ordnung vom 8. Mai 1855, sondern nach den Vorschriften des zehnten Titels des fünften Buchs des Handelsgesetzbuchs.

Artikel 30.

Das nach Artikel 313. bis 315. des Handelsgesetzbuchs begründete Zurückbehaltungsrecht kann im Konkurse über das Vermögen des Schuldners von der Gläubigerschaft unter den Voraussetzungen und nach Maaßgabe der Vorschriften der §§. 100. und 101. Ziffer 1. der Konkurs-Ordnung vom 8. Mai 1855 angefochten werden; die Ueberlassung des Besitzes der Sache oder des Werthpapiers, durch welche das Zurückbehaltungsrecht begründet wird, steht hierbei der Bestellung eines Pfandes gleich.

Artikel 31.

Unter der Bezeichnung: „Handelsleute, Schiffsrheder und Fabrikbesitzer" in den §§. 80. 113. 114. 116. 308. 310. 319. 432. der Konkurs-Ordnung vom 8. Mai 1855 sind fortan diejenigen Personen zu verstehen, welche nach der Bestimmung des Artikels 4. des Handelsgesetzbuchs als Kaufleute anzusehen sind; der Artikel XIV. des Gesetzes vom 8. Mai 1855, betreffend die Einführung der Konkurs-Ordnung (Gesetz-Samml. S. 317), bleibt dahin in Geltung, daß die darin bezeichneten Gutsbesitzer in Bezug auf die Anwendung der Vorschriften der Konkurs-Ordnung nicht zu den Kaufleuten zu rechnen sind.

Artikel 32.

Unter den im §. 281. der Konkurs-Ordnung vom 8. Mai 1855. bezeichneten Aktiengesellschaften sind fortan diejenigen zu verstehen, bei welchen der Gegenstand des Unternehmens in Handelsgeschäften besteht.

Hiernach bestimmt sich auch der Begriff der Aktiengesellschaft im §. 307. der Konkurs-Ordnung.

Der §. 325. der letzteren gilt für Aktiengesellschaften, bei welchen der Gegenstand des Unternehmens nicht in Handelsgeschäften besteht.

Artikel 33.

Wenn in Folge der Artikel 123. 170. oder 200. des Handelsgesetzbuchs eine offene Gesellschaft oder eine Kommanditgesellschaft durch die Eröffnung des Konkurses über das Vermögen eines Gesellschafters oder eine Kommanditgesellschaft auf Aktien durch die Eröffnung des Konkurses über das Vermögen eines persönlich haftenden Gesellschafters aufgelöst ist, so hat bei der in Gemäßheit der Artikel 133. 172. und 205. des Handelsgesetzbuchs stattfindenden Liquidation der Verwalter der Konkursmasse deren Rechte wahrzunehmen.

Diese Bestimmung tritt an die Stelle des §. 291. der Konkurs-Ordnung vom 8. Mai 1855.

Dritter Abschnitt.

Bestimmungen für die Landestheile, in welchen das gemeine Deutsche Recht gilt.

Artikel 34.

In den Landestheilen, in welchen das gemeine Deutsche Recht gilt, mit Einschluß der Hohenzollernschen Lande, kommen die Vorschriften der Artikel 19. 22. 25. 33. des gegenwärtigen Gesetzes ebenfalls zur Anwendung.

Artikel 35.

Für die Hohenzollernschen Lande gelten auch die Artikel 28. bis 32. des gegenwärtigen Gesetzes; der Artikel XVIII. des Gesetzes vom 31. Mai 1860, betreffend die Einführung der Konkurs-Ordnung vom 8. Mai 1855 (Gesetz-Samml. für 1860. S. 214), bleibt nach Maaßgabe des Artikels 31. des gegenwärtigen Gesetzes in Kraft.

Artikel 36.

Für die Landestheile des gemeinen Rechts, mit Ausschluß der Hohenzollernschen Lande, wird in Betreff des Konkurses von Handelsgesellschaften Folgendes bestimmt:

Ueber das Vermögen einer unter einer gemeinschaftlichen Firma bestehenden Handelsgesellschaft, sei diese eine offene Gesellschaft, eine Kommanditgesellschaft oder eine Kommanditgesellschaft auf Aktien, ist der Konkurs zu eröffnen, wenn in Bezug auf die Gesellschaft Verhältnisse vorliegen, unter welchen über das Vermögen eines Kaufmanns der Konkurs zu eröffnen ist, und wenn zugleich die Gesellschaft ihre Zahlungen eingestellt hat.

Wird der Konkurs über das Vermögen der Gesellschaft eröffnet, so ist zugleich über das Privatvermögen eines jeden persönlich haftenden Gesellschafters der Konkurs zu eröffnen.

An dem Konkurse über das Gesellschaftsvermögen sind nur die Gläubiger der Gesellschaft Theil zu nehmen berechtigt. Dieselben können wegen des Ausfalls in diesem Konkurse gleichzeitig in den Konkursen über das Privatvermögen der persönlich haftenden Gesellschafter als Gläubiger auftreten.

Der Konkurs über das Vermögen eines Gesellschafters zieht den Konkurs über das Vermögen der Gesellschaft nicht nach sich.

Vierter Abschnitt.

Bestimmungen für den Bezirk des Appellationsgerichtshofes zu Cöln.

Artikel 37.

Ein Minderjähriger, ohne Unterschied des Geschlechts, kann nur dann Kaufmann sein und auf Grund des Artikels 487. des Civilgesetzbuchs in Ansehung der in seinem Handelsbetrieb eingegangenen Verbindlichkeiten für volljährig erachtet werden, wenn er 18 Jahre alt, emanzipirt und ausdrücklich ermächtigt ist, das Handelsgewerbe zu betreiben.

Die Ermächtigung wird von dem Vater, wenn dieser gestorben, interdizirt oder abwesend ist, von der Mutter, in Ermangelung beider durch einen von dem Landgericht bestätigten Beschluß des Familienraths ertheilt.

Sind diese Erfordernisse vorhanden, so kann der Minderjährige auch seine Immobilien in Bezug auf den Handelsbetrieb mit Schulden beschweren, zur Hypothek stellen und veräußern, das letztere jedoch nur unter Beobachtung der Formen der Artikel 457. ff. des Civilgesetzbuchs.

Artikel 38.

Ein emanzipirter Minderjähriger, welcher nicht Kaufmann ist, kann einzelne Handelsgeschäfte selbstständig und mit derselben Wirkung wie ein Volljähriger schließen, wenn er 18 Jahre alt und zu den einzelnen Geschäften in der durch den vorhergehenden Artikel bezeichneten Weise ausdrücklich ermächtigt ist.

Artikel 39.

Eine Ehefrau, welche Handelsfrau ist, kann ohne Autorisation ihres Ehemannes ihre Immobilien in Bezug auf den Handelsbetrieb mit Schulden beschweren, zur Hypothek stellen und veräußern.

Wenn jedoch für die Ehe Dotalrecht gilt, so kann die Verpfändung oder Veräußerung der Immobilien, welche Dotalgut sind nur in den durch das Civilgesetzbuch bezeichneten Fällen und unter Beobachtung der dort vorgeschriebenen Formen erfolgen.

In Betreff der Haftung des Ehemannes für die Verpflichtungen der Ehefrau aus ihrem Handelsgewerbe behält es bei der Bestimmung des Artikels 220. des Civilgesetzbuchs sein Bewenden.

Artikel 40.

Jeder Ehevertrag zwischen Ehegatten, von welchen einer zu den Kaufleuten gehört, muß binnen einem Monat nach dem Abschlusse des Vertrages im Auszuge den in dem Artikel 872. der Civilprozeß-Ordnung bezeichneten Sekretariaten und Kammern übersendet werden, damit die Veröffentlichung mittelst Eintragung in den Tabellen nach Maaßgabe jenes Artikels erfolge.

In dem Auszuge muß angegeben sein: ob für die Ehegatten Gütergemeinschaft besteht, ob Trennung der Güter oder ob Dotalrecht vereinbart ist.

Der Notar, welcher den Ehevertrag aufgenommen hat, ist verpflichtet, die in diesem Artikel vorgeschriebene Uebersendung zu bewirken; unterläßt er dies, so hat er eine Geldbuße von fünfundzwanzig Thalern verwirkt; er ist den Gläubigern verantwortlich und wird mit Amtsentsetzung bestraft, falls bewiesen wird, daß die Unterlassung in Folge einer Kollusion stattgefunden hat.

Artikel 41.

Jeder Ehegatte, für dessen Ehe Gütertrennung oder Dotalrecht vereinbart ist, muß, wenn er nach Schließung der Ehe das Gewerbe eines Kaufmanns ergreift, binnen einem Monat, von dem Tage an gerechnet, an welchem er den Geschäftsbetrieb begonnen hat, die in dem vorhergehenden Artikel erwähnte Uebersendung bewirken; unterläßt er dies, so kann er, im Fall er seine Zahlungen einstellt, mit Gefängniß bis zu zwei Jahren bestraft werden.

Artikel 42.

Der Auszug, welcher gemäß Artikel 40. und 41. dem Sekretariat des Handelsgerichts übersendet wird, muß außer den in dem Artikel 872. der Civilprozeß-Ordnung vorgeschriebenen Veröffentlichungen durch den Sekretair des Handelsgerichts ohne Verzug in einem der öffentlichen Blätter bekannt gemacht werden, welche nach Vorschrift des Artikels 13. des Handelsgesetzbuchs zur Veröffentlichung der in dem Handelsregister erfolgenden Eintragungen bestimmt sind.

Artikel 43.

Bei jeder Klage auf Gütertrennung und dem darauf folgenden Verfahren kommen die Artikel 1441. bis 1452 des Civilgesetzbuchs und die Artikel 865. bis 874. der Civilprozeß-Ordnung zur Anwendung.

Bei jedem Urtheil, welches zwischen Ehegatten, von denen einer zu den Kaufleuten gehört, die Trennung von Tisch und Bett oder die Ehescheidung ausspricht, müssen die in dem Artikel 872. der Civilprozeß-Ordnung vorgeschriebenen Förmlichkeiten beobachtet werden, widrigenfalls die Gläubiger zu jeder Zeit befugt sind, gegen das Urtheil, soweit es ihr Interesse betrifft, Einspruch zu erheben und jede in Folge desselben geschehene Auseinandersetzung anzufechten.

Artikel 44.

Die in den Artikeln 2074. und 2075. des Civilgesetzbuchs vorgeschriebene Einregistrirung der Urkunde über die Pfandbestellung ist in Handelssachen nicht erforderlich.

Im Uebrigen kommen die Bestimmungen des Civilgesetzbuchs über das Faustpfand auch in Handelssachen zur Anwendung, soweit die Artikel 309. bis 316. des Handelsgesetzbuchs nicht ein Anderes bestimmen.

Artikel 45.

Die Pfandrechte, welche das Handelsgesetzbuch dem Kommissionair, dem Spediteur und dem Frachtführer beilegt, gewähren, so lange sie nach den Bestimmungen des Handelsgesetzbuchs dauern, in gleicher Weise wie das Faustpfand ein Vorzugsrecht (Privileg) im Sinne des Rheinischen Civilgesetzbuchs.

Artikel 46.

Gegen den Gläubiger, welcher den Besitz einer Sache oder eines Werthpapiers des Schuldners in einer das Zurückbehaltungsrecht der Artikel 313. u. 314.

des Handelsgesetzbuchs begründenden Weise erst seit dem Tage der Zahlungseinstellung oder innerhalb der nächst vorhergegangenen zehn Tage erlangt hat, sind die Vorschriften der Artikel 444. und 445. des Gesetzes wegen Abänderung einiger Bestimmungen des Rheinischen Handelsgesetzbuchs vom 9. Mai 1859 in gleicher Weise anzuwenden, wie wenn ihm ein Faustpfand bestellt worden wäre.

Artikel 47.

An Stelle der Artikel 631—634. des Rheinischen Handelsgesetzbuchs treten folgende Bestimmungen:

Die Handelsgerichte sind zuständig:

1) für alle Rechtsstreitigkeiten über Verbindlichkeiten eines Kaufmanns aus seinen Handelsgeschäften;
2) für alle Rechtsstreitigkeiten über Verbindlichkeiten eines Nichtkaufmanns aus einem Handelsgeschäfte, wenn das Geschäft auf Seiten dieses Nichtkaufmanns ein Handelsgeschäft ist;
3) für alle Rechtsstreitigkeiten über die im Artikel 2. Ziffer 2. bis 7 aufgeführten Handelssachen ohne Unterschied der Personen;
4) für alle Rechtsstreitigkeiten über Wechselverbindlichkeiten.

Die Artikel 636. und 637. sind aufgehoben.

Artikel 48.

In Handelssachen kann der Beweis durch Zeugen in allen Fällen ohne Rücksicht auf die Art und den Betrag des Gegenstandes des Prozesses zugelassen werden.

Die Artikel 1326. 1328. und 1341. des Civilgesetzbuchs finden in Handelssachen keine Anwendung.

Die Vorschriften, welche über die Beweiskraft öffentlicher Urkunden und über den Beweis ihrer Unechtheit oder der Unrichtigkeit ihres Inhalts bestehen, werden durch diesen Artikel nicht berührt.

Artikel 49.

Das Handelsgericht kann in allen Fällen, insbesondere in Sachen, in welchen es sich um die Auseinandersetzung von Gesellschaftern, oder um die Prüfung von Rechnungen, Schriftstücken oder Handelsbüchern handelt, Sachverständige zur Erstattung eines Gutachtens ernennen, oder anordnen, daß zunächst Behufs Aufklärung und Feststellung der Streitpunkte und zum Versuch einer gütlichen Beilegung des Streits vor einem Kommissar des Gerichts verhandelt werden soll.

Artikel 50.

An die Stelle der Artikel 1—4. des Gesetzes vom 15. Germinal VI. Jahres (4. April 1798) und der Artikel 1. 2. 3. und 6. der Kabinetsorder vom 17. April 1833 (Gesetz-Samml. S. 34) treten folgende Bestimmungen:

§. 1.

Auf Vollstreckung durch Personalarrest ist zu erkennen:

1) wenn die Verurtheilung wegen der Verbindlichkeit eines Kaufmanns aus einem Geschäfte erfolgt, welches auf Seiten dieses Kaufmanns ein Handelsgeschäft ist;
2) wenn die Verurtheilung wegen der Verbindlichkeit eines Kaufmanns in einer der im Artikel 2. Ziffer 2—7. aufgeführten Handelssachen erfolgt;
3) wenn die Verurtheilung wegen einer Verbindlichkeit eines Nichtkaufmanns aus einem Geschäfte erfolgt, welches auf Seiten dieses Nichtkaufmanns ein Handelsgeschäft ist;
4) wenn die Verurtheilung wegen einer Wechselverbindlichkeit erfolgt.

§. 2.

Von dem Personalarrest sind in den Fällen unter 1. 2. und 3. des vorstehenden Paragraphen ausgenommen:

1) Frauen, insofern sie nicht Handelsfrauen sind;
2) Minderjährige ohne Unterschied des Geschlechts, und die ihnen gleichgeachteten Personen, sofern sie nicht nach den Bestimmungen dieses Gesetzes als volljährig zu erachten sind;
3) Wittwen und Erben, welche als solche wegen der Verbindlichkeit des Schuldners, dessen Rechtsnachfolger sie sind, verurtheilt werden.

In Bezug auf die Ausnahmen vom Personalarrest, welche bei der Verurtheilung wegen Wechselverbindlichkeiten eintreten, kommt der Artikel 2. der Allgemeinen Deutschen Wechselordnung zur Anwendung.

Die Vorschrift des Artikels 800. Nr. 5. der Civilprozeß-Ordnung ist in den im §. 1. bezeichneten Fällen nicht anwendbar.

Artikel 51.

Auf Personalarrest ist nur dann von den Handelsgerichten zu erkennen, wenn darauf angetragen ist.

Die Vollstreckung durch Personalarrest kann nur erfolgen, wenn derselben durch Erkenntniß ausdrücklich stattgegeben ist.

Artikel 52.

In dem Artikel XII. des Einführungsgesetzes zum Strafgesetzbuch treten an die Stelle der §§. 2. und 3. die folgenden Bestimmungen:

§. 2. Kaufleute im Sinne des Handelsgesetzbuchs, welche ihre Zahlungen einstellen, können mit Gefängniß bis zu zwei Jahren bestraft werden:

1) wenn sie nach Dotalrecht oder mit vertragsmäßiger Gütertrennung verheirathet, die Vorschriften des Artikels 41. dieses Gesetzes nicht befolgt haben;
2) wenn sie nicht innerhalb der drei Tage nach Einstellung der Zahlungen die durch Artikel 440. des Rheinischen Handelsgesetzbuchs vorgeschriebene Erklärung abgegeben haben, oder wenn ihre Erklärung nicht die Namen aller solidarisch haftenden Gesellschafter enthält;
3) wenn sie sich ohne rechtmäßige Verhinderung in den festgesetzten Fällen und Fristen nicht bei den Agenten und Syndiken persönlich eingefunden, oder, nachdem sie ein freies Geleit erhalten, nicht vor Gericht gestellt haben.

Die in den Artikeln 69. und 586. bis 599. des Rheinischen Handelsgesetzbuchs enthaltenen Strafbestimmungen sind aufgehoben.

§. 3. Ein Gläubiger, welcher nach erlangter Kenntniß von der Zahlungseinstellung zu seiner Begünstigung und zum Nachtheil der übrigen Gläubiger einen besonderen Vertrag mit dem Gemeinschuldner oder dessen Erben eingeht, oder welcher sich von demselben oder anderen Personen besondere Vortheile dafür gewähren oder versprechen läßt, daß er bei der Berathung und Beschlußnahme der Gläubiger in einem gewissen Sinne stimme, wird mit Gefängniß bis zu Einem Jahre bestraft.

Auch kann gegen denselben zugleich auf zeitige Untersagung der Ausübung der bürgerlichen Ehrenrechte erkannt werden.

Fünfter Abschnitt.

Bestimmungen, das Seerecht betreffend.

Artikel 53.

Die auf die Führung des Schiffsregisters sich beziehenden Vorschriften der

Artikel 432. bis 438. des Handelsgesetzbuchs werden durch die nachstehenden Bestimmungen ergänzt:

§. 1.

Als Preußische Schiffe und als berechtigt, die Preußische Flagge zu führen, sind nur diejenigen Schiffe anzusehen, welche sich in dem ausschließlichen Eigenthum Preußischer Unterthanen befinden.

Aktiengesellschaften, welche in Preußen errichtet sind, und welche zugleich in Preußen ihren Sitz haben, stehen Preußischen Unterthanen gleich. Dasselbe gilt von Kommanditgesellschaften auf Aktien, welche in Preußen errichtet sind und in Preußen ihren Sitz haben, sofern zugleich die persönlich haftenden Mitglieder derselben sämmtlich Preußische Unterthanen sind.

§. 2.

Die Führung des Schiffsregisters und die Ausfertigung der Certifikate wird den Handelsgerichten übertragen, in deren Bezirken die Seehäfen belegen sind. Ein jedes dieser Gerichte hat für alle Häfen seines Bezirks nur Ein Schiffsregister zu führen.

§. 3.

Ein jedes Schiff kann nur in dasjenige Schiffsregister eingetragen werden, welches für seinen Heimathshafen (Artikel 435. des Handelsgesetzbuchs) geführt wird.

§. 4.

Die Eintragung des Schiffs in das Schiffsregister muß enthalten:

1) den Namen und die Gattung des Schiffs (ob Barke, Brigg u. s. w.);
2) seine Größe und die nach der Größe berechnete Tragfähigkeit;
3) die Zeit und den Ort seiner Erbauung, oder, wenn es einem anderen Lande angehört hat, den Thatumstand, wodurch es das Recht, die Landesflagge zu führen, erlangt hat, und außerdem, wenn thunlich, die Zeit und den Ort der Erbauung;
4) den Heimathshafen;
5) den Namen und die nähere Bezeichnung des Rheders (Art. 450. des Handelsgesetzbuchs), oder, wenn eine Rhederei besteht (Art. 456. a. a. O.), den Namen und die nähere Bezeichnung aller Mitrheder und die Größe der Schiffspart eines Jeden; ist eine Handelsgesellschaft Rheder oder Mitrheder, so sind die Firma und der Ort, an welchem die Gesellschaft ihren Sitz hat, und, wenn die Gesellschaft nicht eine Aktiengesellschaft ist, die Namen und die nähere Bezeichnung aller Gesellschafter einzutragen; bei der Kommanditgesellschaft auf Aktien genügt statt der Eintragung aller Gesellschafter die Eintragung aller persönlich haftenden Gesellschafter;
6) den Rechtsgrund, auf welchem die Erwerbung des Eigenthums des Schiffs oder der einzelnen Schiffsparten beruht;
7) die Nationalität des Rheders oder der Mitrheder;
8) den Tag der Eintragung des Schiffs.

Ein jedes Schiff wird in das Schiffsregister unter einer besonderen Ordnungsnummer eingetragen.

§. 5.

Die Eintragung des Schiffs in das Schiffsregister darf erst geschehen, nachdem das Recht desselben, die Preußische Flagge zu führen (§. 1.), und alle in dem §. 4. bezeichneten Thatsachen glaubhaft nachgewiesen sind.

§. 6.

Das Recht, die Preußische Flagge zu führen, darf weder vor der Eintragung des Schiffs in das Schiffsregister, noch vor der Ausfertigung des Certifikats ausgeübt werden.

Das Certificat muß in wortgetreuer Uebereinstimmung Alles enthalten, was in das Schiffsregister eingetragen ist, und bezeugen, daß die nach §. 5. erforderlichen Nachweisungen geführt sind.

Durch das Certifikat wird das Recht des Schiffs, die Preußische Flagge zu führen, nachgewiesen.

§. 7.

Wenn ein im Auslande befindliches fremdes Schiff durch den Uebergang in das Eigenthum eines Preußischen Unterthans das Recht, die Preußische Flagge zu führen, erlangt, so können die Eintragung des Schiffs in das Schiffsregister und das Certificat durch ein von dem Preußischen Konsul, in dessen Bezirk das Schiff zur Zeit des Eigenthumsüberganges sich befindet, über den Erwerb des Rechts, die Preußische Flagge zu führen, ertheiltes Attest, jedoch nur für die Dauer eines Jahres seit dem Tage der Ausstellung des Attestes, ersetzt werden.

§. 8.

Tritt in den Thatsachen, welche in dem §. 4. bezeichnet sind, nach der Eintragung des Schiffs in das Schiffsregister eine Veränderung ein, so hat der Rheder dieselbe binnen sechs Wochen nach Ablauf des Tages, an welchem er von ihr Kenntniß erhalten hat, dem das Schiffsregister führenden Gericht zum Zweck der Befolgung der Vorschriften des Artikels 436. des Handelsgesetzbuchs anzuzeigen und nachzuweisen. Dasselbe gilt, wenn eine Thatsache eintritt, welche nach dem zweiten Absatz des Artikels 436. des Handelsgesetzbuchs die Löschung des Schiffs im Schiffsregister und die Zurücklieferung des Certifikats erforderlich macht.

Die Verpflichtung zu der Anzeige und Nachweisung liegt ob:

1) wenn eine Rhederei besteht, allen Mitrhedern;
2) wenn eine Aktiengesellschaft Rheder oder Mitrheder ist, für dieselbe allen Mitgliedern des Vorstandes;
3) wenn eine andere Handelsgesellschaft Rheder oder Mitrheder ist, für dieselbe allen persönlich haftenden Gesellschaftern;
4) wenn die Veränderung in einem Eigenthumswechsel besteht, wodurch das Recht des Schiffs, die Preußische Flagge zu führen, nicht berührt wird, dem neuen Erwerber des Schiffs oder der Schiffspart.

§. 9.

Wer eine nach dem vorstehenden Paragraphen ihm obliegende Verpflichtung binnen der sechswöchentlichen Frist nicht erfüllt, wird mit Geldbuße bis zu Einhundert Thalern bestraft, sofern er nicht beweist, daß er ohne sein Verschulden außer Stande gewesen sei, dieselbe zu erfüllen; die Strafe tritt nicht ein, wenn vor Ablauf der Frist die Verpflichtung von einem Mitverpflichteten erfüllt ist.

§. 10.

Es bleibt Königlicher Verordnung vorbehalten, zu bestimmen, ob und inwieweit die Artikel 432. bis 437. des Handelsgesetzbuchs und die vorstehenden §§. 1. bis 9. auf kleinere Fahrzeuge (Küstenfahrer und dergl.) keine Anwendung finden sollen.

§. 11.

Der Justizminister hat die Gerichte wegen Führung des Schiffsregisters mit einer Instruktion zu versehen.

Artikel 54.

Es bleibt Königlicher Verordnung vorbehalten, in Betreff einzelner Häfen zu verordnen, daß denselben für die Anwendbarkeit der Bestimmungen, welche sich auf den Aufenthalt des Schiffs in dem Heimathshafen beziehen, alle oder einzelne Häfen ihres Reviers gleichzuachten seien (Artikel 448. des Handelsgesetzbuchs).

Artikel 55.

Es bleibt Königlicher Verordnung vorbehalten, zu bestimmen, auf welchen kleineren Fahrzeugen (Küstenfahrern und dergl.) die Führung eines Journals nicht erforderlich sein soll (Artikel 489. des Handelsgesetzbuchs).

Artikel 56.

Ueber die Rechte des Schiffmannes in Ansehung der Heuer wird zur Ergänzung der Artikel 536. und 541. des Handelsgesetzbuchs Folgendes verordnet.

§. 1.

Wenn nach Beendigung der Ausreise eine oder mehrere Zwischenreisen unternommen werden, so kann der Schiffsmann, sobald sechs Monate seit dem Antritt der Ausreise abgelaufen sind, in dem ersten Hafen, welchen das Schiff anläuft, sofern es darin ganz oder zum größeren Theile gelöscht wird, die Auszahlung der Hälfte der bis dahin verdienten Heuer verlangen. Die Zahlung muß nach seiner Wahl entweder baar oder mittelst einer Anweisung auf den Rheder erfolgen, welche zwei Tage nach Sicht zahlbar ist.

In gleicher Weise ist der Schiffsmann, sobald sechs Monate seit der früheren Auszahlung abgelaufen sind, die Auszahlung der Hälfte der seit der früheren Auszahlung verdienten Heuer zu fordern berechtigt.

§. 2.

Die in dem Artikel 541. des Handelsgesetzbuchs vorgeschriebene Erhöhung der nach Zeit bedungenen Heuer beträgt von dem Beginn des dritten Jahres an ein Fünftel, von dem Beginn des vierten Jahres an ein ferneres Fünftel des in dem Heuervertrag festgesetzten Betrages; Leichtmatrosen rücken mit Beginn des dritten Jahres in die Heuer der Vollmatrosen, Schiffsjungen in die Heuer der Leichtmatrosen, in beiden Fällen unter Hinzurechnung der vorerwähnten Erhöhung.

Artikel 57.

Ueber das Verfahren bei Aufmachung der Dispache und über die Ausführung derselben werden folgende Vorschriften ertheilt.

§. 1.

Der Dispacheur hat die Dispache sofort nach ihrer Aufmachung dem Handelsgericht zu überreichen. Dem Handelsgericht liegt ob, die Dispache zu prüfen und dieselbe, wenn sich Fehler oder Mängel finden, durch den Dispacheur berichtigen zu lassen.

§. 2.

Nachdem die Dispache geprüft und erforderlichenfalls berichtigt ist, werden diejenigen Betheiligten, welche bei dem Gerichte sich gemeldet haben, oder demselben anderweit, insbesondere aus den Schiffs- oder Ladungs-Papieren bekannt geworden sind, sofern sie am Orte des Gerichts sich aufhalten, oder dort anwesende Vertreter bestellt haben, und für die übrigen Betheiligten ein ihnen zu bestellender Offizialanwalt zu einem Termin vor einem Kommissar des Gerichts vorgeladen, um sich über die Dispache zu erklären.

Die Vorladung geschieht unter der Verwarnung, daß gegen den Nichterscheinenden angenommen wird, er habe gegen die Dispache nichts zu erinnern.

§. 3.

Werden in dem Termine gegen die Dispache keine Einwendungen erhoben, so hat das Gericht dieselbe zu bestätigen.

§. 4.

Wenn ein Betheiligter Einwendungen geltend macht, so hat er dieselben im Termine näher zu begründen oder sich eine besondere Klageschrift vorzubehalten. Im letzteren Falle muß die Klageschrift binnen vierzehn Tagen bei dem Gerichte eingereicht werden; wenn dies nicht geschieht, so wird angenommen, daß das im Termin aufgenommene Protokoll als Klageschrift gelten solle.

Auf die Klageschrift, oder wenn eine solche nicht vorbehalten oder innerhalb der vierzehntägigen Frist nicht eingereicht ist, auf die als Klageschrift dienende Abschrift des Terminsprotokolls wird von dem Gerichte das ordentliche Prozeßverfahren eingeleitet.

§. 5.

Sind die vorgebrachten Einwendungen durch rechtskräftige Entscheidung oder in anderer Art endgültig erledigt, so erfolgt die Bestätigung der Dispache durch das Gericht, nachdem dieselbe erforderlichenfalls nach Maaßgabe der Erledigung der Einwendungen berichtigt ist.

§. 6.

Wenn Einwendungen erhoben werden, welche nur einen Theil der Dispache berühren, so hat das Gericht die letztere, insoweit sie durch die Einwendungen nicht berührt ist, sofort zu bestätigen.

§. 7.

Aus der von dem Gericht bestätigten Dispache findet die Exekution statt.

Artikel 58.

In anderen als den im Artikel 767. des Handelsgesetzbuchs bezeichneten Fällen der Veräußerung eines Schiffs erlöschen die Pfandrechte der dem Erwerber nicht bekannten Schiffsgläubiger, wenn diese zur Anmeldung ihrer Rechte auf Antrag des Erwerbers ohne Erfolg öffentlich vorgeladen sind.

Hierbei kommen folgende Vorschriften zur Anwendung:

§. 1.

Der Antrag ist erst nach der Eintragung der Veräußerung in das Schiffsregister zulässig; er ist bei dem Gericht anzubringen, welches das Schiffsregister führt. Der Antragsteller muß zur Begründung des Antrags dem Gericht anzeigen, ob und welche Schiffsgläubiger ihm bekannt sind.

§. 2.

Das Gericht hat einen Termin vor einem Kommissar anzuberaumen und durch öffentliche Bekanntmachung die nicht angezeigten Schiffsgläubiger aufzufordern, ihre Ansprüche bei Vermeidung des Ausschlusses spätestens in diesem Termine anzumelden.

Der Termin wird auf drei Monate hinausgerückt. Für die Berechnung der dreimonatlichen Frist und die Art und Weise der öffentlichen Bekanntmachung sind die Vorschriften des Artikels XVI. des Einführungsgesetzes zur Konkurs-Ordnung vom 8. Mai 1855 maaßgebend.

§. 3.

Nach Abhaltung des Termins ist ein Präklusions-Erkenntniß abzufassen; in diesem sind den Schiffsgläubigern, welche von dem Antragsteller angezeigt sind, oder welche sich gemeldet haben, ihre Rechte vorzubehalten, die übrigen Schiffsgläubiger mit ihren Ansprüchen auszuschließen.

§. 4.

Eine Ausfertigung des Präklusions-Erkenntnisses ist durch öffentlichen Aushang an der Gerichtsstelle bekannt zu machen; die Insinuation an die ausgeschlossenen Schiffsgläubiger gilt als bewirkt, wenn die Ausfertigung vierzehn Tage lang ausgehangen hat.

Den Gläubigern, welchen ihre Rechte vorbehalten sind, ist eine Abschrift des Erkenntnisses mitzutheilen.

Gegen das Erkenntniß findet nur das Rechtsmittel der Restitution statt.

Artikel 59.

In den Landestheilen, in welchen das Allgemeine Landrecht gilt, treten in

Betreff der Verpfändung von Seeschiffen, mit Ausschluß derjenigen, welche in das Schiffsregister nicht einzutragen sind, an die Stelle der §§. 302—307. und 313. des Allgemeinen Landrechts Theil I. Titel 20. folgende Vorschriften:

§. 1.

Die Verpfändung muß in das Schiffsregister eingetragen werden.

Die Eintragung erfolgt von dem Gericht, welches das Schiffsregister führt.

Sie muß enthalten:

1) den Namen des Gläubigers;
2) die Forderung, für welche die Verpfändung geschehen ist;
3) die Bezugnahme auf die Verpfändungsurkunde unter Bezeichnung des Orts und des Datums der Ausstellung;
4) die Zeit der Eintragung.

Die geschehene Eintragung ist von dem Gericht auf der Verpfändungsurkunde und auf dem Certifikat des Pfandbestellers zu vermerken.

§. 2.

Durch die Eintragung in das Schiffsregister wird die Verpfändung selbst vollzogen.

So lange die Verpfändung in das Schiffsregister eingetragen ist, kommen dem Gläubiger die Rechte eines wirklichen Pfandinhabers zu.

Die Eintragung der Verpfändung wird nach der Aufhebung des Pfandrechts im Schiffsregister gelöscht.

§. 3.

Unter den in das Schiffsregister eingetragenen Pfandrechten bestimmt sich das Vorrecht nach der Zeitfolge der Eintragung.

Zweiter Titel.

Bestimmungen, die Aufhebung bisheriger Gesetze betreffend.

Artikel 60.

Mit dem 1. März 1862 treten die nachfolgenden Gesetze und Verordnungen, nebst allen dieselben ergänzenden oder erläuternden Bestimmungen außer Kraft:

1) die §§. 475. bis 712. und die §§. 1305. bis 2464. des achten Titels des zweiten Theils des Allgemeinen Landrechts, jedoch die §§. 1934. bis 2358. nur insoweit, als dieselben auf die Versicherung gegen die Gefahren der Seeschifffahrt sich beziehen; ferner das Schwedisch-Pommersche Seerecht;
2) die beiden ersten Bücher des Rheinischen Handelsgesetzbuchs und sämmtliche in dem Bezirke des Appellationsgerichtshofes zu Cöln publizirten Französischen Gesetze und Verordnungen über die Börsen und die Handelsmäkler;
3) alle bisherigen Gesetze oder gesetzlichen Vorschriften, welche über Handelssachen (Art. 2. dieses Gesetzes) besondere, von dem allgemeinen bürgerlichen Recht abweichende, privatrechtliche Bestimmungen enthalten, sofern nicht dieselben einen Gegenstand betreffen, in Ansehung dessen das Handelsgesetzbuch auf die Landesgesetze hinweist, oder insofern nicht die Fortdauer ihrer Geltung in diesem Einführungsgesetze bestimmt ist. Die das Prozeßrecht betreffenden Bestimmungen bleiben in Kraft, sofern sie nicht in diesem Gesetze für abgeändert oder aufgehoben erklärt sind.

Artikel 61.

Ungeachtet der Vorschrift unter Ziffer 3. des vorstehenden Artikels bleiben in Kraft, soweit nicht Bestimmungen des Handelsgesetzbuchs entgegenstehen:

1) die Gesetze oder gesetzlichen Vorschriften, welche zum Gegenstande haben:
   die Versicherung, außer der Versicherung gegen die Gefahren der Seeschifffahrt,
   die Rechtsverhältnisse der Kaufleute zu ihren Gehülfen und Lehrlingen,
   das Rechtsverhältniß der Stromschiffer zu ihren Leuten,
   das Rechtsverhältniß der Wirthe zu den bei ihnen einkehrenden Personen,
   das Apotheker-Gewerbe;
2) die Gesetze oder gesetzlichen Vorschriften, welche in Abweichung von dem allgemeinen bürgerlichen Rechte kürzere Verjährungsfristen für Forderungen der Kaufleute oder einzelner Klassen von Kaufleuten bestimmen; insbesondere das Gesetz vom 31. März 1838 (Gesetz-Sammlung S. 249), die Verordnung vom 15. April 1842 (Gesetz-Sammlung S. 114), die Verordnung für die Landestheile, in welchen noch gemeines Recht gilt, vom 6. Juli 1845 (Gesetz-Sammlung S. 483.), die Verordnung für die Hohenzollernschen Lande vom 12. März 1860 (Gesetz-Sammlung S. 97.), und die Artikel 2271. ff. des Rheinischen Civilgesetzbuchs;
3) die nachfolgenden Gesetze:
   die Verordnung über die Ermittelung des Handelsgewichts beim Handel mit roher Seide vom 14. Oktober 1844 (Gesetz-Sammlung S. 661.);
   die Verordnung vom 5. Oktober 1833, betreffend die Verpflichtung der Preußischen Seeschiffe zur Mitnahme verunglückter vaterländischer Schiffsmänner (Gesetz-Sammlung S. 122.);
   das Gesetz vom 31. März 1841 zur Erhaltung der Mannszucht auf den Seeschiffen (Gesetz-Sammlung S. 64.).

Dritter Titel.

Uebergangs-Bestimmungen.

Artikel 62.

Die Vorschriften des Handelsgesetzbuchs, gemäß welchen die Handelsfirmen und die Handelsgesellschaften, sowie die Vorsteher der Aktiengesellschaften, zur Eintragung in das Handelsregister angemeldet und die Firmen und Unterschriften vor dem Handelsgericht gezeichnet oder die Zeichnungen in beglaubigter Form eingereicht werden sollen, müssen von den Kaufleuten, welche bereits vor dem 1. März 1862 ihren Geschäftsbetrieb begonnen haben, sowie in Betreff der Handelsgesellschaften, welche bereits vor diesem Zeitpunkte errichtet sind, ebenfalls befolgt werden.

Die vorstehende Bestimmung gilt auch für die Kaufleute und Handelsgesellschaften, deren Firmen bereits nach den bisherigen Einrichtungen bei Behörden oder Korporationen angemeldet oder in amtliche Register eingetragen sind, sowie von den Handelsgesellschaften, deren Errichtung in solcher Weise veröffentlicht ist, insbesondere von den Handelsgesellschaften, welche in das nach Vorschrift des Rheinischen Handelsgesetzbuchs geführte Register eingeschrieben sind.

Artikel 63.

Ist bei einer am 1. März 1862 bereits bestehenden Handelsgesellschaft nach ihrer Errichtung eine Aenderung eingetreten, welche nach den Vorschriften des Handelsgesetzbuchs zur Eintragung in das Handelsregister anzumelden ist, so muß die Anmeldung zur Eintragung der Gesellschaft nach Maaßgabe der eingetretenen Aenderung geschehen.

Artikel 64.

Die in den Artikeln 62. und 63. vorgeschriebenen Anmeldungen und Zeichnungen sind binnen einer Frist von drei Monaten, vom 1. März 1862 an gerechnet, zu bewirken. Nach Ablauf dieser Frist haben die Handelsgerichte die Betheiligten in dem durch den Artikel 5. vorgeschriebenen Verfahren zur Befolgung der obigen Anordnungen von Amtswegen durch Ordnungsstrafen anzuhalten.

Artikel 65.

Auch die in dem Handelsgesetzbuch über die Firmen gegebenen Vorschriften, auf welche der Artikel 62. sich nicht bezieht, haben für die Kaufleute, welche bereits vor dem 1. März 1862 ihren Geschäftsbetrieb begonnen haben, sowie für die Handelsgesellschaften, welche bereits vor dem 1. März 1862 errichtet sind, ebenfalls Geltung.

Jedoch kommen die Vorschriften der Artikel 16. 17. 18. 20. und 21. Abs. 2. des Handelsgesetzbuchs in Bezug auf eine Firma, deren ein Kaufmann oder eine Handelsgesellschaft bereits vor dem 1. März 1862 sich bedient hat, nicht zur Anwendung, sofern dieselbe innerhalb der im Artikel 64. bezeichneten Frist zur Eintragung in das Handelsregister angemeldet wird.

Wenn in Folge der letzteren Bestimmung für mehrere Personen oder Handelsgesellschaften dieselbe Firma in das Handelsregister eingetragen wird, so bleibt jeder von ihnen das Recht vorbehalten, gegen die anderen, sofern diese ihr gegenüber bei Eintritt der Geltung des Handelsgesetzbuchs nicht befugt waren, diese Firma anzunehmen oder zu führen, auf Unterlassung der Führung derselben zu klagen.

Artikel 66.

Eine bereits vor dem 1. März 1862 gültig errichtete Aktiengesellschaft oder Kommanditgesellschaft auf Aktien wird in das Handelsregister eingetragen, sollten auch die Erfordernisse nicht erfüllt sein, welche das Handelsgesetzbuch für die Errichtung einer solchen Gesellschaft vorschreibt, und denen nach den Vorschriften desselben genügt sein muß, bevor die Eintragung der Gesellschaft geschehen kann.

Bei der Eintragung einer Aktiengesellschaft, welche unter der Herrschaft des Gesetzes über die Aktiengesellschaften vom 9. November 1843 (Gesetz-Sammlung S. 341) errichtet ist, unterbleibt die Eintragung des Gesellschaftsvertrages und der etwaigen Abänderungsbeschlüsse, sowie der Genehmigungsurkunden; es genügt die Eintragung eines Auszugs, welcher die im zweiten Absatz des Artikels 210. des Handelsgesetzbuchs unter Ziffer 1. bis 6. vorgeschriebenen Angaben und außerdem die Hinweisung auf das Amtsblatt oder die Gesetz-Sammlung enthält, worin der Gesellschaftsvertrag, seine etwaigen Abänderungen und die Genehmigungsurkunden abgedruckt sind.

Artikel 67.

Sind die zur Geschäftsführung befugten Mitglieder einer am 1. März 1862 bereits bestehenden offenen Gesellschaft, Kommanditgesellschaft oder Kommanditgesellschaft auf Aktien durch den Gesellschaftsvertrag oder durch einen vor dem 1. März 1862 errichteten Vertrag in der Befugniß, die Gesellschaft zu vertreten, beschränkt, so bestimmt sich die Wirkung dieser Beschränkung im Verhältniß zu dritten Personen noch innerhalb eines Zeitraums von drei Monaten, von dem 1. März 1862 an gerechnet, nach den bisherigen Gesetzen.

Die Beschränkung kann innerhalb dieses Zeitraums zur Eintragung in das Handelsregister angemeldet werden; geschieht dies, so bestimmt sich die Wirkung der Beschränkung im Verhältniß zu dritten Personen für die Zeit nach Ablauf jener drei Monate nach den Grundsätzen, welche der Artikel 115. des Handelsgesetzbuchs über die Wirkung der Ausschließung eines Gesellschafters von der Befugniß, die Gesellschaft zu vertreten, enthält.

Wenn die Anmeldung nicht innerhalb des dreimonatlichen Zeitraums geschieht, so hat die Beschränkung für die Zeit nach Ablauf dieser Frist dritten Personen gegenüber keine rechtliche Wirkung, und kann später nicht mehr angemeldet werden.

Ist der Vorstand einer am] 1. März 1862. bereits bestehenden Aktiengesellschaft in der Befugniß, die Gesellschaft zu vertreten, beschränkt, so kommt während des Zeitraums von fünf Jahren, vom 1. März 1862 an gerechnet, die im zweiten Absatze des Artikels 231. des Handelsgesetzbuchs enthaltene Bestimmung nicht zur Anwendung; für die spätere Zeit hat die Beschränkung dritten Personen gegenüber keine rechtliche Wirkung.

Artikel 68.

Wenn in Bezug auf eine Firma, deren ein Kaufmann bereits am 1. März 1862 sich bedient hat, oder bei einer zu dieser Zeit bereits bestehenden Handelsgesellschaft nach dem 1. März 1862 eine Thatsache sich ereignet, welche gemäß den Vorschriften des Handelsgesetzbuchs zur Eintragung in das Handelsregister anzumelden ist, so muß nicht allein diese Anmeldung gleichwie bei den erst nach dem 1. März 1862 entstandenen Firmen und Handelsgesellschaften geschehen, sondern es bestimmen sich auch die rechtlichen Folgen der Thatsache und die rechtlichen Folgene der geschehenen oder nicht geschehenen Eintragung im Verhältniß zu Dritten nur nach den Vorschriften des Handelsgesetzbuchs; insbesondere sind die früheren Vorschriften über die rechtlichen Folgen der Veröffentlichung der Thatsache nicht anwendbar.

Artikel 69.

Wer vor dem 1. |März 1862 eine Prokura erhalten hat, und nach diesem Zeitpunkte nicht von Neuem von dem Prinzipal zum Prokuristen bestellt wird (Artikel 41. Absatz 2. des Handelsgesetzbuchs), ist nicht mehr befugt, per procura die Firma zu zeichnen oder sich sonst als Prokuristen auszugeben; er gilt vielmehr nur als Handlungsbevollmächtigter im Sinne des Artikels 47. des Handelsgesetzbuchs, jedoch als ermächtigt zur Vornahme aller Geschäfte und Rechtshandlungen wozu er auf Grund der Prokura nach den bisherigen Gesetzen befugt war.

Wird eine vor dem 1. März 1862 ertheilte Prokura binnen drei Monaten, vom 1. März 1862 an gerechnet, aufgehoben, so sind die bisherigen Gesetze auch für die Nothwendigkeit und die Form der Veröffentlichung der Aufhebung, sowie für die rechtlichen Folgen der geschehenen oder nicht geschehenen Veröffentlichung im Verhältniß zu Dritten maaßgebend. Erfolgt dagegen die Aufhebung erst nach Ablauf der dreimonatlichen Frist, so gelten die Grundsätze über die

Aufhebung einer erst unter der Herrschaft des Handelsgesetzbuchs ertheilten Handlungsvollmacht.

Artikel 70.

In Bezug auf die Dienstkautionen der Handelsmäkler, welche am 1. März 1862 sich im Amte befinden, tritt mit diesem Tage ein gleiches Verhältniß ein, als wenn die Handelsmäkler in diesem Zeitpunkte aus dem Amte geschieden wären.

Im Bezirk des Appellationsgerichtshofes zu Cöln wird beim Verfahren wegen Rückgabe der Kaution die in den Artikeln 5. und 6. des Gesetzes vom 25. Nivose XIII. (15. Januar 1805) vorgeschriebene Erklärung von dem Handelsmäkler dahin gemacht: daß er als ein vor dem 1. März 1862 angestellter Handelsmäkler die Rückgabe seiner Dienstkaution verlange.

Artikel 71.

In das Schiffsregister sind auch diejenigen Schiffe einzutragen, welche am 1. März 1862 zur Führung der Preußischen Flagge berechtigt und mit den nach den bisherigen Vorschriften zur Ausübung dieses Rechts erforderlichen Papieren versehen sind.

Die Eintragung derselben in das Schiffsregister muß binnen Einem Jahre, vom 1. März 1862 an gerechnet, unter Zurückgabe der Beilbriefe nachgesucht werden. Befindet sich ein Schiff am 1. März 1862 auf einer Reise, von welcher es erst nach Ablauf der einjährigen Frist zurückkehrt, so gilt die Frist als bis zur Rückkehr des Schiffs verlängert. Die Verlängerung tritt nicht ein, wenn das Schiff binnen der einjährigen Frist in einem Hafen der Ostsee oder Nordsee gelöscht wird.

Während der im vorhergehenden Absatz bezeichneten Frist bestimmt sich die Zulässigkeit der Ausübung des Rechts, die Preußische Flagge zu führen, noch nach den bisherigen Vorschriften.

Artikel 72.

Zur Ausführung der in diesem Titel enthaltenen Vorschriften hat der Justizminister die Gerichte mit einer näheren Instruktion zu versehen.

Schlußbestimmungen.

Artikel 73.

Die Errichtung und Organisation von Handelsgerichten in allen Landestheilen der Monarchie wird einem besonderen Gesetze vorbehalten.

Bis zum Erlaß desselben treten in den Landestheilen, in welchen nicht bereits besondere Handelsgerichte bestehen, die Kreisgerichte oder Stadtgerichte an die Stelle der Handelsgerichte. Die Kommerz- und Admiralitätskollegien zu Königsberg und Danzig, sowie die für Handelssachen bestehenden Gerichts-Abtheilungen zu Stettin, Memel und Elbing bleiben vorläufig in ihren bisherigen Einrichtungen und mit ihrer bisherigen Zuständigkeit bestehen. Denselben wird zugleich die Führung des Handelsregisters für ihre Sprengel übertragen, ingleichem die Führung des Schiffsregisters in dem Umfange, in welchem ihnen nach den bisherigen Vorschriften die Ausfertigung der Beilbriefe zustand.

Der Justizminister bestimmt für die einzelnen Gerichte, zu welchen Zweiggerichte gehören, ob und inwiefern das Handelsregister von den letzteren oder von dem Hauptgerichte zu führen sei.

Artikel 74.

Soweit in Folge der Einführung des Handelsgesetzbuchs Bestimmungen in Ansehung der gerichtlichen Gebühren und Kosten zur Ergänzung der bestehenden Gesetze erforderlich sind, werden dieselben durch Königliche Verordnung getroffen.

Vor Ablauf von drei Jahren wird diese dem Landtage zur verfassungsmäßigen Genehmigung vorgelegt.

Urkundlich unter Unserer Höchsteigenhändigen Unterschrift und beigedrucktem Königlichen Insiegel.

Gegeben Schloß Babelsberg, den 24. Juni 1861.

(L. S.) **Wilhelm.**

v. Auerswald. v. d. Heydt. v. Schleinitz. v. Patow. Gr. v. Pückler. v. Bethmann-Hollweg. Gr. v. Schwerin. v. Roon. v. Bernuth.

II.

Allgemeine Verfügung und Instruktion

vom 12. Dezember 1861,

betreffend die Ausführung des Gesetzes vom 24. Juni 1861, über die Einführung des Allgemeinen Deutschen Handelsgesetzbuchs.

(Just.-Min.-Blatt S. 328—374 de 1861.)*)

Inhalt.

a. Allgemeine Verfügung vom 12. Dezember 1861.

b. Instruktion des Justiz-Ministers vom 12. Dezember 1861.

Erster Theil. Das Handelsregister.

Erster Abschnitt. Allgemeine Bestimmungen (§§. 1—18).

Zweiter Abschnitt. Von dem Firmenregister (§§. 19—35).

Dritter Abschnitt. Von dem Prokurenregister (§§. 36—48).

Vierter Abschnitt. Von dem Gesellschaftsregister (§§. 49—82).

Fünfter Abschnitt. Von dem im Geltungsbereiche des Allgemeinen Landrechts zu führenden Register zur Eintragung der Ausschließung oder Aufhebung der ehelichen Gütergemeinschaft (§§. 83—87).

---

*) Abgedruckt mit Genehmigung der Königl. Geh. Oberhofbuchdruckerei.

Sechster Abschnitt. Von dem Verfahren, betreffend die Verpflichtung der Gerichte, die Betheiligten zur Befolgung der gesetzlichen Anordnungen über die Anmeldung zur Eintragung in das Handelsregister und über die Zeichnung oder Einreichung der Zeichnung der Firmen und Unterschriften von Amtswegen anzuhalten (§§. 88—101).

Siebenter Abschnitt. Von der im Geltungsbereich des Allgemeinen Landrechts eintretenden Verbindung des Handelsregisters mit dem Hypothekenbuch (§§. 102—105).

Achter Abschnitt. Von der Eintragung der älteren Firmen, Handelsgesellschaften und Prokuren in das Handelsregister (§§. 106—117).

Neunter Abschnitt. Von der Führung des Handelsregisters im Bezirk des Appellationsgerichtshofes zu Cöln (§§. 118—121).

Zweiter Theil. Das Schiffsregister. Einleitung (§§. 1—29).

Dritter Theil. Die Beeidigung der Handelsmäkler und die Beglaubigung und Aufbewahrung der Tagebücher derselben (§§. 1—6).

Anlagen.

Anlage A. Firmenregister.

Anlage B. Prokurenregister.

Anlage C. Gesellschaftsregister.

Anlage D. Register zur Eintragung der Ausschließung oder Aufhebung der ehelichen Gütergemeinschaft.

Anlage E. Schiffsregister.

Anlage F. Register-Certifikat.

a.

Verfügung vom 12. Dezember 1861.

Unter Bezugnahme auf die Bestimmungen des Artikels 4, Artikels 53 §. 11 und Artikels 72 des Einführungsgesetzes zum Allgemeinen Deutschen Handelsgesetzbuch vom 24. Juni 1861 (Ges.-Samml. S. 449) wird den Gerichten in Betreff der Führung des Handelsregisters und des Schiffsregisters die in der Anlage abgedruckte Instruktion zur Kenntnißnahme und Befolgung mitgetheilt.

Um für die Pergamentformulare, welche nach §. 17 Th. II. der Instruktion für die Register-Certifikate der Seeschiffe zu verwenden sind, die möglichste Uebereinstimmung zu erreichen, ist die Königliche Staatsdruckerei mit der Anfertigung derselben beauftragt. Die Gerichte haben den Bedarf an solchen Formularen von der Königlichen Staatsdruckerei gegen Erstattung der für ein Exemplar ungefähr zwei Thaler betragenden Anfertigungskosten unmittelbar zu beziehen, die Zahlung aus den Fonds zu baaren Auslagen in Parteisachen zu leisten und bei Verwendung eines Exemplars dessen Anfertigungskosten als baare Auslagen von dem Betheiligten einzuziehen und als Gerichtsgebühren zu vereinnahmen.

In Bezug auf die Beeidigung der Handelsmäkler, sowie die Beglaubigung und Aufbewahrung der Tagebücher derselben (Art. 66, 71 und 75 des Handelsgesetzbuchs, Art. 9 §. 4 und Art. 73 des Einführungsgesetzes) haben die Gerichte nach dem dritten Theile der Instruktion sich zu richten.

Berlin, den 12. Dezember 1861.

Der Justiz-Minister
von Bernuth.

An sämmtliche Gerichtsbehörden.
I. 4637. H. 10.

b.

Instruktion

des Justiz-Ministers vom 12. Dezember 1861,

betreffend die Führung des Handelsregisters und des Schiffsregisters und die Beeidigung der Handelsmäkler, sowie die Beglaubigung und Aufbewahrung der Tagebücher derselben.

Erster Theil.

Das Handelsregister.

Das Handelsregister hat zum Zweck, diejenigen Rechtsverhältnisse des Handelsstandes, welche für den kaufmännischen Verkehr von erheblichem Interesse sind, in möglichster Vollständigkeit und in zuverlässiger Weise zur öffentlichen Kenntniß zu bringen.

Obschon die Anschauungen, von welchen bei den auf das Handelsregister sich beziehenden Vorschriften ausgegangen ist, bereits manchen Bestimmungen des bisherigen Rechts zum Grunde liegen, so ist dasselbe doch im Allgemeinen für Preußen als ein neues Rechtsinstitut anzusehen. Die hervorragende Wichtigkeit, welche diesem neuen Rechtsinstitut um deshalb beiwohnt, weil ihm in manchen materiellen Beziehungen eine ähnliche Bedeutung wie in der Preußischen Gesetzgebung dem Hypothekenbuch beigelegt ist, und weil eine große Zahl materieller Rechtssätze des Handelsgesetzbuchs mit dem Handelsregister dergestalt in Verbindung stehen, daß dieselben ohne das letztere völlig unanwendbar sein würden macht es unerläßlich, nicht allein der Führung des Handelsregisters die sorgsamste Beachtung zuzuwenden, sondern auch dasselbe sofort mit dem Eintritt der Geltung des neuen Gesetzbuchs an allen Orten ins Leben zu rufen.

Die das Handelsregister betreffenden Vorschriften des Handelsgesetzbuchs und des Einführungsgesetzes, die materiellen nicht weniger, als diejenigen, welche das Formelle zum Gegenstande haben, finden sich in verschiedenen Stellen dieser Gesetze zerstreut. Soweit dieselben für die Anlegung und Führung des Handelsregisters und das Verfahren der dazu berufenen Behörden von Erheblichkeit sind, treten als leitende Grundsätze folgende hervor:

I. Das Handelsregister ist bestimmt:

1) zur Eintragung der Handelsfirmen (Art. 19, 20, 21, 25, 26 des Handelsgesetzbuchs);

2) zur Eintragung der Prokuren (Art. 45, 46 a. a. O.);

3) zur Eintragung der Rechtsverhältnisse aller Handelsgesellschaften, nämlich:

a) der offenen Handelsgesellschaften (Art. 86—89, 110, 115, 129 und 135 a. a. O., Art. 13 des Einführungsgesetzes),

b) der Kommanditgesellschaften (Art. 151—156, 163, 171, 172 des Handelsgesetzbuchs, Art 13 des Einführungsgesetzes),

c) der Kommanditgesellschaften auf Aktien (Art. 173—179, 198, 201 bis 203, 205 des Handelsgesetzbuchs, Art. 13 des Einführungsgesetzes),

d) der Aktiengesellschaften (Art. 207—212, 214, 228, 233, 243, 244, 247 des Handelsgesetzbuchs, Art. 13 des Einführungsgesetzes);

4) zur Eintragung der Ausschließung oder Aufhebung der ehelichen Gütergemeinschaft an Stelle der im §. 423 Th. II. Tit 1 des Allg. Landrechts vorgeschriebenen Bekanntmachung (Art. 20 des Einführungsgesetzes).

II. Für Höker, Trödler, Hausirer und dergleichen Handelsleute von geringerem Gewerbebetriebe, ferner für Wirthe, gewöhnliche Fuhrleute, gewöhnliche Schiffer und für Personen, deren Gewerbe nicht über den Umfang des Handwerksbetriebes hinausgeht, wird das Handelsregister nicht geführt; es findet in das letztere für jene Personen keinerlei Eintragung statt, namentlich nicht die Eintragung einer Firma, einer Prokura oder eines Gesellschaftsverhältnisses (Art. 10 des Handelsgesetzbuchs, Art. 20 des Einführungsgesetzes). Obschon die erwähnten Klassen durch das Gesetz nicht näher festgestellt sind, so wird doch für Preußen das Gesetz, betreffend einige Abänderungen des Gesetzes wegen Entrichtung der Gewerbesteuer vom 19. Juli 1861 (Ges.-Samml. S. 697), wenigstens insoweit einen Anhalt gewähren, als diejenigen Personen, welche zur Steuerklasse B veranlagt sind, in der Regel von dem Handelsregister werden auszuschließen sein.

Die Verwaltungsbehörden werden in einzelnen Fällen auf Ersuchen Auskunft darüber geben, ob eine Person zur Steuerklasse A. oder zur Steuerklasse B. veranlagt ist. Bei der Benutzung der Gewerbesteuer-Rollen ist übrigens nicht zu übersehen, daß einige Personen, welche als Kaufleute im Sinne des Handelsgesetzbuchs anzusehen sind, der Steuer vom Handel nicht unterliegen (z. B. Eisenbahngesellschaften, vergl. Handelsgesetzbuch Art. 4 und Art 272 Ziffer 3), und daß umgekehrt Personen, welche zu den Kaufleuten im Sinne des Handelsgesetzbuchs nicht gehören, jene Steuer zu entrichten haben (z. B. Besitzer von Leihanstalten).

III. Das Handelsregister ist öffentlich; die Oeffentlichkeit wird in doppelter Weise zur Geltung gebracht; einmal ist die Einsicht des Handelsregisters während der gewöhnlichen Dienststunden einem Jeden gestattet, auch kann von den Eintragungen eine auf Verlangen zu beglaubigende Abschrift begehrt werden; sodann ist regelmäßig jede Eintragung durch eine oder mehrere Anzeigen in öffentlichen Blättern bekannt zu machen (Art. 12—14 des Handelsgesetzbuchs).

IV. Das Handelsregister wird in dem Bezirk des Appellationsgerichtshofes zu Cöln von den Handelsgerichten, in den übrigen Theilen der Monarchie bis zum Erlaß eines allgemeinen Gesetzes über die Errichtung und Organisation der Handelsgerichte von den Kreisgerichten oder Stadtgerichten, in Königsberg und Danzig jedoch von den dortigen Kommerz- und Admiralitäts-Kollegien, in Stettin, Memel und Elbing von den für Handelssachen bestehenden Abtheilungen der dortigen Kreisgerichte geführt (Art. 12 des Handelsgesetzbuchs, Art. 73 des Einführungsgesetzes).

V. Die in dem Handelsgesetzbuch vorgeschriebenen Eintragungen in das Handelsregister sollen zwar nur auf Anmeldungen der Betheiligten erfolgen; es haben jedoch die Gerichte, welchen die Führung des Handelsregisters obliegt, die Betheiligten von Amtswegen durch Ordnungsstrafen anzuhalten, daß die erforderlichen Anmeldungen und die damit in einzelnen Fällen zu verbindenden Zeichnungen der Firmen und Unterschriften geschehen, daß ferner sich Niemand einer ihm nach den Vorschriften des Handelsgesetzbuchs nicht zustehenden Firma bedient; das in dieser Beziehung eintretende besondere Verfahren ist durch die Artikel 5—7 des Einführungsgesetzes geregelt. Für die nicht im Handelsgesetzbuch, sondern nur im Einführungsgesetze vorgeschriebenen Eintragungen (Art 13 und 20) gelten jedoch andere Grundsätze.

VI. Die zur Eintragung in das Handelsregister bestimmten Anmeldungen müssen von den Betheiligten entweder persönlich vor dem zuständigen Gericht erklärt oder in gerichtlicher oder notarieller Form bei demselben eingereicht werden; dieselben, im Artikel 4 des Einführungsgesetzes näher erläuterten Formvorschriften gelten für die Zeichnung oder Einreichung der Zeichnung einer Firma oder Unterschrift (Art. 4 des Einführungsgesetzes).

VII. Die Vorschriften über die Anmeldung und Eintragung der Handelsfirmen, sowie der Rechtsverhältnisse der Handelsgesellschaften und über die Zeichnung der Firmen und Unterschriften finden auch auf diejenigen Kaufleute, welche vor Eintritt der Geltung des Handelsgesetzbuchs ihren Geschäftsbetrieb bereits begonnen haben, und auf die vor diesem Zeitpunkte bereits errichteten Handelsgesellschaften mit wenigen Abweichungen Anwendung (Art. 62—67 des Einführungsgesetzes).

VIII. Eine vor dem Eintritt der Geltung des Handelsgesetzbuchs ertheilte und später nicht bestätigte oder erneuerte Prokura wird als eine Prokura im Sinne des Handelsgesetzbuchs und als geeignet zur Eintragung in das Handelsregister nicht angesehen (Art. 69 des Einführungsgesetzes).

IX. Im Geltungsbereiche des Allgemeinen Landrechts soll das Handelsregister rücksichtlich der Grundstücke, Gerechtigkeiten, dinglichen Rechte und Hypothekenforderungen, welche zu dem Vermögen einer Handelsgesellschaft gehören, für die Führung des Hypothekenbuchs in einigen erheblichen Beziehungen zur Grundlage dienen (Art. 23 des Einführungsgesetzes).

Erster Abschnitt.

Allgemeine Bestimmungen.

§. 1.

Das Handelsregister wird von den im Artikel 73 des Einführungsgesetzes bezeichneten Gerichtsbehörden geführt (vergl. Einleitung unter IV.).

Bei den Kreis- und Stadtgerichten gehört die Führung desselben vor die erste Abtheilung und, wenn diese aus verschiedenen Abtheilungen besteht, vor diejenige, welche die Civilprozeßsachen bearbeitet.

Ist im Bezirk eines Kreisgerichts eine ständige Deputation errichtet, so hat die letztere für ihren Sprengel das Handelsregister zu führen.

Die Kreisgerichts-Kommissionen bleiben von der Führung des Handelsregisters ausgeschlossen*).

Die zur Eintragung in das Handelsregister bestimmten Anmeldungen und die Zeichnungen der Firmen und Unterschriften können jedoch auch vor den Gerichtskommissarien erfolgen, welche die darüber aufzunehmenden Protokolle (§. 3) an die Hauptgerichte zur weiteren Veranlassung einzusenden haben.

In Bezug auf das Beschwerdeverfahren kommen die Vorschriften des §. 35 der Verordnung vom 2. Januar 1849 (Ges.-Samml. S. 1) zur Anwendung. Die Beschwerden gehören bei den Appellationsgerichten vor das Plenum derselben (§. 17 Ziffer 6 des Geschäfts-Regulativs für die Appellationsgerichte vom 17. September 1850, Just.-Minist.-Bl. S. 323).

§. 2.

Die auf die Führung des Handelsregisters sich beziehenden Geschäfte werden von einem dazu bestellten Richter unter Mitwirkung eines Sekretairs bearbeitet. Die Ernennung derselben erfolgt vor Beginn des neuen Geschäftsjahres für dessen Dauer; sie wird zugleich mit der im Artikel 14 Absatz 1 des Handelsgesetzbuchs vorgeschriebenen Veröffentlichung bekannt gemacht. Wenn im Laufe des Geschäftsjahres ein Wechsel nöthig wird, so ist dieser durch eine einmalige Einrückung in die zur Veröffentlichung der Eintragungen in das Handelsregister bestimmten Blätter (Art. 14 a. a. O.) zur öffentlichen Kenntniß zu bringen.

§. 3.

Dem mit der Bearbeitung der auf die Führung des Handelsregisters sich beziehenden Geschäfte beauftragten Richter liegt insbesondere ob:

1) die Aufnahme der zur Eintragung in das Handelsregister bestimmten Anmeldungen, wenn dieselben persönlich vor dem Gericht erklärt werden, sowie die Aufnahme der Verhandlungen über die vor Gericht erfolgenden Zeichnungen der Firmen und Unterschriften (Art. 4 des Einführungsgesetzes); er kann sich hierbei der Hülfe des Sekretairs bedienen. Damit er dem Publikum in genügendem Maaße zugänglich sei, sind nach Anleitung der Bestimmungen im zweiten Absatze des §. 19 des Geschäfts-Regulativs für die Gerichte erster Instanz vom 18. Juli 1850 (Just.-Minist.-Bl. S. 232) die erforderlichen Einrichtungen zu treffen;
2) die Verfügung auf die zum Protokoll genommenen oder schriftlich eingehenden Anmeldungen, insbesondere die Anordnung der zulässigen Eintragungen und der vorgeschriebenen Veröffentlichung derselben (Art. 13 des Handelsgesetzbuchs);
3) die Ueberwachung der genauen und vollständigen Erledigung der angeordneten Eintragungen und Veröffentlichungen;

*) Die Führung des Handelsregisters läßt sich von dem in den Artikeln 5 und 6 des Einführungsgesetzes bezeichneten Verfahren nicht trennen, welches letztere kollegialische Verhandlung und Entscheidung erheischt.

4) die Verfügung auf sonstige Gesuche und Anträge, welche die Führung des Handelsregisters betreffen, insbesondere auf die Gesuche um Ertheilung von Abschriften und Attesten;
5) die Verfügung rücksichtlich des in den Artikeln 5 und 6 des Einführungsgesetzes vorgeschriebenen Verfahrens und auf die zufolge Artikel 7 a. a. O. eingehenden Denunziationen; wird jedoch zur Verhandlung und Entscheidung über die Festsetzung einer angedrohten Strafe ein Audienztermin anberaumt (Art. 5 §. 3 und Art. 6 a. a. O.), so bestimmt der Gerichtsvorstand (Vorsitzender der Abtheilung) den Richter, welcher als Referent zu fungiren hat;
6) die Bearbeitung der Generalien, namentlich in Beziehung auf die, die öffentlichen Bekanntmachungen betreffenden Vorschriften des Artikels 14 des Handelsgesetzbuchs.

§. 4.

Rücksichtlich der Nothwendigkeit des Vortrags der Verfügungen im Kollegium, der Revision und Zeichnung der Verfügungen, sowie der Vollziehung der Reinschriften bewendet es bei den in den §§. 10 und 11 des Geschäfts-Regulativs für die Gerichte erster Instanz vom 18. Juli 1850 (Just.-Minist.-Bl. S. 232) enthaltenen Anordnungen. Als Kommissarius mit selbstständiger Wirksamkeit ist der die Angelegenheiten des Handelsregisters bearbeitende Richter nicht anzusehen.

§. 5.

Der Sekretair hat:
1) die Eintragungen in das Handelsregister, den ergangenen Verfügungen gemäß, zu bewirken;
2) für die geschäftsordnungsmäßige Erledigung aller richterlichen Verfügungen zu sorgen;
3) die vorgeschriebenen Verzeichnisse zu führen (§§. 35, 48, 82 und 87);
4) das Handelsregister, sowie die Zeichnungen der Firmen und Unterschriften nach Maaßgabe des Artikels 12 des Handelsgesetzbuchs während der gewöhnlichen Dienststunden einem Jeden auf Ansuchen zur Einsicht vorzulegen.

§. 6.

Das Handelsregister besteht aus drei Abtheilungen.

In die erste Abtheilung werden eingetragen die Handelsfirmen, mit Ausschluß der Firmen der Handelsgesellschaften (Firmenregister), in die zweite Abtheilung die Prokuren (Prokurenregister), in die dritte Abtheilung die Rechtsverhältnisse der Handelsgesellschaften (Gesellschaftsregister). Für jede Abtheilung wird ein besonderes Register geführt. Im Geltungsbereiche des Allgemeinen Landrechts haben die Gerichte als vierte Abtheilung des Handelsregisters noch ein besonderes Register für die im Artikel 20 des Einführungsgesetzes vorgeschriebene Eintragung der Ausschließung oder Aufhebung der ehelichen Gütergemeinschaft zu führen.

§. 7.

Zu einem jeden Register ist starkes dauerhaftes Papier zu benutzen; es ist mit einem haltbaren Einbande zu versehen und zu foliiren.

Der Sekretair hat die Zahl der Folien auf dem ersten Blatt unter seiner Unterschrift zu vermerken.

§. 8.

Zu einem jeden Register werden besondere Akten gehalten. Zu diesen Akten gelangen nach der Zeitfolge alle zur Eintragung bestimmten Anmeldungen nebst den dazu gehörigen Urkunden, insbesondere diejenigen, welche die Zeichnungen der Firmen und Unterschriften enthalten, die auf die Eintragungsgesuche erlassenen Verfügungen und die Nachweisungen über die erfolgten Bekanntmachungen. In Ansehung des Gesellschaftsregisters ist es gestattet, für einzelne Gesellschaften, namentlich für Kommanditgesellschaften auf Aktien und Aktiengesellschaften bei welchen umfangreiche und wiederholte Eintragungen u. s. w. in Aussicht stehen, besondere Akten anzulegen.

Die Verfügungen und Verhandlungen, welche sich darauf beziehen, daß das Gericht eingeschritten ist, damit eine Anmeldung oder die Zeichnung einer Firma und Unterschrift erfolge oder die Führung einer Firma unterbleibe (Art. 5—7 des Einführungsgesetzes), sind zu besonderen Akten zu nehmen.

Sind dieselben in einzelnen Fällen umfangreich oder wird die Anberaumung eines Audienztermins nöthig, so sind Spezialakten zu bilden.

§. 9.

Bei jeder Eintragung in das Handelsregister ist anzugeben:

1) das Datum der richterlichen Verfügung, wodurch die Eintragung verordnet ist;
2) das Datum der Eintragung;
3) die Stelle der betreffenden Akten, wo die richterliche Verfügung sich befindet.

Jeder Eintragungsvermerk ist von dem Sekretair unter Hinzufügung seines Amtskarakter zu unterschreiben. Nach erfolgter Eintragung muß er in den Akten neben der richterlichen Verfügung die Erledigung derselben und den Tag, an welchem die Erledigung bewirkt ist, unter seiner Unterschrift vermerken.

§. 10.

Wenn zu einer Eintragung in das Handelsregister außer der nach Artikel 4 des Einführungsgesetzes vor dem Gericht persönlich zu erklärenden oder in gerichtlicher oder notarieller Form einzureichenden Anmeldung und der in gleicher Form zu bewirkenden Zeichnung oder Einreichung der Zeichnung einer Firma und Unterschrift noch der Nachweis einer anderweiten Thatsache oder eines besonderen Rechtsverhältnisses erforderlich ist, so muß dieser Nachweis, in der Regel ähnlich wie bei der Führung des Hypothekenbuchs, durch Beibringung öffentlicher Urkunden geliefert werden. Falls diese Urkunden zurückverlangt werden, so ist von denselben, insoweit sie zur Begründung der Anmeldung und Eintragung erforderlich sind, eine beglaubigte Abschrift zurückzubehalten.

Geschieht eine Anmeldung durch einen Bevollmächtigten, so hat dieser eine gerichtliche oder notarielle Vollmacht beizubringen (Art. 4 des Einführungsgesetzes).

§. 11.

Da nach Art. 13 des Handelsgesetzbuchs (vergl. Art. 20 des Einführungsgesetzes) jede Eintragung in das Handelsregister ihrem ganzen Inhalte nach bekannt gemacht werden soll, sofern nicht in einzelnen Fällen ausdrücklich ein Anderes bestimmt ist, so ist darauf zu halten, daß thunlichst der vollständige Inhalt einer jeden Eintragung, welche der Regel unterliegt, nebst dem Datum der Eintragung zur öffentlichen Kenntniß gebracht wird.

Die Fälle, in welchen die Regel eine Ausnahme erleidet, sind:

1) Nach Artikel 151 des Handelsgesetzbuchs unterbleibt nach der Eintragung einer Kommanditgesellschaft die Bekanntmachung der Namen, des Standes und des Wohnorts der Kommanditisten, sowie die Angabe des Betrags ihrer Vermögenseinlagen.
2) Nach Artikel 156 a. a. O. gilt dasselbe, wenn der Eintritt eines neuen Kommanditisten in eine bestehende Kommanditgesellschaft eingetragen ist.
3) Nach Artikel 171 a. a. O. unterbleibt nach der Eintragung des Ausscheidens eines Kommanditisten aus einer Kommanditgesellschaft, ohne Unterschied, ob derselbe mit der ganzen oder nur mit einem Theile der Einlage ausgeschieden ist, bei der Bekanntmachung die Bezeichnung des Kommanditisten und die Angabe des Betrags der Einlage.
4) Nach Artikel 176 a. a. O. wird nach der Eintragung einer Kommanditgesellschaft auf Aktien nicht der ganze Gesellschaftsvertrag, sondern nur

ein dort näher bezeichneter Auszug desselben bekannt gemacht, und nach Artikel 198 a. a. O. tritt dasselbe ein, wenn später ein den Gesellschaftsvertrag abändernder Vertrag eingetragen ist.

5) Nach Artikel 210 und 214 a. a. O. ist in der vorstehend unter Ziffer 4 angegebenen Weise auch bei Aktiengesellschaften zu verfahren.

Endlich unterbleibt die öffentliche Bekanntmachung, wenn in Gemäßheit des Artikels 13 des Einführungsgesetzes die Eröffnung des Konkurses über das Vermögen einer Handelsgesellschaft in das Handelsregister eingetragen ist.

§. 12.

Die öffentliche Bekanntmachung einer Eintragung muß ohne Verzug, sobald dieselbe geschehen ist, und ohne daß eine andere Eintragung abgewartet werden darf, veranlaßt werden.

§. 13.

Derjenige, welcher eine Eintragung nachgesucht hat, ist von derselben noch besonders in Kenntniß zu setzen.

Im Falle der Ablehnung einer Eintragung sind die Gründe derselben den Betheiligten mitzutheilen.

§. 14.

Die in dem ersten Absatze des Artikels 14 des Handelsgesetzbuchs vorgeschriebene Veröffentlichung erfolgt durch den Anzeiger des Regierungs-Amtsblatts und durch diejenigen Blätter, welche für die Veröffentlichungen des vorhergehenden Jahres bestimmt waren.

Für das Jahr 1862 ist jene Veröffentlichung gleich nach dem 1. März 1862 durch den Anzeiger des Regierungs-Amtsblatts zu bewirken.

§. 15.

Außer den nach dem zweiten Absatz des Artikels 12 des Handelsgesetzbuchs auf Erfordern zu ertheilenden einfachen Abschriften oder beglaubigten Abschriften (Attesten, Auszügen) hat das Gericht über eine jede in das Handelsregister geschehene Eintragung auf Verlangen ein Attest zu ertheilen, welches sowohl die Eintragung und ihren Inhalt unmittelbar bezeugt, als auch zugleich sich darauf erstreckt, ob und inwiefern eine die Wirksamkeit der Eintragung berührende Thatsache oder Veränderung eingetragen sei, findet sich eine solche Thatsache oder Veränderung eingetragen, so ist auch der vollständige Inhalt der betreffenden Eintragung in das Attest aufzunehmen.

In gleicher Form hat das Gericht auf Verlangen ein Attest darüber zu ertheilen, daß eine bestimmte Eintragung in das Handelsregister nicht geschehen, oder daß seit der Ertheilung eines Attestes eine auf dessen Inhalt sich beziehende Thatsache oder Aenderung nicht eingetragen sei (vergl. Art. 23 §. 3 des Einführungsgesetzes).

§. 16.

Ist das Erlöschen einer Firma in das Firmenregister eingetragen oder das Erlöschen einer Prokura in das Prokurenregister oder die Eröffnung des Konkurses über eine Handelsgesellschaft oder das Erlöschen der Vollmacht der Liquidatoren einer aufgelösten Handelsgesellschaft wegen Beendigung der Liquidation in das Gesellschaftsregister, oder der Tod eines Ehemannes in das Register zur Eintragung der Ausschließung oder Aufhebung der ehelichen Gütergemeinschaft, so sind alle auf die erloschene Firma oder Prokura oder die aufgelöste Handelsgesellschaft oder die ehelichen Güterverhältnisse des verstorbenen Ehemannes sich beziehenden Vermerke in dem Register roth zu unterstreichen. Ist dies in Betreff des größeren Theils der Eintragungen des einen oder anderen Registers geschehen, so kann dasselbe behufs Anlegung eines neuen Registers in der Art geschlossen werden, daß darin auf der ersten und letzten Seite der Vermerk eingetragen wird:

„Dieses Register ist behufs Anlegung eines neuen Registers geschlossen."

In das neue Register sind alsdann alle nicht roth unterstrichenen Eintragungen aus dem alten Register zu übernehmen; diese Uebernahme ist bei jeder einzelnen Eintragung unter Hinweis auf die betreffende Nummer des früheren Registers durch den Zusatz zu erwähnen:

„übertragen aus dem früheren Register Nr. . . "

§. 17.

Die Anmeldungen zur Eintragung in das Handelsregister gehören zu den schleunigen Sachen, welche auch während der Gerichtsferien stattfinden und zu erledigen sind.

§. 18.

Das Handelsregister ist zur Kassation nicht geeignet.

Die zu demselben gehörigen Akten unterliegen der Kassation nach Ablauf von 30 Jahren von der Zeit an gerechnet, wo alle Eintragungsvermerke, worauf die Akten sich beziehen, im Handelsregister roth unterstrichen sind.

Zweiter Abschnitt.

Von dem Firmenregister.

(Art. 19, 20, 21, 25, 26 des Handelsgesetzbuchs.)

§. 19.

Das Firmenregister wird nach dem als Anlage A. beigedruckten Formular geführt.

§. 20.

In das Firmenregister ist nach der Zeitfolge der Anmeldungen ein jeder Kaufmann, welcher im Bezirk des Gerichts seine Handelsniederlassung (Art. 19 des Handelsgesetzbuchs) oder eine Zweigniederlassung hat (Art. 21 a. a. O.), unter genauer Bezeichnung seines Namens, Vornamens, Standes und Wohnorts, des Orts der Niederlassung, sowie der Firma, welcher er sich bedient (Art. 15 a. a. O.), einzutragen.

Die Eintragung eines Kaufmanns in das Firmenregister erfolgt auf Grund einer Anmeldung desselben, welche Alles enthalten muß, was in das Register einzutragen ist; eines weiteren Nachweises zur Begründung der Anmeldung bedarf es nicht, sofern nicht in den folgenden Paragraphen für einzelne Fälle ein Anderes bestimmt ist.

§. 21.

In das Firmenregister sind nicht einzutragen:

1) die in das Gesellschaftsregister (§§. 49 und folgd.) einzutragenden Handelsgesellschaften und deren Firmen;
2) die Mitglieder solcher Handelsgesellschaften, sofern sie nicht sonst noch ein Handelsgewerbe für ihre besondere Rechnung betreiben;
3) Personen, welche an dem Handelsgewerbe eines Dritten, ohne daß eine Handelsgesellschaft vorliegt, als stille Gesellschafter und dergl. betheiligt sind, sofern sie nicht außerdem selbst gewerbemäßig Handelsgeschäfte schließen.

§. 22.

Bei der Anmeldung einer Firma ist zu prüfen, ob derjenige, welcher sie angemeldet hat, nach dem im 3. Titel des ersten Buchs des Handelsgesetzbuchs enthaltenen Vorschriften dieselbe zu führen befugt sei. Ergiebt sich das Gegentheil, so ist die Anmeldung zurückzuweisen, und wenn die Firma demnächst gleichwohl geführt oder fortgeführt wird, nach Maaßgabe des Artikels 26 des Handelsgesetzbuchs und Artikels 6 des Einführungsgesetzes einzuschreiten.

§. 23.

Die Aenderung einer Firma (Art. 25 des Handelsgesetzbuchs) wird in die sechste Kolonne des Firmenregisters („Bemerkungen") eingetragen; zugleich aber muß der Firma-Inhaber mit der veränderten Firma unter einer besonderen Nummer des Registers von neuem eingetragen, in dem ersten Eintragungsvermerk auf die neue Nummer, in dem zweiten auf die frühere Nummer verwiesen und diese in allen Kolonnen roth unterstrichen werden (vgl. Anl. A. Nr. 1 u. 20)*).

§. 24.

Die Eintragung der Aenderung der Firma erfolgt auf Grund einer Anmeldung des Firma-Inhabers, auf welche die §§. 20 und 22 Anwendung finden.

§. 25.

Nach den Bestimmungen der §§. 23 und 24 ist auch dann zu verfahren, wenn ein bestehendes Handelsgeschäft durch Vertrag oder Erbgang auf einen Anderen übergeht, welcher dasselbe unter der bisherigen Firma mit oder ohne einen, das Nachfolgeverhältniß andeutenden Zusatz fortführen will (Art. 22, 23 des Handelsgesetzbuchs). In diesem Falle hat der mit der alten Firma unter einer besonderen Nummer des Registers einzutragende neue Inhaber die Anmeldung zu bewirken und damit den Nachweis (§. 11) des Erwerbes des Geschäfts und der Einwilligung des bisherigen Geschäftsinhabers oder dessen Erben oder der etwaigen Miterben in die Fortführung der Firma zu verbinden (vergl. Anlage A. Nr. 3 und 31).

Ist die Firma auf eine Handelsgesellschaft übergegangen, wohin auch gehört, wenn Jemand einen Anderen als Handelsgesellschafter in sein Handelsgeschäft aufnimmt (Art. 24, 25 des Handelsgesetzbuchs), so unterbleibt die neue Eintragung unter einer besonderen Nummer des Firmenregisters; dagegen wird in dem Vermerk über die eingetretene Veränderung unter der bisherigen Nummer auf die Nummer des Gesellschaftsregisters verwiesen, unter welcher die Handelsgesellschaft in das letztere eingetragen ist (vergl. Anlage A. Nr. 4); es ist daher die Eintragung der Veränderung in das Firmenregister von der Eintragung der Handelsgesellschaft in das Gesellschaftsregister abhängig.

Geht die Firma einer aufgelösten Handelsgesellschaft auf einen einzelnen Kaufmann über (Artikel 24 des Handelsgesetzbuchs), so ist dieselbe auf Grund seiner Anmeldung (§. 24), womit er den Nachweis des Uebergangs der Firma zu verbinden hat, in das Firmenregister einzutragen, nachdem die Auflösung der Gesellschaft im Gesellschaftsregister vermerkt worden ist.

§. 26.

Das Erlöschen einer Firma wird gleichfalls in die sechste Kolonne des Firmenregisters eingetragen. Die Eintragung erfolgt auf Grund einer Anmeldung des bisherigen Firma-Inhabers, oder, wenn derselbe gestorben ist, seiner Erben, und wenn er zur selbstständigen Vermögensverwaltung rechtlich unfähig geworden ist, seiner Vertreter.

Die Erben und Vertreter haben ihre Legitimation, in sofern diese einem Bedenken unterliegt, nachzuweisen; ein weiterer Nachweis ist nicht erforderlich.

§. 27.

Wird der Ort der Niederlassung geändert, so ist die Aenderung nach Maaßgabe der §§. 23 und 24 in das Firmenregister einzutragen. Wenn jedoch die Niederlassung nach einem Orte außerhalb des Bezirks des das Handelsregister führenden Gerichts verlegt wird, so wird nur diese Thatsache in der sechsten Kolonne des Registers vermerkt und in Bezug auf die weitere Führung des letzteren die Firma als erloschen angesehen.

§. 28.

Vor der Eintragung einer Firma oder einer Veränderung derselben oder

---

*) Die Eintragung des Firma-Inhabers unter einer neuen Nummer ist nöthig, damit die Uebersicht nicht verloren gehe und eine die Fortführung des Registers erschwerende Häufung der Vermerke in der letzten Kolonne verhindert werde.

einer Veränderung des Inhabers hat der Inhaber, und zwar im letzteren Falle der neue Inhaber, die Firma oder die veränderte Firma nebst seiner persönlichen Unterschrift vor dem Gericht zu zeichnen oder die Zeichnung in beglaubigter Form einzureichen (Art. 20 und 25 des Handelsgesetzbuchs).

§. 29.

Wenn eine Ehefrau als Handelsfrau (Art. 6 des Handelsgesetzbuchs) zur Eintragung in das Firmenregister sich anmeldet, so muß sie vor der Eintragung die nach Artikel 7 a. a. O. erforderliche Einwilligung ihres Ehemannes in der Form des Artikels 4 des Einführungsgesetzes beibringen.

Andere Personen, welche durch Handelsgeschäfte sich nicht verpflichten können, dürfen in das Firmenregister nur dann eingetragen werden, wenn ihnen nach den Gesetzen der Handelsbetrieb durch Vertreter gestattet ist, die Erfüllung der hierzu vorgeschriebenen Erfordernisse nachgewiesen, und die Anmeldung zur Eintragung von denjenigen bewirkt wird, welche zu ihrer Vertretung berufen sind (vergl. Allg. Landrecht Th. II. Tit. 18 §§. 605 ff.). Die Bestimmung des §. 28 findet in diesem Falle keine Anwendung.

Inwiefern demnächst auf Grund einer bloßen Anmeldung der Vertreter eine Aenderung oder das Erlöschen der Firma eingetragen werden könne, bestimmt sich nach den Vorschriften über den Umfang der Rechte der Vertreter.

§. 30.

Wenn ein Kaufmann im Bezirk des Gerichts mehrerere Niederlassungen (Handelsetablissements) hat, für welche er verschiedene Firmen führt, so ist er in Bezug auf jede Niederlassung, für welche eine besondere Firma geführt wird, unter einer besonderen Nummer des Registers einzutragen*).

§. 31.

Hat ein Kaufmann außer seiner Hauptniederlassung an einem anderen Orte oder in einer anderen Gemeinde des Gerichts eine Zweigniederlassung, so ist bei seiner Eintragung in das Firmenregister in der dritten Kolonne desselben sowohl der Ort der Hauptniederlassung, als der Ort der Zweigniederlassung anzugeben (vergl. Anlage A. Nr. 32). In der Anmeldung (§. 20) ist der Zweigniederlassung und des Orts derselben Erwähnung zu thun.

Besteht an dem Orte oder in der Gemeinde der Zweigniederlassung bereits eine gleiche Firma, so muß der Firma für die Zweigniederlassung ein Zusatz beigefügt werden, wodurch sie von jener bereits vorhandenen Firma sich deutlich unterscheidet; die mit einem Zusatz versehene Firma ist alsdann nach Anleitung des §. 30 unter einer besonderen Nummer des Registers einzutragen (vergl. Art. 20 und 21 des Handelsgesetzbuchs).

§. 32.

Wird von einem Kaufmann nach seiner Eintragung in das Firmenregister eine in dasselbe eingetragene Zweigniederlassung aufgehoben oder an einem anderen Orte oder in einer anderen Gemeinde des Gerichts eine Zweigniederlassung errichtet (§. 31), so ist dies in die letzte Kolonne des Registers einzutragen (vergl. Anlage A. Nr. 32).

Eine solche Eintragung erfolgt auf Grund einer die betreffende Thatsache enthaltenden Anmeldung des Kaufmanns.

§. 33.

Im Falle der Aenderung der Firma (§. 23), welche für die Hauptniederlassung und eine Zweigniederlassung geführt wird (§. 31), kommen rücksichtlich der Nothwendigkeit, für die Zweigniederlassung der Firma einen Zusatz beizu-

*) Nach dem Handelsgesetzbuch ist ein Kaufmann für befugt zu erachten, für mehrere Handelsetablissements, welche er besitzt, auch verschiedene Firmen zu führen. Vergl. Nürnberger Berathungsprotokolle S. 920.

fügen und diese Firma unter einer besonderen Nummer einzutragen, die Bestimmungen des letzten Absatzes des §. 31 zur Anwendung.

§. 34.

Wenn ein Kaufmann in dem Bezirk eines anderen Gerichts eine Zweigniederlassung hat, so ist zu seiner Eintragung in das Firmenregister des Gerichts der Zweigniederlassung (§. 20) der durch ein Attest des Gerichts der Hauptniederlassung zu liefernde Nachweis nöthig, daß die Eintragung in das Firmenregister des letzteren Gerichts bereits erfolgt ist (Art. 21 des Handelsgesetzbuchs). Besteht an dem Orte oder in der Gemeinde der Zweigniederlassung bereits eine gleiche Firma, so gelten in Bezug auf die Nothwendigkeit, der Firma einen Zusatz beizufügen, die Bestimmung der §§. 31 und 33.

Im Uebrigen gelten für die Führung des Firmenregisters in Betreff einer solchen Zweigniederlassung die allgemeinen Bestimmungen; insbesondere muß die Firma nebst der persönlichen Unterschrift des Firmainhabers auch bei dem Gericht der Zweigniederlassung gezeichnet oder die Zeichnung derselben in beglaubigter Form eingereicht werden.

§. 35.

Der Sekretair hat zu dem Firmenregister ein alphabetisches Verzeichniß der darin eingetragenen Firmen und der als Firmen-Inhaber eingetragenen Kaufleute unter Hinweisung auf die Nummern des Registers zu führen.

Dritter Abschnitt.

Von dem Prokurenregister.

(Art. 41—56. des Handelsgesetzbuchs und Art. 21 des Einführungsgesetzes)

§. 36.

Das Prokurenregister wird nach dem als Anlage B. beigedruckten Formular geführt. B.

§. 37.

In das Prokurenregister ist nach der Zeitfolge der Anmeldungen eine jede Prokura einzutragen, welche von einem Kaufmann (Art. 4 und 5 des Handelsgesetzbuchs) für seine in dem Bezirk des Gerichts befindliche Handelsniederlassung ertheilt ist (Art. 45, 19 und 21 des Handelsgesetzbuchs).

Auch die von einer Handelsgesellschaft ertheilte Prokura wird nicht in das Gesellschaftsregister, sondern in das Prokurenregister eingetragen.

§. 38.

Bei der Eintragung einer Prokura in das Prokurenregister ist:

1) der Name, Vorname und Wohnort des Prinzipals, und wenn der Prinzipal eine Handelsgesellschaft ist, die Firma und der Sitz der Gesellschaft, ferner die Firma, welche der Prokurist zu zeichnen bestellt ist, nebst den Orten der Niederlassungen, für welche die Firma geführt wird, unter Hinweisung auf die Nummer des Firmenregisters oder Gesellschaftsregisters, unter welcher der Prinzipal eingetragen ist;
2) der Name, Vorname und Wohnort des Prokuristen

anzugeben.

§. 39.

Die Eintragung erfolgt auf Grund einer Anmeldung des Prinzipals, welche Alles enthalten muß, was nach dem vorstehenden Paragraphen in das Register einzutragen ist. Die Beibringung einer besonderen Urkunde über die Ertheilung der Prokura oder die Ertheilung der Ermächtigung, per procura die Firma zu zeichnen, oder ein sonstiger Nachweis ist nicht erforderlich (Art. 41 des Handelsgesetzbuchs).

§. 40.

Zur Eintragung genügt:

1) wenn der Prinzipal eine offene Gesellschaft ist, die Anmeldung eines Gesellschafters, welcher von der Geschäftsführung nicht ausgeschlossen ist (Art. 118, 104 des Handelsgesetzbuchs);
2) wenn der Prinzipal eine Kommanditgesellschaft oder eine Kommanditgesellschaft auf Aktien ist, die Anmeldung eines persönlich haftenden Gesellschafters, welcher von der Geschäftsführung nicht ausgeschlossen ist (Art. 157, 158, 196 a. a. O.);
3) wenn der Prinzipal eine Aktiengesellschaft ist, die Anmeldung des Vorstandes derselben (Art. 230, 231 a. a. O. und Art. 12 §. 6 des Einführungsgesetzes);
4) wenn der Prinzipal eine Person ist, welche durch Handelsgeschäfte sich nicht verpflichten kann, die Anmeldung des legitimirten Vertreters derselben, verbunden mit dem Nachweis, daß den Erfordernissen genügt ist, von welchen nach den Gesetzen die gültige Ertheilung der Prokura abhängt (§. 29; Allg. Landrecht Thl. II. Tit. 18 §§. 621 ff., 774 ff.; Art. 21 des Einführungsgesetzes).

§. 41.

Wenn der Prinzipal im Bezirk des Gerichts mehrere Niederlassungen hat, für welche er verschiedene Firmen führt, so ist bei der Anmeldung einer von ihm ertheilten Prokura ausdrücklich anzugeben, welche Firma oder welche Firmen der Prokurist zu zeichnen befugt sein soll*).

§. 42.

Die Eintragung einer Prokura in das Prokurenregister darf erst geschehen, nachdem:

1) der Prinzipal in das Firmen- oder Gesellschaftsregister eingetragen ist;
2) der Prokurist die Firma (Art. 41 des Handelsgesetzbuchs) nebst seiner Namensunterschrift persönlich vor dem Gericht gezeichnet oder die Zeichnung in beglaubigter Form eingereicht hat (Art. 45 des Hdlsgb.).

§. 43.

Eine Beschränkung des gesetzlichen Umfangs der Prokura kann weder von Amtswegen, noch auf Antrag des Prinzipals in das Prokurenregister eingetragen werden (Art. 43 des Handelsgesetzbuchs).

§. 44.

Ist eine Kollektivprokura ertheilt (Art. 41 des Handelsgesetzbuchs), so erfolgt die Eintragung der Prokuristen unter derselben Nummer mit der Erwähnung, daß eine Kollektivprokura ertheilt ist (vergl. Anlage B. Nr. 2).

§. 45.

Das Erlöschen einer Prokura wird in die achte Kolonne des Prokurenregisters („Bemerkungen") eingetragen. Die Eintragung erfolgt auf Grund einer Anmeldung des Prinzipals; zu der Anmeldung genügt die Anzeige, daß die Prokura erloschen sei (Art. 45 und 54 des Handelsgesetzbuchs). Wenn der

---

*) Nach dem Handelsgesetzbuch muß es für zulässig erachtet werden, daß ein Kaufmann, welcher mehrere Handelsetablissements unter verschiedenen Firmen hat, einen Prokuristen nur die eine oder andere Firma zu führen mit der Wirkung ermächtigt, daß der Prokurist keine andere Firma zu zeichnen befugt ist. Vergl. Nürnberger Berathungsprotokolle S. 952. Daß ein Kaufmann, welcher außerhalb des Bezirks des Gerichts der Hauptniederlassung eine Zweigniederlassung hat, für die er dieselbe Firma führt, eine von ihm ertheilte Prokura auch bei dem Gericht der Zweigniederlassung anzumelden habe (vergl. §. 37), ergiebt sich sowohl aus dem Artikel 45, als aus den Artikeln 21, 86, 152, 179, 198, 212, 214 des Handelsgesetzbuchs.

Prinzipal eine Handelsgesellschaft oder eine Person ist, welche durch Handelsgeschäfte sich nicht verpflichten kann, so ist die Anmeldung derjenigen genügend, welche nach §. 40 für den Prinzipal eine Prokura anzumelden befugt sind (Art. 118, 104, 157, 158, 196, 230, 231 des Handelsgesetzbuchs).

Ist der Prinzipal gestorben oder zur selbstständigen Vermögensverwaltung rechtlich unfähig geworden, so tritt an Stelle seiner Anmeldung die seiner Erben oder Vertreter. Dieselben haben ihre Legitimation nachzuweisen, sofern diese einem Bedenken unterliegt.

§. 46.

Auf die Anmeldung des Prinzipals ist auch die Veränderung des Orts einer Niederlassung, für welche die Prokura ertheilt ist, in der vierten und achten Kolonne des Registers einzutragen.

Ist die Niederlassung oder sind sämmtliche Niederlassungen nach einem Orte außerhalb des Bezirks des Gerichts verlegt, und ist dies im Prokurenregister vermerkt, so wird in Bezug auf die weitere Führung des letzteren die Prokura als erloschen angesehen (vergl. §. 27).

§. 47.

Generalvollmachten zum Betriebe eines Handelsgewerbes, welche ohne Ertheilung der Prokura oder der Ermächtigung, per procura die Firma zu zeichnen, verliehen worden (Art. 47 des Handelsgesetzbuchs und Art. 21 des Einführungsgesetzes), sind zur Eintragung in das Prokurenregister nicht geeignet.

§. 48.

Der Sekretair hat zu dem Prokurenregister ein alphabetisches Verzeichniß der darin eingetragenen Prokuristen und der Firmen, für welche die Prokuren ertheilt sind, unter Bezugnahme auf die Nummern des Registers zu führen.

Vierter Abschnitt.

Von dem Gesellschaftsregister.

(Art. 86—89, 110, 115, 129, 135, 151—156, 163, 171, 172, 176—179, 198 201, 203, 205, 210, 212, 214, 228, 233, 243, 244, 247 des Handelsgesetzbuchs und Art. 11, 13, 23 des Einführungsgesetzes.)

§. 49.

Das Gesellschaftsregister wird nach dem als Anlage C. beigedruckten Formular geführt. C.

Zu diesem Register ist, sobald eine im Bezirk des Gerichts ihren Sitz habende Kommanditgesellschaft auf Aktien eingetragen werden soll, behufs Aufnahme der diese Gesellschaften betreffenden Gesellschaftsverträge und der die letzteren abändernden Verträge und Beschlüsse ein besonderer, als Theil des Registers anzusehender Beilageband anzulegen. Die Anlegung eines solchen Beilagebandes hat der Sekretair auf dem ersten Blatte des Hauptregisters unter seiner Unterschrift zu vermerken (§. 7).

§. 50.

In das Gesellschaftsregister sind nach der Zeitfolge der Anmeldungen alle Handelsgesellschaften einzutragen, welche im Bezirk des Gerichts ihren Sitz oder eine Zweigniederlassung haben (Art. 86, 151, 152, 176, 179, 210, 212 des Handelsgesetzbuchs). Stille Gesellschaften (Art. 250 a. a. O.) und Vereinigungen zu einzelnen Handelsgeschäften für gemeinschaftliche Rechnung (Art. 266 a. a. O.) sind als Handelsgesellschaften im Sinne des Handelsgesetzbuchs, des Einführungsgesetzes und dieser Instruktion nicht anzusehen.

§. 51.

Jede Handelsgesellschaft wird auf einer besonderen Seite des Registers eingetragen. Insoweit eine Seite zu der ersten Eintragung nicht hinreicht, sind die folgenden Seiten in ununterbrochener Reihenfolge zu derselben zu verwenden; auch ist, wenn nachträgliche Eintragungen, welche erheblichen Raum in Anspruch nehmen, vorauszusehen sind, hierfür eine genügende Anzahl Blätter frei zu lassen.

§. 52.

Eine offene Handelsgesellschaft (Art. 85 des Handelsgesetzbuchs) wird in das Gesellschaftsregister auf Grund einer Anmeldung sämmtlicher Gesellschafter eingetragen.

Die Anmeldung muß enthalten (Art. 86 des Handelsgesetzbuchs):

1) den Namen, Vornamen, Stand und Wohnort jedes Gesellschafters;
2) die Firma der Gesellschaft und den Ort, wo sie ihren Sitz hat;
3) den Zeitpunkt, mit welchem die Gesellschaft begonnen hat;
4) im Falle vereinbart ist, daß nur einer oder einige der Gesellschafter die Gesellschaft vertreten sollen, die Angabe, welcher oder welche dazu bestimmt sind, imgleichen, ob das Recht nur in Gemeinschaft ausgeübt werden soll.

Die Beibringung des Gesellschaftsvertrags oder einer anderen Urkunde oder eine nähere Darlegung des Sach- und Rechtsverhältnisses ist nicht erforderlich.

§. 53.

Die Eintragung der Gesellschaft in das Gesellschaftsregister erfolgt durch vollständige Aufnahme des Inhalts der Anmeldung, soweit derselbe nach §. 52 zur Vollständigkeit der letzteren erforderlich ist (Art. 88 a. a. O.). Die Firma der Gesellschaft wird in die zweite Kolonne, der Sitz derselben in die dritte Kolonne, der übrige Inhalt der Anmeldung in die vierte Kolonne des Registers eingetragen (vergl. Anlage C. Nr. 1).*)

§. 54.

Die Eintragung der Gesellschaft darf erst geschehen, nachdem die Gesellschafter, welche die Gesellschaft vertreten sollen, die Firma der Gesellschaft nebst ihrer Namensunterschrift persönlich vor dem Gericht gezeichnet oder die Zeichnung derselben in beglaubigter Form eingereicht haben (Art. 88 a. a. O.)

§. 55.

Eine Beschränkung des Umfangs der Befugniß eines Gesellschafters, die Gesellschaft zu vertreten, ist weder von Amtswegen, noch auf Antrag in das Register einzutragen (Art. 116 des Handelsgesetzbuchs).

§. 56.

Eine Aenderung der Firma der Gesellschaft wird in die zweite Kolonne, eine Aenderung des Sitzes derselben in die dritte Kolonne, der Eintritt eines neuen Gesellschafters, die einem Gesellschafter nachträglich ertheilte Befugniß, die Gesellschaft zu vertreten, und die Aufhebung einer solchen Befugniß werden in die vierte Kolonne des Registers mittelst kurzer Bezeichnung der eingetretenen Veränderung eingetragen.

Die Eintragungen erfolgen auf Grund von Anmeldungen sämmtlicher Gesellschafter (Art. 87 und 88 des Handelsgesetzbuchs). Auf die Anmeldung findet die Schlußbestimmung des §. 52 Anwendung.

§. 57.

In die vierte Kolonne des Registers sind ferner einzutragen:

1) das Ausscheiden oder die Ausschließung eines Gesellschafters (Art. 127 bis 130 des Handelsgesetzbuchs);
2) die Auflösung der Gesellschaft, und wenn dieselbe in Folge der Eröffnung des Konkurses über die Gesellschaft eingetreten ist, die Eröffnung

*) Daß die Gesellschaft eine offene sei, braucht weder in der Anmeldung, noch bei der Eintragung besonders hervorgehoben zu werden. Das Gesetz beruht auf dem Grundsatz, daß eine Handelsgesellschaft als eine offene zu gelten hat, sofern nicht das Gegentheil bestimmt beziehungsweise angemeldet und eingetragen ist.

des Konkurses (Art. 123—125, 129 a. a. O. und Art. 13 des Einführungsgesetzes); die Eintragung der Auflösung muß selbst dann geschehen, wenn die Gesellschaft durch Ablauf der Zeit, für welche sie eingegangen war, beendigt wird (Art. 129 des Handelsgesetzbuchs);

3) die nach der Auflösung der Gesellschaft kraft des Gesetzes eintretenden oder besonders bestellten Liquidatoren, das Austreten eines Liquidators oder das Erlöschen der Vollmacht eines solchen (Art. 133 und 135 des Handelsgesetzbuchs); vor der Eintragung eines Liquidators hat derselbe seine Unterschrift persönlich vor dem Gericht zu zeichnen oder die Zeichnung in beglaubigter Form einzureichen (Art. 135 des Handelsgesetzbuchs); eine Beschränkung des Umfangs der Geschäftsbefugnisse eines Liquidators ist weder von Amtswegen, noch auf Antrag einzutragen (Art. 138 des Handelsgesetzbuchs)*).

§. 58.

Die im §. 57 unter Ziffer 1, 2, 3 bemerkten Eintragungen erfolgen mittelst kurzer Bezeichnung der betreffenden Thatsachen auf Grund von Anmeldungen aller eingetragenen Gesellschafter. Auf die Anmeldungen findet die Schlußbestimmung des §. 52 Anwendung. Die Eintragungen können auch auf Grund von Anmeldungen einzelner Gesellschafter geschehen, insofern der Nachweis der betreffenden Thatsachen durch öffentliche Urkunden dergestalt geführt wird, daß ein rechtlich begründeter Widerspruch der übrigen Gesellschafter ausgeschlossen erscheint**).

Die im §. 57 unter Ziffer 2 erwähnte Eintragung der Konkurseröffnung geschieht von Amtswegen, sobald die Konkurseröffnung zur Anzeige gelangt (Art. 13 des Einführungsgesetzes). Ist der Konkurs von dem Gericht selbst eröffnet, so muß hiervon zu den Akten über das Gesellschaftsregister unverzüglich Mittheilung gemacht werden.

§. 59.

Ist ein Gesellschafter gestorben oder zur selbstständigen Vermögensverwaltung rechtlich unfähig geworden, so tritt in den Fällen der §§. 56—58 an Stelle seiner Anmeldung die seiner Erben oder Vertreter, welche ihre Legitimation nachzuweisen haben, wenn diese einem Bedenken unterliegt***).

§. 60.

Hat die Gesellschaft an einem anderen Orte oder in einer anderen Gemeinde

---

*) Im Art. 138 des Handelsgesetzbuchs ist vorgeschrieben, daß im Falle der Auflösung einer offenen Gesellschaft alle Gesellschafter als Liquidatoren eintreten, sofern nicht ein Anderes bestimmt ist. Fehlt es an einer solchen Bestimmung, so sind nach Art. 135 a. a. O. die bisherigen Gesellschafter als nunmehrige Liquidatoren in das Gesellschaftsregister einzutragen. (Vergl. Nürnberger Berathungs Protokolle S. 1013 und 1050.)

**) Das Handelsgesetzbuch spricht sich nicht darüber aus, von welchen Personen die Anmeldungen ausgehen müssen. Eine von allen Gesellschaftern ausgehende Anmeldung muß offenbar für genügend erachtet werden. Diese vorzuschreiben hat man aber bedenklich gefunden, ohne Zweifel, um für besondere Fälle den einzelnen Gesellschaftern das Recht zu wahren, die Eintragung auszuwirken. Wenn diese nicht von allen Gesellschaftern nachgesucht wird, so muß immer mit besonderer Vorsicht geprüft werden, ob aus den beigebrachten Urkunden auch mit Zuverlässigkeit erhelle, daß ein rechtlich begründeter Widerspruch der übrigen Gesellschafter sich nicht annehmen lasse. (Vergl. Nürnberger Berathungs-Protokolle S. 238—243.)

***) Der Tod oder die Unfähigkeit zur Vermögensverwaltung wird in der Regel die Auflösung der Gesellschaft nach sich ziehen (Art. 123); es kann aber auch in Gemäßheit der Bestimmungen des Gesellschaftsvertrags das Gegentheil stattfinden, so daß der §. 59 auf den Fall der Auflösung der Gesellschaft nicht zu beschränken war. Sind die Erben des verstorbenen Gesellschafters zufolge des Gesellschaftsvertrags an Stelle ihres Erblassers getreten, so liegt der Fall des Eintritts neuer Gesellschafter vor.

des Gerichts eine Zweigniederlassung, so kommt der §. 31 mit der Maßgabe zur Anwendung, daß bei der Eintragung der Gesellschaft in das Gesellschaftsregister in der dritten Kolonne neben dem Sitze der Gesellschaft auch der Ort der Zweigniederlassung anzugeben ist. Wird nach der Eintragung der Gesellschaft eine solche Zweigniederlassung errichtet oder aufgehoben, so ist dies auf Grund einer Anmeldung sämmtlicher Gesellschafter in die dritte Kolonne des Gesellschaftsregisters einzutragen (vergl. §. 32); für den Fall der Aenderung der Firma gilt auch die Bestimmung des §. 33. Wegen einer im Bezirk des Gerichts befindlichen Zweigniederlassung wird jedoch die Gesellschaft in keinem Falle unter einer besondern Nummer des Gesellschaftsregisters eingetragen.

Wenn die Gesellschaft in dem Bezirk eines anderen Gerichts eine Zweigniederlassung hat, so kommt der §. 34 mit der Maaßgabe zur Anwendung, daß für das Gesellschaftsregister gilt, was im §. 34 rücksichtlich des Firmenregisters bestimmt ist, und daß bei der Eintragung der Gesellschaft in das Gesellschaftsregister des Gerichts der Zweigniederlassung neben dem Sitze der Gesellschaft auch der Ort der Zweigniederlassung anzugeben ist (vergl. Anlage C. Nr. 2).

§. 61.

Für die Kommanditgesellschaften (Art. 150 des Handelsgesetzbuchs) gelten die §§. 52—60 mit folgenden Modifikationen (Art. 151—156, 163, 171, 172 des Handelsgesetzbuchs und Art. 13 des Einführungsgesetzes):

1) Die im §. 52 bezeichnete Anmeldung muß enthalten (Art 151 und 86 des Handelsgesetzbuchs):
   a) den Namen, Vornamen, Stand und Wohnort jedes persönlich haftenden Gesellschafters;
   b) den Namen, Vornamen, Stand und Wohnort jedes Kommanditisten mit der Bezeichnung desselben als solchen;
   c) die Firma der Gesellschaft und den Ort, wo sie ihren Sitz hat;
   d) den Betrag der Vermögenseinlage jedes Kommanditisten;
   e) die Bezeichnung der Gesellschaft als einer Kommanditgesellschaft;
   f) im Falle vereinbart ist, daß nur einer oder einige der persönlich haftenden Gesellschafter die Gesellschaft vertreten sollen, die Angabe, welcher oder welche dazu bestimmt sind, ingleichen ob das Recht nur in Gemeinschaft ausgeübt werden soll.
2) Die nach §. 54 erforderliche Zeichnung der Firma nebst Unterschrift erfolgt von einem jeden persönlich haftenden Gesellschafter, welcher die gesellschaft vertreten soll (Art. 153 des Handelsgesetzbuchs).
3) Wenn ein neuer Kommanditist in die Gesellschaft eintritt (§. 56), so ist derselbe bei der Eintragung als Kommanditist unter Angabe des Betrags seiner Vermögenseinlage ausdrücklich zu bezeichnen (Art. 156 des Handelsgesetzbuchs).
4) Wenn ein Kommanditist auch nur mit einem Theil seiner Einlage ausscheidet, so ist dies, gleich dem vollständigen Ausscheiden, nach Anleitung des §. 57 im Register zu vermerken (Art. 171 des Handelsgesetzbuchs).
5) Insoweit in den §§. 52—58 von sämmtlichen Gesellschaftern oder von einem einzelnen Gesellschafter die Rede ist (§§. 52, 56, 58), sind darunter bei einer Kommanditgesellschaft auch die Kommanditisten zu verstehen; es genügt jedoch an Stelle der Anmeldung sämmtlicher Gesellschafter die Anmeldung der persönlich haftenden Gesellschafter, wenn dieselbe zum Zweck der Eintragung in das Gesellschaftsregister des Gerichts einer Zweigniederlassung (§. 60) geschieht (Art. 152 des Handelsgesetzbuchs).

§. 62.

Eine Kommanditgesellschaft auf Aktien (Art. 173 des Handelsgesetzbuchs) wird in das Gesellschaftsregister des Gerichts, in dessen Bezirk sie ihren Sitz hat, auf Grund einer Anmeldung sämmtlicher persönlich haftender Gesellschafter eingetragen (Art. 177 a. a. O.).

§. 63.

Zur Vollständigkeit der Anmeldung gehört:

1) die Beibringung des gerichtlich oder notariell abgeschlossenen Gesellschaftsvertrags (Art. 174 a. a. O.);
2) die Bescheinigung, daß der gesammte Betrag des Kapitals der Kommanditisten durch Unterschriften gedeckt ist;
3) die Bescheinigung, daß mindestens ein Viertel des von jedem Kommanditisten gezeichneten Betrags von ihm eingezahlt ist;
4) der Nachweis, daß der Aufsichtsrath nach Inhalt des Vertrags in einer Generalversammlung der Kommanditisten gewählt ist (Art. 177 a. a. O.).

§. 64.

Der Nachweis der staatlichen Genehmigung zur Errichtung der Gesellschaft (Art. 174) ist nicht zu verlangen (Art. 10 des Einführungsgesetzes).

Die Anmeldung ist zurückzuweisen, wenn die vorzunehmende Prüfung (Art. 206 des Handelsgesetzbuchs) ergiebt:

1) daß der Gesellschaftsvertrag nicht die im Art. 175 des Handelsgesetzbuchs verzeichneten Bestimmungen vollständig enthält;
2) daß die Aktien oder Aktienantheile nicht sämmtlich auf Namen lauten oder nicht auf einen Betrag von mindestens 200 Thalern gestellt werden sollen (Art. 173 a. a. O.).

§. 65.

Die Eintragung der Kommanditgesellschaft auf Aktien in das Gesellschaftsregister erfolgt mittelst Aufnahme des Gesellschaftsvertrags.

Bei der Aufnahme des Gesellschaftsvertrags in das Gesellschaftsregister ist in der Art zu verfahren, daß in das Hauptregister nur ein Auszug, wie er bei der Eintragung der Gesellschaft in das Gesellschaftsregister des Gerichts einer Zweigniederlassung genügend ist (§. 71), eingetragen, dagegen eine vollständige Abschrift oder ein vollständiger Abdruck des Vertrags, welche von dem Sekretair zu beglaubigen sind, zu dem im zweiten Absatze des §. 49 bezeichneten Beilageband genommen wird. In dem Hauptregister ist die Stelle des Beilagebandes zu bezeichnen, wo die Abschrift oder der Abdruck des Vertrags sich findet.

Die Firma der Gesellschaft wird in die zweite Kolonne, der Sitz derselben in die dritte Kolonne, der übrige Inhalt des Auszugs und die Hinweisung auf den Beilageband in die vierte Kolonne des Hauptregisters eingetragen.

§. 66.

Die Eintragung der Gesellschaft darf erst geschehen, nachdem die persönlich haftenden Gesellschafter, welche die Gesellschaft vertreten sollen, die Firma der Gesellschaft nebst ihrer Namensunterschrift persönlich vor dem Gericht gezeichnet oder die Zeichnung in beglaubigter Form eingereicht haben (Art. 177 des Handelsgesetzbuchs).

§. 67.

Eine Abänderung des Gesellschaftsvertrags wird in die vierte Kolonne des Registers eingetragen.

Die Eintragung geschieht auf Grund einer Anmeldung sämmtlicher persönlich haftender Gesellschafter.

Zur Vollständigkeit der Anmeldung gehört die Beibringung des gerichtlich oder notariell abgeschlossenen abändernden Vertrags; dieser ist nach Maaßgabe des §. 65 in das Hauptregister im Auszuge, in den Beilageband vollständig aufzunehmen; der Nachweis der staatlichen Genehmigung desselben ist nicht zu verlangen (Art. 198 und 206 des Handelsgesetzbuchs und Art. 10 des Einführungsgesetzes). Ist durch den Vertrag die Firma oder der Sitz der Gesellschaft geändert, so wird die Aenderung in der zweiten beziehungsweise dritten Kolonne des Registers vermerkt.

Als eine Aenderung des Gesellschaftsvertrags ist es insbesondere anzusehen, wenn eine theilweise Zurückzahlung des Kapitals der Kommanditisten erfolgen soll (Art. 203 des Handelsgesetzbuchs).

§. 68.

In die vierte Kolonne des Registers sind ferner einzutragen:

1) die Auflösung der Kommanditgesellschaft (Art. 201 a. a. O.), und wenn dieselbe eine Folge der Eröffnung des Konkurses über die Gesellschaft ist, die Eröffnung des Konkurses (Art. 13 des Einführungsgesetzes), die Eintragung der Auflösung muß selbst dann geschehen, wenn die Gesellschaft durch Ablauf der Zeit, für welche sie eingegangen war, beendigt wird (Art. 201 des Handelsgesetzbuchs);
2) die nach der Auflösung der Gesellschaft kraft des Gesetzes eintretenden und die von der Generalversammlung der Kommanditisten gewählten Liquidatoren (Art. 205 a. a. O.), das Austreten eines Liquidators oder das Erlöschen der Vollmacht eines solchen; vor der Eintragung eines Liquidators hat derselbe seine Unterschrift persönlich vor dem Gericht zu zeichnen oder die Zeichnung in beglaubigter Form einzureichen; eine Beschränkung des Umfangs der Geschäftsbefugnisse eines Liquidators wird weder von Amtswegen, noch auf Antrag eingetragen (vergl. oben §. 57 unter Ziffer 3).

§. 69.

Die im § 68 unter Ziffer 1 und 2 bezeichneten Eintragungen erfolgen in der im §. 58 angegebenen Weise auf Grund von Anmeldungen der persönlich haftenden Gesellschafter oder deren Erben oder Vertreter. Die Anmeldung kann jedoch nur für genügend erachtet werden, wenn zugleich der Nachweis der betreffenden Thatsachen durch öffentliche Urkunden dergestalt geführt wird, daß ein rechtlich begründeter Widerspruch der Kommanditisten ausgeschlossen erscheint*).

Statt der Anmeldung der persönlich haftenden Gesellschafter genügt die Anmeldung des Aufsichtsraths der Gesellschaft oder eines einzelnen persönlich haftenden Gesellschafters oder dessen Erben oder Vertreter, wenn sowohl der vorerwähnte Nachweis, als rücksichtlich aller oder der übrigen persönlich haftenden Gesellschafter der im §. 58 bezeichnete Nachweis geführt wird.

Auf die im §. 68 unter Ziffer 1 erwähnte Eintragung der Konkurseröffnung findet die Bestimmung des letzten Absatzes des §. 58 Anwendung.

§. 70.

In Betreff der an einem anderen Orte oder in einer anderen Gemeinde des Gerichts befindlichen Zweigniederlassungen gelten die Bestimmungen des ersten Absatzes des §. 60 mit der Maaßgabe, daß an Stelle der Anmeldung aller Gesellschafter die der persönlich haftenden Gesellschafter tritt.

§. 71.

Für die Eintragung einer Kommanditgesellschaft auf Aktien in das Gesellschaftsregister des Gerichts, in dessen Bezirk dieselbe nicht ihren Sitz, sondern nur eine Zweigniederlassung hat, gelten folgende Bestimmungen:

1) Die Eintragung in das Gesellschaftsregister des Gerichts der Zweignieder-

---

*) Daß der Nachweis geführt werden müsse, ist zwar im Gesetze nicht ausdrücklich bestimmt, indeß im Artikel 201, welcher sich über die Anmeldung nicht näher erklärt, stillschweigend vorausgesetzt, und auch, wenn sämmtliche persönlich haftende Gesellschafter die Anmeldung bewirken, für nöthig zu erachten, um die Rechte der Kommanditisten zu schützen.

lassung findet erst statt, nachdem durch ein Attest des Gerichts des Sitzes der Gesellschaft nachgewiesen ist, daß die Eintragung in das Gesellschaftsregister des letzteren Gerichts geschehen ist (vergl. Art. 21 des Handelsgesetzbuchs); rücksichtlich der Nothwendigkeit, der Firma einen Zusatz beizufügen, gilt die Bestimmung des §. 34.

2) Die Eintragung der Gesellschaft in das Gesellschaftsregister des Gerichts der Zweigniederlassung erfolgt auf Grund einer bloßen Anmeldung sämmtlicher persönlich haftender Gesellschafter, nachdem diejenigen derselben, welche die Gesellschaft vertreten sollen, die Firma nebst ihrer Namensunterschrift persönlich vor dem Gericht gezeichnet oder die Zeichnung in beglaubigter Form eingereicht haben. Die Anmeldung muß enthalten (Art. 179, 176, 151, 152, 85 des Handelsgesetzbuchs):

a) das Datum des Gesellschaftsvertrags,
b) den Namen, Vornamen, Stand und Wohnort jedes persönlich haftenden Gesellschafters,
c) die Firma der Gesellschaft und den Ort, wo sie ihren Sitz hat, sowie den Ort, wo die Zweigniederlassung sich befindet,
d) die Bezeichnung der Gesellschaft als einer Kommanditgesellschaft auf Aktien,
e) die Zahl und den Betrag der Aktien und Aktienantheile,
f) die Form, in welcher die von der Gesellschaft ausgehenden Bekanntmachungen erfolgen, so wie die öffentlichen Blätter, in welche dieselben aufzunehmen sind,
g) im Falle vereinbart ist, daß nur einer oder einige der persönlich haftenden Gesellschafter die Gesellschaft vertreten sollen, die Angabe, welcher oder welche dazu bestimmt sind, ingleichen ob das Recht gemeinschaftlich ausgeführt werden soll.

Der Beibringung des Gesellschaftsvertrags und der im §. 63 erwähnten Bescheinigungen und Nachweisungen bedarf es nicht. Die Eintragung der Gesellschaft wird mittelst vollständiger Aufnahme des Inhalts der Anmeldung bewirkt. Die Firma der Gesellschaft wird in die zweite Kolonne, der Sitz derselben und der Ort der Zweigniederlassung in die dritte Kolonne, der übrige Inhalt der Anmeldung in die vierte Kolonne des Registers eingetragen.

3) Eine Abänderung des Gesellschaftsvertrags wird in derselben Weise auf Grund einer, den abändernden Vertrag nur im Auszug enthaltenden Anmeldung der persönlich haftenden Gesellschafter in der zweiten beziehungsweise dritten oder vierten Kolonne des Registers vermerkt (Art. 198 des Handelsgesetzbuchs).

4) Die übrigen Eintragungen erfolgen nach Maaßgabe der §§. 68 und 69.

§. 72.

Eine Aktiengesellschaft (Art. 207 des Handelsgesetzbuchs) wird in das Gesellschaftsregister des Orts, in dessen Bezirk sie ihren Sitz hat, auf Grund einer Anmeldung des Vorstandes der Gesellschaft eingetragen.

§. 73.

Zur Vollständigkeit der Anmeldung gehört:

1) die Beibringung des gerichtlich oder notariell abgeschlossenen Gesellschaftsvertrags (Art. 208 a. a. O.);
2) die Beibringung der Urkunde über die landesherrliche Genehmigung (Art. 208 a. a. O. und Art. 12 §. 1 des Einführungsgesetzes).

§. 74.

Die Eintragung der Gesellschaft in das Gesellschaftsregister wird mittelst

Aufnahme des Gesellschaftsvertrags und der landesherrlichen Genehmigungsurkunde bewirkt.

Bei der Aufnahme des Gesellschaftsvertrags und der Genehmigungsurkunde ist in der Art zu verfahren, daß in das Hauptregister nur ein Auszug, wie er bei der Eintragung der Gesellschaft in das Gesellschaftsregister des Gerichts einer Zweigniederlassung genügend ist (§. 79), eingetragen, dagegen eine vollständige Abschrift oder ein vollständiger Abdruck des Vertrags und der Genehmigungsurkunde, welche von dem Sekretair zu beglaubigen sind, zu dem im zweiten Absatze des §. 49 bezeichneten Beilagebande genommen wird. In dem Hauptregister ist die Stelle des Beilagebandes zu bezeichnen, wo die Abschrift oder der Abdruck des Vertrags und der Genehmigungsurkunde sich findet. Die Firma der Gesellschaft wird in die zweite Kolonne, der Sitz derselben in die dritte Kolonne, der übrige Inhalt des Auszugs und die Hinweisung auf den Beilageband in die vierte Kolonne des Hauptregisters eingetragen.

§. 75.

Die Eintragung eines Beschlusses der Generalversammlung der Aktionaire, welcher die Fortsetzung der Gesellschaft oder eine Abänderung der Bestimmungen des Gesellschaftsvertrages zum Gegenstande hat, erfolgt auf Grund einer Anmeldung des Vorstandes der Gesellschaft und nach Beibringung der gerichtlichen oder notariellen Beurkundung des Beschlusses, sowie der Urkunde über die landesherrliche Genehmigung.

Der Beschluß und die Genehmigungsurkunde sind nach Maaßgabe des §. 74 in das Hauptregister im Auszuge, in den Beilageband vollständig aufzunehmen. Ist durch den Beschluß die Firma oder der Sitz der Gesellschaft geändert, so wird die Aenderung in der zweiten beziehungsweise dritten Kolonne des Registers vermerkt.

Als ein Beschluß, welcher die Abänderung des Gesellschaftsvertrags zum Gegenstande hat, gilt auch derjenige, wonach eine theilweise Zurückzahlung des Grundkapitals an die Aktionaire eintreten soll (Art. 248 des Handelsgesetzbuchs).

§. 76.

In die vierte Kolonne des Registers sind ferner mittelst kurzer Vermerke (vgl. §. 56) einzutragen:

1) die jeweiligen Mitglieder des Vorstandes der Gesellschaft; vor der Eintragung eines Mitgliedes des Vorstandes hat dasselbe seine Unterschrift vor dem Gericht zu zeichnen oder die Zeichnung derselben in beglaubigter Form einzureichen (Art. 228 des Handelsgesetzbuchs),
2) die Auflösung der Gesellschaft, und wenn dieselbe eine Folge der Eröffnung des Konkurses über die Gesellschaft ist, die Eröffnung des Konkurses (Art. 243 des Handelsgesetzbuchs und Art. 13 des Einführungsgesetzes);
3) die nach der Auflösung eintretenden Liquidatoren, das Austreten eines Liquidators oder das Erlöschen der Vollmacht eines solchen; eine Beschränkung des Umfangs der Geschäftsbefugnisse der Liquidatoren wird weder von Amtswegen, noch auf Antrag eingetragen. Ein Liquidator hat vor der Eintragung seine Unterschrift vor Gericht zu zeichnen oder die Zeichnung in beglaubigter Form einzureichen (Art. 244 des Handelsgesetzbuchs).

§. 77.

Die im §. 76 unter Ziffer 1—3 bezeichneten Eintragungen erfolgen auf Grund von Anmeldungen des Vorstandes (Art. 228, 243, 244 des Handelsgesetzbuchs); in den Fällen unter Ziffer 1 ist die Legitimation des einzutragenden Mitgliedes des Vorstandes beizubringen (Art. 228 a. a. O.), in den Fällen unter Ziffer 2 hat der Vorstand den Grund der Auflösung anzugeben. Ist die

Auflösung eine Folge der Vereinigung der Gesellschaft mit einer anderen Aktiengesellschaft, so ist die landesherrliche Genehmigungsurkunde beizubringen (Art. 247 des Handelsgesetzbuchs und Art. 12 §. 1 des Einführungsgesetzes); bei der Eintragung der Auflösung wird in diesem Falle bemerkt, daß die Auflösung durch Vereinigung mit der anderen Gesellschaft eingetreten sei; bei der anderen Gesellschaft ist die Vereinigung nach Anleitung des §. 75 in das Gesellschaftsregister einzutragen.

Auf die im §. 76 unter Ziffer 2 erwähnte Eintragung der Konkurseröffnung findet die Bestimmung im letzten Absatze des §. 58 Anwendung.

§. 78.

In Betreff der an einem anderen Orte oder in einer anderen Gemeinde des Gerichts befindlichen Zweigniederlassungen gelten die Bestimmungen des ersten Absatzes des §. 60 mit der Maaßgabe, daß an Stelle der Anmeldung aller Gesellschafter die des Vorstandes tritt.

§. 79.

Für die Eintragung einer Aktiengesellschaft in das Gesellschaftsregister des Gerichts, in dessen Bezirk dieselbe nicht ihren Sitz, sondern nur eine Zweigniederlassung hat, gelten folgende Bestimmungen:

1) Die Eintragung in das Gesellschaftsregister des Gerichts der Zweigniederlassung findet nicht statt, bevor durch ein Attest des Gerichts des Sitzes der Gesellschaft nachgewiesen ist, daß die Eintragung in das Gesellschaftsregister des letzteren Gerichts geschehen ist (vergl. Art. 21 des Handelsgesetzbuchs).

2) Die Eintragung der Gesellschaft in das Gesellschaftsregister des Gerichts der Zweigniederlassung erfolgt auf Grund einer bloßen Anmeldung des Vorstandes der Gesellschaft. Die Anmeldung muß enthalten:

a) das Datum des Gesellschaftsvertrags und der Genehmigungsurkunde;

b) die Firma und den Sitz der Gesellschaft;

c) den Gegenstand und die Zeitdauer des Unternehmens;

d) die Höhe des Grundkapitals und der einzelnen Aktien oder Aktientheile;

e) die Eigenschaft derselben, ob sie auf Inhaber oder auf Namen gestellt sind;

f) die Form, in welcher die von der Gesellschaft ausgehenden Bekanntmachungen erfolgen, sowie die öffentlichen Blätter, in welche dieselben aufzunehmen sind.

Ist im Gesellschaftsvertrage eine Form bestimmt, in welcher der Vorstand seine Willenserklärungen kundgiebt und für die Gesellschaft zeichnet, so ist auch diese Bestimmung aufzunehmen. Der Beibringung des Gesellschaftsvertrags und der Genehmigungsurkunde bedarf es nicht. Die Eintragung der Gesellschaft wird mittelst vollständiger Aufnahme des Inhalts der Anmeldung bewirkt; die Firma der Gesellschaft wird in die zweite Kolonne, der Sitz derselben und der Ort der Zweigniederlassung in die dritte Kolonne, der übrige Inhalt der Anmeldung in die vierte Kolonne des Registers eingetragen (Art. 212 des Handelsgesetzbuchs).

3) Der Beschluß, welcher die Fortsetzung der Gesellschaft oder eine Abänderung der Bestimmungen des Gesellschaftsvertrags zum Gegenstand hat (§. 75), wird in derselben Weise auf Grund einer den Beschluß und die Genehmigungsurkunde nur im Auszuge enthaltenden Anmeldung in der zweiten, beziehungsweise dritten oder vierten Kolonne des Registers vermerkt (Art. 214 des Handelsgesetzbuchs).

4) Die übrigen Eintragungen erfolgen nach Maaßgabe der §§. 76 und 77.

§. 80.

Vor der Eintragung der Firma einer offenen Handelsgesellschaft, einer Kommanditgesellschaft und einer Kommanditgesellschaft auf Aktien ist die Zulässigkeit der Führung der Firma nach Maaßgabe des §. 22 zu prüfen*).

Inwiefern eine Person, welche durch Handelsgeschäfte sich nicht verpflichten kann, als Mitglied einer offenen Handelsgesellschaft oder als persönlich haftendes Mitglied einer Kommanditgesellschaft oder einer Kommanditgesellschaft auf Aktien in das Gesellschaftsregister eingetragen werden könne, bestimmt sich nach dem §. 29. Als Kommanditist einer Kommanditgesellschaft kann dieselbe eingetragen werden, wenn die Erfordernisse nachgewiesen sind, von welchen nach den Gesetzen die Rechtsbeständigkeit eines für sie eingegangenen, auf Erwerb gerichteten Gesellschaftsvertrags abhängt**).

Für die Anmeldungen solcher Personen sind die Bestimmungen des §. 29 maaßgebend.

§. 81.

Ist die Verlegung des Sitzes einer Handelsgesellschaft nach einem Orte außerhalb des Bezirks des Gerichts in das Gesellschaftsregister eingetragen und besteht im Bezirk des Gerichts auch keine Zweigniederlassung fort, so ist in Bezug auf die weitere Führung des Registers die Gesellschaft als erloschen anzusehen (vergl. §. 27).

§. 82.

Der Sekretair hat zu dem Gesellschaftsregister ein nach den Firmen geordnetes alphabetisches Verzeichniß der darin eingetragenen Handelsgesellschaften unter Bezugnahme auf die Nummer des Registers zu führen.

Fünfter Abschnitt.

Von dem im Geltungsbereiche des Allgemeinen Landrechts zu führenden Register zur Eintragung der Ausschließung oder Aufhebung der ehelichen Gütergemeinschaft.

(Art. 20 des Einführungsgesetzes; Th. II. Tit. 1. §. 423 des Allg. Landrechts).

§. 83.

Das Register zur Eintragung der Ausschließung oder der Aufhebung der ehelichen Gütergemeinschaft wird nach dem als Anlage D. beigedruckten Formular geführt.

§. 84.

Da die Führung dieses Registers nur in dem Art. 20 des Einführungsgesetzes sich gründet, dieser Artikel aber sich darauf beschränkt, die Vorschrift des §. 423 Th. II. Tit. 1 des Allg. Landrechts, wonach „bei Kaufleuten in Handelsstädten die Ausschließung oder Aufhebung der ehelichen Gemeinschaft der Güter oder des Erwerbs außer der gewöhnlichen Bekanntmachung noch auf der Börse oder durch die Kaufmannsältesten bekannt gemacht werden soll", durch die Bestimmung zu ersetzen, „daß bei denjenigen Personen, welche nach Art. 4 des Handelsgesetzbuchs als Kaufleute anzusehen seien, jedoch mit Ausschluß der im

---

*) Die Nichtbeachtung der Vorschrift im zweiten Absatze des Art. 24 des Handelsgesetzbuchs kann, wenn die Gesellschaft durch den Austritt des Gesellschafters, dessen Name in der Firma enthalten ist, nicht aufgelöst wird, das Gericht nur zum Einschreiten nach Maaßgabe des Art. 26 veranlassen.

**) Ein persönlich haftender Handelsgesellschafter ist als eine Person anzusehen, welche den Handel unmittelbar betreibt; dies läßt sich von einem Kommanditisten nicht behaupten.

Art. 10 des Handelsgesetzbuchs bezeichneten, die Ausschließung oder Aufhebung der ehelichen Gemeinschaft der Güter oder des Erwerbs in das Handelsregister einzutragen und nach Maaßgabe des Art. 13 des Handelsgesetzbuchs veröffentlicht werden müsse", so sind die bisherigen Gesetze über die den Gerichten obliegende Verpflichtung, die öffentliche Bekanntmachung der Ausschließung oder Aufhebung der ehelichen Gütergemeinschaft von Amtswegen oder auf Antrag zu bewirken, für die Beurtheilung maaßgebend, in welchen Fällen und unter welchen Voraussetzungen bei Kaufleuten im Sinne des Handelsgesetzbuchs mit Ausschluß der im Art. 10 bezeichneten Personen die Eintragung der Ausschließung oder Aufhebung der ehelichen Gütergemeinschaft in das Register anzuordnen sei (vergl. Allg. Landrecht Th. II. Tit. 1. §§. 422, 425, 426, Th. II. Tit. 18 §§. 780 ff.; Allg. Gerichts-Ordnung Th. II. Tit. 3 §. 19 und Ges. vom 20. März 1837, Gesetz-Samml. S. 63).

Die Eintragungen sind nach der Zeitfolge der sie anordnenden Verfügungen zu bewirken.

§. 85.

Bei der Eintragung der Ausschließung oder Aufhebung der ehelichen Gütergemeinschaft ist in der zweiten Kolonne des Registers der Name, Vorname, Stand und Wohnort des Ehemannes, in der dritten Kolonne des Registers das rücksichtlich der Gütergemeinschaft bestehende Rechtsverhältniß, ob die Gütergemeinschaft ausgeschlossen oder aufgehoben sei u. dergl., unter Bezeichnung der Ehefrau, anzugeben.

In derselben Weise geschieht die Eintragung, wenn von den Ehegatten, für welche die Gütergemeinschaft ausgeschlossen oder aufgehoben ist, die Ehefrau zu den Kaufleuten gehört (eine Handelsfrau ist, Art. 6 des Handelsgesetzbuchs).

§. 86.

Geht der Ehemann mit Tode ab, so hat das Gericht dies in der vierten Kolonne des Registers, sobald der Todesfall ihm zuverlässig bekannt wird, von Amtswegen zu vermerken.

§. 87.

Der Sekretair hat zu dem Register ein alphabetisches Verzeichniß der darin eingetragenen Ehemänner unter Bezugnahme auf die Nummern des Registers zu führen.

Sechster Abschnitt.

Von dem Verfahren, betreffend die Verpflichtung der Gerichte, die Betheiligten zu Befolgung der gesetzlichen Anordnungen über die Anmeldung zur Eintragung in das Handelsregister und über die Zeichnung oder Einreichung der Zeichnung der Firmen und Unterschriften von Amtswegen anzuhalten.

(Art. 5 bis 7 des Einführungsgesetzes.)

§. 88.

Das Gericht, welches das Handelsregister führt, hat in der in dem Art. 5 des Einführungsgesetzes bezeichneten Weise einzuschreiten:

1) gegen den Kaufmann, welcher im Bezirk des Gerichts seine Handelsniederlassung oder eine Zweigniederlassung hat, sofern er unterläßt, seine Firma oder die Aenderung oder das Erlöschen derselben oder die Aenderung der Inhaber anzumelden oder die Firma nebst seiner persönlichen Unterschrift vor dem Gericht zu zeichnen oder die Zeichnung derselben in beglaubigter Form einzureichen (Art. 19, 21, 25, 26 des Handelsgesetzbuchs),
2) gegen den Prinzipal, welcher für seine im Bezirk des Gerichts befindliche

Handelsniederlassung einen Prokuristen bestellt hat, sofern er unterläßt, die Ertheilung der Prokura oder das Erlöschen derselben anzumelden, sowie gegen den Prokuristen, welcher unterläßt, die Firma nebst seiner Unterschrift persönlich vor dem Gericht zu zeichnen oder die Zeichnung derselben in beglaubigter Form einzureichen (Art. 45 des Handelsgesetzbuchs). Ist der Prinzipal eine Handelsgesellschaft, so findet das Einschreiten statt: bei einer offenen Handelsgesellschaft gegen sämmtliche Gesellschafter, welche von der Geschäftsführung nicht ausgeschlossen sind, bei einer Kommanditgesellschaft und bei einer Kommanditgesellschaft auf Aktien gegen sämmtliche persönlich haftende Gesellschafter, welche von der Geschäftsführung nicht ausgeschlossen sind, bei einer Aktiengesellschaft gegen die Mitglieder des Vorstandes*);

3) gegen sämmtliche Mitglieder einer offenen Handelsgesellschaft, welche im Bezirk des Gerichts ihren Sitz oder eine Zweigniederlassung hat, sofern sie unterlassen, die Errichtung der Gesellschaft, die Aenderung der Firma oder die Verlegung des Sitzes derselben, den Eintritt eines neuen Gesellschafters, die einem Gesellschafter nachträglich ertheilte oder entzogene Befugniß, die Gesellschaft zu vertreten, das Ausscheiden oder die Ausschließung eines Gesellschafters, die Auflösung der Gesellschaft, sofern sie nicht eine Folge der Konkurseröffnung ist, die nach der Auflösung eingetretenen Liquidatoren und das Austreten eines Liquidators, oder das Erlöschen der Vollmacht eines solchen anzumelden; ferner gegen die zur Vertretung der Gesellschaft berufenen Gesellschafter, sofern sie unterlassen, die Firma nebst ihrer Namensunterschrift persönlich vor dem Gericht zu zeichnen oder die Zeichnung derselben in beglaubigter Form einzureichen (Art. 86—89, 129, 135 des Handelsgesetzbuchs);

4) gegen sämmtliche persönlich haftende Mitglieder einer Kommanditgesellschaft, welche im Bezirk des Gerichts ihren Sitz oder eine Zweigniederlassung hat, insofern sie unterlassen, eine der unter der Ziffer 3 bezeichneten Anmeldungen, einschließlich der des Eintritts oder Austritts eines Kommanditisten und der des Ausscheidens eines Kommanditisten nur mit einem Theile seiner Einlage, zu bewirken; ferner gegen die zur Vertretung der Gesellschaft berufenen persönlich haftenden Gesellschafter, sofern sie unterlassen, die Firma nebst ihrer Namensunterschrift persönlich vor Gericht zu zeichnen oder die Zeichnung derselben in beglaubigter Form einzureichen (Art. 151—156, 171, 172 des Handelsgesetzbuchs);

5) gegen sämmtliche persönlich haftende Mitglieder einer Kommanditgesellschaft auf Aktien, welche im Bezirk des Gerichts eine Zweigniederlassung hat, insofern sie unterlassen, die Errichtung der Gesellschaft oder die Abänderung des Gesellschaftsvertrags anzumelden, und außerdem gegen diejenigen persönlich haftenden Gesellschafter, welche die Gesellschaft zu vertreten berufen sind, insofern sie unterlassen, die Firma nebst ihrer Namensunterschrift persönlich vor dem Gericht zu zeichnen oder die Zeichnung derselben in beglaubigter Form einzureichen; ferner gegen die persönlich haftenden Mitglieder einer Kommanditgesellschaft auf Aktien, die in dem Bezirk des Gerichts ihren Sitz oder eine Zweigniederlassung hat, insofern sie unterlassen, die Auflösung der Gesellschaft, die nicht Folge der Konkurseröffnung ist, und die nach der Auflösung eintretenden Liqui-

---

*) Die Anmeldung einer Prokura ist ein Akt der Geschäftsführung, weshalb gegen diejenigen nicht eingeschritten werden kann, welche an der Geschäftsführung keinen Theil haben.

datoren, den Austritt eines Liquidators und das Erlöschen der Vollmacht eines solchen anzumelden (Art. 179, 198, 201, 203, 205 des Handelsgesetzbuchs*);

6) gegen die Mitglieder des Vorstandes einer Aktiengesellschaft, welche im Bezirk des Gerichts ihren Sitz oder eine Zweigniederlassung hat, insofern sie unterlassen, ihre Bestellung, eine bei ihnen eingetretene Aenderung, die Auflösung der Gesellschaft, die nicht Folge der Konkurseröffnung ist, und die nach der Auflösung eingetretenen Liquidatoren, sowie das Austreten eines Liquidators oder das Erlöschen der Vollmacht eines solchen anzumelden und ihre Unterschrift vor Gericht zu zeichnen oder die Zeichnung derselben in beglaubigter Form einzureichen; ferner gegen die Mitglieder des Vorstandes einer Aktiengesellschaft, welche in dem Bezirk des Gerichts eine Zweigniederlassung hat, insofern sie unterlassen, die Errichtung der Gesellschaft oder die Abänderung des Gesellschaftsvertrags anzumelden (Art. 212, 214, 228, 233, 243, 244, 247 des Handelsgesetzbuchs.**)

§. 89.

Auf eine Anmeldung oder auf die Zeichnung oder die Einreichung der Zeichnung einer Firma und Unterschrift, welche nicht in der vorgeschriebenen Form geschehen ist (Art. 4 des Einführungsgesetzes), kann der Betheiligte sich nicht berufen.

§. 90.

Wird für Personen, welche durch Handelsgeschäfte sich nicht verpflichten können, der Handel durch Vertreter betrieben (§§. 29 und 80), so findet das Einschreiten gegen die letzteren statt.

Wenn es sich um die Anmeldung des Erlöschens einer Prokura oder einer Firma oder um die Anmeldung der Auflösung einer offenen oder einer Kommanditgesellschaft, oder einer Kommanditgesellschaft auf Aktien handelt und die betreffende Person mit Tode abgegangen oder zur selbstständigen Vermögensverwaltung rechtlich unfähig geworden ist, so wird gegen die Erben oder Vertreter derselben eingeschritten***).

§. 91.

Das Gericht hat gegen den Betheiligten einzuschreiten, auch wenn derselbe in dessen Bezirk nicht den Wohnsitz hat.

Hält das Gericht vor dem Einschreiten noch eine nähere Ermittelung für

---

*) Die Errichtung einer Kommanditgesellschaft auf Aktien, sowie eine Abänderung des Gesellschaftsvertrages müssen zwar auch in das Handelsregister des Gerichts, in dessen Bezirk die Gesellschaft ihren Sitz hat, und zwar zunächst eingetragen werden (Art. 176, 198, 21 des Handelsgesetzbuchs).

Daß zu den betreffenden Anmeldungen von Amtswegen anzuhalten sei, ist aber nicht vorgeschrieben. Der Grund liegt in den Bestimmungen, wonach die Eintragung in das Handelsregister dieses Gerichts die rechtliche Wirksamkeit des Gesellschaftsvertrags oder des abändernden Vertrags bedingt (Art. 178, 198 a. a. O.). Der Grund trifft nicht zu im Fall der Auflösung der Gesellschaft. Es muß daher auch das Gericht, in dessen Bezirk die Gesellschaft ihren Sitz hat, zur Anmeldung der Auflösung anhalten können. Obschon dies im Gesetze nicht ausdrücklich bestimmt ist (Art. 201 a. a. O.), so ergiebt es sich doch aus der Natur der Sache, aus dem Art. 171 und auch aus dem Art. 243, in welchem es für die Aktiengesellschaft besonders bestimmt ist.

**) Wegen des nicht eintretenden Zwanges zur Anmeldung der Errichtung der Gesellschaft und der Abänderung des Gesellschaftsvertrags bei dem Gericht, in dessen Bezirk die Gesellschaft ihren Sitz hat, vergl. die vorhergehende Note uud die Art. 211 und 214 des Handelsgesetzbuchs.

***) In Betreff anderer Anmeldungen genügt die Vorschrift des ersten Absatzes dieses Paragraphen.

nöthig, so hat es dieselbe nach Maaßgabe des §. 8 Art. 5 des Einführungsgesetzes zu bewirken.

§. 92.

Die Verfügung, mittelst welcher das Einschreiten beginnt (§. 1 a. a. O.), und jede dieselbe erneuernde Verfügung (§. 2 und §. 6 Abs. 3 a. a. O.) ist dem Betheiligten nach den Vorschriften über die Insinuation von gerichtlichen Verfügungen in Civilprozessen zuzustellen, und der Behändigungsschein zu den Akten zu bringen.

§. 93.

Wird die angedrohte Ordnungsstrafe festgesetzt, weil innerhalb der bestimmten Frist weder die Verfügung erledigt, noch Einspruch dawider erhoben ist, so hat es bei dieser Festsetzung sein Bewenden, auch wenn in Folge Erneuerung der Verfügung der Betheiligte später sich rechtfertigt (§. 2. a. a. O.).

§. 94.

Wenn aus dem rechtzeitig eingegangenen Einspruch des Betheiligten, allenfalls nach näheren Ermittelungen (§. 8 a. a. O.) dessen Rechtfertigung sich ergiebt, so hat das Gericht die Verfügung aufzuheben und den Betheiligten davon in Kenntniß zu setzen.

§. 95.

Die Anberaumung des Audienztermins findet statt in Folge Einspruchs, welcher zur Rechtfertigung des Betheiligten nicht für genügend befunden ist (§. 3. a. a. O.).

§. 96.

Der Audienztermin wird vor der Deputation zur Verhandlung und Entscheidung der im mündlichen Verfahren kollegialisch zu verhandelnden Civilprozesse oder vor einer dieser Deputationen anberaumt, sollte die angedrohte Ordnungsstrafe auch weniger als 50 Thaler betragen.

Der Betheiligte ist zu dem Termin nach den Vorschriften über die Ladung zu Audienzterminen in Civilprozessen vorzuladen.

Die Verhandlung im Termin wird durch eine mündliche Darstellung der Sachlage von einem aus den Mitgliedern des Gerichts zu bestellenden Referenten eingeleitet. Das weitere Verfahren bestimmt sich nach den Vorschriften über die Verhandlung und Entscheidung der zur mündlichen Verhandlung gediehenen Civilprozesse mit den Abweichungen, welche aus der Natur der Sache und daraus sich ergeben, daß das Gericht befugt ist, bis zur schließlichen Entscheidung neue Thatsachen und Beweise zuzulassen, auch von Amtswegen nähere Ermittelungen des Sachverhältnisses und Beweiserhebungen unter Benachrichtigung des Betheiligten zu beschließen, sowie mit der Beweisaufnahme, insbesondere der Abhörung von Zeugen, im Audienztermin selbst zu verfahren (§§. 3 und 8 a. a. O.).

§. 97.

Die schließliche Entscheidung, wohin auch diejenige gehört, welche gegen den Betheiligten im Fall des Nichterscheinens im Audienztermin erlassen wird (§. 4 a. a. O.), ergeht in der Form des Erkenntnisses; sie wird nach den Vorschriften über die Publikation und Insinuation der Erkenntnisse in Civilprozessen dem Betheiligten publizirt und insinuirt; die zu Gunsten des Betheiligten erfolgende Entscheidung ist in der Weise abzufassen, daß die Aufhebung der die Strafe androhenden Verfügung ausgesprochen wird.

§. 98.

Wenn der Betheiligte sich nicht gerechtfertigt, die Verhältnisse sich aber später dergestalt geändert haben, daß die Verfügung dadurch erledigt erscheint, z. B. wenn der nicht angemeldete Prokurist im Laufe des Verfahrens gestorben ist, so wird gleichwohl die angedrohte Strafe festgesetzt, und es unterbleibt nur die Erneuerung der Verfügung (§. 4 a. a. O.).

§. 99.

Wird von dem Betheiligten gegen die verurtheilende Entscheidung Beschwerde an das Appellationsgericht erhoben, so gehört die Verhandlung und Entscheidung vor die Deputation des Civilsenats für Civil-Appellationssachen oder vor eine dieser Deputationen, sollte die festgesetzte Strafe auch weniger als 50 Thaler betragen.

Die Bestimmungen der §§. 96—98 kommen auch im Beschwerdeverfahren zur Anwendung (Art 5 §. 5 des Einführungsgesetzes).

§. 100.

Die festgesetzten Ordnungsstrafen werden von den Gerichten zu den Salarienkassen eingezogen, welchen sie verbleiben, ohne daß ihre Abführung an den Unterstützungsfond für hülfsbedürftige Kinder verstorbener Justizbeamten erfolgt (vergl. Just.-Minist.-Bl. von 1852 S. 370, 371 und von 1856 S. 195).

§. 101.

Die §§. 91—100 kommen mit den Abweichungen, welche aus dem Art. 6 des Einführungsgesetzes sich ergeben, auch in dem Falle zur Anwendung, wenn das Gericht auf Grund des Art. 26 des Handelsgesetzbuchs gegen denjenigen einschreitet, welcher sich einer nach den Vorschriften des dritten Titels des ersten Buchs des Handelsgesetzbuchs ihm nicht zustehenden Firma bedient. In Gemäßheit des Art. 6 des Einführungsgesetzes kann in einem solchen Falle eine Ordnungsstrafe nicht anders festgesetzt werden, als nach Ansetzung des Audienztermins, welcher anberaumt werden soll, wenn das Gericht glaubhaft in Erfahrung bringt, daß der die Strafe androhenden Verfügung nach der Zustellung zuwider gehandelt ist. Es wird hierdurch nicht ausgeschlossen, daß das Gericht in Folge einer Vorstellung des Betheiligten, allenfalls nach näherer Ermittelung, ohne Anberaumung eines Audienztermins die Verfügung aufhebt und den Betheiligten davon in Kenntniß setzt.

Siebenter Abschnitt.

Von der im Geltungsbereich des Allgemeinen Landrechts eintretenden Verbindung des Handelsregisters mit dem Hypothekenbuch.

(Art. 23 des Einführungsgesetzes.)

§. 102.

Soll eine Eintragung in das Hypothekenbuch auf den Namen einer Handelsgesellschaft erfolgen, so muß nicht allein die vorherige Eintragung der Gesellschaft in das Handelsregister nachgewiesen werden (Art. 23 §. 1 des Einführungsgesetzes), sondern es ist außerdem nach den allgemeinen, für die Führung des Hypothekenbuchs geltenden Grundsätzen durch öffentliche Urkunden der Nachweis zu liefern, daß gerade für die Gesellschaft erworben und diese die Eigenthümerin oder die Berechtigte geworden sei. Wird also z. B. die Umschreibung eines auf den Namen eines Gesellschafters eingetragenen Grundstücks auf den Namen der Gesellschaft nachgesucht, so ist durch eine öffentliche Urkunde nachzuweisen, daß der Gesellschafter dasselbe der Gesellschaft überlassen habe (vergl. Art. 91 des Handelsgesetzbuchs).

§. 103.

Die Schlußbestimmung des §. 1 des Art. 23 des Einführungsgesetzes ist nicht dahin zu verstehen, daß der Hypothekenrichter berechtigt und verpflichtet wäre, von Amtswegen eine Veränderung der Firma oder des Sitzes der Gesellschaft in das Hypothekenbuch einzutragen. Es ist dadurch nur bestimmt, daß, wenn eine solche Aenderung bei einem späteren Eintragungsgesuche ermittelt wird, zur Beseitigung künftiger Zweifel rücksichtlich der Identität, die neue Eintragung nicht eher geschehen darf, als bis die Veränderung aus dem Handelsregister nachgewiesen und im Hypothekenbuch in der ersten Rubrik historisch vermerkt ist.

§. 104.

Die im §. 2 Art. 23 des Einführungsgesetzes enthaltene Vorschrift bezieht sich nur auf den Nachweis der Legitimation desjenigen, welcher im Namen der Gesellschaft verfügt hat, befreit also den Hypothekenrichter nicht von der Verpflichtung, nach den sonst geltenden Vorschriften zu prüfen, ob die Eintragung der Verfügung zulässig sei, insbesondere, ob in der That im Namen der Gesellschaft verfügt worden, ob die Verfügung selbst in glaubhafter Form nachgewiesen sei und ob sie in materieller Beziehung zu keinem Bedenken Anlaß gebe.

Ueber die Befugniß, im Namen einer Handelsgesellschaft über das Vermögen derselben mit rechtlicher Wirkung zu verfügen, worauf der §. 2 Artikel 23 des Einführungsgesetzes Bezug hat, sind zu vergleichen: Art. 114—116, 133—138, 157, 167, 172, 205, 230, 231, 244 des Handelsgesetzbuchs und Art. 12 §. 6 des Einführungsgesetzes.

§. 105.

Der im §. 3 Artikel 23 des Einführungsgesetzes bezeichneten Nachweisungen bedarf es nicht, wenn das Handelsregister und das Hypothekenbuch von demselben Gericht geführt wird und der Hypothekenrichter durch Einsicht des Handelsregisters von der Richtigkeit der betreffenden Thatsachen Ueberzeugung erlangt.

Achter Abschnitt.

Von der Eintragung der älteren Firmen, Handelsgesellschaften und Prokuren in das Handelsregister.

(Art. 62—69 des Einführungsgesetzes.)

§. 106.

Bei der Eintragung der Firmen derjenigen Kaufleute, welche bereits vor dem 1. März 1862 ihren Geschäftsbetrieb begonnen haben, ist nach den Vorschriften des ersten und zweiten Abschnitts zu verfahren (Art. 62 des Einführungsgesetzes).

Hat jedoch ein solcher Kaufmann seine Firma binnen einer Frist von drei Monaten, vom 1. März 1862 an gerechnet, zur Eintragung angemeldet, und ergiebt sich, daß er dieser Firma bereits vor dem 1. März 1862 sich bedient hat, so ist die angemeldete Firma einzutragen, wenn auch dieselbe nach den Art. 16, 17, 18, 20 und 21 Absatz 2 des Handelsgesetzbuchs nicht geführt werden durfte (Art. 65 a. a. O.).

Ob eine Firma bereits vor dem 1. März 1862 geführt sei, ist im Zweifelsfalle von demjenigen, welcher sie anmeldet, genügend zu bescheinigen, wozu insbesondere die von den Behörden und Korporationen bisher gehaltenen Firmenregister, die an Geschäftsfreunde erlassenen Cirkulare und dergl. benutzt werden können. Würde demzufolge für mehrere Personen dieselbe Firma eingetragen, weil entweder diese Personen derselben Firma sich schon früher bedient haben, oder weil vor der Eintragung einer rechtzeitig angemeldeten alten Firma dieselbe Firma bereits von einem anderen Kaufmann als neue Firma angemeldet ist (Art. 20 des Handelsgesetzbuchs), so wäre es nicht Sache des Gerichts, von Amtswegen die Aenderung des dem Handelsgesetzbuch allerdings nicht entsprechenden Zustandes herbeizuführen. Wenn aber von einer dieser Personen auf Unterlassung der Führung oder Fortführung der Firma nach Art. 65 des Einführungsgesetzes mit Erfolg geklagt ist, so hat das Gericht gegen die Verurtheilten nach Maaßgabe des

Art. 26 des Handelsgesetzbuchs, der Art. 5 und 6 des Einführungsgesetzes und der §§. 88 und 101 einzuschreiten.

Wird eine Firma erst nach Ablauf der dreimonatlichen Frist, vom 1. März 1862 an gerechnet, angemeldet, so treten dieselben Grundsätze ein, welche für die Anmeldung einer neuen Firma gelten.

§. 107.

Für die Eintragungen der vor dem 1. März 1862 bereits errichteten Handelsgesellschaften sind die Bestimmungen des ersten und vierten Abschnitts maaßgebend, soweit nachfolgend nicht ein Anderes bestimmt ist (Art. 62 des Einführungsgesetzes).

§. 108.

Rücksichtlich der bisherigen Firmen solcher Handelsgesellschaften gelten die in dem §. 106 enthaltenen Bestimmungen (Art. 65 a. a. O.).

§. 109.

Wird eine offene oder Kommanditgesellschaft zur Eintragung angemeldet, so muß, wenn nach der Errichtung der Gesellschaft Aenderungen eingetreten sind, welche nach den Vorschriften des Handelsgesetzbuchs in das Handelsregister eingetragen werden sollen, die Anmeldung die Thatsachen enthalten, welche den gegenwärtigen Rechtszustand ergeben; die ausschließlich auf den früheren, nicht mehr bestehenden Rechtszustand sich beziehenden Thatsachen brauchen weder angemeldet zu werden, noch sind dieselben in das Register einzutragen (Art. 63 a. a. O.).

§. 110.

Mit der Anmeldung einer Kommanditgesellschaft auf Aktien oder einer Aktiengesellschaft zur Eintragung in das Gesellschaftsregister des Gerichts, in dessen Bezirk die Gesellschaft ihren Sitz hat, sind der Gesellschaftsvertrag und die etwaigen denselben abändernden Verträge oder Beschlüsse, sowie die etwaigen Genehmigungs-Urkunden vorzulegen, und nach Maaßgabe der §§. 65, 67, 74, 75 in das Gesellschaftsregister, beziehungsweise den Beilageband einzutragen. Bei der Eintragung einer Aktiengesellschaft, welche unter der Herrschaft des Gesetzes vom 9. Nov. 1843 (Ges.-Samml. S. 341) errichtet ist, genügt jedoch statt der Aufnahme des Gesellschaftsvertrages undder etwaigen, denselben abändernden Beschlüsse nebst den Genehmigungsurkunden in den Beilageband die Hinweisung in dem Hauptregister auf das Amtsblatt oder die Gesetz-Sammlung, worin der Vertrag und seine etwaigen Abänderungen zufolge §§. 3 und 4 des Gesetzes vom 9. Novbr. 1843 abgedruckt sind (Art. 66 des Einführungsgesetzes).

Dem ersten Absatze des Artikels 66 des Einführungsgesetzes gemäß, muß die Eintragung einer älteren Kommanditgesellschaft auf Aktien oder Aktiengesellschaft erfolgen, sollten auch die Erfordernisse nicht erfüllt sein, welche das Handelsgesetzbuch für die Errichtung solcher Gesellschaften vorschreibt*).

§. 111.

Sind die zur Geschäftsführung berufenen Mitglieder einer offenen Handelsgesellschaft, einer Kommanditgesellschaft oder einer Kommanditgesellschaft auf Aktien durch den Gesellschaftsvertrag oder durch einen vor dem 1. März 1862 errichteten Vertrag in der Befugniß, die Gesellschaft zu vertreten, beschränkt, so wird die Beschränkung

*) Im Eingang des Artikels 66 des Einführungsgesetzes ist von „gültig errichteten" Gesellschaften die Rede. Insofern bei der in dieser Beziehung anzustellenden Prüfung rücksichtlich der Kommanditgesellschaften auf Aktien und der vor Erlaß des Gesetzes vom 9. November 1843 errichteten Aktiengesellschaften sich Bedenken ergeben können, erscheint es mit Rücksicht auf die Unzweckmäßigkeit, Fragen dieser Art im Verfügungswege zum Austrag zu bringen, sowie auf die Erheblichkeit der Interessen, die regelmäßig in Frage stehen, wenn die Eintragung abgelehnt wird, gerechtfertigt, diese nur im Falle der zweifellosen Ungültigkeit der Errichtung zu versagen.

in die vierte Kolonne des Gesellschaftsregisters eingetragen. Diese Eintragung findet jedoch nur statt, wenn die Beschränkung innerhalb dreier Monate, von dem 1. März 1862 an gerechnet, bei dem Gerichte, in dessen Bezirk die Gesellschaft ihren Sitz hat, zur Eintragung angemeldet ist. Die Anmeldung muß von denselben Personen geschehen, welche die Gesellschaft zur Eintragung anzumelden haben.

Bei einer Kommanditgesellschaft auf Aktien bedarf es der besonderen Anmeldung und Eintragung der Beschränkung nicht, wenn innerhalb der dreimonatlichen Frist die Gesellschaft selbst unter Vorlegung des, die Beschränkung enthaltenden Vertrags vorschriftsmäßig zur Eintragung angemeldet ist. War weder die Beschränkung noch die Gesellschaft innerhalb der dreimonatlichen Frist vorschriftsmäßig angemeldet, so ist, wenn die Gesellschaft in Folge nachträglicher Anmeldung eingetragen wird, bei der Eintragung des die Beschränkung enthaltenden Vertrags zu vermerken, daß die Anmeldung nicht innerhalb der erwähnten dreimonatlichen Frist stattgefunden habe.

Wenn die Beschränkung in das Gesellschaftsregister des Gerichts des Sitzes der Gesellschaft eingetragen ist, so wird dieselbe in das Gesellschaftsregister des Gerichts einer Zweigniederlassung auf Grund des Attestes über die Eintragung in das Register des ersteren Gerichts eingetragen, sollte auch bei dem Gericht der Zweigniederlassung die rechtzeitige Anmeldung der Beschränkung zur Eintragung versäumt sein. Bei einer Kommanditgesellschaft auf Aktien muß das Attest im letzteren Falle zugleich angeben, daß die Anmeldung der Beschränkung zur Eintragung in das Register des Gerichts des Sitzes der Gesellschaft innerhalb der dreimonatlichen Frist bewirkt ist (Art. 67 des Einführungsgesetzes).

§. 112.

In Betreff der Eintragung der Mitglieder des Vorstandes einer Aktiengesellschaft ist sorgfältig zu prüfen, welche Personen als der Vorstand der Gesellschaft anzusehen sind. Für die Entscheidung ist keineswegs die Benennung maaßgebend, welche einzelnen Organen der Gesellschaft in dem Gesellschaftsvertrage oder in einem späteren Vertrage beigelegt ist. Als Vorstand sind vielmehr stets nur diejenigen Personen anzusehen, welche die Geschäfte der Gesellschaft im Ganzen verwalten und zur Vertretung derselben im Rechtsverfahren berufen sind (vergl. §. 19 des Gesetzes vom 9. November 1843 und Artikel 209, 227 des Handelsgesetzbuchs).

§. 113.

Handelsgesellschaften, welche am 1. März 1862 bereits aufgelöst, wenn auch noch in der Liquidation begriffen sind, werden in das Handelsregister nicht eingetragen*).

§. 114.

Wegen der unterbliebenen Anmeldung einer älteren Firma und einer älteren Handelsgesellschaft kann erst nach Ablauf von drei Monaten, vom 1. März 1862 an gerechnet, gemäß der Bestimmungen des sechsten Abschnitts eingeschritten werden (Art. 64 des Einführungsgesetzes).

§. 115.

Nachdem eine ältere Firma oder eine ältere Handelsgesellschaft in das Han-

*) Insofern in dem bisherigen Recht eine öffentliche Bekanntmachung der Auflösung vorgeschrieben, jedoch bisher nicht erfolgt ist, bleiben für dieselbe die früheren formellen und materiellen Vorschriften maaßgebend. Dasselbe gilt, wenn vor dem 1. März 1862 ein Gesellschafter ausgeschieden und die in dem bisherigen Recht vorgeschriebene Bekanntmachung des Ausscheidens unterblieben ist (vergl. Art. 63 und 68 des Einführungsgesetzes).

delsregister eingetragen ist, gelten für dieselbe rücksichtlich der Anmeldungen und Eintragungen in Folge späterer Veränderungen dieselben Vorschriften, welche für die erst nach dem 1. März 1862 angenommenen Firmen und errichteten Handelsgesellschaften bestehen (Art. 68 des Einführungsgesetzes).

§. 116.

Eine vor dem 1. März 1862 ertheilte Prokura braucht zwar zur Eintragung in das Prokurenregister nicht angemeldet zu werden, weil dieselbe als Prokura im Sinne des Handelsgesetzbuchs nicht angesehen wird, so daß der bisherige Prokurist nicht mehr befugt ist, als solcher sich auszugeben und per procura die Firma zu zeichnen (Art. 69 des Einführungsgesetzes). Es wird hierdurch jedoch nicht ausgeschlossen, daß auf die Anmeldung des Prinzipals eine solche ältere Prokura in das Prokurenregister eingetragen werde, indem anzunehmen ist, daß in einer derartigen Anmeldung die Ertheilung einer neuen, unter die Bestimmungen des Handelsgesetzbuchs fallenden Prokura liegt.

§. 117.

Die Veröffentlichung der Eintragungen der innerhalb der dreimonatlichen Frist, vom 1. März 1862 an gerechnet, angemeldeten älteren Firmen und Handelsgesellschaften und derjenigen, innerhalb dieser Zeit angemeldeten Prokuren, welche von den Inhabern solcher Firmen und von solchen Handelsgesellschaften ertheilt sind, bleibt ausgesetzt, bis jene Frist verstrichen ist. Die Veröffentlichung erfolgt alsdann mittelst einer einmaligen, sämmtliche Eintragungen umfassenden Einrückung in den Anzeiger des Regierungs-Amtsblatts. Eine Ausnahme tritt ein, wenn bei der Firma, Handelsgesellschaft oder Prokura eine neue Eintragung nöthig geworden ist; in diesem Falle muß die Veröffentlichung der alten und neuen Eintragung nach den allgemeinen Regeln geschehen.

Neunter Abschnitt.

Von der Führung des Handelsregisters im Bezirk des Appellationsgerichtshofes zu Cöln.

§. 118.

Im Bezirk des Appellationsgerichtshofes zu Cöln finden die §§. 1, 2, 3, 4, 5, 9, 13, 15 keine Anwendung. An Stelle derselben treten nachstehende Bestimmungen.

§. 119.

Das Handelsregister wird von dem Sekretair des Handelsgerichts unter Aufsicht des Präsidenten oder eines von demselben für das Geschäftsjahr dazu beauftragten Richters in der Art selbstständig geführt, daß er nicht allein die vorgeschriebenen Register, Verzeichnisse und Akten zu halten und alle bureaumäßigen Arbeiten zu besorgen, sondern auch die zur Eintragung bestimmten gerichtlichen Anmeldungen und die gerichtlichen Verhandlungen über die Zeichnungen der Firmen und Unterschriften aufzunehmen (Art. 14 des Einführungsgesetzes), alle eingehenden Anmeldungen zu prüfen, die zulässigen Eintragungen ohne vorherige richterliche Verfügungen zu bewirken, die vorgeschriebenen Veröffentlichungen zu veranlassen und die begehrten Atteste, Auszüge und Abschriften (vergl. §. 15) zu ertheilen hat. Bei jeder Eintragung hat er den Tag, an welchem dieselbe geschehen ist, sowie die Stelle der Akten, wo die betreffende Anmeldung sich befindet, in dem Register zu vermerken, jeden Eintragungsvermerk zu unterschreiben und auf jeder durch Eintragung erledigten Anmeldung die erfolgte Eintragung und die Zeit derselben zu notiren.

Die Anmeldungen, welche schriftlich eingereicht werden, sind an den Sekretair zu adressiren; von diesem ist ohne Aufnahme eines besonderen Protokolls das Datum des Eingangs auf der Schrift zu vermerken und durch seine Unterschrift zu beglaubigen. Er muß während der gewöhnlichen Dienststunden dem Publikum zugänglich sein und die Register, sowie die Zeichnungen der Firmen und Unterschriften zu Jedermanns Einsicht bereit halten.

§. 120.

Der Sekretair hat jede Anmeldung zu prüfen, und wenn er über die Statthaftigkeit oder Unstatthaftigkeit der Eintragung keinen Zweifel hat, die letztere ohne vorherige richterliche Verfügung zu bewirken oder abzulehnen.

Gegen die Ablehnung kann der Betheiligte mittelst schriftlicher Eingabe die Entscheidung des Handelsgerichts nachsuchen, welche durch Rathskammerbeschluß erfolgt.

Ist es dem Sekretair zweifelhaft, ob die Eintragung nach den bestehenden Vorschriften statthaft oder unstatthaft sei, so hat er dem Präsidenten Mittheilung zu machen, von welchem zu veranlassen ist, daß die Entscheidung des Gerichts durch Rathskammerbeschluß ergeht.

In allen Fällen muß die Prüfung und die Entschließung oder die Entscheidung über die Eintragung spätestens in der Frist von drei Tagen seit dem Tage der Aufnahme oder des Eingangs der Anmeldung erledigt und nach Ablauf dieser Frist auf mündliche Anfrage von dem Sekretair Auskunft gegeben werden. Diese Auskunft ist auf Verlangen schriftlich unter kurzer Angabe der Gründe oder unter Mittheilung einer Ausfertigung des Rathskammerbeschlusses zu ertheilen.

Die Rathskammerbeschlüsse müssen die Motive der Entscheidung in Kürze enthalten und sind auf der Urschrift von dem Präsidenten und dem Sekretair zu zeichnen.

Gegen die Beschlüsse findet die Berufung an den Appellationsgerichtshof statt; die Berufung ist an keine Frist gebunden, sie wird durch Anwaltsgesuch angebracht, und es ist dabei in gleicher Weise wie bei der Berufung gegen Rathskammerbeschlüsse der Landgerichte zu verfahren.

Der Sekretair des Handelsgerichts muß die Eintragung bewirken, wenn dieselbe durch gerichtliche Entscheidung für zulässig erklärt ist.

§. 121.

Die Bestimmungen der §§. 88—102, jedoch mit Ausschluß der §§. 96, 97, 99 und 100 gelten im Bezirk des Appellationsgerichtshofes zu Cöln mit folgenden Ergänzungen und Abweichungen:

1) Die Verfügungen, wodurch das Handelsgericht einschreitet, sowie alle das Einschreiten vorbereitende oder an dasselbe sich anschließende Verfügungen werden von dem Handelsgericht durch Beschlüsse der Rathskammer ohne Anhörung der Betheiligten auf den Vortrag des Präsidenten oder eines von ihm bestellten Referenten erlassen. Die Beschlüsse sind von dem Präsidenten und Sekretair auf der Urschrift zu zeichnen.

   Ist eine Insinuation des Beschlusses erforderlich, so hat der Präsident durch eine auf der Urschrift des Beschlusses zu erlassende Verfügung einen Gerichtsvollzieher mit der Insinuation zu beauftragen, oder wenn die Insinuation außerhalb des Bezirks des Handelsgerichts geschehen soll, den Ober-Prokurator des betreffenden Bezirks um Veranlassung der Insinuation zu requiriren; soll die Insinuation außerhalb des Bezirks des Appellationsgerichtshofes zu Cöln erfolgen, so ist der Ober-Prokurator des Bezirks, in welchem das Handelsgericht seinen Sitz hat, zu ersuchen, die Insinuation des Beschlusses herbeizuführen.

Der Sekretair hat eine von ihm beglaubigte Ausfertigung des Rathskammerbeschlusses und der Verfügung des Präsidenten an den betreffenden Beamten mit dem Ersuchen zu übersenden, ihm demnächst die Urkunde über die bewirkte Insinuation zugehen zu lassen.

2) Der Sekretair ist verpflichtet, darauf zu achten, ob der im §. 2 Artikel 5 des Einführungsgesetzes bezeichnete Fall eingetreten ist; er hat alsdann ohne Verzug dem Präsidenten Mittheilung zu machen, damit die Festsetzung der Ordnungsstrafe und die fernere Verfügung durch Rathskammerbeschluß erfolge.

3) Im Falle des §. 3 Artikel 3 des Einführungsgesetzes hat der Sekretair den Einspruch nebst den übrigen Akten dem Präsidenten vorzulegen, damit in der Rathskammer der Einspruch geprüft, und wenn aus demselben die Rechtfertigung des Betheiligten sich nicht ergiebt, ein Audienztermin anberaumt werde. Wird der Einspruch als gerechtfertigt befunden, so verfügt die Rathskammer die Einstellung des Verfahrens; einer Insinuation des Beschlusses bedarf es nicht. Im anderen Falle ist in dem Beschlusse unter Bezugnahme der Verfügung, gegen welche der Einspruch erhoben ist, sowie des Einspruchs, zu verordnen, daß der Betheiligte zu einer bestimmt zu bezeichnenden öffentlichen Sitzung des Handelsgerichts vorgeladen werden soll, um über die Verwirkung der Ordnungsstrafe erkennen zu hören. Der Audienztermin ist in der Weise anzuberaumen, daß dem Betheiligten mindestens die Erscheinungsfrist gewährt wird, welche ihm nach den gesetzlichen Vorschriften bei einer gewöhnlichen Vorladung in einem Civilprozesse bei dem Handelsgericht belassen werden muß. In Bezug auf die Insinuation ist nach Maaßgabe der Bestimmungen unter Absatz 2 und 3 Ziffer 1 zu verfahren. Bei der Vorladung ist Abschrift des Rathskammerbeschlusses und der Verfügung des Präsidenten mitzutheilen, und ohne Angabe eines Requirenten auf den Beschluß und die Verfügung Bezug zu nehmen; in Ansehung der Zustellung ist nach den in Civilsachen geltenden Vorschriften zu verfahren.

4) In dem Audienztermin wird nach dem Aufruf der Sache die Verhandlung mittelst einer mündlichen kurzen Darstellung der Sachlage durch den Präsidenten oder einen von ihm bestellten Referenten eingeleitet, und nach dem Abschlusse der Verhandlung die unter Beifügung der Erwägungsgründe zu erlassende Entscheidung, sowie die im Falle der Verurtheilung zugleich zu erlassende neue Verfügung oder eine etwa zum Zweck der Beweisaufnahme zu erlassende Zwischenverfügung in derselben Sitzung verkündet oder die Verkündung bis zu einer bestimmten nächsten Sitzung vertagt.

Die schließliche Entscheidung wird auch im Falle des Nichterscheinens des Vorgeladenen erlassen, da eine Opposition gegen das Erkenntniß nicht statthaft ist.

Der Sekretair hat ein Audienzprotokoll wie in appellabelen Civilsachen aufzunehmen. Der Qualitäten bedarf es nicht; die thatsächlichen Verhältnisse und die Einwendungen des Betheiligten sind in gedrängter Kürze in die Erwägungsgründe der Entscheidung aufzunehmen. Die Entscheidung ist nur zuzustellen, wenn der Betheiligte verurtheilt worden ist. Wegen des Auftrags zur Insinuation hat der Präsident besondere Verfügung zu erlassen, und gelten im Uebrigen in Bezug auf die Zustellung der Entscheidung und der Verfügung die unter Ziffer 3 ertheilten Vorschriften.

5) Ist Beschwerde gemäß §. 5 Artikel 5 des Einführungsgesetzes angemeldet, so hat der Sekretair des Handelsgerichts sämmtliche zur Sache gehörige

Aktenstücke an den Ober-Sekretair des Appellationsgerichtshofes zu senden; von dem letzteren sind dieselben dem Ersten Präsidenten behufs Vertheilung an einen der Civil-Senate vorzulegen und demnächst zugleich mit einer Ausfertigung der Entscheidung des Appellationsgerichtshofes an den Sekretair des Handelsgerichts zurückzusenden.

6) Wenn die Ordnungsstrafe gemäß §. 2 Artikel 5 des Einführungsgesetzes festgesetzt, oder eine die Strafe festsetzende Entscheidung rechtskräftig geworden ist, weil 10 Tage nach der Publikation ohne Anmeldung einer Beschwerde abgelaufen sind, oder der Appellationsgerichtshof die Beschwerde verworfen hat, so ist von dem Sekretair des Handelsgerichts ein Auszug, in welchem Strafe und sämmtliche Kosten zu verzeichnen sind, der betreffenden Regierung zum Zwecke der Vollstreckung zuzufertigen. (Art. 5 §. 9 des Einführungsgesetzes).

Zweiter Theil.

Das Schiffsregister.

Einleitung.

Das Schiffsregister hat einen anderen Zweck als das Handelsregister. Während das letztere dazu bestimmt ist, die für den kaufmännischen Verkehr erheblicheren Rechtsverhältnisse des Handelsstandes zur öffentlichen Kenntniß zu bringen, soll das Schiffsregister, obschon ihm der Zweck der Publizität der auf die Seeschiffe sich beziehenden Rechtsverhältnisse keineswegs fremd ist (Art. 432 Abs. 2 des Handelsgesetzbuchs und Art. 59 des Einführungsgesetzes), dennoch zunächst und vorzugsweise dazu dienen, die Grundlage für Haupt-Schiffsdokumente, d. h. für diejenigen Urkunden zu bilden, welche zum Ausweis der Nationalität der Seeschiffe oder des Rechts derselben, die Preußische Flagge zu führen, erforderlich sind.

In Preußen hat bisher der Beilbrief als das Haupt-Schiffsdokument gegolten. Derselbe wurde hierzu geeignet, als er im Laufe der Zeit die durch die Instruktion vom 18. März 1845 (Jahrbücher Band 65 S. 92 ff.) befestigte und allgemein vorgeschriebene Einrichtung erhalten hatte, gemäß welcher er nicht allein das seiner ursprünglichen Bedeutung entsprechende Attest über den vorschriftsmäßigen Bau des Schiffs (§. 1392 Th. II. Tit. 8. des Allg. Landrechts) enthält, sondern auch mit dem Zeugnisse des zu seiner Ausstellung berufenen Gerichts über die Zeit und den Ort der Erbauung des Schiffs, über die Eigenthumsverhältnisse und überhaupt über alle zur Beurtheilung der Nationalität erforderlichen Thatsachen, sowie über die Nationalität selbst versehen ist. In dieser Gestalt verschiedene Zeugnisse in sich vereinigend, deren Ausstellung eine eingehende Prüfung und mehr oder weniger umfangreiche, urkundliche Nachweisungen erfordert, gewährt er den nicht unerheblichen Vortheil der möglichsten Vereinfachung der Schiffspapiere.

Nach dem Handelsgesetzbuch und dem Einführungsgesetze ist diese Einrichtung durch eine andere ersetzt, nämlich durch das Institut des Schiffsregisters. Die zum Erwerb durch die Seefahrt bestimmten Schiffe sollen in ein Schiffsregister eingetragen, über die Eintragungen Certifikate ertheilt werden und diese Certifikate fortan die Urkunden sein, wodurch die Nationalität der Schiffe nachgewiesen wird.

Obschon hiernach Beilbriefe in dem bisherigen Sinne und in der bisherigen

Form nicht mehr ertheilt und die auf selbige sich beziehenden Vorschriften nicht mehr angewendet werden können, so läßt doch eine nähere Prüfung der Bestimmungen des Handelsgesetzbuchs und des Einführungsgesetzes über das Schiffsregister und die Register-Certifikate sofort erkennen, daß in sachlicher Hinsicht der bisherige, den Ausweis der Nationalität der Seeschiffe betreffende Rechtszustand keine erhebliche Aenderung erleidet, und eine in Preußen bewährte Einrichtung ihrem Wesen nach nicht abgeschafft, sondern aufrecht erhalten und nur weiter ausgebildet ist. Das einem Grund- und Hypothekenbuch nicht unähnliche Schiffsregister enthält im Wesentlichen nur das vollständige und nach den einzelnen Schiffen geordnete Resultat der Verhandlungen und Nachweisungen, wie sie der Ertheilung der Beilbriefe vorauszugehen hatten; rücksichtlich dieser Verhandlungen und Nachweisungen ist es im Allgemeinen bei demjenigen geblieben, was bisher gegolten hat, und die Register-Certifikate selbst sind in der Hauptsache von den bisherigen Beilbriefen nicht wesentlich verschieden. Andererseits läßt sich jedoch auch nicht verkennen, daß die eingetretenen Veränderungen nicht ausschließlich formeller Natur sind. Um dem neuen Institut eine festere Grundlage und einen sichereren Halt zu geben, als für das Beilbriefs-Institut durch die Instruktion vom 18. März 1845 erreicht war, sind zugleich verschiedene, das bisherige Recht abändernde und ergänzende materielle Vorschriften aufgenommen. Worin diese letzteren bestehen, und überhaupt welche Neuerungen eingetreten sind, wird aus der nachstehenden Zusammenstellung der aus dem Handelsgesetzbuch und dem Einführungsgesetz sich ergebenden Grundsätze ersichtlich:

1) Der bisherigen Einrichtung entsprechend, wonach die Ertheilung der Beilbriefe den Gerichten oblag, ist auch die Führung des Schiffsregisters und die Ertheilung der Certifikate den Gerichten übertragen. Es sind hierzu die künftigen Handelsgerichte bestimmt (Art. 53 §. 2 des Einführungsgesetzes). Bis zur Einrichtung der Letzteren soll das Schiffsregister von den Kommerz- und Admiralitäts-Kollegien zu Königsberg und Danzig, sowie den für Handelssachen bestehenden Gerichtsabtheilungen zu Stettin, Memel und Elbing in demselben Umfange, in welchem ihnen bisher die Ausfertigung der Beilbriefe zustand, im Uebrigen von den Kreisgerichten geführt werden (Art. 73 a. a. O.).

2) Sowie nach der Instruktion vom 18. März 1845 nur den zur Führung der Preußischen Flagge befugten Schiffen Beilbriefe ertheilt werden durften, so können auch nur solche Schiffe in das Schiffsregister eingetragen und mit Register-Certifikaten versehen werden (Art. 432, 433, 436 des Handelsgesetzbuchs, Art. 53 §§. 5, 6, 8 des Einführungsgesetzes).

3) In Ansehung der materiellen Erfordernisse des Rechts, die Preußische Flagge zu führen, ist es bei den bisherigen Bestimmungen verblieben. Es hängt dieses Recht vor wie nach davon ab, daß das Schiff im ausschließlichen Eigenthum Preußischer Unterthanen sich befindet (Art. 53 §. 1 des Einführungsgesetzes). Neu ist nur die im zweiten Absatze des §. 1 a. a. O. darüber enthaltene Bestimmung, welche Handelsgesellschaften den Preußischen Unterthanen gleich stehen.

4) Die materiellen Erfordernisse genügen aber noch nicht zur Ausübung des Rechts, die Preußische Flagge zu führen. Ausgeübt darf dasselbe erst werden und der Anspruch auf den Schutz des Staats wird erst erlangt, nachdem das Schiff in das Schiffsregister eingetragen und das Register-Certifikat ertheilt ist (Art. 433 des Handelsgesetzbuchs, Art. 53 §. 6 des Einführungsgesetzes).

5) Die Eintragung in das Schiffsregister wird nicht allein durch den Nachweis der materiellen Erfordernisse bedingt, von welchen das Recht, die Preußische Flagge zu führen, abhängt, sondern es sind vorher zugleich alle diejenigen Thatsachen nachzuweisen, welche nach Art. 435 des Handelsgesetzbuchs und §. 4 Art. 53 des Einführungsgesetzes zur Vollständigkeit der Eintragung gehören und hauptsächlich für die Feststellung der Identität und für die Beseitigung etwaiger Bedenken rücksichtlich der Nationalität im internationalen Verkehr von Erheblichkeit sind.

6) Zur Eintragung des Schiffs in das Schiffsregister und zur Ertheilung des Register-Certifikats ist dagegen nicht unbedingt erforderlich, daß die Seetüchtigkeit des Schiffs im Wege einer besonderen Prüfung festgestellt, daß dasselbe mit einem sogenannten Meßbriefe versehen, und wenn es aus einem anderen Lande erworben, daß es zuvor in einen Preußischen Hafen geführt sei. Weder in dem Handelsgesetzbuch, noch in dem Einführungsgesetze ist die Eintragung von einem solchen Erfordernisse abhängig gemacht, demzufolge die bisherigen Bestimmungen, welche für die Ertheilung des Beilbriefes ein Anderes vorschrieben, keine Anwendung finden. Die Aenderung hat hauptsächlich zum Zweck, die Eintragung derjenigen Schiffe zu erleichtern, welche ursprünglich einem anderen Lande angehört haben und später, während sie im Auslande sich befanden, wo sie unter Umständen auch noch längere Zeit verbleiben sollen, durch Uebergang in das Eigenthum Preußischer Unterthanen nationalisirt sind.

7) Nach dem Handelsgesetzbuch muß ein jedes Schiff einen Heimathshafen haben, welcher als das Domizil des Schiffs und als der Mittelpunkt der Geschäftsführung des Rheders gilt, gleichviel, wo dieser sein sonstiges Domizil hat (Art. 435, 448, 455, 495 ff. des Handelsgesetzbuchs). Dieser Heimathshafen oder der Hafen, von welchem aus mit dem Schiffe die Seefahrt betrieben werden soll (Art. 435 a. a. O.), hängt zwar von der Wahl des Rheders ab; es muß die Wahl aber vor der Eintragung des Schiffs in das Schiffsregister getroffen werden, weil die Eintragung zugleich den Heimathshafen enthalten soll (Art. 435 a. a. O. und Art. 53 §. 4 des Einführungsgesetzes). Es kann aber auch ein jedes Schiff nur in das Schiffsregister seines Heimathshafens eingetragen werden (Art. 53 §. 3 a. a. O.). Mithin sind zur Führung des Schiffsregisters nur die Gerichte berufen, in deren Bezirken die Seehäfen belegen sind (Art. 53 §. 2 a. a. O.), die binnenländischen Gerichte dagegen von der Führung des Schiffsregisters gänzlich ausgeschlossen, worin insoweit eine Abweichung von der bisherigen Einrichtung liegt, als die Ausfertigung von Beilbriefen auch binnenländischen Gerichten in einzelnen Fällen gestattet worden ist.

8) Wenn das Schiff untergeht oder das Recht, die Preußische Flagge zu führen, verliert, so ist es im Schiffsregister zu löschen und das Certifikat zurückzuliefern; ingleichen ist jede Aenderung in den bei der Eintragung aufzunehmenden Thatsachen in dem Schiffsregister und auf dem Certifikat zu vermerken (Art. 436 des Handelsgesetzbuchs und Art. 53 §. 8 des Einführungsgesetzes). Die Löschung sowohl als die Eintragung einer Veränderung geschieht nur auf Grund eines dem Gericht zu liefernden Nachweises (Art. 437 des Handelsgesetzbuchs und Art. 53 §. 8 des Einführungsgesetzes). Der Zweck dieser Anordnungen besteht keineswegs blos darin, bei der Führung des Schiffsregisters die nöthige Ordnung zu erhalten und für den Privatrechtsverkehr eine erhöhte Sicherheit zu gewinnen, sondern es liegt ihnen hauptsächlich die Absicht zum Grunde, dem Haupt-Schiffsdokument im internationalen Verkehr das gebührende An-

sehen zu sichern und den Mißbrauch oder den unbefugten Gebrauch der preußischen Flagge zu verhüten. Deshalb ist auch nicht, wie bei der Führung des Handelsregisters, den Gerichten zur Pflicht gemacht, die Betheiligten durch Ordnungsstrafen zu den erforderlichen Anzeigen und Nachweisungen anzuhalten; vielmehr ist die Versäumung einer solchen Anzeige oder Nachweisung oder der Zurücklieferung des Certifikats für ein strafbares Verhalten erklärt, welches wie jede andere Verletzung eines Strafgesetzes gegen den Schuldigen nach den für das Untersuchungsverfahren geltenden allgemeinen Vorschriften zu verfolgen ist (Art. 437 des Handelsgesetzbuchs und Art. 53 §. 8 des Einführungsgesetzes). Das Nähere über die Person der zur Anzeige und Nachweisung Verpflichteten, die einzuhaltenden Fristen und das Maaß der Strafen enthalten die §§. 8, 9 Art. 53 des Einführungsgesetzes. Aus dem Vorstehenden ergiebt sich zugleich:

a. Wenn einmal ein Certifikat ertheilt ist, so darf ein zweites nur gegen Zurücklieferung des früher ertheilten oder nachdem der Verlust und die Unmöglichkeit der Zurücklieferung desselben glaubhaft bescheinigt ist, ertheilt werden.

b. Ist ein Schiff untergegangen oder des Rechts, die preußische Flagge zu führen, z. B. durch Veräußerung auch nur einer Part an eine Person, welche nicht Preußischer Unterthan ist (vergl. übrigens Art. 470 des Handelsgesetzbuchs), verlustig geworden, so genügt es nicht, dies nach Maaßgabe der Instruktion vom 18. März 1845 auf dem Certifikat zu vermerken; das Letztere muß vielmehr, wenn es in die Hände des Gerichts gelangt, zurückbehalten werden, da seine Zurücklieferung an das Gericht bei Strafe vorgeschrieben ist.

c) Die Löschung eines Schiffs im Schiffsregister wegen Untergangs oder Verlustes der Nationalität kann auch ohne Antrag verfügt werden, sobald das Gericht davon überzeugende Gewißheit erlangt.

9) Das Register-Certifikat genügt zum Nachweis des Rechts des Schiffs, die Preußische Flagge zu führen (Art. 53 §. 6 des Einführungsgesetzes).

Hierdurch wird jedoch die Verpflichtung des Schiffers nicht ausgeschlossen, eine Reise nicht ohne die zum Ausweis für Schiff, Besatzung und Ladung sonst erforderlichen Papiere (Art. 480 des Handelsgesetzbuchs), wozu regelmäßig Meßbrief und Musterrolle gehören werden, anzutreten.

10) Das Schiffsregister ist öffentlich; die Einsicht desselben ist während der gewöhnlichen Dienststunden einem Jeden gestattet (Art. 432 des Handelsgesetzbuchs).

11) In das Schiffsregister sollen auch diejenigen Schiffe, welche bei Eintritt der Geltung des Handelsgesetzbuchs und des Einführungsgesetzes unter Preußischer Flagge fahren und mit den nach den bisherigen Vorschriften zum Nachweis der Nationalität erforderlichen Papieren versehen sind, eingetragen und die Beilbriefe derselben durch Register-Certifikate ersetzt werden (Art. 71 des Einführungsgesetzes).

12) In den Landestheilen, in welchen das Allgemeine Landrecht gilt, tritt an Stelle der in den §§. 302 ff. vorgeschriebenen Registrirung der Verpfändung eines Seeschiffs auf den Schiffspapieren die Eintragung der Verpfändung in das Schiffsregister (Art. 59 des Einführungsgesetzes).

Im Anschluß an die vorstehende Zusammenstellung wird über die Führung des Schiffsregisters im Einzelnen Folgendes bestimmt:

§. 1.

Bis zur Errichtung und Organisation der künftigen Handelsgerichte wird für die zum Erwerb durch die Seefahrt bestimmten Schiffe (Art. 432 des Handelsgesetzbuchs)*), deren Heimathshäfen (Art. 435 a. a. O.) in denjenigen Bezirken gelegen sind, für welche den Kommerz- und Admiralitäts-Kollegien zu Königsberg und Danzig, sowie den für Handelssachen bestehenden Gerichtsabtheilungen zu Stettin, Memel und Elbing bisher die Ausfertigung der Beilbriefe oblag, das Schiffsregister von diesen Gerichtsbehörden, für die zum Erwerb durch die Seefahrt bestimmten Schiffe, deren Heimathshäfen außerhalb jener Bezirke belegen sind, von den Kreisgerichten, zu deren Sprengel diese Häfen gehören, unter Ausschluß der Kreisgerichts-Kommissionen und der ständigen Kreisgerichts-Deputationen, geführt (Art. 73 des Einführungsgesetzes und oben Einleitung Nr. 1 und 7).

Bei den Kreisgerichten gehört die Führung des Schiffsregisters vor die zweite Abtheilung. Ein jedes der zur Führung des Schiffsregisters berufenen Gerichte darf für alle Häfen seines Bezirks nur Ein Schiffsregister führen (Art. 53 §. 2 des Einführungsgesetzes).

§. 2.

Das Schiffsregister wird, wie das Hypothekenbuch im Geltungsbereich des Allgemeinen Landrechts, in einem oder mehreren dauerhaft gebundenen Foliobänden geführt.

§. 3.

Ein jedes Schiff erhält in dem Schiffsregister ein besonderes Folium, ein jedes Folium eine besondere Nummer. Die Nummerirung bestimmt sich durch die Zeitfolge der unter fortlaufender Zahl zu bewirkenden Eintragung der einzelnen Schiffe (Einführungsgesetz Art. 53 §. 4 am Ende).

§. 4.

Für die Behandlung der auf die Führung des Schiffsregisters sich beziehenden Geschäfte dienen im Allgemeinen die Vorschriften zur Richtschnur, welche im Geltungsbereiche des Allgemeinen Landrechts für die Bearbeitung der Hypothekensachen maaßgebend sind. Es gilt dies insbesondere von der Vertheilung der Geschäfte, so daß die Bearbeitung der Angelegenheiten des Schiffsregisters einem oder einigen Mitgliedern des Gerichts ausschließlich übertragen werden kann (§. 19 des Geschäftsregulativs vom 18. Juli 1850), der Art und Weise der richterlichen Dekretur, sowie der Erledigung der eine Eintragung oder Löschung verordnenden Verfügungen, dem Beschwerdeverfahren und der Aktenkassation. Demgemäß sind einem Büreaubeamten die der Stellung eines Hypothekenbuchführers entsprechenden Funktionen zu übertragen und für jedes einzelne Schiff nach Maaßgabe der Vorschriften über die Anlegung und Fortführung der Grund- und Hypothekenakten besondere Akten zu halten.

§. 5.

Soll eine Thatsache in das Schiffsregister eingetragen werden, so muß die Richtigkeit derselben glaubhaft nachgewiesen sein. In der Regel ist der Nachweis wie bei den Eintragungen in das Hypothekenbuch durch öffentliche Urkunden zu führen. Besteht die einzutragende Thatsache nicht in einem Rechtsgeschäft oder in der Aenderung eines bisherigen Rechtsverhältnisses, z. B. einer Eigenthumsänderung durch Erbgang, so ist jede dem Gericht zuverlässige Gewißheit gebende Art der Beweisführung zulässig, insbesondere eine solche, welche bisher für die Ausfertigung der Beilbriefe für zureichend galt. Dahin gehört namentlich das eidliche

*) Seeschiffe, welche nicht zum Erwerb durch die Seefahrt bestimmt sind, werden in das Schiffsregister nicht eingetragen (Art. 432 des Handelsgesetzbuchs). Ob und welche andere Seeschiffe in Gemäßheit des im §. 10 Art. 53 des Einführungsgesetzes enthaltenen Vorbehalts von der Eintragung noch auszuschließen seien, wird später bestimmt werden.

Zeugniß der Erbauer eines Schiffes für die Feststellung, an welchem Orte, zu welcher Zeit und für wessen Rechnung ein Schiff erbaut, wie dasselbe beschaffen sei und dergl.; ferner die Notorietät als Beweis für die Nationalität eines Schiffseigenthümers. Die Größe und Tragfähigkeit des Schiffs ist in der Regel durch Beibringung eines inländischen Meßbriefs nachzuweisen. Hat eine Vermessung des Schiffs im Inlande noch nicht stattfinden können (vergl. Einleitung Ziffer 6), so genügt zum Nachweis der Größe und Tragfähigkeit des Schiffs das Vermessungs-Attest einer auswärtigen Behörde oder eine andere glaubhafte Urkunde.

§. 6.

Dem Schiffsregister ist die aus dem als Anlage E. beigedruckten Formular ersichtliche Einrichtung zu geben. Dasselbe erhält also die nachstehenden Kolonnen: E.

1) Namen des Schiffs,
2) Namen des Heimathshafens,
3) Gattung und Bauart des Schiffs,
4) Größe und Tragfähigkeit,
5) Zeit und Ort der Erbauung,
6) Eigenthumsverhältnisse,
7) Zeit der Eintragung des Schiffs in das Schiffsregister,
8) Eigenthums-Veränderungen,
9) Veränderungen in den eingetragenen Thatsachen mit Ausnahme der Eigenthumsveränderungen,
10) Verpfändungen,
11) Löschung des Schiffs.

§. 7.

Die Kolonnen 1 bis 7 sind für die Thatsachen bestimmt, welche die Eintragung des Schiffs in das Schiffsregister nach Art. 435 des Handelsgesetzbuchs und §. 4 Art. 53 des Einführungsgesetzes enthalten soll, die Kolonnen 8 und 9 für die in diesen Thatsacheu später eingetretenen, nach Art. 436 des Handelsgesetzbuchs und §. 8 Art. 53 des Einführungsgesetzes in das Register einzutragenden Veränderungen, und zwar die Kolonne 8 für die Eigenthumsveränderungen, die Kolonne 9 für die übrigen Veränderungen; die Kolonne 10 ist bestimmt für die nach Art. 59 des Einführungsgesetzes einzutragenden Verpfändungen und die Kolonne 11 für den Löschungsvermerk, wenn das Schiff im Register zu löschen ist (vergl. Art. 436 des Handelsgesetzbuchs).

§. 8.

In die dritte Kolonne ist aufzunehmen:

aus welchem Material das Schiff erbaut ist (z. B. ob aus Eisen, aus Eichenholz mit buchenem Kiel);
welche Bauart angewendet ist (z. B. Klinker-Art);
ob das Schiff ein rundes oder plattes (flaches) Gatt hat;
wie viel Decke und wie viel Masten das Schiff hat;
wie es getakelt ist, (als Brigg, Schoner und dergl.);
ob es eine Dampfmaschine führt, und wenn dies der Fall, ob es ein Schaufel-, oder Schraubendampfer ist;
ob es ein glattes Deck, oder Erhöhungen im Verdeck, oder Aufbauten auf den Deck (Quarterdeck, Volkslogie) hat;
ob, wenn es mit einer Metallhaut versehen ist, diese aus Kupfer oder aus welchem anderen Metall besteht.

§. 9.

In die vierte Kolonne sind einzutragen:

1) unter Angabe der Anfangs- und Endpunkte der Messungen:

die Hauptlänge,
die Haupttiefe,
die Breite des Schiffs und zwar außer einer Breite noch eine oder zwei andere Breiten, insofern diese aus dem beigebrachten Nachweis erhellen;

2) die Tragfähigkeit des Schiffs;
3) die Bezugnahme auf den in der Regel beizubringenden Meßbrief (§. 5) unter Angabe des Datums der Ausstellung und der Behörde, welche ihn ausgestellt hat.

§. 10.

In die fünfte Kolonne ist nicht allein die Zeit der Erbauung des Schiffs unter Angabe des Jahrs oder der Jahre der Ausführung des Baues, sowie des Orts der Erbauung, sondern auch der Schiffsbaumeister, welcher den Bau geleitet hat, oder die Werft, auf welcher der Bau geschehen ist, einzutragen. Ist die eine oder andere Thatsache nicht ohne unverhältnißmäßige Weiterungen zu ermitteln, so genügt eine allgemeine Angabe oder die Bemerkung, daß die betreffende Thatsache nicht ermittelt sei (z. B. „Das Schiff ist vor mehreren Jahren in England erbaut; Zeit und Ort der Erbauung, sowie der Schiffsbaumeister sind nicht näher ermittelt").

Hat das Schiff früher einem anderen Lande angehört, so ist in der fünften Kolonne zugleich der Rechtsgrund, worauf seine Nationalisirung beruht, unter Angabe der Zeit derselben und der darüber beigebrachten Urkunden zu bemerken (z. B. „Das Schiff, welches früher die Englische Flagge geführt hat, ist laut notarieller Urkunde vom .... von dem damaligen Eigenthümer N. N. an den Preußischen Unterthan N. N. verkauft, wodurch es das Recht, die Preußische Flagge zu führen, erlangt hat").

§. 11.

In die sechste Kolonne ist der Eigenthümer des Schiffs, oder wenn eine Rhederei besteht, jeder Mitrheder unter Hervorhebung des Rechtsgrundes des Erwerbes und der Nationalität, sowie, wenn eine Rhederei besteht, unter Bezeichnung der Größe der Schiffspart eines jeden Mitrheders nach Anleitung des Formulars einzutragen (Art. 53 §. 4 Ziffer 5, 6, 7 des Einführungsgesetzes).

Ist eine Aktiengesellschaft Rheder oder Mitrheder, so gehört zu ihrer Bezeichnung die Angabe ihrer Firma, des Orts, an welchem sie ihren Sitz hat, und des Orts, wo sie errichtet ist (Art. 53 §. 1. a. a. O.). Ist eine Kommanditgesellschaft auf Aktien Rheder oder Mitrheder, so sind nicht allein ihre Firma, sowie der Ort ihres Sitzes und ihrer Errichtung, sondern auch die persönlich haftenden Gesellschafter und deren Nationalität, nicht auch die übrigen Gesellschafter anzugeben (Art. 53 §. 1 und §. 4 Ziffer 5 a. a. O.).

Haben seit der Erbauung oder Nationalisirung des Schiffs und vor der Eintragung desselben in das Schiffsregister bereits Eigenthumsveränderungen stattgefunden, so werden dieselben nur auf besonderen Antrag des Rheders, und zwar nicht in der sechsten Kolonne, sondern in der fünften Kolonne historisch erwähnt.

§. 12.

In der siebenten Kolonne ist das Datum der richterlichen Verfügung, durch welche die Eintragung des Schiffs angeordnet ist, und das Datum der Eintragung selbst zu vermerken.

§. 13.

In die zur Aufnahme der nach der Eintragung des Schiffs in das Schiffsregister eingetretenen Eigenthumsveränderungen dienende achte Kolonne wird jede Eigenthumsveränderung nach Maaßgabe des Formulars dergestalt eingetragen, daß der neue Erwerber nach Anleitung des §. 11, der Rechtsgrund des Erwerbes unter Bezeichnung der darüber beigebrachten Urkunden, und wenn nicht das ganze Schiff, sondern nur eine oder mehrere Parten erworben sind, diese letzteren durch Hinweisung auf die sechste und betreffenden Falls auf einen früheren Vermerk in der achten Kolonne zu bezeichnen und die Zeit der Eintragung, sowie das Datum der dieselbe anordnenden richterlichen Verfügung anzugeben sind.

§. 14.

In der neunten Kolonne ist jede in denjenigen Thatsachen, welche in die vier ersten Kolonnen des Registers eingetragen sind, eingetretene Veränderung zu vermerken, insbesondere also die Veränderung des Namens des Schiffs, des Heimathshafens, insofern der neue Heimathshafen in dem Bezirk des Gerichts belegen ist, der baulichen Einrichtung, der Größenverhältnisse und Tragfähigkeit, des abweichenden Ergebnisses einer neuen Vermessung unter näherer Bezeichnung des darüber beigebrachten Meßbriefes. — Die Eintragung erfolgt unter Angabe der Zeit derselben und der sie anordnenden richterlichen Verfügung, im Uebrigen in möglichster Kürze.

§. 15.

Die elfte Kolonne wird nur in das Schiffsregister derjenigen Gerichte aufgenommen, in deren Bezirken das Allgemeine Landrecht gilt. Wird eine Verpfändung eingetragen, so muß die Eintragung nach §. 1 Art. 59 des Einführungsgesetzes außer der Zeit der Eintragung enthalten:

1) den Namen des Gläubigers,
2) die Forderung, für welche die Verpfändung geschehen ist,
3) die Bezugnahme auf die Verpfändungsurkunde unter Bezeichnung des Ortes und des Datums der Ausstellung.

Cessionen und sonstige Veränderungen, sowie Löschungen werden in gleicher Weise vermerkt, wie bei den in das Hypothekenbuch eingetragenen Forderungen.

Jeder Verpfändungs-, Cessions-, Veränderungs- und Löschungsvermerk ist zugleich auf der Verpfändungsurkunde zu registriren*).

*) Es ist von Wichtigkeit, daß über die Bedeutung des Art. 59 des Einführungsgesetzes keine Zweifel bestehen. Nach dem Eingang des Artikels sollen die §§. 1, 2. und 3 desselben an Stelle der §§. 302 bis 307 und 313 Th. I. Tit. 20 des Allgemeinen Landrechts treten. Eine Vergleichung der letzteren Vorschriften mit den ersteren läßt erkennen, von welcher geringen Tragweite die eingetretene Aenderung ist. Dieselbe beschränkt sich im Wesentlichen darauf, daß die Verpfändung statt der bisherigen Registrirung auf den Schiffsurkunden in das nach Art. 432 des Handelsgesetzbuchs einem Jeden zur Einsicht geöffnete Schiffsregister eingetragen wird. Nach den Motiven ist es bedenklich befunden, noch weiter zu gehen und die landrechtlichen Grundsätze über die Verpfändung von Grundstücken mittelst Eintragung in das Hypothekenbuch ohne Weiteres auf die Verpfändung von Schiffen und Schiffsparten zu übertragen, wodurch das Schiffsregister zu einem Hypothekenbuch für die Schiffe erhoben und mit einem überwiegend privatrechtlichen Karakter versehen sein würde. Keineswegs dürfen also die §§. 1—3 Art. 59 des Einführungsgesetzes in einem anderen Sinne verstanden werden, als daß sie nur die Stelle der §§. 302—307 und 313 Th. I. Tit. 20 des Allgemeinen Landrechts einnehmen und keine andere Bedeutung haben, als diejenige, welche aus ihrer dortigen Einreihung nach dem System des Gesetzbuchs und dem Zusammenhang sich ergiebt, was namentlich von Wichtigkeit wird, wenn es sich um eine Löschung handelt (vergl. §. 2 Abs. 3 Art. 59 des Einführungsgesetzes). Sodann ist zu beachten, daß nach §. 2 a. a. O. durch die Eintragung in das Schiffsregister die Verpfändung selbst vollzogen wird. Die Vorschrift entspricht dem §. 305 Th. I. Tit. 20 des Allgem. Landrechts: „Durch die Uebergabe dieser beglaubigten Abschrift wird die Verpfändung selbst vollzogen", und ergiebt, daß die am Schlusse des §. 1 vorgeschriebene Notirung der Eintragung auf der Verpfändungsurkunde und dem Certifikat des Pfandbestellers nicht als eine wesentliche Bedingung zum Erwerbe des Pfandrechts erscheint; es findet dies seine Erklärung in der gesetzlichen Publizität des Schiffsregisters.

Nach dem Obigen und im Hinblick auf den Hauptzweck des Schiffsregisters wird

§. 16.

Wird das Schiff in dem Schiffsregister gelöscht, so ist in der elften Kolonne nicht allein die Löschung, sondern auch der Grund und die Zeit derselben unter Angabe des Datums der sie anordnenden richterlichen Verfügung einzutragen. Ist zu der Zeit, in welcher die Löschung nach dem Gesetze erfolgen muß, eine Verpfändung eingetragen, so ist der eingetragene Pfandgläubiger, insofern sein Aufenthalt bekannt ist, vor der Löschung von der Sachlage und der bevorstehenden Löschung in Kenntniß zu setzen, und erst nach Ablauf von vier Wochen vom Tage der Insinuation der Verfügung an gerechnet, mit der Löschung zu verfahren.

§. 17.

Das nach der Eintragung des Schiffs in das Schiffsregister zu ertheilende Certifikat (Art. 435 des Handelsgesetzbuchs und Art 53 §. 6 des Einführungsgesetzes) muß den Inhalt des Schiffsregisters genau und vollständig angeben, und bezeugen, daß die in das Schiffsregister eingetragenen Thatsachen auf glaubhaften Nachweisungen beruhen, sowie daß dem Schiffe das Recht, die Preußische Flagge zu führen, zusteht.

Die Ausfertigung des Certifikats erfolgt, wie die des bisherigen Beilbriefs, in alter Urkundenform auf Pergament mit angehängtem Kapselsiegel. Dieselbe ist sowohl von dem Direktor, als von zwei anderen Mitgliedern des Gerichts zu vollziehen.

Die Gerichte haben zu den Certifikaten zum Theil gedruckte, nur der Ausfüllung bedürfende Formulare zu verwenden. Die Beschaffenheit und Einrichtung
F. eines solchen Formulars ist aus der Anlage F. ersichtlich. Dasselbe giebt auf der Vorderseite in der Mitte des gerichtlichen Zeugnisses den Inhalt des Schiffsregisters in sieben Kolonnen wieder, welche genau den sieben ersten Kolonnen des Schiffsregisters entsprechend sind. Wenn nach der Eintragung des Schiffs in das Schiffsregister das Certifikat ertheilt wird, so können die achte und neunte Kolonne des Registers noch keine Eintragung enthalten, wohl aber ist es möglich, daß in der zehnten Kolonne bereits ein Verpfändungsvermerk eingetragen ist. In einem solchen Falle ist der Verpfändungsvermerk nach Anleitung des §. 18 auf der Rückseite des Certifikats in die zehnte Kolonne aufzunehmen.

Wird ein neues Certifikat verlangt, nachdem in die achte oder neunte Kolonne des Registers bereits Veränderungen eingetragen sind, so müssen diese nicht allein in die achte oder neunte Kolonne des Certifikats aufgenommen und die Vermerke nach Anleitung des §. 18 beglaubigt werden, sondern es ist zugleich auf der ersten Seite des Registers in der entsprechenden Kolonne, auf deren Inhalt die Veränderungen sich beziehen, durch einen kurzen Vermerk auf die betreffenden, aus der Rückseite des Registers ersichtlichen Eintragungen zu verweisen, z. B. wenn bereits eine Eigenthumsveränderung eingetragen ist, durch den Vermerk in der sechsten Kolonne:

„Vergleiche die auf der Rückseite in der achten Kolonne unter Nr. . . am . . . . eingetragene Veränderung.

Damit die Benutzung des Formulars um so wenigere Schwierigkeiten veranlasse, ist bei der Eintragung des Schiffs in das Schiffsregister, insbesondere bei der Ausfüllung der dritten und vierten Kolonne der Inhalt des Formulars zur Richtschnur zu nehmen.

---

im Falle der Nationalisirung des Schiffs das Gericht vor der Eintragung desselben in das Schiffsregister von Amtswegen auch nicht zu prüfen haben, ob Pfandrechte auf dem Schiffe ruhen.

§. 18.

Ist nach der Ertheilung des Certifikats eine Eintragung in die achte, neunte oder zehnte Kolonne des Registers erfolgt, so ist dieselbe auf der Rückseite des Certifikats in die entsprechende Kolonne wortgetreu aufzunehmen, und dieser Vermerk durch Beifügung des Namens, sowie des Siegels und der Unterschrift des Direktors zu beglaubigen.

Die Eintragung von Veränderungen, für welche die achte und neunte Kolonne des Registers bestimmt sind, kann auf den Antrag des Rheders auch in der Art erfolgen, daß das Folium, auf welches das Schiff bisher eingetragen war, geschlossen, und das letztere auf ein anderes Folium unter einer neuen Nummer nur nach Maaßgabe der Thatsachen und Verhältnisse eingetragen wird, welche zur Zeit der Anlegung des neuen Foliums bestehen. In einem solchen Falle ist auf dem früheren Folium in der elften Kolonne des Registers die Schließung des Foliums und die Nummer zu bemerken, unter welcher das Schiff von neuem eingetragen ist (z. B. „Das Folium ist geschlossen und das Schiff unter Nr. . . . des Registers von neuem eingetragen"), wogegen auf dem neuen Folium in der fünften Kolonne zu erwähnen ist, daß und unter welcher Nummer das Schiff früher eingetragen war, sowie, wenn eine Namensveränderung stattgefunden hat, welchen Namen das Schiff früher geführt hat. In der siebenten Kolonne ist sowohl die Zeit der früheren Eintragung, als die der neuen Eintragung anzugeben (z. B. zusätzlich: „Neu auf dieses Folium übertragen zufolge Verfügung vom . . . am . . .").

Wird ein neues Folium angelegt, so kann das früher ertheilte Certifikat nicht berichtigt, sondern es muß über die anderweite Eintragung ein neues Certifikat ertheilt werden.

§. 19.

Wenn bei der Veränderung des Heimathshafens das Schiffsregister für den neuen Heimathshafen von einem andern Gericht geführt wird, so hat das Gericht, in dessen Schiffsregister das Schiff eingetragen ist, das betreffende Folium nach Anleitung des §. 18 zu schließen, dem andern Gericht, zu dessen Bezirk der neue Heimathshafen gehört, eine beglaubigte Abschrift jenes Foliums nebst den auf die Registrirung des Schiffs sich beziehenden Akten mitzutheilen, das andere Gericht das Schiff in sein Schiffsregister nur nach Maaßgabe der zu dieser Zeit bestehenden Thatsachen und Verhältnisse einzutragen, und dem Rheder ein neues Certifikat zu ertheilen. Bei der neuen Eintragung ist in der fünften Kolonne des Registers zu erwähnen, daß und unter welcher Nummer das Schiff in das Register des ersteren Gerichts früher eingetragen war, sowie wenn eine Namensveränderung stattgefunden hat, welchen Namen das Schiff früher geführt hat.

§. 20.

Die bei Ertheilung eines neuen Certifikats oder im Falle der Löschung des Schiffs zurückzuliefernden Certifikate sind zu kassiren und zu den Akten zu nehmen

§. 21.

Nach den in den vorstehenden Paragraphen enthaltenen Bestimmungen ist, soweit in den nachfolgenden Paragraphen nicht ein Anderes bestimmt wird, auch bei der im Artikel 71 des Einführungsgesetzes vorgeschriebenen Eintragung derjenigen Schiffe zu verfahren, welche bei Eintritt der Geltung des Handelsgesetzbuchs und des Einführungsgesetzes zur Führung der Preußischen Flagge berechtigt und mit den nach den bisherigen Vorschriften zur Ausübung dieses Rechts erforderlichen Papieren versehen sind.

§. 22.

Zu der Eintragung eines Schiffs, welches zu den im §. 21 bezeichneten gehört, ist die Vorlegung des Beilbriefs erforderlich. Die Eintragung geschieht auf Grundlage des Beilbriefs. Kann derselbe wegen glaubhaft bescheinigten Verlustes nicht vorgelegt werden, so ist sein Inhalt aus den bisherigen Beilbriefsakten festzustellen.

§. 23.

Die nach den §§. 6 ff. in das Schiffsregister einzutragenden Thatsachen bedürfen, soweit sie durch den Beilbrief beurkundet sind, oder aus den Beilbriefsakten sich zur Genüge ergeben, keines weiteren Nachweises.

§. 24.

Sind nach der Ertheilung des Beilbriefs Veränderungen eingetreten, welche, wenn sie nach der Eintragung des Schiffs in das Schiffsregister eingetreten wären, in die achte nnd neunte Kolonne des Registers gehören würden, so ist gleichwohl die Eintragung des Schiffs nur nach Maaßgabe der zur Zeit derselben bestehenden Thatsachen und Verhältnisse zu bewirken, jedoch, wenn eine Namensveränderung stattgefunden hat, unter Erwähnung des früheren Namens in der fünften Kolonne und unbeschadet des Rechts des Rheders, die früheren Eigenthumsverhältnisse in dieselbe Kolonne aufnehmen zu lassen (§. 11).

§. 25.

In der siebenten Kolonne ist nicht allein die Zeit der Eintragung anzugeben, sondern auch zu vermerken, daß und zu welcher Zeit der Beilbrief ertheilt, und daß nach Einführung des Schiffsregisters das Schiff auf Grundlage des Beilbriefs in das Schiffsregister eingetragen sei. Der Eintragungsvermerk in der siebenten Kolonne wird also dahin zu lauten haben: „Das Schiff, für welches am . . . . der Beilbrief ertheilt worden, ist nach der Einführung des Schiffsregisters auf Grundlage des früher ertheilten Beilbriefs zufolge Verfügung vom . . . . am . . . . in das Schiffsregister eingetragen."

§. 26.

Verpfändungen, welche auf den Beilbrief registrirt und noch nicht gelöscht sind, werden in die zehnte Kolonne des Registers von Amtswegen eingetragen.

§. 27.

Nach der Eintragung ist der Beilbrief zu kassiren und dem Rheder das Register-Certifikat zu ertheilen.

§. 28.

Die bisherigen Beilbriefsakten sind mit den nach §. 4 anzulegenden Akten zu verbinden.

§. 29.

Diejenigen Gerichte, welche Beilbriefe ertheilt haben, zur Führung des Schiffsregisters aber nicht befugt sind, haben ihre Beilbriefsakten an die Gerichte abzugeben, denen die Führung des Schiffsregisters über die von dem Rheder der betreffenden Schiffe zu Heimathshäfen zu wählenden Häfen obliegt. Dasselbe gilt, wenn den Rhedern einen Heimathshafen wählt, für den ein anderes Gericht, als dasjenige, welches den Beilbrief ertheilt hat, das Register zu führen hat.

Dritter Theil.

Die Beeidigung der Handelsmäkler und Beglaubigung und Aufbewahrung der Tagebücher.

§. 1.

Jeder Handelsmäkler hat nach seiner Anstellung und vor Antritt seines Amts einen Eid dahin zu leisten:

„daß er, nachdem er zum (Waaren-, Wechsel-, Schiffs-) Mäkler für die Stadt (den Bezirk) N. N. bestellt worden, die in dieser Eigenschaft ihm obliegenden Pflichten getreu erfüllen wolle — " (Artikel 66 des Handelsgesetzbuchs).

Es ist also in der Eidesformel des Orts oder des Bezirks, für welchen der Mäkler angestellt ist, und der besonderen Arten von Mäklergeschäften, worauf die Anstellung etwa beschränkt ist (Art. 68 a. a. O.) zu erwähnen*).

§. 2.

Der Eid wird bis zur Errichtung und Organisation von Handelsgerichten in allen Landestheilen der Monarchie bei dem Stadt- oder Kreisgericht, in dessen Bezirk der Handelsmäkler angestellt ist, oder wenn er im Bezirk einer ständigen Gerichts-Deputation angestellt ist, bei dieser von einem dazu bestellten Richter abgenommen. Im Gebiet des Rheinischen Rechts wird die Beeidigung bei dem Handelsgericht, in dessen Bezirk der Mäkler angestellt ist, in öffentlicher Sitzung des Gerichts durch den Präsidenten desselben bewirkt (Art. 9 §. 4 und Art. 73 des Einführungsgesetzes).

§. 3.

Die Beeidigung findet nur auf Ersuchen der Regierung statt, welche die Ernennung des Mäklers bestätigt oder denselben angestellt hat (Art. 9 §. 1 des Einführungsgesetzes).

Von der geschehenen Beeidigung ist die Regierung in Kenntniß zu setzen.

§. 4.

Der nochmaligen Beeidigung der nach den bisherigen Vorschriften angestellten und beeidigten Handelsmäkler bedarf es nicht**).

§. 5.

Der Präsident oder Vorsitzende des Gerichts, bei welchem nach §. 2 der Mäkler beeidigt wird, hat das Tagebuch desselben nach Maaßgabe des Art. 71 des Handelsgesetzbuchs zu beglaubigen (Art. 9 §. 4 des Einführungsgesetzes).

Auch die Tagebücher der bereits angestellten Mäkler sind dieser Beglaubigung unterworfen und gleich nach Eintritt der Gesetzeskraft des Handelsgesetzbuchs zur Bewirkung derselben den Gerichtsvorständen vorzulegen.

---

*) Für die Eidesformel kann nur der Art. 66 des Handelsgesetzbuchs maaßgebend sein; die auf diesen Gegenstand sich beziehenden früheren Vorschriften sind als aufgehoben anzusehen (vergl. Art. 60 Ziffer 2 a. a. O.).

**) Die Fassung des zweiten Absatzes des Art. 66 des Handelsgesetzbuchs läßt erkennen, daß er auf die bereits im Amte stehenden beeidigten Mäkler sich nicht bezieht.

§. 6.

Das Tagebuch eines verstorbenen oder aus dem Amte ausgeschiedenen Handelsmäklers ist von demselben Gericht in Verwahrung zu nehmen, welchem nach §. 2 die Beeidigung obliegt (Art. 75 des Handelsgesetzbuchs und Art. 9 §. 4 des Einführungsgesetzes). Bei der Aufbewahrung ist in gleicher Art zu verfahren, wie bei der Aufbewahrung der Amtspapiere eines verstorbenen oder ausgeschiedenen Notars (vergl. §. 73 des Gesetzes über die Aufnahme der Notariatsinstrumente vom 11. Juli 1845, Gesetz-Samml. S. 487). Im Bezirk des Appellationsgerichtshofes zu Cöln werden die Tagebücher im Sekretariat des Handelsgerichts aufbewahrt.

Firmenregister.

1.	2.	3.	4.	5.	6.
Laufende Nr.	Bezeichnung des Firma-Inhabers.	Ort der Niederlassung.	Bezeichnung der Firma.	Zeit der Eintragung.	Bemerkungen.
1.	Kaufmann Johann Christian Müller zu Stettin.	Stettin.	J. C. Müller.	eingetragen zufolge Verf. v. 1. Juni 1862 am 2. Juni 1862 (Akten über das Firmenregister Bd. I. S. 20). N. N. Sekretair.	Die Firma ist in „J. C. Müller I." verändert, vergl. Nr. 20 des Firmenregisters; eingetragen zufolge Verfügung vom 30. Oktober 1862 am selbigen Tage (Akten über das Firmenregister Bd. I. S. 60). N. N. Sekretair.
2.	Kaufmann Friedrich Klotz zu Stettin.	Stettin.	F. Klotz.	eingetragen zufolge Verf. v. 3. Dez. 1862 am 4. Dez. 1862 (vgl. Akten über d. Firmenregister Bd. I. S. 90). N. N. Sekretair.	Die Firma ist erloschen; eingetragen zufolge Verfügung vom 1. März 1863 am 2. März 1863 (Akten über das Firmenregister Bd. II. S. 3). N. N. Sekretair.
3.	Kaufmann Isidor Meyer zu Stettin.	Stettin.	Meyer III.	eingetragen zufolge Verf. v. 8. Dez. 1862 am 8. Dez. 1862 (Akten über das Firmenregister Bd. I. S. 100). N. N. Sekretair.	Die Firma ist durch Erbgang auf den Kaufmann Anton Bolte zu Stettin übergegangen; vergl. Nr. 31 des Firmenregisters; eingetragen zufolge Verfügung vom 1. Juni 1863 am 2. Juni 1863 (Akten über das Firmenregister Bd. II. S. 35). N. N. Sekretair.
4.	Kaufmann Herrmann Franke zu Stettin.	Stettin.	H. Franke	eingetragen zufolge Verfügung vom 1. Juni 1862 am 2. Juni 1862 (Akten über d. Firmenregister Bd. I. S. 25). N. N. Sekretair.	Der Kaufmann Georg Danz zu Stettin ist in das Handelsgeschäft des Kaufmanns Herrmann Franke als Handelsgesellschafter eingetreten und die nunmehr unter der Firma H. Franke bestehende Handelsgesellschaft unter Nr. 45 des Gesellschaftsregisters eingetragen; eingetragen zufolge Verfügung vom 1. Juli 1864 am 1. Juli 1864 (vergl. Bd. III. S. 6 des Firmenregisters). N. N. Sekretair.
20. (früher Nr. 1.)	Kaufmann Johann Christian Müller zu Stettin.	Stettin.	J. C. Müller I.	eingetragen zufolge Verf. v. 30. Okt. 1862 am selbigen Tage (Akten über das Firmenregister Bd. I. S. 60). N. N. Sekretair.	
31. (früher Nr. 3.)	Anton Bolte zu Stettin.	Stettin.	Meyer III.	eingetragen zufolge Verf. v. 1. Juni 1863 am 2. Juni 1863 (Akten über das Firmenregister Bd. II. S. 35). N. N. Sekretair.	
32.	Kaufmann Theodor Herbst zu Stettin.	Stettin und eine Zweigniederlassung in Bredow.	T. Herbst.	eingetragen zufolge Verf. v. 1. Okt. 1864 am selbigen Tage (Akten über das Firmenregister Bd. III. S. 40). N. N. Sekretair.	Die Zweigniederlassung in Bredow ist aufgehoben und eine solche in Frauendorf errichtet; eingetragen zufolge Verfügung vom 1. Dez. 1864 am 2. desselben Monats (Akten über das Firmenregister Bd. III. S. 70). N. N. Sekretair.

Anlage B.

Prokurenregister.

1.	2.	3.	4.	5.	6.	7.	8.
Laufende Nr.	Bezeichnung des Prinzipals.	Bezeichnung der Firma, welche der Prokurist zu zeichnen bestellt ist.	Orte der Niederlassungen.	Verweisung auf das Firmen- oder Gesellschafts-Register.	Bezeichnung des Prokuristen.	Zeit der Eintragung.	Bemerkungen.
1.	Kaufmann Johann Albert Schmidt zu Danzig.	Schmidt u. Söhne.	Danzig.	Die Firma Schmidt u. Söhne ist eingetragen unter Nr. 28 des Firmenregisters.	Ferdinand Lex zu Danzig.	Eingetragen zufolge Verfügung vom 20. April 1863 am 21. April 1863 (Akten über das Prokurenregister Bd. I. S. 168). N. N. Sekretair.	
2.	Die Handelsgesellschaft O. Beyer u. Comp. zu Danzig.	O. Beyer u. Comp.	Danzig.	Die Handelsgesellschaft O. Beyer u. Comp. ist unter Nr. 13 des Gesellschaftsregisters eingetragen.	1) Engelbert Kleine, 2) Ferdinand Lampe, beide zu Danzig, welchen Kollektivprokura ertheilt ist.	eingetragen zufolge Verfügung vom 1. August 1863 am 2. August 1863 (Akten über das Prokurenregister Bd. I. S. 200). N. N. Sekretair.	Die Prokura beider Prokuristen ist erloschen; eingetragen zufolge Verfügung vom 1. Dezember 1863 am 1. Dezember 1863 (Akten über das Prokurenregister Bd. I. S. 200). N. N. Sekretair.

Anlage C.

Gesellschaftsregister.

1.	2.	3.	4.
Laufende Nr.	Firma der Gesellschaft.	Sitz der Gesellschaft.	Rechtsverhältnisse der Gesellschaft.
1.	Gabriel u. Comp. Die Firma der Gesellschaft ist in Gabriel, Otto u. Co. geändert; eingetragen zuf. Verf. v. 3. Jan. 1864 am 4. Jan. 1864 (Akten üb. d. Gesellschaftsregister Bd. II. S. 101). N. N. Sekretair.	Berlin.	Die Gesellschafter sind: 1) der Kaufmann Anton Gabriel zu Berlin, 2) der Kaufmann Julius Gabriel daselbst, 3) der Kaufmann Adolph Otto daselbst. Die Gesellschaft hat am 1. Oktober 1863 begonnen. Die Befugniß, die Gesellschaft zu vertreten, steht nur dem Kaufmann Anton Gabriel und dem Kaufmann Julius Gabriel und zwar in der Art zu, daß dieselbe nur in Gemeinschaft ausgeübt werden soll; der Kaufmann Adolph Otto ist von der Befugniß, die Gesellschaft zu vertreten, ausgeschlossen. Eingetragen zufolge Verfügung vom 2. Oktober 1863 (Akten über das Gesellschaftsregister Bd. II. S. 40). N. N. Sekretair. Der Kaufm. Ferdinand Rampe ist als Gesellschafter in die Gesellschaft eingetreten; eingetragen am 1. Okt. 1864 zufolge Verfügung v. 1. Okt. 1864.
2.	Randow u. Söhne.	Magdeburg mit einer Zweigniederlassung in Berlin.	Die Gesellschaft ist eine Kommanditgesellschaft. Die Gesellschafter sind: 1) der Kaufm. Ludw. Randow zu Magdeburg, 2) der Kaufm. Christian Lenz zu Berlin, 3) der Färbermeister Georg Randow zu Magdeburg, 4) der Gastwirth Anton Lenz zu Berlin. Der Kaufm. Ludw. Randow und der Kaufm. Chr. Lenz sind persönlich haftende Gesellschafter, der Färbermstr. Georg Randow und der Gastw. Anton Lenz Kommanditisten; die Vermögenseinlage eines jeden der beiden Kommanditisten betr. 4000 Thlr.; eingetragen zufolge Verf. v. 3. Okt. 1864 am 4. Okt. 1864 (Akten über das Gesellschaftsregister Bd. II. S. 290). N. N. Sekretair.

Anlage D.

Register zur Eintragung der Ausschließung oder Aufhebung der ehelichen Gütergemeinschaft.

1.	2.	3.	4.
Laufende Nr.	Bezeichnung des Ehemannes.	Bezeichnung des Rechtsverhältnisses.	Bemerkungen.
1.	Kaufmann Franz Rolle zu Königsberg.	hat für seine Ehe mit Amalie geborenen Wittel durch Vertrag vom 3. Februar 1863 die Gemeinschaft der Güter und des Erwerbes ausgeschlossen; eingetragen zufolge Verfügung vom 25. Februar 1863 am 26. Februar 1863 (Akten über das Register zur Eintragung der Ausschließung der Gütergemeinschaft Bd. II. S. 9). N. N. Sekretair.	Der Kaufmann Franz Rolle ist gestorben: eingetragen zufolge Verfügung vom 1. Juli 1864 am 1. September 1864 (Akten über das Register zur Eintragung der Ausschließung der Gütergemeinschaft Bd. II. S. 123). N. N. Sekretair.

Anlage E.

Schiffsregister.

№ 23.

Kol. 1.	Kol. 2.	Kol. 3.	Kol. 4.	Kol. 5.	Kol. 6.					Kol. 7.
					Eigenthumsverhältnisse.					
Namen des Schiffs.	Namen des Heimaths-Hafens.	Gattung und Bauart des Schiffs.	Größe und Tragfähigkeit.	Zeit und Ort der Erbauung.	a. Fortlaufende Nr.	b. Namen der Eigenthümer.	c. Wohnort der Eigenthümer.	d. Antheile.	e. Erwerbsgrund.	Zeit der Eintragung in das Schiffs-Register.
Hermes.	Stettin.	Das Schiff ist von Eichenholz mit buchenem Kiel, in Klinkerart mit rundem Gatt gebaut, hat ein Deck, zwei Masten, ist als Brigg getakelt, führt keine Dampfmaschine, hat ein glattes Deck, und ist mit einer Kupferhaut versehen.	Das Schiff ist lang: 114 Fuß zwischen den Steven von Außenkante zu Außenkante der Sponung; tief: 14 Fuß (durchschnittlich) vom Verdeck bis zur unteren Kante des Kiels; breit: 20 Fuß in der äußeren Breite in der Höhe der Barkhölzer; 18 Fuß in der Höhe der Barkhölzer, auf 1/12 der Länge von deren hinterem Endpunkte; 17 Fuß in der Höhe der Barkhölzer, auf 1/12 der Länge von deren vorderem Endpunkte; und vermessen zu 163 Normallasten Tragfähigkeit, laut Meßbriefs des Königlichen Haupt-Steueramts zu Stettin vom 5. November 1860. Anmerkung zum Formular. Die Festpunkte der Messungen sind vorstehend nach der gegenwärtig in Kraft stehenden Preußischen Vermessungs-Instruktion gewählt. Es versteht sich von selbst, daß sie bei abweichenden Meßmethoden anderweit zu bestimmen sind.	Das Schiff ist im Jahre 1859 in Stettin unter Leitung des Schiffsbaumeisters W. Nüske erbaut.	1.	Der Kaufm. Friedrich Scholz, Preußischer Unterthan.	Stettin.	3/4	hat das Schiff für seine Rechnung erbauen lassen.	Das Schiff ist in das Schiffsregister eingetragen zufolge Verfügung vom 4. Novbr. 1862 am 5. Novbr. 1862.
					2.	Der Schiffskapitain Wilh. Müller, Preußischer Unterthan.	Jasenitz.	1/8	hat die Part von dem Kaufmann Friedr. Scholz zu Stettin laut notarieller Urkunde v. 1. Okt. 1862 gekauft.	
					3.	Die im Jahre 1856 in Stettin errichtete und landesherrlich bestätigte Aktiengesellschaft Germania.	Sitz der Gesellschaft: Stettin.	1/8	hat die Part von dem Kaufmann Friedr. Scholz zu Stettin laut notarieller Urkunde v. 2. Okt. 1862 gekauft.	

№ 23. (Fortsetzung).

Kol. 8.					Kol. 9.	Kol. 10.			Kol. 11.
Eigenthumsveränderungen.					Veränderungen in den eingetragenen Thatsachen, mit Ausschluß der Eigenthumsveränderungen.	Verpfändungen.			Löschungen.
a. Fortlaufende Nr.	b. Namen des Eigenthümers.	c. Wohnort	d. Antheile.	e. Erwerbs-Grund.			Cessionen und andere Veränderungen.	Löschungen.	
1.	Der Kaufmann Georg Scholz, Preußischer Unterthan.	Stettin.	3/4	hat die $\frac{3}{4}$ Part des in Kol. 6 Nr. 1 eingetragenen Friedrich Scholz, dessen Erbe er laut Erblegitimations-Attestes v. 10. Nov. 1863 geworden ist, ererbt. Eingetragen zufolge Verf. vom 1. Dez. 1863 am 2. Dez. 1863.	1) Dem Schiff ist der Name „Hoffnung“ beigelegt. Eingetragen zufolge Verf. v. 3. Jan. 1864 am 4. Jan. 1864.	1) Der Schiffskapitain Wilhelm Müller hat die in Kol. 6 Nr. 2 eingetragene $\frac{1}{4}$ Part des Schiffs dem Kaufmann Friedrich Scholz in Stettin für ein Darlehn von 300 Thlrn. nebst 5 pCt. Zinsen seit dem 1. Okt. 1862 und Kosten laut notarieller Urk. v. 2. Okt. 1862 verpfändet, und ist diese Verpfändung eingetragen zufolge Verfüg. vom 4. Nov. 1862 a. 5. Nov. 1862.		1) Die unter Nr. 1 eingetragene Post v. 300 Thlrn. nebst Zinsen und Kosten ist gelöscht zuf. Verfügung v. 15. April 1863 am 16. April 1863.	Das Schiff ist abgewrackt und demzufolge im Schiffsregister gelöscht zufolge Verf. v. 4. Aug. 1864 am 5. August 1864.
2.	Der Kaufmann Ernst Becker, Preußischer Unterthan.	Stettin.	1/16	hat die Part von dem in Kol. 8 Nr. 1 eingetragenen Georg Scholz laut gerichtlicher Urk. v. 2. April 1864 gekauft. Eingetragen zuf. Verf. v. 4. Juni 1864 a. 5. Juni 1864.					

Anlage F.

Register-Certifikat.

Königreich | Preussisches Wappen. | **Preussen.**

Schiffs- | | **Certifikat.**

Wir . . . . bezeugen hierdurch, dass in das Schiffsregister, welches von uns über diejenigen, zur Führung der Preussischen Flagge befugten Schiffe, deren Heimathshäfen in unserem Sprengel belegen sind, kraft gesetzlicher Anordnung geführt wird, unter:
Nr. . . . . . . das Schiff . . . .
auf Grund glaubhafter Nachweisungen eingetragen ist, wie folgt:

Col. 1. Namen des Schiffs.	Col. 3. Gattung und Bauart des Schiffs.	Col. 4. Grösse und Tragfähigkeit.	Col. 5. Zeit und Ort der Erbauung.	Col. 6. Eigenthumsverhältnisse.				
				a. Fortlaufende Nr.	b. Namen der Eigenthümer.	c. Wohnort der Eigenthümer.	d. Antheile.	e. Erwerbsgrund.
Col. 2. Namen des Heimathshafens.	Das Schiff ist von . . . . in . . . . Art, mit . . . Gatt gebaut, hat . . . . . . Deck, und . . . . . Masten, ist als . . . . getakelt, führt . . . . . . Dampfmaschine . . . . hat	Das Schiff ist und vermessen zu . . . . Tragfähigkeit laut	Das Schiff ist erbaut im Jahre . . . . in					

Fortsetzung von Colonne 6. Eigenthumsverhältnisse.					Fortsetzung von Colonne 6 Eigenthumsverhältnisse.					Col. 7.
a. Fortlaufende Nr.	b. Namen der Eigenthümer.	c. Wohnort der Eigenthümer.	d. Antheile.	e. Erwerbsgrund.	a. Fortlaufende Nr.	b. Namen der Eigenthümer.	c. Wohnort der Eigenthümer.	d. Antheile.	e. Erwerbsgrund.	Zeit der Eintragung des Schiffs in das Schiffs-Register.
										Das Schiff ist in das Schiffsregister eingetragen zufolge Verfügung vom . . . . am . . . .

Indem wir über die Eintragung des Schiffs in das von uns geführte Schiffsregister dieses Certificat ertheilen, bezeugen wir zugleich, dass dem Schiffe . . . . das Recht, die Preussische Flagge zu führen, und alle Eigenschaften, Rechte und Privilegien eines Preussischen Schiffs zustehen.
. . . ., den . . ten . . . . 18 . .

Königlich Preussisches . . . .

Col. 8.					Col. 9.	Col. 10.		
Eigenthumsveränderungen.					Veränderungen in den eingetragenen Thatsachen, mit Ausschluss der Eigenthumsveränderungen.	Verpfändungen.		
a. Fortlaufende No.	b. Namen der Eigenthümer.	c. Wohnort der Eigenthümer.	d. Antheile.	e. Erwerbsgrund.			Cessionen und andere Veränderungen.	Löschungen.

III.

Sachregister.

Die Zahlen bedeuten die Artikel des Handelsgesetzbuchs. Z = Ziffer. N = Note. S = Seite.
E = Einführungsgesetz. J = Instruktion. I. II. III. = Theil I., Theil II., Theil III.

A.

Abandon 468. 845. 854. 865. 875. — Frist 468. 868. — Revers 875. — System N. 6 zu 452.
Abberufung von Liquidatoren 134.
Abbringung 708 Z. 3.
Abdankung s. Entlassung.
Abdruck der Handelsbriefe im Kopierbuche 28.
Abfahrt s. Abreise, Auslaufen, Reiseantritt.
Abfassung der Verträge, schriftliche: 174. 208. 310. 311. 439 N. 35. 440. 558. 644. 683. 788. notarielle oder gerichtliche: 174. 198. 208. 214. nicht schriftliche: 85. 150. 250. 266. 317.
Abfertigung — des Schiffers 581. 583—592.
Abgang s. Abreise.
Abgangshafen 505. 636.
Abgehen — vom Vertrage 354—359. 394. 580—590. 631. 636. 643. 668. 670. 671. 903. 908.
Abhörung s. Verklarung.
Ablader, Begriff 564 N. 8. Haftung des Schiffers dem Ablader gegenüber 479. Zahlung von Kaplaken rc. 513. unrichtige Bezeichnung der Güter oder Kontrebande 564. Decksladung rc. 576. Konnossementsertheilung 644—646. Anweisung desselben wegen Zurückgabe der Güter 661. 662. bei Versicherungen Verschulden desselben 825.
Abladung 424. 564. 568. 577. 578. 588—590. 608. 630. 638. 642—644. 649. 654.
Abladungshafen 453. 505. 562. 569. 584. 588. 631. 636—639. 641—643. 645. 662. 866. 873. 888 Z. 3.
Abladungsort u. Abladungszeit 514. 534. 565. 620. 629. 774. 801. 803.
Ablehnung eines Antrags 322. eines Auftrags 323.
Ablieferung an eine Mittelsperson 345. an den Kommissionair 365. verspätete 386. 397—399. 757 Z. 8 und 10. 908. Haftung bis dahin 395. Rechte und Pflichten bei der Ablieferung 402—412. 416—418. 428. 431. Kosten der Lieferung an das Schiff 562. Lieferung der Ladung 574—578. 581—583. 586. 588. 589. Ablieferung des Empfangenen 607. an den Destinatär 615. 616. 619. 621. an den Befrachter 627—629. Lieferung anderer Güter 630. 643. nach Inhalt des Konnossements 647—662. der Reiseeffekten 674. der verbodmeten Gegenstände 695—700. der zur Haverei beitragspflichtigen Gegenstände 727—733. der geborgenen Gegenstände 753. 755.
Ablieferungsort 392. 396. 402—405. 414. 430. 612—614. 629. 631. 636—639. 641—643. 662. 713. 714. 716. 717. 723—725. 729. 732. 735. 783. 803. 804. 860. 879.

Ablieferungszeit 357. 386. 396 f. 425. 616. 629. 647. 648. 695. 732. 754.
Abnahme der Güter beim Kauf 343. 346. Kosten 351. beim Frachtgeschäft 407. 602. 605. 629.
Abnutzung 825 Z. 2. 888 Z. 4.
Abrechner, Mäkler 70.
Abrede s. Vereinbarung.
Abreise, Frist 394. des Schiffers 483. bei Verfrachtung eines Schiffs im Ganzen 571. bei Stückgüterbefrachtung 591.
Abschätzung s. Taxe.
Abschlagszahlung 536. 897. 908.
Abschließung — von Handelsgeschäften 272 N. 4. Form 317 (s. Abfassung). Perfektion 76. 321. von Rechtsgeschäften durch den Korrespondentrheder 461 f. durch den Schiffer 495—512. der Bodmerei 680—686. von Versicherungsverträgen 785—789.
Abschrift der Handelsbriefe 28. der Bilanz 160. 253. des Ladescheins 414. des Konnossements 644. beglaubigte 12. 177. 493.
Absender 391—394. 402. 404. 412—416. 422. 424.
Absendung 319. 321. 377.
Absonderungsrecht 122. 169.
Abtretung von Forderungen 299. 368. 665. 808. 809. 826. 841. 863. 896. 904. 905.
Abwesenheit, Grund zur Entlassung 64 Z. 4. bei Aufträgen an Mäkler 69 N. 6. bei Vertragsschlüssen 319—321. beim Abandon der Schiffspart 468. des Schiffers 634.
Abzug (Disconto) 334. am Kaufpreis 352. an der Fracht 398. 399. für den Unterschied zwischen alt und neu 444. 712. von dem Werth der Güter 612. 614. 713—715. 719. 721. 746. 862—864. 881. an der Bodmereischuld 690. an der Bodmereiprämie 699. von den zur Haverei beitragspflichtigen Gegenständen 723—725.
Acceptation von Anweisungen 300. 301. von Offerten 318—320. 322. stillschweigende 323.
Admiralitäts-Kollegien E. 73.
Aenderung der Firma 25. 87. 155. in Handelsbüchern 32. des Gesellschaftsvertrages 198. 203. 214. 215. der Vorstandsmitglieder 233. der in das Schiffsregister eingetragenen Thatsachen 436. des Rhedereivertrags 458. der Mitrheder 472. der Schiffsbesatzung 487. der Reise 694. 696. 699. 818.
Agenten N. 51 zu 47.
Aktien, Aktienantheile, deren Ankauf durch Mäkler 67. deren Ankauf als Handelsgeschäft 271. deren Zeichnung 174. 208. deren Beschaffenheit 173. 209. 210. deren Theilbarkeit und Uebertragung 182. 183. 207. 221—223. 249. deren Zahl 175. 209. auf Inhaber oder Namen 173. 207. 209. 210. 221—223. vorschriftswidrige 173. 178. 181.
Aktienbuch 182. 183. 223.
Aktiengesellschaft, deren Eigenschaft als Kaufmann 5. deren Firma 18. 209. 210. 229. deren Begriff 207. deren Errichtung 208. 211. 249. Staatliche Genehmigung 208. 214. 242. 247—249. E. 12 §. 1. Gesellschaftsvertrag 208—210. 214. 215. 221. 231. E. 12 §. 3. Bilanz 209 N. 6. 217. 224. 225. 239. 240. 249. E. 12 §. 7. Grundkapital 209 u. 210 N. 4. 237. 240. 248. 249. Reservekapital 217. Gewinn und Verlust 209 N. 6. 216. 217. 224. 225. Vorstand 209 N. 7. 210. 212. 226. 227—241. 243—245. 248. Beamte 209 N. 7. 234. 235. Generalversammlung 209 N. 8. 214. 224. 225. 231. 236—240. 248. 249. Beschlußfassung 209 N. 10. 214. 215. 242. 249. Bekanntmachungen 209 N. 11. 210 N. 6. 212. 214. 221. 243. 247. Anmeldung J. I. §§. 72. 73. Eintragungen 210—212. 214. 228. 233. 243.

244. 247. E. 13. 62—66. Handlungen vor der Eintragung 211. Rechte und Pflichten der Gesellschaft 213. E. 53 §§. 1. 4. 8. 9. Eintragungen beim Hypothekenbuch E. 23. Forum 213. Fusion 215. 247. 249. Geschäftsführung 224—226, 227 ff. E. 12 §§. 66. 67. Aufsichtsrath 225. 226. Handelsbücher 239. 246. Rechnungslegung 239. Eingriff der Verwaltungsbehörde 240. 242. E. 12 §§. 2—8. Auflösung 240. 242 bis 248. 249. E. 12 §§. 4. 5. Liquidation 244. Aufforderung der Gläubiger 243. 245. Theilung 245. 248. 249. Konkurs 240. 242.

Aktionäre, deren Stimmrecht 190. 209 N. 9. 224. Rechtsverhältniß derselben 216—226. 237. 245.

Allgemeine Feiertage 329. 330. 574. 598.

Alt, Alter des Schiffs 825. 888. alt gegen neu 444. 712. 876.

Amortisation 305.

Amt 66. 75. 84. 272 N 4. 276. von Amtswegen 26. 45. 79. 89. 129. 135. 154. 155. 171. 179. 212. 228.

Amtsblatt E. 12 §. 3.

Amtsentsetzung der Mäkler E. 9 §. 5. der Notare E. 40.

Anastasiana lex 299.

Anerbieten von Verkäufen 337. zur Ausrichtung von Aufträgen 323.

Anerkennung von Rechnungen 294.

Anerkennungsurkunde 808. 875.

Anfechtung wegen übermäßiger Verletzung 286. beim Berge- und Hülfslohn. 743. wegen Uebersetzung der taxirten Polize 797. der Dispache 841. E. 57.

Angestellter, in Läden 50. auf Seeschiffen 445. 554.

Anhalten eines Schiffs 453. 504. 542. 630. 636. 642. 662. 708 Z. 6. 838. 853. 865. 868.

Anhörung des Schuldners 310. von Sachverständigen 499. 573. der Betheiligten 626.

Ankauf, als Handelsgeschäft 271.

Anker, Ankerkette, Ankertaue 708. 712. 738. 854. 857.

Ankunft 402. 404 ff. 612—614. 688. 692. 783. 835. 860. 865 ff. 879. 883. 888. behaltene 854.

Anlaufen eines Hafens 583. 588. 590. 637. 641 ff. 818. 836. E. 56 §. 1.

Anlegen des Schiffs 593.

Anmeldung, beim Handelsgericht 19. 21. 25. 45. 86—88. 129. 135. 151. 152. 155. 156. 171. 177. 212. 228. 233. 243. 247. 437. 492. E. 5. 7. 62—64.

Anmusterung der Schiffsmannschaft 495. 530 ff.

Annahme von Gütern 80. 346. 380. 406—408. 428. 615. 698. 728. 755. von Schlußnoten 73. 77. f. Acceptation.

Anschaffung, von Waaren als Handelsgeschäft 271. von Geräthen 273. außergewöhnliche A. des Schiffers 503. des Inventars 719.

Anstalten zum Transport 272. 421. zur Aufbewahrung 302. 343. 625.

Anstellung durch Prokuristen 42. durch Korespondentrheder 460. 463. der Handelsmäkler 68. 84. E. 9 §. 1. der Schiffsbesatzung 483. 495. für eine bestimmte Reise, bestimmte oder unbestimmte Zeit 517 f. 520 f. 554.

Antheil, Abtretung desselben 98. Berechnung 106. 107. 131. 172. 180. 181. 216. 258. 268. Verminderung 108. als Exekutionsobjekt 119. 169. als Lohn 555.

Anträge in Handelsstreitigkeiten 37. 79. 128. 134. 160. 170. 195. 226. 253. 310. 315. 348. 375. 407. in Handelsgeschäften 297. 318—323. zum Kauf 337. zu einem Frachtgeschäft 422. auf Entscheidung des Konsuls 537. wegen Antritts der Reise 591. auf Besichtigung 611. auf öffentlichen Verkauf 626. 697. auf Beschlagnahme 692. auf Aufmachung der Dispache 730. auf Festsetzung des Bergelohns 747.

Antwort 319. 323.
Anweisungen der Kaufleute 300. 301. E. 56 §. 1. des Absenders in Betreff des Guts 402. 405. 416. 661. des Empfängers 404. 593. des Rheders an den Schiffer 479. 498. 505. 696. 733. 754. des Korrespondentrheders 460. der Ladungsbetheiligten 504.
Anzeige von Nichtannahme der Schlußnote 73. von der Unterbilanz 240. vom Pfandverkauf 310. 315. vom Verkauf der Waare 343. 348. von Mängeln 347. 349. 365. 366. 386. von Ausübung des Wahlrechts 356. 357. von Ueberschreitung des Limiti 364. von der Uebernahme als Propregeschäft 376. 377. der Veräußerung einer Schiffspart 471. 474. 476. von Verhinderungen 483. dem Rheder gegenüber 503. den Ladungsbetheiligten gegenüber 504. von der Ladungsbereitschaft 568. 623. vom Ausbleiben der Ladung 578. 588 f. von der Löschungsbereitschaft 595. von der Deposition 602 ff. von den geborgenen Gegenständen 752. bei der Versicherung 786. 789. 793. 794. 810—815. 821. 897. 901.
Apothekergewerbe E. 61.
Arbeitsunfähig 64. 543.
Arrest 119. 120. 169. 446. 824.
Arrha 285.
Assekuranz s. Versicherung.
Assignationen 300. 301—305.
Attest, des Konsuls E. 53 §. 7. des Handelsgerichts E. 23 §. 3. J. I. §. 15.
Aufbewahrung der Handelsbücher ꝛc. 28. 30. 33. 145. 246. 465. 493. der Mäklerbücher 75. E 9 §. 4. J. III. §. 6. der Proben 80. von Gütern 323. 343. 348. 380. 634 ff. 693. Entgelt für die Aufbewahrung 290. Aufbewahrung des Nachlasses 551. 676. Kosten der Aufbewahrung 708 Z. 4. 745. 757 Z. 1. 770. 832. 853.
Aufbringen eines Schiffs 453. 504. 542. 630 f. 636—643. 662. 670. 708. 735. 756. 824. 844. 853. 865. 868. 898.
Aufenthaltskosten 637. 642 f. 708 Z. 4. 838. 847. 850. 754 f.
Aufforderung der Gläubiger 202. 243. 245. 247. E. 25. 58 §. 2. der Aktionäre 221. zur Erklärung 339. zur Abladung 589. der Schiffsgläubiger 767—769. 780.
Aufhebung der Prokura E. 69.
Aufkündigung des Dienstes 61. der Societät 123. 124. 170. 186. 200. 261. der Rhederei 472. des Heuervertrags 521.
Auflösung eines Dienstverhältnisses 61—64. 515—520. 542. einer Gesellschaft 97. 123—132. 144. 146. 169—172. 186. 199—202. 240. 242—249. 259. 261—265. der Rhederei 472. des Frachtvertrags 630—643. 662. des Ueberfahrtsvertrages 671. von Handelsgesellschaften E. 24. 25. 33.
Aufopferung von Gütern 619. 713. 717. 720 f. 725. 778. 838—840. 847. 850. 854. 864.
Aufsichtsrath 175. 177. 185—187. 191—195. 204. 225. 226. 231. E. 11.
Auftrag 41. 47. 58. 67. 297. 323. 360. 367. 376. f. 786 f. 900 f. 905. ohne Auftrag 55. 298. 501. 786 f. 794. 811. 817. 820. 887. 891.
Aufwärter 445. 554.
Auseinandersetzung 40. 119—121. 130—132. E. 49. 141—143. 169. 172. 265. 708 Z. 7. geschiedener Ehegatten E. 43.
Auseisungskosten 622. 629.
Ausfall 122. 884.
Ausfuhrverbot 517. 543. 564. 631. 636—643. 662. 674. 735.
Aushändigung, der Schlußnoten 73. 76. der quittirten Urkunde 303. 418. des Frachtbriefs 403. der Polize 788. 816. 893. des Abandonrevers ꝛc. 875.
Ausladung und Ausladungskosten 594. 598—606. 629. 636—643. 674. 828.
Auslagen eines Gesellschafters 93. Kaufmanns 290. 345. Kommissionärs 371.

374. Spediteurs 381. 382. Frachtführers 409. Mitrheders 467. Schiffers 501. Verfrachters. 587. 590. 615. 617. 622. 624 f. 627. 640 ff. Versicherers 898. Verjährung der Auslagen 909.
Ausland 434. E. 53 §. 7. 473. 482. 537. 547. 553. 839. 492 N. 49. 494 N. 57.
Auslaufen flüssiger Waaren 617. 629. eines Schiffs 631. 636—643. 662.
Auslegung 278. 279.
Auslieferungsprovision 371. — Auslieferungsschein 302—305.
Ausrüstung eines Schiffs und Ausrüstungskosten 460. 463. 467. 477 480. 496. 560. 760. 800. 804. 825 Z. 1.
Ausscheiden eines Gesellschafters 24. 127—132. 146. 148. 170—172. 186. 199. 200. 223. eines Liquidators 135.
Ausschließliches Recht der Mäkler 84. E. 9 §. 2.
Ausschließung eines Gesellschafters 128. 131. 146. 148. 170—172. 200. eines Mitrheders 472. 476.
Auswanderungswesen 679.
Auszug aus Handelsbüchern 38. aus Mäklerbüchern 74. 79. Veröffentlichung derselben 13. 176. 198. 210. 214.
Außerkurssetzung von Papieren E. 15.
Azowsches Meer 447. 521. 539. 865.

B.

Backstellen der Segel 857.
Ballast 481. 486. 579. 623. 642. 827.
Banken 5. 312. — Bankiergeschäfte 272.
Barattrie N. 5. zu 824.
Barke E. 53 §. 4.
Bausch und Bogen 519. 546. 617. 618.
Beamter 209. 234. 235. 311. 343. 348. 354. 357. 365. E. 5 §. 8. E. 8.
Beanstandung von Waaren 348—350. 365. 407. 428. 609—611.
Bearbeitung beweglicher Sachen 271. 272.
Bedingung bei der Annahme 322. beim Kauf auf Probe 339. bei Versicherungen 793. 870.
Beeidigung der Handelsmäkler 66. E. 9 §. 4. J. III. §§. 1—4.
Beerdigungskosten 524. 551. 708 Z. 5. 838.
Befestigung eines Schiffes 738. 854.
Beförderung von Personen und Gütern s. Frachtgeschäft.
Beförderungszeit 392. 394. 397—399. 422.
Befrachter, Befrachtung 67. 564 N. 8. 479 f. Frachtgeschäft.
Befreiung von Einzahlungen 222. 468. von der Erfüllung 284. von der Haftpflicht 424. 817. 825. 845. 904. von der Bodmereischuld 616. 690. von Verantwortung für Schaden durch Zusammenstoß 740. des früheren Versicherers 793. von dem Nachweis der Interesse ꝛc. 890 f. Klauseln.
Befriedigung der Privatgläubiger 119. 122. 126. 169. 263. der Gläubiger 147. 247. 315. des Kommissionärs 374. des Spediteurs 382. des Frachtführers 407. 409. eines Schiffsgläubigers 468. des Bedürfnisses 497. des Verfrachters 583. 588. 590. 626 ff. 638 ff. des Bodmereigläubigers 691—699. der Havereiinteressenten 729 ff. des Bergers 754 ff. der Schiffsgläubiger 758 — 781. des Versicherten 824 ff. 845 ff. 858 ff. des Versicherungsnehmers 893.
Beginn des Geschäftsbetriebs 29. 110. 163. 178. 211. der Lade- und Ueberliegezeit 568 ff. der Löschzeit 595. der Gefahr 827—830. der Abandonfrist 865. der Verschollenheitsfrist 867. der Verjährung 908.
Beglaubigte Auszüge 74. Anmeldungen beim Handelsregister E. 4. 62.
Beglaubigung des Mäklerjournals 71. E. 9 §. 4. J. III. §. 5.

Begleitete Güter 424.
Begleitpapiere 393. 480. 564. 592.
Begünstigung 422. 841.
Behältniß 617.
Behändigung von Klagen und Ladungen 117. 130. 167. 196. 235.
Behörde 14. 71. 75. 434. 499. 537. 609. 625. 674. 686. 745. 752. 756. 768 f. 888.
Beilbrief E. 53 N. 23 S. 387. N. 1. E. 71. 73. J. II. §. 22—29.
Bekanntmachung 13. 14. 25. 27. 46. 87. 115. 129. 135. 151. 155. 156. 171. 176. 198. 210. 214. 221. 233. 243. 245. 247. 595. 604—606. E. 12 §. 3. 13. 68. J. I. §. 11. 12. 14.
Beköstigung 547. 708 Z. 4. 637. 642. 672. 838.
Beladung des Schiffs 561 ff. 674.
Belastung von Grundstücken 42. 114. von verbodmeten rc. Gegenständen 861. 873.
Belege 33. 145. 270. 465. 488. 731. 886—890.
Belohnung 513. 523—525. 549--552. 708 Z. 5. 838.
Bemannung des Schiffs 480. 496. 825.
Berechnung des Gewinn=Antheils 106—108. 161. 209. 254. 255. der Fristen 319. 327—331. 336. der Preisabzüge 352. 612. 613. 712. 713. der Heuer 519. 545. der Lade- und Ueberliegezeit 574. 576. der Löschzeit 597. 600. 604. 606. der Distanzfracht 632 ff. 641 ff. der Fracht 658. 671. bei Versicherungen 797. 803 ff. 834. 849. 865 ff. 872. 897.
Bergung, Bergelohn, Bergungskosten 742—756. 542. 583. 588. 616. 622. 629. 632. 634. 640 ff. 722. 757. 772. 773. 781. 909. E. 2 Z. 7.
Bergungsort, Bergungszeit 721.
Berufung einer General=Versammlung 175. 187—189. 209. 236—238. 240.
Beschädigung von Gütern beim Kommissionär 365. 367. beim Spediteur 386. beim Frachtführer 395 f. 408. 424—430. des Schiffs oder der Ladung 490. der Schiffsbesatzung 523. 549. von Gütern beim Schiffer 452. 607. 614. 659 f. 674. bei der Haverei 702—704. 707—711. 714. 718. 721. 725. 729. 735. durch Zusammenstoß von Schiffen 736 bis 741. Ersatz des Assekuradeurs 824 f. 838—844. 848. 853—898. Verjährung 908.
Bescheinigung geleisteter Einzahlungen 177. der Pfandbestellung 310. der Ablieferung 418. der Unmöglichkeit der Zurücklieferung des Certifikats 436. der Verschollenheit des Schiffs 873. 888. 889.
Beschießen des Schiffs 855.
Beschlagnahme 119. 120. 169. 446. 692. 699. 757 Z. 1. 826. — zum landesherrlichen Dienst rc. 631. 636 ff. f. Arrest.
Beschluß des Handelsgerichts 14. der Handelsgesellschafter 103. 132—134. 140. 172. 180. 186. 189. 192. 194. 209 Z. 10. 214. 215. 231. 238. 242. 244. 248. der Mitrheder 458. 459. 463. 466. 468. 471. 473. 476. des Schiffsraths 485. 487. einer Zwischenreise 539.
Beschränkung der Prokura 43. der Mäkler 84. der Sozien 100. 116. E. 67. der Liquidatoren 138. des Vorstands 231. der Konventionalstrafe 284. der Acceptation 322. der Haftungspflicht 423 f. des Korrespondentrheders 462 f. des Schiffers 500. 503.
Beschwerde beim Appellationsgericht E. 5 §§. 5. 6. wegen Führung des Handelsregisters J. I. §. 1.
Besichtigung 339. 347. 348. 365. 407. 609—611. 629. 674. 838 Z. 4. 844. 849. 879. 888 f.
Besitz 309. 313. 374. 382. 409. 727. 894.
Bestellung von Prokuristen 41. 104. 118. der Bevollmächten 47. 50. der Mäkler 66. 68. 84. E. 9 §. 1. der Liquidatoren 133. des Vorstands 227. von Faustpfändern und Retentionsrechten 309—316. des Korrespondent=

rheders 459. des Schiffers 463. des Stellvertreters 483. der Schiffsmannschaft 495 f. Anstellung.
Bestimmungshafen 490. 563 f. 631. 634. 636. 638—643. 672. 674. 688. 692. 699. 716. 817. 827 f. 831—833. 835. 854 f. 866. 868. 873. 879. 883. 888 f. 905. 908.
Betrieb von Handelsgeschäften 4. 6. 7. 10. 272. 378. 388. handwerksmäßiger 10. 272. 273.
Betrug 294. 350. 386. 408.
Bevollmächtigte 47. 69 Z. 2. 167. 195. 226. 234. 269. 298. E. 4. 5. §. 3.
Bevormundete 149.
Bewachung: — Kosten der Bewachung des Schiffs 757—770.
Beweggrund 341.
Beweisführung durch Handelsbücher 34—40 Note 22 zu 34. E. 8. 22. 48. durch Mäklerbücher 77. 78. 79 Note 111 zu 77. durch Frachtbriefe 391. durch Journale der Schiffer 488. in Assekuranzsachen 888—890.
Beweiskraft von Schuldscheinen und Quittungen 295. von Verklarungen 494.
Bewegliche Sachen 271—273. 306. 308. 316. Verpfändung durch symbolische Uebergabe E. 27.
Bilanz 29—31. 33. 105. 107. 160. 165. 185. 186. 193. 197. 209. 217. 224. 225. 239. 240. 249. 253. E. 12. §§. 7. 8. Bilanzbuch 30.
Binnengewässer 390. 420.
Blätter, öffentliche 13. 14. 176. 209. 210. 221. 243. 245. 248.
Blitz 824.
Blokade 517. 543. 631. 636—643. 662. 853.
Bodmerei Vermittlung durch Mäkler 67. als Handelsgeschäft 271 Z. 4. Begriff 680. Eingehung 497. 503 f. 507—512. 634. 681. 686. 700. Verbodmung der Ladung 504. 507. 616. 634. 681. 734 f. 838, 842. Verbodmung der Fracht 681. Verzinslichkeit 688. Zahlung der Bodmereischuld und Legitim. des Empfängers 689 f. 616. 634. 640. 695. 697. 699. 700. Haftung der verbodmeten Gegenstände 692. Pflichten und Haftung des Schiffers 479. 693—695. des Rheders 696. des Empfängers 698. Havereibeitrag 691. 725. Vorrecht 757. 762. 771—773. Versicherung verbodmeter Sachen 824. Verjährung 906—911. uneigentliche Bodmerei 701. Bodmerei als Handelssachen E. 2 Z. 7. — Bodmereibrief, Ausstellung, Inhalt, Duplikate 683—687. Indossirung 302. Einreden 687. — Bodmereigelder, Versicherung 783. 807. 824. 830. 861. 884. — Bodmereiprämie 680. 682. 684. 688. 699. 708 Z. 7. 763. 807. 838. — Bodmereireise 680. 684. 688. 692. 694. 699. 771.
Bord, an, eines Schiffes 446. 480. 484. 531. 534. 551. 562. 565. 630. 667. 673—676. 708 Z. 4. 720. 803. 838.
Börsen E. 3. 20. — Börsengeschäft 331. — Börsenordnung 331. E. 3 §§. 1—3. — Börsenpreis 311. 343. 353. 357—359. 376.
Böser Glaube 497.
Bösliche Handlungsweise 396. 427. 610.
Breite, geographische 487.
Briefe, Handelsbriefe 28. 33. 465.
Brigg, E. 53 §. 4.
Bruch, an Gütern 424.
Bruttofracht, Havereibeitrag 723. Haftung für die Schiffsschulden 759. 774. deren Versicherung 800—802. 804.
Bruttowerth 879. 883.
Buchdruckereien 272.
Buchführung 28—32. 71. 72. 75. 193. 239. 465.
Buchhandel 272.

Bürgschaft 69. 281.
Bürgerliche Ehrenrechte E. 52 §. 3. — Bürgerlicher Name 16.
Bürgerliches Recht 1. 288. 309. 312. 345. 894. E. 60 Z. 3.

C.

Certifikat 435. 436. E. 53 §§. 2. 6. 7. 8. E. 59 §. 1. J. II. Einleitung, §§. 17—20.
Cession 98. 182. 183. 222. 223. 299. 368. 382. 410. 651. 665. 774. 793 Z. 1. 809. 841. 865. 896. 904 f. — Cessionar, der Fracht 774.
Charteparte 558. 653. 731. 888. 889.

D.

Dampfschiff 866.
Daraufgabe 285.
Darlehen 47. 271. 290. 292. 374. 460. 497. 503. 507. 680 f.
Datum 72. 176. 210 Z. 1. 392 Z. 7. 414 Z. 7. 644. 645 Z. 9. 684 Z. 11.
Deckung 106. 141. 161. 255. 258. 315 323. 364. 374. 469. 708 Z. 7. 713. 783. 809. 861. 884.
Deckladungen 567. 710. 725.
Degradation der Schiffsmannschaft 543 Z. 1.
Del credere 281. 370.
Deutsche Sprache 72.
Diebstahl 824.
Dienste, Dienstverhältniß, Dienstantritt, Dienstseinstellung, Dienstfortsetzung 57. 60—65. 290. 459. 521. 524. 532. 538—551. 554. 746. 757. 761. 765. 771—773. 906—908. — Dienststunden 12. 432. — Dienstvergehen 543 Z. 2. 544. — Dienstverrichtung 451 f. 478. 496. 664. 757. 772. — Dienstzeit 543. 545.
Dingliche Rechte 111. 164. 213. 306 f. E. 23. 29.
Diskonto 334.
Dispache 708 Z. 7. 730 f. 838 f. 841, E. 57. — Dispacheur 731. 841.
Distanzen 487. — Distanzfracht 632—634. 636—643. 669—671. 872.
Disziplinargewalt 532 f. 666. — Disziplinarstrafen 487. E. 9 §. 5.
Dividende 197. 204. 217. 218. 241.
Doppelversicherung 792—795, 900, 901.
Dotalgut, Dotalrecht E. 39—41. 52 §. 2.
Druckereien 272.
Durchstreichungen 32.

E.

Effekten, der Reisenden 673—676. 725. 757 Z. 8. der Besatzung 725.
Effektiv 336.
Ehefrau als Handelsfrau 6—9. E. 19. 39—41. 43.
Ehemann der Handelsfrau 7. 8. E. 19. 20. 39—41. 43.
Ehescheidung E. 43. — Ehevertrag E. 40.
Ehrverletzungen 63. 64.
Eid 34. 66. 77. 232. 488. 493. 535. E. 8. 9 §. 4.
Eigenthumserwerb der Gesellschaften 111. 164. 213. an eingebrachten Sachen 91. 143. 252. an verkauften Sachen und Werthpapieren 306—308. an Schiffen und Schiffsparten 435—440. bei Totalverlust 863. an abandonnirten Sachen 872.
Eigenthümer einer Aktie 183. 223. der Einlage 252. eines Schiffs 450. der Güter 626. Schiffsbesatzung als Mit- oder Alleineigenthümer 700 f. 757 Z. 10. Rechte und Pflichten des Eigenthümers bei der Haverei 703. 722. Anzeige von geborgenen Sachen an den Eigenthümer 752.

Eigenthumsurkunden 875. 888.
Eindringen des Seewassers 824.
Einfuhrverbot 517. 543. 564. 631. 636—643. 662. 674. 735.
Einladen, in das Schiff 484. 486. 561 f. 568. 578. 582—584. 630 Z. 3. 674. 827 f.
Einlage, bei der offenen Gesellschaft 85. 91 f. 95. 106. 108. 120. 131. bei der Kommanditgesellschaft 150 f. 161. 165. 169. 171. bei der Kommanditgesellschaft auf Aktien 173. 180 f. 197. 203 f. bei der Aktiengesellschaft 207. 209 Z. 4. 210 Z. 4. 219—223. 249. bei der stillen Gesellschaft 250. 252. 255. 258 f. bei einzelnen Handelsgeschäften 267 f.
Einlaufen des Schiffs 637. 642. 708 Z. 4. 757 Z. 2. 770.
Einliefern der Ladung 562. 574—578. 581—592. 621. 630. 674.
Einreden, Einwand 281. 303. 349. 386. 408. 423. 477. 607. 687. 694. 812. 896. 904 f. 911.
Einregistrirung von Urkunden über Pfandbestellung E. 44.
Einschüsse des Versicherers 897 f.
Einseitige Handelsgeschäfte 277.
Einsicht der Register 12. 432. der Bücher und Papiere 38 f. 79. 98. 105. 160. 186. 193. 224. 225. 240. 253. 465.
Einspruch, E. 5. §§. 1—3.
Eintragungen in die Handelsbücher 32. 36. in die Mäklerbücher 71. 72. 76. in das Aktienbuch 182. in das Handelsregister 12—14. 19. 21. 25. 45. 46. 86—89. 110. 129. 135. 146. 151—156. 163. 171. 176—179. 198. 201. 206. 210—212. 214. 228. 233. 244. 247 Z. 4. 249. E. 4. 5. 11. 13. 23. 42. in das Schiffsregister 433—438. E. 53. 58. 59. in das Schiffsjournal 486 f. in das Hypothekenbuch E. 23. 26. J. I. 102—105. älterer Firmen, Prokuren, Handelsgesellschaften E. 62—69. J. I. §§. 106—117.
Einzahlungen 95. 165. 177. 184. 220 f. 249. 258. 259. 467 f. E. 11.
Einziehung von Geldern durch Mäkler 95. durch Liquidatoren 137. durch Unterfrachtführer 410. durch den Rheder 774 — 778. des Kaufgeldes 781. der Versicherungsgelder 891 893.
Eis 824.
Eisenbahnen. Von deren Frachtgeschäfte 421—431.
Emanzipirte E. 37. 38.
Embargo 517. 543. 631. 636—643. 735. 865.
Empfänger von Frachtgütern 392. 402—408. 412. 414—417. 479. 513. 564. 593—595. 597. 602—606. 609—611. 615. 624. 629. 645 f. 653 bis 655. 660 f. 697 f. 728. 755. 825. Z 4.
Empfangnahme von Zahlungen 49—51. 67. 296. 460. N. 65 zu 496. 504. von Waaren 343. 346. 351. 380. 408. 422. 428. 607. 615. 647. 651. 656. 674.
Empfangsbekenntniß 301. 572. 597. 604. 606. 652. 896. Vorläufige Empfangscheine 644.
Entfernung 336. 487. 633. 636. 671.
Entgangener Gewinn 283.
Entlassung der Handlungsgehülfen 42. des Korrespondentenrheders 459. des Schiffers 460. 463. 515—522. der Schiffsmannschaft 539 f. 543—547. 906.
Entsetzung der Handelsmäkler E. 9 §. 5. der Notare E. 40.
Erbauung eines Schiffs durch Mehrere 476.
Erben 22. 40. 123. 170. 200. 261. 524. 551. 676. E. 50 §. 2. E. 52 §. 3.
Erdbeben 824.
Erfüllung 284. der Handelsgeschäfte 324—336. insbesondere beim Kauf 342 f. verspätete 354 f. unvollständige oder mangelhafte 452 Z. 2. 757 Z. 2. 772. des Unterfrachtvertrages 664. der Verpflichtungen des Versicherers 808. 903.

Erfüllungsort, Erfüllungszeit 324 f. 336. 342. 345. 353. 357.
Erhöhung der Heuer 541. E. 56 §. 2.
Erkennbare Mängel 347. 365. 387. 395. 408. 428. 560. 607. 610. 655.
Erkenntniß, Veröffentlichung desselben 27. auf Ausschließung 128. 170. vorläufige Entscheidung des Konsuls 537. gegen den Schiffer 764. Praeclusoria E. 58 §§. 3. 4. des Prisengerichts 888 f.
Erkrankung des Schiffers 483. 523. der Mannschaft 543 Z. 3. 548—550.
Erlaß der Einlage 165. 184. 222 f. 259.
Erlasse (Cirkuläre) 202. 221. 245.
Erleichterung des Schiffs 708 Z. 2.
Erlös 315. 613. 712. 863. f. 876—881.
Erlöschen der Firma 25. der Prokura 45. 46. 54. 118. 135. gewisser Rechte 97. 306. 349. 386. 408. 412. 428. 522. 610. 617. 624. 674. der Pfandrechte am Schiff 767—769. 780. E. 58.
Ermessen des Richters 27. 34. 57. 62. 77. 101. 125. 133. 134. 160. 162. 170. 195. 253. 254. 262. 394. 488. 523. 524. 549. 551. 573. 585. 591. 595. 633. 744. E. 8.
Errichtung von Gesellschaften 85. 86. 110. 150. 151. 163. 174. 178. 208. 211. 249. von Handelsgerichten E. 73.
Erwerb von Eigenthum und Rechten 111. 164. 306—308. 439—441. 471. 474. 649. 780. Erwerb durch die Seefahrt 432. 450. 456. 476. f.
Europäische Häfen und Meere 447. 518. 521. 539. 545 f. 865 f.
Exekution 119. 120. 126. 169. 263. 314. E. 57 §. 7.
Explosion 824.

F.

Fabrikbesitzer E. 18. 31.
Fahrt, Weiterfahrt 483. 584. 738.
Fahrzeug 438. 489. 746. E. 53 §. 10.
Fakturen als Beweismittel 731. 888. N. 51 zu 713.
Falsche Bevollmächtigte 55. 298.
Falliment E. 17.
Fälligkeit 141. 146. 288. 289. 313. 334. 370. 688. 697. 699. 886. 908 Z. 4.
Fäulniß 825. 888.
Familienname 16. 20. Familienrath E. 37.
Faustpfand 309—312. E. 44—46.
Fautfracht 581—590. 638.
Feiertag 329. 330. 574. 598.
Feind 708 Z. 5. 756.
Feuer 855.
Firma 10. 15—27. 41. 44. 48. 49. 85—88. 111. 113. 125. 139. 150—155. 164. 166. 168. 175. 176. 209. 210. 229. 251. 257. E. 2 Z. 3. E. 4. 6. 23. 36. 53 §. 4. E. 62. 65. 68. 69.
Firmenregister J. I. §§. 19—35.
Fixgeschäfte 357—359.
Flagge f. Landesflagge.
Flüssige Waare 617.
Foenus nauticum. S. 387 Nr. 1.
Forderungen, deren Buchung 29—31. Verjährung 146—149. Verzinsung 288 bis 293. Abtretung 299. 368. F. der Gesellschaft 119—122. 131. 137. 169. der Schiffsgläubiger 757—781. Verjährung 906—911. Versicherung 783 ff.
Förmlichkeit bei Verträgen 85. 150. 174. 208. 214. 440. 250. 266. 317. 558. 683. 686. 788. bei Bestellung von Faustpfändern 309. 312. E. 27. bei der Verklarung 490—493. zur Ermittlung des Abladers 578. des Em-

pfängers 605. bei der Besichtigung von Gütern 609 f. bei Ablauf der Wartezeit 572. bei Verpfändung von Seeschiffen E. 59.
Fortführung einer Firma 22. 24. 27.
Fortsetzung einer Gesellschaft 127. 170. 200. 214. 261.
Fracht 70. 381—383. 385. 392. 398. 399. 407—409. 414. 427. 452 bis 455. 460. 468. 509. 514. 534. 555. 564 f. 615—629. 634 bis 640. 642. 645. 653. 658. 674. 678. 777. deren Verbodmung 680 f. 697. Beitragspflichtigkeit und Vergütungsberechtigung bei Haverei 717 f. 721. 723. 727. 734. Pfandrecht an der F. 759. 761. 774—776. 778. 781. deren Versicherung 783. 797. 800—802. 804. 807. 817. 825. 829. 859. 872. 882. 888. deren Verjährung 909.
Frachtabzug 398. 399. 585. 618. 638.
Frachtantheil 555. N. 10 zu 784.
Frachtbrief 391. 401—406. 410. 426. 429—431.
Frachtführer, Begriff 390. 420. Geschäfte desselben als Handelsgeschäfte 272 Z. 3. dessen Ladescheine 302—305. Pfandrechte 306. 409—412. E. 45. Uebergabe an denselben 345. Ablieferung durch denselben 365. dessen Regreß an den Absender 393. 412. Sorgfalt 397. 399. Haftung 394. 395—402. 408. Pflicht zur Ablieferung 403. 418.
Frachtgeschäft, zu Lande, auf Flüssen und Binnengewässern 390—431. zur See zur Beförderung von Gütern 557—664. von Reisenden 665—679.
Frachtgut 390. 392. 645. — Beschädigung und Ersatz 395. 408. 424 bis 431. 607. 612—614. Lieferung und Verladung desselben 482. 514. 534. 559. 562—567. Beschlagnahme 446. Ablieferung und Deposition 403. 418. 602 605 f. 616. 629. 647—662. Sicherstellung 404. Untersuchung 407. 609 f. als Pfandobjekt 409—412. 624 bis 629. Verbodmung 680 f. 692. 697 f. Beitragspflichtigkeit und Vergütungsberechtigung bei Haverei 710. 713 f. 720—722. 727. 733. Versicherung 783. 803—805. 820 f. 825. 828. 831 f. 853—856. 858. 865. 879—881. 897. Verjährung 908.
Frachtmäkler 389.
Frachtverdienst 573. 585.
Frachtvertrag, Vermittelung derselben 389. Beweis 391. Inhalt 392. 394. Uebergang 401. Zwang zum Abschluß 422. Befugniß des Schiffers zum Abschluß 496. über das Schiff im Ganzen 557—587. 592—603. 606. 630—642. über einen verhältnißmäßigen Theil oder einen bestimmt bezeichneten Raum des Schiffs 557 f. 560. 588. 592—594. 604. 606. 643. über Stückgüter 557. 560. 589—594. 605. 643. Rücktritt vom Vertrag und Auflösung desselben 505. 580—586. 588—591. 630—636. 638. 642 f. 662. Verhältniß zum Konnossement 653. Unterfrachtvertrag 606. 664. N. 18 z. 677 f. Ueberfahrtsvertrag.
Frankosendungen 345.
Freiheitsstrafe 64.
Frist, für die Verjährung 146. 906—909 f. für Aufstellung der Bilanz 240. 249. für Beweiskraft eines Schuldscheins. 295. Berechnung bei Verträgen 328. 333. zur Geltendmachung der Gewährsmängel 347. 349. 386. 428. des Pfandrechts 409. 412. 624. purgatio morae 356. zur Lieferung 357. zum Antritt der Reise 394. zur Abforderung des Gepäckes 425. zur Anzeige von Thatsachen, die ins Schiffsregister einzutragen sind 437. E. 53 §. 9. zur Abladung 569—571. 577 f. 589. zur Löschung und Empfangnahme 596—605. zur Lieferung anderer Ladung 630. zum Rücktritt vom Frachtvertrage 580 f. 636. 638. 643. zur Geltendmachung des Pfandrechts am Schiff 768. Verschollenheitsfrist 866 f. Abandonfrist 845 f. 868 f. zur Zahlung der Versicherungssumme 873. 886. 897 f. zur Zahlung der Bodmereischuld 688. 699.

Frühjahr 327.
Fuhrleute, gewöhnliche, 10 f. Frachtführer.
Fusion 215. 248. 249 Z. 3.
Führung — Recht der, N. 7 zu 534.

G.

Garnirung 481.
Gattung 72. 80. 563. 630 f.
Gebrauch einer nicht zustehenden Firma 26. 27.
Gebräuche, Handelsgebrauch, Ortsgebrauch 1. 57. 61. 70. 80. 82. 83 279. 285. 326. 327. 334. 339. 342. 346. 349. 351. 352. 369—371. 394. 536. 561 f. 569. 576 578. 593 f. 596. 600. 605. 674. 841. 899.
Gebühren der Behörden 745. der Beamten und Zeugen E. 5 §. 9. des Gerichts E. 74.
Geburtsfälle 487.
Gefängnißstrafe E. 5 §. 7. 11. 12. §. 9. 41. 52. §§. 2. 3.
Gefäße, Verpackung in solche, 655. 656.
Gefahr 310. 325. 342 f. 345. 369. 375. 424. 484 f. 631. 633. 639. 670. 693. 702. 704. 742 f. 746. 748. 750. — im Verzuge 100. 104. 343. 348. 365. 387. 537. — Versicherung gegen die Gefahren der Seeschifffahrt 782—905.
Gegenbeweis 494. 686. 695. 777. 855. 890.
Gegenpartei 37. 407. 609. 674.
Gegenstand, des Unternehmens 5. 18. 175. 209. 215. des Geschäfts 72. 338.
Gegenwärtige (inter praesentes) 318.
Gehalt der Handlungsgehülfen 57. 60. 63.
Gehorsam 533. 666.
Gehülfe der Mäkler 69 f. Handlungsgehülfen.
Geißel 708 Z. 6.
Geld, eingebrachtes 29. 91. 95. verauslagtes 93. 467 — entnommenes 106. 108. Abfindung in Geld 131 f. 172. 265. 744. vertheiltes 141. 469. — Abschätzung in Geld 180. 782. Geldzahlungen 325. 342. — Haftung des Frachtführers und Verfrachters für Gelder 395. 608. 674. Ersatz bei großer Haverei 710. 725. Aufnahme von Geldern 497. 503 f. 511. 708 Z. 7.
Geldanweisungen 301—305. — Geldbuße E. 5 §§. 7. 9. E. 9 §. 5. E. 40. 53 §. 9. — Geldempfang, Befugniß hiezu 50. 51. 296. 460. N. 65 zu 496. — Geldwechsler 272.
Gemeinde 20.
Gemeiner Handelswerth 396. 612.
Gemeinschaft der Güter 8. E. 40.
Genehmigung zum Betrieb von Geschäften 56. namentlich gleichartiger 96. 159. G. der Taxe 180. der Waare 339. 347. der Ueberschreitung des Auftrages 364. der Kreditleistung 369. der Rechnung des Korrespondentrheders 466. zum Aufgeben des Dienstes 547. G. des Schiffers zur Verladung von Kontrebande 564. zur Ladung auf Verdeck 567. zur Wiederausladung 588. 590. der für fremde Rechnung genommenen Versicherung 786. zur Abweichung vom Versicherungsvertrage 817. 820. staatliche 174—178. 198. 203. 206. 208—211. 214. 242. 247—249. E. 10. 12 §§. 1. 3. 4.
Genehmigungsurkunde 176. 198. 210. 214. E. 12 §. 3. E. 66.
Generalversammlung, der Kommanditisten 175. 177. 180. 186—190. 192—195. 199. 205. der Generalvollmacht, Eintragung J. I. §. 47. der Aktionäre 214. 224—226. 231. 236—238. 240. 242. 244. 248. 249.

Gepäckschein 427.
Geräthe 273. 371. 481.
Gericht, Richter 3. 9. 37—39. 62. 79. 111. 134. 140. 164. 167. 213. 254. 315. 348. 407. 492 f. 499. 585. 591. 625 f. 686. 697. 731. 744 f. Handelsgericht. — Gerichtsferien J. I. §. 17. — Gerichtsstand 111. 144. 164. 213. 247. 315. 325. 342. 455. 475. 764.
Gerichtsvollzieher E. 5. §. 9.
Geringer Gewerbebetrieb 10.
Geschäfte, laufende 130. 137. 265. neue 137.
Geschäftsführung 93. 99—105. 125. 136—138. 140. 158. 186. 193. 224. 225. 229—231. 234. 239. 244. 251. 270. 465. 787.
Geschäftsgang, ordnungsmäßiger 347. — Geschäftsjahr 106—108. 124. 126. 170. 185. 192. 239. 249. 255. 261. 263. — Geschäftslokal 105. — Geschäftsmann, Sorgfalt desselben 343. — Geschäftssprache 72. — Geschäftsverbindung 323. Rechnung darüber 291.
Geschäftszeit, gewöhnliche, 332.
Gesellschaft, offene 17. 85—150. stille 250—265. s. Handels-Aktien-Kommanditgesellschaft.
Gesellschaftsangelegenheiten 93 f. 103. 193. 224. 237.
Gesellschaftskasse 95. 193. 225.
Gesellschaftsregister J. I. §§. 49—82. — Gesellschaftstheilungssachen 40. — Gesellschaftsvermögen 29. 91. 95. 106—108. 119. 122. 125. 131. 137. 143. 147. 169. 170. 216. 240. 245. 247. E. 36.
Gesellschaftsvertrag 90. 97. 99. 101. 102. 105. 112. 123. 133. 175. 176. 182. 186—190. 197 205. 206. 209. 210. 215. 217. 220—222. 224. 229. 231. 236—238. 241. 242. 244. 249. 261. Form desselben 85. 150. 174. 198. 208. 214. 250. E. 12 §. 3. 66. 67.
Gesetze, gewerbsteuerliche und gewerbe-polizeiliche 11. 276. gesetzliches Pfandrecht 120. 169. 306. 758—779. gesetzliche Verjährungsfrist 146. gesetzliche Zinspflicht 220. gesetzliche Zinsen 287. 289. 292. E. 14. gesetzliche Befugniß der Schiffer 452. 496—509. gesetzliches Vorkaufsrecht 470. Polizei-Steuer-Zollgesetze 482. 564. gesetzlicher Dispacheur 841. gesetzliche Urkunden 888 Z. 4.
Gesindedienste 65.
Gestohlene Sachen und Werthpapiere 306—308.
Gewährleistung 349. 350. 452. 502. 872.
Gewalt, höhere 395. 423. N. 105 zu 607.
Gewaltthätigkeit 824.
Gewerbemäßiger Betrieb 4. 6. 7. 10. 272—274. 360. 379. 390.
Gewerbepolizeiliche, gewerbesteuerliche Gesetze 11. 276.
Gewicht 336. 352.
Gewinne, Gewinnantheil, Gewinnvertheilung 106—109. 119. 161. 162. 165. 169. 186. 193. 197. 204. 209 Z. 6. 216. 217. 224. 225. 250. 254. 255. 268. 441. 469. 555. entgangener 283. imaginärer, dessen Versicherung 783. 805 f. 825 Z. 4. 828. 860. 864. 883.
Gewohnheit f. Handelsgebrauch.
Gewohnheitsrecht N. 3. zu 1. N. 71. zu 421.
Gewöhnliche, Fuhrleute und Schiffer 10. Unkosten der Schiffahrt 622.
Glaube, guter 165. 197. 218. 697. 727. 900. böser 477. 497. 728. 777.
Gläubiger der Gesellschaft 146. 168. 202. 243. 245. 247. 248. 257. Privatgläubiger 119—122. 126. 132. 169. 170. 172. 200. 263. Gläubiger mit Pfand- oder Retentionsrechten 310—316. 624—629. 648. 727. 695 f. 753 f. 757—781. Pflicht zu vorzeitiger Empfangnahme 334. Gläubiger des Kommittenten 368. 374. 375. des Eigenthümers der Waare 382. 409.

Befriedigung eines Schiffsgläubigers 468. Aushändigung der Police an die Gläubiger des Versicherten 893.
Glaubwürdigkeit 34. 35. 77. 78. 488. 494.
Große Haverei. Begriff 702. Beispiele 708. Ursache 704. Schadensberechnung 710—717. Havereivertheilung 705. 718. Beitragspflicht 706. 719—726. 728. Vergütungsberechtigung 612. 707. 727. 734 f. 637. 757—781. Feststellung der Schäden, Dispache 729—731. E. 57. Sicherheitsbestellung für die Beiträge 616. 634. 732 f. Verjährung der Havereibeiträge 906 bis 911. f. Haverei, Havereigelder.
Großaventureivertrag S. 387 N. 1.
Gründe, wichtige, dringende 62. 125. 128. 134. 160. 170. 253. 262. 693.
Grundstücke 29. 42. 91. 111. 114. 137. 164. 213. E. 23. Verträge über Grundstücke 275.
Güte, mittlere 335. 346.
Güter, dem Verderben ausgesetzte 343. 348. 365. 366. 387. 504. f. Handels-Kommissions-Frachtgut. — Güterbestätter 389. — Gütergemeinschaft 8. 40. E. 19. 20. 40. J. I. §. 83—87.
Gute Prise 453. 542. 630. 636 ff. 735. — Gutgewicht 352.

H.

Hafen 444. 473. 484. 583 f. 636. 699. 729. 732. 739. 757 Z. 2. 768. 770. 818. 832. 836. 853. E. 53. §. 2. 54. 56. §. 1. 71. Heuerungshafen 517. 520. 538. 542. 544 f. 548. f. Europäische Abladungs-, Bestimmungs-, Heimaths-, Löschungs-, Noth-, Zwischenhafen. — Hafenabgaben, Hafengeld, Hafenkosten 622. 641. 708 Z. 4. 757 Z. 3. 772 Z. 1.
Haftung, der Ehefrau 8. der Gesellschaft 93. des Gesellschafters 94. 113. des Kommanditisten 165—168. 197. des Aufsichtsrathes 204. des Aktionairs 222 f. des Vorstands 231. 241. solidarische 281. des Kommissionärs 367. des Spediteurs 380. 384. des Frachtführers 395—397. 400. 401. 423—431. des Rheders 451—454. 479. 498. 502. 525. 542. 552. 634. 664. 696. 704. 733. 736. 740 f. 754. 777. des veräußernden Mitrheders 471. der Mitrheder 461. 474. 766. des Schiffers 478—485. 656. 660 f. 693—695. 730. 733. 754. des Schiffsmanns 537. 736. des Befrachters oder Abladers 564 f. des Verfrachters 566. 607 f. 654—660. des Empfängers 698. 728. 755. der verbodmeten Gegenstände 692. der Havereiinteressenten 728. der Eigenthümer geborgener Sachen 755. des Versicherers 791. 817 f. 820 f. 840. 842. 847—856. 894. der Ladungsbetheiligten 736.
Handbuch 71.
Handelsbetrieb 5—10. 272. 273. — Handelsbrief 28. 33. 145. 465. Handelsbücher 10. 28—40. 202. 239. 245 f. E. 8. 22. 49. Recht zur Einsicht 98. 105. 145. 160. 193. 225. 240. 465. — Handelsfrau 6 bis 9. E. 39. 50 §. 2. — Handelsgebrauch, Ortsgebrauch 1. 70. 279. 285. 326 f. 334. 342. 346. 349. 351 f. 352. 369—371. 394. 841. 899. f. Gebrauch.
Handelsgericht, Vertretung durch das gewöhnliche Gericht 3. Zuständigkeit E. 47. 49. 73. Führung des Handelsregisters 12—14. 19 21. 25 f. 45 f. 86—89. 129. 135. 151—156. 163. 171 f. 176—179. 198. 201. 206. 210—212. 214. 228. 233. 243 f. 247. 249. E. 4. 5. J. I. §§. 88—100. Einschreiten gegen den Gebrauch unzuständiger Firmen 26. 27. E. 6. J. I. §. 101. Befugnisse, Ermessen 57. 133. 145. 160. 162. 195. 226. 246. 253 f. 310. 323. 348. 365. 407. E. 16. Mitwirkung bei der Verklarung 492 f. bei dem Verkauf des Schiffes 499. bei der Verbodmung 686. E. 53 §. 2. bei Prüfung der Dispache E. 57.
Handelsgeschäfte, Begriff 271—277. E. 2 Z. 1. 4. 5. Allgemeine Be-

stimmungen 278—316. Abschließung 317—323. Erfüllung 324—336. gewerbsmäßiger Betrieb 4. 6. 7. 10. 272. 360. 379. 390. Vornahme einzelner Handelsgeschäfte 378. 388. 420. Eintragung 28. 71. unbefugter Betrieb 56. 59. 64 Z. 2. 69 Z. 1. 96. 97. 159.
Handelsgesellschaft 5. 10. 17. 18. 24. 29. 85—249. 456. E. 2 Z. 2. 13. 23—25. 36. 53 §§. 4. 8. E. 62—68. s. offene Ges., Kommanditg., Kommanditges. auf Aktien, Aktiengesellschaft.
Handelsgesetzbuch 1. 4. 10. 11. 281. 304. 317. 492. 517. 527. 680. 731. 787. fünftes Buch des H. 444. 447—449. 678.
Handelsgewerbe s. Handelsbetrieb. — Handelsgut 335. — Handelskammern E. 9 §. 1.
Handelsleute, kleine 10. — Handelsmäkler 66—84. 272 Z. 4. 311. 343. 348. 354. 357. 365 f. 387. E. 2 Z. 6. E. 9. 60. 70. — Handelsmann 15—27.
Handelsniederlassung 19. 21. 41. 86. 87. 151. 152. 155. 176. 210. 212. 324. 325. 342. 370. — Handelspapier 67. E. 9 §. 3. — Handelsplatz, Kurs an demselben 353. — Handelsrecht 55.
Handelsregister 12—14. 19—21. 25. 26. 45. 46. 86—89. 110. 115. 129. 135. 151—156. 163. 171. 176—179. 198. 201. 206. 210—212. 214. 233. 243. 247 Z. 4. 249. E. 4. 5. 11. 13. 20. 23. 42. 62—68. 73. J. I. §§. 1—121.
Handelssachen 1. 9. 34. E. 2. 8. 14. 44. 47. 48. 50 §. 1. 73.
Handelsschulden der Ehefrau 8. E. 19. der Gesellschaften 113. 137. 141. 146 ff. 166. — Handelsstand, Kaufleute 4—11.
Handelsverbot 631 Z. 1. 631—638. 641—643. 662.
Handelsverkehr 279. 888. — Handelswerth 396. 423. 612.
Handelszweig 96. 159.
Handgeld 453. 545. 547.
Handlungen unerlaubte, strafbare 487. 543. 550. 778 s. Rechtsgeschäfte.
Handlungsbevollmächtigte 47—56. 59. 167. 234. 297. 298. E. 2 Z. 5. 69.
Handlungsdiener 57. 61.
Handlungsfonds 91. 111. 119—122. 126. 131. 164. 169. 172. 200. 213. 240. 248.
Handlungsgehülfe 36. 42. 50. 51. 57—65. 69 Z. 2. E. 2 Z. 5.
Handlungslehrlinge 57—65. — Handlungsreisender 49.
Handlungsvollmacht s. Handlungsbevollmächtigter.
Handwerk, Handwerksbetrieb 10. 272. 273.
Hauptniederlassung 21. 86. 111. 151. 153. 155. 156. 163. 176. 198. 210. 213. 214.
Hauptschuldner 281.
Hausirer 10.
Haverei, besondere 703. 707. 709. 849. kleine N. 97. 98 zu 622 und S. 401. N. 1. s. Große Haverei.
Havereibeitrag, Havereivergütung, Havereivertheilung s. Große Haverei.
Havereifall 715. 719. 720. 726. 728. 898.
Havereigelder, Definition N. 6 zu 783. Versicherung durch den Korrespondentrheder 460. Beschaffung 508. 708 z. 7. Sicherstellung 616. 629. 634. 640. Versicherung 783. 830. 884. 898.
Heilungskosten des Schiffers und der Mannschaft 523. 525. 548—550. 708 Z. 5.
Heimathshafen 435. 448. 455. 469. 473. 475. 495. 496. 503. 520. 521. 523. 536. 538. 548. 681. 757 Z. 7. 764. 768. E. 53 §. 3. 54.
Herabsetzung der Prämie 699. des Bergelohns 743. der Taxe 797.
Heuer, Heuervertrag, 453. 516—526. 529—531. 536—552. 555. 573. 637 708 Z. 4 725. 751. 757 Z. 4. 761. 765. 771—773. 784. 906. bis 911. E. 56.

Hinreise 802. 831.
Höhere Gewalt 395. 607. 674.
Höker 10.
Hoher Hand, Verfügung von, 631 Z. 1. 636—643. 670. 824 Z. 2. 865 Z. 2. N. 105 zu 517. N. 29 zu 832.
Hülfsleistung in Seenoth 542. 742—756. E. 2 Z. 7. des Versicherten 823. 826. 874.
Hülfskosten 616. 629. 634. 640. 753. 755. 757 Z. 5. 771—773. 781. 906—911.
Hülfslohn 742—747. 749—753. 756.
Hypotheken 114. 120. 169. Bestellung E. 37. 39. Eintragung E. 23. 26. J. I. §§. 102—105.

J.

Jahresrechnung 193. 225. 291.
Identität des Schiffs 435. der abgelieferten und übernommenen Güter 655.
Imaginairer Gewinn. Versicherung 783. 797. 805 f. 828. 860. 864. 883.
Immobilien s. Grundstücke.
Indossable Papiere 301—305. 309. 325. 413. 417. 647. 687. 896.
Indossament 182. 223. 303—305. 309. 373. 417. 647. 687. 896. 904.
Inhaber einer Firma 25. eines Handelsgewerbes 22. 251. 252. 256—259. 261. 265. eines Ladescheins 416. eines Papiers an Order 305. 307. 309. eines Konnossements 647 f. 650. 661. eines Bodmereibriefs 689 f. einer Police 896.
Inhaberaktien 173. 207. 209. 210. 222.
Inhaberpapiere 306. 307. E. 15.
Inland. Schiffsverkauf 473. 767. 780. Dispachirung 731. 839.
Innerer Verderb des Frachtguts 343. 348. 365. 366. 387. 395. 424. 607. 674. 825 Z. 3.
Interesse 284. 427. 504. 526. 634. 636. 676. 694. 777. versicherbares 467. 782. 785. 787. 886—890. 900 f.
Interimsscheine 173. 222.
Interpretation der Handelsgeschäfte 278. 279.
Intervenient 194. 195. 226.
Inventar 29—33. 91. 107. des Schiffs 443. — Inventarienbuch 30.
Inventarisirung 29—31.
Journal s. Schiffsjournal
Irrthum 294. 813.
Juristische Person 149. Handelsgesellschaften als solche N. 1. zu 85.

K.

Kajüte 559.
Kalender 571. 834. Kalendervierteljahr 61.
Kaper 853.
Kapital 293.
Kaplaken 513. 622.
Kappen der Maste 708 Z. 1. 857 Z. 1.
Kargadeur 825.
Kassation des Handelsregisters und der Akten J. I. §. 18.
Kauf 67. 271. 337—359. durch Kommissionäre 363. 364. 372. 373. 376. 377. durch Schiffer 497. 503.
Kaufmann, Begriff 4—6. 10. 11. dessen Firma 15. 16. 19. Pflicht zur Buchführung 28—33. zur Edition 38—40. dessen Geschäfte als Handelsgeschäfte 272—274. 378. 388. 420. Anspruch auf Zinsen 289. auf Ersatz der Auslagen 290. aus einem Kontokurrent 291. dessen Sorgfalt 282. 344. 361. 367. 380. 387. dessen Vollmachten 297. 298. dessen Anweisungen und

Verpflichtungsscheine 300—305. dessen Pfandbestellung 306—309. E. 27. dessen Rechte aus Faustpfändern 310—312. dessen Retentionsrechte 313—316.
Kaufpreis, Einziehung durch Handelsreisende 49. Vermerk im Mäklerjournal 72. bei Forderungen 299. Ort der Zahlung 325. 342. Berechnung 352 f. Folgen des Verzuges 354. 357—359. Kreditiren 369. tritt an die Stelle des Pfandes 767 f. 780. Haftung für das eingezogene Kaufgeld 776. Haftung des Versicherers für Eingang des K. 877.
Kaution E. 9 §. 1. E. 70.
Kentern 855.
Klage wegen unberechtigten Gebrauchs einer Firma 27. gegen den falschen Prokuristen 55. auf Auflösung der Gesellschaft 125. 130. gegen Gesellschafter 146—149. gegen die persönlich hafteuden Gesellschafter 194. gegen den Vorstand oder Aufsichtsrath 226. behufs Befriedigung aus den zurückbehaltenen Gegenständen 315. wegen Mängel der Waare 349. gegen den Spediteur 386. gegen den Frachtführer 408. gegen den Empfänger 412. gegen den Rheder 455. gegen die Mitrheder 475. Klagerecht des Schiffers 496. 504. 636. gegen den Schiffer 537. 764. zur Wahrung des Pfandrechts 624. 764. K. des Bodmereigläubigers 697. des Bergers 753. Klagerecht des Versicherungsnehmers 891. Verjährung 906—911.
Klausel „effektiv" 336. „frei von Leckage" 607. 617. 659 f. „Fracht laut Charterpartie" 653. „Inhalt unbekannt" 656. „Zahl, Maaß, Gewicht unbekannt" 658. „frei von Bruch" „frei von Beschädigung" 659 f. „vorläufig taxirt" 797. „frei von bestimmten Prozenten" 851. „frei von Kriegsmolest" 852. „nur für Seegefahr" 853. „für behaltene Ankunft" 854. „gegen Totalverlust" N. 67 zu 854. „frei von Beschädigung außer im Strandungsfall" 855. „frei von Bruch außer im Strandungsfall" 856.
Kleine Fahrzeuge 438. 489. 567. 710 Z. 1. E. 53 §. 10. E. 55.
Kleine Haverei s. Haverei.
Köln E. 37—52. J. I. §§. 118—121.
Kollektivprokura 41. 44. vgl. auch 86 Z. 4. 100. 163. J. I. §. 44.
Kommanditgesellschaft 150—172. Begriff 150. Firma 17. 155. 168. Anmeldung J. I. §. 61. Eintragung 151—156. 163. 171. Gesellschaftsvertrag 150. Hinzutritt neuer Kommanditisten 156. 166. Rechtsverhältniß der Gesellschafter unter einander 157—163. zu Dritten 163—168. Geschäftsführung 158. 167. E. 67. eigene Geschäfte des Kommanditisten 159. Rechte desselben 160—162. Haftung desselben 165 f. Erwerbfähigkeit der Gesellschaft 164. 169. Rechte der Privatgläubiger 169. 172. Auflösung der Gesellschaft 170. Liquidation 172. E. 33. 36.
Kommanditgesellschaft auf Aktien 173 — 207. Begriff 173. Firma 17. Staatliche Genehminung 174. E. 10. Entstehung 178. Anmeldung. J. I. §§. 62—64. Eintragnng 176—179. 198. 201. E. 66. Gesellschaftsvertrag 174 bis 176. 198. 206. Rechtsverhältniß der persönlich haftenden Gesellschafter 175—179. 181. 185—187. 194—196. 199. 204. 205. Aufsichtsrath 175. 177. 185—187. 191—195. 204. Generalversammlung 175. 177. 180. 186 bis 190. 192. 194. 195. 199. 205. Bekanntmachungen der Gesellschaft 175 Z. 8. 176 Z. 5. Bilanz 185. 193. Geschäftsführung 186. 193—196. 204. E. 67. Zinsen und Dividendenvertheilung 193. 197. 204. Reservekapital 197. Prozeßführung 194—196. Haftung des Kommanditisten 197. des Aufsichtsraths 204. Auflösung der Gesellschaft und Vertheilung 199—202. Rechte der Privatgläubiger 200. Liquidation 205. E. 33. 36.
Kommissionär 69. 290. 306. 360—378. 411. N. 12 zu 785. N. 17 zu 787. N. 62 zu 891.
Kommissionsgeschäfte 272. 360—378. — Kommissionsgut 365—367. 374—376.
Kommittent 360—372. 374—378.

Kompensation 94. 121. 169. 471. 895. N. 79 zu 816. 904 f. 911.
Kompromiß 137.
Kondemnation des Schiffes 444. 453. 473. 542. 630. 636—643. 853 f. 877 f. 888.
Konfiskation 564. 674. 853.
Konkurrenz der Konnossementsinhaber 648. 651. der Schiffsgläubiger 779.
Konkurs, Vorlegung der Handelsbücher 40. der Handelsgesellschaften und ihrer Mitglieder 122 f. 169 f. 200. 240. 242. 258 f. 261. E. 13. 36. eines Schuldners 314. der Mitrheder 472. 476. Eintragung in das Register J. I. §. 58.
Konkursmasse 315. 375. 382. 409. 626. 629. 648. 893. 903.
Konnossement, an Order 302. 305. 646—650. 661 f. Uebergabe durch Konnossement 313. 374. 649. Ausstellung und Inhalt 644—646. Wirkung der Ausstellung 615. 647. 653—663. Konkurrenz mehrerer Konnossementsinhaber 648—651. Rückgabe des K. 652. Beibringung zur Dispachirung 731. zum Nachweise des Interesse des Versicherten 888.
Konsens des Ehemanns zum Handelsbetrieb der Ehefrau 7. 8.
Konsul 499. 537. 547. 686. E. 53 §. 7.
Konsulatsurkunde 434. 686. E. 53 §. 7.
Kontext 684 Z. 9.
Kontokurrent 291. 374.
Konventionalstrafe 220. 284. 398. 399.
Kopfzahl 109. 268. 750.
Kopie 28. 414.
Kopierbuch 28. 33.
Korrespondentrheder, Bestellung 459. 476. Befugnisse 460—462. Pflichten 462—466. Veräußerungsanzeige an ihn 471.
Kostbarkeiten 395. 608. 674. 710. 725.
Krankheit der Handlungsgehülfen 60. 64. der Gesellschafter 125. 170. 200. des Schiffers und der Mannschaft 483. 523. 525. 543 f. 548—550. 668.
Kreditoren 369.
Kreditgeschäfte des Schiffers 479. 497 f. 502 f. 506—512. 680 f. 757 Z. 7. 771—773.
Kreditinstitute 312.
Krieg 517. 543 f. 631. 636—643. 670. 824 Z. 2.
Kriegsgefahr 824. 852 f.
Kriegskontrebande 482. 564. 674.
Kriegsschiff N. 2 zu 432. 853.
Kriegsvorräthe 725.
Kündigung des Dienstvertrages 61. der Gesellschaft 123. 124. 126. 170. 186. 200. 261. 262. der Rhederei 472. des Schiffers 521.
Küstenfahrer 438. 489. 567. 710 Z. 1. E. 53 §§. 10. 55.
Kunsthandel 272 Z. 5.
Kurs 487. E. 3 §. 3.
Kurszettel 353.

L.

Ladebuch 710 Z. 2. 725.
Laden (offener) 50.
Ladeschein 313. 374. 413—419. 427. indossabel 303—305.
Ladezeit 519. 568—580. 582. 588. 653.
Ladung, Einnahme 453. 561 f. Obsorge des Schiffers 487. 490. 504—512. 567. 634. 636. Verbodmung und Verkauf 504. 507. 512. 634. 636. 680 ff. 734 f. Unrichtige Bezeichnung 564. Ladung ohne Wissen des Schiffers oder Rheders 514. 534. 565. Lieferung 568—582. 586. 588. Substitution anderer Ladung 563. 630. 638. Transport auf einem an-

deren Schiff 566. 832. Verlust und Beschädigung 607 f. 612—614. 736. 757. 906—911. Besichtigung 609 f. Ablieferung 625. 629. Pfandrecht an der Ladung 624—626. 727. 733. 781. E. 28. Haverei 702 f. 705. 708 Z. 2. 709 Z. 3. 718. 720. Bergung 742. 751. 753. Versicherung 782 ff. s. Fracht, Frachtgut, Löschzeit, Konnossement.
Ladungsbereitschaft 568. 578. 588.
Ladungsbetheiligte 492. 504—512. 634. 636. 703. 732. 734. 736. 757 Z. 8. 909.
Ladungshafen 453.
Ladungspapiere 480. E. 57 §. 2.
Ladungsplatz, Ladungsstelle 561. 630.
Ladungstheil 507. 510.
Länge (geographische) 487.
Lagergeld 290. 832.
Lagerhaus 323. 343. 407.
Lagerraum 371.
Lagerschein 302. 305. 313. 374.
Lagerverzeichniß 337.
Landesflagge 432—436. 470. E. 53 §§. 1. 4—8. E. 71.
Landesgesetze 8. 10. 11. 14. 34. 42. 47. 84. 122. 169. 173. 206. 242. 249. 292. 304. 305. 308. 312. 345. 349. 421. 434. 437. 438. 448. 449. 467. 470. 489. 512. 527. 533. 534. 536. 541. 544. 547. 553. 556. 567. 679. 701. 710. 723. 731. 756. 767. 768. 780. E. 60.
Landesherrliche Genehmigung E. 10. 12 §§. 1. 3.
Landeskonsul 499. 537. 547. 686. 888. E. 53 §. 7.
Landesmünze 336.
Landtransport 67. 390 f.
Laufende Rechnung 291.
Lebende Sprachen 32. 72.
Lebenszeit 123. 170. 200. 261. N. 110 zu 518.
Leckage 395. 423. 424 Z. 4. 607. 617. 629. 659. 674. 825 Z. 8.
Legitimation der Aktionäre 183. 223. des Vorstandes und der Beamten einer Aktiengesellschaft 209 Z. 7. 228. der Inhaber indossabler Papiere 305. 416 f. der Konnossementsinhaber 647—651. der Bodmereibriefsinhaber 689 f. des Versicherungsnehmers und des Versicherten 886—896.
Lehrlinge 57. E. 61.
Lehrzeit 61.
Leichterfahrzeug, Leichterlohn 708 Z. 2. 720 Z. 1. 828. 855. 856.
Leuchtfeuergeld 662. 757 Z. 3. 771—773.
Lieferung von Gegenständen als Handelsgeschäft 271. vertretbarer Sachen 338. Note 3 zu 338. Lieferungsgeschäfte 357—359. Forderungen aus Lieferungen 757 Z. 7. 771—773.
Lieferungszeit der Frachtführer 394. 397—399.
Liegegeld 409. 568—580. 582. 587 f. 595—606. 615. 623 f. 627. 629. 638—640. 642 f. 909.
Limito 363 f.
Liquidation der Gesellschaft 133—145. der Kommanditgesellschaft 172. der Kommanditgesellschaft auf Aktien 205. der Aktiengesellschaft 244. bei einzelnen Handelsgeschäften 270.
Liquidationsfirma 139.
Liquidationstermin der Börsengeschäfte 331.
Liquidatoren 133—144. 244 ff. E. 2 Z. 2.
Lootse 487. 740. N. 5 zu 451. N. 21 zu 483.
Lootsengeld 622. 629. 757 Z. 5. 771—773.
Löschung, Löschungskosten, Löschungsplatz 453. 481. 484. 490. 504.

521. 593—595. 612. 623. 638. 641—543. 713 f. 719—721. 726. 760. 827 f. 831 f. 835. 853 f. 857. 905. E. 56 §. 1. Löschung des Schiffs im Schiffsregister 436 f. E. 53 §. 8. Löschung von Feuer 855.
Löschungshafen 594. 596. 645. 647. 674.
Löschzeit 519. 578. 595—606. 629. 653. 827.
Loskauf von Schiff und Ladung 708 Z. 6. 757 Z. 6. 771—773. 844.
Loth 487.

M.

Mäkler 66—84. 272 Z. 4. 311. 343. 348. 354. 357. 365. 366. 387.
Mäklerbücher 71—79.
Mäklergebühr 82.
Mäklergeschäfte 67.
Magazin 50.
Mahnung 288. 289.
Mängel, der Waaren 347—350. 365. 387. der Verpackung 395. 423. 424 Z. 2 u. 3. 607. 629. 660. 674. des Schiffs 560.
Manifest 710.
Marktpreis 311. 343. 348. 353. 354. 357. 359. 365. 366. 376. 387. 612. 713. 721. 734. 879.
Maschinist 554.
Masten, Kappen derselben 708 Z. 1. 857.
Merkzeichen 392. 414. 645.
Metallhaut des Schiffs 712. 876.
Miethe von Schiffen 67.
Minderjährige 149. E. 37. 38. 50 §. 2.
Mißbrauch des Vertrauens 64. 101. 125 Z. 2 u. 4. 170. 200.
Mißhandlungen zwischen Prinzipal und Handlungsgehülfen 63. 64. des Schiffsmanns durch den Schiffer 547.
Mitrheder 457—461. 465. 467—476. 522. E. 53 §§. 4. 8.
Mitternacht 834.
Mittelländisches Meer 447. 865.
Monat 97. 126. 170. 185. 239. 249. 261. 327. 328. 349. 518. 523. 545. 548. 636. 834. 865. 866. 868. 897.
Münzfuß, Münzsorte 336.
Mundvorrath 725.
Munition 708.
Muster von Waaren 337.
Musterrolle 529. 530.

N.

Nachfolgeverhältniß, in der Firma anzudeuten 22.
Nachholung des Versäumten 356. 357.
Nachmann bei Spediteuren und Frachtführern 382. 401. 410.
Nachnahme 382.
Nationalität 645. E. 53 §. 4. s. Landesflagge.
Natürliche Beschaffenheit der Güter 395. 426. 607. 619. 674. 825.
Naturereigniß 394. 639. 824.
Nehmung 453. 542. 630. 631. 636—643. 670. 708. 709. 824. 865. 898.
Nettofracht 802. 872.
Nichteuropäische Häfen 447. 518. 521. 539. 545. 866.
Nichtkaufleute, Beweis durch Handelsbücher gegen dieselben 34. E. 8. 47 Z. 2. 50 §. 1.
Niederlegung des Deckungskapitals 202. 245. von Gütern 323. 343. 407. 602. 604—606. 648. 675. der streitigen Summe 625. 690.
Nießbrauch des Ehemannes 8.

Nominalbetrag einer Aktie 222. 249.
Normalsatz für Verluste 426.
Nothhafen 453. 490. 637. 641. 708. 735. 831. 838.

O.

Öffentliche Banken 5. Handelsregister 12. Schiffsregister 432. Blätter 13. 14. E. 42. Transportanstalten 421. Verhandlungen E. 5 §. 3. Versteigerung 9 §. 3.
Oertliche Verordnungen 61. 82. 83. 561. 562. 569. 576. 593. 596. 600.
Offene Handelsgesellschaft 85—149. Begriff 85. Anmeldung J. I. §. 52. Eintragung 86—89. Vertrag 85. 90. 92. 105. Verhältniß der Gesellschafter untereinander 90—109. Eigenthum 91. 119—122. 131. 143. E. 23. Einlage 92. 95. Pflichten der Gesellschafter 94—97. Cession der Rechte 98. 126. Geschäftsführung 99—104. Befugnisse der Gesellschafter 105. Berechnung von Gewinn und Verlust 106—109. Verhältniß zu Dritten 110—122. Vermögensrechte der Gesellschaft 111. Solidarhaft 112. 113. Vertretungsbefugniß 114—118. E. 67. Rechte der Privatgläubiger 119—122. 126. 132. Auflösung und Austreten Einzelner 123—132. Auseinandersetzung 130—132. Liquidation 133—145. Ernennung der Liquidatoren 133. 134. Eintragung 135. Befugnisse 136—142. 144. Verjährung der Klagen gegen die Gesellschafter 146—149. Konkurs E. 13. 33. 36.
Offenes Magazin 50.
Ordentlicher Gerichtsstand 111. 144. 164. 213.
Orderpapiere 300—305. 414. 417. 646. 649. 650. 661. 662. 685. 687. 896. 904. 905.
Ordnungsmäßige Handelsbücher 34. 35. E. 8. Mäklerbücher 77. Schiffsjournale 488.
Ordnungsstrafen 26. 45. 89. 129. 135. 154. 155. 171. 179. 212. 228. 233. 243. 244. 247. 249. 251. 437. E. 5. 6. 7. 64.
Ort der Erfüllung 324. 325. 336. 342. — Ortsgebrauch 57. 61. 70. 80. 82. 83. 285. 290. 327. 339. 346. 351. 352. 369—371. 394. 536. 561. 562. 569. 576. 578. 593—596. 600. 604—606. 674. 899.
Ortsgericht 348. 407. 499. 686. 888.

P.

Papiere, Schriften der Gesellschaften 98. 105. 145. 160. 177. 193 225. 465. Papiere an Order 301—305. 414. auf Inhaber 308. 825. E. 15. Begleitpapiere 393. 480. 592. 835.
Partialschaden 796. 869. 876. 882. 884. 888.
Per procura 41.
Personalarrest 314. 446. E. 50. 51.
Persönliche Verpflichtung des Prokuristen 55. 298. der Aktienausgeber 178. der Vorstandsmitglieder 241 Abs. 2. 245 Abs. 4. 247 Z. 3. des stillen Gesellschafters 257. des Kommissionairs 370. des Rheders 452—455. 479. 528 f. 542. 548 f. 551. 696. 733. 754. 774—777. 907. der Mitrheder 471. 474. 476. des Schiffers 479. 501 f. 694 f. 733. 754. des Empfängers 698. 728. 755. der Schiffsbesatzung 736. 907. s. Haftung.
Pfandanstalten 312. — Pfandbestellung 306—309. E. 27. 44.
Pfandrecht 120. 169. 306—311. 374. 382. 409—412. 467. 476. 624. 626. 629. 675. 727. 733. 753. 758. 759. 761—764. 767—769. 774. 775. 779—781. E. 28. 29. 45. 58.
Pflichtverletzungen der Mäkler 84. E. 9 §. 5. der Gesellschafter 125. der Schiffer 516. 547. der Schiffsleute 543. 544.
Plünderung 824 Z. 4. 853.
Polize, Indossirung und Cession 302—305. 896. 904 f. Ertheilung 788. ge-

meinschaftliche 791. taxirte, offene 797. Auslieferung an den Versicherten 816. 893. Rückgabe 892. Zahlung ohne Beibringung der P. 894.
Polizeibeamte E. 5 §. 8. E. 7. — Polizeigesetze des Auslands 482. 564. 674.
Postanstalten 421. 449.
Präklusion der Gläubiger E. 25. 58 §§. 3. 4.
Prämie bei der Fracht 513. 622. 629. Bodmereiprämie 680. 682. 684. 688. 699. 807. Versicherungsprämie 467. 708 Z. 7. 786. 789. 793 f. 800 f. 815 f. 835. 899—901. 903. Versicherung gegen Prämie als Handelsgeschäft 271 Z. 3.
Prangen 709 Z. 3. N. 10 zu 825.
Preislisten 337.
Primage 513. 622. 629.
Prinzipal 41. 45—47. 49. 52—56. 58—64.
Prise, gute 453. 542. 630. 638. 641—643. 662. 858.
Prisengericht 888.
Privatgläubiger N. 76 zu 119. s. Gläubiger.
Privatvermögen 119—122. 126. 169. 263. E. 36.
Probe 80. 337. Kauf auf, zur, nach Probe 339—341. 347.
Prokura 10. 41—46. 52—56. 104. 118. N. 45 zu 43. — Prokuraregister J. I. §§. 36—48. — Prokurist 6. 41. 42. 44. 45. 52. 53. 55. 56. 104. 167. E. 2 Z. 5. E. 21. 25. 69.
Promessen 173. 222.
Protest bei Lieferungsgeschäften 358. bei Beendigung der Wartezeit 570—572. 588. 589. bei Ablauf der Lösch- und Ueberliegezeit 597. bei Konkurrenz mehrerer Konnossementsinhaber 648. bei Konkurrenz mehrerer Bodmereibriefsinhaber 690. 699.
Proviant 480. 496. 725.
Provision 290. 370. 371. 374. 376. 381—385. 783. 805. 806. 828. 860. 883.
Prozent. Franchise von gewissen Prozenten 849. 851. 855. Schadensberechnung nach Prozenten 879 f. 882 f. Prozentabzug beim Ristorno 899—901. s. Zinsen.
Prozeßführung 9. 47. N. 59 zu 111. 111. 117. 137. 164. 167. 194—196. 213. 226. 227. 460.

Q.

Qualifikation des Schiffers 527.
Quarantainegelder 622. 757.
Quittung 295. 296. 303. 418. 689. 888.

R.

Radiren 32.
Rangordnung der Pfandrechte 411. der Forderungen der Schiffsgläubiger 770—781.
Ratten 825.
Rechnungen 51. 288. 294. Prüfung derselben E. 49. — Rechnungsabschluß 29—31. 291. — Rechnungslegung 125 Z. 2. 130. 170. 172. 200. 239. 270. 361. 376. 466. 503. — Rechnungswährung 336.
Rechtsgeschäfte, Abschluß durch Prokuristen und Handelsbevollmächtigten 52. 298. durch Handlungsgehülfen 58. durch Mäkler 76. durch Gesellschafter 114. 115. 167. 196. durch den Vorstand 230. durch Korrespondentrheder 461. durch Schiffer 495—512.
Rechtsnachfolger 133. 145. 306—308.
Rechtswegen — von 95. 220. 382. 410. 467.
Rechtswohlthaten der Frauen 6.
Refaktie 352.
Registerhafen 435.

Reglement 422. 423.
Reihenfolge der Schiffsgläubiger 770—773. E. 29. 59 §. 3.
Reise, Begriff (rücksichtlich der Schiffsgläubiger) 760. Veräußerung des Schiffs während derselben 441. 473. neue R. 463. 468. 777. 827. zusammengesetzte 584. 585. Ballast R. 623. 629. 642. versicherte R. 817. 818. 827. 831. 832. 849. 852. 910. Befugnisse des Schiffers auf der Reise 496—504. 680 ff. Reiseabschnitt 453. 585. Antritt 394. 444. 480. 517. 521. 523 f. 543—545. 548 f. 566. 579—583. 591. 623. 630—632. 635—639. 642. 667. 671. 681. 699. 817. 827. 852. 866. 867. Fortsetzung 394. 505. 507—510. 517. 543. 667. 681. 708 Z. 4, 734. 824. 852. Aenderung 503. 505. 583. 694. 817 f. Reisekosten 542. Verzögerung, Unterbrechung 588. 590. 623. 672. 818. 825 Z. 3. Hinderung, Einstellung 503. 505. 636—643. 670. 699. 832. Beendigung 453. 468 f. 490. 520. 523. 536—539. 545. 548. 612. 680. 694. 699. 711. 716 f. 719—721. 726. 729. 827. 832. 905. 910. — **Reiseequipage** 425. — **Reisegepäck**, Reiseeffekten 425. 673—676. 725. 757 Z. 8. 772. 908 Z. 2.
Reisende 271. 479. 564. 665—679. 725.
Reklamekosten 709 Z. 2. 757 Z. 5. 771—773. 844. 853. 898. — **Reklamiren** 504. 709. 853.
Reparatur des Schiffs 444. 463. 467 f., 490. 503. 637. 640. 672. 708 Z. 4. 711 f. 719. 876. 878. 888. — **Reparaturunfähigkeit**, Reparaturunwürdigkeit 444. 453. 473. 542. 630. 632. 636—643. 669. 854. 877 f.
Reservekapital 197. 217.
Retentionsrecht 313—316. 629. E. 30. 46.
Rettung aus Seenoth 622. 632—634. 702. 705 f. 708. 720. 725. 742 bis 755. 823. 838 Z. 3. 844. 845. 850. 854. 858. 863. 898.
Reugeld 285.
Revier des Heimathshafens 448. E. 54.
Rheder, Begriff 450. Haftung 451—455. 477. 479. 498. 696. 733. 754. 495—503. 664. 523—526. 542. 548 f. 551 f. 634. 704. 736—741. 757. 774—778. 825. Verjährung der Ansprüche an den Rheder 906—911. Gerichtsstand 455. Vertretung durch den Schiffer 495—503. 508—512. 764. Rechnungslegung und Mittheilungen des Schiffers 483. 503. 513. Entlassung des Schiffers 515—521. Verschiffung von Gütern für eigne Rechnung 829. Verwendung eines dem Rheder nicht gehörigen Schiffs 477. Erfüllung des Unterfrachtvertrags 664.
Rhederei, Begriff 456. Beschlußfassung 458. Bestellung, Befugnisse und Pflichten des Korrespondentrheders 459—466. 476. Verhältniß der Mitrheder zu einander 457. Beitragspflicht 467 f. Gewinn- und Verlustvertheilung 469. Veräußerung einer Schiffspart 470—472. Auflösung der Rhederei 473. Haftung der Mitrheder 474. 766. Gerichtsstand 475. Vereinigung zum Schiffsbau 476. Schiffer als Mitrheder 522. 700. 757 Z. 10. Rhedereivertrag 457. 471. Rhedereibetrieb 459 f. Streitigkeiten als Handelssachen E. 1 Z. 1.
Ristorno N. 49 zu 699. 899—902.
Rost 424 Z. 4.
Rückgriff 149. 412. 429. 627. 628.
Rückreise 520 f. 523. 538 f. 548. 584. 802. 831.
Rücktritt von einer Offerte 319. 320. vom Kauf 354—359. vom Frachtvertrag 394. 581—588. 590. 630. 631. 638—643.
Rückversicherung 783. 868.

S.

Sache, verbrauchbare, vertretbare 91. 301. 338. bestimmte (species) 324. 342. bewegliche 91. 271—273. 302. 306. 313. unbewegliche 42. 91. 114. 275.
Sachverständige 57. 162. 254. 348. 365. 387. 407. 499. 522. 573. 595.

604. 606. 609. 612—614. 674. 711. 713. 714. 721. 725. 735. 879 E. 10. 49.
Säumniß, Folgen derselben 220. 467. 354—357. 360. 387. 589. 603 bis 606. 629. 869.
Schadensersatz wegen unbefugter Führung einer Firma 27. wegen Vorspiegelung oder Ueberschreitung einer Prokura oder Handlungsvollmacht 55. 56. wegen Verschuldens eines Mäklers 81. eines Gesellschafters 94. 95. 97. wegen Ausgabe nichtiger Aktien 173. 178. wegen ungesetzlichen Verfahrens des Aufsichtsraths, des Vorstands, der Liquidatoren 204. 241. 245. Umfang des Sch. 283. 284. wegen unterlassener Anzeige vom Verkaufe des Pfandes oder der Waare 310. 311. 343. wegen Abweichung von der vorgeschriebenen Uebersendungsart 345. wegen Verzug in der Erfüllung 354—359. Sch. des Kommissionärs 362—365. des Spediteurs 380. des Absenders 393. des Frachtführers und Verfrachters für Verlust und Beschädigung den Frachtguts 395 f. 607. 614. wegen Unrichtigkeit der im Konnossement enthaltenen Bezeichnung 654 ff. wegen verspäteter Ablieferung 397—399. der Eisenbahnen 422—431. wegen Verschuldens der Schiffsbesatzung 451 f. 736. wegen Verschuldens des Schiffers 452. 478—482. 514. des Verfrachters wegen Seeuntüchtigkeit des Schiffs 560. wegen Aufenthalts durch Wiederausladung 582 f. 588. 590. wegen Ueberschreitens der Wartezeit 630. wegen Beschädigung von Reiseeffekten 674. wegen Verursachung der großen Haverei 704. f. Haftung, Rheder, Versicherung.
Schätzungwerth 522.
Scheitern 855.
Schiff, Vermittelung von Schiffskäufen 67. Eintragung in das Schiffsregister 432—438. E. 53. 71. J. II. §§. 1—29. Veräußerung 439—442. 473. 767. Veräußerungsbefugniß des Schiffers 499. Verpfändung E. 59. Zubehör 443. seeuntüchtiges S. 444. 877. Beschlagnahme eines segelfertigen S. 446. Handelsgesellschaft als Eigenthümer des S. 456. Befugnisse des Korrespondentenrheders in Betreff des Schiffs 460. Verwendung eines dem Rheder nicht gehörigen Schiffs 477. Obsorge des Schiffers für das Schiff 480 f. Verlust 542. 630. 632. 642. Verbodmung 509. 511 f. 680—701. Besondere Haverei 703. 709. Große Haverei 702 ff. Beitragspflicht 719. 727. 733. Zusammenstoß von Schiffen 736—741. 824. Bergung und Rettung 742—756. — Schiffsschulden 757—781. Versicherung 782. Versicherungswerth 799. Beginn und Dauer der Gefahr bei Versicherung des S. 827. 831—835. Ersatz 844 ff. Totalverlust 858. Verschollenheit und Abandon 865 f. Substitution eines anderen Schiffes 566. 820.
Schiffbruch 824.
Schiffer, gewöhnliche 10. Wahrung der Rechte des Kommittenten dem Schiffer gegenüber 365. Güterversendungen durch Schiffer 379—389. Seeschiffer gehört zur Schiffsbesatzung 445. Haftung des Rheders für sein Verschulden 451 f. 907. Pflichten des Schiffers 478 f. für Ausrüstung 480 f. 825. Beobachtung der Gesetze 482. Verlassen des Schiffs 484. Reiseantritt und Stellvertreter 483. Schiffsrath 485. Journalführung 486—488. Verklarung 490—494. 526. Befugniß zur Eingehung von Rechtsgeschäften für den Rheder 495—504. Heuer, Belohnung ꝛc. 453. 514—525. 708 Z. 5. 751. 757 Z. 4. 761. 772. Anstellung 460. 463. Entlassung 463. 515—522. Verladung für eigene Rechnung 514. Qualifikation 527. Disziplinargewalt 532—534. 666. Einfluß der Anweisungen des Rheders 479. 498. 696. 733. 754. Entlassung der Schiffsmannschaft durch ihn 543. Klagen der Mannschaft gegen ihn 537. Sorge für die Nachlaßeffekten der Mannschaft 551. der Reisenden 676. Pflichten und Rechten den Ladungsbetheiligten gegenüber 504—512. 634. 636. Einnahme der Ladung und Verladung unrichtig bezeichneter Güter ꝛc. 561—568. Abfertigung 582. Löschung der Ladung 593.

595. Depositionsbeugniß 602—604. Ermittlung des Güterempfängers 605. Verfahren bei Ablieferung der Güter 609 f. Zeichnung der Konnossemente und Verpflichtung hieraus 644—663. Verschulden bei Unterfrachtverträgen 664. Verbodmung 680—701. absichtliche Beschädigung bei drohender Gefahr 702. Pflicht die Aufmachung der Dispache zu veranlassen 730. verschuldeter Zusammenstoß von Schiffen 736. Auslieferung verbodmeter, mit Havereibeiträgen und mit Bergungs- und Hülfsgeldern beschwerter Gegenstände 695. 733. 754. Vertreter des Rheders den Schiffsgläubigern gegenüber 764. Verkauf des Schiffs 767. Versicherung der Heuerforderung 784. Deviation 818 Bezeichnung des Schiffers bei Abschluß des Versicherungsvertrages 819. Einfluß seines Verschuldens auf die Ersatzverbindlichkeit des Versicherers 825.

Schiffahrtsbetrieb mit fremden Schiffen 477. — Schiffahrtsabgaben 757 Z. 3. 772 Z. 1. — Schiffsbau 476. — Schiffsbesatzung 445 f. 451—453. 479 f. 487. 490—494. 564. 573. 610. 637. 674. 704. 708 Z. 4. 725. 736—741. 742. 751. 757 Z. 10. 761. 765. 772. 824 Z. 6. 825. 906—911. Rechtsangelegenheiten als Handelssachen E. 2 Z. 7.

Schiffsboot 443. — Schiffsdienst 531—533.

Schiffsdirektor, Schiffsdisponent 459 f. Korrespondentenrheder.

Schiffsführer f. Schiffer. — Schiffsgelegenheit 672. —

Schiffsgeräthschaften 481. 708 Z. 1.

Schiffsgläubiger E. 29. Ansprüche an den Schiffer 479. an den Eigenthümer des Schiffes 477. Aufzählung 757. 727. Pfandrecht 758—763. Verfolgung 764. Einfluß der persönlichen Verpflichtung des Rheders 765. Erlöschen des Pfandrechts 767—769. E. 58. Rangordnung 770—773. Wirksamkeit des Pfandrechts 774. Persönliche Haftung des Rheders 775—777. Haftung der Havareivergütungen 778. Konkurrenz mit anderen Gläubigern 779. Rechtsangelegenheiten als Handelssachen E. 2 Z. 7.

Schiffsinventar 443. 858. — Schiffsjournal 486—489. 492. 888 Z. 3.

Schiffskapitain f. Schiffer. — Schiffsmäkelei 70.

Schiffsmannschaft 445. 528. Heuerung und Anmusterung 495. 529—531. Stellung zum Schiffer 532 f. Führungsrecht 534. Mitwirkung bei der Journalführung und Verklarung 486. 490—493. 535. 542. bei der Bergung 542. 742. Berge- und Hülfslohn 751. Heuer, Belohnung, Verpflegungskosten rc. 536. 538—546. 547—552. 555 f. 453. 708 Z. 5. 757 Z. 4. 761. 772. 784. E. 56. Unzulässigkeit im Auslande den Schiffer zu verklagen 537. Beendigung des Heuervertrags, Entlassung 538 f. 542—547. Erkrankung und Tod 548—552. 708 Z. 5. Zurücklassung in anderen Ländern 553. Vorbehalt für die Landesgesetze 533. 534. 536. 541. 544. 547. 553. 556 f. Schadensersatz, Haftung, Rheder, Schiffsbesatzung.

Schiffsoffizier 484 f., 490—494. 528. 686.

Schiffspapiere 480. 592. 825 Z. 1. E. 57 §. 2.

Schiffspart, Veräußerung 439—442. 470. Verkauf und Verpfändung durch den Korrespondentrheder 460. Abandon 468. Versicherung durch die Mitrheder 467. Veräußerer und Erwerber 471 f. 474. Uebernahme der Schiffspart des Schiffes 522. Pfandrecht an der Schiffspart 769. 780. Versicherung 905. Eintragung E. 53 §. 4.

Schiffsprokureur 389. — Schiffsrath 485. 487. — Schiffsregister 432—438. E. 53. 59. J. II. §§. 1—29. — Schiffsvorräthe 503. — Schiffszubehör 443. 503. 709 Z. 3. 711 f. 719. 758. 825 Z. 2.

Schlepplohn 622.

Schlippen 708 Z. 1.

Schlußnote 73. 76. 77. 79. 82. N. 103. 104 zu 73.
Schmuggelei 543. 544.
Schriftlichkeit der Verträge 317. 85 N. 5. 150. 174. 208. 250. 266.
Schriftzeichen bei der Buchführung 32.
Schuldscheine 274. 295. E. 26.
Schwarzes Meer 447. 865.
Schwinden der Ladungsgüter 395. 423. 607. 629. 674. 825.
Seegefahr 681. 694. 782 ff. s. Gefahr. — Seehandel fünftes Buch. — Seemannsbrauch 481. — Seeraub 453. 542. 630. 636—643. 708 Z. 5. 865. — Seeschiff, Seeschiffer s. Schiff, Schiffer. — Seetüchtigkeit, Seeuntüchtigkeit 444. 480. 560. 607. 825 Z. 1. — Seeversicherung s. Versicherung. — Seewurf 708 Z. 1. 857 Z. 1.
Segelfertige Schiffe. Beschlagnahme 446. Abreise 473. — Seegelschiff 866 Z. 3.
Sekretär des Handelsgerichts E. 4. 5. §. 9. E. 42.
Sensale 66 s. Handelsmäkler.
Sensarie 82.
Sicherheitsbestellung für die Gläubiger 202. 245. 247. des Befrachters 579. 580. 583. 588. 590. für den Verfrachter 616. 625. 629. 634. 636. 640. 661. für die Ladungsbetheiligten 732. für Bergungs- und Hülfskosten 753.
Sicherstellung, Sicherheitsmaaßregeln 119. 169. 404. 826.
Sinken des Schiffs 739. 824. 855. 858.
Siphylis 543. 550.
Sitz einer Gesellschaft 86. 87. 111. 151. 153. 155. 163. 164. 175. 176. 198. 209. 210. 213. 214. — Slitage N. 2 zu 702. 825 Z. 2.
Solidarische Haftung der offenen Gesellschafter 112. 113. der Ausgeber richtiger Aktien 173. 178. der Mitglieder des Aufsichtsrathes und des Vorstandes, der Liquidatoren 204. 241. 245. 247. 248. des stillen Gesellschafters 257. bei gemeinschaftlichen Verpflichtungen 269. 280. 281. der verbodmeten Gegenstände 692.
Sonntag 329. 330. 574. 598.
Sorgfalt 94. 282. 343. 344. 361. 367. 380. 397. 399. 423. 464. 478. 560. 607. 655. 674.
Spediteur, Begriff 379. 388. 389. Haftung 380. 384—386. Ansprüche 381. 383. 384. 290. Pfandrecht 306. 382. 410. 411. E. 45. Verlust des Rückgriffs 412. Geschäfte als Handelsgeschäfte 272 Z. 3.
Spezialvollmacht 42. 47. 452. 460. 495. 498. 506. 512. E. 12 §. 6.
Sprache, lebende, deutsche 32. 72.
Staatliche Genehmigung N. 36 zu 173. 174. E. 10. 175. 178. 198. 203 206. 208—211. 214 N. 24. 242. 247—249. E. 12 §§. 1. 3. 4.
Staatsanwaltschaft E. 7.
Staatspapiere 67. 271.
Statuten 208. 219. 312. der kaufm. Korporationen E. 3 §. 5.
Stauung 481.
Sterbefälle auf Schiffen 487. 551. 676.
Steuergesetze des Auslandes 482. 564. 674.
Steuermann 484. 486. 487. 543.
Stille Gesellschaft, Begriff 250 N. 84. Firma 251. Einlage 252. 258. 259. Bilanz 253. Gewinn und Verlust 254. 255. Verhältniß Dritten gegenüber 256. 257. 260. im Konkurse des Inhabers 259. Auflösung 261. 262. Rechte der Privatgläubiger an der Einlage 263. Tod oder Unfähigkeit 264. Auseinandersetzung 265. Streitigkeiten E. 2 Z. 2.

Stimmrecht der Aktionäre 180. 190. 209 Z. 9. 224. der Mitrheder 458.
Stoppage in transitu N. 33 zu 402. N. 152 zu 649.
Strafen auf Schiffen 487 f. Ordnungsstrafen.
Stranden 708. 709. 824. 855—857.
Stromschiffer E. 61.
Stückgüter 557. 589—591. 605. 606. 643.
Subsidäre Haftung des Aktienzeichners 223.
Symbolische Uebergabe E. 27.

T.

Tagebuch der Mäkler 71. 72. 74—79. E. 9 §. 4.
Taragewicht 352.
Taxe 91. 711. taxirte Polize 797. 803. 805 f. 877. 882.
Telegraph N. 5 zu 319. N. 67 zu 811.
Theilbarkeit des Kaufobjekts 359.
Theilungseinrede 281. — Theilungssachen bei Gesellschaften 40.
Thiere, Transport auf Eisenbahnen 424 Z. 5. auf Seeschiffen 619.
Tod des Prinzipals 54. des Mäklers 75. des Gesellschafters 123 Z. 2. 170. 200. 261 Z. 1. 264. des Auftraggebers 297. des Mitrheders 472. 476. der Schiffspersonen 487. 490. 551. 708. des Schiffers 524. des Reisenden 668. 676.
Tonnengelder 757. 772. 773.
Totalverlust 706. 726. 736. bei Versicherungen 848. 854 Z. 1. 858—864. 869.
Transport zu Lande oder auf Flüssen und Binnengewässern 390—431. zur See 557. 664. 665—679. Anstalten 421. Kosten 384. Mittel 371. 383. 422.
Treiben, eines Schiffes 738.
Trödler 10.

U.

Ueberbringer der Waare 51. der Quittung 296.
Ueberfahrtsgeld 667. 671—673. 675. 678. Beitragspflicht zur großen Haverei 723. Versicherung 783. 829. Verjährung 906— 911.
Ueberfahrtsvertrag 665. 669—673. 829.
Uebergabe der Waare 342. 345. deren Kosten 351. Folgen des Verzuges 355 bis 359. U. durch Konsens 439. U. des Konnossements 649.
Ueberladung des Schiffes 481.
Ueberliegezeit 568—580. 588. 595—606. 623. 629.
Uebermäßige Verletzung 286.
Uebernahme von Lieferungen, Versicherungen, Seetransporten, Be- oder Verarbeitungen 271. 272. eines Auftrags 323. eines del credere 370. eines Transports 401. 429. 430. einer Ladung 574. 575. 609. 610. 655. 657. 674.
Ueberschreitung der Vollmacht 55. 298. 241. 364. 502. der Wartezeit 582. 588. 630. 638. der Löschzeit 603—606.
Uebersendung der Rechnung 288. der Waare 344. 347. 348.
Ueberversicherung 790. 900.
Unbefugter Gebrauch einer Firma 26. 27.
Unbewegliche Sachen 29. 42. 111. 114. 137. 164. 213. 275.
Uneigentliche Haverei 637. 735. Bodmerei 701.
Unfähigkeit zur Vermögensverwaltung 123 Z. 3. 170. 200. 261. 264. 472. 476.
Unfreies Schiff oder Gut 631. 638. 643. 662. 670.
Unkosten der Schifffahrt, gewöhnliche und ungewöhnliche, 622.
Unquittirte Rechnung 51.

Unredlichkeit des Handlungsgehülfen 64. des Gesellschafters 101. 105. 125. 170. 200. des Spediteurs 386. der Schiffsbesatzung 824.
Unsittlicher Lebenswandel 64.
Unterfrachtverträge 606. 664.
Unterhalt der Handlungsgehülfen 57. 60. 63. der Schiffsbesatzung 526. 547. 573. 595.
Unterschied (Differenz) 357. 363. 364. 369. 396. 614. 714. 721. 725. 877. 881. — zwischen alt und neu 444. 712. 876.
Unterschrift des Kaufmanns 15. 19. 30. des Prokuristen 44. 45. des Mäklers 71. der Schlußnoten 73. 77. der Gesellschafter und ihrer Vertreter 30. 88. 91. 135. 139. 151—153. 177. 179. 228. 229. 244. der Annahme-erklärung 300. der Kopie des Ladescheins 414. des Journals 487. der Kopie des Konnossements 644. des Bodmereibriefs 684. der Police 788.
Untersuchung empfangener Waaren 347. 365. 387.
Unverpackte Güter 424 Z. 2.
Urkunde 301. 303. 304. Ladeschein 413. Chartepartie 558. Konnossement 645. Bodmereibrief 684. Dispache 731. Police 788. Abandonrevers 875. U. zum Schadensnachweise 888. öffentlich beglaubigte 174. 198. 208. 214. 242. 440. 468. 493. 808.
Urkundenbeweis E. 48.

V.

Valuta, Empfangsbekenntniß, 301. 896.
Veräußerung von Firmen 22. 23. von Grundstücken 42. 114. 137. E. 37. E. 39. von Waaren im Handelsbetriebe 306—308. 343. 348. 354. 357. 365. 366. 375. 387. von Faustpfändern 310—312. 315. von Seeschiffen 438—442. 460. 473. 767. ff. E. 58. 499. 854. 877 f. von Schiffs-parten 470. 471. 474. 769. von Ladungstheilen 504. 507. 509—511. 634. 636. 708 Z. 7. 734. 781. 824 Z. 5. 854—856. 881. 904. von Schiffs-zubehör und Schiffsvorräthen 503. des Nachlasses eines Schiffsmanns 551.
Verbodmung als Handelsgeschäft 271. der Ladung 497. 504. 507—512. 613. 616. 634. 636. 681 ff. 734 ff. 824. des Schiffs 460. 497. 681 ff. 758. 762
Verdeck 567. 710. 725.
Verderb der Güter 343. 348. 365. 387. 395. 423. 424 Z. 4. 504. 607. 617. 629. 636. 642. 643. 674. 721. 825 Z. 3. 853. 855.
Vereinigungen zum Betriebe eines Handelsgewerbes 10. von Maklergeschäften 69 Z. 3. von einzelnen Handelsgeschäften für gemeinschaftliche Rechnung 266—270. zur Erbauung eines Schiffs 476. von Aktiengesellschaften (Fusion) 215. 247. 249.
Vereinsthaler 173.
Verfalltag 334.
Verfrachter, Lieferung des Schiffs 560. Kosten der Einladung 562. Substitution einer andern Ladung 563. eines andern Schiffs 566. Erklärung wegen Ablaufs der Lade- und Ueberliegezeit 570—572. Liegegeld 575. 582. 595. 599. 603. 605. Abreise 578—580. 589. 591. 601. Fautfracht 581—588. Haftung aus dem Receptum 607 f. 612—614. 674. Besichtigungskosten 611. Auslieferung der Güter 615 f. 625. Güter an Zahlungsstatt 617. Pfandrecht 624—626. 675. Regreß an den Befrachter 627—629. Aufhebung des Frachtvertrags, Distanzfracht 630—643. Haftung aus dem Konnossement 653—659. Aufhebung des Ueberfahrtsvertrags 669—671. Ausbesserung des Schiffs 672. Vertretung der Havereivergütungsberechtigten durch den Verfrachter 733. — Verfrachtung eines Schiffs zur Beförderung von Reisenden 677 f. Frachtvertrag.

Verfügung von hoher Hand s. Hohe Hand.
Verhältnißmäßiger Theil 557 f. 588. 604. 606. 618. 643.
Vergleich 137. 244.
Verjährung S. 93 N. 127. 146—149. 172. 349 f. 386. 408. 906—911. E. 61 Z. 2.
Verkauf s. Veräußerung.
Verklarung 488. 490—494. 535. 542. 888 Z. 3.
Verlagsgeschäfte 272.
Verletzung, übermäßige, 286. 743. 797.
Verlorene Sachen 306—308. Frachtgüter 395. 607. 618. 619. 630 Z. 2 und 3. 635. Reiseeffekten 674.
Vermittelung von Handelsgeschäften 66. 69. 84. 272. E. 9 §. 2. von Frachtgeschäften 389.
Vermögen der Eheleute 8. der Kaufleute 28. der Gesellschafter 112. s. Gesellschafts-Privatvermögen.
Vermuthung 274. 424. a. E. 739. 777. 787. 791. 806. 853. 855.
Veröffentlichung der Ladungsbereitschaft des Schiffers 578 f. Bekanntmachung, Eintragung.
Verordnungen des Gerichts 37. 40. 79. 160. 253. 310. 323. 407. 409. der Verwaltungsbehörde 240. 242. 249. s. Oertliche Verordnungen.
Verpackung der Waare 352. 395. 422—424. 607. 655. 656. 660. 674. 825 Z. 3.
Verpfändung, ausdrückliche, 306—312. E. 27. des Schiffs 460. 680. s. Pfandrecht.
Verpflegungskosten 523. 525. 548. s. Unterhalt.
Verpflichtung, solidarische, 269. 280. — Verpflichtungsgrund 301. 495. 896. — Verpflichtungsscheine 301. 303—305.
Verproviantirung 480. 496.
Versäumnißkosten 542.
Verschollenheit 835. 865 f. 868 f. 873. 888 Z. 3. 910. — Verschollenheitsfrist 835. 866 f. 873. 888 Z. 3. 910.
Verschulden des Mäklers 81. des Gesellschafters 94. des Frachtführers 393. der Eisenbahnen 424. der Schiffsbesatzung 451 f. 478. 483. 659. 736 f. 757 Z. 8—10. 772. 824 Z. 6. 825. 908 Z. 3. des Befrachters oder Abladers 564. eines Havereibetheiligten 704. des Zwangslootsen 740. des Versicherungsnehmers 813. des Versicherten 841. 843.
Verschwiegenheit des Mäklers 69.
Versender 383.
Versicherung. Vermittlung durch Mäkler 67. als Handelsgeschäft 271. durch den Kommissionär 367. durch den Spediteur 387. für eigne Rechnung 785. 810. für fremde Rechnung 785—787. 789. 794. 810 f. 816. 887. 891. 896. für Rechnung „wen es angeht" 785. durch den Korrespondentrheder 460. durch den Schiffer N. 65 zu 496. Gegenstand 782 bis 784. versicherbares Interesse 467. 783 f. 900. Versicherungsvertrag 785 bis 787. Ausstellung der Police 788. Gültigkeit des Versicherungsvertrages, Ueber- und Doppelversicherung 789—795. V. unter dem Versicherungswerth 796. taxirte Police 797. Versicherungswerth 790—806. V. von Bodmereigeldern 807. Eintritt in die Rechte des Versicherten 808 f. Anzeigepflicht 810—815. 901. 822. Zahlung der Prämie 816. Aenderung oder Verzögerung der Reise 817 f. Bezeichnung des Schiffers 879. Substitution eines anderen Schiffes 820. Transport in unbestimmten oder unbenannten Schiffen 821. Pflicht des Versicherten bei Eintritt eines Unfalls 822 f. Gefahren, die der Versicherer trägt 824. 826. die er nicht

trägt 825. Dauer der Gefahr 827—835. V. nach einem oder dem andern Hafen, nach mehreren Häfen 836 f. Umfang der Ersatzverbindlichkeit, namentlich bei Haverei 838—844. 847—850. Abandonbefugniß des Versicherers 845 f. Klauseln 851—857. Totalverlust 858—864. Abandon, Abandonerklärung, Abandonrevers, Verschollenheit, Verschollenheitsfrist 865 bis 875. partieller Schaden 876—885. bei Reparaturunfähigkeit und -Unwürdigkeit des Schiffs 877 f. Bezahlung des Schadens 886 ff. Schadensbelege 888 f. Legitimation des Empfängers 887. 891 f. 894. Kompensationsbefugniß des Versicherers 895. N. 79 zu 816. Cession der entstandenen Entschädigungsansprüche 896. der Rechte aus dem Versicherungsvertrage 904 f. vorläufige Zahlung von Versicherungsgeldern 897 f. Ristorno 899—902. Zahlungsunfähigkeit des Versicherers 904. Versicherungsgelder treten nicht an Stelle der Fracht N. 6 zu 452. V. der Versicherungskosten 783. 800 f. 803. Verjährung der Forderungen aus dem Versicherungsvertrage 910.

Versicherungsnehmer 785—789. 810—813. 816. 822. 887. dessen Verhältniß zum Versicherten und Versicherer 891. 893—895. N. 11 zu 785. Indossament desselben 896. — Versicherungsort 839 und N. 41 zu 839. — Versicherungszeit 835.

Versteigerung, öffentliche von unbeweglichen Sachen 137. 244. von Faustpfändern 311. von Waaren 343. 348. 354. 365. 366. 387. 407. 409. E. 9 §. 3. von Schiffen 453. 473. 499. 542. 630. 877. von Frachtgütern auf Schiffen 626. 628. 629. 648. 879. von Schiff und Ladung 697. 699. 888.

Vertheidigung des Schiffs 523. 524. 549. 551. 552. 708 Z. 5.

Vertheilung des Gesellschaftsvermögens 202—204. 245. 247. 248. des Berge- und Hülfslohns 750—752.

Verträge, Form 85. 174. 208. 250. 309—311. 317. 558. 683. 788. als Handelsgeschäfte 271—274. über unbewegliche Sachen 275. Zeit des Abschlusses 321.

Vertretbare Sachen 301. 338.

Verwaltungsbehörde 240. 242. 249. E. 12 §§. 2. 8. — Verwaltungsrath 231.

Verwundung 523. 525. 543. 544. 548—550.

Verzicht bei Versicherungen 793 Z. 3. 795. 869.

Verzögerung der Einzahlung der Einlage 95. des Aktienbetrages 220. der Erklärung des Schiffers seine Schiffspart den Mitrhedern zu überlassen 522. der Abnahme der Güter 602. der Reise 818. 852. N. 2 zu 824. der Löschung 827. f. Reise.

Verzug 288. 289. 343. 346. 347. 354—359. 375. 467. 827. 828.

Verzugszinsen 220. 287—289. 688. E. 14.

Vindikation 306—308.

Vis major 395. 607. 674.

Vollmacht 47. 49—51. 53. 54. 297 298. f. Prokura.

Vorausklage 281. bei Versicherungen 809. N. 29 zu 793.

Vorgebirge der guten Hoffnung 865. 866. 906.

Vorkaufsrecht der Mitrheder 470.

Vorladungen 117. 144. 167. 196. 235. E. 5 §. 8.

Vormann 382. 410. 412. 651.

Vormund 149.

Vorrecht unter den Schiffsgläubigern E. 29. E. 59 §. 3.

Vorschüsse der Gesellschafter 93. der Kaufleute 290. der Kommissionäre 369. 371. 374. der Spediteure 382. 411. der Rheder 453. 467. 476. der Schiffer 501. der Schiffsmannschaft 536. 545. des Versicherers 874. 898.

Vorsitzende des Handelsgerichts E. 5 §. 9. E. 9 §. 4. E. 16.
Vorstand einer Aktiengesellschaft 209 Z. 7. 210. 212. 226. E. 12 §§. 6. 7. 9. und 53 §. 8.

W.

Waare, Lager 29. 50. Ueberbringer 51. Proben 80. Anschaffung als Handelsgeschäft 271. 273. Vindikabilität 306—308. mittlere Güte 335. Uebergabe und Gewährleistung 342—350. 354—359.
Wägen 351.
Wagen, unbedeckte 424 Z. 1.
Warrant 302—305.
Wartezeit des Schiffers 568—578. 580. 582. 586. 588. 595 599—601. 604.
Wasserstand 487. — Wassertiefe 487. 561. 593.
Wassertransport 67. 390. 420. 557—679.
Wechsel 67. 373. 374. — Wechselordnung 2. 182. 223. 305. — Wechselverbindlichkeit 47. 460. 498. Forum E. 47. 50.
Weiterreise, Weiterfahrt 483. 523 Z. 3. 548 Z. 4.
Werfen — über Bord der Güter des Schiffsmanns 534. unrichtig bezeichneter Güter 564. ohne Erlaubniß des Schiffers an Bord gebrachter Güter 565. s. Seewurf.
Werktag 329. 330.
Werthpapiere, An- und Verkauf als Handelsgeschäft 271. 273. Anweisungen oder Verpflichtungsscheine über solche 301. Retentionsrecht 313—316. E. 30. Kommission zum Ein- und Verkauf 376. Haftung des Frachtführers und Schiffers 395. 608. 674. Ersatz bei großer Haverei 710. 725.
Widerruf einer Prokura oder Vollmacht 54. 104. der Uebertragung der Geschäftsführung 101. 227. 244. 459. der Offerte oder Annahme 319. 320. 377. der Abandonerklärung 870.
Widerspenstigkeit 64. 543. 544.
Wiederausladung 394. 446. 582 f. 588. 590. 630—643. — Wiedereinladung 630. 639. 642 f.
Wiedereinsetzung in den vorigen Stand 149. E. 9 §. 1.
Wiedernehmung eines Schiffs 756.
Wind 487. 574. 598. 604.
Wirthe 10. E. 61.
Woche 60. 61. 221. 328. 428. 834.
Wohnort der Gesellschafter 86. 151. 175. 176. als Erfüllungsort 324. 325. 342. des Frachtführers 392. 414.
Wrack 858. 877.
Wurmfraß 825 Z. 2. 888 Z. 4.

Z.

Zahlung, Vollmacht zur Empfangnahme 50. 51. 67. 296. 460. N. 65 zu 496. Ort der Leistung 325. 342. Folgen des Verzuges 354. 356—359. Wirkung 408. 412. 428. der Heuer 536 ff. E. 56. der Fracht 615 ff. der Bodmereischuld 688 ff. der Havereibeiträge 733. der vollen Versicherungssumme 845. 858 ff. bei Partialschäden 886 ff. vorläufige Zahlung der Versicherungsgelder 897 f.
Zahlungseinstellung 314. E. 36. 41. 46. 52 §§. 2. 3. — Zahlungsfrist, Bewilligung durch Handlungs-Reisende 49. — Zahlungsunfähigkeit 903. — Zahlungsversprechen 300. — Zahlungszeit 684 Z. 7. 689. 697. 699. 873. 886. 897 f.

Zeichnung der Firma, der Unterschrift 19. 41. 44. 45. 48. 88. 135. 152. 153. 177. 179. 210. 228. 229. E. 4. 5. 62. 64.
Zeitberechnung bei Handelsgeschäften 327—334. 336. — Zeitbestimmung bei Kaufverträgen 357—359. — Zeitfracht 623. 639. 640 — Zeitversicherung 849. 905.
Zinsen 93. 95. 106. 108. 119. 161. 165. 169—172. 197. 204. 217. 218. 220. 241. 268. 287—293. 467. 476. 682. 688. 763. E. 14.
Zoll — Ersparniß an 396. 612—614. 713 f. 721. 725. 881. Bergelohn enthält nicht die zu entrichtenden Zölle 745. Rechte wegen bezahlter Zölle 409. 583. 587 f. 590. 615. 617. 624 f. 627. 629. 640. 642 f. 909. zollamtliche Begleitpapiere 393. 592. Zollgesetze 482. 564. 674.
Zubehör des Schiffs 443. 711. 719. 758. 825 Z. 2.
Zufall 394. 505. 517. 542. 574. 598. 588. 604. 630 f. 632. 635—643. 662. 668 f.
Zureise 584. 642. 643.
Zurückbeförderung des Schiffers 517. 520. 523. 525—527. der Mannschaft 538. 542. 544 f. 547 f.
Zurückbehaltungsrecht 313—316. 409. 624. 629. 675. 753. E. 30. 46.
Zurückforderung des eingezahlten Betrags 216. der Handgelder u. Vorschüsse 453. der Versicherungsprämie 899—901. 903.
Zurückführen des Schiffs 521.
Zurücklassung der Schiffsbesatzung in anderen Ländern 523. 548 f. 553.
Zurückzahlung des Gewinns und der Einlage des Kommanditisten 161. 165. 197. 203 f. des Gewinns und des Kapitals des Aktionärs 218. 248 f. des Gewinns und der Einlage des stillen Gesellschafters 255. 259.
Zusage 818. 819. N. 83 zu 817.
Zusammengesetzte Reise 581. 584 f. 642. 802.
Zusammenstoß von Schiffen 736—741. 824 f. 906. Streitigkeiten E. 2 Z. 7.
Zuständigkeit der Handelsgerichte E. 47. 73.
Zustellungen an Gesellschaften 117. 144. 167. 196. 235.
Zwangslootse 740. N. 5 zu 451. N. 21 zu 483.
Zwangsverkauf 757 Z. 1. 767. 769 f. 776. 780.
Zweifelhafte Forderungen, deren Ansatz in der Bilanz 31.
Zweigniederlassung 21. 86—89. 152—156. 179. 212.
Zwischenbeauftragter 789. 811.
Zwischenhafen 637. 831.
Zwischenraum in Büchern 32. 72.
Zwischenreise 538—540. E. 56 §. 1.
Zwischenspediteur 380. 382. 384.

Druck von J. C. Huber in Charlottenburg.

Kolibri 360 GmbH
Ferdinand-Jühlke-Straße 7
99095 Erfurt, Deutschland
produktsicherheit@kolibri360.de